Die Revisionszulassungsgründe gemäß § 115 Abs. 2 Nrn. 1 und 2 FGO und ihre Darlegung im Rahmen der Nichtzulassungsbeschwerde

Bochumer Schriften zum Steuerrecht

Herausgegeben von Roman Seer

Band 29

PL ACADEMIC RESEARCH

Pascal Thebrath

Die Revisionszulassungsgründe gemäß § 115 Abs. 2 Nrn. 1 und 2 FGO und ihre Darlegung im Rahmen der Nichtzulassungsbeschwerde

PL ACADEMIC RESEARCH

Bibliografische Information der Deutschen Nationalbibliothek
Die Deutsche Nationalbibliothek verzeichnet diese Publikation in der Deutschen Nationalbibliografie; detaillierte bibliografische Daten sind im Internet über http://dnb.d-nb.de abrufbar.

Zugl.: Bochum, Univ., Diss., 2014

Abbildung auf dem Umschlag: Siegel der Universität Bochum.
Abdruck mit freundlicher Genehmigung der Universität Bochum.

D 294
ISSN 1613-933X
ISBN 978-3-631-66291-5 (Print)
E-ISBN 978-3-653-05525-2 (E-Book)
DOI 10.3726/ 978-3-653-05525-2

PL Academic Research ist ein Imprint der Peter Lang GmbH.

Peter Lang – Frankfurt am Main · Bern · Bruxelles · New York · Oxford · Warszawa · Wien

Diese Publikation wurde begutachtet.

www.peterlang.com

Sabrina, Sophie
und meinen Eltern

Vorwort

Die vorliegende Arbeit wurde im Sommersemester 2014 von der Juristischen Fakultät der Ruhr-Universität Bochum als Dissertation angenommen. Die mündliche Prüfung fand am 27. November 2014 statt.

Die Arbeit wurde im September 2013 abgeschlossen, so dass Gesetzgebung, Rechtsprechung und Schrifttum bis zu diesem Zeitpunkt berücksichtigt werden konnten, teilweise auch noch darüber hinaus.

Mein besonderer Dank gilt Herrn Professor Dr. *Roman Seer*, der mir die Anregung zu meiner Arbeit gegeben hat.

Ich danke ihm zum einen für seine Betreuung, aber insbesondere auch für die Erfahrungen, die ich in der Zeit als Wissenschaftlicher Mitarbeiter an seinem Lehrstuhl sammeln durfte. Auch dafür, dass meine Arbeit in die Schriftenreihe *Bochumer Schriften zum Steuerrecht* aufgenommen worden ist, gilt ihm mein besonderer Dank.

Herrn Professor Dr. *Matthias Loose* danke ich für die zügige Erstellung des Zweitgutachtens.

Mein Bruder, Herr *Ralf Thebrath*, hat wesentliche Teile des Manuskripts gegengelesen, was zum Gelingen meiner Arbeit beigetragen hat.

Meinen Eltern danke ich von ganzem Herzen für alles, was sie mir ermöglicht und für mich getan haben.

Schließlich danke ich meiner Frau, die mich während der gesamten Zeit meiner Arbeit tatkräftig und vor allem verständnisvoll unterstützt hat.

Schalksmühle, im April 2015 | Pascal Thebrath

Inhaltsverzeichnis

Abkürzungsverzeichnis

a.A. (A.A.)	anderer Ansicht
a.a.O.	am angegebenen Ort
ABl.	Amtsblatt
Abs.	Absatz
a.E.	am Ende
AEUV	Vertrag über die Arbeitsweise der Europäischen Union
a.F.	alter Fassung
AG	Arbeitsgemeinschaft
AGO	Allgemeine Gerichtsordnung für die preußischen Staaten
Akt.	Aktualisierung
Alt.	Alternative
Anm.	Anmerkung
AnwBl.	Anwaltsblatt (Zeitschrift)
AO	Abgabenordnung
AO-ÄndG	AO-Änderungsgesetz
AO-StB	Der AO-Steuer-Berater (Zeitschrift)
ArbGG	Arbeitsgerichtsgesetz
Art.	Artikel
AsylVfG	Asylverfahrensgesetz
Aufl.	Auflage
Az.	Aktenzeichen
BAföG	Bundesausbildungsförderungsgesetz
BAG	Bundesarbeitsgericht
BayVBl.	Bayerische Verwaltungsblätter (Zeitschrift)
BayGVBl.	Bayerisches Gesetz- und Verordnungsblatt
BB	Der Betriebs-Berater (Zeitschrift)
BBG	Bundesbeamtengesetz
Bd.	Band
Begr.	Begründer
Beih.	Beihefter
Beschl.	Beschluss
BFH	Bundesfinanzhof
BFHE	Sammlung der Entscheidungen des Bundesfinanzhofs
BFHEntlG	Gesetz zur Entlastung des Bundesfinanzhofs (BFH-Entlastungsgesetz)
BFH/NV	Sammlung amtlich nicht veröffentlichter Entscheidungen des Bundesfinanzhofs
BG	Beermann/Gosch
BGB	Bürgerliches Gesetzbuch

BGBl.	Bundesgesetzblatt
BGH	Bundesgerichtshof
BGHReport	BGH-Report (Zeitschrift)
BGHSt	Sammlung der Entscheidungen des Bundesgerichtshofs in Strafsachen
BGHZ	Sammlung der Entscheidungen des Bundesgerichtshofs in Zivilsachen
BK	Bonner Kommentar zum Grundgesetz
BMF	Bundesministerium der Finanzen
BRAK-Mitt.	BRAK-Mitteilungen (Mitteilungen der Bundesrechtsanwaltskammer, Zeitschrift)
BR-Drucks.	Drucksachen des Bundesrates
BRD	Bundesrepublik Deutschland
BSG	Bundessozialgericht
BSG-Intern	Bundessozialgericht-Intern
bspw.	beispielsweise
BStBl.	Bundessteuerblatt
BT-Drucks.	Drucksachen des Deutschen Bundestages
Buchholz	Sammel- und Nachschlagewerk der Rechtsprechung des Bundesverwaltungsgerichts
BVerfG	Bundesverfassungsgericht
BVerfGE	Sammlung der Entscheidungen des Bundesverfassungsgerichts
BVerfGG	Bundesverfassungsgerichtsgesetz
BVerfGK	Sammlung der Kammerentscheidungen des Bundesverfassungsgerichts
BVerwG	Bundesverwaltungsgericht
BVerwGE	Sammlung der Entscheidungen des Bundesverwaltungsgerichts
bzw.	beziehungsweise
CDU/CSU	Christlich Demokratische Union Deutschland/Christlich-Soziale Union in Bayern
CR	Computer und Recht (Zeitschrift)
DAR	Deutsches Autorecht (Zeitschrift)
DB	Der Betrieb (Zeitschrift)
DBA	Doppelbesteuerungsabkommen
DDR	Deutsche Demokratische Republik
ders.	derselbe
DFGT	Deutscher Finanzgerichtstag
d.h.	das heißt
dies.	dieselben
diesbzgl.	diesbezüglich
Diss.	Dissertation
DM	Deutsche Mark

DRiZ	Deutsche Richterzeitung (Zeitschrift)
DStR	Deutsches Steuerrecht (Zeitschrift)
DStZ	Deutsche Steuer-Zeitung (Zeitschrift)
Dt.	Deutscher
DVBl.	Deutsches Verwaltungsblatt (Zeitschrift)
EFG	Entscheidungen der Finanzgerichte (Zeitschrift)
EG	Europäische Gemeinschaft
EGV	Vertrag zur Gründung der Europäischen Gemeinschaft
EGZPO	Gesetz betreffend die Einführung der Zivilprozessordnung
Einf.	Einführung
EStG	Einkommensteuergesetz
etc.	et cetera
EU	Europäischen Union
EuGH	Gerichtshof der Europäischen Union
EuGRZ	Europäische Grundrechte-Zeitschrift (Zeitschrift)
EuRS	Europarechtsschutz
EUV	Vertrag über die Europäische Union (EU-Vertrag)
EuZW	Europäische Zeitschrift für Wirtschaftsrecht (Zeitschrift)
e.V.	eingetragener Verein
evtl.	eventuell
EWiR	Entscheidungen zum Wirtschaftsrecht (Zeitschrift)
EzFamR	Entscheidungssammlung zum Familienrecht
f./ff.	folgende
FamFG	Gesetz über das Verfahren in Familiensachen und den Angelegenheiten der freiwilligen Gerichtsbarkeit
FamRZ	Zeitschrift für das gesamte Familienrecht (Zeitschrift)
FAZ	Frankfurter Allgemeine Zeitung
F.D.P	Freie Demokratische Partei
FG	Finanzgericht
FGGO	Vorläufige Geschäftsordnung für die Finanzgerichte
FGG-RG	Gesetz zur Reform des Verfahrens in Familiensachen und in den Angelegenheiten der freiwilligen Gerichtsbarkeit (FGG-Reformgesetz)
FGO 1965	Finanzgerichtsordnung vom 06.10.1965
FGO	Finanzgerichtsordnung (in der Fassung der Bekanntmachung vom 28.03.2001)
FGOÄndG	Gesetz zur Änderung der Finanzgerichtsordnung und anderer Gesetze (FGO-Änderungsgesetz)
2. FGOÄndG	Zweites Gesetz zur Änderung der Finanzgerichtsordnung und anderer Gesetze (2. FGO-Änderungsgesetz)
FGO-E	FGO-Entwurf (Entwurf einer Finanzgerichtsordnung)
Fn.	Fußnote

Fortf.	Fortführer
FR	Finanz-Rundschau (Zeitschrift)
FS	Festschrift
GBl. DDR	Gesetzblatt der Deutschen Demokratischen Republik
GewStG	Gewerbesteuergesetz
GG	Grundgesetz für die Bundesrepublik Deutschland
ggf.	gegebenenfalls
GKG	Gerichtskostengesetz
GmSOGB	Gemeinsamer Senat der obersten Gerichtshöfe des Bundes
GNOFÄ	Grundsätze zur Neuorganisation der Finanzämter und zur Neuordnung des Besteuerungsverfahrens
GRCh	Grundrechtecharta
grds.	grundsätzlich
GrS	Großer Senat
GVBl.	Gesetz und Verordnungsblatt
GVG	Gerichtsverfassungsgesetz
GWB	Gesetz gegen Wettbewerbsbeschränkungen
Habil.	Habilitation
HdbStR	Handbuch des Staatsrechts der Bundesrepublik Deutschland
HFR	Höchstrichterliche Finanzrechtsprechung (Zeitschrift)
HHSp.	Hübschmann/Hepp/Spitaler
HK	Handkommentar
h.M.	herrschende Meinung
Hrsg.	Herausgeber
Hs.	Halbsatz
i.d.F.	in der Fassung
i.d.R.	in der Regel
INF	Die Information für Steuerberater und Wirtschaftsprüfer (bis 2002 mit dem Zusatz: Die Information über Steuer und Wirtschaft) (Zeitschrift)
InfAuslR	Informationsbrief Ausländerrecht (Zeitschrift)
Info M	Mietrecht und Immobilien (Zeitschrift)
insb.	insbesondere
InVorG	Investitionsvorranggesetz
i.R.	im Rahmen
i.R.d.	im Rahmen der/des
i.R.v.	im Rahmen von
i.S.	im Sinne
i.S.d.	im Sinne der/des
i.S.v.	im Sinne von
i.Ü.	im Übrigen

i.V.m.	in Verbindung mit
JGA	Justizgewährungsanspruch
JöR	Jahrbuch des öffentlichen Rechts der Gegenwart
JR	Juristische Rundschau (Zeitschrift)
1. JuMoG	Erstes Gesetz zur Modernisierung der Justiz (1. Justizmodernisierungsgesetz)
jurisPR-BGHZivilR	juris PraxisReport BGH Zivilrecht
jurisPR-SteuerR	juris PraxisReport Steuerrecht
JZ	Juristenzeitung (Zeitschrift)
KDVG	Kriegsdienstverweigerungsgesetz
KK	Karlsruher Kommentar zum Gesetz über Ordnungswidrigkeiten
KÖSDI	Kölner Steuerdialog (Zeitschrift)
2. KostRMoG	2. Kostenrechtsmodernisierungsgesetz
KritVj.	Kritische Vierteljahrsschrift für Gesetzgebung und Rechtswissenschaft
KStG	Körperschaftsteuergesetz
KvW	Kühn/von Wedelstädt
LAG	Landesarbeitsgericht/Lastenausgleichsgesetz
Lfg.	(Ergänzungs-) Lieferung
lit.	litera
LSG	Landessozialgericht
LwVG	Gesetz über das gerichtliche Verfahren in Landwirtschaftssachen
M/D	Maunz/Dürig
MDR	Monatsschrift für Deutsches Recht (Zeitschrift)
m.E.	meines Erachtens
MinBl.	Ministerialblatt
MünchKomm	Münchener Kommentar
m.w.N.	mit weiteren Nachweisen
Nds. AGFGO	Niedersächsisches Ausführungsgesetz zur Finanzgerichtsordnung
Nds. GVBl.	Niedersächsisches Gesetz- und Verordnungsblatt
n.F.	neuer Fassung
N.F.	neue Folge
NJOZ	Neue Juristische Online Zeitschrift (Zeitschrift)
NJW	Neue Juristische Wochenschrift (Zeitschrift)
NJW-RR	NJW-Rechtsprechungsreport Zivilrecht
Nr./Nrn.	Nummer/Nummern
NRW	Nordrhein-Westfalen

n.v.	nicht veröffentlicht
NVwZ	Neue Zeitschrift für Verwaltungsrecht (Zeitschrift)
NVwZ-RR	NVwZ-Rechtsprechungsreport
NWB	Neue Wirtschaftsbriefe für Steuer- und Wirtschaftsrecht (ohne Eilnachrichten) (Zeitschrift)
NZB	Nichtzulassungsbeschwerde
OFH	Oberster Finanzgerichtshof
o.g.	oben genannt
Okt.	Oktober
OLG	Oberlandesgericht
OVG	Oberverwaltungsgericht
OWiG	Gesetz über Ordnungswidrigkeiten
PDS	Partei des Demokratischen Sozialismus
PKH	Prozesskostenhilfe
PrGS	Preußische Gesetzsammlung
RAO	Reichsabgabenordnung
RegNr.	Registernummer
resp.	respektive
RFBl.	Amtsblatt der Reichsfinanzverwaltung (Reichsfinanzblatt)
RFH	Reichsfinanzhof
RFHE	Sammlung der Entscheidungen und Gutachten des Reichsfinanzhofs
RFM	Reichsministerium der Finanzen
RGBl.	Reichsgesetzblatt
RmBereinVpG	Gesetz zur Bereinigung des Rechtsmittelrechts im Verwaltungsprozess
Rn.	Randnummer
RsprEinhG	Gesetz zur Wahrung der Einheitlichkeit der Rechtsprechung der obersten Gerichtshöfe des Bundes
RStBl.	Reichssteuerblatt
RVG	Rechtsanwaltsvergütungsgesetz
s.	siehe
S.	Seite
SaatG	Saatgutverkehrsgesetz
scil.	scilicet
SGB	Sozialgesetzbuch
SGG	Sozialgerichtsgesetz
6. SGGÄndG	Sechstes Gesetz zur Änderung des Sozialgerichtsgesetzes
sog.	sogenannt
SozR	Sozialrecht

Sp.	Spalte
SPD	Sozialdemokratische Partei Deutschlands
st. Rspr.	ständige Rechtsprechung
StB	Der Steuerberater (Zeitschrift)
Stbg.	Die Steuerberatung (Zeitschrift)
StBGebV	Steuerberatergebührenverordnung
StBVV	Vergütungsverordnung für Steuerberater, Steuerbevollmächtigte und Steuerberatungsgesellschaften
StE	Steuer-Eildienst
StJ	Steuerliches Journal (Zeitschrift)
StMG	Gesetz über steuerliche Maßnahmen im Saarland
StPO	Strafprozessordnung
StRK	Steuerrechtsprechung in Karteiform
StRO	Steuerrechtsordnung
StuB	Steuern und Bilanzen (Zeitschrift)
StuW	Steuer und Wirtschaft (Zeitschrift)
StV	Der Strafverteidiger (Zeitschrift)
StVj	Steuerliche Vierteljahresschrift (Zeitschrift)
StZBl.	Steuer- und Zollblatt
T/K	Tipke/Kruse
T/L	Tipke/Lang
ThürVBl.	Thüringer Verwaltungsblätter (Zeitschrift)
TKG	Telekommunikationsgesetz
Tz.	Textziffer
u.	und
u.a.	und andere/unter anderem
u.U.	unter Umständen
Urt.	Urteil
UStG	Umsatzsteuergesetz
v.	vom/von
v.a.	vor allem
VerkSiG	Verkehrssicherstellungsgesetz
Verf.	Verfasser
VerfProzR	Verfassungsprozessrecht
VerfRS	Verfassungsrechtsschutz
VermG	Vermögensgesetz
VersR	Versicherungsrecht (Zeitschrift)
VGH	Verwaltungsgerichtshof
vgl.	vergleiche
VO	Verordnung
VOBl.	Verordnungsblatt

vs.	versus
VVDStRL	Veröffentlichungen der Vereinigung der Deutschen Staatsrechtslehrer
VwGO	Verwaltungsgerichtsordnung
4. VwGOÄndG	Gesetz zur Neuregelung des verwaltungsgerichtlichen Verfahrens (Viertes Gesetz zur Änderung der Verwaltungsgerichtsordnung)
6. VwGOÄndG	Sechstes Gesetz zur Änderung der Verwaltungsgerichtsordnung und anderer Gesetze
VwPO	Verwaltungsprozessordnung
VZOG	Vermögenszuordnungsgesetz
WiSiG	Wirtschaftssicherstellungsgesetz
WM	Wertpapier-Mitteilungen (Zeitschrift)
WPflG	Wehrpflichtgesetz
WRP	Wettbewerb in Recht und Praxis (Zeitschrift)
WRV	Weimarer Rechtsverfassung
z.B.	zum Beispiel
ZDG	Zivildienstgesetz
ZfZ	Zeitschrift für Zölle und Verbrauchsteuern (Zeitschrift)
Ziff.	Ziffer
ZInsO	Zeitschrift für das gesamte Insolvenzrecht (Zeitschrift)
zit.	zitiert
ZivilProzR	Zivilprozessrecht
ZOV	Zeitschrift für offene Vermögensfragen (Zeitschrift)
ZPO	Zivilprozessordnung
ZPO-RG	Gesetz zur Reform des Zivilprozesses (Zivilprozessreformgesetz)
ZRP	Zeitschrift für Rechtspolitik (Zeitschrift)
ZSteu	Zeitschrift für Steuern und Recht (Zeitschrift)
z.T.	zum Teil
ZVOBl.	Zentralverordnungsblatt (Herausgegeben von der Deutschen Justizverwaltung der früheren Sowjetischen Besatzungszone in Deutschland)
ZZP	Zeitschrift für Zivilprozess (Zeitschrift)

Einleitung und Gang der Untersuchung

Wer im Finanzgerichtsverfahren gegen ein erstinstanzliches Urteil das übergeordnete Gericht anrufen möchte, besitzt nur die Möglichkeit der Revision, da die Finanzgerichtsbarkeit im Gegensatz zu den anderen Gerichtszweigen nicht dreistufig, sondern mit nur einer Tatsacheninstanz und einer Revisionsinstanz zweistufig aufgebaut ist.

Das begründet ein gesteigertes Interesse der gesamten Steuerrechtspraxis an dem Rechtsmittel der Revision, die allerdings in der Finanzgerichtsbarkeit inzwischen ausschließlich zulassungsabhängig ausgestaltet ist. So steht den Beteiligten nach der einschlägigen Vorschrift des § 115 I FGO gegen das Urteil des Finanzgerichts die Revision an den Bundesfinanzhof nur dann zu, wenn das Finanzgericht oder auf Beschwerde gegen die Nichtzulassung der Bundesfinanzhof sie zugelassen hat. In den Fokus des rechtsschutzsuchenden Steuerbürgers rückt demzufolge die sog. *Nichtzulassungsbeschwerde (NZB)*, die für diesen bei Nichtzulassung der Revision durch das Finanzgericht die einzige Möglichkeit darstellt, um in die Revisionsinstanz hineinzugelangen und das erstinstanzliche finanzgerichtliche Urteil dort auf seine Rechtsrichtigkeit überprüfen zu lassen.

Die Nichtzulassungsbeschwerde wiederum, die an die Revisionszulassungsgründe des § 115 II FGO gebunden ist, wird nicht selten als das *anspruchsvollste* und *schwierigste* aller Rechtsmittel bezeichnet[1], das dem Beschwerdeführer und seinem Prozessvertreter erhebliche Anstrengungen sowie einen enormen Arbeitsaufwand abverlangt. Die Nichtzulassung der Revision durch das Finanzgericht kann nämlich nur dann erfolgreich mit der NZB angefochten werden, wenn ein Revisionszulassungsgrund aus dem Katalog der Zulassungsgründe des § 115 II FGO gemäß § 116 III 3 FGO dargelegt wird und vorliegt. Im Zentrum einer jeden NZB steht somit regelmäßig die Anfertigung einer ordnungsgemäßen Beschwerdebegründung, bei deren Formulierung *höchste Präzision* geboten ist, wenn sie den Anforderungen an die Darlegung der Zulassungsgründe und -voraussetzungen genügen soll, die das Gesetz in § 115 II FGO vorsieht und die dazu von der Rechtsprechung des BFH in langjähriger und st. Rspr. herausgebildet worden sind. Mithin kommt der Vorschrift des § 116 III 3 FGO, die kurz und unscheinbar normiert, dass in der Beschwerdebegründung die Voraussetzungen des § 115 II FGO dargelegt werden müssen, als dem Kernstück des finanzgerichtlichen NZB-Rechts eine enorme praktische Bedeutung für den Erfolg oder Misserfolg einer NZB in Steuersachen zu.

1 Vgl. etwa *Müller-Eiselt*, ZfZ 1994, 258, 261. Vgl. überdies *Seer*, in: T/K, § 116 FGO Tz. 39 (Lfg. 131 Oktober 2012), speziell unter Hinweis auf die Darlegung der ‚Grundsätzlichen Bedeutung' einer Rechtssache i.S.d. §§ 116 III 3, 115 II Nr. 1 FGO als eine der *anspruchsvollsten* Aufgaben eines Prozessbevollmächtigten.

Wenn nun aber über Jahre hinweg einer enorm hohen Zahl erfolgloser NZBen durchschnittlich nur ca. 13,3 % erfolgreiche NZBen gegenüberstehen[2], dann gibt diese konstant niedrige Erfolgsquote Anlass, die Zulassungspraxis des BFH, d.h. seine einschlägige Rechtsprechung zu den Revisionszulassungsgründen des § 115 II FGO und den Darlegungsanforderungen gemäß § 116 III 3 FGO einmal gründlich ‚unter die Lupe zu nehmen' und *kritisch* zu hinterfragen.

Dies gilt insbesondere mit Blick auf das *Zweite Gesetz zur Änderung der Finanzgerichtsordnung und anderer Gesetze (2. FGOÄndG) v. 19.12.2000*[3], das mit Wirkung zum 01.01.2001 das finanzgerichtliche Revisionszulassungsrecht grundlegend reformiert hat und dabei trotz endgültiger Abschaffung der Streitwertrevision eine Erweiterung des Zugangs zum BFH und damit einhergehend eine Stärkung und Verbesserung des Individualrechtsschutzes in Steuersachen im Blick gehabt hat.

Die vorliegende Arbeit befasst sich dabei in einem *1. Abschnitt* mit *der historischen Entwicklung des finanzgerichtlichen Rechtsmittelzulassungsverfahrens* und behandelt insoweit alle wichtigen historischen Stationen mit ihren jeweiligen rechtsmittelzulassungsrechtlichen Bezügen einschließlich aller Reformen, Reformversuche und wesentlichen Veränderungen, um klarsichtig nachverfolgen zu können, welchen Weg die Finanzgerichtsbarkeit zurückgelegt und welche bedeutsamen Entwicklungsschritte sie durchlaufen hat, bis es mit Beginn des Jahres 2001 schließlich zu der grundlegenden Reform des finanzgerichtlichen Revisionszulassungsrechts durch das 2. FGOÄndG gekommen ist.

Diese grundlegende *Reform des finanzgerichtlichen Revisionszulassungsrechts durch das 2. FGOÄndG*, die das aktuelle, bis heute geltende Revisionszulassungsrecht der Finanzgerichtsbarkeit abbildet, ist Gegenstand der Erläuterungen im *2. Abschnitt*. Dort werden zunächst die wesentlichen Änderungen des finanzgerichtlichen Revisionszulassungsverfahrens durch das 2. FGOÄndG beleuchtet, das den §§ 115, 116 FGO eine komplett neue Fassung beschert hat, ehe dann anschließend ausführlich auf die Intention des 2. FGOÄndG und ihre Umsetzung durch Gesetz und Rechtsprechung eingegangen wird.

Der nachfolgende *3. Abschnitt* widmet sich der *Analyse und Auswertung der einschlägigen BFH-Rechtsprechung zu den Revisionszulassungsgründen des § 115 II Nrn. 1 u. 2 FGO und den Anforderungen an ihre Darlegung i.R.d. Begründung einer NZB gemäß § 116 III 3 FGO*. Nach eingangs allgemeinen Ausführungen mit Relevanz für sämtliche Revisionszulassungsgründe i.S.d. § 115 II FGO sowie Erläuterungen, die die Anforderungen an die Begründung einer jeden NZB – unabhängig von dem ihr zugrunde liegenden Zulassungsgrund – bzw. das gesamte NZB-Verfahren betreffen, folgt insoweit schließlich eine nähere – alle Einzelheiten

2 Durchschnittsquote unter Zugrundelegung der entsprechenden Zahlenwerte aus den Jahren 2001-2013. Vgl. zur Analyse des Zahlenwerks ausführlich später im 2. Abschnitt unter B.III. (S. 76 ff., dort S. 78 bzw. 79 ff.).

3 Zweites Gesetz zur Änderung der Finanzgerichtsordnung und anderer Gesetze (2. FGOÄndG) v. 19.12.2000, BGBl. I 2000, 1757 = BStBl. I 2000, 1567.

umfassende – Betrachtung der einzelnen Revisionszulassungsgründe des § 115 II Nrn. 1 u. 2 FGO und der jeweiligen Anforderungen an ihre Darlegung i.R.d. Begründung einer NZB nach § 116 III 3 FGO.

Ausgehend von dem hierbei herausgearbeiteten Ergebnis – einer auch nach Inkrafttreten des 2. FGOÄndG zum 01.01.2001 durchweg äußerst restriktiven Zulassungspraxis des BFH, der die Revisionszulassungsgründe in st. Rspr. nach wie vor überaus restriktiv auslegt und sehr hohe und strenge Anforderungen an die hinreichende und ordnungsgemäße Begründung einer NZB stellt,- unterzieht der *4. Abschnitt* die einschlägige BFH-Rechtsprechung zu den Revisionszulassungsgründen des § 115 II Nrn. 1 u. 2 FGO und den Anforderungen an ihre Darlegung i.R.d. Begründung einer NZB gemäß § 116 III 3 FGO einer *ausführlichen kritischen Würdigung unter dem Blickwinkel der Gewährung eines effektiven zweitinstanzlichen Finanzrechtsschutzes.* Diese beginnt mit einem *Allgemeinen Teil,* in dem zunächst das Bedürfnis und die Notwendigkeit einer erweiterten sowie individualrechtsschutzgewährenden verfassungskonformen Auslegung der Revisionszulassungsgründe des § 115 II Nrn. 1 u. 2 FGO und einer Lockerung der Anforderungen an das Begründungsniveau einer NZB nach § 116 III 3 FGO anhand der einschlägigen verfassungsrechtlichen Vorgaben sowie unter Berücksichtigung der entsprechenden einfachrechtlichen Bezüge und ‚Besonderheiten/Eigenarten' der Finanzgerichtsbarkeit herausgearbeitet werden. Der sich anschließende *Besondere Teil* verhält sich zu den einzelnen Zulassungstatbeständen und zeigt insoweit konkret auf, wo und wie genau diese mitsamt den seitens des BFH dazu herausgebildeten restriktiven Zulassungskriterien einer solchen verfassungskonformen Auslegung und dementsprechend die jeweiligen strengen Darlegungsanforderungen einer Absenkung und Lockerung zugänglich sind. *Abgerundet* wird der *4. Abschnitt* mit einem Appell an den Gesetzgeber, um diesem vor Augen zu führen, dass auch er in der Verantwortung steht, für einen gestärkten und verbesserten Individualrechtsschutz im finanzgerichtlichen Revisionszulassungsrecht zu sorgen.

1. Abschnitt: Die historische Entwicklung des finanzgerichtlichen Rechtsmittelzulassungsverfahrens

Im preußischen Recht gewährte zunächst die *Allgemeine Gerichtsordnung für die preußischen Staaten v. 06.07.1793*[4] zur Anfechtung noch nicht rechtskräftiger Endurteile die Rechtsmittel der Appellation und letztinstanzlich der Revision. Ihr folgte die *Verordnung über das Rechtsmittel der Revision und der Nichtigkeitsbeschwerde v. 14.12.1833*[5], die in § 26 Satz 1 für die Entscheidung über die Revision und die Nichtigkeitsbeschwerde als nunmehr zwei Rechtsmittel höchster Instanz ausschließlich das *Preußische Geheime Obertribunal* für zuständig erklärte.

Da im deutschen Kaiserreich ein einheitliches Steuerrecht noch nicht existierte, soll vorliegend – zumal es sich um eine steuerrechtliche Arbeit handelt – die historische Entwicklung jedoch erst ab der *Reichsabgabenordnung 1919*[6] als erstem einheitlichen steuerrechtlichen Mantelgesetz[7] aufgezeigt werden[8].

A. Die Reichsabgabenordnung 1919

I. Die Ausgestaltung des Rechtsmittelverfahrens nach der Reichsabgabenordnung 1919

Die RAO 1919 kannte drei verschiedene Arten von Rechtsmittelverfahren. Gegen die in § 217 RAO 1919 näher bezeichneten (Steuer-) Bescheide war gemäß § 217 Nr. 1 RAO 1919 das *Berufungsverfahren* gegeben, soweit es sich nicht um Zölle und Verbrauchsabgaben handelte. Gegen (Steuer-) Bescheide, die Zölle und Verbrauchsabgaben betrafen, fand gemäß § 217 Nr. 2 RAO 1919 das *Anfechtungsverfahren* statt, während gegen Verfügungen der Finanzbehörden, die keine (Steuer-) Bescheide waren, gemäß § 224 RAO 1919 das *Beschwerdeverfahren* gegeben war.

---

4 Allgemeine Gerichtsordnung für die Preußischen Staaten (AGO) v. 06.07.1793, zitiert nach *Schwinge*, Grundlagen des Revisionsrecht[2], S. 8.

5 Verordnung über das Rechtsmittel der Revision und der Nichtigkeitsbeschwerde v. 14.12.1833, PrGS 1833, 302. Siehe dazu ausführlich *Schwinge*, Grundlagen des Revisionsrecht[2], S. 12 ff.

6 Reichsabgabenordnung v. 13.12.1919, RGBl. 1919, 1993, im Folgenden RAO 1919.

7 Zum Bedürfnis nach einem derartigen einheitlichen und systematischen steuerrechtlichen Mantelgesetz *Becker*, RAO 1919[7], Einleitung, S. XIII (ff.); s. auch *Hensel*, Steuerrecht[3], S. 9.

8 Zur Entwicklung des Rechtsmittelsystems im preußischen Recht s. ausführlich *Henke*, Die Tatfrage, S. 196 ff.; *Schwinge*, Grundlagen des Revisionsrechts[2], S. 8 ff.

Das insoweit bedeutendste und mit den weitestgehenden Rechtsschutzgarantien zugunsten des Steuerschuldners ausgestattete[9] Rechtsmittelverfahren war das *Berufungsverfahren.* Dieses bestand gemäß § 218 RAO 1919 aus dem *Einspruch* gegen die Entscheidung des Finanzamts oder einer Hilfsstelle des Finanzamts, über den das Finanzamt als untere Veranlagungsbehörde gemäß §§ 218, 244 I RAO 1919 selbst zu entscheiden hatte, aus der *Berufung* gegen die Einspruchsentscheidung des Finanzamts, über die das Finanzgericht zu entscheiden hatte[10], sowie aus der *Rechtsbeschwerde* gegen die Berufungsentscheidung des Finanzgerichts an den RFH[11]. Die Einlegung der Rechtsbeschwerde i.S.d. § 265 RAO 1919 konnte jedoch

9 *Ball,* Einführung in das Steuerrecht[3], S. 185; *Hensel,* Steuerrecht[3], S. 170; *Sunder-Plassmann* HHSp., Einf. FGO Tz. 40 (Lfg. 156 April 1998).

10 Die Finanzgerichte, die aufgrund der organisatorischen Umstellung und personellen Neubesetzung erst nach einer Reihe von Übergangsbestimmungen durch eine spezielle Verordnung – *Verordnung über die Bildung der Finanzgerichte v. 05.08.1921,* RGBl. 1921, 1241 = RStBl. 1921, 353, nebst einer *Vorläufigen Geschäftsordnung für die Finanzgerichte (FGGO) v. 15.02.1922,* RStBl. 1922, 93 = RFBl. 1922, 135, ergänzt am 21.05.1924 (vgl. *Jäger,* Entwicklung des Rechtsmittelverfahrens des Steuerrechts, S. 88) – in allen Reichsteilen ihre Tätigkeit aufnehmen konnten (vgl. *Pausch,* DStZ A 1968, 281, 289), waren keine eigenständigen, von der Verwaltung getrennten Behörden, sondern gemäß § 14 I RAO 1919 den Landesfinanzämtern angegliedert. Da sie aber keine Finanzbehörden sein sollten, bestimmte § 14 IV RAO 1919, dass die Mitglieder der Finanzgerichte als solche (sachlich) unabhängig und nur dem Gesetz unterworfen waren. *Richterliche (persönliche u. psychologische) Unabhängigkeit* kam ihnen bei ihrer Tätigkeit jedoch schon deshalb nicht zu, weil die ständigen Mitglieder als Beamte der Finanzverwaltung auch mit Verwaltungsaufgaben betraut und somit in ihrem gesamten Denken dem fiskalischen Interesse verhaftet waren, vgl. *Birkenfeld* HHSp., Vor § 347 AO Tz. 13 u. 16 (Lfg. 155 November 1997); *Jäger,* Entwicklung des Rechtsmittelverfahrens des Steuerrechts, S. 17; *Mrozek/Boethke/Arlt/Pünder,* RAO 1919[2], Bd. I, § 14 RAO 1919 Anm. 4; *Ruban,* in: FS 75 Jahre RFH-BFH, 131, 132 m.w.N.; *Tipke,* in: T/K, Einf. FGO Tz. 1 (Lfg. 85 August 1998). Angesichts dieser ‚persönlichen Verflechtung' wurde das Rechtsmittelverfahren nach der RAO 1919 oftmals auch als *„verlängertes Veranlagungsverfahren"* bezeichnet, das durch eine Eingliederung des Gerichtsverfahrens in das Verwaltungsverfahren gekennzeichnet war, vgl. nur *Grund,* in: FS 50 Jahre Deutsche Finanzgerichtsbarkeit, 27, 33, in Anlehnung an *Becker,* RAO 1919[7], Vorbemerkungen vor § 217 RAO 1919 Anm. 3: *„erweitertes Festsetzungs- und Verwaltungsverfahren"*; in diesem Sinne auch *RFH,* Urt. v. 05.11.1930, VI A 1694/30, RFHE 27, 270, 277.

11 Der Reichsfinanzhof war bereits im Kaiserreich durch das Gesetz über die Errichtung eines Reichsfinanzhofs und über die Reichsaufsicht für Zölle und Steuern v. 26.07.1918, RGBl. 1918, 959, errichtet worden und nahm seine Tätigkeit als oberste Spruch- und Beschlussbehörde für Reichsabgabensachen gemäß § 25 I dieses Gesetzes am 01.10.1918 auf. Er konnte gemäß § 9 dieses Gesetzes nach Erschöpfung des landesrechtlich geordneten Rechtsmittelzugs mit der *Rechtsbeschwerde* angerufen werden, die jedoch nach § 10 nur auf die dort normierten Gründe gestützt werden konnte. Die Vorschriften dieses Gesetzes wurden später im Wesentlichen

nur aus bestimmten, gesetzlich normierten Gründen erfolgen. Sie konnte nur darauf gestützt werden, dass die finanzgerichtliche Berufungsentscheidung auf Verletzung (Nichtanwendung oder unrichtiger Anwendung) des bestehenden Rechts oder einem Verstoß *„wider den klaren Inhalt der Akten"* beruhe (§§ 267 Nr. 1, 275 I RAO 1919), oder dass das Verfahren an wesentlichen Mängeln leide (§§ 267 Nr. 2, 275 I RAO 1919).

Das gegen Bescheide in Zoll- und Verbrauchsabgabensachen statthafte *Anfechtungsverfahren* bestand gemäß § 219 RAO 1919 zunächst aus der *Anfechtung* gegen die Entscheidung des Finanzamts bzw. Hauptzollamts oder einer Hilfsstelle derselben. Insoweit eröffnete § 277 Satz 1 RAO 1919 dem Finanzamt bzw. Hauptzollamt oder der jeweiligen Hilfsstelle, die die Entscheidung erlassen hatte, als unterer Veranlagungsbehörde die Möglichkeit, der Anfechtung abzuhelfen. Bei Nichtabhilfe war die Sache entsprechend § 277 Satz 2 RAO 1919 dem Landesfinanzamt vorzulegen, das dann gemäß §§ 219, 279 Satz 1 RAO 1919 über die Anfechtung zu entscheiden hatte. Gegen die Anfechtungsentscheidung des Landesfinanzamts war gemäß § 219 RAO 1919 wiederum die Möglichkeit der *Rechtsbeschwerde* an den RFH gegeben, die jedoch aufgrund der in § 280 RAO 1919 für entsprechend anwendbar erklärten §§ 267, 275 I RAO 1919 im Anfechtungsverfahren ebenso wie im Berufungsverfahren nur auf die dort gesetzlich normierten – vorstehend erläuterten – Gründe gestützt werden konnte.

In dem gegen andere Verfügungen der Finanzbehörden als (Steuer-) Bescheide stattfindenden *Beschwerdeverfahren* entschied über die Abhilfe der gemäß § 281 RAO 1919 eingelegten *Beschwerde* nach § 282 I 1 RAO 1919 zunächst die die Verfügung erlassende und bei Nichtabhilfe nach § 282 I 3 RAO 1919 die nächst höhere Behörde, also i.d.R. das Landesfinanzamt. Die Beschwerdeentscheidungen der Landesfinanzämter konnten ebenso wie die Verfügungen der Finanzgerichte gemäß § 282 IV Hs. 1 RAO 1919 grds. nicht mit Rechtsmitteln angefochten werden. Lediglich in den (Ausnahme-) Fällen der §§ 282 IV Hs. 2, 283 RAO 1919 – also insbesondere gegen Beschwerdeentscheidungen und Verfügungen über Anordnungen, die nach § 202 I RAO 1919 erzwungen werden konnten – war die *Rechtsbeschwerde* zum RFH gegeben.

II. Die Verordnung des Reichspräsidenten zur Sicherung von Wirtschaft und Finanzen vom 01.12.1930

In allen drei vorstehend dargestellten Rechtsmittelverfahren nach der RAO 1919 hing die Statthaftigkeit der Rechtsbeschwerde zunächst weder von einer bestimmten Höhe des Streitwerts (sog. Rechtsbeschwerdesumme, summa revisibilis[12]) noch von einer Zulassung durch das Finanzgericht bzw. das Landesfinanzamt oder den

---

in die RAO 1919 – vgl. insbesondere die §§ 32 ff. RAO 1919 sowie die Vorschriften über das Rechtsmittelverfahren – überführt.

12 *Hensel*, Steuerrecht^3, S. 171.

RFH ab. Erst die *(Not-) Verordnung des Reichspräsidenten zur Sicherung von Wirtschaft und Finanzen v. 01.12.1930*[13] führte in Art. I Nr. 67 mit dem zum 01.01.1931 in Kraft getretenen § 265a RAO 1919 zwecks Entlastung des RFH von finanziell, also ihrem Streitwert nach weniger bedeutsamen Streitsachen[14] derartige Voraussetzungen ein.

§ 265a I RAO 1919 gab vor, dass *gegen Berufungsentscheidungen der Finanzgerichte* die Rechtsbeschwerde nur dann gegeben war, wenn der *Wert des Streitgegenstandes* höher war als *200 Reichsmark*[15] oder wenn das Finanzgericht – trotz eines geringeren Streitwerts – die Rechtsbeschwerde wegen *der grundsätzlichen Bedeutung der Streitsache* zugelassen hatte. Gemäß § 265a II 1 RAO 1919 war gegen eine Entscheidung, durch die das Finanzgericht die Rechtsbeschwerde zugelassen oder einen Antrag auf eine solche Zulassung abgelehnt hatte, ein Rechtsmittel nicht gegeben[16].

Diese Zulassungsvoraussetzungen galten jedoch weder für das *Anfechtungsverfahren*, zumal die einschlägige Verweisungsnorm des § 280 RAO 1919 auch nach der (Not-) Verordnung keinen Verweis auf die neue Vorschrift des § 265a RAO 1919 enthielt, noch für das *Beschwerdeverfahren*, so dass in diesen beiden Rechtsmittelverfahren weiterhin die unbeschränkte Möglichkeit zur Einlegung der Rechtsbeschwerde beim RFH bestand[17].

---

13 Verordnung des Reichspräsidenten zur Sicherung von Wirtschaft und Finanzen v. 01.12.1930, RGBl. I 1930, 517, 562.

14 *RFH*, Urt. v. 22.04.1931, VI A 781/31, RStBl. 1931, 300; *Becker*, RAO 1919[7], Ergänzungsband 1931, Erläuterungen zu Art. I Nr. 67 der Verordnung: § 265a RAO 1919 Anm. 2.a).

15 Als Wert des Streitgegendstandes i.S.d. § 265a RAO 1919 war *dabei der Wert des Streitgegenstandes der Rechtsbeschwerde* zu verstehen und nicht etwa der Wert des Streitgegenstandes der angefochtenen Entscheidung des Finanzgerichts, *RFH*, Urt. v. 22.04.1931, VI A 781/31, RStBl. 1931, 300. – *Gustav Jahn*, der erste Chefpräsident des RFH, beurteilte die Einführung einer solchen Streitwertgrenze für die Statthaftigkeit der Rechtsbeschwerde im Hinblick auf den Entlastungseffekt positiv. Gleichzeitig warf er jedoch die Frage auf, *„ob es nicht den Vorzug verdient hätte, statt der gewaltsamen einheitlichen Regelung diejenigen Materien und Fragen auszuschließen, die so einfacher Art sind, daß sie ohne Schaden die dritte Instanz* (scil. *Jahn* zählte wohl die Steuerausschüsse bei den Finanzämtern nach § 25 RAO 1919 als erste Instanz) *entbehren können"*, vgl. Kapitel 271 (Eintragung v. 03.12.1938) der unveröffentlichten Lebenserinnerungen *Jahns*, zitiert nach *Kumpf*, in: FS 75 Jahre RFH-BFH, 23, 31.

16 Zur *Kritik* an dieser Regelung insbesondere im Hinblick auf solche Steuern, die, wie bspw. die damalige Wechselsteuer, fast ausschließlich in kleineren Beträgen zur Erhebung kamen, sowie betreffend die Auslegung von Befreiungsvorschriften, die an geringfügige Beträge von Einkommen, Ertrag und Umsatz anknüpften, vgl. *Kloß*, DStZ 1930, 488, 491, der insoweit von einer glatten Abschneidung der Rechtsbeschwerde durch die Vorschrift des § 265a RAO 1919 spricht.

17 Siehe auch *Kloß*, DStZ 1930, 488, 491. Vgl. zudem *Birkenfeld* HHSp., Vor § 347 AO Tz. 18 (Lfg. 155 November 1997).

B. Die Reichsabgabenordnung 1931

I. Die Statthaftigkeit der Rechtsbeschwerde nach der Reichsabgabenordnung 1931

Die nach einer Neuordnung der Paragraphenfolge im Jahre 1931 neu gefasste Reichsabgabenordnung[18] übernahm diese Kombination von Streitwert- und Zulassungsrechtsbeschwerde. Demzufolge war die Rechtsbeschwerde *gegen Berufungsentscheidungen der Finanzgerichte* gemäß § 286 I RAO 1931 wiederum nur dann gegeben, wenn der *Wert des Streitgegenstandes* höher war als *200 Reichsmark* oder wenn das Finanzgericht die Rechtsbeschwerde wegen *der grundsätzlichen Bedeutung der Streitsache* zugelassen hatte. Ein Rechtsmittel gegen eine Entscheidung, durch die das Finanzgericht die Rechtsbeschwerde zugelassen oder einen Antrag auf eine solche Zulassung abgelehnt hatte, existierte gemäß § 286 II 1 RAO 1931 wie schon nach der *(Not-) Verordnung von 1930*[19] nicht.

Eine Änderung erfuhr § 286 I RAO 1931 durch die *Verordnung des Reichspräsidenten über Maßnahmen auf dem Gebiete der Finanzen, der Wirtschaft und der Rechtspflege v. 18.03.1933*, die eine Anhebung der Rechtsbeschwerdesumme mit Wirkung zum 01.04.1933 von ursprünglich 200 auf *500 Reichsmark* vorsah[20].

II. Der Erlass des Führers und Reichskanzlers über die Vereinfachung der Verwaltung vom 28.08.1939

In der Zeit des Nationalsozialismus kam es zu einer enormen Verkürzung des (Steuer-) Rechtsschutzes. Durch den *Erlass des Führers und Reichskanzlers über die Vereinfachung der Verwaltung v. 28.08.1939*[21], in Kraft getreten am 30.08.1939[22], wurde das bislang nur für Zölle und Verbrauchsteuern geltende *Anfechtungsverfahren als einheitliches Rechtsmittelverfahren* eingeführt.

---

18 Reichsabgabenordnung v. 22.05.1931, RGBl. I 1931, 161, im Folgenden RAO 1931. – Die RAO wurde aufgrund der in der (Not-) Verordnung des Reichspräsidenten zur Sicherung von Wirtschaft und Finanzen v. 01.12.1930, RGBl. I 1930, 517, 580, an den Reichsminister der Finanzen erteilten Ermächtigung (Dritter Teil, Kapitel IV, Artikel 5, § 4) wegen der vielfachen Veränderungen durch diese Verordnung in abgeänderter Fassung und mit neuer Paragraphenfolge am 22.05.1931 neu bekannt gemacht.

19 Verordnung des Reichspräsidenten zur Sicherung von Wirtschaft und Finanzen v. 01.12.1930, RGBl. I 1930, 517, 562.

20 Verordnung des Reichspräsidenten über Maßnahmen auf dem Gebiete der Finanzen, der Wirtschaft und der Rechtspflege v. 18.03.1933, RGBl. I 1933, 109, 119 = RStBl. 1933, 233, 239, s. Kapitel VIII, Art. 1 Nr. 10, Art. 2.

21 Erlass des Führers und Reichskanzlers über die Vereinfachung der Verwaltung v. 28.08.1939, RGBl. I 1939, 1535, 1536 = RStBl. 1939, 953.

22 Runderlass des Reichsministers der Finanzen v. 02.09.1939, RStBl. 1939, 962 – Rechtsmittelverfahren in Steuersachen, Abs. 1.

Dazu bestimmte Abschnitt IV Abs. 4 dieses Erlasses, dass für das Anwendungsgebiet der RAO 1931 für die Besteuerung das *Anfechtungsverfahren* gemäß § 230 RAO 1931 gegeben war, soweit nach § 237 RAO 1931 nicht nur die Beschwerde zulässig war. Die damit einhergehende Beseitigung des Berufungsverfahrens i.S.d. § 229 RAO 1931 führte im Zuge einer kriegsbedingten Vereinfachung der gesamten Verwaltung zu einer Ersetzung der Finanzgerichte als Unterbau des RFH durch eine *Abteilung für die Bearbeitung von Anfechtungssachen auf dem Gebiet der Besitz- und Verkehrsteuern* beim Oberfinanzpräsidium, als deren Leiter die früheren Finanzgerichtspräsidenten fungierten[23]. An die Stelle des finanzgerichtlichen Verfahrens trat demnach mit der *Entscheidung durch den Oberfinanzpräsidenten* ein *reines Verwaltungsverfahren*[24].

Gegen die Entscheidungen des Oberfinanzpräsidenten kam die Rechtsbeschwerde an den RFH entsprechend Abschnitt IV Abs. 5 des Führererlasses[25] für das Anwendungsgebiet der RAO 1931 nur noch dann in Betracht, wenn dieser – als die dem Reichsminister der Finanzen unmittelbar unterstehende Verwaltungsinstanz – die Rechtsbeschwerde *wegen der grundsätzlichen Bedeutung* oder *der besonderen Umstände des Einzelfalles* zugelassen hatte. Eine Rechtsbeschwerdesumme – wie zuvor in § 265a I RAO 1919 und später in § 286 I RAO 1931 enthalten – existierte nach dem Führererlass hingegen nicht mehr.

Dies hatte zur Folge, dass allein die Finanzverwaltung in Person des Oberfinanzpräsidenten nach ihrem Belieben bestimmen konnte, welche Sachen vor den RFH gelangten[26]; der RFH war mithin darauf beschränkt, einzelne Steuerstreitsachen auf Anfordern der Verwaltung zu entscheiden[27]. Es verwundert insoweit nicht,

---

23 Runderlass des Reichsministers der Finanzen v. 02.09.1939, RStBl. 1939, 962 – Rechtsmittelverfahren in Steuersachen, Abs. 3 und 5. Vgl. zudem *Sunder-Plassmann* HHSp., Einf. FGO Tz. 54 (Lfg. 156 April 1998). – Zur Umbenennung der Bezeichnung ‚Landesfinanzamt' in ‚Oberfinanzpräsidium' sowie zu weiteren Änderungen von Behörden- und Amtsbezeichnungen s. den Erlass des Führers und Reichskanzlers über die Änderung von Behörden- und Amtsbezeichnungen in der Reichsfinanzverwaltung v. 16.03.1937, RGBl. I 1937, 311 = RStBl. 1937, 433.

24 So auch ausdrücklich der Runderlass des Reichsministers der Finanzen v. 02.09.1939, RStBl. 1939, 962 – Rechtsmittelverfahren in Steuersachen, Abs. 5 Satz 1.

25 Siehe Fußnote 21. Vgl. zudem Abs. 6 des Runderlasses des Reichsministers der Finanzen v. 02.09.1939, RStBl. 1939, 962 – Rechtsmittelverfahren in Steuersachen.

26 *Ruban*, in: FS 75 Jahre RFH-BFH, 131, 134; *Sunder-Plassmann* HHSp., Einf. FGO Tz. 54 (Lfg. 156 April 1998); *Tipke*, NJW 1968, 2081.

27 *Zitzlaff*, StuW 1940 I, Sp. 185, der in seinem Beitrag – Sp. 186 f. – auch *Kritik* an dieser Ausgestaltung des Rechtsbeschwerdezulassungssystems im Hinblick auf die *Gleichmäßigkeit der steuerlichen Behandlung* übt, da die Auffassungen der bei den einzelnen Oberfinanzpräsidenten entscheidenden Beamten über die Frage nach dem Vorliegen der Kriterien für die Zulassung der Rechtsbeschwerde nicht selten sehr auseinander gehen werden, vgl. auch *Henkelmann*, Umgestaltung der Steuerverwaltung durch den Nationalsozialismus, S. 142. Diese *Kritik* wird dadurch bestärkt, dass der Reichsminister des Inneren auf dem *Gebiet der inneren Verwaltung*

dass die Finanzverwaltung als die Behörde, die die Anfechtungsentscheidung erlassen hatte, nur allzu leicht geneigt war, sich der gerichtlichen Nachprüfung ihrer eigenen Entscheidung ohne Rücksicht auf den Rechtsschutz des Steuerpflichtigen weitestgehend zu entziehen[28], was eine erhebliche Verkürzung des Steuerrechtsschutzes nach sich zog. Hinzu kam, dass der damalige Staatssekretär im RFM, *Fritz Reinhardt*, den Adolf Hitler als bewährten Parteigenossen und überzeugten Nationalsozialisten dem eher konservativen Reichsminister der Finanzen, *Graf Lutz Schwerin von Krosigk*, an die Seite gestellt hatte[29], den Oberfinanzpräsidenten persönlich mündliche Weisungen dahingehend erteilte, die Rechtsbeschwerden an den RFH möglichst einzuschränken sowie nur in ganz wenigen Ausnahmefällen

---

im Anschluss an die Zweite Verordnung über die Vereinfachung der Verwaltung v. 06.11.1939, RGBl. I 1939, 2168, durch Runderlass v. 11.11.1939 – I 1262/39-5400, MinBl. für die (gesamte) innere Verwaltung 1939, Sp. 2263 f., zum Zwecke der einheitlichen Rechtsanwendung *Richtlinien* dafür aufstellen ließ, nach welchen Grundsätzen die grundsätzliche Bedeutung oder die besonderen Umstände des Einzelfalles zu beurteilen waren. Danach sollte das verwaltungsgerichtliche Verfahren *wegen grundsätzlicher Bedeutung des Einzelfalles* regelmäßig zugelassen werden, wenn schwierige Rechtsfragen im Vordergrund standen, s. Ziffer 2.a) des Runderlasses. Eine Zulassung des verwaltungsgerichtlichen Verfahrens *wegen der besonderen Umstände des Einzelfalles* kam nach diesen Richtlinien i.d.R. dann in Betracht, wenn eine genaue Feststellung des Tatbestandes durch eine umfangreiche Beweiserhebung erfolgen musste oder wenn die Entscheidung für die Betroffenen von ganz besonderer wirtschaftlicher Tragweite war, s. Ziffer 2.b) des Runderlasses. – In *Reichssteuersachen* sind solche Richtlinien hingegen nicht bekannt geworden. Dies erstaunt umso mehr, als gemäß Ziffer 2.c) des Runderlasses des Reichsministers des Inneren die o.g. Zulassungskriterien in besonderem Maße bei den verhältnismäßig unbedeutenden, den Behörden der allgemeinen Verwaltung zugewiesenen *Abgabensachen* gegeben sein sollten. Demzufolge wäre es bei den Reichssteuersachen, bei denen oftmals die größten und schwierigsten Fragen sowie Fragen von größter finanzieller Bedeutung zu entscheiden waren, erst recht zweckmäßig gewesen, Auslegungsrichtlinien für die Zulassungskriterien der Rechtsbeschwerde aufzustellen, ähnlich auch *Henkelmann*, Umgestaltung der Steuerverwaltung durch den Nationalsozialismus, S. 142 u. 145 f., sowie *Zitzlaff*, StuW 1940 I, Sp. 185, 187 u. 190. Schließlich sollte auch § 5 Satz 1 der Zweiten Verordnung über die Vereinfachung der Verwaltung, der normierte, dass einem Einzelfall insbesondere dann grundsätzliche Bedeutung zukommt, wenn die angefochtene Verfügung oder Entscheidung von der st. Rspr. des für das Land oder den Reichsgau zuständigen obersten Verwaltungsgerichts bewusst abwich, für Reichssteuersachen anscheinend keine Geltung haben, vgl. *Zitzlaff*, StuW 1940 I, Sp. 185, 187.

28 *Henkelmann*, Umgestaltung der Steuerverwaltung durch den Nationalsozialismus, S. 141 f.

29 *Sunder-Plassmann* HHSp., Einf. FGO Tz. 54 (Lfg. 156 April 1998); *Voß*, Steuern im Dritten Reich, S. 51.

zuzulassen, und den RFH dadurch möglichst auszuschalten[30]. Die Wirkung ließ nicht lange auf sich warten, denn fällte der RFH im Jahr 1938 noch 3168 Entscheidungen, gingen die Zahlen über 3079 im Jahr 1939 und 1290 im Jahr 1943 auf nur noch 778 Entscheidungen im Jahr 1944 rapide zurück[31]. Darüber hinaus wurde die Stellung des RFH u.a. dadurch untergraben, dass der Reichsminister der Finanzen, bzw. tatsächlich Staatssekretär *Reinhardt*, in die Geschäftsverteilung des RFH eingriff und durch verschiedene Erlasse die Zuständigkeit des Senats VI a für bestimmte Rechtsbeschwerden anordnete[32], ehe er dann am 02.05.1944 mit sofortiger Wirkung die Aufhebung dieses Senats verfügte[33]. Durch diese und eine Vielzahl weiterer Maßnahmen[34] wurde dem RFH seine Rolle als bloßer *„Gehilfe des Reichsministers der Finanzen"* deutlich vor Augen geführt[35].

III. Aufhebung des Führererlasses durch das Kontrollratsgesetz Nr. 36

Der durch den Führererlass geschaffene – vorstehend beschriebene – Rechtszustand blieb bis zum Jahr 1946 bestehen. Erst das *Gesetz Nr. 36 des Alliierten*

30 *Henkelmann*, Umgestaltung der Steuerverwaltung durch den Nationalsozialismus, S. 142; *Kumpf*, in: Justizalltag im Dritten Reich, 81, 86; *Pausch*, in: FS 50 Jahre Deutsche Finanzgerichtsbarkeit, 13, 22; *Ruban*, in: FS 75 Jahre RFH-BFH, 131, 134; *Sunder-Plassmann* HHSp., Einf. FGO Tz. 54 (Lfg. 156 April 1998).

31 Siehe *Henkelmann*, Umgestaltung der Steuerverwaltung durch den Nationalsozialismus, S. 141, unter Berufung auf die Mitteilung des Obersten Finanzgerichtshofes München v. 10.06.1947, Az. Nr. 383, über vom RFH in den Jahren 1938 bis 1944 getroffene Entscheidungen und erstattete Gutachten. Vgl. zudem *Pausch*, in: FS 50 Jahre Deutsche Finanzgerichtsbarkeit, 13, 22, sowie *Sunder-Plassmann* HHSp., Einf. FGO Tz. 54 (Lfg. 156 April 1998).

32 *List*, in: FS v. Wallis, 15, 21, der von einer Behandlung des RFH als Abteilung des Reichsfinanzministeriums spricht; *Voß*, Steuern im Dritten Reich, S. 187. So enthielt der Erlass v. 21.11.1940 die Anordnung der Zuständigkeit des Senats VI a für Rechtsbeschwerden, die die §§ 17-19 Steueranpassungsgesetz, also insbesondere Fragen der Gemeinnützigkeit, betrafen. Demselben Senat wurde durch Erlass v. 24.06.1942 die Zuständigkeit für Rechtsbeschwerden katholischer Ordensgemeinschaften zugesprochen.

33 Vgl. *List*, in: FS v. Wallis, 15, 21.

34 Siehe dazu ausführlich *Voß*, Steuern im Dritten Reich, S. 186 f.

35 So *Voß*, Steuern im Dritten Reich, S. 187. – In diesem Zusammenhang ist auch erwähnenswert, dass der III. Senat des RFH in seinem ersten Urteil zur Judenvermögensabgabe, *RFH*, Urteil v. 14.09.1939, III 233/39, RStBl. 1939, 1089, die Rechtsbeschwerde zum RFH gegen entsprechende Entscheidungen des Oberfinanzpräsidenten für unzulässig erklärt hat, wohl, um Führer, Partei und Verwaltung als erstrangige Rechtsquelle zu stärken, vgl. *Felix*, BB 1993, 1297, 1298.

Kontrollrats über die Wiedererrichtung der Verwaltungsgerichte v. 10.10.1946[36] führte gemäß seines Art. V Nr. 1 zur Aufhebung des Führererlasses und somit zur Beendigung dieses Rechtszustandes.

Ab diesem Zeitpunkt erlangten die Vorschriften der RAO 1931 und somit auch das durch den Führererlass bzw. den Runderlass des Reichsministers der Finanzen beseitigte Berufungsverfahren[37] wieder ihre Wirksamkeit[38], so dass gemäß § 286 I RAO 1931[39] die Rechtsbeschwerde nicht mehr nur dann gegeben war, wenn sie wegen *der grundsätzlichen Bedeutung der Streitsache* zugelassen worden war, sondern – wie vor Inkrafttreten des Führererlasses – auch dann, wenn der *Wert des Streitgegenstandes* höher war als *500 Reichsmark*. Mit dem *Kontrollratsgesetz Nr. 36* war also – zumindest theoretisch – eine Rückkehr zur Kombination von Streitwert- und Zulassungsrechtsbeschwerde verbunden.

IV. Die Durchführung des Kontrollratsgesetzes Nr. 36 und die Errichtung einer Rechtsbeschwerdeinstanz in den einzelnen Besatzungszonen

Die praktische Durchführung und Umsetzung des Kontrollratsgesetzes Nr. 36[40] führte in der Folge jedoch zu einer starken Rechtszersplitterung[41].

So wurden die Finanzgerichte als Rechtsmittelinstanzen der Mittelstufe nach dem 2. Weltkrieg von den Besatzungsmächten zwar schrittweise wieder errichtet[42]; diese Wiedererrichtung erfolgte aber in den einzelnen Besatzungszonen unterschiedlich[43].

---

36 Gesetz Nr. 36 des Alliierten Kontrollrats über die Wiedererrichtung der Verwaltungsgerichte v. 10.10.1946, ABl. des Kontrollrats in Deutschland 1946, 183.

37 Siehe Fußnote 23.

38 Vgl. auch *Birkenfeld* HHSp., Vor § 347 AO Tz. 20 (Lfg. 155 November 1997).

39 § 286 I RAO 1931 i.d.F. der Verordnung des Reichspräsidenten über Maßnahmen auf dem Gebiete der Finanzen, der Wirtschaft und der Rechtspflege v. 18.03.1933, vgl. Fußnote 20.

40 Siehe Fußnote 36.

41 *Jäger*, Entwicklung des Rechtsmittelverfahrens des Steuerrechts, S. 115; *Tipke*, in: T/K, Einf. FGO Tz. 3 (Lfg. 85 August 1998).

42 Die Festsetzung der Verfassung und der Zuständigkeit der in den einzelnen Besatzungszonen in Durchführung des Kontrollratsgesetzes Nr. 36 zu errichtenden Gerichte sowie des von ihnen anzuwendenden Verfahrens oblag insoweit gemäß Art. II dieses Gesetzes den Zonenbefehlshabern und in Berlin der Alliierten Kommandatura, die nach Art. IV auch berechtigt waren, Ausführungsverordnungen zu diesem Gesetz zu erlassen.

43 *Birkenfeld* HHSp., Vor § 347 AO Tz. 22 (Lfg. 155 November 1997); *Jäger*, Entwicklung des Rechtsmittelverfahrens des Steuerrechts, S. 115; *Sunder-Plassmann* HHSp., Einf. FGO Tz. 68 (Lfg. 156 April 1998). – Vgl. zur unterschiedlichen Entwicklung in den jeweiligen Besatzungszonen die ausführlichen Darstellungen von *Jäger*, Entwicklung des Rechtsmittelverfahrens des Steuerrechts, S. 111 ff.; *Sunder-Plassmann*

Im Gegensatz zu den Finanzgerichten bestand der RFH bis 1945 äußerlich unverändert fort[44]. Mit dem Zusammenbruch des nationalsozialistischen Staates im Jahre 1945 endete jedoch auch dessen Tätigkeit, mit der Folge, dass in Deutschland in den folgenden Jahren eine einheitliche Rechtsbeschwerdeinstanz gegen Berufungsentscheidungen der Finanzgerichte und Anfechtungsentscheidungen der Oberfinanzpräsidenten zunächst nicht existierte. Vielmehr wurden die Rechtsbeschwerden in den einzelnen Besatzungszonen auf unterschiedliche Weise erledigt[45].

In der früheren *Amerikanischen Besatzungszone* hatte das Bayerische Finanzministerium insoweit bereits im Juni 1945 die Genehmigung zur Fortsetzung der früheren Tätigkeit des RFH bei der amerikanischen Militärregierung beantragt und daraufhin am 25.07.1945 die Bewilligung zur Errichtung eines *Obersten Finanzgerichtshofs* erhalten[46]. Dieser *Oberste Finanzgerichtshof mit Sitz in München (OFH)*, den das Bayerische Staatsministerium durch Entschließung v. 22.11.1945 mit Zustimmung der amerikanischen Militärregierung für sein Gebiet als oberste Rechtsinstanz in Abgabensachen bestellt hatte[47], wurde anschließend durch das *Bayerische Landesgesetz zur Wiederherstellung der Finanzgerichtsbarkeit v. 19.05.1948*[48] zu einer Dienststelle des Bayerischen Staates erklärt und war gemäß § 5 I dieses Gesetzes bis zur Errichtung des *Bundesfinanzhofs (BFH)* zunächst

---

HHSp., Einf. FGO Tz. 68 u. 70 ff. (Lfg. 156 April 1998) und *Tipke*, in: T/K, Einf. FGO Tz. 4 f. (Lfg. 85 August 1998). Der Aufbau organisatorisch verselbständigter und mit persönlich unabhängigen Richtern besetzter Finanzgerichte entsprechend dem Auftrag des mit Ablauf des 23.05.1949 in Kraft getretenen Grundgesetzes – Art. 97 u. 108 V (jetzt 108 VI) GG – fand seinen Abschluss mit dem *Gesetz über Maßnahmen auf dem Gebiet der Finanzgerichtsbarkeit v. 22.10.1957*, BGBl. I 1957, 1746 = BStBl. I 1957, 525, sog. *Vorschaltgesetz zur FGO*, vgl. auch *Lange* HHSp., Vor §§ 95-114 FGO Tz. 3 (Lfg. 183 November 2004), sowie *Sunder-Plassmann* HHSp., Einf. FGO Tz. 83 (Lfg. 156 April 1998). § 1 dieses Gesetzes normierte die Stellung der Finanzgerichte als unabhängige, von den Verwaltungsbehörden getrennte Gerichte der Länder, deren Richtern gemäß § 2 II 1 keine Verwaltungsgeschäfte außerhalb der Gerichtsverwaltung übertragen werden durften. Durch § 5 dieses Gesetzes wurde schließlich das Anfechtungsverfahren für Zölle und Verbrauchsteuern durch das Berufungsverfahren ersetzt; insoweit wurden § 228 RAO 1931 neu gefasst und die §§ 230, 299-302 RAO 1931 gestrichen.

44 *Kumpf*, in: Justizalltag im Dritten Reich, 81, 86; *Sunder-Plassmann* HHSp., Einf. FGO Tz. 55 (Lfg. 156 April 1998).

45 *Pausch*, in: FS 50 Jahre Deutsche Finanzgerichtsbarkeit, 13, 22 f.; *Ruban*, in: FS 75 Jahre RFH-BFH, 131, 134; *Sunder-Plassmann* HHSp., Einf. FGO Tz. 68 (Lfg. 156 April 1998); *Tipke*, NJW 1968, 2081; *ders.*, in: T/K, Einf. FGO Tz. 5 a.E. (Lfg. 85 August 1998).

46 Vgl. ausführlich *Sunder-Plassmann* HHSp., Einf. FGO Tz. 69 (Lfg. 156 April 1998). Siehe auch *List*, in: FS v. Wallis, 15, 25.

47 *List*, in: FS v. Wallis, 15, 26.

48 Gesetz zur Wiederherstellung der Finanzgerichtsbarkeit v. 19.05.1948, BayGVBl. 1948, 87.

nur für die zur Amerikanischen Zone gehörenden Teile des Freistaates Bayern als Rechtsbeschwerdeinstanz zuständig[49]. Dort konnte er seit Inkrafttreten des *Gesetzes zur Wiederherstellung der Finanzgerichtsbarkeit v. 19.05.1948*[50] ohne Einhaltung einer Streitwertgrenze sowie ohne besondere Zulassung mit der Rechtsbeschwerde angerufen werden, da die entsprechende Vorschrift des § 286 I RAO 1931 durch § 6 I 2 dieses Gesetzes für nicht mehr anwendbar erklärt worden war[51].

Durch Vereinbarungen zwischen den beteiligten Landesregierungen erstreckte sich die Zuständigkeit des OFH als Rechtsbeschwerdeinstanz – unter Geltung des § 286 I RAO 1931[52] – in der Folgezeit auch auf die übrigen Länder der Amerikanischen Zone, also auf Bremen, Hessen sowie Nord-Württemberg und Nord-Baden (Württemberg-Baden)[53], während für die Länder der früheren *Britischen und Französischen Besatzungszone* eine Zuständigkeit des OFH nicht vorgesehen war[54].

Während im früheren *Britischen Besatzungsgebiet* aufgrund der *VO Nr. 24 der Militärregierung Deutschland – Britisches Kontrollgebiet – v. 01.03.1946*[55] und nach Maßgabe der *Anweisung der Finance Division v. 09.03.1946*[56] eine *besondere*

---

49 *List*, in: FS v. Wallis, 15, 26; *Sunder-Plassmann* HHSp., Einf. FGO Tz. 69 (Lfg. 156 April 1998). – Vgl. zudem § 5 II dieses Gesetzes, wonach der Präsident und die Mitglieder des OFH durch den Bayerischen Ministerpräsidenten ernannt wurden.

50 Siehe Fußnote 48. – Gemäß seines § 6 I 1 trat dieses Gesetz am 01.05.1948 in Kraft.

51 Vgl. auch Metz, Deutsches Steuerrecht I², S. 124, der allerdings ausschließlich auf die Aufhebung der Streitwertgrenze hinweist.

52 Die Geltung des § 286 I RAO 1931 in seiner ursprünglichen Fassung – d.h. i.d.F. der Verordnung des Reichspräsidenten über Maßnahmen auf dem Gebiete der Finanzen, der Wirtschaft und der Rechtspflege v. 18.03.1933, vgl. Fußnote 20 – verdeutlicht Metz, Deutsches Steuerrecht I², S. 124, wenn er dort ausführt, dass § 286 I RAO 1931 außer im Freistaat Bayern nunmehr in der alten Fassung gelte.

53 *Jäger*, Entwicklung des Rechtsmittelverfahrens des Steuerrechts, S. 119; *List*, in: FS v. Wallis, 15, 26; *Ruban*, in: FS 75 Jahre RFH-BFH, 131, 134 f.; *Sunder-Plassmann* HHSp., Einf. FGO Tz. 69 (Lfg. 156 April 1998).

54 *List*, in: FS v. Wallis, 15, 26; *Sunder-Plassmann* HHSp., Einf. FGO Tz. 69 (Lfg. 156 April 1998). Vgl. auch *Jäger*, Entwicklung des Rechtsmittelverfahrens des Steuerrechts, S. 119 f., der ausführt, dass es Bestrebungen gegeben habe, die Zuständigkeit des OFH durch ein Gesetz des Wirtschaftsrats auch auf die *Britische Zone* auszudehnen. Im Hinblick auf das damals entstehende Grundgesetz, das die Errichtung von oberen Bundesgerichten vorsah (vgl. Art. 96 I GG i.d.F. v. 23.05.1949, BGBl. I 1949, 1, 13), habe man jedoch vermeiden wollen, der künftigen Rechtsgestaltung durch ein Gesetz des Wirtschaftrats vorzugreifen, so dass diese Bestrebungen letztlich erfolglos geblieben seien.

55 VO Nr. 24 der Militärregierung Deutschland – Britisches Kontrollgebiet – v. 01.03.1946, StZBl. der Leitstelle der Finanzverwaltung für die Britische Zone 1946, 1 u. 29 Nr. 9, zitiert nach *Jäger*, Entwicklung des Rechtsmittelverfahrens des Steuerrechts, S. 129, sowie *Sunder-Plassmann* HHSp., Einf. FGO Tz. 68 (Lfg. 156 April 1998).

56 Anweisung der Finance Division, Control Commission für Germany (British Element), v. 09.03.1946, zitiert nach *Sunder-Plassmann* HHSp., Einf. FGO Tz. 68

Rechtsbeschwerdestelle bei der Finanzleitstelle in Hamburg[57] zur Entscheidung über Rechtsbeschwerden gegen die Anfechtungsentscheidungen der Oberfinanzpräsidenten der Britischen Zone berufen war[58], wurde in der früheren *Französischen Besatzungszone* eine solche Rechtsbeschwerdeinstanz überhaupt nicht eingerichtet[59].

Als Mitte 1948 die *Finanzleitstelle in Hamburg* aufgelöst wurde, existierte dann auch für das Britische Besatzungsgebiet keine Rechtsbeschwerdeinstanz mehr[60].

In der früheren *Sowjetischen Besatzungszone* erließ der Präsident der Deutschen Zentralfinanzverwaltung am 01.04.1947 zwar eine *Anordnung zur Regelung des Rechtsmittelverfahrens in Steuersachen*[61]. Neben dem Einspruch an das Finanzamt und der Berufung an das Steuergericht war ein weiteres Rechtsmittel aber nicht vorgesehen. Die Berufungsentscheidung des Steuergerichts besaß also einen endgültigen Charakter und konnte nicht mit der Rechtsbeschwerde angefochten werden[62]. Ebenso wie im früheren Französischen Besatzungsgebiet existierte demnach auch in der früheren Sowjetischen Besatzungszone überhaupt keine Rechtsbeschwerdeinstanz[63].

(Lfg. 156 April 1998). Vgl. zur exakten Bezeichnung der Finance Division: StZBl. der Leitstelle der Finanzverwaltung für die Britische Zone 1946, 1.

57 Die genaue Bezeichnung dieser Stelle lautete: *Leitstelle der Finanzverwaltung für die Britische Zone*, vgl. StZBl. der Leitstelle der Finanzverwaltung für die Britische Zone 1946, 1; *Jäger*, Entwicklung des Rechtsmittelverfahrens des Steuerrechts, S. 129.

58 StZBl. der Leitstelle der Finanzverwaltung für die Britische Zone 1946, 1; *Sunder-Plassmann* HHSp., Einf. FGO Tz. 68 (Lfg. 156 April 1998); *Tipke*, in: T/K, Einf. FGO Tz. 5 (Lfg. 85 August 1998).

59 Siehe *Sunder-Plassmann* HHSp., Einf. FGO Tz. 68 (Lfg. 156 April 1998), sowie *Tipke*, in: T/K, Einf. FGO Tz. 5 (Lfg. 85 August 1998). Vgl. auch *List*, in: FS v. Wallis, 15, 27. – Anders im *Saarland*, das historisch bedingt eine Sonderstellung einnahm (sog. *Saarprotektorat*): Dort wurde – einhergehend mit der Wiedereinführung des Berufungsverfahrens gemäß §§ 259-298 RAO 1931 auf dem Gebiet der Besitz- und Verkehrsteuern – als *Rechtsmittelbeschwerdeinstanz* und *Oberster Gerichtshof* an Stelle des früheren RFH ein *Steuersenat beim Oberverwaltungsgericht des Saarlandes* gebildet, vgl. dazu Art. 1 u. 3 der *Rechtsanordnung der Verwaltungskommission über die Wiedereinführung des Berufungsverfahrens auf dem Gebiet der Besitz- und Verkehrsteuern im Saarland v. 30.05.1947*, ABl. der Verwaltungskommission des Saarlandes 1947, 182, 183.

60 Vgl. *List*, in: FS v. Wallis, 15, 27 u. *Sunder-Plassmann* HHSp., Einf. FGO Tz. 68 (Lfg. 156 April 1998).

61 Anordnung zur Regelung des Rechtsmittelverfahrens in Steuersachen v. 01.04.1947, ZVOBl. 1947, 65.

62 Siehe *Jäger*, Entwicklung des Rechtsmittelverfahrens des Steuerrechts, S. 131 f., unter Hinweis auf § 2 der Anordnung (Fn. 61). Vgl. auch *Niemann*, Finanz- u. Steuerrecht, S. 82 Fußnote 1.

63 Zur Situation in *West-Berlin* nachfolgend in Fußnote 68.

Erst mit Inkrafttreten des von der *Provisorischen Volkskammer der Deutschen Demokratischen Republik* beschlossenen *Abgabengesetzes*[64] am 01.01.1950 wurde für den Bereich der Besitz- und Verkehrsteuern die Möglichkeit zur Einlegung der Rechtsbeschwerde (wieder-) eröffnet. Diese war gemäß § 14 Nr. 1 lit. a) bis c) des Abgabengesetzes statthaft in *Fällen von grundsätzlicher Bedeutung*, bedurfte jedoch stets der Zustimmung des Leiters der Landesfinanzdirektion. Die Zuständigkeit für die Entscheidung über die Rechtsbeschwerde oblag nach § 17 des Abgabengesetzes dem *Zentralfinanzgericht*, das der *Deutschen Zentralfinanzdirektion* angegliedert war[65].

In dem größten Teil der Besatzungsgebiete war die Rechtsbeschwerde gegen Berufungsentscheidungen der Finanzgerichte und Anfechtungsentscheidungen der Oberfinanzpräsidenten *formell* somit zwar gegeben, sie konnte jedoch wegen Fehlens oder späteren Wegfalls der Rechtsbeschwerdeinstanz *praktisch* – zumindest zeitweise – oftmals nicht durchgeführt werden[66].

V. Das Gesetz über den Bundesfinanzhof vom 29.06.1950 und das Steueränderungsgesetz 1961

Die Rückkehr zu einer *bundeseinheitlichen Rechtsbeschwerdeinstanz* und die damit einhergehende Beseitigung des vorstehend geschilderten Nachkriegszustands erfolgte erst, als durch *Gesetz v. 29.06.1950*[67] der *Bundesfinanzhof (BFH)* mit Sitz in München als oberes Bundesgericht für das Gebiet der Finanzgerichtsbarkeit errichtet wurde, und seine Tätigkeit gemäß §§ 7 I, 11 dieses Gesetzes zum 01.09.1950 aufnahm[68].

---

64 Gesetz über die Abgaben der Republik und der übrigen Gebietskörperschaften sowie über die Errichtung einer Abgabenverwaltung der Republik (Abgabengesetz) v. 09.02.1950, GBl. DDR I 1950, 130.

65 *Jäger*, Entwicklung des Rechtsmittelverfahrens des Steuerrechts, S. 133, unter Hinweis auf die entsprechenden Vorschriften des Abgabengesetzes (Fn. 64).

66 Vgl. auch *Sunder-Plassmann* HHSp., Einf. FGO Tz. 80 (Lfg. 156 April 1998).

67 Gesetz über den Bundesfinanzhof v. 29.06.1950, BGBl. I 1950, 257.

68 Tatsächlich nahm der BFH seine Tätigkeit allerdings erst am 21.10.1950 auf, da seine Mitglieder erst an diesem Tage ernannt wurden, vgl. *Zitzlaff*, StuW 1951 I, Sp. 1. **Ausnahmen** hinsichtlich der Geltung des Gesetzes über den BFH betrafen *West-Berlin* und das *Saarland*: In ***West-Berlin*** erfuhr die Finanzgerichtsbarkeit in der Nachkriegszeit eine besondere Regelung. Nachdem dort seit Mai 1945 ein Rechtsschutz in Steuersachen zunächst nur vor den Verwaltungsgerichten im Amerikanischen und Britischen Sektor gewährt wurde, erfolgte zum 01.03.1951 die organisatorische Eingliederung der Finanzgerichtsbarkeit in den Rahmen der allgemeinen Verwaltungsgerichtsbarkeit, *Jäger*, Entwicklung des Rechtsmittelverfahrens des Steuerrechts, S. 129; *Sunder-Plassmann* HHSp., Einf. FGO Tz. 78 (Lfg. 156 April 1998); *Tipke*, in: T/K, Einf. FGO Tz. 5 (Lfg. 85 August 1998). Gesetzliche Grundlage dieser Eingliederung bildete das *Gesetz über die Verwaltungsgerichtsbarkeit v. 08.01.1951*, VOBl. Berlin I 1951, 46, in Kraft getreten am 01.03.1951, s. im Einzelnen §§ 29-37 dieses Gesetzes. Siehe dazu auch die *Erste Verordnung zur Durchführung*

Betreffend die Statthaftigkeit der Rechtsbeschwerde normierte § 6 II 2 des Gesetzes über den BFH, dass § 286 I RAO 1931 auf alle Steuern – ausgenommen Zölle und Verbrauchsteuern, § 6 II 1 – mit der Maßgabe Anwendung findet, dass an die Stelle des Betrages von 500 Reichsmark der Betrag von 200 Deutsche Mark tritt. Gemäß § 286 I RAO 1931 i.V.m. § 6 II 2 des Gesetzes über den BFH war die Einlegung einer Rechtsbeschwerde gegen Berufungsentscheidungen der Finanzgerichte

---

des Gesetzes über die Verwaltungsgerichtsbarkeit v. 02.03.1951, VOBl. Berlin I 1951, 261, sowie die *Rundverfügung Nr. 106/51 des Landesfinanzamts Berlin v. 10.03.1951*, StZBl. Berlin 1951, 13. Dabei galt das *Verwaltungsgericht Berlin* zugleich als *Finanzgericht*, dessen Entscheidungen ebenso wie die Anfechtungsentscheidungen des Landesfinanzamts in Zoll- und Verbrauchsteuersachen mit der *Rechtsbeschwerde zum Oberverwaltungsgericht* angefochten werden konnten, s. §§ 34, 35 u. 36 des *Gesetzes über die Verwaltungsgerichtsbarkeit v. 08.01.1951* (vgl. hierzu nachfolgend auch § 8 I Hs. 2 des *Gesetzes über die Stellung des Landes Berlin im Finanzsystem des Bundes [Drittes Überleitungsgesetz] v. 04.01.1952*, BGBl. I 1952, 1, 2, wonach das *Verwaltungsgericht Berlin* bis zum Inkrafttreten einer bundesgesetzlichen Regelung der Finanzgerichtsbarkeit gemäß Art. 108 V [jetzt 108 VI] GG als *Finanzgericht* galt). Innerhalb seines Zuständigkeitsbereichs war das *Oberverwaltungsgericht Berlin* also neben dem BFH und unabhängig von diesem als Rechtsbeschwerdeinstanz und damit als höchstes Finanzgericht tätig, s. *Jäger*, Entwicklung des Rechtsmittelverfahrens des Steuerrechts, S. 130. Erst seit dem 17.06.1952 bestand auch für *West-Berlin* die Zuständigkeit des BFH für Rechtsbeschwerden gegen die Entscheidungen des auch in Steuersachen zuständigen Verwaltungsgerichts Berlin, vgl. §§ 8 I Hs. 1, 19 I des *Gesetzes über die Stellung des Landes Berlin im Finanzsystem des Bundes (Drittes Überleitungsgesetz) v. 04.01.1952*, BGBl. I 1952, 1, 2 u. 4, i.V.m. Art. I Abs. 1 u. 3 sowie Art. III Abs. 1 des *Gesetzes zur Übernahme des Gesetzes über die Stellung des Landes Berlin im Finanzsystem des Bundes (Drittes Überleitungsgesetz) v. 12.06.1952*, GVBl. Berlin 1952, 393. Für das ***Saarland*** wurde der BFH als Rechtsbeschwerdeinstanz sogar erst ab dem 06.07.1959 zuständig, als die Übergangsphase beendet und die *wirtschaftliche Eingliederung* des Saarlandes in die BRD durch Schaffung der notwendigen gesetzlichen Grundlagen in währungs-, wirtschafts- sowie rechtspolitischer Hinsicht vollzogen war, nachdem zuvor bereits am 01.01.1957 die *politische Eingliederung* stattgefunden hatte. – Vgl. insoweit auch das *Gesetz über steuerliche Maßnahmen im Saarland* (Gesetz Nr. 584 – StMG) v. 12.06.1957, Amtsblatt des Saarlandes 1957, 905, das u.a. Sonderbestimmungen für die Übergangszeit bis zur wirtschaftlichen Eingliederung des Saarlandes in die BRD enthielt: Nach dessen Art. 94 Ziffer 1 fand insbesondere das *Gesetz über den Bundesfinanzhof* v. 29.06.1950 keine Anwendung; stattdessen blieb § 110 II 1 des *Gesetzes über die Verwaltungsgerichtsbarkeit* (Gesetz Nr. 268) v. 10.07.1951, Amtsblatt des Saarlandes 1951, 1075, 1090, kraft ausdrücklicher gesetzlicher Anordnung auch weiterhin in Kraft (vgl. Amtsblatt des Saarlandes 1957, 905, 928). Dieser hatte bereits zuvor normiert, dass das Oberverwaltungsgericht über die Rechtsmittel gegen Entscheidungen besonderer Verwaltungsgerichte – und somit auch über die Rechtsmittel gegen Entscheidungen des Finanzgerichts (vgl. § 110 I) – entscheidet, gegen die nach den geltenden Vorschriften kein Rechtsmittel bei einem anderen Gericht eingelegt werden konnte.

betreffend andere Steuern als Zölle und Verbrauchsteuern also nur statthaft, wenn der *Wert des Streitgegenstandes höher* war *als 200 Deutsche Mark*[69] oder wenn das Finanzgericht die Rechtsbeschwerde wegen der *grundsätzlichen Bedeutung der Streitsache* zugelassen hatte.

Dies bedeutete schließlich eine endgültige Rückkehr zur Kombination von Streitwert- und Zulassungsrechtsbeschwerde, die zuvor schon durch das *Kontrollratsgesetz Nr. 36*[70] beabsichtigt gewesen war, allerdings aufgrund des Zustands besatzungsbedingter (Rechts-) Zersplitterung seinerzeit noch nicht vollständig und bundeseinheitlich verwirklicht werden konnte[71], und die – auch angesichts der niedrigen Rechtsbeschwerdesumme von nur 200 DM – in hohem Maße zur Wahrung der Rechtseinheit beigetragen hat[72].

Die niedrige Streitwertgrenze von nur 200 DM wurde schließlich durch *Art. 17 Nr. 14 Steueränderungsgesetz 1961*[73] zur weiteren Entlastung des BFH auf *1.000 DM* angehoben[74], so dass die Statthaftigkeit der Rechtsbeschwerde in der Folge davon abhängig war, dass der *Wert des Streitgegenstandes mehr als 1.000 DM betrug*, oder – wie zuvor auch – das Finanzgericht die Rechtsbeschwerde wegen der *grundsätzlichen Bedeutung der Streitsache* zugelassen hatte.

---

69 *Kritisch* zur Höhe dieser Streitwertgrenze *Bühler/Strickrodt*, Steuerrecht I³, S. 491 u. 568, nach deren Auffassung die Rechtsbeschwerdesumme mit 200 DM so niedrig gelegen habe, dass damit eine Auswahlwirkung – insbesondere im Vergleich zur Revisionssumme gemäß § 546 I ZPO i.d.F. des Rechtsvereinheitlichungsgesetzes v. 12.09.1950, BGBl. I 1950, 455, 475 (Art. 2 I. Nr. 87) in Höhe von 6.000 DM – nicht habe erreicht werden können; die Streitwertgrenze von 200 DM habe vielmehr nur die *Bagatellfälle* ausgeschlossen.

70 Siehe Fußnote 36.

71 Vgl. schon oben unter III. (S. 12 f., dort S. 13) u. IV. (S. 13 ff.).

72 *Bühler/Strickrodt*, Steuerrecht I³, S. 568, allerdings m.E. widersprüchlich zu ihrer in Fußnote 69 zitierten *kritischen* Auffassung zur Höhe der Streitwertgrenze.

73 Gesetz zur Änderung des Einkommensteuergesetzes, des Körperschaftsteuergesetzes, des Gewerbesteuergesetzes, des Bewertungsgesetzes, des Vermögensteuergesetzes, des Steuersäumnisgesetzes, der Reichsabgabenordnung, des Steueranpassungsgesetzes, des Gesetzes zur Förderung der Wirtschaft von Berlin (West) und anderer Gesetze (Steueränderungsgesetz 1961) v. 13.07.1961, BGBl. I 1961, 981, 996 = BStBl. I 1961, 444, 459.

74 Was die Höhe der Rechtsbeschwerdesumme angeht, so war zunächst eine Anhebung auf 500 DM vorgesehen. Gemäß Vorschlag des Bundesrates sollte sogar eine Erhöhung auf 2.000 DM erfolgen (Nr. 29 der Änderungsvorschläge des Bundesrates Anlage 2 zur BT-Drucks. 127 der 3. Wahlperiode). Davon wurde jedoch aus sozialen Gründen und wegen der Beschränkung der Finanzgerichtsbarkeit auf nur zwei Instanzen abgesehen. Letztendlich kam es im Gesetz auf Anregung des Präsidenten des BFH als Vorwegregelung zu einer geplanten Finanzgerichtsordnung zur Umsetzung des vom Finanzausschuss des Bundestages geäußerten Vorschlages, die Rechtsbeschwerdesumme auf 1.000 DM festzusetzen. Siehe zum Ganzen Entwurf einer Finanzgerichtsordnung v. 02.08.1963, BT-Drucks. IV/1446, S. 57.

C. Die Finanzgerichtsordnung vom 06.10.1965

Mit der gemäß ihres § 184 I 1 am 01.01.1966 in Kraft getretenen *Finanzgerichtsordnung v. 06.10.1965*[75] trat an die Stelle der Rechtsbeschwerde das Rechtsmittel der *Revision.* Bei der Ausgestaltung des Revisionszulassungsrechts lehnte sich die FGO 1965 im Wesentlichen an die kurz zuvor in Kraft getretene *Verwaltungsgerichtsordnung*[76] an, jedoch unter Berücksichtigung der Beschränkung des finanzgerichtlichen Verfahrens auf lediglich zwei Instanzen[77].

I. Kombination von Streitwert- und Zulassungsrevision unter Erweiterung der Zulassungsgründe (§ 115 I u. II FGO 1965)

Insoweit knüpfte § 115 I FGO 1965 zunächst an die der Vorgängerregelung des § 286 I RAO 1931 bereits immanente Kombination von Streitwert- und Zulassungsrevision (resp. -rechtsbeschwerde) an.

Dabei wurde neben der *Streitwertgrenze von 1.000 DM* auch der nun in § 115 II Nr. 1 FGO 1965 niedergelegte Zulassungsgrund der *,Grundsätzlichen Bedeutung der Rechtssache'* (sog. *Grundsatzrevision*) beibehalten. Gleichzeitig fand in Anlehnung an § 132 II VwGO 1960 aber auch eine Erweiterung der Revisionszulassungsgründe statt. So war gemäß § 115 II Nr. 2 FGO 1965 die Revision auch dann zuzulassen, *wenn das finanzgerichtliche Urteil von einer Entscheidung des BFH abwich und auf dieser Abweichung beruhte* (sog. *Divergenzrevision*). Nach § 115 II Nr. 3 FGO 1965 führte schließlich ein *geltend gemachter Verfahrensmangel, auf dem die angefochtene Entscheidung beruhen konnte* (sog. *Verfahrensrevision*), zur Zulassung der Revision. Die Statthaftigkeit der Revision war somit gemäß § 115 I FGO 1965 davon abhängig, dass die *Revisionssumme von 1.000 DM* überschritten wurde, oder das FG die Revision trotz Nichterreichens dieser Revisionssumme aus den in § 115 II Nrn. 1 bis 3 FGO 1965 enumerativ aufgezählten Zulassungsgründen zuließ.

Hierbei galt es zu berücksichtigen, dass der Revisionszulassungsgrund der *Divergenzrevision* jedoch keineswegs – wie ursprünglich in § 115 II Nr. 2 FGO 1965 niedergelegt – nur den Fall der Abweichung des finanzgerichtlichen Urteils von einer Entscheidung des BFH betraf. Vielmehr erfuhr dieser Zulassungsgrund in den Folgejahren zwei nennenswerte Ausweitungen. Zunächst erstreckte § 18 I 1 des *Gesetzes zur Wahrung der Einheitlichkeit der Rechtsprechung der obersten Gerichtshöfe des Bundes*[78] die Divergenzrevision auch auf eine Abweichung des finanzgerichtlichen Urteils von einer Entscheidung des *Gemeinsamen Senats der obersten*

75 Finanzgerichtsordnung v. 06.10.1965, BGBl. I 1965, 1477 = BStBl. I 1965, 564, im Folgenden FGO 1965.

76 Verwaltungsgerichtsordnung v. 21.01.1960, BGBl. I 1960, 17, gemäß ihres § 195 I 1 in Kraft getreten am 01.04.1960, im Folgenden VwGO 1960.

77 Entwurf einer Finanzgerichtsordnung v. 02.08.1963, BT-Drucks. IV/1446, S. 56 f.

78 Gesetz zur Wahrung der Einheitlichkeit der Rechtsprechung der obersten Gerichtshöfe des Bundes v. 19.06.1968, BGBl. I 1968, 661.

Gerichtshöfe des Bundes (GmSOGB). Schließlich wurde die Divergenzrevision i.S.d. § 115 II Nr. 2 FGO 1965 durch Art. 6 des *Fünften Gesetzes zur Änderung des Gesetzes über das Bundesverfassungsgericht*[79] dahingehend erweitert, dass eine Revisionszulassung auch bei einer Abweichung des finanzgerichtlichen Urteils von der Judikatur des *Bundesverfassungsgerichts (BVerfG)* in Betracht kam.

II. Erstmalige Einführung des Rechtsinstituts der Nichtzulassungsbeschwerde (§ 115 III bis V FGO 1965)

Im Unterschied zur Vorgängerregelung des § 286 II 1 RAO 1931, wonach gegen eine Entscheidung, durch die das FG die Rechtsbeschwerde zugelassen oder einen Antrag auf eine solche Zulassung abgelehnt hatte, ein Rechtsmittel nicht gegeben war, sah § 115 III bis V FGO 1965 in Anlehnung an § 132 III bis V VwGO 1960 erstmals die Möglichkeit vor, die Nichtzulassung der Revision seitens des FG selbständig durch Beschwerde anzufechten (sog. *Nichtzulassungsbeschwerde [NZB]*).

Dazu war es gemäß § 115 III 3 FGO 1965 erforderlich, in der Beschwerdeschrift, die nach § 115 III 1 u. 2 FGO 1965 innerhalb eines Monats nach Zustellung des Urteils bei dem Gericht eingereicht werden musste, dessen Entscheidung angefochten werden sollte, die grundsätzliche Bedeutung der Rechtssache darzulegen oder die BFH-Entscheidung, von der das finanzgerichtliche Urteil abwich[80], bzw. den Verfahrensmangel zu bezeichnen. Die NZB musste demnach seinerzeit innerhalb eines Monats *eingelegt und begründet* werden, wobei eine Verlängerungsmöglichkeit dieser Frist insbesondere im Hinblick auf die Begründung der NZB im Gesetz nicht vorgesehen war.

Für den Fall der Stattgabe der NZB normierte § 115 V 4 FGO 1965 schließlich, dass mit der Zustellung des Beschwerdebescheides der Lauf der Revisionsfrist begann. Bei Zulassung der Revision auf eine NZB hin schloss sich also nicht automatisch das Revisionsverfahren an; vielmehr musste die Revision vom Beschwerdeführer noch separat eingelegt und begründet werden.

III. Die zulassungsfreie Revision nach § 116 FGO 1965

Neben der in § 115 I und II FGO 1965 geregelten Kombination von Streitwert- und Zulassungsrevision und der insoweit korrespondierenden Regelung der NZB in § 115 III bis V FGO 1965 kannte die FGO 1965 in § 116 die sog. *zulassungsfreie Revision.* Danach bedurfte es in bestimmten Fällen nicht der Zulassung der Revision; diese konnte vielmehr auch bei Nichterreichen der Revisionssumme von 1.000 DM ohne besondere Zulassung eingelegt werden.

---

79 Fünftes Gesetz zur Änderung des Gesetzes über das Bundesverfassungsgericht v. 02.08.1993, BGBl. I 1993, 1442 = BStBl. I 1993, 805.

80 Später dann entsprechend der nachfolgenden Erweiterung der Divergenzrevision auch die Entscheidung des GmSOGB bzw. des BVerfG, von der das finanzgerichtliche Urteil abwich.

1. *Die zulassungsfreie Verfahrensrevision nach § 116 I FGO 1965*

Die Regelung der zulassungsfreien Revision galt gemäß § 116 I FGO 1965 – entsprechend § 133 VwGO 1960 – für die *Rüge bestimmter*, in § 116 I Nrn. 1 bis 5 FGO 1965 abschließend aufgezählter, *besonders schwerer – wesentlicher – Verfahrensmängel*[81], die zugleich auch *absolute Revisionsgründe* i.S.d. § 119 FGO 1965 darstellten. Soweit die *zulassungsfreie Verfahrensrevision* nach § 116 I FGO 1965 eröffnet war, bestand für eine NZB kein Rechtsschutzbedürfnis[82]. Umgekehrt konnten andere als die in § 116 I FGO 1965 aufgeführten Verfahrensmängel nur mit der NZB erfolgreich geltend gemacht werden[83].

Eine *Umdeutung* eines von einem rechtskundigen Prozessbevollmächtigten ausdrücklich und eindeutig als Revision i.S.d. § 116 I FGO 1965 bezeichneten Rechtsmittels in eine auf § 115 II Nr. 3 FGO 1965 gestützte NZB oder umgekehrt kam allerdings im Hinblick auf die erheblichen (verfahrens-) rechtlichen Unterschiede dieser beiden Rechtsmittel nicht in Betracht[84].

Eine schlüssige Verfahrensrüge i.S.d. § 116 I FGO 1965 setzte entsprechend § 120 II 2 FGO 1965 voraus, dass der Revisionskläger innerhalb der Revisionsbegründungsfrist die Tatsachen bezeichnete, die den Verfahrensmangel ergaben. Dazu musste unter substantiierter Auseinandersetzung mit dem angefochtenen Urteil und in sich schlüssig einer der Gründe des § 116 I Nrn. 1 bis 5 FGO 1965 dargetan werden[85]. Dies wiederum erforderte einen Vortrag der Tatsachen, die – als wahr

81 Vgl. insoweit auch den Entwurf einer Finanzgerichtsordnung v. 02.08.1963, BT-Drucks. IV/1446, S. 57, dort zu § 109 FGO-E, der dem späteren § 116 I FGO 1965 entsprach.

82 *Lange* HHSp., § 116 FGO Tz. 6 (Lfg. 194 Juni 2007) m.w.N. aus der Rechtsprechung zu einzelnen Tatbeständen des § 116 I FGO 1965.

83 Vgl. *BFH*, Urt. v. 29.11.1985, VI R 13/82, BStBl. II 1986, 187, 188; Beschl. v. 10.08.1994, IX R 96/93, BFH/NV 1995, 324; Beschl. v. 18.12.1997, V R 59/97, BFH/NV 1998, 977, 978; *Lange* HHSp., § 116 FGO Tz. 7 (Lfg. 194 Juni 2007) mit weiteren konkreten Beispielen aus der Rechtsprechung.

84 *BFH*, Beschl. v. 31.01.1989, VII R 94/88, BFH/NV 1989, 648; Beschl. v. 12.08.1996, VIII R 33/96, BFH/NV 1997, 138, 139; Beschl. v. 08.07.1997, VII R 48/97, BFH/NV 1998, 45; Beschl. v. 09.07.1997, IX R 17/97, BFH/NV 1998, 47; Beschl. v. 16.07.1997, II R 16/97, BFH/NV 1998, 51; Beschl. v. 28.01.1998, X R 143/97, BFH/NV 1998, 869; Beschl. v. 26.02.1998, X R 2/98, BFH/NV 1998, 992; Beschl. v. 23.08.2000, I R 49/00, BFH/NV 2001, 196, großteils m.w.N. und jeweils betreffend die Umdeutung einer (zulassungsfreien) Revision in eine NZB. – *BFH*, Beschl. v. 09.06.1986, IX B 90/85, BStBl. II 1986, 679, 680; Beschl. v. 31.01.1989, VII R 94/88, BFH/NV 1989, 648; Beschl. v. 29.03.1995, II B 129/94, BFH/NV 1995, 910, 911; Beschl. v. 14.06.1995, VIII B 126-127/94, BFH/NV 1996, 144; Beschl. v. 27.10.1997, X B 203/95, BFH/NV 1998, 707, 708; Beschl. v. 08.06.1999, VI B 17/99, BFH/NV 1999, 1375, teils m.w.N. und jeweils betreffend die Umdeutung einer NZB in eine (zulassungsfreie) Revision.

85 *BFH*, Beschl. v. 17.09.1996, X R 27/94, BFH/NV 1997, 246, 247; Beschl. v. 09.10.1997, X R 90/97, BFH/NV 1998, 476, 477 m.w.N.

unterstellt – die Schlussfolgerung auf einen Verfahrensmangel i.S.d. § 116 I FGO 1965 rechtfertigten[86].

2. *Die zulassungsfreie Revision gegen Urteile in Zolltarifsachen nach § 116 II FGO 1965*

Neben der *zulassungsfreien Verfahrensrevision* gemäß § 116 I FGO 1965 kannte § 116 II FGO 1965 die *zulassungsfreie Revision gegen Urteile in Zolltarifsachen*[87].

---

86 So bspw. *BFH*, Beschl. v. 29.06.1989, V R 112/88, V B 72/89, BStBl. II 1989, 850; Beschl. v. 12.08.1996 (Fn. 84), BFH/NV 1997, 138; Beschl. v. 17.12.1996, IX R 1/95, BFH/NV 1997, 582 m.w.N.; Beschl. v. 25.11.1997, VI R 50/97, BFH/NV 1998, 610.

87 § 116 II FGO 1965 war in dem Entwurf einer Finanzgerichtsordnung ursprünglich als § 108 II 2 vorgesehen (Entwurf einer Finanzgerichtsordnung v. 02.08.1963, BT-Drucks. IV/1446, S. 17). § 108 FGO-E normierte – entsprechend der späteren gesetzlichen Regelung des § 115 I und II FGO 1965 – in Absatz 1 die Kombination von Streitwert- und Zulassungsrevision und enthielt in Absatz 2 Satz 1 Nrn. 1 bis 3 eine abschließende Aufzählung der Revisionszulassungsgründe. § 108 II 2 FGO-E bestimmte insoweit, dass die Beschränkung der Zulässigkeit der Revision nach Absatz 1 für die Revision gegen Urteile in Zolltarifsachen keine Geltung erlangen sollte. Nach der hierzu ergangenen Begründung des Gesetzentwurfs, BT-Drucks. IV/1446, S. 57, wurde für die Zulässigkeit der Revision in Zolltarifsachen keine Streitwertgrenze festgesetzt, weil die hierbei im Einzelfall zufällig streitbefangene Ware stellvertretend für ihre gesamte Gattung stehe. Im weiteren Verlauf des Gesetzgebungsverfahrens wurde § 108 II 2 FGO-E dann aus rechtssystematischen Gründen in § 109 FGO-E, der zunächst – entsprechend der späteren gesetzlichen Regelung des § 116 I FGO 1965 – nur die zulassungsfreie Revision bei wesentlichen Verfahrensmängeln vorsah (vgl. Entwurf einer Finanzgerichtsordnung v. 02.08.1963, BT-Drucks. IV/1446, S. 18), als dessen Absatz 2 aufgenommen. Im Schriftlichen Bericht des Rechtsausschusses (12. Ausschuss) über den von der Bundesregierung eingebrachten Entwurf einer Finanzgerichtsordnung (FGO) – Drucksache IV/1446 -, Bericht des Abgeordneten Bauer (Würzburg) v. 14.06.1965, zu BT-Drucks. IV/3523, S. 12, hieß es dazu, dass es sich bei Zolltarifsachen um Fälle handele, die einer besonderen Zulassung zur Revision nicht bedürften, da sie der Natur der Sache nach stets Rechtsfragen von grundsätzlicher Bedeutung zum Gegenstand hätten. Der *BFH* schließlich erblickte den Sinn und Zweck des § 116 II FGO 1965 in der Kombination beider vorstehend angeführten Begründungen und führte dazu aus, dass § 116 II FGO 1965 eine Ausnahmevorschrift zu der Regelung in § 115 I FGO 1965 darstelle, dass die Revision der Zulassung bedürfe, wenn der Wert des Streitgegenstandes 1.000 DM nicht übersteige, bei der der Gesetzgeber unterstellt habe, dass den Entscheidungen der FGe über zolltarifliche Fragen stets grundsätzliche Bedeutung i.S.d. § 115 II Nr. 1 FGO 1965 zukomme. Der Grund dafür liege darin, dass die Entscheidung über eine zolltarifliche Frage über den Einzelfall hinaus stets für alle Waren der Gattung Bedeutung habe, zu der die streitbefangene Ware gehöre, *BFH*, Beschl. v. 22.12.1969, VII R 29/68, BStBl. II 1970, 253.

Darunter fielen nach st. Rspr. des BFH Fälle, in denen das FG über eine zolltarifliche Frage[88] entschieden hatte, und das finanzgerichtliche Urteil auf der zolltariflichen Entscheidung beruhte[89]. Dazu war erforderlich, dass das Urteil von einer in ihm getroffenen zolltariflichen Entscheidung abhing oder abhängen konnte, gleich, ob es sich bei der zolltariflichen Frage um die einzige oder auch nur die wesentliche Vorfrage handelte[90]. Entscheidend war allein, dass die zolltarifliche Frage eine Rolle spielte und das Urteil auf der Entscheidung über diese Frage beruhte[91].

D. Die Gesetze zur Entlastung des Bundesfinanzhofs

I. Der Entwurf eines Gesetzes zur Änderung des Rechts der Revision in Zivilsachen und in Verfahren vor Gerichten der Verwaltungs- und Finanzgerichtsbarkeit vom 04.04.1973

Die in § 115 I FGO 1965 festgeschriebene Kombination von Streitwert- und Zulassungsrevision mit der nur geringen Streitwertgrenze von 1.000 DM, die im Gegensatz zur RAO 1931 stark erweiterte Fassung der Revisionszulassungsgründe in § 115 II FGO sowie die erstmals im Gesetz vorgesehene Möglichkeit, die Nichtzulassung der Revision seitens des FG selbständig durch Beschwerde anzufechten (§ 115 III-V FGO 1965), und schließlich die Regelung über die zulassungsfreie Verfahrensrevision gemäß § 116 I FGO 1965 sowie die zulassungsfreie Revision gegen Urteile in Zolltarifsachen gemäß § 116 II FGO 1965 hatten das Tor des Rechtsschutzes gegen Verwaltungsentscheidungen weit geöffnet und für eine Vielzahl der erstinstanzlichen finanzgerichtlichen Entscheidungen eine zweite Instanz beim BFH

88 Zolltarifliche Fragen betrafen in erster Linie die Tarifierung einer Ware, also die Einordnung/Einreihung einer Ware in die richtige Tarifstelle des Warenverzeichnisses, *BFH*, Beschl. v. 01.12.1992, VII R 59/92, BFH/NV 1993, 338; Urt. v. 06.06.2000, VII R 72/99, BFHE 192, 390, 393. Der Begriff der Zolltarifsache umfasste aber auch Angelegenheiten, die mit der tariflichen Einordnung von Waren in keinem unmittelbaren Zusammenhang standen, in denen jedoch die Auslegung und/oder Anwendung von Vorschriften des Zolltarifrechts streitig war, *BFH*, Beschl. v. 14.05.1986, VII B 25/86, BFHE 146, 312, 314. Siehe zum Begriff der ‚Zolltarifsache' ausführlich *Lange*, DStZ 1998, 92, 93 f., sowie *Müller-Eiselt*, ZfZ 1994, 258, 259 f.

89 Vgl. nur *BFH*, Beschl. v. 10.06.1997, VII R 92/96, BFH/NV 1998, 320, 321 m.w.N.

90 *BFH*, Beschl. v. 20.02.1990, VII R 125/89, BStBl. II 1990, 546, 547 m.w.N.; Beschl. v. 26.02.1991, VII R 41/89, BStBl. II 1991, 526 m.w.N.; Urt. v. 13.02.1992, V R 140/90, BStBl. II 1992, 573, 574; Beschl. v. 01.12.1992 (Fn. 88), BFH/NV 1993, 338; Beschl. v. 30.06.1994, V R 138/93, BFH/NV 1995, 424; Urt. v. 20.12.1994, VII R 16/94, BFH/NV 1995, 1111.

91 So z.B. *BFH*, Beschl. v. 26.02.1991 (Fn. 90), BStBl. II 1991, 526 m.w.N.; Beschl. v. 30.06.1994 (Fn. 90), BFH/NV 1995, 424. – Ausführlich zur zulassungsfreien Revision gegen Urteile in Zolltarifsachen gemäß § 116 II FGO 1965 *Lange*, DStZ 1998, 92 ff. (dort auch äußerst *kritisch*); *ders.* HHSp., § 116 FGO Tz. 10 ff. (Lfg. 194 Juni 2007).

eröffnet[92]. Da die Finanzgerichtsbarkeit v.a. in den 70er Jahren aus diversen Gründen einen insgesamt z.T. explosionsartigen Belastungsanstieg zu verzeichnen hatte[93], kam es angesichts der vorstehend beschriebenen weitreichenden, fast schon unbeschränkten Zugangsmöglichkeit zum BFH folglich auch dort zu einer erhöhten Belastung, die sich in laufend steigenden Eingangszahlen widerspiegelte, und der man zunächst mit einer personellen Verstärkung in Form der Errichtung des VIII. Senats und anschließend mit gesetzlichen Entlastungsmaßnahmen zu begegnen versuchte[94]. Zentraler Ansatzpunkt im Zuge dieser Entlastungsbestrebungen war die Frage nach dem *Abbau der Streitwertrevision*, deren in § 115 I FGO 1965 verankerte Streitwertgrenze von nur 1.000 DM es praktisch jedem Verfahren von einiger Bedeutung ermöglichte, zum BFH zu gelangen[95].

So legte die Bundesregierung dem Bundestag im Jahre 1973 einen Gesetzentwurf vor, der darauf abzielte, den BGH und den BFH zu entlasten sowie das Revisionszulassungs- und Revisionsrecht der ZPO, des ArbGG, der VwGO und der FGO soweit möglich zu vereinheitlichen[96]. Kern der in diesem Entwurf auf dem Gebiet der Finanzgerichtsbarkeit vorgeschlagenen Maßnahmen war die Beseitigung des beim BFH bestehenden Mischsystems aus Streitwert- und Zulassungsrevision durch *Abschaffung der Streitwertrevision*[97].

Zur Begründung wurde diesbzgl. vorgetragen, die Streitwertrevision entspreche nicht der einem Revisionsgericht in erster Linie obliegenden Aufgabe der Fortbildung des Rechts und der Wahrung der Rechtseinheit, sondern vielmehr dem Interesse der Parteien an Einzelfallgerechtigkeit im Konfliktfall und an der Beseitigung von Fehlurteilen, das jedoch insoweit zurücktreten müsse. Dies gelte umso mehr, als die Streitwertrevision im finanzgerichtlichen Verfahren eindeutig im Vordergrund stehe und der BFH demnach mit Streitwertrevisionen überlastet worden sei, bei denen eine grundsätzliche Bedeutung überwiegend zu verneinen

92 *Sunder-Plassmann* HHSp., Einf. FGO Tz. 162 (Lfg. 176 März 2003).

93 Als ein wesentlicher Grund wird insoweit u.a. die organisatorische Umstellung der Finanzverwaltung durch die Neuordnung der Finanzämter entsprechend den *Grundsätzen zur Neuorganisation der Finanzämter und zur Neuordnung des Besteuerungsverfahrens (GNOFÄ)* v. 16.02.1976, BStBl. I 1976, 88, angesehen, vgl. *Sunder-Plassmann* HHSp., Einf. FGO Tz. 162 (Lfg. 176 März 2003).

94 Vgl. *Sunder-Plassmann* HHSp., Einf. FGO Tz. 162 (Lfg. 176 März 2003).

95 *Schmieszek*, in: FS Offerhaus, 773, 776.

96 Entwurf eines Gesetzes zur Änderung des Rechts der Revision in Zivilsachen und in Verfahren vor Gerichten der Verwaltungs- und Finanzgerichtsbarkeit v. 04.04.1973, BT-Drucks. 7/444, S. 1 f.

97 Siehe die Begründung des Entwurfs eines Gesetzes zur Änderung des Rechts der Revision in Zivilsachen und in Verfahren vor Gerichten der Verwaltungs- und Finanzgerichtsbarkeit v. 04.04.1973, BT-Drucks. 7/444, S. 29 u. 41; vgl. auch *Sunder-Plassmann* HHSp., Einf. FGO Tz. 163 (Lfg. 176 März 2003). – Zu weiteren Änderungsvorschlägen sowie zur vorgeschlagenen Neufassung der §§ 115, 116 FGO nach diesem Gesetzentwurf s. BT-Drucks. 7/444, S. 7, 29 ff. u. 41 ff.

gewesen und der BFH mithin nicht als (Grundsatz-) Revisionsinstanz sondern vielmehr als „*Quasi-Berufungsinstanz*"[98] tätig geworden sei[99]. Darüber hinaus unterliege die Streitwertrevision nicht unerheblichen sozialstaatlichen Bedenken, da bei der Festsetzung der Streitwertgrenze aus praktischen Gründen unberücksichtigt bleiben müsse, welche persönliche bzw. wirtschaftliche Bedeutung der im Einzelfall gegebenen Beschwer für den Betroffenen zukomme, mit der Folge, dass finanzschwächere Parteien benachteiligt würden. Denn für eine Partei in bescheidenen wirtschaftlichen Verhältnissen habe ein Prozess um eine mittlere Summe nicht selten eine ebenso große wirtschaftliche Bedeutung wie das Millionenobjekt für ein Großunternehmen[100].

Diese im Kern überwiegend schlüssige Begründung hinsichtlich der beabsichtigten Abschaffung der Streitwertrevision[101] war jedoch auch nicht ganz frei von Unwägbarkeiten. Denn während sich der Entwurf zur Begründung der Abschaffung der Streitwertrevision beim *BGH* auf die Begründung des Regierungsentwurfs der ZPO berief, wonach eine zweimalige Verhandlung und Entscheidung der Sache dem Anliegen der Parteien ausreichend Rechnung trage, sollten hingegen i.R.d. Finanzgerichtsbarkeit trotz des dort nur zweistufigen Instanzenzuges keinerlei berechtigte Bedenken gegen die weitgehende Abschaffung bereits der zweiten Instanz bestehen[102].

II. Das Gesetz zur Entlastung des Bundesfinanzhofs vom 08.07.1975

Diese unter I. dargestellte Gesetzesvorlage kam über das Stadium des Entwurfs aber letztlich nicht hinaus.

---

98 Diesen Ausdruck verwendet *Ziemer*, BB 1965, 957, 958.

99 So die Begründung des Gesetzentwurfs v. 04.04.1973, BT-Drucks. 7/444, S. 14 sowie v.a. 28 u. 29, sowie *Sunder-Plassmann* HHSp., Einf. FGO Tz. 163 (Lfg. 176 März 2003). Siehe auch *Tipke*, NJW 1968, 2081, 2086, der anführt, dass die aufgrund der Summenrevision eingehenden Sachen übermäßig an den Kräften der Richter zehrten und zumeist mangels Eignung zur Förderung der Rechtseinheit und Rechtsfortbildung wesentlich dazu beitragen würden, dass die Revisionsrichter sich ihren eigentlichen Aufgaben entfremden müssten.

100 Vgl. insoweit die Begründung des Gesetzentwurfs v. 04.04.1973, BT-Drucks. 7/444, S. 17 u. 29. Siehe auch *Klein*, DStR 1984, 17, 21, sowie *Offerhaus*, BB 1984, 625, 628. Zur Sozialwidrigkeit der Streitwertrevision insb. im *Zivilprozess* vgl. bereits *Schwinge*, Grundlagen des Revisionsrechts[2], S. 226 ff.

101 Vgl. insoweit auch später im 4. Abschnitt unter A.II.1. (S. 381 einschließlich Fußnote 1264) sowie A.II.2. (S. 387 f., dort S. 388).

102 Ebenso *Sunder-Plassmann* HHSp., Einf. FGO Tz. 164 (Lfg. 176 März 2003), unter Hinweis auf die Begründung des Gesetzentwurfs v. 04.04.1973, BT-Drucks. 7/444, S. 15 u. 29.

Stattdessen kam es im Jahre 1975 zum Erlass des *Gesetzes zur Entlastung des Bundesfinanzhofs*[103]. Damit verbunden war allerdings zunächst nicht die Abschaffung der Streitwertrevision in der FGO, sondern lediglich die vorübergehende Einschränkung des Zugangs zum BFH durch eine Anhebung der Streitwertgrenze[104]. Somit kam es schließlich zu der Lösung, die die Begründung des Entwurfs eines Gesetzes zur Änderung des Rechts der Revision in Zivilsachen und in Verfahren vor Gerichten der Verwaltungs- und Finanzgerichtsbarkeit von 1973 zwar ursprünglich abgelehnt hatte, die in den Vorbemerkungen zum Entwurf jedoch ausdrücklich als *Alternativlösung* zu den eigentlich vorgeschlagenen Maßnahmen vorgesehen war[105].

Die betreffend die Zugangsbeschränkung zum BFH zentrale Regelung enthielt Art. 1 Nr. 5 BFHEntlG. Dieser normierte in Satz 1, dass abweichend von § 115 I FGO 1965 die Revision ohne Zulassung nur dann stattfand, wenn der *Wert des Streitgegenstandes 10.000 DM überstieg*[106]; bei Unterschreiten dieser Streitwertgrenze war die Revision neben der weiterhin bestehenden zulassungsfreien Revision des § 116 FGO 1965 – wie zuvor bereits auch – nur dann gegeben, wenn das FG oder auf eine NZB hin der BFH aus den in § 115 II Nrn. 1 bis 3 FGO 1965 enumerativ aufgezählten Zulassungsgründen die Revision zugelassen hatte[107]. Gemäß Art. 1 Nr. 5 Satz 2 BFHEntlG galt diese kräftige *Erhöhung der Streitwertgrenze von ursprünglich 1.000 DM auf 10.000 DM* allerdings nicht für Rechtsstreitigkeiten über die Feststellung von Einheitswerten und die Androhung oder Festsetzung eines Erzwingungsgeldes sowie für Rechtsstreitigkeiten über bestimmte berufsrechtliche Verhältnisse; hier verblieb es vielmehr bei der bisherigen Streitwertgrenze von 1.000 DM[108].

---

103 Gesetz zur Entlastung des Bundesfinanzhofs v. 08.07.1975, BGBl. I 1975, 1861 = BStBl. I 1975, 932, im Folgenden BFH-Entlastungsgesetz (BFHEntlG).

104 Siehe auch *Sunder-Plassmann* HHSp., Einf. FGO Tz. 169 (Lfg. 176 März 2003), mit den dortigen Erläuterungen zu den Ausführungen des Rechtsausschusses betreffend die Gründe für das grundsätzliche Festhalten an der Streitwertrevision.

105 Vgl. hierzu den Gesetzentwurf v. 04.04.1973 samt Begründung, BT-Drucks. 7/444, S. 2 (Erlass eines Entlastungsgesetzes für den BFH) u. 30.

106 Bereits in der Fünften Legislaturperiode hatte die Bundesregierung den Entwurf eines Gesetzes zur Änderung der Finanzgerichtsordnung, der Reichsabgabenordnung und anderer Gesetze v. 06.08.1968, BT-Drucks. V/3196, eingebracht, der neben anderen Maßnahmen zur Entlastung des BFH in Art. 1 Nr. 19 für bestimmte Rechtsstreitigkeiten die *Heraufsetzung der Streitwertgrenze auf 6.000 DM* vorsah. Dieser Entwurf ist jedoch nicht Gesetz geworden.

107 Zur Verfassungsmäßigkeit von Art. 1 Nr. 5 BFHEntlG s. *BVerfG* (Dreierausschuss), Beschl. v. 19.12.1981, 2 BvR 1400/81 (juris), wonach durch Art. 1 Nr. 5 BFHEntlG insbesondere nicht bestimmten sozialen Schichten der Zugang zum BFH verweigert worden sei, denn auch bei einem 10.000 DM nicht übersteigenden Streitwert habe der BFH unter den Voraussetzungen des § 115 II und III FGO 1965 angerufen werden können.

108 *Lange* HHSp., § 115 FGO Tz. 4 (Lfg. 192 Oktober 2006).

Die den BFH entlastende Heraufsetzung der Streitwertgrenze auf 10.000 DM trat gemäß Art. 4 BFHEntlG zum 15.09.1975 in Kraft und war – wie auch die anderen im BFHEntlG verankerten Regelungen[109] – gemäß Art. 1 Satz 1 sowie Art. 2 Nr. 3 BFHEntlG anfangs nur bis zum 31.12.1980 befristet, weshalb auch eine Aufnahme dieser Regelung in die FGO nicht erfolgte[110]. In der Folgezeit wurden die Regelungen des BFHEntlG jedoch durch diverse Gesetze mehrfach, zunächst bis zum 31.12.1987, verlängert[111].

III. Das Gesetz zur Beschleunigung verwaltungs- und finanzgerichtlicher Verfahren vom 04.07.1985

Die Erhöhung der Streitwertgrenze durch Art. 1 Nr. 5 BFHEntlG auf 10.000 DM und die damit einhergehende Beibehaltung der Streitwertrevision war indes vielfacher *Kritik* ausgesetzt. Insbesondere wurde angeführt, dass vor dem vorstehend unter I. (S. 24 ff., dort S. 26) erläuterten Hintergrund der Benachteiligung finanzschwächerer Parteien nicht recht einzusehen sei, dass die Gewährleistung der Einzelfallgerechtigkeit dann eine ausschlaggebende Bedeutung für die Zulässigkeit der Revision erhalten solle, wenn eine gewisse – willkürlich gefundene – Streitwertgrenze überschritten sei[112].

Als Reaktion darauf und auch, weil die Anhebung der Streitwertgrenze auf 10.000 DM eine nachhaltige entlastende Wirkung vermissen lies[113], beschloss der Bundestag am 04.07.1985 zur weiteren Entlastung des BFH und zur Gewährleistung seiner Funktionsfähigkeit[114] das *Gesetz zur Beschleunigung verwaltungs- und*

---

109 Das BFHEntlG enthielt bspw. noch eine Regelung zum Vertretungszwang vor dem BFH (Art. 1 Nr. 1) sowie Regelungen über Ausnahmen vom Begründungszwang bei unzulässigen bzw. unbegründeten NZBen (Art. 1 Nr. 6) und bei unbegründeten Revisionen (Art. 1 Nrn. 7 u. 8).

110 *Kritisch* zur Nichtaufnahme der Regelung des Art. 1 Nr. 5 BFHEntlG bzw. der Regelungen des BFHEntlG insgesamt in den Gesetzestext der FGO *Ruban*, in: FS 75 Jahre RFH-BFH, 131, 144, sowie *Woerner*, in: FS 75 Jahre RFH-BFH, 355, 366.

111 Vgl. insoweit zunächst das *Gesetz zur Änderung des Gesetzes zur Entlastung des Bundesfinanzhofs* v. 04.08.1980, BGBl. I 1980, 1147 = BStBl. I 1980, 462, das in Artikel 1 eine Verlängerung bis zum 31.12.1984 vorsah, sowie anschließend das *Zweite Gesetz zur Änderung des Gesetzes zur Entlastung des Bundesfinanzhofs* v. 14.12.1984, BGBl. I 1984, 1514 = BStBl. I 1985, 8, gemäß dessen Artikel 1 das BFHEntlG bis zum 31.12.1987 verlängert wurde. – Zu weiteren Verlängerungen nachfolgend unter III. (S. 28 ff., dort S. 29) mit den entsprechenden Gesetzesnachweisen in Fußnote 120.

112 So *Offerhaus*, BB 1984, 625, 628; ebenso *Zeidler*, DRiZ 1983, 249, 254, zum Zivilprozess. Vgl. zudem *Klein*, DStR 1984, 17, 21.

113 Vgl. *List*, DStR 1985, 359, 361; *ders.*, DStR 1995, 1982, 1984, jeweils mit Darstellung des entsprechenden statistischen Zahlenmaterials.

114 Siehe *Ruban*, in: FS 75 Jahre RFH-BFH, 131, 137.

finanzgerichtlicher Verfahren[115] und vollzog damit eine grundlegende Änderung des BFHEntlG und damit einhergehend einen Systemwechsel in der Finanzgerichtsbarkeit, durch den der Zugang zum BFH wesentlich erschwert wurde[116]. Dabei bildete die Zulassung der Revision durch die FGe bzw. den BFH die Schleuse, durch die nach der Vorstellung des Gesetzgebers der BFH entlastet werden sollte[117]. Deshalb wurde Art. 1 Nr. 5 BFHEntlG durch Art. 2 des Gesetzes zur Beschleunigung verwaltungs- und finanzgerichtlicher Verfahren insoweit neu gefasst, als die Revision gegen finanzgerichtliche Urteile abweichend von § 115 I FGO 1965 – von den Fällen der zulassungsfreien Revision gemäß § 116 FGO 1965 abgesehen – nur noch stattfand, wenn das FG oder auf eine NZB hin der BFH sie zugelassen hatte. Die Neufassung von Art. 1 Nr. 5 BFHEntlG durch Art. 2 des Gesetzes zur Beschleunigung verwaltungs- und finanzgerichtlicher Verfahren führte somit zu einer *Suspendierung der Streitwertrevision* und zur Einführung einer ausschließlich *zulassungsabhängigen Revision* für die Geltungsdauer des BFHEntlG[118]. Dieses war zunächst zwar nur bis zum 31.12.1987 befristet[119], wurde jedoch in der Folgezeit stetig verlängert und erlangte schließlich Geltung bis zum 31.12.2000[120].

Dieses Vorgehen des Gesetzgebers wurde im Hinblick auf den Rechtsschutz des Steuerbürgers stark *kritisiert.* So wurde angemerkt, dass es eine erhebliche Erschwerung für den rechtsschutzsuchenden Steuerbürger und damit eine

115 Gesetz zur Beschleunigung verwaltungs- und finanzgerichtlicher Verfahren v. 04.07.1985, BGBl. I 1985, 1274 = BStBl. I 1985, 496.

116 *Klein/Eberl,* DStR 1987, 412; *List,* DStZ 1988, 159.

117 *Völlmeke,* DStR 1997, Beih. zu Heft 32/97, 11.

118 Die Suspendierung der Streitwertrevision erfolgte dabei allerdings gegen das einhellige Votum der Spitzenverbände der Wirtschaft sowie der rechts- und steuerberatenden Berufe, vgl. etwa BRAK-Mitt. 1988, 131.

119 Siehe dazu das *Zweite Gesetz zur Änderung des Gesetzes zur Entlastung des Bundesfinanzhofs* v. 14.12.1984, BGBl. I 1984, 1514 = BStBl. I 1985, 8, gemäß dessen Artikel 1 das BFHEntlG bis zum 31.12.1987 verlängert wurde, vgl. auch bereits vorstehend unter II. (S. 26 ff., dort S. 28).

120 Vgl. im Einzelnen die folgenden Gesetze: *Gesetz zur Verlängerung des Gesetzes zur Entlastung des Bundesfinanzhofs* v. 03.12.1987, BGBl. I 1987, 2442 = BStBl. I 1987, 800: Verlängerung bis zum 31.12.1989; *Gesetz zur Änderung des Gesetzes zur Entlastung des Bundesfinanzhofs* v. 22.12.1989, BGBl. I 1989, 2404 = BStBl. I 1990, 8: Verlängerung bis zum 31.12.1991; *Gesetz zur Änderung des Gesetzes zur Entlastung des Bundesfinanzhofs* v. 20.12.1991, BGBl. I 1991, 2288 = BStBl. I 1992, 44: Verlängerung bis zum 31.12.1993; *Gesetz zur Änderung des Gesetzes zur Entlastung des Bundesfinanzhofs* v. 20.12.1993, BGBl. I 1993, 2236 = BStBl. I 1994, 100: Verlängerung bis zum 31.12.1996; *Gesetz zur Änderung des Gesetzes zur Entlastung des Bundesfinanzhofs* v. 26.11.1996, BGBl. I 1996, 1810 = BStBl. I 1996, 1522: Verlängerung bis zum 31.12.1999; *Gesetz zur Änderung des Gesetzes zur Entlastung des Bundesfinanzhofs* v. 17.12.1999, BGBl. I 1999, 2447 = BStBl. I 2000, 3: Verlängerung bis zum 31.12.2000.

Minderung des finanzgerichtlichen Rechtsschutzes darstelle, wenn wichtige Änderungen/Regelungen des BFH-Verfahrensrechts wie die Zulässigkeitsvoraussetzungen der Revision über zwei Jahrzehnte bis zum 31.12.2000 in einem Nebengesetz – teilweise widersprüchlich zur eigentlichen Verfahrensordnung – enthalten seien. Darüber hinaus sei die Geltungsdauer der in den Entlastungsgesetzen enthaltenen Regelungen jeweils immer nur für einige Jahre bemessen gewesen und in der Folge insgesamt achtmal verlängert worden[121].

Hinzu kam, dass auch die Suspendierung der Streitwertrevision durch das Gesetz zur Beschleunigung verwaltungs- und finanzgerichtlicher Verfahren nicht die gewünschte zahlenmäßige Entlastung beim BFH bewirkte, zumal die Abnahme der Eingänge an Revisionen durch entsprechend gesteigerte Eingänge an NZBen mehr als ausgeglichen wurde. Die Suspendierung der Streitwertrevision führte somit lediglich zu einer Verschiebung der Eingänge von den Revisionen auf die NZBen, so dass der durch die Entlastungsmaßnahmen eingetretene Erfolg demzufolge in keinem Verhältnis zu den dadurch bewirkten erheblichen Einschränkungen des Rechtsschutzes der Steuerbürger stand[122].

Dennoch dauerte das provisorische Nebeneinander von z.T. suspendiertem Revisionszulassungs-/Revisionsrecht der FGO 1965 und BFHEntlG insgesamt 25 Jahre an. Erst nach mehreren – nachstehend beschriebenen – Versuchen gelang es schließlich, das Flickwerk von Entlastungsvorschriften, mit dem der Gesetzgeber innerhalb und außerhalb der FGO 1965 jahrelang versucht hatte, der zunehmenden Prozessflut und der darauf beruhenden langen Verfahrensdauer entgegenzuwirken, zu beseitigen[123]. Dazu wurden die Bestimmungen des BFHEntlG nach

---

121 Vgl. nur *List*, DStR 1995, 1982, 1983 (die dort erwähnte *neunmalige* Verlängerung bereits bis zum 31.12.1996 ist diesseits nicht nachvollziehbar), sowie *Schaumburg*, StuW 1999, 68. Siehe auch *Ruban*, in: FS 75 Jahre RFH-BFH, 131, 144, die zwar die Suspendierung der Streitwertrevision durch den Gesetzgeber begrüßt, jedoch gleichzeitig bedauert, dass die Regelung des Art. 1 Nr. 5 BFHEntlG nicht in den Gesetzestext der FGO übernommen wurde.

122 In diesem Sinne auch *List*, DStZ 1988, 159 f.; *ders.*, DStR 1995, 1982, 1984, jeweils mit Darstellung des entsprechenden statistischen Zahlenmaterials. Vgl. aber auch *Ruban*, in: FS 75 Jahre RFH-BFH, 131, 137, die darauf hinweist, dass die angestrebte Entlastung des BFH gleichwohl insoweit erreicht worden sei, als eine NZB mit geringerem Arbeitsaufwand und daher einfacher und schneller erledigt werden könne als eine Revision.

123 *Seer*, in: T/K, § 115 FGO Tz. 6 a.E. (Lfg. 131 Oktober 2012); *Sunder-Plassmann* HHSp., Einf. FGO Tz. 155 (Lfg. 176 März 2003). Nach Gräber/*Ruban*[4], § 115 FGO Tz. 4, soll die zögerliche Haltung des Gesetzgebers betreffend die Durchführung einer grundlegenden Reform des finanzgerichtlichen Revisionszulassungs- und Revisionsrechts, insbesondere betreffend die Überführung der bislang nur befristet geltenden Vorschriften des BFHEntlG in die FGO, u.a. auch auf den Widerstand der Verbände der rechts- und steuerberatenden Berufe gegen eine dauerhafte Abschaffung der Streitwertrevision – vgl. z.B. die *Stellungnahme des Steuerberaterverbandes*, Stbg. 1993, 293 – zurückzuführen gewesen sein.

dessen Auslaufen zum 31.12.2000 im Wesentlichen – wenn auch z.T. in leicht abgewandelter Form – durch das *Zweite Gesetz zur Änderung der Finanzgerichtsordnung und anderer Gesetze* v. 19.12.2000[124] mit Wirkung zum 01.01.2001 in die FGO übernommen[125].

E. Der Entwurf einer Verwaltungsprozessordnung

Einen ersten Versuch zur Beseitigung des misslichen Nebeneinanders von z.T. suspendiertem Revisionszulassungs-/Revisionsrecht der FGO 1965 und BFHEntlG stellte der Entwurf einer Verwaltungsprozessordnung dar. Dieser bildete – zurückgehend auf einen Beschluss des Bundestages v. 29.11.1956[126] – die zweite Etappe der Novellierungsbestrebungen zur FGO 1965. Zuvor hatte die Bundesregierung dem Bundestag bereits im Jahre 1966 den *Entwurf einer Novelle zur FGO*[127] vorgelegt, der aufgekommene Zweifelsfragen klären sowie inzwischen gewonnene Erkenntnisse berücksichtigen und somit die Arbeit mit dem Gesetz erleichtern sollte[128]; die dortigen Novellierungsbestrebungen blieben indes zunächst ohne Erfolg, da dieses Vorhaben über das Stadium des Entwurfs letztlich nicht hinaus kam.

In der Folgezeit wurden – beruhend auf dem unter der wissenschaftlichen Leitung *Ules* ausgearbeiteten *Speyerer Entwurf eines Verwaltungsgerichtsgesetzes*[129] – weitere Reformierungsversuche erörtert. Ziel dieses Speyerer Entwurfs

---

124 Zweites Gesetz zur Änderung der Finanzgerichtsordnung und anderer Gesetze (2. FGOÄndG) v. 19.12.2000, BGBl. I 2000, 1757 = BStBl. I 2000, 1567.

125 Zur Neuregelung des finanzgerichtlichen Revisionszulassungsrechts durch das 2. FGOÄndG ausführlich später im 2. Abschnitt (S. 47 ff.).

126 Mit diesem Beschluss wurde die Bundesregierung i.R.d. parlamentarischen Beratungen zur VwGO aufgefordert, den Entwurf einer Prozessordnung vorzulegen, die das Verfahren vor den ordentlichen Gerichten – ausgenommen das Strafverfahren sowie das Verfahren in Angelegenheiten der freiwilligen Gerichtsbarkeit -, den Arbeits-, Verwaltungs-, Sozial- und Finanzgerichten unter Wahrung der Besonderheiten der einzelnen Verfahrensarten vereinheitlicht, s. insoweit BT-Drucks. 2435 v. 29.11.1956, sowie Stenographische Berichte II, S. 9632 f., vgl. die Begründung des Entwurfs einer Verwaltungsprozessordnung (VwPO) v. 13.07.1982, BT-Drucks. 9/1851, u. v. 31.05.1985, BT-Drucks. 10/3437, jeweils S. 63.

127 Entwurf eines Gesetzes zur Änderung der Finanzgerichtsordnung, der Reichsabgabenordnung und anderer Gesetze v. 06.08.1968, BT-Drucks. V/3196.

128 *Sunder-Plassmann* HHSp., Einf. FGO Tz. 161 u. 185 (Lfg. 176 März 2003).

129 *Ule*, Entwurf eines Verwaltungsgerichtsgesetzes zur Vereinheitlichung der Verwaltungsgerichtsordnung, der Finanzgerichtsordnung und des Sozialgerichtsgesetzes, Schriftenreihe der Hochschule Speyer, Bd. 40. Dieser Entwurf eines Verwaltungsgerichtsgesetzes wurde unter der wissenschaftlichen Leitung *Ules* seit 1966 an der Hochschule für Verwaltungswissenschaften in Speyer ausgearbeitet und im Jahre 1969 vorgelegt. Er ist deshalb allgemein als *Speyerer Entwurf* bekannt.

war es, die drei öffentlich-rechtlichen Gerichtsordnungen – die VwGO, die FGO und das SGG – zu einem einheitlichen Verwaltungsgerichtsgesetz zusammenzufassen und die Verfassung sowie das Verfahren dieser drei Gerichtsbarkeiten durch grds. gemeinsam geltende Vorschriften zu regeln[130]. Der Speyerer Entwurf eines Verwaltungsgerichtsgesetzes wurde von einer sog. *„Neuner-Kommission“*[131] zu bestimmten Teilabschnitten beraten und anschließend in einem von der Bundesregierung durch Kabinettsbeschluss v. 11.11.1968 eingesetzten Ausschuss – dem sog. *Koordinierungsausschuss zur Vereinheitlichung der VwGO, der FGO und des SGG* – diskutiert[132].

Aus dieser Diskussion heraus legte der Koordinierungsausschuss dann seinerseits den Entwurf einer Verwaltungsprozessordnung vor, der 1978 vom Bundesjustizministerium herausgegeben wurde, und schließlich die Grundlage für den *Referentenentwurf einer Verwaltungsprozessordnung (VwPO)* bildete[133]. Ein solcher wurde seit 1981 diskutiert[134] und zunächst in der 9. Wahlperiode in den Bundestag eingebracht, in der eine Verabschiedung allerdings misslang[135]. Daraufhin erfolgte in der 10. Wahlperiode wiederholt die Einbringung des Referentenentwurfs einer VwPO[136], der neben der Vereinheitlichung und Zusammenführung der drei Verwaltungsgerichtsbarkeiten auch die Vereinfachung und Beschleunigung der Verfahren hin zu einem übersichtlicheren, praktikableren sowie wissenschaftlich besser zu erfassenden und zu durchdringenden Recht verfolgte[137].

---

130 *Ule*, Entwurf eines Verwaltungsgerichtsgesetzes, S. VII (Vorwort) u. 97. Vgl. auch *Sunder-Plassmann* HHSp., Einf. FGO Tz. 185 (Lfg. 176 März 2003).

131 Die *„Neuner-Kommission“* war eine aus je drei Mitgliedern der Verwaltungs-, Finanz- und Sozialgerichtsbarkeit bestehende Kommission, vgl. die Begründung des Entwurfs einer VwPO v. 13.07.1982, BT-Drucks. 9/1851, u. v. 31.05.1985, BT-Drucks. 10/3437, jeweils S. 64.

132 *Sunder-Plassmann* HHSp., Einf. FGO Tz. 185 (Lfg. 176 März 2003). – Vgl. zum Kabinettsbeschluss v. 11.11.1968 auch die Begründung des Entwurfs einer VwPO v. 13.07.1982, BT-Drucks. 9/1851, u. v. 31.05.1985, BT-Drucks. 10/3437, jeweils S. 64 f.

133 Siehe *Lange* HHSp., Vor §§ 95-114 FGO Tz. 24 (Lfg. 183 November 2004); *Sunder-Plassmann* HHSp., Einf. FGO Tz. 185 (Lfg. 176 März 2003). Vgl. auch die Begründung des Entwurfs einer VwPO v. 13.07.1982, BT-Drucks. 9/1851, u. v. 31.05.1985, BT-Drucks. 10/3437, jeweils S. 60 f. u. 64 f.

134 *Sunder-Plassmann* HHSp., Einf. FGO Tz. 185 (Lfg. 176 März 2003).

135 Entwurf einer VwPO v. 13.07.1982, BT-Drucks. 9/1851, samt Stellungnahme des Bundesrates v. 30.04.1982, BR-Drucks. 100/82. Vgl. auch *Sunder-Plassmann* HHSp., Einf. FGO Tz. 186 (Lfg. 176 März 2003) sowie *Tipke*, in: T/K, Einf. FGO Tz. 17 (Lfg. 106 März 2005).

136 Entwurf einer VwPO v. 31.05.1985, BT-Drucks. 10/3437, mitsamt Berichtigung v. 13.06.1985, BT-Drucks. 10/3477, und samt Stellungnahme des Bundesrates v. 29.04.1983, BR-Drucks. 148/83.

137 So die Begründung des Entwurfs einer VwPO v. 13.07.1982, BT-Drucks. 9/1851, u. v. 31.05.1985, BT-Drucks. 10/3437, jeweils S. 60 u. 61.

Betreffend die Novellierung des Revisionszulassungsrechts sah zunächst der Entwurf des Koordinierungsausschusses – ausgehend von einem *dreistufigen Aufbau* auch der Finanzgerichtsbarkeit[138] – in seinem § 165 vor, dass die Revision gegen das Endurteil u.a. eines FG nur noch kraft Zulassung statthaft sein sollte, wobei die Nichtzulassung der Revision gemäß § 166 dieses Entwurfs selbständig durch Beschwerde angefochten werden konnte; gleichzeitig sollte die zulassungsfreie Revision i.S.d. § 116 FGO 1965 entfallen[139]. Diesen Vorschlag übernahm später auch der Referentenentwurf einer VwPO in seinen §§ 150, 151[140], allerdings unter Beibehaltung eines zweistufigen Instanzenzuges in der Finanzgerichtsbarkeit[141]. Der Entwurf einer VwPO sollte im Zuge der Zusammenführung der drei Verwaltungsgerichtsbarkeiten auf dem Gebiet der Finanzgerichtsbarkeit also auch dazu beitragen, das Nebeneinander von z.T. suspendiertem Revisionszulassungs-/Revisionsrecht der FGO 1965 und BFHEntlG in einem Gesetz zu vereinheitlichen.

Die Ausgestaltung des Entwurfs einer VwPO war jedoch erheblicher *Kritik* ausgesetzt. Insoweit wurde insbesondere vorgebracht, dass das Vorhaben der Zusammenfassung der drei Verwaltungsgerichtsbarkeiten zu einer einheitlichen Prozessordnung im Hinblick auf die Unterschiede des jeweils entscheidungserheblichen materiellen Rechts und Verwaltungsverfahrensrechts von zahlreichen Sondervorschriften begleitet werden müsse. Diesem Verlangen sei der Referentenentwurf – insbesondere auf dem Gebiet der Finanzgerichtsbarkeit – zwar nachgekommen, jedoch mit der unbefriedigenden und dem Rechtsschutz abträglichen Folge der Unübersichtlichkeit und der damit einhergehenden Belastung des

---

138 *Seer*, in: T/K, § 115 FGO Tz. 7 (Lfg. 115 April 2008), unter Hinweis auf §§ 2 II u. 8 dieses Entwurfs. Zur Einführung der Dreistufigkeit auch in der Finanzgerichtsbarkeit s. *Offerhaus*, DStR 1986, 99, 100 ff., der sich ausführlich auch mit den gegen die Einführung der Dreistufigkeit sprechenden Argumenten auseinandersetzt, im Ergebnis aber dafür plädiert, auch in der Finanzgerichtsbarkeit einen dreistufigen Instanzenzug einzuführen.

139 Siehe dazu insgesamt den Entwurf einer Verwaltungsprozessordnung, herausgegeben vom Bundesminister der Justiz, Köln 1978, zitiert nach der Begründung des Entwurfs einer VwPO v. 13.07.1982, BT-Drucks. 9/1851, u. v. 31.05.1985, BT-Drucks. 10/3437, jeweils S. 61. Vgl. zudem die Begründung des Entwurfs einer VwPO v. 13.07.1982, BT-Drucks. 9/1851, u. v. 31.05.1985, BT-Drucks. 10/3437, jeweils S. 152 (ff.) u. 154 (f.), wo jeweils auf die Vorschläge des Koordinierungsausschusses zu den jeweiligen Paragraphen Bezug genommen wird.

140 Entwurf einer VwPO v. 13.07.1982, BT-Drucks. 9/185,1 u. v. 31.05.1985, BT-Drucks. 10/3437, jeweils S. 35 f. – Vgl. zu den einzelnen durch den Entwurf einer VwPO vorgeschlagenen Änderungen im Bereich des (u.a finanzgerichtlichen) Revisionszulassungs- und Revisionsrechts – insbesondere auch zu den geplanten Neuerungen betreffend die NZB – die Begründung des Entwurfs einer VwPO v. 13.07.1982, BT-Drucks. 9/1851, u. v. 31.05.1985, BT-Drucks. 10/3437, jeweils S. 150 ff., v.a. S. 152 ff. u. 154 f.

141 Vgl. § 1 II des Entwurfs einer VwPO v. 13.07.1982, BT-Drucks. 9/1851, u. v. 31.05.1985, BT-Drucks. 10/3437, jeweils S. 7.

Rechtsanwenders aufgrund der Ansammlung zahlreicher einschlägiger Spezialvorschriften für die jeweiligen Gerichtsbarkeiten[142]. Probleme ergaben sich außerdem durch die Zweistufigkeit der Finanzgerichtsbarkeit gegenüber den anderen – jeweils dreistufigen – Gerichtsbarkeiten, die der Entwurf einer VwPO im Gegensatz zu dem Entwurf des Koordinierungsausschusses beibehalten wollte[143]. Deshalb wurde bezweifelt, dass eine einheitliche Verwaltungsprozessordnung sinnvoll sei und das erklärte Ziel – die Vereinheitlichung und Zusammenführung der drei Verwaltungsgerichtsbarkeiten sowie die Vereinfachung und Beschleunigung der gerichtlichen Verfahren – erreichen könne[144].

---

142 *List*, Die Finanzgerichtsbarkeit in unserer Zeit, S. 27; *Offerhaus*, DStR 1986, 99 f.; *Sunder-Plassmann* HHSp., Einf. FGO Tz. 187 (Lfg. 176 März 2003). Siehe auch die Stellungnahme des *Arbeitskreises „Vereinheitlichung der Verwaltungsprozessordnungen" der Deutschen Steuerjuristischen Gesellschaft e.V.*, DStZ 1981, 388 = StuW 1981, 296. Vgl. darüber hinaus die Begründung des Entwurfs einer VwPO v. 13.07.1982, BT-Drucks. 9/1851, u. v. 31.05.1985, BT-Drucks. 10/3437, jeweils S. 61 f., mit der dortigen Darstellung die Vereinheitlichung in einem Gesetz ablehnender Stellungnahmen, andererseits aber auch S. 62, wo die Übersichtlichkeit und Praktikabilität eines einheitlichen Gesetzes auch im Hinblick auf einige Sondervorschriften für die jeweiligen Gerichtsbarkeiten trotz der entsprechenden *kritischen* Stimmen nicht in Frage gestellt wird.

143 Siehe vorstehend Fußnoten 138 u. 141 sowie *Sunder-Plassmann* HHSp., Einf. FGO Tz. 187 (Lfg. 176 März 2003). Auch *Offerhaus*, DStR 1986, 99, 100 f. u. 102, weist darauf hin, dass ein einheitliches Verfahrensrecht – wenn überhaupt – nur machbar sei, wenn die Zahl der Instanzen und die Möglichkeiten der Rechtsmittel der verschiedenen Gerichtsbarkeiten identisch seien. Eine Vereinheitlichung des Verfahrens für alle drei Verwaltungsgerichtsbarkeiten erfordere demnach einen einheitlichen Gerichtsaufbau und sei somit nur auf der Basis der Dreistufigkeit in allen öffentlich-rechtlichen Gerichtszweigen zu erreichen.

144 Vgl. insoweit insbesondere die Stellungnahme des *Arbeitskreises „Vereinheitlichung der Verwaltungsprozessordnungen" der Deutschen Steuerjuristischen Gesellschaft e.V.*, DStZ 1981, 388 ff. = StuW 1981, 296 ff., sowie die weitere Stellungnahme der *Deutschen Steuerjuristischen Gesellschaft e.V.*, DStZ 1985, 273 f., wo jeweils mit detaillierter Begründung dargelegt wird, dass der Weg des Einheitsgesetzes verkehrt sei, und dass die durchaus wünschenswerte Angleichung und Verbesserung des Prozessrechts ausschließlich durch Korrekturen an den einzelnen Prozessordnungen bewirkt werden sollte, zumal die Regelung der VwPO als Einheitsgesetz für Verwaltungs-, Finanz- u. Sozialgerichte ihrem Umfang nach nicht erforderlich sowie weder bürgernah noch verständlich und praktikabel sei, und weil schließlich Kosten und Nutzen in keinem angemessenen Verhältnis stünden. Ebenso *Sunder-Plassmann* HHSp., Einf. FGO Tz. 187 (Lfg. 176 März 2003), wonach insbesondere eine Verfahrensbeschleunigung durch eine Straffung der einzelnen Verfahrensordnungen besser und schneller erreicht werden könne. Siehe zur Ablehnung des Entwurfs einer einheitlichen VwPO zudem *Offerhaus*, DStR 1986, 99 f. m.w.N.

Dies hatte schließlich zur Folge, dass es in der 10. Wahlperiode ebenfalls nicht gelang, den Referentenentwurf einer VwPO zu verabschieden. Auch in der Folgezeit wurde das Vorhaben einer einheitlichen Verwaltungsprozessordnung nicht weiterverfolgt und wird – spätestens seit der Verabschiedung des *FGO-Änderungsgesetzes v. 21.12.1992*[145], mit der die Idee einer gemeinsamen Verfahrensordnung für alle drei öffentlich-rechtlichen Gerichtsbarkeiten offenbar zugunsten einer eigenständigen Finanzgerichtsbarkeit aufgegeben wurde – allgemein als gescheitert betrachtet[146].

F. Das Gesetz zur Änderung der Finanzgerichtsordnung und anderer Gesetze

I. Der Entwurf eines Gesetzes zur Änderung der Finanzgerichtsordnung und anderer Gesetze

Im November 1986 setzte das Bundesjustizministerium eine aus Vertretern von Bund und Ländern bestehende Arbeitsgruppe – die sog. *Bund-Länder-Kommission „Finanzgerichtsbarkeit"* – ein, die den Auftrag hatte, Möglichkeiten zur Entlastung der Gerichte der Finanzgerichtsbarkeit sowie zur Beschleunigung des finanzgerichtlichen Verfahrens zu prüfen. Der im Juni 1987 vorgelegte Bericht dieser Bund-Länder-Kommission enthielt u.a. die Empfehlung, von der Einrichtung einer

---

145 Gesetz zur Änderung der Finanzgerichtsordnung und anderer Gesetze (FGO-Änderungsgesetz) v. 21.12.1992, BGBl. I 1992, 2109 = BStBl. I 1993, 90; dazu nachfolgend unter F.II. (S. 38 ff.).

146 *Schmid*, DStZ 1993, 129, 137; *Seer*, in: T/K, § 115 FGO Tz. 7 (Lfg. 115 April 2008); *Sunder-Plassmann* HHSp., Einf. FGO Tz. 187 u. 188 (Lfg. 176 März 2003). Siehe auch Gräber/*v. Groll*[6], Vor § 1 FGO Tz. 3, der das Projekt einer einheitlichen VwPO als „glücklicherweise gescheitert" ansieht, da dieser Versuch der Vereinheitlichung des gesamten Rechtsschutzes gegenüber der öffentlichen Gewalt in nur einem Gesetz aufgrund der systemwidrigen Missachtung der vielfältigen Wechselbeziehungen zwischen materiellem und formellem Recht von Anfang an zur Untauglichkeit verurteilt gewesen sei. Vgl. zudem *Schmieszek*, DB 1991, 1139 u. 1141, sowie DB 1993, 12, der u.a. von einem uneingeschränkten Bekenntnis zu einer eigenständigen Finanzgerichtsbarkeit spricht. Ähnlich *Rieß*, DStZ 1994, 737 u. 738, der als Folge des endgültigen Scheiterns einer einheitlichen VwPO anführt, dass die Selbständigkeit der Finanzgerichtsbarkeit als einer besonderen öffentlich-rechtlichen Gerichtsbarkeit neben der Verwaltungs- und der Sozialgerichtsbarkeit unangefochten bleibe. – Siehe andererseits *Lange* HHSp., Vor §§ 95-114 FGO Tz. 28 (Lfg. 183 November 2004), sowie *Schmidt-Jortzig*, in: FS Offerhaus, 753, 759 (f.) u. 766 f., die beide bedauern, dass die VwPO nicht Gesetz geworden sei, da ihrer Ansicht nach die Einführung einer einheitlichen VwPO eine im Interesse der Rechtssuchenden und der Rechtsanwender deutliche Rechtsvereinfachung und Bereinigung des Prozessrechts herbeigeführt hätte.

weiteren Instanz abzusehen sowie die Regelungen des BFHEntlG in Dauerrecht – mithin in die FGO – zu überführen und dadurch das Prozessrecht zu verbessern[147].

Unter Berücksichtigung dieser Empfehlung(en) der Bund-Länder-Kommission wurde in der Folgezeit an einer Novellierung der FGO 1965 gearbeitet. Jedoch erwies sich der Weg dorthin als äußerst dornenreich und wurde von einer langjährigen Diskussion begleitet[148].

So wurde der *Entwurf eines Gesetzes zur Änderung der Finanzgerichtsordnung und anderer Gesetze (FGO-Änderungsgesetz)* in der 11. Legislaturperiode im Jahre 1988 erstmals in den Bundestag eingebracht[149]. Da dieser Entwurf dort allerdings äußerst kontrovers diskutiert wurde, erfolgte zunächst eine Überarbeitung, ehe dann die überarbeitete Entwurfsfassung in der 12. Legislaturperiode erneut zum Gegenstand der Beratungen im Bundestag gemacht wurde.

Der überarbeitete *Entwurf eines Gesetzes zur Änderung der Finanzgerichtsordnung und anderer Gesetze (FGO-Änderungsgesetz) v. 14.08.1991*[150] übernahm dabei einen Teil der Änderungsvorschläge des Bundesrates, denen auch die Bundesregierung großteils zugestimmt hatte, und enthielt zudem redaktionelle Anpassungen an das zum Ende der 11. Legislaturperiode verabschiedete *Gesetz zur Neuregelung des verwaltungsgerichtlichen Verfahrens*[151]. Er beinhaltete ein Bündel von verfahrensrechtlichen Maßnahmen zur Straffung, Vereinfachung und Beschleunigung des finanzgerichtlichen Verfahrens sowie zur Entlastung der Finanzgerichtsbarkeit. Insbesondere enthielt der Entwurf eines FGOÄndG 1991 auch einen Vorschlag zur

---

147 *Sunder-Plassmann* HHSp., Einf. FGO Tz. 188 (Lfg. 176 März 2003); *Weber-Grellet*, DStZ 1987, 524. Als weitere von der Bund-Länder-Kommission empfohlenen Maßnahmen zur Entlastung des BFH sind zu nennen: Einführung einer besonderen Begründungsfrist für NZBen; Aufhebung des angefochtenen Urteils und Zurückverweisung bereits im Beschluss über die NZB; Fortsetzung des Zulassungsverfahrens als Revisionsverfahren; Begründungserleichterung für Beschlüsse, die über Rechtsmittel entscheiden, vgl. *Weber-Grellet*, DStZ 1987, 524. Insoweit führt *Weber-Grellet*, DStZ 1987, 524 f., an, dass diesen Vorschlägen zwar weitgehend zugestimmt werden könne, dass aber gleichzeitig zu bedenken sei, dass insbesondere eine mögliche Übernahme der den Begründungszwang einschränkenden oder aufhebenden Regelungen in Dauerrecht im Hinblick auf eine Verkürzung des Rechtsschutzes nicht unproblematisch sei.

148 Vgl. Gräber/*v. Groll*[6], Vor § 1 FGO Tz. 3; *Sunder-Plassmann* HHSp., Einf. FGO Tz. 190 (Lfg. 176 März 2003).

149 Entwurf eines Gesetzes zur Änderung der Finanzgerichtsordnung und anderer Gesetze (FGO-Änderungsgesetz) v. 27.05.1988, BT-Drucks. 11/2386.

150 Entwurf eines Gesetzes zur Änderung der Finanzgerichtsordnung und anderer Gesetze (FGO-Änderungsgesetz) v. 14.08.1991, BT-Drucks. 12/1061, samt Stellungnahme des Bundesrates v. 05.07.1991, BR-Drucks. 301/91, im Folgenden Entwurf eines FGOÄndG 1991.

151 Gesetz zur Neuregelung des verwaltungsgerichtlichen Verfahrens (Viertes Gesetz zur Änderung der Verwaltungsgerichtsordnung – 4. VwGOÄndG) v. 17.12.1990, BGBl. I 1990, 2809. Vgl. insoweit *Schmieszek*, DB 1991, 1139, 1140.

Neuregelung des finanzgerichtlichen Revisionszulassungs- und Revisionsrechts. Dieser sah vor, das bislang zersplitterte Prozessrecht für die Finanzgerichtsbarkeit in einem Gesetz zusammenzufassen, um das Nebeneinander der als Dauerrecht konzipierten FGO und des BFHEntlG, das mit seinem zeitlich befristet geltenden Recht die dortigen Regelungen überlagerte, im Interesse der Übersichtlichkeit zu beenden. Das Revisionszulassungs- und Revisionsrecht sollte unter Einbeziehung des BFHEntlG – und somit unter Konzentration aller notwendigen Entlastungs- und Beschleunigungsmaßnahmen in der FGO – grundlegend umgestaltet werden[152]. Dabei entsprachen die im Entwurf eines FGOÄndG 1991 betreffend das Revisionszulassungsrecht vorgeschlagenen Änderungen, die ihrerseits weitgehend auf die in den §§ 150, 151 des Entwurfs einer VwPO enthaltenen Vorschläge zurückgingen[153], und die zudem in Teilen an die bereits geänderte VwGO angelehnt waren[154], schon in großen Teilen dem, was durch das 2. FGOÄndG v. 19.12.2000[155] schließlich umgesetzt worden ist[156].

Als Kern der Neugestaltung des Revisionszulassungssystems sollte die gemäß Art. 1 Nr. 5 BFHEntlG[157] schon zeitlich befristet geltende Suspendierung der Streitwertrevision dauerhaft in die FGO übernommen werden, da der Streitwert nicht als Gradmesser für die Bedeutung der Sache angesehen werden könne und deshalb ein ungeeignetes Auswahlkriterium für die Revision darstelle[158]. Es war

152 Vgl. zum Ganzen die Begründung des Entwurfs eines FGOÄndG 1991 v. 14.08.1991, BT-Drucks. 12/1061, S. 1, 11 u. 12, sowie *Seer*, in: T/K, § 115 FGO Tz. 8 (Lfg. 115 April 2008). – Der Entwurf eines FGOÄndG 1991 sah in Art. 6 demzufolge auch die Aufhebung der für das finanzgerichtliche Verfahren geltenden Entlastungsgesetze – insbesondere des BFHEntlG – vor, BT-Drucks. 12/1061, S. 10 u. 26.

153 So die Begründung des Entwurfs eines FGOÄndG 1991 v. 14.08.1991, BT-Drucks. 12/1061, S. 20. Vgl. zur Orientierung des Entwurfs eines FGOÄndG 1991 an dem Entwurf einer VwPO auch *Schmieszek*, DB 1991, 1139; *ders.*, in: FS Offerhaus, 773, 776, der jeweils anführt, dass das nicht mehr weiterverfolgte Projekt des Entwurfs einer VwPO gewissermaßen als eine Art „Steinbruch" für die einzelnen öffentlich-rechtlichen Verfahrensordnungen genutzt worden sei. Siehe zudem *Rieß*, DStZ 1994, 737 u. 738, der von einem Rückgriff auf lange gereifte Diskussionsergebnisse der Bemühungen um eine einheitliche VwPO sowie von einer Übernahme aus dem Fundus der Vorschläge zu einer einheitlichen VwPO spricht. – Zum Entwurf einer VwPO, insbesondere zu den §§ 150, 151 des Entwurfs einer VwPO, vorstehend unter E. (S. 31 ff.).

154 *May*, Die Revision², S. 12 Tz. 30 a.E.; *Schmieszek*, DB 1991, 1139, 1140.

155 Zweites Gesetz zur Änderung der Finanzgerichtsordnung und anderer Gesetze (2. FGOÄndG) v. 19.12.2000, BGBl. I 2000, 1757 = BStBl. I 2000, 1567.

156 Zur Neuregelung des finanzgerichtlichen Revisionszulassungsrechts durch das 2. FGOÄndG ausführlich später im 2. Abschnitt (S. 47 ff.).

157 Art. 1 Nr. 5 BFHEntlG i.d.F. des Gesetzes zur Beschleunigung verwaltungs- und finanzgerichtlicher Verfahren, dazu vorstehend unter D.III. (S. 28 ff.).

158 Siehe die Begründung des Entwurfs eines FGOÄndG 1991 v. 14.08.1991, BT-Drucks. 12/1061, S. 21.

also beabsichtigt, den Beteiligten die Revision zum BFH gegen finanzgerichtliche Urteile gemäß § 115 I des Entwurfs eines FGOÄndG 1991 nur noch dann zu eröffnen, wenn das FG oder auf eine Beschwerde gegen die Nichtzulassung hin – dazu enthielt § 116 des Entwurfs eines FGOÄndG 1991 eine detaillierte eigenständige Regelung – der BFH sie zugelassen hatte. Nach den Vorschlägen des Entwurfs eines FGOÄndG 1991 bedurfte die Revision somit stets der Zulassung, zumal die zulassungsfreie Revision des bisherigen § 116 FGO 1965 aufgrund ihrer geringen praktischen Bedeutung ebenfalls nicht länger beibehalten werden sollte[159]. Was die Revisionszulassungsgründe anbelangt, sah der Entwurf eines FGOÄndG 1991 allerdings in seinem § 115 II im Vergleich zu § 115 II FGO 1965 keine grundlegenden Veränderungen vor; insoweit war vielmehr vorgesehen, die alt hergebrachte Einteilung in Grundsatz-, Divergenz- und Verfahrensrevision beizubehalten[160].

II. Das Gesetz zur Änderung der Finanzgerichtsordnung und anderer Gesetze (FGO-Änderungsgesetz) vom 21.12.1992

Im weiteren Verlauf des Gesetzebungsverfahrens verständigte sich der Rechtsausschuss des Deutschen Bundestages am 10.11.1992 schließlich auf einen Gesetzentwurf[161], der am 21.12.1992 vom Bundestag beschlossen wurde und am 01.01.1993 als *FGO-Änderungsgesetz* in Kraft getreten ist[162].

Der Entwurf eines FGOÄndG 1991 ist allerdings durch dieses Gesetz nur zum Teil umgesetzt worden. Insbesondere die Neuordnung des Revisionszulassungs- und Revisionsrechts – namentlich Neuregelungen betreffend den Zugang zum BFH sowie die Anforderungen an Form und Inhalt seiner Entscheidungen – wurden i.R.d. FGOÄndG ausgeklammert, da über einige entscheidende Aspekte – und hier in erster Linie über die endgültige Abschaffung der Streitwertrevision – ein rechtspolitischer Konsens nicht herbeigeführt und somit eine abschließende Einigung nicht erzielt werden konnte[163].

---

159 So die Begründung des Entwurfs eines FGOÄndG 1991 v. 14.08.1991, BT-Drucks. 12/1061, S. 21.

160 Vgl. zu den weiteren durch den Entwurf eines FGOÄndG 1991 geplanten Änderungen des finanzgerichtlichen Revisionszulassungs- und Revisionsrechts – insbesondere zur geplanten Neuregelung der NZB – und der insoweit vorgeschlagenen Neufassung der §§ 115, 116 FGO BT-Drucks. 12/1061, S. 7 f. sowie 20 ff.

161 Beschlussempfehlung und Bericht des Rechtsausschusses (6. Ausschuss) zu dem Gesetzentwurf der Bundesregierung – Drucksache 12/1061: Entwurf eines FGO-ÄndG – v. 10.11.1992, BT-Drucks. 12/3676.

162 Gesetz zur Änderung der Finanzgerichtsordnung und anderer Gesetze (FGO-Änderungsgesetz) v. 21.12.1992, BGBl. I 1992, 2109 = BStBl. I 1993, 90, im Folgenden FGOÄndG, das gemäß Art. 9 am 01.01.1993 in Kraft getreten ist.

163 Siehe insoweit die Beschlussempfehlung und den Bericht des Rechtsausschusses (6. Ausschuss) zu dem Gesetzentwurf der Bundesregierung – Drucksache 12/1061: Entwurf eines FGOÄndG – v. 10.11.1992, BT-Drucks. 12/3676, S. 1, 13,

Auf Empfehlung des Rechtsausschusses wurde die geplante Reform des finanzgerichtlichen Revisionszulassungs- und Revisionsrechts daraufhin zunächst zurückgestellt[164]. Folglich blieb also auch dieser Versuch, das überaus missliche Nebeneinander von z.T. suspendiertem Revisionszulassungs-/Revisionsrecht der FGO 1965 und BFHEntlG, und damit das bislang zersplitterte Prozessrecht in der Finanzgerichtsbarkeit durch Zusammenfassung in einem Gesetz zu beseitigen, erfolglos[165].

Anstelle der vorerst aufgeschobenen, aber längst überfälligen Novellierung des Revisionszulassungs- und Revisionsrechts fanden neben der FGO somit stattdessen weiterhin die Vorschriften des BFHEntlG – insbesondere Art. 1 Nr. 5

---

19 u. 20; *Bilsdorfer*, BB 1993, 109; *Klein/Probst*, DB 1993, 1387; *Krömker*, StVj 1993, 63; *Rieß*, DStZ 1994, 737, 738; *Seer*, in: T/K, § 115 FGO Tz. 9 (Lfg. 115 April 2008) bzw. Tz. 7 (Lfg. 131 Oktober 2012); *Sunder-Plassmann* HHSp., Einf. FGO Tz. 189 u. 193 (Lfg. 176 März 2003). Vgl. zudem *Buciek*, DStR 1993, 118, der allerdings davon spricht, dass über *die Wiedereinführung der Streitwertrevision und den ggf. hierfür anzusetzenden Mindeststreitwert* eine Einigung nicht erzielt werden konnte. – Auch über die Regelung der Vertretung vor dem BFH konnte eine Einigung nicht erzielt werden, Beschlussempfehlung und Bericht des Rechtsausschusses (6. Ausschuss) zu dem Gesetzentwurf der Bundesregierung – Drucksache 12/1061: Entwurf eines FGOÄndG – v. 10.11.1992, BT-Drucks. 12/3676, S. 1, 6, 19 u. 20.

164 Beschlussempfehlung und Bericht des Rechtsausschusses (6. Ausschuss) zu dem Gesetzentwurf der Bundesregierung – Drucksache 12/1061: Entwurf eines FGO-ÄndG – v. 10.11.1992, BT-Drucks. 12/3676, S. 1, 13, 19 u. 20. Vgl. zudem *Brandt*, in: BG, Einf. FGO Tz. 24; *Buciek*, DStR 1993, 118; *May*, Die Revision², S. 12 Tz. 30 a.E.; *Schmid*, DStZ 1993, 129; *Sunder-Plassmann* HHSp., Einf. FGO Tz. 198 (Lfg. 176 März 2003).

165 An dieser Stelle soll nochmals auf die bereits vorstehend unter D.III. (S. 28 ff., dort S. 29 ff.) gemachten **kritischen** Ausführungen zur Überlagerung der revisionszulassungs- und revisionsrechtlichen Vorschriften der FGO 1965 durch das BFHEntlG hingewiesen werden, um den seinerzeitigen überaus misslichen Zustand zu verdeutlichen. Dazu führen *Klein/Probst*, DB 1993, 1387 u. 1390, exemplarisch aus, dass das langjährige Nebeneinander von FGO-Revisionszulassungs-/Revisionsrecht und BFHEntlG wesentlich dazu beigetragen habe, dass zahlreiche beim BFH eingelegte Rechtsmittel als unzulässig verworfen worden seien. Dieses Nebeneinander habe sich ihrer Ansicht nach selbst für Rechtskundige – sofern es sich nicht gerade um Spezialisten des Finanzprozesses gehandelt habe – als äußerst heimtückisch erwiesen, da derjenige, der sich – lege artis – in der FGO als dem einschlägigen Verfahrensrecht über das geltende Revisionszulassungs-/Revisionsrecht informierte habe, dort keinen Hinweis vorgefunden habe, dass abweichend (!) oder ergänzend die Vorschriften des BFHEntlG zu beachten seien. Im Interesse der Rechtsklarheit müsse das auf FGO und BFHEntlG aufgespaltene Revisionszulassungs-/Revisionsrecht deshalb rasch und in nur einem Gesetz – der FGO – vereinigt werden, um eine Fortschreibung des bisherigen äußerst unbefriedigenden sowie unklaren Zustandes zu verhindern.

– Anwendung, das in der Folgezeit weit über das Jahr 1992 hinaus stetig bis zum 31.12.2000 verlängert wurde[166].

G. Der Entwurf eines AO-Änderungsgesetzes 1994

Vor dem Hintergrund, dass die Neuordnung des finanzgerichtlichen Revisionszulassungs- und Revisionsrechts aufgrund rechtspolitischer Unstimmigkeiten zunächst zurückgestellt worden war[167], forderte der Bundestag die Bundesregierung auf Empfehlung des Rechtsausschusses auf, bis zum 01.04.1993 i.R.d. Novellierung der Abgabenordnung Bestimmungen zur Reform des Revisionszulassungs- und Revisionsrechts im Finanzgerichtsverfahren vorzulegen[168].

Dieser Aufforderung folgend unterbreitete die Bundesregierung in dem Referentenentwurf eines AO-ÄndG 1994 entsprechend reformierte revisionszulassungs- und revisionsrechtliche Vorschriften[169]. Sie beinhalteten neben der Abschaffung der zulassungsfreien Revision gemäß § 116 FGO 1965 bspw. auch eine Ausdehnung der Beschwerdefrist in § 115 III 1 FGO 1965 auf zwei Monate sowie eine Beschränkung der Vertretungsbefugnis vor dem BFH auf Fachanwälte für Steuerrecht und verfahrensrechtlich besonders ausgewiesene Steuerberater und Wirtschaftsprüfer[170].

---

166 Vgl. *Sunder-Plassmann* HHSp., Einf. FGO Tz. 189 (Lfg. 176 März 2003). Siehe auch die Beschlussempfehlung und den Bericht des Rechtsausschusses (6. Ausschuss) zu dem Gesetzentwurf der Bundesregierung – Drucksache 12/1061: Entwurf eines FGOÄndG – v. 10.11.1992, BT-Drucks. 12/3676, S. 19, wo klargestellt wurde, dass bis zur Novellierung des finanzgerichtlichen Revisionszulassungs- und Revisionsrechts die entsprechenden Bestimmungen im BFHEntlG fortgelten sollten. – Zu den jeweiligen Verlängerungen des BFHEntlG, letztlich bis zum 31.12.2000, s. bereits oben unter D.III. (S. 28 ff. [29]), dort insbesondere Fußnote 120.

167 Dazu bereits vorstehend unter F.II. (S. 38 ff.).

168 Beschlussempfehlung und Bericht des Rechtsausschusses (6. Ausschuss) zu dem Gesetzentwurf der Bundesregierung – Drucksache 12/1061: Entwurf eines FGOÄndG – v. 10.11.1992, BT-Drucks. 12/3676, S. 3 u. 19, sowie Plenarprotokoll 12/120 v. 12.11.1992, S. 10137 (D). Siehe auch *Bilsdorfer*, BB 1993, 109; *Brandt*, in: BG, Einf. FGO Tz. 24 a.E.; *Buciek*, DStR 1993, 118; *Klein/Probst*, DB 1993, 1387; *Kretzschmar*, BB 1993, 545, 552; *Schmid*, DStZ 1993, 129; *Schmieszek*, DB 1993, 12, 15; *Sunder-Plassmann* HHSp., Einf. FGO Tz. 198 (Lfg. 176 März 2003). – Die Aufforderung umfasste auch die Vorlage von Bestimmungen zur Begrenzung der Zahl der Prozessvertreter beim BFH, Beschlussempfehlung und Bericht des Rechtsausschusses (6. Ausschuss) zu dem Gesetzentwurf der Bundesregierung – Drucksache 12/1061: Entwurf eines FGOÄndG – v. 10.11.1992, BT-Drucks. 12/3676, S. 3 u. 19.

169 *Seer*, in: T/K, § 115 FGO Tz. 7 (Lfg. 131 Oktober 2012).

170 *Brandt*, in: BG, Einf. FGO Tz. 25; *Rieß*, DStZ 1994, 737, 738; *Sunder-Plassmann* HHSp., Einf. FGO Tz. 199 (Lfg. 176 März 2003).

Den zentralen Aspekt bildete allerdings – entgegen der bisherigen Bestrebungen – die beabsichtigte *Wiedereinführung der* durch das Gesetz zur Beschleunigung verwaltungs- und finanzgerichtlicher Verfahren v. 04.07.1985 suspendierten *Streitwertrevision*[171]. Hierzu enthielt der Entwurf eine Ergänzung des bisherigen § 115 II FGO 1965, wonach die Revision – rechtstechnisch durch Einfügung eines zusätzlichen selbständigen Zulassungsgrundes – auch dann zuzulassen sein sollte, wenn der *Wert des Streitgegenstandes 60.000 DM übersteigt*[172]. Zur Rechtfertigung der Wiedereinführung der Streitwertrevision führte die Entwurfsbegründung an, dass mit dem Streitwert regelmäßig auch die Bedeutung der Sache steige[173]; einer durch die Wiedereinführung der Streitwertrevision zu erwartenden Zusatzbelastung des BFH könne dabei ohne große Bedenken entgegengesehen werden, da davon auszugehen sei, dass diese bei einer derart hohen Streitwertgrenze durch entsprechende verfahrensrechtliche Vereinfachungen im Revisionszulassungs- und Revisionsverfahren, so z.B. durch Begründungserleichterungen und Beschlussentscheidungsmöglichkeiten, aufgefangen werden könne[174].

Die *Beibehaltung der Streitwertrevision* bzw. *ihre Wiedereinführung* nach vorheriger Suspendierung, also die Frage, ob, in welcher Form und insbesondere in welcher Höhe der Streitwert die Zulässigkeit der Revision begründen können sollte, blieb jedoch – wie zuvor schon die Diskussion über die endgültige Abschaffung der Streitwertrevision i.R.d. Gesetzgebungsverfahrens zum FGOÄndG[175] – rechtspolitisch heftigst umstritten, so dass sich auch der Entwurf eines AO-ÄndG 1994 aufgrund der diesbzgl. gegensätzlichen Auffassungen[176] insoweit letztlich nicht

171 Vgl. zur Suspendierung der Streitwertrevision durch das Gesetz zur Beschleunigung verwaltungs- und finanzgerichtlicher Verfahren vorstehend unter D.III. (S. 28 ff.). Wegen der zuvor erfolgten Suspendierung der Streitwertrevision wurde teilweise auch von einer beabsichtigten *Wiederbelebung der Streitwertrevision* gesprochen, so z.B. *Klein/Probst*, DB 1993, 1387, 1389.

172 Siehe *Rieß*, DStZ 1994, 737, 738; *Sunder-Plassmann* HHSp., Einf. FGO Tz. 199 (Lfg. 176 März 2003). Vgl. auch *Klein/Probst*, DB 1993, 1387, 1389, die anführen, dass die Streitwertgrenze von 60.000 DM anscheinend § 546 I 1 ZPO (i.d.F. bis zum 31.12.2001) entnommen worden sei (dort Fußnote 30). Auch *Schmid*, DStZ 1993, 129, 137, hatte sich dafür ausgesprochen, im Falle der Wiedereinführung der Streitwertrevision die Streitwertgrenze in Anlehnung an § 546 I 1 ZPO (i.d.F. bis zum 31.12.2001) auf 60.000 DM festzusetzen.

173 Vgl. insoweit die (wörtliche) Wiedergabe der Entwurfsbegründung bei *Klein/Probst*, DB 1993, 1387, 1389.

174 Vgl. *Rieß*, DStZ 1994, 737, 738. Siehe zudem *Schmid*, DStZ 1993, 129, 137, der anführt, dass bei einer Streitwertgrenze von 60.000 DM die zu erwartende zusätzliche Belastung des BFH unter Berücksichtigung der wirtschaftlichen Bedeutung sicher hinnehmbar sei. *Kritisch* im Hinblick auf etwaige potentielle Kompensations- und Vereinfachungsmöglichkeiten hingegen *Klein/Probst*, DB 1993, 1387, 1390.

175 Dazu vorstehend unter F. (S. 35 ff.).

176 Vgl. stellvertretend für die gegensätzlichen Auffassungen einerseits die *Stellungnahme der Bundessteuerberaterkammer* zur geplanten Beschränkung des

durchsetzen konnte, und die Reform des finanzgerichtlichen Revisionszulassungs- und Revisionsrechts somit weiter auf sich warten ließ[177].

H. Die Vorschläge der Arbeitsgruppe zur Reform des finanzgerichtlichen Revisionszulassungs- und Revisionsrechts 1998/1999

Ein weiterer Versuch zur Novellierung des finanzgerichtlichen Revisionszulassungs- und Revisionsrechts erfolgte im Jahr 1998. Im Mai 1998 trat auf Initiative und unter dem Vorsitz des damaligen Präsidenten des BFH, *Klaus Offerhaus*, eine Arbeitsgruppe zusammen, die im Hinblick auf eine effektive Rechtsschutzgewährung durch das Revisionsgericht das Ziel verfolgte, Empfehlungen für eine Neuregelung des finanzgerichtlichen Revisionszulassungs-/Revisionsverfahrens zu erarbeiten, und diese dem Gesetzgeber zu Beginn der neuen Legislaturperiode vorzulegen. Diese Arbeitsgruppe, der neben Angehörigen des BFH auch Vertreter der Bundesrechtsanwaltskammer, der Bundessteuerberaterkammer und der Wirtschaftsprüferkammer sowie als Gast der zuständige Referatsleiter des Bundesjustizministeriums angehörten, tagte in den Jahren 1998 und 1999 und präsentierte eine beachtliche Zahl an Reformvorschlägen, die der Bundesministerin der Justiz mit der Bitte übersandt wurden, die Reform der revisionszulassungs- und revisionsrechtlichen Vorschriften auf dem Gebiet der Finanzgerichtsbarkeit nunmehr in Angriff zu nehmen[178]. Über alle erarbeiteten Vorschläge wurde innerhalb

---

Vertretungsrechts vor dem BFH und zur Wiedereinführung der Streitwertrevision gegenüber dem Bundesminister der Finanzen und dem Bundesminister der Justiz, DStR 1993, 738, 739, die ein Plädoyer für die Wiedereinführung der Streitwertrevision mit einer nicht allzu hoch angesetzten Streitwertgrenze enthält. Ebenfalls für die Wiedereinführung der Streitwertrevision spricht sich *Schmid*, DStZ 1993, 129, 137, aus. Siehe andererseits *Klein/Probst*, DB 1993, 1387, 1389 f., die sich gegen die Wiedereinführung der Streitwertrevision wenden.

177 *Rieß*, DStZ 1994, 737, 738; *Seer*, in: T/K, § 115 FGO Tz. 7 a.E. (Lfg. 131 Oktober 2012); *Sunder-Plassmann* HHSp., Einf. FGO Tz. 199 a.E. (Lfg. 176 März 2003), u.a. unter Hinweis auf *Brandt*, INF Heft 23/1993, VI; INF Heft 24/1993, V.

178 *Schaumburg*, StuW 1999, 68, 69; *Schmieszek*, in: FS Offerhaus, 773; *Seer*, in: T/K, § 115 FGO Tz. 11 (Lfg. 115 April 2008) bzw. Tz. 8 (Lfg. 131 Oktober 2012); *Spindler*, DB 2001, 61; *Sunder-Plassmann* HHSp., Einf. FGO Tz. 200 (Lfg. 176 März 2003). – Was den Übersendungszeitpunkt der Reformvorschläge an die Bundesministerin der Justiz angeht, so finden sich im einschlägigen Schrifttum differierende Aussagen. *Schmieszek*, in: FS Offerhaus, 773 Fußnote 3, verweist z.B. auf das *Gemeinsame Schreiben der Präsidenten des BFH, der Bundesrechtsanwaltskammer, der Bundessteuerberaterkammer und der Wirtschaftsprüferkammer v. 13.11.1998, FG 2032-10/98. Spindler*, DB 2001, 61, spricht hingegen davon, dass die Empfehlungen der Arbeitsgruppe der Bundesjustizministerin im Januar 1999 zugeleitet worden seien.

der Arbeitsgruppe Einvernehmen erzielt; zudem sind diese Vorschläge auch bei den Berufskammern allesamt auf Zustimmung gestoßen[179], so dass sie sich folglich größtenteils in der Reform des finanzgerichtlichen Revisionszulassungs- und Revisionsrechtswieder finden, wie sie durch das 2. FGOÄndG v. 19.12.2000[180] mit Wirkung zum 01.01.2001 schließlich vollzogen worden ist[181].

Die Vorschläge beinhalteten dabei zunächst Regelungen betreffend das *Verfahren vor dem BFH.* Hierzu wurde seitens der Arbeitsgruppe angeregt, in Anlehnung an § 133 III 1 VwGO 1990[182] über die einmonatige Frist zur Einlegung der NZB hinaus eine zusätzliche *Frist von zwei Monaten* ab Zustellung des vollständigen finanzgerichtlichen Urteils zu ihrer *Begründung* einzuführen[183]. Des Weiteren sollte dem BFH im Interesse der Verfahrensbeschleunigung und in Anlehnung an § 133 VI VwGO 1990 die Möglichkeit eingeräumt werden, in Fällen der Verfahrensrevision des § 115 II Nr. 3 FGO 1965 bereits i.R.d. NZB *das angefochtene Urteil aufzuheben und den Rechtsstreit zur anderweitigen Verhandlung und Entscheidung an das FG zurückzuverweisen*[184]. Aus demselben Grund war schließlich beabsichtigt, die *Verfahren der NZB und Revision* durch unmittelbare Einmündung des NZB-Verfahrens in das Revisionsverfahren *enger miteinander zu verknüpfen,* so dass seitens der Arbeitsgruppe in Anlehnung an § 139 II 1 VwGO 1990 vorgeschlagen wurde, das *Beschwerdeverfahren als Revisionsverfahren fortzusetzen,* wenn der Beschwerde gegen die Nichtzulassung der Revision durch das FG abgeholfen wurde oder der BFH die Revision zugelassen hatte[185]. Zudem sahen die Empfehlungen der Arbeitsgruppe vor, die in Art. 1 Nrn. 6 bis 8 BFHEntlG enthaltenen *Ausnahmen*

---

179 So *Schaumburg,* StuW 1999, 68, 69.

180 Zweites Gesetz zur Änderung der Finanzgerichtsordnung und anderer Gesetze (2. FGOÄndG) v. 19.12.2000, BGBl. I 2000, 1757 = BStBl. I 2000, 1567.

181 *Sunder-Plassmann* HHSp., Einf. FGO Tz. 200 (Lfg. 176 März 2003). Zur Neuregelung des finanzgerichtlichen Revisionszulassungsrechts durch das 2. FGOÄndG – auch in Anlehnung an die Reformvorschläge der Arbeitsgruppe – ausführlich nachfolgend im 2. Abschnitt (S. 47 ff.).

182 § 133 III 1 VwGO i.d.F. des 4. VwGOÄndG v. 17.12.1990, BGBl. I 1990, 2809, 2815, im Folgenden – auch im Hinblick auf die nachfolgend hier unter H. genannten Paragraphen der VwGO – VwGO 1990.

183 Ausführlich *Schaumburg,* StuW 1999, 68, 74. Dieser Vorschlag entsprach auch dem Entwurf eines FGOÄndG 1991 v. 14.08.1991, BT-Drucks. 12/1061, S. 8 u. 22: § 116 III 1 des Entwurfs.

184 Dazu ausführlich *Schaumburg,* StuW 1999, 68, 74 f. Ein derartiger Vorschlag war auch bereits in dem Entwurf eines FGOÄndG 1991 v. 14.08.1991, BT-Drucks. 12/1061, S. 8 u. 22, als § 116 VI enthalten.

185 Siehe ausführlich *Schaumburg,* StuW 1999, 68, 75. Auch insoweit sah der Entwurf eines FGOÄndG 1991 v. 14.08.1991, BT-Drucks. 12/1061, S. 8 u. 23, eine entsprechende Regelung vor: § 120 II 1 des Entwurfs.

vom Begründungszwang bei unzulässigen bzw. unbegründeten NZBen sowie bei unbegründeten Revisionen *einzuschränken*[186].

Die zentralen Vorschläge der Arbeitsgruppe betrafen allerdings den *Zugang zum BFH.* Diesbzgl. sprach sie zunächst die Empfehlung aus, die *zulassungsfreie Revision gemäß § 116 FGO 1965 abzuschaffen*[187]. Weiter empfahl die Arbeitsgruppe, angesichts der äußerst konträren Auffassungen zur *Streitwertrevision* von ihrer *Wiedereinführung abzusehen*[188], und schlug stattdessen vor, den Individualrechtsschutz, den die Streitwertrevision bis zu ihrer Suspendierung verbürgte[189], durch Einführung eines neuen Revisionszulassungsgrundes zu stärken und damit einhergehend auch die Rechtmäßigkeitskontrolle finanzgerichtlicher Entscheidungen zu verbessern. Denn während die für eine Revisionsinstanz typischen Aufgaben der Rechtsfortbildung und der Wahrung der Rechtseinheit durch die Grundsatz- und Divergenzrevision ohne weiteres erfüllt würden, fehle es demgegenüber an einer vergleichsweise effizienten Zugangsmöglichkeit zum BFH mit dem Ziel, dem Individualrechtsschutz zu entsprechen und eine weitgehende Rechtmäßigkeitskontrolle finanzgerichtlicher Entscheidungen herbeizuführen[190].

Deshalb regte die Arbeitsgruppe an, zur Berücksichtigung dieses – aus Sicht des rechtsschutzsuchenden Bürgers überaus bedeutungsvollen – Aspekts einen neuen *§ 115 II Nr. 4 FGO* in den Kanon der Revisionszulassungsgründe des § 115 II FGO 1965 einzufügen, wonach die Zulassung der Revision auch dann in Betracht kommen sollte, wenn *„überwiegende Zweifel an der Richtigkeit der angefochtenen Entscheidung bestehen“*[191]. Für die Aufnahme eines solchen zusätzlichen

186 Vgl. dazu ausführlich *Schaumburg*, StuW 1999, 68, 76 f., der im Hinblick auf die Einschränkung der Ausnahmen vom Begründungszwang bei unzulässigen bzw. unbegründeten NZBen (Art. 1 Nr. 6 BFHEntlG) ausführt, dass die Beteiligten ein Bedürfnis hätten, zu wissen, warum ihre NZB erfolglos geblieben sei, so dass in den Fällen, in denen die Zulassung der Revision versagt werde, der Beschluss des BFH kurz begründet werden solle. Von einer Begründung sollte – entsprechend der Regelung in § 133 V 2 Hs. 2 VwGO 1990 – allerdings in den Fällen abgesehen werden können, in denen eine solche nicht geeignet sei, zur Klärung der Voraussetzungen beizutragen, unter denen eine Revision zuzulassen sei, da es insoweit auch darum gehe, dass der BFH Auslegungsrichtlinien für die Zulassungspraxis der FGe aufstelle.

187 Vgl. ausführlich *Schaumburg*, StuW 1999, 68, 71 f.

188 Siehe hierzu ausführlich *Schaumburg*, StuW 1999, 68, 72 f.

189 Siehe dazu ausführlich noch später im 4. Abschnitt unter A.II. (S. 381 ff.), dort insbesondere 1. (S. 381 ff. [dort auch direkt zu Beginn auf S. 381]) u. 2. (S. 387 ff.), hier v.a. b) (S. 396 f. [dort auch direkt zu Beginn auf S. 396]).

190 *Schaumburg*, StuW 1999, 68, 73.

191 Aus den entsprechenden Ausführungen *Schaumburgs*, StuW 1999, 68, 73, geht dazu hervor, dass dieser neu vorgeschlagene Revisionszulassungsgrund der *„überwiegenden Zweifel an der Richtigkeit der angefochtenen Entscheidung“* schon aufgrund seines insoweit differierenden Wortlauts von dem Berufungszulassungsgrund des § 124 II Nr. 1 VwGO einerseits sowie dem Aussetzungsgrund

Revisionszulassungsgrundes in die FGO spreche insbesondere, dass nicht nur ‚Ausreißer' unter den finanzgerichtlichen Urteilen erfasst werden, denen die Unrichtigkeit gewissermaßen auf der Stirn geschrieben stehe, sondern vielmehr auch solche Entscheidungen, bei denen aufgrund einer *summarischen Prüfung* angenommen werden könne, dass sie einer revisionsrechtlichen Überprüfung nicht standhalten werden. Da derartigen Fällen der Zugang zum BFH – soweit die Voraussetzungen der Grundsatz-, Divergenz- oder Verfahrensrevision i.S.d. § 115 II FGO 1965 nicht erfüllt seien – bislang verwehrt bleibe, ziehe die Einfügung eines solchen Zulassungsgrundes zwangsläufig eine Verstärkung des Individualrechtsschutzes sowie eine Effektuierung der Rechtmäßigkeitskontrolle finanzgerichtlicher Entscheidungen nach sich[192].

Trotz der insoweit überzeugenden Argumentation der Arbeitsgruppe konnte sich dieser Vorschlag aber letztlich nicht durchsetzen, so dass er – im Gegensatz zu dem Großteil der anderen ihrerseits unterbreiteten Empfehlungen – schließlich auch nicht in die Reform des finanzgerichtlichen Revisionszulassungs- und Revisionsrechts durch das 2. FGOÄndG eingeflossen ist[193].

---

gemäß § 69 II 2 FGO andererseits zu unterscheiden sei. Denn während § 124 II Nr. 1 VwGO und § 69 II 2 FGO *‚ernstliche Zweifel'* an der Richtigkeit des Urteils bzw. der Rechtmäßigkeit des angefochtenen Verwaltungsakts verlangen, erfordere der von der Arbeitsgruppe empfohlene erweiterte Zugang zum BFH nicht lediglich ernstliche, sondern vielmehr – darüber hinausgehend – *‚überwiegende Zweifel'* an der Richtigkeit der angefochtenen Entscheidung. Im Gegensatz zu § 124 II Nr. 1 VwGO und § 69 II 2 FGO sei es demnach für den neu vorgeschlagenen *§ 115 II Nr. 4 FGO* erforderlich, dass die gegen die Richtigkeit der angefochtenen Entscheidung sprechenden Gründe überwiegen. Zur Abgrenzung sowie zu einer evtl. Angleichung noch später im 4. Abschnitt unter C.II. (S. 613 ff., dort insbesondere S. 617 f.).

192 So *Schaumburg*, StuW 1999, 68, 73.

193 Vgl. *Sunder-Plassmann* HHSp., Einf. FGO Tz. 200 (Lfg. 176 März 2003). – Zur Neuregelung des finanzgerichtlichen Revisionszulassungsrechts durch das 2. FGOÄndG – auch in Anlehnung an die Reformvorschläge der Arbeitsgruppe – ausführlich nachfolgend im 2. Abschnitt (S. 47 ff.). – Zu dem zwingend bestehenden Bedürfnis sowie der Notwendigkeit, ein individualrechtsschutzstärkendes *materiell-akzessorisches Abwägungskriterium* als Zulassungsmaßstab im Katalog der Revisionszulassungsgründe gesetzlich zu verankern, und damit einhergehend auch zur **Kritik** an der seinerzeitigen Nichtaufnahme des von der Reformarbeitsgruppe neu vorgeschlagenen Revisionszulassungsgrundes der *„überwiegenden Zweifel an der Richtigkeit der angefochtenen Entscheidung"* ausführlich später im 4. Abschnitt unter C.II. (S. 613 ff.).

2. Abschnitt: Die Reform des finanzgerichtlichen Revisionszulassungsrechts durch das 2. FGOÄndG – §§ 115, 116 FGO ‚n.F.'

Nachdem die Bestrebungen zur Novellierung des finanzgerichtlichen Revisionszulassungs- und Revisionsrechts – wie vorstehend im 1. Abschnitt unter D.-H. beschrieben – bislang stets gescheitert waren, gelang im Jahre 2000 mit dem *2. FGO-Änderungsgesetz*[194] schließlich die längst überfällige[195] Neuordnung der revisionszulassungs- und revisionsrechtlichen Vorschriften auf dem Gebiet der Finanzgerichtsbarkeit.

Die umfassende Reform des finanzgerichtlichen Revisionszulassungs- und Revisionsrechts, an die große Erwartungen geknüpft wurden, führte mit Inkrafttreten des 2. FGOÄndG am 01.01.2001[196] nach insgesamt 25 Jahren zur Beseitigung des Missstandes der dualen Regelungskreise von FGO 1965 und BFHEntlG[197]. Nachdem

---

194 Zweites Gesetz zur Änderung der Finanzgerichtsordnung und anderer Gesetze v. 19.12.2000, BGBl. I 2000, 1757 = BStBl. I 2000, 1567, im Folgenden 2. FGOÄndG. – Art. 5 des 2. FGOÄndG ermächtigte das Bundesministerium der Justiz, den Wortlaut der Finanzgerichtsordnung in der beim Inkrafttreten des 2. FGOÄndG geltenden Fassung im Bundesgesetzblatt neu bekannt zu machen. Von dieser Ermächtigung wurde durch *Bekanntmachung der Neufassung der Finanzgerichtsordnung v. 28.03.2001*, BGBl. I 2001, 442 = BStBl. I 2001, 262, samt Berichtigung v. 28.08.2001, BGBl. I 2001, 2262 = BStBl. I 2001, 616, Gebrauch gemacht.

195 Die Bezeichnung der Reform des finanzgerichtlichen Revisionszulassungs- und Revisionsrechts als *‚überfällig'* findet sich bspw. bei *Lange*, DStZ 1998, 92, 97. Vgl. auch *Ruban*, in: FS 75 Jahre RFH-BFH, 131, 144, die zum Ausdruck bringt, dass es unerfreulich sei, dass sich der Gesetzgeber zuvor nicht dazu entschließen konnte, das Revisionszulassungs- und Revisionsrecht der FGO an die insoweit neu gefassten Vorschriften der VwGO anzupassen.

196 Art. 6 des 2. FGOÄndG.

197 Siehe insoweit etwa *Dürr*, INF 2001, 65 (u. 71), sowie Gräber/*v. Groll*[6], Vor § 1 FGO Tz. 19, die den bis zum Inkrafttreten des 2. FGOÄndG herrschenden Zustand jeweils als *‚Missstand'* bezeichnen; vgl. überdies *Spindler*, DB 2001, 61. Vgl. zudem bereits *Herden*, DStZ 2000, 394; *Klein/Probst*, DB 1993, 1387; *Offerhaus*, BB 1988, 2074; *ders.*, Stbg. Heft 9/2000, III, der diesen *Missstand* jeweils als für die regelmäßig hohe Zahl unzulässiger Rechtsmittel mitverantwortlich ansah; vgl. insoweit auch nochmals *Spindler*, DB 2001, 61. *Bilsdorfer*, BB 2001, 753, spricht von dem zuletzt unerfreulichen Zustand, der dadurch gekennzeichnet gewesen sei, dass im Hinblick auf das finanzgerichtliche Revisionszulassungs- und Revisionsrecht ständig das *‚Mindesthaltbarkeitsdatum'* des BFHEntlG neu definiert werden musste; *Lemaire*, AO-StB 2001, 23, 25, hebt die nunmehr bestehende *Transparenz* hervor.

seit Inkrafttreten des BFHEntlG am 15.09.1975[198] ein überaus missliches – da kompliziertes, unübersichtliches und sich z.T. noch widersprechendes – Nebeneinander von z.T. suspendiertem Revisionszulassungs-/Revisionsrecht der FGO 1965 und BFHEntlG existierte, gelang es nun endlich, das bislang zersplitterte Revisionszulassungs- und Revisionsrecht in der Finanzgerichtsbarkeit durch Zusammenfassung in einem Gesetz zu beseitigen. So wurden die Bestimmungen des BFHEntlG nach dessen Auslaufen zum 31.12.2000[199] im Wesentlichen – wenn auch z.T. in leicht abgewandelter Form – in die FGO übernommen, in der das finanzgerichtliche Revisionszulassungs- und Revisionsrecht nunmehr einheitlich geregelt ist.

Das Revisionszulassungsrecht der FGO, so wie es durch das 2. FGOÄndG geschaffen wurde, ist bis heute unverändert geltendes Recht und somit Gegenstand der nachfolgenden Untersuchungen in dieser Arbeit.

A. Die wesentlichen Änderungen des finanzgerichtlichen Revisionszulassungsverfahrens durch das 2. FGOÄndG

Das 2. FGOÄndG brachte eine Vielzahl einschneidender Änderungen des finanzgerichtlichen Revisionszulassungsverfahrens und folgte dabei großteils den Vorschlägen der Arbeitsgruppe zur Reform des finanzgerichtlichen Revisionszulassungs- und Revisionsrechts 1998/1999.

I. Abschaffung der zulassungsfreien Revision gemäß § 116 FGO 1965

Die umfassende Novellierung der revisionszulassungsrechtlichen Vorschriften auf dem Gebiet der Finanzgerichtsbarkeit durch das 2. FGOÄndG führte zunächst zum *endgültigen Wegfall der zulassungsfreien Revision gemäß § 116 FGO 1965.* Sowohl die zulassungsfreie Verfahrensrevision nach § 116 I FGO 1965 als auch die zulassungsfreie Revision gegen Urteile in Zolltarifsachen nach § 116 II FGO 1965 wurden mit Wirkung zum 01.01.2001 ersatzlos abgeschafft.

Diese ersatzlose Streichung der zulassungsfreien Revision des § 116 FGO 1965 erfolgte in Anlehnung an die Vorschläge der Arbeitsgruppe zur Reform des finanzgerichtlichen Revisionszulassungs- und Revisionsrechts 1998/1999 und darüber hinaus in Übereinstimmung mit zahlreichen früheren Gesetzentwürfen, in denen jeweils ein klares Veto gegen die Beibehaltung der zulassungsfreien Revision geäußert wurde[200]. Zudem vollzog der Gesetzgeber damit einen Schritt, den zehn Jahre

---

198 Dazu oben im 1. Abschnitt unter D.II. (S. 26 ff.).

199 Hierzu oben im 1. Abschnitt unter D.III. (S. 28 ff., dort insbesondere S. 29 u. 30 f.).

200 Der Gedanke der Streichung der Vorschriften über die zulassungsfreie Revision war schon in dem Entwurf eines Gesetzes zur Änderung des Rechts der Revision in Zivilsachen und in Verfahren vor Gerichten der Verwaltungs- und Finanzgerichtsbarkeit v. 04.04.1973, BT-Drucks. 7/444 (dazu oben im 1. Abschnitt

zuvor schon das *Gesetz zur Neuregelung des verwaltungsgerichtlichen Verfahrens* betreffend § 133 VwGO 1960 gegangen war[201].

Zur *Begründung der ersatzlosen Streichung der zulassungsfreien Verfahrensrevision nach § 116 I FGO 1965* findet sich im Gesetzentwurf der Bundesregierung zum 2. FGOÄndG nur eine kurze Anmerkung. Darin wird lediglich angeführt, dass die Neuregelung der §§ 115, 116 FGO ein Nebeneinander von zulassungsfreier und zulassungsbedürftiger Revision vermeide, da ein solches in Zweifelsfällen zu Unklarheiten und Fehlern führen könne; nicht zuletzt bleibe der Zugang zum BFH weiterhin uneingeschränkt gewährleistet[202].

Möglicherweise hat die Bundesregierung hier auf weitere Ausführungen verzichtet, da in den früheren Gesetzentwürfen, die sich bislang mit der Neuordnung des finanzgerichtlichen Revisionszulassungsrechts auseinandergesetzt haben, sowie in der einschlägigen Literatur bereits eine Vielzahl von Argumenten für die Abschaffung der zulassungsfreien Verfahrensrevision vorgebracht worden ist. Als besonders aussagekräftig erscheint insoweit die *Begründung der Entwürfe eines FGO-Änderungsgesetzes*, die zunächst die geringe praktische Bedeutung der zulassungsfreien Revision erwähnt[203]. Des Weiteren – so heißt es –, habe sich das

---

unter D.I. [S. 24 ff.]), in dem Entwurf einer Verwaltungsprozessordnung (VwPO) v. 13.07.1982, BT-Drucks. 9/1851, u. v. 31.05.1985, BT-Drucks. 10/3437 (dazu oben im 1. Abschnitt unter E. [S. 31 ff.]), sowie in den Entwürfen eines FGO-Änderungsgesetzes (FGOÄndG) v. 27.05.1988, BT-Drucks. 11/2386, u. v. 14.08.1991, BT-Drucks. 12/1061 (dazu oben im 1. Abschnitt unter F.I. [S. 35 ff.]), enthalten.

201 Siehe insoweit das Gesetz zur Neuregelung des verwaltungsgerichtlichen Verfahrens (Viertes Gesetz zur Änderung der Verwaltungsgerichtsordnung – 4. VwGOÄndG) v. 17.12.1990, BGBl. I 1990, 2809, 2814 f. Vgl. hierzu auch die Begründung des Entwurfs eines 4. VwGOÄndG v. 27.04.1990, BT-Drucks. 11/7030, S. 33, in der zum Ausdruck gebracht wird, dass sich das bisherige Nebeneinander von zulassungsfreier und zulassungsbedürftiger Verfahrensrevision nicht bewährt habe. – Auch das *SGG* enthielt bereits seit der Neuregelung des sozialgerichtlichen Revisionszulassungs- und Revisionsrechts durch das *Gesetz zur Änderung des Sozialgerichtsgesetzes v. 30.07.1974*, BGBl. I 1974, 1625, keine Vorschrift mehr, die eine zulassungsfreie (Verfahrens-) Revision vorsah.

202 So die Begründung des Entwurfs eines Zweiten Gesetzes zur Änderung der Finanzgerichtsordnung und anderer Gesetze (2. FGOÄndG) v. 11.09.2000, BT-Drucks. 14/4061, S. 9 zu Nr. 13.

203 Vgl. die Begründung der Entwürfe eines FGOÄndG v. 27.05.1988, BT-Drucks. 11/2386, sowie v. 14.08.1991, BT-Drucks. 12/1061, jeweils S. 21. – Die geringe praktische Bedeutung sowohl der zulassungsfreien Verfahrensrevision gemäß § 116 I FGO 1965 als auch der zulassungsfreien Revision gegen Urteile in Zolltarifsachen gemäß § 116 II FGO 1965 lässt sich an folgenden Zahlenbeispielen exemplarisch verdeutlichen: So hat der BFH in der Zeit vom 1. April bis zum 30. September 1971 340 Revisionen – darunter nur eine zulassungsfreie Verfahrensrevision – erledigt (vgl. die Begründung des Entwurfs eines Gesetzes zur

bisherige jahrelange Nebeneinander von zulassungsfreier (§ 116 I FGO 1965) und zulassungsbedürftiger (§ 115 II Nr. 3 FGO 1965) Verfahrensrevision nicht bewährt. Die Regelung sei insoweit unübersichtlich, als die in § 116 I FGO 1965 im Einzelnen aufgezählten Verfahrensmängel von § 115 II Nr. 3 FGO 1965 mit umfasst würden, so dass für den Rechtsuchenden oftmals unklar bleibe, ob er bei Vorliegen eines Verfahrensmangels von dem einen oder dem anderen Rechtsbehelf Gebrauch machen müsse, sprich, ob eine zulassungsfreie Verfahrensrevision gemäß § 116 I FGO 1965 oder aber eine auf § 115 II Nr. 3 FGO 1965 gestützte NZB der richtige Rechtsbehelf sei. Zudem bleibe der Zugang zum BFH auch nach Beseitigung der zulassungsfreien Verfahrensrevision uneingeschränkt gewährleistet, da es sich in allen Fällen des § 116 I FGO 1965 zugleich um absolute Revisionsgründe i.S.d. § 119 FGO 1965 handele, so dass eine auf einen Verfahrensmangel i.S.d. § 116 I FGO 1965 gestützte NZB regelmäßig Erfolg haben werde, wenn die geltend gemachten Mängel tatsächlich vorlägen[204].

Es bestand also keine Veranlassung, die Verletzung von Verfahrensvorschriften bei der Regelung des Zugangs zum BFH durch Beibehaltung einer zulassungsfreien Revision für wesentliche Verfahrensmängel höher zu bewerten als die Verletzung materiellen Rechts[205].

Zur *Begründung der Streichung der zulassungsfreien Revision gegen Urteile in Zolltarifsachen nach § 116 II FGO 1965* führt der Gesetzentwurf der Bundesregierung zum 2. FGOÄndG aus, dass ein Bedürfnis für ihre Beibehaltung nicht bestehe. Denn der freien Revisibilität in Zolltarifsachen habe der Gedanke zugrunde gelegen, dass Entscheidungen in Zolltarifsachen stets eine über den Einzelfall hinausgehende

---

Änderung des Rechts der Revision in Zivilsachen und in Verfahren vor Gerichten der Verwaltungs- und Finanzgerichtsbarkeit v. 04.04.1973, BT-Drucks. 7/444, S. 42). Unter den vom BFH im Jahre 1980 durch Urteil erledigten Revisionen befanden sich lediglich eine Revision nach § 116 I FGO 1965 und drei weitere nach § 116 II FGO 1965 (vgl. die Begründung des Entwurfs einer VwPO v. 13.07.1982, BT-Drucks. 9/1851, u. v. 31.05.1985, BT-Drucks. 10/3437, jeweils S. 152). Auch im Jahre 1986 war die praktische Bedeutung der zulassungsfreien Revision mit insgesamt 20 Fällen nicht gerade erwähnenswert (vgl. die Begründung des Entwurfs eines FGOÄndG v. 27.05.1988, BT-Drucks. 11/2386, S. 21 ohne Differenzierung zwischen § 116 I und II FGO 1965).

204 Vgl. zum Ganzen die Begründung der Entwürfe eines FGOÄndG v. 27.05.1988, BT-Drucks. 11/2386, sowie v. 14.08.1991, BT-Drucks. 12/1061, jeweils S. 21. Diese Argumentation findet sich so bzw. in ähnlicher Weise bereits in der Begründung des Entwurfs eines Gesetzes zur Änderung des Rechts der Revision in Zivilsachen und in Verfahren vor Gerichten der Verwaltungs- und Finanzgerichtsbarkeit v. 04.04.1973, BT-Drucks. 7/444, S. 42, sowie in der Begründung des Entwurfs einer VwPO v. 13.07.1982, BT-Drucks. 9/1851, u. v. 31.05.1985, BT-Drucks. 10/3437, jeweils S. 152.

205 So schon die Begründung des Entwurfs eines Gesetzes zur Änderung des Rechts der Revision in Zivilsachen und in Verfahren vor Gerichten der Verwaltungs- und Finanzgerichtsbarkeit v. 04.04.1973, BT-Drucks. 7/444, S. 42.

Bedeutung zukäme, weil die hierbei im Einzelfall zufällig streitbefangene Ware stellvertretend für ihre gesamte Gattung stehe[206]. Jedoch habe die Praxis über Jahre hinweg gezeigt, dass dies keineswegs in allen Fällen zutreffe. Eine Vereinheitlichung des Revisionssystems erscheine daher insoweit sachgerecht, zumal Fällen, in denen einer Zolltarifsache grundsätzliche Bedeutung beizumessen sei, im Wege der Zulassung der Revision Rechnung getragen werden könne[207].

Diese Argumentation steht im Einklang mit der Begründung zu zahlreichen früheren Gesetzentwürfen, die sich bislang mit der Novellierung des finanzgerichtlichen Revisionszulassungsrechts auseinandergesetzt haben[208].

Die Abschaffung der Bestimmungen über die zulassungsfreie Revision nach § 116 I und II FGO 1965 durch das 2. FGOÄndG wurde im Schrifttum einhellig begrüßt[209].

Denn insbesondere das unabgestimmte Nebeneinander von zulassungsfreier und zulassungsbedürftiger *Verfahrensrevision* führte in der Vergangenheit häufig zu überflüssigen Friktionen aufgrund von Abgrenzungsschwierigkeiten zwischen der zulassungsfreien Verfahrensrevision i.S.d. § 116 I FGO 1965 einerseits und der

---

206 Vgl. die Begründung des Entwurfs eines 2. FGOÄndG v. 11.09.2000, BT-Drucks. 14/4061, S. 7, unter Hinweis auf die Begründung des Entwurfs einer Finanzgerichtsordnung v. 02.08.1963, BT-Drucks. IV/1446, S. 57.

207 So die Begründung des Entwurfs eines 2. FGOÄndG v. 11.09.2000, BT-Drucks. 14/4061, S. 7, die zudem erwähnt, dass in Fällen, in denen das FG bei Tarifierungsfragen i.R.d. Gemeinsamen Zolltarifs der EG (jetzt EU) zu entscheiden habe, im Hinblick auf den Rechtsschutz des Steuerpflichtigen Art. 234 EGV (jetzt Art. 267 AEUV) zu beachten sei.

208 Siehe dazu die Begründungen folgender Gesetzentwürfe: Entwurf eines Gesetzes zur Änderung des Rechts der Revision in Zivilsachen und in Verfahren vor Gerichten der Verwaltungs- und Finanzgerichtsbarkeit v. 04.04.1973, BT-Drucks. 7/444, S. 42; Entwurf einer VwPO v. 13.07.1982, BT-Drucks. 9/1851, u. v. 31.05.1985, BT-Drucks. 10/3437, jeweils S. 152; Entwürfe eines FGOÄndG v. 27.05.1988, BT-Drucks. 11/2386, sowie v. 14.08.1991, BT-Drucks. 12/1061, jeweils S. 21 f. Diese Begründungen weisen teils auch darauf hin, dass die grundsätzliche Bedeutung in Zolltarifsachen insbesondere dann fehle, wenn die betroffene Ware nur selten und nur von einer Firma ausgeführt werde, oder es sich um Fälle handele, die zwar für eine gesamte Warengattung von Bedeuutng seien, die jedoch eine bereits höchstrichterlich entschiedene oder rechtlich einfach gelagerte Sache zum Gegenstand hätten.

209 Siehe nur *Lange*, NJW 2001, 1098, 1099; *ders.* HHSp., § 115 FGO Tz. 56 u. 57 (Lfg. 192 Oktober 2006) sowie § 116 FGO Tz. 18 u. 20 (Lfg. 194 Juni 2007); *Seer*, in: T/K, § 116 FGO Tz. 1 (Lfg. 131 Oktober 2012); vgl. überdies *Spindler*, DB 2001, 61. Für eine Abschaffung der Bestimmungen über die zulassungsfreie Revision plädierten zuvor bereits *Lange*, DStZ 1998, 92, 97 (speziell zur zulassungsfreien Revision gegen Urteile in Zolltarifsachen gemäß § 116 II FGO 1965), sowie *Ruban*, in: FS 75 Jahre RFH-BFH, 131, 144 (speziell zur zulassungsfreien Verfahrensrevision gemäß § 116 I FGO 1965).

parallel statthaften NZB wegen eines Verfahrensmangels gemäß § 115 II Nr. 3 FGO 1965 andererseits[210]. Da für eine NZB kein Rechtsschutzbedürfnis bestand, soweit die *zulassungsfreie Verfahrensrevision* nach § 116 I FGO 1965 eröffnet war, umgekehrt andere als die in § 116 I FGO 1965 aufgeführten Verfahrensmängel nur mit der NZB erfolgreich geltend gemacht werden konnten, und überdies eine *Umdeutung* eines von einem rechtskundigen Prozessbevollmächtigten ausdrücklich als Revision i.S.d. § 116 I FGO 1965 bezeichneten Rechtsmittels in eine auf § 115 II Nr. 3 FGO 1965 gestützte NZB oder umgekehrt ebenfalls nicht in Betracht kam[211], führten die vorgenannten Abgrenzungsschwierigkeiten in der Praxis somit nicht selten dazu, dass Verfahrensmängel *sowohl* durch zulassungsfreie Revision gemäß § 116 I FGO 1965 *als auch* durch eine auf § 115 II Nr. 3 FGO 1965 gestützte NZB geltend gemacht wurden[212]. Es erschien deshalb nur folgerichtig, diese *Rechtsmittelfalle*, die eine durchaus beträchtliche Zahl unzulässiger Rechtsmittel nach sich zog, durch Abschaffung der ohnehin praktisch wenig bedeutsamen zulassungsfreien Verfahrensrevision[213] möglichst umgehend zu beseitigen[214].

Aber auch die Anwendung der Vorschrift über die zulassungsfreie Revision gegen Urteile in Zolltarifsachen bereitete in der Praxis immer wieder große Schwierigkeiten und erwies sich nicht selten als tückische Rechtsmittelfalle[215]. Denn hatte das FG die Revision in seinem zolltarifliche Fragen berührenden Urteil nicht

---

210 Vgl. *Ruban*, in: FS 75 Jahre RFH-BFH, 131, 144; *Sangmeister*, DStZ 1991, 358 u. 369; *ders.*, StVj 1992, 63, 64 u. 68; *Schaumburg*, StuW 1999, 68, 72. Des Weiteren *Lange*, NJW 2001, 1098, 1099; *ders.* HHSp., § 115 FGO Tz. 56 (Lfg. 192 Oktober 2006); *Seer*, in: T/K, § 116 FGO Tz. 1 (Lfg. 131 Oktober 2012); *Spindler*, DB 2001, 61.

211 Dazu bereits vorstehend im 1. Abschnitt unter C.III.1. (S. 22) mit Nachweisen aus Rechtsprechung und Schrifttum in den Fußnoten 82-84.

212 *Schaumburg*, StuW 1999, 68, 72.

213 Vgl. oben Fußnote 203.

214 In diesem Sinne auch *Lange*, NJW 2001, 1098, 1099; *ders.* HHSp., § 115 FGO Tz. 56 (Lfg. 192 Oktober 2006) sowie § 116 FGO Tz. 18 (Lfg. 194 Juni 2007); *Seer*, in: T/K, § 116 FGO Tz. 1 (Lfg. 131 Oktober 2012); *Spindler*, DB 2001, 61. Ebenso bereits *Ruban*, in: FS 75 Jahre RFH-BFH, 131, 144, u. *Sangmeister*, DStZ 1991, 358, 370; *ders.*, StVj 1992, 63, 74. Vgl. schließlich *Schmieszek*, DStR 1991, 961, 965, der sogar von der Beseitigung einer *üblen Rechtsmittelfalle* spricht: Denn nicht nur in Einzelfällen sei eine zulassungsfreie Verfahrensrevision eingelegt und darüber hinaus vergessen worden, im Übrigen NZB einzulegen. Bei Zurückweisung der zulassungsfreien Verfahrensrevision als unbegründet habe es dann aber letztlich überhaupt nichts mehr genutzt, wenn im Übrigen Gründe vorgelegen haben, die eine NZB gerechtfertigt hätten. Zudem *Schmieszek*, DB 1993, 12, 15; *ders.*, in: FS Offerhaus, 773, 786.

215 Vgl. dazu exemplarisch aus der Rechtsprechung *BFH*, Beschl. v. 26.02.1991, VII R 41/89, BStBl II 1991, 526; Beschl. v. 01.12.1992, VII R 59/92, BFH/NV 1993, 338. Siehe zudem *Lange*, DStZ 1998, 92, 97; *ders.*, NJW 2001, 1098, 1099; *ders.* HHSp., § 115 FGO Tz. 57 (Lfg. 192 Oktober 2006); *Seer*, in: T/K, § 116 FGO Tz. 1 (Lfg. 131 Oktober 2012). Vgl. auch *Schmieszek*, in: FS Offerhaus, 773, 786.

zugelassen, stand der unterlegene Beteiligte stets vor der im Einzelfall – trotz der klaren und eindeutigen BFH-Rechtsprechung zum Begriff der ‚Zolltarifsache' – oftmals schwierig zu entscheidenden Frage, ob nun ein Urteil in Zolltarifsachen i.S.d. § 116 II FGO 1965 vorlag[216]. Auch die dem finanzgerichtlichen Urteil beigefügte Rechtsmittelbelehrung war den Beteiligten dabei keine wirkliche Orientierungshilfe[217]. Zwar musste bei Urteilen, in denen die Revision nicht zugelassen worden war, in der Rechtsmittelbelehrung immer auf die statthaften Rechtsmittel der zulassungsfreien Verfahrensrevision (§ 116 I FGO 1965) und der NZB hingewiesen werden[218]; soweit im Einzelfall auch eine zulassungsfreie Revision gegen Urteile in Zolltarifsachen (§ 116 II FGO 1965) in Betracht kam, war der Hinweis in der Rechtsmittelbelehrung auch hierauf zu erstrecken[219]. Es gehörte jedoch nicht zu den Hinweispflichten des FG, durch eine entsprechende Fassung der Rechtsmittelbelehrung klarzustellen, ob seiner Ansicht nach eine Zolltariffrage für sein Urteil entscheidungserheblich war[220]. Darüber hinaus bestand kein Bedürfnis, jede Zolltarifsache ohne Differenzierung als Rechtssache von grundsätzlicher Bedeutung zu bewerten. Auch ein hinreichender sachlicher Grund für eine Besserstellung der Rechtsmittelführer in Zolltarifsachen gegenüber denjenigen, die gegen ‚normale' – die Revision nicht zulassende – finanzgerichtliche Urteile vorgehen wollten, und dazu regelmäßig erst durch das *„Nadelöhr"* der NZB gehen mussten, war nicht ersichtlich[221]. Die zulassungsfreie Revision gegen Urteile in Zolltarifsachen wurde deshalb nicht selten als systemwidrig und entbehrlich bezeichnet[222]. Stattdessen wurde vorgeschlagen, dass es sachgerecht erscheine, wenn der BFH auch in Zolltarifsachen mit Revisionen nur auf Zulassung hin befasst würde, um so die notwendige Differenzierung zwischen Zolltarifsachen mit grundsätzlicher Bedeutung und solchen, denen diese Eigenschaft nicht anhafte, zu ermöglichen[223]. Vor dem Hintergrund, dass auch der zulassungsfreien Revision gegen Urteile in Zolltarifsachen nur eine geringe praktische Bedeutung zukam[224], war mithin auch dieser Schritt des Gesetzgebers, bei der Neuordnung der revisionszulassungsrechtlichen

216 *Lange* DStZ 1998, 92, 94; *Müller-Eiselt*, ZfZ 1994, 258, 259.
217 Ebenso *Lange* DStZ 1998, 92, 95.
218 *BFH*, Zwischenurteil v. 12.02.1987, V R 116/86, BStBl. II 1987, 438.
219 *BFH*, Urt. v. 13.02.1992, V R 140/90, BStBl. II 1992, 573, 574.
220 So *BFH*, Beschl. v. 02.08.1994, VII E 4/94, BFH/NV 1995, 253; Beschl. v. 23.04.1996, VII E 3/96, BFH/NV 1996, 829.
221 Siehe *Lange*, DStZ 1998, 92, 96 f. – Vgl. zu den Schwierigkeiten bei der Einlegung einer NZB wegen grundsätzlicher Bedeutung der Rechtssache gemäß § 115 II Nr. 1 FGO 1965 insbesondere im Hinblick auf Fragen des materiellen Zollrechts *Müller-Eiselt*, ZfZ 1994, 258, 261 f.
222 So *Lange*, DStZ 1998, 92, 97; *Schmieszek*, in: FS Offerhaus, 773, 786.
223 *Lange*, DStZ 1998, 92, 96.
224 Vgl. oben Fußnote 203.

Vorschriften auf dem Gebiet der Finanzgerichtsbarkeit auf ihre Beibehaltung zu verzichten, vollkommen richtig[225].

II. Abschaffung der Streitwertrevision

Eine weitere einschneidende Änderung des finanzgerichtlichen Revisionszulassungsverfahrens durch das 2. FGOÄndG bestand in der *endgültigen Abschaffung der Streitwertrevision*, die zuvor bereits seit 1985 durch *Art. 1 Nr. 5 BFHEntlG i.d.F. des Gesetzes zur Beschleunigung verwaltungs-und finanzgerichtlicher Verfahren v. 04.07.1985* suspendiert worden war[226]. Auch die endgültige Abschaffung der Streitwertrevision erfolgte in Anlehnung an die Vorschläge der Arbeitsgruppe zur Reform des finanzgerichtlichen Revisionszulassungs- und Revisionsrechts 1998/1999. Darüber hinaus stand sie im Einklang mit zahlreichen Gesetzentwürfen, die sich bislang mit der Neuordnung der revisionszulassungsrechtlichen Vorschriften auf dem Gebiet der Finanzgerichtsbarkeit auseinandergesetzt hatten[227].

Die endgültige Abschaffung der Streitwertrevision wurde in der Gesetzesbegründung damit gerechtfertigt, dass der Streitwert kein geeignetes Auswahlkriterium

---

225 Auf gleicher Linie *Lange* HHSp., § 115 FGO Tz. 57 (Lfg. 192 Oktober 2006) sowie § 116 FGO Tz. 20 (Lfg. 194 Juni 2007); *Seer*, in: T/K, § 116 FGO Tz. 1 (Lfg. 131 Oktober 2012). Ebenso bereits *Lange*, DStZ 1998, 92, 97.

226 Siehe zur Suspendierung der Streitwertrevision Art. 2 des Gesetzes zur Beschleunigung verwaltungs- und finanzgerichtlicher Verfahren v. 04.07.1985, BGBl. I 1985, 1274 = BStBl. I 1985, 496, dazu bereits ausführlich oben im 1. Abschnitt unter D.III. (S. 28 ff.). Die Suspendierung der Streitwertrevision war dabei auf die Geltungsdauer des BFHEntlG beschränkt. Da dieses nach seinem Auslaufen zum 31.12.2000 nicht verlängert wurde, entschied sich der Gesetzgeber, den in Art. 1 Nr. 5 BFHEntlG zeitlich befristet geregelten Wegfall der Streitwertrevision durch das 2. FGOÄndG dauerhaft in die FGO zu übernehmen. Vgl. insoweit auch die Formulierung in der Begründung des Entwurfs eines 2. FGOÄndG v. 11.09.2000, BT-Drucks. 14/4061, S. 7: *„Der Entwurf nimmt endgültig Abschied von der Streitwertrevision"* sowie *Wagner*, in: KvW[19], § 115 FGO Tz. 2, wonach der Gesetzgeber auf eine *„Wiederbelebung"* der bereits zuvor durch das BFHEntlG suspendierten Streitwertrevision verzichtet habe. Vgl. überdies bereits die Formulierung in der Begründung der Entwürfe eines FGOÄndG v. 27.05.1988, BT-Drucks. 11/2386, sowie v. 14.08.1991, BT-Drucks. 12/1061, jeweils S. 21, wo von einer *endgültigen Abschiednahme* von der Streitwertrevision die Rede war, die jedoch seinerzeit noch nicht realisiert werden konnte.

227 Die Abschaffung der Streitwertrevision wurde bereits in dem Entwurf eines Gesetzes zur Änderung des Rechts der Revision in Zivilsachen und in Verfahren vor Gerichten der Verwaltungs- und Finanzgerichtsbarkeit v. 04.04.1973, BT-Drucks. 7/444 (dazu oben im 1. Abschnitt unter D.I. [S. 24 ff.]), in dem Entwurf einer VwPO v. 13.07.1982, BT-Drucks. 9/1851, u. v. 31.05.1985, BT-Drucks. 10/3437 (dazu oben im 1. Abschnitt unter E. [S. 31 ff.]), sowie in den Entwürfen eines FGOÄndG v. 27.05.1988, BT-Drucks. 11/2386, u. v. 14.08.1991, BT-Drucks. 12/1061 (dazu oben im 1. Abschnitt unter F.I. [S. 35 ff.]) diskutiert.

für die Revision darstelle. Dies gelte unabhängig davon, ob dem Revisionsverfahren eine oder zwei Tatsacheninstanzen vorausgingen. Insbesondere sei der Streitwert kein Gradmesser für die Bedeutung der Sache, zumal auch einem Rechtsstreit mit nur geringem Streitwert erhebliche Bedeutung zukommen könne. Dies gelte v.a. für Streitverfahren aus dem Bereich der Lohnsteuer sowie für die Klärung solcher steuerlicher Streitfragen, die bei der jährlichen Veranlagung regelmäßig wiederkehren und eine Vielzahl von Steuerpflichtigen in gleicher Weise betreffen, wie es bspw. bei der Einkommensteuer der Fall sei. Demgegenüber könne einem Rechtsstreit mit hohem Streitwert durchaus jede über den Einzelfall hinausgehende Bedeutung fehlen. Schließlich sei dem rechtsuchenden Bürger auch nicht überzeugend zu vermitteln, dass bei kleineren und mittleren Streitwerten ein Rechtsmittel ausgeschlossen sein soll, obwohl eine ungünstige Entscheidung in einer kleineren Streitsache gerade für ihn weitaus schwerwiegendere Auswirkungen haben könne, als ein verlorener Millionenprozess für ein großes Wirtschaftsunternehmen[228].

Wie der vorstehenden Argumentation entnommen werden kann, erfolgte die endgültige Abschaffung der Streitwertrevision also in erster Linie deshalb, weil eine Privilegierung von Rechtsstreitigkeiten mit hohem Streitwert im Hinblick auf den Instanzenzug als *sozialstaatlich bedenklich* und somit *ungerecht* erachtet wurde[229].

Insbesondere die Aussage des Gesetzgebers, der Streitwert sei als Auswahlkriterium für die Revision nicht geeignet, ist im Schrifttum durchaus auf Zustimmung

---

228 So die Begründung des Entwurfs eines 2. FGOÄndG v. 11.09.2000, BT-Drucks. 14/4061, S. 7. Diese Argumentation findet sich so bzw. in ähnlicher Weise bereits in der Begründung des Entwurfs eines Gesetzes zur Änderung des Rechts der Revision in Zivilsachen und in Verfahren vor Gerichten der Verwaltungs- und Finanzgerichtsbarkeit v. 04.04.1973, BT-Drucks. 7/444, S. 17 u. 29, in der Begründung des Entwurfs einer VwPO v. 13.07.1982, BT-Drucks. 9/1851, u. v. 31.05.1985, BT-Drucks. 10/3437, jeweils S. 151, sowie in der Begründung der Entwürfe eines FGOÄndG v. 27.05.1988, BT-Drucks. 11/2386, S. 21, u. v. 14.08.1991, BT-Drucks. 12/1061, S. 21 u. 31 f. (Gegenäußerung der Bundesregierung zur Stellungnahme des Bundesrates zu dem Entwurf eines FGOÄndG 1991).

229 So auch schon ausdrücklich die Begründung des Entwurfs eines Gesetzes zur Änderung des Rechts der Revision in Zivilsachen und in Verfahren vor Gerichten der Verwaltungs- und Finanzgerichtsbarkeit v. 04.04.1973, BT-Drucks. 7/444, S. 17 u. 29, sowie die Begründung des Entwurfs einer VwPO v. 13.07.1982, BT-Drucks. 9/1851, u. v. 31.05.1985, BT-Drucks. 10/3437, jeweils S. 151; ähnlich *Klein*, DStR 1984, 17, 21, und *Offerhaus*, BB 1984, 625, 628. Exemplarisch auch *Klein/Probst*, DB 1993, 1387, 1389, die anführen, dass Recht von Beträgen unabhängig sei. Es entspreche überholtem ständischen Denken, Verfahren nur wegen ihres hohen wirtschaftlichen Wertes in die Revisionsinstanz gelangen zu lassen; damit verbunden sei zwangsläufig eine Bevorzugung der Bezieher hoher Einkommen mit entsprechend hohen Streitwerten hinsichtlich des Rechtsschutzes. Zur Sozialwidrigkeit der Streitwertrevision insb. im *Zivilprozess* vgl. bereits *Schwinge*, Grundlagen des Revisionsrechts², S. 226 ff.

gestoßen. Denn gerade im finanzgerichtlichen Verfahren komme der Entscheidung in einem Rechtsstreit mit nur geringem Streitwert häufig gleichwohl deshalb eine maßgebende Bedeutung zu, weil sie wegen ihrer Breitenwirkung mittelbar eine Vielzahl von Steuerpflichtigen betreffe; hingegen könne andererseits einem Rechtsstreit mit hohem Streitwert eine über den konkreten Streitfall hinausgehende Bedeutung durchaus fehlen[230] Zudem sei der Streitwert nicht nur kein Gradmesser für die Bedeutung der Sache; er könne darüber hinaus auch nicht als Anhaltspunkt dafür angesehen werden, ob die angefochtene Entscheidung richtig oder falsch sei[231].

Die ersatzlose Streichung der Streitwertrevision durch das 2. FGOÄndG hat in der einschlägigen Literatur gerade im Hinblick auf die Zweistufigkeit der Finanzgerichtsbarkeit aber auch zu heftiger *Kritik* geführt. Bemängelt wurde insbesondere die weitere Verkürzung des Rechtswegs in der Finanzgerichtsbarkeit, die zu einer nachhaltigen Einschränkung des Rechtsschutzbedürfnisses des einzelnen Steuerpflichtigen führe und den Rechtsschutz des Steuerbürgers erheblich vermindere[232].

---

230 Siehe nur *Lange*, NJW 2001, 1098 f.; *ders.* HHSp., § 115 FGO Tz. 55 (Lfg. 192 Oktober 2006); *Spindler*, DB 2001, 61. Vgl. auch bereits *Klein/Probst*, DB 1993, 1387, 1389, sowie *Schmieszek*, DStR 1991, 961. Vgl. schließlich *Herden*, DStZ 2000, 394, 396, der die endgültige Abschaffung der Streitwertrevision aus diesen Gründen auch vor dem Hintergrund der Einzelfallgerechtigkeit für hinnehmbar hält.

231 *Schmieszek*, in: FS Offerhaus, 773, 785 f.

232 Siehe nur *List*, DStR 2000, 1499, 1502, 1503 u. 1505; *Seer*, BB 2000, 2387; *ders.*, StuW 2001, 3, 4 ff., v.a. 5; *ders.*, StuW 2003, 193, 200 u. 204; *ders.*, in: T/K, § 115 FGO Tz. 9, 16 u. 39 (Lfg. 131 Oktober 2012); *Suhrbier-Hahn*, DStR 2001, 467, 473; *Sunder-Plassmann* HHSp., Einf. FGO Tz. 156 u. 201 (Lfg. 176 März 2003). Vgl. überdies *Lange*, NJW 2001, 1098 f.; *ders.* HHSp., § 115 FGO Tz. 55 (Lfg. 192 Oktober 2006), der zwar die Aussage des Gesetzgebers, dass der Streitwert kein geeignetes Auswahlkriterium für die Revision darstelle, teilt (vgl. Fußnote 230), jedoch mit dem gleichzeitigen Hinweis auf die *Korrelation* zwischen der Existenz der Streitwertrevision und der Zweistufigkeit der Finanzgerichtsbarkeit (dazu ausführlich später im 4. Abschnitt unter A.II.2. [S. 387 ff.]).Vgl. zudem *Herden*, DStZ 2000, 394, 396, der zwar die endgültige Abschaffung der Streitwertrevision auch vor dem Hintergrund der Einzelfallgerechtigkeit für hinnehmbar hält (vgl. Fußnote 230), jedoch gleichzeitig Bedenken äußert, dass die Einzelfallgerechtigkeit im Finanzgerichtsprozess deutlich zu kurz komme, wenn nicht über einen zusätzlichen vierten Revisionszulassungsgrund der *„überwiegenden Zweifel an der Richtigkeit der angefochtenen Entscheidung“* nachgedacht werde, vgl. insoweit auch noch später im 4. Abschnitt unter A.II.2.b) (S. 396 f. [397]), dort Fußnote 1308, sowie A.II.4. (S. 418), dort Fußnote 1376, und schließlich unter C.II. (S. 613 f.), dort Fußnote 1974. – Bereits aus Anlass der seinerzeit beabsichtigten und durch Art. 2 des Gesetzes zur Beschleunigung verwaltungs- und finanzgerichtlicher Verfahren v. 04.07.1985, BGBl. I 1985, 1274 = BStBl. I 1985, 496, schließlich auch vollzogenen *Suspendierung der Streitwertrevision* für die Geltungsdauer des BFHEntlG wurde ihre (geplante) vorübergehende Abschaffung im Hinblick auf den nur zweistufigen finanzgerichtlichen Instanzenzug äußerst stark *kritisiert*, vgl.

III. Die Neufassung der §§ 115, 116 FGO durch das 2. FGOÄndG

Die endgültige Abschaffung sowohl der Streitwertrevision als auch der zulassungsfreien Revision gemäß § 116 FGO 1965 durch das 2. FGOÄndG führte zwangsläufig dazu, dass die Vorschriften der §§ 115 und 116 FGO völlig neu gefasst werden mussten. Dabei handelte es sich jedoch nicht nur um bloße redaktionelle Änderungen, sondern großteils vielmehr um grundlegende inhaltliche und systematische Veränderungen betreffend den Zugang zum und das Verfahren vor dem BFH[233].

1. *Neufassung des § 115 FGO*

§ 115 FGO ist durch Art. 1 Nr. 13 des 2. FGOÄndG mit Wirkung zum 01.01.2001 neu gefasst worden. Er regelt seit seiner Neufassung in den Absätzen I-III nur noch die *Statthaftigkeit der Revision*, während die bis zum 31.12.2000 in § 115 III-V FGO 1965

Felix, KÖSDI 1985, 5961 ff.; *List*, DStR 1985, 359, 360 f. u. 363; *ders.*, DStZ 1988, 159 u. 160; *ders.*, DStR 1995, 1982, 1984; *ders.*, DStR 2000, 1499, 1502; *Schaumburg*, StuW 1999, 68, 69 f. u. 72; *Seer*, BB 2000, 2387. – Zur **Kritik** an der endgültigen und v.a. ersatzlosen Streichung der Streitwertrevision durch das 2. FGOÄndG im Hinblick auf die dadurch hervorgerufene erhebliche Verminderung des Rechtsschutzes der Steuerbürger ausführlich später im 4. Abschnitt unter A.II. (S. 381 ff.), dort insbesondere 2. (S. 387 ff.), u. dort v.a. b) (S. 396 f.).

233 Die Neuregelung fand dabei im Hinblick auf die *Zulässigkeit* eines Rechtsbehelfs (NZB, Revision) gegen eine gerichtliche Entscheidung aufgrund der speziellen *Überleitungsvorschrift in Art. 4 des 2. FGOÄndG* auf alle Verfahren Anwendung, in denen die angefochtene finanzgerichtliche Entscheidung nach dem 31.12.2000 verkündet oder von Amts wegen anstelle einer Verkündung zugestellt worden war, vgl. dazu bspw. *BFH*, Beschl. v. 16.08.2001, V B 51/01, BStBl. II 2001, 767; Beschl. v. 29.04.2002, IV B 29/01, BStBl. II 2002, 581 f. Diese Überleitungsvorschrift hatte zur Folge, dass für NZBen und Revisionen, über die nach dem 01.01.2001 entschieden wurde, und die Entscheidungen betrafen, die bereits vor diesem Stichtag wirksam geworden waren, ihre *Zulässigkeit* nach *altem*, ihre *Begründetheit* hingegen nach *neuem* Recht zu beurteilen war. Hierzu führt *BFH*, Beschl. v. 29.04.2002, a.a.O., an, dass diese widersprüchliche Rechtslage jedoch nicht dazu geführt haben könne, hinsichtlich der neuen Zulassungsgründe auf Darlegungserfordernisse völlig zu verzichten; vielmehr seien insoweit jedenfalls Mindesanforderungen an die Darlegung zu stellen gewesen, auch wenn diese sich nicht unmittelbar auf die neuen Zulassungsgründe haben beziehen können. *Kritisch* zu dieser widersprüchlichen Rechtslage hinsichtlich der Prüfung von Zulässigkeit und Begründetheit einer NZB Gräber/*v. Groll*[6], Vor § 1 FGO Tz. 20, der anführt, dass insoweit der systematische Zusammenhang unberücksichtigt geblieben sei, der im finanzgerichtlichen Verfahren zwischen den Erfordernissen der Begründung eines Rechtsbehelfs unter dem Gesichtspunkt seiner Zulässigkeit einerseits und den Voraussetzungen für seine Begründetheit andererseits bestehe, s. im Einzelnen dort. Vgl. zu der Überleitungsvorschrift des Weiteren *Spindler*, DB 2001, 61, 66.

enthaltenen Bestimmungen über die NZB teilweise durch weitere Regelungen ergänzt bzw. geändert wurden und nunmehr in einer gesonderten Vorschrift – § 116 FGO[234] – eine zusammenfassende Neuregelung erfahren haben.

a) § 115 I FGO – Zulassungsprinzip

§ 115 I FGO normiert das seit dem 01.01.2001 ausschließlich geltende *Zulassungsprinzip*, wonach ausnahmslos alle Revisionen der Zulassung bedürfen. Den Beteiligten steht danach gegen Urteile der FGe die Revision zum BFH nur noch dann zu, wenn das FG oder auf Beschwerde gegen die Nichtzulassung der BFH sie zugelassen hat.

Mit der Neufassung des § 115 FGO ist also – auch aus Entlastungsgründen[235] – die reine Zulassungsrevision zum alleinigen Dauerrecht geworden, so dass der Zugang zum BFH nunmehr uneingeschränkt einer strikten richterlichen Zugangskontrolle durch das FG bzw. auf eine NZB hin durch den BFH selbst unterliegt[236].

b) § 115 II FGO – Abschließender Kanon der Revisionszulassungsgründe

§ 115 II FGO enthält – wie zuvor auch – einen *abschließenden Kanon der Revisionszulassungsgründe.* Im Vergleich zu der bis zum 31.12.2000 geltenden Rechtslage sind diese jedoch inhaltlich modifiziert worden. Gemäß § 115 II FGO hat die Zulassung der Revision zu erfolgen, wenn *die Rechtssache grundsätzliche Bedeutung hat* (§ 115 II Nr. 1 FGO – *Grundsatzrevision*), *die Fortbildung des Rechts oder die Sicherung einer einheitlichen Rechtsprechung eine Entscheidung des BFH erfordert* (§ 115 II Nr. 2 FGO – *Rechtsfortbildungs-* und *Rechtsprechungsvereinheitlichungsrevision*) oder *ein Verfahrensmangel geltend gemacht wird und vorliegt, auf dem die Entscheidung beruhen kann* (§ 115 II Nr. 3 FGO – *Verfahrensrevision*).

Die bereits nach der früheren Rechtslage bekannte Grundsatzrevision ist als Revisionszulassungsgrund demnach ebenso erhalten geblieben wie die Verfahrensrevision[237]. Der zuvor in § 115 II Nr. 2 FGO 1965 verankerte Revisionszulassungsgrund

---

234 Dazu gleich unter 2. (S. 62 ff.).

235 Vgl. insoweit bspw. Beschlussempfehlung und Bericht des Rechtsausschusses (6. Ausschuss) zu dem Gesetzentwurf der Bundesregierung – Drucksachen 14/4061, 14/4450: Entwurf eines 2. FGOÄndG – v. 08.11.2000, BT-Drucks. 14/4549, S. 10.

236 Siehe auch Gräber/*Ruban*[6], § 115 FGO Tz. 3 u. 11.

237 Zum Revisionszulassungsgrund der ‚Grundsätzlichen Bedeutung der Rechtssache' ausführlich später im 3. Abschnitt unter B.I. (S. 128 ff.). – Was die *Verfahrensrevision* angeht, so ist allerdings darauf hinzuweisen, dass diese ihrem Wortlaut nach insoweit eine Änderung erfahren hat, als es nun nicht mehr ausreicht, dass ein Verfahrensmangel geltend gemacht wird; vielmehr muss ein solcher Verfahrensmangel nunmehr stets auch tatsächlich vorliegen. Der expliziten Normierung dieser Voraussetzung kommt jedoch insoweit nur klarstellende Bedeutung zu, als dies von der einschlägigen Rechtsprechung auch bereits zu § 115 II Nr. 3

der Divergenzrevision ist hingegen durch einen anderen Zulassungsgrund ersetzt worden. An seine Stelle ist der neu formulierte Revisionszulassungsgrund der ‚Erforderlichkeit einer Entscheidung des BFH zur Fortbildung des Rechts oder zur Sicherung einer einheitlichen Rechtsprechung' getreten[238].

Mit dieser vorstehend im Überblick dargestellten inhaltlichen Modifizierung der in § 115 II FGO normierten Revisionszulassungsgründe beabsichtigte der Gesetzgeber des 2. FGOÄndG, ein erweitertes Verständnis der nach bisherigem bis zum 31.12.2000 geltenden Recht äußerst engen Zulassungsgründe herbeizuführen und somit dem Individualrechtsschutzinteresse verstärkt Rechnung zu tragen[239].

Dem Vorschlag der Arbeitsgruppe zur Reform des finanzgerichtlichen Revisionszulassungs- und Revisionsrechts 1998/1999 folgte der Gesetzgeber bedauerlicherweise jedoch nicht. Diese hatte zur Stärkung des Individualrechtsschutzes angeregt, einen neuen *§ 115 II Nr. 4 FGO* in den Kanon der Revisionszulassungsgründe des § 115 II FGO 1965 einzufügen, wonach die Zulassung der Revision entsprechend einem *materiell-akzessorischen Abwägungskriterium* auch dann in Betracht kommen sollte, wenn *„überwiegende Zweifel an der Richtigkeit der angefochtenen Entscheidung bestehen"*[240]. Ausweislich des Berichts des Rechtsausschusses hat dem Gesetzgeber aber aus Angst vor einem erhöhten Geschäftsanfall beim BFH, der mit einer noch stärkeren Öffnung des Revisionsverfahrens verbunden sein könnte, der Mut gefehlt, den Kanon der Revisionszulassungsgründe des § 115 II FGO 1965 entsprechend zu erweitern, so dass von einer Übernahme des Vorschlags der Reformarbeitsgruppe letztlich leider abgesehen wurde[241].

FGO 1965 verlangt wurde, *Beermann*, DStZ 2000, 773, 776; *Dürr*, INF 2001, 65, 68; *Seer*, in: T/K, § 115 FGO Tz. 84 (Lfg. 131 Oktober 2012). Auf den Revisionszulassungsgrund des geltend gemachten und tatsächlich vorliegenden Verfahrensmangels, auf dem die angefochtene finanzgerichtliche Entscheidung beruhen kann, wird i.R. dieser Arbeit nachfolgend nicht näher eingegangen.

238 Dazu ausführlich später im 3. Abschnitt unter B.II. (S. 203 ff.) u. B.III. (S. 215 ff.).

239 Vgl. hierzu die Begründung des Entwurfs eines 2. FGOÄndG v. 11.09.2000, BT-Drucks. 14/4061, S. 6. Zudem Beschlussempfehlung und Bericht des Rechtsausschusses (6. Ausschuss) zu dem Gesetzentwurf der Bundesregierung – Drucksachen 14/4061, 14/4450: Entwurf eines 2. FGOÄndG – v. 08.11.2000, BT-Drucks. 14/4549, S. 10. Zur Intention des 2. FGOÄndG ausführlich nachfolgend unter B.II. (S. 75 f.).

240 Zu diesem Vorschlag der Reformarbeitsgruppe ausführlich bereits oben im 1. Abschnitt unter H. (S. 42 ff., dort S. 44 f.).

241 Beschlussempfehlung und Bericht des Rechtsausschusses (6. Ausschuss) zu dem Gesetzentwurf der Bundesregierung – Drucksachen 14/4061, 14/4450: Entwurf eines 2. FGOÄndG – v. 08.11.2000, BT-Drucks. 14/4549, S. 11. Ausschlaggebend dafür, dass der Vorschlag der Reformarbeitsgruppe letztlich nicht Gesetz geworden ist, waren die Fraktionen SPD und BÜNDNIS 90/DIE GRÜNEN, nach deren Auffassung eine derart verstärkte Öffnung des Revisionsverfahrens zu Rückständen und damit zu inakzeptablen Erledigungszeiten beim BFH führen könne, die im Interesse einer zeitgerechten Rechtsschutzgewährung nicht verantwortbar

c) § 115 III FGO – Bindung an die Zulassung

§ 115 III FGO regelt schließlich die Bindung des BFH an die Zulassung. Diese Vorschrift stellt klar, dass der BFH als Revisionsgericht kraft Gesetzes insbesondere an die Zulassung durch das FG, aber auch an seine eigene Zulassung aufgrund einer NZB[242], *materiell* uneingeschränkt gebunden ist[243]. Das bedeutet, dass die Entscheidung über die wirksam zugelassene Revision nicht davon abhängig gemacht werden darf, ob die Revision zu Recht zugelassen worden ist[244], so dass der BFH die Revision nicht als unzulässig verwerfen darf, nur weil er bspw. die grundsätzliche Bedeutung der Rechtssache anders beurteilen würde, als das die Revision zulassende FG[245]. Ausweislich der Gesetzesbegründung zum 2. FGOÄndG soll dies selbst dann gelten, wenn nach Auffassung des BFH ein Revisionszulassungsgrund *offensichtlich* nicht gegeben oder im Verfahren über die NZB ein schwerwiegender Fehler unterlaufen ist[246].

---

seien. Deswegen sei es vorzugswürdig, zunächst die Auswirkungen der Erweiterung des Zugangs zum BFH durch den neuen Zulassungsgrund des § 115 II Nr. 2 FGO sowie die sonstigen Änderungen des Verfahrensrechts abzuwarten. Die Fraktionen der CDU/CSU, F.D.P. und PDS sprachen sich hingegen für die Ergänzung des finanzgerichtlichen Revisionszulassungsrechts um einen derartigen weiteren Zulassungsgrund – dort wörtlich: *„überwiegende Zweifel an der Rechtmäßigkeit des angefochtenen Urteils"* – aus. – Zu dem zwingend bestehenden Bedürfnis sowie der Notwendigkeit, ein individualrechtsschutzstärkendes *materiell-akzessorisches Abwägungskriterium* als Zulassungsmaßstab im Katalog der Revisionszulassungsgründe gesetzlich zu verankern, und damit einhergehend auch zur **Kritik** an der seinerzeitigen Nichtaufnahme des von der Reformarbeitsgruppe neu vorgeschlagenen Revisionszulassungsgrundes der *„überwiegenden Zweifel an der Richtigkeit der angefochtenen Entscheidung"* durch den Gesetzgeber des 2. FGOÄndG ausführlich später im 4. Abschnitt unter C.II. (S. 613 ff.).

242 *Beermann*, DStZ 2001, 155, 160; *ders.*, in: BG, § 115 FGO Tz. 63, 187 u. 189 (Lfg. 57 März 2006); *May*, Die Revision[2], S. 165 f. Tz. 138 u. S. 189 Tz. 203; *Seer*, in: T/K, § 115 FGO Tz. 129 (Lfg. 131 Okt. 2012); *Weyreuther*, Revisionszulassung und NZB, Tz. 178.

243 Siehe *Beermann*, DStZ 2001, 155, 160; *ders.*, in: BG, § 115 FGO Tz. 63, 187 u. 189 (Lfg. 57 März 2006); *Seer*, StuW 2003, 193, 199; *ders.*, in: T/K, § 115 FGO Tz. 129 (Lfg. 131 Oktober 2012); *Weyreuther*, Revisionszulassung und NZB, Tz. 178. Vgl. auch Zöller/*Gummer*[26], § 543 ZPO Tz. 16, wonach durch die Bindung der Revision an die Zulassung auch und insbesondere *Rechtsklarheit* herbeigeführt werden soll.

244 So *Beermann*, in: BG, § 115 FGO Tz. 63 u. 189 (Lfg. 57 März 2006), sowie *Wagner*, in: KvW[19], § 115 FGO Tz. 7. Vgl. insoweit auch *BFH*, Urt. v. 18.01.2007, V R 22/05, BStBl. II 2007, 426, 428.

245 *BFH*, Urt. v. 07.08.1967, VI R 297/66, BStBl. III 1967, 789, 790; Urt. v. 18.10.1983, VI R 180/82, BStBl. II 1984, 110, 111.

246 So ausdrücklich die Gesetzesbegründung zum 2. FGOÄndG v. 11.09.2000, BT-Drucks. 14/4061, S. 9 zu Nr. 13, in Anlehnung an die Begründung der Entwürfe zum FGOÄndG v. 27.05.1988, BT-Drucks. 11/2386, u. v. 14.08.1991,

Zu berücksichtigen ist jedoch, dass sich die Bindungswirkung der Revisionszulassung i.S.d. § 115 III FGO nur auf die Zulassungsentscheidung bezieht, nicht hingegen auf die formelle Richtigkeit der Zulassung[247]. Insoweit macht auch die Gesetzesbegründung den Eintritt der Bindungswirkung vom Vorliegen einer ihrer Natur nach revisionsfähigen Entscheidung abhängig[248]. Die Bindung des BFH an die Zulassungsentscheidung des FG ändert also nichts daran, dass dieser stets weiterhin prüfen kann und muss, ob eine wirksame Revisionszulassung seitens des FG vorliegt, d.h. ob überhaupt und ggf. in welchem Umfang eine Zulassung

---

BT-Drucks. 12/1061, jeweils S. 22, in denen die Reformierung des finanzgerichtlichen Revisionszulassungsrechts zwar thematisiert, schließlich jedoch – wie vorstehend im 1. Abschnitt unter F.II. (S. 38 ff.) dargestellt – zurückgestellt worden war. – Der bisherigen gegenteiligen Rechtsprechung des BFH zu den Ausnahmen vom Eintritt der Bindungswirkung – Ausnahmen bestanden bei *offensichtlich willkürlicher* (vgl. *BFH*, Urt. v. 07.08.1967, VI R 297/66, BStBl. III 1967, 789, 790) sowie *offensichtlich gesetzwidriger* (vgl. *BFH*, Beschl. v. 09.11.1988, II R 20/86, BStBl. II 1989, 109; Urt. v. 27.03.1991, VI R 51/88, BStBl. II 1991, 575, 576; Urt. v. 15.03.1995, II R 48/92, BFH/NV 1995, 992, 993 f.; Beschl. v. 29.01.1999, VI R 85/98, BStBl. II 1999, 302, 303, großteils m.w.N.) Zulassung, wenn *offensichtlich* keiner der nach § 115 II FGO für die Zulassung maßgeblichen Gründe vorlag oder sich das FG erkennbar kein eigenes Urteil über das Vorliegen eines die Zulassung rechtfertigenden Grundes gebildet hatte, und schließlich wenn die Revision wegen eines Grundes zugelassen worden war, dem für das finanzgerichtliche Urteil *offensichtlich* keine tragende Bedeutung zukam – ist demnach nicht mehr zu folgen. Sie wurde bereits zuvor als mit den Grundsätzen der Rechtsmittelklarheit und Rechtsmittelsicherheit (Gebot des Vertrauensschutzes des Rechtsmittelklägers) unvereinbar angesehen und ist durch die neu eingefügte gesetzliche Regelung in § 115 III FGO überholt, vgl. nur *BFH*, Urt. v. 21.11.2002, VII R 57/01, BFH/NV 2003, 525, 526, sowie *Beermann*, in: BG, § 115 FGO Tz. 190 (Lfg. 57 März 2006); *Gräber*, DStR 1969, 129, 133; Gräber/*Ruban*[6], § 115 FGO Tz. 116; *Lange* HHSp., § 115 FGO Tz. 307 f. (Lfg. 192 Oktober 2006); *Seer*, StuW 2003, 193, 199; *ders.*, in: T/K, § 115 FGO Tz. 129 (Lfg. 131 Oktober 2012); *Wagner*, in: KvW[19], § 115 FGO Tz. 7. **A.A.** *Dürr*, INF 2001, 65, 68 u. Schwarz/*Dürr*, § 115 FGO Tz. 64 (Lfg. 30 6/2008), der trotz des an sich eindeutigen Wortlauts des § 115 III FGO an der bisherigen Rechtsprechung festhalten möchte, allerdings aus Gründen der Rechtsmittelklarheit beschränkt auf krasse Ausnahmefälle. *Dürr* begründet dies damit, dass das FG den BFH nicht in offensichtlich gesetzwidriger Weise und damit willkürlich zu einer Entscheidung zwingen und den Beteiligten die zweite Instanz eröffnen bzw. sie dem Revisionsrisiko aussetzen könne.

247 *Lange* HHSp., § 115 FGO Tz. 300 (Lfg. 192 Oktober 2006); *Seer*, in: T/K, § 115 FGO Tz. 130 (Lfg. 131 Oktober 2012).

248 Siehe die Gesetzesbegründung zum 2. FGOÄndG v. 11.09.2000, BT-Drucks. 14/4061, S. 9 zu Nr. 13.

ausgesprochen wurde, sowie ob sich die Zulassung gegen eine an sich revisible Entscheidung richtet[249].

2. Neufassung des § 116 FGO

Auch § 116 FGO ist durch Art. 1 Nr. 13 des 2. FGOÄndG mit Wirkung zum 01.01.2001 neu gefasst worden. Er enthält nun aus Gründen der Übersichtlichkeit und im Hinblick auf die Bedeutung der NZB[250] in einer eigenständigen Regelung – teilweise ergänzt bzw. erheblich geändert – die Bestimmungen über die NZB, die bis zum 31.12.2000 in § 115 III-V FGO 1965 postiert waren.

Die zuvor unmittelbar im Zusammenhang mit der Statthaftigkeit der Revision in § 115 III-V FGO 1965 verankerte Regelung der NZB enthielt eine Vielzahl von Schwachpunkten. So wurde – wie bereits oben im 1. Abschnitt unter C.II. (S. 21) ansatzweise dargestellt – dem Beschwerdeführer bspw. abverlangt, die NZB nicht nur innerhalb der Monatsfrist einzulegen, sondern gemäß § 115 III 3 FGO 1965 auch noch innerhalb dieser (Ausschluss-) Frist – ohne Verlängerungsmöglichkeit – zu begründen. Die Vorschrift des § 115 III 3 FGO 1965, wonach in der Beschwerdeschrift die grundsätzliche Bedeutung der Rechtssache dargelegt oder die BFH-Entscheidung, von der das finanzgerichtliche Urteil abwich, bzw. der Verfahrensmangel bezeichnet werden musste[251], bereitete dem Beschwerdeführer dabei nicht unerhebliche Probleme. Denn aufgrund dessen, dass die Rechtsprechung

---

249 Gräber/*Ruban*[6], § 115 FGO Tz. 116; *Lange* HHSp., § 115 FGO Tz. 301 (Lfg. 192 Oktober 2006); *Seer*, in: T/K, § 115 FGO Tz. 130 (Lfg. 131 Oktober 2012). Siehe auch *Dürr*, INF 2001, 65, 68. Vgl. zum Ganzen aus der verwaltungsgerichtlichen Rechtsprechung auch *BVerwG*, Beschl. v. 28.03.2006, 6 C 13/05, NVwZ-RR 2006, 580, 582 m.w.N.

250 *Suhrbier-Hahn*, DStR 2001, 467, 471.

251 Auch wenn in § 115 III 3 FGO 1965 nur normiert war, dass die *BFH-Entscheidung*, von der das finanzgerichtliche Urteil abwich, bzw. der Verfahrensmangel bezeichnet werden musste, bezog sich das dort normierte Bezeichnungserfordernis im Hinblick auf die im 1. Abschnitt unter C.I. (S. 20 f.) dargestellte nachfolgende Ausweitung der Divergenzrevision auch auf die Entscheidungen des GmSOGB und des BVerfG, von denen das FG-Urteil abwich. Der Gesetzgeber hat es jedoch insoweit versäumt, mit der Ergänzung des § 115 II Nr. 2 FGO 1965 um Entscheidungen des BVerfG durch Art. 6 des Fünften Gesetzes zur Änderung des Gesetzes über das Bundesverfassungsgericht v. 02.08.1993, BGBl. I 1993, 1442 = BStBl. I 1993, 805, auch § 115 III 3 FGO 1965 – klarstellend – entsprechend anzupassen. Für die Fallgruppe der Entscheidungen des GmSOGB gilt dieses Anpassungsversäumnis hingegen eher weniger, da die Erweiterung der Divergenzrevision um derartige Entscheidungen in § 115 II Nr. 2 FGO 1965 nicht zum Ausdruck kam, sondern stattdessen in einem externen Gesetz – dem Gesetz zur Wahrung der Einheitlichkeit der Rechtsprechung der obersten Gerichtshöfe des Bundes – niedergelegt war, dazu schon oben im 1. Abschnitt unter C.I. (S. 20 f.).

dieser auf den ersten Blick recht unscheinbaren Regelung sehr hohe Begründungsanforderungen entnahm, erwies sie sich als nicht versiegende Quelle von Schwierigkeiten bei der Erstellung einer ordnungsgemäßen NZB-Begründung. Für den Beschwerdeführer war es somit – gerade aufgrund der zu dieser Vorschrift ergangenen umfangreichen und kaum noch überschaubaren Rechtsprechung – selbst bei äußerster Sorgfalt kaum mehr möglich, den Ausgang des NZB-Verfahrens abzuschätzen[252]. Die Begründung einer NZB unter dem enormen Zeitdruck der knappen Monatsfrist stellte ihn damit regelmäßig vor erheblich größere Probleme als die Begründung einer Revision[253]. Schließlich schloss sich, wenn auf eine NZB hin die Revision zugelassen wurde, keineswegs automatisch das Revisionsverfahren an. Vielmehr begann bei Stattgabe der Beschwerde entsprechend § 115 V 4 FGO 1965 mit der Zustellung des Beschwerdebescheides der Lauf der Revisionsfrist, so dass der Beschwerdeführer also anschließend die Revision noch zusätzlich einlegen und begründen musste.

Diese erheblichen Mängel, unter denen die Kodifikation der NZB gemäß § 115 III-V FGO 1965 litt, sowie die der Regelung des § 115 III 3 FGO 1965 seitens der Rechtsprechung entnommenen hohen Anforderungen an den Inhalt der Begründung einer NZB müssen als zumindest mitverantwortlich dafür angesehen werden, dass in der Vergangenheit die Quoten erfolgloser NZBen unerträglich hohe Werte erreichten[254], und das NZB-Recht als „zu einem ‚*Stolperdraht-Recht*' verkommen" und dringend reformbedürftig bezeichnet wurde[255].

Die vorstehend dargestellte Reformbedürftigkeit des NZB-Rechts hat auch der Gesetzgeber erkannt und daraufhin im Zuge der Neuregelung der NZB in § 116 FGO einige Veränderungen vorgenommen.

---

252 *Beermann*, DStZ 2001, 312; *ders.*, in: BG, § 116 FGO Tz. 40 (Lfg. 66 September 2007); *Seer*, StuW 2001, 3, 11; *ders.*, in: T/K, § 116 FGO Tz. 2 u. 29 (Lfg. 131 Oktober 2012). – Die Anforderungen, die die Rechtsprechung nach der heutigen Rechtslage an den Inhalt der Begründung einer NZB stellt, stehen im Mittelpunkt dieser Arbeit und sollen nachfolgend im 3. Abschnitt näher beleuchtet und später im 4. Abschnitt **kritisch** hinterfragt werden.

253 *Seer*, StuW 2001, 3, 11.

254 So erreichte die Zahl *unzulässiger* NZBen in den Jahren vor der Reform des finanzgerichtlichen Revisionszulassungsrechts 51,9 % (1999, vgl. Jahresbericht des *BFH*, S. 14 f.) bzw. 46,6 % (2000, vgl. Jahresbericht des *BFH*, S. 14 f.) *Unbegründet* waren im Jahre 1999 30,0 % (vgl. Jahresbericht des *BFH*, S. 14 f.), im Jahre 2000 sogar 34,5 % (vgl. Jahresbericht des *BFH*, S. 14 f.).

255 *Seer*, StuW 2001, 3, 5 u. 11; *ders.*, in: T/K, § 116 FGO Tz. 2 (Lfg. 131 Oktober 2012). Siehe auch *Mack*, Stbg. 2001, 109. Vgl. zudem *Beermann*, DStZ 2001, 312 f.; *ders.*, in: BG, § 116 FGO Tz. 40 (Lfg. 66 September 2007), der die der Regelung des § 115 III 3 FGO 1965 seitens der Rechtsprechung entnommenen hohen Anforderungen an den Inhalt der Begründung einer NZB sogar als *Hauptursache* für die große Zahl erfolgloser NZBen in der Vergangenheit ansieht; ähnlich auch *Seer*, in: T/K, § 116 FGO Tz. 29 (Lfg. 131 Oktober 2012).

a) Einführung einer verlängerbaren zweimonatigen Begründungsfrist – § 116 III 1 u. 4 FGO

Das Gesetz enthält nun – entsprechend der Anregung der Arbeitsgruppe zur Reform des finanzgerichtlichen Revisionszulassungs- und Revisionsrechts 1998/1999 – in *§ 116 III 1 FGO* eine Regelung, wonach *die Beschwerde innerhalb von zwei Monaten nach der Zustellung des vollständigen Urteils zu begründen ist.* Gemäß *§ 116 III 4 FGO* kann die Begründungsfrist von dem Vorsitzenden sogar auf einen vor ihrem Ablauf gestellten Antrag um einen weiteren Monat *verlängert* werden[256].

---

256 Siehe zur Begründungsfrist gemäß § 116 III 1 FGO mitsamt der Verlängerungsmöglichkeit nach § 116 III 4 FGO ausführlich *Lange* HHSp., § 116 FGO Tz. 133 ff. u. 145 ff. (Lfg. 194 Juni 2007), sowie *Seer*, in: T/K, § 116 FGO Tz. 21 ff. (Lfg. 131 Oktober 2012). Vgl. zudem Schwarz/*Dürr*, § 116 FGO Tz. 10 f. (Lfg. 30 6/2008). – An dieser Stelle ist darauf hinzuweisen, dass nach der st. Rspr. des BFH in die Prüfung der ausreichenden und ordnungsgemäßen Begründung einer NZB allein der innerhalb der Begründungsfrist eingereichte Vortrag des Beschwerdeführers einbezogen werden darf. Zulassungsgründe, die erst nach Ablauf der (ggf. verlängerten) Begründungsfrist vorgebracht worden sind, müssen hingegen regelmäßig unberücksichtigt bleiben, da es sich insoweit um ein *unzulässiges Nachschieben von Gründen* handelt, *BFH*, Beschl. v. 30.07.2003, X B 152/02, BFH/NV 2003, 1603; Beschl. v. 16.12.2005, IX B 38/05, BFH/NV 2006, 772, 773; Beschl. v. 21.03.2006, X B 94/05, BFH/NV 2006, 1142, 1144; Beschl. v. 25.09.2006, VI B 69/05, BFH/NV 2007, 83, 84; Beschl. v. 24.10.2006, X B 39/04, BFH/NV 2007, 258, 259; Beschl. v. 15.11.2006, XI B 17/06, BFH/NV 2007, 474, 475; Beschl. v. 23.11.2006, VII B 5/06, BFH/NV 2007, 479, 480; Beschl. v. 30.11.2006, XI B 13/06, BFH/NV 2007, 389; Beschl. v. 19.01.2007, VII B 142/06, BFH/NV 2007, 873, 875; Beschl. v. 01.02.2007, III B 165/05, BFH/NV 2007, 954 f.; Beschl. v. 21.03.2007, XI B 163/06, BFH/NV 2007, 1333, 1334; Beschl. v. 24.04.2007, X B 169/06, BFH/NV 2007, 1504, 1505; Beschl. v. 05.07.2007, V B 117/06, BFH/NV 2008, 119, 120; Beschl. v. 15.11.2007, V B 63/06, BFH/NV 2008, 825, 827, großteils m.w.N., sowie *Beermann*, DStZ 2001, 312, 313 f.; *ders.*, in: BG, § 116 FGO Tz. 53 (Lfg. 66 September 2007), und *Seer*, in: T/K, § 116 FGO Tz. 23 u. 38 (Lfg. 131 Oktober 2012). Das gilt i.d.R. auch für solche Zulassungsgründe, die dem Beschwerdeführer erst nach Ablauf der Begründungsfrist bekannt geworden sind, so dass er diese ebenfalls grds. nicht mehr mit Erfolg geltend machen kann, *Lange* HHSp., § 116 FGO Tz. 140 (Lfg. 194 Juni 2007), u. *Seer*, in: T/K, § 116 FGO Tz. 23 u. 38 (Lfg. 131 Oktober 2012). Zum ausnahmsweisen Sonderfall der sog. *nachträglichen Divergenz* und den diesbzgl. Darlegungsanforderungen i.R.d. Begründung einer NZB s. ausführlich nachstehend im 3. Abschnitt unter B.III.1.b)dd) (S. 245 ff., dort S. 246 f.) u. B.III.2.a)cc)(1) (S. 339 ff.). Der Grundsatz des *unzulässigen Nachschiebens von Gründen* schließt nach überwiegender Ansicht jedoch nicht aus, dass eine fristgemäß eingereichte, in sich klare und verständliche Begründung noch nach Ablauf der Begründungsfrist *erläutert* und *in gewissem Umfang ergänzt* oder *vervollständigt* wird, vgl. *BFH*, Beschl. v. 30.07.2003, X B 152/02, BFH/NV 2003, 1603; Beschl. v. 16.12.2005, IX B 38/05, BFH/NV 2006, 772, 773; Beschl. v. 21.03.2006, X B 94/05, BFH/NV 2006, 1142, 1144; Beschl. v. 25.09.2006, VI B 69/05, BFH/NV 2007, 83, 84; Beschl. v. 15.11.2006, XI B

In der Gesetzesbegründung zum 2. FGOÄndG wird dazu angeführt, dass die in § 115 III 1 und 3 FGO 1965 verankerte Frist von einem Monat für die Einlegung und Begründung der NZB zu kurz bemessen gewesen sei. Denn die sachgemäße Begründung einer NZB erfordere in aller Regel eine eingehende und gründliche Prüfung der Erfolgsaussichten der Beschwerde und darüber hinaus zugleich der Revision, was erfahrungsgemäß von erheblichem Arbeits- und Zeitaufwand geprägt sei. Zudem erfolge diese Prüfung zumeist durch Prozessvertreter, die erst für die zweite Instanz bestellt worden seien und daher zunächst die Akten einsehen und sich in die Sache einarbeiten müssten. Ungeachtet der Tatsache, dass durch die Einführung einer besonderen (verlängerbaren) Begründungsfrist von zwei Monaten eine Verbesserung der Rechtsschutzmöglichkeiten der Beteiligten eintrete, führe eine sorgfältig begründete NZB auch insoweit zu einer Entlastung des BFH und einer Beschleunigung des finanzgerichtlichen Verfahrens, als über sie leichter und schneller entschieden werden könne[257].

17/06, BFH/NV 2007, 474, 475; Beschl. v. 30.11.2006, XI B 13/06, BFH/NV 2007, 389; Beschl. v. 19.01.2007, VII B 142/06, BFH/NV 2007, 873, 875; Beschl. v. 21.03.2007, XI B 163/06, BFH/NV 2007, 1333, 1334; Beschl. v. 24.04.2007, X B 169/06, BFH/NV 2007, 1504, 1505; Beschl. v. 12.09.2007, X B 18/03, BFH/NV 2008, 102, 105; Beschl. v. 15.11.2007, V B 63/06, BFH/NV 2008, 825, 827, großteils m.w.N.; *Beermann*, DStZ 2001, 312, 314; *ders.*, in: BG, § 116 FGO Tz. 53 f. (Lfg. 66 September 2007); Gräber/*Ruban*[6], § 116 FGO Tz. 22; *Lange* HHSp., § 116 FGO Tz. 139 (Lfg. 194 Juni 2007); *List*, DB 2002, 1069, 1070; *Seer*, in: T/K, § 116 FGO Tz. 23 (Lfg. 131 Oktober 2012). **A.A.** wohl Schwarz/*Dürr*, § 116 FGO Tz. 10 (Lfg. 30 6/2008), der anführt, dass nach Fristablauf vorgetragene Gründe nur berücksichtigt werden könnten, soweit es sich nicht um Ergänzungen, sondern lediglich um Erläuterungen des bisherigen Vortrags handele (aus der dort angeführten Rechtsprechung ergibt sich dies jedoch nicht); unklar auch *Wagner*, in: KvW[19], § 116 FGO Tz. 8 a.E.

257 Siehe dazu die Gesetzesbegründung zum 2. FGOÄndG v. 11.09.2000, BT-Drucks. 14/4061, S. 10 zu Nr. 13. Die dortigen Ausführungen stimmen wörtlich mit den Ausführungen in der Begründung der Entwürfe zum FGOÄndG v. 27.05.1988, BT-Drucks. 11/2386, u. v. 14.08.1991, BT-Drucks. 12/1061, jeweils S. 22, überein, in denen die Reformierung des finanzgerichtlichen Revisionszulassungsrechts zwar thematisiert, schließlich jedoch – wie vorstehend im 1. Abschnitt unter F.II. (S. 38 ff.) dargestellt – zurückgestellt worden war. Vgl. schließlich auch die Begründung des Entwurfs einer VwPO v. 13.07.1982, BT-Drucks. 9/1851, u. v. 31.05.1985, BT-Drucks. 10/3437, jeweils S. 155. – Bereits in dem Entwurf eines Gesetzes zur Änderung des Rechts der Revision in Zivilsachen und in Verfahren vor Gerichten der Verwaltungs- und Finanzgerichtsbarkeit v. 04.04.1973 wurde die Einführung einer besonderen Frist zur Begründung der NZB angeregt und ausführlich diskutiert. Dort wurde angeführt, dass eine Frist von einem Monat auch nach den Erfahrungen der Praxis häufig nicht ausreiche, eine NZB einzulegen sowie angemessen zu begründen. Vielmehr sei mit Rücksicht auf die Anforderungen an die Begründung einer NZB eine besondere Frist für deren Begründung angezeigt. Denn der Beschwerdeführer habe schon in diesem Stadium des Verfahrens bspw. die grundsätzliche Bedeutung der Rechtssache darzulegen, was an Umfang und

Mit der Einführung einer verlängerbaren zweimonatigen Begründungsfrist, die mit der Zustellung des vollständigen angefochtenen Urteils und damit unabhängig vom Lauf der Einlegungsfrist sowie der Einlegung der NZB beginnt[258], ist der Gesetzgeber also der Forderung nachgekommen, dem Beschwerdeführer ausreichend Zeit für eine inhaltlich fundierte NZB-Begründung zu gewähren[259]. Dieser hat nun ausreichend Gelegenheit, sich intensiv mit dem finanzgerichtlichen Urteil auseinanderzusetzen, die einschlägige Rechtsprechung des BFH zu sichten, und – soweit dies zur Darlegung eines Verfahrensmangels notwendig erscheint – Einsicht in die Gerichtsakten des FG zu nehmen, um den Anforderungen an die ordnungsgemäße Begründung einer NZB gerecht werden zu können[260]. Vor diesem Hintergrund ist die Normierung einer selbständigen verlängerbaren Begründungsfrist im NZB-Verfahren gemäß § 116 III 1 und 4 FGO zu begrüßen, da der Gesetzgeber dadurch einem rechtsschutzverkürzenden Missstand abgeholfen und somit der Einlegung unzulässiger NZBen entgegengewirkt hat[261].

Schwierigkeit den späteren Ausführungen zur Begründung der Revision kaum nachstehen werde, vgl. die Begründung des Entwurfs eines Gesetzes zur Änderung des Rechts der Revision in Zivilsachen und in Verfahren vor Gerichten der Verwaltungs- und Finanzgerichtsbarkeit v. 04.04.1973, BT-Drucks. 7/444, S. 70 (Gegenäußerung der Bundesregierung zu der Stellungnahme des Bundesrates). Ähnlich auch Gräber/*Ruban*[6], § 116 FGO Tz. 20, die anführt, dass die Begründung einer NZB im Allgemeinen größere Schwierigkeiten bereite als eine Revisionsbegründung; *Ruban*, in: FS 75 Jahre RFH-BFH, 131, 144; *Schaumburg*, StuW 1999, 68, 74; *Woerner*, in: FS 75 Jahre RFH-BFH, 355, 365 f.

258 *BFH*, Beschl. v. 16.10.2003, XI B 95/02, BStBl. II 2004, 26, 27; Beschl. v. 28.07.2004, IV B 83/04, BFH/NV 04, 1664 (Fristbeginn mit Zustellung auch bei Verkündung); Beschl. v. 06.03.2007, V B 157/06, BFH/NV 2007, 1514, 1515; Gräber/*Ruban*[6], § 116 FGO Tz. 20; *Lange* HHSp., § 116 FGO Tz. 135 (Lfg. 194 Juni 2007); *Seer*, in: T/K, § 116 FGO Tz. 21 (Lfg. 131 Oktober 2012). Vgl. auch die Gesetzesbegründung zum 2. FGOÄndG v. 11.09.2000, BT-Drucks. 14/4061, S. 10 zu Nr. 13.

259 *Seer*, StuW 2001, 3, 12; *ders.*, in: T/K, § 116 FGO Tz. 3 (Lfg. 131 Oktober 2012).

260 *Lange* HHSp., § 116 FGO Tz. 134 (Lfg. 194 Juni 2007).

261 Ebenso *Lange* HHSp., § 116 FGO Tz. 134 (Lfg. 194 Juni 2007); *Seer*, StuW 2001, 3, 12; *ders.*, in: T/K, § 116 FGO Tz. 21 (Lfg. 131 Oktober 2012). Siehe auch Gräber/*Ruban*[6], § 116 FGO Tz. 1 u. 20; *Herden*, DStZ 2000, 394, 397; *Spindler*, DB 2001, 61, 64. – Bereits in der Vergangenheit gab es im Schrifttum viele Stimmen, die sich für die Einführung einer zusätzlichen Begründungsfrist im NZB-Verfahren ausgesprochen hatten, s. nur *Offerhaus*, DStR 1986, 99, 100; *Ruban*, in: FS 75 Jahre RFH-BFH, 131, 144, unter Hinweis auf die formellen Anforderungen des § 115 III 3 FGO 1965 betreffend die Begründung einer NZB, die regelmäßig schwerer zu erfüllen seien als die des § 120 II FGO 1965 betreffend die Begründung einer Revision; *Schaumburg*, StuW 1999, 68, 74, der die für die Begründung einer NZB enge zeitliche Vorgabe des § 115 III 1 u. 3 FGO 1965 und die daraus entstehenden erheblichen Unzuträglichkeiten für die hohe Quote gescheiterter NZBen mitverantwortlich macht, und im Hinblick auf die durchaus hohen Anforderungen an

b) Automatische Überleitung des NZB-Verfahrens in das Revisionsverfahren – § 116 VII FGO

Des Weiteren schließt sich – ebenso entsprechend der Empfehlung der Arbeitsgruppe zur Reform des finanzgerichtlichen Revisionszulassungs- und Revisionsrechts 1998/1999 – an das Beschwerdeverfahren bei Stattgabe der NZB gemäß *§ 116 VII 1 Hs. 1 FGO* nun unmittelbar das Revisionsverfahren an, wenn der BFH die Sache nicht nach § 116 VI FGO[262] an das FG zurückverweist. Mit der Zulassung der Revision durch den BFH wird das NZB-Verfahren also kraft Gesetzes *automatisch in das Revisionsverfahren übergeleitet*, ohne dass es eines Antrags oder einer gesonderten Einlegung der Revision durch den Beschwerdeführer bedarf, *§ 116 VII 1 Hs. 2 FGO*; die ansonsten erforderliche Einlegung der Revision wird hier durch das Gesetz gewissermaßen fingiert[263].

Diese Regelung trägt zur Vereinfachung und Beschleunigung des Verfahrens und damit zur Vermeidung eines unnötigen Verwaltungsaufwands bei[264]. Darüber hinaus erleichtert sie auch und insbesondere aus Sicht des Beschwerdeführers das finanzgerichtliche Verfahren[265] und leistet somit einen erheblichen Beitrag zur Stärkung des Rechtsschutzes vor dem BFH.

---

die Begründung einer NZB die Einräumung einer angemessenen Begründungsfrist fordert. Vgl. zudem *Müller-Eiselt*, ZfZ 1994, 258, 261.

262 Dazu gleich unter c)cc) (S. 71 ff.).

263 *May*, Die Revision², S. 188 Tz. 197, im Hinblick auf den § 116 VII 1 Hs. 2 FGO entsprechenden § 139 II 1 Hs. 2 VwGO, u. S. 494 Tz. 2. – *Schmieszek*, DB 1991, 1139, 1140; *ders.*, DStR 1991, 961, 965; *ders.*, DB 1993, 12, 15, spricht anlässlich dieser Regelung, die auch bereits in den Entwürfen eines FGOÄndG (dort als § 120 II 1 FGO) vorgesehen war, jeweils von einem *„Durchstarten"* der erfolgreichen NZB in die Revision, und hebt darüber hinaus die erhebliche praktische Erleichterung hervor, die den Formalismus beseitige, dass die Revision nach ihrer Zulassung auch noch eingelegt werden müsse (DStR 1991, 961, 965). Vgl. auch *Bilsdorfer*, BB 2001, 753, 756, der dieses Procedere als eine Art *„Rechtsmittel-Mutation"* bezeichnet.

264 Siehe die Gesetzesbegründung zum 2. FGOÄndG v. 11.09.2000, BT-Drucks. 14/4061, S. 10 zu Nr. 13. Ebenso bereits die Begründung der Entwürfe zum FGOÄndG v. 27.05.1988, BT-Drucks. 11/2386, u. v. 14.08.1991, BT-Drucks. 12/1061, jeweils S. 23, wo eine derartige Regelung allerdings in § 120 II 1 FGO vorgesehen war. Vgl. überdies *Schaumburg*, StuW 1999, 68, 75.

265 *Seer*, in: T/K, § 116 FGO Tz. 87 (Lfg. 131 Oktober 2012). Auf gleicher Linie bereits *Schaumburg*, StuW 1999, 68, 75, der vorbringt, dass das bisherige Verfahren, wonach im Anschluss an die Zulassung der Revision durch den BFH in einem weiteren Schritt die Revision innerhalb der Revisionsfrist noch gesondert einzulegen gewesen sei, wenig sachgerecht erscheine, weil derjenige Beteiligte, der im Zuge der NZB die Zulassung der Revision erstritten habe, diese in aller Regel auch tatsächlich einlegen werde. Vgl. schließlich *Sunder-Plassmann* HHSp., Einf. FGO Tz. 147 (Lfg. 176 März 2003), der anführt, dass die Einlegung der Revision

Dem Beschwerdeführer obliegt es jetzt nur noch, die Revision form- und fristgerecht zu begründen. Hierbei ist jedoch zu berücksichtigen, dass die Revisionsbegründungsfrist, die gemäß §§ 116 VII 2 Hs. 1, 120 II 1 Hs. 2 FGO erst mit der ordnungsgemäßen Zustellung der (stattgebenden) Entscheidung des BFH über die Zulassung der Revision – also des Zulassungsbeschlusses – zu laufen beginnt, nicht wie gewöhnlich nach § 120 II 1 Hs. 1 FGO zwei Monate, sondern gemäß § 120 II 1 Hs. 2 FGO nur einen Monat beträgt[266]. Diese Verkürzung der Revisionsbegründungsfrist um einen Monat findet ihre Rechtfertigung darin, dass der Beschwerdeführer aufgrund der automatischen Überleitung des NZB-Verfahrens in das Revisionsverfahren im Gegensatz zu den übrigen Beteiligten – vgl. § 116 VII 2 Hs. 2 FGO – keine Frist zur Einlegung der Revision mehr zu beachten hat[267].

§ 116 VII 3 FGO normiert schließlich die Verpflichtung des BFH, die Beteiligten im Zulassungsbeschluss auf dessen vorstehend geschilderte rechtliche Wirkung hinzuweisen. Diese Regelung stellt sicher, dass die Beteiligten über die rechtliche Wirkung des Zulassungsbeschlusses aufgeklärt werden[268], und ermöglicht es ihnen somit, von ihrem Revisionsrecht auf sachgerechte Weise Gebrauch machen zu können[269].

c) Die weiteren Änderungen im Überblick

Die übrigen im Zuge der Neuregelung der NZB in § 116 FGO normierten Änderungen sollen nachstehend nur kurz angesprochen werden.

aa) Abschaffung der Abhilfebefugnis des FG – §§ 116 II 1, III 2, (IV), V 1 FGO

So besteht seitens des FG keine Möglichkeit mehr, der NZB abzuhelfen. Sah § 115 V 1 FGO 1965 noch vor, dass zunächst das FG darüber zu entscheiden hatte, ob es der vom Beschwerdeführer eingelegten NZB abhalf, entscheidet über die Beschwerde

---

zuvor insbesondere nach Zulassung der Revision durch den BFH gelegentlich „vergessen“ worden sei.

266 Gemäß § 120 II 3 FGO besteht aber auch hier die Möglichkeit, dass die Frist auf einen vor ihrem Ablauf gestellten Antrag von dem Vorsitzenden verlängert werden kann.

267 Gesetzesbegründung zum 2. FGOÄndG v. 11.09.2000, BT-Drucks. 14/4061, S. 10 zu Nr. 13. Zudem *Dürr*, INF 2001, 65, 69; Schwarz/*Dürr*, § 116 FGO Tz. 40 (Lfg. 30 6/2008); *Seer*, in: T/K, § 116 FGO Tz. 87 (Lfg. 131 Oktober 2012) u. § 120 FGO Tz. 68 (Lfg. 118 Februar 2009). – Zur automatischen Fortsetzung des NZB-Verfahrens als Revisionsverfahren ausführlich *Seer*, in: T/K, § 116 FGO Tz. 87 (Lfg. 131 Oktober 2012).

268 Vgl. die Gesetzesbegründung zum 2. FGOÄndG v. 11.09.2000, BT-Drucks. 14/4061, S. 10 zu Nr. 13. Siehe auch *Bilsdorfer*, BB 2001, 753, 756: Beitrag zur *Verfahrensklarheit. Dürr*, INF 2001, 65, 69, führt an, dass die Aufklärung der Beteiligten über die rechtliche Wirkung des Zulassungsbeschlusses nach Art einer Rechtsmittelbelehrung zu erfolgen habe.

269 *Seer*, in: T/K, § 116 FGO Tz. 88 (Lfg. 131 Oktober 2012).

gemäß *§ 116 V 1 FGO* jetzt ausschließlich und von Anfang an der BFH durch Beschluss (vollumfänglicher *Devolutiveffekt*). Die *Abhilfebefugnis des FG* ist also mit Wirkung zum 01.01.2001 im Interesse der Verfahrensbeschleunigung[270] endgültig *beseitigt* worden, so dass die NZB dementsprechend – abweichend von der früheren Rechtslage[271] – nach *§ 116 II 1 FGO* unmittelbar beim BFH (*iudex ad quem*) einzulegen und ihre Begründung nach *§ 116 III 2 FGO* ebenfalls bei diesem einzureichen ist. Folglich bewirkt auch nur die Einlegung der NZB beim BFH die *Wahrung der einmonatigen Einlegungsfrist* gemäß *§ 116 II 1 FGO*[272] sowie die *Hemmung der Rechtskraft* des angefochtenen finanzgerichtlichen Urteils i.S.d. *§ 116 IV FGO*, gegen das die Zulassung der Revision angestrebt wird.

Da positive Abhilfeentscheidungen seitens der FGe in der Vergangenheit eher die Ausnahme darstellten, kann der Wegfall der Abhilfebefugnis der FGe für die Praxis kaum als Verlust angesehen werden[273]. Die frühere Notwendigkeit, die NZB beim FG einzulegen, hat sich de facto vielmehr als Umweg erwiesen, so dass ihre nunmehr erforderliche unmittelbare Einlegung beim BFH insoweit zu begrüßen ist, als dadurch der Verfahrensweg verkürzt und somit eine Verfahrensbeschleunigung erzielt wird[274].

bb) Begründungserfordernis – § 116 V 2 FGO

Zu erwähnen ist zudem, dass – wiederum in Anlehnung an den Vorschlag der Arbeitsgruppe zur Reform des finanzgerichtlichen Revisionszulassungs- und Revisionsrechts 1998/1999 – gemäß *§ 116 V 2 Hs. 1 FGO* der Beschluss des BFH über die NZB *kurz begründet* werden soll. Diese Regelung trägt der Notwendigkeit Rechnung, den FGen durch die Rechtsprechung des BFH in NZB-Sachen Auslegungsrichtlinien und Hinweise für ihre eigene Zulassungspraxis zu geben; gleichzeitig soll sie dem berechtigten Informationsinteresse der Prozessbeteiligten Berücksichtigung verleihen[275].

Die grds. Verpflichtung des BFH, seinen Beschluss über die NZB mit einer Kurzbegründung zu versehen, ist zu begrüßen, zumal die Neuregelung insoweit sowohl

---

270 Gesetzesbegründung zum 2. FGOÄndG v. 11.09.2000, BT-Drucks. 14/4061, S. 9 zu Nr. 13.

271 Nach § 115 III 2 FGO 1965 war die Beschwerde bei dem Gericht einzulegen, dessen Entscheidung angefochten werden sollte (FG als *iudex a quo*).

272 Siehe *BFH*, Beschl. v. 11.10.2001, VII B 80/01, BFH/NV 2002, 215, mit der ausdrücklichen Klarstellung, dass die Einlegung einer NZB beim FG zur Wahrung der Einlegungsfrist nicht mehr ausreicht.

273 *Mack*, Stbg. 2001, 109, 113.

274 Ebenso *Suhrbier-Hahn*, DStR 2001, 467, 471.

275 So ausdrücklich die Gesetzesbegründung zum 2. FGOÄndG v. 11.09.2000, BT-Drucks. 14/4061, S. 10 zu Nr. 13. Ähnlich bereits die Begründung des Entwurfs einer VwPO v. 13.07.1982, BT-Drucks. 9/1851, u. v. 31.05.1985, BT-Drucks. 10/3437, jeweils S. 155.

über § 115 V 2 Hs. 1 FGO 1965 als auch über Art. 1 Nr. 6 BFHEntlG hinausgeht[276]. Während der Beschluss des BFH über die NZB gemäß § 115 V 2 Hs. 1 FGO 1965 nämlich keiner Begründung bedurfte, wenn die Beschwerde einstimmig verworfen oder zurückgewiesen wurde, sah Art. 1 Nr. 6 BFHEntlG zuletzt sogar überhaupt kein Begründungserfordernis bei Entscheidungen über die NZB mehr vor. Gerade in einer nur zweistufigen Finanzgerichtsbarkeit erscheint es bei letztinstanzlichen gerichtlichen (Rechtsmittel-) Entscheidungen aber geboten, den Beteiligten die wesentlichen Entscheidungsgründe mitzuteilen[277]. Insbesondere im Falle einer erfolglos gebliebenen NZB sind die Beteiligten daran interessiert, die maßgeblichen Gründe zu erfahren, die zur Nichtzulassung der Revision geführt haben[278]. Dieser Forderung trägt die Neuregelung, grds. in jedem Fall eine kurze Begründung zu verlangen, nun hinreichend Rechnung.

§ 116 V 2 Hs. 2 FGO normiert allerdings zwei *Ausnahmen vom* grds. existierenden *Begründungserfordernis*, in denen für den BFH die Möglichkeit besteht, auch von einer Kurzbegründung seines Beschlusses über die NZB abzusehen[279]. Gemäß *§ 116 V 2 Hs. 2 Alt. 1 FGO* darf der Beschluss insoweit ohne Begründung ergehen, wenn diese nicht geeignet ist, zur Klärung der Voraussetzungen beizutragen, unter denen eine Revision zuzulassen ist, so dass von einer Begründung mithin dann abgesehen werden kann, wenn es sich um eine nur auf den Einzelfall zugeschnittene Entscheidung des BFH über die Zulassung der Revision handelt[280]; nach *§ 116 V 2 Hs 2 Alt. 2 FGO* kann der Beschluss zudem auch dann ohne Begründung ergehen,

---

276 Auf gleicher Linie *Seer*, in: T/K, § 116 FGO Tz. 79 (Lfg. 131 Oktober 2012), dort auch ausführlich zur Regelung des § 116 V 2 Hs. 1 FGO.

277 Ebenso *Ruban*, in: FS 75 Jahre RFH-BFH, 131, 144, die im Hinblick auf die Befriedungsfunktion des Rechts sowie den Aspekt der Rechtsklarheit eine kurze Begründung in jedem Fall für geboten erachtet. Vgl. auch *Suhrbier-Hahn*, DStR 2001, 467, 471, wonach die nunmehr vorgesehene kurze Begründung der Rechtsklarheit und Transparenz der Entscheidung des BFH diene. Zudem *Dißars*, StB 2002, 4, 9, der einer Kurzbegründung der Entscheidung über die NZB schon aus Gründen der Rechtssicherheit positiv gegenübersteht.

278 *Schaumburg*, StuW 1999, 68, 76; *Wagner*, in: KvW[19], § 116 FGO Tz. 28. Vgl. auch Beschlussempfehlung und Bericht des Rechtsausschusses (6. Ausschuss) zu dem Gesetzentwurf der Bundesregierung – Drucksachen 14/4061, 14/4450: Entwurf eines 2. FGOÄndG – v. 08.11.2000, BT-Drucks. 14/4549, S. 10, wonach der Beteiligte, der letztlich unterlegen sei, einen *Anspruch* darauf habe, die wesentlichen Gründe zu erfahren.

279 Ausführlich dazu *Seer*, in: T/K, § 116 FGO Tz. 80 (Lfg. 131 Oktober 2012).

280 Vgl. *May*, Die Revision[2], S. 188 Tz. 199, im Hinblick auf die entsprechenden Regelungen in der VwGO, im SGG sowie im ArbGG.

wenn der NZB stattgegeben wird, da ausweislich der Gesetzesbegründung[281] in diesen Fällen ein Bedürfnis für eine Begründung nicht besteht[282].

cc) Aufhebung des FG-Urteils und Zurückverweisung des Rechtsstreits – § 116 VI FGO

Schließlich enthält *§ 116 VI FGO* nunmehr eine Regelung, wonach der BFH bereits in seinem Beschluss über die NZB *das angefochtene Urteil unmittelbar aufheben und den Rechtsstreit zur anderweitigen Verhandlung und Entscheidung an das FG*

---

281 Gesetzesbegründung zum 2. FGOÄndG v. 11.09.2000, BT-Drucks. 14/4061, S. 10 zu Nr. 13.

282 *Seer*, in: T/K, § 116 FGO Tz. 80 (Lfg. 131 Oktober 2012), führt im Hinblick auf § 116 V 2 Hs. 2 Alt. 1 FGO an, dass von dieser Ausnahme aufgrund des mit der Neufassung der Revisionszulassungsgründe durch das 2. FGOÄndG eingetretenen Bedeutungswandels nur sehr zurückhaltend Gebrauch zu machen sei, zumal die Rechtsprechung noch keine durchweg gefestigten Maßstäbe herausgebildet habe; auf gleicher Linie *Suhrbier-Hahn*, DStR 2001, 467, 471, unter Hinweis auf den Aspekt der Rechtsklarheit und Rechtssicherheit. Dem ist insoweit zuzustimmen, als – wie später im 3. und 4. Abschnitt noch aufzuzeigen sein wird – zum einen die einschlägige BFH-Rechtsprechung zu den neu gefassten Revisionszulassungsgründen insgesamt teilweise noch nicht vollständig ausgereift scheint, und zum anderen die einschlägige Rechtsprechung der einzelnen Senate des BFH zu den jeweiligen Revisionszulassungsgründen (noch) nicht immer einheitlich ist. **Anders** jedoch *Dürr*, INF 2001, 65, 69, der anführt, dass die Regelung des § 116 V 2 Hs. 2 FGO insoweit missverständlich sei, als sie so verstanden werden könnte, dass nur in Fällen der Stattgabe der NZB oder bei fehlender Klärungserwartung – gemeint ist hier wohl ‚Klärungseignung' i.S.d. § 116 V 2 Hs. 2 Alt. 1 FGO – von einer Begründung abgesehen werden könne, während im Übrigen wenigstens eine Kurzbegründung gegeben werden müsse. Eine derartige Auslegung würde nach Auffassung *Dürrs* dem Entlastungszweck des § 116 V 2 Hs. 2 FGO indes nicht gerecht, so dass von einer Begründung daher stets abgesehen werden könne und der BFH entsprechend der bisherigen Praxis mithin nur angehalten werde, im Regelfall seine ablehnende Entscheidung im Interesse der Information der Beteiligten kurz durch Mitteilung der tragenden Gründe zu begründen. Ähnlich auch *Beermann*, in: BG, § 116 FGO Tz. 109 f. (Lfg. 66 September 2007). Vor dem von *Seer* diesbzgl. geschilderten Hintergrund kann dieser Auffassung aus den vorstehend angeführten Gründen allerdings nicht gefolgt werden. Jedenfalls wenn der Beschwerdeführer in der NZB wesentliche und erhebliche Rechtsausführungen gemacht hat, ist der (ablehnende) Beschluss des BFH über die NZB demnach mit Gründen zu versehen, s. auch *Seer*, in: T/K, § 116 FGO Tz. 79 (Lfg. 131 Oktober 2012). – Vgl. schließlich noch *Bleschick*, Revisionszulassungsgründe im Spannungsverhältnis, S. 118, der bei stattgebenden Beschlüssen über die NZB offensichtlich eine umfassende Begründungspflicht fordert, um insoweit den FGen Kriterien für die Auslegung der Revisionszulassungsgründe aufzuzeigen und dem Rechtsschutzsuchenden über den entschiedenen Fall hinaus wertvolle Hinweise für die Einlegung einer erfolgreichen NZB an die Hand zu geben.

zurückverweisen kann, wenn die Voraussetzungen einer Verfahrensrüge gemäß § 115 II Nr. 3 FGO vorliegen[283]. Macht der BFH im Falle einer *durchgreifenden Verfahrensrüge* i.S.d. § 115 II Nr. 3 FGO von dieser – ebenfalls von der Arbeitsgruppe zur Reform des finanzgerichtlichen Revisionszulassungs- und Revisionsrechts 1998/1999 vorgeschlagenen – Möglichkeit Gebrauch, kommt es folglich nicht zu einer Überleitung des NZB-Verfahrens in das Revisionsverfahren.

Die Vorschrift des § 116 VI FGO bildet eine Ausnahme von dem Grundsatz, dass die NZB im Falle eines Erfolges ausschließlich die Zulassung der Revision zur Folge haben kann[284]. Sie dient der Vereinfachung des Revisionsverfahrens sowie der Beschleunigung des Rechtsschutzes in Fällen einer durchgreifenden Verfahrensrüge, in denen der BFH aufgrund der Bindung an die finanzrichterlichen Tatsachenfeststellungen gemäß § 118 II FGO nicht in der Lage ist, den Rechtsstreit zur Spruchreife zu bringen, so dass auch in einem anschließenden Revisionsverfahren wegen des im NZB-Verfahren bereits bejahten Verfahrensmangels allein die Aufhebung des angefochtenen Urteils und die Zurückverweisung des Rechtsstreits an das FG in Betracht käme[285]. Eine Zurückverweisung erscheint demzufolge insbesondere dann angezeigt, wenn von einem nachfolgenden Revisionsverfahren keine weitere

283 Vgl. jedoch *BFH*, Beschl. v. 09.04.2002, VII B 73/01, BStBl. II 2002, 509, 512, wonach eine Entscheidung gemäß § 116 VI FGO bei zweckgerechter Ausübung des dort eingeräumten Ermessens allerdings dann nicht in Betracht kommt, wenn insoweit (Verfahrens-) Fragen von grundsätzlicher Bedeutung i.S.d. § 115 II Nr. 1 FGO zu entscheiden sind oder die grundsätzliche Bedeutung der Rechtssache (Verfahrensfrage) sogar vom Beschwerdeführer geltend gemacht wird. Ebenso Gräber/*Ruban*[6], § 116 FGO Tz. 65, die anführt, dass bei Geltendmachung einer Verfahrensfrage von grundsätzlicher Bedeutung mit der NZB die Revision zugelassen werden sollte, da es nicht dem Sinn des § 116 VI FGO entspreche, Rechtsfragen von grundsätzlicher Bedeutung in der Beschlussbesetzung des § 10 III Alt. 2 FGO zu klären. Auch *Wagner*, in: KvW[19], § 116 FGO Tz. 30, hält in diesen Fällen die Zulassung der Revision für sachgerecht. – Zu der Regelung des § 116 VI FGO ausführlich *Lange* HHSp., § 116 FGO Tz. 285 ff. (Lfg. 194 Juni 2007), sowie *Seer*, in: T/K, § 116 FGO Tz. 76 (Lfg. 131 Oktober 2012).

284 *BFH*, Beschl. v. 13.10.2003, IV B 85/02, BStBl. II 2004, 25, 26; *Seer*, in: T/K, § 116 FGO Tz. 76 (Lfg. 131 Oktober 2012).

285 Gesetzesbegründung zum 2. FGOÄndG v. 11.09.2000, BT-Drucks. 14/4061, S. 10 zu Nr. 13. Vgl. darüber hinaus auch die Begründung der Entwürfe zum FGOÄndG v. 27.05.1988, BT-Drucks. 11/2386, S. 23, u. v. 14.08.1991, BT-Drucks. 12/1061, S. 22, sowie schließlich noch die Begründung des Entwurfs einer VwPO v. 13.07.1982, BT-Drucks. 9/1851, u. v. 31.05.1985, BT-Drucks. 10/3437, jeweils S. 155. Des Weiteren *BFH*, Beschl. v. 03.05.2001, III B 52/00, BFH/NV 2001, 1419 (Verfahrensökonomie); *Dürr*, INF 2001, 65, 69, der von der Vermeidung der Durchführung eines insoweit unnötigen Revisionsverfahrens spricht; *Schaumburg*, StuW 1999, 68, 75; Schwarz/*Dürr*, § 116 FGO Tz. 39 (Lfg. 30 6/2008); *Seer*, in: T/K, § 116 FGO Tz. 76 (Lfg. 131 Oktober 2012).

rechtliche Klärung zu erwarten ist[286], so bspw. wenn der Verfahrensmangel einen Mangel der vom BFH selbst nicht nachholbaren Tatsachenaufklärung betrifft[287]. Schon aus prozessökonomischen Gesichtspunkten ist auch diese gesetzliche Neuregelung zu begrüßen, da in den vorstehend genannten Fällen die Sache an das FG zurückverwiesen werden kann, ohne dass es des prozessualen Umwegs über ein Revisionsverfahren/-urteil bedarf[288].

Um sämtliche vorstehend dargestellten, im Zuge der Neuregelung des finanzgerichtlichen Revisionszulassungsverfahrens durch das 2. FGOÄndG vollzogenen Änderungen abschließend bewerten zu können, ist es allerdings erforderlich, sie unter dem Blickwinkel der *Intention dieses Gesetzes* zu betrachten. Denn nur, wenn die gesetzlichen Neuregelungen auch der Absicht des Gesetzgebers hinreichend Rechnung tragen, können sie als begrüßenswert und gewinnbringend bezeichnet werden.

B. Die Intention des 2. FGOÄndG und ihre Umsetzung durch Gesetz und Rechtsprechung

I. Ausgangslage: Rechtsschutzdefizit

Insbesondere aufgrund der Suspendierung der Streitwertrevision im Jahre 1985[289] wurde der Rechtsschutz des einzelnen Steuerpflichtigen auf unangemessene Weise beschnitten[290]. Hinzu kam eine äußerst restriktive Auslegung und Handhabung des Zulassungskriteriums der ‚Grundsätzlichen Bedeutung der Rechtssache' durch die einschlägige Rechtsprechung[291].

Dies spiegelte sich auch in der Zahl der als unzulässig verworfenen Rechtsmittel wider, deren Quote seit Inkrafttreten der FGO zum 01.01.1966 von nur 8,4 % im Jahre 1966 bis auf 44,7 % im Jahre 1999 einen kontinuierlichen Anstieg

286 *BFH*, Beschl. v. 17.09.2003, I B 18/03, BFH/NV 2004, 207, 209.

287 So *Seer*, in: T/K, § 116 FGO Tz. 76 (Lfg. 131 Oktober 2012), sowie *Wagner*, in: KvW[19], § 116 FGO Tz. 30.

288 Auf gleicher Linie *Bilsdorfer*, BB 2001, 753, 755 f.; *Dißars*, StB 2002, 4, 9; Schwarz/ *Dürr*, § 116 FGO Tz. 37 (Lfg. 30 6/2008); *Suhrbier-Hahn*, DStR 2001, 467, 472.

289 Vgl. dazu Art. 2 des Gesetzes zur Beschleunigung verwaltungs- und finanzgerichtlicher Verfahren v. 04.07.1985, BGBl. I 1985, 1274 = BStBl. I 1985, 496, der durch Neufassung des Art. 1 Nr. 5 BFHEntlG die Streitwertrevision für die Geltungsdauer des BFHEntlG – also schließlich bis zum 31.12.2000 – gänzlich suspendierte. Siehe dazu ausführlich oben im 1. Abschnitt unter D.III. (S. 28 ff.).

290 *Seer*, in: T/K, § 115 FGO Tz. 39 (Lfg. 131 Oktober 2012). Siehe dazu ansatzweise auch bereits oben im 1. Abschnitt unter D.III. (S. 28 ff., dort S. 29 ff.).

291 Vgl. *Seer*, in: T/K, § 115 FGO Tz. 39 (Lfg. 131 Oktober 2012).

zu verzeichnen hatte[292]. Auch im Jahre 2000 erreichte die Zahl der als unzulässig verworfenen Rechtsmittel mit 39,8 % noch einen beträchtlichen Wert[293].

Gleichzeitig verlagerten sich die Rechtsmittel von der Revision hin zur NZB. Waren nämlich in dem vor der Suspendierung der Streitwertrevision liegenden Jahr **1984** noch 2060 Revisionen (= 78,4 %) und lediglich 569 NZBen (= 21,6 %) eingelegt worden[294], gingen im Jahre **1999** beim BFH nur noch 998 Revisionen (= 39,7 %) ein, während gleichzeitig 1517 NZBen (= 60,3 %) eingelegt wurden[295]. Von den in 1999 erledigten 1558 NZBen waren jedoch nur gerade 200 (= 12,8 %) erfolgreich, während 809 (= 51,9 %) als unzulässig verworfen und 468 (= 30,0 %) als unbegründet zurückgewiesen wurden[296].

Im Jahr **2000** standen 1031 eingelegten Revisionen (= 38,9 %) sogar 1622 NZBen (= 61,1 %) gegenüber[297], so dass sich die Zahl der NZBen seit 1984 (569 eingelegte NZBen) nahezu verdreifacht hatte. Das Verhältnis von Revisionen und NZBen hat sich in den Jahren seit der Suspendierung der Streitwertrevision also immer mehr umgekehrt, so dass der BFH *vom Revisionsgericht zum Beschwerdegericht mutiert* ist[298]. Da der hohen Zahl der eingelegten NZBen überdies eine äußerst niedrige Erfolgsquote gegenüberstand – im Jahre 2000 waren von 1582 erledigten NZBen lediglich 194 (= 12,3 %) erfolgreich, hingegen unter Einbeziehung der Zurücknahmen, Löschungen und sonstigen Erledigungen 1388 (= 87,7 %) erfolglos[299] – lässt sich mit Bedauern feststellen, dass es 2000 in etwa der Hälfte aller

292 *Seer*, StuW 2001, 3, 5, unter Hinweis auf die Auswertung aller Jahresstatistiken des BFH von 1966-1999; *ders.*, in: T/K, § 115 FGO Tz. 39 (Lfg. 131 Oktober 2012).

293 Jahresbericht des *BFH* 2000, S. 7.

294 Jahresbericht des *BFH* 1999, S. 10.

295 Jahresbericht des *BFH* 1999, S. 7. Die auf S. 10 des Jahresberichts fälschlicherweise angeführte Zahl von 1558 eingegangenen NZBen betrifft tatsächlich die Zahl der Erledigungen, vgl. S. 7 u. 14.

296 Jahresbericht des *BFH* 1999, S. 14 f. Zudem gab es insgesamt 81 Fälle (= 5,2 %) von Zurücknahmen, Löschungen und sonstigen Erledigungen.

297 Jahresbericht des *BFH* 2000, S. 7.

298 So *Raupach*, in: Die Situation der Finanzgerichtsbarkeit, 69, 79; *ders.*, in: FS 75 Jahre RFH-BFH, 163, 166 f.; *Seer*, BB 2000, 2387; *ders.*, StuW 2001, 3, 5; *ders.*, StuW 2003, 193, 200 u. 204; *ders.*, in: T/K, § 115 FGO Tz. 40 und § 116 FGO Tz. 6 (jeweils Lfg. 131 Oktober 2012); *ders.*, in: T/L, Steuerrecht[21], § 22 Tz. 230. **A.A.** *Wagner*, in: KvW[19], § 116 FGO Tz. 3, der vorbringt, dass die Bearbeitung der NZB zwar einen erheblichen Teil der Arbeit des BFH ausmache, man gleichwohl aber nicht von einer Mutation des BFH zum Beschwerdegericht sprechen könne. Dies zeige sich bereits daran, dass noch immer eine Vielzahl grundlegender Entscheidungen in Revisionsverfahren getroffen werde.

299 Vgl. Jahresbericht des *BFH* 2000, S. 14 f. Von den erfolglosen NZBen wurden 737 (= 46,6 %) als unzulässig verworfen und 546 (= 34,5 %) als unbegründet zurückgewiesen. Zurücknahmen, Löschungen und sonstige Erledigungen machten zusammen 105 Fälle (= 6,6 %) aus.

Rechtsmittel- (Revisions- und NZB-) verfahren vor dem BFH gar nicht erst zu einer Entscheidung in der Sache gekommen ist[300].

Das in diesem Zahlenwerk zum Ausdruck kommende *Rechtsschutzdefizit* hat schließlich auch der Gesetzgeber erkannt und in der Gesetzesbegründung zum 2. FGOÄndG dementsprechend Stellung bezogen.

II. Die Intention des 2. FGOÄndG ‚im engeren Sinne'

Der Gesetzgeber führt hierzu in der Begründung des Regierungsentwurfs eines 2. FGOÄndG aus, dass die Novellierung des finanzgerichtlichen Revisionszulassungsrechts das (Haupt-) Ziel verfolge, den Rechtsschutz in Steuer- und Abgabenangelegenheiten zu verbessern[301]. Dabei weist er insbesondere auf die bislang zu engen Revisionszulassungsgründe und deren äußerst restriktive Handhabung v.a. im Hinblick auf die Auslegung des Zulassungskriteriums der ‚Grundsätzlichen Bedeutung der Rechtssache' hin. Hier soll durch eine entsprechende inhaltliche Aus- bzw. Neugestaltung der Zulassungsrevision Abhilfe geschaffen und so der Rechtsschutz des einzelnen Steuerpflichtigen gestärkt werden[302].

Die Gesetzesbegründung teilt insoweit ausdrücklich die von ihr selbst als berechtigt bezeichnete Kritik an den bislang zu engen Revisionszulassungsgründen, die für die unvertretbar hohe Zahl unzulässiger sowie unbegründeter Rechtsbehelfe beim BFH als zumindest mitverantwortlich angesehen werden müssen[303].

---

300 Ähnlich *Seer*, in: T/K, § 115 FGO Tz. 39 (Lfg. 131 Oktober 2012): *in etwa der Hälfte aller Verfahren.* Vgl zudem *Seer*, StuW 2001, 3, 7, im Hinblick auf das Zahlenwerk in 1999 (*in mehr als der Hälfte aller Verfahren*). Vgl. insoweit auch später im 4. Abschnitt unter A.II.1. (S. 381 ff., dort S. 382 ff.).

301 Gesetzesbegründung zum 2. FGOÄndG v. 11.09.2000, BT-Drucks. 14/4061, S. 6.

302 Siehe die Gesetzesbegründung zum 2. FGOÄndG v. 11.09.2000, BT-Drucks. 14/4061, S. 6.

303 Vgl. *Seer*, in: T/K, § 115 FGO Tz. 39 (Lfg. 131 Oktober 2012). In der Gesetzesbegründung – BT-Drucks. 14/4061, S. 6 – heißt es dazu wörtlich: „Der Entwurf trägt insoweit der *berechtigten Kritik* (Hervorhebung vom Verf.) an den zu engen Revisionszulassungsgründen des geltenden Rechts Rechnung, die für die unvertretbar hohe Zahl unzulässiger Rechtsbehelfe beim Bundesfinanzhof *von maßgebender Bedeutung* (Hervorhebung vom Verf.) sind." Vgl. auch die Beschlussempfehlung und den Bericht des Rechtsausschusses (6. Ausschuss) zu dem Gesetzentwurf der Bundesregierung – Drucksachen 14/4061, 14/4450: Entwurf eines 2. FGOÄndG – v. 08.11.2000, BT-Drucks. 14/4549, S. 10, wonach der Entwurf eines 2. FGOÄndG „der – nach Auffassung aller Fraktionen *berechtigten – Kritik* (Hervorhebung vom Verf.) an den zu engen Revisionszulassungsgründen des alten Rechts" Rechnung trage, „die *maßgebend* (Hervorhebung vom Verf.)" zu der hohen Unzulässigkeitsquote der Rechtsbehelfe beim BFH beigetragen haben. Soweit die hohe Unzulässigkeitsquote der Rechtsbehelfe beim BFH angesprochen wird, ist wohl jeweils die hohe Zahl der unzulässigen NZBen gemeint, vgl. auch *List*, DB 2000, 2294, 2297.

Schon diese wenigen Ausführungen lassen erkennen, dass mit der Neuordnung der revisionszulassungsrechtlichen Vorschriften auf dem Gebiet der Finanzgerichtsbarkeit durch das 2. FGOÄndG trotz der endgültigen Abschaffung der Streitwertrevision der zu enge Zugang zum BFH erweitert und damit einhergehend eine Stärkung und Verbesserung des Individualrechtsschutzes des einzelnen Steuerpflichtigen verfolgt werden sollte[304].

III. Die Umsetzung der Intention des 2. FGOÄndG durch Gesetz und Rechtsprechung

Insbesondere mit der eigenständigen Neuregelung der NZB in § 116 FGO hat der Gesetzgeber einige begrüßenswerte normative Änderungen vorgenommen, die erheblich zur Stärkung und Verbesserung des Rechtsschutzes einerseits und zur Verfahrensvereinfachung andererseits beigetragen haben. Er hat einige gravierende Mängel beseitigt, die sich bei der Anwendung des bis zum 31.12.2000 geltenden Rechts nicht selten als Verfahrensfalle für den Beschwerdeführer erwiesen haben[305].

---

304 Der Gedanke der Erweiterung des Zugangs zum BFH sowie der Stärkung und Verbesserung des Individualrechtsschutzes kommt in den Gesetzesmaterialien durchaus häufig zum Ausdruck. Siehe z.B. die Begründung zum Entwurf eines 2. FGOÄndG v. 11.09.2000, BT-Drucks. 14/4061, S. 1, 6, 9 u. 10 zu Nr. 13, sowie die Beschlussempfehlung und den Bericht des Rechtsausschusses (6. Ausschuss) zu dem Gesetzentwurf der Bundesregierung – Drucksachen 14/4061, 14/4450: Entwurf eines 2. FGOÄndG – v. 08.11.2000, BT-Drucks. 14/4549, S. 1 u. 10. – Vgl. ausführlich zur gesetzgeberischen Intention, zu den Zielen und Motiven des 2. FGOÄndG im Hinblick auf die gesetzliche Ausgestaltung der Revisionszulassungsgründe – insbesondere im Hinblick auf die Grundsatzrevision gemäß § 115 II Nr. 1 FGO – *Beermann*, in: BG, § 115 FGO Tz. 65 ff. (Lfg. 57 März 2006). Die jeweiligen Ziele und Motive hinsichtlich der einzelnen Revisionszulassungsgründe werden in der vorliegenden Arbeit im Zuge der Erläuterung derselben behandelt. – Vgl. zur **Kritik** daran, dass das Ziel des Gesetzgebers, den Rechtsschutz des einzelnen Steuerpflichtigen durch eine Erweiterung des zu engen Zugangs zum BFH zu stärken und zu verbessern, im Wortlaut der modifizierten (Neu-)Fassung des § 115 II bzw. § 116 III 3 FGO nicht hinreichend deutlich zum Ausdruck gelangt, und es für diese Erkenntnis somit regelmäßig einer ausführlichen Lektüre der Gesetzesmotive bedarf, nachfolgend im 3. Abschnitt unter B.III.1.c) bb)(1)(a) (S. 267 ff., dort insbesondere S. 267 u. 269 speziell zum Zulassungstatbestand des sog. ‚Gravierenden/Schwerwiegenden Rechtsanwendungsfehlers des FG' u. mit zahlreichen weiteren Nachweisen) sowie später im 4. Abschnitt unter A.IV.2.e) (S. 447 ff., dort S. 449 f.) und dort ausführlich unter C. (S. 609 ff.).

305 Ebenso *Seer*, StuW 2001, 3 u. 18: Beseitigung einiger verfahrensrechtlicher Fallstricke (Rechtsschutzfallen); *ders.*, in: T/K, § 115 FGO Tz. 9 sowie § 116 FGO Tz. 3 (jeweils Lfg. 131 Oktober 2012), wonach die Neuregelung der NZB in § 116 FGO in der Tat einige Verbesserungen enthalte.

An dieser Stelle soll insoweit nochmals die Einführung einer besonderen selbständigen verlängerbaren Begründungsfrist im NZB-Verfahren gemäß § 116 III 1 und 4 FGO Erwähnung finden; ebenso soll nochmals darauf hingewiesen werden, dass bei Stattgabe der NZB das Beschwerdeverfahren automatisch als Revisionsverfahren fortgesetzt wird, ohne dass es eines Antrags oder einer gesonderten Einlegung der Revision durch den Beschwerdeführer bedarf, § 116 VII 1 Hs. 1 u. 2 FGO. Gemeinsam mit den übrigen vorstehend unter A.III.2.c)aa) bis cc) (S. 68 ff.) dargestellten Änderungen hat der Gesetzgeber das NZB-Verfahren für den Rechtsschutzsuchenden somit weitaus erträglicher gestaltet und zahlreiche Verfahrenshemmnisse beseitigt. Insoweit ist also der zentralen Aussage der Gesetzesbegründung zum 2. FGOÄndG, den Individualrechtsschutz des einzelnen Steuerpflichtigen zu stärken und zu verbessern, durchaus Rechnung getragen worden.

Im Zentrum des finanzgerichtlichen Revisionszulassungsrechts stehen allerdings die Revisionszulassungsgründe i.S.d. § 115 II FGO und die Anforderungen, die gemäß § 116 III 3 FGO an ihre Darlegung i.R.d. Begründung einer NZB gestellt werden. Der zweitinstanzliche Rechtsschutz des Steuerpflichtigen steht und fällt demnach mit der Zulassungspraxis der Judikative. Denn was nutzen ihm Verfahrenserleichterungen, wenn die einschlägige Rechtsprechung zu den Revisionszulassungsgründen und den Anforderungen an ihre Darlegung i.R.d. Begründung einer NZB im System einer ausschließlich zulassungsabhängigen Revision derart restriktiv ist, dass die Aussicht auf eine positive = stattgebende Zulassungsentscheidung nahezu gen null tendiert?

Die Einführung einer selbständigen verlängerbaren zweimonatigen Begründungsfrist im NZB-Verfahren (§ 116 III 1 und 4 FGO) ist für den Beschwerdeführer bspw. von nur geringem Nutzen, wenn der Maßstab für das Vorliegen der einzelnen Zulassungsgründe und insbesondere für die Anforderungen an ihre Darlegung so hoch und streng angelegt wird, dass der Beschwerdeführer und sein Prozessbevollmächtigter auch in dieser Zeit nicht in der Lage sind, eine den gesetzlichen Vorschriften genügende NZB-Begründung anzufertigen. Ebenso bringt die für den Beschwerdeführer günstige Regelung, dass bei Stattgabe der NZB das Beschwerdeverfahren automatisch als Revisionsverfahren fortgesetzt wird, ohne dass es eines Antrags oder einer gesonderten Einlegung der Revision durch den Beschwerdeführer bedarf (§ 116 VII 1 Hs. 1 u. 2 FGO), für diesen keinen Gewinn, wenn ihm gegenüber auf seine NZB hin die Zulassung der Revision verweigert wird. Gleiches gilt schließlich für die der Verfahrensbeschleunigung dienende Regelung des § 116 VI FGO, wonach der BFH bereits in seinem Beschluss über die NZB das angefochtene Urteil unmittelbar aufheben und den Rechtsstreit zur anderweitigen Verhandlung und Entscheidung an das FG zurückverweisen kann, wenn die Voraussetzungen des § 115 II Nr. 3 FGO vorliegen. Die beiden letztgenannten Verfahrenserleichterungen kommen für den Beschwerdeführer nämlich erst dann zum Tragen, wenn der NZB stattgegeben und damit einhergehend die Revision zugelassen wird bzw. im Falle des § 116 VI FGO die Voraussetzungen für eine Revisionszulassung nach § 115 II Nr. 3 FGO vorliegen.

Ob und inwieweit der zweitinstanzliche finanzgerichtliche Rechtsschutz durch die eigenständige Neuregelung der NZB in § 116 mit den dortigen Verfahrenserleichterungen *qualitativ* gestärkt wird, hängt also maßgeblich davon ab, wie die Gerichte die Vorschriften über die Zulassung der Revision handhaben.

Da die *FGe*, die als *iudex a quo* gemäß § 115 I Alt. 1 u. II FGO grds. in erster Linie über die Zulassung der Revision entscheiden[306], diese in zunehmendem Maße verweigern[307], kommt es dabei aus Sicht des Rechtsschutzsuchenden primär auf die Zulassungspraxis des BFH auf eine NZB hin an. Die *qualitative* Stärkung und Verbesserung des zweitinstanzlichen finanzgerichtlichen Rechtsschutzes hängt somit ganz wesentlich davon ab, wie der *BFH* die Revisionszulassungsgründe i.S.d. § 115 II FGO sowie die Anforderungen an ihre Darlegung i.R.d. Begründung einer NZB gemäß § 116 III 3 FGO im Hinblick auf deren durch das 2. FGOÄndG erweiterte Fassung handhabt, insbesondere, ob er seine bislang strengen Anforderungen an die Darlegung der Zulassungsgründe i.R.d. Begründung einer NZB mäßigt[308].

Die Zulassungspraxis des BFH in der Zeit seit der Suspendierung der Streitwertrevision im Jahre 1985 bis zum Inkrafttreten des 2. FGOÄndG war gekennzeichnet durch auffällig hohe *Erfolglosigkeitsquoten* der eingelegten und vom BFH entschiedenen NZBen[309].

---

306 *Beermann*, DStZ 2001, 155, 159; *ders.*, in: BG, § 115 FGO Tz. 45 (Lfg. 57 März 2006); *Seer*, StuW 2003, 193, 199; *ders.*, in: T/K, § 115 FGO Tz. 29 u. 122 (Lfg. 131 Oktober 2012); *Wagner*, in: KvW[19], § 115 FGO Tz. 3.

307 *Jesse*, Einspruch und Klage im Steuerrecht[3], Teil C Tz. 610. Siehe auch *Seer*, in: T/K, § 115 FGO Tz. 40 (Lfg. 131 Oktober 2012), unter Hinweis auf die auch nach Inkrafttreten der Reform zum 01.01.2001 weiterhin nahezu unveränderte *Nicht-Zulassungspraxis der Gerichte*. So ist die Zahl der eingelegten Revisionen in den letzten Jahren insgesamt kontinuierlich rückläufig: Nach 744 eingelegten Revisionen im Jahr 2007 und 736 eingelegten Revisionen im Jahr 2008 (Jahresberichte des *BFH* 2007 u. 2008, jeweils S. 7) fand zwar ein leichter Anstieg auf 743 eingelegte Revisionen im Jahr 2009 (Jahresbericht des *BFH* 2009, S. 7) und 795 eingelegte Revisionen im Jahr 2010 (Jahresbericht des *BFH* 2010, S. 5) statt. Über 688 Revisionen im Jahr 2011erreichte die Zahl der eingelegten Revisionen mit nur 628 im Jahr 2012 dann aber den niedrigsten Stand überhaupt (Jahresberichte des *BFH* 2011 u. 2012, jeweils S. 5), was auf eine unverändert restriktive Haltung der *FGe* betreffend die Zulassung der Revision hindeutet, vgl. auch *Seer*, in: T/K, § 115 FGO Tz. 40 (Lfg. 131 Oktober 2012); im Jahr 2013 folgte dann wieder ein Anstieg auf 735 eingelegte Revisonen (Jahresbericht des *BFH* 2013, S. 5). Vgl. zudem *Wagner*, in: KvW[19], § 115 FGO Tz. 7 a.E., der anführt, dass die *FGe* eher zur Nichtzulassung der Revision neigen, sowie § 116 FGO Tz. 3.

308 Vgl. auch *Seer*, in: T/K, § 116 FGO Tz. 3 (Lfg. 131 Oktober 2012).

309 Vgl. nur die Zahlen aus den letzten beiden Jahren vor Inkrafttreten des 2. FGO-ÄndG: Im Jahre **1999** wurden von insgesamt 1558 erledigten NZBen 809 (= 51,9 %) als unzulässig verworfen und 468 (= 30,0 %) als unbegründet zurückgewiesen. Nach Abzug der Zurücknahmen (76 = 4,9 %) sowie der Löschungen und sonstigen Erledigungen (5 = 0,3 %) waren also nur 200 NZBen (= 12,8 %)

Wer die Hoffnung hatte, dieser Zustand würde sich mit Inkrafttreten des 2. FGOÄndG zum 01.01.2001 und der damit einhergehenden Reform der Revisionszulassungsgründe zum Positiven wenden, wurde jedoch enttäuscht: Auch nach Inkrafttreten des 2. FGOÄndG zum 01.01.2001 lassen die konstant hohen *Erfolglosigkeitsquoten* der vom BFH entschiedenen NZBen vermuten, dass dessen Rechtsprechung zu den Revisionszulassungsgründen auch weiterhin äußerst restriktiv und seine Anforderungen an die Darlegung der Zulassungsgründe i.R.d. Begründung einer NZB unverändert streng und überzogen sind.

So wurden im Jahr **2012** von insgesamt 1725 erledigten NZBen 577 (= 33,4 %) als unzulässig verworfen und 678 (= 39,3 %) als unbegründet zurückgewiesen; nach Abzug der Zurücknahmen (272 = 15,8 %) sowie der Löschungen und sonstigen Erledigungen (11 = 0,6 %) blieben also nur ganze 187 NZBen (= 10,8 %) erfolgreich[310]. Ein ähnliches Bild ergibt sich für das Jahr **2013**: Hier waren von insgesamt 1775 erledigten NZBen lediglich 252 (= 14,2 %) erfolgreich, während 594 (= 33,5 %) als unzulässig verworfen und 672 (= 37,9 %) als unbegründet zurückgewiesen wurden; die Zurücknahmen beliefen sich auf 218 (= 12,3 %), die Löschungen und sonstigen Erledigungen auf 39 (= 2,2 %)[311].

---

begründet = erfolgreich, vgl. Jahresbericht des *BFH* 1999, S. 14 f. Im Jahre **2000** betrug die Erfolgsquote sogar lediglich 12,3 %. Hier waren von insgesamt 1582 erledigten NZBen nur 194 begründet, während 737 (= 46,6 %) als unzulässig verworfen und 546 (= 34,5 %) als unbegründet zurückgewiesen wurden. Die Zurücknahmen, Löschungen und sonstigen Erledigungen machten insgesamt 105 (= 6,6 %) aus, vgl. Jahresbericht des *BFH* 2000, S. 14 f.

310 Jahresbericht des *BFH* 2012, S. 10 f.

311 Jahresbericht des *BFH* 2013, S. 10 f. – Vgl. insoweit auch das Zahlenwerk der Jahre 2001 bis 2011, das wiederum ein ähnliches Bild liefert: **2001**: 1592 erledigte NZBen, davon 757 (= 47,5 %) als unzulässig verworfen, 356 (= 22,4 %) als unbegründet zurückgewiesen, Zurücknahmen 260 (= 16,3 %), Löschungen und sonstige Erledigungen 6 (= 0,4 %), somit begründet 213 (= 13,4 %), Jahresbericht des *BFH* 2001, S. 14 f.; **2002**: 2045 erledigte NZBen, davon 920 (= 45,0 %) als unzulässig verworfen, 464 (= 22,7 %) als unbegründet zurückgewiesen, Zurücknahmen 393 (= 19,2 %), Löschungen und sonstige Erledigungen 16 (= 0,8 %), somit begründet 252 (= 12,3 %), Jahresbericht des *BFH* 2002, S. 16 f.; **2003**: 2078 erledigte NZBen, davon 852 (= 41,0 %) als unzulässig verworfen, 526 (= 25,3 %) als unbegründet zurückgewiesen, Zurücknahmen 408 (= 19,6 %), Löschungen und sonstige Erledigungen 23 (= 1,1 %), somit begründet 269 (= 13,0 %), Jahresbericht des *BFH* 2003, S. 15 f.; **2004**: 2145 erledigte NZBen, davon 777 (= 36,2 %) als unzulässig verworfen, 590 (= 27,5 %) als unbegründet zurückgewiesen, Zurücknahmen 403 (= 18,8 %), Löschungen und sonstige Erledigungen 25 (= 1,2 %), somit begründet 350 (= 16,3 %), Jahresbericht des *BFH* 2004, S. 16 f.; **2005**: 2247 erledigte NZBen, davon 848 (= 37,7 %) als unzulässig verworfen, 737 (= 32,8 %) als unbegründet zurückgewiesen, Zurücknahmen 316 (= 14,1 %), Löschungen und sonstige Erledigungen 26 (= 1,2 %), somit begründet 320 (= 14,2 %), Jahresbericht des *BFH* 2005, S. 16 f.; **2006**: 1937 erledigte NZBen, davon 640 (= 33,0 %) als unzulässig

Auch die Ermittlung der *Durchschnittsquoten* spricht insoweit Bände und zeigt, dass die Einlegung und Begründung einer NZB dem Steuerpflichtigen und seinem Prozessvertreter ganz erhebliche Schwierigkeiten bereitet[312]: Betrachtet man die Jahre 2001-2013, dann ergibt sich eine durchschnittliche *Unzulässigkeitsquote* von 35,6 %. Den Zahlen über die als unzulässig verworfenen NZBen kann zwar nicht entnommen werden, wie viele dieser Rechtsbehelfe im Endeffekt an dem Erfordernis der hinreichenden Darlegung der Revisionszulassungsgründe i.R.d. Begründung einer NZB gemäß §§ 116 III 3, 115 II FGO gescheitert sind; es dürfte sich dabei aber um eine recht große Anzahl handeln, wie eine Durchsicht der Entscheidungen in BFH/NV[313] belegt. Hinzu kommt eine *Unbegründetheitsquote* von durchschnittlich 34,0 %, was mithin zu einer durchschnittlichen *Misserfolgsquote* in Höhe von 69,6 %[314] – unter Berücksichtigung von Zurücknahmen, Löschungen und sonstigen Erledigungen (= durchschnittlich 17,1 %) sogar zu einer *Misserfolgsquote* von durchschnittlich 86,7 % – führt. Dieser enorm hohen Zahl an erfolglosen NZBen stehen im Durchschnitt lediglich ca. 13,3 % begründete = erfolgreiche NZBen

---

verworfen, 665 (= 34,3 %) als unbegründet zurückgewiesen, Zurücknahmen 315 (= 16,3 %), Löschungen und sonstige Erledigungen 26 (= 1,3 %), somit begründet 291 (= 15,0 %), Jahresbericht des *BFH* 2006, S. 14 f.; **2007**: 1931 erledigte NZBen, davon 659 (= 34,1 %) als unzulässig verworfen, 753 (= 39,0 %) als unbegründet zurückgewiesen, Zurücknahmen 236 (= 12,2 %), Löschungen und sonstige Erledigungen 25 (= 1,3 %), somit begründet 258 (= 13,4 %), Jahresbericht des *BFH* 2007, S. 14 f.; **2008**: 1994 erledigte NZBen, davon 667 (= 33,5 %) als unzulässig verworfen, 764 (= 38,3 %) als unbegründet zurückgewiesen, Zurücknahmen 298 (= 14,9 %), Löschungen und sonstige Erledigungen 38 (= 1,9 %), somit begründet 227 (= 11,4 %), Jahresbericht des *BFH* 2008, S. 14 f.; **2009**: 1819 erledigte NZBen, davon 530 (= 29,1 %) als unzulässig verworfen, 762 (= 41,9 %) als unbegründet zurückgewiesen, Zurücknahmen 269 (= 14,8 %), Löschungen und sonstige Erledigungen 18 (= 1,0 %), somit begründet 240 (= 13,2 %), Jahresbericht des *BFH* 2009, S. 12 f.; **2010**: 1939 erledigte NZBen, davon 531 (= 27,4 %) als unzulässig verworfen, 812 (= 41,9 %) als unbegründet zurückgewiesen, Zurücknahmen 302 (= 15,6 %), Löschungen und sonstige Erledigungen 31 (= 1,6 %), somit begründet 263 (= 13,6 %), Jahresbericht des *BFH* 2010, S. 10 f.; **2011**: 1692 erledigte NZBen, davon 509 (= 30,1 %) als unzulässig verworfen, 697 (= 41,2 %) als unbegründet zurückgewiesen, Zurücknahmen 250 (= 14,8 %), Löschungen und sonstige Erledigungen 31 (= 1,8 %), somit begründet 205 (= 12,1 %), Jahresbericht des *BFH* 2011, S. 10 f.

312 Die Errechnung des Durchschnitts erfolgt hier unter Zugrundelegung der entsprechenden Zahlenwerte aus den Jahren seit Inkrafttreten des 2. FGOÄndG zum 01.01.2001. Berücksichtigt wird mithin das Zahlenwerk der Jahre 2001 bis 2013, vgl. zu den einzelnen Jahreswerten Fußnote 311 (2001-2011) sowie vorstehend im Fließtext auf S. 79 (2012 und 2013).

313 Dabei handelt es sich um die als Zeitschrift herausgegebene *Sammlung amtlich nicht veröffentlichter Entscheidungen des Bundesfinanzhofs*.

314 Die Misserfolgsquote ergibt sich vorliegend aus der Summe von Unzulässigkeits- und Unbegründetheitsquote.

gegenüber[315]. Scheitert eine NZB also einmal nicht an der Zulässigkeitshürde der Darlegung der Zulassungsgründe, dann ist für sie jedenfalls regelmäßig in der Begründetheit Endstation.

Dem reinen Zahlenwerk zufolge ist der mit der Novellierung des finanzgerichtlichen Revisionszulassungsrechts beabsichtigte erweiterte Zugang zum BFH und die damit verbundene Stärkung und Verbesserung des Individualrechtsschutzes demnach bislang ausgeblieben. Insbesondere den formulierten Erwartungen des Rechtsausschusses des Deutschen Bundestages ist insoweit kaum Rechnung getragen worden. Dieser hatte ausgeführt, dass der Entwurf eines 2. FGOÄndG der berechtigten Kritik an den zu engen Revisionszulassungsgründen des alten Rechts Rechnung trage, die maßgebend zu der hohen Unzulässigkeitsquote der beim BFH eingehenden Verfahren beigetragen haben, was im Interesse einer umfassenden Rechtsschutzgewährung einen unvertretbaren Zustand darstelle[316]. Zwar hat der Rechtssausschuss dabei auf eine Unzulässigkeitsquote von über 40 % der beim BFH eingehenden und von ihm entschiedenen (NZB-) Verfahren abgestellt, die sich in 2013 – wie bereits vorstehend erwähnt – auf 33,5 % verringert hat. Doch ändert dies an dem seitens des Rechtsausschusses erkannten Rechtsschutzdefizit insoweit nur wenig, als bei einer Unbegründetheitsquote im Jahr 2013 von 37,9 % die Misserfolgsquote der eingelegten und vom BFH entschiedenen NZBen in 2013 insgesamt 71,4 % – und unter Einbeziehung von Zurücknahmen, Löschungen und sonstigen Erledigungen (= 14,5 %) sogar 85,9 % – betragen hat. Folglich muss bei Betrachtung dieser konstant hohen Prozentsätze erfolgloser NZBen – und v.a. auch der vorstehend dargestellten, seit Inkrafttreten des 2. FGOÄndG zum 01.01.2001 ermittelten Durchschnittswerte – mit Bedauern festgestellt werden, dass sich der zuvor bestehende Negativtrend der konstant hohen Misserfolgsquoten der eingelegten und vom BFH entschiedenen NZBen entgegen der formulierten Erwartungen des Rechtssausschusses auch nach Inkrafttreten des 2. FGOÄndG relativ unverändert fortgesetzt hat[317].

---

315 Die bislang höchste Erfolgsquote betrug im Jahre 2004 16,3 % bei 2145 erledigten NZBen.

316 Beschlussempfehlung und Bericht des Rechtsausschusses (6. Ausschuss) zu dem Gesetzentwurf der Bundesregierung – Drucksachen 14/4061, 14/4450: Entwurf eines 2. FGOÄndG – v. 08.11.2000, BT-Drucks. 14/4549, S. 10. – Soweit die hohe Unzulässigkeitsquote der beim BFH eingehenden Verfahren angesprochen wird, ist wohl die hohe Zahl der unzulässigen NZBen gemeint, vgl. auch *List*, DB 2000, 2294, 2297.

317 Vgl. auch *Seer*, StuW 2003, 193, 200, insbesondere im Hinblick auf die entsprechenden Unzulässigkeitsquoten. Vgl. zudem *Lange* HHSp., § 115 FGO Tz. 70 (Lfg. 192 Oktober 2006); *ders.*, StuW 2006, 366, 374, der vorbringt, dass das gesetzgeberische Ziel der Neuregelung, den Zugang zum BFH zu erleichtern, nicht oder jedenfalls nur in geringem Maße erreicht worden sei. – Wenn in den Jahren 2001-2013 die Quote der als unzulässig verworfenen NZBen insgesamt rückläufig ist, dann bedeutet dies i.U. nicht etwa, dass immer weniger NZBen an dem

Sind mithin durchschnittlich nur ca. 13,3 % der NZBen erfolgreich, so spiegelt dies aber nicht allein die Unfähigkeit der Steuerpflichtigen und ihrer Prozessvertreter wider[318]. Es liegt nahe, dass die Ursache dieser Misere vielmehr zumindest

---

Darlegungserfordernis des § 116 III 3 FGO scheitern und immer mehr NZBen diese erhebliche Zulässigkeitshürde überwinden. Vielmehr liegt der Grund für die sinkenden Unzulässigkeitsquoten u.a. insbesondere in der zunehmenden Praxis des BFH, die Zulässigkeit einer NZB und mithin auch die ordnungsgemäße Darlegung der Revisionszulassungsgründe dahinstehen/offen zu lassen, wenn diese *„jedenfalls unbegründet“* ist, ein Zulassungsgrund also *jedenfalls nicht vorliegt*, vgl. nur *BFH*, Beschl. v. 27.05.2009, VI B 69/08, BStBl. II 2009, 730; vgl. zudem nachfolgend im 3. Abschnitt unter A.II.2. (S. 108 ff., dort S. 109). Solche Entscheidungen, in denen der BFH die NZB als unbegründet zurückweist, und die sich nicht selten als sog. *‚verkappte Revisionsentscheidungen‘* darstellen, sind jedoch in keinster Weise geeignet, die Zulassung der Revision und damit die einer stattgebenden NZB-Entscheidung nachfolgende Revisions-/Sachentscheidung über die jeweilige steuerrechtliche Streitfrage zu ersetzen bzw. zu kompensieren, vgl. zum Ganzen ausführlich später im 4. Abschnitt unter A.II.1. (S. 381 ff., dort S. 385 f.).

318 So auch *Seer*, in: T/K, § 116 FGO Tz. 6 (Lfg. 131 Oktober 2012). – Diesen Gedanken könnte man aber (zunächst) in Erwägung ziehen, wenn man berücksichtigt, dass regelmäßig nur ein äußerst geringer Anteil der vom BFH erledigten NZBen, die als unzulässig verworfen bzw. als unbegründet zurückgewiesen werden, auf Rechtsmittel der Finanzbehörden entfällt: So entfielen im Jahr **2012** von den 577 vom BFH als unzulässig verworfenen NZBen lediglich 5 (= 0,9 %) und von den 678 vom BFH als unbegründet zurückgewiesenen NZBen nur 30 (= 4,4 %) auf die Finanzverwaltung; dagegen stammten von den 187 begründeten = erfolgreichen NZBen immerhin 50 (= 26,7 %) von der Finanzverwaltung, Jahresbericht des *BFH* 2012, S. 10 f. Für das Jahr **2013** ergibt sich ein ähnliches Bild: Hier entfielen von den 594 seitens des BFH als unzulässig verworfenen NZBen lediglich 7 (= 1,2 %), von den 672 vom BFH als unbegründet zurückgewiesenen NZBen nur 24 (= 3,6 %) auf die Finanzverwaltung; dagegen stammten von den 252 begründeten = erfolgreichen NZBen 85 (= 33,7 %) von der Finanzverwaltung, Jahresbericht des *BFH* 2013, S. 10 f. Diese Zahlen deuten zwar darauf hin, dass die Qualität der von den Steuerpflichtigen bzw. ihren Prozessvertretern eingelegten NZBen im Durchschnitt hinter denen der Finanzbehörden zurückbleibt, s. auch *Seer*, StuW 2003, 193, 200 Fußnote 81. Hinzu kommt, dass im Jahr **2012** von den 777 durch Steuerpflichtige eingelegten und als unzulässig verworfenen Rechtsmitteln erstaunlicherweise 153 (= 19,7 %) von den Steuerpflichtigen persönlich – also ohne Beachtung des beim BFH geltenden Vertretungszwangs (vgl. dazu bis zum 30.06.2008 § 62a FGO und ab dem 01.07.2008 § 62 IV FGO) – eingelegt wurden (Jahresbericht des *BFH* 2012, S. 10), obwohl in der Rechtsmittelbelehrung der angefochtenen erstinstanzlichen Entscheidung stets darauf hingewiesen wird, dass vor dem BFH Vertretungszwang herrscht; im Jahr **2013** scheiterten schließlich 152 (= 19,2 %) der 790 durch Steuerpflichtige eingelegten und als unzulässig verworfenen Rechtsmittel am Erfordernis des Vertretungszwangs, Jahresbericht des *BFH* 2013, S. 10. Allein oder überwiegend die Unfähigkeit der Steuerpflichtigen und ihrer Prozessvertreter für die hohen Misserfolgsquoten der eingelegten

auch – wenn nicht sogar überwiegend – in der vermutlich weiterhin viel zu restriktiven Zulassungspraxis des BFH zu suchen ist. Dieser hat es anscheinend bislang versäumt, die seitens des Gesetzgebers mit der Reform des finanzgerichtlichen Revisionszulassungsrechts verbundenen Erwartungen durch eine substantielle Änderung in Form einer Lockerung seiner bisher äußerst restriktiven Rechtsprechung umzusetzen, obwohl ihm die Erweiterung und Neufassung der Revisionszulassungsgründe in § 115 II FGO dazu nunmehr Gelegenheit bietet und durchaus weitergehende Zulassungsmöglichkeiten eröffnet[319].

Eine fortwährende Praxis seitens des BFH, wonach die Zulassung der Revision auf eine NZB hin regelmäßig verweigert – die NZB also als unzulässig verworfen oder als unbegründet zurückgewiesen – wird, führt jedoch im Endeffekt dazu, dass der Rechtsschutz des Steuerpflichtigen in der zweiten und gleichzeitig letzten Instanz der Finanzgerichtsbarkeit auf der Strecke bleibt, da diesem eine materielle Prüfung der von ihm aufgeworfenen Rechtsfrage in zweiter Instanz insoweit stets verwehrt wird[320].

Das gilt insbesondere vor dem Hintergrund, dass die NZB seit der Suspendierung der Streitwertrevision im Jahre 1985 ganz erheblich an Bedeutung gewonnen hat[321]. Ihre Zahl übertrifft in der Gerichtspraxis die der Revisionen inzwischen

---

NZBen verantwortlich zu machen, wäre allerdings wohl etwas voreilig und i.Ü. viel zu einfach, so auch *Seer*, StuW 2001, 3, 5 u. 10 f. Vielmehr muss insoweit (daneben) die Frage aufgeworfen werden, welche ggf. überzogenen Anforderungen dem Steuerpflichtigen und seinem Prozessvertreter im Hinblick auf die Zulässigkeit und Begründetheit einer NZB – insbesondere hinsichtlich der ordnungsgemäßen Begründung einer NZB als deren zentraler Zulässigkeitsvoraussetzung – auferlegt werden. **A.A.** ist aber wohl *Offerhaus*, Stbg. 2009, 49, wenn er mit Blick auf die äußerst niedrige Unzulässigkeits- bzw. Misserfolgsquote der von der Finanzverwaltung eingelegten Rechtsmittel anführt, dass es bei gehöriger Beachtung der Verfahrensvorschriften durchaus möglich sei, ein zulässiges Rechtsmittel einzulegen, die auf Seiten des Steuerpflichtigen vertretungsberechtigten Personen ihrer Sorgfaltspflicht allerdings häufig nicht genügend nachkämen.

319 Ebenso *Seer*, in: T/K, § 115 FGO Tz. 9 u. 40 (Lfg. 131 Oktober 2012), unter Hinweis auf die auch nach Inkrafttreten der Reform zum 01.01.2001 weiterhin nahezu unveränderte *Nicht-Zulassungspraxis der Gerichte*, sowie § 116 FGO Tz. 3 a.E., 6 a.E., 29 m.w.N. (Lfg. 116 Juli 2008 bzw. nun Lfg. 131 Oktober 2012); *ders.*, in: T/L, Steuerrecht[21], § 22 Tz. 230 a.E. u. 254. Vgl. auch *Seer*, StuW 2001, 3, 5 u. 10 f./11, sowie StuW 2003, 193, 200, 202, 203 u. 204, und *Tipke*, StuW 2004, 3, 20. Zudem *Wagner*, in: KvW[19], § 116 FGO Tz. 3. – Zu der durch die Erweiterung und Neufassung der Zulassungsgründe in § 115 II FGO eröffneten Gelegenheit, die bislang restriktive Zulassungspraxis auf verfassungskonforme Weise zu ändern, auch nachfolgend im 4. Abschnitt unter A.IV.2.e) (S. 447 ff., dort S. 449 ff.).

320 Vgl. sinngemäß auch *Seer*, BB 2000, 2387, 2388; *ders.*, StuW 2001, 3, 7; *ders.*, StuW 2003, 193, 201; *ders.*, in: T/K, § 115 FGO Tz. 39 u. 40 a.E. (Lfg. 131 Oktober 2012).

321 Waren in dem vor der Suspendierung der Streitwertrevision liegenden Jahr **1984** noch 2060 Revisionen (= 78,4 %) und lediglich 569 NZBen (= 21,6 %) eingelegt

sogar sehr deutlich; so beträgt das Verhältnis von eingelegten NZBen und Revisionen seit der endgültigen Abschaffung der Streitwertrevision und der damit einhergehenden Einführung einer ausschließlich zulassungsabhängigen Revision durch das 2. FGOÄndG nahezu konstant ca. 70 zu 30[322].

Dieses deutliche Übergewicht der NZB gegenüber der Revision, das in der Literatur häufig mit der überaus treffenden Wendung veranschaulicht worden ist, der BFH sei *vom Revisionsgericht zum Beschwerdegericht mutiert*[323], und das gleichzeitig eine verbreitete Unzufriedenheit der Rechtsschutzsuchenden mit einem nur einstufigen Finanzgerichtsverfahren dokumentiert[324], gibt Anlass dazu, die Zulassungspraxis des BFH intensiv zu betrachten.

Deshalb soll in den folgenden beiden Abschnitten die Rechtsprechung des BFH zur Auslegung und Handhabung der Revisionszulassungsgründe des § 115 II Nrn. 1

---

worden (Jahresbericht des *BFH* 1999, S. 10), so gingen im Jahre **1999** beim BFH nur noch 998 Revisionen (= 39,7 %) ein, während gleichzeitig 1517 NZBen (= 60,3 %) eingelegt wurden (Jahresbericht des *BFH* 1999, S. 7; die auf S. 10 des Jahresberichts fälschlicherweise angeführte Zahl von 1558 eingegangenen NZBen betrifft tatsächlich die Zahl der Erledigungen, vgl. S. 7 u. 14). Im Jahr **2000** standen 1031 eingelegten Revisionen (= 38,9 %) sogar 1622 NZBen (= 61,1 %) gegenüber (Jahresbericht des *BFH* 2000, S. 7), so dass sich die Zahl der NZBen seit 1984 (569 eingelegte NZBen) nahezu verdreifacht hatte.

322 Vgl. insoweit das sich aus den Jahresberichten des *BFH* ergebende Zahlenmaterial hinsichtlich der neu eingegangenen Rechtsmittel, das zum Ausdruck bringt, dass die Bearbeitung der NZBen einen erheblichen – inzwischen sogar wohl den überwiegenden – Teil der Arbeit des BFH ausmacht: **2001**: 1986 NZBen (= 69,4 %), 875 Revisionen (= 30,6 %), Jahresbericht des *BFH* 2001, S. 7 u. 8; **2002**: 2197 NZBen (= 74,4 %), 756 Revisionen (= 25,6 %), Jahresbericht des *BFH* 2002, S. 7 u. 8; **2003**: 2251 NZBen (= 72,8 %), 840 Revisionen (= 27,2 %), Jahresbericht des *BFH* 2003, S. 6 u. 7; **2004**: 2101 NZBen (= 71,2 %), 851 Revisionen (= 28,8 %), Jahresbericht des *BFH* 2004, S. 7 u. 8; **2005**: 1976 NZBen (= 71,1 %), 805 Revisionen (= 28,9 %), Jahresbericht des *BFH* 2005, S. 7 u. 8; **2006**: 1844 NZBen (= 69,6 %), 804 Revisionen (= 30,4 %), Jahresbericht des *BFH* 2006, S. 7 u. 9; **2007**: 1834 NZBen (= 71,1 %), 744 Revisionen (= 28,9 %), Jahresbericht des *BFH* 2007, S. 7 u. 9; **2008**: 1915 NZBen (= 72,2 %), 736 Revisionen (= 27,8 %), Jahresbericht des *BFH* 2008, S. 7 u. 9; **2009**: 1851 NZBen (= 71,4 %), 743 Revisionen (= 28,6 %), Jahresbericht des *BFH* 2009, S. 7 u. 8; **2010**: 1776 NZBen (= 69,1 %), 795 Revisionen (= 30,9 %), Jahresbericht des *BFH* 2010, S. 5 u. 6; **2011**: 1732 NZBen (= 71,6 %), 688 Revisionen (= 28,4 %), Jahresbericht des *BFH* 2011, S. 5 u. 6; **2012**: 1799 NZBen (= 74,1 %), 628 Revisionen (= 25,9 %), Jahresbericht des *BFH* 2012, S. 5 u. 6; **2013**: 1657 NZBen (= 69,3 %), 735 Revisionen (= 30,7 %), Jahresbericht des *BFH* 2013, S. 5 u. 6. – Das bislang auffälligste Verhältnis stammt aus dem Jahre 2002 mit 2197 (= 74, 4 %) eingelegten NZBen und nur 756 (= 25,6 %) eingelegten Revisionen.

323 Vgl. die Nachweise in Fußnote 298.

324 *Raupach*, in: Die Situation der Finanzgerichtsbarkeit, 69, 80; *Seer*, in: T/K, § 116 FGO Tz. 6 (Lfg. 131 Oktober 2012). Darüber hinaus später im 4. Abschnitt unter A.IV.1. (S. 423 ff., dort S. 424 f.).

u. 2 FGO[325] sowie den Anforderungen an ihre Darlegung i.R.d. Begründung einer NZB gemäß § 116 III 3 FGO detailliert untersucht werden. Dabei soll – teilweise auch unter vergleichsweiser Betrachtung anderer Gerichtsbarkeiten – insbesondere *kritisch* hinterfragt werden, ob der Gedanke der Stärkung und Verbesserung des zweitinstanzlichen finanzgerichtlichen Rechtsschutzes ausreichend Berücksichtigung findet, und inwieweit somit der zentralen Intention des 2. FGOÄndG Rechnung getragen wird.

325 Die Verfahrensrevision gemäß § 115 II Nr. 3 FGO bleibt – wie schon erwähnt – außen vor.

3. Abschnitt: Die Rechtsprechung des Bundesfinanzhofs zu den Revisionszulassungsgründen des § 115 II Nrn. 1 u. 2 FGO und den Anforderungen an ihre Darlegung i.R.d. Begründung einer NZB gemäß § 116 III 3 FGO

Wie den Ausführungen des 1. und 2. Abschnitts entnommen werden kann, ist das finanzgerichtliche Revisionszulassungsverfahren während seiner historischen Entwicklung permanent Reformen bzw. Reformversuchen und Veränderungen ausgesetzt gewesen und hat dabei stets ein wechselhaftes Schicksal erfahren[326].

Zu Beginn noch eingebettet in die RAO und dort anfänglich ausgestaltet als streitwert- und zulassungsunabhängige Rechtsbeschwerde zum RFH, ist die Entwicklung der Zulassung der Revision zum BFH über die erstmalige Regelung der Revisionszulassung in der FGO v. 06.10.1965, das BFHEntlG v. 08.07.1975, das Gesetz zur Beschleunigung verwaltungs- und finanzgerichtlicher Verfahren v. 04.07.1985, bis hin zum Inkrafttreten des 2. FGOÄndG zum 01.01.2001, durch eine zunehmende Beschränkung des Zugangs zum BFH als der finanzgerichtlichen Rechtsmittel-/Revisionsinstanz gekennzeichnet[327]. Nachdem anfangs die Streitwertgrenze im Jahre 1975 von 1.000 DM auf 10.000 DM erhöht worden war, erfolgte im Jahre 1985 zunächst die Suspendierung der Streitwertrevision, ehe diese dann durch das 2. FGOÄndG mit Wirkung zum 01.01.2001 – ebenso wie die bis dahin im Gesetz verankerte zulassungsfreie Verfahrensrevision und die zulassungsfreie Revision gegen Urteile in Zolltarifsachen – endgültig abgeschafft wurde. Die Revision zum BFH ist seitdem ausschließlich nach Zulassung durch das FG oder den BFH auf eine NZB hin statthaft, so dass der Zugang zum BFH nunmehr uneingeschränkt einer richterlichen Zugangskontrolle unterliegt[328].

Im Zuge dieses zunehmend eingeschränkten Zugangs zum BFH durch die jeweiligen gesetzgeberischen Maßnahmen hat auch die Rechtsprechung ihre Anforderungen an die Zulassung der Revision und insbesondere an die Begründung einer NZB erheblich verschärft[329]. So wurde die Praxis durch zusätzliche, immer restriktiver werdende Anforderungen der Rechtsprechung mehr und mehr in die Enge getrieben, obwohl bereits der Gesetzgeber die Zulassungsgründe bewusst eng ausgestaltet und somit den Zugang zum BFH schon seinerseits erschwert

---

326 Siehe auch *List*, DB 2000, 2294.

327 So auch *Ruban*, in: FS 75 Jahre RFH-BFH, 131, 143.

328 Gräber/*Ruban*[6], § 115 FGO Tz. 3 u. 11.

329 Vgl. *Ruban*, in: FS 75 Jahre RFH-BFH, 131, 143, u. *Schmieszek*, in: FS Offerhaus, 773, 786.

hatte. Die seitens des BFH von Jahr zu Jahr höher geschraubten Anforderungen an die inhaltliche Ausgestaltung der NZB, insbesondere an Form und Vortrag der Begründung, stellten an den Beschwerdeführer und seinen Prozessvertreter mithin höchste Ansprüche[330], so dass der Zugang zum BFH oftmals – wenn nicht sogar regelmäßig, vgl. insoweit die im 2. Abschnitt unter B.III. (S. 76 ff., dort S. 78 ff.) dargelegten konstant hohen Misserfolgsquoten der eingelegten und vom BFH entschiedenen NZBen – an den extrem hohen Zulassungshürden scheiterte[331].

Wie schon vorstehend im 2. Abschnitt unter B.III. (S. 76 ff., dort S. 78 bzw. 79 ff.) erwähnt, scheint auch über 14 Jahre nach Inkrafttreten des 2. FGOÄndG die Zulassungspraxis des BFH immer noch äußerst restriktiv zu sein.

Berücksichtigt man jedoch, dass der Gesetzgeber des 2. FGOÄndG in seinen Motiven ausdrücklich angeführt hat, dass mit der Novellierung des finanzgerichtlichen Revisionszulassungsrechts und insbesondere mit der Neufassung der Revisionszulassungsgründe i.S.d. § 115 II FGO trotz der endgültigen Abschaffung der Streitwertrevision der Zugang zum BFH erweitert und damit einhergehend der Rechtsschutz des einzelnen Steuerpflichtigen gestärkt und verbessert werden sollte[332], so gibt dies Anlass, die Rechtsprechung des BFH zu den Revisionszulassungsgründen des § 115 II Nrn. 1 u. 2 FGO und den Anforderungen an ihre Darlegung i.R.d. Begründung einer NZB gemäß § 116 III 3 FGO ausführlich zu untersuchen. Das gilt insbesondere vor dem Hintergrund, dass die NZB – wie soeben im 2. Abschnitt unter B.III. (S. 76 ff., dort S. 78 bzw. 79 ff.) ausführlich dargestellt – vor dem BFH inzwischen einerseits das vorherrschende Rechtsmittel bildet, der enorm hohen Zahl der eingelegten NZBen andererseits aber eine nur äußerst geringe Erfolgsquote gegenübersteht.

A. Allgemeine Ausführungen zu den Revisionszulassungsgründen i.S.d. § 115 II FGO sowie zur NZB und ihrer Begründung

Bevor die einzelnen Revisionszulassungsgründe des § 115 II Nrn. 1 u. 2 FGO und die jeweiligen Darlegungsanforderungen i.R.d. Begründung einer NZB nach § 116 III 3 FGO näher betrachtet werden, soll im Folgenden zunächst auf einige Aspekte eingegangen werden, die sämtliche Revisionszulassungsgründe betreffen (dazu nachfolgend unter I. [S. 89 ff.]), und die sich auf die Begründungsanforderungen im Allgemeinen bzw. auf das gesamte NZB-Verfahren beziehen (dazu nachfolgend unter II. [S. 107 ff.]).

330 Ebenso *Mack*, Stbg. 2001, 109, 112.
331 Vgl. auch *Dürr*, INF 2001, 65, 71.
332 Vgl. insoweit oben im 2. Abschnitt unter B.II. (S. 75 f.).

I. Allgemeine Ausführungen zu den Revisionszulassungsgründen i.S.d. § 115 II FGO

Aufgrund der Neufassung des § 115 FGO durch das 2. FGOÄndG steht den Beteiligten gegen das Urteil des FG die Revision an den BFH nur noch dann zu, wenn das FG oder auf Beschwerde gegen die Nichtzulassung der BFH diese zugelassen hat (§ 115 I FGO: *Zulassungsprinzip*).

Die Gründe, die zur Zulassung der Revision führen, finden sich in § 115 II FGO. Danach ist die Revision zuzulassen, wenn

- *die Rechtssache grundsätzliche Bedeutung hat* (§ 115 II Nr. 1 FGO, sog. *Grundsatzrevision*),
- *die Fortbildung des Rechts eine Entscheidung des BFH erfordert* (§ 115 II Nr. 2 Alt. 1 FGO, sog. *Rechtsfortbildungsrevision*),
- *die Sicherung einer einheitlichen Rechtsprechung eine Entscheidung des BFH erfordert* (§ 115 II Nr. 2 Alt. 2 FGO, sog. *Rechtsprechungsvereinheitlichungsrevision*) oder
- *ein Verfahrensmangel geltend gemacht wird und vorliegt, auf dem die Entscheidung beruhen kann* (§ 115 II Nr. 3 FGO, sog. *Verfahrensrevision*)[333].

---

333 Neben dem originären und zentralen Anwendungsgebiet der *Revisionszulassung gegen ein finanzgerichtliches Urteil* erlangen die Revisionszulassungsgründe des § 115 II FGO auch dann Bedeutung, wenn ein ***Gerichtsbescheid i.S.d. § 90a I FGO*** erlassen wird. Gemäß § 90a II 1 FGO können die Beteiligten bei gerichtlicher Entscheidung ohne mündliche Verhandlung durch Gerichtsbescheid innerhalb eines Monats nach dessen Zustellung mündliche Verhandlung beantragen. Nach § 90a II 2 FGO können sie zudem – Wahlrecht der Beteiligten – Revision einlegen, wenn das FG im Gerichtsbescheid die Revision zugelassen hat, wobei sich die Zulassung der Revision auch hier an den *Zulassungsgründen des § 115 II FGO* orientiert, vgl. *Tipke*, in: T/K, § 90a FGO Tz. 15 (Lfg. 104 Juli 2004). Jedoch gilt es hierbei zu berücksichtigen, dass bei Nichtzulassung der Revision im Gerichtsbescheid eine *NZB* gegen diesen nicht statthaft und somit der Antrag auf mündliche Verhandlung der einzig verbleibende Rechtsbehelf ist, weil in der durch das 2. FGOÄndG geschaffenen Neufassung des § 90a II 2 – abweichend von der früheren Rechtslage gemäß § 90a II Nr. 2 Hs. 1 FGO a.F. – ausdrücklich nur noch die Zulassung der Revision durch das FG, nicht aber die Zulassung durch den BFH auf eine NZB hin Erwähnung findet, vgl. insoweit auch *BFH*, Beschl. v. 10.10.2007, X B 200/07, n.v. (juris); *Lange* HHSp., § 116 FGO Tz. 43 (Lfg. 194 Juni 2007); *Lemaire*, AO-StB 2001, 23, 24 f.; Schwarz/*Dürr*, § 116 FGO Tz. 3 u. 8 (Lfg. 30 6/2008); *Seer*, in: T/K, § 116 FGO Tz. 10 (Lfg. 131 Oktober 2012); *Spindler*, DB 2001, 61, 65. **A.A.** *Beermann*, DStZ 2000, 773, 777; *ders.*, in: BG, § 116 FGO Tz. 13 f. (Lfg. 66 September 2007): Weiterhin wahlweise NZB oder Antrag auf mündliche Verhandlung. Zudem *Dißars*, StB 2002, 4, 6, der grds. eine NZB für möglich hält; wird allerdings ein Antrag auf mündliche Verhandlung gestellt und zugleich NZB eingelegt, dann soll dem Antragsteller angesichts der Unklarheit der gesetzlichen Regelung eine mündliche Verhandlung zu gewähren sein. Darüber hinaus

1. Abschließender Kanon der Revisionszulassungsgründe: Enumerationsprinzip

Der Kanon der Revisionszulassungsgründe in § 115 II FGO ist abschließend und erschöpfend[334]. Eine Erweiterung durch die Rechtsprechung im Wege der Analogie ist demnach unzulässig[335], so dass weder das FG noch der BFH die Revision

---

erlangen die Revisionszulassungsgründe des § 115 II FGO Relevanz im Zusammenhang mit der ***Zulässigkeit der Beschwerde gemäß § 128 FGO***. Gemäß § 128 I FGO ist gegen die Entscheidungen des FG (des Senats), des Vorsitzenden oder des Berichterstatters, die nicht Urteile oder Gerichtsbescheide sind, grds. das Rechtsmittel der Beschwerde an den BFH gegeben. Die Beschwerde ist dabei regelmäßig statthaft, ohne dass es einer Zulassung durch das FG bedarf. Von diesem Grundsatz normiert § 128 III FGO eine Ausnahme, soweit sich die Beschwerde gegen Entscheidungen im vorläufigen Rechtsschutz richtet. Nach § 128 III 1 FGO steht den Beteiligten die Beschwerde gegen die Entscheidung über die Aussetzung der Vollziehung nach § 69 III u. V FGO sowie über einstweilige Anordnungen nach § 114 I FGO nämlich nur dann zu, wenn sie vom FG in der betreffenden Entscheidung – bzw. ausnahmsweise nachträglich in einem späteren Beschluss, vgl. *BFH*, Beschl. v. 09.10.2008, IX B 156/08, BFH/NV 2009, 183; *Seer*, in: T/K, § 128 FGO Tz. 38 a.E. (Lfg. 121 September 2009) – zugelassen worden ist. Beschwerden gegen Entscheidungen im vorläufigen Rechtsschutz sind demnach gemäß § 128 III 1 FGO stets zulassungsbedürftig, wobei nach § 128 III 2 FGO für die Zulassung der Beschwerde *die Vorschrift des § 115 II FGO über die Revisionszulassungsgründe* mit den dort genannten Kriterien entsprechende = sinngemäße Anwendung findet, vgl. *Lange* HHSp., § 116 FGO Tz. 45 (Lfg. 194 Juni 2007); *Seer*, in: T/K, § 128 FGO Tz. 36 (Lfg. 121 September 2009). Im Unterschied zur Nichtzulassung der Revision gegen finanzgerichtliche Urteile ist jedoch eine *Beschwerde gegen die Nichtzulassung einer solchen Beschwerde* im Gesetz nicht vorgesehen, zumal § 128 III 2 FGO nur auf § 115 II FGO, nicht hingegen auf § 116 I FGO verweist, vgl. nur *BFH*, Beschl. v. 10.05.2007, VIII B 132/05, BFH/NV 2007, 1681; Beschl. v. 18.02.2014, XI B 140/13, BFH/NV 2014, 879; Gräber/*Ruban*[6], § 116 FGO Tz. 3; *Lange* HHSp., § 116 FGO Tz. 44 f. (Lfg. 194 Juni 2007); *Seer*, in: T/K, § 116 FGO Tz. 8 (Lfg. 131 Oktober 2012) u. § 128 FGO Tz. 5 u. 38 (Lfg. 121 September 2009); *Wagner*, in: KvW[19], § 116 FGO Tz. 2.

334 *„Die Revision ist **nur** zuzulassen, wenn …“*, *BFH*, Beschl. v. 10.10.2002, VII B 15/02, BFH/NV 2003, 321; Beschl. v. 28.02.2005, VI S 8/04 (PKH), BFH/NV 2005, 1129, 1130. Des Weiteren *Beermann*, DStZ 2001, 155, 159; *ders.*, in: BG, § 115 FGO Tz. 59 (Lfg. 57 März 2006); *Dißars*, StB 2002, 4, 8; Gräber/*Ruban*[6], § 115 FGO Tz. 11; *Lange* HHSp., § 115 FGO Tz. 19 (Lfg. 192 Oktober 2006); *List*, DB 2000, 2294, 2295; Schwarz/*Dürr*, § 115 FGO Tz. 6 (Lfg. 30 6/2008); *Seer*, in: T/K, § 115 FGO Tz. 32 f. (Lfg. 131 Oktober 2012); *Suhrbier-Hahn*, DStR 2001, 467, 472; *Wagner*, in: KvW[19], § 115 FGO Tz. 3 u. 9. Zum vor 2001 geltenden Recht auch bereits *Fehn/Fehn*, ZfZ 1995, 98; *Gräber*, DStR 1968, 173, 175.

335 *Beermann*, in: BG, § 115 FGO Tz. 59 (Lfg. 57 März 2006); Gräber/*Ruban*[6], § 115 FGO Tz. 11, unter Hinweis auf das verfassungsrechtliche Gebot der Rechtsmittelklarheit.

zulassen dürfen, wenn nicht zumindest einer der in § 115 II FGO im Einzelnen genannten Gründe vorliegt[336].

Die einzelnen Revisionszulassungsgründe stehen allesamt gleichrangig und selbständig nebeneinander. Folglich rechtfertigt jeder der in § 115 II FGO genannten Gründe bereits für sich allein die Zulassung der Revision[337]. Andererseits besteht aber auch die Möglichkeit, dass die Revisionszulassung bzw. eine darauf gerichtete NZB auf mehrere Zulassungsgründe gestützt wird, da sich die einzelnen Zulassungsgründe gerade nicht gegenseitig ausschließen[338].

2. *Keine Revisionszulassung bei bloßer materieller Unrichtigkeit des angefochtenen finanzgerichtlichen Urteils*

Allen Revisionszulassungsgründen i.S.d. § 115 II FGO ist gemeinsam, dass die *materielle Unrichtigkeit* des angefochtenen finanzgerichtlichen Urteils allein noch keine Revisionszulassung nach sich zieht. Die bloße Tatsache, dass der zu entscheidende konkrete Einzelfall vom FG *sachlich unrichtig* entschieden worden ist, begründet somit für sich gesehen grds. noch nicht das Vorliegen eines Revisionszulassungsgrundes[339]. Ebenso wenig genügt es für die Zulassung der Revision, dass der zu entscheidende Fall „interessant" ist[340].

---

336 *Beermann*, DStZ 2001, 155, 159; *ders.*, in: BG, § 115 FGO Tz. 60 (Lfg. 57 März 2006); Gräber/*Ruban*[6], § 115 FGO Tz. 13, mit dem Hinweis, dass der bloße Umstand, dass eine zugelassene Revision voraussichtlich zur Aufhebung der vorinstanzlichen Entscheidung führen würde, die Zulassung der Revision nicht rechtfertigen könne; *Lange* HHSp., § 115 FGO Tz. 19 u. 276 (Lfg. 192 Oktober 2006), unter Hinweis darauf, dass die Revision z.B. nicht allein deshalb zugelassen werden dürfe, weil der Fall „interessant" sei (Tz. 19 a.E.); Schwarz/*Dürr*, § 115 FGO Tz. 6 (Lfg. 30 6/2008); *Seer*, in: T/K, § 115 FGO Tz. 32 (Lfg. 131 Oktober 2012). *Fehn/Fehn*, ZfZ 1995, 98, weisen – noch zu dem vor 2001 geltenden Recht – darauf hin, dass insbesondere eine rückwirkende Gesetzesänderung, die den dem Urteil zugrunde liegenden Sachverhalt erfassen würde, keinen Zulassungsgrund darstelle.

337 *Beermann*, in: BG, § 115 FGO Tz. 64 (Lfg. 57 März 2006); Gräber/*Ruban*[6], § 115 FGO Tz. 11; *Lange* HHSp., § 116 FGO Tz. 258 (Lfg. 194 Juni 2007); *Seer*, in: T/K, § 115 FGO Tz. 18 u. 32 (Lfg. 131 Oktober 2012).

338 Vgl. *Seer*, in: T/K, § 115 FGO Tz. 18, der zudem darauf hinweist, dass bei einem Verfahren mit mehreren Beteiligten verschiedene Revisionszulassungsgründe für die einzelnen Beteiligten in Betracht kommen können, u. § 116 FGO Tz. 37 (jeweils Lfg. 131 Oktober 2012).

339 Siehe z.B. *BFH*, Beschl. v. 12.10.2006, V B 160/05, BFH/NV 2007, 92; Beschl. v. 12.09.2007, X B 18/03, BFH/NV 2008, 102; Beschl. v. 18.01.2008, VII B 83/07, BFH/NV 2008, 737, 738. Vgl. auch *Seer*, in: T/K, § 115 FGO Tz. 47 (Lfg. 131 Oktober 2012). Vgl. zudem Gräber/*Ruban*[6], § 115 FGO Tz. 13, wonach der bloße Umstand, dass eine zugelassene Revision voraussichtlich zur Aufhebung der vorinstanzlichen Entscheidung führen würde, die Zulassung der Revision nicht rechtfertigen könne.

340 *Lange* HHSp., § 115 FGO Tz. 19 a.E. (Lfg. 192 Oktober 2006), vgl. bereits Fußnote 336.

Die Revision kann jedoch ganz ausnahmsweise zugelassen werden, wenn über die bloße materielle Unrichtigkeit des angefochtenen finanzgerichtlichen Urteils hinaus ein *gravierender/schwerwiegender Rechtsanwendungsfehler des FG von erheblichem Gewicht* vorliegt[341].

3. *Besonderheiten bei Mehrfachbegründung des angefochtenen finanzgerichtlichen Urteils*

Bei Mehrfachbegründung des angefochtenen finanzgerichtlichen Urteils sind hinsichtlich des Vorliegens eines Revisionszulassungsgrundes i.S.d. § 115 II FGO Besonderheiten zu beachten. Dabei ist zwischen Fällen *kumulativer Mehrfachbegründung* einerseits und *alternativer Mehrfachbegründung* andererseits zu unterscheiden.

Fälle sog. *kumulativer Mehrfachbegründung* sind dadurch gekennzeichnet, dass das Entscheidungsergebnis durch ein *„sowohl deshalb als auch deshalb"* gedeckt wird[342]. In diesen Fällen hat das FG seine Entscheidung also nebeneinander auf mehrere Gründe gestützt, die die Entscheidung jeweils selbständig tragen, von denen somit jeder für sich genommen zugleich ausreichend und hinwegdenkbar ist[343].

Demzufolge reicht es im Hinblick auf das Vorliegen eines Revisionszulassungsgrundes nicht aus, wenn lediglich hinsichtlich eines dieser Entscheidungsgründe ein Zulassungsgrund vorliegt. Vielmehr muss in Fällen *kumulativer Mehrfachbegründung* des angefochtenen finanzgerichtlichen Urteils hinsichtlich einer jeden rechtlich selbständig tragenden Erwägung mindestens ein Revisionszulassungsgrund greifen[344]. Dies ergibt sich letztlich daraus, dass in derartigen Fällen eine

---

341 Zur Frage des einschlägigen Revisionszulassungsgrundes **kritisch** nachfolgend unter B.I.1.d)bb) (S. 142 ff.), dort v.a. (2) (S. 144 ff.), u. B.III.1.c)aa) (S. 263 ff., dort S. 266 f.) sowie im 4. Abschnitt unter B.I.2. (S. 472 ff.), dort v.a. b)bb) (S. 488 ff.). Zu den Anforderungen im Einzelnen nachstehend unter B.III.1.c) (S. 258 ff.). Vgl. auch *Seer*, in: T/K, § 115 FGO Tz. 43 a.E. u. 47 (Lfg. 131 Oktober 2012).

342 So plastisch *Weyreuther*, Revisionszulassung und NZB, Tz. 129. Vgl. auch *Seer*, in: T/K, § 115 FGO Tz. 79 (Lfg. 131 Oktober 2012).

343 *Beermann*, in: BG, § 115 FGO Tz. 61 (Lfg. 57 März 2006); Gräber/*Ruban*[6], § 115 FGO Tz. 31 u. 60; *Lange* HHSp., § 115 FGO Tz. 123 u. 185 (Lfg. 192 Oktober 2006); *Seer*, in: T/K, § 115 FGO Tz. 34 u. 79 (Lfg. 131 Oktober 2012); *Weyreuther*, Revisionszulassung und NZB, Tz. 129.

344 Ständige Rechtsprechung des BFH, s. z.B. *BFH*, Beschl. v. 02.05.1974, IV B 3/74, BStBl. II 1974, 524; Beschl. v. 30.01.2003, VIII B 155/02, BFH/NV 2003, 881; Beschl. v. 18.03.2004, VII B 53/03, BFH/NV 2004, 978, 979; Beschl. v. 05.05.2004, VIII B 168/03, BFH/NV 2004, 1524; Beschl. v. 08.07.2004, VII B 35/04, BFH/NV 2004, 1621; Beschl. v. 08.08.2004, VII B 26/04, n.v. (juris); Beschl. v. 23.12.2004, III B 14/04, BFH/NV 2005, 667, 668; Beschl. v. 21.01.2005, VIII B 163/03, BFH/NV 2005, 835; Beschl. v. 10.05.2005, VIII B 121/04, BFH/NV 2005, 1776; Beschl. v. 24.05.2005, X B 137/04, BFH/NV 2005, 1563, 1564; Beschl. v. 06.03.2006, X B 102/05, BFH/NV 2006,

jede Begründung das Urteil bereits für sich allein trägt, selbst wenn die eine Grundsatzfrage enthaltende oder eine Abweichung auslösende andere Begründung wegfallen würde[345].

Entsprechendes gilt, wenn es sich bei den verschiedenen Begründungen nicht um gleichrangige Begründungen handelt, sondern die Begründungsteile als *Haupt- und* – die Entscheidung für sich allein tragende – *Hilfsbegründung* aufeinanderfolgen. Wird in diesem Fall eine Rechtsfrage von grundsätzlicher Bedeutung lediglich in der Hilfsbegründung des finanzgerichtlichen Urteils angesprochen bzw. entschieden und stimmt die Hauptbegründung mit der höchstrichterlichen Rechtsprechung überein, reicht dies für die Zulassung der Revision folglich nicht aus[346].

1134, 1135; Beschl. v. 29.05.2006, V B 186/04, BFH/NV 2006, 1613, 1614; Beschl. v. 13.07.2006, VII B 296/05, BFH/NV 2006, 1799; Beschl. v. 31.08.2006, IV B 20/05, BFH/NV 2006, 2257; Beschl. v. 12.10.2006, V B 160/05, BFH/NV 2007, 92; Beschl. v. 16.01.2007, X B 5/06, BFH/NV 2007, 720; Beschl. v. 31.05.2007, III B 109/06, BFH/NV 2007, 1867, 1868; Beschl. v. 12.07.2007, III B 138/06, BFH/NV 2007, 2131, 2132; Beschl. v. 07.09.2007, VII B 180/06, BFH/NV 2008, 16, 17; Beschl. v. 21.11.2007, XI B 101/06, BFH/NV 2008, 396; Beschl. v. 07.01.2014, X B 191/13, BFH/NV 2014, 695, 696. Siehe überdies *Beermann*, in: BG, § 115 FGO Tz. 61 (Lfg. 57 März 2006); Gräber/*Ruban*[6], § 115 FGO Tz. 31 u. 60; *Lange* HHSp., § 115 FGO Tz. 123 u. 227 (Lfg. 192 Oktober 2006); *May*, Die Revision[2], S. 149 Tz. 86; *Seer*, in: T/K, § 115 FGO Tz. 34 u. 79 (Lfg. 131 Oktober 2012); *Weyreuther*, Revisionszulassung und NZB, Tz. 129. Vgl. zudem aus dem verwaltungsprozessualen Schrifttum *Pietzner*, in: Schoch u.a., § 132 VwGO Tz. 79 (Lfg. 2 Februar 1998). Vgl. schließlich aus der zivilgerichtlichen Rechtsprechung *BGH*, Beschl. v. 29.09.2005, IX ZB 430/02, NJW-RR 2006, 142, zu § 574 II ZPO.

345 *BFH*, Beschl. v. 02.05.1974 (Fn. 344), BStBl. II 1974, 524. Zudem *May*, Die Revision[2], S. 149 Tz. 86; *Seer*, in: T/K, § 115 FGO Tz. 34 (Lfg. 131 Oktober 2012). – Zur *Abgrenzung* zwischen tragenden Entscheidungsgründen und nicht tragenden Rechtsausführungen können die Ausführungen des *BVerfG* in seiner Entscheidung zum Halbteilungsgrundsatz, Beschl. v. 18.01.2006, 2 BvR 2194/99, BVerfGE 115, 97, 110, herangezogen werden. Das BVerfG hat insoweit exemplarisch ausgeführt, dass als den Tenor tragende Entscheidungsgründe jene Rechtssätze anzusehen seien, die nicht hinweggedacht werden können, ohne dass das konkrete Entscheidungsergebnis nach dem in der Entscheidung zum Ausdruck gekommenen Gedankengang entfalle. Nicht tragend seien dagegen bei Gelegenheit der Entscheidung gemachte Rechtsausführungen, die außerhalb des Begründungszusammenhangs stünden. Hinsichtlich der Beurteilung, ob ein tragender Grund vorliege, sei dabei von der niedergelegten Begründung in ihrem objektiven Gehalt auszugehen, ähnlich auch *BVerfG*, Beschl. v. 12.11.1997, 1 BvR 479/92 u.a., BVerfGE 96, 375, 404.

346 Vgl. *BFH*, Beschl. v. 18.03.1999, VIII B 60/98, BFH/NV 1999, 1233; Gräber/*Ruban*[6], § 115 FGO Tz. 31 a.E. u. 60; *Lange* HHSp., § 115 FGO Tz. 123 (Lfg. 192 Oktober 2006); *Seer*, in: T/K, § 115 FGO Tz. 79 (Lfg. 131 Oktober 2012); *Weyreuther*, Revisionszulassung und NZB, Tz. 129.

Kumulativ begründete FG-Entscheidungen weisen mithin regelmäßig eine *gewisse Revisionsfestigkeit* auf, da eine Zulassung der Revision insoweit nur dann in Betracht kommt, wenn hinsichtlich jeder einzelnen tragenden Erwägung mindestens ein Revisionszulassungsgrund vorliegt.

Anders verhält es sich in den Fällen sog. *alternativer Mehrfachbegründungen*[347]. Dabei wird das Entscheidungsergebnis auf ein *„entweder deshalb oder deshalb, so dass unentschieden bleiben kann, ob"* gestützt. Die einzelnen Begründungsteile tragen – unabhängig davon, ob der offen gebliebene Punkt eine Tatsache oder eine Rechtsfrage betrifft – die Entscheidung des FG hier also nicht selbständig, sondern nur gemeinsam, so dass bei Wegfall eines Begründungsteils die Entscheidung keinen Bestand mehr haben könnte[348].

Deshalb genügt es in solchen Fällen, wenn bereits hinsichtlich einer der *alternativen Begründungen* ein Revisionszulassungsgrund vorliegt[349].

4. Maßgeblicher Zeitpunkt für das Vorliegen eines Revisionszulassungsgrundes

Maßgeblich für die Prüfung, ob die Voraussetzungen einer Revisionszulassung vorliegen, sind grds. allein die Verhältnisse im *Zeitpunkt der abschließenden*

---

347 Missverständlich insoweit *BFH*, Beschl. v. 18.07.2007, VI B 31/07, BFH/NV 2007, 1884. Dort heißt es im Leitsatz unter 1.: *„Wird eine Entscheidung ... vom FG alternativ begründet, muss ein Zulassungsgrund i.S. von § 115 Abs. 2 FGO für jeden der tragenden Gründe dargelegt werden."* Auch in den Entscheidungsgründen findet eingangs zunächst wiederum die *alternative Mehrfachbegründung* Erwähnung, ehe in der dortigen Kernaussage dann jedoch schließlich die *kumulative Mehrfachbegründung* erläutert und der Fall darunter subsumiert wird. Unklar auch *Beermann*, in: BG, § 115 FGO Tz. 109 (Lfg. 57 März 2006), sowie *Seer*, in: T/K, § 115 FGO Tz. 53 (Lfg. 131 Oktober 2012), wo *alternative* und *kumulative* Mehrfachbegründung jeweils nahezu gleichgestellt werden.

348 Wiederum plastisch *Weyreuther*, Revisionszulassung und NZB, Tz. 130, der dies damit begründet, dass sobald einer der alternativen Begründungsteile in Zweifel gerate, der jeweils andere nur ausreichen würde, wenn gesichert wäre, dass die offen gebliebene Vorfrage in einem bestimmten Sinne zu beantworten sei. Überdies Gräber/*Ruban*[6], § 115 FGO Tz. 60; *May*, Die Revision[2], S. 149 Tz. 86; *Seer*, in: T/K, § 115 FGO Tz. 79 (Lfg. 131 Oktober 2012). Siehe schließlich aus dem Bereich der VwGO *BVerwG*, Beschl. v. 26.05.1993, 4 NB 3/93, NVwZ 1994, 269, unter Hinweis auf *Weyreuther*, a.a.O.; *Pietzner*, in: Schoch u.a., § 132 VwGO Tz. 80 (Lfg. 2 Februar 1998).

349 Gräber/*Ruban*[6], § 115 FGO Tz. 60; *May*, Die Revision[2], S. 149 Tz. 86; *Seer*, in: T/K, § 115 FGO Tz. 79 a.E. (Lfg. 131 Oktober 2012). Vgl. zudem *BVerwG*, Beschl. v. 26.05.1993 (Fn. 348), NVwZ 1994, 269; *Pietzner*, in: Schoch u.a., § 132 VwGO Tz. 80 (Lfg. 2 Februar 1998).

Entscheidung über die Zulassung der Revision[350]. Hingegen ist der Zeitpunkt, in dem der Revisionszulassungsgrund entstanden oder bekannt geworden ist, regelmäßig unbeachtlich, so dass eine Zulassung gemäß § 115 II FGO nicht in Betracht kommt, wenn im Zeitpunkt der abschließenden Entscheidung über die Zulassung der Revision ein Zulassungsgrund *nicht* bzw. *nicht mehr* gegeben ist[351].

Soweit das FG die Revision nicht zugelassen und der BFH über eine NZB zu befinden hat, ist vorstehenden Ausführungen gemäß grds. auf die Verhältnisse im *Zeitpunkt der abschließenden Entscheidung über die NZB* abzustellen[352]. Ob die NZB

---

350 Ständige Rechtsprechung des BFH, s. z.B. *BFH*, Beschl. v. 16.10.2000, VIII B 18/99, BFH/NV 2001, 438 u. 440; Beschl. v. 23.08.2004, X B 71/03, EzFamR EStG § 10e Nr. 40; Beschl. v. 26.04.2006, III B 113/05, BFH/NV 2006, 1469, 1470; Beschl. v. 07.07.2006, V B 202/05, BFH/NV 2006, 2039; Beschl. v. 11.08.2006, V B 23/04, BFH/NV 2007, 60, 61; Beschl. v. 28.03.2007, V B 210/05, BFH/NV 2007, 1720, 1721; Beschl. v. 09.05.2007, X B 33/05, BFH/NV 2007, 1466, 1467; Beschl. v. 31.05.2007, III B 109/06, BFH/NV 2007, 1867, 1868. Vgl. auch Gräber/*Ruban*[6], § 115 FGO Tz. 14; *Lange* HHSp., § 115 FGO Tz. 21 u. 181 (Lfg. 192 Oktober 2006); *Seer*, in: T/K, § 115 FGO Tz. 35 u. 68 (Lfg. 131 Oktober 2012); *Weyreuther*, Revisionszulassung und NZB, Tz. 231. Vgl. zudem aus der verwaltungsgerichtlichen Rechtsprechung *BVerwG*, Beschl. v. 11.02.1986, 8 B 7/85, Buchholz 310 § 132 VwGO Nr. 240.

351 *BFH*, Beschl. v. 20.12.2006, I B 141/05, BFH/NV 2007, 928; *Seer*, in: T/K, § 115 FGO Tz. 35 (Lfg. 131 Oktober 2012). Ebenso aus der verwaltungsgerichtlichen Rechtsprechung *BVerwG*, Beschl. v. 11.02.1986 (Fn. 350), Buchholz 310 § 132 VwGO Nr. 240. Vgl. zur sog. *nachträglichen Divergenz* ausführlich nachstehend unter B.III.1.b)dd) (S. 245 ff., dort S. 246 f.) u. B.III.2.a)cc)(1) (S. 339 ff.).

352 Ständige Rechtsprechung des BFH, s. z.B. *BFH*, Beschl. v. 17.12.1968, VII B 26/66, BStBl. II 1969, 262; Beschl. v. 19.12.1973, VI B 105/73, BStBl. II 1974, 321; Beschl. v. 26.06.1989, IV B 66/88, BFH/NV 1990, 165; Beschl. v. 12.10.1993, X B 122/93, BFH/NV 1994, 712; Beschl. v. 18.03.1994, III B 543/90, BStBl. II 1994, 473, 474; Beschl. v. 04.08.1994, III B 190/90, BStBl. II 1994, 900; Beschl. v. 10.09.1997, VIII B 91/96, BFH/NV 1998, 451; Beschl. v. 07.12.1999, IV B 56/99, BFH/NV 2000, 552; Beschl. v. 14.06.2000, X B 38/00, BFH/NV 2001, 45, 46; Beschl. v. 28.07.2000, III B 66/97, BFH/NV 2001, 158, 159; Beschl. v. 06.02.2002, V B 36/01, BFH/NV 2002, 824; Beschl. v. 15.05.2003, IV B 219/01, BFH/NV 2003, 1408, 1409; Beschl. v. 05.06.2003, II B 74/02, BFH/NV 2003, 1425; Beschl. v. 08.06.2004, VI B 158/03, BFH/NV 2004, 1406 f.; Beschl. v. 10.02.2005, VI B 33/04, BFH/NV 2005, 1056; Beschl. v. 21.03.2005, V B 86/04, BFH/NV 2005, 1580; Beschl. v. 21.06.2005, X B 64/03, EzFamR EStG § 10e Nr. 51; Beschl.v. 21.02.2007, III B 114/06, BFH/NV 2007, 1115, 1116; Beschl. v. 27.02.2007, III B 84/06, BFH/NV 2007, 1136, 1137; Beschl. v. 09.05.2007 (Fn. 350), BFH/NV 2007, 1466, 1467; Beschl. v. 08.11.2007, IV B 171/06, BStBl. II 2008, 380. Siehe auch Gräber/*Ruban*[6], § 116 FGO Tz. 61; *Lange* HHSp., § 115 FGO Tz 21 u. 105 (Lfg. 192 Oktober 2006) sowie § 116 FGO Tz. 256 (Lfg. 194 Juni 2007); Schwarz/*Dürr*, § 116 FGO Tz. 33 (Lfg. 30 6/2008); *Seer*, in: T/K, § 115 FGO Tz. 35 sowie § 116 FGO Tz. 73 (jeweils Lfg. 131 Oktober 2012). Ebenso aus der zivilgerichtlichen Rechtsprechung *BGH*, Beschl. v. 20.11.2002, IV ZR 197/02, NJW-RR 2003, 352; Beschl. v. 12.03.2003, IV ZR 278/02, NJW

2003, 1609; Beschl. v. 08.04.2003, XI ZR 193/02, NJW 2003, 2319, 2320; Beschl. v. 13.08.2003, XII ZR 303/02, NJW 2003, 3352, 3354; Beschl. v. 23.09.2003, VI ZA 16/03, NJW 2003, 3781, 3782 (zur Rechtsbeschwerde, § 574 II ZPO); Beschl. v. 08.09.2004, V ZR 260/03, NJW 2005, 154, 155; Beschl. v. 27.10.2004, IV ZR 386/02, NJW-RR 2005, 438; vgl. insoweit auch *Traut*, Zugang zur Revision in Zivilsachen, S. 214. – **A.A.** *Seiler*, NJW 2003, 2290 f.; *ders.*, JR 2004, 356, 357, der – bezogen auf die §§ 543 II 1, 544 I 1 ZPO – auf einen früheren Zeitpunkt (Entscheidung des Berufungsgerichts über die Zulassung der Revision) abstellen möchte; s. insoweit auch *Seiler*, NJW 2005, 1689, 1690; ähnlich überdies *Scheuch/Lindner*, NJW 2005, 112, 113. *Seiler* argumentiert diesbzgl. mit dem Wortlaut des § 544 I 1 ZPO und führt insoweit an, dass gemäß dieser Vorschrift die Nichtzulassung der Revision durch das Berufungsgericht der Beschwerde unterliege. Bei der NZB handele es sich demnach um einen Rechtsbehelf, mit dem die seitens des Berufungsgerichts getroffene prozessuale Nebenentscheidung der Nichtzulassung der Revision der rechtlichen Nachprüfung unterworfen werde. Da das Berufungsgericht bei der Entscheidung über die Zulassung der Revision jedoch lediglich von der zu diesem Zeitpunkt gegebenen Sach- und Rechtslage ausgehen könne, sei mithin auch bei der Prüfung der Begründetheit der NZB bereits auf den Zeitpunkt der berufungsgerichtlichen Entscheidung über die Zulassung der Revision abzustellen. Erachte man hingegen mit dem BGH für die Frage, ob ein Zulassungsgrund gegeben sei, den Zeitpunkt der Entscheidung über die NZB als maßgeblich, sei die Einschätzbarkeit der Erfolgsaussichten einer NZB für den Beschwerdeführer nahezu ausgeschlossen, da es für ihn – rechtsstaatlich und somit verfassungsrechtlich bedenklich – insbesondere nicht vorhersehbar sei, ob der BGH die im Zeitpunkt der Einlegung der NZB noch nicht geklärte Grundsatzfrage zu einem vor der Entscheidung über die NZB liegenden Zeitpunkt in einem anderen Rechtsstreit klären werde. Die Erfolgsaussichten einer bei Einlegung begründeten NZB würden somit desto geringer, je mehr Zeit bis zur Entscheidung über den Rechtsbehelf verstreiche. Dieser von *Seiler* vertretenen Ansicht folgt die einschlägige BGH-Rechtsprechung grds. nicht, wie die o.g. Rechtsprechungsnachweise belegen. Die neuere Rechtsprechung des *BGH* trägt *Seilers Kritik* allerdings nunmehr insoweit Rechnung, als sie in Fällen des *nachträglichen Wegfalls* eines mit der NZB ordnungsgemäß geltend gemachten und im Zeitpunkt ihrer Einlegung vorliegenden Revisionszulassungsgrundes – also in Fällen, in denen der Zulassungsgrund während des anhängigen NZB-Verfahrens, d.h. nach Einlegung der NZB aber noch vor der Entscheidung über die NZB, entfällt,- eine Ausnahme von dem Grundsatz anerkennt, dass als maßgeblicher Zeitpunkt für die Beurteilung der Frage des Vorliegens der Zulassungsvoraussetzungen jener der abschließenden Entscheidung des Revisionsgerichts über die NZB anzusehen sei; ausführlich dazu gleich auf S. 99 ff. – In Anlehnung an *Seiler* stellt auch *Bleschick*, Revisionszulassungsgründe im Spannungsverhältnis, S. 394 ff.,- bezogen auf die §§ 115 II, 116 I FGO – auf den Zeitpunkt der Entscheidung des iudex a quo, d.h. auf *die Entscheidung des FG* über die Zulassung der Revision als maßgeblichen Beurteilungszeitpunkt für das Vorliegen eines Revisionszulassungsgrundes ab. Wie *Seiler* betont auch er dabei insbesondere, dass entsprechend dem Wortlaut

im Zeitpunkt ihrer Einlegung möglicherweise begründet war, ist mithin unerheblich[353]. Folglich ist auch ein nach Erlass des angefochtenen finanzgerichtlichen Urteils und/oder nach Einlegung der NZB, aber vor der Zulassungsentscheidung des BFH entstandener Zulassungsgrund, der den formellen Anforderungen genügt, auf eine NZB hin noch zu berücksichtigen[354]. Andererseits scheidet bspw. eine Revisionszulassung aus, wenn die grundsätzliche Bedeutung der Rechtssache zwar im Zeitpunkt der Einlegung der NZB zu bejahen war, der BFH die betreffende Grundsatzfrage jedoch während des anhängigen NZB-Verfahrens – also nach Einlegung der NZB, aber noch vor seiner Entscheidung über die NZB – übereinstimmend mit der Rechtsauffassung des FG abschließend geklärt hat[355]. Dasselbe gilt, wenn sich

---

des § 116 I FGO der Gegenstand der NZB allein auf die Überprüfung der Nichtzulassungsentscheidung des iudex a quo gerichtet sei, so dass ausschließlich auf dessen Erkenntnismöglichkeiten abgestellt werden könne (vgl. demgegenüber jedoch *Bleschick*, a.a.O., S. 357: Zeitpunkt der Entscheidung über die NZB).

353 *BFH*, Beschl. v. 19.12.1973 (Fn. 352), BStBl. II 1974, 321; Beschl. v. 18.03.1994 (Fn. 352), BStBl. II 1994, 473, 474; Beschl. v. 04.08.1994 (Fn. 352), BStBl. II 1994, 900; Beschl. v. 10.09.1997 (Fn. 352), BFH/NV 1998, 451; Beschl. v. 14.06.2000 (Fn. 352), BFH/NV 2001, 45, 46; Beschl. v. 21.06.2005 (Fn. 352), EzFamR EStG § 10e Nr. 51; *Lange* HHSp., § 115 FGO Tz. 21 (Lfg. 192 Oktober 2006) u. § 116 FGO Tz. 257 (Lfg. 194 Juni 2007); Schwarz/*Dürr*, § 115 FGO Tz. 22 (Lfg. 30 6/2008).

354 Gräber/*Ruban*[6], § 115 FGO Tz. 14; *Seer*, in: T/K, § 115 FGO Tz. 35 (Lfg. 131 Oktober 2012). Vgl. zum Sonderfall der sog. *nachträglichen Divergenz* und den diesbzgl. Darlegungsanforderungen i.R.d. Begründung einer NZB ausführlich nachstehend unter B.III.1.b)dd) (S. 245 ff., dort S. 246 f.) u. B.III.2.a)cc)(1) (S. 339 ff.). – Vgl. schließlich noch *BGH*, Beschl. v. 08.09.2004 (Fn. 352), NJW 2005, 154, 155, wo der BGH darauf hinweist, dass es sich durchaus auch zum Vorteil des Beschwerdeführers auswirken könne, dass die Zulassungsvoraussetzungen grds. im Zeitpunkt der abschließenden Entscheidung des Revisionsgerichts vorliegen müssen, so z.B., wenn die Rechtssache wegen eines erst *nach* Erlass des Berufungsurteils aufgetretenen Meinungsstreits grundsätzliche Bedeutung erlange.

355 *BFH*, Beschl. v. 19.12.1973 (Fn. 352), BStBl. II 1974, 321; Beschl. v. 14.07.1987, VIII B 20/86, BFH/NV 1988, 101; Beschl. v. 11.01.1994, VII B 194/93, BFH/NV 1994, 754; Beschl. v. 21.06.2005 (Fn. 352), EzFamR EStG § 10e Nr. 51; Beschl. v. 20.12.2006 (Fn. 351), BFH/NV 2007, 928; Beschl. v. 09.05.2007 (Fn. 350), BFH/NV 2007, 1466, 1467; *Beermann*, in: BG, § 115 FGO Tz. 106 (Lfg. 57 März 2006); Gräber/*Ruban*[6], § 116 FGO Tz. 61; *Lange* HHSp., § 115 FGO Tz. 21 a.E. (Lfg. 192 Oktober 2006) u. § 116 FGO Tz. 257 (Lfg. 194 Juni 2007); Schwarz/*Dürr*, § 115 FGO Tz. 22 sowie § 116 FGO Tz. 33 (jeweils Lfg. 30 6/2008); *Seer*, in: T/K, § 115 FGO Tz. 35 a.E. u. 36 a.E. (Lfg. 115 April 2008; a.A. aber nunmehr in Lfg. 131 Oktober 2012) sowie § 116 FGO Tz. 73a (Lfg. 131 Oktober 2012); *Weyreuther*, Revisionszulassung und NZB, Tz. 231. – In diesem Zusammenhang ist darauf hinzuweisen, dass in derartigen Fällen keine Veranlassung besteht, von der *Erhebung der Gerichtskosten* abzusehen, wenn dem Beschwerdeführer nach Wegfall der Klärungsbedürftigkeit der von ihm aufgeworfenen Rechtsfrage Gelegenheit gegeben worden ist, die Erfolgsaussichten seiner NZB zu überprüfen, er jedoch darauf nicht reagiert,

der BFH nach Einlegung der NZB, aber noch vor seiner Entscheidung über die NZB aufgrund einer Änderung seiner bisherigen Rechtsprechung der Rechtsauffassung des FG angeschlossen hat, und damit eine Divergenz und mithin ein Bedürfnis für eine Entscheidung zur Sicherung einer einheitlichen Rechtsprechung nicht mehr besteht[356].

Der nachträgliche Wegfall eines Revisionszulassungsgrundes hat keinerlei Auswirkungen auf die einmal gewährte Zulassung der Revision, zumal der BFH zum einen gemäß § 115 III FGO an die Zulassung gebunden ist[357] und der für die Zulassung maßgebliche Grund im nachfolgenden Revisionsverfahren zum anderen keine Bedeutung mehr erlangt[358]. Demnach bleibt die Zulassung der Revision auch dann wirksam bestehen, wenn der BFH die vom FG oder vom Beschwerdeführer als grundsätzlich bedeutsam herausgestellte Rechtsfrage bzw. die Divergenz zwischenzeitlich durch eine Entscheidung geklärt bzw. behoben hat[359]. Lediglich in den bereits vorstehend erwähnten Fällen, dass der Zulassungsgrund während des

---

vgl. *BFH*, Beschl. v. 21.06.2005 (Fn. 352), EzFamR EStG § 10e Nr. 51. – Vgl. in diesem Zusammenhang schließlich noch *BGH*, Beschl. v. 12.03.2003 (Fn. 352), NJW 2003, 1609 (II.2.a)); Beschl. v. 08.09.2004 (Fn. 352), NJW 2005, 154, 155; Beschl. v. 27.10.2004 (Fn. 352), NJW-RR 2005, 438, wonach ein Revisionszulassungsgrund i.S.d. § 543 II 1 ZPO entfallen kann, wenn nach Einlegung der NZB, aber noch vor der Entscheidung über die NZB eine in der Revisionsinstanz zu berücksichtigende *Änderung der tatsächlichen Verhältnisse* eintritt. Siehe hinsichtlich der beiden letztgenannten Entscheidungen aber auch die nachfolgenden Ausführungen auf S. 99 ff. zur Revisionszulassung bei *nachträglichem Wegfall des Zulassungsgrundes* während des anhängigen NZB-Verfahrens.

356 *BFH*, Beschl. v. 20.02.1980, II B 26/79, BStBl. II 1980, 211, 212; Gräber/*Ruban*[6], § 116 FGO Tz. 61; Schwarz/*Dürr*, § 116 FGO Tz. 33 a.E. (Lfg. 30 6/2008); *Seer*, in: T/K, § 115 FGO Tz. 36 a.E. (Lfg. 115 April 2008; a.A. aber nunmehr in Lfg. 131 Oktober 2012) sowie § 116 FGO Tz. 73a (Lfg. 131 Oktober 2012). Vgl. insoweit auch nachfolgend unter B.III.1.b)dd) (S. 245 ff., dort S. 246).

357 Siehe dazu ausführlich bereits vorstehend im 2. Abschnitt unter A.III.1.c) (S. 60 ff.).

358 *BFH*, Urt. v. 02.03.2006, II R 47/04, BFH/NV 2006, 1509, 1510 m.w.N.; *Beermann*, in: BG, § 115 FGO Tz. 56 u. 57 (Lfg. 57 März 2006); *Gräber*, DStR 1969, 129, 133 f.; Gräber/*Ruban*[6], § 115 FGO Tz. 115 sowie § 116 FGO Tz. 71; *Lange* HHSp., § 115 FGO Tz. 310 u. 311 (Lfg. 192 Oktober 2006); *Seer*, StuW 2003, 193, 199, 200 u. 201; *ders.*, in: T/K, § 115 FGO Tz. 36 u. 131 sowie § 116 FGO Tz. 86 (jeweils Lfg. 131 Oktober 2012). Vgl. zur Unbeachtlichkeit der Revisionszulassungsgründe im nachfolgenden Revisionsverfahren auch noch nachstehend unter 5. (S. 103 ff., dort S. 105 f.).

359 *BFH*, Urt. v. 30.01.1970, IV 2/65, BStBl. II 1970, 383. Ebenso *Beermann*, in: BG, § 115 FGO Tz. 56 (Lfg. 57 März 2006); *Gräber*, DStR 1969, 129, 134; Gräber/*Ruban*[6], § 115 FGO Tz. 115; *Lange* HHSp., § 115 FGO Tz. 311 (Lfg. 192 Oktober 2006); *Seer*, in: T/K, § 115 FGO Tz. 36 (Lfg. 131 Oktober 2012). Zudem aus der verwaltungsgerichtlichen Rechtsprechung *BVerwG*, Urt. v. 25.04.1961, VIII C 306.59, NJW 1961, 1737, sowie aus der zivilgerichtlichen Rechtsprechung *BGH*, Beschl. v. 04.07.1957,

anhängigen NZB-Verfahrens – also nach Einlegung der NZB, aber noch vor der Entscheidung des BFH über die NZB – entfällt, muss dieser dem Beschwerdeführer die Zulassung der Revision versagen[360].

Abweichende Rechtsprechung des *BGH* zum nachträglichen Wegfall eines Revisionszulassungsgrundes während des anhängigen NZB-Verfahrens

Ausgehend von der Rechtsprechung des BVerfG vertritt der ***BGH*** inzwischen in verfassungskonformer Auslegung der §§ 543 II 1, 544 IV 1 ZPO unter expliziter Aufgabe seiner früheren gegenteiligen Rechtsprechung die Auffassung, dass bei einem *nachträglichen Wegfall* eines mit der NZB ordnungsgemäß geltend gemachten und im Zeitpunkt ihrer Einlegung vorliegenden Revisionszulassungsgrundes – also in Fällen, in denen der Zulassungsgrund während des anhängigen NZB-Verfahrens, d.h. nach Einlegung der NZB aber noch vor der Entscheidung über die NZB, entfällt,- im Hinblick auf den Zweck des Rechtsmittels die Revision zuzulassen sei[361]. Anders als der BFH stellt er dabei maßgeblich darauf ab, ob die NZB im Zeitpunkt ihrer Einlegung begründet war[362].

Das BVerfG hatte im Hinblick auf die vorstehende Problematik entschieden, dass eine NZB nicht allein deshalb zurückgewiesen werden dürfe, weil die

---

V BLw 66/56, BGHZ 25, 96, 107, zu der Divergenzrechtsbeschwerde gemäß § 24 II Nr. 1 LwVG a.F.

360 Dazu die Nachweise in den Fußnoten 355 und 356.

361 Wenn vorstehend von *„einem nachträglichen Wegfall eines mit der NZB ordnungsgemäß geltend gemachten und im Zeitpunkt ihrer Einlegung vorliegenden Revisionszulassungsgrundes“* die Rede ist, dann ist dies nicht mit dem auf S. 98 f. zuvor erwähnten *nachträglichen Wegfall eines Revisionszulassungsgrundes bei einmal gewährter Revisionszulassung* zu verwechseln. Denn während es bei Letzterem darum geht, dass der nachträgliche Wegfall eines Revisionszulassungsgrundes keinerlei Auswirkungen auf die einmal gewährte Zulassung der Revision hat, bezieht sich der hier angesprochene nachträgliche Wegfall eines Revisionszulassungsgrundes darauf, dass im Zeitpunkt der Einlegung der NZB zwar ursprünglich ein Zulassungsgrund vorgelegen hat, dieser aber *während des anhängigen NZB-Verfahrens, d.h. nach Einlegung der NZB aber noch vor der Entscheidung über die NZB, entfallen ist*, wie der eingeschobenen Überschrift und den nachfolgenden textlichen Ausführungen entnommen werden kann.

362 Siehe *BGH*, Beschl. v. 06.05.2004, I ZR 197/03, NJW 2004, 3188 f. – PEE-WEE (zur Grundsatzrevision gemäß § 543 II 1 Nr. 1 ZPO); Beschl. v. 08.09.2004, V ZR 260/03, NJW 2005, 154, 155 f. (zur Rechtsprechungsvereinheitlichungsrevision gemäß § 543 II 1 Nr. 2 Alt. 2 ZPO); Beschl. v. 27.10.2004, IV ZR 386/02, NJW-RR 2005, 438 (zur Grundsatzrevision gemäß § 543 II 1 Nr. 1 ZPO); Beschl. v. 29.06.2010, X ZR 51/09, NJW 2010, 2812, 2813 (zur Rechtsfortbildungsrevision gemäß § 543 II 1 Nr. 2 Alt. 1 ZPO). Auf diesen Unterschied zwischen der Rechtsprechung des BFH und des BGH weisen auch Gräber/*Ruban*[6], § 116 FGO Tz. 61 sowie *Lange* HHSp., § 116 FGO Tz. 257 (Lfg. 194 Juni 2007) hin.

Erfolgsaussichten für die Zulassung der Revision nach ihrer Einlegung durch eine Entscheidung des Revisionsgerichts in anderer Sache entfallen seien. Es stützt seine Entscheidung argumentativ darauf, dass das Rechtsmittelgericht ein von der jeweiligen Prozessordnung eröffnetes Rechtsmittel nicht inneffektiv machen und für den Beschwerdeführer gleichsam ‚leerlaufen' lassen dürfe. Dabei sei zu berücksichtigen, dass der Gesetzgeber mit dem Rechtsmittel der Revision auch nach der ZPO-Reform[363] sowohl Individualbelange der Einzelfallgerechtigkeit als auch Allgemeinwohlbelange verfolge. Auch wenn § 543 II 1 ZPO der Verfolgung von Allgemeinbelangen eine weichenstellende Bedeutung zuweise, rechtfertige dies jedoch nicht eine Auslegung dieser Norm, nach der die erfolgreiche Durchsetzung der Individualbelange dadurch vereitelt werden könne, dass die im Zeitpunkt der Einlegung der NZB bestehenden Allgemeinbelange – namentlich die grundsätzliche Bedeutung der Rechtssache bzw. die Erforderlichkeit einer BGH-Entscheidung zur Fortbildung des Rechts oder zur Sicherung einer einheitlichen Rechtsprechung – zwischenzeitlich in Folge einer gerichtlichen Entscheidung in anderer Sache entfallen seien. Dies führe nämlich zu einer Verletzung des im allgemeinen Justizgewährungsanspruchs enthaltenen Grundsatzes der Effektivität des Rechtsschutzes[364].

Diesen verfassungsrechtlichen Vorgaben haben mehrere Zivilsenate des BGH in neuerer Rechtsprechung nunmehr Rechnung getragen:

Als Ausnahme von dem Grundsatz, dass als maßgeblicher Zeitpunkt für das Vorliegen eines Revisionszulassungsgrundes die abschließende Entscheidung des Revisionsgerichts über die NZB anzusehen ist[365], lassen sie die Revision insoweit auch dann zu, wenn die Erfolgsaussichten für ihre Zulassung durch eine nach Einlegung der NZB erfolgte Entscheidung des Revisionsgerichts in anderer Sache entfallen sind. Denn im Zeitpunkt der Einlegung der Beschwerde hätte der

---

363 Vgl. zur Reform der ZPO betreffend die Vorschriften über die Zulassung der Revision das *Gesetz zur Reform des Zivilprozesses (Zivilprozessreformgesetz – ZPO-RG)* v. 27.07.2001, BGBl. I 2001, 1887, 1899.

364 *BVerfG*, Beschl. v. 25.07.2005, 1 BvR 2419/03 u.a., WM 2005, 2014 (1. Kammer des Ersten Senats), zu §§ 543 II 1, 544 IV 1 ZPO. Ebenso nachfolgend – auch jeweils zu §§ 543 II 1, 544 IV 1 ZPO – *BVerfG*, Beschl. v. 09.10.2006, 1 BvR 2565/03, WM 2007, 182 f. (1. Kammer des Ersten Senats); Beschl. v. 10.04.2008, 1 BvR 1440/07, NJW 2008, 2493, 2494 (3. Kammer des Ersten Senats, Nichtannahmebeschluss); Beschl. v. 29.09.2010, 1 BvR 2649/06, n.v. (juris) (3. Kammer des Ersten Senats), wonach die hierfür maßgeblichen Erwägungen auch dann greifen, wenn bspw. die Grundsatzbedeutung nicht schon bei Einlegung (beim Eingang) der NZB, sondern erst beim *Ablauf der Beschwerdebegründungsfrist* bestanden und der Beschwerdeführer insoweit seiner Darlegungsobliegenheit genügt habe. – Zur **kritischen Würdigung** der BFH-Rechtsprechung zu den Revisionszulassungsgründen i.S.d. § 115 II FGO und den Anforderungen an ihre Darlegung i.R.d. Begründung einer NZB nach § 116 III 3 FGO unter dem Gesichtspunkt eines *effektiven Rechtsschutzes* ausführlich später im 4. Abschnitt (S. 357 ff.).

365 Dazu bereits oben auf S. 95 m.w.N. aus der *BGH*-Rechtsprechung in Fußnote 352.

geltend gemachte Zulassungsgrund nicht verneint werden können, so dass der Beschwerdeführer davon ausgehen konnte, dass in einem Revisionsverfahren über die im Allgemeininteresse liegende Klärung der Zulassungsfragen hinaus in seinem individuellen Interesse auch eine volle Überprüfung des Berufungsurteils auf Rechtsfehler stattfinden werde. Diese *verfahrensrechtliche Position* dürfe dem Beschwerdeführer seitens des Revisionsgerichts nicht aus Gründen entzogen werden, die gänzlich außerhalb seiner Einflussmöglichkeiten liegen und vom Zufall geprägt sein können, so etwa dadurch, dass durch die – vom Beschwerdeführer nicht veranlasste oder auch nur voraussehbare – Arbeits- und Entscheidungsreihenfolge des Revisionsgerichts die seinerseits geltend gemachten Zulassungsgründe vor der Entscheidung über seine NZB in einem anderen Verfahren geklärt werden[366].

Eine solche Modifikation des o.g. Grundsatzes zum maßgeblichen Beurteilungszeitpunkt für das Vorliegen der Zulassungsvoraussetzungen in Fällen des nachträglichen Wegfalls eines mit der NZB ordnungsgemäß geltend gemachten und im Zeitpunkt ihrer Einlegung vorliegenden Zulassungsgrundes während des anhängigen NZB-Verfahrens zugunsten des Beschwerdeführers ist verfassungsrechtlich durchaus angezeigt und aus Gründen der Durchsetzung der Einzelfallgerechtigkeit grds. zu begrüßen[367], so dass auch der BFH i.R. seiner Zulassungsrechtsprechung über eine derartige Praxis nachdenken sollte.

Soweit der BGH diesbzgl. aber – einschränkend – anführt, dass die Revision nur dann zugelassen werden könne, wenn ihr im Zeitpunkt der Entscheidung über die NZB entsprechende *Erfolgsaussichten* beizumessen seien, da dem Beschwerdeführer nur in diesem Fall ein schützenswertes Interesse an der Zulassung zukomme,

---

366 *BGH*, Beschl. v. 06.05.2004 (Fn. 362), NJW 2004, 3188 f.; Beschl. v. 08.09.2004 (Fn. 362), NJW 2005, 154, 155 f.; Beschl. v. 27.10.2004 (Fn. 362), NJW-RR 2005, 438; Beschl. v. 29.06.2010 (Fn. 362), NJW 2010, 2812, 2813, großteils unter Hinweis auf die Erfordernisse der *Rechtsmittelklarheit*, der *Vorhersehbarkeit staatlichen Handelns* sowie der *Effektivität des gerichtlichen Rechtsschutzes*; vgl. zu diesen Kriterien ausführlich i.R.d. in Fußnote 364 erwähnten **kritischen Würdigung** der Rechtsprechung des BFH später im 4. Abschnitt (S. 357 ff.). – Die frühere gegenteilige Rechtsprechung des BGH – *BGH*, Beschl. v. 20.11.2002, IV ZR 197/02, NJW-RR 2003, 352; Beschl. v. 12.03.2003, IV ZR 278/02, NJW 2003, 1609; Beschl. v. 08.04.2003, XI ZR 193/02, NJW 2003, 2319, 2320; Beschl. v. 13.08.2003, XII ZR 303/02, NJW 2003, 3352, 3354; Beschl. v. 23.09.2003, VI ZA 16/03, NJW 2003, 3781, 3782 (zur Rechtsbeschwerde, § 574 II ZPO) – ist somit überholt, zumal die betreffenden Senate auf Anfrage erklärt haben, an ihrer bisherigen Auffassung nicht mehr festzuhalten.

367 Ebenso *Scheuch/Lindner*, NJW 2005, 112 ff. (v.a. 113 f.); Zöller/*Gummer*[26], § 544 ZPO Tz. 12a. Im Ergebnis begrüßend auch *Seiler*, NJW 2005, 1689, 1690. Vgl. nunmehr für den Bereich der Finanzgerichtsbarkeit auch *Seer*, in: T/K, § 115 FGO Tz. 35 (Lfg. 131 Oktober 2012), unter Hinweis auf Gesichtspunkte des Individualrechtsschutzes.

und die NZB andernfalls unter Hinweis auf die fehlenden Erfolgsaussichten der beabsichtigten Revision zurückzuweisen sei[368], ist dies abzulehnen.

Denn insoweit kommt es zu einer *Verschmelzung von Zulassungs- und Revisionsverfahren*, da bereits im Zulassungsverfahren eine Prüfung und Beurteilung der Erfolgsaussichten und somit des vermutlichen Ausgangs des künftigen Revisionsverfahrens stattfindet, die auf die Zulassungsentscheidung des BGH angesichts der *klaren Trennung* dieser beiden Verfahrensabschnitte jedoch keinen Einfluss nehmen, sondern vielmehr dem eigens dafür vorgesehenen Revisionsverfahren vorbehalten bleiben sollte. Stellt man in Fällen des nachträglichen Wegfalls eines Revisionszulassungsgrundes während des anhängigen NZB-Verfahrens zugunsten des Beschwerdeführers also ausnahmsweise auf die Einlegung der NZB als den maßgeblichen Beurteilungszeitpunkt für das Vorliegen der Zulassungsvoraussetzungen ab, dann muss – um die Trennung zwischen vorgelagertem Zulassungs- und sich anschließendem Revisionsverfahren nicht aufzugeben und zu verwischen – folglich dabei auch *allein* Berücksichtigung finden, ob im Zeitpunkt ihrer Einlegung ein ordnungsgemäß geltend gemachter Zulassungsgrund vorlag. Die Beurteilung der Erfolgsaussichten der angestrebten Revision sollte hier hingegen gänzlich außen vor gelassen werden und allein dem nachfolgenden Revisionsverfahren vorbehalten bleiben[369].

---

368 *BGH*, Beschl. v. 06.05.2004 (Fn. 362), NJW 2004, 3188 f.; Beschl. v. 08.09.2004 (Fn. 362), NJW 2005, 154, 156 (u.a. unter Hinweis auf das Gebot der Rechtsmittelklarheit, das keine Zulassung erfordere, wenn die beabsichtigte Revision keine Aussicht auf Erfolg habe); Beschl. v. 27.10.2004 (Fn. 362), NJW-RR 2005, 438; Beschl. v 29.06.2010 (Fn. 362), NJW 2010, 2812, 2813. – Dabei weist der *BGH* in seinem Beschl. v. 08.09.2004 (Fn. 362), NJW 2005, 154, 156, darauf hin, dass bei dem Zulassungsgrund des § 543 II 1 Nr. 2 (Alt. 2) ZPO die Erfolgsaussicht der Revision indes regelmäßig nicht zweifelhaft sein werde, da dieser eine rechtsfehlerhafte Entscheidung voraussetze. Während im Fall des § 543 II 1 Nr. 1 ZPO nicht nur die grundsätzliche Bedeutung der Rechtssache des Beschwerdeführers, sondern auch die Erfolgsaussicht der beabsichtigten Revision entfallen könne, wenn der BGH die Grundsatzfrage nach Einlegung der NZB i.R. eines anderen Verfahrens entscheide, verändere die Korrektur einer berufungsgerichtlichen Fehlerpraxis durch das Revisionsgericht hingegen nicht die Erfolgsaussichten einer Revision gegen ein weiteres, auf derselben Fehlerpraxis beruhendes Urteil.

369 Auch *Traut*, Zugang zur Revision in Zivilsachen, S. 214, wendet sich hier *gegen* die Berücksichtigung der Erfolgsaussichten der beabsichtigten Revision bereits i.R.d. NZB-Verfahrens und beurteilt diese insoweit als *systemwidrig*. Er möchte jedoch in Fällen des nachträglichen Wegfalls eines Revisionszulassungsgrundes während des anhängigen NZB-Verfahrens zugunsten des Beschwerdeführers auch *nicht* ausnahmsweise *‚isoliert'* auf die Einlegung der NZB als den maßgeblichen Beurteilungszeitpunkt für das Vorliegen der Zulassungsvoraussetzungen abstellen, sondern nimmt es stattdessen vielmehr hin, dass eine NZB als unbegründet zurückgewiesen werden kann, wenn bei der Beurteilung des Vorliegens der Voraussetzungen einer Revisionszulassung auf den Zeitpunkt der

5. *Entscheidung über die und Wirkung der Revisionszulassung*

Bei Vorliegen der gesetzlichen/tatbestandlichen Voraussetzungen des § 115 II FGO hat das FG das Rechtsmittel der Revision *von Amts wegen* zuzulassen[370]. Es bedarf folglich *keines Antrags* eines der Prozessbeteiligten auf Zulassung der Revision[371]; an einen dennoch gestellten Antrag oder eine entsprechende Anregung der Beteiligten, die dem Gericht von Amts wegen obliegende Entscheidung über die Zulassung der Revision in dem gewünschten Sinne zu treffen, ist das FG mithin nicht gebunden[372].

---

abschließenden Entscheidung über die NZB abgestellt wird, da der Grundsatz des effektiven Rechtsschutzes nicht verlange, auf ein Kriterium zurückzugreifen, das i.R.d. Zulassungsverfahrens nicht systemgerecht sei. *Für* eine Berücksichtigung der Erfolgsaussichten der Revision bereits im Zulassungsverfahren sprechen sich hingegen *Scheuch/Lindner*, NJW 2005, 112, 113 f., sowie *Seiler*, NJW 2005, 1689, 1691, aus. Vgl. insoweit für den Bereich der Finanzgerichtsbarkeit nunmehr auch *Seer*, in: T/K, § 115 FGO Tz. 35 (Lfg. 131 Oktober 2012), der betreffend den Fall des nachträglichen Wegfalls eines Revisionszulassungsgrundes während des anhängigen NZB-Verfahrens auf Gesichtspunkte des Individualrechtsschutzes abstellt. – Dazu, dass die *Erfolgsaussichten einer künftigen Revision* bei der Entscheidung über die Revisionszulassung grds. keine Rolle spielen, nachfolgend unter 5. (S. 103 ff., dort S. 104). Zu der ständigen Praxis des *BFH*, die revisionsrechtliche Vorschrift des § 126 IV FGO im NZB-Verfahren entsprechend anzuwenden und die Revision wegen negativer Erfolgsaussichten insoweit dann nicht zuzulassen, wenn sich das angefochtene finanzgerichtliche Urteil im Entscheidungsausspruch bereits aus anderen als den vom FG herangezogenen Gründen als im Ergebnis richtig darstellt und die Revision deshalb nach § 126 IV FGO zurückzuweisen wäre (sog. *Ergebnisrichtigkeit*), ausführlich und **kritisch** nachfolgend unter B.I.1.f)cc) (S. 161 ff.), B.III.1.b)ff)(2)(b) (S. 257 f.) u. B.III.1.c)cc) (3) (S. 327 f.) sowie später im 4. Abschnitt unter B.I.4. (S. 500 ff.).

370 *BFH*, Urt. v. 28.04.1970, VII R 88/68, BStBl. II 1970, 573; Urt. v. 05.11.1971, VI R 284/69, BStBl. II 1972, 139, 141; Urt. v. 16.12.2003, VIII R 67/00, BFH/NV 2004, 934, 935. Überdies *Beermann*, DStZ 2001, 155, 159; Gräber/*Ruban*[6], § 115 FGO Tz. 106; *Lange* HHSp., § 115 FGO Tz. 275 (Lfg. 192 Oktober 2006); *Seer*, StuW 2003, 193, 199; *ders.*, in: T/K, § 115 FGO Tz. 122 (Lfg. 131 Oktober 2012); *Wagner*, in: KvW[19], § 115 FGO Tz. 3. Vgl. zudem aus der verwaltungsgerichtlichen Rechtsprechung *BVerwG*, Urt. v. 05.05.1955, V C 191.54, BVerwGE 2, 80.

371 *BFH*, Urt. v. 28.04.1970 (Fn. 370), BStBl. II 1970, 573; Urt. v. 05.11.1971 (Fn. 370), BStBl. II 1972, 139, 140; Urt. v. 16.12.2003 (Fn. 370), BFH/NV 2004, 934, 935; Gräber/*Ruban*[6], § 115 FGO Tz. 106; *Lange* HHSp., § 115 FGO Tz. 275 (Lfg. 192 Oktober 2006); *Seer*, in: T/K, § 115 FGO Tz. 123 (Lfg. 131 Oktober 2012); *Wagner*, in: KvW[19], § 115 FGO Tz. 3.

372 Vgl. *BFH*, Urt. v. 16.12.2003 (Fn. 370), BFH/NV 2004, 934, 935; *Lange* HHSp., § 115 FGO Tz. 275 (Lfg. 192 Oktober 2006); *Seer*, in: T/K, § 115 FGO Tz. 123 (Lfg. 131 Oktober 2012). – In der Praxis beantragen die Prozessbeteiligten für den Fall des (teilweisen) Unterliegens regelmäßig ausdrücklich hilfsweise die Zulassung der Revision.

Dem für die Entscheidung über die Revisionszulassung zuständigen Gericht – also dem FG oder auf eine NZB hin dem BFH – kommt *kein Zulassungsermessen* zu[373]. Vielmehr verleiht jeder der in § 115 II FGO enumerativ aufgezählten Revisionszulassungsgründe dem Berechtigten einen *Anspruch auf Zulassung der Revision*[374]. Bei Vorliegen eines – i.R. eines evtl. NZB-Verfahrens ordnungsgemäß dargelegten (dazu nachfolgend unter II.4. [S. 114 ff.] sowie später unter B.I.2. [S. 180 ff.], B.II.2. [S. 212 ff.], B.III.2.a) [S. 330 ff.] u. B.III.2.b) [S. 348 ff.]) – Zulassungsgrundes darf die Zulassung demnach bspw. nicht mit Rücksicht auf die Geschäftsbelastung des BFH verweigert werden[375].

Bei der Entscheidung über die Revisionszulassung spielen schließlich die *Erfolgsaussichten einer künftigen Revision* grds. keine Rolle. Gegenstand der Entscheidung über die Zulassung der Revision ist vielmehr nur die Frage, ob einer der in § 115 II FGO genannten Zulassungsgründe vorliegt und i.R. eines evtl. NZB-Verfahrens form- und fristgerecht dargelegt worden ist, so dass also die Frage, ob das FG den zugrunde liegenden Rechtsstreit *sachlich richtig* entschieden hat, im Verfahren über die NZB regelmäßig nicht zu prüfen ist[376].

---

373 *Beermann*, DStZ 2001, 155, 159; *ders.*, in: BG, § 115 FGO Tz. 60 (Lfg. 57 März 2006); *Dißars*, StB 2002, 4, 8; *Fehn/Fehn*, ZfZ 1995, 98 (noch zum vor 2001 geltenden Recht); Gräber/*Ruban*[6], § 115 FGO Tz. 11 u. 106; *Lange* HHSp., § 115 FGO Tz. 20 u. 276 (Lfg. 192 Oktober 2006); *List*, DB 2000, 2294, 2295; Schwarz/*Dürr*, § 115 FGO Tz. 6 (Lfg. 30 6/2008); *Seer*, in: T/K, § 115 FGO Tz. 32 u. 122 (Lfg. 131 Oktober 2012); *Suhrbier-Hahn*, DStR 2001, 467, 472.

374 *Lange* HHSp., § 115 FGO Tz. 20 (Lfg. 192 Oktober 2006); *Seer*, in: T/K, § 115 FGO Tz. 32 (Lfg. 131 Oktober 2012).

375 Vgl. *Lange* HHSp., § 115 FGO Tz. 20 (Lfg. 192 Oktober 2006), unter Hinweis darauf, dass eine *objektiv willkürliche* Verweigerung der Revisionszulassung trotz Vorliegens eines Zulassungsgrundes i.S.d. § 115 II FGO das Recht auf den *gesetzlichen Richter* nach Art. 101 I 2 GG verletze, vgl. insoweit *BVerfG*, Beschl. v. 01.02.1991, 1 BvR 314/88, NJW 1991, 2077, 2078 m.w.N. (3. Kammer des Ersten Senats). Vgl. zudem *BVerfG*, Beschl. v. 11.12.2008, 1 BvR 1665/08, NVwZ-RR 2009, 361, 362 m.w.N. (3. Kammer des Ersten Senats, Nichtannahmebeschluss); Beschl. v. 27.08.2010, 2 BvR 3052/09, BVerfGK 17, 526, 529 f. m.w.N. (1. Kammer des Zweiten Senats), wonach die Nichtzulassung eines Rechtsmittels – hier konkret die Nichtzulassung der Rechtsbeschwerde zum *BGH* gemäß § 574 I 1 Nr. 2, II Nr. 1, III 1 ZPO – *bei willkürlicher Handhabung der Zulassungsvorschriften* das Recht auf den *gesetzlichen Richter* nach Art. 101 I 2 GG verletze. Vgl. in diesem Zusammenhang auch später im 4. Abschnitt unter A.IV.2.d) (S. 442 ff., dort S. 444 f. einschließlich Fußnote 1475).

376 *BFH*, Urt. v. 21.05.1968, II B 7/68, BFHE 92, 110; Gräber/*Ruban*[6], § 115 FGO Tz. 13; *Seer*, in: T/K, § 115 FGO Tz. 32 a.E. u. 37 (Lfg. 131 Oktober 2012). – Der *BFH* wendet jedoch die revisionsrechtliche Vorschrift des § 126 IV FGO im NZB-Verfahren in st. Rspr. entsprechend an und lässt die Revision insoweit dann nicht zu, wenn sich das angefochtene finanzgerichtliche Urteil im Entscheidungsausspruch bereits aus anderen als den vom FG herangezogenen Gründen als im Ergebnis richtig darstellt und die Revision deshalb nach § 126 IV FGO zurückzuweisen

Die Zulassung der Revision durch das FG oder auf eine NZB hin durch den BFH zieht in erster Linie verfahrensrechtliche (Rechts-) Folgen nach sich:

Trifft das für die Entscheidung über die Zulassung der Revision zuständige Gericht – also das FG oder auf eine NZB hin der BFH – eine positive Entscheidung über die Zulassung, so wird den Beteiligten[377] in dem jeweiligen Rechtsstreit die bis dahin verschlossene Möglichkeit der Revisionseinlegung eröffnet[378]. Die positive Zulassungsentscheidung bewirkt also stets die *Aufhebung und Überwindung der gesetzlichen Revisionssperre*[379].

Die Eröffnung des Rechtsmittels der Revision erfolgt dabei grds. in vollem Umfang, so dass die Zulassung regelmäßig den gesamten Streitstoff umfasst (sog. *Grundsatz der Vollrevision*)[380]. Das bedeutet insbesondere, dass die Gründe, aufgrund derer die Zulassung der Revision ursprünglich erfolgt ist, mit der Zulassung ihre

---

wäre (sog. *Ergebnisrichtigkeit*), dazu ausführlich und **kritisch** nachfolgend unter B.I.1.f)cc) (S. 161 ff.), B.III.1.b)ff)(2)(b) (S. 257 f.) u. B.III.1.c)cc)(3) (S. 327 f.) sowie später im 4. Abschnitt unter B.I.4. (S. 500 ff.).

377 Grds. wirkt die Zulassung zugunsten aller Verfahrensbeteiligten, soweit die Revision nicht ausschließlich zugunsten eines bestimmten Beteiligten zugelassen worden ist, vgl. *BFH*, Urt. v. 16.07.1987, X R 48/82, BStBl. II 1987, 752; *Seer*, in: T/K, § 115 FGO Tz. 37 u. 131 a.E. (Lfg. 131 Oktober 2012), unter Hinweis auf die im NZB-Verfahren geltende Vorschrift des § 116 VII 2 FGO (Tz. 37).

378 Gräber/*Ruban*[6], § 115 FGO Tz. 115; *Seer*, in: T/K, § 115 FGO Tz. 37 (Lfg. 131 Oktober 2012).

379 Siehe z.B. *Seer*, in: T/K, § 116 FGO Tz. 5 (Lfg. 131 Oktober 2012). Vgl. ausführlich nachstehend unter II.1. (S. 107).

380 Ständige Rechtsprechung des BFH: *BFH*, Beschl. v. 31.01.1968, I B 60/67, BStBl. II 1968, 351; Urt. v. 30.01.1970, IV 2/65, BStBl. II 1970, 383; Urt. v. 02.03.1990, III R 13/87, BFH/NV 1990, 733; Urt. v. 07.11.1991, IV R 43/90, BStBl. II 1992, 398; Urt. v. 24.03.1993, I R 27/92, BStBl. II 1993, 637; Urt. v. 05.10.1999, VII R 25/98, BFH/NV 2000, 235, 236; Urt. v. 21.11.2002, VII R 57/01, BFH/NV 2003, 525, 526; Urt. v. 18.08.2005, V R 42/03, BStBl. II 2006, 44, 45; Beschl. v. 09.09.2005, IX E 3/05, BFH/NV 2005, 2247; Urt. v. 02.03.2006, II R 47/04, BFH/NV 2006, 1509, 1510. Zudem *Beermann*, in: BG, § 115 FGO Tz. 57 (Lfg. 57 März 2006); Gräber/*Ruban*[6], § 115 FGO Tz. 115 u. § 116 FGO Tz. 71; *Lange* HHSp., § 115 FGO Tz. 310 (Lfg. 192 Oktober 2006) sowie § 116 FGO Tz. 258 u. 297 (Lfg. 194 Juni 2007); Schwarz/*Dürr*, § 115 FGO Tz. 66 (Lfg. 30 6/2008); *Seer*, StuW 2003, 193, 199 f. u. 201; *ders.*, in: T/K, § 115 FGO Tz. 30, 37, 120 u. 131 sowie § 116 FGO Tz. 86 (jeweils Lfg. 131 Oktober 2012) und § 118 FGO Tz. 3, 99 u. 100 (Lfg. 117 Oktober 2008); *ders.*, in: T/L, Steuerrecht[21], § 22 Tz. 239; *Weyreuther*, Revisionszulassung und NZB, Tz. 34. Vgl. schließlich aus der verwaltungsgerichtlichen Rechtsprechung *BVerwG*, Beschl. v. 14.08.1962, V B 83.61, BVerwGE 14, 342. – Eine *Einschränkung* erfährt der *Grundsatz der Vollrevision* nur, soweit eine wirksame Beschränkung der Zulassung stattgefunden hat. Eine Vollrevision findet dann lediglich i.R.d. beschränkten Zulassung statt, vgl. *Beermann*, in: BG, § 115 FGO Tz. 57 a.E. (Lfg. 57 März 2006); *Seer*, in: T/K, § 115 FGO Tz. 131 (Lfg. 131 Oktober 2012).

Bedeutung verlieren[381], weshalb die einmal gewährte Zulassung auch ungeachtet eines etwaigen nachträglichen Wegfalls des entsprechenden Zulassungsgrundes bestehen bleibt[382]. Denn weil das NZB-/Zulassungsverfahren und das Revisionsverfahren jeweils unterschiedliche Prüfungs-/Streitgegenstände betreffen und demnach auch jeweils unterschiedliche Prüfungsprogramme aufweisen – während sich das Prüfungsprogramm des NZB-/Zulassungsverfahrens auf die Revisionszulassungsgründe i.S.d. § 115 II FGO beschränkt, richtet sich das Prüfungsprogramm des Revisionsverfahrens nach § 118 FGO und umfasst die Verletzung des gesamten Bundesrechts –, ist strikt zwischen den *Revisionszulassungsgründen* einerseits und den *Revisionsgründen* andererseits zu unterscheiden[383]. Das wiederum hat für den Revisionskläger zur Folge, dass er nach erfolgter Zulassung seine Revision auch auf solche Gründe stützen kann, die mit dem ursprünglichen Revisionszulassungsgrund überhaupt nichts zu tun haben, so dass es ihm bspw. freisteht, bei einer ausschließlich aufgrund von Verfahrensmängeln erfolgten Revisionszulassung gleichwohl materiell-rechtliche Einwendungen gegen das angefochtene finanzgerichtliche Urteil vorzubringen[384].

---

381 *BFH*, Urt. v. 02.03.2006 (Fn. 380), BFH/NV 2006, 1509, 1510; *Beermann*, in: BG, § 115 FGO Tz. 57 (Lfg. 57 März 2006); Gräber/*Ruban*[6], § 115 FGO Tz. 115 u. § 116 FGO Tz. 71; *Lange* HHSp., § 115 FGO Tz. 310 (Lfg. 192 Oktober 2006); Schwarz/*Dürr*, § 115 FGO Tz. 66 (Lfg. 30 6/2008); *Seer*, StuW 2003, 193, 201; *ders.*, in: T/K, § 115 FGO Tz. 36, 37, 120 u. 131 (Lfg. 131 Oktober 2012) sowie § 118 FGO Tz. 100 (Lfg. 117 Oktober 2008); *Weyreuther*, Revisionszulassung und NZB, Tz. 34. Siehe auch bereits vorstehend unter 4. (S. 94 ff., dort S. 98 f.).

382 Siehe *Beermann*, in: BG, § 115 FGO Tz. 56 (Lfg. 57 März 2006); Gräber/*Ruban*[6], § 115 FGO Tz. 115; *Lange* HHSp., § 115 FGO Tz. 311 (Lfg. 192 Oktober 2006); *Seer*, StuW 2003, 193, 200; *ders.*, in: T/K, § 115 FGO Tz. 36 u. 131 sowie § 116 FGO Tz. 86 (jeweils Lfg. 131 Oktober 2012). Vgl. auch bereits vorstehend unter 4. (S. 94 ff., dort S. 98 f.).

383 *Seer*, StuW 2003, 193, 200 u. 201; *ders.*, in: T/K, § 115 FGO Tz. 131 sowie § 116 FGO Tz. 5 (jeweils Lfg. 131 Oktober 2012) u. § 118 FGO Tz. 100 (Lfg. 117 Oktober 2008).

384 *BFH*, Beschl. v. 31.01.1968 (Fn. 380), BStBl. II 1968, 351. Des Weiteren *Beermann*, in: BG, § 115 FGO Tz. 57 (Lfg. 57 März 2006); Gräber/*Ruban*[6], § 115 FGO Tz. 115; *Lange* HHSp., § 115 FGO Tz. 313 (Lfg. 192 Oktober 2006); Schwarz/*Dürr*, § 115 FGO Tz. 66 (Lfg. 30 6/2008); *Seer*, StuW 2003, 193, 200; *ders.*, in: T/K, § 115 FGO Tz. 120 u. 131 (Lfg. 131 Oktober 2012) sowie § 118 Tz. 3 (Lfg. 117 Oktober 2008); *ders.*, in: T/L, Steuerrecht[21], § 22 Tz. 239; *Weyreuther*, Revisionszulassung und NZB, Tz. 38. Vgl. aus der verwaltungsgerichtlichen Rechtsprechung *BVerwG*, Beschl. v. 14.08.1962 (Fn. 380), BVerwGE 14, 342. – Davon deutlich zu unterscheiden ist hingegen die Frage nach dem *Umfang der revisionsrechtlichen Prüfung*, wenn die zugelassene Revision ihrerseits auf die Rüge von Verfahrensmängeln beschränkt wird, vgl. nur Gräber/*Ruban*[6], § 115 FGO Tz. 115; *Lange* HHSp., § 115 FGO Tz. 313 (Lfg. 192 Oktober 2006); Schwarz/*Dürr*, § 115 FGO Tz. 67 (Lfg. 30 6/2008); *Seer*, StuW 2003, 193, 201; *ders.*, in: T/K, § 115 FGO Tz. 120 u. 131 (Lfg. 131 Oktober 2012) sowie § 118 FGO Tz. 3, 99 u. 100 (Lfg. 117 Oktober 2008); *ders.*, in: T/L, Steuerrecht[21], § 22 Tz. 239. Insoweit bestimmt *§ 118 III 1 FGO*, dass nur über

II. Allgemeine Ausführungen zur NZB und ihrer Begründung

1. *Die NZB als Rechtsmittel zur Eröffnung der Revisionsinstanz*

Gemäß § 116 I FGO kann die Nichtzulassung der Revision selbständig durch Beschwerde angefochten werden. Die NZB ist also das vom Gesetz vorgesehene *Rechtsmittel*[385] gegen die vom FG in seinem Urteil als prozessuale Nebenentscheidung ausdrücklich ausgesprochene oder durch Schweigen zum Ausdruck gebrachte Nichtzulassung der Revision[386].

Das Zulassungsverfahren vor dem BFH – kurz NZB-Verfahren – ist ein selbständiges – vom Revisionsverfahren zu unterscheidendes – Verfahren, das mit der Entscheidung über die Zulassung der Revision endet[387]. Während das Revisionsverfahren der Überprüfung der angefochtenen finanzgerichtlichen Entscheidung in rechtlicher Hinsicht dient, setzt das NZB-Verfahren nicht das Klageverfahren vor dem FG fort, sondern ist ausschließlich auf die *Eröffnung der Revisionsinstanz* gerichtet. Es zielt also einzig und allein darauf ab, durch Überwindung der Zugangsschranke zur Revisionsinstanz die *gesetzliche Revisionssperre im Einzelfall aufzuheben*[388].

---

die geltend gemachten Verfahrensmängel zu entscheiden ist, wenn nicht zugleich eine der Voraussetzungen des § 115 II Nrn. 1 u. 2 FGO vorliegt.

385 Die NZB ist nach einhelliger Meinung nicht nur bloßer Rechtsbehelf, sondern *Rechtsmittel*, da sie die allgemeinen Merkmale eines Rechtsmittels besitzt, vgl. *BFH*, Beschl. v. 03.02.1987, VII B 129/86, BStBl. II 1987, 305; Beschl. v. 11.01.1990, VIII B 43/89, BFH/NV 1991, 168; *Beermann*, in: BG, § 116 FGO Tz. 5 ff. (Lfg. 66 September 2007); Gräber/*Ruban*[6], § 116 FGO Tz. 2; *Lange* HHSp., § 116 FGO Tz. 31 (Lfg. 194 Juni 2007); *Seer*, in: T/K, Vor § 115 FGO Tz. 8 u. § 116 FGO Tz. 7 (jeweils Lfg. 131 Oktober 2012). So wird die angefochtene finanzgerichtliche Entscheidung durch Einlegung der NZB gemäß §§ 116 II 1, V FGO beim BFH als der nächst höheren Instanz anhängig (*Devolutiveffekt*). Da das Beschwerdeverfahren, soweit die NZB Erfolg hat, als Revisionsverfahren fortgesetzt wird, umfasst der Devolutiveffekt insoweit nicht nur die Frage der Zulassung der Revision, sondern vielmehr die Hauptsache in vollem Umfang, vgl. Gräber/*Ruban*[6], § 116 FGO Tz. 2. Nicht zuletzt wird durch Einlegung der NZB die Rechtskraft der angefochtenen finanzgerichtlichen Entscheidung gemäß § 116 IV FGO ebenfalls in vollem Umfang – und nicht lediglich hinsichtlich der Entscheidung über die Nichtzulassung, vgl. Gräber/*Ruban*[6], § 116 FGO Tz. 2 – gehemmt (*Suspensiveffekt*). Unabhängig davon lässt sich die NZB bereits durch die uneingeschränkte Verwendung des Rechtsbegriffs *„Beschwerde“* als Rechtsmittel qualifizieren, s. *Seer*, in: T/K, § 116 FGO Tz. 7 (Lfg. 131 Oktober 2012).

386 *Lange* HHSp., § 116 FGO Tz. 31 (Lfg. 194 Juni 2007); *Seer*, in: T/K, § 116 FGO Tz. 7 (Lfg. 131 Oktober 2012).

387 *BFH*, Urt. v. 30.01.1970, IV 2/65, BStBl. II 1970, 383, 384; *Lange* HHSp., § 116 FGO Tz. 31 (Lfg. 194 Juni 2007); *Seer*, in: T/K, § 116 FGO Tz. 5 (Lfg. 131 Oktober 2012).

388 *BFH*, Beschl. v. 24.04.1992, IV B 115/91, BFH/NV 1993, 369; Gräber/*Ruban*[6], § 116 FGO Tz. 3, 21 u. 27; *Lange* HHSp., § 116 FGO Tz. 31 (Lfg. 194 Juni 2007); *Seer*, in:

Aufgrund dieser unterschiedlichen Zielausrichtung weisen NZB und Revision – wie soeben unter I.5. (S. 103 ff., dort S. 106) erwähnt – als jeweils selbständige Rechtsmittel unterschiedliche Prüfungsprogramme auf. Während sich das Prüfungsprogramm der NZB auf die Revisionszulassungsgründe i.S.d. § 115 II FGO beschränkt, richtet sich das Prüfungsprogramm der Revision nach § 118 FGO und umfasst entsprechend dem Grundsatz der Vollrevision[389] die Verletzung des gesamten Bundesrechts[390]. Entsprechend dieser unterschiedlichen Zielausrichtung ist es dem Revisionskläger folglich verwehrt, Fehler, die im NZB-Verfahren gemacht worden sind, im Revisionsverfahren gegen das angefochtene, der NZB zugrunde liegende Urteil vorzubringen[391].

2. *Begründungszwang der NZB – Hinreichende Begründung als Zulässigkeitsvoraussetzung*

Um bei Nichtzulassung der Revision durch das FG die gesetzliche Revisionssperre im Einzelfall durch Überwindung der Zugangsschranke zur Revisionsinstanz aufzuheben, hat der Beschwerdeführer eine erfolgreiche, d.h. *zulässige und begründete NZB* einzulegen.

Die *Zulässigkeit der NZB* umfasst dabei neben den *allgemeinen* Sachentscheidungs- (Zulässigkeits-) Voraussetzungen eines Rechtsmittels auch die in § 116 II, III FGO normierten *besonderen* Sachentscheidungs- (Zulässigkeits-) Voraussetzungen[392]. Hier spielen insbesondere die Vorschriften über die *Begründung der NZB* gemäß § 116 III FGO eine bedeutende Rolle.

Bei der *Begründetheit der NZB* geht es dann um die zentrale Frage, ob einer der ausdrücklich (fristgemäß[393]) geltend gemachten[394] und ordnungsgemäß dargelegten[395] Zulassungsgründe i.S.d. § 115 II FGO auch tatsächlich vorliegt[396].

T/K, § 116 FGO Tz. 5 (Lfg. 131 Oktober 2012). Siehe auch bereits oben unter I.5. (S. 103 ff., dort S. 105).

389 Dazu oben unter I.5. (S. 103 ff., dort S. 105 f.).

390 *Seer*, StuW 2003, 193, 201; *ders.*, in: T/K, § 116 FGO Tz. 5 (Lfg. 131 Oktober 2012) u. § 118 FGO Tz. 100 (Lfg. 117 Oktober 2008).

391 *BFH*, Urt. v. 11.12.1990, VIII R 14/87, BStBl. II 1991, 510; *Seer*, in: T/K, § 116 FGO Tz. 5 (Lfg. 131 Oktober 2012).

392 Gräber/*Ruban*[6], § 116 FGO Tz. 2; *Lange* HHSp., § 116 FGO Tz. 31 (Lfg. 194 Juni 2007). – Siehe zu den allgemeinen und besonderen Sachentscheidungs- (Zulässigkeits-) Voraussetzungen ausführlich *Seer*, in: T/K, Vor § 115 FGO Tz. 12-32 sowie § 116 FGO Tz. 11-28 (jeweils Lfg. 131 Oktober 2012).

393 Siehe hierzu bereits vorstehend im 2. Abschnitt unter A.III.2.a) (S. 64 ff.).

394 *BFH*, Beschl. v. 27.11.2001, XI B 123/01, BFH/NV 2002, 542.

395 Dazu gleich unter 4. (S. 114 ff.) sowie nachfolgend unter B.I.2. (S. 180 ff.), B.II.2. (S. 212 ff.), B.III.2.a) (S. 330 ff.) u. B.III.2.b) (S. 348 ff.).

396 Vgl. Gräber/*Ruban*[6], § 116 FGO Tz. 61.

Bei seiner Entscheidung über die Zulassung der Revision prüft der BFH regelmäßig zunächst, ob das Rechtsmittel der NZB zulässig ist[397], ehe er sich anschließend mit der Begründetheit der NZB befasst[398]. Er ist jedoch nicht verpflichtet, die NZB zwangsläufig zunächst auf ihre Zulässigkeit zu überprüfen. Ihm steht vielmehr die Befugnis zu, die Zulässigkeit der NZB dahinstehen/offen zu lassen, wenn diese – insbesondere hinsichtlich der Frage einer hinreichenden Begründung – schwierig zu beurteilen, die Beschwerde aber *„jedenfalls unbegründet"* ist, da ein Revisionszulassungsgrund i.S.d. § 115 II FGO *jedenfalls nicht vorliegt*[399].

---

397 Hält der BFH die eingelegte NZB für unzulässig, so ist diese *als unzulässig zu verwerfen*, *Lange* HHSp., § 116 FGO Tz. 253 (Lfg. 194 Juni 2007); *Seer*, in: T/K, § 116 FGO Tz. 74 (Lfg. 131 Oktober 2012).

398 Kommt der BFH zu dem Ergebnis, dass die eingelegte NZB zwar zulässig, aber nicht begründet ist, so *weist* er diese *als unbegründet zurück*, *Lange* HHSp., § 116 FGO Tz. 259 (Lfg. 194 Juni 2007); *Seer*, in: T/K, § 116 FGO Tz. 75 (Lfg. 131 Oktober 2012). Zu einer *Zurückweisung* der NZB *als insgesamt unbegründet* kommt es auch, soweit diese teils unzulässig und im Übrigen unbegründet ist, *BFH*, Beschl. v. 12.01.2006, XI B 44/05, BFH/NV 2006, 1107, 1108; Beschl. v. 21.10.2009, X B 249/08, BFH/NV 2010, 444; Beschl. v. 18.10.2010, VI B 91/10, BFH/NV 2011, 280; *Lange* HHSp., § 116 FGO Tz. 259 (Lfg. 194 Juni 2007); *Seer*, in: T/K, § 116 FGO Tz. 72 u. 75 (Lfg. 131 Oktober 2012). – Die Tenorierung des BFH im Falle einer unbegründeten NZB ist allerdings nicht ganz einheitlich. So tenoriert er teilweise *‚Zurückweisung der NZB als unbegründet'*, in anderen Fällen hingegen *‚Zurückweisung der NZB, weil sie keinen Erfolg hat'*, vgl. *Seer*, in: T/K, § 116 FGO Tz. 75 (Lfg. 131 Oktober 2012). *List*, DB 2003, 572, 573, weist darauf hin, dass sogar Entscheidungen zu finden seien, die auch bei mangelnder Darlegung der Revisionszulassungsgründe die NZB *als unbegründet* (anstatt als mangels ordnungsgemäßer Begründung unzulässig) verbescheiden, wobei insoweit gelegentlich die Formel verwendet werde, dass die NZB *keinen Erfolg habe*.

399 Ständige Rechtsprechung des BFH, s. nur *BFH*, Beschl. v. 11.02.1987, II B 140/86, BStBl. II 1987, 344; Beschl. v. 17.12.1987, V B 80/87, BStBl. II 1988, 290; Beschl. v. 22.11.2000, VI B 174/00, BFH/NV 2001, 451; Beschl. v. 12.12.2000, III B 61/00, BFH/NV 2001, 634; Beschl. v. 06.10.2005, IV B 176/04, BFH/NV 2006, 25, 26; Beschl. v. 07.04.2009, IV B 64/08, BFH/NV 2009, 1264; Beschl. v. 27.05.2009, VI B 69/08, BStBl. II 2009, 730; Beschl. v. 19.07.2012, X B 88/11, BFH/NV 2012, 1932, wo es heißt, dass die Beschwerde – bei *Zweifeln* daran, ob die gesetzlichen Darlegungsanforderungen des § 116 III 3 FGO überhaupt erfüllt seien – *jedenfalls unbegründet* sei; Gräber/*Ruban*[6], § 116 FGO Tz. 60, unter Hinweis darauf, dass die Rechtskraft des angefochtenen finanzgerichtlichen Urteils sowohl bei Unzulässigkeit als auch bei Unbegründetheit der Beschwerde erst mit Rechtskraft der Entscheidung über die NZB eintrete (vgl. auch § 116 V 3 FGO); *Lange* HHSp., § 116 FGO Tz. 254 (Lfg. 194 Juni 2007); *Seer*, in: T/K, § 116 FGO Tz. 72 (Lfg. 131 Oktober 2012). Vgl. auch *BFH*, Beschl. v. 09.01.2009, IV B 27/08, BStBl. II 2011, 393, wonach die Zulassung der Revision *jedenfalls deshalb* nicht in Betracht komme, weil der materiell-rechtlichen Einschätzung der Vorinstanz beizupflichten sei.

Wie bereits vorstehend angedeutet muss die NZB gemäß § 116 III 1 FGO zwingend begründet werden. Im NZB-Verfahren besteht demnach grds. ein gesetzlicher *Begründungszwang*[400]. Eine form- und fristgerecht vorgebrachte Begründung ist somit Voraussetzung für die Zulässigkeit der beim BFH eingelegten NZB.

Zentrale Norm hinsichtlich der inhaltlichen Anforderungen an eine hinreichende Begründung der NZB ist insoweit § 116 III 3 FGO. *Danach müssen in der Begründung die Voraussetzungen des § 115 II FGO dargelegt werden.* Wird die NZB also innerhalb der Begründungsfrist[401] entweder überhaupt nicht oder nicht den inhaltlichen Anforderungen des § 116 III 3 FGO entsprechend begründet, so ist sie mithin *als unzulässig zu verwerfen*[402]. Das bedeutet, dass es erst gar nicht darauf ankommt, ob ein Revisionszulassungsgrund i.S.d. § 115 II FGO tatsächlich gegeben ist, wenn ein solcher bereits nicht ordnungsgemäß – den inhaltlichen Anforderungen des § 116 III 3 FGO entsprechend – dargelegt worden ist.

Zweck dieses im NZB-Verfahren grds. bestehenden gesetzlichen Begründungszwangs ist die *Beschränkung* und *Zusammenfassung* des der Entscheidung über die NZB zugrunde zu legenden Rechtsstoffs[403]. Der Begründungszwang dient insoweit der *Entlastung des BFH*, dem es erspart werden soll, mögliche Zulassungsgründe anhand der Akten selbst von Amts wegen zu ermitteln, und das gesamte Vorbringen der Beteiligten im finanzgerichtlichen Verfahren daraufhin zu prüfen, ob die Voraussetzungen für die Zulassung der Revision vorliegen[404]. Entsprechend diesem

400 Vgl. *Seer*, in: T/K, § 116 FGO Tz. 29 (Lfg. 131 Oktober 2012).

401 Dazu bereits vorstehend im 2. Abschnitt unter A.III.2.a) (S. 64 ff.).

402 Siehe nur *BFH*, Beschl. v. 22.09.1967, VI B 25/67, BStBl. III 1967, 787; Beschl. v. 02.10.1968, I B 21/68, BStBl. II 1968, 824; Beschl. v. 16.01.1989, V B 4/88, BFH/NV 1989, 791; Beschl. v. 27.03.1992, III B 547/90, BStBl. II 1992, 842; Beschl. v. 09.06.1993, II B 92/92, BFH/NV 1994, 184; Beschl. v. 13.11.2000, III B 73/00, n.v. (juris); Beschl. v. 08.12.2000, VIII B 73/00, n.v. (juris); Beschl. v. 24.07.2002, I B 154/01, BFH/NV 2003, 52, 53; Beschl. v. 22.05.2003, III B 140/02, n.v. (juris); Beschl. v. 31.05.2005, III B 143/04, BFH/NV 2005, 1632. Überdies Gräber/*Ruban*[6], § 116 FGO Tz. 25; *Lange* HHSp., § 116 FGO Tz. 141 (Lfg. 194 Juni 2007); *Seer*, in: T/K, § 116 FGO Tz. 29 u. 38 a.E. (Lfg. 131 Oktober 2012).

403 So *BFH*, Beschl. v. 27.06.1985, I B 27/85, BStBl. II 1985, 625; *Lange* HHSp., § 116 FGO Tz. 161 u. 163 (Lfg. 194 Juni 2007); *Seer*, in: T/K, § 116 FGO Tz. 30 (Lfg. 131 Oktober 2012). Vgl. auch *BFH GrS*, Beschl. v. 03.09.2001, GrS 3/98, BStBl. II 2001, 802, 808: Aufbereitung des Prozessstoffs und damit Erleichterung der Prüfung durch das Revisionsgericht.

404 *BFH*, Beschl. v. 23.06.1967, VI B 16/67, BStBl. III 1967, 531; Beschl. v. 27.06.1985 (Fn. 403), BStBl. II 1985, 625; Beschl. v. 26.04.1988, III B 1/88, BFH/NV 1990, 105; Beschl. v. 17.10.2001, III B 97/01, BFH/NV 2002, 366, 367; Beschl. v. 27.11.2001, XI B 123/01, BFH/NV 2002, 542; Beschl. v. 01.03.2005, X B 158/04, BFH/NV 2005, 1014, 1015; Beschl. v. 23.07.2008, VI B 78/07, BStBl. II 2008, 878, 879; *Beermann*, in: BG, § 116 FGO Tz. 44 u. 59 (Lfg. 66 September 2007); Gräber/*Ruban*[6], § 116 FGO Tz. 26; *Lange* HHSp., § 116 FGO Tz. 161 u. 163 (Lfg. 194 Juni 2007); *Seer*, in: T/K, § 116 FGO Tz. 30 (Lfg. 131 Oktober 2012). Vgl. aus der verwaltungsgerichtlichen Rechtsprechung

Zweck, den BFH zu entlasten, beschränkt sich die Prüfung des Zulassungsbegehrens durch den BFH demnach grds. nur auf die seitens des Beschwerdeführers ausdrücklich und formgerecht geltend gemachten Zulassungsgründe[405], und zwar auch dann, wenn sich Zweifel an der materiellen Richtigkeit der angefochtenen Entscheidung aus anderen Gründen ergeben[406].

Von einer ausführlichen Darlegung der Revisionszulassungsgründe des § 115 II Nrn. 1 u. 2 FGO kann aber ausnahmsweise dann abgesehen werden, wenn ein solcher Zulassungsgrund *offenkundig* vorliegt. So verhält es sich bspw., wenn er sich *ohne weiteres* aus dem angefochtenen finanzgerichtlichen Urteil ergibt oder die in der Beschwerdeschrift bezeichnete Rechtsfrage *offensichtlich* im Allgemeininteresse einer höchstrichterlichen Klärung bedarf. Denn es würde dem Entlastungszweck zuwider laufen und wäre nichts mehr als eine *unnötige Förmelei*, dem Beschwerdeführer in derartigen Fällen eine den Anforderungen des § 116 III 3 FGO entsprechende ausführliche Beschwerdebegründung abzuverlangen[407].

3. Vergleich der Anforderungen an die ordnungsgemäße Begründung einer NZB gemäß § 116 III 3 FGO mit dem bis zum 31.12.2000 geltenden Recht

Bis zum 31.12.2000 waren die an die Begründung einer NZB zu stellenden inhaltlichen Anforderungen in *§ 115 III 3 FGO 1965* festgeschrieben. Danach musste in der Beschwerdeschrift *die grundsätzliche Bedeutung der Rechtssache dargelegt oder*

BVerwG, Beschl. v. 23.11.1995, 9 B 362/95, NJW 1996, 1554; aus der zivilgerichtlichen Rechtsprechung *BGH*, Beschl. v. 01.10.2002, XI ZR 71/02, NJW 2003, 65, 66.

405 *BFH*, Beschl. v. 06.08.1986, II B 53/86, BStBl. II 1986, 858; Beschl. v. 07.06.1989, II B 4/89, BFH/NV 1990, 235; Beschl. v. 01.02.1994, VII B 127/93, BFH/NV 1994, 873, 874, wo jeweils sinngemäß zum Ausdruck gebracht wird, dass das mit der NZB wegen grundsätzlicher Bedeutung angerufene Gericht nur die in der Beschwerdeschrift bezeichneten Rechtsfragen auf ihre grundsätzliche Bedeutung untersuchen dürfe; Beschl. v. 27.11.2001 (Fn. 404), BFH/NV 2002, 542; Gräber/*Ruban*[6], § 116 FGO Tz. 55; *Lange* HHSp., § 116 FGO Tz. 160 (Lfg. 194 Juni 2007); *Seer*, in: T/K, § 116 FGO Tz. 29 a.E., 30 u. 48 (Lfg. 131 Oktober 2012). Vgl. aus der zivilgerichtlichen Rechtsprechung *BGH*, Beschl. v. 23.07.2002, VI ZR 91/02, NJW 2002, 3334 f. – Anders verhält es sich bei der Revision, die nach Maßgabe des § 118 III FGO auch aus Gründen Erfolg haben kann, die der Revisionskläger nicht ausdrücklich vorgebracht hat, *Lange* HHSp., § 116 FGO Tz. 160 (Lfg. 194 Juni 2007); *Seer*, in: T/K, § 116 FGO Tz. 29 a.E. (Lfg. 131 Oktober 2012).

406 *BFH*, Beschl. v. 06.10.2006, I B 28/06, BFH/NV 2007, 275, 276; *Seer*, in: T/K, § 116 FGO Tz. 30 (Lfg. 131 Oktober 2012).

407 *BFH*, Beschl. v. 27.11.2001 (Fn. 404), BFH/NV 2002, 542; Gräber/*Ruban*[6], § 116 FGO Tz. 26 a.E.; *Lange* HHSp., § 116 FGO Tz. 166 (Lfg. 194 Juni 2007); *Seer*, in: T/K, § 116 FGO Tz. 30 (Lfg. 131 Oktober 2012). Vgl. auch nachfolgend unter B.I.2.f) (S. 200 ff.), dort insbesondere die Rechtsprechungsnachweise in Fußnote 738 zur Entbehrlichkeit einer ausführlichen Darlegung bei *Offenkundigkeit* der ‚Grundsätzlichen Bedeutung der Rechtssache'.

die Entscheidung des BFH, von der das Urteil abwich, oder der Verfahrensmangel bezeichnet werden[408]. Die nunmehr geltende Regelung des *§ 116 III 3 FGO* verlangt, dass in der Begründung *die Voraussetzungen des § 115 II FGO dargelegt werden.* Der Beschwerdeführer hat in der Beschwerdebegründung also darzulegen, dass die Voraussetzungen eines oder mehrerer der in § 115 II FGO enumerativ aufgezählten Gründe vorliegen, die zur Zulassung der Revision führen.

Während § 115 III 3 FGO 1965 nur betreffend die grundsätzliche Bedeutung der Rechtssache ein *‚Darlegen‘* und betreffend die Abweichung (Divergenz) sowie den Verfahrensmangel ein *‚Bezeichnen‘* forderte, spricht § 116 III 3 FGO ausschließlich von einem *‚Darlegen‘* betreffend die Voraussetzungen des § 115 II FGO und somit im Hinblick auf alle Revisionszulassungsgründe. Ob ein Revisionszulassungsgrund einerseits nun aber darzulegen oder zu bezeichnen ist, oder ob andererseits die Voraussetzungen der Revisionszulassungsgründe dargelegt werden müssen, macht trotz des insoweit abweichenden Wortlauts in der Sache keinen Unterschied[409]. § 116 III 3 FGO entspricht somit grds. der Lesart des § 115 III 3 FGO 1965[410]. Davon ist auch der Gesetzgeber des 2. FGOÄndG ausgegangen, als er in der Gesetzesbegründung klargestellt hat, dass die Regelung des § 116 III 3 FGO vom bis zum 31.12.2000 geltenden Recht ausgehe[411].

Dies bedeutet jedoch nicht, dass die äußerst umfangreichen Begründungsanforderungen, die die Rechtsprechung der auf den ersten Blick recht unscheinbaren Regelung des § 115 III 3 FGO 1965[412] entnommenen hat, und aufgrund derer sich diese Vorschrift in der Vergangenheit als nicht versiegende Quelle von Schwierigkeiten

---

408 Entsprechend der Ausweitung der Divergenzrevision auf Entscheidungen des GmSOGB und des BVerfG – vgl. dazu vorstehend im 1. Abschnitt unter C.I. (S. 20 f.) – bezog sich das in § 115 III 3 FGO 1965 normierte Bezeichnungserfordernis natürlich auch auf diese Entscheidungen, vgl. bereits Fußnote 251.

409 Vgl. auch *Lange* HHSp., § 116 FGO Tz. 157 (Lfg. 194 Juni 2007), der allerdings anführt, dass sich bereits dem Wortlaut nach keine Änderungen der bis zum 31.12.2000 geltenden Begründungsanforderungen ergäben.

410 *Seer*, in: T/K, § 116 FGO Tz. 29 (Lfg. 131 Oktober 2012). Auf gleicher Linie *Dißars*, StB 2002, 4, 9: *„Unverändert sind in der Begründung die Voraussetzungen für eine Revision* (ungenau, vielmehr: für eine Zulassung der Revision, Anmerkung des Verf.) *darzulegen.“*; Gräber/*Ruban*[6], § 116 FGO Tz. 25: Anforderungen an die Begründung einer NZB in § 116 III 3 FGO stimmen im Wesentlichen mit denen in § 115 III 3 FGO 1965 überein; *Heißenberg*, KÖSDI 2001, 12768, 12774: Das Darlegungserfordernis wird in § 116 III 3 FGO durch eine Bezugnahme auf § 115 II FGO lediglich konkretisiert; *Seer*, StuW 2001, 3, 11: Begründungspflicht entspricht äußerlich dem alten Recht.

411 So ausdrücklich die Gesetzesbegründung zum 2. FGOÄndG v. 11.09.2000, BT-Drucks. 14/4061, S. 10 zu Nr. 13. Zudem *Lange* HHSp., § 116 FGO Tz. 157 (Lfg. 194 Juni 2007).

412 So *Seer*, StuW 2001, 3, 11; *ders.*, in: T/K, § 116 FGO Tz. 2 (Lfg. 131 Oktober 2012).

bei der Erstellung einer ordnungsgemäßen NZB-Begründung erwiesen hat[413], ausnahmslos und uneingeschränkt auf die Regelung des § 116 III 3 FGO übertragen werden können. Vielmehr heißt es hierzu in der amtlichen Begründung des Entwurfs eines 2. FGOÄndG weiter, dass durch die Anknüpfung an die – gegenüber dem bis zum 31.12.2000 geltenden Recht – erweiterten Revisionszulassungsgründe des § 115 II FGO eine deutliche Erleichterung hinsichtlich der Anforderungen an die Begründung einer NZB stattfinden werde. So sollte bspw. eine Darlegung der grundsätzlichen Bedeutung oder der Divergenz i.S.d. bis zum 31.12.2000 geltenden § 115 II FGO, die erhebliche Anforderungen an die Prozessvertreter stellte, künftig nicht mehr erforderlich sein. Es sei bereits ausreichend, wenn die Partei darlege, warum z.B. das öffentliche Interesse eine Sachentscheidung erfordere[414].

Obwohl also die Neuordnung des finanzgerichtlichen Revisionszulassungsrechts und die damit einhergehende Neufassung und Erweiterung der Zulassungsgründe i.S.d. § 115 II FGO dem BFH die Möglichkeit eröffnet hat, seine überaus strengen und teils weit überzogenen Anforderungen an das Begründungsniveau einer NZB zu mäßigen[415], entnimmt die Rechtsprechung der Regelung des § 116 III 3 FGO – entgegen der Vorstellung des Gesetzgebers – auch weiterhin extrem hohe Anforderungen an die Darlegung der Zulassungsgründe, so dass selbst bei

---

413 *Beermann*, DStZ 2001, 312; *ders.*, in: BG, § 116 FGO Tz. 40 (Lfg. 66 September 2007); *Seer*, in: T/K, § 116 FGO Tz. 29 (Lfg. 131 Oktober 2012).

414 Siehe die Gesetzesbegründung zum 2. FGOÄndG v. 11.09.2000, BT-Drucks. 14/4061, S. 10 zu Nr. 13, mit der weiteren Anmerkung, dass die Neuregelung deshalb auch dazu beitragen werde, die sehr hohe Zahl unzulässiger Rechtsbehelfe zu reduzieren. Vgl. auch *Spindler*, DB 2001, 61, 64.

415 *Dißars*, StB 2002, 4, 9; *Dürr*, INF 2001, 65, 68; *Heißenberg*, KÖSDI 2001, 12768, 12774; *Seer*, StuW 2001, 3, 11; *ders.*, in: T/K, § 116 FGO Tz. 3 a.E. u. 29 (Lfg. 116 Juli 2008 bzw. nun Lfg. 131 Oktober 2012); *ders.*, in: T/L, Steuerrecht[21], § 22 Tz. 230 a.E. u. 254; *Tipke*, StuW 2004, 3, 20. **A.A.** wohl *Lange* HHSp., § 116 FGO Tz. 157 f. (Lfg. 194 Juni 2007), der anführt, dass insoweit nicht die bisherigen Begründungsanforderungen als solche modifiziert werden sollen, etwa durch ‚Kappung' bestimmter strenger Anforderungen. Es sollen vielmehr allein die durch das 2. FGOÄndG erweiterten Revisionszulassungsgründe zu erleichterten Begründungsanforderungen führen. Daraus folge, dass ein Beschwerdeführer, der sich bspw. auf den Zulassungsgrund der ‚Grundsätzlichen Bedeutung der Rechtssache' gemäß § 115 II Nr. 1 FGO berufe, grds. auch die zu dieser Vorschrift (i.V.m. § 115 III 3 FGO 1965) entwickelten, anerkannten Anforderungen an die Darlegung dieses Zulassungsgrundes erfüllen müsse. Gräber/*Ruban*[6], § 116 FGO Tz. 26, meint sogar, dass auch aus der Erweiterung der Revisionszulassungsgründe nicht ohne weiteres abgeleitet werden könne, dass an die Begründung einer auf § 115 II Nr. 1 bzw. Nr. 2 FGO gestützten NZB wesentlich geringere Anforderungen zu stellen seien als bisher. – Vgl. zu der durch die Erweiterung und Neufassung der Zulassungsgründe in § 115 II FGO eröffneten Gelegenheit, die bislang restriktive Zulassungspraxis auf verfassungskonforme Weise zu ändern, auch nachfolgend im 4. Abschnitt unter A.IV.2.e) (S. 447 ff., dort S. 449 ff.).

äußerster Sorgfalt der Ausgang eines NZB-Verfahrens *kaum mehr kalkulierbar* erscheint[416].

4. Anforderungen an den Inhalt der Begründung einer NZB hinsichtlich sämtlicher Zulassungsgründe

Die Begründung einer NZB unterscheidet sich maßgeblich von der Begründung einer Revision. Während die Begründung einer NZB inhaltlich § 116 III 3 FGO folgt, ergeben sich die inhaltlichen Anforderungen einer Revisionsbegründung aus § 120 III FGO.

Diese grundlegende Unterscheidung von NZB- und Revisionsbegründung bewirkt, dass eine Begründung, die den Anforderungen an die Begründung einer Revision gemäß § 120 III FGO entspricht, regelmäßig noch nicht den an die Begründung einer NZB zu stellenden Anforderungen i.S.d. § 116 III 3 FGO gerecht wird[417]. Die ordnungsgemäße Begründung einer NZB erfordert vielmehr die Berücksichtigung einer Vielzahl von Besonderheiten sowohl *im Allgemeinen*, d.h. im Hinblick auf sämtliche Zulassungsgründe, wie auch im Besonderen, also hinsichtlich der einzelnen speziellen Zulassungsgründe. Im Folgenden soll dabei auf die Anforderungen an den Inhalt der Begründung einer NZB eingegangen werden, die bei sämtlichen Revisionszulassungsgründen Beachtung finden müssen.

a) Der Begriff des „Darlegens"

Wie vorstehend bereits des Öfteren erwähnt, müssen in der Beschwerdebegründung die Voraussetzungen des § 115 II FGO *dargelegt* werden (§ 116 III 3 FGO).

Um die Bedeutung des Wortes *‚darlegen'* in diesem Zusammenhang näher zu untersuchen, hilft zunächst eine Betrachtung des allgemeinen Sprachgebrauchs und somit ein Blick in diverse Wörterbücher. So findet man bspw. in einem Fremdwörterbuch unter dem Eintrag des lateinischen Ausdrucks *‚explizieren'* die

---

416 *Beermann*, in: BG, § 116 FGO Tz. 40 (Lfg. 66 September 2007); *Seer*, StuW 2003, 193, 202; *ders.*, in: T/K, § 116 FGO Tz. 29 (Lfg. 131 Oktober 2012). Ferner *Bleschick*, Revisionszulassungsgründe im Spannungsverhältnis, S. 114. – Zu den Anforderungen der Rechtsprechung an die Begründung einer NZB im Einzelnen sogleich unter 4. (S. 114 ff.) sowie nachstehend unter B.I.2. (S. 180 ff.), B.II.2. (S. 212 ff.), B.III.2.a) (S. 330 ff.) u. B.III.2.b) (S. 348 ff.) und schließlich ausführlich **kritisch** später im 4. Abschnitt unter B. (S. 464 ff.).

417 *BFH*, Beschl. v. 26.06.1987, III B 32/85, BStBl. II 1987, 713; Beschl. v. 13.05.1992, II B 131/91, BFH/NV 1992, 762; Beschl. v. 23.11.1992, III B 76/92, BFH/NV 1994, 105; Beschl. v. 28.04.1994, X B 313/93, BFH/NV 1995, 124; Beschl. v. 31.08.1994, II B 68/94, BFH/NV 1995, 240; Beschl. v. 19.09.1994, VIII B 110/93, BFH/NV 1995, 243; Beschl. v. 20.02.2008, VIII B 103/07, BFH/NV 2008, 980. Zudem *Lange* HHSp., § 116 FGO Tz. 159 (Lfg. 194 Juni 2007). Vgl. aus der verwaltungsgerichtlichen Rechtsprechung *BVerwG*, Beschl. v. 19.08.1997, 7 B 261/97, NJW 1997, 3328.

deutsche Übersetzung *‚darlegen, erklären, erläutern‘*[418]. Auch in Wörterbüchern der deutschen Sprache wird das Wort *‚darlegen‘* ähnlich umschrieben, nämlich mit den Wendungen *‚ausführlich (näher) erläutern, erklären‘* oder *‚in aller Deutlichkeit ausführen‘*[419].

Diese im allgemeinen Sprachgebrauch geläufige Bedeutung des Wortes *‚darlegen‘* spiegelt sich auch in der Rechtsprechung des BFH wider. Auch hier bedeutet *‚etwas darlegen‘* so viel wie *‚erklären‘*, *‚erläutern‘* oder *‚näher auf etwas eingehen‘*[420], so dass allgemeine Hinweise oder bloße Behauptungen – etwa durch eingestreute Klammerzusätze oder schlagwortartige Formulierungen – für die Darlegung eines Zulassungsgrundes nicht ausreichen[421].

Nach st. Rspr. des BFH – auch bereits zu § 115 III 3 FGO 1965 – hat der Beschwerdeführer den Zulassungsgrund nicht nur zu benennen, sondern vielmehr zu den Voraussetzungen wenigstens eines der in § 115 II FGO genannten Zulassungsgründe in der Begründung seiner NZB *schlüssig und substantiiert vorzutragen*[422]. Dazu muss er in der Beschwerdebegründung zumindest die in § 115 II FGO ausdrücklich genannten Tatbestandsmerkmale (*„Voraussetzungen“*) *näher erläutern*[423], so dass die

---

418 *Duden*, Fremdwörterbuch[7], S. 294.

419 Siehe nur *Duden*, Großes Wörterbuch der deutschen Sprache[4], zitiert nach Munzinger Online, Stichwort ‚darlegen‘. Vgl. auch Gräber/*Ruban*[6], § 116 FGO Tz. 26.

420 *BFH*, Beschl. v. 18.01.1968, V B 45/67, BStBl. II 1968, 98; Beschl. v. 23.07.2008, VI B 78/07, BStBl. II 2008, 878, 879; *Lange* HHSp., § 116 FGO Tz. 163 (Lfg. 194 Juni 2007). Aus der verwaltungsgerichtlichen Rechtsprechung *BVerwG*, Beschl. v. 02.10.1961, 8 B 78.61, BVerwGE 13, 90, 91; Beschl. v. 09.03.1993, 3 B 105/92, NJW 1993, 2825; Beschl. v. 23.11.1995, 9 B 362/95, NJW 1996, 1554; Beschl. v. 21.02.2006, 1 B 108/05, HFR 2007, 1039; Beschl. v. 08.06.2006, 3 B 185/05, n.v. (juris), jeweils zu § 133 III 3 VwGO. Aus der zivilgerichtlichen Rechtsprechung *BGH*, Beschl. v. 01.10.2002, XI ZR 71/02, NJW 2003, 65, 66, zu § 544 II 3 ZPO; Beschl. v. 25.03.2010, V ZB 159/09, NJW-RR 2010, 784, zu § 575 III Nr. 2 ZPO.

421 *BFH*, Beschl. v. 18.01.1968 (Fn. 420), BStBl. II 1968, 98; Beschl. v. 09.05.1988, IV B 35/87, BStBl. II 1988, 725; Beschl. v. 18.08.1993, II B 46/93, BFH/NV 1994, 216; Beschl. v. 14.08.2001, XI B 57/01, BFH/NV 2002, 51; Gräber/*Ruban*[6], § 116 FGO Tz. 26; *Lange* HHSp., § 116 FGO Tz. 163 (Lfg. 194 Juni 2007). Aus der übrigen höchstrichterlichen Rechtsprechung s. *BVerwG*, Beschl. v. 02.10.1961 (Fn. 420), BVerwGE 13, 90, 91; Beschl. v. 09.03.1993 (Fn. 420), NJW 1993, 2825; Beschl. v. 08.06.2006 (Fn. 420), n.v. (juris); *BGH*, Beschl. v. 01.10.2002 (Fn. 420), NJW 2003, 65, 66; Beschl. v. 25.03.2010 (Fn. 420), NJW-RR 2010, 784.

422 Bspw. *BFH*, Beschl. v. 18.08.1993 (Fn. 421), BFH/NV 1994, 216; Beschl. v. 28.04.2010, VI B 167/09, BStBl. II 2010, 747, 748 u. 749, jeweils zu § 115 II Nr. 1 FGO (1965); Gräber/*Ruban*[6], § 116 FGO Tz. 25 a.E.; *Seer*, in: T/K, § 116 FGO Tz. 31 (Lfg. 131 Oktober 2012); *BGH*, Beschl. v. 25.03.2010 (Fn. 420), NJW-RR 2010, 784 m.w.N.

423 *BFH*, Beschl. v. 24.07.2002, I B 154/01, BFH/NV 2003, 52, 53; Beschl. v. 26.01.2007, VIII B 14/06, BFH/NV 2007, 951; Gräber/*Ruban*[6], § 116 FGO Tz. 26, unter Hinweis auf die Gesetzesbegründung zum 2. FGOÄndG v. 11.09.2000, BT-Drucks. 14/4061, S. 10 zu Nr. 13, aus der dies – zumindest ansatzweise – ebenfalls hervorgeht; *Seer*, in: T/K, § 116 FGO Tz. 34 (Lfg. 131 Oktober 2012).

Darlegung i.S.d. § 116 III 3 FGO mithin *substantielle und konkrete Angaben* darüber erfordert, auf welchen der in § 115 II FGO genannten Zulassungsgründe der Beschwerdeführer die NZB stützt, und aus welchen Umständen sich entnehmen lässt, dass die Voraussetzungen für das Vorliegen des im Einzelfall geltend gemachten Zulassungsgrundes erfüllt sind[424].

Die ausdrückliche Angabe, auf welchen der in § 115 II FGO genannten Zulassungsgründe die NZB gestützt werden soll, ist dabei allerdings nicht zwingend erforderlich; es reicht vielmehr aus, wenn ein derartiger Zulassungsgrund formgerecht geltend gemacht – = dargelegt, also im vorstehenden Sinne erläutert,- wird[425]. Um Missverständnissen und Unklarheiten vorzubeugen, kann jedoch nur empfohlen werden, den vorgebrachten Zulassungsgrund im eigenen Interesse dennoch unbedingt ausdrücklich zu bezeichnen[426].

b) Darlegungserfordernis erfordert Vertretungszwang

Das Darlegungserfordernis i.S.d. § 116 III 3 FGO ist einer der (Haupt-) Gründe dafür, dass nicht nur die Einlegung, sondern auch und insbesondere die Begründung der NZB gemäß § 62 IV FGO (bis zum 30.06.2008 § 62a FGO) dem Vertretungszwang unterliegt[427]. Die Erstreckung des Vertretungszwangs auf die Begründung der NZB erklärt sich bereits dadurch, dass die Darlegung der Zulassungsgründe eine umfassende rechtliche Sachkunde sowie spezielle Kenntnisse des für den Bereich der Finanzgerichtsbarkeit geltenden materiellen Rechts und Verfahrensrechts einschließlich der dazu ergangenen Rechtsprechung und der insoweit einschlägigen Literatur erfordert, die erfahrungsgemäß nur die in § 62 II 1 FGO genannten postulationsfähigen Personen und Gesellschaften aufweisen[428]. Die Anforderungen

---

424 *BFH*, Beschl. v. 09.05.1988 (Fn. 421), BStBl. II 1988, 725; Beschl. v. 26.01.2007 (Fn. 423), BFH/NV 2007, 951 f.; *Lange* HHSp., § 116 FGO Tz. 163 (Lfg. 194 Juni 2007); *Seer*, in: T/K, § 116 FGO Tz. 31 (Lfg. 131 Oktober 2012).

425 *BFH*, Beschl. v. 17.02.1970, II B 48/69, BStBl. II 1970, 332; Beschl. v. 30.03.1983, I B 9/83, BStBl. II 1983, 479, 480; Gräber/*Ruban*[6], § 116 FGO Tz. 32; *Lange* HHSp., § 116 FGO Tz. 165 (Lfg. 194 Juni 2007); *Seer*, in: T/K, § 116 FGO Tz. 31 u. 48 (Lfg. 131 Oktober 2012).

426 *Lange* HHSp., § 116 FGO Tz. 165 (Lfg. 194 Juni 2007); *Seer*, in: T/K, § 116 FGO Tz. 31 (Lfg. 131 Oktober 2012).

427 Vgl. *BFH*, Beschl. v. 23.07.2008, VI B 78/07, BStBl. II 2008, 878, 879; *Lange* HHSp., § 116 FGO Tz. 163 (Lfg. 194 Juni 2007). Zum Erfordernis des Vertretungszwangs bei der Begründung einer NZB vgl. überdies *BFH*, Beschl. v. 26.08.1994, III B 70/94, BFH/NV 1995, 251 (zu Art. 1 Nr. 1 BFHEntlG); Beschl. v. 11.03.2003, VII B 356/02, BFH/NV 2003, 817; Beschl. v. 17.10.2003, XI B 145/02, BFH/NV 2004, 348, 349; Beschl. v. 11.04.2005, III B 7/05, n.v. (juris); Beschl. v. 29.03.2007, VII B 297/06, BFH/NV 2007, 1339; Beschl. v. 02.08.2007, I B 143/06, BFH/NV 2007, 2306; *Seer*, in: T/K, § 116 FGO Tz. 28 (Lfg. 131 Oktober 2012).

428 Ebenso *Lange* HHSp., § 116 FGO Tz. 126 (Lfg. 194 Juni 2007). Vgl. für den Bereich der Sozialgerichtsbarkeit *BSG*, Beschl. v. 06.11.2000, B 11 AL 163/00 B, Reg-Nr. 25061 (BSG-Intern).

an eine ordnungsgemäße Beschwerdebegründung in Form einer mit substantiellen und konkreten Angaben versehenen näheren Erläuterung der in § 115 II FGO ausdrücklich genannten Tatbestandsmerkmale kann demnach grds. nur ein Prozessbevollmächtigter erfüllen, der über entsprechende Fachkenntnisse verfügt.

Vor dem Hintergrund, dass der jeweilige Prozessbevollmächtigte somit nicht nur für die Einlegung der NZB sondern auch und insbesondere für den Inhalt der Beschwerdebegründung die volle Verantwortung zu tragen hat, muss es sich bei der eingereichten Begründung um eine von ihm selbst verfasste Begründung handeln[429]. Ihm allein obliegt es, den maßgeblichen Streitstoff zu überprüfen und eigenständig darauf zu untersuchen, ob einer der Zulassungsgründe i.S.d. § 115 II FGO vorliegt[430]. Folglich reicht es nicht aus, dass der Prozessbevollmächtigte in einem Schreiben auf einen von der Partei selbst gefertigten Schriftsatz Bezug nimmt. Ebenso wenig genügt es, dass der Prozessbevollmächtigte einen von der Partei selbst verfassten Schriftsatz lediglich unterschreibt, weiterleitet und später erklärt, dass er diesen zum Gegenstand seines Vorbringens mache[431].

c) Mindestmaß an Klarheit, Geordnetheit, Verständlichkeit und Überschaubarkeit

§ 116 III 3 FGO stellt hinsichtlich aller Revisionszulassungsgründe Anforderungen an die *Klarheit, Geordnetheit, Verständlichkeit und Überschaubarkeit* des Beschwerdevorbringens.

Danach muss die Begründung einer NZB eine an den gesetzlichen Zulassungsgründen orientierte Sichtung und rechtliche Durchdringung des Prozess-/

---

429 Siehe *BFH*, Beschl. v. 26.08.1994 (Fn. 427), BFH/NV 1995, 251; Beschl. v. 11.03.2003 (Fn. 427), BFH/NV 2003, 817; Beschl. v. 17.10.2003 (Fn. 427), BFH/NV 2004, 348, 349; Beschl. v. 29.03.2007 (Fn. 427), BFH/NV 2007, 1339; Beschl. v. 02.08.2007 (Fn. 427), BFH/NV 2007, 2306; *Seer*, in: T/K, § 116 FGO Tz. 28 (Lfg. 131 Oktober 2012).

430 *BFH*, Beschl. v. 17.10.2003 (Fn. 427), BFH/NV 2004, 348, 349; Beschl. v. 11.03.2003 (Fn. 427), BFH/NV 2003, 817; Beschl. v. 29.03.2007 (Fn. 427), BFH/NV 2007, 1339; *Lange* HHSp., § 116 FGO Tz. 127 (Lfg. 194 Juni 2007). Vgl. für den Bereich der Sozialgerichtsbarkeit *BSG*, Beschl. v. 06.11.2000 (Fn. 428), RegNr. 25061 (BSG-Intern).

431 *BFH*, Beschl. v. 26.08.1994 (Fn. 427), BFH/NV 1995, 251; Beschl. v. 11.03.2003 (Fn. 427), BFH/NV 2003, 817, unter Hinweis darauf, dass der von dem Prozessbevollmächtigten den als wörtliche Wiedergabe gekennzeichneten klägerischen Ausführungen hinzugefügte formelhafte Hinweis, diesen Ausführungen sei „kaum etwas hinzuzusetzen", ebenso wenig genüge; Beschl. v. 17.10.2003 (Fn. 427), BFH/NV 2004, 348, 349; Beschl. v. 29.03.2007 (Fn. 427), BFH/NV 2007, 1339; Beschl. v. 02.08.2007 (Fn. 427), BFH/NV 2007, 2306; *Lange* HHSp., § 116 FGO Tz. 127 f. (Lfg. 194 Juni 2007); *Seer*, in: T/K, § 116 FGO Tz. 28 (Lfg. 131 Oktober 2012). Vgl. aus der sozialgerichtlichen Rechtsprechung *BSG*, Beschl. v. 06.11.2000 (Fn. 428), RegNr. 25061 (BSG-Intern).

Streitstoffs durch den Prozessbevollmächtigten erkennen lassen[432] und ein Mindestmaß an Klarheit, Geordnetheit, Verständlichkeit und Überschaubarkeit des Beschwerdevorbringens aufweisen[433]. Neben der gerade genannten notwendigen Sichtung und rechtlichen/inhaltlichen Durchdringung des Prozess-/Streitstoffs erfordert dies eine konkrete – zumindest aber rudimentäre – Auseinandersetzung mit der tragenden Begründung der angefochtenen Entscheidung[434], so dass eine Beschwerdebegründung, die sich offenkundig über das Urteil des FG hinwegsetzt, unzureichend ist[435]. Derartige Mindestanforderungen an die Ausführungen i.R.d. Erstellung einer ordnungsgemäßen Beschwerdebegründung lassen sich bereits aus der Bedeutung ableiten, die dem Begriff des ‚Darlegens' nach dem allgemeinen Sprachgebrauch zukommt, und wonach ‚darlegen' – wie oben unter a) (S. 114 f.) ausführlich dargestellt – i.S.v. ‚erklären' und ‚erläutern' zu verstehen ist[436].

Welche Anforderungen im Einzelnen an die Darlegung zu stellen sind, hängt zunächst vom jeweiligen Zulassungsgrund ab[437], und ist überdies nach den jeweiligen Umständen zu beurteilen[438]. Es gibt allerdings einige *typische Begründungsfehler*, die im Zusammenhang mit den an eine ordnungsgemäße Beschwerdebegründung

---

432 *BFH*, Beschl. v. 31.05.2005, VI B 93/04, BFH/NV 2005, 1555; Beschl. v. 19.12.2006, X B 183/06, n.v. (juris); Beschl. v. 23.07.2008, VI B 78/07, BStBl. II 2008, 878 f.; Gräber/*Ruban*[6], § 116 FGO Tz. 26; *Lange* HHSp., § 116 FGO Tz. 163 (Lfg. 194 Juni 2007); *Seer*, in: T/K, § 116 FGO Tz. 31 (Lfg. 131 Oktober 2012). Siehe aus der verwaltungsgerichtlichen Rechtsprechung *BVerwG*, Beschl. v. 23.11.1995, 9 B 362/95, NJW 1996, 1554; Beschl. v. 19.08.1997, 7 B 261/97, NJW 1997, 3328; Beschl. v. 21.02.2006, 1 B 108/05, HFR 2007, 1039.

433 *BFH*, Beschl. v. 26.08.1998, V B 67/98, BFH/NV 1999, 334; Beschl. v. 14.10.1998, IV B 141/97, BFH/NV 1999, 516; Beschl. v. 29.04.1999, VII B 253/98, BFH/NV 1999, 1481; Beschl. v. 19.12.2006 (Fn. 432), n.v. (juris); Beschl. v. 23.07.2008 (Fn. 432), BStBl. II 2008, 878 f.; Gräber/*Ruban*[6], § 116 FGO Tz. 26; *Lange* HHSp., § 116 FGO Tz. 162 u. 163 (Lfg. 194 Juni 2007); *Seer*, in: T/K, § 116 FGO Tz. 31 (Lfg. 131 Oktober 2012). Vgl. aus der verwaltungsgerichtlichen Rechtsprechung *BVerwG*, Beschl. v. 23.11.1995 (Fn. 432), NJW 1996, 1554; Beschl. v. 19.08.1997 (Fn. 432), NJW 1997, 3328; Beschl. v. 21.02.2006 (Fn. 432), HFR 2007, 1039.

434 Siehe *BFH*, Beschl. v. 31.05.2005 (Fn. 432), BFH/NV 2005, 1555; *Lange* HHSp., § 116 FGO Tz. 163 (Lfg. 194 Juni 2007); *Seer*, in: T/K, § 116 FGO Tz. 31 (Lfg. 131 Oktober 2012). Überdies aus der verwaltungsgerichtlichen Rechtsprechung *BVerwG*, Beschl. v. 08.06.2006, 3 B 185/05, n.v. (juris).

435 *BFH*, Beschl. v. 19.11.2002, VII B 191/01, BFH/NV 2003, 442; *Seer*, in: T/K, § 116 FGO Tz. 31 (Lfg. 131 Oktober 2012).

436 *BFH*, Beschl. v. 23.07.2008 (Fn. 432), BStBl. II 2008, 878, 879.

437 Siehe dazu detailliert nachfolgend unter B.I.2. (S. 180 ff.), B.II.2. (S. 212 ff.), B.III.2.a) (S. 330 ff.) u. B.III.2.b) (S. 348 ff.).

438 *BFH*, Beschl. v. 23.07.2008 (Fn. 432), BStBl. II 2008, 878, 879; *Lange* HHSp., § 116 FGO Tz. 163 (Lfg. 194 Juni 2007). Vgl. aus der verwaltungsgerichtlichen Rechtsprechung *BVerwG*, Beschl. v. 23.11.1995 (Fn. 432), NJW 1996, 1554; Beschl. v. 21.02.2006 (Fn. 432), HFR 2007, 1039.

zu stellenden Mindestanforderungen hinsichtlich der Klarheit, Geordnetheit, Verständlichkeit und Überschaubarkeit des Beschwerdevorbringens in der Praxis immer wieder vorkommen, und die zur Verwerfung der NZB als unzulässig führen (können)[439].

aa) Unzulässigkeit pauschaler Verweisungen und Bezugnahmen

Da der Zweck des Begründungserfordernisses – wie vorstehend unter 2. (S. 108 ff., dort S. 110 f.) dargestellt – in der Beschränkung und Zusammenfassung des der Entscheidung über die NZB zugrunde zu legenden Rechtsstoffs, und mithin in der Entlastung des BFH besteht[440], genügen *pauschale Verweisungen und Bezugnahmen* auf das Vorbringen im Vorverfahren bzw. im finanzgerichtlichen Klageverfahren grds. nicht den Anforderungen an eine ordnungsgemäße Beschwerdebegründung[441]. Dies folgt m.E. auch bereits daraus, dass es sich bei dem NZB-Verfahren um ein selbständiges, auf die Aufhebung und Überwindung der gesetzlichen Revisionssperre gerichtetes Verfahren handelt, das nicht das Klageverfahren vor dem FG fortsetzt[442], und somit einer eigenständigen Begründung bedarf.

Auch *pauschale Bezugnahmen/Verweisungen* auf eine Darlegung von Zulassungsgründen in einem anderen, ebenfalls beim BFH anhängigen (parallel gelagerten) Verfahren reichen i.d.R. nicht aus[443]. Ausnahmsweise darf jedoch auf einen beim FG eingereichten Schriftsatz verwiesen und Bezug genommen werden, in

---

439 Vgl. auch *Seer*, in: T/K, § 116 FGO Tz. 31 a.E. (Lfg. 131 Oktober 2012).

440 Siehe die Nachweise in den Fußnoten 403 u. 404.

441 *BFH*, Beschl. v. 23.06.1967, VI B 16/67, BStBl. III 1967, 531, 532; Beschl. v. 26.04.1988, III B 1/88, BFH/NV 1990, 105; Beschl. v. 26.08.1993, V B 44/93, BFH/NV 1994, 355; Beschl. v. 12.11.1993, III B 246/92, BFH/NV 1994, 800; Beschl. v. 26.01.1995, III B 52/93, BFH/NV 1995, 709; Beschl. v. 21.04.1998, XI B 60/97, BFH/NV 1998, 1491; Beschl. v. 13.12.2000, IX B 84/00, n.v. (juris); Beschl. v. 17.10.2001, III B 97/01, BFH/NV 2002, 366, 367; Beschl. v. 21.02.2002, V B 208/01, BFH/NV 2002, 804: *Pauschale Bezugnahme* auf *„den gesamten bisherigen Vortrag"*; Beschl. v. 19.12.2006, X B 183/06, n.v. (juris). Des Weiteren Gräber/*Ruban*[6], § 116 FGO Tz. 26 u. 27, unter Hinweis darauf, dass auch pauschale Verweisungen und Bezugnahmen auf das Vorbringen in einer gleichzeitig eingereichten Revisionsbegründung nicht ausreiche (Tz. 27); *Lange* HHSp., § 116 FGO Tz. 161 u. 164 (Lfg. 194 Juni 2007); *Seer*, in: T/K, § 116 FGO Tz. 32 (Lfg. 131 Oktober 2012). Vgl. aus der verwaltungsgerichtlichen Rechtsprechung *BVerwG*, Beschl. v. 19.11.1993, 1 B 179/93, Buchholz 310 § 133 n.F. VwGO Nr. 13; Beschl. v. 19.08.1997, 7 B 261/97, NJW 1997, 3328.

442 Siehe dazu bereits oben unter I.5. (S. 103 ff., dort S. 105) und vorstehend unter 1. (S. 107).

443 *BFH*, Beschl. v. 05.07.2005, VII B 201/04, BFH/NV 2005, 1852, 1853; vgl. überdies Beschl. v. 19.12.2006 (Fn. 441), n.v. (juris). Zudem *Lange* HHSp., § 116 FGO Tz. 161 (Lfg. 194 Juni 2007); *Seer*, in: T/K, § 116 FGO Tz. 32 (Lfg. 131 Oktober 2012).

dem ausschließlich die Gründe für einen schon im finanzgerichtlichen Verfahren gestellten Antrag auf Revisionszulassung dargelegt worden sind[444].

Auch wenn der BFH in Einzelfällen *Bezugnahmen und Verweisungen* auf andere Schriftsätze anerkannt hat, soweit der Beschwerdeschrift eine Kopie des entsprechenden Schriftsatzes beigefügt war[445], ist bei solchen *pauschalen Verweisungen und Bezugnahmen* auf Ausführungen in anderen Schriftsätzen stets äußerste Vorsicht geboten und sollten diese möglichst vermieden werden[446]. Der Beschwerdeführer sollte sich vielmehr darauf besinnen, dass das Zulassungsverfahren vor dem BFH – insbesondere im Hinblick auf den besonderen Verfahrensgegenstand der Aufhebung und Überwindung der gesetzlichen Revisionssperre[447] – einer *eigenständigen*, auf den jeweiligen Einzelfall zugeschnittenen, und den Anforderungen des § 116 III 3 FGO entsprechenden *Begründung* bedarf[448].

bb) Umfangreiche Beschwerdebegründung bietet keine Gewähr für die Zulässigkeit einer NZB

Eine umfangreiche Beschwerdebegründung bietet nicht automatisch eine Gewähr für die Zulässigkeit der eingelegten NZB und entspricht nach Auffassung der Rechtsprechung jedenfalls dann nicht den formellen Erfordernissen, wenn die Ausführungen zu den Zulassungsgründen in *unübersichtlicher, ungegliederter, unklarer, kaum auflösbarer Weise* mit Einlassungen zu irrevisiblen oder sonst für das Beschwerdeverfahren unerheblichen Fragen vermengt sind[449]. Denn ebenso wenig, wie es Aufgabe des Beschwerdegerichts sei, selbst anhand der Akten mögliche Zulassungsgründe zu ermitteln, entspreche es insbesondere auch nicht der Aufgabe des Beschwerdegerichts, aus einem derartigen Gemenge das herauszusuchen, was möglicherweise – bei wohlwollender Auslegung – zur Begründung

---

444 *BFH*, Beschl. v. 23.06.1967 (Fn. 441), BStBl. III 1967, 531, 532; Gräber/*Ruban*[6], § 116 FGO Tz. 26; *Lange* HHSp., § 116 FGO Tz. 161 (Lfg. 194 Juni 2007); *Seer*, in: T/K, § 116 FGO Tz. 32 (Lfg. 131 Oktober 2012).

445 Vgl. z.B. *BFH*, Beschl. v. 28.04.1987, VIII R 307/81, BFH/NV 1987, 793; Beschl. v. 30.06.1987, VIII R 104/83, BFH/NV 1988, 306; *Seer*, in: T/K, § 116 FGO Tz. 32 (Lfg. 131 Oktober 2012).

446 *Beermann*, in: BG, § 116 FGO Tz. 45 (Lfg. 66 September 2007); *Seer*, in: T/K, § 116 FGO Tz. 32 (Lfg. 131 Oktober 2012).

447 Vgl. oben unter I.5. (S. 103 ff., dort S. 105) sowie vorstehend unter 1. (S. 107).

448 In diesem Sinne auch *BFH*, Beschl. v. 05.07.2005 (Fn. 443), BFH/NV 2005, 1852, 1853; Gräber/*Ruban*[6], § 116 FGO Tz. 27.

449 *BFH*, Beschl. v. 23.07.2008, VI B 78/07, BStBl. II 2008, 878, 879. Darüber hinaus *Lange* HHSp., § 116 FGO Tz. 163 (Lfg. 194 Juni 2007); *Seer*, in: T/K, § 116 FGO Tz. 31 u. 33 (Lfg. 131 Oktober 2012). Vgl. aus der verwaltungsgerichtlichen Rechtsprechung *BVerwG*, Beschl. v. 23.11.1995, 9 B 362/95, NJW 1996, 1554; Beschl. v. 21.02.2006, 1 B 108/05, HFR 2007, 1039. Zudem *Pietzner*, in: Schoch u.a., § 133 VwGO Tz. 29 (Lfg. 2 Februar 1998).

der Beschwerde geeignet sein könnte[450]. Da sich eine solche Verpflichtung des Beschwerdegerichts schließlich auch nicht aus Art. 19 IV 1 GG oder aus Art. 103 I GG entnehmen lasse[451], kann nur empfohlen werden, die Beschwerdebegründung *klar strukturiert* auf die Darlegung der Revisionszulassungsgründe zu beschränken[452].

Vor diesem Hintergrund entspricht bspw. eine mehrere hundert Seiten umfassende Beschwerdebegründung, die zugleich weitere NZBen gegen andere Urteile des gleichen FG betrifft, und in deren Text jeweils in großem Umfang Schriftsätze und Aktenstücke aus unterschiedlichen finanzgerichtlichen Verfahren hineinkopiert worden sind, den an eine ordnungsgemäße Beschwerdebegründung i.S.d. § 116 III 3 FGO zu stellenden Anforderungen nicht, wenn die Ausführungen die das konkret zu entscheidende Verfahren betreffenden Verfahrensrügen nicht *hinreichend klar, geordnet* und *verständlich* abgrenzen. Denn der Entlastungszweck des § 116 III 3 FGO werde verfehlt, wenn die Beschwerdebegründung ein Konglomerat von Verfahren und auch Streitjahren betreffe, eine *hinreichend klare, geordnete* und *verständliche* Abgrenzung und Substantiierung der das konkret zu entscheidende Verfahren betreffenden Verfahrensrügen nicht stattfinde, und ein extensives Einkopieren von Schriftstücken eine ausreichende Durchdringung und Aufbereitung des Streitstoffs durch den Prozessbevollmächtigten vermissen lasse[453]. Ebenso verhält es sich, wenn eine Beschwerdebegründung die umfangreiche Begründung eines anderen Beschwerdeverfahrens in Form eines Textbausteins wortgleich und ohne Anpassung an die Besonderheiten des konkreten Falles übernimmt, obwohl sich die Verfahren in wesentlichen Punkten erkennbar voneinander unterscheiden. Denn auch hier sei die notwendige Sichtung und rechtliche Durchdringung des Streitstoffs durch den Prozessbevollmächtigten sowie das geforderte *Mindestmaß der Geordnetheit* des Vortrags nicht zu erkennen[454].

cc) Unzulässigkeit formelhafter Wendungen

Schließlich ist das geforderte Mindestmaß an Klarheit, Geordnetheit, Verständlichkeit und Überschaubarkeit des Beschwerdevorbringens dann nicht gewahrt, wenn sich die Ausführungen des Beschwerdeführers in *formelhaften Wendungen*

---

450 Siehe die Rechtsprechungsnachweise in Fußnote 449. Vgl. des Weiteren *Lange* HHSp., § 116 FGO Tz. 162 (Lfg. 194 Juni 2007); *Seer*, in: T/K, § 116 FGO Tz. 33 (Lfg. 131 Oktober 2012). Zudem *Pietzner*, in: Schoch u.a., § 133 VwGO Tz. 29 (Lfg. 2 Februar 1998).

451 Vgl. *BFH*, Beschl. v. 23.07.2008 (Fn. 449), BStBl. II 2008, 878, 879; *BVerwG*, Beschl. v. 23.11.1995 (Fn. 449), NJW 1996, 1554; Beschl. v. 21.02.2006 (Fn. 449), HFR 2007, 1039, jeweils unter Hinweis auf das *BVerfG*. Vgl. zudem *Lange* HHSp., § 116 FGO Tz. 162 (Lfg. 194 Juni 2007).

452 So auch *Seer*, in: T/K, § 116 FGO Tz. 33 (Lfg. 131 Oktober 2012).

453 *BFH*, Beschl. v. 23.07.2008 (Fn. 449), BStBl. II 2008, 878, 879.

454 So aus der sozialgerichtlichen Rechtsprechung *BSG*, Beschl. v. 12.05.1999, B 4 RA 181/98 B, SozR 3-1500 § 160a SGG Nr. 26. Zudem *Lange* HHSp., § 116 FGO Tz. 164 (Lfg. 194 Juni 2007).

erschöpfen[455]. So verhält es sich bspw., wenn der Beschwerdeführer in Form *allgemeiner Hinweise* und *bloßer Behauptungen* ausführt, es liege eine Rechtsverletzung bzw. eine unrichtige Anwendung geltender Rechtsvorschriften vor[456], oder die Streitsache sei klärungsbedürftig und habe daher grundsätzliche Bedeutung[457] bzw. noch allgemeiner, die (Streit-) Sache habe grundsätzliche Bedeutung[458]. Das gleiche gilt für die nicht näher erläuterten Ausführungen, der BFH habe über die Rechtsfrage noch nicht abschließend und eindeutig entschieden[459], oder die dem Urteil zugrunde liegende Vorschrift sei verfassungswidrig[460].

Reichen derartige nicht näher erläuterte *formelhafte Wendungen* für die ordnungemäße Begründung einer NZB demnach nicht aus, bedeutet dies, dass – wie bereits vorstehend unter a) (S. 114 ff., dort S. 115) angeführt – in der Beschwerdebegründung jeweils zu den Voraussetzungen wenigstens eines der in § 115 II FGO genannten Zulassungsgründe *schlüssig und substantiiert* vorgetragen und somit zumindest das Vorliegen der in § 115 II FGO explizit genannten Tatbestandsmerkmale des jeweils geltend gemachten Zulassungsgrundes *näher erläutert* werden muss[461].

---

455 Siehe nur Gräber/*Ruban*[6], § 116 FGO Tz. 26; *Seer*, in: T/K, § 116 FGO Tz. 34 (Lfg. 131 Oktober 2012).

456 Vgl. *Seer*, in: T/K, § 116 FGO Tz. 34 (Lfg. 131 Oktober 2012), unter Hinweis auf *BVerwG*, Beschl. v. 19.04.1966, III B 80.65, NJW 1966, 1331. Vgl. dazu, dass die *Rüge fehlerhafter materieller Rechtsanwendung* für die Darlegung eines Revisionszulassungsgrundes *stets unzureichend* ist, ausführlich nachstehend unter d) (S. 123 ff.).

457 *BFH*, Beschl. v. 14.08.2001, XI B 57/01, BFH/NV 2002, 51.

458 *BFH*, Beschl. v. 17.08.1995, II B 20/95, BFH/NV 1996, 261; Beschl. v. 31.01.1996, II B 107/95, BFH/NV 1996, 459. Siehe auch Gräber/*Ruban*[6], § 116 FGO Tz. 26; *Seer*, in: T/K, § 116 FGO Tz. 34 (Lfg. 131 Oktober 2012). Vgl. insoweit auch die absolut allgemein gehaltene, ungenügende Wendung, mit der Beschwerde werde geltend gemacht, dass die Revision zuzulassen sei; es lägen Zulassungsgründe i.S.d. § 115 II FGO vor; hier entscheidungserhebliche Verfahrensmängel und Divergenz zur BFH-Rechtsprechung, *BFH*, Beschl. v. 21.02.2002, V B 208/01, BFH/NV 2002, 804. Vgl. des Weiteren die ebenfalls nicht genügende formelhafte Berufung auf bestimmte in § 115 II FGO benannte Zulassungsgründe, *BFH*, Beschl. v. 11.03.2003, VII B 356/02, BFH/NV 2003, 817.

459 *BFH*, Beschl. v. 12.01.1990, V B 24/89, BFH/NV 1990, 664; Beschl. v. 18.08.1993, II B 46/93, BFH/NV 1994, 216; *Seer*, in: T/K, § 116 FGO Tz. 34 (Lfg. 131 Oktober 2012). – Vgl. in diesem Zusammenhang aber auch **kritisch** nachfolgend unter B.I.1.e) (S. 147 ff., dort S. 152 ff.) sowie ausführlich später im 4. Abschnitt unter B.I.3.b) (S. 493 ff.).

460 Vgl. *BFH*, Beschl. v. 14.12.1987, V B 77/87, BFH/NV 1989, 27; Beschl. v. 27.03.1992, III B 547/90, BStBl. II 1992, 842; *Seer*, in: T/K, § 116 FGO Tz. 34 (Lfg. 131 Oktober 2012). Vgl. auch nachfolgend unter B.I.1.g)cc) (S. 167 ff.) u. B.I.2.b)bb) (S. 187 ff.).

461 Vgl. die Nachweise in den Fußnoten 422 u. 423.

d) Keine Darlegung eines Revisionszulassungsgrundes durch Rüge fehlerhafter materieller Rechtsanwendung

Entsprechend der Tatsache, dass das Vorliegen eines Revisionszulassungsgrundes i.S.d. § 115 II FGO nicht allein dadurch begründet wird, dass der zu entscheidende konkrete Einzelfall vom FG *sachlich unrichtig* entschieden worden ist[462], genügt auch der bloße *Einwand* gegen die *materielle Richtigkeit* des angefochtenen finanzgerichtlichen Urteils regelmäßig nicht den Anforderungen an die Darlegung eines Zulassungsgrundes[463]. Dies folgt bereits daraus, dass NZB und Revision – wie schon mehrfach erwähnt – unterschiedliche Zielrichtungen aufweisen und demnach auch unterschiedliche Anforderungen an die Begründung des jeweiligen Rechtsmittels zu stellen sind[464]. Das prozessuale Rechtsinstitut der NZB dient insoweit gerade nicht dazu, die allgemeine Richtigkeit finanzgerichtlicher Urteile zu gewährleisten[465], so dass es auch nicht darum gehen kann, Rechtsfehler des

---

462 Siehe bereits oben unter I.2. (S. 91 f.).

463 Ständige Rechtsprechung des BFH, s. nur *BFH*, Beschl. v. 02.03.2005, IX B 184/03, BFH/NV 2005, 1067; Beschl. v. 17.01.2006, VIII B 172/05, BFH/NV 2006, 799; Beschl. v. 01.12.2006, VIII B 2/06, BFH/NV 2007, 450; Beschl. v. 04.12.2006, VIII B 61/06, BFH/NV 2007, 451; Beschl. v. 05.12.2006, VIII B 4/06, BFH/NV 2007, 490; Beschl. v. 11.01.2007, VII B 193/06, BFH/NV 2007, 985; Beschl. v. 31.01.2007, III B 168/05, BFH/NV 2007, 977; Beschl. v. 07.02.2007, I B 77/06, BFH/NV 2007, 961; Beschl. v. 14.03.2007, VIII B 131/06, BFH/NV 2007, 1176; Beschl. v. 24.04.2007, VIII B 249/05, BFH/NV 2007, 1465; Beschl. v. 24.04.2007, VIII B 251/05, BFH/NV 2007, 1521; Beschl. v. 14.09.2007, VIII B 20/07, BFH/NV 2008, 25; Beschl. v. 02.10.2007, IX B 24/07, BFH/NV 2008, 92, 93; Beschl. v. 04.10.2007, VIII S 3/07 (PKH), BFH/NV 2008, 209, 210; Beschl. v. 31.10.2007, IX B 34/07, BFH/NV 2008, 239, 240; Beschl. v. 19.11.2007, VIII B 70/07, BFH/NV 2008, 380, 381; Beschl. v. 07.12.2007, VIII B 68/07, BFH/NV 2008, 590; Beschl. v. 07.12.2007, VIII B 110/07, BFH/NV 2008, 613; Beschl. v. 11.12.2007, VII B 346/06, BFH/NV 2008, 733, 735; Beschl. v. 15.01.2008, VIII B 222/06, BFH/NV 2008, 753; Beschl. v. 20.02.2008, VIII B 103/07, BFH/NV 2008, 980; Beschl. v. 24.09.2008, IX B 110/08, BFH/NV 2009, 39; Beschl. v. 28.04.2010, VI B 167/09, BStBl. II 2010, 747, 748 u. 749; Beschl. v. 10.02.2011, II S 39/10 (PKH), BStBl. II 2011, 657 f.; Beschl. v. 03.04.2014, IX B 131/13, BFH/NV 2014, 897; Gräber/*Ruban*[6], § 116 FGO Tz. 27; *Lange* HHSp., § 116 FGO Tz. 159 (Lfg. 194 Juni 2007); *Seer*, in: T/K, § 116 FGO Tz. 31 u. 35 (Lfg. 131 Oktober 2012).

464 Siehe nur *BFH*, Beschl. v. 26.06.1987, III B 32/85, BStBl. II 1987, 713; Gräber/*Ruban*[6], § 116 FGO Tz. 27; *Lange* HHSp., § 116 FGO Tz. 159 (Lfg. 194 Juni 2007) m.w.N. aus der Rechtsprechung.

465 Vgl. nur *BFH*, Beschl. v. 19.01.2005, II B 38/04, BFH/NV 2005, 900; Beschl. v. 17.01.2006 (Fn. 463), BFH/NV 2006, 799; Beschl. v. 01.12.2006 (Fn. 463), BFH/NV 2007, 450; Beschl. v. 04.12.2006 (Fn. 463), BFH/NV 2007, 451; Beschl. v. 05.12.2006 (Fn. 463), BFH/NV 2007, 490; Beschl. v. 14.03.2007 (Fn. 463), BFH/NV 2007, 1176; Beschl. v. 24.04.2007 (Fn. 463), BFH/NV 2007, 1465; Beschl. v. 24.04.2007 (Fn. 463), BFH/NV 2007, 1521; Beschl. v. 17.08.2007, XI B 83/07, BFH/NV 2007, 2141 f.; Beschl. v. 14.09.2007 (Fn. 463), BFH/NV 2008, 25; Beschl. v. 07.12.2007 (Fn. 463), BFH/NV 2008, 590; Beschl. v. 07.12.2007 (Fn. 463), BFH/NV 2008, 613; Beschl.

angefochtenen Urteils aufzuzeigen[466]. Die NZB ist vielmehr ausschließlich auf die Eröffnung der Revisionsinstanz gerichtet; erst dort findet dann entsprechend dem Prüfungsmaßstab des § 118 I 1 FGO eine Überprüfung dahingehend statt, ob das angefochtene finanzgerichtliche Urteil auf der Verletzung von Bundesrecht beruht[467]. Demnach genügt die alleinige Behauptung der *sachlichen Unrichtigkeit* des finanzgerichtlichen Urteils auch nach der Neufassung der Zulassungsgründe des § 115 II FGO durch das 2. FGOÄndG zur Darlegung eines Zulassungsgrundes grds. nicht, da derartige Einwände regelmäßig nur i.R. einer Revisionsbegründung erheblich sein können[468]. Dies gilt sowohl für die Darlegung der *grundsätzlichen Bedeutung der Rechtssache* gemäß § 115 II Nr. 1 FGO[469] als auch für die Darlegung der Erforderlichkeit einer Entscheidung des BFH zur *Fortbildung des Rechts* gemäß § 115 II Nr. 2 Alt. 1 FGO[470] bzw. zur *Sicherung einer einheitlichen Rechtsprechung* nach § 115 II Nr. 2 Alt. 2 FGO[471]. Hier ist es jeweils vielmehr stets erforderlich, dass – über die Rüge fehlerhafter materieller Rechtsanwendung hinaus – anhand der jeweiligen Tatbestandsmerkmale das Vorliegen mindestens eines spezifischen Revisionszulassungsgrundes herausgearbeitet wird[472].

---

v. 15.01.2008 (Fn. 463), BFH/NV 2008, 753; Beschl. v. 20.02.2008 (Fn. 463), BFH/NV 2008, 980; Beschl. v. 10.02.2011 (Fn. 463), BStBl. II 2011, 657, 658; *Lange* HHSp., § 116 FGO Tz. 159 (Lfg. 194 Juni 2007); *Seer*, in: T/K, § 116 FGO Tz. 35 (Lfg. 131 Oktober 2012).

466 Gräber/*Ruban*[6], § 116 FGO Tz. 27.

467 Zu der unterschiedlichen Zielausrichtung von NZB und Revision und den sich daraus ergebenden unterschiedlichen Prüfungsprogrammen dieser beiden Rechtsmittel ausführlich bereits oben unter I.5. (S. 103 ff., dort S. 106) und vorstehend unter 1. (S. 107 f.).

468 Siehe *Seer*, in: T/K, § 116 FGO Tz. 35 (Lfg. 131 Oktober 2012). Vgl. teilweise auch die Rechtsprechungsnachweise in Fußnote 463.

469 *BFH*, Beschl. v. 24.01.2005, III B 29/04, BFH/NV 2005, 1141, 1142; Beschl. v. 28.01.2005, III B 91/04, BFH/NV 2005, 1141; Beschl. v. 06.03.2006, X B 104/05, BFH/NV 2006, 1136, 1137; Beschl. v. 11.01.2007 (Fn. 463), BFH/NV 2007, 985; Beschl. v. 29.01.2007, III B 169/05, BFH/NV 2007, 858; Beschl. v. 22.02.2007, VI B 29/06, BFH/NV 2007, 969 f.; Beschl. v. 14.09.2007 (Fn. 463), BFH/NV 2008, 25; Beschl. v. 11.12.2007, VII B 172/07, BFH/NV 2008, 748, 749; Beschl. v. 30.01.2008, V B 72/06, BFH/NV 2008, 812. Überdies *Lange* HHSp., § 116 FGO Tz. 159 (Lfg. 194 Juni 2007); *Seer*, in: T/K, § 116 FGO Tz. 35 (Lfg. 131 Oktober 2012).

470 Siehe *BFH*, Beschl. v. 18.02.2005, II B 17/04, n.v. (juris); Beschl. v. 26.02.2008, XI B 169/07, BFH/NV 2008, 830, 831; *Lange* HHSp., § 116 FGO Tz. 159 (Lfg. 194 Juni 2007); *Seer*, in: T/K, § 116 FGO Tz. 35 (Lfg. 131 Oktober 2012).

471 Vgl. *BFH*, Beschl. v. 19.01.2005 (Fn. 465), BFH/NV 2005, 900; Beschl. v. 18.02.2005 (Fn. 470), n.v. (juris); Beschl. v. 22.02.2007 (Fn. 469), BFH/NV 2007, 969, 970; Beschl. v. 17.08.2007 (Fn. 465), BFH/NV 2007, 2141 f.; Beschl. v. 26.02.2008 (Fn. 470), BFH/NV 2008, 830, 831; Beschl. v. 28.04.2010 (Fn. 463), BStBl. II 2010, 747, 748; *Lange* HHSp., § 116 FGO Tz. 159 (Lfg. 194 Juni 2007); *Seer*, in: T/K, § 116 FGO Tz. 35 (Lfg. 131 Oktober 2012).

472 Ebenso *Seer*, in: T/K, § 116 FGO Tz. 35 (Lfg. 131 Oktober 2012).

Die NZB kann jedoch nach Neufassung des § 115 II FGO durch das 2. FGOÄndG ganz ausnahmsweise auch damit begründet werden, dass es sich über die bloße fehlerhafte materielle Rechtsanwendung hinaus um einen *gravierenden/schwerwiegenden Rechtsanwendungsfehler des FG von erheblichem Gewicht* handelt[473].

e) Unzulässigkeit des Vorbringens neuer Tatsachen

Das Vorbringen neuer Tatsachen i.R.d. Geltendmachung eines Revisionszulassungsgrundes ist grds. unzulässig. Bei der Darlegung eines Zulassungsgrundes ist vielmehr von den seitens des FG getroffenen Tatsachenfeststellungen auszugehen, da der BFH im NZB-Verfahren ebenso wie im Revisionsverfahren gemäß § 118 II FGO an die tatsächlichen Feststellungen des FG und an dessen Tatsachenwürdigung gebunden ist[474].

Neue Tatsachen, die vom FG nicht festgestellt worden sind, können im NZB-Verfahren ausnahmsweise nur dann vorgebracht werden, wenn und soweit damit Verfahrensrügen begründet werden[475].

---

473 Gräber/*Ruban*[6], § 116 FGO Tz. 27; *Lange* HHSp., § 116 FGO Tz. 159 (Lfg. 194 Juni 2007); *Seer*, in: T/K, § 116 FGO Tz. 35 a.E. (Lfg. 131 Oktober 2012). Zur Frage des einschlägigen Revisionszulassungsgrundes **kritisch** nachfolgend unter B.I.1.d) bb) (S. 142 ff.), dort v.a. (2) (S. 144 ff.), u. B.III.1.c)aa) (S. 263 ff., dort S. 266 f.) sowie im 4. Abschnitt unter B.I.2. (S. 472 ff.), dort v.a. b)bb) (S. 488 ff.). Zu den Anforderungen im Einzelnen nachstehend unter B.III.1.c) (S. 258 ff.) sowie B.III.2.b) (S. 348 ff.).

474 *BFH*, Beschl. v. 10.02.2005, VI B 113/04, BStBl. II 2005, 488 f.; Beschl. v. 02.08.2005, IV B 185/03, BFH/NV 2005, 2224; Beschl. v. 10.11.2005, VI B 75/05, BFH/NV 2006, 530, 531; Beschl. v. 15.09.2006, IX B 209/05, BFH/NV 2007, 80, 81; Beschl. v. 18.09.2006, IX B 154/05, BFH/NV 2007, 31, 32; Beschl. v. 25.10.2007, VIII B 41/07, BFH/NV 2008, 189, 190; Beschl. v. 27.03.2009, VIII B 184/08, BStBl. II 2009, 850, 852; *Beermann*, in: BG, § 116 FGO Tz. 47 (Lfg. 66 September 2007); Gräber/*Ruban*[6], § 116 FGO Tz. 30; *Lange* HHSp., § 116 FGO Tz. 167 (Lfg. 194 Juni 2007); *Seer*, in: T/K, § 116 FGO Tz. 36 (Lfg. 131 Oktober 2012); *Weyreuther*, Revisionszulassung und NZB, Tz. 216. – Zur Geltung der Bindung des BFH an die tatsächlichen Feststellungen des FG gemäß § 118 II FGO im NZB-Verfahren s. auch *Lange* HHSp., § 118 FGO Tz. 16, 17 u. 19 (Lfg. 208 Juni 2010); *Seer*, in: T/K, § 118 FGO Tz. 4 (Lfg. 117 Oktober 2008). – Zur *Ausnahme* hinsichtlich der Bindung des BFH an die tatsächlichen Feststellungen des FG im Hinblick auf die in jedem Verfahresstadium von Amts wegen zu prüfende *Prozessfähigkeit* s. *Lange* HHSp., § 116 FGO Tz. 167 (Lfg. 194 Juni 2007); *Seer*, in: T/K, § 116 FGO Tz. 36 m.w.N. (Lfg. 131 Oktober 2012).

475 Beschl. v. 25.10.2007 (Fn. 474), BFH/NV 2008, 189, 190; *Lange* HHSp., § 116 FGO Tz. 167 (Lfg. 194 Juni 2007). § 118 II Hs. 2 FGO spricht insoweit zwar davon, dass der BFH an die im angefochtenen Urteil getroffenen tatsächlichen Feststellungen nicht gebunden sein soll, wenn in Bezug auf diese Feststellungen „zulässige und begründete Revisionsgründe vorgebracht sind“. Damit gemeint sind aber Verfahrensrügen, da die in § 118 II Hs. 2 FGO genannten Revisionsgründe nur darin

f) Besonderheiten hinsichtlich der Begründung einer NZB bei Mehrfachbegründung des angefochtenen finanzgerichtlichen Urteils

Wie bereits vorstehend unter I.3. (S. 92 ff.) dargestellt, sind bei Mehrfachbegründung des angefochtenen finanzgerichtlichen Urteils im Hinblick auf das Vorliegen eines Revisionszulassungsgrundes i.S.d. § 115 II FGO Besonderheiten zu beachten.

Entsprechend der dortigen Ausführungen erfordert eine ordnungsgemäße Beschwerdebegründung in Fällen einer sog. *kumulativen Mehrfachbegründung* – wenn also das finanzgerichtliche Urteil nebeneinander auf mehrere Gründe gestützt wird, die die Entscheidung jeweils selbständig tragen[476] –, dass der Beschwerdeführer gegenüber jeder der selbständig tragenden Urteilsbegründungen mindestens einen Zulassungsgrund i.S.d. § 115 II FGO form- und fristgerecht darlegt[477]. Die Revision kann in derartigen Fällen folglich nicht zugelassen werden, wenn auch nur eine tragende Begründung besteht, gegen die die NZB nicht durchgreift[478].

---

bestehen können, dass die tatsächlichen Feststellungen unter Verletzung des Prozessrechts getroffen worden sind, vgl. *Lange* HHSp., § 118 FGO Tz. 225 m.w.N. (Lfg. 208 Juni 2010); *Seer*, in: T/K, § 118 FGO Tz. 91 (Lfg. 117 Oktober 2008).

476 Zur Unterscheidung von *kumulativer* und *alternativer* Mehrfachbegründung ausführlich vorstehend unter I.3. (S. 92 ff.).

477 So die st. Rspr. des BFH, s. z.B. *BFH*, Beschl. v. 04.09.2002, IX B 184/01, BFH/NV 2003, 183; Beschl. v. 20.11.2002, X B 48/01, BFH/NV 2003, 317; Beschl. v. 30.01.2003, VIII B 155/02, BFH/NV 2003, 881; Beschl. v. 24.03.2003, II B 41/02, BFH/NV 2003, 1067; Beschl. v. 23.06.2003, III B 152/02, BFH/NV 2003, 1290; Beschl. v. 06.10.2003, VII B 130/03, BFH/NV 2004, 215, 216; Beschl. v. 18.03.2004, VII B 53/03, BFH/NV 2004, 978, 979; Beschl. v. 05.05.2004, VIII B 168/03, BFH/NV 2004, 1524; Beschl. v. 08.07.2004, VII B 35/04, BFH/NV 2004, 1621; Beschl. v. 09.12.2004, V B 85/04, BFH/NV 2005, 712, 713; Beschl. v. 23.12.2004, III B 14/04, BFH/NV 2005, 667, 668; Beschl. v. 21.01.2005, VIII B 163/03, BFH/NV 2005, 835; Beschl. v. 08.04.2005, V B 116, 117/03, n.v. (juris); Beschl. v. 10.05.2005, VIII B 121/04, BFH/NV 2005, 1776; Beschl. v. 27.01.2006, II B 6/05, BFH/NV 2006, 908, 909; Beschl. v. 06.03.2006, X B 102/05, BFH/NV 2006, 1134, 1135; Beschl. v. 29.05.2006, V B 186/04, BFH/NV 2006, 1613, 1614; Beschl. v. 13.07.2006, VII B 296/05, BFH/NV 2006, 1799; Beschl. v. 30.08.2006, VIII B 347/04, BFH/NV 2007, 71, 72; Beschl. v. 12.10.2006, V B 160/05, BFH/NV 2007, 92; Beschl. v. 16.01.2007, X B 5/06, BFH/NV 2007, 720; Beschl. v. 21.08.2007, VII B 247/06, BFH/NV 2008, 75, 76; Beschl. v. 07.09.2007, VII B 180/06, BFH/NV 2008, 16, 17; Beschl. v. 21.11.2007, XI B 101/06, BFH/NV 2008, 396; Beschl. v. 04.12.2007, VIII B 42/07, BFH/NV 2008, 802, 803; Beschl. v. 07.12.2007, III B 172/06, BFH/NV 2008, 558, 559; Beschl. v. 07.01.2014, X B 191/13, BFH/NV 2014, 695, 696. Zudem Gräber/*Ruban*[6], § 116 FGO Tz. 28; *Lange* HHSp., § 116 FGO Tz. 168 (Lfg. 194 Juni 2007); *Seer*, in: T/K, § 116 FGO Tz. 37 u. 56 (Lfg. 131 Oktober 2012). Vgl. aus der zivilgerichtlichen Rechtsprechung *BGH*, Beschl. v. 29.09.2005, IX ZB 430/02, NJW-RR 2006, 142, zu §§ 575 III Nr. 2, 574 II ZPO.

478 So auch *BFH*, Beschl. v. 29.05.2006 (Fn. 477), BFH/NV 2006, 1613, 1614; Beschl. v. 12.10.2006 (Fn. 477), BFH/NV 2007, 92; *Seer*, in: T/K, § 116 FGO Tz. 37 (Lfg. 131

Anders verhält es sich hingegen in Fällen sog. *alternativer Mehrfachbegründung*, bei der die einzelnen Begründungsteile die Entscheidung des FG nicht selbständig, sondern nur gemeinsam tragen. Da es hier bereits genügt, dass hinsichtlich einer der *alternativen Urteilsbegründungen* ein Revisionszulassungsgrund vorliegt, muss der Beschwerdeführer insoweit auch nur hinsichtlich einer dieser *alternativen Begründungen* einen Zulassungsgrund geltend machen, um den Begründungsanforderungen des § 116 III 3 FGO gerecht zu werden[479].

B. Die einzelnen Revisionszulassungsgründe des § 115 II Nrn. 1 u. 2 FGO und die jeweiligen Anforderungen an ihre Darlegung i.R.d. Begründung einer NZB gemäß § 116 III 3 FGO

Nachdem nun vorstehend in einem *Allgemeinen Teil* einige Aspekte aufgezeigt worden sind, denen für sämtliche Revisionszulassungsgründe Relevanz zukommt, und im Anschluss daran die Anforderungen herausgearbeitet worden sind, die bei jeder NZB-Begründung – losgelöst von dem ihr zugrunde liegenden Zulassungsgrund – Beachtung finden müssen, soll nachfolgend die Rechtsprechung des BFH zu den einzelnen Revisionszulassungsgründen des § 115 II Nrn. 1 u. 2 FGO sowie den jeweiligen Anforderungen an ihre Darlegung i.R.d. Begründung einer NZB gemäß § 116 III 3 FGO näher betrachtet werden.

Oktober 2012). – Wenig nachvollziehbar sind insoweit die Ausführungen von *Lange* HHSp., § 116 FGO Tz. 168 (Lfg. 194 Juni 2007), wonach es in derartigen Fällen *kumulativer Mehrfachbegründung* nicht genüge, nur hinsichtlich der tragenden Begründungen des FG einen Zulassungsgrund darzulegen. Denn die Fälle der sog. *kumulativen Mehrfachbegründung* zeichnen sich – wie *Lange* in Tz. 168 zuvor auch selbst ausführt – gerade dadurch aus, dass das FG seine Entscheidung nebeneinander auf mehrere Gründe gestützt hat, die die Entscheidung jeweils selbständig tragen. Folglich muss auch hinsichtlich jeder rechtlich selbständig tragenden Erwägung mindestens ein Revisionszulassungsgrund greifen, was der Beschwerdeführer i.R.d. Begründungsanforderungen des § 116 III 3 FGO im Einzelnen darzulegen hat. Da sich das Darlegungserfordernis also gerade auf die jeweiligen tragenden Entscheidungsgründe, nach der Auffassung *Langes* hingegen jedoch nicht auf etwaige beiläufige Bemerkungen, sog. *obiter dicta*, bezieht (vgl. *Lange* HHSp., § 115 FGO Tz. 123 [Lfg. 192 Oktober 2006] u. § 116 FGO Tz. 168 a.E. [Lfg. 194 Juni 2007]), ist nicht ganz klar, was *Lange* meint, wenn er ausführt, dass es nicht genüge, *nur* hinsichtlich der tragenden Begründungen einen Zulassungsgrund darzulegen. – Zur *Abgrenzung* zwischen tragenden Entscheidungsgründen und nicht tragenden Rechtsausführungen s. Fußnote 345.

479 Vgl. sinngemäß Gräber/*Ruban*[6], § 116 FGO Tz. 28 a.E.; *Lange* HHSp., § 116 FGO Tz. 168 (Lfg. 194 Juni 2007); *Seer*, in: T/K, § 116 FGO Tz. 37 (Lfg. 131 Oktober 2012). Zudem aus der verwaltungsgerichtlichen Rechtsprechung *BVerwG*, Beschl. v. 26.05.1993, 4 NB 3/93, NVwZ 1994, 269.

I. Der Revisionszulassungsgrund der ‚Grundsätzlichen Bedeutung der Rechtssache' gemäß § 115 II Nr. 1 FGO und die Anforderungen an seine Darlegung i.R.d. Begründung einer NZB gemäß §§ 116 III 3, 115 II Nr. 1 FGO

1. *Die ‚Grundsätzliche Bedeutung der Rechtssache' – § 115 II Nr. 1 FGO*

Zu Beginn des in § 115 II FGO normierten Kanons der Zulassungsgründe steht in § 115 II Nr. 1 FGO die sog. *Grundsatzrevision.* Danach ist die Revision zuzulassen, wenn *die Rechtssache grundsätzliche Bedeutung hat.*

a) Der Begriff der ‚Grundsätzlichen Bedeutung' in der FGO

Der Begriff der *‚Grundsätzlichen Bedeutung'* findet sich in der FGO außerhalb des Revisionszulassungsrechts der §§ 115, 116 FGO noch an zwei weiteren Stellen.

aa) § 6 FGO – Übertragung des Rechtsstreits auf den Einzelrichter

Er taucht zunächst in § 6 I FGO auf, der sich mit der Übertragung des Rechtsstreits auf den Einzelrichter befasst. § 6 I FGO knüpft die Möglichkeit des Senats, den Rechtsstreit einem seiner Mitglieder als Einzelrichter zur Entscheidung zu übertragen, dabei an zwei Voraussetzungen: Erforderlich ist einerseits, dass *die Sache keine besonderen Schwierigkeiten tatsächlicher oder rechtlicher Art aufweist* (§ 6 I Nr. 1 FGO), und andererseits, dass *die Rechtssache keine grundsätzliche Bedeutung hat* (§ 6 I Nr. 2 FGO). Korrespondierend dazu bestimmt § 6 III 1 FGO, dass der Einzelrichter nach Anhörung der Beteiligten den Rechtsstreit auf den Senat zurückübertragen kann, wenn sich aus einer wesentlichen Änderung der Prozesslage ergibt, dass *die Rechtssache grundsätzliche Bedeutung hat* oder *die Sache besondere Schwierigkeiten tatsächlicher oder rechtlicher Art aufweist*[480].

Nach überwiegender Ansicht deckt sich der Begriff der ‚Grundsätzlichen Bedeutung', die nach § 6 I Nr. 2 FGO einer Übertragung des Rechtsstreits auf den Einzelrichter entgegensteht und nach § 6 III 1 FGO zu einer Rückübertragung des Rechtsstreits auf den Senat führen kann, weitgehend mit dem gleichlautenden revisionszulassungsrechtlichen Begriff in § 115 II Nr. 1 FGO, so dass die beiden Vorschriften diesbzgl. nahezu inhaltsgleich interpretiert bzw. insoweit zumindest Parallelen gezogen werden können[481]. Dies folgt zum einen aus der

480 Zur Bedeutung der Rechtsfigur des sog. *‚fakultativen Einzelrichters'* gemäß § 6 FGO im System des finanzgerichtlichen Rechtsschutzes, insbesondere im Hinblick auf die Gewährung bzw. Versagung eines effektiven Individualrechtsschutzes im Zusammenspiel mit dem finanzgerichtlichen Revisionszulassungsrecht, ausführlich später im 4. Abschnitt unter A.II.3.a) (S. 398 f.) u. v.a. A.II.3.b) (S. 399 ff.) sowie A.II.4. (S. 418 ff.).

481 *Bartone*, in: KvW[19], § 6 FGO Tz. 6; *Brandis*, in: T/K, § 6 FGO Tz. 8 (Lfg. 115 April 2008); *Buciek*, DStR 1993, 118 f.; *ders.*, in: BG, § 6 FGO Tz. 52 u. 53 (Lfg. 20 Juli 1999); Gräber/*Koch*[6], § 6 FGO Tz. 12; *Gramich*, DStR 1993, 6, 7; *Klein/Probst*, DB

terminologischen Übereinstimmung der beiden Bestimmungen[482]. Zum anderen entspricht es der zu § 348 ZPO a.F., jetzt § 348a ZPO[483], vertretenen Auffassung[484], die vorliegend unter dem Gesichtspunkt der Einheit der Rechtsordnung vergleichsweise herangezogen werden kann, da § 6 FGO dieser Vorschrift (d.h. § 348 ZPO a.F.) nachgebildet ist[485] und die Fassungen beider Vorschriften somit einen fast identischen Wortlaut aufweisen[486].

Bei der Auslegung des Begriffs der ‚Grundsätzlichen Bedeutung' i.R.d. § 6 FGO ist jedoch stets *zusätzlich* zu beachten, dass es sich beim FG, bei dem § 6 FGO ausschließlich Anwendung findet[487], im Gegensatz zum BFH nicht nur um eine

---

1993, 1387 Fußnote 10; *Kretzschmar*, BB 1993, 545, 546; *Loose*, AO-StB 2009, 52, 54; *Rößler*, DStZ 1993, 97, 100; Schwarz/*Fu*, § 6 FGO Tz. 9 (Lfg. 29 11/2007); *Seer*, in: T/L, Steuerrecht[21], § 22 Tz. 65; *Sunder-Plassmann* HHSp., § 6 FGO Tz. 43 (Lfg. 175 Oktober 2002).

482 *Brandis*, in: T/K, § 6 FGO Tz. 8 (Lfg. 115 April 2008); *Buciek*, DStR 1993, 118, 119.

483 Bis zum 31.12.2001 enthielt § 348 ZPO eine Regelung über den Einzelrichter bei der Zivilkammer, wonach diese den Rechtsstreit i.d.R. einem ihrer Mitglieder als Einzelrichter zur Entscheidung übertragen sollte, wenn *die Rechtssache keine grundsätzliche Bedeutung hatte* (Abs. 1 Nr. 2), und wonach der Einzelrichter nach Anhörung der Parteien den Rechtsstreit auf die Zivilkammer zurückübertragen konnte, wenn sich aus einer wesentlichen Änderung der Prozesslage ergab, dass *die Entscheidung von grundsätzlicher Bedeutung ist* (Abs. 4 Satz 1). Seit dem 01.01.2002 normiert § 348 ZPO den sog. *originären Einzelrichter*, der gemäß § 348 III 1 Nr. 2 ZPO den Rechtsstreit der Zivilkammer zur Entscheidung über eine Übernahme vorlegt, wenn *die Rechtssache grundsätzliche Bedeutung hat.* Der bis zum 31.12.2001 geltende § 348 ZPO findet sich nunmehr – auch veranlasst durch eine Anpassung an den geltenden = neuen § 348 ZPO – in leicht modifizierter Form in § 348a ZPO, sog. *obligatorischer Einzelrichter.* Nach dessen Abs. 1 Nr. 2 überträgt die Zivilkammer, wenn eine originäre Einzelrichterzuständigkeit nach § 348 I ZPO nicht begründet ist, die Sache durch Beschluss einem ihrer Mitglieder als Einzelrichter zur Entscheidung, wenn *die Rechtssache keine grundsätzliche Bedeutung hat.* Korrespondierend dazu legt der Einzelrichter den Rechtsstreit der Zivilkammer gemäß § 348a II 1 Nr. 1 Alt. 2 ZPO zur Entscheidung über eine Übernahme vor, wenn sich aus einer wesentlichen Änderung der Prozesslage *die grundsätzliche Bedeutung der Rechtssache* ergibt.

484 Vgl. z.B. Zöller/*Greger*[26], § 348 ZPO Tz. 22 u. § 348a ZPO Tz. 2, woraus m.E. hervorgeht, dass hier zwar auch Unterschiede bestehen, dass aber vom Grundsatz her auf den revisionszulassungsrechtlichen Begriff (§ 543 II 1 Nr. 1 ZPO) und die dortige Interpretation zurückgegriffen werden kann.

485 Gräber/*Koch*[6], § 6 FGO Tz. 1; *Rößler*, DStZ 1993, 97, 98, dort aber zugleich *kritisch* im Hinblick auf eine *unbesehene* Übertragung der zu § 348 ZPO a.F. gewonnenen Auslegungsergebnisse.

486 *Buciek*, DStR 1993, 118, 119; *Gramich*, DStR 1993, 6, 7.

487 Die Regelung des § 6 FGO bezieht sich hingegen nicht auf den BFH, vgl. *Brandis*, in: T/K, § 6 FGO Tz. 1 (Lfg. 115 April 2008); *Seer*, in: T/K, § 121 FGO Tz. 4 (Lfg. 119 Mai 2009).

Rechts-, sondern auch um eine Tatsacheninstanz handelt. Das hat zur Folge, dass die Rechtssache *auch dann* als *grundsätzlich bedeutsam* anzusehen ist, wenn (lediglich) die in dem Rechtsstreit zu treffenden Tatsachenfeststellungen aller Voraussicht nach für zahlreiche weitere Verfahren von Bedeutung sein werden[488]. Demnach können *Musterprozesse* auch dann wegen der grundsätzlichen Bedeutung der Rechtssache gemäß § 6 I Nr. 2 FGO nicht auf den Einzelrichter übertragen werden, wenn ihre Pilotfunktion sich nicht im rechtlichen sondern im *rein tatsächlichen* Bereich befindet[489].

bb) § 11 FGO – Zuständigkeit des Großen Senats

Des Weiteren spielt der Begriff der ‚Grundsätzlichen Bedeutung' eine Rolle im Zusammenhang mit der Zuständigkeit des Großen Senats. Insoweit normiert § 11 IV FGO, dass der erkennende Senat eine *Frage von grundsätzlicher Bedeutung* dem Großen Senat zur Entscheidung vorlegen kann, wenn das nach seiner Auffassung zur Fortbildung des Rechts oder zur Sicherung einer einheitlichen Rechtsprechung erforderlich ist, sog. *Grundsatzanrufung.*

---

488 *Brandis*, in: T/K, § 6 FGO Tz. 8 (Lfg. 115 April 2008); *Buciek*, DStR 1993, 118, 119; *ders.*, in: BG, § 6 FGO Tz. 53 (Lfg. 20 Juli 1999); Gräber/*Koch*[6], § 6 FGO Tz. 12; *Müller-Eiselt*, ZfZ 1994, 258 f., der jedoch darüber hinausgehend anführt, dass der Begriff der ‚Grundsätzlichen Bedeutung' in § 6 I Nr. 2 FGO nicht inhaltsgleich mit dem gleichlautenden revisionszulassungsrechtlichen Begriff in § 115 II Nr. 1 FGO sei, zumal er nicht abstrakt-generell, sondern *konkret-individuell* verstanden werden müsse; *Sunder-Plassmann* HHSp., § 6 FGO Tz. 44 (Lfg. 175 Oktober 2002). Vgl. aus der zivilprozessualen Literatur *Rosenberg/Schwab/Gottwald*, ZivilProzR[15], S. 631; Zöller/*Greger*[26], § 348 ZPO Tz. 22 u. § 348a ZPO Tz. 2. Vgl. zudem aus der einschlägigen verwaltungsprozessualen Literatur zu § 6 VwGO als der § 6 FGO entsprechenden verwaltungsprozessualen Vorschrift Eyermann/*Geiger*[11], § 6 VwGO Tz. 17; *Kopp/Schenke*[16], § 6 VwGO Tz. 9, der i.Ü. noch darauf hinweist, dass innerhalb des Verwaltungsprozessrechts zu beachten sei, dass das Merkmal der ‚Grundsätzlichen Bedeutung' immer bezogen auf die jeweilige Vorschrift interpretiert werden müsse; **a.A.** hinsichtlich der sich auch aus tatsächlichen Gründen ergebenden grundsätzlichen Bedeutung *Schnellenbach*, DVBl. 1993, 230, 233, wonach es nicht ausreiche, dass die grundsätzliche Bedeutung des Prozesses lediglich im tatsächlichen Bereich zu suchen sei.

489 *Buciek*, DStR 1993, 118, 119, mit dem gleichzeitigen Hinweis, dass diese Besonderheit im finanzgerichtlichen Verfahren allerdings wohl eher selten Bedeutsamkeit erlangen werde. – In diesem Zusammenhang soll aber bereits jetzt darauf hingewiesen werden, dass – entgegen der einschlägigen BFH-Rechtsprechung – nach diesseits vertretener Auffassung auch *finanzielle/wirtschaftliche* sowie *soziale Auswirkungen* der Entscheidung über die aufgeworfene Rechtsfrage geeignet sind, die grundsätzliche Bedeutung der Rechtssache i.S.d. § 115 II Nr. 1 FGO zu begründen, vgl. dazu ausführlich nachfolgend unter d)bb)(1) (S. 143 f.) sowie später im 4. Abschnitt unter B.I.2.b)aa) (S. 482 ff.).

Auch in diesem Zusammenhang ist zur näheren Bestimmung des Begriffs der ‚Grundsätzlichen Bedeutung' zunächst die Auslegung zu § 115 II Nr. 1 FGO heranzuziehen[490]. Ebenso wie bei § 6 I Nr. 2 FGO und § 6 III 1 FGO muss bei der Begriffsauslegung aber auch hier *zusätzlich* der einschlägige Regelungszusammenhang sowie der spezielle Normzweck des § 11 IV FGO Berücksichtigung finden[491]. Das bedeutet, dass vorliegend – über die Anlehnung an die Auslegung des Begriffs der ‚Grundsätzlichen Bedeutung' i.S.d. § 115 II Nr. 1 FGO hinaus – mehr noch als anderswo eine besondere ‚Breitenwirkung' der zu entscheidenden Rechtsfrage als notwendig anzusehen ist[492]. Dies folgt m.E. bereits daraus, dass die Grundsatzanrufung gemäß § 11 IV FGO für die Vorlage an den Großen Senat die Tatbestandsmerkmale der *‚Erforderlichkeit zur Fortbildung des Rechts'* bzw. der *‚Erforderlichkeit zur Sicherung einer einheitlichen Rechtsprechung'* jeweils zusätzlich zur grundsätzlichen Bedeutung der entsprechenden Rechtsfrage (Vorlagefrage) und mithin *kumulativ* als *qualifizierende Merkmale grundsätzlicher Bedeutung* verlangt, während § 115 II FGO diese Merkmale *gerade nicht kumulativ, sondern vielmehr alternativ* zur Grundsatzrevision verwendet[493]. Zudem wird man im Hinblick auf die grundsätzliche Bedeutung i.S.d. § 11 IV FGO wohl auch die gleichzeitige ‚Betroffenheit mehrerer Senate' fordern müssen, da eine solche ja gerade erst ein Bedürfnis nach einer ‚richtungsweisenden Entscheidung' des Großen Senats weckt[494].

Der Begriff der *‚Grundsätzlichen Bedeutung'* ist in der FGO also außerhalb des Revisionszulassungsrechts der §§ 115, 116 FGO stets in seinem jeweiligen

---

490 *Brandis*, in: T/K, § 11 FGO Tz. 12 (Lfg. 115 April 2008); Gräber/*Ruban*[6], § 11 FGO Tz. 26; *Müller-Horn*, in: BG, § 11 FGO Tz. 21 (Lfg. 68 Januar 2008).

491 Vgl. *Sunder-Plassmann* HHSp., § 11 FGO Tz. 83 (Lfg. 194 Juni 2007).

492 *Brandis*, in: T/K, § 11 FGO Tz. 12 (Lfg. 115 April 2008); Gräber/*Ruban*[6], § 11 FGO Tz. 26 (im Vergleich zu § 115 II FGO strengere Anforderungen an die allgemeine Bedeutung der Rechtssache); *Sunder-Plassmann* HHSp., § 11 FGO Tz. 86 (Lfg. 194 Juni 2007); **a.A.** *Müller-Horn*, in: BG, § 11 FGO Tz. 21 (Lfg. 68 Januar 2008), der vorbringt, dass im Hinblick darauf, dass durch die Zulässigkeit einer Vorlage an den GrS das Recht auf den gesetzlichen Richter nach Art. 101 I 2 GG berührt werde und es sich bei dem Begriff der ‚Grundsätzlichen Bedeutung' ohnehin um einen unbestimmten Rechtsbegriff handele, derartige (einschränkende) Kriterien zu vage seien, und daher auf die gefestigte Rechtsprechung zu § 115 II Nr. 1 FGO zurückgegriffen werden sollte.

493 Vgl. insoweit auch *Seer*, BB 2000, 2387, 2388; *ders.*, StuW 2001, 3, 9; *ders.*, StuW 2003, 193, 196; *ders.*, in: T/K, § 115 FGO Tz. 43 (Lfg. 131 Oktober 2012); *Sunder-Plassmann* HHSp., § 11 FGO Tz. 91, 92 u. v.a. 96 (Lfg. 194 Juni 2007). Vgl. dazu in anderem Zusammenhang ausführlich später im 4. Abschnitt unter B.I.2.a)cc) (S. 477 f.). – Neben § 11 IV FGO gilt das auf gleiche Weise für die Parallelvorschriften der anderen Gerichtsbarkeiten, §§ 11 IV VwGO, 41 IV SGG, 132 IV GVG, 45 IV ArbGG, die allesamt dieselbe Struktur aufweisen.

494 *Brandis*, in: T/K, § 11 FGO Tz. 12 (Lfg. 115 April 2008); *Müller-Horn*, in: BG, § 11 FGO Tz. 21 (Lfg. 68 Januar 2008); *Sunder-Plassmann* HHSp., § 11 FGO Tz. 86 (Lfg. 194 Juni 2007).

Regelungszusammenhang unter Berücksichtigung der dortigen Besonderheiten zu interpretieren, auch wenn im Wesentlichen auf die Auslegung zu § 115 II Nr. 1 FGO zurückgegriffen werden kann[495].

b) ‚Grundsätzliche Bedeutung' als unbestimmter Rechtsbegriff

Bei dem Begriff der ‚Grundsätzlichen Bedeutung' gemäß § 115 II Nr. 1 FGO, auf den es im Folgenden näher einzugehen gilt, handelt es sich um einen *unbestimmten Rechtsbegriff*, durch den der Gesetzgeber die Revision auf seiner Ansicht nach revisionswürdige Prozesse beschränkt[496]. Als solcher ist er *auslegungs- und konkretisierungsbedürftig*, so dass die Anwendung dieses Begriffs stets ein nicht ein für allemal festliegendes richterliches Werturteil erfordert[497].

Schon vor Inkrafttreten des 2. FGOÄndG war der BFH bemüht, in seiner Rechtsprechung eine Konkretisierung des Begriffs der ‚Grundsätzlichen Bedeutung' vorzunehmen, wobei die Unbestimmtheit dieses Rechtsbegriffs allerdings ein teilweise unterschiedliches Verständnis nach sich zog. So forderten zunächst *alle Senate* zum bis zum 31.12.2000 geltenden Recht mindestens, dass *die für die Beurteilung des Streitfalls maßgebliche Rechtsfrage das (abstrakte) Interesse der Allgemeinheit an der einheitlichen (Fort-) Entwicklung und Handhabung des Rechts berühre*[498].

---

495 Colorandi causa ist noch darauf hinzuweisen, dass der Begriff der ‚Grundsätzlichen Bedeutung' schließlich (mittelbar) in der FGO eine Rolle spielt, wenn es um die Zulassung der Beschwerde gegen *Entscheidungen über eine Rechtswegverweisung* gemäß § 155 Satz 1 FGO i.V.m. § 17a IV 4 u. 5 GVG geht. Da es sich bei den FGen gemäß § 2 FGO um *obere Landesgerichte* i.S.d. § 17a IV 4 GVG handelt, steht den Beteiligten die Beschwerde gegen entsprechende Beschlüsse eines FG im Zusammenhang mit Entscheidungen über eine Rechtswegverweisung an den BFH nur zu, wenn das FG sie zugelassen hat (keine NZB!), wobei die Beschwerde gemäß § 17a IV 5 GVG u.a. dann zuzulassen ist, wenn *die Rechtsfrage grundsätzliche Bedeutung hat* (sog. *Grundsatzbeschwerde*), vgl. dazu ausführlich *Seer*, in: T/K, § 128 FGO Tz. 39 ff. (Lfg. 121 September 2009); Zöller/*Gummer*[26], § 17a GVG Tz. 16 u. 16a a.E.

496 *Seer*, in: T/K, § 115 FGO Tz. 41 (Lfg. 131 Oktober 2012).

497 Siehe auch *Seer*, in: T/K, § 115 FGO Tz. 41 (Lfg. 131 Oktober 2012).

498 Vgl. aus der st. Rspr. des BFH: *BFH*, Beschl. v. 20.04.1977, I B 65/76, BStBl. II 1977, 608; Beschl. v. 27.06.1985, I B 23/85, BStBl. II 1985, 605; Beschl. v. 05.05.1998, I B 24/98, BStBl. II 2000, 430, 431; Beschl. v. 21.04.1999, I B 99/98, BStBl. II 2000, 254, 255 **(I. Senat)**; Beschl. v. 24.06.1969, II B 2/68, BStBl. II 1969, 663; Beschl. v. 27.02.1991, II B 27/90, BStBl. II 1991, 465; Beschl. v. 23.01.1992, II B 64/91, BFH/NV 1992, 676; Beschl. v. 25.11.1992, II B 86/91, BStBl. II 1993, 122; Beschl. v. 10.08.1994, II B 54/94, BFH/NV 1995, 140; Beschl. v. 22.11.1995, II B 63/95, BFH/NV 1996, 390; Beschl. v. 10.12.1997, II B 12/97, BStBl. II 1998, 56, 57 **(II. Senat)**; Beschl. v. 04.02.1987, III B 151/86, BStBl. II 1987, 339; Beschl. v. 22.10.1996, III B 66/96, BFH/NV 1997, 416; Beschl. v. 26.06.2000, III B 19/00, BFH/NV 2001, 48 **(III. Senat)**; Beschl. v. 13.09.1991, IV B 105/90, BStBl. II 1992, 148, 150 **(IV. Senat)**; Beschl. v. 02.04.1997, V B 26/96, BStBl. II 1997, 443 f.; Beschl. v. 13.09.2000,

Nach einer anderen vom BFH verwendeten Formel sollte einer Rechtsfrage dann grundsätzliche Bedeutung zukommen, wenn *ihre Beantwortung/Entscheidung durch den BFH in dem angestrebten Revisionsverfahren aus Gründen der Rechtsklarheit/Rechtssicherheit, der Rechtseinheitlichkeit und/oder der Rechtsentwicklung/Rechtsfortbildung im (abstrakten) allgemeinen Interesse liege*[499]. In nicht wenigen Entscheidungen verlangte der BFH darüber hinaus sogar zusätzlich, dass es sich bei der entscheidungserheblichen Rechtsfrage zugleich um eine *aus rechtssystematischen Gründen bedeutsame und für die einheitliche Rechtsanwendung wichtige Frage* handeln müsse[500].

Aufgrund des unveränderten Wortlauts des § 115 II Nr. 1 FGO hält der BFH auch nach Inkrafttreten des 2. FGOÄndG zum 01.01.2001 an dem zuvor entwickelten und inzwischen gefestigten tradierten Verständnis des Begriffs der ‚Grundsätzlichen Bedeutung' fest. Danach kommt einer Rechtssache dann grundsätzliche Bedeutung i.S.d. § 115 II Nr. 1 FGO zu, wenn *die für die Beurteilung des Streitfalls maßgebliche Rechtsfrage das (abstrakte) Interesse der Allgemeinheit an der einheitlichen (Fort-) Entwicklung und Handhabung des Rechts berührt*[501], bzw. *ihre*

V B 60/00, BFH/NV 2001, 349 **(V. Senat)**; Beschl. v. 15.07.1966, VI B 2/66, BStBl. III 1966, 628 **(VI. Senat)**; Beschl. v. 01.02.1994, VII B 127/93, BFH/NV 1994, 873; Beschl. v. 11.11.1997, VII B 265/96, BFH/NV 1998, 753, 754; Beschl. v. 18.02.1998, VII B 253/97, BFH/NV 1998, 990; Beschl. v. 24.07.2000, VII B 233/99, BFH/NV 2001, 175 **(VII. Senat)**; Beschl. v. 26.09.1991, VIII B 41/91, BStBl. II 1991, 924, 925; Beschl. v. 31.08.1995, VIII B 21/93, BStBl. II 1995, 890, 892 **(VIII. Senat)**; Beschl. v. 04.12.1999, IX B 170/98, BFH/NV 1999, 908 **(IX. Senat)**; Beschl. v. 30.07.1998, X B 23/98, BFH/NV 1999, 205 **(X. Senat)**; Beschl. v. 16.09.1999, XI B 63/98, BFH/NV 2000, 424 **(XI. Senat)**.

499 So bspw. *BFH*, Beschl. v. 27.06.1985, I B 27/85, BStBl. II 1985, 625; Beschl. v. 01.12.1994, III B 77/94, BFH/NV 1995, 980, 981; Beschl. v. 16.07.1999, IX B 81/99, BStBl. II 1999, 760.

500 Siehe z.B. *BFH*, Beschl. v. 20.04.1977 (Fn. 498), BStBl. II 1977, 608; Beschl. v. 27.06.1985 (Fn. 498), BStBl. II 1985, 605; Beschl. v. 04.02.1987 (Fn. 498), BStBl. II 1987, 339; Beschl. v. 27.02.1991 (Fn. 498), BStBl. II 1991, 465; Beschl. v. 23.01.1992 (Fn. 498), BFH/NV 1992, 676; Beschl. v. 25.11.1992 (Fn. 498), BStBl. II 1993, 122; Beschl. v. 01.02.1994 (Fn. 498), BFH/NV 1994, 873; Beschl. v. 10.08.1994 (Fn. 498), BFH/NV 1995, 140; Beschl. v. 31.08.1995 (Fn. 498), BStBl. II 1995, 890, 892; Beschl. v. 22.10.1996 (Fn. 498), BFH/NV 1997, 416; Beschl. v. 18.02.1998 (Fn. 498), BFH/NV 1998, 990; Beschl. v. 05.05.1998 (Fn. 498), BStBl. II 2000, 430, 431; Beschl. v. 21.04.1999 (Fn. 498), BStBl. II 2000, 254, 255; Beschl. v. 04.12.1999 (Fn. 498), BFH/NV 1999, 908; Beschl. v. 26.06.2000 (Fn. 498), BFH/NV 2001, 48; Beschl. v. 13.09.2000 (Fn. 498), BFH/NV 2001, 349.

501 Aus der st. Rspr. des BFH: *BFH*, Beschl. v. 13.08.2003, I B 4/03, BFH/NV 2004, 63; Beschl. v. 01.02.2006, I B 112/05, BFH/NV 2006, 1158; Beschl. v. 24.10.2006, I B 41/06, BFH/NV 2007, 206, 207 **(I. Senat)**; Beschl. v. 22.12.2004, II B 166/03, BFH/NV 2005, 705, 707; Beschl. v. 13.01.2005, II B 171/03, BFH/NV 2005, 997, 998; Beschl. v. 27.01.2006, II B 6/05, BFH/NV 2006, 908, 909; Beschl. v. 16.08.2006, II B 144/05, BFH/NV 2006, 2261, 2262 **(II. Senat)**; Beschl. v. 17.10.2005, III B

Beantwortung/Entscheidung durch den BFH in dem angestrebten Revisionsverfahren aus Gründen der Rechtsklarheit/Rechtssicherheit, der Rechtseinheitlichkeit und/ oder der Rechtsentwicklung/Rechtsfortbildung im (abstrakten) allgemeinen Interesse liegt[502]; außerdem muss die betreffende Rechtsfrage *klärungsbedürftig* und *im kon-*

150/04, BFH/NV 2006, 330, 331 f.; Beschl. v. 26.11.2008, III B 133/08, n.v. (juris) **(III. Senat)**; Beschl. v. 30.08.2001, IV B 79, 80/01, BStBl. II 2001, 837, 839; Beschl. v. 27.05.2005, IV B 100/03, BFH/NV 2005, 1809, 1810; Beschl. v. 21.01.2010, IV B 128/08, BFH/NV 2010, 1425 **(IV. Senat)**; Beschl. v. 17.05.2002, V B 158/01, BFH/NV 2002, 1350; Beschl. v. 16.01.2004, V B 132/03, BFH/NV 2004, 987; Beschl. v. 06.05.2004, V B 101/03, BStBl. II 2004, 748, 749; Beschl. v. 12.05.2005, V B 146/03, BStBl. II 2005, 714, 715; Beschl. v. 12.05.2005, V B 119/04, BFH/NV 2005, 1826, 1827; Beschl. v. 24.11.2005, V B 102/04, BFH/NV 2006, 590; Beschl. v. 05.01.2006, V B 16/05, BFH/NV 2006, 1104, 1105; Beschl. v. 03.03.2006, V B 80/05, BFH/NV 2006, 1250, 1251; Beschl. v. 31.03.2006, V B 181/05, BFH/NV 2006, 2138, 2139; Beschl. v. 26.09.2007, V B 8/06, BStBl. II 2008, 405, 406; Beschl. v. 18.10.2007, V B 164/06, BStBl. II 2008, 263, 264 **(V. Senat)**; Beschl. v. 10.02.2005, VI B 113/04, BStBl. II 2005, 488; Beschl. v. 23.05.2006, VI B 132/05, BFH/NV 2006, 1683; Beschl. v. 10.10.2007, VI B 33/07, BFH/NV 2008, 44; Beschl. v. 12.10.2007, VI B 161/06, BFH/NV 2008, 45; Beschl. v. 24.07.2008, VI B 7/08, BFH/NV 2008, 1838; Beschl. v. 23.04.2009, VI B 118/08, BStBl. II 2010, 234, 235; Beschl. v. 27.05.2009, VI B 69/08, BStBl. II 2009, 730 f.; Beschl. v. 21.09.2009, VI B 31/09, BStBl. II 2011, 382, 383; Beschl. v. 11.03.2014, VI B 95/13, BStBl. II 2014, 525 f. **(VI. Senat)**; Beschl. v. 14.12.2001, VII B 44/01, BFH/NV 2002, 655, 656; Beschl. v. 18.12.2001, VII B 128/01, BFH/NV 2002, 620; Beschl. v. 12.03.2004, VII B 239/02, BFH/NV 2004, 1114; Beschl. v. 18.03.2004, VII B 53/03, BFH/NV 2004, 978 **(VII. Senat)**; Beschl. v. 05.05.2004, VIII B 168/03, BFH/NV 2004, 1524; Beschl. v. 19.05.2004, VIII B 245/03, BFH/NV 2004, 1524, 1525; Beschl. v. 07.10.2004, VIII B 76/04, BFH/NV 2005, 337; Beschl. v. 15.12.2004, VIII B 181/04, BFH/NV 2005, 896; Beschl. v. 27.04.2007, VIII B 250/05, BFH/NV 2007, 1675; Beschl. v. 29.05.2008, VIII B 166/07, BFH/NV 2008, 1478 **(VIII. Senat)**; Beschl. v. 28.07.2009, IX B 37/09, ZSteu 2009, R1019 **(IX. Senat)**; Beschl. v. 10.04.2003, X B 109/02, BFH/NV 2003, 1082; Beschl. v. 02.06.2004, X B 8/04, BFH/NV 2004, 1264; Beschl. v. 15.12.2004, X B 48/04, BFH/NV 2005, 698; Beschl. v. 20.06.2006, X B 55/06, BFH/NV 2006, 1694 **(X. Senat)**; Beschl. v. 29.07.2002, XI B 219/01, BFH/NV 2002, 1490; Beschl. v. 02.11.2004, XI B 142/03, BFH/NV 2005, 489, 490; Beschl. v. 31.05.2005, XI B 164/04, BFH/NV 2005, 1833 **(XI. Senat)**. Darüber hinaus Gräber/*Ruban*[6], § 115 FGO Tz. 23; *Lange* HHSp., § 115 FGO Tz. 91 (Lfg. 192 Oktober 2006); Schwarz/*Dürr*, § 115 FGO Tz. 7 (Lfg. 30 6/2008). Vgl. aus der zivilgerichtlichen Rechtsprechung *BGH*, Beschl. v. 04.07.2002, V ZR 75/02, NJW 2002, 2957; Beschl. v. 27.03.2003, V ZR 291/02, NJW 2003, 1943, 1944.

502 *BFH*, Beschl. v. 29.04.2002, IV B 29/01, BStBl. II 2002, 581; Beschl. v. 28.06.2006, IV B 75/05, BFH/NV 2006, 2243, 2244; Beschl. v. 08.02.2007, IV B 138/05, BFH/NV 2007, 1326, 1327; Beschl. v. 13.04.2007, IV B 81/06, BFH/NV 2007, 1939, 1940; Beschl. v. 21.04.2010, IV B 32/09, BFH/NV 2010, 1469 **(IV. Senat)**; Beschl. v. 12.05.2005 (Fn. 501), BStBl. II 2005, 714, 715; Beschl. v. 12.05.2005 (Fn. 501), BFH/NV 2005, 1826, 1827; Beschl. v. 24.11.2005 (Fn. 501), BFH/NV 2006, 590 **(V. Senat)**; Beschl. v. 11.06.2004, VII B 272/03, BFH/NV 2004, 1551; Beschl. v. 30.03.2005, VII

kreten Streitfall in einem künftigen Revisionsverfahren klärbar/klärungsfähig sowie *entscheidungserheblich (rechtserheblich)* sein[503]. Darüber hinaus fordert der BFH

B 272/04, BFH/NV 2005, 1507, 1508; Beschl. v. 28.06.2006, VII B 324/05, BStBl. II 2006, 692, 693 **(VII. Senat)**; Beschl. v. 15.12.2004 (Fn. 501), BFH/NV 2005, 698; Beschl. v. 30.05.2005, X B 149/04, BFH/NV 2005, 1618 **(X. Senat)**. Des Weiteren Gräber/*Ruban*[6], § 115 FGO Tz. 23.

503 Siehe *BFH*, Beschl. v. 01.02.2006 (Fn. 501), BFH/NV 2006, 1158 **(I. Senat)**; Beschl. v. 22.12.2004 (Fn. 501), BFH/NV 2005, 705, 707; Beschl. v. 13.01.2005 (Fn. 501), BFH/NV 2005, 997, 998; Beschl. v. 27.01.2006 (Fn. 501), BFH/NV 2006, 908, 909; Beschl. v. 16.08.2006 (Fn. 501), BFH/NV 2006, 2261, 2262 **(II. Senat)**; Beschl. v. 26.11.2008 (Fn. 501), n.v. (juris) **(III. Senat)**; Beschl. v. 29.04.2002 (Fn. 502), BStBl. II 2002, 581; Beschl. v. 28.06.2006 (Fn. 502), BFH/NV 2006, 2243, 2244; Beschl. v. 08.02.2007 (Fn. 502), BFH/NV 2007, 1326, 1327; Beschl. v. 13.04.2007 (Fn. 502), BFH/NV 2007, 1939, 1940; Beschl. v. 21.01.2010 (Fn. 501), BFH/NV 2010, 1425; Beschl. v. 21.04.2010 (Fn. 502), BFH/NV 2010, 1469 **(IV. Senat)**; Beschl. v. 17.05.2002 (Fn. 501), BFH/NV 2002, 1350; Beschl. v. 06.05.2004 (Fn. 501), BStBl. II 2004, 748, 749; Beschl. v. 12.05.2005 (Fn. 501), BStBl. II 2005, 714, 715; Beschl. v. 12.05.2005 (Fn. 501), BFH/NV 2005, 1826, 1827; Beschl. v. 24.11.2005 (Fn. 501), BFH/NV 2006, 590; Beschl. v. 05.01.2006 (Fn. 501), BFH/NV 2006, 1104, 1105; Beschl. v. 31.03.2006 (Fn. 501), BFH/NV 2006, 2138, 2139; Beschl. v. 26.09.2007 (Fn. 501), BStBl. II 2008, 405, 406; Beschl. v. 18.10.2007 (Fn. 501), BStBl. II 2008, 263, 264 **(V. Senat)**; Beschl. v. 10.02.2005 (Fn. 501), BStBl. II 2005, 488; Beschl. v. 23.05.2006 (Fn. 501), BFH/NV 2006, 1683; Beschl. v. 10.10.2007 (Fn. 501), BFH/NV 2008, 44; Beschl. v. 12.10.2007 (Fn. 501), BFH/NV 2008, 45; Beschl. v. 24.07.2008 (Fn. 501), BFH/NV 2008, 1838; Beschl. v. 23.04.2009 (Fn. 501), BStBl. II 2010, 234, 235; Beschl. v. 27.05.2009 (Fn. 501), BStBl. II 2009, 730 f.; Beschl. v. 21.09.2009 (Fn. 501), BStBl. II 2011, 382, 383; Beschl. v. 11.03.2014 (Fn. 501), BStBl. II 2014, 525, 526 **(VI. Senat)**; Beschl. v. 14.12.2001 (Fn. 501), BFH/NV 2002, 655, 656; Beschl. v. 18.12.2001 (Fn. 501), BFH/NV 2002, 620; Beschl. v. 18.03.2004 (Fn. 501), BFH/NV 2004, 978; Beschl. v. 11.06.2004 (Fn. 502), BFH/NV 2004, 1551; Beschl. v. 30.03.2005 (Fn. 502), BFH/NV 2005, 1507, 1508; Beschl. v. 28.06.2006 (Fn. 502), BStBl. II 2006, 692, 693 **(VII. Senat)**; Beschl. v. 15.12.2004 (Fn. 501), BFH/NV 2005, 896; Beschl. v. 29.05.2008 (Fn. 501), BFH/NV 2008, 1478 **(VIII. Senat)**; Beschl. v. 28.07.2009 (Fn. 501), ZSteu 2009, R1019 **(IX. Senat)**; Beschl. v. 10.04.2003 (Fn. 501), BFH/NV 2003, 1082; Beschl. v. 02.06.2004 (Fn. 501), BFH/NV 2004, 1264; Beschl. v. 15.12.2004 (Fn. 501), BFH/NV 2005, 698; Beschl. v. 30.05.2005 (Fn. 502), BFH/NV 2005, 1618; Beschl. v. 20.06.2006 (Fn. 501), BFH/NV 2006, 1694 **(X. Senat)**; Beschl. v. 29.07.2002 (Fn. 501), BFH/NV 2002, 1490; Beschl. v. 02.11.2004 (Fn. 501), BFH/NV 2005, 489, 490 **(XI. Senat)**. Vgl. aus der zivilgerichtlichen Rechtsprechung *BGH*, Beschl. v. 04.07.2002 (Fn. 501), NJW 2002, 2957; Beschl. v. 27.03.2003 (Fn. 501), NJW 2003, 1943, 1944. – Auch zum bis zum 31.12.2000 geltenden Recht verlangte die Rechtsprechung stets die *Klärungsbedürftigkeit, Klärbarkeit/Klärungsfähigkeit* sowie *Entscheidungserheblichkeit (Rechtserheblichkeit)* der jeweiligen Rechtsfrage. Auf eine Nennung dieser Merkmale im Text habe ich dort jedoch verzichtet, weil es mir insoweit allein auf die Herausarbeitung der unterschiedlichen Formulierungen zu dem unbestimmten Rechtsbegriff der ‚Grundsätzlichen Bedeutung' ankam.

in einigen Entscheidungen für das Vorliegen der grundsätzlichen Bedeutung der Rechtssache auch nach der Neufassung der Zulassungsgründe durch das 2. FGO-ÄndG weiterhin zusätzlich, dass es sich bei der entscheidungserheblichen Rechtsfrage zugleich um eine *aus rechtssystematischen Gründen bedeutsame und für die einheitliche Rechtsanwendung wichtige Frage* handeln müsse[504].

Unabhängig davon, dass gerade die letztgenannte Umschreibung der ,Grundsätzlichen Bedeutung' im Schrifttum nicht unerheblicher *Kritik* ausgesetzt ist[505], und ungeachtet dessen, dass die vorstehend genannten unterschiedlichen Definitionen/Formulierungen von der besonderen *Vagheit* des Begriffs der ,Grundsätzlichen Bedeutung der Rechtssache' zeugen[506], bleibt festzuhalten, dass der BFH in langjähriger Rechtsprechungsarbeit bemüht gewesen ist, den unbestimmten Rechtsbegriff der ,Grundsätzlichen Bedeutung der Rechtssache' näher zu konkretisieren. Neben dem sich bereits unmittelbar aus dem Wortlaut des § 115 II Nr. 1 FGO ergebenden Tatbestandsmerkmal der *Rechtssache* (dazu nachfolgend unter c) [S. 138 f.]) hat er aus dem Begriff der ,Grundsätzlichen Bedeutung' die weiteren Tatbestandsmerkmale des *(abstrakten) Allgemeininteresses* (dazu nachfolgend unter d) [S. 139 ff.]), der *Klärungsbedürftigkeit* (dazu nachfolgend unter e) [S. 147 ff.]) sowie der *Klärungsfähigkeit und Entscheidungserheblichkeit* (dazu nachfolgend unter f) [S. 155 ff.]) herausgebildet.

Aufgrund der Herausbildung dieser einzelnen Tatbestandsmerkmale durch die Rechtsprechung (u.a.) des BFH wird der Begriff der ,Grundsätzlichen Bedeutung der Rechtssache' überwiegend als überkommener, hinreichend eingrenzbarer und

---

504 Vgl. *BFH*, Beschl. v. 22.12.2004 (Fn. 501), BFH/NV 2005, 705, 707 **(II. Senat)**; Beschl. v. 26.11.2008 (Fn. 501), n.v. (juris) **(III. Senat)**; Beschl. v. 30.08.2001 (Fn. 501), BStBl. II 2001, 837, 840; Beschl. v. 28.06.2006 (Fn. 502), BFH/NV 2006, 2243, 2244; Beschl. v. 13.04.2007 (Fn. 502), BFH/NV 2007, 1939, 1940; Beschl. v. 21.04.2010 (Fn. 502), BFH/NV 2010, 1469 **(IV. Senat)**; Beschl. v. 17.05.2002 (Fn. 501), BFH/NV 2002, 1350; Beschl. v. 16.01.2004 (Fn. 501), BFH/NV 2004, 987; Beschl. v. 12.05.2005 (Fn. 501), BFH/NV 2005, 1826, 1827 **(V. Senat)**; Beschl. v. 14.12.2001 (Fn. 501), BFH/NV 2002, 655, 656; Beschl. v. 18.12.2001 (Fn. 501), BFH/NV 2002, 620; Beschl. v. 18.03.2004 (Fn. 501), BFH/NV 2004, 978 **(VII. Senat)**; Beschl. v. 05.05.2004 (Fn. 501), BFH/NV 2004, 1524; Beschl. v. 19.05.2004 (Fn. 501), BFH/NV 2004, 1524, 1525; Beschl. v. 07.10.2004 (Fn. 501), BFH/NV 2005, 337; Beschl. v. 27.04.2007 (Fn. 501), BFH/NV 2007, 1675; Beschl. v. 29.05.2008 (Fn. 501), BFH/NV 2008, 1478 **(VIII. Senat)**; Beschl. v. 20.06.2006 (Fn. 501), BFH/NV 2006, 1694 **(X. Senat)**; Beschl. v. 29.07.2002 (Fn. 501), BFH/NV 2002, 1490; Beschl. v. 02.11.2004 (Fn. 501), BFH/NV 2005, 489, 490; Beschl. v. 15.06.2007, XI B 93/06, BFH/NV 2007, 1650 **(XI. Senat)**. Zudem Gräber/*Ruban*[6], § 115 FGO Tz. 23; Schwarz/*Dürr*, § 115 FGO Tz. 7 (Lfg. 30 6/2008).

505 Vgl. dazu ausführlich später im 4. Abschnitt unter B.I.1.c) (S. 469 ff., dort S. 470 ff.).

506 *List*, DB 2000, 2294, 2296; *Seer*, BB 2000, 2387, 2389; *ders.*, StuW 2001, 3, 10; *ders.*, in: T/K, § 115 FGO Tz. 41 u. 54 (Lfg. 131 Oktober 2012). Angesprochen wird die *inhaltliche Unbestimmtheit* der diversen Definitionen/Formulierungen auch von *Bleschick*, Revisionszulassungsgründe im Spannungsverhältnis, S. 87 f. u. 94.

durch die Rechtsprechung – auch in anderen Gerichtszweigen – bereits weitgehend ausgefüllter Rechtsbegriff angesehen, der als Kriterium für die Zulassung der Revision – da hinreichend bestimmt – auch mit dem Grundgesetz vereinbar sei[507]. Denn zum einen sei dem Gesetzgeber bei der Regelung des Zugangs zum Revisionsgericht die Verwendung unbestimmter Rechtsbegriffe grds. nicht verwehrt; zum anderen könne von einer Verletzung des aus dem Rechtsstaatsprinzip gemäß Art. 20 III GG abgeleiteten Bestimmtheitsgebots erst dann gesprochen werden, wenn es der Rechtsprechung innerhalb angemessener Zeit nicht gelinge, die unbestimmten Rechtsbegriffe so zu konkretisieren, dass die Voraussetzungen der Revisionszulassung für den Rechtsschutzsuchenden erkennbar seien[508].

Auch wenn vorliegend eine umfangreiche Judikatur existiert, die den Rechtsbegriff der ‚Grundsätzlichen Bedeutung der Rechtssache' durch die Herausbildung der einzelnen o.g. Tatbestandsmerkmale zunächst konkretisiert hat, drängt sich aber die Frage auf, ob der BFH nicht eine zu unbestimmte sowie restriktive Auslegung des Zulassungsgrundes der ‚Grundsätzlichen Bedeutung der Rechtssache' und der einzelnen hierzu von ihm entwickelten Tatbestandsmerkmale einschließlich der jeweiligen Konkretisierungen vornimmt, und inwieweit seine Anforderungen an die Darlegung dieses Zulassungsgrundes i.R.d. Begründung einer NZB möglicherweise zu streng und überzogen erscheinen, worauf im Verlauf dieser Arbeit noch detailliert einzugehen sein wird[509].

---

507 So explizit *BVerfG*, Beschl. v. 09.08.1978, 2 BvR 831/76, BVerfGE 49, 148, 156 m.w.N., zu § 554b I ZPO a.F.: Keine ‚vage Generalklausel', die die Annahme- (jetzt Zulassungs-) Entscheidung in das Belieben des Gerichts stelle; vgl. zudem *BVerfG*, Beschl. v. 08.01.2004, 1 BvR 864/03, NJW 2004, 1371, 1372 (1. Kammer des Ersten Senats, Nichtannahmebeschluss), zu der mit § 115 II Nr. 1 FGO übereinstimmenden Regelung in § 543 II 1 Nr. 1 ZPO. Aus dem Schrifttum Gräber/*Ruban*[6], § 115 FGO Tz. 3; *Lange* HHSp., § 115 FGO Tz. 77 (Lfg. 192 Oktober 2006); Schwarz/*Dürr*, § 115 FGO Tz. 8 (Lfg. 30 6/2008): Keine ‚vage Generalklausel', die ein freies Annahme- bzw. Zulassungsermessen einräume; vgl. überdies *Pietzner*, in: Schoch u.a., § 132 VwGO Tz. 12 (Lfg. 2 Februar 1998).

508 *BVerfG*, Beschl. v. 08.01.2004 (Fn. 507), NJW 2004, 1371, 1372; Beschl. v. 25.02.2004, 1 BvR 157/03, n.v. (juris) (1. Kammer des Ersten Senats, Nichtannahmebeschluss); Beschl. v. 09.03.2004, 1 BvR 2262/03, NJW 2004, 1729, 1730 (1. Kammer des Ersten Senats, Nichtannahmebeschluss), jeweils m.w.N. sowie zu der § 115 II FGO nahezu entsprechenden zivilprozessualen Zulassungsvorschrift des § 543 II 1 ZPO. Dazu ausführlich später im 4. Abschnitt unter A.IV.2.b) (S. 430 ff., dort S. 433 ff.). **Kritisch** zur m.E. *mangelnden inhaltlichen Bestimmtheit* der durch die einschlägige Judikatur i.R.d. ‚Grundsätzlichen Bedeutung der Rechtssache' herausgebildeten Zulassungskriterien sowie zu den daraus resultierenden Zulassungsfolgen (*Annahme-/Zulassungsermessen* etc.) ebenfalls später im 4. Abschnitt v.a. unter A.IV.2.b) (S. 430 ff., dort S. 438 f. u. 439 f.), A.IV.2.d) (S. 442 ff.), B.I.1.a) (S. 466 f.) u. B.I.1.c) (S. 469 ff., dort S. 470 ff.).

509 Vgl. insoweit hinsichtlich der *mangelnden inhaltlichen Bestimmtheit* die in Fußnote 508 genannten Verweise; vgl. im Hinblick auf die zu *restriktive* Auslegung

c) Das Tatbestandsmerkmal der Rechtssache

Das Tatbestandsmerkmal der *Rechtssache* ergibt sich bereits unmittelbar aus dem Wortlaut des § 115 II Nr. 1 FGO. Nach herrschender Auffassung ist der dort verwendete Begriff der ‚Rechtssache' gleichbedeutend mit dem Begriff der ‚Rechtsfrage'[510]. Das entspricht dem Verständnis der gleich lautenden Formulierungen in § 132 II Nr. 1 VwGO, § 160 II Nr. 1 SGG und § 543 II 1 Nr. 1 ZPO[511]. Des Weiteren folgt es bereits daraus, dass im Revisionsverfahren gemäß § 118 I u. II FGO nur (entscheidungserhebliche) *Rechts*fragen geklärt werden können, so dass sich folglich auch die ‚Grundsätzliche Bedeutung' auf solche (revisiblen) *Rechts*fragen beziehen muss[512].

---

der Grundsatzrevision und die damit einhergehende Forderung nach einer erweiterten Auslegung nachfolgend unter d)bb) (S. 142 ff.) sowie später im 4. Abschnitt unter B.I.2. (S. 472 ff.). Vgl. schließlich insgesamt **kritisch** zur BFH-Rechtsprechung i.R.d. Zulassungsgrundes der ‚Grundsätzlichen Bedeutung der Rechtssache' einschließlich der entsprechenden Darlegungsanforderungen gemäß §§ 115 II Nr. 1, 116 III 3 FGO ausführlich im 4. Abschnitt unter B.I. (S. 464 ff.).

510 Siehe aus der umfangreichen BFH-Rechtsprechung *BFH*, Beschl. v. 02.03.1982, VII B 148/81, BStBl. II 1982, 327, 328; Beschl. v. 06.05.2004, V B 101/03, BStBl. II 2004, 748, 749; Beschl. v. 02.11.2004, XI B 142/03, BFH/NV 2005, 489, 490; Beschl. v. 10.02.2005, VI B 113/04, BStBl. II 2005, 488; Beschl. v. 19.05.2005, IX B 3/05, BFH/NV 2005, 1829; Beschl. v. 31.05.2005, XI B 164/04, BFH/NV 2005, 1833; Beschl. v. 01.08.2005, X B 14/05, BFH/NV 2005, 2004. Überdies Gräber/*Ruban*[6], § 115 FGO Tz. 27; *Lange* HHSp., § 115 FGO Tz. 91 (Lfg. 192 Oktober 2006). *List*, DB 2003, 572, 573 f., u. *Seer*, in: T/K, § 115 FGO Tz. 44 (Lfg. 131 Oktober 2012), möchten hingegen ein *weiteres Begriffsverständnis* zugrunde legen, dazu nachstehend unter d) bb) (S. 142 ff., dort S. 143) sowie ausführlich später im 4. Abschnitt unter B.I.2.a) bb) (S. 477).

511 Vgl. zu **§ 132 II Nr. 1 VwGO** bspw. *BVerwG*, Beschl. v. 07.11.2001, 6 B 55/01, Buchholz 310 § 132 Abs. 2 Ziff. 1 VwGO Nr. 23; Eyermann/*P. Schmidt*[11], § 132 VwGO Tz. 8 ff.; *Kopp/Schenke*[16], § 132 VwGO Tz. 9 ff.; *Pietzner*, in: Schoch u.a., § 132 VwGO Tz. 32 f. (Lfg. 2 Februar 1998); zu **§ 160 II Nr. 1 SGG** z.B. *BSG*, Beschl. v. 25.09.2002, B 7 AL 142/02 B, SozR 3-1500, § 160a SGG Nr. 34; schließlich zu **§ 543 II 1 Nr. 1 ZPO** *BGH*, Beschl. v. 27.03.2003, V ZR 291/02, NJW 2003, 1943, 1944; Beschl. v. 11.05.2004, XI ZB 39/03, NJW 2004, 2222, 2223; Zöller/*Gummer*[26], § 543 ZPO Tz. 6a (‚Rechtsfrage'/'Zulassungsfrage') u. 11. Zudem *Prütting*, Die Zulassung der Revision, S. 122 ff., sowie *Weyreuther*, Revisionszulassung und NZB, Tz. 57. – In **§ 72 II Nr. 1 ArbGG** enthält bereits der Gesetzeswortlaut die Formulierung der entscheidungserheblichen ‚Rechtsfrage'.

512 *BFH*, Beschl. v. 02.03.1982 (Fn. 510), BStBl. II 1982, 327, 328; Beschl. v. 31.10.1996, VIII B 11/96, BFH/NV 1997, 459; Beschl. v. 12.03.2004, VII B 239/02, BFH/NV 2004, 1114; *Beermann*, in: BG, § 115 FGO Tz. 84 (Lfg. 57 März 2006); Gräber/*Ruban*[6], § 115 FGO Tz. 27; *Lange* HHSp., § 115 FGO Tz. 91 (Lfg. 192 Oktober 2006). Ebenso aus dem verwaltungsprozessualen Schrifttum Eyermann/*P. Schmidt*[11], § 132 VwGO Tz. 8 u. 10. – Fehler bei der *Ermittlung/Feststellung oder Würdigung der tatsächlichen Verhältnisse*, die den jeweiligen Einzelfall betreffen, führen

Ob der Rechtsfrage, die sowohl dem materiellen Recht als auch dem Verfahrensrecht angehören kann[513], für sich allein oder gemeinsam mit anderen Rechtsfragen ein besonderes Gewicht oder in sonstiger Weise besondere Bedeutung zukommt, spielt für das Tatbestandsmerkmal der *Rechtssache* noch keine Rolle. Dieser Aspekt erlangt vielmehr erst bei der Anwendung der weiteren Tatbestandsmerkmale des Zulassungsgrundes der ‚Grundsätzlichen Bedeutung', insbesondere im Hinblick auf das (abstrakte) Allgemeininteresse an der Klärung der betreffenden Rechtsfrage (dazu nachstehend unter d) [S. 139 ff.]), Bedeutung[514].

d) Das Tatbestandsmerkmal des (abstrakten) Allgemeininteresses

Die ‚Grundsätzliche Bedeutung' erfordert auch nach der Neufassung der Zulassungsgründe durch das 2. FGOÄndG als weiteres Tatbestandsmerkmal unverändert ein *(abstraktes) allgemeines Interesse* an der Klärung der betreffenden Rechtsfrage[515]. Wie schon vorstehend unter b) (S. 132 ff., dort S. 132 f. u. 133 f.) angeführt, kommt einer Rechtssache nach der st. Rspr. des BFH nämlich nur dann ‚Grundsätzliche Bedeutung' i.S.d. § 115 II Nr. 1 FGO zu, wenn *die für die Beurteilung des Streitfalls maßgebliche Rechtsfrage das (abstrakte) Interesse der Allgemeinheit an der einheitlichen (Fort-) Entwicklung und Handhabung des Rechts berührt,* bzw. *ihre Beantwortung/Entscheidung durch den BFH in dem angestrebten Revisionsverfahren aus*

---

demzufolge nicht zur Zulassung der Revision nach § 115 II Nr. 1 FGO, so dass die Revisionszulassung insoweit allenfalls aufgrund einer Verfahrensrüge i.S.d. § 115 II Nr. 3 FGO begründet werden kann.

513 *BFH*, Beschl. v. 13.02.2007, II B 32/06, BFH/NV 2007, 966. Des Weiteren *Gräber*, DStR 1968, 173, 175; Gräber/*Ruban*[6], § 115 FGO Tz. 27; *Lange* HHSp., § 115 FGO Tz. 92 (Lfg. 192 Oktober 2006); *Seer*, in: T/K, § 115 FGO Tz. 45 (Lfg. 131 Oktober 2012). Vgl. aus der verwaltungsgerichtlichen Rechtsprechung *BVerwG*, Urt. v. 31.08.1964, VIII C 350.63, BVerwGE 19, 231. Zudem Eyermann/*P. Schmidt*[11], § 132 VwGO Tz. 10; *Kopp/Schenke*[16], § 132 VwGO Tz. 9. – Von der ‚Grundsätzlichen Bedeutung der Rechtssache' in Fragen des Verfahrensrechts sind die Verfahrensfehler/Verfahrensmängel zu unterscheiden: Während die rechtsgrundsätzlichen Fragen über die Auslegung von Normen des Verfahrensrechts als wesentlich erkannte Fragen *bewusst* erörtert werden, handelt es sich bei den Verfahrensfehlern/-mängeln i.d.R. um *unbewusste* und *ungewollte* Abweichungen von verfahrensrechtlichen Regeln, d.h. um Verstöße gegen verfahrensrechtliche Regeln, die unter den Voraussetzungen des § 115 II Nr. 3 FGO eine Revisionszulassung nach sich ziehen können, Gräber/*Ruban*[6], § 115 FGO Tz. 27; *Seer*, in: T/K, § 115 FGO Tz. 45 (Lfg. 131 Oktober 2012).

514 *Beermann*, in: BG, § 115 FGO Tz. 84 a.E. (Lfg. 57 März 2006); *Seer*, in: T/K, § 115 FGO Tz. 44 (Lfg. 131 Oktober 2012).

515 Vgl. in diesem Zusammenhang auch *Bleschick*, Revisionszulassungsgründe im Spannungsverhältnis, S. 290, nach dessen Ansicht die Grundsatzrevision der Revisionszulassung zur *abstrakten Rechtsklärung* diene und somit *die Klärung abstrakter Rechtsfragen* ermögliche.

Gründen der Rechtsklarheit/Rechtssicherheit, der Rechtseinheitlichkeit und/oder der Rechtsentwicklung/Rechtsfortbildung im (abstrakten) allgemeinen Interesse liegt[516].

aa) ‚Betroffenheit einer Vielzahl gleichartiger Fälle' *und* ‚Breitenwirkung einer Rechtsfrage' *als maßgebliche Kriterien zur Bestimmung des (abstrakten) Allgemeininteresses*

Unter Zugrundelegung der seitens der Rechtsprechung zur Umschreibung der ‚Grundsätzlichen Bedeutung' verwendeten o.g. Formeln darf sich die Bedeutung der Rechtssache folglich nicht in der Entscheidung des konkreten Einzelfalls erschöpfen. Vielmehr muss sie eine *Vielzahl gleichartiger Fälle* betreffen und einer *Verallgemeinerung zugänglich* sein[517]. Entscheidend ist danach also, ob *das Interesse eines größeren Kreises von Steuerpflichtigen* an der einheitlichen (Fort-) Entwicklung und Handhabung des Rechts berührt wird[518]. Vor dem Hintergrund, dass eine lediglich theoretische Verallgemeinerungsfähigkeit der Rechtsfrage nicht ausreicht[519], müssen insoweit konkrete Anhaltspunkte vorliegen, die darauf hinweisen, dass die Entscheidung der Rechtssache durch den BFH Auswirkungen auf eine (unbekannte/unbestimmte) *Vielzahl tatsächlicher gleichartiger Fälle* nach sich zieht, weil die zu beantwortende Rechtsfrage in einer großen Zahl von Fällen ein Problem darstellt[520].

Die Rechtsprechung bleibt jedoch insoweit unklar, als der Umstand, dass von einer Rechtsfrage möglicherweise eine *Vielzahl von (gleichartigen) Steuerfällen* betroffen ist, für sich allein noch nicht ausreichen soll, einer Sache grundsätzliche Bedeutung zu verleihen. Entscheidend sei vielmehr die *Breitenwirkung* einer höchstrichterlichen Entscheidung über eine zweifelhafte und deshalb klärungsbedürftige

---

516 Vgl. dazu die umfangreichen Nachweise in den Fußnoten 498, 499, 501 u. 502.

517 Das ergibt sich bspw. aus folgenden Entscheidungen: *BFH*, Beschl. v. 22.11.1995, II B 63/95, BFH/NV 1996, 390; Beschl. v. 18.12.2001, VII B 128/01, BFH/NV 2002, 620; Beschl. v. 17.05.2002, V B 158/01, BFH/NV 2002, 1350; Beschl. v. 18.10.2004, IX B 132/03, BFH/NV 2005, 371; Beschl. v. 30.03.2005, VII B 272/04, BFH/NV 2005, 1507, 1508; Beschl. v. 27.05.2005, IV B 100/03, BFH/NV 2005, 1809, 1810; Beschl. v. 25.07.2005, X B 131/04, BFH/NV 2005, 1862, 1863; Beschl. v. 27.02.2006, III S 32/05 (PKH), BFH/NV 2006, 1131, 1132; Beschl. v. 03.03.2006, V B 80/05, BFH/NV 2006, 1250, 1251; Beschl. v. 28.06.2006, III B 119/05, BFH/NV 2006, 1844, 1845; Beschl. v. 24.10.2006, I B 41/06, BFH/NV 2007, 206, 207. Siehe auch Gräber/*Ruban*[6], § 115 FGO Tz. 25; vgl. zudem *May*, Die Revision[2], S. 142 Tz. 68 a.E.

518 Vgl. etwa *BFH*, Beschl. v. 24.02.2005, VII B 140/04, BFH/NV 2005, 1238. Vgl. ferner *BFH*, Beschl. v. 07.08.2007, IV B 140/06, BFH/NV 2008, 73; Beschl. v. 21.04.2010, IV B 32/09, BFH/NV 2010, 1469.

519 *Seer*, in: T/K, § 115 FGO Tz. 46 (Lfg. 115 April 2008; vgl. nunmehr aber insgesamt *kritisch* in Lfg. 131 Oktober 2012).

520 Vgl. nur *BFH*, Beschl. v. 27.06.1985, I B 23/85, BStBl. II 1985, 605; Beschl. v. 18.12.2001 (Fn. 517), BFH/NV 2002, 620.

Rechtsfrage[521]. Damit schränkt die Rechtsprechung den Anwendungsbereich des Revisionszulassungsgrundes der ‚Grundsätzlichen Bedeutung der Rechtssache' gemäß § 115 II Nr. 1 FGO erheblich ein und lässt den Rechtsschutzsuchenden v.a. im Dunkeln darüber, welche Kriterien für das Vorliegen der geforderten *Breitenwirkung* einer Rechtsfrage denn nun letztendlich maßgeblich sein sollen und wie das (abstrakte) Allgemeininteresse somit im Ergebnis begründet werden soll[522].

Da sich die Bedeutung der Rechtssache vorstehenden Ausführungen gemäß nicht in der Entscheidung des konkreten Einzelfalls erschöpfen darf, weist die Rechtssache nach Auffassung der Rechtsprechung mangels Vorliegens eines (abstrakten) Allgemeininteresses aber jedenfalls dann keine ‚Grundsätzliche Bedeutung' auf, wenn die Rechtsfrage nur für einige wenige Einzelfälle von Bedeutung und für die Zukunft nicht richtungsweisend ist[523]. Aus demselben Grund bleibt das ggf. erhebliche finanzielle und/oder wirtschaftliche Interesse der Beteiligten nach st. Rspr. des BFH für die Beurteilung der ‚Grundsätzlichen Bedeutung' einer Rechtssache außen vor[524], so dass auch die Höhe des Streitwerts insoweit keine Berücksichtigung findet[525]. Des Weiteren wird die Breitenwirkung und somit das (abstrakte) Allgemeininteresse an der Klärung der Rechtsfrage auch nicht dadurch begründet, dass die Sache nur in tatsächlicher Hinsicht eine über den Streitfall hinausgehende Bedeutung hat[526] bzw. der konkrete Einzelfall von Seiten des FG

---

521 *BFH*, Beschl. v. 17.06.1992, II B 183/91, BFH/NV 1993, 179; Beschl. v. 03.05.1994, VII B 22/94, BFH/NV 1995, 79; Beschl. v. 10.02.1995, III B 30/92, BFH/NV 1995, 927; Beschl. v. 22.07.2004, VII B 328/03, BFH/NV 2004, 1661, 1662; Beschl. v. 31.01.2005, III B 87/04, BFH/NV 2005, 906; Beschl. v. 27.04.2007, VIII B 250/05, BFH/NV 2007, 1675, 1676; Gräber/*Ruban*[6], § 115 FGO Tz. 24; *May*, Die Revision[2], S. 142 Tz. 68: *„Beispiel- oder Breitenwirkung"*. Etwas unklar *Lange* HHSp., § 115 FGO Tz. 93 (Lfg. 192 Oktober 2006), der zunächst anführt, dass einer Rechtsfrage nicht schon deshalb ‚Grundsätzliche Bedeutung' zukomme, weil sie sich in einer Vielzahl gleichliegender Fälle ebenfalls stelle, um anschließend darauf hinzuweisen, dass *diese „Breitenwirkung"* – damit meint *Lange* wohl die Relevanz der Rechtsfrage für eine Vielzahl gleichliegender Fälle – allerdings für eine ‚Grundsätzliche Bedeutung' sprechen könne.

522 Siehe dazu ausführlich und **kritisch** später im 4. Abschnitt unter B.I.1.a) (S. 466 f.).

523 *BFH*, Beschl. v. 24.10.2006 (Fn. 517), BFH/NV 2007, 206, 207.

524 Siehe nur *BFH*, Beschl. v. 25.08.1998, V B 11/98, BFH/NV 1999, 334 m.w.N.; Beschl. v. 18.05.1999, III B 159/96, BFH/NV 1999, 1514; Beschl. v. 12.05.2005, V B 119/04, BFH/NV 2005, 1826, 1827; Beschl. v. 04.07.2005, V B 94/04, n.v. (juris); Beschl. v. 16.07.2007, VII B 321/06, BFH/NV 2007, 2373, 2375; Gräber/*Ruban*[6], § 115 FGO Tz. 23 u. 25; *Lange* HHSp., § 115 FGO Tz. 92 (Lfg. 192 Oktober 2006). – Zur **Kritik** daran und zur Forderung nach einer erweiterten Auslegung des § 115 II Nr. 1 FGO nachfolgend unter bb) (S. 142 ff.) u. dort (1) (S. 143 f.) sowie ausführlich später im 4. Abschnitt unter B.I.2. (S. 472 ff.) u. dort v.a. b)aa) (S. 482 ff.).

525 *BFH*, Beschl. v. 21.04.2004, XI B 229/02, BFH/NV 2004, 980.

526 *BFH*, Beschl. v. 18.01.1968, V B 45/67, BStBl. II 1968, 98; Beschl. v. 20.04.1977, I B 65/76, BStBl. II 1977, 608; *Lange* HHSp., § 115 FGO Tz. 92 (Lfg. 192 Oktober 2006).

sachlich unrichtig entschieden worden ist; Letzteres gilt dabei unabhängig von der Schwere des Rechtsfehlers[527]. Ebenso verhält es sich schließlich, wenn die Beantwortung der entscheidungserheblichen Rechtsfrage lediglich fordert, feste Rechtsgrundsätze auf einen bestimmten (individuellen) Einzelsachverhalt anzuwenden[528] und wenn allgemein gehaltene Rechtsfragen formuliert werden, die im Grunde nur ein Rechtsgutachten des BFH erstreben[529].

bb) Forderung nach einer erweiterten Auslegung des § 115 II Nr. 1 FGO

Wie vorstehenden Ausführungen entnommen werden kann, legt die Rechtsprechung des BFH zur Bestimmung des (abstrakten) Allgemeininteresses als dem zentralen Tatbestandsmerkmal des Revisionszulassungsgrundes der ‚Grundsätzlichen Bedeutung der Rechtssache' auch nach der Neufassung der Zulassungsgründe durch das 2. FGOÄndG weiterhin unverändert strenge und zudem unklare Kriterien an. Angesichts dessen wird im Schrifttum trotz des unverändert gebliebenen Wortlauts des § 115 II Nr. 1 FGO teilweise eine erweiterte Auslegung dieses Zulassungsgrundes gefordert.

Die Forderung nach einer erweiterten Auslegung korrespondiert insoweit mit der Begründung des Regierungsentwurfs eines 2. FGOÄndG. Zwar soll – wie aus der Stellungnahme des Bundesrates sowie aus der Beschlussempfehlung und dem Bericht des Rechtsausschusses hervorgeht, und worauf sich die Rechtsprechung neben dem unverändert gebliebenen Wortlaut berufen kann – im Bereich des § 115 II Nr. 1 FGO eine materiell-rechtliche Änderung nicht beabsichtigt gewesen sein[530]. Diese Aussage widerspricht ihrerseits jedoch der zum Gesetzentwurf verfassten amtlichen Regierungsbegründung, in der der Gesetzgeber klar zum Ausdruck gebracht hat, dass mit der Neufassung der bislang zu engen Revisionszulassungsgründe eine Stärkung und Verbesserung des Rechtsschutzes einhergehen und der

---

527 Bspw. *BFH*, Beschl. v. 02.04.1997, V B 26/96, BStBl. II 1997, 443, 444; Beschl. v. 09.08.2002, III B 34/02, BFH/NV 2002, 1616; Beschl. v. 24.01.2005, III B 29/04, BFH/NV 2005, 1141; Beschl. v. 22.02.2007, VI B 29/06, BFH/NV 2007, 969 f. Des Weiteren Gräber/*Ruban*[6], § 115 FGO Tz. 24 u. 25; *Lange* HHSp., § 115 FGO Tz. 78 u. 92 (Lfg. 192 Oktober 2006). Vgl. überdies *May*, Die Revision[2], S. 142 Tz. 68a. Vgl. insoweit auch bereits vorstehend unter A.I.2. (S. 91 f.) u. A.II.4.d) (S. 123 ff.).

528 Darauf weist *Seer*, in: T/K, § 115 FGO Tz. 47 (Lfg. 131 Oktober 2012), hin.

529 *BFH*, Beschl. v. 02.04.2002, VII B 66/01, BFH/NV 2002, 1308.

530 Unterrichtung durch die Bundesregierung zu dem Entwurf eines 2. FGOÄndG – Drucksache 14/4061 -, hier: Stellungnahme des Bundesrates und Gegenäußerung der Bundesregierung, v. 01.11.2000, BT-Drucks. 14/4450 (zu Drucksache 14/4061), S. 3: Zu Art. 1 Nr. 13, sowie Beschlussempfehlung und Bericht des Rechtsausschusses (6. Ausschuss) zu dem Gesetzentwurf der Bundesregierung – Drucksachen 14/4061, 14/4450: Entwurf eines 2. FGOÄndG – v. 08.11.2000, BT-Drucks. 14/4549, S. 5 f. u. 12 zu Nr. 13. – Vgl. zudem *Seer*, in: T/K, § 115 FGO Tz. 42 (Lfg. 131 Oktober 2012), der sich dieser Ansicht selbst aber nicht anschließt.

entsprechend zu enge Zugang zum BFH erweitert werden sollte[531]. Ausweislich der Gesetzesbegründung wollte er dabei insbesondere *alle Tatbestände in die Grundsatzrevision einbezogen wissen, in denen über den Einzelfall hinaus ein allgemeines Interesse an einer korrigierenden Entscheidung des Revisionsgerichts besteht*[532].

Als dogmatischer Anknüpfungspunkt für eine – *i.S. eines verstärkten Individualrechtsschutzes* – erweiterte Auslegung der Grundsatzrevision wird z.T. bereits der in § 115 II Nr. 1 FGO verwendete Begriff der ‚Rechtssache' genannt. Dieser biete den normativen Ansatz für ein erweitertes Begriffsverständnis und könne somit zu der vom Gesetzgeber beabsichtigten Stärkung und Verbesserung des Individualrechtsschutzes eingesetzt werden[533].

Daneben spielen systematische Erwägungen betreffend das Verhältnis der einzelnen Zulassungsgründe zueinander – insbesondere betreffend das Verhältnis der in § 115 II Nr. 1 FGO verankerten Grundsatzrevision zu den in § 115 II Nr. 2 FGO enthaltenen Zulassungsgründen – eine zentrale Rolle, wenn es um die dogmatische Herleitung einer erweiterten Auslegung des Revisionszulassungsgrundes der ‚Grundsätzlichen Bedeutung der Rechtssache' geht[534].

(1) *Finanzielle/Wirtschaftliche sowie soziale Auswirkungen der Entscheidung über die aufgeworfene Rechtsfrage*

Unter Zugrundelegung dieser Erwägungen wird von Teilen des Schrifttums zunächst eine Ausweitung der Grundsatzrevision auf diejenigen Fälle gefordert, in

---

531 Siehe die Begründung des Entwurfs eines 2. FGOÄndG v. 11.09.2000, BT-Drucks. 14/4061, S. 1 u. 6. Vgl. im Übrigen auch Beschlussempfehlung und Bericht des Rechtsausschusses (6. Ausschuss) zu dem Gesetzentwurf der Bundesregierung – Drucksachen 14/4061, 14/4450: Entwurf eines 2. FGOÄndG – v. 08.11.2000, BT-Drucks. 14/4549, S. 1 u. 10.

532 So die Begründung des Entwurfs eines 2. FGOÄndG v. 11.09.2000, BT-Drucks. 14/4061, S. 6 u. 9 zu Nr. 13. Vgl. auch Beschlussempfehlung und Bericht des Rechtsausschusses (6. Ausschuss) zu dem Gesetzentwurf der Bundesregierung – Drucksachen 14/4061, 14/4450: Entwurf eines 2. FGOÄndG – v. 08.11.2000, BT-Drucks. 14/4549, S. 10. Vgl. zudem *Seer*, in: T/K, § 115 FGO Tz. 42 a.E. (Lfg. 131 Oktober 2012). – Vgl. zum Verständnis des dort verwendeten Begriffs der ‚Grundsatzrevision' ausführlich im 4. Abschnitt unter B.I.2.a)aa) (S. 473 ff., dort S. 474 ff.).

533 *List*, DB 2003, 572, 573 f.; *Seer*, in: T/K, § 115 FGO Tz. 44 sowie § 116 FGO Tz. 47 (jeweils Lfg. 131 Oktober 2012). Dazu noch ausführlich im 4. Abschnitt unter B.I.2.a)bb) (S. 477).

534 Siehe *Beermann*, in: BG, § 115 FGO Tz. 72, 76 u. 82 (Lfg. 57 März 2006); *ders.*, DStZ 2006, 71, 73; *Dißars*, StB 2002, 4, 8; *Seer*, BB 2000, 2387, 2388 u. 2389; *ders.*, StuW 2001, 3, 9 f. u. 11; *ders.*, StuW 2003, 193, 196 u. 204; *ders.*, in: T/K, § 115 FGO Tz. 43 sowie § 116 FGO Tz. 39 a.E. (jeweils Lfg. 131 Oktober 2012), wonach der unbestimmte Rechtsbegriff der ‚Grundsätzlichen Bedeutung' nunmehr auch der *Herstellung von Einzelfallgerechtigkeit* zugänglich und das Begriffsverständnis dementsprechend zu erweitern sei. – Vgl. dazu noch ausführlich später im 4. Abschnitt unter B.I.2.a)cc) (S. 477 ff.).

denen die Entscheidung über die aufgeworfene Rechtsfrage *erhebliche finanzielle und/oder wirtschaftliche Auswirkungen* nach sich zieht.

Den gesetzgeberischen Motiven entsprechend dürfe das über den Einzelfall hinausgehende (abstrakte) Allgemeininteresse nicht nur daran gemessen werden, ob von der Rechtssache – durch Präjudizienbildung – eine größere Anzahl von (gleichartigen) Steuerfällen betroffen sei. Denn ein (abstraktes) Allgemeininteresse könne – entgegen der Rechtsprechung – vielmehr auch dann eine Leitentscheidung des BFH erfordern, wenn der Rechtssache eine *erhebliche finanzielle und/oder wirtschaftliche Bedeutung* bzw. *ein erhebliches finanzielles und/oder wirtschaftliches Gewicht* zukomme, ohne dass anhand der quantitativen Fallzahl unbedingt eine Breitenwirkung festzustellen wäre[535].

Dasselbe gelte für sonstige, insbesondere *soziale Auswirkungen* der Entscheidung über die aufgeworfene Rechtsfrage, die – soweit erheblich – ebenfalls geeignet seien, das über den Einzelfall hinausgehende (abstrakte) Allgemeininteresse zu begründen[536].

(2) Gravierende/Schwerwiegende Fehler des FG bei der Auslegung und Anwendung des materiellen Rechts

Darüber hinaus bieten die o.g. begrifflichen und systematischen Erwägungen die Möglichkeit, § 115 II Nr. 1 FGO dahingehend erweitert auszulegen, dass auch *gravierende/schwerwiegende Fehler des FG bei der Auslegung und Anwendung des materiellen Rechts* das (abstrakte) Allgemeininteresse begründen und somit – bei Entscheidungserheblichkeit des entsprechenden Fehlers für die gesamte

---

535 *Beermann*, DStZ 2000, 773, 775; *ders.*, DStZ 2001, 155, 157, dort allerdings nicht nur betreffend das (abstrakte) Allgemeininteresse, sondern auch im Hinblick auf die Klärungsbedürftigkeit; *Seer*, in: T/K, § 115 FGO Tz. 49 sowie § 116 FGO Tz. 41 u. 47 (jeweils Lfg. 131 Oktober 2012). – **A.A.** aber die st. Rspr. des BFH, wonach die grundsätzliche Bedeutung der Rechtssache unabhängig von dem ggf. *erheblichen finanziellen und/oder wirtschaftlichen Interesse* (des einzelnen Beteiligten bzw. beider Beteiligter) beurteilt wird (s. nur *BFH*, Beschl. v. 25.08.1998, V B 11/98, BFH/NV 1999, 334 m.w.N.; Beschl. v. 18.05.1999, III B 159/96, BFH/NV 1999, 1514; Beschl. v. 12.05.2005, V B 119/04, BFH/NV 2005, 1826, 1827; Beschl. v. 04.07.2005, V B 94/04, n.v. [juris]; Beschl. v. 16.07.2007, VII B 321/06, BFH/NV 2007, 2373, 2375; Gräber/*Ruban*[6], § 115 FGO Tz. 23 u. 25; *Lange* HHSp., § 115 FGO Tz. 92 [Lfg. 192 Oktober 2006]), so dass auch die Höhe des Streitwerts insoweit keinerlei Berücksichtigung findet (*BFH*, Beschl. v. 21.04.2004, XI B 229/02, BFH/NV 2004, 980), s. bereits vorstehend unter aa) (S. 140 ff., dort S. 141). – Vgl. dazu noch ausführlich später im 4. Abschnitt unter B.I.2. (S. 472 f.) u. dort v.a. b)aa) (S. 482 ff.).

536 Vgl. *Beermann*, DStZ 2000, 773, 775; *ders.*, DStZ 2001, 155, 157, dort allerdings nicht nur betreffend das (abstrakte) Allgemeininteresse, sondern auch im Hinblick auf die Klärungsbedürftigkeit; *Seer*, in: T/K, § 115 FGO Tz. 49 u. § 116 FGO Tz. 47 (jeweils Lfg. 131 Oktober 2012). Vgl. dazu auch später im 4. Abschnitt unter B.I.2. (S. 472 f.) u. dort v.a. b)aa) (S. 482 ff.).

Entscheidung[537] – die Zulassung der Revision wegen grundsätzlicher Bedeutung der Rechtssache nach sich ziehen. Ein derartiges Verständnis ließe eine Ausweitung der Grundsatzrevision auch auf solche Fälle zu, in denen der Einzelfall erstinstanzlich *sachlich unrichtig* entschieden worden ist, und es sich hierbei um einen *gravierenden/schwerwiegenden Rechtsanwendungsfehler* handelt[538].

Die Einbeziehung gravierender/schwerwiegender Rechtsanwendungsfehler des FG in die Grundsatzrevision entspricht auch der Begründung des Regierungsentwurfs eines 2. FGOÄndG. Danach wollte der Gesetzgeber – wie bereits erwähnt – insbesondere *alle Tatbestände in die Grundsatzrevision einbezogen wissen, in denen über den Einzelfall hinaus ein allgemeines Interesse an einer korrigierenden Entscheidung des Revisionsgerichts besteht.* Die Regierungsbegründung nennt insoweit namentlich *Fehler bei der Auslegung revisiblen Rechts, die über den Einzelfall hinaus auch dann allgemeine Interessen nachhaltig berühren könnten, wenn sie z.B. von erheblichem Gewicht und geeignet seien, das Vertrauen in die Rechtsprechung zu beschädigen.* In diesen Fällen könne es geboten sein, der Rechtspraxis auch dann eine höchstrichterliche Orientierungshilfe zu geben, wenn die engen Zulassungsgründe des bisherigen, bis zum 31.12.2000 geltenden Rechts nicht vorlägen[539].

Die h.M. einschließlich der Rechtsprechung des BFH schließt sich dieser erweiterten Auslegung des § 115 II Nr. 1 FGO zwar nicht an. Gleichwohl hält auch sie die Fälle eines gravierenden/schwerwiegenden Rechtsanwendungsfehlers des FG nicht einfach für völlig unbeachtlich, sondern möchte diese unter bestimmten Voraussetzungen in dem neuen Zulassungstatbestand der Rechtsprechungsvereinheitlichungsrevision gemäß § 115 II Nr. 2 Alt. 2 FGO erfassen. Gravierende/Schwerwiegende Fehler des FG bei der Auslegung und Anwendung des materiellen Rechts begründen demnach auch auf Basis der h.M. die Zulassung der Revision, wenn sie von erheblichem Gewicht und geeignet sind, das Vertrauen in die Rechtsprechung

---

537 Zum Tatbestandsmerkmal der ‚Entscheidungserheblichkeit' nachstehend unter f)bb) (S. 158 ff.).

538 Auf gleicher Linie *Beermann*, DStZ 2000, 773, 776; *ders.*, DStZ 2006, 71, 73; vgl. zudem *Beermann*, in: BG, § 115 FGO Tz. 73 a.E., 76, 77 u. 82 a.E. (Lfg. 57 März 2006). Des Weiteren *Dißars*, StB 2002, 4, 8; *List*, DB 2002, 1069, 1072 u. 1073; *ders.*, DB 2003, 572, 573 (**anders** aber auf S. 575); *Seer*, BB 2000, 2387, 2389; *ders.*, StuW 2001, 3, 10 u. 11 f.; *ders.*, StuW 2003, 193, 196 u. 204; *ders.*, in: T/K, § 115 FGO Tz. 43 a.E., 47 sowie 78 u. § 116 FGO Tz. 47 (jeweils Lfg. 131 Oktober 2012). Siehe überdies *List*, INF 2004, 615, 616 f., der jedoch gegen sämtliche Fehlentscheidungen der FGe ungeachtet ihres Ausmaßes die Revision zum BFH zulassen möchte, vgl. insoweit auch bereits *List*, DB 2003, 572, 575. – Vgl. dazu auch nachfolgend unter III.1.c)aa) (S. 263 ff., dort S. 266 f.) sowie später im 4. Abschnitt unter B.I.2. (S. 472 ff., dort S. 473) u. dort v.a. b)bb) (S. 488 ff.).

539 So die Begründung des Entwurfs eines 2. FGOÄndG v. 11.09.2000, BT-Drucks. 14/4061, S. 9 zu Nr. 13. – Vgl. zum Verständnis des dort verwendeten Begriffs der ‚Grundsatzrevision' ausführlich im 4. Abschnitt unter B.I.2.a)aa) (S. 473 ff., dort S. 474 ff.).

zu beschädigen[540]. Bei einer entsprechend rechtsschutzfreundlichen Auslegung des § 115 II Nr. 2 Alt. 2 FGO durch die h.M. – und insbesondere durch die Rechtsprechung des BFH – besteht folglich auch hier durchaus die Möglichkeit, zu für den rechtsschutzsuchenden Steuerbürger erträglichen Ergebnissen zu gelangen[541].

Aufgrund dessen, dass die Rechtsprechung die Problematik des gravierenden/schwerwiegenden Rechtsanwendungsfehlers des FG dem Revisionszulassungsgrund der ‚Erforderlichkeit einer Entscheidung des BFH zur Sicherung einer einheitlichen Rechtsprechung' gemäß § 115 II Nr. 2 Alt. 2 FGO zuordnet, werden die Einzelheiten dementsprechend auch erst im Zusammenhang mit diesem Zulassungsgrund erläutert[542].

Zu der Frage, ob und inwieweit die eingangs hier unter bb) aufgezeigte Forderung nach einer erweiterten Auslegung des Revisionszulassungsgrundes der ‚Grundsätzlichen Bedeutung der Rechtssache' gemäß § 115 II Nr. 1 FGO unter dem Aspekt der Stärkung und Verbesserung des Individualrechtsschutzes sowie vor dem Hintergrund der nahezu unverändert restriktiven Rechtsprechung des BFH zu dem zentralen Tatbestandsmerkmal des (abstrakten) Allgemeininteresses – auch mit Blick auf die Herausbildung der beiden unter (1) und (2) genannten Fallgruppen – Zustimmung verdient, wird ausführlich und ***positiv kritisch*** später im 4. Abschnitt unter B.I.2. (S. 472 ff.) Stellung genommen. In diesem Zusammenhang

---

540 Siehe bspw. aus neuerer Zeit *BFH*, Beschl. v. 16.06.2009, V B 131/08, BFH/NV 2009, 1678, 1679; Beschl. v. 18.10.2010, VI B 91/10, BFH/NV 2011, 280, 281; Beschl. v. 18.05.2011, XI B 57/10, BFH/NV 2011, 1704, 1705; Beschl. v. 10.01.2012, XI B 80/11, BFH/NV 2012, 815, sowie die weiteren umfangreichen Rechtsprechungsnachweise in Fußnote 936. Überdies Gräber/*Ruban*[6], § 115 FGO Tz. 24 u. 25; *Lange* HHSp., § 115 FGO Tz. 78, 79-83 u. 92 (Lfg. 192 Oktober 2006); Schwarz/*Dürr*, § 115 FGO Tz. 10 (Lfg. 30 6/2008); *Spindler*, DB 2001, 61, 62, die diesbzgl. großteils auf die Begründung des Regierungsentwurfs eines 2. FGOÄndG Bezug nehmen, obwohl diese ihrerseits doch gerade eine *Ausweitung der Grundsatzrevision* fordert; vgl. dazu die vorstehenden Ausführungen samt Nachweis in Fußnote 539 sowie zum Verständnis des dort verwendeten Begriffs der ‚Grundsatzrevision' ausführlich im 4. Abschnitt unter B.I.2.a)aa) (S. 473 ff., dort S. 474 ff.). Vgl. zudem *Bleschick*, Revisionszulassungsgründe im Spannungsverhältnis, S. 332 ff. u. 383. Vgl. schließlich noch die Beschlussempfehlung und den Bericht des Rechtsausschusses (6. Ausschuss) zu dem Gesetzentwurf der Bundesregierung – Drucksachen 14/4061, 14/4450: Entwurf eines 2. FGOÄndG – v. 08.11.2000, BT-Drucks. 14/4549, S. 11, woraus hervorgeht, dass der Rechtsausschuss Einzelfallgerechtigkeit ebenfalls wohl eher über § 115 II Nr. 2 FGO gewährt wissen möchte.

541 Vgl. auch *Seer*, in: T/K, § 115 FGO Tz. 43 a.E. (Lfg. 131 Oktober 2012), der jedoch die Fälle gravierender/schwerwiegender Rechtsanwendungsfehler des FG im Zuge einer erweiterten Auslegung des § 115 II Nr. 1 FGO unter die Grundsatzrevision subsumieren möchte.

542 Ausführlich nachfolgend unter III.1.c) (S. 258 ff.) u. III.2.b) (S. 348 ff.) sowie **kritisch** nachstehend unter III.1.c)bb)(2)(f) (S. 321 ff.) und später im 4. Abschnitt unter B.III.2. (S. 535 ff.).

findet dann auch eine ausführliche dogmatische Herleitung eines solchen – *i.S. eines verstärkten Individualrechtsschutzes* – erweiterten Verständnisses der Grundsatzrevision statt[543].

e) Das Tatbestandsmerkmal der Klärungsbedürftigkeit

Die Zulassung der Revision wegen grundsätzlicher Bedeutung der Rechtssache gemäß § 115 II Nr. 1 FGO setzt voraus, dass die betreffende Rechtsfrage, an deren Klärung ein (abstraktes) Allgemeininteresse besteht, auch *klärungsbedürftig* ist[544]. Mit dem Tatbestandsmerkmal der ‚Klärungsbedürftigkeit' soll nur solchen Fällen die Zulassung der Revision wegen grundsätzlicher Bedeutung eröffnet werden, in denen ein Bedürfnis dafür besteht, durch eine Entscheidung des BFH zu klären, wie eine Frage betreffend die Auslegung oder Anwendung revisiblen Rechts zu beurteilen ist[545].

Klärungsbedürftigkeit liegt dabei insbesondere dann vor, wenn die Beantwortung der für die Beurteilung des Streitfalls maßgeblichen Rechtsfrage etwa wegen Unklarheiten im Gesetz *zu ernsthaften/ernstlichen Zweifeln Anlass gibt oder umstritten ist*, so dass mehrere Antwort- u. Lösungsmöglichkeiten vertretbar erscheinen[546].

Eine Rechtsfrage ist hingegen *nicht klärungsbedürftig*, wenn sie aufgrund der *eindeutigen Rechtslage* problemlos zu beantworten ist. So verhält es sich bspw., wenn sich die Antwort auf die streitige Rechtsfrage – ggf. unter Einbeziehung der zu den einschlägigen Vorschriften bereits ergangenen Rechtsprechung und entsprechender Erläuterungen in der Literatur – ohne Weiteres aus dem klaren

---

543 Siehe dazu unten im 4. Abschnitt unter B.I.2.a) (S. 473 ff.), dort v.a. bb) (S. 477) u. cc) (S. 477 ff.).

544 Ständige Rechtsprechung des BFH: *BFH*, Beschl. v. 02.04.1997, V B 26/96, BStBl. II 1997, 443, 444; Beschl. v. 21.04.1999, I B 99/98, BStBl. II 2000, 254, 255; Beschl. v. 16.07.1999, IX B 81/99, BStBl. II 1999, 760; Beschl. v. 15.07.2004, IX B 116/03, BStBl. II 2004, 1000, 1001; Beschl. v. 29.09.2004, X B 50/04, BFH/NV 2005, 166 f.; Beschl. v. 09.12.2004, VII B 129/04, BFH/NV 2005, 663, 664; Beschl. v. 29.06.2006, VII B 19/06, BFH/NV 2006, 1795, 1796; vgl. i.Ü. die Nachweise in Fußnote 503.

545 Ähnlich *Beermann*, in: BG, § 115 FGO Tz. 102 (Lfg. 57 März 2006).

546 Vgl. z.B. *BFH*, Beschl. v. 06.11.2002, X B 30/02, BFH/NV 2003, 169; Beschl. v. 27.01.2006, II B 6/05, BFH/NV 2006, 908, 909; Beschl. v. 27.09.2006, X B 149/05, BFH/NV 2006, 2303; Beschl. v. 28.04.2010, VI B 167/09, BStBl. II 2010, 747, 748 f.; Beschl. v. 08.10.2010, II B 111/10, BFH/NV 2011, 73; Beschl. v. 18.10.2010, VI B 91/10, BFH/NV 2011, 280. Zudem *Beermann*, in: BG, § 115 FGO Tz. 103 (Lfg. 57 März 2006); Gräber/*Ruban*[6], § 115 FGO Tz. 28; *May*, Die Revision[2], S. 139 f. Tz. 57 f. Vgl. insoweit auch *Bleschick*, Revisionszulassungsgründe im Spannungsverhältnis, S. 296, 298 a.E. u. 306, der das Tatbestandsmerkmal der ‚Klärungsbedürftigkeit' allein damit gleichsetzen möchte, dass die *Beantwortung einer Rechtsfrage zweifelhaft* sei.

Wortlaut und Sinngehalt des Gesetzes ergibt[547], oder die Rechtsfrage offensichtlich so zu beantworten ist, wie es das FG in der angefochtenen Entscheidung getan hat[548].

---

547 So die st. Rspr. des BFH, s. nur *BFH*, Beschl. v. 11.07.1972, IV B 61/71, BStBl. II 1972, 792 (allerdings betreffend das Interesse der Allgemeinheit); Beschl. v. 15.12.1989, VI B 78/88, BStBl. II 1990, 344; Beschl. v. 06.02.1990, VII B 148/89, BFH/NV 1990, 747; Beschl. v. 18.01.1991, VI B 140/89, BStBl. II 1991, 309; Beschl. v. 13.09.1991, IV B 105/90, BStBl. II 1992, 148, 150; Beschl. v. 26.09.1991, VIII B 41/91, BStBl. II 1991, 924; Beschl. v. 11.12.1991, II B 47/91, BStBl. II 1992, 348; Beschl. v. 29.03.1993, V B 184/92, BFH/NV 1994, 528; Beschl. v. 03.05.1993, V B 164/92, BFH/NV 1994, 511; Beschl. v. 05.04.1995, I B 126/94, BStBl. II 1995, 496; Beschl. v. 13.07.1995, VII S 1/95, BFH/NV 1996, 10, 12; Beschl. v. 09.10.1995, V B 66/95, BFH/NV 1996, 278; Beschl. v. 18.12.1998, VI B 215/98, BStBl. II 1999, 231, 232; Beschl. v. 04.05.1999, IX B 38/99, BStBl. II 1999, 587; Beschl. v. 16.07.1999, IX B 81/99, BStBl. II 1999, 760; Beschl. v. 02.11.1999, I B 163/98, BFH/NV 2000, 692; Beschl. v. 04.02.2000, XI B 119/98, BFH/NV 2000, 948; Beschl. v. 29.03.2000, IX B 111/98, BStBl. II 2000, 352, 353; Beschl. v. 18.01.2001, V B 85/00, BFH/NV 2001, 939; Beschl. v. 26.05.2004, III B 89/03, BFH/NV 2004, 1221, 1222; Beschl. v. 16.06.2004, X B 172/03, BFH/NV 2004, 1528, 1529; Beschl. v. 10.11.2004, VII B 3/04, BFH/NV 2005, 670; Beschl. v. 15.12.2004, X B 48/04, BFH/NV 2005, 698; Beschl. v. 18.01.2005, V B 24/04, n.v. (juris); Beschl. v. 12.05.2005, V B 146/03, BStBl. 2005, 714, 715; Beschl. v. 24.05.2005, X B 137/04, BFH/NV 2005, 1563; Beschl. v. 30.08.2005, IV B 102/03, BStBl. II 2005, 864; Beschl. v. 03.03.2006, V B 80/05, BFH/NV 2006, 1250, 1251; Beschl. v. 30.05.2006, VII B 345/05, BFH/NV 2006, 1615; Beschl. v. 06.06.2006, III B 202/05, BFH/NV 2006, 1653; Beschl. v. 27.06.2006, V B 143/05, BStBl. II 2006, 732, 733; Beschl. v. 27.09.2006, X B 149/05, BFH/NV 2006, 2303; Beschl. v. 16.01.2007, X B 38/06, BFH/NV 2007, 757; Beschl. v. 31.05.2007, III B 109/06, BFH/NV 2007, 1867, 1868; Beschl. v. 29.06.2007, III B 95/06, BFH/NV 2007, 2125 f.; Beschl. v. 10.08.2007, III B 96/06, BFH/NV 2007, 2274, 2275; Beschl. v. 18.10.2007, V B 164/06, BStBl. II 2008, 263, 264; Beschl. v. 31.07.2008, III B 64/07, BStBl. II 2011, 37; Beschl. v. 27.03.2009, VIII B 184/08, BStBl. II 2009, 850; Beschl. v. 21.09.2009, VI B 31/09, BStBl. II 2011, 382, 383; *Lange* HHSp., § 115 FGO Tz. 106 (Lfg. 192 Oktober 2006); *Seer*, in: T/K, § 115 FGO Tz. 50 (Lfg. 131 Oktober 2012).

548 Aus der st. Rspr. des BFH: *BFH*, Beschl. v. 11.07.1972 (Fn. 547), BStBl. II 1972, 792; Beschl. v. 15.12.1989 (Fn. 547), BStBl. II 1990, 344; Beschl. v. 18.01.1991 (Fn. 547), BStBl. II 1991, 309; Beschl. v. 13.07.1995 (Fn. 547), BFH/NV 1996, 10, 12; Beschl. v. 04.05.1999 (Fn. 547), BStBl. II 1999, 587; Beschl. v. 16.07.1999 (Fn. 547), BStBl. II 1999, 760; Beschl. v. 29.03.2000 (Fn. 547), BStBl. II 2000, 352, 353; Beschl. v. 06.05.2004, V B 101/03, BStBl. II 2004, 748, 749; Beschl. v. 26.05.2004 (Fn. 547), BFH/NV 2004, 1221, 1222; Beschl. v. 16.06.2004 (Fn. 547), BFH/NV 2004, 1528, 1529; Beschl. v. 16.09.2004, IX B 102/04, BFH/NV 2005, 200, 201; Beschl. v. 27.10.2004, XI B 216/02, BFH/NV 2005, 353, 354; Beschl. v. 10.11.2004 (Fn. 547), BFH/NV 2005, 670; Beschl. v. 15.12.2004 (Fn. 547), BFH/NV 2005, 698; Beschl. v. 18.01.2005 (Fn. 547), n.v. (juris); Beschl. v. 27.04.2005, II B 76/04, BFH/NV 2005, 1627; Beschl. v. 12.05.2005 (Fn. 547), BStBl. II 2005, 714; Beschl. v. 24.05.2005 (Fn. 547), BFH/NV 2005, 1563; Beschl. v. 30.08.2005 (Fn. 547), BStBl. II 2005, 864; Beschl.

Ebenfalls *keine Klärungsbedürftigkeit* liegt vor, wenn der BFH die *Rechtsfrage bereits hinreichend geklärt* hat, da eine höchstrichterlich bereits geklärte Rechtsfrage im Regelfall einer erneuten Klärung in einem Revisionsverfahren nicht bedarf; dies gilt jedenfalls dann, wenn der Beteiligte für seine widersprechende Auffassung keine neuen rechtlichen Argumente anführt, die eine erneute Prüfung und

---

v. 03.01.2006, XI B 106/05, BFH/NV 2006, 1264, 1265; Beschl. v. 27.01.2006, II B 6/05, BFH/NV 2006, 908, 909; Beschl. v. 30.05.2006 (Fn. 547), BFH/NV 2006, 1615; Beschl. v. 06.06.2006 (Fn. 547), BFH/NV 2006, 1653; Beschl. v. 27.06.2006 (Fn. 547), BStBl. II 2006, 732, 733; Beschl. v. 27.09.2006 (Fn. 547), BFH/NV 2006, 2303; Beschl. v. 16.01.2007 (Fn. 547), BFH/NV 2007, 757; Beschl. v. 31.05.2007 (Fn. 547), BFH/NV 2007, 1867, 1868; Beschl. v. 29.06.2007 (Fn. 547), BFH/NV 2007, 2125 f.; Beschl. v. 10.08.2007 (Fn. 547), BFH/NV 2007, 2274, 2275; Beschl. v. 27.03.2009 (Fn. 547), BStBl. II 2009, 850; Beschl. v. 21.09.2009 (Fn. 547), BStBl. II 2011, 382, 383; Beschl. v. 11.03.2014, VI B 95/13, BStBl. II 2014, 525, 526 m.w.N.; *Lange* HHSp., § 115 FGO Tz. 106 (Lfg. 192 Oktober 2006); *Seer*, in: T/K, § 115 FGO Tz. 50 (Lfg. 131 Oktober 2012). – *Kritisch* hierzu *Bleschick*, Revisionszulassungsgründe im Spannungsverhältnis, S. 78 ff., v.a. 79, 80 u. 81 a.E., der insoweit die *Fälle der erstmaligen Klärung einer Rechtsfrage* problematisiert, da der BFH hier – unter erstmaliger Bestätigung der Rechtsauffassung des FG – die NZB aufgrund fehlender Klärungsbedürftigkeit zurückweise und sich i.R. dieser Bestätigung bereits im NZB-Verfahren mit der Lösung materiell-rechtlicher Fragen auseinandersetze, ohne hierzu bereits auf klärende Rechtsprechung seinerseits verweisen zu können, *so dass* es bei der Beurteilung der Voraussetzungen eines Revisionszulassungsgrundes – bei der Beurteilung der Klärungsbedürftigkeit – zu einer Prüfung materiell-rechtlicher Gesichtspunkte komme und somit schon im NZB-Verfahren eine Sachentscheidung getroffen werde. *Bleschick*, a.a.O., S. 299 f., bezeichnet die Berücksichtigung materiell-rechtlicher Aspekte i.R.d. Begutachtung der Klärungsbedürftigkeit zwar als *nicht notwendig* sowie *überobligatorisch* und *kritisiert* die BFH-Rechtsprechung zur fehlenden Klärungsbedürftigkeit bei eindeutiger Rechtslage insoweit, als der BFH dort *ohne Weiteres* Sachentscheidungen treffe (S. 305). Er erachtet die *Erörterung sachlicher Gesichtspunkte im NZB-Verfahren* – hier i.R.d. Begutachtung der Klärungsbedürftigkeit und darüber hinaus überall dort, wo es an einer der engen Voraussetzungen eines Zulassungsgrundes fehle (vgl. insoweit auch später im 4. Abschnitt unter A.II.1. [S. 381 ff. – 386], dort Fußnote 1284) – zur *Stiftung von Rechtsfrieden* über den Einzelfall hinaus aber durchaus für *zweckmäßig*, wenn der NZB unabhängig von der Sachentscheidung ohnehin der Erfolg zu versagen wäre. Dabei gelte es jedoch, *Änderungen im Verfahrensablauf* zu berücksichtigen: Erforderlich sei die *Entscheidung des Vollsenats mit fünf Richtern* sowie eine vorherige *Anhörung des Beschwerdeführers* im NZB-Verfahren, um diesen auf die entsprechenden materiell-rechtlichen Gesichtspunkte hinzuweisen und ihm eine Reaktionsmöglichkeit zu verschaffen, *Bleschick*, a.a.O., S. 300 ff. – Vgl. zu dem Aspekt der Sachentscheidung i.R.d. NZB-Verfahrens in jeweils anderem Zusammenhang später im 4. Abschnitt unter A.II.1. (S. 381 ff., dort S. 385 f.) sowie B.I.4. (S. 500 ff.).

Entscheidung der betreffenden Rechtsfrage durch den BFH erforderlich machen[549]. An der Klärungsbedürftigkeit fehlt es danach insbesondere, wenn sich die einzelnen Teilprobleme der aufgeworfenen Rechtsfrage unter Zuhilfenahme spezieller Rechtsprechung des BFH lösen lassen, zumal eine Entscheidung des BFH genau zu dem Sachverhalt, der dem konkreten Rechtsstreit zugrunde liegt, nicht vorzuliegen braucht[550]. Klärungsbedarf besteht auch dann nicht, wenn es um die Anwendung feststehender – da durch die Rechtsprechung geklärter – Rechtsgrundsätze auf den im Streitfall gegebenen Sachverhalt geht[551]; dasselbe gilt, wenn Rechtsprechung

---

549 Vgl. *BFH*, Beschl. v. 17.09.1974, VII B 112/73, BStBl. II 1975, 196; Beschl. v. 27.02.1991, II B 27/90, BStBl. II 1991, 465; Beschl. v. 04.05.1999 (Fn. 547), BStBl. II 1999, 587, unter Hinweis darauf, dass dies auch dann gelte, wenn bei einer gesetzlichen Neuregelung eines Sachverhalts in das neue Gesetz Tatbestandsmerkmale übernommen werden, zu denen es bereits eine feststehende höchstrichterliche Rechtsprechung gebe; Beschl. v. 18.01.2001 (Fn. 547), BFH/NV 2001, 939; Beschl. v. 19.05.2004, VIII B 245/03, BFH/NV 2004, 1524, 1525; Beschl. v. 26.05.2004 (Fn. 547), BFH/NV 2004, 1221, 1222; Beschl. v. 15.09.2004, XI B 26/04, BFH/NV 2005, 200; Beschl. v. 16.09.2004, VII B 20/04, BFH/NV 2005, 231; Beschl. v. 10.12.2004, III B 162/03, BFH/NV 2005, 672; Beschl. v. 10.02.2005, VI B 113/04, BStBl. II 2005, 488; Beschl. v. 11.03.2005, V B 184/03, BFH/NV 2005, 1398; Beschl. v. 11.05.2005, XI B 49/04, BFH/NV 2005, 1551, 1552; Beschl. v. 12.05.2005 (Fn. 547), BStBl. II 2005, 714, 715; Beschl. v. 30.08.2005, IV B 102/03, BStBl. II 2005, 864; Beschl. v. 14.03.2006, IV B 14/05, BFH/NV 2006, 1253, 1254; Beschl. v. 27.04.2006, III B 179/04, BFH/NV 2006, 1646 f.; Beschl. v. 07.06.2006, II B 129/05, BFH/NV 2006, 1616; Beschl. v. 19.06.2006, I B 118/05, BFH/NV 2006, 1691, 1692; Beschl. v. 29.06.2006, VII B 19/06, BFH/NV 2006, 1795, 1796; Beschl. v. 26.09.2007, V B 8/06, BStBl. II 2008, 405, 406; Beschl. v. 18.10.2007 (Fn. 547), BStBl. II 2008, 263, 264; Beschl. v. 31.07.2008 (Fn. 547), BStBl. II 2011, 37; Beschl. v. 27.05.2009, VI B 69/08, BStBl. II 2009, 730, 731; Beschl. v. 18.03.2010, IX B 227/09, BStBl. II 2010, 627; Beschl. v. 11.03.2014 (Fn. 548), BStBl. II 2014, 525, 526; *Beermann*, in: BG, § 115 FGO Tz. 106 (Lfg. 57 März 2006) m.w.N.; Gräber/*Ruban*[6], § 115 FGO Tz. 28; *Lange* HHSp., § 115 FGO Tz. 107 (Lfg. 192 Oktober 2006); *Seer*, in: T/K, § 115 FGO Tz. 50 (Lfg. 131 Oktober 2012).

550 *BFH*, Beschl. v. 06.02.1991, V B 8/89, BFH/NV 1992, 705. Vgl. insoweit auch *BFH*, Beschl. v. 18.11.2004, II B 176/03, BFH/NV 2005, 355 f., mit dem Hinweis, dass für den Fall, dass eine besonders gelagerte Fallgestaltung häufiger auftrete, für derartige Fallgruppen ggf. weiterer oder erneuter Klärungsbedarf bestehen könne; Beschl. v. 26.04.2006, III B 113/05, BFH/NV 2006, 1469, 1470. Zudem *Lange* HHSp., § 115 FGO Tz. 107 a.E. (Lfg. 192 Oktober 2006); *Seer*, in: T/K, § 115 FGO Tz. 50 (Lfg. 131 Oktober 2012).

551 Siehe *BFH*, Beschl. v. 17.09.1974 (Fn. 549), BStBl. II 1975, 196; Beschl. v. 29.01.1987, V B 33/85, BStBl. II 1987, 316; Beschl. v. 04.05.1999 (Fn. 547), BStBl. II 1999, 587; Beschl. v. 27.10.2004 (Fn. 548), BFH/NV 2005, 353, 354; Beschl. v. 10.12.2004 (Fn. 549), BFH/NV 2005, 672; Beschl. v. 10.02.2005 (Fn. 549), BStBl. II 2005, 488; Beschl. v. 30.08.2005 (Fn. 549), BStBl. II 2005, 864; Beschl. v. 29.06.2006 (Fn. 549), BFH/NV 2006, 1795, 1796. – Nach *BFH*, Beschl. v. 09.12.2002, III B 61/02, BFH/NV 2003, 470,

und Literatur in der Beurteilung einer Rechtsfrage übereinstimmen[552]. Schließlich wird die Klärungsbedürftigkeit der Rechtsfrage auch nicht durch die bloße Bezugnahme auf einzelne kritische Stimmen im Schrifttum begründet, die keine ernst zu nehmenden neuen Überlegungen zu der betreffenden Rechtsfrage anstellen, sondern sich vielmehr nur unscharf gegen die h.M. wenden[553]; ebenso verhält es sich, wenn lediglich auf ein finanzgerichtliches Urteil hingewiesen wird, der BFH die darin geäußerte Rechtsauffassung jedoch bereits abgelehnt hat[554].

Die für die Beurteilung des Streitfalls maßgebliche Rechtsfrage ist allerdings insoweit *(erneut) klärungsbedürftig*, als die (gefestigte) höchstrichterliche Rechtsprechung in der instanzgerichtlichen Rechtsprechung oder in der Fachliteratur Widerspruch erfahren hat und gegen sie *beachtliche/gewichtige neue rechtliche Gesichtspunkte* vorgebracht werden, die nicht von vornherein abwegig erscheinen und seitens des Revisionsgerichts bislang noch nicht in Erwägung gezogen worden sind[555].

---

kommt einer Rechtssache überdies auch dann eine *grundsätzliche Klärungsbedürftigkeit nicht zu*, wenn sie einen *Sonderfall* betreffe und deshalb nicht geeignet sei, über die von der höchstrichterlichen Rechtsprechung bereits aufgestellten allgemeinen Grundsätze hinaus zusätzliche abstrakte Abgrenzungskriterien für die Auslegung und Anwendung einer entscheidungserheblichen Vorschrift zu entwickeln.

552 Vgl. *BFH*, Beschl. v. 11.07.1972 (Fn. 547), BStBl. II 1972, 792; Beschl. v. 21.12.1988, III B 15/88, BStBl. II 1989, 409; Beschl. v. 26.05.2004 (Fn. 547), BFH/NV 2004, 1221, 1222: Kein Meinungsstreit zur Auslegung und Anwendung der Gesetzesbestimmung; *Lange* HHSp., § 115 FGO Tz. 106 (Lfg. 192 Oktober 2006).

553 *BFH*, Beschl. v. 17.12.1987, V B 80/87, BStBl. II 1988, 290; Beschl. v. 19.07.1989, II B 208/88, BFH/NV 1990, 125; Beschl. v. 12.06.1996, IV B 133/95, BStBl. II 1997, 82, 85; vgl. zudem Beschl. v. 16.12.1999, IV B 32/99, BFH/NV 2002, 1160, 1161.

554 Vgl. in diesem Zusammenhang *BFH*, Beschl. v. 16.12.1999 (Fn. 553), BFH/NV 2002, 1160, 1161; *Seer*, in: T/K, § 115 FGO Tz. 50 (Lfg. 115 April 2008; vgl. nunmehr aber insgesamt *kritisch* in Lfg. 131 Oktober 2012).

555 Ständige Rechtsprechung des BFH, s. nur *BFH*, Beschl. v. 11.07.1972, IV B 61/71, BStBl. II 1972, 792; Beschl. v. 21.07.1977, IV B 16, 17/77, BStBl. II 1977, 760; Beschl. v. 12.06.1996, IV B 133/95, BStBl. II 1997, 82, 83; Beschl. v. 12.12.2001, III B 103/01, BFH/NV 2002, 652, 653; Beschl. v. 04.06.2003, VII B 138/01, BStBl. II 2003, 790, 792; Beschl. v. 21.11.2003, III B 67/03, BFH/NV 2004, 336; Beschl. v. 17.08.2004, III B 121/03, BFH/NV 2005, 46; Beschl. v. 22.12.2004, III B 169/03, BFH/NV 2005, 699, 700; Beschl. v. 28.01.2005, III B 97/04, BFH/NV 2005, 1050; Beschl. v. 25.02.2005, III B 13/04, BFH/NV 2005, 1065; Beschl. v. 16.12.2005, VIII B 123/05, BFH/NV 2006, 725, 726; Beschl. v. 19.01.2006, VIII B 114/05, BFH/NV 2006, 709, 710; Beschl. v. 24.04.2006, III B 164/05, BFH/NV 2006, 1468; Beschl. v. 25.08.2006, VIII B 13/06, BFH/NV 2006, 2122, 2123; Beschl. v. 23.02.2007, VIII B 105/06, BFH/NV 2007, 1118, 1119. *Kritisch* insoweit *Bleschick*, Revisionszulassungsgründe im Spannungsverhältnis, S. 75, der hier im Hinblick auf die Ablehnung der Klärungsbedürftigkeit durch den BFH die Gefahr erblickt, dass die Revisionszulassung von *subjektiven Einschätzungen* abhängig gemacht werde, da für den entscheidenden Senat ein

Hans-Friedrich Lange führt hierzu an, es genüge insoweit auch, wenn die beachtlichen/gewichtigen neuen rechtlichen Gesichtspunkte im Einzelfall nur von einem Beteiligten des Klageverfahrens vorgebracht würden, ohne dass auch die Rechtsprechung der FGe oder das Schrifttum diese Argumente bereits geäußert hätten; dabei stützt er sich auf die teils offenen Formulierungen des BFH[556]. *Lange* weist allerdings gleichzeitig zutreffend darauf hin, dass beachtliche/gewichtige neue rechtliche Gesichtspunkte in der höchst umfangreichen steuerrechtlichen Literatur nur äußerst selten übersehen würden, wenn es darum gehe, die Rechtsprechung des BFH kritisch zu beurteilen; bei nur von den Beteiligten vorgetragenen Argumenten sei im Hinblick auf die (erneute) Klärungsbedürftigkeit einer höchstrichterlich bereits geklärten Rechtsfrage somit Zurückhaltung geboten[557].

Nach st. Rspr. des BFH ist eine Rechtsfrage aber nicht bereits deshalb klärungsbedürftig, weil der BFH noch nicht über eine vergleichbare Sachverhaltskonstellation entschieden habe. Allein daraus, dass eine *höchstrichterliche Entscheidung* zu der aufgeworfenen Rechtsfrage *noch nicht ergangen* sei, könne ihre Klärungsbedürftigkeit somit nicht hergeleitet werden[558].

Beurteilungsspielraum hinsichtlich der Einordnung der bislang ungeprüften Argumente als abwegig oder beachtlich/gewichtig bestehe. Für den Rechtsschutzsuchenden stelle es eine *im Voraus nur schwer abschätzbare Wertungsfrage* dar, ob die jeweiligen neuen Argumente aus Sicht des über die NZB entscheidenden Spruchkörpers die genannten Voraussetzungen erfüllen, so dass der diesbzgl. geforderte Grad der Zweifelhaftigkeit einer Rechtsfrage *nicht antizipierbar* zu sein scheine, was wiederum einen Konflikt mit dem *Gebot der Rechtsmittelklarheit* (vgl. dazu ausführlich im 4. Abschnitt unter A.IV.2.b) [S. 430 ff., dort S. 431 ff.]) nach sich ziehe, *Bleschick*, a.a.O., S. 295, 296. Deswegen sei bei bereits bestehender höchstrichterlicher Rechtsprechung für die (erneute) Klärungsbedürftigkeit einer Rechtsfrage *ausschließlich* darauf abzustellen, ob zu dieser Rechtsfrage *höchstrichterlich noch nicht gewürdigte Argumente* vorliegen und in der NZB enthalten seien, die per se die geforderte Zweifelhaftigkeit erzeugen, während sich eine weitere Einordnung dieser bislang ungeprüften Argumente als abwegig oder beachtlich/gewichtig mit Blick auf die insoweit *mangelnde Abschätzbarkeit und Vorhersehbarkeit* verbiete, *Bleschick*, a.a.O., S. 296 f. u. 298 f.

556 *Lange* HHSp., § 115 FGO Tz. 107 (Lfg. 192 Oktober 2006), unter Hinweis auf *BFH*, Beschl. v. 15.07.1992, II B 20/92, BFH/NV 1994, 403, sowie Beschl. v. 07.04.1993, X B 161, 162/92, BFH/NV 1994, 458. Vgl. zudem *BFH*, Beschl. v. 12.06.1996 (Fn. 555), BStBl. II 1997, 82, 83, wonach auch (nur) mit der NZB selbst gewichtige neue Argumente gegen die höchstrichterliche Rechtsprechung vorgetragen werden können.

557 Vgl. *Lange* HHSp., § 115 FGO Tz. 107 (Lfg. 192 Oktober 2006).

558 *BFH*, Beschl. v. 27.05.2002, VIII B 150/01, BFH/NV 2002, 1463; Beschl. v. 26.05.2004, III B 89/03, BFH/NV 2004, 1221, 1222; Beschl. v. 12.05.2005, V B 146/03, BStBl. II 2005, 714, 715; Beschl. v. 19.01.2006, VIII B 114/05, BFH/NV 2006, 709, 710; Beschl. v. 23.02.2007, VIII B 105/06, BFH/NV 2007, 1118, 1119; Beschl. v. 14.03.2007, VIII B 131/06, BFH/NV 2007, 1176, 1177; Beschl. v. 25.10.2007, VIII B 21/07, BFH/NV 2008, 214, 215; Beschl. v. 15.01.2008, VIII B 222/06, BFH/NV 2008, 753; Beschl.

Diese das Tatbestandsmerkmal der Klärungsbedürftigkeit einschränkende Rechtsprechung ist nicht ohne Widerspruch geblieben. So wird im Schrifttum unter dem Gesichtspunkt einer erweiterten und rechtsschutzfreundlichen Auslegung des § 115 II Nr. 1 FGO – leider nur vereinzelt, m.E. aber zu Recht – gefordert, *im Zweifel* von der *Klärungsbedürftigkeit* der Rechtsfrage auszugehen und mithin die Revision wegen grundsätzlicher Bedeutung der Rechtssache gemäß § 115 II Nr. 1 FGO zuzulassen, wenn zu der aufgeworfenen Rechtsfrage *noch keine höchstrichterliche Rechtsprechung ergangen* sei[559].

Auch der BFH hat entgegen seiner st. Rspr. die Revision vereinzelt im Hinblick auf eine von ihm noch nicht (abschließend) entschiedene Rechtsfrage wegen grundsätzlicher Bedeutung der Rechtssache i.S.d. § 115 II Nr. 1 FGO zugelassen. In seinem Beschluss v. 02.06.2003 hat der *VI. Senat* bspw. in den Entscheidungsgründen explizit ausgeführt, dass die Revision insbesondere deswegen zugelassen werde, weil die aufgeworfene Rechtsfrage *„höchstrichterlich noch nicht hinreichend geklärt“* sei[560]. In einer Entscheidung des *V. Senats* v. 05.03.2004 heißt es insoweit, die Zulassung der Revision beruhe auf § 115 II Nr. 1 FGO und erfolge *„zur weiteren Klärung“* der aufgeworfenen Rechtsfrage[561]. Diese Entscheidungen gehen zwar in

---

v. 21.09.2009, VI B 31/09, BStBl. II 2011, 382, 383; Beschl. v. 08.03.2010, III B 123/09, BFH/NV 2010, 1288; Beschl. v. 08.10.2010, II B 111/10, BFH/NV 2011, 73.

559 Siehe *Beermann*, DStZ 2000, 773, 775, unter Hinweis auf *Kleier*, in: Frankfurter Kommentar zum GWB[3], § 73 GWB Tz. 50; *ders.*, DStZ 2001, 312, 316, der hier allerdings das (abstrakte) Allgemeininteresse an der Klärung der aufgeworfenen Rechtsfrage bejaht; *ders.*, in: BG, § 115 FGO Tz. 104 (Lfg. 57 März 2006) u. § 116 FGO Tz. 71 (Lfg. 66 September 2007); *Seer*, in: T/K, § 115 FGO Tz. 54 u. § 116 FGO Tz. 46 (Lfg. 115 April 2008; jetzt Lfg. 131 Okt. 2012); *Wagner*, in: KvW[19], § 115 FGO Tz. 12. Vgl. dazu ausführlich und **kritisch** nachfolgend im 4. Abschnitt unter B.I.3.b) (S. 493 ff.).

560 *BFH*, Beschl. v. 02.06.2003, VI B 18/03, BFH/NV 2003, 1183 (Leitsatz, Entscheidungsgründe bei juris). In diesem Beschluss hat der BFH die Revision insbesondere deshalb zugelassen, weil *höchstrichterlich noch nicht hinreichend geklärt* sei, welche PKW-Kosten im Einzelnen durch die pauschale Nutzungswertbesteuerung (1 v.H.-Regelung) abgegolten werden. Siehe dazu auch *Lange* HHSp., § 115 FGO Tz. 112 (Lfg. 192 Oktober 2006).

561 *BFH*, Beschl. v. 05.03.2004, V B 69/03, BFH/NV 2004, 834. Hier erfolgte die Zulassung der Revision *zur weiteren Klärung* der Frage, ob – und ggf. unter welchen Umständen – ein (teilweiser) Erlass rechtskräftig festgesetzter Umsatzsteuer gerechtfertigt sei, wenn der leistende Unternehmer Umsatzsteuer auf von ihm zunächst rechtsirrtümlich als umsatzsteuerfrei beurteilte Umsätze wegen Konkurses (Insolvenz) des Leistungsempfängers nicht mehr durch nachträgliche Inrechnungstellung von Umsatzsteuer auf diesen abwälzen könne. Vgl. dazu auch *Lange* HHSp., § 115 FGO Tz. 112 (Lfg. 192 Oktober 2006). – Siehe zudem *BFH*, Beschl. v. 30.03.2009, II B 168/08, BStBl. II 2009, 670, 671, wo der BFH darauf hinweist, dass die aufgeworfene Frage *noch nicht abschließend geklärt* bzw. *noch offen* und somit *klärungsbedürftig* sei. Konkret ging es in diesem Beschluss darum, ob es für den Nachweis eines niedrigeren gemeinen Werts von unbebauten

die richtige Richtung; sie stellen vor dem Hintergrund der gefestigten st. Rspr. des BFH jedoch leider nur Ausnahmefälle dar, wenn es darum geht, die Revision im Hinblick auf eine vom BFH noch nicht (abschließend) entschiedene Rechtsfrage wegen grundsätzlicher Bedeutung zuzulassen[562].

Die Klärungsbedürftigkeit einer Rechtsfrage kann nach der Rechtsprechung des BFH darüber hinaus auch nicht allein daraus hergeleitet werden, dass beim BFH in einem *ähnlich gelagerten Fall* bereits ein *Revisionsverfahren anhängig* ist, über das dieser bislang noch nicht entschieden hat[563].

Allerdings wird die Klärungsbedürftigkeit der aufgeworfenen Rechtsfrage und mithin auch die grundsätzliche Bedeutung der Rechtssache regelmäßig zu bejahen sein, wenn beim BFH bereits ein *Musterprozess* zur Klärung einer zweifelhaften Rechtsfrage *anhängig* ist[564].

Abschließend ist noch darauf einzugehen, wie die Klärungsbedürftigkeit der aufgeworfenen Rechtsfrage zu beurteilen ist, wenn die *Finanzverwaltung* einer Entscheidung des BFH ihre Gefolgschaft verweigert. Hierbei geht es in erster Linie um die Fälle, in denen die Finanzverwaltung aufgrund eines *Nichtanwendungserlasses* von der höchstrichterlichen Rechtsprechung abweicht. Insoweit ist zu differenzieren:

Folgt das FG nicht der Auffassung der Finanzverwaltung sondern der Auffassung des BFH, so ist die Revision der Finanzverwaltung (des Finanzamts) zur Herstellung von Rechtsklarheit und Rechtssicherheit regelmäßig wegen grundsätzlicher

---

Grundstücken für Bewertungsstichtage vor dem 01.01.2007 auf die Wertverhältnisse am Bewertungsstichtag oder am 01.01.1996 ankomme.

562 Dass es sich hierbei nur um Ausnahmefälle handelt, zeigt auch die Tatsache, dass der *V. Senat*, der in seinem Beschl. v. 05.03.2004 (Fn. 561) noch ausgeführt hatte, die Zulassung der Revision beruhe auf § 115 II Nr. 1 FGO und erfolge *„zur weiteren Klärung"* der aufgeworfenen Rechtsfrage, in einer späteren Entscheidung dann entsprechend der st. Rspr. des BFH erklärt hat, eine Zulassung der Revision komme im Übrigen nicht schon deshalb in Betracht, weil es zu den konkret im Streitfall zu beurteilenden Leistungen noch keine BFH-Entscheidung gebe, vgl. *BFH*, Beschl. v. 12.05.2005 (Fn. 558), BStBl. II 2005, 714, 715. Vgl. insoweit auch *Lange* HHSp., § 115 FGO Tz. 112 (Lfg. 192 Oktober 2006); *Seer*, in: T/K, § 115 FGO Tz. 50 (Lfg. 131 Oktober 2012).

563 *BFH*, Beschl. v. 25.02.2005, III B 13/04, BFH/NV 2005, 1065, 1066; Beschl. v. 05.04.2005, IV B 96/03, BFH/NV 2005, 1564, 1565. Vgl. in diesem Zusammenhang auch nachfolgend im 4. Abschnitt unter B.I.3.c)aa) (S. 498 [f.]).

564 So auch *BFH*, Beschl. v. 05.04.2005 (Fn. 563), BFH/NV 2005, 1564, 1565; *Lange* HHSp., § 115 FGO Tz. 93 (Lfg. 192 Oktober 2006); *Seer*, in: T/K, § 115 FGO Tz. 50 (Lfg. 131 Oktober 2012). Vgl. ausführlich nachstehend im 4. Abschnitt unter B.I.3.c)aa) (S. 498 f.). – Besteht die Möglichkeit, dass sich aus der zugelassenen Revision ein *Musterprozess entwickelt*, ist die Revision *im Zweifel* bereits gemäß § 115 II Nr. 2 Alt. 1 FGO zuzulassen, so auch *Seer*, in: T/K, § 115 FGO Tz. 54 a.E. (Lfg. 131 Oktober 2012), der jedoch pauschal auf § 115 II Nr. 2 FGO verweist. Dazu auch nachfolgend unter II.1.a)bb) (S. 204 f.) sowie ausführlich später im 4. Abschnitt unter B.I.3.c)bb) (S. 499 f.).

Bedeutung der Rechtssache zuzulassen[565]. Die Klärungsbedürftigkeit ist in einem solchen Fall aber ausnahmsweise dann nicht gegeben, wenn die Finanzverwaltung (das Finanzamt) keine beachtlichen neuen rechtlichen Gesichtspunkte vorbringt, die der BFH bislang noch nicht berücksichtigt hat[566]; dasselbe gilt, wenn der Rechtsprechung des BFH eine Entscheidung des EuGH zugrunde liegt[567].

Schließt sich das FG in einem entscheidungserheblichen Streitpunkt hingegen der in dem Nichtanwendungserlass zum Ausdruck gebrachten Auffassung der Finanzverwaltung an, führt dies zu einer *Abweichung* der finanzgerichtlichen Entscheidung von der höchstrichterlichen Rechtsprechung des BFH. In diesem Fall ist die Revision des Steuerpflichtigen demzufolge nicht wegen grundsätzlicher Bedeutung der Rechtssache, sondern vielmehr zur Sicherung einer einheitlichen Rechtsprechung wegen Divergenz gemäß § 115 II Nr. 2 Alt. 2 FGO zuzulassen[568].

f) Das Tatbestandsmerkmal der Klärungsfähigkeit und Entscheidungserheblichkeit

Die Zulassung der Revision wegen grundsätzlicher Bedeutung der Rechtssache gemäß § 115 II Nr. 1 FGO setzt des Weiteren voraus, dass die im Interesse der Allgemeinheit klärungsbedürftige Rechtsfrage im konkreten Streitfall auch *klärungsfähig*[569] und *entscheidungserheblich*[570] ist.

---

565 Vgl. *BFH*, Beschl. v. 10.02.1967, VI B 24/66, BStBl. III 1967, 340; Beschl. v. 09.08.1968, VI B 46/68, BStBl. II 1968, 779; Beschl. v. 10.03.1995, VIII B 98/94, BFH/NV 1995, 992; Beschl. v. 17.03.1998, VIII B 67/97, BFH/NV 1998, 1066; *Lange* HHSp., § 115 FGO Tz. 97 (betreffend den Fall, dass das FG eine Rechtslage abweichend von einer allgemeinen Verwaltungsvorschrift beurteilt hat) u. 109 (Lfg. 192 Oktober 2006); *Seer*, in: T/K, § 115 FGO Tz. 51 (Lfg. 131 Oktober 2012).

566 Siehe *BFH*, Beschl. v. 10.02.1967 (Fn. 565), BStBl. III 1967, 340; Beschl. v. 07.12.1988, VIII B 71/88, BStBl. II 1989, 566; Beschl. v. 13.06.1996, X B 27/96, BFH/NV 1996, 888; Beschl. v. 27.08.2003, I B 186/02, BFH/NV 2003, 1581, 1582.

567 *BFH*, Beschl. v. 17.12.1992, V B 142/92, StRK UStG 1980 § 1 Abs. 1 Nr. 2 R. 11.

568 *Lange* HHSp., § 115 FGO Tz. 109 (Lfg. 192 Oktober 2006); *Seer*, in: T/K, § 115 FGO Tz. 51 (Lfg. 131 Oktober 2012). – Zum Revisionszulassungsgrund der ‚Erforderlichkeit einer Entscheidung des BFH zur Sicherung einer einheitlichen Rechtsprechung' gemäß § 115 II Nr. 2 Alt. 2 FGO unter dem Gesichtspunkt der Abweichung (Divergenz) ausführlich nachstehend unter III.1.b) (S. 221 ff.).

569 Ständige Rechtsprechung des BFH: *BFH*, Beschl. v. 12.11.2001, VIII B 61/01, BFH/NV 2002, 220; Beschl. v. 30.04.2004, IX B 14/04, BFH/NV 2004, 1105; Beschl. v. 19.01.2005, V B 5/04, BFH/NV 2005, 910 f.; Beschl. v. 17.07.2006, II B 118/05, BFH/NV 2006, 1875, 1876; Beschl. v. 08.10.2010, II B 111/10, BFH/NV 2011, 73; Beschl. v. 18.10.2010, VI B 91/10, BFH/NV 2011, 280; vgl. i.Ü. die Nachweise in Fußnote 503. Der von der Rechtsprechung oftmals verwendeten Formulierung, dass die Rechtsfrage im konkreten Streitfall *klärbar* sein müsse, kommt identische Bedeutung zu.

570 Siehe nur *BFH*, Beschl. v. 04.02.1987, III B 151/86, BStBl. II 1987, 339, 340; Beschl. v. 12.11.2001 (Fn. 569), BFH/NV 2002, 220; Beschl. v. 17.10.2005, III B 150/04, BFH/

aa) Klärungsfähigkeit der Rechtsfrage

Die Zulassungsvoraussetzung der ‚Klärungsfähigkeit' ergibt sich aus den allgemeinen revisionsrechtlichen Vorschriften[571]. Sie erfordert, dass die aufgeworfene Rechtsfrage in einem künftigen Revisionsverfahren geklärt werden kann (könnte)[572]. Da der mit der Revisionszulassung angestrebte Zweck nicht verwirklicht werden kann, wenn der BFH aus formell- oder materiellrechtlichen Gründen an einer Entscheidung über die als grundsätzlich bedeutsam erachtete Rechtsfrage gehindert ist, muss der BFH also zunächst über die aufgeworfene Rechtsfrage überhaupt entscheiden dürfen[573].

Eine Rechtsfrage ist demnach insbesondere dann nicht klärungsfähig, wenn sie *irrevisibles Recht* betrifft, auf dessen Verletzung die Revision gemäß § 118 I FGO nicht gestützt werden kann[574]. Der Gegenstand der Rechtssache muss entsprechend dem in § 118 I FGO niedergelegten Maßstab der revisionsgerichtlichen Prüfung vielmehr entweder *Bundesrecht* (§ 118 I 1 FGO) oder *revisibles Landesrecht* (§ 118 I 2 FGO) betreffen[575].

NV 2006, 330, 331 f.; Beschl. v. 27.03.2006, VII B 117/05, BFH/NV 2006, 1254; Beschl. v. 26.09.2007, V B 8/06, BStBl. II 2008, 405, 406; Beschl. v. 29.05.2008, VIII B 166/07, BFH/NV 2008, 1478.

571 *Seer,* in: T/K, § 115 FGO Tz. 52 (Lfg. 131 Oktober 2012).

572 *BFH,* Beschl. v. 12.05.2005, V B 146/03, BStBl. II 2005, 714, 715; Beschl. v. 24.11.2005, V B 102/04, BFH/NV 2006, 590; Beschl. v. 23.05.2006, VI B 132/05, BFH/NV 2006, 1683; Beschl. v. 18.10.2010, VI B 91/10, BFH/NV 2011, 280.

573 Gräber/*Ruban*[6], § 115 FGO Tz. 30; *Seer,* in: T/K, § 115 FGO Tz. 52 (Lfg. 131 Oktober 2012).

574 *BFH,* Beschl. v. 28.04.1972, III B 40/71, BStBl. II 1972, 575; Beschl. v. 02.03.1982, VII B 148/81, BStBl. II 1982, 327; Beschl. v. 27.06.1984, II B 9/84, BStBl. II 1984, 721; Urt. v. 07.08.1985, I R 309/82, BStBl. II 1986, 42; Urt. v. 08.03.1995, II R 58/93, BStBl. II 1995, 438, 442; Urt. v. 06.03.1996, II R 102/93, BStBl. II 1996, 396, 397; Beschl. v. 30.10.1996, II B 87/96, BFH/NV 1997, 374; Beschl. v. 18.03.2003, I B 97/02, BFH/NV 2003, 1190, 1191; Gräber/*Ruban*[6], § 115 FGO Tz. 30; *Lange* HHSp., § 115 FGO Tz. 121 (Lfg. 192 Oktober 2006); *Seer,* in: T/K, § 115 FGO Tz. 52 (Lfg. 131 Oktober 2012).

575 Vgl. auch *Lange* HHSp., § 115 FGO Tz. 121 (Lfg. 192 Oktober 2006); *Seer,* in: T/K, § 115 FGO Tz. 52 (Lfg. 131 Oktober 2012). – Landesrecht kann dabei aufgrund seiner eingeschränkten Revisibilität nach § 118 I 2 FGO jedoch nur dann den Gegenstand der Rechtssache bilden, wenn und soweit im Falle des § 33 I Nr. 4 FGO für andere als die in § 33 I Nrn. 1-3 bezeichneten Rechtsstreitigkeiten die Vorschriften der FGO über die Revision durch Landesgesetz für anwendbar erklärt werden, vgl. *Seer,* in: T/K, § 118 FGO Tz. 21 (Lfg. 117 Oktober 2008), in Anlehnung an den Gesetzeswortlaut des § 118 I 2 FGO. Nicht ganz korrekt bzw. unvollständig sind hingegen *seine* Ausführungen in T/K, § 115 FGO Tz. 52 (Lfg. 131 Oktober 2012), wenn es dort heißt, dass Gegenstand der Rechtssache solches Landesrecht sein müsse, für das gemäß § 33 I Nr. 4 FGO der Finanzrechtsweg eröffnet ist. Denn § 118 I 2 FGO knüpft ja gerade nicht (nur) an den Finanzrechtsweg, sondern vielmehr ausdrücklich an die Vorschriften der FGO über die Revision an

Die Revision ist mangels Klärungsfähigkeit auch dann nicht zuzulassen, wenn von einer Entscheidung des BFH zwar möglicherweise eine (weitere) Klärung der Rechtsfrage zu erwarten ist, die Beurteilung des konkreten Falles aber nur von der *Würdigung der tatsächlichen Verhältnisse* – so z.B. von der Auslegung vertraglicher Vereinbarungen – abhängt[576]. Denn der BFH ist gemäß § 118 II FGO an die in dem angefochtenen Urteil getroffenen tatsächlichen Feststellungen, d.h. an die Würdigung des Sachverhalts durch das FG, gebunden, soweit diese nicht gegen Denkgesetze oder Erfahrungssätze verstößt[577].

Problematisch erscheint die Zulassung der Revision im Hinblick auf die Klärungsfähigkeit des Weiteren im Zusammenhang mit der *Selbstbindung des Revisionsgerichts*. Hat der BFH das angefochtene Urteil gemäß § 126 III 1 Nr. 2 FGO aufgehoben und die Sache zur anderweitigen Verhandlung und Entscheidung an das FG zurückverwiesen, ist nach ganz h.M. nicht nur das FG, sondern regelmäßig auch der BFH selbst nach § 126 V FGO an seine im ersten Rechtsgang getroffene Entscheidung gebunden[578]. Demnach fehlt es an der Klärungsfähigkeit der Rechtsfrage auch dann, wenn der BFH in einem gedachten zweiten Rechtsgang nicht anders entscheiden dürfte, weil er gemäß § 126 V FGO an seine im Verfahren des ersten Rechtsgangs vertretene Rechtsauffassung gebunden ist. Hat also das FG den

---

(„... *Vorschriften dieses Unterabschnitts* ...“). Erforderlich ist also stets, dass die Vorschriften der §§ 115 ff. FGO bzw. der FGO insgesamt für anwendbar erklärt werden, so dass allein die Eröffnung des Finanzrechtswegs nach § 33 I Nr. 4 FGO Landesrecht somit noch nicht zu revisiblem Recht i.S.d. § 118 I 2 FGO macht, vgl. *BFH*, Urt. v. 07.08.1985 (Fn. 574), BStBl. II 1986, 42; Urt. v. 08.03.1995 (Fn. 574), BStBl. II 1995, 438, 442; Urt. v. 06.03.1996 (Fn. 574), BStBl. II 1996, 396, 397 f.; ausführlich *Seer*, in: T/K, § 118 FGO Tz. 21 (Lfg. 117 Oktober 2008).

576 *BFH*, Beschl. v. 03.03.1967, III B 20/66, BStBl. III 1967, 370; Beschl. v. 28.04.1972 (Fn. 574), BStBl. II 1972, 575; Beschl. v. 15.06.2000, IX B 5/00, BFH/NV 2000, 1238, 1239; Beschl. v. 30.04.2001, VI B 26/01, BFH/NV 2001, 1386; Beschl. v. 12.03.2004, VII B 239/02, BFH/NV 2004, 1114, 1117; Beschl. v. 28.04.2005, IX B 189/04, BFH/NV 2005, 1363, 1364; Beschl. v. 23.04.2009, VI B 118/08, BStBl. II 2010, 234, 235.

577 Vgl. nur *BFH*, Beschl. v. 15.06.2000 (Fn. 576), BFH/NV 2000, 1238, 1239; *Seer*, in: T/K, § 115 FGO Tz. 52 (Lfg. 131 Oktober 2012).

578 Nach dem Wortlaut des § 126 V FGO tritt die Bindung zwar nur für das FG ein. Es entspricht jedoch der ganz h.M., dass auch der BFH seine im ersten Rechtsgang vertretene rechtliche Beurteilung in einem nachfolgenden zweiten Rechtsgang regelmäßig nicht ändern darf und gemäß § 126 V FGO daran gebunden bleibt. Dieser sog. *Grundsatz der Selbstbindung des Revisionsgerichts* dient der vollständigen Erreichung des mit der gesetzlichen Regelung des § 126 V FGO verfolgten Normzwecks, die endgültige Entscheidung grds. auch dann nicht durch häufiges Hin- und Herschieben der Sache zwischen den beiden Instanzen zu verzögern oder gar zu verhindern, wenn diese wiederholt in der Revisionsinstanz anhängig wird. Vgl. dazu ausführlich *Seer*, in: T/K, § 126 FGO Tz. 95 m.w.N. (Lfg. 119 Mai 2009), der sich selbst allerdings *kritisch* verhält und im Ergebnis die Existenz eines derartigen Grundsatzes der Selbstbindung des BFH anzweifelt, vgl. Tz. 99 f.

Rechtsstreit im zweiten Rechtsgang in Übereinstimmung mit dem zurückverweisenden BFH-Urteil entschieden, kann die Revision somit nicht zur Klärung der bereits mit bindender Wirkung entschiedenen Rechtsfragen zugelassen werden, da diese in einem nunmehr angestrebten Revisionsverfahren des zweiten Rechtsgangs nicht (erneut) geklärt werden könnten[579].

Schließlich fehlt es an der Klärungsfähigkeit, wenn sich die betreffende Rechtsfrage nur bei der Prüfung der Begründetheit der Klage stellt, diese aber vom BFH deshalb nicht geprüft werden kann, weil das FG die *Klage als unzulässig abgewiesen* hat[580]. Bei einer Klageabweisung als unzulässig ist die Klärungsfähigkeit vielmehr nur dann zu bejahen, wenn die Rechtsfrage gerade eine Zulässigkeitsvoraussetzung betrifft[581].

bb) Entscheidungserheblichkeit der Rechtsfrage

Da die Aufgabe des Revisionsgerichts nicht darin besteht, Rechtsfragen abstrakt zu beantworten, ohne dass diese der Entscheidung des konkreten Rechtsstreits dienen, kommt eine Zulassung der Revision nur dann in Betracht, wenn eine Aussage zu der aufgeworfenen Rechtsfrage erforderlich ist, um das Entscheidungsergebnis zu begründen[582]. Die als klärungsbedürftig bezeichnete Rechtsfrage muss also für die Entscheidung des konkreten Streitfalls entscheidungserheblich (= rechtserheblich) sein[583]; rechtsunerhebliche Fragen kann und darf das Revisionsgericht nicht beantworten[584].

---

579 So *BFH*, Beschl. v. 18.01.1968, V B 4/66, BStBl. II 1968, 382; Beschl. v. 08.12.2004, I B 111/04, BFH/NV 2005, 1097, 1098; *Beermann*, in: BG, § 115 FGO Tz. 109 (Lfg. 57 März 2006); Gräber/*Ruban*[6], § 115 FGO Tz. 30; *Lange* HHSp., § 115 FGO Tz. 126 (Lfg. 192 Oktober 2006); Schwarz/*Dürr*, § 115 FGO Tz. 18 (Lfg. 30 6/2008); *Seer*, in: T/K, § 115 FGO Tz. 52 (Lfg. 131 Oktober 2012). – Zu dem Fall, dass das FG nach Zurückverweisung der Sache gemäß § 126 III 1 Nr. 2 FGO bei der Beurteilung einer Rechtsfrage im zweiten Rechtsgang seine Bindung nach § 126 V FGO missachtet, vgl. später unter III.1.b)ee) (S. 248 f.).

580 *BFH*, Beschl. v. 27.01.1982, II B 38/81, BStBl. II 1982, 326; Beschl. v. 17.12.1987, V B 152/87, BStBl. II 1988, 286; Beschl. v. 22.01.1993, III B 311/90, BFH/NV 1994, 713; Beschl. v. 31.01.1995, X B 335/93, BFH/NV 1995, 948; Beschl. v. 09.03.1999, VIII B 76/98, BFH/NV 1999, 1058; Beschl. v. 19.02.2001, VI B 35/99, BFH/NV 2001, 1032; Beschl. v. 05.06.2003, X B 115/02, BFH/NV 2003, 1340, 1341; Beschl. v. 08.12.2006, VII B 243/05, BStBl. II 2008, 436, 438, für den Fall, *dass die Klage als unzulässig abzuweisen wäre und eine Sachentscheidung über das Klagebegehren daher nicht ergehen könnte*; Gräber/*Ruban*[6], § 115 FGO Tz. 30 a.E.

581 *Seer*, in: T/K, § 115 FGO Tz. 52 (Lfg. 131 Oktober 2012).

582 Gräber/*Ruban*[6], § 115 FGO Tz. 30; *May*, Die Revision[2], S. 141 Tz. 63; *Seer*, in: T/K, § 115 FGO Tz. 53 (Lfg. 131 Oktober 2012).

583 *BFH*, Beschl. v. 28.04.1972, III B 40/71, BStBl. II 1972, 575; Beschl. v. 01.02.1994, VII B 127/93, BFH/NV 1994, 873; vgl. zudem die Nachweise in Fußnote 570. Darüber hinaus Gräber/*Ruban*[6], § 115 FGO Tz. 30; *Seer*, in: T/K, § 115 FGO Tz. 53 (Lfg. 131 Oktober 2012).

584 *May*, Die Revision[2], S. 141 Tz. 63 a.E.

Die Entscheidungserheblichkeit setzt insoweit voraus, dass die Entscheidung des Rechtsstreits von der aufgeworfenen Rechtsfrage abhängt[585]. Insoweit genügt es jedoch nicht, dass die Klärung der Rechtsfrage lediglich theoretisch möglich erscheint[586]. Vielmehr muss zu *erwarten* sein, dass es in einem künftigen Revisionsverfahren – aller Voraussicht nach – tatsächlich zu einer Klärung der als grundsätzlich bedeutsam bezeichneten Rechtsfrage kommen wird[587].

Da der BFH gemäß § 118 II FGO regelmäßig an die in dem angefochtenen Urteil getroffenen tatsächlichen Feststellungen gebunden ist, fehlt die Entscheidungserheblichkeit vorstehenden Ausführungen gemäß somit in den Fällen, in denen sich die aufgeworfene Rechtsfrage nur stellt, wenn von einem anderen als dem vom FG unangefochten festgestellten Sachverhalt ausgegangen wird[588]. Dasselbe gilt, wenn die betreffende Rechtsfrage nach den für den BFH bindenden tatsächlichen Feststellungen des FG in einem sich anschließenden Revisionsverfahren nicht entscheidungserheblich wäre[589].

Die Entscheidungserheblichkeit der Rechtsfrage ist darüber hinaus auch dann zu verneinen, wenn es auf ihre Klärung im Revisionsverfahren deshalb nicht ankommt, weil das FG seine Entscheidung im Wege der *kumulativen Mehrfachbegründung* auch auf andere selbständige und für sich bereits tragende Rechtsgründe gestützt hat, sofern nicht für jeden dieser Rechtsgründe ein Grund vorliegt, der geeignet ist, die Zulassung der Revision wegen grundsätzlicher Bedeutung der Rechtssache zu rechtfertigen[590]. Ebenso verhält es sich, wenn die vorinstanzliche

---

585 *BFH*, Beschl. v. 26.07.1988, VII B 82, 83/88, BFH/NV 1989, 88.

586 *BFH*, Beschl. v. 16.02.1994, V B 83/93, BFH/NV 1995, 602; Beschl. v. 20.12.2005, X B 10/05, BFH/NV 2006, 777; Beschl. v. 27.02.2007, X B 178/06, BFH/NV 2007, 1073, 1074.

587 Vgl. *BFH*, Beschl. v. 26.07.1988 (Fn. 585), BFH/NV 1989, 88; Beschl. v. 24.08.1988, I B 108/86, BStBl. II 1989, 104; Beschl. v. 04.02.1992, VII B 162/91, BFH/NV 1992, 772; Beschl. v. 16.02.1994 (Fn. 586), BFH/NV 1995, 602; Beschl. v. 20.12.2005 (Fn. 586), BFH/NV 2006, 777; Beschl. v. 27.02.2007 (Fn. 586), BFH/NV 2007, 1073, 1074; Beschl. v. 29.05.2008, VIII B 166/07, BFH/NV 2008, 1478; *Weyreuther*, Revisionszulassung und NZB, Tz. 75 ff.

588 *BFH*, Beschl. v. 03.08.1993, VII B 29/93, BFH/NV 1994, 326, 327; Beschl. v. 15.06.2000, IX B 5/00, BFH/NV 2000, 1238, 1239; Beschl. v. 11.02.2003, VII B 212/02, BFH/NV 2003, 831, 832 f.; Beschl. v. 21.03.2003, VII B 197/02, BFH/NV 2003, 1103, 1105; Beschl. v. 28.08.2003, VII B 359/02, BFH/NV 2004, 153; Beschl. v. 25.09.2006, VI B 69/05, BFH/NV 2007, 83; Beschl. v. 08.02.2007, IV B 138/05, BFH/NV 2007, 1326, 1327.

589 *BFH*, Beschl. v. 28.07.2004, VII B 8/04, BFH/NV 2004, 1680, 1681; Beschl. v. 04.03.2005, VII B 154/04, BFH/NV 2005, 1240, 1241.

590 Siehe *BFH*, Beschl. v. 02.05.1974, IV B 3/74, BStBl. II 1974, 524; Beschl. v. 20.11.2002, X B 48/01, BFH/NV 2003, 317; Beschl. v. 18.03.2004, VII B 53/03, BFH/NV 2004, 978, 979; Beschl. v. 05.05.2004, VIII B 168/03, BFH/NV 2004, 1524; Beschl. v. 08.07.2004, VII B 35/04, BFH/NV 2004, 1621; Beschl. v. 27.01.2006, II B 6/05, BFH/NV 2006, 908, 909; Beschl. v. 06.03.2006, X B 102/05, BFH/NV 2006, 1134,

Entscheidung nicht auf der von den Klägern als klärungsbedürftig bezeichneten Rechtsfrage beruht, weil das FG seine Entscheidung auf eine Saldierung mit anderen, im angefochtenen Steuerbescheid nicht berücksichtigten Punkten gestützt hat[591]. Schließlich können nach herrschender Ansicht lediglich in beiläufigen Bemerkungen des FG geäußerte Rechtsauffassungen, die nur bei Gelegenheit der Entscheidung gemacht worden sind und somit außerhalb des eigentlichen Begründungszusammenhangs stehen – sog. *obiter dicta* –, die grundsätzliche Bedeutung der Rechtssache ebenfalls nicht begründen[592].

Andererseits entfällt die Entscheidungserheblichkeit nicht ohne weiteres bereits deshalb, weil auf die Revision eine *Zurückverweisung* der Sache an das FG und keine abschließende, den Streit beendende Sachentscheidung zu erwarten ist[593]. Die Revision ist vielmehr immer schon dann zuzulassen, wenn der BFH im Revisionsverfahren die Möglichkeit hat, gemäß § 126 V FGO in – auch das FG – bindender Weise zu der rechtsgrundsätzlichen Streitfrage Stellung zu nehmen, ohne dass hierfür eine Entscheidungsreife erforderlich wäre[594]. Wenn der BFH jedoch das finanzgerichtliche Urteil im Revisionsverfahren aufgrund unzureichender tatsächlicher Feststellungen voraussichtlich aufheben und zurückverweisen muss, ohne sich in bindender Weise zu der als grundsätzlich bedeutsam erachteten Rechtsfrage äußern zu können, ist eine Klärung der streitigen Rechtsfrage nicht zu erwarten[595]. Denn es genügt für die Zulassung der Revision nicht, dass der BFH die

---

1135; Beschl. v. 16.01.2007, X B 5/06, BFH/NV 2007, 720. Überdies *Beermann*, in: BG, § 115 FGO Tz. 109 (Lfg. 57 März 2006); Gräber/*Ruban*[6], § 115 FGO Tz. 31; *Lange* HHSp., § 115 FGO Tz. 123 (Lfg. 192 Oktober 2006); Schwarz/*Dürr*, § 115 FGO Tz. 18 (Lfg. 30 6/2008); *Seer*, in: T/K, § 115 FGO Tz. 53 (Lfg. 131 Oktober 2012); *Wagner*, in: KvW[19], § 115 FGO Tz. 13; vgl. zur *kumulativen Mehrfachbegründung* allgemein auch bereits oben unter A.I.3. (S. 92 ff.) u. A.II.4.f) (S. 126). Zur *Abgrenzung* zwischen tragenden Entscheidungsgründen und nicht tragenden Rechtsausführungen s. Fußnote 345.

591 *BFH*, Beschl. v. 30.06.2004, VI B 118/03, BFH/NV 2004, 1658.

592 *BFH*, Beschl. v. 25.01.2005, I B 83/04, BFH/NV 2005, 1314, 1315; *Lange* HHSp., § 115 FGO Tz. 123 (Lfg. 192 Oktober 2006); vgl. aber Gräber/*Ruban*[6], § 115 FGO Tz. 62 a.E. Vgl. zur Problematik der *obiter dicta* unter dem Gesichtspunkt der Rechtsfortbildungsrevision nachfolgend unter II.1.c) (S. 209 ff. [211]), dort Fußnote 777; unter dem Gesichtspunkt der Rechtsprechungsvereinheitlichungsrevision **kritisch** nachstehend unter III.1.b)ff)(2)(a) (S. 256 f.) u. III.2.a)dd)(2) (S. 345 ff., dort S. 347 f.) sowie später im 4. Abschnitt unter B.III.1.b)cc) (S. 534 f.).

593 *Beermann*, in: BG, § 115 FGO Tz. 110 a.E. (Lfg. 57 März 2006); Gräber/*Ruban*[6], § 115 FGO Tz. 33; *Lange* HHSp., § 115 FGO (Lfg. 192 Oktober 2006); *Seer*, in: T/K, § 115 FGO Tz. 53 (Lfg. 131 Oktober 2012).

594 Siehe Gräber/*Ruban*[6], § 115 FGO Tz. 33; *Lange* HHSp., § 115 FGO Tz. 124 (Lfg. 192 Oktober 2006); *Seer*, in: T/K, § 115 FGO Tz. 53 (Lfg. 131 Oktober 2012).

595 *BFH*, Beschl. v. 24.08.1988, I B 108/86; BStBl. II 1989, 104; Beschl. v. 23.01.1991, II B 116/90, BFH/NV 1991, 694; Beschl. v. 02.06.1998, VIII B 58/97, BFH/NV 1999, 31;

aufgeworfene Rechtsfrage möglicherweise in einem etwaigen zweiten Rechtsgang klären könnte oder müsste[596].

cc) Ausschluss der Entscheidungserheblichkeit wegen Ergebnisrichtigkeit analog § 126 IV FGO (BFH-Rechtsprechung)

Nach gefestigter Rechtsprechung des BFH *fehlt die Entscheidungserheblichkeit* der als grundsätzlich bedeutsam erachteten Rechtsfrage auch dann, wenn sich das angefochtene finanzgerichtliche Urteil im Entscheidungsausspruch *bereits aus anderen als den vom FG dargestellten Gründen als im Ergebnis zutreffend erweist* und die Revision deshalb gemäß § 126 IV FGO zurückzuweisen wäre. Der BFH wendet also die unmittelbar nur für das Revisionsverfahren geltende Vorschrift des § 126 IV FGO, wonach die Revision zurückzuweisen ist, wenn die Entscheidungsgründe zwar eine Verletzung des bestehenden Rechts ergeben, sich die Entscheidung selbst aber aus anderen Gründen als richtig darstellt (sog. *Ergebnisrichtigkeit*), im NZB-Verfahren entsprechend an und verweigert in derartigen Fällen die Zulassung der Revision wegen grundsätzlicher Bedeutung der Rechtssache gemäß § 115 II Nr. 1 FGO[597].

Beermann, in: BG, § 115 FGO Tz. 109 (Lfg. 57 März 2006); Gräber/*Ruban*[6], § 115 FGO Tz. 33; *Lange* HHSp., § 115 FGO Tz. 124 (Lfg. 192 Oktober 2006).

596 Gräber/*Ruban*[6], § 115 FGO Tz. 33; *Lange* HHSp., § 115 FGO Tz. 124 (Lfg. 192 Oktober 2006).

597 Siehe nur *BFH*, Beschl. v. 22.01.1988, III B 134/86, BStBl. II 1988, 484; Beschl. v. 22.08.1994, V B 192/93, BFH/NV 1995, 372; Beschl. v. 05.05.1997, V B 57/96, BFH/NV 1997, 863, 864; Beschl. v. 08.01.1998, VII B 102/97, BFH/NV 1998, 729; Beschl. v. 19.07.1999, V B 8/99, BFH/NV 2000, 192; Beschl. v. 23.11.1999, VII B 186/99, BFH/NV 2000, 476; Beschl. v. 10.02.2003, VII B 173/02, BFH/NV 2003, 664, 665; Beschl. v. 14.04.2003, VII B 267/02, BFH/NV 2003, 1134; Beschl. v. 10.12.2003, X B 134/02, BFH/NV 2004, 906, 907, mit ausführlicher Erläuterung der Voraussetzungen für eine entsprechende Anwendung der unmittelbar nur für das Revisionsverfahren geltenden Vorschrift des § 126 IV FGO im NZB-Verfahren (planwidrige Regelungslücke, vergleichbare Interessenlage der jeweiligen prozessualen Situation) unter I.2.c)aa), während demgegenüber *Bleschick*, Revisionszulassungsgründe im Spannungsverhältnis, S. 388, diese Voraussetzungen verneint; Beschl. v. 09.12.2005, VII B 102/04, BFH/NV 2006, 849, 850; Beschl. v. 09.03.2006, IX B 143/05, BFH/NV 2006, 1281; Beschl. v. 24.10.2006, X B 39/04, BFH/NV 2007, 258; Beschl. v. 26.09.2007, VII B 75/07, BFH/NV 2008, 126; Beschl. v. 08.02.2008, VII B 156/07, BFH/NV 2008, 967; Beschl. v. 16.07.2008, X B 25/08, BFH/NV 2008, 1673, z.T. m.w.N. Zuspruch erhält diese Rechtsprechung von *Lange* HHSp., § 115 FGO Tz. 125 (Lfg. 192 Oktober 2006) sowie § 116 FGO Tz. 64 u. 256 (Lfg. 194 Juni 2007); Schwarz/*Dürr*, § 115 FGO Tz. 16 (Lfg. 30 6/2008) (**anders** aber § 116 FGO Tz. 35 [Lfg. 30 6/2008]); *Weyreuther*, Revisionszulassung und NZB, Tz. 237. Vgl. zu der Parallelvorschrift des § 144 IV VwGO auch *BVerwG*, Beschl. v. 22.07.1992, 6 B 43/92, DVBl. 1993, 49 m.w.N.; Eyermann/*P. Schmidt*[11], § 133 VwGO Tz. 22; *Pietzner*, in: Schoch u.a., § 132 VwGO Tz. 13 u. § 133 VwGO Tz. 76 ff. (jeweils

Begründet wird dies im Wesentlichen mit dem *Grundsatz der Prozessökonomie*. Im Interesse der Prozessökonomie solle verhindert werden, dass eine Revision zugelassen werde, von der ohnehin feststehe, dass sie von vornherein aussichtslos erscheine und somit im Ergebnis keinen Erfolg haben könne. Das Verfahren solle nicht allein deshalb fortgeführt werden, weil der Vorinstanz ein solcher Fehler unterlaufen sei, der auf das endgültige Ergebnis mit Sicherheit keine Auswirkungen haben werde. Gerade im NZB-Verfahren sei dieser Gedanke von überaus großer Bedeutung, weil sich nach der Zulassung der Revision noch das gesamte Revisionsverfahren anschließe, dessen Ergebnislosigkeit ja bereits von vornherein feststehe[598].

Diese Rechtsprechung zur analogen Anwendung des § 126 IV FGO im NZB-Verfahren ist in der einschlägigen Literatur m.E. zu Recht teils erheblicher *Kritik* ausgesetzt. Ihr wird insbesondere entgegengehalten, der BFH beurteile damit bereits im Zulassungsverfahren die Erfolgsaussichten und somit den vermutlichen Ausgang des künftigen Revisionsverfahrens. Die Beurteilung der Erfolgsaussichten der Revision sollte jedoch auf die Zulassungsentscheidung des BFH keinen Einfluss nehmen, sondern vielmehr dem eigens dafür vorgesehenen Revisionsverfahren vorbehalten bleiben[599].

Ungeachtet dessen kommt eine analoge Anwendung des § 126 IV FGO im Verfahren über die NZB aber jedenfalls dann nicht in Betracht, wenn die ‚anderen

---

Lfg. 2 Februar 1998); *Sendler*, DVBl. 1992, 240, 241 ff. – Die analoge Anwendung des § 126 IV FGO durch die BFH-Rechtsprechung im Verfahren über die NZB spielt auch im Zusammenhang mit anderen Revisionszulassungsgründen, namentlich v.a. bei der Rechtsprechungsvereinheitlichungsrevision gemäß § 115 II Nr. 2 Alt. 2 FGO – vgl. insoweit nachfolgend unter III.1.b)ff)(2)(b) (S. 257 f.) betreffend den Zulassungstatbestand der ‚Divergenz' sowie unter III.1.c)cc)(3) (S. 327 f.) betreffend den Zulassungstatbestand des ‚Gravierenden/Schwerwiegenden Rechtsanwendungsfehlers des FG' – und bei der in dieser Arbeit nicht näher behandelten Verfahrensrevision nach § 115 II Nr. 3 FGO, eine Rolle.

598 *BFH*, Beschl. v. 10.12.2003 (Fn. 597), BFH/NV 2004, 906, 907 unter I.2.c)aa); vgl. zudem Beschl. v. 24.10.2006 (Fn. 597), BFH/NV 2007, 258 (Prozessökonomie); *Lange* HHSp., § 115 FGO Tz. 125 (Lfg. 192 Oktober 2006); *Weyreuther*, Revisionszulassung und NZB, Tz. 237. Zur Parallelvorschrift des § 144 IV VwGO ebenso *Pietzner*, in: Schoch u.a., § 133 VwGO Tz. 76 f. m.w.N. (Lfg. 2 Februar 1998); *Sendler*, DVBl. 1992, 240, 242.

599 Gräber/*Ruban*[6], § 115 FGO Tz. 32 u. § 116 FGO Tz. 56; *Klein/Ruban*, Zugang zum BFH, Tz. 182; *May*, Die Revision[2], S. 142 Tz. 67; Schwarz/*Dürr*, § 116 FGO Tz. 35 (Lfg. 30 6/2008) (**anders** aber § 115 FGO Tz. 16 [Lfg. 30 6/2008]); *Seer*, in: T/K, § 115 FGO Tz. 53 (Lfg. 131 Oktober 2012), § 116 FGO Tz. 73 sowie 73a (Lfg. 131 Oktober 2012), unter Hinweis darauf, dass die NZB *kein summarisches Revisionsvorprüfungsverfahren* sei (Tz. 73), u. § 126 FGO Tz. 58 (Lfg. 119 Mai 2009). Vgl. sinngemäß auch Zöller/*Gummer*[26], § 543 ZPO Tz. 6a. – **Kritisch** zu der Praxis der Rechtsprechung, die Vorschrift des § 126 IV FGO im NZB-Verfahren entsprechend anzuwenden, ausführlich später im 4. Abschnitt unter B.I.4. (S. 500 ff.).

Gründe', auf die der BFH seine zurückweisende Beschwerdeentscheidung stützt, und die die Entscheidung des FG trotz einer Verletzung des bestehenden Rechts als im Ergebnis richtig erscheinen lassen, ihrerseits nicht frei von Zulassungsgründen – bspw. von grundsätzlicher Bedeutung – sind[600].

g) Ausgewählte Einzelfälle und ‚Grundsätzliche Bedeutung'

Nachdem nun die einzelnen Tatbestandsmerkmale des Revisionszulassungsgrundes der ‚Grundsätzlichen Bedeutung der Rechtssache' gemäß § 115 II Nr. 1 FGO ausführlich erläutert worden sind, werden im Folgenden einige ausgewählte Einzelfälle im Hinblick auf die Anforderungen, die die Rechtsprechung des BFH an die Anerkennung der ‚Grundsätzlichen Bedeutung' stellt, näher beleuchtet.

aa) Ausgelaufenes, auslaufendes und übergangsweises Recht

Einer Rechtssache soll nur dann grundsätzliche Bedeutung zukommen, wenn eine entsprechende höchstrichterliche Entscheidung für die Zukunft noch richtungsweisend sein kann[601]. Daran fehlt es nach st. Rspr. des BFH regelmäßig, wenn die zu klärende Rechtsfrage *ausgelaufenes (= im Entscheidungszeitpunkt bereits außer Kraft getretenes) oder demnächst auslaufendes (= in Kürze außer Kraft tretendes) Recht* betrifft[602].

---

600 So *BFH*, Beschl. v. 10.12.2003 (Fn. 597), BFH/NV 2004, 906, 908; Beschl. v. 02.02.2005, II B 39/04, BFH/NV 2005, 1149, 1150 f.; Schwarz/*Dürr*, § 115 FGO Tz. 16 (Lfg. 30 6/2008); *Seer*, in: T/K, § 115 FGO Tz. 53 a.E. (Lfg. 131 Oktober 2012); *Weyreuther*, Revisionszulassung und NZB, Tz. 237. Vgl. zu der Parallelvorschrift des § 144 IV VwGO auch *Pietzner*, in: Schoch u.a., § 133 VwGO Tz. 77 u. 79 (Lfg. 2 Februar 1998), sowie *Sendler*, DVBl. 1992, 240, 242.

601 Gräber/*Ruban*[6], § 115 FGO Tz. 35; *Lange* HHSp., § 115 FGO Tz. 98 (Lfg. 192 Oktober 2006).

602 *BFH*, Beschl. v. 19.06.1973, VII B 32/72, BStBl. II 1973, 685; Beschl. v. 15.02.1979, V B 28/78, BStBl. II 1979, 274; Beschl. v. 30.01.1989, V B 123/86, BFH/NV 1989, 706; Beschl. v. 05.02.1992, I B 93/91, BFH/NV 1992, 646; Beschl. v. 11.04.1996, V B 133/95, BFH/NV 1996, 718; Beschl. v. 22.11.1999, III B 58/99, BFH/NV 2000, 748; Beschl. v. 21.01.2000, VII B 205/99, BFH/NV 2000, 1080; Beschl. v. 12.01.2001, III B 59/00, BFH/NV 2001, 923; Beschl. v. 28.12.2001, VI B 65/97, BFH/NV 2002, 644; Beschl. v. 18.09.2002, IV B 110/00, BFH/NV 2003, 186, 187; Beschl. v. 21.11.2003, III B 67/03, BFH/NV 2004, 336; Beschl. v. 27.07.2004, XI B 42/04, BFH/NV 2005, 193, 195; Beschl. v. 27.10.2004, XI B 216/02, BFH/NV 2005, 353, 355; Beschl. v. 13.01.2005, V B 153/04, V S 18/04, BFH/NV 2005, 926, 927; Beschl. v. 31.01.2005, III B 87/04, BFH/NV 2005, 906; Beschl. v. 31.01.2005, III B 59/04, BFH/NV 2005, 1081, 1082; Beschl. v. 30.08.2005, IV B 102/03, BStBl. II 2005, 864, 865; Beschl. v. 24.11.2005, II B 46/05, BFH/NV 2006, 587, 588; Beschl. v. 16.12.2005, VIII B 123/05, BFH/NV 2006, 725, 726; Beschl. v. 24.01.2006, VI B 123/05, BFH/NV 2006, 945, 946; Beschl. v. 20.10.2006, V B 17/06, BFH/NV 2007, 282, 284; Beschl. v. 20.12.2006, I B 47/05, BStBl. II 2009, 766, 772; Beschl. v. 26.01.2007, II B 28/06, BFH/NV 2007, 992; Beschl. v. 14.02.2007, IX B 177/06, BFH/NV 2007, 1099; Beschl. v. 17.03.2009, X B

Ebenso verhält es sich nach der st. Rspr. des *BVerwG*, wenn es um die *Auslegung von Übergangsvorschriften* geht. Denn diesen komme – ebenso wie demnächst auslaufendem Recht – ihrer Natur nach eine nur vorübergehende Bedeutung zu, so dass ihre höchstrichterliche Klärung regelmäßig somit weder zur Erhaltung der Einheitlichkeit der Rechtsprechung noch zu einer bedeutsamen Weiterentwicklung des Rechts geboten erscheine[603]. Diese Rechtsprechung des *BVerwG* ist zwar ausdrücklich zu § 132 II Nr. 1 VwGO ergangen, sie muss jedoch auch bei der Auslegung des § 115 II Nr. 1 FGO entsprechende Berücksichtigung finden[604].

Von der Regel, dass die zu klärende Rechtsfrage im Allgemeinen nicht (mehr) als grundsätzlich bedeutsam eingestuft werden kann, wenn sie ausgelaufenes, auslaufendes oder übergangsweises Recht betrifft, kann ausnahmsweise nur dann abgewichen werden, wenn *besondere Gründe* geltend gemacht werden und vorliegen[605]. Solche *besonderen Gründe* sollen gegeben sein, wenn die aufgeworfene Rechtsfrage sich noch für einen nicht überschaubaren Personenkreis in nicht absehbarer Zukunft weiterhin stellen könne, wie dies bei Fragen aus fortgeltendem Recht regelmäßig der Fall ist[606].

34/08, BFH/NV 2009, 1141; Beschl. v. 27.03.2009, VIII B 184/08, BStBl. II 2009, 850, 851; Beschl. v. 30.03.2009, II B 168/08, BStBl. II 2009, 670, 671; Beschl. v. 28.04.2010, VI B 167/09, BStBl. II 2010, 747, 748; Beschl. v. 31.10.2013, V B 67/12, BFH/NV 2014, 578; Beschl. v. 29.07.2014, I B 178/13, BFH/NV 2014, 1917, 1918.

603 *BVerwG*, Beschl. v. 27.04.1979, 7 B 106/79, Buchholz 310 § 132 VwGO Nr. 174; Beschl. v. 08.07.1980, 8 B 10/80, Buchholz 310 § 132 VwGO Nr. 188; Beschl. v. 10.07.1986, 5 B 99/85, Buchholz 436.36 § 66a BAföG Nr. 1; Beschl. v. 24.08.1994, 11 B 24/94, NJW 1995, 741.

604 Vgl. insoweit *Beermann*, in: BG, § 115 FGO Tz. 90 (Lfg. 57 März 2006); Gräber/*Ruban*[6], § 115 FGO Tz. 35; *Seer*, in: T/K, § 115 FGO Tz. 55 (Lfg. 131 Oktober 2012), die die Problematik der Auslegung von Übergangsvorschriften/von übergangsweisem Recht allesamt zusammen mit der Problematik des ausgelaufenen bzw. auslaufenden Rechts i.R.v. § 115 II Nr. 1 FGO erläutern.

605 *BFH*, Beschl. v. 22.11.1999 (Fn. 602), BFH/NV 2000, 748; Beschl. v. 12.01.2001 (Fn. 602), BFH/NV 2001, 923; Beschl. v. 21.11.2003 (Fn. 602), BFH/NV 2004, 336; Beschl. v. 13.01.2005 (Fn. 602), BFH/NV 2005, 926, 927; Beschl. v. 31.01.2005 (Fn. 602), BFH/NV 2005, 906; Beschl. v. 31.01.2005 (Fn. 602), BFH/NV 2005, 1081, 1082; Beschl. v. 30.08.2005 (Fn. 602), BStBl. II 2005, 864, 865; Beschl. v. 24.11.2005 (Fn. 602), BFH/NV 2006, 587, 588; Beschl. v. 16.12.2005 (Fn. 602), BFH/NV 2006, 725, 726; Beschl. v. 20.10.2006 (Fn. 602), BFH/NV 2007, 282, 283 f.; Beschl. v. 26.01.2007 (Fn. 602), BFH/NV 2007, 992; Beschl. v. 17.03.2009 (Fn. 602), BFH/NV 2009, 1141; Beschl. v. 27.03.2009 (Fn. 602), BStBl. II 2009, 850, 851; Beschl. v. 28.04.2010 (Fn. 602), BStBl. II 2010, 747, 74; Beschl. v. 31.10.2013 (Fn. 602), BFH/NV 2014, 578.

606 *BFH*, Beschl. v. 12.01.2001 (Fn. 602), BFH/NV 2001, 923; Beschl. v. 14.02.2007 (Fn. 602), BFH/NV 2007, 1099; Beschl. v. 29.07.2014 (Fn. 602), BFH/NV 2014, 1917, 1918. Vgl. insoweit auch *BFH*, Beschl. v. 21.01.2000 (Fn. 602), BFH/NV 2000, 1080, wo es etwas allgemeiner heißt, dass eine Revisionszulassung ausnahmsweise dann in Betracht kommen könne, wenn die Beantwortung der aufgeworfenen

Aber auch, wenn eine Entscheidung für die zukünftige Rechtslage nicht mehr bedeutsam sein sollte, besteht ein Bedürfnis nach einer höchstrichterlichen Entscheidung, wenn die aufgeworfene Rechtsfrage noch für eine *Vielzahl anhängiger Fälle*/für eine *Vielzahl von Verfahren* bedeutsam sowie entscheidungserheblich ist[607]. Dasselbe gilt, wenn eine Vorschrift durch eine im Wesentlichen inhaltsgleiche Vorschrift ersetzt wurde, sich die herausgestellte Rechtsfrage also bei einer *Nachfolgeregelung* in gleicher Weise stellt[608].

Rechtsfrage für die Auslegung und Anwendung des Rechts in der Zukunft noch richtungsweisend sein könne. Vgl. zur Darlegung nachfolgend unter 2.b)aa) (S. 185 ff.).

607 Siehe *BFH*, Beschl. v. 19.06.1973, VII B 32/72, BStBl. II 1973, 685; Beschl. v. 15.02.1979, V B 28/78, BStBl. II 1979, 274; Beschl. v. 30.01.1989, V B 123/86, BFH/NV 1989, 706; Beschl. v. 21.01.2000, VII B 205/99, BFH/NV 2000, 1080; Beschl. v. 28.12.2001, VI B 65/97, BFH/NV 2002, 644; Beschl. v. 18.09.2002, IV B 110/00, BFH/NV 2003, 186, 187; Beschl. v. 30.03.2009, II B 168/08, BStBl. II 2009, 670, 671; Beschl. v. 31.10.2013, V B 67/12, BFH/NV 2014, 578; *Beermann*, in: BG, § 115 FGO Tz. 90 (Lfg. 57 März 2006); Gräber/*Ruban*[6], § 115 FGO Tz. 35, die insoweit – Tz. 35 a.E. – den Aspekt der ‚Wahrung der Rechtseinheit' in den Vordergrund stellt; *Lange* HHSp., § 115 FGO Tz. 99 (Lfg. 192 Oktober 2006); Schwarz/*Dürr*, § 115 FGO Tz. 20 (Lfg. 30 6/2008); *Seer*, in: T/K, § 115 FGO Tz. 55 (Lfg. 131 Oktober 2012), der insoweit – ebenso wie Gräber/*Ruban*[6], a.a.O. – von einem Bedürfnis nach einer höchstrichterlichen Entscheidung zur Wahrung der Rechtseinheit gemäß § 115 II Nr. 2 Alt. 2 FGO spricht. Vgl. für den Zivilprozess ähnlich *BGH*, Beschl. v. 27.03.2003, V ZR 291/02, NJW 2003, 1943, 1944; Beschl. v. 24.09.2003, IV ZB 41/02, NJW 2004, 289 f. – Vgl. aber *BFH*, Beschl. v. 12.01.2001, III B 59/00, BFH/NV 2001, 923, wonach der Umstand, dass möglicherweise noch Fälle abzuwickeln seien, in denen die entsprechende ausgelaufene bzw. auslaufende Vorschrift anzuwenden sei, anscheinend nicht genügen soll. Auch nach der Rechtsprechung des *BVerwG* genügt die Bedeutsamkeit einer ausgelaufenes bzw. auslaufendes oder übergangsweises Recht betreffenden Rechtsfrage noch für eine Vielzahl anhängiger Fälle anscheinend nicht, vgl. z.B. *BVerwG*, Beschl. v. 24.08.1994, 11 B 24/94, NJW 1995, 741. Vgl. in diesem Zusammenhang auch *BVerwG*, Beschl. v. 20.12.1995, 6 B 35/95, NVwZ-RR 1996, 712, wo es zunächst heißt, dass Rechtsfragen bei auslaufendem Recht *trotz anhängiger Fälle* regelmäßig keine grundsätzliche Bedeutung beizumessen sei, wo jedoch anschließend ausgeführt wird, dass *Anhaltspunkte für eine erhebliche Zahl von Altfällen* dargetan und ersichtlich sein müssen.

608 Vgl. *BFH*, Beschl. v. 18.09.2002 (Fn. 607), BFH/NV 2003, 186, 187; Beschl. v. 31.10.2013 (Fn. 607), BFH/NV 2014, 578; Gräber/*Ruban*[6], § 115 FGO Tz. 35; *Lange* HHSp., § 115 FGO Tz. 99 (Lfg. 192 Oktober 2006); Schwarz/*Dürr*, § 115 FGO Tz. 20 (Lfg. 30 6/2008); *Seer*, in: T/K, § 115 FGO Tz. 55 (Lfg. 131 Oktober 2012), angesichts der dortigen Formulierung ‚Ebenso verhält es sich, wenn ...' wohl wiederum im Hinblick auf ein Bedürfnis nach einer höchstrichterlichen Entscheidung zur Wahrung der Rechtseinheit gemäß § 115 II Nr. 2 Alt. 2 FGO. Vgl. für den Verwaltungsprozess *BVerwG*, Beschl. v. 20.12.1995 (Fn. 607), NVwZ-RR 1996, 712.

Schließlich weist *Roman Seer*[609] noch zutreffend darauf hin, dass bei einem *schwerwiegenden Rechtsanwendungsfehler des FG* eine Entscheidung des BFH zur Wahrung des Individualrechtsschutzes unabhängig davon erforderlich werden könne, ob das Recht in der Zukunft noch gelte oder nicht[610].

bb) Vorläufiger Rechtsschutz

Auch in Verfahren des vorläufigen Rechtsschutzes gemäß §§ 69, 114 FGO kann einer Rechtssache grundsätzliche Bedeutung zukommen[611]. Dies folgt bereits aus § 128 III FGO, dessen Satz 2 hinsichtlich der Zulassung der Beschwerde gegen Entscheidungen über die Aussetzung der Vollziehung nach § 69 III, V FGO und über einstweilige Anordnungen nach § 114 I FGO auf § 115 II FGO verweist, so dass insbesondere auch gegen Beschlüsse der FGe über die Aussetzung der Vollziehung die Beschwerde wegen grundsätzlicher Bedeutung der Rechtssache zugelassen werden kann[612].

Dabei ist es nicht erforderlich, dass die eine grundsätzliche Bedeutung beinhaltende zweifelhafte Rechtsfrage die Auslegung des § 69 FGO und mithin das Aussetzungsverfahren betrifft[613]. Die grundsätzliche Bedeutung kann sich nach Ansicht des GrS vielmehr auch auf die materielle Rechtsfrage beziehen, derentwegen ernstliche Zweifel an der Rechtmäßigkeit des angefochtenen Verwaltungsakts geltend gemacht werden[614]. Denn auch wenn über die streitige Rechtsfrage in einem Verfahren des vorläufigen Rechtsschutzes nicht abschließend und endgültig entschieden wird, kann eine Rechtsfrage von grundsätzlicher Bedeutung auch in

---

609 *Seer*, in: T/K, § 115 FGO Tz. 55 a.E. (Lfg. 131 Oktober 2012).

610 Zu der Frage, welcher Revisionszulassungsgrund mit Blick auf einen *gravierenden/schwerwiegenden Rechtsanwendungsfehler des FG* einschlägig ist, **kritisch** schon vorstehend unter d)bb) (S. 142 ff.), dort v.a. (2) (S. 144 ff.), sowie nachfolgend unter III.1.c)aa) (S. 263 ff., dort S. 266 f.) und ausführlich im 4. Abschnitt unter B.I.2. (S. 472 ff.), dort v.a. b)bb) (S. 488 ff.). Zu den Anforderungen an die Zulassung der Revision unter dem Gesichtspunkt eines *gravierenden/schwerwiegenden Rechtsanwendungsfehlers des FG* im Einzelnen nachstehend unter III.1.c) (S. 258 ff.).

611 *BFH GrS*, Beschl. v. 28.11.1977, GrS 4/77, BStBl. II 1978, 229. **A.A.** *BFH*, Beschl. v. 06.08.1986, II B 67/86, BStBl. II 1986, 859 (betreffend eine NZB in einem die Aussetzung der Vollziehung eines Steuerbescheids betreffenden Rechtsstreit [Urteilsverfahren]), ohne sich jedoch mit der Entscheidung des GrS auseinanderzusetzen.

612 Gräber/*Ruban*[6], § 115 FGO Tz. 38; *Seer*, in: T/K, § 115 FGO Tz. 56 (Lfg. 131 Oktober 2012). – Ausführlich zu der Vorschrift des § 128 III 1 u. 2 FGO bereits oben unter A.I. (S. 89), dort Fußnote 333.

613 So aber vor der Entscheidung des GrS BFH, Beschl. v. 09.12.1976, V B 30/76, BStBl. II 1977, 314. Vgl. insoweit auch *BFH*, Beschl. v. 03.02.1977, V B 45/76, BStBl. II 1977, 304, betreffend den Zulassungstatbestand der Divergenz gemäß § 115 II Nr. 2 FGO 1965.

614 Siehe *BFH GrS*, Beschl. v. 28.11.1977 (Fn. 611), BStBl. II 1978, 229.

einem solchen Verfahren durchaus geklärt werden, da dem BFH dort eine gründliche Prüfung der Streitfrage jedenfalls nicht verwehrt ist[615].

cc) Verfassungsmäßigkeit eines Steuergesetzes bzw. einer Steuergesetzesnorm

(1) Vernünftige verfassungsrechtliche Zweifel an einer steuerrechtlichen Vorschrift

Hält ein Gericht ein Gesetz, auf dessen Gültigkeit es bei der Entscheidung ankommt, für verfassungswidrig, so ist das Verfahren gemäß Art. 100 I 1 GG auszusetzen und die Entscheidung des BVerfG einzuholen (*Verfahren der konkreten Normenkontrolle*). Das FG ist also nur bei Bejahung der Verfassungswidrigkeit zur Einleitung eines Normenkontrollverfahrens nach Art. 100 I 1 GG und somit zur Vorlage der Sache an das BVerfG verpflichtet[616]. Stellt das FG hingegen keinen Normenkontrollantrag an das BVerfG, da es die Verfassungswidrigkeit seinerseits nicht bejaht bzw. bejahen möchte, ist regelmäßig – ggf. auf eine NZB hin – die Revision wegen grundsätzlicher Bedeutung der Rechtssache gemäß § 115 II Nr. 1 FGO zum BFH zuzulassen, wenn *vernünftige Zweifel an der Verfassungsmäßigkeit* einer für die Entscheidung des Streitfalls maßgeblichen Vorschrift des Steuerrechts bestehen[617].

615 So auch Gräber/*Ruban*[6], § 115 FGO Tz. 38; *Seer*, in: T/K, § 69 FGO Tz. 121 (Lfg. 123 Mai 2010) u. § 115 FGO Tz. 56 a.E. (Lfg. 131 Oktober 2012). **A.A.** *BFH*, Beschl. v. 06.08.1986 (Fn. 611), BStBl. II 1986, 859.

616 Vgl. in diesem Zusammenhang *BFH*, Beschl. v. 26.11.1998, IV B 150/97, BFH/NV 1999, 657, wo der BFH es dahingestellt gelassen hat, ob bereits die *Einleitung eines Normenkontrollverfahrens* nach Art. 100 I 1 GG die *Klärungsbedürftigkeit* einer Rechtsfrage *indiziert*.

617 *BFH*, Beschl. v. 27.03.1992, III B 547/90, BStBl. II 1992, 842, 844; Beschl. v. 23.06.2005, IX B 131/04, n.v. (juris) – Besteuerung von Abgeordnetenbezügen; Beschl. v. 19.06.2006, VIII B 129/05, BFH/NV 2006, 1830; Beschl. v. 28.06.2006, VII B 324/05, BStBl. II 2006, 692, 693; *Seer*, in: T/K, § 115 FGO Tz. 57 (Lfg. 131 Oktober 2012) sowie VerfRS Tz. 28 (Lfg. 127 Oktober 2011); *Wagner*, in: KvW[19], § 115 FGO Tz. 11. – In diesem Zusammenhang soll noch auf eine weitere BFH-Entscheidung hingewiesen werden, die sich zur Revisionszulassung wegen grundsätzlicher Bedeutung der Rechtssache bei evtl. Verfassungswidrigkeit – hier der unterschiedlichen Behandlung von Ehepaaren und eingetragenen Lebenspartnern im Hinblick auf die Zusammenveranlagung zur Einkommensteuer gemäß § 26b EStG – verhält: Bislang rechtfertigte der Umstand, dass die Rechtsauffassung des BFH in Parallelverfahren mit Verfassungsbeschwerden angegriffen wird, grds. nicht die Zulassung der Revision. Denn dieser Umstand begründe für sich allein keine erneute Klärungsbedürftigkeit der vom BFH bereits entschiedenen Rechtsfrage. Ebenso wenig ergebe sich mit Blick auf das beim BVerfG anhängige Verfassungsbeschwerdeverfahren die Notwendigkeit, das NZB-Verfahren auf der Grundlage des § 74 FGO auszusetzen, *BFH*, Beschl. v. 20.12.2006, I B 141/05, BFH/NV 2007, 928. Mit Beschl. v. 14.12.2007, III B 25/07, BFH/NV 2008, 779, hat der BFH die Revision jedoch wegen grundsätzlicher Bedeutung der Rechtssache zugelassen,

Dabei gilt es jedoch zu berücksichtigen, dass die *bloße Behauptung* der Verfassungswidrigkeit einer entscheidungserheblichen steuerrechtlichen Vorschrift und ihrer Auslegung mit nur *allgemeinen Wendungen* die Zulassung der Revision wegen grundsätzlicher Bedeutung der Rechtssache nach § 115 II Nr. 1 FGO auf eine NZB hin noch nicht rechtfertigt[618]. Vielmehr bedarf es auch bei der *Rüge von Verfassungsverstößen* regelmäßig einer *konkreten Begründung* der Verletzung des Verfassungsrechts und der grundsätzlichen Bedeutung der entsprechenden Rechtsfrage[619]. Etwas anderes gilt nur dann, wenn die Verfassungswidrigkeit *ausnahmsweise offenkundig* ist[620].

---

obwohl er die Frage, ob eingetragene Lebenspartner entsprechend § 26b EStG zusammen zur Einkommensteuer zu veranlagen seien, bereits entschieden hatte, und zwar weil gegen die entsprechenden BFH-Urteile *nicht von vornherein aussichtslose Verfassungsbeschwerden* erhoben worden seien, so dass die aufgeworfene Rechtsfrage noch nicht endgültig geklärt sei. Vor dem Hintergrund, dass *die in Parallelverfahren anhängigen Verfassungsbeschwerden auch nach Auffassung des Senats nicht von vornherein aussichtslos erscheinen*, habe der Kläger nämlich einen Anspruch auf eine weitere Entscheidung des BFH, damit er selbst Verfassungsbeschwerde erheben könne, oder aber auf Aussetzung des Revisionsverfahrens analog § 74 FGO bis zur Entscheidung des BVerfG über die Verfassungsbeschwerden.

618 *BFH*, Beschl. v. 14.12.1987, V B 77/87, BFH/NV 1989, 27; Beschl. v. 27.03.1992 (Fn. 617), BStBl. II 1992, 842, 844; Beschl. v. 26.11.1998 (Fn. 616), BFH/NV 1999, 657; Beschl. v. 30.11.2000, VI B 212/00, BFH/NV 2001, 628; Beschl. v. 21.12.2000, II B 18/00, BFH/NV 2001, 798; Beschl. v. 04.02.2003, VIII B 182/02, BFH/NV 2003, 1059; Beschl. v. 15.12.2004, VIII B 181/04, BFH/NV 2005, 896, 897; Beschl. v. 28.01.2005, III B 97/04, BFH/NV 2005, 1050; Beschl. v. 10.03.2005, VI B 166/04, BFH/NV 2005, 1089; Beschl. v. 31.05.2005, XI B 164/04, BFH/NV 2005, 1833; Beschl. v. 06.10.2005, II B 132/04, BFH/NV 2006, 303; Beschl. v. 14.03.2006, IV B 2/05, BFH/NV 2006, 1283, 1284; Beschl. v. 20.03.2006, II B 147/05, BFH/NV 2006, 1320, 1321; Beschl. v. 20.03.2007, X B 185/06, BFH/NV 2007, 1181, 1182; Beschl. v. 11.04.2007, II B 104/06, BFH/NV 2007, 1280; Beschl. v. 09.11.2007, IV B 169/06, BFH/NV 2008, 390, 391; Beschl. v. 12.11.2007, IV B 36/07, BFH/NV 2008, 766, 767; Beschl. v. 13.11.2007, VIII B 35/07, BFH/NV 2008, 220, 221.

619 Ständige Rechtsprechung des BFH, s. zuletzt *BFH*, Beschl. v. 04.08.2005, II B 145/04, BFH/NV 2005, 2054; Beschl. v. 08.09.2005, II B 122/04, BFH/NV 2006, 100; Beschl. v. 13.01.2006, II B 55/05, BFH/NV 2006, 978, 979; Beschl. v. 14.03.2006 (Fn. 618), BFH/NV 2006, 1283, 1284; Beschl. v. 20.03.2006 (Fn. 618), BFH/NV 2006, 1320, 1321; Beschl. v. 20.03.2007 (Fn. 618), BFH/NV 2007, 1181, 1182; Beschl. v. 11.04.2007 (Fn. 618), BFH/NV 2007, 1280; Beschl. v. 23.08.2007, II B 71/06, BFH/NV 2007, 2247; Beschl. v. 29.08.2007, II B 108/06, BFH/NV 2007, 2350; Beschl. v. 09.11.2007 (Fn. 618), BFH/NV 2008, 390, 391; Beschl. v. 12.11.2007 (Fn. 618), BFH/NV 2008, 766, 767; Beschl. v. 27.10.2009, VI B 160/08, BFH/NV 2010, 204. – Zu den Anforderungen an die Darlegung des (abstrakten) Allgemeininteresses an der Klärung der Rechtsfrage bei gerügten Verstößen gegen die Verfassung i.R.d. Begründung einer NZB ausführlich nachstehend unter 2.b)bb) (S. 187 ff.).

620 Vgl. *BFH*, Beschl. v. 27.03.1992 (Fn. 617), BStBl. II 1992, 842, 844; Beschl. v. 30.11.2000 (Fn. 618), BFH/NV 2001, 628; Beschl. v. 04.02.2003 (Fn. 618), BFH/

(2) Klärungsfähigkeit trotz evtl. Vorlageverpflichtung im Revisionsverfahren

Die Zulassung der Revision wegen grundsätzlicher Bedeutung kann insoweit auch nicht mit der Begründung abgelehnt werden, die aufgeworfene Rechtsfrage könne in einem künftigen Revisionsverfahren nicht abschließend geklärt werden, weil den BFH dort bei Bejahung der Verfassungswidrigkeit gemäß Art. 100 I 1 GG i.V.m. §§ 13 Nr. 11, 80 I BVerfGG die Verpflichtung treffe, das Verfahren auszusetzen und unmittelbar die Entscheidung des BVerfG über die Verfassungsmäßigkeit der streiterheblichen Norm einzuholen[621].

Zwar ist die Entscheidungskompetenz des BFH als Fachgericht aufgrund des Verwerfungsmonopols des BVerfG nach Art. 100 I 1 GG insoweit beschränkt, als es diesem verwehrt ist, ein formelles nachkonstitutionelles Gesetz selbst für verfassungswidrig zu erklären[622]. Allerdings hat der BFH die Vereinbarkeit der für die Entscheidung des Streitfalls maßgeblichen Norm mit der Verfassung zunächst stets kraft eigener Kompetenz selbst zu prüfen; er ist kraft seiner Verfassungsbindung gemäß Art. 1 III, 20 III GG berechtigt und verpflichtet, die Verfassungsmäßigkeit des von ihm anzuwendenden Gesetzes zu prüfen und es – soweit möglich – verfassungskonform zu interpretieren[623]. Nur bei eigener Überzeugung von der Verfassungswidrigkeit der entscheidungserheblichen Vorschrift trifft ihn die Vorlageverpflichtung i.S.d. Art. 100 I 1 GG[624].

Hinzu kommt, dass dem BFH der Rechtsstreit mit dem Eingang des Vorlagebeschlusses beim BVerfG auch nicht entzogen wird. Dort wird nämlich insoweit nur ein *Zwischenverfahren über die verfassungsrechtliche Frage* anhängig, in dem das BVerfG zwar nach den hierfür geltenden Vorschriften des BVerfGG als besondere, vom Prozessgericht unabhängige Instanz entscheidet, das aber als Teil des Ausgangsprozesses letztlich nichts daran ändert, dass die aufgeworfene Rechtsfrage

---

NV 2003, 1059; Beschl. v. 15.12.2004 (Fn. 618), BFH/NV 2005, 896, 897; Beschl. v. 28.01.2005 (Fn. 618), BFH/NV 2005, 1050. Zur Darlegung bei *Offenkundigkeit* der ‚Grundsätzlichen Bedeutung' allgemein sowie ausführlich nachfolgend unter 2.f) (S. 200 ff.).

621 *BFH*, Beschl. v. 04.02.1987, III B 151/86, BStBl. II 1987, 339; Beschl. v. 28.07.1994, III B 37/90, BStBl. II 1994, 795, 796; Beschl. v. 19.06.2006, VIII B 129/05, BFH/NV 2006, 1830; *Beermann*, in: BG, § 115 FGO Tz. 110 (Lfg. 57 März 2006); Gräber/*Ruban*[6], § 115 FGO Tz. 36; *Lange* HHSp., § 115 FGO Tz. 127 (Lfg. 192 Oktober 2006); *Seer*, in: T/K, § 115 FGO Tz. 57 (Lfg. 131 Oktober 2012).

622 Vgl. *Seer*, in: T/K, VerfRS Tz. 14 (Lfg. 127 Oktober 2011).

623 Ebenso *Hillgruber/Goos*, VerfProzR[2], Tz. 569; *Seer*, in: T/K, § 115 FGO Tz. 57 (Lfg. 131 Oktober 2012) sowie VerfRS Tz. 13 (*„volle Prüfungskompetenz"*) u. 14 (Lfg. 127 Oktober 2011).

624 *Seer*, in: T/K, § 115 FGO Tz. 57 (Lfg. 131 Oktober 2012) sowie VerfRS Tz. 21 (Lfg. 127 Oktober 2011). Vgl. dazu auch *BVerfG*, Beschl. v. 07.04.1992, 1 BvL 19/91, BVerfGE 86, 52, 56 f.; Beschl. v. 12.05.1992, 1 BvL 7/89, BVerfGE 86, 71, 76 ff.; Beschl. v. 12.02.2003, 2 BvL 3/00, BVerfGE 107, 218, 232; *Lechner/Zuck*[5], § 80 BVerfGG Tz. 40; *Sturm*, in: Sachs[3], Art. 100 GG Tz. 14.

i.R.d. beim BFH anhängigen Revisionsverfahrens geklärt werden kann[625]. Denn nach der Entscheidung des BVerfG über die Richtervorlage wird der Ausgangsprozess – das Revisionsverfahren – unter Beachtung der in dieser Entscheidung geäußerten verfassungsrechtlichen Rechtsauffassung des BVerfG fortgesetzt und in der Sache abschließend entschieden[626].

Die Zulassung der Grundsatzrevision wegen vernünftiger verfassungsrechtlicher Zweifel an einer entscheidungserheblichen Vorschrift des Steuerrechts setzt jedoch stets voraus, dass es für die im Revisionsverfahren seitens des BFH zu treffende Entscheidung auch *auf die Gültigkeit* der verfassungsrechtlich in Zweifel gezogenen Norm *ankommt*, und die Verfassungsmäßigkeit dieser Vorschrift durch Vorlage an das BVerfG geklärt werden kann[627].

(3) Verweigerung der Revisionszulassung trotz vernünftiger verfassungsrechtlicher Zweifel (BFH-Rechtsprechung)

Einige Senate des BFH lassen es für die Zulassung der Revision wegen grundsätzlicher Bedeutung der Rechtssache gemäß § 115 II Nr. 1 FGO bei behaupteten Verfassungsverstößen nicht ausreichen, dass vernünftige Zweifel an der Verfassungsmäßigkeit einer für die Entscheidung des Streitfalls maßgeblichen Steuerrechtsnorm bestehen. Sie verlangen darüber hinaus im Hinblick auf das Tatbestandsmerkmal der Entscheidungserheblichkeit, dass im Falle der Verfassungswidrigkeit einer für die Entscheidung des Streitfalls maßgeblichen Steuerrechtsnorm *eine für den Beschwerdeführer günstigere Entscheidung in Form einer weniger belastenden Steuerfestsetzung zu treffen wäre, d.h. dass diesem das zu gewähren wäre, was ihm das einfache Gesetz vorenthält.* Um die grundsätzliche Bedeutung der Rechtssache schlüssig und substantiiert darzulegen, müsse der Beschwerdeführer in seiner NZB-Begründung demnach insbesondere ausführen, dass eine normverwerfende Entscheidung des BVerfG in seinem Fall zu einer *rückwirkenden (begünstigenden) Neuregelung* der beanstandeten Steuerrechtsnorm – zumindest aber zu einer *Übergangsregelung für alle noch offenen Fälle* – führen werde[628].

---

625 *Lange* HHSp., § 115 FGO Tz. 127 (Lfg. 192 Oktober 2006); *Lechner/Zuck*[5], § 80 BVerfGG Tz. 50; *Seer*, in: T/K, § 115 FGO Tz. 57 (Lfg. 131 Oktober 2012) sowie VerfRS Tz. 20 (Lfg. 127 Oktober 2011).

626 Siehe *Seer*, in: T/K, VerfRS Tz. 20 u. 64 (Lfg. 127 Oktober 2011).

627 Gräber/*Ruban*[6], § 115 FGO Tz. 36; *Seer*, in: T/K, § 115 FGO Tz. 57 (Lfg. 131 Oktober 2012).

628 *BFH*, Beschl. v. 13.12.2001, II B 37/00, BFH/NV 2002, 532 f. **(II. Senat)**; Beschl. v. 11.11.1998, IV B 134/97, BFH/NV 1999, 590, 591; Beschl. v. 26.11.1998, IV B 150/97, BFH/NV 1999, 657; Beschl. v. 02.09.1999, IV B 135/98, BFH/NV 2000, 312; Beschl. v. 06.10.1999, IV B 119/98, BFH/NV 2000, 343; Beschl. v. 26.01.2000, IV B 134/98, BFH/NV 2000, 1104; Beschl. v. 14.03.2006, IV B 2/05, BFH/NV 2006, 1283, 1284 **(IV. Senat)**; Beschl. v. 24.02.1999, VIII B 50/98, BFH/NV 1999, 1220; Beschl. v. 28.09.2005, VIII B 234/04, BFH/NV 2006, 519; Beschl. v. 24.11.2005, VIII B 73/05, BFH/NV 2006, 540; Beschl. v. 19.06.2006, VIII B 129/05, BFH/NV 2006,

Derartige Ausführungen seien deswegen erforderlich, weil die Entscheidungserheblichkeit des gerügten Verfassungsverstoßes i.d.R. nicht offenkundig sei. Denn nach der einschlägigen Rechtsprechung des BVerfG könne nicht ohne weiteres davon ausgegangen werden, dass eine normverwerfende Entscheidung dieses Gerichts auch zu einer rückwirkenden (begünstigenden) Neuregelung der beanstandeten Steuerrechtsnorm – und sei es auch nur i.R. einer Übergangsregelung für alle noch offenen Fälle – führe[629].

Diese die Revisionszulassung bei behaupteten Verfassungsverstößen enorm einschränkende Rechtsprechung ist in der einschlägigen Fachliteratur zu Recht scharf *kritisiert* worden[630]. Derartige zusätzliche Anforderungen, wie sie die Rechtsprechung hier an die Zulassung der Revision wegen grundsätzlicher Bedeutung der Rechtssache gemäß § 115 II Nr. 1 FGO und an ihre Darlegung i.R.d. Begründung einer NZB nach §§ 116 III 3, 115 II Nr. 1 FGO stellt, führen dazu, dass zahlreiche Fälle, in denen vernünftige Zweifel an der Verfassungsmäßigkeit einer für

---

1830 **(VIII. Senat)**; Beschl. v. 02.09.2005, XI B 224/04, BFH/NV 2006, 556, 557 **(XI. Senat)**. Offen gelassen vom **VII. Senat**, Beschl. v. 28.06.2006, VII B 324/05, BStBl. II 2006, 692, 693, sowie vom **X. Senat**, Beschl. v. 15.10.2008, X B 60/07, BFH/NV 2009, 205. – Vgl. in diesem Zusammenhang auch die entsprechende BFH-Rechtsprechung zu *§ 74 FGO*: *BFH*, Beschl. v. 05.08.1992, II B 75/92, BStBl. II 1992, 967, 968 **(II. Senat)**; Urt. v. 24.02.2005, IV R 23/03, BStBl. II 2005, 578, 579; Beschl. v. 15.03.2005, IV B 91/04, BStBl. II 2005, 647, 648; Beschl. v. 05.04.2005, IV B 96/03, BFH/NV 2005, 1564; Urt. v. 07.04.2005, IV R 34/03, BStBl. II 2005, 576, 577 **(IV. Senat)**; Urt. v. 11.11.1997, VIII R 49/95, BStBl. II 1998, 272, 273 **(VIII. Senat)**; Beschl. v. 02.09.2005, XI B 224/04, BFH/NV 2006, 556 **(XI. Senat)**: Danach hängt die Entscheidung über die Aussetzung des Verfahrens gemäß § 74 FGO auch davon ab, ob mit einer Aufhebung des verfassungswidrigen Gesetzes/der verfassungswidrigen Steuerrechtsnorm für die Vergangenheit zu rechnen oder nur zu erwarten ist, dass das BVerfG dem Gesetzgeber eine angemessene Frist zur Herbeiführung eines verfassungsgemäßen Zustandes setzen wird.

629 *BFH*, Beschl. v. 13.12.2001 (Fn. 628), BFH/NV 2002, 532 f. **(II. Senat)**; Beschl. v. 11.11.1998 (Fn. 628), BFH/NV 1999, 590, 591: Hier weist der *IV. Senat* außerdem darauf hin, dass ebenso wenig ohne weiteres davon ausgegangen werden könne, dass im Falle einer *Appellentscheidung* des BVerfG der Gesetzgeber die beanstandete Besteuerungsungleichheit dadurch beseitige, dass der Beschwerdeführer steuerlich entlastet werde; Beschl. v. 26.11.1998 (Fn. 628), BFH/NV 1999, 657 mit Nachweisen aus der einschlägigen Rechtsprechung des BVerfG; Beschl. v. 02.09.1999 (Fn. 628), BFH/NV 2000, 312; Beschl. v. 06.10.1999 (Fn. 628), BFH/NV 2000, 343; Beschl. v. 14.03.2006 (Fn. 628), BFH/NV 2006, 1283, 1284 mit Nachweisen aus der einschlägigen Rechtsprechung des BVerfG **(IV. Senat)**; Beschl. v. 24.02.1999 (Fn. 628), BFH/NV 1999, 1220 **(VIII. Senat)**.

630 Gräber/*Ruban*[6], § 115 FGO Tz. 36 a.E.; Schwarz/*Dürr*, § 115 FGO Tz. 13 (Lfg. 30 6/2008); *Seer*, StuW 2001, 3, 17; *ders.*, in: T/K, § 115 FGO Tz. 58 (Lfg. 102 Oktober 2003) u. VerfRS Tz. 28 (Lfg. 127 Oktober 2011). Ablehnend hinsichtlich der diesbzgl. Darlegungsanforderungen auch *Bleschick*, Revisionszulassungsgründe im Spannungsverhältnis, S. 113 f.

die Entscheidung des Streitfalls maßgeblichen Steuerrechtsnorm bestehen, einer Überprüfung durch den BFH entzogen werden[631]. Insbesondere vor dem Hintergrund, dass das BVerfG inzwischen über ein überaus weites Spektrum an Rechtsfolgenaussprüchen verfügt, von dem es nach nahezu freiem Belieben Gebrauch macht, ohne dass dies für die Beteiligten auch nur annähernd kalkulierbar wäre, führt die o.g. Rechtsprechung zu einer erheblichen Verkürzung des zweitinstanzlichen finanzgerichtlichen Rechtsschutzes[632].

Zusätzliche Brisanz erfährt diese Problematik schließlich durch die Rechtsprechung des BVerfG zur Subsidiarität der Verfassungsbeschwerde. Danach verstößt eine Verfassungsbeschwerde *mangels ordnungsgemäßer Rechtswegerschöpfung* i.d.R. gegen den in § 90 II 1 BVerfGG unter Nutzung der Ermächtigung des Art. 94 II 2 GG verankerten *Grundsatz der (formellen) Subsidiarität*[633], wenn der BFH zuvor die NZB (oder die Revision) *als unzulässig verworfen* hat[634].

Lässt also das FG die Revision nicht zu, weil – die Verfassungswidrigkeit der entscheidungserheblichen Steuerrechtsnorm vorausgesetzt – seiner Ansicht nach keine für den Kläger günstigere Entscheidung zu treffen wäre, und verwirft der BFH die daraufhin eingelegte NZB mangels hinreichender Darlegung der

---

631 Auf gleicher Linie Schwarz/*Dürr*, § 115 FGO Tz. 13 (Lfg. 30 6/2008).

632 Vgl. nur Schwarz/*Dürr*, § 115 FGO Tz. 13 (Lfg. 30 6/2008) sowie *Seer*, StuW 2001, 3, 17; *ders.*, in: T/K, § 115 FGO Tz. 58 (Lfg. 102 Oktober 2003) sowie VerfRS Tz. 28 u. 62 (Lfg. 127 Oktober 2011). Ausführlich **kritisch** zu dieser die Revisionszulassung bei behaupteten Verfassungsverstößen einschränkenden BFH-Rechtsprechung später im 4. Abschnitt unter B.I.5. (S. 506 ff.).

633 Das *Gebot der Rechtswegerschöpfung* betrifft die sog. *formelle Subsidiarität* der Verfassungsbeschwerde, vgl. *Seer*, in: T/K, VerfRS Tz. 42 (Lfg. 127 Oktober 2011).

634 Bspw. *BVerfG*, Beschl. v. 12.10.1951, 1 BvR 201/51, BVerfGE 1, 13, 14; Beschl. v. 03.10.1989, 1 BvR 1245/88, BVerfGE 81, 22, 27; Beschl. v. 31.10.1992, 2 BvR 739/91, HFR 1993, 327 (3. Kammer des Zweiten Senats); Beschl. v. 07.06.1993, 2 BvR 1767/92, HFR 1993, 541 f. (3. Kammer des Zweiten Senats); Beschl. v. 03.07.2003, 2 BvR 368/02, BVerfGK 1, 222, 223 (3. Kammer des Zweiten Senats, Nichtannahmebeschluss); Beschl. v. 27.01.2005, 2 BvR 2223/03, HFR 2005, 352 (3. Kammer des Zweiten Senats, Nichtannahmebeschluss). Siehe dazu auch *Seer*, StuW 2001, 3, 17; *ders.*, in: T/K, VerfRS Tz. 28 u. 42 (Lfg. 127 Oktober 2011); *ders.*, in: T/L, Steuerrecht[21], § 22 Tz. 274. – *Einschränkend* aber nun *BVerfG*, Beschl. v. 07.12.2010, 1 BvR 2628/07, NJW 2011, 1058 f. Nach dieser Senatsentscheidung steht es der Zulässigkeit einer Verfassungsbeschwerde nicht entgegen, dass ein oberstes Bundesgericht eine NZB als unzulässig verwirft, weil es alle wesentlichen Aspekte einer Verfassungsfrage bereits als in seiner Rechtsprechung geklärt/gewürdigt ansieht und deshalb deren Klärungsbedürftigkeit in einem Revisionsverfahren verneint, *wenn* der Beschwerdeführer vernünftige und gewichtige Gründe für eine verfassungsgerichtliche Überprüfung dieser Rechtsfrage/dieser Würdigung anführen könne und es sich um eine ungeklärte verfassungsrechtliche Frage handele, die umstritten geblieben sei und über die das BVerfG noch nicht entschieden habe.

grundsätzlichen Bedeutung als unzulässig, weil ihre Begründung keine (hinreichenden) Ausführungen dazu enthält, dass eine normverwerfende Entscheidung des BVerfG zu einer rückwirkenden (begünstigenden) Neuregelung der beanstandeten Steuerrechtsnorm – zumindest aber zu einer Übergangsregelung für alle noch offenen Fälle – führen würde, dann kann der Beschwerdeführer die von ihm behauptete Verfassungswidrigkeit der für die Entscheidung des Streitfalls maßgeblichen Steuerrechtsnorm schließlich auch mit der Verfassungsbeschwerde nicht weiterverfolgen, da auch diese seitens des BVerfG wegen Verstoßes gegen den Subsidiaritätsgrundsatz regelmäßig schon auf der Zulässigkeitsebene verworfen wird[635].

Im Hinblick auf diese erhebliche Verkürzung des zweitinstanzlichen finanzgerichtlichen und in der Folge auch verfassungsrechtlichen Rechtsschutzes wird im Schrifttum zu Recht gefordert, die vorgenannte restriktive und nun immerhin von vier Senaten des BFH praktizierte Rechtsprechung[636] aufzugeben und es für die Zulassung der Revision wegen grundsätzlicher Bedeutung der Rechtssache gemäß § 115 II Nr. 1 FGO bei behaupteten Verfassungsverstößen unter entsprechender Absenkung der Darlegungsanforderungen i.R.d. Begründung einer NZB ausreichen zu lassen, dass vernünftige Zweifel an der Verfassungsmäßigkeit einer für die Entscheidung des Streitfalls maßgeblichen Steuerrechtsnorm bestehen und somit die Möglichkeit gegeben ist, dass das BVerfG die den Beschwerdeführer belastende steuerrechtliche Vorschrift für mit der Verfassung unvereinbar erklärt[637].

---

635 *Seer*, StuW 2001, 3, 17; *ders.*, in: T/K, § 115 FGO Tz. 58 (Lfg. 102 Oktober 2003) u. VerfRS Tz. 28 (Lfg. 127 Oktober 2011) – Siehe zu dieser Rechtsprechung des BVerfG mit Blick auf die weiterhin äußerst restriktive Zulassungspraxis des BFH und seine nach wie vor strengen und überzogenen Darlegungsanforderungen i.R.d. Begründung einer NZB nach § 116 III 3 FGO ausführlich und allgemein **kritisch** noch später im 4. Abschnitt unter A.IV.3.c) (S. 460 ff.); vgl. überdies später im 4. Abschnitt unter B.I.5. (S. 506 ff., dort insbesondere S. 512 f.).

636 Soweit ich die Judikatur des BFH überblicken kann, findet diese Rechtsprechung bislang beim *II.*, *IV.*, *VIII.* und *XI. Senat* des BFH Anwendung, während der *VII.* und *X. Senat* die Frage, ob der Beschwerdeführer, der die Verfassungswidrigkeit einer entscheidungserheblichen Steuerrechtsnorm geltend macht, im NZB-Verfahren neben den Gründen der vermuteten Verfassungswidrigkeit auch schlüssig darlegen müsse, dass es bei verfassungskonformer Besteuerung voraussichtlich auch zu einer ihn *weniger belastenden Steuerfestsetzung* kommen werde, offen gelassen haben. Vgl. dazu die ausführlichen Nachweise aus der Rechtsprechung in Fußnote 628.

637 So bspw. *Seer*, in: T/K, VerfRS Tz. 28 a.E. (Lfg. 127 Oktober 2011). Vgl. zu der gesamten Problematik nochmals ausführlich später im 4. Abschnitt unter B.I.5. (S. 506 ff.).

dd) Auslegung und Gültigkeit Europäischen Unionsrechts[638]

Im Rahmen ihrer nationalen Rechtsschutzverpflichtung kommt den nationalen Gerichten auch die Aufgabe zu, das *Europäische Unionsrecht* in eigener Verantwortung und richterlicher Unabhängigkeit auszulegen und anzuwenden[639]. Die nationalen Gerichte sind somit zugleich europäische Gerichte mit eigener Verantwortung für die einheitliche und wirksame Anwendung des Unionsrechts[640]. Angesichts dessen, dass in den Mitgliedstaaten der Europäischen Union eine differierende Rechtsmethodik sowie unterschiedliche Rechtsordnungen/Rechtssysteme existieren, besteht bei der Wahrnehmung dieses europäischen Rechtsschutzauftrags jedoch stets die Gefahr divergierender oder sich widersprechender Auslegungen des Unionsrechts in den einzelnen Mitgliedstaaten[641].

Um dieser Gefahr entgegenzuwirken, normiert Art. 267 AEUV (ex-Art. 234 EGV) das sog. *Vorabentscheidungsverfahren*, in dessen Rahmen der EuGH auf Vorlage der innerstaatlichen Gerichte verbindlich über Fragen der Auslegung und Gültigkeit von EU-Rechtsbestimmungen entscheidet und auf diese Weise die einheitliche Auslegung und Anwendung des Unionsrechts in allen Mitgliedstaaten der EU gewährleistet[642].

Während der BFH als höchste Fachinstanz in der Finanzgerichtsbarkeit und somit als letztinstanzliches Gericht i.S.d. Art. 267 III AEUV regelmäßig verpflichtet ist, eine in einem bei ihm anhängigen (schwebenden) Verfahren entscheidungserhebliche unionsrechtliche Auslegungs- oder Gültigkeitsfrage dem EuGH zur Entscheidung vorzulegen[643], trifft die FGe eine solche Vorlageverpflichtung nicht[644].

---

638 Mit dem Inkrafttreten des *Vertrags von Lissabon* am 01.12.2009 (*„Vertrag von Lissabon zur Änderung des Vertrags über die Europäische Union und des Vertrags zur Gründung der Europäischen Gemeinschaft“* v. 13.12.2007, veröffentlicht im Amtsblatt der Europäischen Union v. 17.12.2007, ABl. 2007/C 306/01, zuletzt bekanntgemacht durch Abdruck der konsolidierten Textfassung im Amtsblatt der Europäischen Union v. 30.03.2010, ABl. 2010/C 83/01) hat die *Europäische Union* Rechtspersönlichkeit erlangt und die zuvor der Europäischen Gemeinschaft eingeräumten Zuständigkeiten übernommen. Das Europäische Gemeinschaftsrecht ist daher zum *Europäischen Unionsrecht* geworden.

639 *Borchardt*, in: Lenz/Borchardt[6], Art. 267 AEUV Tz. 1.

640 *Kokott/Henze/Sobotta*, JZ 2006, 633 m.w.N.; *Seer*, in: T/K, EuRS Tz. 6 (Lfg. 126 Mai 2011). *Borchardt*, in: Lenz/Borchardt[6], Art. 267 AEUV Tz. 1, spricht insoweit davon, dass der nationale Richter damit zum „europäischen Richter“ werde.

641 Ebenso *Borchardt*, in: Lenz/Borchardt[6], Art. 267 AEUV Tz. 1.

642 Vgl. *Borchardt*, in: Lenz/Borchardt[6], Art. 267 AEUV Tz. 1 a.E.; *Seer*, in: T/L, Steuerrecht[21], § 22 Tz. 303.

643 Zu den vom EuGH anerkannten Ausnahmen von der Vorlagepflicht bei unionsrechtlichen *Auslegungsfragen* nachstehend unter (2) (S. 177 ff., dort S. 178 f.).

644 Das gilt unabhängig von der Zulassungsabhängigkeit der Revision gemäß § 115 I FGO. Denn auch wenn das FG die Revision gegen seine Entscheidung selbst nicht zugelassen hat und die Revisionszulassung über eine NZB erstritten werden muss, kann die finanzgerichtliche Entscheidung selbst noch mit Rechtsmitteln des

Die FGe sind gemäß Art. 267 II AEUV vielmehr nur berechtigt, dem EuGH eine für den konkreten Rechtsstreit entscheidungserhebliche und bislang ungeklärte unionsrechtliche Frage zur Entscheidung vorzulegen. Sie besitzen hinsichtlich der Vorlage also grds. ein Wahlrecht[645].

Hat das FG kein Vorabentscheidungsersuchen an den EuGH gestellt und hat es bei seiner Entscheidung die Vorgaben des Unionsrechts unbeachtet gelassen, stellt sich die Frage, welche Anforderungen insoweit an die *Zulassung der Revision wegen Verletzung des Unionsrechts* zu stellen sind.

Dabei ist zu berücksichtigen, dass das Europäische Unionsrecht zum revisiblen Bundesrecht i.S.d. § 118 I 1 FGO gehört[646], und dass insbesondere der BFH als letzte Fachinstanz dazu berufen ist, unionsrechtlichen Rechtsschutz zu gewähren und bei verbleibenden vernünftigen Zweifeln an der Auslegung oder Gültigkeit des Unionsrechts gemäß Art. 267 III AEUV den EuGH zur Klärung anzurufen. Kommt es für die Entscheidung der konkreten Rechtsfrage/des konkreten Streitfalls also auf die Auslegung oder Gültigkeit einer Norm des Europäischen Unionsrechts an, so hat der BFH von Amts wegen zu prüfen, ob nach Art. 267 III AEUV eine Pflicht zur Vorlage der Sache an den EuGH besteht[647].

---

innerstaatlichen Rechts i.S.d. Art. 267 III AEUV angefochten werden. Sowohl der EuGH als auch der BFH haben in ihrer Rechtsprechung nämlich klargestellt, dass auch die NZB als Rechtsmittel i.S.d. Art. 267 III AEUV einzustufen sei, vgl. *EuGH*, Urt. v. 04.06.2002, C-99/00, EuGHE 2002 I-4839 Tz. 16 ff. – Lyckeskog; *BFH*, Beschl. v. 03.02.1987, VII B 129/86, BStBl. II 1987, 305; Beschl. v. 25.06.1991, VII B 33/91, BFH/NV 1992, 286; Beschl. v. 02.06.1992, VII R 63/91, BFH/NV 1993, 70; *Carlé*, AO-StB 2007, 242, 243; *Seer*, in: T/K, EuRS Tz. 7 (Lfg. 126 Mai 2011). – Mangels Vorlageverpflichtung der FGe wird den Beteiligten auch nicht der gesetzliche Richter i.S.d. Art. 101 I 2 GG entzogen, wenn das FG die Vorlage an den EuGH unterlässt, statt vieler *Seer*, in: T/K, § 115 FGO Tz. 112 m.w.N. (Lfg. 131 Oktober 2012).

645 *Seer*, in: T/L, Steuerrecht[21], § 22 Tz. 303. – Eine Ausnahme besteht nur dann, wenn ein FG wegen Zweifeln an der Gültigkeit eines sekundären Unionsrechtsakts die Vollziehung eines darauf beruhenden Verwaltungsakts aussetzen möchte. In diesem Fall hat auch das FG die unionsrechtliche Frage in Abweichung zu Art. 267 II AEUV dem EuGH zur Wahrung der Einheitlichkeit des Unionsrechts vorzulegen, vgl. *EuGH*, Urt. v. 22.10.1987, C-314/85, EuGHE 1987, 4199 Tz. 11 ff. (v.a. 20) – Foto-Frost; Urt. v. 06.12.2005, C-461/03, EuGHE 2005 I-10513 Tz. 17 (ff.) – Gaston Schul Douane-Expediteur; Urt. v. 10.01.2006, C-344/04, EuGHE 2006 I-403 Tz. 27 ff. (v.a. 30 u. 32) – International Air Transport Association u.a.: Danach besitzt das FG hinsichtlich der (sekundären) Unionsrechtsakte keine Verwerfungskompetenz; das Verwerfungsmonopol liegt insoweit vielmehr ausschließlich beim EuGH.

646 Gräber/*Ruban*[6], § 115 FGO Tz. 30 u. 37; *Seer*, in: T/K, § 115 FGO Tz. 59 (Lfg. 131 Oktober 2012) sowie ausführlich § 118 FGO Tz. 16 m.w.N. (Lfg. 117 Oktober 2008) u. EuRS Tz. 14 (Lfg. 126 Mai 2011).

647 Gräber/*Ruban*[6], § 115 FGO Tz. 37; *Seer*, in: T/K, § 115 FGO Tz. 59 (Lfg. 131 Oktober 2012).

(1) Vernünftige Zweifel an der Auslegung oder Gültigkeit einer unionsrechtlichen Vorschrift als zentrale Voraussetzung für die Revisionszulassung wegen grundsätzlicher Bedeutung der Rechtssache gemäß § 115 II Nr. 1 FGO

Vor diesem Hintergrund kommt eine *Revisionszulassung wegen grundsätzlicher Bedeutung der Rechtssache gemäß § 115 II Nr. 1 FGO* bereits dann in Betracht, wenn die *ernsthafte Möglichkeit* besteht, dass der BFH ein Vorabentscheidungsersuchen an den EuGH stellen und diesem die entscheidungserhebliche unionsrechtliche Zweifelsfrage (Auslegungs- oder Gültigkeitsfrage) in einem künftigen Revisionsverfahren nach Art. 267 III AEUV zur Entscheidung vorlegen wird[648]. Dementsprechend genügt es für die Zulassung der Revision auf eine NZB hin im Interesse eines effektiven Rechtsschutzes, wenn die (nicht entfernte) Möglichkeit von zu einer Vorlage an den EuGH führenden *vernünftigen Zweifeln* an der *Auslegung* einer für die Entscheidung des Streitfalls maßgeblichen Norm des Unionsrechts durch das FG aufgezeigt wird[649], oder der Beschwerdeführer darlegt, dass zu einer Vorlage an den EuGH führende *vernünftige Zweifel* an der *Gültigkeit* einer entscheidungserheblichen unionsrechtlichen Vorschrift bestehen können[650].

Hingegen reicht die *bloße Behauptung* der Unionsrechtswidrigkeit einer innerstaatlichen Vorschrift nicht aus, um die Revisionszulassung wegen grundsätzlicher Bedeutung der Rechtssache zu begründen[651]. Denn wie schon bei der Rüge von Verfassungsverstößen bedarf es auch bei der *Rüge von Verstößen gegen das Europäische*

---

648 *BVerfG*, Beschl. v. 31.05.1990, 2 BvL 12/88 u.a., BVerfGE 82, 159, 196 (zu der § 115 II Nr. 1 FGO entsprechenden verwaltungsprozessualen Vorschrift des § 132 II Nr. 1 VwGO); Beschl. v. 22.12.1992, 2 BvR 557/88, HFR 1993, 203 (3. Kammer des Zweiten Senats); *BFH*, Beschl. v. 15.02.1995, VII B 100/94, BFH/NV 1995, 829, 830; Beschl. v. 09.01.1996, VII B 169/95, BFH/NV 1996, 652; Beschl. v. 23.04.1996, VII B 249/95, BFH/NV 1996, 862; Beschl. v. 24.09.1996, VII B 101/96, BFH/NV 1997, 272; Beschl. v. 30.09.1997, VII B 70/97, BFH/NV 1998, 753; Beschl. v. 11.03.1998, X B 49/97, BFH/NV 1998, 1091; Beschl. v. 11.07.2000, VII B 23/00, BFH/NV 2000, 1510; Beschl. v. 22.12.2005, VII B 62/05, BFH/NV 2006, 985; Beschl. v. 09.11.2007, IV B 169/06, BFH/NV 2008, 390, 391; Gräber/*Ruban*[6], § 115 FGO Tz. 37; *Seer*, in: T/K, § 115 FGO Tz. 59 (Lfg. 131 Oktober 2012) u. EuRS Tz. 14 (Lfg. 126 Mai 2011). Vgl. auch *BVerwG*, Beschl. v. 10.07.1996, 6 B 8/95, NJW 1996, 2945, sowie *Pietzner*, in: Schoch u.a., § 132 VwGO Tz. 49 m.w.N. (Lfg. 2 Februar 1998), jeweils zu der § 115 II Nr. 1 FGO entsprechenden verwaltungsprozessualen Vorschrift des § 132 II Nr. 1 VwGO.

649 *BFH*, Beschl. v. 30.09.1997 (Fn. 648), BFH/NV 1998, 753; Beschl. v. 29.10.1998, V B 87/98, BFH/NV 1999, 681; Beschl. v. 14.03.2000, XI B 135/98, BFH/NV 2000, 883; Beschl. v. 29.05.2002, VII B 288/01, n.v. (juris).

650 *BFH*, Beschl. v. 24.09.1996 (Fn. 648), BFH/NV 1997, 272.

651 Siehe *BFH*, Beschl. v. 15.02.1995 (Fn. 648), BFH/NV 1995, 829, 830; Beschl. v. 11.03.1998 (Fn. 648), BFH/NV 1998, 1091; Beschl. v. 25.05.2001, VII B 339/00, n.v. (juris); Beschl. v. 08.04.2005, V B 123/03, BStBl. II 2005, 585, 586; Beschl. v. 09.11.2007 (Fn. 648), BFH/NV 2008, 390, 391.

Unionsrecht einer *konkreten Begründung* der Verletzung des Unionsrechts und der grundsätzlichen Bedeutung der entsprechenden Rechtsfrage[652].

Anzumerken bleibt, dass der Zulassung der Grundsatzrevision auch hier schließlich nicht entgegengehalten werden kann, der BFH könne die aufgeworfene Rechtsfrage in einem künftigen Revisionsverfahren voraussichtlich nicht selbst abschließend entscheiden, weil zu erwarten sei, dass es zur Klärung der Rechtsfrage der Einholung einer Vorabentscheidung des EuGH gemäß Art. 267 III AEUV bedürfe[653]. Denn wie beim Vorlageverfahren nach Art. 100 I 1 GG handelt es sich auch beim Vorabentscheidungsverfahren i.S.d. Art. 267 AEUV um ein bloßes *Zwischenverfahren* in einem mitgliedstaatlichen Rechtsstreit, in dem sich der Kläger nicht selbst an den EuGH wendet, sondern vielmehr das FG bzw. der BFH dem EuGH eine bestimmte unionsrechtliche Frage vorlegt, die dieser losgelöst vom konkreten Ausgangsfall entscheiden soll[654].

(2) Zulassung der Revision zur Sicherung einer einheitlichen Rechtsprechung wegen eines gravierenden/schwerwiegenden Rechtsanwendungsfehlers des FG gemäß § 115 II Nr. 2 Alt. 2 FGO bei eindeutiger, offenkundiger Verletzung des Unionsrechts

Die Verletzung des Europäischen Unionsrechts kann aber nicht nur die Zulassung der Revision wegen grundsätzlicher Bedeutung der Rechtssache gemäß § 115 II Nr. 1 FGO, sondern unter bestimmten Voraussetzungen auch die Zulassung der

---

652 Ständige Rechtsprechung des BFH: *BFH*, Beschl. v. 15.02.1995 (Fn. 648), BFH/NV 1995, 829, 830; Beschl. v. 11.03.1998 (Fn. 648), BFH/NV 1998, 1091; Beschl. v. 25.05.2001 (Fn. 651), n.v. (juris); s. zuletzt Beschl. v. 04.08.2005, II B 145/04, BFH/NV 2005, 2054; Beschl. v. 13.01.2006, II B 55/05, BFH/NV 2006, 978, 979 (beide betreffend ‚sonstiges höherrangiges Recht'); Beschl. v. 29.08.2007, II B 108/06, BFH/NV 2007, 2350, 2351; Beschl. v. 09.11.2007 (Fn. 648), BFH/NV 2008, 390, 391. – Zu den Anforderungen an die Darlegung des (abstrakten) Allgemeininteresses an der Klärung der Rechtsfrage bei gerügten Verstößen gegen das Europäische Unionsrecht i.R.d. Begründung einer NZB ausführlich nachstehend unter 2.b)cc) (S. 189 f.).

653 *Beermann*, in: BG, § 115 FGO Tz. 110 (Lfg. 57 März 2006); Gräber/*Ruban*[6], § 115 FGO Tz. 30; *Lange* HHSp., § 115 FGO Tz. 127 (Lfg. 192 Oktober 2006). Siehe zudem *Pietzner*, in: Schoch u.a., § 132 VwGO Tz. 49 (Lfg. 2 Februar 1998).

654 *Pechstein*, EU-ProzR[4], Tz. 744 u. 745; *Seer*, in: T/K, EuRS Tz. 9 (Lfg. 126 Mai 2011); *Thiele*, Europäisches ProzR, § 9 Tz. 2 m.w.N. Vgl. auch *Hobe*, EuropaR[6], S. 125 Tz. 170 a.E. m.w.N., der ausführt, dass das Vorabentscheidungsverfahren als sog. *Zwischenverfahren* einen Teilausschnitt des vor dem nationalen Gericht anhängigen Gesamtverfahrens bilde, sowie *Pietzner*, in: Schoch u.a., § 132 VwGO Tz. 49 (Lfg. 2 Februar 1998), wonach das Vorlageverfahren nur ein *Inzidentverfahren* i.R.d. Revisionsverfahrens darstelle, so dass die Klärung der europa- (unions-) rechtlichen Frage in einem weiteren Sinne im zukünftigen Revisionsverfahren erfolge.

Revision zur Sicherung einer einheitlichen Rechtsprechung wegen eines gravierenden/schwerwiegenden Rechtsanwendungsfehlers des FG gemäß § 115 II Nr. 2 Alt. 2 FGO nach sich ziehen.

Entsprechend vorstehend unter (1) gemachter Ausführungen ist die Revision wegen grundsätzlicher Bedeutung der Rechtssache gemäß § 115 II Nr. 1 FGO (bereits) dann zuzulassen, wenn die *ernsthafte Möglichkeit* besteht, dass der BFH die entscheidungserhebliche unionsrechtliche Zweifelsfrage dem EuGH gemäß Art. 267 III AEUV zur Entscheidung vorlegen wird. Als letzte Fachinstanz trifft den BFH dabei grds. die Pflicht, bei *verbleibenden vernünftigen Zweifeln* an der Auslegung oder Gültigkeit einer für die Entscheidung des Streitfalls maßgeblichen unionsrechtlichen Vorschrift den EuGH i.R.d. Vorabentscheidungsverfahrens nach Art. 267 III AEUV zur Klärung anzurufen.

Von der Vorlagepflicht gemäß Art. 267 III AEUV ist der BFH bei *Auslegungsfragen* nach der einschlägigen EuGH-Rechtsprechung, die der BFH übernommen hat, nur in *drei Fällen* befreit, in denen der innere Grund der Verpflichtung jeweils entfallen ist und diese somit sinnlos erscheinen würde[655]. So entfällt die Vorlagepflicht, wenn die aufgeworfene unionsrechtliche (Auslegungs-) Frage bereits in einem identischen oder gleichgelagerten Fall Gegenstand einer Vorabentscheidung gewesen und insoweit durch den EuGH beantwortet worden ist[656]. Des Weiteren ist der BFH als letztinstanzliches Gericht dann nicht zur Einleitung eines Vorabentscheidungsverfahrens verpflichtet, wenn zu der aufgeworfenen unionsrechtlichen (Auslegungs-) Frage bereits eine *gesicherte Rechtsprechung* des EuGH (sog. *Präzedenzfall*) vorliegt, durch welche die betreffende Rechtsfrage geklärt/gelöst ist, gleich in welcher Art von Verfahren sich diese Rechtsprechung gebildet hat, und selbst dann, wenn die strittigen Fragen nicht vollkommen identisch sind[657]. Darüber hinaus – und dabei handelt es sich um die bedeutendste Konstellation[658] – ist der BFH von der Vorlagepflicht nach Art. 267 III AEUV befreit, wenn die richtige Auslegung und Anwendung des Unionsrechts im vermeintlichen Vorlagefall derart *offenkundig* ist, dass keinerlei Raum für vernünftige Zweifel an der

---

655 *EuGH*, Urt. v. 27.03.1963, C-28/62, EuGHE 1963, 63, 81 – Da Costa en Schaake; Urt. v. 06.10.1982, C-283/81, EuGHE 1982, 3415 Tz. 13 – C.I.L.F.I.T. Siehe zum Ganzen *Herrmann*, EuZW 2006, 231 ff. – Die nachfolgend genannten Ausnahmen von der Vorlagepflicht gelten dabei ausschließlich für unionsrechtliche *Auslegungsfragen*. Auf unionsrechtliche Gültigkeitsfragen finden sie hingegen keine Anwendung, so dass also ein mitgliedstaatliches Gericht, soweit es vorlagepflichtig ist, Gültigkeitsfragen ausnahmslos dem EuGH vorlegen muss, s. auch *Pechstein*, EU-ProzR[4], Tz. 835.

656 *EuGH*, Urt. v. 27.03.1963 (Fn. 655), EuGHE 1963, 63, 81; Urt. v. 06.10.1982 (Fn. 655), EuGHE 1982, 3415 Tz. 13; Urt. v. 15.09.2005, C-495/03, EuGHE 2005 I-8151 Tz. 33 – Intermodal Transports; Urt. v. 06.12.2005, C-461/03, EuGHE 2005, I-10513 Tz. 16 – Gaston Schul Douane-expediteur.

657 *EuGH*, Urt. v. 06.10.1982 (Fn. 655), EuGHE 1982, 3415 Tz. 14.

658 *Herrmann*, EuZW 2006, 231, 232.

Entscheidung der gestellten Frage verbleibt, und nach Überzeugung des innerstaatlichen Gerichts auch für die Gerichte der übrigen Mitgliedstaaten sowie den EuGH die gleiche Gewissheit bestünde (sog. ‚*acte clair-Doktrin*')[659]. Bei diesem letzten Ausnahmefall kommt es also darauf an, dass der BFH zu dem Ergebnis kommt, dass die richtige Auslegung und Anwendung des Unionsrechts nicht nur für die eigene Rechtsordnung, sondern auch für alle anderen mitgliedstaatlichen Rechtsordnungen und zuletzt für den EuGH selbst *offenkundig* ist[660].

Wenn somit das FG eine *eindeutige* entscheidungserhebliche Verletzung des Europäischen Unionsrechts begangen, das Unionsrecht mithin *offenkundig* unbeachtet gelassen hat, so dass der BFH – weil dieser von der Unionsrechtswidrigkeit der durch das FG vorgenommenen (einschränkenden) Auslegung einer für die Entscheidung des Streitfalls maßgeblichen unionsrechtlichen Vorschrift zweifelsfrei überzeugt ist – mangels Vorlagepflicht selbst durchentscheiden könnte, dann hat er auf eine entsprechende NZB hin die Revision gemäß § 115 II Nr. 2 Alt. 2 FGO wegen eines *gravierenden/schwerwiegenden Rechtsanwendungsfehlers des FG zur Sicherung einer einheitlichen nationalen Rechtsprechung in Fragen des Europäischen Unionsrechts* zuzulassen, um dem Beschwerdeführer auch gerade in diesen Fällen einer *eindeutigen, offenkundigen Unionsrechtsverletzung* einen effektiven Rechtsschutz zu gewähren[661].

---

659 *EuGH*, Urt. v. 06.10.1982 (Fn. 655), EuGHE 1982, 3415 Tz. 16 (ff.); Urt. v. 15.09.2005 (Fn. 656), EuGHE 2005 I-8151 Tz. 33; Urt. v. 06.12.2005 (Fn. 656), EuGHE 2005, I-10513 Tz. 16; *BFH*, Urt. v. 23.10.1985, VII R 107/81, BFHE 145, 266 (teilweise n.v. [juris]); Urt. v. 11.10.1994, V R 139/93, BFH/NV 1995, 933; Beschl. v. 15.02.1995, VII B 100/94, BFH/NV 1995, 829, 831; Urt. v. 02.04.1996, VII R 119/94, BFHE 180, 231; Beschl. v. 22.12.2005, VII B 62/05, BFH/NV 2006, 985, 988; *Herrmann*, EuZW 2006, 231, 232; *Seer*, in: T/K, EuRS Tz. 13 (Lfg. 126 Mai 2011).

660 *Seer*, in: T/K, EuRS Tz. 13 (Lfg. 126 Mai 2011); *Thiele*, Europäisches ProzR, § 9 Tz. 72. – Die Zweifelhaftigkeit des Unionsrechts wird dabei nicht schon durch eine abweichende Rechtsauffassung der nationalen Finanzbehörde begründet, *EuGH*, Urt. v. 15.09.2005 (Fn. 656), EuGHE 2005 I-8151 Tz. 35 ff.; *Seer*, in: T/K, EuRS Tz. 13 (Lfg. 126 Mai 2011). Umgekehrt werden unionsrechtliche Zweifel aber auch nicht bereits dadurch beseitigt, dass die EU-Kommission ein Vertragsverletzungsverfahren gegen einen Mitgliedstaat nach Art. 258, 259 AEUV nicht fortführt, *EuGH*, Urt. v. 22.02.2001, C-393/98, EuGHE 2001 I-1327 Tz. 15 ff. – Gomes Valente; *Kokott/Henze/Sobotta*, JZ 2006, 633, 635; *Seer*, in: T/K, EuRS Tz. 13 (Lfg. 126 Mai 2011), i.Ü. unter Hinweis darauf, dass der *I. Senat* des BFH die Ausnahmen von der Vorlagepflicht nach Art. 267 III AEUV mittlerweile sehr selbstbewusst weit auslege und sich dabei insbesondere nicht scheue, auch solche Rechtfragen für das nationale deutsche Recht abschließend zu entscheiden, die seitens des EuGH noch nicht vollständig geklärt seien (dort – Tz. 13 – m.w.N. aus der Rechtsprechung des *I. Senats*).

661 Ebenso *Seer*, in: T/K, EuRS Tz. 14 (Lfg. 126 Mai 2011). Siehe dazu ausführlich später im 4. Abschnitt unter B.III.2.e) (S. 606 ff.). – Zur Rechtsfigur des sog. ‚Gravierenden/Schwerwiegenden Rechtsanwendungsfehlers des FG' und den

2. *Die Darlegung der ‚Grundsätzlichen Bedeutung der Rechtssache' i.R.d. Begründung einer NZB – §§ 116 III 3, 115 II Nr. 1 FGO*

Stützt der Beschwerdeführer seine NZB auf die ‚Grundsätzliche Bedeutung der Rechtssache', sind die Voraussetzungen dieses Zulassungsgrundes gemäß §§ 116 III 3, 115 II Nr. 1 FGO in der Beschwerdebegründung darzulegen. Wie bereits vorstehend unter A.II.4.a) (S. 114 f.) ausgeführt, bedeutet ‚darlegen' im allgemeinen Sprachgebrauch so viel wie *‚ausführlich (näher) erläutern, erklären'* oder *‚in aller Deutlichkeit ausführen'*. Und auch der BFH fordert in st. Rspr. einen *schlüssigen und substantiierten Vortrag* zu den Voraussetzungen wenigstens eines der in § 115 II FGO genannten Zulassungsgründe, so dass zumindest das Vorliegen der in § 115 II FGO ausdrücklich genannten Tatbestandsmerkmale („Voraussetzungen") *näher erläutert* werden muss[662].

Allgemeine Hinweise und bloße unsubstantiierte Behauptungen, dass die Merkmale der ‚Grundsätzlichen Bedeutung' erfüllt seien, genügen demnach nicht, um die Voraussetzungen dieses Zulassungsgrundes ordnungsgemäß darzulegen[663]. Erforderlich sind vielmehr – ausgehend von den tatsächlichen Feststellungen des FG[664] – *schlüssige, substantiierte und konkrete Angaben* über das Vorliegen der einzelnen Tatbestandsmerkmale der ‚Grundsätzlichen Bedeutung'[665]. Es bedarf also stets einer eingehenden Begründung der NZB, die ohne eine äußerst sorgfältige Analyse des angefochtenen finanzgerichtlichen Urteils einerseits und der Rechtsprechung des BFH bzw. der einschlägigen Fachliteratur andererseits kaum erstellt werden kann, ohne dass die NZB bereits mangels ordnungsgemäßer Darlegung der ‚Grundsätzlichen Bedeutung' zu scheitern droht[666].

Anforderungen an seine Darlegung i.R.d. Begründung einer NZB allgemein ausführlich nachfolgend unter III.1.c) (S. 258 ff.) sowie III.2.b) (S. 348 ff.).

662 Siehe die Nachweise in den Fußnoten 422-424.

663 Ständige Rechtsprechung des BFH: *BFH*, Beschl. v. 09.05.1988, IV B 35/87, BStBl. II 1988, 725; Beschl. v. 27.02.1992, V B 219/91, BFH/NV 1992, 720; Beschl. v. 17.01.2001, IV B 155/00, BFH/NV 2001, 802; Beschl. v. 05.09.2001, VIII B 18/01, BFH/NV 2002, 205; Beschl. v. 19.08.2002, II B 122/01, BFH/NV 2003, 64; Beschl. v. 02.09.2002, VIII B 138/01, BFH/NV 2003, 303; Beschl. v. 03.03.2005, V B 33/04, BFH/NV 2005, 1334; Beschl. v. 06.02.2007, X B 89/06, BFH/NV 2007, 958, 959. Vgl. insoweit allgemein auch bereits oben unter A.II.4.a) (S. 114 ff., dort S. 115) mit den weiteren Nachweisen in Fußnote 421.

664 *BFH*, Beschl. v. 31.07.2007, V B 156/06, BFH/NV 2008, 416, 417.

665 Vgl. neben den Nachweisen in Fußnote 663 etwa auch *BFH*, Beschl. v. 26.07.2001, X B 6/01, BFH/NV 2002, 37; Beschl. v. 12.12.2001, III B 103/01, BFH/NV 2002, 652, 653; Beschl. v. 05.02.2002, VIII B 48/01, BFH/NV 2002, 792; Beschl. v. 20.03.2002, XI B 70/01, BFH/NV 2002, 1043; Beschl. v. 24.07.2002, I B 154/01, BFH/NV 2003, 52, 53; Beschl. v. 23.07.2008, VI B 78/07, BStBl. II 2008, 878; Beschl. v. 28.04.2010, VI B 167/09, BStBl. II 2010, 747, 748 u. 749.

666 Vgl. z.B. *BFH*, Beschl. v. 08.02.2006, VIII B 51/05, BFH/NV 2006, 1117, 1118, wo insbesondere auch darauf hingewiesen wird, dass die Beschwerdeschrift jegliche

Insbesondere vor dem Hintergrund, dass der BFH auch weiterhin nahezu unverändert hohe Anforderungen an das Vorliegen der ,Grundsätzlichen Bedeutung der Rechtssache' stellt und seine Rechtsprechung zu § 115 II Nr. 1 FGO mithin nach wie vor überaus restriktiv ausfällt[667], gehört die Darlegung der ,Grundsätzlichen Bedeutung' einer Rechtssache somit zweifelsohne zu den anspruchsvollsten Aufgaben eines Prozessbevollmächtigten[668]. Daran hat auch die Reform des finanzgerichtlichen Revisionszulassungsrechts durch das 2. FGOÄndG nichts geändert, wie die nachfolgenden Ausführungen zeigen werden[669].

Gemäß § 116 III 3 FGO bezieht sich das Darlegungserfordernis auf ,die Voraussetzungen des § 115 II FGO'. Entsprechend der seitens der Rechtsprechung zu § 115 II Nr. 1 FGO entwickelten Tatbestandsmerkmale erfordert die Darlegung der ,Grundsätzlichen Bedeutung der Rechtssache' demnach im Einzelnen die *Darlegung der Rechtssache* (dazu nachfolgend unter a) [S. 181 ff.]), die *Darlegung des (abstrakten) Allgemeininteresses an der Klärung der Rechtsfrage* (dazu nachfolgend unter b) [S. 183 ff.]), die *Darlegung der Klärungsbedürftigkeit* (dazu nachfolgend unter c) [S. 190 ff.]) sowie *der Klärungsfähigkeit und Entscheidungserheblichkeit der Rechtsfrage* (dazu nachfolgend unter d) [S. 197]).

a) Die Darlegung der Rechtssache

Zur ordnungsgemäßen Darlegung der ,Grundsätzlichen Bedeutung der Rechtssache' ist zunächst erforderlich, dass der Beschwerdeführer darlegt, um welche *Rechtssache* es sich handelt. Im Hinblick darauf, dass die herrschende Auffassung den in § 115 II Nr. 1 FGO verwendeten Begriff der ,Rechtssache' mit dem Begriff der ,Rechtsfrage' gleichsetzt[670], hat der Beschwerdeführer in der Beschwerdebegründung konkret auf die Rechtsfrage einzugehen, der grundsätzliche Bedeutung zukommen soll[671]. Eine ordnungsgemäße Beschwerdebegründung setzt demnach

---

Auseinandersetzung mit den Erwägungen der Vorinstanz vermissen lasse; *Lange* HHSp., § 116 FGO Tz. 169 (Lfg. 194 Juni 2007); *Seer*, in: T/K, § 116 FGO Tz. 39 (Lfg. 131 Oktober 2012).

667 Zu den vom BFH an das Vorliegen der ,Grundsätzlichen Bedeutung der Rechtssache' gemäß § 115 II Nr. 1 FGO gestellten Anforderungen s. die detaillierten Ausführungen vorstehend unter 1.b)-g) (S. 132 ff.).

668 So auch *Seer*, in: T/K, § 116 FGO Tz. 39 (Lfg. 131 Oktober 2012).

669 Zur **Kritik** an den vom BFH für das Darlegungserfordernis der ,Grundsätzlichen Bedeutung der Rechtssache' gemäß §§ 116 III 3, 115 II Nr. 1 FGO aufgestellten – ebenfalls unverändert strengen und überzogenen – Anforderungen nachfolgend unter e) (S. 198 f.) sowie ausführlich später im 4. Abschnitt unter B.I. (S. 464 ff.).

670 Vgl. hierzu bereits vorstehend unter 1.c) (S. 138) mit Nachweisen in Fußnote 510.

671 Bspw. *BFH*, Beschl. v. 27.02.1992, V B 219/91, BFH/NV 1992, 720; Beschl. v. 15.06.1994, II B 30/94, BFH/NV 1995, 132; Beschl. v. 17.08.1995, II B 20/95, BFH/NV 1996, 261; Beschl. v. 31.01.1996, II B 107/95, BFH/NV 1996, 459; Beschl. v. 02.12.2002, VII B 203/02, BFH/NV 2003, 527; Beschl. v. 28.08.2003, VII B

voraus, dass der Beschwerdeführer eingangs mindestens eine bestimmte *Rechtsfrage deutlich herausstellt* und diese *abstrakt* – d.h. losgelöst vom konkreten Fall, der Gegenstand des finanzgerichtlichen Urteils ist,- *formuliert*[672].

Dabei ist es nach einer noch jüngeren Entscheidung des *BAG*, die auch in der einschlägigen BFH-Rechtsprechung Beachtung gefunden hat, regelmäßig erforderlich, dass die aufgeworfene Rechtsfrage mit ‚Ja' oder ‚Nein' beantwortet werden kann. Das schließe zwar eine Fragestellung nicht aus, die je nach den formulierten Voraussetzungen mehrere Antworten zulasse. Unzulässig sei allerdings eine Fragestellung, deren Beantwortung von den Umständen des Einzelfalls abhänge und damit auf die Antwort ‚Kann sein' hinauslaufe[673].

Vereinzelt wird angeführt, eine abstrakte Formulierung der Rechtsfrage könne der Regelung des § 116 III 3 FGO nicht entnommen werden[674].

Angesichts dessen, dass § 116 III 3 FGO nur im Zusammenhang mit § 115 II FGO gelesen werden kann – das Darlegungserfordernis bezieht sich ja gerade auf

---

71/03, BFH/NV 2004, 493, 494; Beschl. v. 29.03.2005, VII S 19/04 (PKH), BFH/NV 2005, 1582; Beschl. v. 05.07.2005, VII B 201/04, BFH/NV 2005 1852, 1854; Beschl. v. 29.11.2006, XI B 129/06, BFH/NV 2007, 441; Beschl. v. 23.03.2007, V B 53/06, BFH/NV 2007, 1368; Beschl. v. 13.08.2007, VII B 20/07, BFH/NV 2008, 10, 11.

672 Ständige Rechtsprechung des BFH: *BFH*, Beschl. v. 15.06.1994 (Fn. 671), BFH/NV 1995, 132, unter Hinweis darauf, dass eine rein sachverhaltsbezogene Fragestellung nicht ausreiche; Beschl. v. 14.03.2000, V B 23/00, BFH/NV 2000, 1148; Beschl. v. 10.11.2000, III B 38/00, BFH/NV 2001, 616; Beschl. v. 21.11.2002, VII B 58/02, BFH/NV 2003, 485, 487 f.; Beschl. v. 21.11.2002, VII B 163/02, BFH/NV 2003, 523; Beschl. v. 02.12.2002 (Fn. 671), BFH/NV 2003, 527; Beschl. v. 28.08.2003 (Fn. 671), BFH/NV 2004, 493, 494; Beschl. v. 14.10.2004, I B 106/04, BFH/NV 2005, 369, 370; Beschl. v. 17.02.2005, II B 115/03, BFH/NV 2005, 1004, 1005; Beschl. v. 29.03.2005 (Fn. 671), BFH/NV 2005, 1582; Beschl. v. 05.07.2005 (Fn. 671), BFH/NV 2005 1852, 1854; Beschl. v. 07.11.2006, XI B 177/05, BFH/NV 2007, 431; Beschl. v. 29.11.2006 (Fn. 671), BFH/NV 2007, 441; Beschl. v. 19.01.2007, I B 55/06, BFH/NV 2007, 978, 979; Beschl. v. 23.03.2007 (Fn. 671), BFH/NV 2007, 1368; Beschl. v. 12.06.2007, I B 148/06, BFH/NV 2007, 1927; Beschl. v. 11.09.2007, VI B 5/07, BFH/NV 2007, 2328, 2329; Beschl. v. 13.08.2007 (Fn. 671), BFH/NV 2008, 10, 11; Beschl. v. 23.07.2008, VI B 78/07, BStBl. II 2008, 878: *Herausarbeitung einer bestimmten Rechtsfrage*; Beschl. v. 28.04.2010, VI B 167/09, BStBl. II 2010, 747, 748; Beschl. v. 29.02.2012, I B 88/11, BFH/NV 2012, 1089; *Lange* HHSp., § 116 FGO Tz. 171 (Lfg. 194 Juni 2007); *Seer*, in: T/K, § 116 FGO Tz. 40 (Lfg. 131 Oktober 2012). – Vgl. in diesem Zusammenhang nochmals (vgl. schon Fußnote 515) *Bleschick*, Revisionszulassungsgründe im Spannungsverhältnis, S. 290, nach dessen Ansicht die Grundsatzrevision der Revisionszulassung zur *abstrakten Rechtsklärung* diene und somit *die Klärung abstrakter Rechtsfragen* ermögliche.

673 *BAG*, Beschl. v. 23.01.2007, 9 AZN 792/06, NJW 2007, 1165. Der BFH hat diese Rechtsprechung übernommen, *BFH*, Beschl. v. 29.02.2012 (Fn. 672), BFH/NV 2012, 1089; *Lange* HHSp., § 116 FGO Tz. 171 (Lfg. 194 Juni 2007).

674 So *Beermann*, DStZ 2001, 312, 315; *ders.*, in: BG, § 116 FGO Tz. 63 (Lfg. 66 September 2007).

‚die Voraussetzungen des § 115 II FGO' –, und nach herrschender Auffassung der in § 115 II Nr. 1 FGO verwendete Begriff der ‚Rechtssache' gleichbedeutend mit dem Begriff der ‚Rechtsfrage' ist, sollte jedoch in der Begründung einer NZB aus dem streitigen Einzelfall heraus stets eine abstrakte Rechtsfrage entwickelt und formuliert werden, die sowohl dem materiellen Recht als auch dem Verfahrensrecht angehören oder Vorfragen aus einem nichtsteuerlichen Rechtsgebiet sowie die Frage der Vereinbarkeit einer Steuerrechtsnorm mit der Verfassung bzw. dem Europäischen Unionsrecht betreffen kann[675]. Dies gilt schon allein deshalb, weil der BFH m.E. die Beurteilung, ob und inwieweit der Rechtssache grundsätzliche Bedeutung zukommt, von vornherein nur dann vernünftig vornehmen kann, wenn ihm gleich zu Beginn der Beschwerdebegründung klar vor Augen geführt wird, welche (entscheidungserhebliche[n]) abstrakte(n) Rechtsfrage(n) das angefochtene finanzgerichtliche Urteil im Einzelnen aufwirft[676].

b) Die Darlegung des (abstrakten) Allgemeininteresses an der Klärung der Rechtsfrage

Eine den Anforderungen des § 116 III 3 FGO entsprechende Beschwerdebegründung erfordert nach der Rechtsprechung des BFH des Weiteren die Darlegung des *(abstrakten) Allgemeininteresses an der Klärung der Rechtsfrage.* Wie schon vorstehend unter 1.b) (S. 132 ff., dort S. 133 f.) ausgeführt, kommt einer Rechtssache nach herrschender Ansicht und st. Rspr. auch nach der Reform der Revisionszulassungsgründe durch das 2. FGOÄndG nur dann ‚Grundsätzliche Bedeutung' i.S.d. § 115 II Nr. 1 FGO zu, wenn *die für die Beurteilung des Streitfalls maßgebliche Rechtsfrage das (abstrakte) Interesse der Allgemeinheit an der einheitlichen (Fort-) Entwicklung und Handhabung des Rechts berührt,* bzw. *ihre Beantwortung/Entscheidung durch den BFH in dem angestrebten Revisionsverfahren aus Gründen der Rechtsklarheit/Rechtssicherheit, der Rechtseinheitlichkeit und/oder der Rechtsentwicklung/Rechtsfortbildung im (abstrakten) allgemeinen Interesse liegt*[677].

Folglich genügt – wie bereits eingangs erwähnt (S. 180) – die bloße Behauptung, die Rechtssache habe grundsätzliche Bedeutung, nach der Rechtsprechung des BFH keinesfalls, um dem Darlegungserfordernis des § 116 III 3 FGO zu genügen[678]. Ebenso wenig reicht es aus, wenn der Beschwerdeführer lediglich sein individuelles Interesse an der Klärung der aufgeworfenen Rechtsfragen bekundet[679].

---

675 Vgl. *Heißenberg*, KÖSDI 1998, 11439, 11443 m.w.N.; *Seer*, in: T/K, § 116 FGO Tz. 40 (Lfg. 131 Oktober 2012).

676 Ob der Begriff der ‚Rechtssache' ggf. noch Potenzial betreffend eine erweiterte Auslegung der Grundsatzrevision bietet (Stichwort: ‚Erweitertes Begriffsverständnis'), ist eine andere Frage, vgl. dazu ansatzweise bereits oben unter 1.d)bb) (S. 142 ff., dort S. 143) sowie ausführlich später im 4. Abschnitt unter B.I.2.a)bb) (S. 477).

677 Siehe die umfangreichen Rechtsprechungsnachweise in den Fußnoten 501 u. 502.

678 Vgl. dazu bereits die Rechtsprechungsnachweise in Fußnote 663.

679 *BFH*, Beschl. v. 27.02.1992, V B 219/91, BFH/NV 1992, 720.

Da auch die (alleinige) Rüge der materiellen Unrichtigkeit der Vorentscheidung den Darlegungsanforderungen der Rechtsprechung nicht gerecht wird[680], ist die grundsätzliche Bedeutung der Rechtssache schließlich dann nicht hinreichend dargelegt, wenn der Beschwerdeführer Einzelfragen tatsächlicher und rechtlicher Natur, die seiner Ansicht nach vom FG unzutreffend beurteilt worden sind, auflistet und als von grundsätzlicher Natur bezeichnet[681].

Der BFH fordert in st. Rspr. vielmehr auch weiterhin, dass der Beschwerdeführer schlüssig und substantiiert darlegt, *aus welchen Gründen im Einzelnen die über die herausgestellte Rechtsfrage zu treffende Revisionsentscheidung das (abstrakte) Interesse der Allgemeinheit an der einheitlichen (Fort-) Entwicklung und Handhabung des Rechts berührt*[682], bzw. *weshalb ihre Klärung durch den BFH in dem angestrebten Revisionsverfahren aus Gründen der Rechtsklarheit/Rechtssicherheit, der Rechtseinheitlichkeit und/oder der Rechtsentwicklung/Rechtsfortbildung im (abstrakten) allgemeinen Interesse liegt*[683].

---

680 Dazu bereits ausführlich oben unter A.II.4.d) (S. 123 ff.).

681 So *BFH*, Beschl. v. 12.06.2007, I B 148/06, BFH/NV 2007, 1927 f.

682 Aus der umfangreichen Rechtsprechung des BFH: *BFH*, Beschl. v. 07.11.2002, I B 155/01, BFH/NV 2003, 330 **(I. Senat)**; Beschl. v. 24.11.2004, II B 175/03, BFH/NV 2005, 511 **(II. Senat)**; Beschl. v. 17.10.2001, III B 97/01, BFH/NV 2002, 366; Beschl. v. 17.04.2002, III B 164/01, BFH/NV 2002, 1028 **(III. Senat)**; Beschl. v. 27.08.2004, IV B 173/03, BFH/NV 2005, 334, 335; Beschl. v. 04.07.2007, IV B 43/06, BFH/NV 2007, 2127, 2129; Beschl. v. 07.08.2007, IV B 140/06, BFH/NV 2008, 73 **(IV. Senat)**; Beschl. v. 16.01.2004, V B 132/03, BFH/NV 2004, 987 **(V. Senat)**; Beschl. v. 25.02.2002, X B 77/01, BFH/NV 2002, 1121; Beschl. v. 25.07.2005, X B 131/04, BFH/NV 2005, 1862, 1863 **(X. Senat)**.

683 Siehe nur *BFH*, Beschl. v. 24.07.2002, I B 154/01, BFH/NV 2003, 52, 53; Beschl. v. 07.08.2002, I B 151/01, BFH/NV 2003, 60, 61; Beschl. v. 07.11.2002 (Fn. 682), BFH/NV 2003, 330; Beschl. v. 14.08.2003, I B 27/03, BFH/NV 2004, 63; Beschl. v. 09.09.2005, I B 40/05, BFH/NV 2006, 101, 102; Beschl. v. 12.06.2007 (Fn. 681), BFH/NV 2007, 1927 **(I. Senat)**; Beschl. v. 25.04.2002, II B 24/01, BFH/NV 2002, 1311, 1312; Beschl. v. 19.08.2002, II B 122/01, BFH/NV 2003, 64, 65 **(II. Senat)**; Beschl. v. 27.08.2004 (Fn. 682), BFH/NV 2005, 334, 335 **(IV. Senat)**; Beschl. v. 09.11.2006, V B 131/05, BFH/NV 2007, 284, 285 **(V. Senat)**; Beschl. v. 23.07.2008, VI B 78/07, BStBl. II 2008, 878; Beschl. v. 28.04.2010, VI B 167/09, BStBl. II 2010, 747, 748 **(VI. Senat)**; Beschl. v. 28.08.2003, VII B 71/03, BFH/NV 2004, 493, 494; Beschl. v. 22.07.2004, VII B 328/03, BFH/NV 2004, 1661, 1662; Beschl. v. 05.07.2005, VII B 201/04, BFH/NV 2005, 1852, 1854; Beschl. v. 08.03.2006, VII B 233/05, BFH/NV 2006, 1252, 1253; Beschl. v. 13.08.2007, VII B 20/07, BFH/NV 2008, 10, 11 **(VII. Senat)**; Beschl. v. 04.04.2008, IX B 171/07, ZSteu 2008, R496 **(IX. Senat)**; Beschl. v. 14.10.2005, X B 44/05, BFH/NV 2006, 114, 115; Beschl. v. 20.12.2005, X B 10/05, BFH/NV 2006, 777; Beschl. v. 16.02.2006, X B 126/05, BFH/NV 2006, 1125; Beschl. v. 06.03.2006, X B 104/05, BFH/NV 2006, 1136, 1137; Beschl. v. 27.02.2007, X B 178/06, BFH/NV 2007, 1073, 1074; Beschl. v. 20.06.2007, X B 116/06, BFH/NV 2007, 1705 **(X. Senat)**; Beschl. v. 20.03.2002, XI B 70/01, BFH/NV 2002, 1043; Beschl. v. 05.07.2005, XI B 101/04, BFH/NV 2005, 1854, 1855; Beschl. v. 12.10.2005, XI B

Soweit einige Entscheidungen darüber hinaus immer noch unverändert zusätzlich die schlüssige und substantiierte Darlegung fordern, dass es sich bei der entscheidungserheblichen Rechtsfrage zugleich um eine *aus rechtssystematischen Gründen bedeutsame und für die einheitliche Rechtsanwendung wichtige Frage* handeln müsse[684], ist dies jedenfalls entschieden abzulehnen[685].

aa) Darlegung des (abstrakten) Allgemeininteresses bei ausgelaufenem, auslaufendem und übergangsweisem Recht

Nach st. Rspr. können Rechtsfragen, die *ausgelaufenes, demnächst auslaufendes* oder *übergangsweises Recht* betreffen, regelmäßig nicht (mehr) als grundsätzlich bedeutsam eingestuft werden[686]. Etwas anderes gilt nur dann, wenn der Beschwerdeführer i.R.d. Begründung seiner NZB *besondere Gründe* geltend macht, die ausnahmsweise ein Abweichen von dieser Regel und mithin eine Zulassung der Revision wegen grundsätzlicher Bedeutung der Rechtssache i.S.d. § 115 II Nr. 1 FGO rechtfertigen[687]. Im Hinblick auf das (abstrakte) Allgemeininteresse an der Klärung der aufgeworfenen Rechtsfrage hat der Beschwerdeführer demnach insbesondere konkret darzulegen, *dass die von ihm herausgestellte Rechtsfrage sich noch für einen nicht überschaubaren Personenkreis in nicht absehbarer Zukunft weiterhin stellen könne,* wie dies bei Fragen aus fortgeltendem Recht regelmäßig der Fall ist[688].

Ist eine Entscheidung für die zukünftige Rechtslage nicht mehr bedeutsam, so ist für die Begründung des (abstrakten) Allgemeininteresses an der Klärung der aufgeworfenen Rechtsfrage – entsprechend der vorstehend unter 1.g)aa) (S. 163 ff., dort S. 165) zu § 115 II Nr. 1 gemachten Ausführungen – die Darlegung erforderlich und zugleich ausreichend, *dass diese Rechtsfrage noch für eine Vielzahl anhängiger*

204/04, BFH/NV 2006, 327, 328; Beschl. v. 29.11.2006, XI B 129/06, BFH/NV 2007, 441; Beschl. v. 06.03.2007, XI B 165/06, BFH/NV 2007, 1130, 1131 **(XI. Senat)**.

684 Vgl. z.B. *BFH*, Beschl. v. 27.08.2004 (Fn. 682), BFH/NV 2005, 334, 335 **(IV. Senat)**; Beschl. v. 25.02.2002 (Fn. 682), BFH/NV 2002, 1121 **(X. Senat)**.

685 Ebenso *Beermann*, in: BG, § 116 FGO Tz. 71 a.E. (Lfg. 66 September 2007); *Lange* HHSp., § 116 FGO Tz. 171 (Lfg. 194 Juni 2007); *List*, DB 2002, 1069, 1072; *Seer*, BB 2000, 2387, 2389; *ders.*, StuW 2003, 193, 204; *ders.*, in: T/K, § 115 FGO Tz. 41 u. § 116 FGO Tz. 42 (jeweils Lfg. 131 Oktober 2012). – Dazu ausführlich und **kritisch** noch später im 4. Abschnitt unter B.I.1.c) (S. 469 ff., dort S. 470 ff.).

686 Dazu bereits ausführlich vorstehend unter 1.g)aa) (S. 163 f.) mit Rechtsprechungsnachweisen in den Fußnoten 602 u. 603.

687 Siehe die entsprechenden Rechtsprechungsnachweise in Fußnote 605.

688 *BFH*, Beschl. v. 22.11.1999, III B 58/99, BFH/NV 2000, 748; Beschl. v. 27.07.2004, XI B 42/04, BFH/NV 2005, 193, 195; Beschl. v. 18.03.2005, XI B 158/03, BFH/NV 2005, 1343; Beschl. v. 30.08.2005, IV B 102/03, BStBl. II 2005, 864, 865; Beschl. v. 17.03.2009, X B 34/08, BFH/NV 2009, 1141.

Fälle/für eine Vielzahl von Verfahren Bedeutung erlange[689]. Wurde eine Vorschrift durch eine im Wesentlichen inhaltsgleiche Vorschrift ersetzt, bedarf es mit Blick auf das (abstrakte) Allgemeininteresse schließlich der schlüssigen und substantiierten Darlegung, *dass der herausgestellten Rechtsfrage i.R.d. entsprechenden Nachfolgeregelung identische Bedeutung zukomme*[690].

Soweit i.Ü. Rechtsprechung und Schrifttum betreffend die Problematik ausgelaufenen, auslaufenden oder übergangsweisen Rechts und die dortigen besonderen Darlegungsanforderungen des Öfteren nicht an das Tatbestandsmerkmal des ‚(Abstrakten) Allgemeininteresses', sondern stattdessen an das Tatbestandsmerkmal der ‚Klärungsbedürftigkeit' anknüpfen[691], ist dies m.E. dogmatisch unzutreffend.

Denn die in diesem Zusammenhang herangezogenen Kriterien zielen vielmehr gerade auf ein (abstraktes) Allgemeinintersse an der Klärung der aufgeworfenen und ausgelaufenes, auslaufendes oder übergangsweises Recht betreffenden Rechtsfrage ab, insbesondere, soweit dort von einer ‚Bedeutung für einen nicht überschaubaren Personenkreis in nicht absehbarer Zukunft' sowie einer ‚Bedeutsamkeit für eine Vielzahl anhängiger Fälle/für eine Vielzahl von Verfahren' die Rede ist. Demgegenüber kommen die zentralen Merkmale der Klärungsbedürftigkeit – die ‚Zweifelhaftigkeit oder Umstrittenheit der maßgeblichen Rechtsfrage' – in diesen Kriterien eher weniger zum Ausdruck.

Zutreffend ist es daher, wenn die Problematik ausgelaufenen, auslaufenden oder übergangsweisen Rechts mitsamt den besonderen Darlegungsanforderungen i.R.d. des (abstrakten) Allgemeininteresses an der Klärung der aufgeworfenen Rechtsfrage erörtert wird, und etwaige Ausführungen zur Klärungsbedürftigkeit

---

689 Vgl. etwa *BFH*, Beschl. v. 21.01.2000, VII B 205/99, BFH/NV 2000, 1080. Vgl. für den Zivilprozess ähnlich auch *BGH*, Beschl. v. 27.03.2003, V ZR 291/02, NJW 2003, 1943, 1944; Beschl. v. 24.09.2003, IV ZB 41/02, NJW 2004, 289 f.

690 Vgl. insoweit auch oben unter 1.g)aa) (S. 163 ff., dort S. 165).

691 So z.B. *BFH*, Beschl. v. 27.07.2004, XI B 42/04, BFH/NV 2005, 193, 195; Beschl. v. 17.03.2009, X B 34/08, BFH/NV 2009, 1141; Beschl. v. 27.03.2009, VIII B 184/08, BStBl. II 2009, 850, 851; wohl ebenso Beschl. v. 29.07.2014, I B 178/13, BFH/NV 2014, 1917 f.; Gräber/*Ruban*[6], § 115 FGO Tz. 35; Schwarz/*Dürr*, § 115 FGO Tz. 20 (Lfg. 30 6/2008). Vgl. zudem *BGH*, Beschl. v. 27.03.2003, V ZR 291/02, NJW 2003, 1943, 1944; Beschl. v. 24.09.2003, IV ZB 41/02, NJW 2004, 289 f. – In dem *BFH*-Beschl. v. 20.10.2006, V B 17/06, BFH/NV 2007, 282, 283 f., findet die Problematik ausgelaufenen Rechts mitsamt den besonderen Darlegungsanforderungen sowohl im Hinblick auf die Klärungsbedürftigkeit als auch unter dem Gesichtspunkt des (abstrakten) Allgemeininteresses Erwähnung: So heißt es dort zunächst, dass an die Darlegung der *Klärungsbedürftigkeit* besondere Anforderungen zu stellen seien, wenn die angesprochene Rechtsfrage sog. ausgelaufenes Recht betreffe. Nachfolgend führt der BFH dann aus, dass grds. kein *Interesse der Allgemeinheit* an der von der Klägerin dargelegten Frage bestehe, weil die bezeichnete Rechtsfrage ausgelaufenes Recht betreffe.

dieser Rechtsfrage losgelöst davon gemacht werden, so wie es der BFH in seinem Beschluss v. 28.12.2001 beispielhaft getan hat[692].

bb) Darlegung des (abstrakten) Allgemeininteresses bei der Geltendmachung von Verfassungsverstößen

Macht der Beschwerdeführer die Verfassungswidrigkeit einer entscheidungserheblichen steuerrechtlichen Vorschrift geltend, so genügt es – wie schon vorstehend unter 1.g)cc)(1) (S. 167 f., dort S. 168) erwähnt – für die Zulassung der Revision wegen grundsätzlicher Bedeutung der Rechtssache gemäß § 115 II Nr. 1 FGO nicht, die Verfassungswidrigkeit der maßgeblichen steuerlichen Rechtsvorschrift und ihrer Auslegung lediglich mit *allgemeinen Wendungen* zu *behaupten*[693]. Von der *Ausnahme der Offenkundigkeit* der Verfassungswidrigkeit abgesehen[694], bedarf es nämlich auch bei der *Rüge von Verfassungsverstößen* regelmäßig einer *konkreten Begründung* der Verletzung des Verfassungsrechts und der grundsätzlichen Bedeutung der entsprechenden Rechtsfrage[695].

Die schlüssige Darlegung der Verfassungswidrigkeit einer Steuerrechtsnorm erfordert demnach im Hinblick auf das (abstrakte) Allgemeininteresse an der Klärung der aufgeworfenen Rechtsfrage sowie mit Blick auf die geforderten vernünftigen Zweifel an der Verfassungsmäßigkeit der maßgeblichen steuerlichen Rechtsvorschrift eine *substantiierte, an den Vorgaben des GG sowie der einschlägigen Rechtsprechung des BVerfG und des BFH orientierte inhaltliche und rechtliche Auseinandersetzung mit der als grundsätzlich bedeutsam bezeichneten verfassungsrechtlichen Problematik*[696]. Der Beschwerdeführer muss insoweit erläutern, gegen welche

---

692 *BFH*, Beschl. v. 28.12.2001, VI B 65/97, BFH/NV 2002, 644, wo es heißt: *„Es besteht kein Interesse der Allgemeinheit an der Klärung der aufgeworfenen Rechtsfrage, da es sich bei § 54 EStG 1991 um ausgelaufenes Recht handelt. Rechtsfragen, die ausgelaufenes Recht betreffen, haben keine grundsätzliche Bedeutung, wenn – wie im Streitfall – keine gleichartigen Fälle mehr anhängig sind .... Zudem ist die aufgeworfene Rechtsfrage nicht klärungsbedürftig. ...“* – Ebenfalls an das (abstrakte) Allgemeininteresse knüpfen bspw. an: *BFH*, Beschl. v. 19.06.1973, VII B 32/72, BStBl. II 1973, 685; Beschl. v. 22.11.1999, III B 58/99, BFH/NV 2000, 748 (dort zum Stichwort ‚Breitenwirkung‘); Beschl. v. 12.01.2001, III B 59/00, BFH/NV 2001, 923. Ferner *Beermann*, in: BG, § 115 FGO Tz. 90 (Lfg. 57 März 2006); *Lange* HHSp., § 115 FGO Tz. 98 f. (Lfg. 192 Oktober 2006); *Seer*, in: T/K, § 115 FGO Tz. 55 i.V.m. § 116 FGO Tz. 41 (jeweils Lfg. 131 Oktober 2012).

693 Siehe dazu bereits die umfassenden Rechtsprechungsnachweise in Fußnote 618.

694 Siehe hierzu die Rechtsprechungsnachweise in Fußnote 620. Zur Darlegung bei *Offenkundigkeit* der ‚Grundsätzlichen Bedeutung‘ allgemein sowie ausführlich nachfolgend unter f) (S. 200 ff.).

695 Vgl. insoweit die Rechtsprechungsnachweise aus der st. Rspr. des BFH in Fußnote 619.

696 Ständige Rechtsprechung des BFH: *BFH*, Beschl. v. 04.02.2003, VIII B 182/02, BFH/NV 2003, 1059; Beschl. v. 12.09.2003, XI B 78/01, BFH/NV 2004, 76; Beschl. v. 09.10.2003, III B 139/02, BFH/NV 2004, 187, 188; Beschl. v. 19.12.2003, II B

Verfassungsnorm(en) die betreffende Vorschrift seiner Ansicht nach verstößt, und die verfassungsrechtliche Relevanz der herausgestellten Rechtsfrage näher begründen[697]. Seine Ausführungen müssen erkennen lassen, dass im Hinblick auf eine das (abstrakte) Interesse der Allgemeinheit berührende Rechtsfrage eine Vorlage an das BVerfG nach Art. 100 I 1 GG in Betracht kommt[698].

Wie bereits oben unter 1.g)cc)(3) (S. 170 f.) ausführlich dargestellt, fordern einige Senate des BFH für die Zulassung der Revision wegen grundsätzlicher Bedeutung der Rechtssache gemäß § 115 II Nr. 1 FGO bei behaupteten Verfassungsverstößen *zusätzlich*, dass der Beschwerdeführer, der die Verfassungswidrigkeit einer entscheidungserheblichen Steuerrechtsnorm geltend mache, i.R.d. Begründung seiner NZB – mit Blick auf das *Tatbestandsmerkmal der Entscheidungserheblichkeit* – neben den Gründen der vermuteten Verfassungswidrigkeit auch schlüssig und substantiiert darlegen müsse, dass im Falle der Verfassungswidrigkeit einer für die Entscheidung des Streitfalls maßgeblichen Steuerrechtsnorm *eine für ihn günstigere Entscheidung in Form einer weniger belastenden Steuerfestsetzung zu treffen wäre,* also eine normverwerfende Entscheidung des BVerfG in seinem Fall zu einer *rückwirkenden (begünstigenden) Neuregelung* der beanstandeten

---

152/02, BFH/NV 2004, 533; Beschl. v. 28.04.2004, II B 64/03, BFH/NV 2004, 1216; Beschl. v. 01.09.2004, II B 156/03, BFH/NV 2005, 71; Beschl. v. 15.12.2004, VIII B 181/04, BFH/NV 2005, 896, 897; Beschl. v. 04.01.2005, III B 1/04, BFH/NV 2005, 1080; Beschl. v. 28.01.2005, III B 97/04, BFH/NV 2005, 1050; Beschl. v. 31.01.2005, III B 59/04, BFH/NV 2005, 1081, 1082; Beschl. v. 06.10.2005, II B 132/04, BFH/NV 2006, 303; Beschl. v. 20.03.2006, II B 147/05, BFH/NV 2006, 1320, 1321; Beschl. v. 29.01.2007, III B 137/06, BFH/NV 2007, 893, 895; Beschl. v. 20.03.2007, X B 185/06, BFH/NV 2007, 1181, 1182; Beschl. v. 11.04.2007, II B 104/06, BFH/NV 2007, 1280; Beschl. v. 30.08.2007, IX B 104/07, BFH/NV 2007, 2144, 2145; Beschl. v. 12.09.2007, VI B 45/07, BFH/NV 2008, 60; Beschl. v. 13.11.2007, VIII B 35/07, BFH/NV 2008, 220, 221; Beschl. v. 27.05.2009, VI B 69/08, BStBl. II 2009, 730, 731; Beschl. v. 27.10.2009, VI B 160/08, BFH/NV 2010, 204; Beschl. v. 28.04.2010, VI B 167/09, BStBl. II 2010, 747, 749; Beschl. v. 09.04.2014, XI B 128/13, BFH/NV 2014, 1224, 1225.

697 Siehe *BFH*, Beschl. v. 11.02.1992, VII B 253/91, BFH/NV 1992, 753; Beschl. v. 10.03.1992, VII B 250/91, BFH/NV 1992, 771; Beschl. v. 24.07.2000, VII B 16/00, BFH/NV 2001, 55; Beschl. v. 19.12.2003 (Fn. 696), BFH/NV 2004, 533; Beschl. v. 04.01.2005 (Fn. 696), BFH/NV 2005, 1080; Beschl. v. 31.01.2005 (Fn. 696), BFH/NV 2005, 1081, 1082; Beschl. v. 27.10.2009 (Fn. 696), BFH/NV 2010, 204; Beschl. v. 28.04.2010 (Fn. 696), BStBl. II 2010, 747, 749. – Verfassungsnormen, gegen die die betreffende Vorschrift verstoßen kann, sind die Vorschriften des GG einschließlich der daraus abgeleiteten Rechtsgrundsätze wie v.a. der Grundsatz der Verhältnismäßigkeit (Übermaßverbot), das Prinzip der verfassungskonformen Auslegung, das Vertrauensschutzprinzip und das Willkürverbot, vgl. auch *Lange* HHSp., § 115 FGO Tz. 94 (Lfg. 192 Oktober 2006).

698 *BFH,* Beschl. v. 10.03.1992 (Fn. 697), BFH/NV 1992, 771.

Steuerrechtsnorm – zumindest aber zu einer *Übergangsregelung für alle noch offenen Fälle* – führen würde[699].

cc) *Darlegung des (abstrakten) Allgemeininteresses bei der Geltendmachung von Unionsrechtsverstößen*

Die vorstehenden Ausführungen zur Darlegung des (abstrakten) Allgemeininteresses bei der Geltendmachung von Verfassungsverstößen gelten entsprechend für die Rüge von Verstößen gegen das Europäische Unionsrecht.

Allein der *behauptete europa-/unionsrechtliche Bezug* einer Rechtssache begründet demnach noch nicht deren grundsätzliche Bedeutung i.S.d. § 115 II Nr. 1 FGO[700]. Denn ebenso wie für eine ordnungsgemäße Darlegung der grundsätzlichen Bedeutung die bloße Behauptung der Verfassungswidrigkeit einer vom FG angewendeten Vorschrift nicht ausreicht, entbindet auch die *bloße Behauptung* der Unionsrechtswidrigkeit einer innerstaatlichen Vorschrift nicht von dem Erfordernis einer näheren Darlegung der grundsätzlichen Bedeutung. Vielmehr bedarf es auch bei der *Rüge von Unionsrechtsverstößen* einer *konkreten Begründung* der Verletzung des Unionsrechts und der grundsätzlichen Bedeutung der entsprechenden Rechtsfrage[701].

Der Beschwerdeführer hat mithin bei der Geltendmachung von Unionsrechtsverstößen im Hinblick auf das (abstrakte) Allgemeininteresse an der Klärung der aufgeworfenen Rechtsfrage schlüssig darzulegen, dass die unionsrechtlich relevante Rechtsfrage nach Art. 267 III AEUV dem EuGH zur Entscheidung vorzulegen ist[702]. Dementsprechend ist bei gerügten Verstößen gegen eine Norm des Europäischen Unionsrechts zur hinreichenden Darlegung der grundsätzlichen Bedeutung der Rechtssache mit Blick auf die geforderten vernünftigen Zweifel an der Auslegung oder Gültigkeit der maßgeblichen unionsrechtlichen Vorschrift stets eine *substantiierte, an den Vorgaben des Unionsrechts sowie der einschlägigen Rechtsprechung des EuGH und des BFH orientierte inhaltliche und rechtliche Auseinandersetzung mit der als grundsätzlich bedeutsam bezeichneten unionsrechtlichen Problematik* erforderlich[703]. Der Beschwerdeführer muss insoweit erläutern, gegen welche Unionsrechtsnorm(en) die betreffende Vorschrift seiner Ansicht

---

699 Vgl. insoweit die ausführlichen Rechtsprechungsnachweise in Fußnote 628. **Kritisch** zu dieser die Revisionszulassung bei behaupteten Verfassungsverstößen einschränkenden BFH-Rechtsprechung ansatzweise bereits oben unter 1.g)cc)(3) (S. 170 ff., dort S. 171 ff.) sowie ausführlich später im 4. Abschnitt unter B.I.5. (S. 506 ff.).

700 *BFH*, Beschl. v. 29.05.2002, VII B 288/01, n.v. (juris); Beschl. v. 27.03.2007, VIII B 152/05, BFH/NV 2007, 1335, 1336.

701 Vgl. dazu bereits vorstehend unter 1.g)dd)(1) (S. 176 f.) mit den Rechtsprechungsnachweisen in den Fußnoten 651 u. 652.

702 *Seer*, in: T/K, § 116 FGO Tz. 41 (Lfg. 131 Oktober 2012).

703 *BFH*, Beschl. v. 09.11.2007, IV B 169/06, BFH/NV 2008, 390, 391; Beschl. v. 27.05.2009, VI B 69/08, BStBl. II 2009, 730, 731.

nach verstößt, und die unionsrechtliche Relevanz der herausgestellten Rechtsfrage näher begründen[704]. Derartige Darlegungen scheinen insbesondere deswegen unabdingbar, um dem BFH als Beschwerdegericht die Prüfung der Frage zu ermöglichen, ob sich ggf. Auslegungszweifel oder Gültigkeitsbedenken in Bezug auf das anzuwendende Unionsrecht ergeben könnten, die schon allein deshalb zur Zulassung der Revision zwängen, weil im Revisionsverfahren aller Voraussicht nach eine Vorabentscheidung des EuGH gemäß Art. 267 III AEUV einzuholen wäre[705].

c) Die Darlegung der Klärungsbedürftigkeit der Rechtsfrage

Da die Zulassung der Revision wegen grundsätzlicher Bedeutung der Rechtssache gemäß § 115 II Nr. 1 FGO voraussetzt, dass die betreffende Rechtsfrage, an deren Klärung ein (abstraktes) Allgemeininteresse besteht, auch klärungsbedürftig ist[706], hat der Beschwerdeführer ferner auf die *Klärungsbedürftigkeit* der von ihm herausgestellten Rechtsfrage einzugehen.

Der BFH fordert in seiner Rechtsprechung eine äußerst schlüssige und substantiierte Darlegung, inwieweit die abstrakt formulierte Rechtsfrage im allgemeinen Interesse *klärungsbedürftig* ist[707]. Erforderlich sind Ausführungen, die erkennen lassen, dass die Beurteilung der aufgeworfenen Rechtsfrage von der Klärung einer *zweifelhaften oder umstrittenen Rechtslage* abhängig ist[708]. Der Beschwerdeführer

---

704 So z.B. *BFH*, Beschl. v. 25.05.2001, VII B 339/00, n.v. (juris).

705 Vgl. *BFH*, Beschl. v. 22.12.2005, VII B 62/05, BFH/NV 2006, 985; Beschl. v. 09.11.2007 (Fn. 703), BFH/NV 2008, 390, 391. Vgl. insoweit auch vorstehend unter 1.g)dd)(1) (S. 176).

706 Siehe dazu ausführlich oben unter 1.e) (S. 147 ff.).

707 Bspw. *BFH*, Beschl. v. 28.08.2003, VII B 71/03, BFH/NV 2004, 493, 494, wobei die dortige Formulierung, erforderlich sei ein konkreter und substantiierter Vortrag, warum im Einzelnen die Klärung der Rechtsfrage durch die angestrebte Revisionsentscheidung aus Gründen der Rechtssicherheit, der Rechtseinheitlichkeit und/oder der Rechtsentwicklung im allgemeinen Interesse liege, *also ein Vortrag zur Klärungsbedürftigkeit*, insoweit missverständlich ist, als man sie dahin deuten könnte, dass der Vortrag zur Klärungsbedürftigkeit aus dem Vortrag zum (abstrakten) Allgemeininteresse folge; dem ist aber gerade nicht so, da es sich bei dem Merkmal der ‚Klärungsbedürftigkeit' vielmehr um eine eigenständige Tatbestandsvoraussetzung der ‚Grundsätzlichen Bedeutung' handelt, die mithin auch eigenständig darzulegen ist, wie letztlich auch die überwiegende st. Rspr. des BFH belegt; vgl. insoweit auch *Bleschick*, Revisionszulassungsgründe im Spannungsverhältnis, S. 113. Des Weiteren *BFH*, Beschl. v. 10.02.2005, II B 37/04, BFH/NV 2005, 1116, 1117; Beschl. v. 28.04.2010, VI B 167/09, BStBl. II 2010, 747, 748; Beschl. v. 08.10.2010, II B 111/10, BFH/NV 2011, 73; Beschl. v. 18.10.2010, VI B 91/10, BFH/NV 2011, 280.

708 Aus der umfangreichen BFH-Rechtsprechung *BFH*, Beschl. v. 01.12.2006, VIII B 2/06, BFH/NV 2007, 450; Beschl. v. 04.12.2006, VIII B 61/06, BFH/NV 2007, 451; Beschl. v. 22.02.2007, VI B 29/06, BFH/NV 2007, 969; Beschl. v. 23.02.2007, III B 17/06, BFH/NV 2007, 1117, 1118; Beschl. v. 23.02.2007, VIII B 105/06, BFH/NV 2007,

hat insbesondere darzulegen, *in welchem Umfang, von welcher Seite und aus welchen Gründen die Beantwortung der für bedeutsam gehaltenen Rechtsfrage zweifelhaft und umstritten* ist[709].

1118, 1119; Beschl. v. 14.05.2007, III B 98/06, BFH/NV 2007, 1528, 1529; Beschl. v. 14.09.2007, VIII B 20/07, BFH/NV 2008, 25; Beschl. v. 25.10.2007, VIII B 21/07, BFH/NV 2008, 214, 215; Beschl. v. 19.11.2007, VIII B 70/07, BFH/NV 2008, 380, 381; Beschl. v. 29.11.2007, VIII B 58/07, BFH/NV 2008, 399; Beschl. v. 05.12.2007, VIII B 79/07, BFH/NV 2008, 732; Beschl. v. 15.01.2008, VIII B 222/06, BFH/NV 2008, 753; Beschl. v. 17.11.2009, VI B 73/09, BFH/NV 2010, 452. Vgl. überdies *Beermann*, in: BG, § 116 FGO Tz. 64 (Lfg. 66 September 2007); *Seer*, in: T/K, § 116 FGO Tz. 43 (Lfg. 131 Oktober 2012).

709 Ständige Rechtsprechung des BFH: *BFH*, Beschl. v. 25.01.2005, I B 84/04, BFH/NV 2005, 1315, 1316; Beschl. v. 09.09.2005, I B 40/05, BFH/NV 2006, 101, 102; Beschl. v. 20.09.2006, I B 11/06, BFH/NV 2007, 248 **(I. Senat)**; Beschl. v. 12.07.2002, II B 33/01, BFH/NV 2002, 1482, 1483; Beschl. v. 26.08.2004, II B 117/03, BFH/NV 2004, 1625; Beschl. v. 11.11.2004, II B 172/03, BFH/NV 2005, 509, 510; Beschl. v. 07.03.2005, II B 49/04, BFH/NV 2005, 1335, 1336; Beschl. v. 18.04.2005, II B 98/04, BFH/NV 2005, 1310; Beschl. v. 08.09.2005, II B 122/04, BFH/NV 2006, 100; Beschl. v. 23.08.2007, II B 71/06, BFH/NV 2007, 2247; Beschl. v. 29.08.2007, II B 108/06, BFH/NV 2007, 2350; Beschl. v. 08.10.2008, II B 42/08, BFH/NV 2009, 46; Beschl. v. 08.10.2010 (Fn. 707), BFH/NV 2011, 73 **(II. Senat)**; Beschl. v. 17.10.2001, III B 97/01, BFH/NV 2002, 366; Beschl. v. 17.04.2002, III B 164/01, BFH/NV 2002, 1028; Beschl. v. 14.09.2009, III B 119/08, BFH/NV 2010, 34 **(III. Senat)**; Beschl. v. 30.08.2001, IV B 79, 80/01, BStBl. II 2001, 837, 840; Beschl. v. 12.11.2007, IV B 36/07, BFH/NV 2008, 766, 767 **(IV. Senat)**; Beschl. v. 03.05.2005, V B 200/04, BFH/NV 2005, 1641, 1642; Beschl. v. 09.11.2006, V B 131/05, BFH/NV 2007, 284, 285; Beschl. v. 30.01.2008, V B 57/07, BFH/NV 2008, 611, 613; Beschl. v. 19.05.2008, V B 29/07, BFH/NV 2008, 1501, unter III.B.1. **(V. Senat)**; Beschl. v. 11.09.2007, VI B 5/07, BFH/NV 2007, 2328, 2329; Beschl. v. 27.10.2009, VI B 160/08, BFH/NV 2010, 204; Beschl. v. 28.04.2010 (Fn. 707), BStBl. II 2010, 747, 748; Beschl. v. 18.10.2010 (Fn. 707), BFH/NV 2011, 280 **(VI. Senat)**; Beschl. v. 29.04.2002, VII B 143/01, BFH/NV 2002, 1124; Beschl. v. 08.12.2006, VII B 240/05, BFH/NV 2007, 922, 923 **(VII. Senat)**; Beschl. v. 05.02.2002, VIII B 48/01, BFH/NV 2002, 792; Beschl. v. 02.09.2002, VIII B 138/01, BFH/NV 2003, 303; Beschl. v. 07.10.2004, VIII B 76/04, BFH/NV 2005, 337, 338; Beschl. v. 01.02.2005, VIII B 110/03, BFH/NV 2005, 1573, 1574; Beschl. v. 27.09.2006, VIII B 138/04, BFH/NV 2007, 272; Beschl. v. 19.10.2006, VIII B 159/05, BFH/NV 2007, 421, 422; Beschl. v. 23.01.2007, VIII B 162/05, BFH/NV 2007, 891 **(VIII. Senat)**; Beschl. v. 04.04.2008, IX B 171/07, ZSteu 2008, R496 **(IX. Senat)**; Beschl. v. 13.10.2005, X B 96/05, BFH/NV 2006, 112, 113; Beschl. v. 14.10.2005, X B 44/05, BFH/NV 2006, 114, 115; Beschl. v. 20.12.2005, X B 10/05, BFH/NV 2006, 777; Beschl. v. 16.02.2006, X B 126/05, BFH/NV 2006, 1125; Beschl. v. 06.03.2006, X B 104/05, BFH/NV 2006, 1136, 1137; Beschl. v. 06.02.2007, X B 89/06, BFH/NV 2007, 958, 959; Beschl. v. 27.02.2007, X B 178/06, BFH/NV 2007, 1073, 1074; Beschl. v. 19.03.2007, X B 191/06, BFH/NV 2007, 1134, 1135; Beschl. v. 09.05.2007, X B 162/06, BFH/NV 2007, 1501; Beschl. v. 20.06.2007, X B 116/06, BFH/NV 2007, 1705; Beschl. v. 14.08.2007, X B 147/06, BFH/NV 2007, 2073;

In diesem Zusammenhang muss er sich – unter Angabe der Fundstellen – v.a. damit auseinandersetzen, welche diversen Auffassungen in der Rechtsprechung, im Schrifttum und ggf. in der Verwaltung zu der aufgeworfenen Rechtsfrage vertreten werden[710]. Dazu gehört auch, dass sich der Beschwerdeführer detailliert mit

---

Beschl. v. 21.08.2007, X B 32/07, BFH/NV 2007, 2279; Beschl. v. 06.11.2007, X B 209/07, BFH/NV 2008, 243; Beschl. v. 22.01.2008, X B 185/07, BFH/NV 2008, 603, 604; Beschl. v. 24.01.2008, X B 87/07, BFH/NV 2008, 605, 606; Beschl. v. 17.03.2009, X B 34/08, BFH/NV 2009, 1141; Beschl. v. 18.03.2010, X B 124/09, BFH/NV 2010, 1278 **(X. Senat)**; Beschl. v. 13.11.2003, XI B 106/03, BFH/NV 2004, 928, 929; Beschl. v. 02.09.2005, XI B 224/04, BFH/NV 2006, 556; Beschl. v. 03.01.2006, XI B 106/05, BFH/NV 2006, 1264; Beschl. v. 29.11.2006, XI B 129/06, BFH/NV 2007, 441 **(XI. Senat)**. – **Kritisch** zu diesen Darlegungsanforderungen nachfolgend im 4. Abschnitt unter B.I.3.a) (S. 491 ff.).

710 Vgl. *BFH*, Beschl. v. 25.01.2005 (Fn. 709), BFH/NV 2005, 1315, 1316; Beschl. v. 13.06.2005, I B 8/05, BFH/NV 2005, 1840; Beschl. v. 09.09.2005 (Fn. 709), BFH/NV 2006, 101, 102 **(I. Senat)**; Beschl. v. 26.08.2004 (Fn. 709), BFH/NV 2004, 1625; Beschl. v. 01.09.2004, II B 156/03, BFH/NV 2005, 71; Beschl. v. 07.03.2005 (Fn. 709), BFH/NV 2005, 1335, 1336; Beschl. v. 08.09.2005 (Fn. 709), BFH/NV 2006, 100; Beschl. v. 06.10.2005, II B 9/04, BFH/NV 2006, 24; Beschl. v. 27.12.2006, II B 27/06, BFH/NV 2007, 651 f.; Beschl. v. 29.08.2007 (Fn. 709), BFH/NV 2007, 2350; Beschl. v. 08.10.2008 (Fn. 709), BFH/NV 2009, 46; Beschl. v. 08.10.2010 (Fn. 707), BFH/NV 2011, 73 **(II. Senat)**; Beschl. v. 12.12.2001, III B 103/01, BFH/NV 2002, 652, 653; Beschl. v. 29.08.2002, III B 16/02, BFH/NV 2003, 39; Beschl. v. 21.11.2003, III B 67/03, BFH/NV 2004, 336; Beschl. v. 26.05.2004, III B 89/03, BFH/NV 2004, 1221, 1222; Beschl. v. 04.01.2005, III B 1/04, BFH/NV 2005, 1080; Beschl. v. 31.01.2005, III B 87/04, BFH/NV 2005, 906; Beschl. v. 31.01.2005, III B 59/04, BFH/NV 2005, 1081, 1082; Beschl. v. 23.02.2007 (Fn. 708), BFH/NV 2007, 1117, 1118; Beschl. v. 14.05.2007 (Fn. 708), BFH/NV 2007, 1528, 1529; Beschl. v. 08.03.2010, III B 123/09, BFH/NV 2010, 1288 **(III. Senat)**; Beschl. v. 12.07.2007, IV B 80/06, BFH/NV 2007, 2262 f. **(IV. Senat)**; Beschl. v. 19.07.2007, V B 66/06, BFH/NV 2007, 2067, 2068; Beschl. v. 30.01.2008 (Fn. 709), BFH/NV 2008, 611, 613; Beschl. v. 19.05.2008 (Fn. 709), BFH/NV 2008, 1501, unter III.B.1. **(V. Senat)**; Beschl. v. 22.02.2007 (Fn. 708), BFH/NV 2007, 969; Beschl. v. 27.10.2009 (Fn. 709), BFH/NV 2010, 204; Beschl. v. 17.11.2009 (Fn. 708), BFH/NV 2010, 452; Beschl. v. 18.10.2010 (Fn. 707), BFH/NV 2011, 280 **(VI. Senat)**; Beschl. v. 14.12.2001, VII B 44/01, BFH/NV 2002, 655, 656; Beschl. v. 10.10.2006, VII B 30/06, BFH/NV 2007, 204; Beschl. v. 08.12.2006 (Fn. 709), BFH/NV 2007, 922, 923 **(VII. Senat)**; Beschl. v. 25.08.2006, VIII B 13/06, BFH/NV 2006, 2122, 2123; Beschl. v. 01.12.2006 (Fn. 708), BFH/NV 2007, 450; Beschl. v. 04.12.2006 (Fn. 708), BFH/NV 2007, 451; Beschl. v. 23.02.2007 (Fn. 708), BFH/NV 2007, 1118, 1119; Beschl. v. 14.09.2007 (Fn. 708), BFH/NV 2008, 25; Beschl. v. 25.10.2007 (Fn. 708), BFH/NV 2008, 214, 215; Beschl. v. 19.11.2007 (Fn. 708), BFH/NV 2008, 380, 381; Beschl. v. 29.11.2007 (Fn. 708), BFH/NV 2008, 399 f.; Beschl. v. 05.12.2007 (Fn. 708), BFH/NV 2008, 732; Beschl. v. 15.01.2008 (Fn. 708), BFH/NV 2008, 753 **(VIII. Senat)**; Beschl. v. 19.06.2002, IX B 74/01, BFH/NV 2002, 1331; Beschl. v. 25.09.2002, IX B 19/02, BFH/NV 2003, 192; Beschl. v. 02.01.2003, IX B 89/02, BFH/NV 2003, 503; Beschl. v. 30.08.2007, IX B 104/07, BFH/NV 2007, 2144, 2145; Beschl.

der zu der von ihm für klärungsbedürftig gehaltenen Rechtsfrage bereits vorhandenen Rechtsprechung befasst und substantiiert erläutert, weshalb diese Rechtsprechung seiner Ansicht nach bislang keine Klärung herbeigeführt habe[711]. Für den Fall, dass es sowohl in der veröffentlichten Rechtsprechung als auch im allgemein zugänglichen Schrifttum an entsprechenden gegensätzlichen Äußerungen und mithin an einem Meinungsstreit fehlt, sind zur Darlegung der Klärungsbedürftigkeit im NZB-Verfahren zumindest eigene fundierte, gewichtige Argumente vorzutragen, die eine höchstrichterliche Befassung mit der Sache als geboten erscheinen lassen[712].

Bloße Hinweise sind hingegen regelmäßig nicht geeignet, wenn es um die schlüssige Darlegung der grundsätzlichen Bedeutung der Rechtssache geht. Dies gilt sowohl für den Hinweis auf eine einschlägige Kommentarstelle[713] als auch den Hinweis auf nicht näher gekennzeichnete ablehnende Äußerungen im Schrifttum[714]. Ebenso verhält es sich nach der Rechtsprechung bei einem Hinweis darauf, dass eine höchstrichterliche Entscheidung zu der aufgeworfenen Rechtsfrage noch nicht ergangen sei[715], oder beim BFH in einem ähnlich gelagerten Fall bereits ein

---

v. 21.09.2007, IX B 79/07, BFH/NV 2008, 22 **(IX. Senat)**; Beschl. v. 13.10.2005 (Fn. 709), BFH/NV 2006, 112, 113; Beschl. v. 14.10.2005 (Fn. 709), BFH/NV 2006, 114, 115; Beschl. v. 21.08.2007, X B 180/06, BFH/NV 2007, 2109 **(X. Senat)**; Beschl. v. 13.11.2003 (Fn. 709), BFH/NV 2004, 928, 929; Beschl. v. 04.05.2005, XI B 225/03, BFH/NV 2005, 1603, 1604; Beschl. v. 03.01.2006 (Fn. 709), BFH/NV 2006, 1264; Beschl. v. 30.11.2006, XI B 13/06, BFH/NV 2007, 389; Beschl. v. 20.12.2006, XI B 23/06, BFH/NV 2007, 648, 650; Beschl. v. 15.02.2008, XI B 179/07, BFH/NV 2008, 819, 820 **(XI. Senat)**. – **Kritisch** zu diesen Darlegungsanforderungen später im 4. Abschnitt unter B.I.3.a) (S. 491 ff.).

711 So z.B. *BFH*, Beschl. v. 23.02.2007 (Fn. 708), BFH/NV 2007, 1117, 1118, auch im Hinblick auf bereits vorhandene Äußerungen im Fachschrifttum; Beschl. v. 20.06.2007 (Fn. 709), BFH/NV 2007, 1705; Beschl. v. 22.01.2008 (Fn. 709), BFH/NV 2008, 603, 604; Beschl. v. 15.02.2008 (Fn. 710), BFH/NV 2008, 819, 820, wonach darzulegen ist, weshalb die bestehenden Rechtsprechungsgrundsätze auf den Streitfall nicht überrtragbar seien.

712 *BFH*, Beschl. v. 30.06.1998, III B 143/96, BFH/NV 1999, 362; Schwarz/*Dürr*, § 116 FGO Tz. 14 u. 19 (Lfg. 30 6/2008); *Seer*, in: T/K, § 116 FGO Tz. 43 (Lfg. 131 Oktober 2012).

713 *BFH*, Beschl. v. 30.04.2002, X B 207/01, BFH/NV 2002, 1313.

714 *BFH*, Beschl. v. 25.06.2001, III B 27/01, BFH/NV 2001, 1562.

715 So die bislang st. Rspr. des BFH: Bspw. *BFH*, Beschl. v. 16.10.1996, II B 35/96, BFH/NV 1997, 193; Beschl. v. 25.01.2005, I B 84/04, BFH/NV 2005, 1315, 1316; Beschl. v. 02.09.2005, XI B 224/04, BFH/NV 2006, 556; Beschl. v. 03.01.2006, XI B 106/05, BFH/NV 2006, 1264; Beschl. v. 19.04.2007, VII B 274/06, BFH/NV 2007, 1520, 1521; Beschl. v. 12.07.2007, IV B 80/06, BFH/NV 2007, 2262; Beschl. v. 22.10.2007, IV B 111/06, BFH/NV 2008, 360; Beschl. v. 15.02.2008, XI B 179/07, BFH/NV 2008, 819, 820. – Vgl. zu dieser Problematik **kritisch** ansatzweise bereits oben unter 1.e) (S. 147 ff., dort S. 152 ff.) sowie ausführlich nachfolgend im 4. Abschnitt unter B.I.3.b) (S. 493 ff.).

Revisionsverfahren anhängig sei, über das dieser bislang noch nicht entschieden habe, weil mit dem Hinweis auf ein Parallelverfahren zunächst nur ein individuelles Interesse des Beschwerdeführers an einer Gleichbehandlung mit den Beteiligten des bereits anhängigen Verfahrens geltend gemacht werde[716].

Des Weiteren genügt es für die substantiierte Darlegung des Zulassungsgrundes der ‚Grundsätzlichen Bedeutung der Rechtssache' nicht, eine Vielzahl von Fragen, die sich kritisch mit der Würdigung des FG auseinander setzen, allgemein zu formulieren und ihre allgemeine Klärungsbedürftigkeit *zu behaupten*[717]. Dasselbe gilt, wenn der Beschwerdeführer lediglich geltend macht, eine bestimmte Rechtsauffassung des FG befinde sich zwar im Einklang mit der bisherigen Rechtsprechung des BFH, es sei jedoch klärungsbedürftig und somit von grundsätzlicher Bedeutung, ob diese BFH-Rechtsprechung ohne jede Einschränkung gelte. In einem solchen Fall ist vielmehr die konkrete Darlegung erforderlich, aus welchen Gründen und in welchem Ausmaß Einschränkungen der bisherigen höchstrichterlichen Rechtsprechung geboten seien und ggf. welche gewichtigen Gründe in der Rechtsprechung der FGe bzw. in der Literatur gegen die vermeintlich zu weite Rechtsprechung des BFH vorgebracht würden, die den BFH veranlassen könnten, seine Rechtsauffassung zu überdenken und zu modifizieren[718].

Schließlich entsprechen auch *bloße Einwendungen gegen die sachliche Richtigkeit einschließlich der Beweiswürdigung des finanzgerichtlichen Urteils*, also das Vorbringen, das angefochtene Urteil sei unter Verletzung von Bundesrecht ergangen, nicht dem Darlegungserfordernis des § 116 III 3 FGO[719]. Dies soll selbst dann gelten, wenn es sich um einen *offensichtlichen Rechtsfehler* handelt, da mit einem derartigen Vorbringen lediglich ein individuelles Interesse an einer Entscheidung des BFH im Revisionsverfahren dargelegt werde[720].

---

716 Vgl. *BFH*, Beschl. v. 16.05.2002, IX B 1/02, BFH/NV 2002, 1322; Beschl. v. 25.02.2005, III B 13/04, BFH/NV 2005, 1065, 1066; Beschl. v. 18.03.2005, IX B 193/04, BFH/NV 2005, 1342, 1343; Beschl. v. 21.08.2007, X B 180/06, BFH/NV 2007, 2109; Beschl. v. 25.10.2007, VIII B 21/07, BFH/NV 2008, 214, 215, teils m.w.N. – Vgl. in diesem Zusammenhang auch später im 4. Abschnitt unter B.I.3.c)aa) (S. 498 [f.]).

717 *BFH*, Beschl. v. 10.02.2005, X B 179/03, BFH/NV 2005, 1117, 1119.

718 *BFH*, Beschl. v. 30.08.1995, II B 23/95, BFH/NV 1996, 162.

719 Siehe *BFH*, Beschl. v. 25.01.2005 (Fn. 715), BFH/NV 2005, 1315, 1316; Beschl. v. 02.09.2005 (Fn. 715), BFH/NV 2006, 556; Beschl. v. 14.10.2005, X B 44/05, BFH/NV 2006, 114, 115; Gräber/*Ruban*[6], § 116 FGO Tz. 34; *Seer*, in: T/K, § 116 FGO Tz. 43 (Lfg. 131 Oktober 2012). Vgl. dazu allgemein bereits oben unter A.II.4.d) (S. 123 ff.).

720 Gräber/*Ruban*[6], § 116 FGO Tz. 34. – Zur **Kritik** daran und zur Forderung nach einer erweiterten Auslegung der Grundsatzrevision des § 115 II Nr. 1 FGO durch Einbeziehung sog. gravierender/schwerwiegender Rechtsanwendungsfehler des FG bereits vorstehend unter 1.d)bb) (S. 142 ff.), dort v.a. (2) (S. 144 ff.), sowie nachstehend unter III.1.c)aa) (S. 263 ff., dort S. 266 f.) und später im 4. Abschnitt unter B.I.2. (S. 472 ff.), dort v.a. b)bb) (S. 488 ff.).

Gesteigerte Anforderungen an die Darlegung der Klärungsbedürftigkeit sind zu berücksichtigen, wenn die aufgeworfene und für klärungsbedürftig erachtete *Rechtsfrage vom BFH bereits entschieden* worden ist.

Zwar kann eine vom BFH bereits entschiedene Rechtsfrage durchaus gleichwohl weiterhin bzw. erneut klärungsbedürftig sein[721]. Zu beachten ist jedoch, dass der BFH anlässlich der Darlegung der Klärungsbedürftigkeit vom Beschwerdeführer stets verlangt, dass dieser die bereits vorhandene Rechtsprechung zu der von ihm für klärungsbedürftig gehaltenen Rechtsfrage berücksichtigt und vorträgt, weshalb diese Rechtsprechung seiner Ansicht nach bislang keine Klärung herbeigeführt habe bzw. weshalb die betreffende Rechtsfrage ggf. einer weiteren oder erneuten Klärung bedarf[722]. Demzufolge genügt es nicht, wenn der Beschwerdeführer sich lediglich auf die Argumente einer im Schrifttum vertretenen und vom BFH bereits zurückgewiesenen Mindermeinung beruft[723]. Auch der um Quellenzitate flankierte allgemeine Hinweis, die Rechtsprechung des BFH sei auf Kritik gestoßen, reicht für eine hinreichende Darlegung der Klärungsbedürftigkeit allein nicht aus[724].

In Fällen einer vom BFH bereits entschiedenen Rechtsfrage hat der Beschwerdeführer vielmehr substantiiert aufzuzeigen, dass die betreffende Rechtsfrage durch die höchstrichterliche Rechtsprechung trotz der bereits ergangenen Entscheidung noch nicht abschließend geklärt worden ist, weil bspw. seitens der Rechtsprechung der FGe und/oder der Literatur *neue und gewichtige Einwendungen* gegen die bisherige Rechtsauffassung des BFH erhoben worden sind, mit denen dieser sich bislang noch nicht auseinander gesetzt hat[725]. Da der BFH entsprechend dem

---

721 *Seer*, in: T/K, § 116 FGO Tz. 44 (Lfg. 131 Oktober 2012). Siehe dazu auch bereits oben unter 1.e) (S. 147 ff., dort S. 149 ff. bzw. 151 f.).

722 Vgl. die Nachweise in Fußnote 711. *BFH*, Beschl. v. 08.10.2010, II B 111/10, BFH/NV 2011, 73.

723 *BFH*, Beschl. v. 19.07.1996, I B 44/95, BFH/NV 1997, 124; Beschl. v. 07.09.2007, VII B 181/06, BFH/NV 2007, 2233, 2235; Beschl. v. 07.09.2007, VII B 180/06, BFH/NV 2008, 16, 17, die beiden letzteren mit dem Hinweis, dass allein die nicht ausdrückliche Auseinandersetzung mit Literaturmeinungen nicht schon die Schlussfolgerung erlaube, der Senat habe die dort genannten Gesichtspunkte unberücksichtigt gelassen.

724 *BFH*, Beschl. v. 08.12.1989, V B 59/89, BFH/NV 1990, 654; Beschl. v. 23.01.1992, II B 64/91, BFH/NV 1992, 676; Beschl. v. 27.11.1995, VIII B 16/95, BFH/NV 1996, 406; *Beermann*, in: BG, § 116 FGO Tz. 66 (Lfg. 66 September 2007); Gräber/*Ruban*[6], § 116 FGO Tz. 33; *Seer*, in: T/K, § 116 FGO Tz. 44 (Lfg. 131 Oktober 2012); *Wagner*, in: KvW[19], § 116 FGO Tz. 11.

725 So die st. Rspr. des BFH, aus jüngerer Zeit *BFH*, Beschl. v. 09.01.2007, VII B 134/05, BFH/NV 2007, 1141; Beschl. v. 23.02.2007, VIII B 105/06, BFH/NV 2007, 1118, 1119; Beschl. v. 20.06.2007, X B 116/06, BFH/NV 2007, 1705; Beschl. v. 23.08.2007, II B 71/06, BFH/NV 2007, 2247; Beschl. v. 29.08.2007, II B 108/06, BFH/NV 2007, 2350 f.; Beschl. v. 07.09.2007 (Fn. 723), BFH/NV 2007, 2233, 2235; Beschl. v. 07.09.2007 (Fn. 723), BFH/NV 2008, 16, 17; Beschl. v. 25.10.2007, VIII B 21/07, BFH/NV 2008,

Zweck des Begründungszwangs – Beschränkung und Zusammenfassung des der Entscheidung über die NZB zugrunde zu legenden Rechtsstoffs sowie Entlastung des BFH[726] – nicht darauf verwiesen werden kann, mit Hilfe des angegebenen Quellenmaterials die weiterhin bestehende bzw. erneute Klärungsbedürftigkeit der herausgestellten Rechtsfrage selbst herauszufinden[727], muss der Beschwerdeführer die vermeintlichen Unklarheiten dabei möglichst genau herausarbeiten und insbesondere die in der Rechtsprechung und Literatur vorgebrachten Einwände unter Angabe der Fundstellen benennen[728].

214, 215; Beschl. v. 08.11.2007, IV B 171/06, BStBl. II 2008, 380: Danach bedarf es zur Darlegung der grundsätzlichen Bedeutung einer Rechtssache jedenfalls dann konkreter Ausführungen dazu, aufgrund welcher von der Rechtsprechung bisher nicht berücksichtigter Gesichtspunkte eine erneute Befassung des BFH mit der von ihm bereits entschiedenen und damit geklärten Rechtsfrage für erforderlich gehalten werde, wenn der BFH seine Auffassung zu einer Rechtsfrage – Wegfall des Fehlbetrags nach § 10a GewStG – nach Ergehen eines Nichtanwendungserlasses oder -schreibens der Finanzverwaltung (noch einmal) ausdrücklich bekräftigt habe. Nach dieser Entscheidung genügt zur schlüssigen Darlegung weder der Hinweis auf die von der Rechtsprechung des BFH abweichende Ansicht der Finanzverwaltung noch der Verweis darauf, dass eine der einschlägigen Entscheidungen bisher noch nicht im Bundessteuerblatt veröffentlicht worden sei. Schließlich werde dem Darlegungserfordernis des § 116 III 3 FGO auch nicht durch den unsubstantiierten Vortrag, dass erhebliche Zweifel an der ‚Systemgerechtigkeit' der Ansicht des BFH beständen, oder durch die Behauptung entsprochen, es könne nicht von einer gefestigten Rechtsprechung ausgegangen werden, weil beim BFH noch weitere Verfahren zur Kürzung des Fehlbetrags nach § 10a GewStG anhängig seien; Beschl. v. 29.11.2007, VIII B 58/07, BFH/NV 2008, 399, 400; Beschl. v. 15.01.2008, VIII B 222/06, BFH/NV 2008, 753; Beschl. v. 04.04.2008, IX B 171/07, ZSteu 2008, R496; Beschl. v. 29.10.2009, X B 100/09, BFH/NV 2010, 205; Beschl. v. 08.10.2010 (Fn. 722), BFH/NV 2011, 73; Gräber/*Ruban*[6], § 116 FGO Tz. 33 m.w.N. zur bis zum 31.12.2000 geltenden Rechtslage; *Seer*, in: T/K, § 116 FGO Tz. 44 (Lfg. 131 Oktober 2012). Zur *Kritik Bleschicks*, Revisionszulassungsgründe im Spannungsverhältnis, S. 75, 295, 296 f. u. 298 f., im Hinblick darauf, dass es sich um *gewichtige* Einwendungen handeln müsse, vgl. oben unter 1.e) (S. 147 ff. [151]), dort Fußnote 555.

726 Zum Zweck des Begründungszwangs ausführlich oben unter A.II.2. (S. 108 ff., dort S. 110 f.).

727 *BFH*, Beschl. v. 08.12.1989 (Fn. 724), BFH/NV 1990, 654; Beschl. v. 23.01.1992 (Fn. 724), BFH/NV 1992, 676; Beschl. v. 27.11.1995 (Fn. 724), BFH/NV 1996, 406; Beschl. v. 20.12.1995, VIII B 83/95, BFH/NV 1996, 468.

728 Vgl. sinngemäß *BFH*, Beschl. v. 23.01.1992 (Fn. 724), BFH/NV 1992, 676; Beschl. v. 27.11.1995 (Fn. 724), BFH/NV 1996, 406; Beschl. v. 08.12.1995, VIII B 51/95, BFH/NV 1996, 474; Beschl. v. 20.12.1995 (Fn. 727), BFH/NV 1996, 468; Beschl. v. 29.10.2009 (Fn. 725), BFH/NV 2010, 205; Beschl. v. 08.10.2010 (Fn. 722), BFH/NV 2011, 73, wonach jeweils im Einzelnen konkret darzulegen ist, welche neuen und gewichtigen, vom BFH bislang noch nicht geprüften rechtlichen Gesichtspunkte

d) Die Darlegung der Klärungsfähigkeit und Entscheidungserheblichkeit der Rechtsfrage

Nicht zuletzt erfordert die ordnungsgemäße Begründung einer auf die grundsätzliche Bedeutung der Rechtssache gestützten NZB Ausführungen zur *Klärungsfähigkeit* und *Entscheidungserheblichkeit* der vom Beschwerdeführer aufgeworfenen Rechtsfrage.

Der Beschwerdeführer muss insoweit insbesondere ausführen, weshalb es für die Entscheidung des konkreten Streitfalls auf die herausgestellte Rechtsfrage ankommt[729]. Die vom Beschwerdeführer geforderten Angaben müssen dabei umso genauer sein, je weniger sich aus der Vorentscheidung ohne weiteres ableiten lässt, dass die Entscheidung über die Rechtssache von der Beantwortung der aufgeworfenen Rechtsfrage abhängt[730].

Eine schlüssige und substantiierte Darlegung dieser beiden Tatbestandsmerkmale ist somit jedenfalls dann erforderlich, wenn Umstände erkennbar sind, die der Klärungsfähigkeit und Entscheidungserheblichkeit der Rechtsfrage entgegenstehen bzw. Zweifel an ihrer Klärungsfähigkeit und Entscheidungserheblichkeit hervorrufen (könnten)[731].

---

in der finanzgerichtlichen Rechtsprechung – konkret in welcher Entscheidung der FGe – und/oder der Literatur gegen die Rechtsauffassung des BFH vorgebracht worden seien.

729 Ständige Rechtsprechung des BFH: *BFH*, Beschl. v. 18.01.1968, V B 45/67, BStBl. II 1968, 98; Beschl. v. 27.07.1993, VII B 214/92, BFH/NV 1994, 559; Beschl. v. 15.09.2006, IX B 209/05, BFH/NV 2007, 80 f.; Beschl. v. 09.11.2006, V B 131/05, BFH/NV 2007, 284; Beschl. v. 27.02.2007, X B 178/06, BFH/NV 2007, 1073, 1074; Beschl. v. 11.09.2007, VI B 5/07, BFH/NV 2007, 2328, 2329; Beschl. v. 24.01.2008, X B 87/07, BFH/NV 2008, 605, 606; Beschl. v. 28.04.2010, VI B 167/09, BStBl. II 2010, 747, 748.

730 *Lange* HHSp., § 116 FGO Tz. 182 (Lfg. 194 Juni 2007). Die von *Lange* in Bezug genommene BFH-Entscheidung, Beschl. v. 18.02.1994, X B 35/93, BFH/NV 1995, 120, führt dazu etwas allgemein gehaltener ohne explizite Nennung der Merkmale der ‚Klärungsfähigkeit' und ‚Entscheidungserheblichkeit' aus: *„Da das FG seine Entscheidung wesentlich auf die Besonderheiten des zu entscheidenden Sachverhalts gestützt hat, hätten die Kläger um so mehr in der Beschwerdeschrift eine Rechtsfrage eindeutig herausarbeiten und bezeichnen müssen, deren Klärung im allgemeinen Interesse liegt."*.

731 *BFH*, Beschl. v. 18.01.1995, VIII B 41/94, BFH/NV 1995, 807; Beschl. v. 31.10.2002, I B 25/02, BFH/NV 2003, 315. Des Weiteren *Beermann*, in: BG, § 116 FGO Tz. 74 (Lfg. 66 September 2007); Gräber/*Ruban*[6], § 116 FGO Tz. 29; Schwarz/*Dürr*, § 116 FGO Tz. 14 (Lfg. 30 6/2008); *Seer*, in: T/K, § 116 FGO Tz. 45 (Lfg. 131 Oktober 2012); *Wagner*, in: KvW[19], § 116 FGO Tz. 13, z.T. auch m.w.N. aus der Rechtsprechung des BFH zur bis zum 31.12.2000 geltenden Rechtslage. So fehlt es an der Darlegung der Klärungsfähigkeit und Entscheidungs-/Rechtserheblichkeit der aufgeworfenen Rechtsfrage bspw. dann, wenn das FG seine Entscheidung *kumulativ* auf mehrere Gründe gestützt hat, von denen jeder für sich gesehen die

e) Fazit – Unverändert strenge Anforderungen der Rechtsprechung an die Darlegung der ‚Grundsätzlichen Bedeutung der Rechtssache'

Betrachtet man die vorstehend – insbesondere unter b) (S. 183 ff.) und c) (S. 190 ff.) – gemachten Ausführungen, so ist nicht zu übersehen, dass der BFH in seiner Rechtsprechung auch nach der Erweiterung der Revisionszulassungsgründe in § 115 II FGO weiterhin überaus strenge Anforderungen an die Darlegung der ‚Grundsätzlichen Bedeutung der Rechtssache' stellt. Die auch nach der Reform des finanzgerichtlichen Revisionszulassungsrechts durch das 2. FGOÄndG äußerst restriktive Auslegung des Zulassungsgrundes der ‚Grundsätzlichen Bedeutung der Rechtssache' gemäß § 115 II Nr. 1 FGO und damit einhergehend des Darlegungserfordernisses i.S.d. §§ 116 III 3, 115 II Nr. 1 FGO ist dabei im Schrifttum scharfer *Kritik* ausgesetzt.

Die *Kritik* wendet sich hierbei insbesondere gegen die nach wie vor sehr hohen und überzogenen Anforderungen, die die Rechtsprechung an die Darlegung des (abstrakten) Allgemeininteresses an der Klärung der herausgestellten Rechtsfrage – v.a. an die ausführliche Darlegung ihrer Breitenwirkung[732] – sowie an die detaillierte Darlegung der Klärungsbedürftigkeit der Rechtsfrage stellt[733]. Eine derart strenge Handhabung des Darlegungserfordernisses, wie sie die Rechtsprechung weiterhin aus § 116 III 3 FGO ableitet, überfordere den Beschwerdeführer in hohem Maße und führe zu einer unzumutbaren Verkürzung seines Anspruchs auf gerichtliche Durchsetzung des materiellen Rechts[734].

Soweit die Rechtsprechung nahezu unverändert eine den Ausführungen unter b) (S. 183 ff.) und c) (S. 190 ff.) entsprechende ausführliche und detaillierte Darlegung des (abstrakten) Allgemeininteresses an der Klärung der Rechtsfrage sowie

---

Entscheidung trägt, die Beschwerdebegründung jedoch nur auf einen der das FG-Urteil tragenden Gründe eingeht, *BFH*, Beschl. v. 20.11.2002, X B 48/01, BFH/NV 2003, 317, vgl. schon oben unter A.II.4.f) (S. 126). – Zu der im Schrifttum befürworteten *Entbehrlichkeit* einer ausführlichen Darlegung, wenn die Klärungsfähigkeit und Entscheidungserheblichkeit der seitens des Beschwerdeführers aufgeworfenen Rechtsfrage *auf der Hand liege*, d.h. *offenkundig* sei, nachstehend unter f) (S. 200 ff., dort S. 201).

732 Vgl. dazu neben den Ausführungen unter b) (S. 183 ff.) auch oben unter 1.d)aa) (S. 140 ff.).

733 Siehe z.B. *Beermann*, in: BG, § 116 FGO Tz. 71 (Lfg. 66 September 2007); *Lange* HHSp., § 116 FGO Tz. 171 a.E. (Lfg. 194 Juni 2007); *List*, DB 2002, 1069, 1072 f.; *Seer*, in: T/K, § 115 FGO Tz. 48 u. 54 sowie § 116 FGO Tz. 46 (jeweils Lfg. 131 Oktober 2012). – Ausführlich dazu noch später im 4. Abschnitt unter B.I.1. (S. 465 ff.) u. B.I.3. (S. 490 ff.).

734 *Seer*, StuW 2003, 193, 202, 203 u. 204; *ders.*, in: T/K, § 116 FGO Tz. 46 (Lfg. 131 Oktober 2012), unter Hinweis auf *BFH GrS*, Beschl. v. 03.09.2001, GrS 3/98, BStBl. II 2001, 802, 808 (auf diese Entscheidung des *GrS* wird später noch mehrmals näher eingegangen, vgl. etwa im 4. Abschnitt unter A.IV.2.a) [S. 426 f.], B.I.3.b)aa) [S. 493 ff., dort S. 494] u. B.I.3.c)bb) [S. 499]).

der Klärungsbedürftigkeit der Rechtsfrage fordert, lässt sie außer Acht, dass es sich bei dem Begriff der ‚Grundsätzlichen Bedeutung' um einen unbestimmten Rechtsbegriff handelt, der durch seine besondere Vagheit gekennzeichnet ist[735]. Darüber hinaus müssen auch systematische Erwägungen betreffend das Verhältnis der einzelnen Zulassungsgründe zueinander – insbesondere betreffend das Verhältnis der in § 115 II Nr. 1 FGO verankerten Grundsatzrevision zu den in § 115 II Nr. 2 FGO enthaltenen Zulassungsgründen – Berücksichtigung finden, wenn es um die Auslegung des Rechtsbegriffs der ‚Grundsätzlichen Bedeutung der Rechtssache' und seine Darlegung i.R.d. Begründung einer NZB gemäß §§ 116 III 3, 115 II Nr. 1 FGO geht[736].

Angesichts dessen sind die von der Rechtsprechung des BFH an den Beschwerdeführer gestellten – unverändert strengen – Anforderungen an die Darlegung der ‚Grundsätzlichen Bedeutung der Rechtssache' unhaltbar. Aufgrund der gerade erwähnten begrifflichen und systematischen Erwägungen besteht insoweit vielmehr ein *Gebot der Lockerung der Anforderungen*, so dass der BFH seine Darlegungsanforderungen grundlegend zu überdenken und im Interesse eines effektiven Rechtsschutzes für den Beschwerdeführer zu mäßigen hat[737].

---

735 Siehe *Seer*, in: T/K, § 116 FGO Tz. 39 a.E. u. 46 (Lfg. 131 Oktober 2012) sowie die Nachweise in Fußnote 506.

736 Vgl. dazu *Lange* HHSp., § 116 FGO Tz. 171 a.E. (Lfg. 194 Juni 2007); *Seer*, in: T/K, § 116 FGO Tz. 41 (Lfg. 131 Oktober 2012). – Ausführlich noch später im 4. Abschnitt unter B.I.2.a)cc) (S. 477 ff.).

737 *Dißars*, StB 2002, 4, 9; *Dürr*, INF 2001, 65, 68; *Heißenberg*, KÖSDI 2001, 12768, 12774; *Seer*, StuW 2001, 3, 11; *ders.*, StuW 2003, 193, 202 u. 204; *ders.*, in: T/K, § 116 FGO Tz. 3, 29 u. 46 (Lfg. 131 Oktober 2012); *ders.*, in: T/L, Steuerrecht[21], § 22 Tz. 230 a.E. u. 254; *Tipke*, StuW 2004, 3, 20. *Lange* HHSp., § 116 FGO Tz. 157 f. (Lfg. 194 Juni 2007), führt diesbzgl. an, dass insoweit nicht die bisherigen Begründungsanforderungen als solche modifiziert werden sollen, etwa durch ‚Kappung' bestimmter strenger Anforderungen. Vielmehr sollen allein die durch das 2. FGOÄndG erweiterten Revisionszulassungsgründe zu erleichterten Begründungsanforderungen führen. Ein Beschwerdeführer, der sich bspw. auf den Zulassungsgrund der ‚Grundsätzlichen Bedeutung der Rechtssache' gemäß § 115 II Nr. 1 FGO berufe, müsse mithin grds. auch die zu dieser Vorschrift (i.V.m. § 115 III 3 FGO 1965) entwickelten, anerkannten Anforderungen an die Darlegung dieses Zulassungsgrundes erfüllen (vgl. bereits Fußnote 415). Gräber/*Ruban*[6], § 116 FGO Tz. 26, hingegen meint sogar, dass auch aus der Erweiterung der Zulassungsgründe nicht ohne weiteres abgeleitet werden könne, dass an die Begründung einer auf § 115 II Nr. 1 bzw. Nr. 2 FGO gestützten NZB wesentlich geringere Anforderungen gestellt werden könnten als bisher (vgl. ebenfalls bereits Fußnote 415). Ausführlich und **kritisch** zu den unverändert strengen Anforderungen der Rechtsprechung an die Darlegung der Revisionszulassungsgründe und insbesondere der ‚Grundsätzlichen Bedeutung der Rechtssache' nachfolgend im 4. Abschnitt unter B. (S. 464 ff.), speziell zur Grundsatzrevision dort unter I. (S. 464 ff.). – *Bleschick*, Revisionszulassungsgründe im Spannungsverhältnis,

f) Begründungserleichterungen bei Offenkundigkeit der ,Grundsätzlichen Bedeutung der Rechtssache'

Von einer ausführlichen Darlegung der ,Grundsätzlichen Bedeutung der Rechtssache' kann nach der Rechtsprechung des BFH ausnahmsweise dann abgesehen werden, wenn diese *offenkundig* ist[738]. So verhält es sich bspw., wenn eine Rechtsfrage bereits seit längerer Zeit im Schrifttum gegensätzlich diskutiert wird, vom BFH bislang noch nicht entschieden und für eine Vielzahl von Fällen erheblich ist[739]. In derartigen Fällen erscheint das Verlangen, konkrete Angaben zur Grundsätzlichkeit der Rechtssache zu machen, entbehrlich. Die Forderung einer den Anforderungen der §§ 116 III 3, 115 II Nr. 1 FGO genügenden umfassenden Begründung wäre von dem Entlastungszweck des in § 116 III 3 FGO zum Ausdruck kommenden Begründungszwangs nicht gedeckt und liefe mithin auf eine *unnötige Förmelei* hinaus[740].

Allerdings wird der Beschwerdeführer auch in den Fällen der *offenkundigen* grundsätzlichen Bedeutung der Rechtssache nicht vollständig von der Begründungspflicht der §§ 116 III 3, 115 II Nr. 1 FGO befreit. Denn er hat auch insoweit zumindest eine *entscheidungserhebliche Rechtsfrage* von grundsätzlicher Bedeutung deutlich zu *bezeichnen*, die seiner Ansicht nach einer Klärung durch den BFH bedarf[741]. Des Weiteren sollte stets ein *Hinweis* dahingehend erfolgen,

---

S. 114, möchte schließlich losgelöst von einer Lockerung/Mäßigung der Darlegungsanforderungen einen anderen Weg gehen und meint, dass gegen das Erfordernis, die ,Grundsätzliche Bedeutung der Rechtssache' darzulegen, dann nichts einzuwenden wäre, wenn es gelänge, die Voraussetzungen für eine ,Grundsätzliche Bedeutung' hinreichend konkret zu umschreiben (vgl. zu dem diesbzgl. Umschreibungsversuch *Bleschicks* im Wesentlichen später im 4. Abschnitt unter B.I.1.a) [S. 466 f. – 467], dort Fußnote 1534).

738 Ständige Rechtsprechung des *BFH*, s. z.B. *BFH*, Urt. v. 17.02.1970, II B 48/69, BStBl. II 1970, 332 (*„offenbar"*); Beschl. v. 09.05.1988, IV B 35/87, BStBl. II 1988, 725; Beschl. v. 27.03.1992, III B 547/90, BStBl. II 1992, 842, 844; Beschl. v. 17.06.1997, VIII B 72/96, BFH/NV 1997, 882; Beschl. v. 02.11.2004, X B 59/04, BFH/NV 2005, 209, 210; Beschl. v. 01.03.2007, VI B 92/06, BFH/NV 2007, 1172; Beschl. v. 15.11.2007, V B 63/06, BFH/NV 2008, 825, 827 m.w.N.; Beschl. v. 22.01.2008, X B 185/07, BFH/NV 2008, 603, 604; Beschl. v. 24.01.2008, X B 87/07, BFH/NV 2008, 605, 606; Beschl. v. 08.10.2010, II B 111/10, BFH/NV 2011, 73.

739 Vgl. *BFH*, Urt. v. 17.02.1970 (Fn. 738), BStBl. II 1970, 332; Beschl. v. 09.05.1988 (Fn. 738), BStBl. II 1988, 725; Beschl. v. 17.06.1997 (Fn. 738), BFH/NV 1997, 882 m.w.N.; Beschl. v. 01.03.2007 (Fn. 738), BFH/NV 2007, 1172.

740 *BFH*, Beschl. v. 09.05.1988 (Fn. 738), BStBl. II 1988, 725; *Beermann*, in: BG, § 116 FGO Tz. 73 (Lfg. 66 September 2007); Gräber/*Ruban*[6], § 116 FGO Tz. 26 a.E.; *Lange* HHSp., § 116 FGO Tz. 166 u. 174 (Lfg. 194 Juni 2007); *Seer*, in: T/K, § 116 FGO Tz. 30 u. 41 (Lfg. 131 Oktober 2012). – Vgl. auch bereits oben unter A.II.2. (S. 108 ff., dort S. 110 f.).

741 So *BFH*, Beschl. v. 09.05.1988 (Fn. 738), BStBl. II 1988, 725; Beschl. v. 11.01.1995, VIII B 164/94, BFH/NV 1995, 707; Beschl. v. 06.04.1999, VI B 254/98, BFH/NV

dass das finanzgerichtliche Urteil zu einer *offenkundig* grundsätzlich bedeutsamen Frage ergangen ist[742]. Die Begründungserleichterungen bei *Offenkundigkeit* der ‚Grundsätzlichen Bedeutung der Rechtssache' betreffen folglich ‚nur' die Darlegung des (abstrakten) Allgemeininteresses an der Klärung der aufgeworfenen Rechtsfrage sowie die Darlegung ihrer Klärungsbedürftigkeit[743], nicht hingegen die Darlegung ihrer Klärungsfähigkeit und v.a. ihrer Entscheidungserheblichkeit, so dass diesbzgl. regelmäßig Ausführungen erforderlich sind.

Im Schrifttum wird jedoch nahezu einhellig vorgebracht, dass auch Ausführungen zur Klärungsfähigkeit/Entscheidungserheblichkeit entbehrlich sein müssten, wenn die *Klärungsfähigkeit und Entscheidungserheblichkeit* der vom Beschwerdeführer aufgeworfenen Rechtsfrage *auf der Hand liege*[744]. Dies erscheint zutreffend, v.a. wenn man bedenkt, dass bei *Offenkundigkeit* der ‚Grundsätzlichen Bedeutung der Rechtssache' bzw. konkret bei *Offenkundigkeit* des (abstrakten) Allgemeininteresses an der Klärung der aufgeworfenen Rechtsfrage sowie deren Klärungsbedürftigkeit auch insoweit keine Darlegungen verlangt werden. Zudem scheint es nicht weniger formalistisch, in Fällen *offenkundiger* Klärungsfähigkeit und Entscheidungserheblichkeit der herausgestellten Rechtsfrage umfangreiche Darlegungen zu diesen Tatbestandsmerkmalen zu verlangen[745].

Um jedoch nicht entscheiden zu müssen, ob die Klärungsfähigkeit/Entscheidungserheblichkeit der aufgeworfenen Rechtsfrage nun *offenkundig* ist oder ob an ihr nicht doch Zweifel bestehen, die eine nähere Darlegung erfordern würden, empfiehlt es sich zur Vermeidung von Rechtsnachteilen, in der Beschwerdebegründung regelmäßig auch Ausführungen zur Klärungsfähigkeit und v.a. Entscheidungserheblichkeit der betreffenden Rechtsfrage zu machen[746].

1999, 1243; Beschl. v. 07.03.2001, VII B 259/00, BFH/NV 2001, 1131, 1132; Beschl. v. 01.03.2007 (Fn. 738), BFH/NV 2007, 1172; des Weiteren *Beermann*, in: BG, § 116 FGO Tz. 73 (Lfg. 66 September 2007); *Lange* HHSp., § 116 FGO Tz. 166 a.E. (Lfg. 194 Juni 2007); Schwarz/*Dürr*, § 116 FGO Tz. 16 (Lfg. 30 6/2008); *Seer*, in: T/K, § 116 FGO Tz. 30 u. 41 (Lfg. 131 Oktober 2012).

742 Schwarz/*Dürr*, § 116 FGO Tz. 16 (Lfg. 30 6/2008); *Seer*, in: T/K, § 116 FGO Tz. 41 (Lfg. 131 Oktober 2012).

743 Vgl. Gräber/*Ruban*[6], § 116 FGO Tz. 26 a.E.; *Lange* HHSp., § 116 FGO Tz. 174 (Lfg. 194 Juni 2007); *Seer*, in: T/K, § 116 FGO Tz. 30 u. 41 (Lfg. 131 Oktober 2012).

744 Gräber/*Ruban*[4], § 115 FGO Tz. 59 a.E. (zu § 115 III 3 FGO 1965); Gräber/*Ruban*[6], § 116 FGO Tz. 29; Schwarz/*Dürr*, § 116 FGO Tz. 14 (Lfg. 30 6/2008); *Seer*, in: T/K, § 116 FGO Tz. 45 (Lfg. 131 Oktober 2012); *Wagner*, in: KvW[19], § 116 FGO Tz. 13. Vgl. auch *Pietzner*, in: Schoch u.a., § 133 VwGO Tz. 32 a.E. (Lfg. 2 Februar 1998). – Siehe insoweit auch nachfolgend unter III.2.b)cc)(3) (S. 356) betreffend die Darlegung der Entscheidungserheblichkeit eines gravierenden/schwerwiegenden Rechtsanwendungsfehlers des FG i.S.d. § 115 II Nr. 2 Alt. 2 FGO.

745 Vgl. auch Gräber/*Ruban*[6], § 116 FGO Tz. 29.

746 Auf gleicher Linie *Seer*, in: T/K, § 116 FGO Tz. 45 a.E. (Lfg. 131 Oktober 2012); *Wagner*, in: KvW[19], § 116 FGO Tz. 13 a.E. – Vgl. auch nachfolgend unter III.2.a)dd)(2) (S. 345 ff., dort S. 347) betreffend die Darlegung der Entscheidungserheblichkeit

Letzteres gilt im Übrigen auch im Hinblick auf die Darlegung der ,Grundsätzlichen Bedeutung der Rechtssache' *insgesamt.* Denn es existiert eine Vielzahl von Fällen, in denen der BFH die seitens des Beschwerdeführers angenommene *offenkundige* grundsätzliche Bedeutung verneint hat.

So hat der BFH bspw. entschieden, dass die Voraussetzungen des § 115 II Nr. 1 FGO zwar regelmäßig gegeben sein werden, wenn das finanzgerichtliche Urteil einem BMF-Schreiben widerspreche und zu der betreffenden Rechtsfrage noch keine höchstrichterliche Rechtsprechung ergangen sei. Die grundsätzliche Bedeutung einer Rechtssache sei aber dann *nicht offenkundig,* wenn das Urteil des FG zwar einem BMF-Schreiben widerspreche, aber mit einem zeitlich nach jenem Schreiben ergangenen und vorbehaltlos im Bundessteuerblatt veröffentlichten BFH-Urteil übereinstimme[747]. Des Weiteren hat der BFH geurteilt, dass die Rechtsfrage, ob es verfassungsrechtlich zulässig sei, Entlassungsentschädigungen, die älteren Arbeitnehmern ab 2001 gezahlt werden, nicht – entsprechend § 34 III EStG – mit dem sog. halben Steuersatz zu versteuern, *nicht offensichtlich klärungsbedürftig* sei; denn die Besserstellung der Veräußerungsgewinne i.R.d. § 34 III i.V.m. II Nr. 1 EStG sei *vielmehr offenkundig sachlich gerechtfertigt*[748].

Angesichts dieser Unsicherheit darüber, wie sich der BFH letztendlich zu der vom Beschwerdeführer angenommenen *Offenkundigkeit* der ,Grundsätzlichen Bedeutung' verhält, wäre es leichtfertig, sich im Einzelfall darauf zu verlassen, dass von der *offenkundigen* grundsätzlichen Bedeutung der Rechtssache ausgegangen wird[749]. Der Beschwerdeführer ist demzufolge gut beraten, die ,Grundsätzliche Bedeutung der Rechtssache' in der Beschwerdebegründung regelmäßig im Einzelnen darzulegen, um Rechtsnachteile zu vermeiden. Im Übrigen dürfte es auch nur geringe Mühe bereiten, die ,Grundsätzliche Bedeutung' schlüssig und substantiiert darzulegen, wenn sie – bzw. konkret das (abstrakte) Allgemeininteresse an der

---

einer Divergenz sowie unter III.2.b)cc)(3) (S. 356) betreffend die Darlegung der Entscheidungserheblichkeit eines gravierenden/schwerwiegenden Rechtsanwendungsfehlers des FG i.S.d. § 115 II Nr. 2 Alt. 2 FGO.

747 *BFH,* Beschl. v. 28.06.2006, I B 17/06, BFH/NV 2007, 52.

748 So *BFH,* Beschl. v. 29.11.2006, XI B 129/06, BFH/NV 2007, 441. – Weitere Fälle, in denen der BFH die *Offenkundigkeit* der ,Grundsätzlichen Bedeutung der Rechtssache' verneint hat sind z.B. *BFH,* Beschl. v. 02.11.1988, II B 194/87, BFH/NV 1989, 789; Beschl. v. 08.05.1989, X B 189/88, BFH/NV 1990, 243; Beschl. v. 27.03.1992, III B 547/90, BStBl. II 1992, 842, 844; Beschl. v. 18.08.1992, VII B 227/91, BFH/NV 1993, 312, 313; Beschl. v. 27.07.1993, VII B 199/92, BFH/NV 1994, 532; Beschl. v. 19.10.1993, VII B 154/93, BFH/NV 1994, 835; Beschl. v. 30.11.2000, VI B 212/00, BFH/NV 2001, 628; Beschl. v. 16.05.2002, IX B 1/02, BFH/NV 2002, 1322; Beschl. v. 18.02.2003, IV B 123/01, n.v. (juris); Beschl. v. 12.09.2003, XI B 78/01, BFH/NV 2004, 76. Vgl. außerdem *Lange* HHSp., § 116 FGO Tz. 174 f. (Lfg. 194 Juni 2007) sowie Schwarz/*Dürr,* § 116 FGO Tz. 16 (Lfg. 30 6/2008) mit Beispielen zur *fehlenden bzw. vorhandenen Offenkundigkeit.*

749 Ebenso *Lange* HHSp., § 116 FGO Tz. 174 (Lfg. 194 Juni 2007).

Klärung der aufgeworfenen Rechtsfrage oder deren Klärungsbedürftigkeit, und auch deren Klärungsfähigkeit/Entscheidungserheblichkeit – tatsächlich *offenkundig* ist[750].

II. Der Revisionszulassungsgrund der ,Erforderlichkeit einer Entscheidung des BFH zur Fortbildung des Rechts' gemäß § 115 II Nr. 2 Alt. 1 FGO und die Anforderungen an seine Darlegung i.R.d. Begründung einer NZB gemäß §§ 116 III 3, 115 II Nr. 2 Alt. 1 FGO

1. Die ,Erforderlichkeit einer Entscheidung des BFH zur Fortbildung des Rechts' – § 115 II Nr. 2 Alt. 1 FGO

Als weiteren Revisionszulassungsgrund normiert § 115 II Nr. 2 Alt. 1 FGO die sog. *Rechtsfortbildungsrevision.* Danach ist die Revision zuzulassen, wenn die Fortbildung des Rechts eine Entscheidung des BFH erfordert[751].

a) Verhältnis zum Revisionszulassungsgrund der ,Grundsätzlichen Bedeutung der Rechtssache' gemäß § 115 II Nr. 1 FGO und Zweck der Rechtsfortbildungsrevision

aa) Verhältnis zur Grundsatzrevision gemäß § 115 II Nr. 1 FGO

Der Revisionszulassungsgrund der ,Erforderlichkeit einer Entscheidung des BFH zur Fortbildung des Rechts' ist bereits im Zulassungsgrund der ,Grundsätzlichen Bedeutung der Rechtssache' gemäß § 115 II Nr. 1 FGO enthalten. Er bildete bis zur Reform des finanzgerichtlichen Revisionszulassungsrechts durch das 2. FGO-ÄndG den Hauptanwendungsfall einer Revisionszulassung wegen grundsätzlicher Bedeutung[752].

Der Gesetzgeber hat sich jedoch anlässlich der Neufassung der Revisionszulassungsgründe dazu entschieden, das Merkmal der ,Rechtsfortbildung' in § 115 II Nr. 2 Alt. 1 FGO als *eigenständig ausgestalteten gesetzlichen Zulassungsgrund* neben dem Zulassungsgrund der ,Grundsätzlichen Bedeutung der Rechtssache' i.S.d.

---

750 Vgl. auch *Lange* HHSp., § 116 FGO Tz. 174 (Lfg. 194 Juni 2007).

751 Die ,Fortbildung des Rechts' findet in der FGO zudem in § 11 IV Alt. 1 FGO Erwähnung. Dieser normiert, dass der erkennende Senat eine Frage von grundsätzlicher Bedeutung dem Großen Senat zur Entscheidung vorlegen kann, wenn das nach seiner Auffassung zur *Fortbildung des Rechts* erforderlich ist. Vgl. zur ,Fortbildung des Rechts' in diesem Sinne *Sunder-Plassmann* HHSp., § 11 FGO Tz. 91 f. u. 93 ff. (Lfg. 194 Juni 2007).

752 *Beermann*, in: BG, § 115 FGO Tz. 111 (Lfg. 57 März 2006); Schwarz/*Dürr*, § 115 FGO Tz. 23 (Lfg. 30 6/2008); *Seer*, in: T/K, § 115 FGO Tz. 60 (Lfg. 131 Oktober 2012).

§ 115 II Nr. 1 FGO gesondert herauszustellen[753]. Mit der Voraussetzung der ,Erforderlichkeit einer Entscheidung des BFH zur Fortbildung des Rechts' enthält § 115 II Nr. 2 Alt. 1 FGO dabei ein *qualifizierendes Tatbestandsmerkmal*[754]. Die Rechtsfortbildungsrevision muss demzufolge als *Konkretisierung der Grundsatzrevision* verstanden werden[755] und ist im Verhältnis zur Generalklausel der ,Grundsätzlichen Bedeutung der Rechtssache' i.S.d. § 115 II Nr. 1 FGO *lex specialis*[756]. Dies bedeutet umgekehrt, dass bei Verneinung der Erforderlichkeit einer Entscheidung des BFH zur Fortbildung des Rechts stets die grundsätzliche Bedeutung der Rechtssache gemäß § 115 II Nr. 1 FGO zu prüfen ist[757].

bb) Zweck der Rechtsfortbildungsrevision

Der Revisionszulassungsgrund der ,Erforderlichkeit einer Entscheidung des BFH zur Fortbildung des Rechts' i.S.d. § 115 II Nr. 2 Alt. 1 FGO dient (primär) dem *Allgemeininteresse* an der *Fortbildung und Weiterentwicklung des Rechts*[758]. Mit diesem Zulassungsgrund soll dem BFH als Revisionsgericht die Gelegenheit gegeben werden, durch die Entscheidung über zweifelhafte Rechtsfragen der Rechtssicherheit zu dienen und das Recht fortzubilden. Die Zulassung der Revision gemäß § 115 II Nr. 2 Alt. 1 FGO soll dabei insbesondere in sog. *Musterprozessen* höchstrichterliche

---

753 Vgl. auch *Beermann*, in: BG, § 115 FGO Tz. 111 (Lfg. 57 März 2006); *Seer*, in: T/K, § 115 FGO Tz. 60 (Lfg. 131 Oktober 2012); *Wagner*, in: KvW[19], § 115 FGO Tz. 14.

754 *Seer*, in: T/K, § 115 FGO Tz. 60 (Lfg. 131 Oktober 2012).

755 So *BFH*, Beschl. v. 30.01.2006, III B 2/05, BFH/NV 2006, 910; Beschl. v. 04.07.2007, IV B 43/06, BFH/NV 2007, 2127, 2129; *Beermann*, DStZ 2000, 773, 776; *ders.*, in: BG, § 115 FGO Tz. 69 u. 111 (Lfg. 57 März 2006); Gräber/*Ruban*[6], § 115 FGO Tz. 41. Hierzu *kritisch Seer*, in: T/K, § 115 FGO Tz. 61a (Lfg. 131 Oktober 2012): *unscharf*.

756 Rechtsfortbildungsrevision als Spezialtatbestand/(spezieller) Unterfall der Grundsatzrevision, vgl. nur *BFH*, Beschl. v. 27.01.2003, II B 194/01, BFH/NV 2003, 792; Beschl. v. 10.02.2005, X B 179/03, BFH/NV 2005, 1117, 1118; Beschl. v. 03.05.2005, II B 113/04, BFH/NV 2005, 1500; Beschl. v. 31.05.2005, I B 186/04, BFH/NV 2005, 1620; Beschl. v. 27.04.2006, III B 179/04, BFH/NV 2006, 1646, 1647; Beschl. v. 19.12.2006, I B 67/06, BFH/NV 2007, 695, 696; Beschl. v. 01.03.2007, VI B 92/06, BFH/NV 2007, 1172; Beschl. v. 19.04.2007, III B 36/06, BFH/NV 2007, 1518, 1519; Beschl. v. 31.01.2008, VIII B 253/05, BFH/NV 2008, 740; *Beermann*, DStZ 2000, 773, 776; *Lange* HHSp., § 115 FGO Tz. 145 (Lfg. 192 Oktober 2006); Schwarz/*Dürr*, § 115 FGO Tz. 23 (Lfg. 30 6/2008); *Seer*, StuW 2003, 193, 196; *ders.*, in: T/K, § 115 FGO Tz. 60 (Lfg. 131 Oktober 2012); *Wagner*, in: KvW[19], § 115 FGO Tz. 14. Siehe aus der BGH-Rechtsprechung *BGH*, Beschl. v. 22.10.2009, IX ZB 50/09, WM 2010, 237 (zu § 574 II Nr. 2 Alt. 1 ZPO).

757 *Seer*, in: T/K, § 115 FGO Tz. 60 (Lfg. 131 Oktober 2012).

758 Siehe *Seer*, in: T/K, § 115 FGO Tz. 14 u. 61 (Lfg. 131 Oktober 2012). Vgl. in diesem Zusammenhang auch *Bleschick*, Revisionszulassungsgründe im Spannungsverhältnis, S. 290, nach dessen Auffassung die Rechtsfortbildungsrevision – ebenso wie die Grundsatzrevision – der Revisionszulassung zur *abstrakten Rechtsklärung* diene und somit *die Klärung abstrakter Rechtsfragen* ermögliche.

Entscheidungen ermöglichen, die sich wegen ihrer Beispielswirkung auch auf die allgemeine Rechtsanwendung außerhalb des jeweiligen Prozesses auswirken[759], so dass die Revision *im Zweifel* bereits dann gemäß § 115 II Nr. 2 Alt. 1 FGO zuzulassen ist, wenn die Möglichkeit besteht, dass sich aus ihr ein *Musterprozess entwickelt*[760].

Gerade mit Blick auf den dem Steuerrecht anhaftenden Charakter des Massenfallrechts bilden die *höchstrichterlichen Präjudizien* des BFH die wohl wichtigste Erkenntnisquelle für die steuerliche Rechtsanwendung. Dies gilt sowohl für den Steuerpflichtigen als auch für die Finanzverwaltung, die sich beim Normenvollzug an den Präjudizien der Rechtsprechung orientiert, und diese im Bundessteuerblatt Teil II sowie in Richtlinien, BMF-Schreiben und Erlassen großflächig zur Verwaltungspraxis erhebt[761]. Diese herausragende Bedeutung der höchstrichterlichen Präjudizien des BFH für die steuerliche Rechtsanwendung zeugt davon, dass auch der Rechtsfortbildungsrevision i.S.d. § 115 II Nr. 2 Alt. 1 FGO eine zentrale Bedeutung zukommt, wenn es um die Zulassung der Revision nach § 115 I, II FGO geht.

b) Veranlassung zur Aufstellung von Leitsätzen für die Gesetzesauslegung oder zur Ausfüllung von Gesetzeslücken als zentrale Tatbestandsvoraussetzung der Rechtsfortbildungsrevision

Zentrale Tatbestandsvoraussetzung des § 115 II Nr. 2 Alt. 1 FGO ist die ‚Fortbildung des Rechts'. Nach der st. Rspr. des BFH setzt die Zulassung der Revision zur Rechtsfortbildung voraus, dass der Einzel- = Streitfall abstrakte Rechtsfragen aufwirft, die in der bisherigen Rechtsprechung noch ungeklärt sind, und dass er *Veranlassung gibt, Grundsätze und Leitlinien für die Auslegung von Gesetzesbestimmungen des materiellen Rechts oder des Verfahrensrechts aufzustellen oder Gesetzeslücken rechtsschöpferisch auszufüllen*[762]. Hierzu besteht regelmäßig Anlass, wenn es

759 So *May*, Die Revision², S. 138 Tz. 51, noch zur vor dem 01.01.2001 geltenden Rechtslage, als die Erforderlichkeit einer Entscheidung des BFH zur Fortbildung des Rechts den typischen Fall einer Revisionszulassung wegen grundsätzlicher Bedeutung der Rechtssache i.S.d. § 115 II Nr. 1 FGO darstellte.

760 Vgl. auch *Seer*, in: T/K, § 115 FGO Tz. 54 a.E. (Lfg. 131 Oktober 2012), der jedoch pauschal auf § 115 II Nr. 2 FGO verweist; dazu schon vorstehend unter I.1.e) (S. 147 ff. [154]), dort Fußnote 564, sowie ausführlich nachstehend im 4. Abschnitt unter B.I.3.c)bb) (S. 499 f.).

761 *Seer*, in: T/K, § 115 FGO Tz. 61 (Lfg. 131 Oktober 2012).

762 Aus der umfangreichen Rechtsprechung des BFH: *BFH*, Beschl. v. 10.10.2002, I B 147/01, BFH/NV 2003, 197; Beschl. v. 13.08.2003, I B 4/03, BFH/NV 2004, 63; Beschl. v. 14.04.2004, I B 51/03, n.v. (juris); Beschl. v. 15.07.2005, I B 252/04, BFH/NV 2006, 67; Beschl. v. 13.06.2012, I B 137/11, BFH/NV 2012, 1574 **(I. Senat)**; Beschl. v. 19.10.2005, II B 108/04, BFH/NV 2006, 334 **(II. Senat)**; Beschl. v. 17.10.2001, III B 65/01, BFH/NV 2002, 217; Beschl. v. 12.12.2001, III B 103/01, BFH/NV 2002, 652, 653; Beschl. v. 17.08.2004, III B 121/03, BFH/NV 2005, 46, 48; Beschl. v. 22.04.2005, III B 121/04, BFH/NV 2005, 1373, 1374; Beschl. v. 28.03.2011, III B 144/09, BFH/NV 2011, 1144 **(III. Senat)**; Beschl. v. 30.08.2001, IV B 79, 80/01, BStBl. II 2001, 837,

für die rechtliche Beurteilung typischer oder verallgemeinerungsfähiger Lebenssachverhalte an einer richtungsweisenden Orientierungshilfe ganz oder teilweise fehlt oder gegen eine bestehende höchstrichterliche Rechtsprechung gewichtige Argumente vorgebracht werden, die der BFH bislang noch nicht erwogen hat[763].

840; Beschl. v. 23.08.2002, IV B 89/01, BFH/NV 2003, 177; Beschl. v. 09.03.2005, IV B 74/03, BFH/NV 2005, 1289; Beschl. v. 07.08.2007, IV B 140/06, BFH/NV 2008, 73, 74; Beschl. v. 26.10.2011, IV B 139/10, BFH/NV 2012, 263; Beschl. v. 03.11.2011, IV B 62/10, BFH/NV 2012, 369 **(IV. Senat)**; Beschl. v. 06.02.2002, V B 36/01, BFH/NV 2002, 824; Beschl. v. 08.01.2004, V B 37-39, 57/03, BFH/NV 2004, 829, 831; Beschl. v. 11.11.2005, V B 45/04, BFH/NV 2006, 622, 623 **(V. Senat)**; Beschl. v. 26.02.2004, VI B 188/03, n.v. (juris); Beschl. v. 22.05.2007, VI B 143/06, BFH/NV 2007, 1658; Beschl. v. 07.09.2007, VI B 17/07, BFH/NV 2007, 2327; Beschl. v. 24.11.2010, VI B 32/10, BFH/NV 2011, 591; Beschl. v. 13.07.2011, VI B 20/11, BFH/NV 2011, 1863 **(VI. Senat)**; Beschl. v. 21.11.2002, VII B 163/02, BFH/NV 2003, 523, 524; Beschl. v. 19.02.2003, VII B 45/02, BFH/NV 2003, 665, 666; Beschl. v. 06.10.2003, VII B 130/03, BFH/NV 2004, 215 f.; Beschl. v. 07.07.2004, VII B 344/03, BStBl. II 2004, 896, 897; Beschl. v. 01.06.2005, VII B 248/04, BFH/NV 2005, 1892 **(VII. Senat)**; Beschl. v. 14.12.2002, VIII B 90/01, BFH/NV 2003, 324; Beschl. v. 07.10.2004, VIII B 76/04, BFH/NV 2005, 337, 338; Beschl. v. 16.12.2005, VIII B 123/05, BFH/NV 2006, 725, 726; Beschl. v. 27.03.2006, VIII B 21/05, BFH/NV 2006, 1256; Beschl. v. 25.08.2006, VIII B 13/06, BFH/NV 2006, 2122, 2123; Beschl. v. 23.01.2007, VIII B 211/05, BFH/NV 2007, 912; Beschl. v. 29.05.2008, VIII B 166/07, BFH/NV 2008, 1478; Beschl. v. 16.04.2009, VIII B 216/08, BFH/NV 2009, 1264; Beschl. v. 31.07.2009, VIII B 28/09, BFH/NV 2009, 1967 **(VIII. Senat)**; Beschl. v. 10.03.2009, IX B 212/08, n.v. (juris); Beschl. v. 06.08.2012, IX B 51/12, n.v. (juris) **(IX. Senat)**; Beschl. v. 14.10.2003, X B 26/03, BFH/NV 2004, 82; Beschl. v. 14.10.2003, X B 90/03, BFH/NV 2004, 220, 221; Beschl. v. 27.10.2003, X B 36/03, BFH/NV 2004, 158; Beschl. v. 08.09.2004, X B 51/04, BFH/NV 2005, 53, 54; Beschl. v. 15.12.2004, X B 48/04, BFH/NV 2005, 698, 699; Beschl. v. 14.12.2011, X B 116/10, BFH/NV 2012, 577 **(X. Senat)**; Beschl. v. 14.08.2001, XI B 57/01, BFH/NV 2002, 51; Beschl. v. 02.09.2005, XI B 224/04, BFH/NV 2006, 556, 557; Beschl. v. 17.06.2010, XI B 88/09, BFH/NV 2010, 1875 **(XI. Senat)**. Zudem Gräber/*Ruban*[6], § 115 FGO Tz. 41; *Lange*, NJW 2001, 1098, 1100; *ders.* HHSp., § 115 FGO Tz. 147 (Lfg. 192 Oktober 2006); Schwarz/*Dürr*, § 115 FGO Tz. 24 (Lfg. 30 6/2008); *Seer*, in: T/K, § 115 FGO Tz. 61 (Lfg. 131 Oktober 2012); *Wagner*, in: KvW[19], § 115 FGO Tz. 14.

763 *BFH*, Beschl. v. 26.02.2004 (Fn. 762), n.v. (juris); Beschl. v. 22.05.2007 (Fn. 762), BFH/NV 2007, 1658; Beschl. v. 07.09.2007 (Fn. 762), BFH/NV 2007, 2327. Vgl. zur Einschlägigkeit des § 115 II Nr. 2 Alt. 1 FGO in Fällen, in denen gegen eine bestehende höchstrichterliche Rechtsprechung gewichtige Argumente vorgebracht werden, die der BFH bislang noch nicht erwogen hat, auch noch *BFH*, Beschl. v. 10.04.2003, X B 109/02, BFH/NV 2003, 1082, 1084; Beschl. v. 29.04.2003, X B 62/02, BFH/NV 2003, 1087; Beschl. v. 07.10.2004 (Fn. 762), BFH/NV 2005, 337, 338; Beschl. v. 13.04.2005, VI B 197/04, BFH/NV 2005, 1231, 1232; Beschl. v. 17.06.2010 (Fn. 762), BFH/NV 2010, 1875, sowie Gräber/*Ruban*[6], § 115 FGO Tz. 41 u. *Seer*, in: T/K, § 115 FGO Tz. 61 (Lfg. 131 Oktober 2012); vgl. in diesem Zusammenhang auch die Ausführungen zum Tatbestandsmerkmal der ‚Klärungsbedürftigkeit'

Betrachtet man die o.g. Begriffsbestimmung der Rechtsfortbildung durch den BFH, so fällt sofort ins Auge, dass der Begriff der ‚Fortbildung des Rechts' nicht nur im engen Sinn der rechtsschöpferischen Ausfüllung von (offenen oder verdeckten) Gesetzeslücken im Wege der Analogie oder der teleologischen Reduktion zu verstehen ist. Er beinhaltet vielmehr auch die Erarbeitung und/oder Weiterentwicklung von Rechtsgrundsätzen zur Auslegung der im konkreten Fall anzuwendenden Rechtsnormen. Auch *Rechtsauslegung* ist somit als *Rechtsfortbildung* i.S.d. § 115 II Nr. 2 Alt. 1 FGO anzusehen[764].

Dies entspricht der zu § 543 II 1 Nr. 2 Alt. 1 bzw. § 574 II Nr. 2 Alt. 1 ZPO und zu § 80 I Nr. 1 Alt. 1 OWiG einhellig vertretenen Auffassung[765]. Soweit dort im Hinblick auf die Zulassung der Revision sowie die Zulässigkeit bzw. Zulassung der Rechtsbeschwerde der Begriff der ‚Fortbildung des Rechts' Erwähnung findet, haben Rechtsprechung und Schrifttum auch hier immer wieder betont, dass der Zulassungsgrund der Rechtsfortbildungsrevision neben der Ausfüllung von Gesetzeslücken auch die Aufstellung von Leitsätzen für die Gesetzesauslegung umfasse[766].

---

i.R.d. Grundsatzrevision des § 115 II Nr. 1 FGO oben unter I.1.e) (S. 147 ff., dort S. 151 f.) sowie I.2.c) (S. 190 ff. [195 f.], dort zur Darlegung).

764 Vgl. Gräber/*Ruban*[6], § 115 FGO Tz. 41. **A.A.** offenbar *Beermann*, in: BG, § 115 FGO Tz. 112 (Lfg. 57 März 2006), der zwar anführt, dass auch Rechtsauslegung als Rechtsfortbildung i.S.d. § 115 II Nr. 2 Alt. 1 FGO *angesehen werde*, wenn der Einzelfall Veranlassung gebe, Leitsätze zur Auslegung des Gestezes aufzustellen. *Beermann selbst* betont jedoch, dass die Klärung einer Rechtsfrage durch Rechtsfortbildung von der Klärung durch Auslegung zu unterscheiden sei. Ebenso möchte *Bleschick*, Revisionszulassungsgründe im Spannungsverhältnis, S. 323 f., 324 u. 326, allein die Ausfüllung von Lücken sowie die Weiterentwicklung des Rechts *über den Plan des Gesetzes hinaus* über die Rechtsfortbildungsrevision erfassen, während einfache Auslegungsfragen demgegenüber stets der Grundsatzrevision zuzuordnen seien; hierzu *kritisch Seer*, in: T/K, § 115 FGO Tz. 61a (Lfg. 131 Oktober 2012): *Verkomplizierung*.

765 § 543 II 1 ZPO normiert die Anforderungen an die Zulassung der Revision, § 574 II ZPO die Anforderungen an die Zulässigkeit der Rechtsbeschwerde in Zivilsachen. § 80 I OWiG regelt die Anforderungen an die Zulassung der Rechtsbeschwerde in Angelegenheiten über Ordnungswidrigkeiten.

766 Vgl. die Begründung des Entwurfs eines ZPO-Reformgesetzes (ZPO-RG) von SPD-Bündnis 90/Die Grünen v. 04.07.2000, BT-Drucks. 14/3750, S. 75, sowie die Begründung des Entwurfs eines ZPO-RG der Bundesregierung v. 24.11.2000, BT-Drucks. 14/4722, S. 104 (jeweils zu § 543 ZPO). Zudem *BGH*, Beschl. v. 04.07.2002, V ZB 16/02, NJW 2002, 3029, 3030; Beschl. v. 19.09.2002, V ZB 31/02, NJW-RR 2003, 132; Beschl. v. 05.11.2002, VI ZB 40/02, NJW 2003, 437; Beschl. v. 25.03.2003, VI ZR 355/02, NJW-RR 2003, 1074; Beschl. v. 27.03.2003, V ZR 291/02, NJW 2003, 1943, 1945; Beschl. v. 13.08.2003, XII ZR 303/02, NJW 2003, 3352; Beschl. v. 18.11.2009 u. 10.02.2010, IV ZR 36/09, VersR 2010, 645, 646; *Hannich*, in: Hannich/Meyer-Seitz, ZPO-Reform 2002, § 543 ZPO Tz. 22; Musielak/*Ball*[7], § 543 ZPO Tz. 7; *Wenzel*, NJW 2002, 3353, 3355; Zöller/*Gummer*[26], § 543 ZPO Tz. 12,

Ein derart weites Verständnis der Rechtsfortbildungsrevision, wie es *BFH* und *BGH* samt der jeweils einschlägigen Fachliteratur hier an den Tag legen, trägt dem oben unter a)bb) (S. 204 f.) genannten Zweck dieses Zulassungsgrundes hinreichend Rechnung, und ist insbesondere geeignet, in sog. *Musterprozessen* höchstrichterliche Entscheidungen zu ermöglichen, die sich wegen ihrer Beispielswirkung auch auf die allgemeine Rechtsanwendung außerhalb des jeweiligen Prozesses auswirken[767].

---

allesamt zu **§ 543 II 1 Nr. 2 Alt. 1 bzw. § 574 II Nr. 2 Alt. 1 ZPO**. Vgl. ferner *BGH (1. Strafsenat)*, Beschl. v. 12.11.1970, 1 StR 263/70, BGHSt 24, 15, 21, auf den in der bereits o.g. Gesetzesbegründung zum ZPO-RG (dort zu § 543 ZPO) ausdrücklich verwiesen wird; Göhler/*Seitz*[16], § 80 OWiG Tz. 3; KK/*Senge*[3], § 80 OWiG Tz. 37, jeweils zu **§ 80 I Nr. 1 Alt. 1 OWiG**, wobei *Senge* darauf hinweist, dass die Rechtsfortbildung auf dem Gebiet des materiellen Ordnungswidrigkeitenrechts die Grenze zur unzulässigen Analogie nicht überschreiten dürfe (KK/*Senge*[3], § 80 OWiG Tz. 36 a.E.). – **A.A.** *Traut*, Zugang zur Revision in Zivilsachen, S. 138 u. 140 f., der zu § 543 II 1 Nr. 2 Alt. 1 ZPO ausgehend von einem engen, technischen Rechtsfortbildungsbegriff die Ansicht vertritt, dass einzig die rechtsschöpferische Ausfüllung von Lücken des Rechts durch den Richter und seine Weiterentwicklung *über den Plan des Gesetzes hinaus* dem Zulassungstatbestand der Rechtsfortbildungsrevision unterfalle, während der Aspekt der Aufstellung von Leitsätzen und somit einfache Auslegungsfragen stets der Grundsatzrevision zuzurechnen seien.

767 Dass die Revision *im Zweifel* bereits gemäß § 115 II Nr. 2 Alt. 1 FGO zuzulassen ist, wenn die Möglichkeit besteht, dass sich aus ihr ein *Musterprozess entwickelt* (so auch *Seer*, in: T/K, § 115 FGO Tz. 54 a.E. [Lfg. 131 Oktober 2012], der jedoch pauschal auf § 115 II Nr. 2 FGO verweist), ist schon vorstehend erwähnt worden, vgl. unter I.1.e) (S. 147 ff. [154]), dort Fußnote 564, sowie soeben unter a)bb) (S. 204 f.); ausführlich nachstehend im 4. Abschnitt unter B.I.3.c)bb) (S. 499 f.). – *Kritisch* zu den durch die Rechtsprechung vorgenommenen Definitionen/Konkretisierungen des Revisionszulassungsgrundes der Rechtsfortbildungsrevision *hingegen Bleschick*, Revisionszulassungsgründe im Spannungsverhältnis, S. 122 f. u. 129, der vorbringt, dass mit den bisherigen (genannten) Inhaltsbestimmungen der Rechtsfortbildung eine verlässliche Abgrenzungsmöglichkeit zum Zulassungsgrund der ‚Grundsätzlichen Bedeutung' nicht geschaffen worden sei (vgl. zudem *Bleschick*, a.a.O., S. 320 f.), zumal das (abstrakte) Allgemeininteresse i.R.d. § 115 II Nr. 1 FGO seinerseits mit Attributen wie ‚Rechtsentwicklung/Rechtsfortbildung' umschrieben werde. *Bleschick*, a.a.O., bringt des Weiteren vor, dass die Rechtsfortbildungsrevision im Übrigen insoweit keinen eigenen Bedeutungsgehalt aufweise, als insbesondere die Voraussetzung, dass über noch ungeklärte Rechtsfragen entschieden werden müsse, bereits nicht über das Merkmal der ‚Klärungsbedürftigkeit' i.S.d. Grundsatzrevision nach § 115 II Nr. 1 FGO hinausgehe, das seinerseits zugleich Bestandteil/Tatbestandsvoraussetzung der Revisionszulassung zur Fortbildung des Rechts sein solle. *Er* möchte die Rechtsfortbildungsrevision im Hinblick auf eine Differenzierung zur Grundsatzrevision sowie einen eigenständigen und speziellen Regelungsgehalt deswegen immer

c) Erforderlichkeit einer Entscheidung des BFH

Die Zulassung der Revision gemäß § 115 II Nr. 2 Alt. 1 FGO setzt weiter voraus, dass die Fortbildung des Rechts *eine Entscheidung des BFH erfordert.*

Diese Formulierung ähnelt ersichtlich § 11 IV Alt. 1 FGO, der für die sog. Grundsatzanrufung an den GrS bestimmt, dass der erkennende Senat eine Frage von grundsätzlicher Bedeutung dem GrS zur Entscheidung vorlegen kann, wenn das nach seiner Auffassung zur Fortbildung des Rechts erforderlich ist[768]. Während jedoch bei § 11 IV Alt. 1 FGO zur Fortbildung des Rechts eine Entscheidung des GrS erforderlich ist, genügt i.R.d. § 115 II Nr. 2 Alt. 1 FGO die Entscheidung eines ‚schlichten' Fachsenats[769].

---

nur dann eröffnet wissen, wenn es um die Ausfüllung von Lücken sowie die Weiterentwicklung des Rechts *über den Plan des Gesetzes* hinaus gehe, nicht hingegen bei einfachen Auslegungsfragen, die stattdessen über den Zulassungsgrund der ‚Grundsätzlichen Bedeutung der Rechtssache' zu erfassen seien (*Bleschick*, a.a.O., S. 323 f., 324 u. 326, vgl. schon Fußnote 764). *M.E.* gilt es im Hinblick auf die insoweit vorgebrachte *Kritik Bleschicks* allerdings zu berücksichtigen, dass die jeweiligen Inhaltsbestimmungen das Allgemeininteresse an der Rechtsfortbildung i.S.d. § 115 II Nr. 2 Alt. 1 FGO – insbesondere mit den Elementen der rechtsschöpferischen Ausfüllung von Gesetzeslücken sowie der Erarbeitung/Weiterentwicklung von Rechtsgrundsätzen zur Auslegung von Rechtsnormen – zutreffend charakterisieren und beschreiben. Nur weil zur Umschreibung des (abstrakten) Allgemeininteresses i.R.d. ‚Grundsätzlichen Bedeutung' (auch) Attribute wie ‚Rechtsentwicklung/Rechtsfortbildung' verwendet werden, können die in § 115 II Nr. 2 Alt. 1 FGO entwickelten – m.E. durchaus hinreichend präzisen – Inhaltsbestimmungen somit nicht automatisch als abgrenzungsuntauglich bezeichnet werden. *Handlungsbedarf* besteht insoweit vielmehr bei der Grundsatzrevision selbst, in deren Anwendungsbereich Attribute wie ‚Rechtsentwicklung/Rechtsfortbildung' offensichtlich fehlplatziert sind, und die im Hinblick auf die eigenständig normierte Rechtsfortbildungsrevision nicht über solche Attribute definiert werden darf, sondern vielmehr anders – weiter – verstanden werden muss, vgl. hierzu ausführlich später im 4. Abschnitt unter B.I.1.b) (S. 468 f.), B.I.2. (S. 472 ff.), dort v.a. a)cc) (S. 477 ff.), u. B.II. (S. 514 ff.). Was den weiteren *Kritikpunkt* des fehlenden eigenen Bedeutungsgehalts im Hinblick auf die Gleichsetzung mit der Klärungsbedürftigkeit angeht, so ist anzuführen, dass eine Rechtsfortbildung per se immer nur bei ungeklärten Rechtsfragen erfolgen kann. Das Merkmal der ‚ungeklärten Rechtsfrage' ist dabei aber niemals isoliert, sondern stets im Zusammenhang mit der für die Rechtsfortbildungsrevision zentralen Tatbestandsvoraussetzung sowie prägnanten konkretisierenden Inhaltsbestimmung der ‚Veranlassung zur Aufstellung von Leitsätzen für die Gesetzesauslegung oder zur Ausfüllung von Gesetzeslücken' zu betrachten, so dass die Rechtsfortbildungsrevision schon deshalb nicht allein auf die ‚Klärungsbedürftigkeit' i.S.d. Grundsatzrevision nach § 115 II Nr. 1 FGO reduziert werden kann.

768 Vgl. dazu bereits Fußnote 751.

769 *Seer*, in: T/K, § 115 FGO Tz. 62 (Lfg. 131 Oktober 2012).

Die ‚Erforderlichkeit einer Entscheidung des BFH' bildet neben dem zentralen Tatbestandsmerkmal der ‚Rechtsfortbildung' eine *eigenständige Voraussetzung* für die Zulassung der Revision nach § 115 II Nr. 2 Alt. 1 FGO[770].

‚Erforderlich' in diesem Sinne ist eine Entscheidung des BFH nur dann, wenn die Rechtsfortbildung über den konkreten Einzelfall hinaus im *allgemeinen Interesse* liegt[771]. Vor dem Hintergrund, dass die höchstrichterliche Beantwortung der im Wege der Rechtsfortbildung zu klärenden Rechtsfrage für die Zukunft noch richtungsweisend sein können muss, ist die Erforderlichkeit einer BFH-Entscheidung mithin regelmäßig zu verneinen, wenn die zu klärende Rechtsfrage *ausgelaufenes (früheres) Recht* betrifft[772]. Das Erfordernis einer BFH-Entscheidung bedingt des Weiteren, dass die Rechtsfrage – die Frage nach dem „Ob" und ggf. „Wie" der Rechtsfortbildung – überhaupt *klärungsbedürftig* ist[773]. Schließlich setzt die

770 *Lange* HHSp., § 115 FGO Tz. 153 (Lfg. 192 Oktober 2006); *Seer*, in: T/K, § 115 FGO Tz. 62 (Lfg. 131 Oktober 2012). – *Bleschick*, Revisionszulassungsgründe im Spannungsverhältnis, S. 126, 324 f. u. 326, hält das Tatbestandsmerkmal der ‚Erforderlichkeit' hingegen für überflüssig, da ihm ein eigenständiger Bedeutungsgehalt nicht zukomme; ebenso *Traut*, Zugang zur Revision in Zivilsachen, S. 142 f., betreffend § 543 II 1 Nr. 2 Alt. 1 ZPO.

771 *BFH*, Beschl. v. 17.10.2001, III B 65/01, BFH/NV 2002, 217; Beschl. v. 12.12.2001, III B 103/01, BFH/NV 2002, 652, 653; Beschl. v. 14.10.2003, X B 26/03, BFH/NV 2004, 82; Beschl. v. 14.10.2003, X B 90/03, BFH/NV 2004, 220, 221; Beschl. v. 27.10.2003, X B 36/03, BFH/NV 2004, 158; Beschl. v. 17.08.2004, III B 121/03, BFH/NV 2005, 46, 48; Beschl. v. 08.09.2004, X B 51/04, BFH/NV 2005, 53, 54; Beschl. v. 15.12.2004, X B 48/04, BFH/NV 2005, 698, 699; Beschl. v. 22.04.2005, III B 121/04, BFH/NV 2005, 1373, 1374; Beschl. v. 16.12.2005, VIII B 123/05, BFH/NV 2006, 725, 726; Beschl. v. 27.03.2006, VIII B 21/05, BFH/NV 2006, 1256; Beschl. v. 25.08.2006, VIII B 13/06, BFH/NV 2006, 2122, 2123; Beschl. v. 23.01.2007, VIII B 211/05, BFH/NV 2007, 912; Beschl. v. 16.04.2009, VIII B 216/08, BFH/NV 2009, 1264; Beschl. v. 24.11.2010, VI B 32/10, BFH/NV 2011, 591; Beschl. v. 13.07.2011, VI B 20/11, BFH/NV 2011, 1863; Beschl. v. 26.10.2011, IV B 139/10, BFH/NV 2012, 263; Beschl. v. 03.11.2011, IV B 62/10, BFH/NV 2012, 369; Beschl. v. 13.06.2012, I B 137/11, BFH/NV 2012, 1574. Im Hinblick auf die zentrale Tatbestandsvorausssetzung des § 115 II Nr. 2 Alt. 1 FGO, die ‚Fortbildung des Rechts' (dazu vorstehend unter b) [S. 205 ff.]), findet sich diesbzgl. auch häufig die Formulierung, dass der Einzel-/Streitfall *im allgemeinen Interesse* Veranlassung geben müsse, Grundsätze und Leitlinien für die Auslegung von Gesetzesbestimmungen des materiellen Rechts oder des Verfahrensrechts aufzustellen oder Gesetzeslücken rechtsschöpferisch auszufüllen, vgl. insoweit die umfangreichen Rechtsprechungsnachweise in Fußnote 762.

772 *BFH*, Beschl. v. 01.06.2005, VII B 248/04, BFH/NV 2005, 1892 u. 1893 (allerdings betreffend die Klärungsbedürftigkeit, vgl. insoweit **kritisch** bereits oben unter I.2.b)aa) [S. 185 ff., dort S. 186 f.]). Vgl. zur Problematik *ausgelaufenen Rechts* einschließlich der anerkannten Ausnahmen einer Revisionszulassung ausführlich bereits vorstehend unter I.1.g)aa) (S. 163 ff.) u. I.2.b)aa) (S. 185 ff.).

773 *BFH*, Beschl. v. 17.10.2001 (Fn. 771), BFH/NV 2002, 217; Beschl. v. 12.12.2001 (Fn. 771), BFH/NV 2002, 652, 653; Beschl. v. 27.10.2003 (Fn. 771), BFH/NV 2004,

Erforderlichkeit einer Entscheidung des BFH i.S.d. § 115 II Nr. 2 Alt. 1 FGO noch die *Klärungsfähigkeit* und *Entscheidungserheblichkeit* der im Wege der Rechtsfortbildung zu klärenden Rechtsfrage voraus[774]. Dies erfordert zunächst, dass die Rechtsfrage durch eine Entscheidung des BFH *geklärt werden kann*; zumindest muss das Ausmaß an Unklarheiten durch eine Entscheidung des BFH verringert werden können[775]. Ferner muss die Entscheidung über den Rechtsstreit von einer *bisher höchstrichterlich nicht entschiedenen*, also *ungeklärten Rechtsfrage abhängig* sein[776], wobei es für die Zulassung der Revision stets ausreicht, dass eine *Rechtsfortbildung* durch den BFH als Revisionsgericht für *möglich* erachtet wird[777].

Unter Zugrundelegung dessen ist im Regelfall von der Erforderlichkeit einer Entscheidung des BFH zur Fortbildung des Rechts nach § 115 II Nr. 2 Alt. 1 FGO auszugehen, wenn die Entscheidung über den Rechtsstreit im Einzelfall von einer

---

158; Beschl. v. 17.08.2004 (Fn. 771), BFH/NV 2005, 46, 48; Beschl. v. 15.12.2004 (Fn. 771), BFH/NV 2005, 698, 699; Beschl. v. 22.04.2005 (Fn. 771), BFH/NV 2005, 1373, 1374; Beschl. v. 16.12.2005 (Fn. 771), BFH/NV 2006, 725, 726; Beschl. v. 27.03.2006 (Fn. 771), BFH/NV 2006, 1256; Beschl. v. 25.08.2006 (Fn. 771), BFH/NV 2006, 2122, 2123; Beschl. v. 23.01.2007 (Fn. 771), BFH/NV 2007, 912; Beschl. v. 16.04.2009 (Fn. 771), BFH/NV 2009, 1264; Beschl. v. 24.11.2010 (Fn. 771), BFH/NV 2011, 591; Beschl. v. 13.07.2011 (Fn. 771), BFH/NV 2011, 1863; Beschl. v. 26.10.2011 (Fn. 771), BFH/NV 2012, 263; Beschl. v. 03.11.2011 (Fn. 771), BFH/NV 2012, 369; Beschl. v. 13.06.2012 (Fn. 771), BFH/NV 2012, 1574.

774 *BFH*, Beschl. v. 14.10.2003 (Fn. 771), BFH/NV 2004, 82; Beschl. v. 14.10.2003 (Fn. 771), BFH/NV 2004, 220, 221; Beschl. v. 08.09.2004 (Fn. 771), BFH/NV 2005, 53, 54; Beschl. v. 02.03.2006, I B 154/05, BFH/NV 2006, 1277, jeweils zur Klärungsfähigkeit.

775 *Seer*, in: T/K, § 115 FGO Tz. 62 (Lfg. 131 Oktober 2012). Vgl. zudem *BFH*, Beschl. v. 02.03.2006 (Fn. 774), BFH/NV 2006, 1277.

776 *Beermann*, DStZ 2000, 773, 776; *Seer*, in: T/K, § 115 FGO Tz. 62 (Lfg. 131 Oktober 2012).

777 Siehe *Beermann*, DStZ 2000, 773, 776; *Lange* HHSp., § 115 FGO Tz. 155 (Lfg. 192 Oktober 2006); *Seer*, in: T/K, § 115 FGO Tz. 62 (Lfg. 131 Oktober 2012). Vgl. auch *BFH*, Beschl. v. 14.10.2003 (Fn. 771), BFH/NV 2004, 82; Beschl. v. 14.10.2003 (Fn. 771), BFH/NV 2004, 220, 221; Beschl. v. 08.09.2004 (Fn. 771), BFH/NV 2005, 53, 54, wonach maßgebend sei, dass die Beantwortung der betreffenden Rechtsfrage *„der Rechtsfortbildung dient"*. – An dieser Stelle ist noch darauf hinzuweisen, dass nach der einschlägigen BFH-Rechtsprechung Rechtsauffassungen, die lediglich in beiläufigen Bemerkungen des FG geäußert worden sind – sog. *obiter dicta* – die Erforderlichkeit einer Entscheidung des BFH zur Fortbildung des Rechts nicht begründen können, *BFH*, Beschl. v. 25.01.2005, I B 83/04, BFH/NV 2005, 1314, 1315; *Lange* HHSp., § 115 FGO Tz. 123 (Lfg. 192 Oktober 2006). Vgl. zur Problematik der *obiter dicta* unter dem Gesichtspunkt der Grundsatzrevision bereits oben unter I.1.f)bb) (S. 158 ff., dort S. 160); unter dem Gesichtspunkt der Rechtsprechungsvereinheitlichungsrevision **kritisch** nachstehend unter III.1.b) ff)(2)(a) (S. 256 f.) u. III.2.a)dd)(2) (S. 345 ff., dort S. 347 f.) sowie später im 4. Abschnitt unter B.III.1.b)cc) (S. 534 f.).

ungeklärten Rechtsfrage abhängt, die *noch nicht Gegenstand einer höchstrichterlichen Rechtsprechung* gewesen ist; die *Abhängigkeit* der Entscheidung des Rechtsstreits von einer *bisher höchstrichterlich noch nicht geklärten Rechtsfrage indiziert* somit regelmäßig die Erforderlichkeit einer BFH-Entscheidung zur Fortbildung des Rechts i.S. einer für die steuerliche Rechtsanwendung äußerst bedeutsamen höchstrichterlichen Präjudizienbildung[778].

Sämtliche vorstehend genannten und die Tatbestandsvoraussetzung der ,Erforderlichkeit einer BFH-Entscheidung' ausfüllenden Kriterien – namentlich das ,Allgemeine Interesse an der Rechtsfortbildung', die ,Klärungsbedürftigkeit' sowie die ,Klärungsfähigkeit' und ,Entscheidungserheblichkeit' der im Wege der Rechtsfortbildung zu klärenden Rechtsfrage – entsprechen i.Ü. den Tatbestandsmerkmalen einer Revisionszulassung wegen grundsätzlicher Bedeutung der Rechtssache gemäß § 115 II Nr. 1 FGO.

Im Hinblick darauf, dass es sich bei dem Zulassungsgrund der Rechtsfortbildungsrevision i.S.d. § 115 II Nr. 2 Alt. 1 FGO um einen Spezialtatbestand/einen (speziellen) Unterfall der Grundsatzrevision handelt, kann diesbzgl. im Einzelnen auf die dortigen ausführlichen Erläuterungen verwiesen werden[779].

2. Die Darlegung der ,Erforderlichkeit einer Entscheidung des BFH zur Fortbildung des Rechts' i.R.d. Begründung einer NZB – §§ 116 III 3, 115 II Nr. 2 Alt. 1 FGO

Wie vorstehend unter 1.a)aa) (S. 203) dargestellt, bildete der Revisionszulassungsgrund der ,Erforderlichkeit einer Entscheidung des BFH zur Fortbildung des Rechts' bis zur Reform des finanzgerichtlichen Revisionszulassungsrechts durch

---

778 Auf gleicher Linie *Beermann*, DStZ 2000, 773, 776, der anführt, dass in derartigen Fällen die grundsätzliche Bedeutung der *bisher höchstrichterlich noch ungeklärten Rechtsfrage*, die vorliegend durch den Zulassungstatbestand der ,Erforderlichkeit einer Entscheidung des BFH zur Fortbildung des Rechts' konkretisiert werde, i.d.R. zu unterstellen sei; *Seer*, in: T/K, § 115 FGO Tz. 62 a.E. (Lfg. 131 Oktober 2012), der jedoch darüber hinaus fordert, dass die entsprechende bisher höchstrichterlich noch ungeklärte Rechtsfrage eine gewisse Breitenwirkung aufweisen müsse. **A.A.** insgesamt wohl Gräber/*Ruban*[6], § 115 FGO Tz. 41, nach deren Auffassung es für die Revisionszulassung nicht genügt, dass der BFH sich bisher noch nicht zu der aufgeworfenen Rechtsfrage geäußert habe, da die Zulassung der Revision gemäß § 115 II Nr. 2 Alt. 1 FGO nur dann „erfordert" werde, wenn die bisher höchstrichterlich nicht entschiedene Rechtsfrage auch zweifelhaft sei. Vgl. zu dieser Problematik ausführlich später im 4. Abschnitt unter B.I.3.b) (S. 493 ff.), dort insbesondere bb) (S. 495 ff.). – Zur Bedeutung der höchstrichterlichen Präjudizienbildung für die steuerliche Rechtsanwendung bereits oben unter a)bb) (S. 204 f., dort S. 205).

779 Siehe dazu im Einzelnen vorstehend unter I.1.d)aa) (S. 139 f. u. 140 ff.), I.1.e) (S. 147 ff.) u. I.1.f) (S. 155 ff.), dort v.a. aa) (S. 156 ff.) u. bb) (S. 158 ff.).

das 2. FGOÄndG den Hauptanwendungsfall einer Revisionszulassung wegen grundsätzlicher Bedeutung. Die nunmehr in § 115 II Nr. 2 Alt. 1 FGO als eigenständig ausgestalteter gesetzlicher Zulassungsgrund gesondert herausgestellte Rechtsfortbildungsrevision stellt sich demnach als *Spezialfall* einer Zulassung der Revision wegen grundsätzlicher Bedeutung der Rechtssache i.S.d. § 115 II Nr. 1 FGO dar[780].

Für die schlüssige Darlegung des Revisionszulassungsgrundes der ,Erforderlichkeit einer Entscheidung des BFH zur Fortbildung des Rechts' gemäß § 115 II Nr. 2 Alt. 1 FGO gelten deshalb die bisher – bereits zu §§ 115 III 3, 115 II Nr. 1 FGO 1965 – von der höchstrichterlichen Rechtsprechung zur Darlegung der ,Grundsätzlichen Bedeutung der Rechtssache' i.S.d. § 115 II Nr. 1 FGO entwickelten strengen Anforderungen unverändert fort[781]. Eine hinreichende Darlegung der Erforderlichkeit einer BFH-Entscheidung zur Fortbildung des Rechts nach §§ 116 III 3, 115 II Nr. 2 Alt. 1 FGO verlangt mithin insbesondere, dass der Beschwerdeführer in der Beschwerdebegründung eine bestimmte abstrakte Rechtsfrage herausstellt und substantiiert ausführt, weshalb diese für bedeutsam gehaltene Rechtsfrage – aus Gründen der Rechtsentwicklung/Rechtsfortbildung, d.h. mit Blick auf die

---

780 Vgl. dazu ausführlich oben unter 1.a)aa) (S. 203 f.) mit umfassenden Nachweisen in Fußnote 756.

781 Siehe aus der umfangreichen Rechtsprechung des BFH bspw. *BFH*, Beschl. v. 15.07.2005, I B 252/04, BFH/NV 2006, 67; Beschl. v. 19.12.2006, I B 67/06, BFH/NV 2007, 695, 696 m.w.N.; Beschl. v. 13.06.2012, I B 137/11, BFH/NV 2012, 1574 **(I. Senat)**; Beschl. v. 17.06.2009, II B 33/08, BFH/NV 2010, 42, 43 **(II. Senat)**; Beschl. v. 17.10.2001, III B 65/01, BFH/NV 2002, 217 **(III. Senat)**; Beschl. v. 26.10.2011, IV B 139/10, BFH/NV 2012, 263; Beschl. v. 03.11.2011, IV B 62/10, BFH/NV 2012, 369 **(IV. Senat)**; Beschl. v. 30.01.2008, V B 57/07, BFH/NV 2008, 611, 612 f. **(V. Senat)**; Beschl. v. 01.03.2007, VI B 92/06, BFH/NV 2007, 1172; Beschl. v. 24.11.2010, VI B 32/10, BFH/NV 2011, 591; Beschl. v. 13.07.2011, VI B 20/11, BFH/NV 2011, 1863 **(VI. Senat)**; Beschl. v. 16.12.2005, VIII B 123/05, BFH/NV 2006, 725, 726; Beschl. v. 27.03.2006, VIII B 21/05, BFH/NV 2006, 1256; Beschl. v. 25.08.2006, VIII B 13/06, BFH/NV 2006, 2122, 2123; Beschl. v. 05.12.2006, VIII B 4/06, BFH/NV 2007, 490, 491 f. u. 492; Beschl. v. 23.01.2007, VIII B 211/05, BFH/NV 2007, 912; Beschl. v. 14.03.2007, VIII B 131/06, BFH/NV 2007, 1176, 1177; Beschl. v. 03.04.2007, VIII B 110/06, BFH/NV 2007, 1273, 1274; Beschl. v. 05.12.2007, VIII B 79/07, BFH/NV 2008, 732; Beschl. v. 31.01.2008, VIII B 253/05, BFH/NV 2008, 740 **(VIII. Senat)**; Beschl. v. 10.03.2009, IX B 212/08, n.v. (juris); Beschl. v. 06.08.2012, IX B 51/12, n.v. (juris) **(IX. Senat)**; Beschl. v. 14.12.2011, X B 116/10, BFH/NV 2012, 577 **(X. Senat)**; Beschl. v. 11.06.2007, XI B 92/06, BFH/NV 2007, 1625, 1626 **(XI. Senat)**. *Kritisch* dazu *Wagner*, in: KvW[19], § 116 FGO Tz. 15, der insoweit anführt, dies sei nicht frei von Bedenken, da mit dem Revisionszulassungsgrund der ,Erforderlichkeit einer Entscheidung des BFH zur Fortbildung des Rechts' nach der ursprünglichen Intention des Gesetzgebers der Zugang zum Revisionsgericht erleichtert werden sollte. Vgl. **kritisch** auch nachfolgend im 4. Abschnitt unter B.II. (S. 514 ff., dort S. 517).

Veranlassung des Streitfalls zur Aufstellung von Leitsätzen für die Gesetzesauslegung oder zur Ausfüllung von Gesetzeslücken – im Allgemeininteresse klärungsbedürftig sowie im Streitfall klärungsfähig und entscheidungserheblich ist[782]. Auch i.R.d. Rechtsfortbildungsrevision reicht der Hinweis, dass zu der aufgeworfenen Rechtsfrage noch keine höchstrichterliche Rechtsprechung ergangen sei, diese also höchstrichterlich noch nicht entschieden sei, zur ordnungsgemäßen Darlegung des Zulassungsgrundes für sich allein somit nicht aus; ebenso wenig genügt die Behauptung, das FG habe sachlich unrichtig entschieden[783].

---

782 Vgl. nur *BFH*, Beschl. v. 15.07.2005 (Fn. 781), BFH/NV 2006, 67; Beschl. v. 19.12.2006 (Fn. 781), BFH/NV 2007, 695, 696 m.w.N. **(I. Senat)**; Beschl. v. 27.12.2006, II B 27/06, BFH/NV 2007, 651; Beschl. v. 23.08.2007, II B 71/06, BFH/NV 2007, 2247; Beschl. v. 08.10.2010, II B 111/10, BFH/NV 2011, 73 **(II. Senat)**; Beschl. v. 23.02.2007, III B 17/06, BFH/NV 2007, 1117, 1118; Beschl. v. 19.04.2007, III B 36/06, BFH/NV 2007, 1518, 1519 **(III. Senat)**; Beschl. v. 04.07.2007, IV B 43/06, BFH/NV 2007, 2127, 2129; Beschl. v. 07.08.2007, IV B 140/06, BFH/NV 2008, 73, 74 **(IV. Senat)**; Beschl. v. 19.07.2007, V B 66/06, BFH/NV 2007, 2067, 2068 **(V. Senat)**; Beschl. v. 01.03.2007 (Fn. 781), BFH/NV 2007, 1172; Beschl. v. 07.09.2007, VI B 17/07, BFH/NV 2007, 2327; Beschl. v. 18.10.2010, VI B 91/10, BFH/NV 2011, 280 **(VI. Senat)**; Beschl. v. 14.12.2011 (Fn. 781), BFH/NV 2012, 577 **(X. Senat)**; Beschl. v. 20.12.2006, XI B 23/06, BFH/NV 2007, 648, 649; Beschl. v. 21.11.2007, XI B 101/06, BFH/NV 2008, 396 **(XI. Senat)**. Siehe auch *Lange* HHSp., § 116 FGO Tz. 186 ff. (Lfg. 194 Juni 2007). Aus der BGH-Rechtsprechung *BGH*, Beschl. v. 22.10.2009, IX ZB 50/09, WM 2010, 237 (zu §§ 575 III Nr. 2, 574 II Nr. 2 Alt. 1 ZPO).

783 So etwa *BFH*, Beschl. v. 27.03.2006 (Fn. 781), BFH/NV 2006, 1256 f.; Beschl. v. 25.08.2006 (Fn. 781), BFH/NV 2006, 2122, 2123; Beschl. v. 05.12.2006 (Fn. 781), BFH/NV 2007, 490, 492; Beschl. v. 23.01.2007 (Fn. 781), BFH/NV 2007, 912; Beschl. v. 14.03.2007 (Fn. 781), BFH/NV 2007, 1176, 1177; Beschl. v. 03.04.2007 (Fn. 781), BFH/NV 2007, 1273, 1274; Beschl. v. 05.12.2007 (Fn. 781), BFH/NV 2008, 732; Beschl. v. 13.06.2012 (Fn. 781), BFH/NV 2012, 1574. – **Kritisch** zu der einschlägigen BFH-Rechtsprechung, die es für das Tatbestandsmerkmal der ‚Klärungsbedürftigkeit' bzw. den Zulassungsgrund der ‚Grundsätzlichen Bedeutung der Rechtssache' *insgesamt* – und wie soeben gezeigt auch i.R.d. Rechtsfortbildungsrevision – nicht genügen lässt, dass zu der aufgeworfenen Rechtsfrage noch keine höchstrichterliche Rechtsprechung ergangen ist, diese also höchstrichterlich noch nicht entschieden ist, so dass folglich auch ein entsprechender Hinweis zur ordnungsgemäßen Darlegung der ‚Klärungsbedürftigkeit' bzw. der ‚Grundsätzlichen Bedeutung der Rechtssache' *insgesamt* für sich allein nicht ausreicht, ansatzweise bereits oben unter I.1.e) (S. 147 ff., dort S. 152 ff.) sowie ausführlich später im 4. Abschnitt unter B.I.3.b) (S. 493 ff.), dort insbesondere bb) (S. 495 ff.) mit Blick auf § 115 II Nr. 2 Alt. 1 FGO. Vgl. i.Ü. gerade vorstehend unter 1.c) (S. 209 ff., dort S. 211 f.).

III. Der Revisionszulassungsgrund der ‚Erforderlichkeit einer Entscheidung des BFH zur Sicherung einer einheitlichen Rechtsprechung' gemäß § 115 II Nr. 2 Alt. 2 FGO und die Anforderungen an seine Darlegung i.R.d. Begründung einer NZB gemäß §§ 116 III 3, 115 II Nr. 2 Alt. 2 FGO

1. *Die ‚Erforderlichkeit einer Entscheidung des BFH zur Sicherung einer einheitlichen Rechtsprechung' – § 115 II Nr. 2 Alt. 2 FGO*

Neben der Rechtsfortbildungsrevision des § 115 II Nr. 2 Alt. 1 FGO normiert § 115 II Nr. 2 Alt. 2 FGO als weiteren Revisionszulassungsgrund die sog. *Rechtsprechungsvereinheitlichungsrevision.* Danach ist die Revision zuzulassen, wenn die Sicherung einer einheitlichen Rechtsprechung eine Entscheidung des BFH erfordert[784].

a) Verhältnis zu den Revisionszulassungsgründen der ‚Grundsätzlichen Bedeutung der Rechtssache' gemäß § 115 II Nr. 1 FGO sowie der ‚Erforderlichkeit einer Entscheidung des BFH zur Fortbildung des Rechts' gemäß § 115 II Nr. 2 Alt. 1 FGO und Zweck der Rechtsprechungsvereinheitlichungsrevision

aa) Verhältnis zur Grundsatzrevision gemäß § 115 II Nr. 1 FGO

Die bis zum 31.12.2000 in § 115 II Nr. 2 FGO 1965 niedergelegte Divergenzrevision wurde in der Rechtsprechung des BFH einhellig als besonders geregelter *Unterfall*

---

784 Die ‚Sicherung einer einheitlichen Rechtsprechung' findet in der FGO überdies in § 11 IV Alt. 2 FGO Erwähnung. Dieser normiert, dass der erkennende Senat eine Frage von grundsätzlicher Bedeutung dem Großen Senat zur Entscheidung vorlegen kann, wenn das nach seiner Auffassung zur *Sicherung einer einheitlichen Rechtsprechung* erforderlich ist. Vgl. zur ‚Sicherung einer einheitlichen Rechtsprechung' in diesem Sinne *Sunder-Plassmann* HHSp., § 11 FGO Tz. 91 f. u. 96 f. (Lfg. 194 Juni 2007). Dieser weist insbesondere darauf hin, dass die Erforderlichkeit der Sicherung einer einheitlichen Rechtsprechung in der eine Grundsatzanrufung an den GrS rechtfertigenden Qualität nicht identisch sei mit dem Erfordernis der Sicherung einer einheitlichen Rechtsprechung i.S.d. § 115 II Nr. 2 Alt. 2 FGO. Er beruft sich dabei auf die Beschlussempfehlung und den Bericht des Rechtsausschusses (6. Ausschuss) zu dem Gesetzentwurf der Bundesregierung – Drucksachen 14/4061, 14/4450: Entwurf eines 2. FGOÄndG – v. 08.11.2000, BT-Drucks. 14/4549, S. 11, wo es heißt, der Ausschuss sei davon überzeugt, dass die ähnlich formulierte Regelung des § 11 IV FGO, die Regelungen über die Anrufung des GrS enthalte, vom BFH nicht zum Anlass genommen werde, den neuen Zulassungsgrund des § 115 II Nr. 2 (Alt. 2) FGO eng auszulegen. Denn beide Regelungen – § 115 II Nr. 2 (Alt. 2) und § 11 IV FGO – stünden in einem unterschiedlichen Zusammenhang und seien demnach *bereichsspezifisch* und somit unterschiedlich *zu interpretieren.*

der Grundsatzrevision angesehen[785]. Dies entspricht der zu den §§ 132 II Nr. 2 VwGO und 160 II Nr. 2 SGG vertretenen Auffassung, die die ‚Divergenz' im Katalog der Revisionszulassungsgründe jeweils noch ausdrücklich erwähnen[786].

Mit der Neufassung der Revisionszulassungsgründe durch das 2. FGOÄndG zum 01.01.2001 wurde der Zulassungsgrund der ‚Divergenz' durch die beiden Zulassungsgründe der ‚Erforderlichkeit einer Entscheidung des BFH zur Fortbildung des Rechts' (§ 115 II Nr. 2 Alt. 1 FGO) bzw. ‚zur Sicherung einer einheitlichen Rechtsprechung' (§ 115 II Nr. 2 Alt. 2 FGO) ersetzt. Nach weitaus herrschender Ansicht soll dabei insbesondere die Rechtsprechungsvereinheitlichungsrevision i.S.d. § 115 II Nr. 2 Alt. 2 FGO dazu dienen, der vom Gesetzgeber geäußerten Intention der Stärkung und Verbesserung des Individualrechtsschutzes des einzelnen Steuerpflichtigen Rechnung zu tragen. Während die h.M. den Tatbestand der Grundsatzrevision i.S.d. § 115 II Nr. 1 FGO folglich auch nach der Reform weiterhin unverändert eng auslegt[787], möchte sie den Zulassungsgrund des § 115 II Nr. 2 Alt. 2 FGO mithin erweitert ausgelegt wissen, und fasst darunter nunmehr neben der Zulassung der Revision wegen *Divergenz* (dazu nachfolgend unter b) [S. 221 ff.]) auch die Zulassung der Revision wegen eines *besonders schwerwiegenden Fehlers – eines sog. gravierenden/qualifizierten Rechtsanwendungsfehlers – des FG* (dazu nachfolgend unter c) [S. 258 ff.])[788]. Konsequenterweise versteht die h.M. die neu

---

785 Vgl. nur *BFH*, Beschl. v. 20.06.1974, VI B 15/74, BStBl. II 1974, 583; Beschl. v. 29.07.1976, V B 10/76, BStBl. II 1976, 684; Beschl. v. 13.01.1987, VII B 128/86, BStBl. II 1987, 220; Beschl. v. 28.04.1988, V B 11/88, BStBl. II 1988, 734; Beschl. v. 14.01.2000, V B 182/99, BFH/NV 2000, 957.

786 Zu § 132 II Nr. 2 VwGO: *BVerwG*, Beschl. v. 20.11.1972, VII B 105.68, Buchholz 310 § 132 VwGO Nr. 98; Eyermann/*P. Schmidt*[11], § 132 VwGO Tz. 12 m.w.N. aus der Rechtsprechung des BVerfG und des BVerwG. Zu § 160 II Nr. 2 SGG: *BSG*, Beschl. v. 06.10.1977, 9 BV 270/77, SozR 2-1500 § 160 SGG Nr. 28. Zudem *Kummer*, NZB, Tz. 155; *May*, Die Revision[2], S. 144 Tz. 71; *Weyreuther*, Revisionszulassung und NZB, Tz. 93 f. m.w.N.

787 Vgl. hierzu die vorstehenden Ausführungen zum Revisionszulassungsgrund der ‚Grundsätzlichen Bedeutung der Rechtssache' gemäß § 115 II Nr. 1 FGO und den entsprechenden Darlegungsanforderungen unter I. (S. 128 ff.). Zudem *Seer*, in: T/K, § 115 FGO Tz. 63 (Lfg. 131 Oktober 2012), der selbst aber für eine erweiterte Auslegung der Grundsatzrevision eintritt.

788 Siehe nur die BFH-Rechtsprechung, aus neuerer Zeit z.B. *BFH*, Beschl. v. 16.06.2009, V B 131/08, BFH/NV 2009, 1678, 1679; Beschl. v. 18.10.2010, VI B 91/10, BFH/NV 2011, 280, 281; Beschl. v. 18.05.2011, XI B 57/10, BFH/NV 2011, 1704, 1705; Beschl. v. 10.01.2012, XI B 80/11, BFH/NV 2012, 815; weitere umfangreiche Nachweise später in Fußnote 936. Überdies aus dem Schrifttum Gräber/*Ruban*[6], § 115 FGO Tz. 43, 45 a.E. u. 68 ff.; *Kanzler*, NWB Fach 2, 7619, 7627 ff. (28/2001); *Lange*, DStZ 2002, 782, 784 f.; *ders.* HHSp., § 115 FGO Tz. 83, 170 u. 200 ff. (Lfg. 192 Oktober 2006); *ders.*, StuW 2006, 366, 369 ff., insbesondere 371 ff.; *Ruban*, DStR 2005, 2033 ff.; *Rüsken*, DStZ 2004, 334, 337 f.; Schwarz/*Dürr*, § 115 FGO Tz. 26 f. u. 44 f. (Lfg. 30 6/2008); *Spindler*, DB 2001, 61, 62. Zudem *Bleschick*, Revisionszulassungsgründe

gefasste Rechtsprechungsvereinheitlichungsrevision somit *nicht mehr (nur) als Unterfall der Grundsatzrevision*[789].

---

im Spannungsverhältnis, S. 332 ff. u. 383 (s. insoweit aber auch nachfolgend a.E. dieser Fußnote). Vgl. in diesem Zusammenhang schließlich noch *Kempermann*, DStZ 2005, 772, 773, der – scheinbar unentschlossen – zunächst anführt, dass aus logischen Gründen die Auffassung vorzuziehen wäre, dass sich – *wenn überhaupt* – der Begriff der ‚Grundsätzlichen Bedeutung' gewandelt habe und eine Erweiterung der Zulassungsgründe von diesem neu verstandenen Begriff *umfasst sein könnte*, der dann jedoch auf die (anfängliche) Bedeutungslosigkeit der Frage des einschlägigen Zulassungsgrundes hinsichtlich der Einordnung besonders schwerwiegender Rechtsanwendungsfehler des FG für den BFH hinweist (die Unentschlossenheit *Kempermanns* kommt dabei auch noch darin zum Ausdruck, dass er nachfolgend von einer Revisionszulassung gemäß § 115 II Nr. 2 [Alt. 2] oder – „*je nach Geschmack* [Hervorhebung vom Verf.]" – auch gemäß § 115 II Nr. 1 FGO spricht, s. *Kempermann*, DStZ 2005, 772, 776 Fußnote 40). – *Bleschick*, Revisionszulassungsgründe im Spannungsverhältnis, spricht sich entsprechend der oben genannten Fundstelle (S. 332 ff. u. 383) zwar auch für die Rechtsprechungsvereinheitlichungsrevision als Einfallstor für eine erweiterte Auslegung aus. Jedoch plädiert er insbesondere im Hinblick auf eine am Gesetzeswortlaut orientierte Auslegung des § 115 II Nr. 2 Alt. 2 FGO für die *Maßgeblichkeit* nur *eines einzigen Kriteriums* i.R.d. Zulassungsgrundes der ‚Sicherung einer einheitlichen Rechtsprechung', um den Zugang zur Revisionsinstanz i.R.d. § 115 II Nr. 2 Alt. 2 FGO anhand *einheitlicher* Voraussetzungen ohne Aufgliederung/Trennung in verschiedene Fallgruppen von Zugangs-/Zulassungsvoraussetzungen zu bestimmen (S. 354 f., 360 u. 383). Ausgangspunkt des insoweit maßgeblichen Zulassungsmoments soll dabei eine von einem (Finanz-) Gericht praktizierte *‚Abweichung in der Rechtsanwendung'* sein (S. 356 u. 361; vgl. zudem S. 363; zuletzt S. 383), wobei es insoweit angebracht sei, den Begriff des *‚Fehlers in der Rechtsanwendung'* zu meiden und stattdessen ausschließlich von einer *‚Abweichung in der Rechtsanwendung'* zu sprechen, da dieser Terminus die entscheidende Frage, *ob in der angefochtenen Entscheidung das Recht einheitlich angewandt worden sei*, am treffendsten zum Ausdruck bringe (S. 357 f.). Zu der Frage, nach welchen *konkreten* Gesichtspunkten die möglichen Abweichungen in der finanzgerichtlichen Rechtsanwendung nach Ansicht *Bleschicks* als für die Revisionszulassung bedeutsam oder unbedeutsam aufzugliedern seien, vgl. ansatzweise nachstehend unter b)cc) (S. 240 ff. [242]), dort Fußnote 875 a.E., und später im 4. Abschnitt unter B.III.2.c)aa) (S. 552 ff. [555]), dort Fußnote 1796 a.E., sowie ausführlich und **kritisch** später im 4. Abschnitt unter B.III.2.c)cc) (S. 596 ff. [600]), dort Fußnote 1941.

789 Darauf weist *Seer*, in: T/K, § 115 FGO Tz. 63 (Lfg. 131 Oktober 2012), hin, der selbst zwar den Revisionszulassungsgrund der ‚Grundsätzlichen Bedeutung der Rechtssache' erweitert ausgelegt wissen möchte, dies jedoch auf der Grundlage der von der h.M. vorgenommenen, unverändert engen Auslegung der Grundsatzrevision als *konsequent* bezeichnet. Unreflektiert hingegen *BFH*, Beschl. v. 15.09.2004, X B 174/03, EzFamR EStG § 10e Nr. 41; Beschl. v. 13.01.2005, V B 153/04, V S 18/04, BFH/NV 2005, 926, 927; Beschl. v. 10.02.2005, X B 179/03, BFH/NV 2005, 1117, 1118. – Allenfalls soweit die h.M. unter den Zulassungsgrund des

Soweit allerdings – wie in dieser Arbeit vertreten und auch bereits vorstehend unter I.1.d)bb) (S. 142 ff.) ansatzweise niedergelegt – schon die Grundsatzrevision gemäß § 115 II Nr. 1 FGO einer erweiterten Auslegung *i.S. eines verstärkten Individualrechtsschutzes* zugänglich ist[790], stellt sich das Verhältnis zwischen § 115 II Nr. 1 und § 115 II Nr. 2 Alt. 2 FGO aufgrund des *qualifizierenden Tatbestandsmerkmals* der ‚Erforderlichkeit einer Entscheidung des BFH zur Sicherung einer einheitlichen Rechtsprechung' ebenso wie bei der Rechtsfortbildungsrevision auch hier (ausschließlich) als Verhältnis von *lex generalis und lex specialis* dar; die Rechtsprechungsvereinheitlichungsrevision des § 115 II Nr. 2 Alt. 2 FGO ist dann also ebenfalls ein Spezialfall der erweitert ausgelegten Generalklausel des § 115 II Nr. 1 FGO[791].

bb) Verhältnis zur Rechtsfortbildungsrevision gemäß § 115 II Nr. 2 Alt. 1 FGO

Soweit der Revisionszulassungsgrund der Rechtsprechungsvereinheitlichungsrevision gemäß § 115 II Nr. 2 Alt. 2 FGO die frühere Divergenzrevision i.S.d. § 115 II Nr. 2 FGO 1965 umfasst[792], enthält er regelmäßig zugleich Fälle der

---

§ 115 II Nr. 2 Alt. 2 FGO die Revisionszulassung wegen Divergenz fasst, könnte die Rechtsprechungsvereinheitlichungsrevision – also die Erforderlichkeit einer BFH-Entscheidung zur Sicherung einer einheitlichen Rechtsprechung – noch als *Unterfall der Grundsatzrevision* verstanden werden (vgl. etwa *BFH*, Beschl. v. 08.08.2007, X B 26/07, BFH/NV 2007, 1895, 1896), nicht hingegen im Hinblick auf die seitens der h.M. vorgenommene erweiterte Auslegung betreffend die Revisionszulassung wegen besonders schwerwiegender Fehler – sog. gavierender/qualifizierter Rechtsanwendungsfehler – des FG.

790 Siehe insbesondere *Beermann*, DStZ 2000, 773, 775 u. 776; *ders.*, DStZ 2006, 71, 73; *ders.*, in: BG, § 115 FGO Tz. 72, 73 a.E., 76, 77 u. 82 (Lfg. 57 März 2006); *Dißars*, StB 2002, 4, 8; *List*, DB 2002, 1069, 1072 u. 1073; *ders.*, DB 2003, 572, 573 f.; *Seer*, BB 2000, 2387, 2388 u. 2389; *ders.*, StuW 2001, 3, 9 f., 11 u. 11 f.; *ders.*, StuW 2003, 193, 196 u. 204; *ders.*, in: T/K, § 115 FGO Tz. 43, 44, 47, 49, 63 u. 78 sowie § 116 FGO Tz. 41 u. 47 (jeweils Lfg. 131 Oktober 2012). Vgl. zur Forderung nach einer erweiterten Auslegung der Grundsatzrevision gemäß § 115 II Nr. 1 FGO ausführlich später im 4. Abschnitt unter B.I.2. (S. 472 ff.).

791 So *Beermann*, DStZ 2000, 773, 776; vgl. ferner *Beermann*, in: BG, § 115 FGO Tz. 69 u. 116 (Lfg. 57 März 2006): *Konkretisierung* der Grundsatzrevision. Zudem *Seer*, StuW 2003, 193, 196; *ders.*, in: T/K, § 115 FGO Tz. 63 (Lfg. 131 Oktober 2012); *Wagner*, in: KvW[19], § 115 FGO Tz. 15 (*„gesetzlich gesondert geregelter Fall der Grundsatzrevision"*), der vorbringt, dass dies bereits aus dem Umstand folge, dass bei – auch möglicherweise – entstehenden Rechtsprechungsdifferenzen i.d.R. Unklarheit über eine Rechtsfrage herrsche, die ggf. auch eine Revisionszulassung wegen grundsätzlicher Bedeutung der Rechtssache rechtfertigen könnte. – Vgl. zur Rechtsfortbildungsrevision bereits oben unter II.1.a)aa) (S. 203 f., dort S. 204).

792 Dazu gleich unter b)aa)(1) (S. 222 ff.).

Rechtsfortbildungsrevision nach § 115 II Nr. 2 Alt. 1 FGO[793]. Zwischen der Rechtsfortbildungsrevision des § 115 II Nr. 2 Alt. 1 FGO und der Rechtsprechungsvereinheitlichungsrevision des § 115 II Nr. 2 Alt. 2 FGO existieren insoweit also *Überschneidungen*[794].

Allerdings geht die Rechtsprechungsvereinheitlichungsrevision gemäß § 115 II Nr. 2 Alt. 2 FGO, soweit sie den Tatbestand der Divergenz umfasst, deutlich über die frühere Divergenzrevision i.S.d. § 115 II Nr. 2 FGO 1965 hinaus. Denn es kommt nun nicht mehr darauf an, welches Gericht die Entscheidung, von der abgewichen wird, getroffen hat. Es genügt vielmehr, dass das FG bei seiner Entscheidung über eine Rechtsfrage von einer Entscheidung (irgend-) eines anderen Gerichts abweicht[795]. Liegt eine Rechtsprechungsdivergenz vor[796], ist es im Unterschied zur Rechtsfortbildungsrevision nach § 115 II Nr. 2 Alt. 1 FGO zudem nicht erforderlich, das *Allgemeininteresse* besonders zu begründen; dasselbe gilt für die *Klärungsbedürftigkeit* der betreffenden divergierend beurteilten Rechtsfrage, da sich diese beiden Tatbestandsmerkmale bereits aus dem Vorliegen einer Divergenz ergeben[797].

Demzufolge ist eine Revision zur Sicherung einer einheitlichen Rechtsprechung gemäß § 115 II Nr. 2 Alt. 2 FGO in jedem Fall zuzulassen, wenn das FG von einer Entscheidung des BFH abweicht, auch wenn dieser durch bloße Wiederholung und Bestätigung seiner Judikatur dabei keinen Beitrag zur Rechtsfortbildung mehr leisten kann[798].

---

793 *Seer*, in: T/K, § 115 FGO Tz. 64 (Lfg. 131 Oktober 2012), wobei der dortige Hinweis auf *List*, DB 2002, 1069, 1071, insoweit wenig nachvollziehbar ist, als sich diese Aussage daraus m.E. nicht ableiten lässt. Vgl. stattdessen ggf. *List*, DB 2000, 2294, 2296 f.

794 *Seer*, in: T/K, § 115 FGO Tz. 64 a.E. (Lfg. 131 Oktober 2012). Vgl. in diesem Zusmmenhang auch *List*, DStR 2000, 1499, 1504 f., der darauf hinweist, dass ‚Einheitlichkeit der Rechtsprechung' und ‚Fortbildung des Rechts' ineinander über gehen würden, wenn man bspw. bedenke, dass wenn auf einen bisher nicht entschiedenen Sachverhalt eine Vorschrift angewendet werden soll, die auf einen derartigen Sachverhalt bislang noch nicht angewendet worden sei, dies ‚Rechtsfortbildung' aber auch ‚Sicherung einer einheitlichen Rechtsprechung' sein könne.

795 Siehe *Seer*, in: T/K, § 115 FGO Tz. 64 (Lfg. 131 Oktober 2012). Vgl. dazu ausführlich nachfolgend unter b)aa)(2) (S. 224 f.).

796 Zu den einzelnen Tatbestandsvoraussetzungen ausführlich nachstehend unter b) (S. 221 ff.).

797 Gräber/*Ruban*[6], § 115 FGO Tz. 25, wobei jedoch das Allgemeininteresse i.R.d. § 115 II Nr. 2 Alt. 2 FGO anders als noch zu § 115 II Nr. 2 FGO 1965 nicht mehr kraft Gesetzes unwiderlegbar vermutet wird; *Seer*, in: T/K, § 115 FGO Tz. 64 (Lfg. 131 Oktober 2012). Vgl. insoweit auch später unter b)ff)(1)(a) (S. 250 f.) sowie 2.a)dd)(1) (S. 343). Zu diesen beiden Tatbestandsmerkmalen und ihrer Darlegung i.R.d. Rechtsfortbildungsrevision des § 115 II Nr. 2 Alt. 1 FGO bereits vorstehend unter II.1.c) (S. 209 ff., dort S. 210) sowie II.2. (S. 212 ff.).

798 Ebenso *Seer*, in: T/K, § 115 FGO Tz. 64 (Lfg. 131 Oktober 2012).

cc) Zweck der Rechtsprechungsvereinheitlichungsrevision

Der Revisionszulassungsgrund der ‚Erforderlichkeit einer Entscheidung des BFH zur Sicherung einer einheitlichen Rechtsprechung' i.S.d. § 115 II Nr. 2 Alt. 2 FGO dient *objektiv-rechtlich* dem *Allgemeininteresse* an der *Wahrung der Einheitlichkeit der Rechtsprechung*, also der *Rechtseinheit* und *Rechtssicherheit*[799]. Damit einher geht die *Kontrolle des BFH* als Revisionsgericht *über die FGe*, die sich ebenfalls in dem Zulassungsgrund des § 115 II Nr. 2 Alt. 2 FGO niederschlägt[800].

Nicht zuletzt dient die Rechtsprechungsvereinheitlichungsrevision neben ihrer objektiv-rechtlichen Komponente zumindest auch dem *Individualrechtsschutz* des Steuerpflichtigen und der *Einzelfallgerechtigkeit*, die i.Ü. ebenso seitens der beklagten Finanzbehörde als Revisionsklägerin durchgesetzt werden kann[801]. Diese subjektiv-rechtliche Komponente muss bei der Bestimmung des Zwecks der Rechtsprechungsvereinheitlichungsrevision bereits deswegen Berücksichtigung finden, weil es den Beteiligten nicht zugemutet werden kann, eine insbesondere von der Rechtsprechung des BFH abweichende Entscheidung eines FG hinzunehmen[802]. Darüber hinaus möchte die Rechtsprechung und ihr folgend das überwiegende Schrifttum der vom Gesetzgeber geforderten Stärkung und Verbesserung des Individualrechtsschutzes – wie schon vorstehend unter aa) (S. 215 ff., dort S. 216) erwähnt – dadurch Rechnung tragen, dass sie den Zulassungsgrund der ‚Erforderlichkeit einer Entscheidung des BFH zur Sicherung einer einheitlichen Rechtsprechung' gemäß § 115 II Nr. 2 Alt. 2 FGO auch bei einem sog. *gravierenden/schwerwiegenden Rechtsanwendungsfehler des FG* für gegeben hält[803].

---

799 *Seer*, in: T/K, § 115 FGO Tz. 14 u. 65 (Lfg. 131 Oktober 2012). – Vgl. in diesem Zusammenhang auch *Bleschick*, Revisionszulassungsgründe im Spannungsverhältnis, S. 290, wonach der Rechtsprechungsvereinheitlichungsrevision mit den Fallgruppen der Divergenz und des gravierenden/schwerwiegenden Rechtsanwendungsfehlers des FG – im Gegensatz zur Grundsatz- und Rechtsfortbildungsrevision, die der Revisionszulassung zur *abstrakten Rechtsklärung* dienen – die Funktion der Revisionszulassung zur *konkreten Fehler- bzw. Rechtsanwendungskorrektur* zukomme. Im Hinblick auf das von ihm i.R.d. § 115 II Nr. 2 Alt. 2 FGO beabsichtigte einheitliche Zulassungskriterium der *‚Abweichung in der Rechtsanwendung'* (vgl. dazu bereits vorstehend unter aa) [S. 215 ff. – 216], dort Fußnote 788 a.E.) spricht *Bleschick*, a.a.O., S. 364, insoweit noch detaillierter von der *Korrektur konkreter Abweichungen in der Rechtsanwendung* als Zweck der Revisionszulassung zur Sicherung einer einheitlichen Rechtsprechung.

800 Sog. *Kontrollfunktion*, s. wiederum *Seer*, in: T/K, § 115 FGO Tz. 14 u. 65 (Lfg. 131 Oktober 2012).

801 Vgl. *Seer*, in: T/K, § 115 FGO Tz. 14 f. u. 65 (Lfg. 131 Oktober 2012).

802 *Seer*, in: T/K, § 115 FGO Tz. 65 (Lfg. 131 Oktober 2012).

803 Dazu eingehend nachfolgend unter c) (S. 258 ff.) sowie 2.b) (S. 348 ff. dort zur Darlegung). **Kritisch** zur Einordnung sog. gravierender/schwerwiegender Rechtsanwendungsfehler in die Rechtsprechungsvereinheitlichungsrevision des § 115 II Nr. 2 Alt. 2 FGO ansatzweise bereits oben unter I.1.d)bb) (S. 142 ff.), dort

b) Voraussetzungen einer Revisionszulassung wegen Divergenz

Den Hauptanwendungsfall des Revisionszulassungsgrundes der ‚Erforderlichkeit einer Entscheidung des BFH zur Sicherung einer einheitlichen Rechtsprechung' i.S.d. § 115 II Nr. 2 Alt. 2 FGO bildet auch nach der Neufassung der Zulassungsgründe durch das 2. FGOÄndG weiterhin die *Divergenz*[804].

---

v.a. (2) (S. 144 ff.), u. nachfolgend unter c)aa) (S. 263 ff., dort S. 266 f.) sowie ausführlich später im 4. Abschnitt unter B.I.2. (S. 472 ff.), dort v.a. b)bb) (S. 488 ff.).

804 Auch hinsichtlich der ***Zuständigkeit des Großen Senats*** erlangt die *Divergenz* eine entscheidende Bedeutung: Gemäß § 11 II FGO entscheidet der Große Senat, wenn ein Senat in einer Rechtsfrage von der Entscheidung eines anderen Senats oder des Großen Senats abweichen will (sog. *Divergenzanrufung*). Jeder Senat, der in einer entscheidungserheblichen Rechtsfrage von der Entscheidung eines anderen Senats oder des Großen Senats abweichen will, muss also eine Entscheidung des Großen Senats herbeiführen. Im Gegensatz zu der ermessensgebundenen Vorlage bei Grundsätzlichkeit i.S.d. § 11 IV FGO handelt es sich insoweit um eine *verpflichtende Vorlage*. Für die Divergenzanrufung kommt es dabei regelmäßig nicht darauf an, ob die Entscheidung des anderen Senats, von der abgewichen werden soll, amtlich bzw. in BFH/NV veröffentlicht worden ist oder nicht (*Brandis*, in: T/K, § 11 FGO Tz. 4 [Lfg. 115 April 2008]; Gräber/*Ruban*[6], § 11 FGO Tz. 7; *Müller-Horn*, in: BG, § 11 FGO Tz. 8 [Lfg. 68 Januar 2008]; *Sunder-Plassmann* HHSp., § 11 FGO Tz. 32 [Lfg. 194 Juni 2007]). Eine Ausnahme davon statuiert die *Überleitungsvorschrift* des § 184 II Nr. 5 FGO, wonach der Große Senat in Fällen, in denen ein BFH-Senat in einer Rechtsfrage von einer vor Inkrafttreten der FGO zum 01.01.1966 (also bis zum 31.12.1965) ergangenen Entscheidung eines anderen Senats oder des Großen Senats oder von einer Entscheidung des ehemaligen Obersten Finanzgerichtshofs in München abweichen will, nur entscheidet, wenn die frühere Entscheidung gemäß § 64 RAO 1931 veröffentlicht worden ist (vgl. dazu etwa *BFH*, Beschl. v. 23.02.1966, II S 2/66, BStBl. III 1966, 402; Urt. v. 21.03.1989, IX R 58/86, BStBl. II 1989, 778 a.E.; Beschl. v. 10.04.2003, XI R 54/99, BStBl. II 2004, 400, 403; Urt. v. 03.03.2004, X R 12/02, BStBl. II 2004, 722, 724). Das Gesetz macht die Zulässigkeit der Anrufung wegen Divergenz nunmehr von der *Durchführung eines gesonderten Anfrageverfahrens* i.S.d. § 11 III FGO abhängig. Danach ist eine Vorlage an den Großen Senat wegen Abweichung nur zulässig, wenn der Senat, von dessen Entscheidung abgewichen werden soll, bzw. der infolge einer Änderung des Geschäftsverteilungsplans an dessen Stelle getretene Senat, auf Anfrage des erkennenden Senats erklärt hat, dass er an seiner Rechtsauffassung festhalte (§ 11 III 1 u. 2 FGO). Sowohl über die Anfrage als auch über die Antwort entscheidet der jeweilige Senat durch Beschluss in der für Urteile erforderlichen Besetzung (§§ 11 III 3 i.V.m. 10 III Alt. 1 FGO: Volle Besetzung von fünf Richtern). Wegen ihres obligatorischen Charakters und der besonderen Zulässigkeitsvoraussetzung des § 11 III FGO ist die Anrufung des Großen Senats wegen Abweichung nach § 11 II FGO gegenüber der (fakultativen) Anrufung wegen Grundsätzlichkeit nach § 11 IV FGO stets vorrangig, (*Brandis*, in: T/K, § 11 FGO Tz. 3 [Lfg. 115 April 2008]; Gräber/*Ruban*[6], § 11 FGO Tz. 27; *Sunder-Plassmann* HHSp., § 11 FGO Tz. 23, 24 u. 99 [Lfg. 194 Juni 2007], teils m.w.N.). Vgl. zur Divergenzanrufung gemäß § 11 II u. III FGO und dem dortigen Begriff

aa) *Das Spektrum möglicher Divergenzentscheidungen*[805]

(1) *Abweichung des finanzgerichtlichen Urteils von einer Entscheidung des BFH, des BVerfG und des GmSOGB – § 115 II Nr. 2 FGO 1965*

Nach der ursprünglichen Fassung des § 115 II Nr. 2 FGO 1965 war die Revision zunächst nur zuzulassen, wenn das finanzgerichtliche Urteil von einer *Entscheidung des BFH* abwich und auf dieser Abweichung (Divergenz) beruhte, sog. *Divergenzrevision*[806]. Art. 6 des Fünften Gesetzes zur Änderung des Gesetzes über das Bundesverfassungsgericht[807] erweiterte diesen Zulassungsgrund nachfolgend um Abweichungen des finanzgerichtlichen Urteils von der *Judikatur des BVerfG*. Zuvor wurden auch bereits Abweichungen des finanzgerichtlichen Urteils von einer *Entscheidung des GmSOGB* über die Divergenzrevision i.S.d. § 115 II Nr. 2 FGO 1965 erfasst. Zwar fanden letztere – im Gegensatz zu § 132 II Nr. 2 VwGO und § 160 II Nr. 2 SGG – im Gesetzestext des § 115 II Nr. 2 FGO 1965 keine explizite

---

der *,Divergenz'* ausführlich *Brandis*, in: T/K, § 11 FGO Tz. 3 ff. (Lfg. 115 April 2008); Gräber/*Ruban*[6], § 11 FGO Tz. 4 ff.; *Müller-Horn*, in: BG, § 11 FGO Tz. 4 ff. (Lfg. 68 Januar 2008); *Sunder-Plassmann* HHSp., § 11 FGO Tz. 23 ff. (Lfg. 194 Juni 2007). – Colorandi causa ist noch darauf hinzuweisen, dass der Begriff der ,Abweichung (Divergenz)' schließlich (mittelbar) in der FGO eine Rolle spielt, wenn es um die Zulassung der Beschwerde gegen ***Entscheidungen über eine Rechtswegverweisung*** gemäß § 155 Satz 1 FGO i.V.m. § 17a IV 4 u. 5 GVG geht. Da es sich bei den FGen gemäß § 2 FGO um *obere Landesgerichte* i.S.d. § 17a IV 4 GVG handelt, steht den Beteiligten die Beschwerde gegen entsprechende Beschlüsse eines FG im Zusammenhang mit Entscheidungen über eine Rechtswegverweisung an den BFH nur zu, wenn das FG sie zugelassen hat (keine NZB!), wobei die Beschwerde gemäß § 17a IV 5 GVG u.a. dann zuzulassen ist, wenn *das FG von der Entscheidung eines obersten Gerichtshofs des Bundes oder des GmSOGB abweicht* (sog. *Divergenzbeschwerde*), vgl. dazu ausführlich *Seer*, in: T/K, § 128 FGO Tz. 39 ff. (Lfg. 121 September 2009); Zöller/*Gummer*[26], § 17a GVG Tz. 16 u. 16a a.E.

805 Als *Divergenzentscheidung* wird dabei im Folgenden diejenige Entscheidung bezeichnet, von der das angefochtene finanzgerichtliche Urteil abweicht. Bei Divergenzentscheidungen kann es sich sowohl um *Urteile* als auch um *Beschlüsse* handeln; Beschlüsse kommen aber nur dann als Divergenzentscheidungen in Betracht, wenn mit ihnen über revisible Rechtsfragen entschieden wird, Gräber/*Ruban*[6], § 115 FGO Tz. 50; *Lange* HHSp., § 115 FGO Tz. 175 (Lfg. 192 Oktober 2006); Schwarz/*Dürr*, § 115 FGO Tz. 35 (Lfg. 30 6/2008). Für die Einordnung als Divergenzentscheidung kommt es schließlich nicht darauf an, ob die betreffende Entscheidung amtlich veröffentlicht oder auf andere Weise bekannt gemacht worden ist, *BFH*, Beschl. v. 03.05.1968, III B 38/67, BStBl. II 1968, 685; Gräber/*Ruban*[6], § 115 FGO Tz. 50; *Lange* HHSp., § 115 FGO Tz. 175 (Lfg. 192 Oktober 2006); Schwarz/*Dürr*, § 115 FGO Tz. 35 (Lfg. 30 6/2008).

806 Dazu bereits oben im 1. Abschnitt unter C.I. (S. 20).

807 Fünftes Gesetz zur Änderung des Gesetzes über das Bundesverfassungsgericht v. 02.08.1993, BGBl. I 1993, 1442 = BStBl. I 1993, 805, dazu bereits oben im 1. Abschnitt unter C.I. (S. 20 f., dort S. 21).

Erwähnung. Allerdings normierte § 18 I 1 des Gesetzes zur Wahrung der Einheitlichkeit der Rechtsprechung der obersten Gerichtshöfe des Bundes[808], dass ein Gericht, das bei Abweichungen von einer Entscheidung eines obersten Gerichtshofs die Revision zuzulassen hat, diese auch dann zulassen muss, wenn es von einer Entscheidung des GmSOGB abweicht, und erstreckte die Divergenzrevision somit auch auf Abweichungen des finanzgerichtlichen Urteils von einer Entscheidung des GmSOGB[809].

Auch nach Inkrafttreten des 2. FGOÄndG zum 01.01.2001 gibt es keinen Anhaltspunkt dafür, dass diese vorstehend genannten Fälle eine Revisionszulassung nicht mehr rechtfertigen sollen[810]. Vor dem Hintergrund, dass der Zugang zum BFH durch die Neufassung der Revisionszulassungsgründe ausweislich der Gesetzesbegründung nicht beschränkt sondern erweitert werden sollte[811], und die Rechtsprechungsvereinheitlichungsrevision gemäß § 115 II Nr. 2 Alt. 2 FGO wie unter a)cc) (S. 220) aufgezeigt – ebenso wie die bis zum 31.12.2000 in § 115 II Nr. 2 FGO 1965 niedergelegte Divergenzrevision – objektiv-rechtlich dem Allgemeininteresse an der Wahrung der Einheitlichkeit der Rechtsprechung, also der Rechtseinheit und Rechtssicherheit dient, zieht die Abweichung eines finanzgerichtlichen Urteils von einer Entscheidung des BFH, des BVerfG und des GmSOGB somit auch weiterhin unverändert die Zulassung der Revision nach sich[812]. Soweit § 115 II Nr. 2 Alt. 2

---

808 Gesetz zur Wahrung der Einheitlichkeit der Rechtsprechung der obersten Gerichtshöfe des Bundes v. 19.06.1968, BGBl. I 1968, 661, dazu bereits oben im 1. Abschnitt unter C.I. (S. 20 f.).

809 Siehe dazu etwa *BFH*, Beschl. v. 17.08.1999, VIII B 17/99, BFH/NV 2000, 212.

810 *Lange* HHSp., § 115 FGO Tz. 172 (Lfg. 192 Oktober 2006).

811 Begründung des Entwurfs eines 2. FGOÄndG v. 11.09.2000, BT-Drucks. 14/4061, S. 1 u. 6. Ferner Beschlussempfehlung und Bericht des Rechtsausschusses (6. Ausschuss) zu dem Gesetzentwurf der Bundesregierung – Drucksachen 14/4061, 14/4450: Entwurf eines 2. FGOÄndG – v. 08.11.2000, BT-Drucks. 14/4549, S. 1 u. 10.

812 In diesem Zusammenhang ist nochmals darauf hinzuweisen, dass es sich bei den in Betracht kommenden Divergenzentscheidungen zwar grds. sowohl um Urteile als auch um Beschlüsse handeln kann, Beschlüsse aber nur dann als Divergenzentscheidungen in Betracht kommen, wenn mit ihnen über revisible Rechtsfragen entschieden wird (vgl. schon Fußnote 805). Vor diesem Hintergrund scheiden *Beschlüsse des BFH über die Zulassung der Revision* als Divergenzentscheidungen regelmäßig aus, da in der Entscheidung über eine NZB lediglich über die ordnungsgemäße Darlegung und das Vorliegen der Revisionszulassungsgründe, nicht hingegen über revisible Rechtsfragen entschieden wird, *BFH*, Beschl. v. 13.07.2004, X B 175/03, BFH/NV 2004, 1544, 1545; Gräber/*Ruban*[6], § 115 FGO Tz. 50; Schwarz/*Dürr*, § 115 FGO Tz. 28 u. 38 (Lfg. 30 6/2008); *Seer*, in: T/K, § 115 FGO Tz. 67 a.E. (Lfg. 131 Oktober 2012). Eine Ausnahme gilt lediglich für *Aufhebungs- und Zurückverweisungsbeschlüsse* i.S.d. § 116 VI FGO (dazu ausführlich vorstehend im 2. Abschnitt unter A.III.2.c)cc) [S. 71 ff.]), die stets eine Entscheidung über Verfahrensfragen enthalten und somit taugliche Divergenzentscheidungen

FGO den Tatbestand der Abweichung (Divergenz) umfasst, *absorbiert* er mithin den klassischen Zulassungsgrund der ‚Divergenz' i.S.d. § 115 II Nr. 2 FGO 1965[813].

(2) Abweichung des finanzgerichtlichen Urteils von einer Entscheidung eines anderen Gerichts – Ausdehnung des Divergenztatbestandes

Der Revisionszulassungsgrund des § 115 II Nr. 2 Alt. 2 FGO beschränkt sich jedoch nicht nur auf die Absorption der bis zum 31.12.2000 in § 115 II Nr. 2 FGO 1965 normierten Divergenzrevision.

Aufgrund seiner bewusst weiter gefassten Formulierung geht er vielmehr deutlich über sie hinaus: Wenn es dort heißt, dass eine Entscheidung des BFH erforderlich sein muss, um die Einheitlichkeit der Rechtsprechung zu sichern, erweitert er die frühere Divergenzrevision zu einer allgemein gefassten

---

darstellen, *BFH*, Beschl. v. 28.07.2004, IX B 27/04, BStBl. II 2004, 895, 896; Schwarz/*Dürr*, § 115 FGO Tz. 28 (Lfg. 30 6/2008); *Seer*, in: T/K, § 115 FGO Tz. 67 a.E. (Lfg. 131 Oktober 2012).

813 So die einhellige Auffassung in Rechtsprechung und Literatur, vgl. z.B. *BFH*, Beschl. v. 18.07.2001, X B 46/01, BFH/NV 2001, 1596; Beschl. v. 14.08.2001, XI B 57/01, BFH/NV 2002, 51; Beschl. v. 30.08.2001, IV B 79, 80/01, BStBl. II 2001, 837, 839 u. v.a. 840; Beschl. v. 28.12.2001, VII B 109/01, BFH/NV 2002, 663, 664; Beschl. v. 06.02.2002, V B 36/01, BFH/NV 2002, 824; Beschl. v. 25.04.2002, II B 24/01, BFH/NV 2002, 1311; Beschl. v. 12.07.2002, XI B 168/01, BFH/NV 2002, 1484; Beschl. v. 01.10.2002, IV B 91/01, BFH/NV 2003, 304; Beschl. v. 18.03.2003, X B 66/02, BFH/NV 2003, 886, 887; Beschl. v. 23.05.2003, V B 112/02, BFH/NV 2003, 1351; Beschl. v. 16.07.2003, I B 163/02, BFH/NV 2004, 4; Beschl. v. 30.09.2003, XI B 153/02, BFH/NV 2004, 213; Beschl. v. 07.07.2004, VII B 344/03, BStBl. II 2004, 896, 897; Beschl. v. 02.11.2004, XI B 142/03, BFH/NV 2005, 489, 490; Beschl. v. 17.02.2005, X B 185/03, BFH/NV 2005, 1060; Beschl. v. 16.08.2006, V B 207/05, BFH/NV 2006, 2283, 2284; Beschl. v. 16.10.2006, I B 50/06, BFH/NV 2007, 254; Beschl. v. 27.08.2007, III B 48/07, BFH/NV 2008, 76; Beschl. v. 29.02.2008, XI B 208, 209/07, BFH/NV 2008, 1174; Beschl. v. 28.06.2011, XI B 87/10, BFH/NV 2011, 2128; Beschl. v. 29.02.2012, I B 88/11, BFH/NV 2012, 1089; Beschl. v. 30.08.2012, X B 97/11, BFH/NV 2013, 13; *Beermann*, DStZ 2000, 773, 776; *Bilsdorfer*, BB 2001, 753, 755; *Lange* HHSp., § 115 FGO Tz. 172 (Lfg. 192 Oktober 2006); Schwarz/*Dürr*, § 115 FGO Tz. 26 u. 27 (Lfg. 30 6/2008); *Seer*, StuW 2001, 3, 9; *ders.*, in: T/K, § 115 FGO Tz. 66 (Lfg. 131 Oktober 2012). Vgl. zudem die Begründung des Entwurfs eines 2. FGOÄndG v. 11.09.2000, BT-Drucks. 14/4061, S. 9 zu Nr. 13, sowie Beschlussempfehlung und Bericht des Rechtsausschusses (6. Ausschuss) zu dem Gesetzentwurf der Bundesregierung – Drucksachen 14/4061, 14/4450: Entwurf eines 2. FGOÄndG – v. 08.11.2000, BT-Drucks. 14/4549, S. 10: Wenn es dort jeweils sinngemäß heißt, dass i.R.d. Revisionszulassungsgründe eine Beschränkung u.a. auf ‚Divergenzfälle' bzw. den klassischen Zulassungsgrund der ‚Divergenz' nicht vorgesehen sei, dann kann daraus gleichzeitig herausgelesen werden, dass die bisherigen ‚typischen Divergenzfälle' auch nach der Neufassung der Revisionszulassungsgründe durch das 2. FGOÄndG weiterhin eine Zulassung der Revision rechtfertigen sollten.

Rechtsprechungsvereinheitlichungsrevision[814]. Denn eine Gefährdung der Einheitlichkeit der Rechtsprechung besteht nicht nur dann, wenn das finanzgerichtliche Urteil von einer Entscheidung des BFH, des BVerfG oder des GmSOGB abweicht, sondern auch bei der Abweichung von einer Entscheidung eines anderen Gerichts. § 115 II Nr. 2 Alt. 2 FGO dehnt somit den Tatbestand der Divergenz dahingehend aus, dass es nun nicht mehr darauf ankommt, welches Gericht die Entscheidung, von der abgewichen wird, getroffen hat[815].

(a) Abweichung von einer Entscheidung des RFH

Vor diesem Hintergrund stellt sich zunächst die Frage, ob die Revision unter dem Gesichtspunkt der Divergenz auch dann gemäß § 115 II Nr. 2 Alt. 2 FGO zuzulassen ist, wenn das finanzgerichtliche Urteil von einer *Entscheidung des RFH* abweicht.

Reinhild Ruban[816] vertritt insoweit die Ansicht, dass die Abweichung von Entscheidungen des RFH die Zulassung der Revision nach § 115 II Nr. 2 Alt. 2 FGO nicht rechtfertige. Sie verweist insoweit auf die Überleitungsvorschrift des § 184 II Nr. 5 FGO, die im Hinblick auf die Zuständigkeit des Großen Senats bei Divergenzanrufungen i.S.d. § 11 II FGO normiert, dass dieser in Fällen, in denen ein Senat des BFH in einer Rechtsfrage von einer vor Inkrafttreten der FGO ergangenen Entscheidung eines anderen Senats oder des Großen Senats oder von einer Entscheidung des ehemaligen Obersten Finanzgerichtshofs in München abweichen

---

814 *Seer*, in: T/K, § 115 FGO Tz. 64 u. 67 (Lfg. 131 Oktober 2012). Vgl. auch *Beermann*, DStZ 2000, 773, 776, sowie *Lange* HHSp., § 115 FGO Tz. 174 (Lfg. 192 Oktober 2006).

815 *BFH*, Beschl. v. 30.08.2001, IV B 79, 80/01, BStBl. II 2001, 837, 840; Beschl. v. 06.02.2002, V B 36/01, BFH/NV 2002, 824; Beschl. v. 23.05.2003, V B 112/02, BFH/NV 2003, 1351; Beschl. v. 16.07.2003, I B 163/02, BFH/NV 2004, 4; Beschl. v. 15.02.2006, XI B 78/05, BFH/NV 2006, 1122, 1123; Beschl. v. 11.05.2006, IX B 38/06, BFH/NV 2006, 1677; Beschl. v. 16.10.2006, I B 50/06, BFH/NV 2007, 254; Beschl. v. 12.07.2007, IX B 138/06, BFH/NV 2007, 1917; Beschl. v. 19.10.2007, IV B 163/06, BFH/NV 2008, 212; Beschl. v. 29.10.2007, VI B 58/07, BFH/NV 2008, 237, wonach eine Abweichung nur vorliegt, wenn das FG eine andere Auffassung vertritt als *u.a. der BFH*; Beschl. v. 31.08.2011, II B 14/11, BFH/NV 2012, 59; Beschl. v. 29.02.2012, I B 88/11, BFH/NV 2012, 1089, wonach eine Rechtsprechungsdivergenz ebenfalls nur vorliegt, wenn das FG eine andere Auffassung vertritt als *u.a. der BFH*; Beschl. v. 19.07.2012, X B 88/11, BFH/NV 2012, 1932; *Beermann*, DStZ 2000, 773, 776; *Lange* HHSp., § 115 FGO Tz. 174 (Lfg. 192 Oktober 2006); Schwarz/*Dürr*, § 115 FGO Tz. 26 (Lfg. 30 6/2008); *Seer*, StuW 2003, 193, 198 u. 204, der anführt, dass die Beschränkung auf Abweichungen des FG-Urteils von einer Entscheidung des BFH, des BVerfG oder des GmSOGB nun gefallen sei; *ders.*, in: T/K, § 115 FGO Tz. 64 u. 67 sowie § 116 FGO Tz. 50 (jeweils Lfg. 131 Oktober 2012); *Wagner*, in: KvW[19], § 115 FGO Tz. 16. – Nach *BFH*, Beschl. v. 19.05.2010, IX B 11/10, BFH/NV 2010, 1648, genügt die (vermeintliche) Abweichung von einer (veröffentlichten) Verwaltungsmeinung hingegen richtigerweise nicht.

816 Gräber/*Ruban*[6], § 115 FGO Tz. 49.

will, nur entscheidet, wenn die frühere Entscheidung gemäß § 64 RAO 1931 veröffentlicht worden ist[817]. Des Weiteren untermauert sie ihre Ansicht mit zwei Entscheidungen des BFH, die jeweils zur Divergenzrevision nach § 115 II Nr. 2 FGO 1965 ergangen sind, und die bereits im Leitsatz ausdrücklich ausführen, dass eine Revisionszulassung wegen Divergenz nicht in Betracht komme, wenn das finanzgerichtliche Urteil von einer Entscheidung des RFH abweiche, so dass die Abweichung von einer Entscheidung des RFH auch zur Begründung einer auf Divergenz gestützten NZB nicht ausreiche[818].

Diese beiden BFH-Entscheidungen können vorliegend aber keine Beachtung finden, wenn es darum geht, zu bestimmen, ob § 115 II Nr. 2 Alt. 2 FGO auch bei Abweichungen des finanzgerichtlichen Urteils von einer Entscheidung des RFH einschlägig ist. Denn die frühere Divergenzrevision, zu der diese Entscheidungen ergangen sind, war gemäß § 115 II Nr. 2 FGO 1965 bzw. § 18 I 1 des Gesetzes zur Wahrung der Einheitlichkeit der Rechtsprechung der obersten Gerichtshöfe des Bundes *ausschließlich* auf Abweichungen von Entscheidungen des BFH, des BVerfG und des GmSOGB zugeschnitten. § 115 II Nr. 2 Alt. 2 FGO wurde jedoch bewusst weiter gefasst und soll den Divergenztatbestand – wie soeben erwähnt – gerade über die bisherige Divergenzrevision des § 115 II Nr. 2 FGO 1965 hinaus zu einer allgemein gefassten Rechtsprechungsvereinheitlichungsrevision erweitern[819].

Dies erkennt auch die neuere zu § 115 II Nr. 2 Alt. 2 FGO ergangene Rechtsprechung, die Abweichungen von einer Entscheidung des RFH zwar auch nicht uneingeschränkt erfasst, im Gegensatz zu der vorstehend zu § 115 II Nr. 2 FGO 1965 zitierten Rechtsprechung eine Zulassung der Revision zur Sicherung einer einheitlichen Rechtsprechung unter dem Gesichtspunkt der Divergenz aber auch nicht von vornherein kategorisch ausschließt. Danach stellt eine *Entscheidung des RFH*, von der die Vorentscheidung abweicht, eine *taugliche Divergenzentscheidung*

817 Siehe dazu bereits Fußnote 804.

818 *BFH*, Beschl. v. 18.09.1970, III B 21/70, BStBl. II 1971, 4. Dort heißt es – unter Hinweis auf *BFH*, Beschl. v. 16.01.1970, VI B 61/69, n.v. – explizit, dass § 115 II Nr. 2 FGO 1965 schon seinem Wortlaut nach nicht dahin ausgelegt werden könne, dass die NZB auch bei einer Abweichung von einer Entscheidung des RFH gegeben wäre. Insbesondere sei die Rüge einer Divergenz von einer Entscheidung des RFH nicht (bereits) deshalb begründet, weil es sich bei dem RFH um den Rechtsvorgänger des BFH handele. Der BFH könne institutionell schon deshalb nicht Rechtsnachfolger des RFH sein, weil er ein Gericht der Bundesrepublik Deutschland sei, während der RFH ein Gericht des Deutschen Reiches war. Des Weiteren *BFH*, Beschl. v. 30.09.1993, IV B 182/92, BFH/NV 1994, 641, 642. – Vor der Reform der Revisionszulassungsgründe durch das 2. FGOÄndG führten Abweichungen des finanzgerichtlichen Urteils von *Entscheidungen des RFH* jedoch regelmäßig zur Zulassung der Revision wegen grundsätzlicher Bedeutung der Rechtssache gemäß § 115 II Nr. 1 FGO 1965, vgl. *Lange* HHSp., § 115 FGO Tz. 174 (Lfg. 192 Oktober 2006); *Ruban*, StVj 1991, 142, 154.

819 Vgl. soeben eingangs unter (2) (S. 224 f.) mit den entsprechenden Nachweisen in Fußnote 814.

dar, wenn sie nicht zwischenzeitlich durch eine Entscheidung des BFH aufgegeben und überholt worden ist[820]. Eine *Entscheidung des RFH* kommt dieser Rechtsprechung zufolge als Divergenzentscheidung also *immer* – und zugleich *nur* – dann in Betracht, wenn ihr noch eine *gewisse Bedeutung für den Rechtsverkehr* zukommt.

Insoweit besteht m.E. eine gewisse Parallele zu der von *Ruban* in den Raum geworfenen Überleitungsvorschrift des § 184 II Nr. 5 FGO, die ihrer Ansicht nach einer Einbeziehung von Entscheidungen des RFH in den Kreis der Divergenzentscheidungen i.S.d. § 115 II Nr. 2 Alt. 2 FGO entgegensteht. § 184 II Nr. 5 FGO macht die Anrufung des GrS wegen Abweichung nach § 11 II FGO im Hinblick auf beabsichtigte Abweichungen eines BFH-Senats von einer vor Inkrafttreten der FGO ergangenen Entscheidung eines anderen Senats oder des GrS oder von einer Entscheidung des ehemaligen Obersten Finanzgerichtshofs in München nämlich davon abhängig, dass die frühere Entscheidung gemäß § 64 RAO 1931 veröffentlicht worden ist, wobei eine Veröffentlichung gemäß § 64 Satz 1 RAO 1931 nur stattfand, soweit der Entscheidung *grundsätzliche Bedeutung* zukam[821].

Obwohl es sich also um frühere – vor Inkrafttreten der FGO ergangene – Entscheidungen handelt, finden diese vor dem GrS bei Divergenzanrufungen i.S.d. § 11 II FGO dennoch Beachtung, soweit ihnen noch eine gewisse – grundlegende – Bedeutung für den Rechtsverkehr zukommt, was vorliegend durch die seinerzeitige Veröffentlichung der für grundsätzlich bedeutsam gehaltenen Entscheidung i.S.d. § 64 Satz 1 RAO 1931 indiziert wird.

Da auch die vorstehend genannte BFH-Rechtsprechung zu § 115 II Nr. 2 Alt. 2 FGO für die Einordnung von Entscheidungen des RFH in den Kreis der Divergenzentscheidungen gerade darauf abstellt, dass die betreffende Entscheidung des RFH nicht zwischenzeitlich durch eine Entscheidung des BFH aufgegeben und überholt worden ist, und ihr somit noch eine gewisse Bedeutung für den Rechtsverkehr zukommt, spricht der Hinweis von *Ruban* auf die Überleitungsvorschrift des § 184 II Nr. 5 FGO m.E. eher *für* die Einbeziehung von Entscheidungen des RFH in das Spektrum der möglichen Divergenzentscheidungen als dagegen.

Entgegen der von *Ruban* vertretenen Ansicht gebietet das Postulat der Rechtseinheit und Rechtssicherheit mithin auch dann einen klärenden Richterspruch des

---

820 So z.B. *BFH*, Beschl. v. 14.07.2003, II B 98/02, BFH/NV 2003, 1592 f., unter Hinweis auf *BFH*, Beschl. v. 20.02.1980, II B 26/79, BStBl. II 1980, 211, 212, wonach eine aufgegebene Rechtsprechung eine Divergenz nicht mehr zu begründen vermag. – Wenig nachvollziehbar hingegen *BFH*, Beschl. v. 27.08.2007, III B 48/07, BFH/NV 2008, 76, wonach die Abweichung von einer Entscheidung des RFH *von vornherein* keine Divergenz begründen könne, zumal hier auf den zur Divergenzrevision nach § 115 II Nr. 2 FGO 1965 ergangenen *BFH*-Beschl. v. 18.09.1970 (Fn. 818), BStBl. II 1971, 4, Bezug genommen wird, der nach den vorangegangenen Erläuterungen i.R.d. § 115 II Nr. 2 Alt. 2 FGO gerade keine Beachtung finden kann.

821 Diese Entscheidungen wurden als sog. „*S-Entscheidungen*" qualifiziert, vgl. dazu *Brandis*, in: T/K, Erläuterungen zu § 184 FGO (Lfg. 128 Januar 2012) m.w.N.

BFH, wenn das FG in seinem Urteil von *einer heute noch als Richterrecht relevanten – da vom BFH bislang noch nicht aufgegebenen und überholten – Entscheidung des RFH* abweicht[822].

(b) Abweichung von einer Entscheidung anderer oberster Bundesgerichte und des EuGH

Der Revisionszulassungsgrund des § 115 II Nr. 2 Alt. 2 FGO kann des Weiteren nunmehr auch dann vorliegen, wenn das FG in seinem Urteil einem *obersten Bundesgericht eines anderen Gerichtszweigs* seine Gefolgschaft verweigert. Dies betrifft namentlich Abweichungen der Vorentscheidung von einer *Entscheidung des BVerwG, des BSG, des BGH und des BAG*[823].

Ebenso verhält es sich bei einer Abweichung des finanzgerichtlichen Urteils von einer *Entscheidung des EuGH*[824].

---

822 Auf gleicher Linie *Seer*, in: T/K, § 115 FGO Tz. 67 u. § 116 FGO Tz. 50 (jeweils Lfg. 131 Oktober 2012). Siehe auch Schwarz/*Dürr*, § 115 FGO Tz. 43 (Lfg. 30 6/2008). Schließlich *Lange* HHSp., § 115 FGO Tz. 174 (Lfg. 192 Oktober 2006) u. *Seer*, StuW 2003, 193, 198, bei denen allerdings die seitens der Rechtsprechung entwickelte Einschränkung nicht so zum Ausdruck kommt. – Da die Tauglichkeit von *RFH-Entscheidungen* als Divergenzentscheidungen stets davon abhängt, dass diese heute noch als Richterrecht relevant sind, ist insoweit regelmäßig eine *besonders sorgfältige Prüfung* der ‚Erforderlichkeit einer BFH-Entscheidung' vorzunehmen und bedarf es i.R.d. Begründung einer NZB entsprechend *schlüssiger und substantiierter Darlegungen* seitens des Beschwerdeführers, vgl. insoweit auch die Ausführungen nachfolgend unter ff)(1)(b) (S. 251 ff.) mit Fußnote 908 u. 2.a)dd)(1) (S. 343 ff., dort S. 344 f.) mit Fußnote 1137 sowie später im 4. Abschnitt unter B.III.1.a) (S. 518 ff., dort S. 519 f.) mit Fußnote 1707.

823 *BFH*, Beschl. v. 01.10.2002, IV B 91/01, BFH/NV 2003, 304; Beschl. v. 18.03.2003, X B 66/02, BFH/NV 2003, 886, 887; Beschl. v. 30.09.2003, XI B 153/02, BFH/NV 2004, 213; Beschl. v. 02.11.2004, XI B 142/03, BFH/NV 2005, 489, 490; Beschl. v. 17.02.2005, X B 185/03, BFH/NV 2005, 1060; Beschl. v. 27.08.2007, III B 48/07, BFH/NV 2008, 76; Beschl. v. 30.08.2012, X B 97/11, BFH/NV 2013, 13; *Beermann*, in: BG, § 115 FGO Tz. 117 (Lfg. 57 März 2006); Gräber/*Ruban*[6], § 115 FGO Tz. 49; *Lange* HHSp., § 115 FGO Tz. 174 (Lfg. 192 Oktober 2006); Schwarz/*Dürr*, § 115 FGO Tz. 27 u. 43 (Lfg. 30 6/2008); *Seer*, StuW 2003, 193, 198; *ders.*, in: T/K, § 115 FGO Tz. 67 u. § 116 FGO Tz. 50 (jeweils Lfg. 131 Oktober 2012). – Vor der Reform der Revisionszulassungsgründe durch das 2. FGOÄndG führten Abweichungen des finanzgerichtlichen Urteils von *Entscheidungen anderer oberster Bundesgerichte* regelmäßig zur Zulassung der Revision wegen grundsätzlicher Bedeutung der Rechtssache gemäß § 115 II Nr. 1 FGO 1965, vgl. *BFH*, Beschl. v. 01.08.1990, II B 36/90, BStBl. II 1990, 987; Gräber/*Ruban*[6], § 115 FGO Tz. 29; *Lange* HHSp., § 115 FGO Tz. 110 u. 174 (Lfg. 192 Oktober 2006); *Ruban*, StVj 1991, 142, 154; Schwarz/*Dürr*, § 115 FGO Tz. 26, 27 u. 43 (Lfg. 30 6/2008).

824 Vgl. *BFH*, Beschl. v. 29.05.2002, VII B 8/02, BFH/NV 2002, 1323, 1324; Beschl. v. 28.06.2011, XI B 87/10, BFH/NV 2011, 2128. Zudem *Beermann*, in: BG, § 115 FGO Tz. 117 (Lfg. 57 März 2006); Gräber/*Ruban*[6], § 115 FGO Tz. 49; *Lange* HHSp.,

(c) *Abweichung von einer Entscheidung anderer FGe sowie anderer Spruchkörper desselben FG und anderer unterinstanzlicher Gerichte*

Schließlich kann die Einheitlichkeit der Rechtsprechung auch dann gefährdet sein, wenn das FG in seinem Urteil von einer *Entscheidung eines anderen FG* abweicht (divergierende Rechtsprechung der FGe)[825].

Das gleiche muss m.E. gelten, wenn das FG in seinem Urteil von einer *Entscheidung eines anderen Spruchkörpers desselben FG* abweicht, zumal nicht ersichtlich ist, wie ansonsten divergierenden Entscheidungen innerhalb eines FG entgegengewirkt werden soll[826].

---

§ 115 FGO Tz. 174 (Lfg. 192 Oktober 2006); Schwarz/*Dürr*, § 115 FGO Tz. 43 (Lfg. 30 6/2008); *Seer*, StuW 2003, 193, 198; *ders.*, in: T/K, § 115 FGO Tz. 67 u. § 116 FGO Tz. 50 (jeweils Lfg. 131 Oktober 2012); *Wagner*, in: KvW[19], § 115 FGO Tz. 16. – Vor der Reform der Revisionszulassungsgründe durch das 2. FGOÄndG führten Abweichungen des finanzgerichtlichen Urteils von *Entscheidungen des EuGH* regelmäßig zur Zulassung der Revision wegen grundsätzlicher Bedeutung der Rechtssache gemäß § 115 II Nr. 1 FGO 1965, vgl. *BFH*, Beschl. v. 28.04.1999, V B 129/98, BFH/NV 1999, 1390; Beschl. v. 30.04.1999, I B 179-181/98; 9/99, BFH/NV 1999, 1365; Beschl. v. 15.02.2000, V B 152/99, BFH/NV 2000, 824; Beschl. v. 25.09.2000, V B 11/00, BFH/NV 2001, 325; Gräber/*Ruban*[6], § 115 FGO Tz. 29; *Lange* HHSp., § 115 FGO Tz. 110 u. 174 (Lfg. 192 Oktober 2006); Schwarz/*Dürr*, § 115 FGO Tz. 26 u. 43 (Lfg. 30 6/2008).

825 *BFH*, Beschl. v. 18.03.2003, X B 66/02, BFH/NV 2003, 886, 887; Beschl. v. 30.09.2003, XI B 153/02, BFH/NV 2004, 213; Beschl. v. 02.11.2004, XI B 142/03, BFH/NV 2005, 489, 490; Beschl. v. 17.02.2005, X B 185/03, BFH/NV 2005, 1060; Beschl. v. 02.03.2005, VI B 32/04, BFH/NV 2005, 1333; Beschl. v. 16.08.2006, V B 207/05, BFH/NV 2006, 2283, 2284; Beschl. v. 27.08.2007, III B 48/07, BFH/NV 2008, 76; Beschl. v. 29.02.2008, XI B 208, 209/07, BFH/NV 2008, 1174; Beschl. v. 28.06.2011, XI B 87/10, BFH/NV 2011, 2128; Beschl. v. 29.02.2012, I B 88/11, BFH/NV 2012, 1089; Beschl. v. 30.08.2012, X B 97/11, BFH/NV 2013, 13; *Beermann*, in: BG, § 115 FGO Tz. 117 (Lfg. 57 März 2006); *Bilsdorfer*, BB 2001, 753, 755 Fußnote 30; Gräber/*Ruban*[6], § 115 FGO Tz. 49; *Lange* HHSp., § 115 FGO Tz. 174 (Lfg. 192 Oktober 2006); Schwarz/*Dürr*, § 115 FGO Tz. 27 u. 43 (Lfg. 30 6/2008); *Seer*, StuW 2003, 193, 198 u. 204; *ders.*, in: T/K, § 115 FGO Tz. 64 sowie 67 u. § 116 FGO Tz. 50 (jeweils Lfg. 131 Oktober 2012); *Wagner*, in: KvW[19], § 115 FGO Tz. 16. – Vor der Reform der Revisionszulassungsgründe durch das 2. FGOÄndG führten Abweichungen des finanzgerichtlichen Urteils von *Entscheidungen anderer FGe* regelmäßig zur Zulassung der Revision wegen grundsätzlicher Bedeutung der Rechtssache gemäß § 115 II Nr. 1 FGO 1965, vgl. *BFH*, Beschl. v. 04.03.1999, VII B 316/98, BFH/NV 1999, 1224; *Lange* HHSp., § 115 FGO Tz. 174 (Lfg. 192 Oktober 2006); *Ruban*, StVj 1991, 142, 154; Schwarz/*Dürr*, § 115 FGO Tz. 26, 27 u. 43 (Lfg. 30 6/2008).

826 Dieser Gedanke kommt m.E. in zwei älteren Entscheidungen des BFH mittelbar zum Ausdruck: Vgl. zunächst *BFH*, Beschl. v. 06.02.1991, II B 137/90, BFH/NV 1992, 175, wo der Kläger behauptet hat, dass die Entscheidung des FG u.a. von einer *anderen Entscheidung desselben FG* abgewichen sei. Insoweit hat der BFH zwar seinerzeit entschieden, dass mit einer derartigen Behauptung der

Sogar Abweichungen der finanzgerichtlichen Entscheidung von *Entscheidungen unterer Instanzen anderer Gerichtszweige* – z.B. von *Entscheidungen eines OVG/VGH oder LSG*, und angesichts der Berücksichtigung von Entscheidungen des jeweils obersten Bundesgerichts als taugliche Divergenzentscheidungen konsequenterweise auch *eines OLG oder LAG* – werden nach herrschender Auffassung von § 115 II Nr. 2 Alt. 2 FGO erfasst[827].

Widerspruch erfährt diese Ansicht von *Reinhild Ruban*[828], die Abweichungen der Vorentscheidung von Entscheidungen der Instanzgerichte anderer Gerichtszweige für eine Zulassung der Revision nach § 115 II Nr. 2 Alt. 2 FGO nicht ausreichen lassen möchte. Ihrem Einwand, § 115 II Nr. 2 Alt. 2 FGO diene primär der Gewährleistung der Einheitlichkeit der Rechtsprechung innerhalb der Finanzgerichtsbarkeit, während die Sicherung einer einheitlichen Rechtsprechung innerhalb der anderen Gerichtsbarkeiten Aufgabe des für den jeweiligen Gerichtszweig zuständigen Revisionsgerichts sei, ist jedoch der *Grundsatz der Einheit der Rechtsordnung* entgegenzuhalten:

Wenn § 115 II Nr. 2 Alt. 2 FGO bei Abweichungen des finanzgerichtlichen Urteils von einer Entscheidung des GmSOGB sowie der obersten Bundesgerichte anderer Gerichtszweige einschlägig ist, dann ist kein vernünftiger Grund ersichtlich, warum die anderen Gerichtszweige nur auf oberster Ebene in Gestalt der obersten Bundesgerichte und des GmSOGB, nicht aber auch bereits in den unteren Instanzen für eine auf den Tatbestand der Divergenz gestützte Zulassung der Revision relevant sein sollen. Insbesondere dient es nämlich einer effektiven Umsetzung des

---

Zulassungsgrund der ‚Divergenz' i.S.d. § 115 II Nr. 2 FGO 1965 schon deswegen nicht schlüssig dargelegt sein könne, da dieser eine Abweichung von einer Entscheidung des BFH (bzw. des GmSOGB) voraussetze. Weil diese Entscheidung allerdings noch zu der eng gefassten Divergenzrevision des § 115 II Nr. 2 FGO 1965 ergangen ist, steht sie der diesseits geäußerten Auffassung m.E. jedoch nicht entgegen. Dasselbe gilt m.E. für *BFH*, Beschl. v. 04.03.1999, VII B 316/98, BFH/NV 1999, 1224, wonach die Abweichung von der *Entscheidung eines (anderen) FG* keine Divergenz begründe. – Vgl. zudem Schwarz/*Dürr*, § 115 FGO Tz. 43 (Lfg. 30 6/2008), der zunächst auch darauf hinweist, dass eine Divergenz i.S.d. § 115 II Nr. 2 FGO 1965 u.a. dann nicht gegeben war, wenn das FG von einer *anderen Entscheidung desselben FG* abgewichen ist. Nachfolgend weist er aber darauf hin, dass „diese" vorstehend von ihm genannten Fälle, die unter der Geltung des § 115 II Nr. 2 FGO 1965 nicht unter den Tatbestand der Divergenz, sondern allenfalls unter den Tatbestand der Grundsatzrevision zu subsumieren waren, nunmehr dem Zulassungsgrund der Rechtsprechungsvereinheitlichungsrevision gemäß § 115 II Nr. 2 Alt. 2 FGO zuzuordnen seien.

827 Siehe insoweit *Beermann*, in: BG, § 115 FGO Tz. 117 (Lfg. 57 März 2006): Gerichte aller Gerichtszweige und aller Instanzen. Überdies Schwarz/*Dürr*, § 115 FGO Tz. 43 (Lfg. 30 6/2008); *Seer*, StuW 2003, 193, 198; *ders.*, in: T/K, § 115 FGO Tz. 67 u. § 116 FGO Tz. 50 (jeweils Lfg. 131 Oktober 2012), wo jeweils beispielhaft Entscheidungen eines *OVG/VGH* bzw. *LSG* Erwähnung finden.

828 Gräber/*Ruban*[6], § 115 FGO Tz. 49.

Grundsatzes der Einheit der Rechtsordnung in Form der Einheitlichkeit der Rechtsprechung insgesamt, wenn Divergenzen bei der Zulassung der Revision auch gerichtszweigübergreifend instanziell so früh wie möglich Berücksichtigung finden, ohne dass immer erst abgewartet wird, bis das für die jeweilige Gerichtsbarkeit zuständige Revisionsgericht sich um die Sicherung einer einheitlichen Rechtsprechung innerhalb dieses – seines – Gerichtszweigs bemüht hat bzw. bemühen kann. Auch in Fällen, in denen das finanzgerichtliche Urteil von einer instanzgerichtlichen Entscheidung eines anderen Gerichtszweigs abweicht, besteht mithin regelmäßig ein Bedürfnis nach einheitlicher Rechtsprechung, das nicht zwangsläufig vorrangig durch das für den betreffenden Gerichtszweig zuständige Revisionsgericht befriedigt werden muss. Vielmehr kann insoweit auch der BFH mit zur Sicherung einer einheitlichen Rechtsprechung und somit zur Wahrung der Rechtseinheit und Rechtssicherheit beitragen, wenn gerade ein Widerspruch zwischen dem finanzgerichtlichen Urteil und der instanzgerichtlichen gerichtszweigfremden Entscheidung besteht.

Dies entspricht auch der zu § 115 II Nr. 2 Alt. 2 FGO ergangenen o.g. Rechtsprechung, nach der es für den Tatbestand der Divergenz im Gegensatz zur Divergenzrevision gemäß § 115 II Nr. 2 FGO 1965 ja gerade nicht mehr darauf ankommen soll, welches Gericht die Entscheidung, von der abgewichen wird, getroffen hat[829].

Da schließlich weder der Wortlaut des § 115 II Nr. 2 Alt. 2 FGO („Sicherung einer einheitlichen Rechtsprechung“) noch die dazu ergangene Rechtsprechung irgendwelche Einschränkungen hinsichtlich der in Betracht kommenden Divergenzentscheidungen erkennen lassen, umfasst die *„Rechtsprechung“* i.S.d. § 115 II Nr. 2 Alt. 2 FGO, deren Einheitlichkeit es zu sichern gilt, die Gerichte aller Gerichtszweige und aller Instanzen[830]. Folglich sind auch *Entscheidungen der Instanzgerichte anderer Gerichtszweige*, von denen die Vorentscheidung abweicht, im Interesse der *Einheit der Gesamtrechtsordnung* uneingeschränkt in das Spektrum der tauglichen Divergenzentscheidungen des § 115 II Nr. 2 Alt. 2 FGO mit einzubeziehen[831].

(3) Beschlüsse des IX. Senats *zum Spektrum der möglichen Divergenzentscheidungen*

Entgegen der vorstehend unter (2) (S. 224 ff.) dargestellten Ausdehnung des Divergenztatbestandes auf Entscheidungen anderer Gerichte beharrt der *IX. Senat* des

829 Vgl. die Nachweise aus Rechtsprechung und Literatur in Fußnote 815.

830 In diesem Sinne auch *Beermann*, in: BG, § 115 FGO Tz. 117 (Lfg. 57 März 2006).

831 Dazu, dass bei Abweichungen des FG-Urteils von Entscheidungen (lediglich) *unterer Instanzen anderer Gerichtszweige* – d.h. z.B. von Entscheidungen eines *OVG/VGH* oder *LSG* sowie eines *OLG* bzw. *LAG* – eine *besonders sorgfältige Prüfung* der ‚Erforderlichkeit einer BFH-Entscheidung‘ sowie entsprechend *schlüssige und substantiierte Darlegungen* seitens des Beschwerdeführers notwendig sind, nachfolgend unter ff)(1)(b) (S. 251 ff.) u. 2.a)dd)(1) (S. 343 ff., dort S. 344 f.) sowie später im 4. Abschnitt unter B.III.1.a) (S. 518 ff., dort S. 519 f.).

BFH in zwei Beschlüssen hingegen auch nach der Neufassung der Revisionszulassungsgründe durch das 2. FGOÄndG erstaunlicherweise weiterhin darauf, die Revision unter dem Gesichtspunkt der Divergenz nur bei Abweichungen des FG-Urteils von einer *Entscheidung des BFH oder des BVerfG* zuzulassen[832]. Dabei stützt er sich im Wege einer *‚Kaskadenbegründung'*[833] letztlich nur auf eine Entscheidung zum alten Recht[834] und legt damit weiterhin unverändert den Maßstab der eng gefassten Divergenzrevision des § 115 II Nr. 2 FGO 1965 zugrunde, der die relevanten Divergenzentscheidungen abschließend und ausdrücklich aufzählte[835]. Der Senat führt des Weiteren aus, dass es auf eine (mögliche) Abweichung von einem anderen FG-Urteil nicht ankomme, wenn das finanzgerichtliche Urteil nicht von den höchstrichterlichen Rechtsprechungsgrundsätzen (des BFH oder des BVerfG) abweiche[836].

Mit dieser Ansicht und insbesondere der Art ihrer durch Verweise auf eine Entscheidung zum alten Recht gekennzeichneten Begründung ruft der *IX. Senat* nicht unerhebliche Missverständnisse hervor, zumal er damit die bewusst weitergehende Fassung des § 115 II Nr. 2 Alt. 2 FGO ignoriert, der den Divergenztatbestand gerade über die bisherige Divergenzrevision des § 115 II Nr. 2 FGO 1965 hinaus zu einer allgemein gefassten Rechtsprechungsvereinheitlichungsrevision erweitern soll[837]. Angesichts des in Abweichung zu § 115 II Nr. 2 FGO 1965 bewusst weit gefassten Wortlauts des § 115 II Nr. 2 Alt. 2 FGO, der ohne irgendwelche Einschränkungen von der *‚Erforderlichkeit einer Entscheidung des BFH zur Sicherung einer einheitlichen Rechtsprechung'* spricht, und der damit einhergehenden – von der weit überwiegenden Rechtsprechung und Literatur praktizierten – Ausdehnung des Spektrums möglicher Divergenzentscheidungen auf die Gerichte aller Gerichtszweige und aller Instanzen kann die vom *IX. Senat* in diesen beiden Beschlüssen vertretene, unverändert restriktive Auffassung nicht nachvollzogen

---

832 *BFH*, Beschl. v. 15.12.2005, IX B 98/05, BFH/NV 2006, 768; Beschl. v. 24.01.2007, IX B 84/06, BFH/NV 2007, 1104.

833 So *Seer*, in: T/K, § 115 FGO Tz. 67 (Lfg. 131 Oktober 2012).

834 *BFH*, Beschl. v. 16.03.2000, IX B 108/99, BFH/NV 2000, 1215. – Einen ausdrücklichen Verweis auf diese Entscheidung enthält zwar lediglich der Beschl. v. 15.12.2005 (Fn. 832), BFH/NV 2006, 768. Da aber der Beschl. v. 24.01.2007 (Fn. 832), BFH/NV 2007, 1104, gerade auf den in BFH/NV 2006, 768 veröffentlichten Beschluss verweist, enthält auch er zugleich einen indirekten/mittelbaren Verweis auf die zum alten Recht des § 115 II Nr. 2 FGO 1965 ergangene Entscheidung.

835 Wie bereits mehrfach erwähnt, war die Revision wegen Divergenz neben Abweichungen des finanzgerichtlichen Urteils von einer Entscheidung des BFH und des BVerfG ferner dann zuzulassen, wenn die Vorentscheidung von einer Entscheidung des GmSOGB abgewichen war, was sich allerdings nicht unmittelbar aus § 115 II Nr. 2 FGO 1965, sondern vielmehr aus § 18 I 1 des Gesetzes zur Wahrung der Einheitlichkeit der Rechtsprechung der obersten Gerichtshöfe des Bundes ergab.

836 Vgl. *BFH*, Beschl. v. 24.01.2007 (Fn. 832), BFH/NV 2007, 1104, 1105.

837 Ebenso *Seer*, in: T/K, § 115 FGO Tz. 67 (Lfg. 131 Oktober 2012).

werden. Insbesondere vor dem Hintergrund der vorstehend unter (2) (S. 224 ff.) dargestellten BFH-Rechtsprechung, nach der es nicht mehr darauf ankommen soll, welches Gericht die Entscheidung, von der abgewichen wird, getroffen hat[838], ist sie deshalb – als *,Ausreißer-Rechtsprechung'* – entschieden abzulehnen[839].

bb) Der Begriff der ,Abweichung (Divergenz)'

Eine die Rechtseinheit gefährdende Abweichung (Divergenz) liegt nach st. Rspr. des BFH nur dann vor, wenn das FG in seinem Urteil bei gleichem, vergleichbarem oder gleich gelagertem vorliegenden und festgestellten Sachverhalt in ein und derselben (identischen) Rechtsfrage eine andere Rechtsauffassung vertritt, als ein anderes Gericht[840] in derjenigen Entscheidung, zu der eine Divergenz gegeben sein soll[841]. Neben dem Erfordernis des *gleichen, vergleichbaren oder gleich gelagerten*

---

838 Vgl. insoweit die Rechtsprechungsnachweise in Fußnote 815 sowie die weiteren unter (2)(a) (S. 225 ff.), (2)(b) (S. 228) und (2)(c) (S. 229 ff.) gemachten Ausführungen mit den dortigen einschlägigen Rechtsprechungsnachweisen.

839 So auch *Seer*, in: T/K, § 115 FGO Tz. 67 (Lfg. 131 Oktober 2012).

840 Zu der Frage, von der Entscheidung *welchen anderen Gerichts* die Entscheidung des FG abweichen kann, ausführlich vorstehend unter aa) (S. 222 ff.).

841 Vgl. aus der umfangreichen Rechtsprechung des BFH bspw. *BFH*, Beschl. v. 20.02.1980, II B 26/79, BStBl. II 1980, 211; Beschl. v. 11.12.1992, III B 28/91, BFH/NV 1993, 610; Beschl. v. 04.08.1993, II B 175/92, BFH/NV 1994, 718; Beschl. v. 19.05.1995, III B 60/92, BFH/NV 1996, 74; Beschl. v. 09.12.1997, I B 99/97, BFH/NV 1998, 685; Beschl. v. 15.06.2000, XI B 71/99, BFH/NV 2000, 1180; Beschl. v. 15.06.2000, IX B 5/00, BFH/NV 2000, 1238, 1239; Beschl. v. 16.06.2000, XI B 119/99, BFH/NV 2000, 1239; Beschl. v. 23.06.2000, VIII B 52/99, BFH/NV 2000, 1487; Beschl. v. 23.07.2001, III B 107/00, BFH/NV 2002, 36; Beschl. v. 27.03.2002, VII B 190/01, BFH/NV 2002, 1275; Beschl. v. 11.02.2003, VII B 244/02, BFH/NV 2003, 833, 834; Beschl. v. 11.03.2003, VII B 208/02, BFH/NV 2003, 816, 817; Beschl. v. 18.03.2003, X B 66/02, BFH/NV 2003, 886, 887; Beschl. v. 04.06.2003, VII B 138/01, BStBl. II 2003, 790, 794; Beschl. v. 18.07.2003, III B 143/02, BFH/NV 2003, 1403; Beschl. v. 14.04.2004, I B 51/03, n.v. (juris); Beschl. v. 21.05.2004, III B 171/03, BFH/NV 2004, 1404; Beschl. v. 26.05.2004, III B 89/03, BFH/NV 2004, 1221, 1222; Beschl. v. 26.05.2004, IV B 74/02, BFH/NV 2004, 1410; Beschl. v. 02.11.2004, XI B 142/03, BFH/NV 2005, 489, 490; Beschl. v. 17.02.2005, X B 185/03, BFH/NV 2005, 1060; Beschl. v. 02.03.2005, VI B 32/04, BFH/NV 2005, 1333; Beschl. v. 06.04.2005, IX B 198/04, BFH/NV 2005, 1244; Beschl. v. 13.12.2005, VIII B 74/05, BFH/NV 2006, 740; Beschl. v. 30.01.2006, X B 116/05, BFH/NV 2006, 969; Beschl. v. 15.02.2006, XI B 78/05, BFH/NV 2006, 1122, 1123; Beschl. v. 11.05.2006, IX B 38/06, BFH/NV 2006, 1677; Beschl. v. 28.06.2006, III B 119/05, BFH/NV 2006, 1844, 1845; Beschl. v. 05.07.2006, X B 114/05, BFH/NV 2006, 1869, 1870; Beschl. v. 14.08.2006, III B 171/05, BFH/NV 2006, 2307, 2308; Beschl. v. 16.08.2006, V B 207/05, BFH/NV 2006, 2283, 2284; Beschl. v. 12.10.2006, VI B 154/05, BFH/NV 2007, 51; Beschl. v. 07.12.2006, IX B 34/06, BFH/NV 2007, 715; Beschl. v. 16.01.2007, VI B 35/06, BFH/NV 2007, 941; Beschl. v. 12.07.2007, IX B 138/06, BFH/NV 2007, 1917; Beschl. v. 27.08.2007, III B 48/07, BFH/NV 2008, 76; Beschl. v. 19.10.2007, IV B 163/06,

Sachverhalts ist nach der Rechtsprechung des BFH also erforderlich, dass das angefochtene finanzgerichtliche Urteil und die angebliche Divergenzentscheidung des anderen Gerichts *ein und dieselbe (identische) Rechtsfrage* unterschiedlich beantwortet haben.

Äußert das FG in seiner Entscheidung zwar Zweifel an der Rechtsprechung anderer Gerichte, schließt es sich aber letztlich doch der dort vertretenen Rechtsauffassung an, oder ergänzt es diese lediglich durch zusätzliche Erwägungen, fehlt es mangels unterschiedlicher Beantwortung der betreffenden Rechtsfrage demnach bereits an einer Abweichung[842].

(1) Abweichung in einer Rechtsfrage

Aus der st. Rspr. des BFH zum Begriff der ‚Abweichung' geht zunächst deutlich hervor, dass für die Anerkennung der Divergenz als Zulassungsgrund darauf abgestellt wird, dass die für die Revisionszulassung maßgebliche finanzgerichtliche Entscheidung *in einer Rechtsfrage* von der Rechtsprechung des BFH oder anderer Gerichte abgewichen ist[843]. Der BFH unterstreicht dies durch das von ihm aufgestellte – einschränkende – *Erfordernis divergierender Rechtssätze* als zentrales Tatbestandsmerkmal des Divergenztatbestandes[844].

Fragen tatsächlicher Art, bspw. betreffend die abweichende (unrichtige) Würdigung des Sachverhalts bzw. der tatsächlichen Gegebenheiten, vermögen eine Revisionszulassung unter dem Gesichtspunkt der Divergenz als Hauptanwendungsfall des Zulassungsgrundes der ‚Erforderlichkeit einer Entscheidung des BFH zur Sicherung einer einheitlichen Rechtsprechung' i.S.d. § 115 II Nr. 2 Alt. 2 FGO nach

---

BFH/NV 2008, 212; Beschl. v. 29.10.2007, VI B 58/07, BFH/NV 2008, 237; Beschl. v. 12.11.2009, IV B 8/09, BFH/NV 2010, 464; Beschl. v. 13.01.2010, X B 113/09, BFH/NV 2010, 600; Beschl. v. 14.12.2010, X B 120/10, BFH/NV 2011, 446; Beschl. v. 28.02.2011, XI B 86/10, BFH/NV 2011, 997; Beschl. v. 31.08.2011, II B 14/11, BFH/NV 2012, 59; Beschl. v. 30.08.2012, X B 97/11, BFH/NV 2013, 13. Die zitierten Entscheidungen verhalten sich dabei teilweise zu beiden Kriterien, teilweise aber auch nur entweder zu dem *Erfordernis des gleichen, vergleichbaren oder gleich gelagerten Sachverhalts* oder dem *Erfordernis der (identischen) Rechtsfrage.* – In diesem Zusammenhang ist darauf hinzuweisen, dass eine in der mündlichen Verhandlung durch das FG geäußerte Rechtsauffassung noch keine Divergenz begründet, da insoweit noch keine finanzgerichtliche *Entscheidung* vorliegt, die zu anderen Entscheidungen divergieren könnte, *BFH*, Beschl. v. 18.09.2006, VI B 76/05, BFH/NV 2006, 2301, 2302.

842 *Seer*, in: T/K, § 115 FGO Tz. 71 (Lfg. 131 Oktober 2012).

843 Vgl. nur *BFH*, Beschl. v. 06.04.2005, IX B 198/04, BFH/NV 2005, 1244; Beschl. v. 15.02.2006, XI B 78/05, BFH/NV 2006, 1122, 1123; Beschl. v. 12.10.2006, VI B 154/05, BFH/NV 2007, 51; Beschl. v. 16.01.2007, VI B 35/06, BFH/NV 2007, 941. Siehe i.Ü. die weiteren Rechtsprechungsnachweise in Fußnote 841, soweit diese sich zu dem *Erfordernis der Rechtsfrage* verhalten.

844 Dazu ausführlich und **kritisch** nachfolgend unter cc) (S. 240 ff.) sowie 2.a)bb) (S. 332 ff.) und später im 4. Abschnitt unter B.III.1.b)aa) (S. 522 ff.).

der Rechtsprechung demnach nicht zu rechtfertigen; eine Divergenz in der Beurteilung und Würdigung von Tatsachen ist mithin regelmäßig unbeachtlich[845].

Auch bloße Subsumtionsfehler des FG als Tatsachengericht können eine die einheitliche Rechtsprechung i.S.d. § 115 II Nr. 2 Alt. 2 FGO gefährdende Abweichung nicht begründen[846]. So liegt eine Abweichung insbesondere dann nicht vor, wenn das FG erkennbar von den Rechtsgrundsätzen/Rechtsprechungsgrundsätzen der BFH-Rechtsprechung bzw. der vermeintlichen Divergenzentscheidung eines anderen Gerichts ausgegangen ist, diese aber (angeblich) rechtsfehlerhaft auf die Besonderheiten des Streitfalls angewendet hat[847]. Denn nicht bereits die

---

845 *BFH*, Beschl. v. 20.02.1980, II B 26/79, BStBl. II 1980, 211; Beschl. v. 04.08.1993, II B 175/92, BFH/NV 1994, 718; Beschl. v. 23.07.2001, III B 107/00, BFH/NV 2002, 36; Beschl. v. 16.04.2002, X B 140/01, BFH/NV 2002, 1046; Beschl. v. 25.09.2002, IX B 14/02, BFH/NV 2003, 191; Beschl. v. 11.12.2002, IX B 124/02, BFH/NV 2003, 495; Beschl. v. 20.01.2003, IX B 94/02, BFH/NV 2003, 617; Beschl. v. 17.07.2003, VII B 93/02, BFH/NV 2004, 5, 7; Beschl. v. 17.02.2005, X B 185/03, BFH/NV 2005, 1060, 1061; Beschl. v. 06.04.2005 (Fn. 843), BFH/NV 2005, 1244; Beschl. v. 30.08.2005, VI B 2/05, BFH/NV 2005, 2209; Beschl. v. 16.12.2005, IX B 38/05, BFH/NV 2006, 772, 773; Beschl. v. 15.02.2006 (Fn. 843), BFH/NV 2006, 1122, 1123; Beschl. v. 31.03.2006, V B 181/05, BFH/NV 2006, 2138, 2139; Beschl. v. 22.08.2006, V B 59/04, BFH/NV 2007, 116; Beschl. v. 12.10.2006 (Fn. 843), BFH/NV 2007, 51; Beschl. v. 16.01.2007 (Fn. 843), BFH/NV 2007, 941; Beschl. v. 11.05.2007, V B 49/06, BFH/NV 2007, 1683; Beschl. v. 16.08.2007, VIII B 210/06, BFH/NV 2007, 2286, 2287; Beschl. v. 17.08.2007, VIII B 36/06, BFH/NV 2007, 2293, 2295; Beschl. v. 14.09.2007, VIII B 15/07, BFH/NV 2008, 61; Beschl. v. 19.09.2007, XI B 133/06, BFH/NV 2008, 41; Beschl. v. 19.11.2007, VIII B 70/07, BFH/NV 2008, 380, 381; Beschl. v. 12.11.2009, IV B 8/09, BFH/NV 2010, 464; Beschl. v. 10.02.2010, IX B 163/09, BFH/NV 2010, 887; Beschl. v. 19.05.2010, IX B 11/10, BFH/NV 2010, 1648; Beschl. v. 31.08.2011, II B 14/11, BFH/NV 2012, 59, 60.

846 Siehe *BFH*, Beschl. v. 25.09.2002 (Fn. 845), BFH/NV 2003, 191; Beschl. v. 11.12.2002 (Fn. 845), BFH/NV 2003, 495; Beschl. v. 20.01.2003 (Fn. 845), BFH/NV 2003, 617; Beschl. v. 16.12.2005 (Fn. 845), BFH/NV 2006, 772, 773; Beschl. v. 16.08.2007 (Fn. 845), BFH/NV 2007, 2286, 2287; Beschl. v. 17.08.2007 (Fn. 845), BFH/NV 2007, 2293, 2295; Beschl. v. 14.09.2007 (Fn. 845), BFH/NV 2008, 61; Beschl. v. 19.11.2007 (Fn. 845), BFH/NV 2008, 380, 381; Beschl. v. 12.11.2009 (Fn. 845), BFH/NV 2010, 464; Beschl. v. 10.02.2010 (Fn. 845), BFH/NV 2010, 887; Beschl. v. 19.05.2010 (Fn. 845), BFH/NV 2010, 1648; Beschl. v. 08.10.2010, II B 111/10, BFH/NV 2011, 73, 76; Beschl. v. 31.08.2011 (Fn. 845), BFH/NV 2012, 59, 60.

847 Vgl. z.B. *BFH*, Beschl. v. 25.05.2000, V B 55/00, BFH/NV 2000, 1482; Beschl. v. 16.04.2002 (Fn. 845), BFH/NV 2002, 1046; Beschl. v. 25.09.2002 (Fn. 845), BFH/NV 2003, 191; Beschl. v. 11.12.2002 (Fn. 845), BFH/NV 2003, 495; Beschl. v. 20.01.2003 (Fn. 845), BFH/NV 2003, 617; Beschl. v. 18.07.2003, III B 143/02, BFH/NV 2003, 1403; Beschl. v. 17.02.2005 (Fn. 845), BFH/NV 2005, 1060, 1061; Beschl. v. 16.12.2005 (Fn. 845), BFH/NV 2006, 772, 773; Beschl. v. 17.05.2006, IX B 3/06, BFH/NV 2006, 1636; Beschl. v. 22.08.2006 (Fn. 845), BFH/NV 2007, 116; Beschl. v. 16.10.2006, I B 50/06, BFH/NV 2007, 254; Beschl. v. 30.11.2006, XI B 13/06, BFH/NV 2007, 389;

Unrichtigkeit des angefochtenen finanzgerichtlichen Urteils im Einzelfall, sondern vielmehr erst dessen *Fehlerhaftigkeit* – die *Nichtübereinstimmung* – *im (Rechts-) Grundsätzlichen* soll die Zulassung der Revision wegen Divergenz gemäß § 115 II Nr. 2 Alt. 2 FGO rechtfertigen[848].

Des Weiteren kann nach der Rechtsprechung keine Divergenz vorliegen, wenn das FG Passagen bzw. Rechtssätze aus den Urteilen anderer FGe oder des BFH wiederholt und damit die Grundsätze dieser Rechtsprechung seiner Entscheidung zugrunde legt[849]. Schließlich ist eine Divergenz auch dann zu verneinen, wenn das FG eine Rechtsfrage nicht *entschieden*, sondern vielmehr übersehen hat, wie es insbesondere der Fall ist, wenn es eine Rechtsvorschrift bzw. die einschlägige BFH-Rechtsprechung mitsamt den dortigen Rechtssätzen übersieht und daher zu einer bestimmten Rechtsfrage nicht einmal konkludent Stellung nimmt[850]; dasselbe gilt,

---

Beschl. v. 19.12.2006, I B 67/06, BFH/NV 2007, 695, 696; Beschl. v. 05.01.2007, II B 31/06, BFH/NV 2007, 972; Beschl. v. 11.05.2007 (Fn. 845), BFH/NV 2007, 1683; Beschl. v. 16.08.2007 (Fn. 845), BFH/NV 2007, 2286, 2287; Beschl. v. 17.08.2007 (Fn. 845), BFH/NV 2007, 2293, 2295; Beschl. v. 14.09.2007 (Fn. 845), BFH/NV 2008, 61; Beschl. v. 19.09.2007 (Fn. 845), BFH/NV 2008, 41; Beschl. v. 19.11.2007 (Fn. 845), BFH/NV 2008, 380, 381; Beschl. v. 07.04.2009, IV B 64/08, BFH/NV 2009, 1264; Beschl. v. 12.11.2009 (Fn. 845), BFH/NV 2010, 464; Beschl. v. 13.01.2010, X B 113/09, BFH/NV 2010, 600; Beschl. v. 10.02.2010 (Fn. 845), BFH/NV 2010, 887; Beschl. v. 19.05.2010 (Fn. 845), BFH/NV 2010, 1648; Beschl. v. 08.10.2010 (Fn. 846), BFH/NV 2011, 73, 76; Beschl. v. 14.12.2010, X B 120/10, BFH/NV 2011, 446; Beschl. v. 28.02.2011, XI B 86/10, BFH/NV 2011, 997; Beschl. v. 31.08.2011 (Fn. 845), BFH/NV 2012, 59, 60. – *Bleschick*, Revisionszulassungsgründe im Spannungsverhältnis, S. 143, spricht von einer *„Freizeichnung"*, die der BFH dem FG bei der fehlerhaften Umsetzung höchstrichterlicher Rechtsprechung ermögliche, da allein durch die Nennung der entsprechenden Rechtsgrundsätze/Rechtsprechungsgrundsätze die Zulassung der Revision wegen Divergenz verhindert werden könne.

848 So *BFH*, Beschl. v. 14.08.2001, XI B 57/01, BFH/NV 2002, 51; Beschl. v. 16.04.2002 (Fn. 845), BFH/NV 2002, 1046; Beschl. v. 29.04.2003, X B 62/02, BFH/NV 2003, 1087, 1088; Beschl. v. 01.09.2004, X B 162/03, BFH/NV 2005, 224, 225; Beschl. v. 17.02.2005 (Fn. 845), BFH/NV 2005, 1060, 1061; Beschl. v. 31.05.2005, III B 143/04, BFH/NV 2005, 1632, 1633; Beschl. v. 12.07.2005, X B 104/04, BFH/NV 2005, 1860; Beschl. v. 22.02.2007, VI B 29/06, BFH/NV 2007, 969, 970; Beschl. v. 19.09.2007 (Fn. 845), BFH/NV 2008, 41; Beschl. v. 05.12.2007, VIII B 79/07, BFH/NV 2008, 732, 733; Beschl. v. 13.01.2010 (Fn. 847), BFH/NV 2010, 600; Beschl. v. 14.12.2010 (Fn. 847), BFH/NV 2011, 446; Beschl. v. 31.08.2011 (Fn. 845), BFH/NV 2012, 59, 60; Gräber/*Ruban*[6], § 115 FGO Tz. 55 u. § 116 FGO Tz. 42.

849 *BFH*, Beschl. v. 06.04.2005, IX B 174/04, BFH/NV 2005, 1354.

850 Siehe bereits *BFH*, Beschl. v. 23.04.1992, VIII B 49/90, BStBl. II 1992, 671, 672; Beschl. v. 16.08.1996, VIII B 103/95, BFH/NV 1997, 237; Beschl. v. 19.12.1997, IX B 193/95, BFH/NV 1998, 704; Beschl. v. 27.02.1998, IX B 29/96, BFH/NV 1998, 1064; Beschl. v. 08.07.1998, VIII B 74/97, BFH/NV 1999, 14; Beschl. v. 13.07.1998, VIII B 82/97, BFH/NV 1999, 38. Zuletzt etwa *BFH*, Beschl. v. 21.07.2004, I B 190/03, BFH/NV 2004, 1642, 1643; Beschl. v. 01.09.2006, VIII B 81/05, BFH/NV 2006, 2297, 2298.

wenn das FG eine Rechtsfrage nicht *entschieden*, sondern – zu Recht – nicht geprüft hat[851].

(2) Identität der Rechtsfrage

Erforderlich ist zudem, dass es sich bei der Rechtsfrage, hinsichtlich der das angefochtene finanzgerichtliche Urteil und die angebliche Divergenzentscheidung des anderen Gerichts voneinander abweichen, um *ein und dieselbe (identische) Rechtsfrage* handelt[852].

Das Tatbestandsmerkmal der *Identität der Rechtsfrage* erfordert aber nicht zwangsläufig, dass die zu vergleichenden Entscheidungen zu ein und derselben Rechtsnorm ergangen sind. Eine Divergenz kann vielmehr auch dann gegeben sein, wenn die voneinander abweichenden Entscheidungen dieselbe Rechtsfrage in unterschiedlichen (Steuer-) Gesetzen bzw. in verschiedenen (steuerlichen) Rechtsnormen mit demselben Regelungsgehalt und denselben gesetzlichen Tatbestandsmerkmalen unterschiedlich beantwortet haben[853]. So kann bspw. eine Divergenz

---

851 *BFH*, Beschl. v. 16.08.2005, X B 141/04, BFH/NV 2005, 2236, 2237.

852 Siehe dazu die Rechtsprechungsnachweise in Fußnote 841, soweit diese sich zu dem *Erfordernis der identischen Rechtsfrage* verhalten.

853 *BFH*, Beschl. v. 03.05.1968, III B 38/67, BStBl. II 1968, 685; Beschl. v. 08.10.1998, VIII B 63/97, BFH/NV 1999, 351; Beschl. v. 25.02.1999, IV B 72/98, BFH/NV 1999, 1086; Beschl. v. 11.02.2003, VII B 244/02, BFH/NV 2003, 833, 834; Beschl. v. 26.05.2004, III B 89/03, BFH/NV 2004, 1221, 1222. Darüber hinaus *Beermann*, in: BG, § 115 FGO Tz. 119 (Lfg. 57 März 2006); Gräber/*Ruban*[6], § 115 FGO Tz. 58; *Herrmann*, Zulassung der Revision und NZB im Steuerprozeß, Tz. 163; Schwarz/*Dürr*, § 115 FGO Tz. 34 (Lfg. 30 6/2008); *Seer*, in: T/K, § 115 FGO Tz. 69 (Lfg. 131 Oktober 2012); *Wagner*, in: KvW[19], § 115 FGO Tz. 18. Des Weiteren *BFH GrS*, Beschl. v. 25.01.1971, GrS 6/70, BStBl. II 1971, 274, 275; Beschl. v. 27.11.1978, GrS 8/77, BStBl. II 1979, 213; Beschl. v. 05.03.1979, GrS 5/77, BStBl. II 1979, 570, jeweils betreffend die Divergenzanrufung gemäß § 11 II u. III FGO. Vgl. schließlich noch die Rechtsprechung des *GmSOGB* (Beschl. v. 12.03.1987, GmS-OGB 6/86, BVerwGE 77, 370, 373 [unter Hinweis auf Beschl. v. 06.02.1973, GmS-OGB 1/72, BVerwGE 41, 363, 365 = BFHE 109, 206]: Danach sei die Voraussetzung ‚derselben Rechtsfrage' für eine Vorlage nach § 2 I RsprEinhG nicht nur dann erfüllt, *„wenn sich die zur Entscheidung vorgelegte Rechtsfrage im Anwendungsbereich derselben Rechtsvorschrift stellt, sondern auch dann, wenn sie auf der Grundlage von Vorschriften aufgeworfen wird, die zwar in verschiedenen Gesetzen stehen, in ihrem Wortlaut aber im wesentlichen und in ihrem Regelungsinhalt gänzlich übereinstimmen und deswegen nach denselben Prinzipien auszulegen sind"*; Beschl. v. 27.04.1993, GmS-OGB 1/92, BVerwGE 92, 367, 370, wonach es sich auch dann um ‚dieselbe Rechtsfrage' i.S.d. § 2 I RsprEinhG handeln könne, *„wenn im wesentlichen gleiche Regelungen in unterschiedlichen Gesetzen auszulegen sind"*). **A.A.** hingegen *BVerwG*, Beschl. v. 07.03.1960, VIII B 5.60, NJW 1960, 979; Beschl. v. 10.04.1963, VIII B 16.62, BVerwGE 16, 53; Beschl. v. 12.12.1991, 5 B 68/91, Buchholz 310 § 132 VwGO Nr. 302; Beschl. v. 20.12.1995, 6 B 35/95, NVwZ-RR 1996, 712 f., jeweils zu § 132 II Nr. 2

auch dann vorliegen, wenn sich die Abweichung auf ein inzwischen geändertes oder aufgehobenes Gesetz bezieht und der aus dem früheren Gesetz gewonnene Rechtsgrundsatz auch der neuen Rechtslage zugrunde liegt[854].

Eine die Zulassung der Revision nach § 115 II Nr. 2 Alt. 2 FGO rechtfertigende Divergenz kommt aber immer nur insoweit in Betracht, als die unterschiedliche Auslegung der verschiedenen Gesetze bzw. Rechtsnormen nicht von den Besonderheiten der betreffenden Rechtsgebiete geprägt ist[855]. Deswegen gilt es stets zu beachten, dass den verschiedenen Gesetzen bzw. Gesetzesfassungen oder Rechtsnormen ein vergleichbarer Normzweck zugrunde liegen muss, da der jeweilige Normzweck und der unterschiedliche Bedeutungszusammenhang der jeweiligen Vorschriften selbst bei gleichem Wortlaut unterschiedliche Auslegungen rechtfertigen kann, so dass eine Abweichung letztlich nicht vorliegt[856].

(3) Objektives Abweichen ausreichend

Für die Annahme einer Divergenz genügt es, wenn die *Abweichung objektiv vorliegt*[857]. Etwaige subjektiven Momente – bspw. das Vorliegen einer Abweichungsabsicht – sind insoweit unerheblich[858]. Es kommt also weder darauf an, ob das FG bewusst oder unbewusst von der divergierenden Entscheidung des BFH oder eines anderen Gerichts abweicht[859], noch ob es die Entscheidung, von der es abweicht,

---

VwGO; Eyermann/*P. Schmidt*[11], § 132 VwGO Tz. 13; *Pietzner*, in: Schoch u.a., § 132 VwGO Tz. 75 (Lfg. 2 Februar 1998) m.w.N. (auch zur Gegenansicht): Identität der Rechtsfrage und Identität der Rechtsnormen. *Relativierend* aber *BVerwG*, Beschl. v. 28.01.2004, 6 PB 10/03, NVwZ 2004, 890, betreffend eine die Rechtsbeschwerde eröffnende Divergenz im Bereich des Personalvertretungsrechts; *Kopp/Schenke*[16], § 132 VwGO Tz. 15.

854 *BFH*, Beschl. v. 08.10.1998 (Fn. 853), BFH/NV 1999, 351.

855 *Wagner*, in: KvW[19], § 115 FGO Tz. 18.

856 *BFH*, Beschl. v. 25.02.1999 (Fn. 853), BFH/NV 1999, 1086; Beschl. v. 11.02.2003 (Fn. 853), BFH/NV 2003, 883, 884; Beschl. v. 26.05.2004 (Fn. 853), BFH/NV 2004, 1221, 1222; Gräber/*Ruban*[6], § 115 FGO Tz. 58; Schwarz/*Dürr*, § 115 FGO Tz. 34 (Lfg. 30 6/2008). – Bei *Zweifeln* darüber, ob die zu verschiedenen Rechtsnormen mit dem gleichen Tatbestand ergangenen Entscheidungen auch tatsächlich *dieselbe Rechtsfrage* beurteilt haben, soll die Revision nicht wegen Divergenz gemäß § 115 II Nr. 2 Alt. 2 FGO, sondern wegen grundsätzlicher Bedeutung der Rechtssache nach § 115 II Nr. 1 FGO zuzulassen sein, Gräber/*Ruban*[6], § 115 FGO Tz. 58 a.E.

857 *BFH*, Urt. v. 27.11.1969, IV B 39/69, BStBl. II 1970, 251.

858 *Seer*, in: T/K, § 115 FGO Tz. 69 (Lfg. 131 Oktober 2012).

859 *BFH*, Beschl. v. 06.03.2006, X B 102/05, BFH/NV 2006, 1134, 1135; Gräber/*Ruban*[6], § 115 FGO Tz. 56; *Lange* HHSp., § 115 FGO Tz. 180 (Lfg. 192 Oktober 2006); Schwarz/*Dürr*, § 115 FGO Tz. 31 (Lfg. 30 6/2008); *Seer*, in: T/K, § 115 FGO Tz. 69 (Lfg. 131 Oktober 2012); *Wagner*, in: KvW[19], § 115 FGO Tz. 18 a.E. Vgl. insoweit auch *Bleschick*, Revisionszulassungsgründe im Spannungsverhältnis, S. 351 f., v.a. 352, der ebenfalls verdeutlicht, dass die Revisionszulassung i.R.d. § 115 II

kennt bzw. hätte kennen sollen/müssen[860]. Selbst die Abweichung von einer (BFH-) Entscheidung, die erst nach Erlass des angefochtenen finanzgerichtlichen Urteils ergangen oder veröffentlicht worden ist, und dem FG somit noch nicht bekannt sein konnte, begründet auf eine NZB hin die Zulassung der Revision gemäß § 115 II Nr. 2 Alt. 2 FGO gegen die – noch nicht rechtskräftige – Entscheidung des FG[861].

Die zu § 80 I Nr. 1 Alt. 2 OWiG vertretene Auffassung, wonach bei einem *unbewussten Abweichen* des Gerichts von der höchstrichterlichen Rechtsprechung die Einheitlichkeit der Rechtsprechung nur gefährdet und die Revision unter dem Gesichtspunkt der Divergenz somit nur zuzulassen sei, wenn die *Gefahr wiederholter Abweichungen* in ein und derselben Rechtsfrage bestehe[862], ist für die Auslegung des § 115 II Nr. 2 Alt. 2 FGO dementsprechend abzulehnen, zumal der Sinn dieses Zulassungsgrundes nicht in der Erfassung eines bewussten Sich-Hinwegsetzens über die Rechtsprechung des BFH oder eines anderen Gerichts besteht, sondern vielmehr in der (Wieder-) Herstellung der gestörten Rechtseinheit[863].

Reinhild Ruban[864] weist in diesem Zusammenhang überdies darauf hin, dass die Senate der FGe, die gemäß § 2 FGO als obere Landesgerichte den OVGen/VGHen, LSGen, OLGen und LAGen gleichgestellt seien, nach § 5 III 1 FGO regelmäßig in der Besetzung mit drei Berufsrichtern und zwei ehrenamtlichen Richtern entscheiden würden. Demzufolge komme der abweichenden Rechtsauffassung eines FG auch dann ein erhebliches Gewicht zu und sei diese i.d.R. über den entschiedenen

---

Nr. 2 Alt. 2 FGO nicht von einem bestimmten *Bewusstseinsgrad* des abweichenden Gerichts abhängig sein dürfe. – Vgl. in diesem Zusammenhang schließlich noch *Bleschick*, a.a.O., S. 365, wo dieser im Hinblick auf das von ihm i.R.d. § 115 II Nr. 2 Alt. 2 FGO beabsichtigte einheitliche Zulassungskriterium der *‚Abweichung in der Rechtsanwendung'* (vgl. dazu bereits vorstehend unter a)aa) [S. 215 ff. – 216], dort Fußnote 788 a.E.) anführt, dass eine *unbewusste Abweichung in der Rechtsanwendung* mit Blick auf das Gebot der Rechtsmittelklarheit dann vorliege, wenn die Abweichung in der Rechtsanwendung aus den Entscheidungsgründen des angefochtenen finanzgerichtlichen Urteils nicht ersichtlich werde.

860 Siehe *BFH*, Urt. v. 27.11.1969 (Fn. 857), BStBl. II 1970, 251; *Seer*, in: T/K, § 115 FGO Tz. 69 (Lfg. 131 Oktober 2012); *Wagner*, in: KvW[19], § 115 FGO Tz. 17 a.E.

861 Vgl. *BFH*, Urt. v. 27.11.1969 (Fn. 857), BStBl. II 1970, 251; Beschl. v. 06.03.2006 (Fn. 859), BFH/NV 2006, 1134, 1135; *Lange* HHSp., § 115 FGO Tz. 180 (Lfg. 192 Oktober 2006). – Zur sog. *nachträglichen Divergenz* und den diesbzgl. Darlegungsanforderungen i.R.d. Begründung einer NZB ausführlich später unter dd) (S. 245 ff., dort S. 246 f.) und 2.a)cc)(1) (S. 339 ff.).

862 Göhler/*Seitz*[16], § 80 OWiG Tz. 5; *Herrmann/Bösert*, in: Rebmann/Roth/Herrmann, § 80 OWiG Tz. 4 (Lfg. 1 März 1998). KK/*Senge*[3], § 80 OWiG Tz. 15, bejaht ein *Sicherungsbedürfnis* stets auch in den Fällen des *unbewussten Abweichens* des Gerichts von der höchstrichterlichen Rechtsprechung. Weil nämlich die Rechtsfrage bereits höchstrichterlich entschieden worden sei und mithin schon einmal Bedeutung erlangt habe, seien *Wiederholungen* somit generell nicht auszuschließen.

863 Gräber/*Ruban*[6], § 115 FGO Tz. 56 u. 65.

864 Vgl. Gräber/*Ruban*[6], § 115 FGO Tz. 65.

Fall hinaus für die Beurteilung der streitigen Rechtsfrage auch dann von Bedeutung, wenn das FG in seinem Urteil nicht absichtlich – also unbewusst – von der Rechtsprechung des BFH oder eines anderen obersten Bundesgerichts abgewichen sei. Dem ist beizupflichten, jedoch mit der Maßgabe, dass dies nicht nur bei unabsichtlichen/unbewussten Abweichungen von der Rechtsprechung des BFH oder eines anderen obersten Bundesgerichts gilt, sondern vielmehr bei *jeder* unabsichtlichen/unbewussten Abweichung des finanzgerichtlichen Urteils, unabhängig davon, welches Gericht die Entscheidung, von der (unabsichtlich/unbewusst) abgewichen worden ist, getroffen hat[865].

cc) Erfordernis divergierender Rechtssätze als zentrales Tatbestandsmerkmal des Divergenztatbestandes

Aus der st. Rspr. des BFH zum Begriff der ‚Divergenz' geht hervor, dass die für die Zulassung der Revision maßgebliche finanzgerichtliche Entscheidung *in einer (identischen) Rechtsfrage* von der Rechtsprechung des BFH oder anderer Gerichte abweichen muss, so dass eine Divergenz in der Beurteilung und Würdigung von Tatsachen die Zulassung der Revision zur Sicherung einer einheitlichen Rechtsprechung i.S.d. § 115 II Nr. 2 Alt. 2 FGO ebenso wenig zu begründen vermag wie die lediglich unzutreffende Anwendung höchstrichterlich entwickelter Rechtsgrundsätze[866]. Wie schon vorstehend unter bb)(1) (S. 234) angedeutet, unterstreicht der BFH diese Voraussetzung der *Abweichung in einer (identischen) Rechtsfrage* durch das von ihm aufgestellte – einschränkende – *Erfordernis divergierender Rechtssätze*, das somit zugleich das zentrale Tatbestandsmerkmal des Divergenztatbestandes bildet.

Bereits unter Geltung der früheren Divergenzrevision des § 115 II Nr. 2 FGO 1965 forderte der BFH durchweg, dass das FG in dem angefochtenen Urteil einen *die Entscheidung tragenden, abstrakten Rechtssatz* aufstellte, der von einem *ebenfalls tragenden, abstrakten Rechtssatz* in einer Entscheidung des BFH, des BVerfG oder des GmSOGB abwich[867]. Der Entscheidung des FG musste also stets ein tragender, abstrakter Rechtssatz zu entnehmen sein, der nicht mit einem ebenfalls tragenden, abstrakten Rechtssatz, also mit den entscheidungserheblichen Erwägungen in einer Entscheidung des BFH, des BVerfG oder des GmSOGB übereinstimmte.

865 Dies entspricht der oben unter aa)(1) (S. 222 ff.) u. v.a. aa)(2) (S. 224 ff.) ausführlich dargestellten Auffassung zum Spektrum möglicher Divergenzentscheidungen.

866 Siehe dazu ausführlich oben unter bb)(1) (S. 234 ff.) mit zahlreichen Nachweisen aus der Rechtsprechung in den Fußnoten 845-848.

867 Siehe nur *BFH*, Beschl. v. 18.01.1991, VI B 140/89, BStBl. II 1991, 309; Beschl. v. 23.04.1992, VIII B 49/90, BStBl. II 1992, 671, 672; Beschl. v. 17.06.1992, II B 183/91, BFH/NV 1993, 179; Beschl. v. 07.07.1997, X B 239/96, BFH/NV 1998, 27; Beschl. v. 08.07.1998, VIII B 74/97, BFH/NV 1999, 14; Beschl. v. 13.07.1998, VIII B 82/97, BFH/NV 1999, 38; Beschl. v. 23.06.2000, VIII B 52/99, BFH/NV 2000, 1487; Beschl. v. 02.10.2000, I B 127/99, n.v. (juris); Beschl. v. 21.12.2000, X B 71/00, BFH/NV 2001, 772, teils m.w.N.

Dabei war es von besonderer Wichtigkeit, dass die *„gleichsam in abstracto"* bestehende Abweichung auch als solche erkennbar war[868], so dass die divergierenden Rechtssätze sich *unmittelbar und mit hinreichender Deutlichkeit* aus der für die Revisionszulassung maßgeblichen finanzgerichtlichen Entscheidung und der entsprechenden Divergenzentscheidung ergeben mussten, um zweifellos feststellen zu können, um welche abstrakten Rechtssätze es sich im Streitfall handelt[869].

Ein abstrakter divergierender Rechtssatz i.S.d. Rechtsprechung zu § 115 II Nr. 2 FGO 1965 brauchte zwar nicht notwendig *ausdrücklich* ausgesprochen und nach Art eines Leitsatzes in den Gründen des angefochtenen Urteils formuliert worden sein[870]; er konnte sich vielmehr auch *konkludent* aus scheinbar nur fallbezogenen Rechtsausführungen des FG ergeben[871]. So konnte eine Abweichung i.S.d. § 115 II Nr. 2 FGO 1965 nach der Rechtsprechung des BFH – auch ohne *ausdrücklichen* Widerspruch in Form eines abstrakten Rechtssatzes – bspw. dann vorliegen, wenn nach Auffassung des FG einem bestimmten Sachverhalt eine andere Rechtsfolge beizumessen war, als sie der BFH in seiner Entscheidung zu einem im Wesentlichen gleichen Sachverhalt ausgesprochen hatte[872]. Auch in einem solchen Fall bestand aber die Notwendigkeit, dass sich der vom FG *konkludent* aufgestellte, abstrakte divergierende Rechtssatz deutlich aus dem gedanklichen Zusammenhang der Entscheidungsgründe entnehmen lassen konnte[873]. Aus den Entscheidungsgründen

868 *Weyreuther*, Revisionszulassung und NZB, Tz. 109.

869 *BFH*, Beschl. v. 30.03.1983, I B 9/83, BStBl. II 1983, 479, 480; Beschl. v. 31.10.1996, VIII B 42/96, BFH/NV 1997, 490; Beschl. v. 23.06.2000 (Fn. 867), BFH/NV 2000, 1487.

870 *BFH*, Beschl. v. 30.03.1983 (Fn. 869), BStBl. II 1983, 479, 480; Beschl. v. 24.10.1990, II B 31/90, BStBl. II 1991, 106, 107; Beschl. v. 23.04.1992 (Fn. 867), BStBl. II 1992, 671, 672; Beschl. v. 31.10.1996 (Fn. 869), BFH/NV 1997, 490; Beschl. v. 08.07.1998 (Fn. 867), BFH/NV 1999, 14; Beschl. v. 13.07.1998 (Fn. 867), BFH/NV 1999, 38; Beschl. v. 01.12.1998, III B 78/97, BFH/NV 1999, 741.

871 *BFH*, Beschl. v. 23.04.1992 (Fn. 867), BStBl. II 1992, 671, 672; Beschl. v. 07.07.1997 (Fn. 867), BFH/NV 1998, 27; Beschl. v. 08.07.1998 (Fn. 867), BFH/NV 1999, 14; Beschl. v. 13.07.1998 (Fn. 867), BFH/NV 1999, 38.

872 Siehe *BFH*, Beschl. v. 24.10.1990 (Fn. 870), BStBl. II 1991, 106, 107. – Eine Abweichung lag nach dieser Entscheidung jedoch nicht vor, wenn zwischen dem vom FG beurteilten Sachverhalt und dem Sachverhalt der BFH-Entscheidung ein so *bedeutsamer und wesentlicher Unterschied* bestand, dass durch den vom BFH aufgestellten Rechtssatz der Sachverhalt des FG nicht als ‚mitentschieden' anzusehen war. Die Verneinung einer Abweichung folgt insoweit m.E. aber nicht in erster Linie aus dem Erfordernis divergierender Rechtssätze, sondern vielmehr bereits aus der Divergenzvoraussetzung des *‚gleichen, vergleichbaren oder gleich gelagerten vorliegenden und festgestellten Sachverhalts'*.

873 Vgl. *BFH*, Beschl. v. 30.03.1983 (Fn. 869), BStBl. II 1983, 479, 480; Beschl. v. 23.04.1992 (Fn. 867), BStBl. II 1992, 671, 672; Beschl. v. 31.10.1996 (Fn. 869), BFH/NV 1997, 490; Beschl. v. 07.07.1997 (Fn. 867), BFH/NV 1998, 27; Beschl. v. 08.07.1998 (Fn. 867), BFH/NV 1999, 14; Beschl. v. 13.07.1998 (Fn. 867), BFH/

des angefochtenen finanzgerichtlichen Urteils musste somit – ohne weitere Sachaufklärung – stets eine die Entscheidung zumindest mittragende Rechtsauffassung herausgelesen werden können, die über den Einzelfall hinaus von Bedeutung war[874].

Auch nach der Neufassung der Revisionszulassungsgründe durch das 2. FGO-ÄndG und insbesondere trotz der Erweiterung des § 115 II Nr. 2 FGO, unter dessen Alt. 2 die Divergenzfälle nunmehr zu subsumieren sind, hält der BFH senatsübergreifend unverändert an diesen überaus strengen Anforderungen fest.

Die Zulassung der Revision zur Beseitigung einer Divergenz ist also auch weiterhin davon abhängig, dass das FG in seiner Entscheidung einen *tragenden, abstrakten Rechtssatz* aufstellt, der mit den ebenfalls tragenden Rechtsausführungen – also einem *ebenfalls tragenden, abstrakten Rechtssatz* – in der angeblichen Divergenzentscheidung eines anderen Gerichts nicht übereinstimmt[875]. Als tragende,

---

NV 1999, 38; Beschl. v. 01.12.1998 (Fn. 870), BFH/NV 1999, 741, wo von einem *‚verdeckt'* aufgestellten Rechtssatz die Rede ist.

874 *Seer*, in: T/K, § 115 FGO Tz. 72 (Lfg. 131 Oktober 2012).

875 So in langjähriger st. Rspr. alle Senate des BFH: *BFH*, Beschl. v. 21.07.2004, I B 190/03, BFH/NV 2004, 1642, 1643; Beschl. v. 13.06.2005, I B 8/05, BFH/NV 2005, 1840, 1841; Beschl. v. 20.12.2006, I B 47/05, BStBl. II 2009, 766, 769 **(I. Senat)**; Beschl. v. 22.03.2002, II B 27/01, BFH/NV 2002, 1043; Beschl. v. 09.09.2009, II B 69/09, BFH/NV 2009, 1972; Beschl. v. 31.08.2011, II B 14/11, BFH/NV 2012, 59 **(II. Senat)**; Beschl. v. 02.03.2004, III B 114/03, BFH/NV 2004, 1109, 1110; Beschl. v. 28.02.2005, III S 3/05 (PKH), BFH/NV 2005, 1281; Beschl. v. 17.03.2006, III B 67/05, BFH/NV 2006, 1255; Beschl. v. 27.08.2007, III B 48/07, BFH/NV 2008, 76; Beschl. v. 30.10.2009, III B 6/08, BFH/NV 2010, 176; Beschl. v. 09.11.2009, III B 188/08, BFH/NV 2010, 667 **(III. Senat)**; Beschl. v. 12.11.2009, IV B 8/09, BFH/NV 2010, 464 **(IV. Senat)**; Beschl. v. 11.08.2006, V B 23/04, BFH/NV 2007, 60, 61 **(V. Senat)**; Beschl. v. 12.10.2006, VI B 154/05, BFH/NV 2007, 51; Beschl. v. 23.04.2009, VI B 118/08, BStBl. II 2010, 234, 235 **(VI. Senat)**; Beschl. v. 28.01.2002, VII B 41/01, BFH/NV 2002, 932; Beschl. v. 29.05.2002, VII B 72/02, BFH/NV 2002, 1180; Beschl. v. 17.07.2003, VII B 93/02, BFH/NV 2004, 5, 6; Beschl. v. 28.07.2004, VII B 8/04, BFH/NV 2004, 1680, 1681; Beschl. v. 24.04.2006, VII B 120/05, BFH/NV 2006, 1609 **(VII. Senat)**; Beschl. v. 27.03.2009, VIII B 184/08, BStBl. II 2009, 850, 851 **(VIII. Senat)**; Beschl. v. 29.01.2009, IX B 23/08, n.v. (juris) **(IX. Senat)**; Beschl. v. 18.07.2001, X B 46/01, BFH/NV 2001, 1596, 1597; Beschl. v. 16.04.2002, X B 140/01, BFH/NV 2002, 1046; Beschl. v. 18.03.2003, X B 66/02, BFH/NV 2003, 886, 887; Beschl. v. 17.02.2005, X B 185/03, BFH/NV 2005, 1060 f.; Beschl. v. 01.08.2005, X B 32/05, BFH/NV 2005, 2223, 2224; Beschl. v. 30.01.2006, X B 116/05, BFH/NV 2006, 969; Beschl. v. 13.01.2010, X B 113/09, BFH/NV 2010, 600; Beschl. v. 14.12.2010, X B 120/10, BFH/NV 2011, 446; Beschl. v. 30.08.2012, X B 97/11, BFH/NV 2013, 13 m.w.N. **(X. Senat)**; Beschl. v. 15.02.2006, XI B 78/05, BFH/NV 2006, 1122, 1123; Beschl. v. 05.11.2007, XI B 42/07, BFH/NV 2008, 190; Beschl. v. 28.02.2011, XI B 86/10, BFH/NV 2011, 997 **(XI. Senat)**. Ebenso der weit überwiegende Teil der einschlägigen Literatur, s. *Beermann*, in: BG, § 115 FGO Tz. 118 f. (Lfg. 57 März 2006); Gräber/*Ruban*[6], § 115 FGO Tz. 54; *Lange* HHSp., § 115 FGO

voneinander abweichende Rechtssätze, die sich nach wie vor *unmittelbar und mit hinreichender Deutlichkeit* aus der für die Revisionszulassung maßgeblichen FG-Entscheidung sowie der entsprechenden Divergenzentscheidung ergeben müssen[876], sind dabei nur solche Rechtssätze anzusehen, die in beiden Entscheidungen rechtserheblich sind[877].

Zwar betont der BFH auch in neuerer Rechtsprechung, dass ein abstrakter divergierender Rechtssatz nicht zwangsläufig *ausdrücklich* nach Art eines Leitsatzes in den Urteilsgründen vom FG formuliert worden sein müsse, sondern auch *konkludent* in scheinbar nur fallbezogenen Rechtsausführungen des FG zum Ausdruck kommen könne, wenn sich der vom FG *konkludent* aufgestellte, abstrakte divergierende Rechtssatz deutlich aus dem gedanklichen Zusammenhang der Entscheidungsgründe entnehmen lasse[878]. Eine Abweichung könne demnach – wie schon

---

Tz. 177 (Lfg. 192 Oktober 2006); Schwarz/*Dürr*, § 115 FGO Tz. 28 (Lfg. 30 6/2008); *Wagner*, in: KvW[19], § 115 FGO Tz. 18. – Vgl. in diesem Zusammenhang auch *Bleschick*, Revisionszulassungsgründe im Spannungsverhältnis, S. 365 u. 367, der im Hinblick auf das von ihm i.R.d. § 115 II Nr. 2 Alt. 2 FGO beabsichtigte einheitliche Zulassungskriterium der *‚Abweichung in der Rechtsanwendung'* (vgl. dazu bereits vorstehend unter a)aa) [S. 215 ff. – 216], dort Fußnote 788 a.E.) allein solche Abweichungen in der Rechtsanwendung als revisionszulassungsrelevant einstufen möchte, denen die Qualität einer *einzelfallveranlassten Rechtssatzbildung* zukomme. Hierbei handele es sich um solche entscheidungserheblichen Abweichungen in der Rechtsanwendung, die zwar durch den Einzelfall/durch den konkreten Rechtsstreit ausgelöst worden seien, die sich jedoch wegen ihrer Abstraktheit und der ihnen insoweit anhaftenden Verallgemeinerungsfähigkeit über den entschiedenen Rechtsstreit hinaus auf weitere Fälle übertragen lassen, vgl. insoweit auch später im 4. Abschnitt unter B.III.2.c)aa) (S. 552 ff. [555]), dort Fußnote 1796 a.E., sowie ausführlich und **kritisch** später im 4. Abschnitt unter B.III.2.c)cc) (S. 596 ff. [600]), dort Fußnote 1941.

876 Siehe *BFH*, Beschl. v. 10.03.2005, II B 20/04, BFH/NV 2005, 1337, 1338.

877 *BFH*, Beschl. v. 24.03.2003, II B 41/02, BFH/NV 2003, 1067; Beschl. v. 27.05.2005, III B 5/05, BFH/NV 2005, 1758, 1759. – Schwarz/*Dürr*, § 115 FGO Tz. 28 (Lfg. 30 6/2008), weist darauf hin, dass sich die tragenden, abstrakten Rechtssätze aus den schriftlichen Urteilsgründen ergeben müssen, während die aus redaktionellen Gründen vorangestellten Leitsätze nicht maßgeblich seien, auch wenn sie von den beteiligten Richtern formuliert worden seien. Auch auf die mündliche Urteilsbegründung im Anschluss an die Verkündung des Urteilstenors könne eine Divergenz nicht gestützt werden, ebenso wenig auf die Äußerung eines Richters zum Inhalt der Entscheidung im Schrifttum.

878 *BFH*, Beschl. v. 16.08.2007, VIII B 210/06, BFH/NV 2007, 2286, 2287; Beschl. v. 09.11.2009 (Fn. 875), BFH/NV 2010, 667. Vgl. insoweit auch *BFH*, Beschl. v. 02.03.2004 (Fn. 875), BFH/NV 2004, 1109, 1110 (vgl. zu dieser Entscheidung unter dem Aspekt der *‚Erforderlichkeit einer BFH-Entscheidung'*, wenn dem finanzgerichtlichen Urteil nicht mit hinreichender Deutlichkeit zu entnehmen sei, auf welche Rechtssätze das FG seine Entscheidung gestützt habe und deshalb nicht eindeutig sei, ob sein Urteil von anderen Gerichtsentscheidungen abweiche,

nach altem Recht – auch dann vorliegen, wenn das FG – i.R. einer deutlich erkennbaren *konkludenten* Rechtssatzbildung – einem bestimmten Sachverhalt eine andere Rechtsfolge beigemessen habe, als sie der BFH zu einem im Wesentlichen gleichen Sachverhalt ausgesprochen habe[879].

Das ändert jedoch letztlich nichts daran, dass das von der Rechtsprechung konstruierte *Erfordernis divergierender (ggf. konkludenter) Rechtssätze* als zentrales Tatbestandsmerkmal des Divergenztatbestandes die Möglichkeit, die Zulassung der Revision zur Sicherung einer einheitlichen Rechtsprechung unter dem Gesichtspunkt der Divergenz zu erreichen, erheblich einschränkt. Insbesondere die Anforderungen, die im Hinblick auf die Herausarbeitung einer Divergenz gemäß §§ 116 III 3, 115 II Nr. 2 Alt. 2 FGO an die ordnungsgemäße Begründung einer NZB gestellt werden – die Formulierung und Gegenüberstellung zweier voneinander abweichender, die Entscheidungen tragender, abstrakter Rechtssätze[880] –, überfordern den Beschwerdeführer und dessen Prozessvertreter in hohem Maße und verkürzen den Rechtsschutz des einzelnen Steuerpflichtigen insoweit unzumutbar[881].

Da der Wortlaut des § 115 II Nr. 2 Alt. 2 FGO überdies keinen Anhaltspunkt für eine derart restriktive Handhabung dieses Revisionszulassungsgrundes bietet, wird im Schrifttum im Hinblick auf die seitens des Gesetzgebers beabsichtigte Erweiterung des Zugangs zum BFH und die damit einhergehende Stärkung und Verbesserung des Individualrechtsschutzes des einzelnen Steuerpflichtigen zwar nur vereinzelt, m.E. aber zutreffend gefordert, die Revision gemäß § 115 II Nr. 2 Alt. 2

---

nachfolgend unter ff)(1)(a) [S. 250 f., dort S. 251 einschließlich Fußnote 904]); Beschl. v. 01.09.2006, VIII B 81/05, BFH/NV 2006, 2297, 2298; Beschl. v. 17.08.2007, VIII B 36/06, BFH/NV 2007, 2293, 2294; Beschl. v. 27.08.2007 (Fn. 875), BFH/NV 2008, 76; Beschl. v. 14.09.2007, VIII B 15/07, BFH/NV 2008, 61.

879 So *BFH*, Beschl. v. 16.08.2007 (Fn. 878), BFH/NV 2007, 2286, 2287; Beschl. v. 17.08.2007 (Fn. 878), BFH/NV 2007, 2293, 2295; Beschl. v. 14.09.2007 (Fn. 878), BFH/NV 2008, 61. Vgl. insoweit auch *BFH*, Beschl. v. 12.01.2007, XI B 39/06, BFH/NV 2007, 710, allerdings ggf. insoweit etwas missverständlich, als es dort heißt, dass es für die schlüssige Bezeichnung einer Divergenz auch ausreiche, wenn eine (FG-) Entscheidung benannt werde, die zu einem vergleichbaren Sachverhalt ergangen sei und diesem Sachverhalt eine andere Rechtsfolge beigemessen habe, als sie das FG in dem angefochtenen Urteil angenommen habe, weil auch in den Fällen einer *konkludenten Rechtssatzbildung* die Herausarbeitung und Gegenüberstellung der divergierenden konkludenten Rechtssätze erforderlich ist, vgl. nur die eingangs dieser Fußnote zitierte *BFH*-Entscheidung v. 16.08.2007 (Fn. 878), BFH/NV 2007, 2286, 2287; s. zur Darlegung einer Divergenz noch später unter 2.a) (S. 330 ff.).

880 Zu den Anforderungen, die an die ordnungsgemäße Begründung einer auf Divergenz gestützten NZB gestellt werden, ausführlich nachfolgend unter 2.a) (S. 330 ff.).

881 Ebenso *Seer*, in: T/K, § 115 FGO Tz. 74 sowie § 116 FGO Tz. 52 u. 53 (jeweils Lfg. 131 Oktober 2012). Siehe dazu auch nachfolgend unter 2.a)bb) (S. 332 ff., dort S. 338) sowie ausführlich **kritisch** später im 4. Abschnitt unter B.III.1.b)aa) (S. 522 ff.).

FGO zur Beseitigung von Divergenzen bereits dann zuzulassen, wenn das FG von einer höchstrichterlichen Rechtsprechung oder der Rechtsprechung eines anderen Gerichts[882] *lediglich im Entscheidungsergebnis abweicht*, ohne selbst – ggf. konkludent – einen abweichenden, die Entscheidung tragenden, abstrakten Rechtssatz zu bilden[883].

dd) *Maßgeblicher Beurteilungszeitpunkt für das Vorliegen einer Divergenz*

Maßgeblich für die Beurteilung der Frage, ob eine Divergenz vorliegt, ist der aktuelle Stand der Rechtsprechung im *Zeitpunkt der Entscheidung über die Zulassung der Revision*[884]. Frühere abweichende Entscheidungen, die der BFH bzw. das jeweilige andere Gericht[885] inzwischen aufgegeben haben oder die durch die neuere (höchstrichterliche) Rechtsprechung inzwischen überholt sind, vermögen die Revisionszulassung zur Sicherung einer einheitlichen Rechtsprechung unter dem Gesichtpunkt der Divergenz gemäß § 115 II Nr. 2 Alt. 2 FGO daher nicht zu begründen[886].

---

882 Zum Spektrum möglicher Divergenzentscheidungen ausführlich vorstehend unter aa) (S. 222 ff.).

883 So *Seer*, StuW 2003, 193, 199, 203 u. 204; *ders.*, in: T/K, § 115 FGO Tz. 74 sowie § 116 FGO Tz. 52 u. v.a. 53 (jeweils Lfg. 131 Oktober 2012). Vgl. hierzu auch nachfolgend unter 2.a)bb) (S. 332 ff., dort S. 338 f.) sowie ausführlich später im 4. Abschnitt unter B.III.1.b)aa) (S. 522 ff., dort S. 525) u. v.a. B.III.1.b)bb) (S. 527 ff.). – Hingegen meint *Bleschick*, Revisionszulassungsgründe im Spannungsverhältnis, S. 372 u. 373, dass einer Abweichung unter alleiniger Berücksichtigung des Entscheidungsergebnisses keine Relevanz für die Zulassung der Revision zukommen könne. Es sei vielmehr auf das Kriterium der ‚*Abweichung in der finanzgerichtlichen Rechtsanwendung i.S. einer einzelfallveranlassten Rechtssatzbildung*' abzustellen, wobei sich die Abgrenzung zulassungsrelevanter von nicht zulassungsrelevanten Abweichungen anhand der einzelnen Stufen richterlicher Rechtsanwendung ergeben soll, vgl. zu diesem Kriterium ausführlich und **kritisch** später im 4. Abschnitt unter B.III.2.c)cc) (S. 596 ff. [600]), dort Fußnote 1941.

884 *BFH*, Beschl. v. 16.10.2000, VIII B 18/99, BFH/NV 2001, 438, 440; Beschl. v. 08.06.2004, VI B 158/03, BFH/NV 2004, 1406 f.; Beschl. v. 10.02.2005, VI B 33/04, BFH/NV 2005, 1056; Beschl. v. 21.03.2005, V B 86/04, BFH/NV 2005, 1580; Beschl. v. 26.04.2006, III B 113/05, BFH/NV 2006, 1469, 1470; Beschl. v. 07.07.2006, V B 202/05, BFH/NV 2006, 2039; Beschl. v. 31.05.2007, III B 109/06, BFH/NV 2007, 1867, 1868; Beschl. v. 30.08.2012, X B 97/11, BFH/NV 2013, 13, 14; Beschl. v. 17.04.2014, III B 146/13, BFH/NV 2014, 1080, 1081. Vgl. zum maßgeblichen Zeitpunkt für das Vorliegen eines Revisionszulassungsgrundes allgemein bereits oben unter A.I.4. (S. 94 ff.).

885 Zum Spektrum möglicher Divergenzentscheidungen, von denen das finanzgerichtliche Urteil abweichen kann, vorstehend unter aa) (S. 222 ff.).

886 *BFH*, Beschl. v. 20.02.1980, II B 26/79, BStBl. II 1980, 211, 212; Beschl. v. 16.10.2000 (Fn. 884), BFH/NV 2001, 438, 440; Beschl. v. 14.07.2003, II B 98/02, BFH/NV

Eine Abweichung liegt unter Berücksichtigung des maßgeblichen Beurteilungszeitpunktes auch dann nicht mehr vor, wenn BFH, BVerfG, GmSOGB oder das jeweilige andere Gericht nach Ergehen des finanzgerichtlichen Urteils und nach Einlegung der NZB, aber noch vor der Entscheidung des BFH über die NZB, eine neuere Entscheidung erlassen haben, die nunmehr unter Änderung oder Aufgabe der früheren Rechtsansicht mit der Rechtsauffassung des FG in dem bis dahin abweichenden Urteil übereinstimmt. Denn in diesem Fall besteht keine Divergenz und somit auch kein Bedürfnis für eine Entscheidung zur Sicherung einer einheitlichen Rechtsprechung i.S.d. § 115 II Nr. 2 Alt. 2 FGO mehr, so dass die Revision – auf eine NZB hin – nicht (mehr) zugelassen werden kann[887].

Liegen aber voneinander abweichende Entscheidungen verschiedener Senate des BFH vor, ohne dass der Senat, der früher über die Rechtsfrage entschieden hat, seine divergierende Rechtsauffassung durch Zustimmung i.S.d. § 11 III 1 FGO aufgibt, ist es dem FG verwehrt, von einer dieser Entscheidungen abzuweichen, ohne die Revision zuzulassen[888].

Entsprechend dem doppelten Zweck der Rechtsprechungsvereinheitlichungsrevision, objektiv-rechtlich im Interesse der Allgemeinheit die Einheitlichkeit der Rechtsprechung, also die Rechtseinheit und Rechtssicherheit, zu wahren/wiederherzustellen und subjektiv-rechtlich im Interesse der Beteiligten eine richtige Entscheidung herbeizuführen[889], erfasst § 115 II Nr. 2 Alt. 2 FGO überdies den Fall der sog. ***nachträglichen Divergenz***. Die Revision ist danach – auf eine NZB hin – wegen einer (tatsächlich gegebenen) Abweichung zur Sicherung einer einheitlichen Rechtsprechung auch dann zuzulassen, wenn die relevante Divergenzentscheidung in der Beschwerdebegründung unerwähnt geblieben ist, weil sie erst nach Erlass des finanzgerichtlichen Urteils sowie nach Ablauf der Beschwerdebegründungsfrist des § 116 III 1 FGO ergangen bzw. erst so spät bekannt geworden oder veröffentlicht worden ist, dass eine Berufung auf die Divergenz in

---

2003, 1592, 1593; Beschl. v. 08.06.2004 (Fn. 884), BFH/NV 2004, 1406 f.; Beschl. v. 26.04.2006 (Fn. 884), BFH/NV 2006, 1469, 1470; Beschl. v. 07.07.2006 (Fn. 884), BFH/NV 2006, 2039; Beschl. v. 31.05.2007 (Fn. 884), BFH/NV 2007, 1867, 1868; Beschl. v. 13.07.2007, VII B 362/06, BFH/NV 2007, 2364; Beschl. v. 30.08.2012 (Fn. 884), BFH/NV 2013, 13, 14; Beschl. v. 17.04.2014 (Fn. 884), BFH/NV 2014, 1080, 1081.

887 *BFH*, Beschl. v. 20.02.1980 (Fn. 886), BStBl. II 1980, 211, 212; Gräber/*Ruban*[6], § 116 FGO Tz. 61; Schwarz/*Dürr*, § 116 FGO Tz. 33 a.E. (Lfg. 30 6/2008); *Seer*, in: T/K, § 115 FGO Tz. 71 u. § 116 FGO Tz. 73a (jeweils Lfg. 131 Oktober 2012). Siehe auch bereits oben unter A.I.4. (S. 94 ff., dort S. 97 f.).

888 Gräber/*Ruban*[6], § 115 FGO Tz. 51; *Seer*, in: T/K, § 115 FGO Tz. 68 (Lfg. 131 Oktober 2012).

889 Zum Zweck der Rechtsprechungsvereinheitlichungsrevision bereits vorstehend unter a)cc) (S. 220).

der Beschwerdebegründung innerhalb der zweimonatigen Begründungsfrist nicht mehr möglich war[890].

Schließlich kann die Zulassung der Revision gemäß § 115 II Nr. 2 Alt. 2 FGO unter dem Gesichtspunkt der Divergenz auch noch zur *Verhinderung einer* ***künftig zu erwartenden Rechtsprechungsdivergenz*** gerechtfertigt sein, wenn nämlich eine Entscheidung des BFH geeignet und notwendig erscheint, *künftige unterschiedliche gerichtliche Entscheidungen* über die betreffende Rechtsfrage zu verhindern[891].

---

890 Aus der Rechtsprechung des BFH: *BFH*, Beschl. v. 20.06.1974, VI B 15/74, BStBl. II 1974, 583 m.w.N.; Beschl. v. 29.07.1976, V B 10/76, BStBl. II 1976, 684; Beschl. v. 24.05.1988, V B 36/88, BFH/NV 1989, 312; Beschl. v. 04.04.1990, II B 46/89, BFH/NV 1991, 188; Beschl. v. 09.02.1996, VIII B 8/95, BFH/NV 1996, 619; Beschl. v. 16.12.1999, IV B 32/99, BFH/NV 2002, 1160, 1161, jeweils zum alten Recht; Beschl. v. 31.10.2002, IV B 126/01, BFH/NV 2003, 291; Beschl. v. 31.03.2005, III S 8/05 (PKH), BFH/NV 2005, 1350, 1351; Beschl. v. 08.08.2005, VIII B 73/04, BFH/NV 2005, 2230; Beschl. v. 17.01.2006, VII B 326/04, BFH/NV 2006, 1108; Beschl. v. 12.07.2006, V B 213/05, BFH/NV 2006, 2139, 2141; Beschl. v. 05.01.2007, II B 31/06, BFH/NV 2007, 972, 973; Beschl. v. 19.09.2007, XI B 52/06, BFH/NV 2008, 63, 64. Ebenso *Beermann*, in: BG, § 115 FGO Tz. 119 a.E. (Lfg. 57 März 2006); *Lange* HHSp., § 116 FGO Tz. 140 u. 195 (Lfg. 194 Juni 2007); Schwarz/*Dürr*, § 115 FGO Tz. 41 u. § 116 FGO Tz. 34 (Lfg. 30 6/2008); *Seer*, in: T/K, § 115 FGO Tz. 68 sowie § 116 FGO Tz. 23 a.E. u. 55 (jeweils Lfg. 131 Oktober 2012); *Wagner*, in: KvW[19], § 116 FGO Tz. 18. Vgl. aus der verwaltungsgerichtlichen Rechtsprechung bspw. *BVerwG*, Beschl. v. 24.05.1965, III B 10.65, DVBl. 1965, 841; Beschl. v. 11.02.1986, 8 B 7/85, Buchholz 310 § 132 VwGO Nr. 240; Beschl. v. 07.01.1993, 4 NB 42/92, NVwZ-RR 1993, 513 m.w.N. **Ablehnend** hingegen *Bleschick*, Revisionszulassungsgründe im Spannungsverhältnis, S. 151 (vgl. in diesem Zusammenhang allerdings auch *Bleschick*, a.a.O., S. 356 a.E., betreffend § 543 II 1 Nr. 2 Alt. 2 ZPO). – Zu den Darlegungsanforderungen bei sog. *nachträglicher Divergenz* später unter 2.a)cc)(1) (S. 339 ff.).

891 Vgl. *BFH*, Beschl. v. 18.07.2001, X B 46/01, BFH/NV 2001, 1596, 1597; Beschl. v. 04.12.2001, X B 112/01, BFH/NV 2002, 346; Beschl. v. 17.01.2002, V B 88/01, BFH/NV 2002, 748; Beschl. v. 23.01.2002, X B 94/01, BFH/NV 2002, 622; Beschl. v. 23.04.2002, IV B 63/01, n.v. (juris); Beschl. v. 25.06.2002, X B 30/01, BFH/NV 2002, 1303; Beschl. v. 05.07.2002, XI B 136/01, BFH/NV 2002, 1479, 1480; Beschl. v. 23.08.2002, IV B 89/01, BFH/NV 2003, 177; Beschl. v. 31.10.2002 (Fn. 890), BFH/NV 2003, 291; Beschl. v. 11.02.2003, VII B 244/02, BFH/NV 2003, 833, 835; Beschl. v. 28.02.2003, IV B 200/02, BFH/NV 2003, 625; Beschl. v. 04.12.2003, VII B 121/03, BFH/NV 2004, 824; Beschl. v. 19.10.2004, VII B 1/04, BFH/NV 2005, 561, 562; Beschl. v. 13.01.2005, V B 153/04, V S 18/04, BFH/NV 2005, 926, 927; Beschl. v. 09.03.2005, IV B 74/03, BFH/NV 2005, 1289, 1290; *Beermann*, in: BG, § 115 FGO Tz. 118 u. 125 (Lfg. 57 März 2006); Schwarz/*Dürr*, § 115 FGO Tz. 43a (Lfg. 30 6/2008); *Seer*, in: T/K, § 115 FGO Tz. 68 a.E. (Lfg. 131 Oktober 2012); *Wagner*, in: KvW[19], § 115 FGO Tz. 15. – Zu den Darlegungsanforderungen bei einer *künftig zu erwartenden Rechtsprechungsdivergenz* später unter 2.a)cc)(2) (S. 342 f.).

ee) Abweichung bei Entscheidung im zweiten Rechtsgang

Hat das FG den Rechtsstreit im zweiten Rechtsgang in Übereinstimmung mit dem zurückverweisenden BFH-Urteil entschieden, bleibt für eine Revisionszulassung zur Sicherung einer einheitlichen Rechtsprechung gemäß § 115 II Nr. 2 Alt. 2 FGO unter dem Gesichtspunkt der Divergenz kein Raum[892].

Anders verhält es sich hingegen, wenn das FG nach Zurückverweisung der Sache durch den BFH gemäß § 126 III 1 Nr. 2 FGO bei der Beurteilung einer Rechtsfrage im zweiten Rechtsgang seine aus *§ 126 V FGO* folgende *Bindung an die im ersten Rechtsgang ergangene Revisionsentscheidung missachtet* und infolgedessen bei der Anwendung materiellen Rechts von der im ersten Rechtsgang geäußerten Rechtsauffassung des BFH abweicht. In diesem Fall ist die Revision unter dem Gesichtspunkt der Divergenz zur Sicherung einer einheitlichen Rechtsprechung gemäß § 115 II Nr. 2 Alt. 2 FGO zuzulassen[893].

Der gegenteiligen Auffassung, die insoweit keine Divergenz i.S.d. § 115 II Nr 2 Alt. 2 FGO, sondern ausschließlich einen beachtlichen Verfahrensmangel i.S.d. § 115 II Nr. 3 FGO annehmen möchte[894], kann nicht entsprochen werden, da eine derartige einschränkende Auslegung des § 115 II Nr. 2 Alt. 2 FGO weder dem Wortlaut noch dem Zweck dieser neu gefassten Vorschrift entnommen werden kann[895]. Denn wie schon der BFH in einer noch zum alten Recht des § 115 II Nr. 2 FGO 1965

---

892 *BFH*, Beschl. v. 08.12.2004, I B 111/04, BFH/NV 2005, 1097: Ebenso wenig kommt eine Revisionszulassung wegen grundsätzlicher Bedeutung der Rechtssache oder zur Fortbildung des Rechts in Betracht; Beschl. v. 07.07.2006, V B 113/05, BFH/NV 2006, 2103. Vgl. dazu auch bereits oben unter I.1.f)aa) (S. 156 ff., dort S. 157 f.) im Hinblick auf die Zulassung der Revision wegen grundsätzlicher Bedeutung der Rechtssache i.S.d. § 115 II Nr. 1 FGO.

893 *BFH*, Beschl. v. 27.07.1989, V B 117/87, BFH/NV 1990, 577, 579; Beschl. v. 08.12.2004 (Fn. 892), BFH/NV 2005, 1097 f.; Beschl. v. 07.07.2006 (Fn. 892), BFH/NV 2006, 2103; *Lange* HHSp., § 115 FGO Tz. 126 u. 184 (Lfg. 192 Oktober 2006); *Seer*, in: T/K, § 115 FGO Tz. 70 (Lfg. 131 Oktober 2012).

894 So die als h.M. bezeichnete Auffassung: *BFH*, Beschl. v. 18.01.1968, V B 4/66, BStBl. II 1968, 382 (vgl. hingegen die Entscheidungen des *V. Senats* in Fn. 893); Beschl. v. 20.02.1991, II B 85/90, BFH/NV 1992, 43; Beschl. v. 21.09.1993, V B 37/93, BFH/NV 1995, 395, 396 (vgl. hingegen die Entscheidungen des *V. Senats* in Fn. 893); Beschl. v. 08.01.1998, VII B 102/97, BFH/NV 1998, 729; Beschl. v. 27.10.2004, XI B 53/03, n.v. (juris); Beschl. v. 07.07.2006 (Fn. 892), BFH/NV 2006, 2103 (vgl. jedoch auch Fn. 893); Gräber/*Ruban*[6], § 115 FGO Tz. 52 u. 80. – Schwarz/*Dürr*, § 115 FGO Tz. 36 (Lfg. 30 6/2008), ist insoweit der Ansicht, dass sowohl eine Divergenz als auch ein Verfahrensmangel vorliege, so dass die Revision aus beiden Gründen zuzulassen sei. Die von ihm zitierten Entscheidungen belegen dies m.E. aber gerade nicht, da die dortigen Erläuterungen zur Divergenz jeweils keinen direkten Bezug zu der Problematik des § 126 V FGO aufweisen, vgl stattdessen aber den bereits genannten Beschl. v. 07.07.2006 (Fn. 892), BFH/NV 2006, 2103.

895 Vgl. bereits *BFH*, Beschl. v. 27.07.1989 (Fn. 893), BFH/NV 1990, 577, 579, zu § 115 II Nr. 2 FGO 1965. Zudem *Seer*, in: T/K, § 115 FGO Tz. 70 (Lfg. 131 Oktober 2012).

ergangenen Entscheidung richtig erkannt hat, wird das Anliegen des Individualrechtsschutzes und der Einzelfallgerechtigkeit und insbesondere das Anliegen der Einheitlichkeit der Rechtsprechung nicht weniger berührt, wenn eine divergierende finanzgerichtliche Entscheidung zugleich gegen § 126 V FGO verstößt, als ohne einen solchen zusätzlichen Verstoß[896].

ff) Erforderlichkeit einer Entscheidung des BFH

Sind die unter aa) bis dd) (S. 222 ff.) dargestellten Voraussetzungen des Divergenztatbestandes erfüllt[897], führt dies jedoch nicht automatisch zur Zulassung der Revision gemäß § 115 II Nr. 2 Alt. 2 FGO.

Denn nach dessen eindeutigem Wortlaut ist die Revision stets nur dann zuzulassen, wenn die Sicherung einer einheitlichen Rechtsprechung *eine Entscheidung des BFH erfordert*[898]. Ebenso wie die Rechtsfortbildungsrevision i.S.d. § 115 II Nr. 2 Alt. 1 FGO stellt mithin auch die Rechtsprechungsvereinheitlichungsrevision i.S.d. § 115 II Nr. 2 Alt. 2 FGO die ‚Erforderlichkeit einer Entscheidung des BFH' ausdrücklich als *eigenständige Zulassungsvoraussetzung* neben das zentrale Tatbestandsmerkmal hier der ‚Sicherung einer einheitlichen Rechtsprechung'[899].

---

896 *BFH*, Beschl. v. 27.07.1989 (Fn. 893), BFH/NV 1990, 577, 579.

897 Die Erläuterungen unter ee) (S. 248 f.) betreffend eine *Abweichung bei Entscheidung im zweiten Rechtsgang* betreffen strenggenommen keine originäre Voraussetzung des Divergenztatbestandes, sondern stellen lediglich klar, dass dieser – soweit er erfüllt ist – unter den dort genannten speziellen Voraussetzungen auch betreffend *Abweichungen bei Entscheidung im zweiten Rechtsgang* Anwendung findet.

898 Vgl. insoweit auch die ähnliche Formulierung in § 11 IV Alt. 2 FGO, der für die sog. Grundsatzanrufung an den Großen Senat bestimmt, dass der erkennende Senat eine Frage von grundsätzlicher Bedeutung dem Großen Senat zur Entscheidung vorlegen kann, wenn das nach seiner Auffassung zur Sicherung einer einheitlichen Rechtsprechung *erforderlich* ist (vgl. dazu auch bereits Fußnote 784). Während jedoch bei § 11 IV Alt. 2 FGO zur Sicherung einer einheitlichen Rechtsprechung eine Entscheidung des GrS erforderlich ist, genügt i.R.d. § 115 II Nr. 2 Alt. 2 FGO die Entscheidung eines ‚schlichten' Fachsenats (ebenso *Seer*, in: T/K, § 115 FGO Tz. 62 [Lfg. 131 Oktober 2012], zur Rechtsfortbildungsrevision nach § 115 II Nr. 2 Alt. 1 FGO, vgl. schon oben unter II.1.c) [S. 209]).

899 *Lange* HHSp., § 115 FGO Tz. 192 (Lfg. 192 Oktober 2006); *Seer*, in: T/K, § 115 FGO Tz. 79 (Lfg. 131 Oktober 2012). Hingegen meint *Bleschick*, Revisionszulassungsgründe im Spannungsverhältnis, S. 145, dass dem Merkmal der ‚Erforderlichkeit' i.R.d. Rechtsprechungsvereinheitlichungsrevision unter dem Gesichtspunkt der Divergenz keine eigenständige Bedeutung zukomme.

(1) Allgemeininteresse an der Beseitigung der Divergenz und Klärungsbedürftigkeit der divergierend beurteilten Rechtsfrage

Demzufolge wird das *(abstrakte) Allgemeininteresse* an einer Entscheidung des BFH bei einer vorliegenden Abweichung – anders als bei der früheren Divergenzrevision gemäß § 115 II Nr. 2 FGO 1965 – nicht kraft Gesetzes unwiderlegbar vermutet[900]. Bei der Entscheidung über die Zulassung der Revision ist vielmehr stets zu prüfen, ob der betreffende Fall im (abstrakten) allgemeinen Interesse eine höchstrichterliche Entscheidung unumgänglich macht[901].

(a) Allgemeininteresse und Klärungsbedürftigkeit grds. gegeben

Allerdings wird bei einer vorliegenden Divergenz – und insbesondere bei Abweichungen von der höchstrichterlichen Rechtsprechung (des BFH) – ein derartiges *(abstraktes) Allgemeininteresse* an der Beseitigung der Divergenz und m.E. auch die *Klärungsbedürftigkeit* der divergierend beurteilten Rechtsfrage regelmäßig anzunehmen sein[902].

Davon zeugt auch die Rechtsprechung des BFH, wonach die Sicherung einer einheitlichen Rechtsprechung dann eine Entscheidung des BFH ‚erfordert', wenn ein FG bei gleichem oder vergleichbarem Sachverhalt in einer entscheidungserheblichen Rechtsfrage eine andere Rechtsauffassung vertritt als der *BFH*, der *GmSOGB*, ein *anderes oberstes Bundesgericht* oder ein *anderes FG*[903]. Ebenso verhält es sich m.E., wenn ein FG bei gleichem oder vergleichbarem Sachverhalt in einer entscheidungserheblichen Rechtsfrage von einer *Entscheidung eines anderen*

---

900 *BFH*, Beschl. v. 19.06.2006, I B 142/05, BFH/NV 2006, 1692; Beschl. v. 08.08.2007, X B 26/07, BFH/NV 2007, 1895, 1896; Gräber/*Ruban*[6], § 115 FGO Tz. 65.

901 Gräber/*Ruban*[6], § 115 FGO Tz. 65.

902 Siehe auch *BFH*, Beschl. v. 19.06.2006, I B 142/05, BFH/NV 2006, 1692; Beschl. v. 08.08.2007, X B 26/07, BFH/NV 2007, 1895, 1896; Gräber/*Ruban*[6], § 115 FGO Tz. 65, die anführt, dass dies nicht nur in den Fällen gelte, in denen das FG bewusst von der Rechtsprechung des BFH abgewichen sei, sondern auch dann, wenn es eine Entscheidung des BFH übersehen habe oder diese nicht kennen konnte, weil sie erst nach der Zustellung des finanzgerichtlichen Urteils veröffentlicht worden sei, vgl. insoweit auch bereits oben unter bb)(3) (S. 238 ff.); *Seer*, in: T/K, § 115 FGO Tz. 64 (Lfg. 131 Oktober 2012), jeweils zum *(abstrakten) Allgemeininteresse*. Vgl. überdies Schwarz/*Dürr*, § 115 FGO Tz. 40 a.E. (Lfg. 30 6/2008), sowie *Seer*, in: T/K, § 115 FGO Tz. 64 (Lfg. 131 Oktober 2012), jeweils zu der bei vorliegender Divergenz grds. gegebenen *Klärungsbedürftigkeit*. *Dürr*, a.a.O., führt insoweit an, dass die Klärungsbedürftigkeit regelmäßig auch dann anzunehmen sei, wenn die divergierend beurteilte Rechtsfrage inzwischen geklärt sei, da bei einer Revisionszulassung wegen Divergenz nicht die Weiterentwicklung des Rechts sondern die *Rechtsanwendungsgleichheit* im Vordergrund stehe. Vgl. insgesamt ansatzweise auch bereits oben unter a)bb) (S. 218 f.).

903 So *BFH*, Beschl. v. 30.09.2003, XI B 153/02, BFH/NV 2004, 213. Vgl. auch *BFH*, Beschl. v. 08.08.2007 (Fn. 902), BFH/NV 2007, 1895, 1896, im Hinblick auf Abweichungen von der Entscheidung *eines anderen Gerichts* (insbesondere des *BFH*).

Spruchkörpers desselben FG abweicht, um insoweit Divergenzen innerhalb eines FG entgegenzuwirken. Nichts anderes kann schließlich gelten, wenn ein FG bei gleichem oder vergleichbarem Sachverhalt in einer entscheidungserheblichen Rechtsfrage von der Rechtsauffassung des *BVerfG* oder des *EuGH* abweicht, zumal Abweichungen von der Rechtsauffassung dieser beiden – gemäß Art. 93 GG bzw. Art. 19 I EUV, Art. 267 AEUV für die Wahrung des GG bzw. des EUV/AEUV zuständigen – Gerichte im Hinblick auf die Einheitlichkeit der Rechtsprechung besonders schwer wiegen.

Bestehen *begründete Zweifel an einer oder Streit über eine Abweichung*, liegt es sowohl im Interesse der Rechtsschutzgewährung im Einzelfall als auch im Interesse der Allgemeinheit an der Wahrung der Einheitlichkeit der Rechtsprechung, dass der BFH die Rechtslage klarstellt.

Auch in diesen Fällen ist somit die Erforderlichkeit einer Entscheidung des BFH zur Sicherung einer einheitlichen Rechtsprechung zu bejahen und die Revision in *teleologisch-extensiver Auslegung* des § 115 II Nr. 2 Alt. 2 FGO wegen Divergenz zuzulassen, um eine Klärung im Vollsenat (§ 10 III Alt. 1 – Besetzung von fünf Richtern) zu ermöglichen[904].

(b) Besonders sorgfältige Prüfung der ‚Erforderlichkeit' bei Abweichungen von Entscheidungen anderer unterinstanzlicher Gerichte im Hinblick auf das Bedürfnis der Allgemeinheit nach einheitlicher Rechtsprechung

Hans-Friedrich Lange[905] führt an, dass bei Abweichungen des FG von einer Entscheidung eines anderen Instanzgerichts – bspw. eines *OVG/VGH* – *besonders sorgfältig zu prüfen* sei, ob und inwieweit zur Sicherung einer einheitlichen Rechtsprechung eine Entscheidung des BFH *erforderlich* sei.

Denn nicht bei jeder Divergenz des angefochtenen Urteils zu einer anderen instanzgerichtlichen Rechtsprechung sei zwangsläufig eine Entscheidung des BFH

---

904 Auf gleicher Linie *BFH*, Beschl. v. 02.03.2004, III B 114/03, BFH/NV 2004, 1109, 1110. Danach ist eine klarstellende Entscheidung des BFH zur Wahrung der Rechtseinheit auch dann *erforderlich*, wenn dem finanzgerichtlichen Urteil nicht mit hinreichender Deutlichkeit zu entnehmen sei, auf welche Rechtssätze das FG seine Entscheidung gestützt habe und deshalb nicht eindeutig sei, ob sein Urteil von anderen Gerichtsentscheidungen abweiche. Ebenso *Lange* HHSp., § 115 FGO Tz. 185 a.E. (Lfg. 192 Oktober 2006); *Seer*, in: T/K, § 115 FGO Tz. 69 a.E. (Lfg. 131 Oktober 2012). Überdies *Bleschick*, Revisionszulassungsgründe im Spannungsverhältnis, S. 381 u. 382. Unklar hingegen Schwarz/*Dürr*, § 115 FGO Tz. 31 a.E. (Lfg. 30 6/2008): Er führt zunächst unter Hinweis auf die vorstehend genannte Entscheidung des BFH an, dass die Revision zuzulassen sei, wenn dem FG-Urteil nicht zu entnehmen sei, auf welche Rechtssätze das FG seine Entscheidung gestützt habe und eine Abweichung somit nicht ausgeschlossen werden könne. Im Anschluss daran spricht er sich jedoch gegen die Zulassung der Revision aus, wenn *„lediglich Zweifel"* bestehen, ob eine Abweichung gegeben sei.

905 *Lange* HHSp., § 115 FGO Tz. 194 (Lfg. 192 Oktober 2006).

von Nöten, um dem Bedürfnis der Allgemeinheit nach einer einheitlichen Rechtsprechung nachzukommen.

Diese Ansicht verdient Zustimmung und ist auch auf Entscheidungen eines *LSG* sowie eines *OLG* bzw. *LAG* zu erstrecken.

Zwar enthält das Gesetz in § 115 II Nr. 2 Alt. 2 FGO im Gegensatz zur früheren Rechtslage keine abschließende Aufzählung der in Betracht kommenden Divergenzentscheidungen, so dass es nach einhelliger Auffassung nun nicht mehr darauf ankommt, welches Gericht die Entscheidung, von der abgewichen wird, getroffen hat[906]. Auch Abweichungen der finanzgerichtlichen Entscheidung von Entscheidungen unterer Instanzen anderer Gerichtszweige – d.h. z.B. von Entscheidungen eines *OVG/VGH* oder *LSG* sowie eines *OLG* bzw. *LAG* – dürfen nach zutreffender herrschender Auffassung deswegen nicht *von vornherein* aus dem Spektrum der möglichen Divergenzentscheidungen herausgenommen werden, zumal auch insoweit regelmäßig ein Bedürfnis nach einheitlicher Rechtsprechung besteht, das nicht zwangsläufig vorrangig durch das für den betreffenden Gerichtszweig zuständige Revisionsgericht befriedigt werden muss[907].

Da das Tatbestandsmerkmal der ‚Erforderlichkeit einer BFH-Entscheidung' aber als eigenständige Zulassungsvoraussetzung zu verstehen ist und somit selbständig neben das zentrale Tatbestandsmerkmal der ‚Sicherung einer einheitlichen Rechtsprechung' – vorliegend also neben das Tatbestandsmerkmal der ‚Divergenz' – tritt, steht in Fällen, in denen eine Abweichung des finanzgerichtlichen Urteils zu (lediglich) unterinstanzlichen Entscheidungen anderer Gerichtszweige gegeben ist, einer jeweiligen *besonders sorgfältigen Prüfung der ‚Erforderlichkeit einer Entscheidung des BFH'* im Hinblick auf das Bedürfnis der Allgemeinheit nach einer einheitlichen Rechtsprechung nichts entgegen[908].

Nicht zuletzt trägt eine solche *besonders sorgfältige Prüfung der ‚Notwendigkeit einer BFH-Entscheidung'* zur Sicherung einer einheitlichen Rechtsprechung auch dazu bei, einer durch das nunmehr breite Spektrum der in Betracht kommenden

906 Dazu bereits ausführlich vorstehend unter aa)(2) (S. 224 f.) m.w.N. in Fn. 815.

907 Siehe dazu bereits ausführlich vorstehend unter aa)(2)(c) (S. 229 ff., dort S. 230 f.).

908 Vgl. auch nachfolgend unter 2.a)dd)(1) (S. 343 ff., dort S. 344 f.) sowie später im 4. Abschnitt unter B.III.1.a) (S. 518 ff., dort S. 519 f.). **Anders** hingegen *Bleschick*, Revisionszulassungsgründe im Spannungsverhältnis, S. 145. – Dass auch bei *RFH-Entscheidungen* regelmäßig eine *besonders sorgfältige Prüfung* der ‚Erforderlichkeit einer BFH-Entscheidung' vorzunehmen ist und es i.R.d. Begründung einer NZB entsprechend *schlüssiger und substantiierter Darlegungen* seitens des Beschwerdeführers bedarf, versteht sich m.E. von selbst, weil hier schon ihre Tauglichkeit als Divergenzentscheidung stets davon abhängt, dass sie heute noch als Richterrecht relevant sind, vgl. insoweit auch die Ausführungen nachfolgend unter 2.a)dd)(1) (S. 343 ff., dort S. 344 f.) mit Fußnote 1137 sowie später im 4. Abschnitt unter B.III.1.a) (S. 518 ff., dort S. 519 f.) mit Fußnote 1707.

Divergenzentscheidungen möglichen Ausuferung von Divergenzrevisionen entgegenzuwirken[909].

(c) Ausnahmen vom regelmäßig bestehenden Allgemeininteresse

Soweit i.R.d. unter (a) (S. 250 f.) gemachten Ausführungen aufgezeigt worden ist, dass bei einer vorliegenden Divergenz grds. davon ausgegangen werden kann, dass das Allgemeininteresse an der Beseitigung der Divergenz und mithin i.d.R. auch die Erforderlichkeit einer Entscheidung des BFH zur Sicherung einer einheitlichen Rechtsprechung gegeben ist, gilt dies jedoch nicht ausnahmslos.

So ist die Revision aufgrund fehlenden Allgemeininteresses und somit mangels Erforderlichkeit einer BFH-Entscheidung dann nicht zuzulassen, wenn der *Sachverhalt* des angefochtenen finanzgerichtlichen Urteils von *besonderen Umständen* geprägt wird. Denn in diesem Fall gebietet es das Ziel einer einheitlichen Rechtsanwendung bzw. Rechtsprechung nicht, die Revision nach § 115 II Nr. 2 Alt. 2 FGO zuzulassen[910].

Dasselbe gilt, wenn die abweichende Entscheidung eine *‚ausgefallene'* bzw. ganz *einmalige Fallgestaltung* zum Gegenstand hat, so dass quasi ausgeschlossen werden kann, dass sich dieselbe Rechtsfrage in künftigen Streitfällen erneut stellen wird[911]. Ebenso verhält es sich schließlich, wenn der die Divergenz auslösenden Entscheidung ersichtlich *Ausnahmecharakter* zukommt, weil sie bspw. in krassem Widerspruch zu einer gefestigten Rechtsprechung steht[912].

Eine Ausnahme von dem bei vorliegender Divergenz grds. anzunehmenden Allgemeininteresse soll zudem dann in Betracht kommen, wenn die entschiedene – divergierend beurteilte – Rechtsfrage nur noch für sehr wenige Fälle von Bedeutung ist, weil sie *ausgelaufenes Recht* betrifft[913].

Insoweit könne nämlich nichts anderes gelten, als bei der Beurteilung derartiger Fälle i.R.d. Revisionszulassung wegen grundsätzlicher Bedeutung der Rechtssache nach § 115 II Nr. 1 FGO[914], so dass Fälle, in denen es um Rechtsfragen im

---

909 Ähnlich *Wagner*, in: KvW[19], § 115 FGO Tz. 16, jedoch nicht nur im Hinblick auf Abweichungen von Entscheidungen anderer unterinstanzlicher Gerichte, sondern vielmehr allgemein.

910 *BFH*, Beschl. v. 22.10.2002, X B 24/02, BFH/NV 2003, 165.

911 Gräber/*Ruban*[6], § 115 FGO Tz. 65; KK/*Senge*[3], § 80 OWiG Tz. 10 a.E., zu § 80 I Nr. 1 Alt. 2 OWiG.

912 Auf gleicher Linie *Wagner*, in: KvW[19], § 115 FGO Tz. 16 a.E.

913 *BFH*, Beschl. v. 19.06.2006, I B 142/05, BFH/NV 2006, 1692; Beschl. v. 29.05.2007, III B 201/06, BFH/NV 2007, 1866, 1867; Beschl. v. 08.08.2007, X B 26/07, BFH/NV 2007, 1895, 1896 (allerdings wohl überwiegend betreffend die Klärungsbedürftigkeit, vgl. insoweit **kritisch** bereits oben unter I.2.b)aa) [S. 185 ff., dort S. 186 f.]); Gräber/*Ruban*[6], § 115 FGO Tz. 65 (auch zum *auslaufenden* und *übergangsweisen Recht*); *Lange* HHSp., § 115 FGO Tz. 193 (Lfg. 192 Oktober 2006); *Seer*, in: T/K, § 115 FGO Tz. 79 (Lfg. 131 Oktober 2012).

914 Gräber/*Ruban*[6], § 115 FGO Tz. 65.

Zusammenhang mit *ausgelaufenem Recht* geht, regelmäßig keine Erforderlichkeit einer BFH-Entscheidung i.S.d. § 115 II Nr. 2 Alt. 2 FGO begründen, wenn nicht *besondere Gründe* geltend gemacht werden und vorliegen, die ausnahmsweise ein Abweichen von dieser Regel rechtfertigen bzw. die entschiedene – divergierend beurteilte – Rechtsfrage noch für eine *Vielzahl anhängiger Fälle*/für eine *Vielzahl von Verfahren* Bedeutung erlangt[915].

(2) Klärungsfähigkeit und Entscheidungserheblichkeit der divergierend beurteilten Rechtsfrage

Nicht zuletzt ist Voraussetzung für die Erforderlichkeit einer Entscheidung des BFH zur Sicherung einer einheitlichen Rechtsprechung unter dem Gesichtspunkt der Divergenz gemäß § 115 II Nr. 2 Alt. 2 FGO die *Klärungsfähigkeit* und – als Parallele zu dem früher in § 115 II Nr. 2 FGO 1965 verankerten Tatbestandsmerkmal des *Beruhens*[916] – die *Entscheidungserheblichkeit* der divergierend beurteilten Rechtsfrage.

Demnach fehlt es an der Erforderlichkeit, wenn die divergierend beurteilte Rechtsfrage im nachfolgenden Revisionsverfahren durch den BFH gar nicht geklärt werden kann[917], und wenn sie nicht rechtserheblich ist, da die Aufgabe des BFH auch im Bereich des § 115 II Nr. 2 Alt. 2 FGO nicht darin besteht, Rechtsfragen abstrakt und losgelöst vom konkreten Fall zu klären[918]. Für die Zulassung der Revi-

915 *Kritisch* insgesamt *Bleschick*, Revisionszulassungsgründe im Spannungsverhältnis, S. 358 f., v.a. 359, im Hinblick auf *ausgelaufenes* sowie *auslaufendes* Recht. – Vgl. zur Problematik *ausgelaufenen/auslaufenden Rechts* einschließlich der anerkannten Ausnahmen einer Revisionszulassung ausführlich bereits vorstehend unter I.1.g)aa) (S. 163 ff.) u. I.2.b)aa) (S. 185 ff.).

916 Zur Erinnerung: Gemäß dem bis zum 31.12.2000 geltenden § 115 II Nr. 2 FGO 1965 war die Revision dann zuzulassen, wenn das angefochtene finanzgerichtliche Urteil von einer Entscheidung des BFH, des BVerfG oder des GmSOGB (vgl. § 18 I 1 des Gesetzes zur Wahrung der Einheitlichkeit der Rechtsprechung der obersten Gerichtshöfe des Bundes) abwich *und auf dieser Abweichung beruhte.*

917 *BFH*, Beschl. v. 12.07.2002, IV B 129/01, BFH/NV 2002, 1570. Vgl. überdies *BFH*, Beschl. v. 28.08.2003, VII B 359/02, BFH/NV 2004, 153. Zur Klärungsfähigkeit ausführlich bereits oben unter I.1.f)aa) (S. 156 ff.).

918 *BFH*, Beschl. v. 12.07.2002 (Fn. 917), BFH/NV 2002, 1570; Beschl. v. 20.01.2003, III B 63/02, BFH/NV 2003, 644 f.; Beschl. v. 12.08.2004, XI B 150/02, BFH/NV 2005, 197, 198; Beschl. v. 20.10.2005, I B 49/05, BFH/NV 2006, 337, wo teilweise noch der Begriff des ‚Beruhens' Verwendung findet; *Seer*, in: T/K, § 115 FGO Tz. 79 (Lfg. 131 Oktober 2012). – Vgl. in diesem Zusammenhang auch *Bleschick*, Revisionszulassungsgründe im Spannungsverhältnis, S. 364 (f.) u. 367, der im Hinblick auf das von ihm i.R.d. § 115 II Nr. 2 Alt. 2 FGO beabsichtigte einheitliche Zulassungskriterium der *‚Abweichung in der Rechtsanwendung'* (vgl. dazu bereits vorstehend unter a)aa) [S. 215 ff. – 216], dort Fußnote 788 a.E.) anführt, dass für die Beurteilung der Entscheidungserheblichkeit in den Fällen der *unbewussten Abweichung in der Rechtsanwendung*, die aus den Entscheidungsgründen des

sion wegen Divergenz reicht es dabei aus, dass zumindest *die Möglichkeit besteht,* dass das Urteil des FG bei Berücksichtigung der Grundsätze der Entscheidung, von der es abgewichen ist, und mithin unter Zugrundelegung der Divergenzentscheidung, anders ausgefallen wäre[919]. Das bedeutet, dass sich ein ursächlicher Zusammenhang zwischen der Abweichung und dem Ergebnis der Entscheidung nicht ausschließen lassen darf[920], was jedoch dann nicht der Fall ist, wenn die möglicherweise divergierende Begründung des FG-Urteils hinweggedacht werden könnte, ohne dass das Urteil entfiele[921].

Im Zusammenhang mit den Tatbestandsmerkmalen der Klärungsfähigkeit und v.a. Entscheidungserheblichkeit sind natürlich auch die Besonderheiten bei einer *Mehrfachbegründung* des finanzgerichtlichen Urteils zu berücksichtigen. Danach wird eine BFH-Entscheidung zur Sicherung einer einheitlichen Rechtsprechung bei sog. *kumulativer Mehrfachbegründung* nur dann erforderlich, wenn sich die

---

angefochtenen Urteils nicht ersichtlich werde (vgl. insoweit bereits vorstehend unter bb)(3) [S. 238], dort Fußnote 859 a.E.), die Persepktive des *iudex ad quem* als der korrigierenden Rechtsmittelinstanz maßgeblich sei. – Zur Entscheidungserheblichkeit/Rechtserheblichkeit ausführlich bereits vorstehend unter I.1.f)bb) (S. 158 ff.).

919 Siehe *BFH,* Beschl. v. 27.05.1987, IV B 78/86, BFH/NV 1988, 161, 162; Beschl. v. 17.05.1995, II B 10/95, BFH/NV 1995, 1044; Beschl. v. 27.12.1996, XI B 11/96, BFH/NV 1997, 506; Beschl. v. 30.07.1997, II B 37/97, BFH/NV 1998, 436, 437; Beschl. v. 11.02.1999, IX S 10/98, BFH/NV 1999, 925; Beschl. v. 09.11.1999, II B 14/99, BFH/NV 2000, 582, 583, wonach es an dieser Möglichkeit fehle, wenn das FG den von ihm gebildeten und von einer Entscheidung des BFH abweichenden Rechtssatz im weiteren Verlauf seiner Urteilsgründe zur Angleichung an die Entscheidung des BFH eingeschränkt sowie die Voraussetzungen der Einschränkung geprüft und verneint habe, da der um diese Einschränkung verkürzte Rechtssatz des FG für dessen Entscheidung nicht tragend gewesen sei; Beschl. v. 27.03.2000, IX S 3/00, BFH/NV 2000, 1093, jeweils noch zu § 115 II Nr. 2 FGO 1965 und dem dortigen Tatbestandsmerkmal des ‚Beruhens'; Beschl. v. 16.10.2003, VII B 6/03, BFH/NV 2004, 544, 545; Beschl. v. 10.03.2004, VII B 92/03, BFH/NV 2004, 977; Beschl. v. 05.12.2006, VIII B 4/06, BFH/NV 2007, 490, 492, teils ebenfalls noch unter Verwendung des Begriffs des ‚Beruhens'; Gräber/*Ruban*[6], § 115 FGO Tz. 59; *Weyreuther,* Revisionszulassung und NZB, Tz. 124 m.w.N. – Vgl. zu den seitens der Rechtsprechung in etlichen Entscheidungen aber immer noch geforderten *strengen Anforderungen an die Darlegung der Entscheidungserheblichkeit der Divergenz* **kritisch** nachfolgend unter 2.a)dd)(2) (S. 345 ff.).

920 *BFH,* Beschl. v. 27.05.1987 (Fn. 919), BFH/NV 1988, 161, 162; Beschl. v. 17.05.1995 (Fn. 919), BFH/NV 1995, 1044; Beschl. v. 27.12.1996 (Fn. 919), BFH/NV 1997, 506; Beschl. v. 30.07.1997 (Fn. 919), BFH/NV 1998, 436, 437; Beschl. v. 16.10.2003 (Fn. 919), BFH/NV 2004, 544, 545; Beschl. v. 11.08.2006, V B 23/04, BFH/NV 2007, 60, 61; Gräber/*Ruban*[6], § 115 FGO Tz. 59; *Weyreuther,* Revisionszulassung und NZB, Tz. 124 m.w.N.

921 So *BFH,* Beschl. v. 17.05.1995 (Fn. 919), BFH/NV 1995, 1044.

Divergenz auf jede der für sich selbständig tragenden Begründungen auswirkt[922], so dass einer *kumulativ* mehrfach begründeten FG-Entscheidung regelmäßig eine gewisse *Divergenz-* und somit *Revisionsfestigkeit* zukommt[923]. Hingegen wird im Falle einer sog. *alternativen Mehrfachbegründung* eine Entscheidung des BFH i.S.d. § 115 II Nr. 2 Alt. 2 FGO bereits dann erforderlich, wenn lediglich eine der die Entscheidung gemeinsam tragenden Begründungen des FG divergiert[924].

(a) Keine divergenzbegründende Wirkung mangels Entscheidungserheblichkeit bei nur beiläufig geäußerten Rechtsansichten, sog. obiter dicta

Eine nur beiläufige, nicht tragende Urteilserwägung des FG entfaltet nach herrschender Ansicht mangels Entscheidungserheblichkeit keine divergenzbegründende Wirkung. Die nur beiläufige Äußerung einer von der Rechtsprechung des BFH oder eines anderen Gerichts[925] abweichenden Rechtsansicht – sog. *obiter dictum* – führt mithin nicht zu einer die Zulassung der Revision nach sich ziehenden Divergenz[926].

Ebenso rechtfertigen umgekehrt Abweichungen des FG von einem *obiter dictum*, das die angebliche Divergenzentscheidung des BFH oder der übrigen (höchstrichterlichen) Rechtsprechung zwar nicht trägt, aber die Rechtsauffassung des BFH-Senats bzw. des jeweiligen Spruchkörpers zum Ausdruck bringt, nach h.M. keine Zulassung der Revision zur Sicherung einer einheitlichen Rechtsprechung gemäß § 115 II Nr. 2 Alt. 2 FGO unter dem Gesichtspunkt der Divergenz[927].

---

922 Vgl. *BFH*, Beschl. v. 08.08.2004, VII B 26/04, n.v. (juris); Beschl. v. 31.05.2007, III B 109/06, BFH/NV 2007, 1867, 1868; *Seer*, in: T/K, § 115 FGO Tz. 79 (Lfg. 131 Oktober 2012). Vgl. zur *kumulativen Mehrfachbegründung* allgemein auch bereits oben unter A.I.3. (S. 92 ff.) u. A.II.4.f) (S. 126). Zur *Abgrenzung* zwischen tragenden Entscheidungsgründen und nicht tragenden Rechtsausführungen s. Fußnote 345.

923 Vgl. schon oben unter A.I.3. (S. 92 ff., dort S. 94).

924 *Seer*, in: T/K, § 115 FGO Tz. 79 a.E. (Lfg. 131 Oktober 2012). Zur *alternativen Mehrfachbegründung* allgemein auch bereits oben unter A.I.3. (S. 92 ff., dort S. 94) u. A.II.4.f) (S. 126 f., dort S. 127).

925 Zum Spektrum möglicher Divergenzentscheidungen ausführlich oben unter aa) (S. 222 ff.).

926 *BFH*, Beschl. v. 24.07.1997, VII B 140/97, BFH/NV 1998, 60; Beschl. v. 27.11.2001, XI B 123/01, BFH/NV 2002, 542; Gräber/*Ruban*[6], § 115 FGO Tz. 54 a.E. u. 60.

927 Vgl. *BFH*, Beschl. v. 27.11.2001 (Fn. 926), BFH/NV 2002, 542; Gräber/*Ruban*[6], § 115 FGO Tz. 62, die insoweit jedoch eine Zulassung der Revision wegen grundsätzlicher Bedeutung der Rechtssache gemäß § 115 II Nr. 1 FGO in Betracht zieht, während Schwarz/*Dürr*, § 115 FGO Tz. 38 (Lfg. 30 6/2008), auch eine solche verneint, da auch die Grundsatzrevision eine entscheidungserhebliche Rechtsfrage voraussetze. – Vgl. zur Problematik der *obiter dicta* unter dem Gesichtspunkt der Grundsatzrevision bereits oben unter I.1.f)bb) (S. 158 ff., dort S. 160); unter dem Gesichtspunkt der Rechtsfortbildungsrevision bereits vorstehend unter II.1.c) (S. 209 ff. [211]), dort Fußnote 777.

Ob sich das vor dem Hintergrund der diesseits befürworteten *Divergenz im Entscheidungsergebnis*[928] aufrechterhalten lässt, erscheint allerdings fragwürdig[929].

(b) Ausschluss der Entscheidungserheblichkeit wegen Ergebnisrichtigkeit analog § 126 IV FGO

Nach verbreiteter Ansicht und insbesondere auch gefestigter Rechtsprechung des BFH soll die Revision zur Sicherung einer einheitlichen Rechtsprechung i.S.d. § 115 II Nr. 2 Alt. 2 FGO unter dem Gesichtspunkt der Divergenz *mangels Entscheidungserheblichkeit/Rechtserheblichkeit* schließlich dann nicht zuzulassen sein, wenn das finanzgerichtliche Urteil zwar von einer Entscheidung z.B. des BFH abweicht, *die FG-Entscheidung selbst aber aus anderen, vom FG nicht herangezogenen und mit der Revision deshalb nicht angreifbaren Gründen Bestand haben* muss und die Revision somit nach § 126 IV FGO erfolglos bleiben müsste. Die wohl h.M. wendet also auch hier wieder – ebenso wie bei der Revisionszulassung wegen grundsätzlicher Bedeutung der Rechtssache i.S.d. § 115 II Nr. 1 FGO[930] – die unmittelbar nur für das Revisionsverfahren geltende Vorschrift des § 126 IV FGO – Zurückweisung der Revision wegen sog. *Ergebnisrichtigkeit* – entsprechend an[931].

---

928 Dazu ansatzweise bereits vorstehend unter cc) (S. 240 ff., dort S. 244 f.) und nachfolgend unter 2.a)bb) (S. 332 ff., dort S. 338 f.) sowie ausführlich später im 4. Abschnitt unter B.III.1.b)bb) (S. 527 ff.).

929 Auch *Seer*, in: T/K, § 115 FGO Tz. 71 a.E. (Lfg. 131 Oktober 2012), möchte § 115 II Nr. 2 Alt. 2 FGO zutreffend dann bejahen, wenn das FG von einem *obiter dictum* abweicht. Vgl. hierzu auch nachfolgend unter 2.a)dd)(2) (S. 345 ff., dort S. 347 f.) sowie ausführlich später im 4. Abschnitt unter B.III.1.b)cc) (S. 534 f.). Vgl. insoweit überdies HK/*Kayser*[4], § 543 ZPO Tz. 25 a.E., der zu der § 115 II Nr. 2 Alt. 2 FGO entsprechenden Revisionszulassungsvorschrift des § 543 II 1 Nr. 2 Alt. 2 ZPO anführt, dass eine Divergenz auch dann in Betracht kommen könne, wenn das Berufungsgericht in seinen tragenden Gründen von einem *obiter dictum des BGH* abweiche und es nahe liege, dass der BGH an dem fraglichen Rechtssatz künftig auch entscheidungstragend festhalten werde. Zudem *Schmidt*, in: Immenga/Mestmäcker[4], § 74 GWB Tz. 12, zu der § 115 II Nr. 2 Alt. 2 FGO entsprechenden Rechtsbeschwerdezulassungsvorschrift des § 74 II Nr. 2 Alt. 2 GWB. – Vgl. schließlich noch *Sunder-Plassmann* HHSp., § 11 FGO Tz. 97 (Lfg. 194 Juni 2007), unter Hinweis darauf, dass die Rechtseinheitlichkeit auch dann in Gefahr und somit eine Grundsatzanrufung zur Sicherung einer einheitlichen Rechtsprechung i.S.d. § 11 IV Alt. 2 FGO auch dann erforderlich sein könne, wenn die abweichende Auffassung eines anderen Senats in einem *obiter dictum* sichtbar geworden sei.

930 Zur entsprechenden Anwendung des § 126 IV FGO bei der Revisionszulassung wegen grundsätzlicher Bedeutung der Rechtssache i.S.d. § 115 II Nr. 1 FGO vorstehend unter I.1.f)cc) (S. 161 ff.).

931 Siehe *BFH*, Beschl. v. 06.04.2001, II B 95/00, BFH/NV 2001, 1299, 1300; Beschl. v. 09.12.2005, VII B 102/04, BFH/NV 2006, 849, 850; Beschl. v. 26.09.2007, VII B 75/07, BFH/NV 2008, 126, teils m.w.N.; *Herrmann*, Zulassung der Revision und

Dies geschieht vor dem Hintergrund, dass die Durchführung eines Revisionsverfahrens sinnlos erscheinen und nur unnötige Kosten verursachen würde, wenn die Entscheidungsgründe des finanzgerichtlichen Urteils zwar eine Verletzung des bestehenden Rechts in Form einer Abweichung von einer Entscheidung z.B. des BFH ergeben, sich die Entscheidung selbst aber aus anderen Gründen als richtig darstellt[932]. Allerdings sollte in derartigen Fällen stets eine entsprechende Begründung der Entscheidung über die NZB erfolgen, um insoweit dem individuellen Rechtsschutzbedürfnis sowie dem Interesse der Allgemeinheit an nicht nur im Ergebnis, sondern auch inhaltlich zutreffender Rechtsprechung zu genügen[933].

Die entsprechende Anwendung des § 126 IV FGO im NZB-Verfahren ist jedoch entschieden abzulehnen, und zwar aus denselben Erwägungen wie bereits im Zusammenhang mit § 115 II Nr. 1 FGO oben unter I.1.f)cc) (S. 161 ff., dort S. 162) dargelegt: Die analoge Anwendung des § 126 IV FGO im NZB-Verfahren führt bereits im Zulassungsverfahren zu einer Beurteilung der Erfolgsaussichten des angestrebten Revisionsverfahrens. Da die Beurteilung der Erfolgsaussichten der Revision jedoch auf die Zulassungsentscheidung des BFH keinen Einfluss nehmen, sondern vielmehr dem eigens dafür vorgesehenen Revisionsverfahren vorbehalten bleiben sollte, kann der vermutliche Ausgang des künftigen Revisionsverfahrens für die Erforderlichkeit einer Entscheidung des BFH zur Sicherung einer einheitlichen Rechtsprechung gemäß § 115 II Nr. 2 Alt. 2 FGO unter dem Gesichtspunkt der Divergenz mithin regelmäßig keine Rolle spielen[934].

c) Voraussetzungen einer Revisionszulassung wegen eines gravierenden/schwerwiegenden Rechtsanwendungsfehlers des FG

Ausweislich der Gesetzesbegründung zum 2. FGOÄndG können Fehler bei der Auslegung revisiblen Rechts über den Einzelfall hinaus auch dann allgemeine Interessen nachhaltig berühren, wenn sie z.B. von erheblichem Gewicht und geeignet

---

NZB im Steuerprozeß, Tz. 170; *Lange* HHSp., § 115 FGO Tz. 186 (Lfg. 192 Oktober 2006); *Weyreuther*, Revisionszulassung und NZB, Tz. 237. Vgl. zu der Parallelvorschrift des § 144 IV VwGO auch *BVerwG*, Beschl. v. 13.06.1977, IV B 13.77, BVerwGE 54, 99, 100 f.; Beschl. v. 21.08.1998, 8 B 115/98, NVwZ 1999, 191 m.w.N.; Eyermann/*P. Schmidt*[11], § 133 VwGO Tz. 22; *Pietzner*, in: Schoch u.a., § 132 VwGO Tz. 13 u. § 133 VwGO Tz. 76 ff. (jeweils Lfg. 2 Februar 1998); *Sendler*, DVBl. 1992, 240, 241.

932 *Lange* HHSp., § 115 FGO Tz. 186 (Lfg. 192 Oktober 2006).

933 So *Lange* HHSp., § 115 FGO Tz. 186 (Lfg. 192 Oktober 2006).

934 Auf gleicher Linie Gräber/*Ruban*[6], § 115 FGO Tz. 61; Schwarz/*Dürr*, § 115 FGO Tz. 39 (Lfg. 30 6/2008); *Seer*, in: T/K, § 115 FGO Tz. 80 (Lfg. 131 Oktober 2012) u. § 126 FGO Tz. 58 (Lfg. 119 Mai 2009). Ebenso zu der Parallelvorschrift des § 144 IV VwGO *Kopp/Schenke*[16], § 132 VwGO Tz. 19 m.w.N. Vgl. sinngemäß auch Zöller/*Gummer*[26], § 543 ZPO Tz. 6a. – **Kritisch** zu der Praxis der Rechtsprechung, die Vorschrift des § 126 IV FGO im NZB-Verfahren entsprechend anzuwenden, ausführlich später im 4. Abschnitt unter B.I.4. (S. 500 ff.).

sind, das Vertrauen in die Rechtsprechung zu beschädigen. Denn in diesen Fällen könne es geboten sein, der Rechtspraxis auch dann eine höchstrichterliche Orientierungshilfe zu geben, wenn die engen Zulassungsgründe des bisherigen, bis zum 31.12.2000 geltenden Rechts nicht vorlägen[935].

Der BFH hat diese Formulierung aufgenommen und in inzwischen gefestigter Rechtsprechung zu § 115 II Nr. 2 Alt. 2 FGO ausgeführt, dass die Revision über die Fallgruppe der Divergenz hinaus auch in solchen Fällen zur Sicherung einer einheitlichen Rechtsprechung zuzulassen sei, in denen über den Einzelfall hinaus ein allgemeines Interesse an einer korrigierenden Entscheidung des Revisionsgerichts bestehe, weil das finanzgerichtliche Urteil an einem besonders schwerwiegenden Rechtsfehler leide, dessen Fortbestand das Vertrauen in die Rechtsprechung beeinträchtigen oder gar erschüttern würde. Eine Zulassung der Revision gemäß § 115 II Nr. 2 Alt. 2 FGO komme also immer dann in Betracht, wenn dem FG bei der Auslegung und Anwendung revisiblen Rechts Fehler von so erheblichem Gewicht unterlaufen seien, dass das Vertrauen in die Einheitlichkeit der Rechtsprechung und mithin in die Verlässlichkeit der Rechtsordnung nur durch eine höchstrichterliche Korrektur der angefochtenen finanzgerichtlichen Entscheidung wieder hergestellt werden könnte (sog. *gravierender/qualifizierter/schwerwiegender Rechtsanwendungsfehler des FG*)[936].

---

935 So die Begründung des Entwurfs eines 2. FGOÄndG v. 11.09.2000, BT-Drucks. 14/4061, S. 9 zu Nr. 13. Vgl. insoweit auch bereits oben unter I.1.d)bb)(2) (S. 144 f.) sowie nachstehend im 4. Abschnitt unter B.I.2.b)bb) (S. 488 einschließlich Fußnote 1601).

936 Vgl. aus der inzwischen gefestigten und nunmehr st. Rspr. des BFH: *BFH*, Beschl. v. 16.07.2003, I B 163/02, BFH/NV 2004, 4; Beschl. v. 04.11.2004, I B 43/04, BFH/NV 2005, 707, 708; Beschl. v. 02.09.2005, I B 56-59/05, BFH/NV 2006, 96; Beschl. v. 20.10.2005, I B 49/05, BFH/NV 2006, 337; Beschl. v. 07.03.2006, I B 119/05, BFH/NV 2006, 1252; Beschl. v. 02.06.2006, I B 41/05, BFH/NV 2006, 1687, 1688; Beschl. v. 03.04.2007, I B 105/06, BFH/NV 2007, 1629, 1630; Beschl. v. 08.05.2007, I B 12/06, BFH/NV 2007, 1679, 1680; Beschl. v. 24.02.2009, I B 187/08, n.v. (juris); Beschl. v. 03.03.2009, I B 200/08, n.v. (juris); Beschl. v. 08.04.2009, I B 202/08, n.v. (juris); Beschl. v. 05.05.2009, I B 197/08, n.v. (juris); Beschl. v. 07.05.2009, I B 214/08, n.v. (juris); Beschl. v. 26.05.2009, I B 16/09, n.v. (juris); Beschl. v. 31.08.2009, I B 21/09, BFH/NV 2010, 163, 164; Beschl. v. 06.10.2009, I B 55/09, BFH/NV 2010, 469 **(I. Senat)**; Beschl. v. 06.10.2005, II B 9/04, BFH/NV 2006, 24, 25; Beschl. v. 12.01.2006, II B 65/05, BFH/NV 2006, 813; Beschl. v. 03.08.2006, II B 170/05, BFH/NV 2007, 97, 98; Beschl. v. 04.04.2007, II B 66/06, BFH/NV 2007, 1274, 1275; Beschl. v. 23.08.2007, II B 3/07, BFH/NV 2007, 2348, 2350; Beschl. v. 20.08.2008, II B 27/07, n.v. (juris); Beschl. v. 17.09.2008, II B 2/08, ZSteu 2008, R1020; Beschl. v. 15.10.2008, II B 91/08, ZInsO 2009, 47; Beschl. v. 28.10.2008, II B 80/08, n.v. (juris); Beschl. v. 06.05.2009, II B 14/09, ZSteu 2009, R582; Beschl. v. 19.05.2009, II B 183/08, n.v. (juris); Beschl. v. 15.07.2009, II B 42/09, ZSteu 2009, R908; Beschl. v. 10.02.2011, II S 39/10 (PKH), BStBl. II 2011, 657, 658; Beschl. v. 10.06.2011, II B 149/10, BFH/NV 2011, 1540; Beschl. v. 05.09.2012, II B 61/12, BFH/NV 2012, 1995 **(II. Senat)**;

Beschl. v. 28.02.2002, III B 155/01, BFH/NV 2002, 805; Beschl. v. 28.06.2002, III B 28/02, BFH/NV 2002, 1474; Beschl. v. 24.07.2002, III B 54/02, BFH/NV 2002, 1488, 1489; Beschl. v. 09.08.2002, III B 34/02, BFH/NV 2002, 1616, 1617; Beschl. v. 29.08.2002, III B 16/02, BFH/NV 2003, 39; Beschl. v. 11.01.2003, III B 97/02, BFH/NV 2003, 510; Beschl. v. 20.01.2003, III B 63/02, BFH/NV 2003, 644; Beschl. v. 24.02.2003, III B 117/02, BFH/NV 2003, 810, 811; Beschl. v. 25.03.2003, III B 67/02, BFH/NV 2003, 1167; Beschl. v. 18.07.2003, III B 143/02, BFH/NV 2003, 1403; Beschl. v. 28.07.2003, III B 125/02, BFH/NV 2003, 1445; Beschl. v. 29.10.2003, III B 15/03, BFH/NV 2004, 166, 167; Beschl. v. 21.05.2004, III B 107/03, BFH/NV 2004, 1220, 1221; Beschl. v. 29.06.2004, III B 98/03, n.v. (juris); Beschl. v. 25.02.2005, III B 13/04, BFH/NV 2005, 1065, 1066; Beschl. v. 25.02.2005, III B 109/04, BFH/NV 2005, 1086, 1087; Beschl. v. 31.05.2005, III B 143/04, BFH/NV 2005, 1632, 1633; Beschl. v. 30.08.2005, III B 22/05, BFH/NV 2006, 88; Beschl. v. 30.01.2006, III B 133/04, BFH/NV 2006, 938; Beschl. v. 08.02.2006, III B 128/04, BFH/NV 2006, 1116, 1117; Beschl. v. 27.02.2006, III B 170/05, BFH/NV 2006, 1090, 1091; Beschl. v. 19.06.2006, III B 42/05, n.v. (juris); Beschl. v. 29.06.2006, III B 32/06, BFH/NV 2006, 1795; Beschl. v. 14.08.2006, III B 171/05, BFH/NV 2006, 2307, 2308; Beschl. v. 27.02.2007, III B 158/06, BFH/NV 2007, 1090, 1091; Beschl. v. 19.04.2007, III B 36/06, BFH/NV 2007, 1518, 1519; Beschl..v 20.08.2008, III B 1/07, BFH/NV 2008, 1884, 1885; Beschl. v. 29.05.2009, III B 168/07, n.v. (juris); Beschl. v. 14.07.2009, III B 33/08, ZSteu 2009, R866; Beschl. v. 10.08.2009, III B 205/08, ZSteu 2009, R1024; Beschl. v. 12.10.2012, III B 78/12, BFH/NV 2013, 39 **(III. Senat)**; Beschl. v. 30.08.2001, IV B 79, 80/01, BStBl. II 2001, 837, 841; Beschl. v. 23.08.2002, IV B 89/01, BFH/NV 2003, 177, 178; Beschl. v. 28.02.2003, IV B 200/02, BFH/NV 2003, 625; Beschl. v. 12.08.2003, IV B 189/01, BFH/NV 2003, 1604, 1605; Beschl. v. 13.10.2003, IV B 85/02, BStBl. II 2004, 25; Beschl. v. 10.02.2005, IV B 50, 52/03, BFH/NV 2005, 1215; Beschl. v. 10.02.2005, IV B 62/03, BFH/NV 2005, 1319, 1320; Beschl. v. 20.10.2005, IV B 65/04, BFH/NV 2006, 240; Beschl. v. 28.06.2006, IV B 94/04, BFH/NV 2006, 2059, 2060; Beschl. v. 09.11.2006, IV B 6/05, BFH/NV 2007, 727; Beschl. v. 14.11.2006, IV B 13/04, BFH/NV 2007, 728, 729; Beschl. v. 30.01.2007, IV B 111/05, BFH/NV 2007, 1146, 1147; Beschl. v. 23.06.2008, IV B 106/07, BFH/NV 2008, 1642; Beschl. v. 01.09.2008, IV B 4/08, BFH/NV 2009, 35; Beschl. v. 01.09.2008, IV B 133/07, BFH/NV 2009, 135; Beschl. v. 29.10.2008, IV B 134/07, n.v. (juris); Beschl. v. 08.01.2009, IV B 9/08, ZSteu 2009, R737; Beschl. v. 30.01.2009, IV B 90/07, n.v. (juris); Beschl. v. 19.05.2009, IV B 80/08, n.v. (juris); Beschl. v. 27.07.2009, IV B 90/08, BFH/NV 2010, 4; Beschl. v. 09.11.2009, IV B 54/09, BFH/NV 2010, 448; Beschl. v. 26.10.2011, IV B 96/10, BFH/NV 2012, 285; Beschl. v. 16.05.2012, IV B 48/11, BFH/NV 2012, 1462, 1464; Beschl. v. 29.05.2012, IV B 33/11, BFH/NV 2012, 1468, 1469 **(IV. Senat**, der allerdings die Frage nach dem einschlägigen Revisionszulassungsgrund [§ 115 II Nr. 1 oder Nr. 2 Alt. 2 FGO] zunächst *offen gelassen* hatte, vgl. hierzu ausführlich gleich unter aa) [S. 264 f.]**)**; Beschl. v. 16.07.2002, V B 152/01, BFH/NV 2002, 1600; Beschl. v. 04.04.2003, V B 183/02, BFH/NV 2003, 1097; Beschl. v. 28.07.2003, V B 72/02, BFH/NV 2003, 1597; Beschl. v. 06.08.2003, V B 90/03, BFH/NV 2003, 1616; Beschl. v. 08.01.2004, V B 37-39, 57/03, BFH/NV 2004, 829, 831; Beschl. v. 03.11.2005, V B 9/04, BFH/NV 2006, 248, 249; Beschl. v. 11.11.2005, V B 45/04, BFH/NV 2006, 622, 623; Beschl. v. 03.03.2006, V B 15/05, BFH/NV 2006, 1366; Beschl. v. 26.07.2006, V

B 184/05, n.v. (juris); Beschl. v. 27.12.2006, V B 165/05, BFH/NV 2007, 747, 749; Beschl. v. 19.07.2007, V B 66/06, BFH/NV 2007, 2067, 2069; Beschl. v. 27.11.2007, V B 118/07, n.v. (juris); Beschl. v. 05.03.2008, V B 69/06, BFH/NV 2008, 1006, 1007; Beschl. v. 14.04.2008, V B 205/07, ZSteu 2008, R604; Beschl. v. 19.05.2008, V B 29/07, BFH/NV 2008, 1501, 1507; Beschl. v. 29.05.2008, V B 160/07, BFH/NV 2008, 1544; Beschl. v. 17.10.2008, V B 265/07, n.v. (juris); Beschl. v. 12.11.2008, V B 41/08, BFH/NV 2009, 402, 403; Beschl. v. 30.04.2009, V B 132/08, n.v. (juris); Beschl. v. 16.06.2009, V B 131/08, BFH/NV 2009, 1678, 1679 **(V. Senat)**; Beschl. v. 05.07.2005, VI B 150/04, BFH/NV 2005, 2025; Beschl. v. 16.01.2007, VI B 35/06, BFH/NV 2007, 941; Beschl. v. 22.02.2007, VI B 29/06, BFH/NV 2007, 969, 970; Beschl. v. 14.06.2007, VI B 24/07, n.v. (juris); Beschl. v. 04.09.2007, VI B 53/06, BFH/NV 2007, 2326; Beschl. v. 11.09.2007, VI B 5/07, BFH/NV 2007, 2328, 2329; Beschl. v. 13.11.2007, VI B 160/06, BFH/NV 2008, 341, 342 f.; Beschl. v. 24.07.2008, VI B 7/08, BFH/NV 2008, 1838; Beschl. v. 24.09.2008, VI B 107/07, n.v. (juris); Beschl. v. 02.10.2008, VI B 102/07, BFH/NV 2009, 148; Beschl. v. 17.12.2008, VI B 43/08, BFH/NV 2009, 585; Beschl. v. 03.03.2009, VI B 107/08, ZSteu 2009, R390, R391; Beschl. v. 11.03.2009, VI B 141/07, n.v. (juris); Beschl. v. 18.10.2010, VI B 91/10, BFH/NV 2011, 280, 281; Beschl. v. 06.02.2012, VI B 147/11, ZSteu 2012, R486, R487 **(VI. Senat)**; Beschl. v. 15.11.2001, VII B 40/01, BFH/NV 2002, 373; Beschl. v. 14.02.2002, VII B 141/01, BFH/NV 2002, 798, 799; Beschl. v. 07.08.2002, VII B 214/01, BFH/NV 2002, 1606, 1607; Beschl. v. 09.12.2002, VII B 102/02, BFH/NV 2003, 530 (vgl. hierzu auch Fußnote 939); Beschl. v. 16.12.2002, VII B 94/02, BFH/NV 2003, 631, 632; Beschl. v. 21.03.2003, VII B 197/02, BFH/NV 2003, 1103, 1104 (vgl. hierzu auch Fußnote 939); Beschl. v. 17.07.2003, VII B 93/02, BFH/NV 2004, 5, 7; Beschl. v. 11.02.2004, VII B 224/03, BFH/NV 2004, 1060; Beschl. v. 10.03.2004, VII B 331/03, n.v. (juris); Beschl. v. 08.04.2004, VII B 110/03, BFH/NV 2004, 1310, 1312; Beschl. v. 07.07.2004, VII B 344/03, BStBl. II 2004, 896, 898; Beschl. v. 23.09.2004, VII B 367/03, BFH/NV 2005, 328; Beschl. v. 18.10.2004, VII B 100/04, n.v. (juris); Beschl. v. 19.10.2004, VII B 1/04, BFH/NV 2005, 561, 563; Beschl. v. 22.02.2005, VII B 213/04, BFH/NV 2005, 1217, 1218; Beschl. v. 12.04.2005, VII B 81/04, BFH/NV 2005, 1478, 1479; Beschl. v. 07.06.2006, VII B 195/05, BFH/NV 2006, 1786, 1787; Beschl. v. 04.08.2006, VII B 251/05, BFH/NV 2006, 2227; Beschl. v. 28.08.2007, VII B 357/06, BFH/NV 2008, 113; Beschl. v. 24.04.2008, VII B 262/07, BFH/NV 2008, 1448; Beschl. v. 15.10.2008, VII B 153/08, n.v. (juris); Beschl. v. 18.11.2010, VII B 12/10, BFH/NV 2011, 406 **(VII. Senat)**; Beschl. v. 22.05.2002, VIII B 60/01, n.v. (juris); Beschl. v. 05.05.2004, VIII B 168/03, BFH/NV 2004, 1524; Beschl. v. 10.02.2005, VIII B 126/03, n.v. (juris); Beschl. v. 13.01.2006, VIII B 7/04, BFH/NV 2006, 914; Beschl. v. 17.01.2006, VIII B 172/05, BFH/NV 2006, 799; Beschl. v. 03.08.2006, VIII B 192/05, BFH/NV 2006, 2118; Beschl. v. 25.08.2006, VIII B 13/06, BFH/NV 2006, 2122, 2123; Beschl. v. 01.09.2006, VIII B 81/05, BFH/NV 2006, 2297, 2299; Beschl. v. 01.12.2006, VIII B 2/06, BFH/NV 2007, 450; Beschl. v. 04.12.2006, VIII B 61/06, BFH/NV 2007, 451, 452; Beschl. v. 14.03.2007, VIII B 131/06, BFH/NV 2007, 1176, 1177; Beschl. v. 27.03.2007, VIII B 152/05, BFH/NV 2007, 1335; Beschl. v. 03.04.2007, VIII B 101/06, BFH/NV 2007, 1343; Beschl. v. 24.04.2007, VIII B 249/05, BFH/NV 2007, 1465, 1466; Beschl. v. 19.11.2007, VIII B 70/07, BFH/NV 2008, 380, 381; Beschl. v. 26.09.2008, VIII B 23/08, n.v. (juris); Beschl. v. 07.10.2008, VIII B 19/08, n.v.

(juris); Beschl. v. 28.10.2008, VIII B 62/07, n.v. (juris); Beschl. v. 30.10.2008, VIII B 8/08, n.v. (juris); Beschl. v. 08.01.2009, VIII B 193/07, ZSteu 2009, R1137; Beschl. v. 03.03.2010, VIII B 216/09, BFH/NV 2010, 1110, 1111 **(VIII. Senat)**; Beschl. v. 19.02.2002, IX B 130/01, BFH/NV 2002, 802; Beschl. v. 11.12.2002, IX B 124/02, BFH/NV 2003, 495; Beschl. v. 19.12.2002, IX B 79/02, BFH/NV 2003, 501; Beschl. v. 20.01.2003, IX B 94/02, BFH/NV 2003, 617; Beschl. v. 31.01.2003, IX B 174/02, BFH/NV 2003, 649; Beschl. v. 13.02.2003, IX B 83/02, BFH/NV 2003, 805; Beschl. v. 24.11.2004, IX B 151/03, BFH/NV 2005, 853; Beschl. v. 07.02.2005, IX B 239/02, BFH/NV 2005, 1052; Beschl. v. 10.02.2005, IX B 169/03, BFH/NV 2005, 1057; Beschl. v. 28.02.2005, IX B 119/04, BFH/NV 2005, 1130, 1131; Beschl. v. 02.03.2005, IX B 184/03, BFH/NV 2005, 1067; Beschl. v. 06.04.2005, IX B 174/04, BFH/NV 2005, 1354; Beschl. v. 07.07.2005, IX B 13/05, BFH/NV 2005, 2031; Beschl. v. 16.12.2005, IX B 38/05, BFH/NV 2006, 772, 773; Beschl. v. 17.01.2006, IX B 79/05, BFH/NV 2006, 802; Beschl. v. 29.03.2006, IX B 14/06, n.v. (juris); Beschl. v. 24.07.2006, IX B 208/05, BFH/NV 2006, 2269; Beschl. v. 07.09.2006, IX B 199/05, BFH/NV 2007, 75, 76 f.; Beschl. v. 15.09.2006, IX B 209/05, BFH/NV 2007, 80, 82; Beschl. v. 23.04.2008, IX B 240/07, n.v. (juris); Beschl. v. 01.10.2008, IX B 86/08, ZSteu 2008, R1176; Beschl. v. 09.10.2008, IX B 87/08, n.v. (juris); Beschl. v. 28.11.2008, IX B 118/08, n.v. (juris); Beschl. v. 26.02.2009, IX B 138/08, n.v. (juris); Beschl. v. 23.09.2009, IX B 84/09, n.v. (juris); Beschl. v. 12.05.2011, IX B 121/10, BFH/NV 2011, 1391; Beschl. v. 20.09.2012, IX B 174/11, BFH/NV 2013, 68 **(IX. Senat)**; Beschl. v. 12.12.2002, X B 99/02, BFH/NV 2003, 496, 497; Beschl. v. 29.04.2003, X B 62/02, BFH/NV 2003, 1087, 1088; Beschl. v. 10.12.2003, X B 48/03, n.v. (juris); Beschl. v. 09.03.2004, X B 68/03, BFH/NV 2004, 1112, 1113; Beschl. v. 13.07.2004, X B 25/04, BFH/NV 2004, 1545 u. 1546; Beschl. v. 01.09.2004, X B 162/03, BFH/NV 2005, 224, 226; Beschl. v. 01.09.2004, X B 163/03, BFH/NV 2005, 227; Beschl. v. 01.03.2005, X B 158/04, BFH/NV 2005, 1014; Beschl. v. 06.04.2005, X B 124/04, n.v. (juris); Beschl. v. 30.05.2005, X B 149/04, BFH/NV 2005, 1618, 1619 (vgl. hierzu auch Fußnote 943 a.E.); Beschl. v. 07.11.2005, X B 49/05, BFH/NV 2006, 359 (vgl. hierzu auch Fußnote 939); Beschl. v. 14.03.2006, X B 172/05, BFH/NV 2006, 1318; Beschl. v. 16.01.2007, X B 38/06, BFH/NV 2007, 757, 759; Beschl. v. 26.03.2007, X B 186/06, n.v. (juris); Beschl. v. 27.06.2007, X B 73/06, BFH/NV 2007, 1653; Beschl. v. 09.08.2007, X B 218/06, BFH/NV 2007, 2273; Beschl. v. 12.09.2007, X B 18/03, BFH/NV 2008, 102; Beschl. v. 24.10.2007, X B 126/07, n.v. (juris); Beschl. v. 09.01.2008, X B 144/07, ZSteu 2008, R645; Beschl. v. 25.01.2008, X B 90/07, BFH/NV 2008, 610; Beschl. v. 28.02.2008, X B 207/07, BFH/NV 2008, 791, 792; Beschl. v. 01.04.2008, X B 154/04, BFH/NV 2008, 1116, 1120 = AO-StB 2008, 179, 180; Beschl. v. 01.04.2008, X B 17/07, ZSteu 2008, R502; Beschl. v. 22.04.2008, X B 57/07, BFH/NV 2008, 1192, 1194; Beschl. v. 22.04.2008, X B 260/07, ZSteu 2008, R609, R610; Beschl. v. 12.08.2008, X B 46/08, n.v. (juris); Beschl. v. 22.10.2008, X B 228/07, n.v. (juris); Beschl. v. 23.10.2008, X B 247/07, BFH/NV 2009, 209; Beschl. v. 02.12.2008, X B 53/08, ZSteu 2009, R243; Beschl. v. 02.12.2008, X B 68/08, n.v. (juris); Beschl. v. 02.12.2008, X B 69/08, n.v. (juris); Beschl. v. 25.02.2009, X B 121/08, BFH/NV 2009, 890; Beschl. v. 12.08.2009, X S 47/08 (PKH), BFH/NV 2009, 1997 (vgl. hierzu auch Fußnote 939); Beschl. v. 13.10.2009, X B 67/09, ZSteu 2009, R1251; Beschl. v. 24.11.2009, X B 142/08, n.v. (juris); Beschl. v. 10.12.2009, X B 172/08, n.v. (juris);

aa) Einschlägiger Revisionszulassungsgrund

Seit Inkrafttreten des 2. FGOÄndG zum 01.01.2001 war zunächst nicht ganz klar, welchem Revisionszulassungsgrund die Fälle eines gravierenden/schwerwiegenden Rechtsanwendungsfehlers des FG zuzuordnen seien.

Während die weit überwiegende Anzahl der BFH-Entscheidungen eine Subsumtion derartiger gravierender Rechtsanwendungsfehler unter die Rechtsprechungsvereinheitlichungsrevision des § 115 II Nr. 2 Alt. 2 FGO vornahm[937], wollten

---

Beschl. v. 16.12.2009, X B 182/08, n.v. (juris); Beschl. v. 17.03.2010, X B 118/09, BFH/NV 2010, 1277; Beschl. v. 25.03.2010, X B 176/08, BFH/NV 2010, 1455, 1456; Beschl. v. 18.08.2010, X B 178/09, BFH/NV 2010, 2010; Beschl. v. 13.07.2011, X B 187/10, BFH/NV 2011, 1899; Beschl. v. 08.12.2011, X B 70/11, BFH/NV 2012, 376 f.; Beschl. v. 19.07.2012, X B 88/11, BFH/NV 2012, 1932; Beschl. v. 29.08.2012, X B 216/11, BFH/NV 2013, 24; Beschl. v. 30.08.2012, X B 97/11, BFH/NV 2013, 13, 15 **(X. Senat)**; Beschl. v. 14.08.2001, XI B 57/01, BFH/NV 2002, 51; Beschl. v. 27.09.2001, XI B 25/01, BFH/NV 2002, 213, 214; Beschl. v. 20.07.2004, XI B 189/03, BFH/NV 2005, 206; Beschl. v. 16.12.2004, XI B 193/03, BFH/NV 2005, 1098, 1099 (vgl. hierzu auch Fußnote 939); Beschl. v. 31.08.2005, XI B 240/02, n.v. (juris); Beschl. v. 29.11.2005, XI B 7/05, n.v. (juris); Beschl. v. 15.11.2006, XI B 18/06, BFH/NV 2007, 475, 476; Beschl. v. 20.12.2006, XI B 23/06, BFH/NV 2007, 648, 649; Beschl. v. 21.03.2007, XI B 163/06, BFH/NV 2007, 1333, 1334; Beschl. v. 30.03.2007, XI B 177/06, BFH/NV 2007, 1340; Beschl. v. 14.05.2007, XI B 186/06, BFH/NV 2007, 1529; Beschl. v. 21.05.2007, XI B 164/06, BFH/NV 2007, 1657 f.; Beschl. v. 17.08.2007, XI B 83/07, BFH/NV 2007, 2141; Beschl. v. 28.11.2007, XI B 172/06, BFH/NV 2008, 372; Beschl. v. 14.08.2008, XI B 44/08, n.v. (juris); Beschl. v. 23.10.2008, XI B 27/08, BFH/NV 2009, 188; Beschl. v. 04.12.2008, XI B 250/07, BFH/NV 2009, 394; Beschl. v. 07.04.2009, XI B 73/08, n.v. (juris); Beschl. v. 06.12.2010, XI B 27/10, BFH/NV 2011, 645; Beschl. v. 18.05.2011, XI B 57/10, BFH/NV 2011, 1704, 1705; Beschl. v. 10.01.2012, XI B 80/11, BFH/NV 2012, 815 **(XI. Senat)**. – Oft wird auch davon gesprochen, dass es sich um einen *nicht hinnehmbaren* (*BFH*, Beschl. v. 15.10.2008, VII B 153/08, n.v. [juris]) bzw. *mit der geltenden Rechtsordnung/der rechtsstaatlichen Ordnung schlechthin unvereinbaren* (Rechtsanwendungs-) Fehler (*BFH*, Beschl. v. 13.10.2003, IV B 85/02, BStBl. II 2004, 25, 26; Beschl. v. 30.01.2007, IV B 111/05, BFH/NV 2007, 1146, 1147 a.E.), um *eklatante Mängel* (*BFH*, Beschl. v. 21.05.2007, XI B 164/06, BFH/NV 2007, 1657, 1658; Beschl. v. 28.02.2008, X B 207/07, BFH/NV 2008, 791, 792), um einen *unerträglichen Rechtsverstoß*, der *mit der vorliegenden Rechtsprechung schlechthin unvereinbar* sei (*BFH*, Beschl. v. 01.04.2008, X B 154/04, BFH/NV 2008, 1116, 1120; Beschl. v. 22.10.2008, X B 228/07, n.v. [juris]; Beschl. v. 23.10.2008, X B 247/07, BFH/NV 2009, 209), oder um ein *grob fehlerhaftes Urteil* (*BFH*, Beschl. v. 15.11.2001, VII B 40/01, BFH/NV 2002, 373; s. aber *BFH*, Beschl. v. 11.07.2007, X B 118/06, BFH/NV 2007, 1916, 1917) handeln müsse.

937 Vgl. hierzu die vorstehenden umfangreichen senatsübergreifenden Nachweise in Fußnote 936, und hier insbesondere die Entscheidungen aus den ersten Jahren nach Inkrafttreten des 2. FGOÄndG.

andere einzelne Entscheidungen diese Fallgruppe in der Grundsatzrevision nach § 115 II Nr. 1 FGO verankert wissen[938].

Wie vorstehenden eingangs unter c) (S. 258 ff., dort S. 259) gemachten Ausführungen entnommen werden kann, ordnet die Rechtsprechung des BFH die Fallgruppe des gravierenden Rechtsanwendungsfehlers nunmehr geschlossen dem Zulassungsgrund der ‚Erforderlichkeit einer BFH-Entscheidung zur Sicherung einer einheitlichen Rechtsprechung' i.S.d. § 115 II Nr. 2 Alt. 2 FGO zu.

Einzig der ***IV. Senat*** des BFH hatte sich zunächst bis ins Jahr 2006 hinein nicht zu einer endgültigen Entscheidung durchringen können und die Frage, ob für die Revisionszulassung in den Fällen eines schwerwiegenden Rechtsanwendungsfehlers des FG an § 115 II Nr. 1 FGO oder § 115 II Nr. 2 Alt. 2 FGO anzuknüpfen sei, *offen gelassen*[939]. Nach meiner Kenntnis ist zwar bislang keine Entscheidung

---

938 So bspw. *BFH*, Beschl. v. 02.04.2003, VIII B 209/02, n.v. (juris); Beschl. v. 28.04.2003, VIII B 260/02, BFH/NV 2003, 1336. Vgl. überdies *BGH*, Beschl. v. 01.10.2002, XI ZR 71/02, NJW 2003, 65, 67 u. 68; Beschl. v. 10.12.2002, XI ZR 162/02, FamRZ 2003, 440, 441, jeweils zu § 543 II 1 Nr. 1 ZPO, vgl. insoweit auch später im 4. Abschnitt unter B.III.2.c)bb) (S. 558 f. einschließlich Fußnoten 1803 u. 1805).

939 *BFH*, Beschl. v. 30.08.2001, IV B 79, 80/01, BStBl. II 2001, 837, 841; Beschl. v. 12.08.2003, IV B 189/01, BFH/NV 2003, 1604, 1605; Beschl. v. 13.10.2003, IV B 85/02, BStBl. II 2004, 25; Beschl. v. 10.02.2005, IV B 62/03, BFH/NV 2005, 1319, 1320; Beschl. v. 20.10.2005, IV B 65/04, BFH/NV 2006, 240; Beschl. v. 28.06.2006, IV B 94/04, BFH/NV 2006, 2059, 2060. In diesen Entscheidungen führt der BFH aus, dass die Frage, ob für die Zulassung der Revision bei besonders schwerwiegenden Rechtsanwendungsfehlern des FG an Nr. 1 oder Nr. 2 des § 115 II FGO anzuknüpfen sei, zwar noch nicht abschließend entschieden sei. Sie habe für die Rechtspraxis im Ergebnis aber auch keine Bedeutung, wobei insbesondere unbeachtlich sei, auf welche Nummer des § 115 II FGO der Beschwerdeführer die Rüge eines schwerwiegenden Rechtsanwendungsfehlers stütze. Siehe insoweit auch *Kempermann*, DStZ 2005, 772, 773: Dort heißt es zunächst, dass die Frage des einschlägigen Zulassungsgrundes hinsichtlich der Einordnung besonders schwerwiegender Rechtsanwendungsfehler des FG für den BFH *„ohne Bedeutung"* sei. Nachfolgend spricht *Kempermann* dann noch von einer Revisionszulassung gemäß § 115 II Nr. 2 (Alt. 2) oder – *„je nach Geschmack* (Hervorhebung vom Verf.)" – auch gemäß § 115 II Nr. 1 FGO, s. *Kempermann*, DStZ 2005, 772, 776 Fußnote 40. – Vgl. zudem die Entscheidungen des *BFH*, Beschl. v. 09.12.2002, VII B 102/02, BFH/NV 2003, 530; Beschl. v. 21.03.2003, VII B 197/02, BFH/NV 2003, 1103, 1104, wo es der *VII. Senat* ebenfalls offen gelassen hat, ob in den vorliegenden Fällen § 115 II Nr. 1 FGO oder § 115 II Nr. 2 Alt. 2 FGO einschlägig sei. Diese Entscheidungen sind aber inzwischen ohne Bedeutung, da der *VII. Senat* – soweit ersichtlich – nunmehr stets § 115 II Nr. 2 Alt. 2 FGO für einschlägig erachtet. Vgl. schließlich noch die Entscheidungen des *BFH*, Beschl. v. 07.11.2005, X B 49/05, BFH/NV 2006, 359, sowie Beschl. v. 12.08.2009, X S 47/08 (PKH), BFH/NV 2009, 1997, u. Beschl. v. 16.12.2004, XI B 193/03, BFH/NV 2005, 1098, 1099, wo der *X. u. XI. Senat* in Anlehnung an die (frühere) Rechtsprechung des *IV. Senats* – Beschl. v. 30.08.2001, IV B 79, 80/01, BStBl. II 2001, 837, 841, sowie Beschl. v. 12.08.2003,

ersichtlich, in der der *IV. Senat* ausdrücklich dazu Stellung genommen hat, ob er weiterhin an seiner neutralen Auffassung festhalte oder sich inzwischen für die Einordnung unter § 115 II Nr. 1 bzw. Nr. 2 Alt. 2 FGO entschieden habe.

Allerdings behandelt der *IV. Senat* die Problematik des gravierenden Rechtsanwendungsfehlers in seinen Entscheidungen in letzter Zeit des Öfteren ohne weitere Anmerkung unter der Überschrift ‚*Zulassung der Revision zur Sicherung einer einheitlichen Rechtsprechung (§ 115 II Nr. 2 Alt. 2 FGO)*‘[940]. Teilweise spricht er sogar auch explizit von einem gravierenden/qualifizierten bzw. schwerwiegenden Rechtsanwendungsfehler, „*der die Zulassung der Revision nach § 115 II Nr. 2 Alt. 2 FGO geboten erscheinen ließe*“[941], oder „*der ausnahmsweise die Zulassung der Revision nach § 115 II Nr. 2 Alt. 2 FGO rechtfertigt*“[942], so dass sich nunmehr wohl auch der *IV. Senat* der Ansicht der übrigen BFH-Senate angeschlossen hat und den einschlägigen Zulassungsgrund für die Fallgruppe des schwerwiegenden Rechtsanwendungsfehlers in § 115 II Nr. 2 Alt. 2 FGO erblickt[943].

IV B 189/01, BFH/NV 2003, 1604, 1605, u. Beschl. v. 13.10.2003, IV B 85/02, BStBl. II 2004, 25 – ausgeführt haben, dass der Frage, ob für die Zulassung der Revision bei besonders schwerwiegenden Rechtsanwendungsfehlern des FG an Nr. 1 oder Nr. 2 des § 115 II FGO anzuknüpfen sei, im Ergebnis keine Bedeutung zukomme. Diese Entscheidungen verwundern insoweit, als der *X. u. XI. Senat* die Fälle gravierender/schwerwiegender Rechtsanwendungsfehler des FG im Übrigen stets unter § 115 II Nr. 2 Alt. 2 FGO subsumiert und auch in den jeweils nachfolgenden Entscheidungen stets § 115 II Nr. 2 Alt. 2 FGO für einschlägig erachtet haben. Sie sind demnach lediglich als „Einzelentscheidungen“ zu betrachten, die die Rechtsprechungslinie des *X. und XI. Senats* aber offensichtlich nicht weiter beeinflusst haben.

940 Siehe etwa *BFH*, Beschl. v. 01.09.2008, IV B 133/07, BFH/NV 2009, 135; Beschl. v. 08.01.2009, IV B 9/08, ZSteu 2009, R737; Beschl. v. 26.10.2011, IV B 96/10, BFH/NV 2012, 285.

941 *BFH*, Beschl. v. 29.10.2008, IV B 134/07, n.v. (juris).

942 *BFH*, Beschl. v. 30.01.2009, IV B 90/07, n.v. (juris).

943 Vgl. etwa *BFH*, Beschl. v. 23.06.2008, IV B 106/07, BFH/NV 2008, 1642; Beschl. v. 19.05.2009, IV B 80/08, n.v. (juris); Beschl. v. 27.07.2009, IV B 90/08, BFH/NV 2010, 4; Beschl. v. 16.05.2012, IV B 48/11, BFH/NV 2012, 1462, 1464; Beschl. v. 29.05.2012, IV B 33/11, BFH/NV 2012, 1468, 1469. Vgl. zudem *BFH*, Beschl. v. 09.11.2009, IV B 54/09, BFH/NV 2010, 448, wo sich die Ausführungen zu dem die Zulassung der Revision ausnahmsweise rechtfertigenden qualifizierten Rechtsanwendungsfehler des FG zwar am Ende der Erläuterungen zum Zulassungsgrund der ‚Grundsätzlichen Bedeutung‘ befinden. Der BFH verweist jedoch insoweit auf einen Beschluss des *VIII Senats* v. 17.01.2006, VIII B 172/05, BFH/NV 2006, 799, der seinerseits wiederum von einem qualifizierten Rechtsanwendungsfehler des FG spricht, „*der ausnahmsweise die Zulassung der Revision nach § 115 II Nr. 2 Alt. 2 FGO erfordert*“. – Vgl. in diesem Zusammenhang außerdem *BFH*, Beschl. v. 30.05.2005, X B 149/04, BFH/NV 2005, 1618, 1619, wo der *X. Senat* die Problematik des gravierenden/schwerwiegenden Rechtsanwendungsfehlers äußerst missverständlich und kaum nachvollziehbar im Zusammenhang mit den

Die Rechtsprechung kann sich bei ihrer Zurechnung gravierender Rechtsanwendungsfehler des FG zum Zulassungsgrund der ‚Sicherung einer einheitlichen Rechtsprechung' i.S.d. § 115 II Nr. 2 Alt. 2 FGO auf den Bericht des Rechtsausschusses berufen. Dieser hat nämlich ausgeführt, dass er nach äußerst intensiver Auseinandersetzung mit der Formulierung des neu gefassten § 115 II Nr. 2 (Alt. 2) FGO der Auffassung sei, dass diese Regelung dem BFH insbesondere auch erlaube, aus Gründen der Einzelfallgerechtigkeit Zugriff auf ein Verfahren zu nehmen, denn kein Obergericht dürfe dazu gezwungen werden, sehenden Auges ein Fehlurteil gut zu heißen. Ein Revisionsgericht müsse vielmehr auch die Möglichkeit bekommen, sich bei offensichtlichen Fehlern einer Sache anzunehmen, dies auch dann, wenn es nur um den Einzelfall gehe[944]. Auch der weit überwiegende Teil der einschlägigen Literatur folgt dieser Auffassung und ordnet die Fälle eines schwerwiegenden Rechtsanwendungsfehlers dem Zulassungsgrund des § 115 II Nr. 2 Alt. 2 FGO zu[945].

Nach diesseits vertretener Ansicht sind die Fälle gravierender Rechtsanwendungsfehler des FG – entgegen der h.M. und trotz der gegenteiligen Auffassung des Rechtssauschusses – hingegen nicht in die Rechtsprechungsvereinheitlichungsrevision des § 115 II Nr. 2 Alt. 2 FGO sondern bereits in die Grundsatzrevision i.S.d. § 115 II Nr. 1 FGO einzubeziehen, was sich m.E. schon aus der zum Gesetzentwurf eines 2. FGOÄndG verfassten amtlichen Regierungsbegründung ergibt. Dort heißt es nämlich, dass sich die *Grundsatzrevision* nicht auf Divergenzfälle und auf Fälle der Rechtsfortbildung und Rechtsvereinheitlichung beschränke, sondern alle Tatbestände mit einbeziehe, in denen über den Einzelfall hinaus ein allgemeines Interesse an einer korrigierenden Entscheidung des Revisionsgerichts bestehe. Darunter fielen insbesondere Fehler bei der Auslegung revisiblen Rechts, die von erheblichem Gewicht und geeignet seien, das Vertrauen in die Rechtsprechung zu

---

Ausführungen zur Rechtsfortbildungsrevision gemäß § 115 II Nr. 2 Alt. 1 FGO erläutert, und erst im Anschluss daran unter einem neuen Gliederungspunkt explizit der Revisionszulassungsgrund der ‚Erforderlichkeit einer BFH-Entscheidung zur Sicherung einer einheitlichen Rechtsprechung' i.S.d. § 115 II Nr. 2 Alt. 2 FGO erörtert wird.

944 Siehe insoweit die Beschlussempfehlung und den Bericht des Rechtsausschusses (6. Ausschuss) zu dem Gesetzentwurf der Bundesregierung – Drucksachen 14/4061, 14/4450: Entwurf eines 2. FGOÄndG – v. 08.11.2000, BT-Drucks. 14/4549, S. 11.

945 Gräber/*Ruban*[6], § 115 FGO Tz. 43, 45 a.E. u. 68 ff.; *Kanzler*, NWB Fach 2, 7619, 7627 ff. (28/2001); *Lange*, DStZ 2002, 782, 784 f.; *ders.* HHSp., § 115 FGO Tz. 83, 170 u. 200 ff. (Lfg. 192 Oktober 2006); *ders.*, StuW 2006, 366, 369 ff., insbesondere 371 ff.; *Ruban*, DStR 2005, 2033 ff.; *Rüsken*, DStZ 2004, 334, 337 f.; Schwarz/*Dürr*, § 115 FGO Tz. 26 f. u. 44 f. (Lfg. 30 6/2008); *Spindler*, DB 2001, 61, 62. Überdies *Bleschick*, Revisionszulassungsgründe im Spannungsverhältnis, S. 332 ff. u. 383. Vgl. i.Ü. Fußnote 788.

beschädigen[946]. Nicht zuletzt lässt sich die Einbeziehung schwerwiegender Rechtsanwendungsfehler des FG in die Grundsatzrevision des § 115 II Nr. 1 FGO auf rechtsbegriffliche Erwägungen und insbesondere auf das systematische Verhältnis der einzelnen Revisionszulassungsgründe zueinander stützen, so dass diese gegenüber der Zuordnung zu § 115 II Nr. 2 Alt. 2 FGO auch bereits unter dogmatischen Gesichtspunkten vorzugswürdig erscheint[947].

bb) Definition eines gravierenden/schwerwiegenden Rechtsanwendungsfehlers des FG

(1) Unklare Ausgangs-/Gesetzeslage

(a) Gesetzeswortlaut des und Gesetzesbegründung zu § 115 II FGO

Die Intention des Gesetzgebers, alle Tatbestände in die Grundsatzrevision mit einbeziehen zu wollen, in denen über den Einzelfall hinaus ein allgemeines Interesse an einer korrigierenden Entscheidung des Revisionsgericht besteht, und die Revision im Interesse der Einzelfallgerechtigkeit somit auch zur Korrektur von „Fehlurteilen" zuzulassen, wenn diese z.B. von erheblichem Gewicht und geeignet sind, das Vertrauen in die Rechtsprechung zu beschädigen[948], kommt im Wortlaut des § 115 II FGO indessen leider nicht bzw. nicht hinreichend deutlich zum Ausdruck[949].

---

946 So die Begründung des Entwurfs eines 2. FGOÄndG v. 11.09.2000, BT-Drucks. 14/4061, S. 9 zu Nr. 13. – Vgl. zum Verständnis des dort verwendeten Begriffs der ‚Grundsatzrevision' noch ausführlich im 4. Abschnitt unter B.I.2.a) aa) (S. 473 ff., dort S. 474 ff.).

947 Ebenso etwa *Beermann*, in: BG, § 115 FGO Tz. 76, 77 u. 82 (Lfg. 57 März 2006); *ders.*, DStZ 2006, 71, 73; *Dißars*, StB 2002, 4, 8; *List*, DB 2003, 572, 573 f. (dort mit rechtsbegrifflichen Erwägungen; **anders** aber auf S. 575 hinsichtlich der Begrenzung *nur* auf gravierende/schwerwiegende Rechtsanwendungsfehler des FG); *Seer*, BB 2000, 2387, 2388 u. 2389; *ders.*, StuW 2001, 3, 9 f.; *ders.*, StuW 2003, 193, 196 u. 204; *ders.*, in: T/K, § 115 FGO Tz. 43 (Lfg. 131 Oktober 2012). Scheinbar unentschlossen *Kempermann*, DStZ 2005, 772, 773, sowie 776 Fußnote 40, vgl. insoweit bereits Fußnote 788 u. 939. – Vgl. zur Problematik der Einordnung sog. gravierender/schwerwiegender Rechtsanwendungsfehler des FG in den Tatbestand der Grundsatzrevision i.S.d. § 115 II Nr. 1 FGO anstelle der Rechtsprechungsvereinheitlichungsrevision nach § 115 II Nr. 2 Alt. 2 FGO – insbesondere auch unter Berücksichtigung des systematischen Verhältnisses der einzelnen Zulassungsgründe zueinander – ansatzweise bereits oben unter I.1.d)bb) (S. 142 ff.), dort v.a. (2) (S. 144 ff.), sowie ausführlich später im 4. Abschnitt unter B.I.2. (S. 472 ff.), dort v.a. a)cc) (S. 477 ff.) u. b)bb) (S. 488 ff.).

948 Vgl. dazu die Gesetzesmaterialien, namentlich die Begründung des Entwurfs eines 2. FGOÄndG v. 11.09.2000, BT-Drucks. 14/4061, S. 6 u. 9 zu Nr. 13, sowie die Beschlussempfehlung und den Bericht des Rechtsausschusses (6. Ausschuss) zu dem Gesetzentwurf der Bundesregierung – Drucksachen 14/4061, 14/4450: Entwurf eines 2. FGOÄndG – v. 08.11.2000, BT-Drucks. 14/4549, S. 10 u. 11.

949 *BFH*, Beschl. v. 12.08.2003, IV B 189/01, BFH/NV 2003, 1604, 1605; Beschl. v. 13.10.2003, IV B 85/02, BStBl. II 2004, 25; Beschl. v. 16.12.2004, XI B 193/03,

Darüber hinaus ist unklar, wie die in der Gesetzesbegründung getätigte Aussage zu interpretieren ist, d.h. welche Tatbestände nunmehr in die Grundsatzrevision mit einbezogen werden sollen, weil ihnen über den Einzelfall hinaus ein allgemeines Interesse an einer korrigierenden Entscheidung des Revisionsgerichts zukommt[950]. Die vom Gesetzgeber dazu nachfolgend vorgebrachte Erläuterung bringt insoweit nur wenig Aufschluss. Denn wenn es dort heißt, dass Fehler bei der Auslegung revisiblen Rechts über den Einzelfall hinaus auch dann allgemeine Interessen nachhaltig berühren können – warum nur „können"? –, wenn sie z.B. – welche Fälle sind darüber hinaus denkbar? – von erheblichem Gewicht – wann ist dieser kritische Schwellenwert erreicht? – und geeignet sind, das Vertrauen – wessen Vertrauen?[951] – in die Rechsprechung zu beschädigen, dann bringt diese überaus konturenlose und sehr vage Formulierung mehr Rätselraten und Unstimmigkeiten als Klarheit[952]. Das einzige, was diese vom Gesetzgeber gegebene Erläuterung relativ deutlich hervorbringt, ist die Überlegung, dass das *Gewicht des Rechtsfehlers* ein maßgebliches Kriterium für die Beurteilung der Frage darstellen soll, ob es sich im konkreten Fall um einen die Zulassung der Revision (ausnahmsweise) rechtfertigenden Rechtsanwendungsfehler des FG handelt. Erheblich besser

---

BFH/NV 2005, 1098, 1099; Beschl. v. 10.02.2005, IV B 62/03, BFH/NV 2005, 1319, 1320, wo es in den Entscheidungsgründen jeweils heißt, dass der Gesetzgeber es versäumt habe, dieses – sein – Vorhaben durch eine entsprechende Fassung des Wortlauts von § 115 II FGO klar erkennbar umzusetzen. Des Weiteren *Beermann*, DStZ 2000, 773, 776; *Kempermann*, DStZ 2005, 772, 773 („Rätselraten darüber", „wo denn der neue Zulassungsgrund *im Gesetzeswortlaut* [Hervorhebung vom Verf.] zu suchen sein könnte"); *Lange*, NJW 2001, 1098, 1099; *ders.*, StuW 2006, 366, 368; *Ruban*, DStR 2005, 2033, 2034; *Rüsken*, DStZ 2000, 815, 819, der anführt, dass die für den betreffenden Revisionszulassungsgrund ausgewählte – und aus dem GWB übernommene – Formulierung das Gewollte „gelinde gesagt wenig prägnant" zum Ausdruck bringe; *Seer*, BB 2000, 2387, 2388 u. 2389; *ders.*, StuW 2001, 3, 7 f., 10 u. 18; *ders.*, StuW 2003, 193, 195 u. 204; *ders.*, in: T/K, § 115 FGO Tz. 40 (Lfg. 131 Oktober 2012); vgl. überdies *Spindler*, DB 2001, 61, 62. Ebenso *BVerfG*, Beschl. v. 08.01.2004, 1 BvR 864/03, NJW 2004, 1371 (1. Kammer des Ersten Senats, Nichtannahmebeschluss), zu der § 115 II FGO nahezu entsprechenden zivilprozessualen Zulassungsvorschrift des § 543 II 1 ZPO. – Siehe zur **Kritik** daran, dass die beabsichtigte Erweiterung der Revisionszulassungsgründe im Wortlaut des § 115 II bzw. § 116 III 3 FGO nicht hinreichend deutlich zum Ausdruck gelangt, gleich nachstehend auf S. 269 sowie später im 4. Abschnitt unter A.IV.2.e) (S. 447 ff., dort S. 449 f.) und dort ausführlich unter C. (S. 609 ff.).

950 Auf gleicher Linie *Lange*, StuW 2006, 366, 368.

951 Hierzu später im 4. Abschnitt unter B.III.2.c)aa) (S. 552 ff., dort S. 554 einschließlich Fußnote 1794).

952 Siehe auch *Lange*, StuW 2006, 366, 368. Vgl. zudem *Rüsken*, DStZ 2000, 815, 819, der vorbringt, dass es sich bei den in der Formulierung der Gesetzesbegründung verwendeten Kriterien um solche handele, die freilich schon wegen *mangelnder Bestimmtheit* wenig geeignete Kriterien für eine Revisionszulassung darstellen.

– da mit mehr Klarheit und Rechtssicherheit verbunden – wäre folglich die Wahl einer – möglichst noch im Gesetzeswortlaut verankerten – Formulierung gewesen, aus der klar und eindeutig hervorgeht, unter welchen konkreten Voraussetzungen ein Rechtsanwendungsfehler des FG (ausnahmsweise) die Zulassung der Revision nach sich zieht und welche Fälle als sog. gravierende/schwerwiegende Rechtsanwendungsfehler in diesem Sinne anzuerkennen und zu qualifizieren sind, die dann stets (!) allgemeine Interessen nachhaltig berühren.

Die Tatsache, dass also weder der Wortlaut des § 115 II FGO noch die der Neufassung des § 115 II FGO zugrunde liegende Gesetzesbegründung wirklich klare und eindeutige Hinweise dazu enthalten, unter welchen konkreten Voraussetzungen ein die Zulassung der Revision (ausnahmsweise) rechtfertigender sog. gravierender/schwerwiegender Rechtsanwendungsfehler des FG in Erwägung zu ziehen ist, legt die Vermutung nahe, dass der Gesetzgeber mit der Gesetzesänderung offensichtlich nur seinen Willen, den zu engen Zugang zum BFH zu erweitern, bekunden, dabei aber zunächst einmal abwarten wollte, was der BFH „daraus machen" würde[953]. Dieses halbherzige Vorgehen des Gesetzgebers[954] bedarf erheblicher *Kritik*. Denn wer eine zu enge Fassung von Zulassungsgründen ausdehnen möchte, sollte in aller Klarheit den *Tatbestand des Gesetzes* erweitern und dies nicht erst mühevoll und zudem überaus vage in der Gesetzesbegründung andeuten[955].

(b) Gesetzeswortlaut des und Gesetzesbegründung zu § 543 II 1 ZPO

Wie vorstehend unter aa) (S. 263 ff.) ausführlich dargestellt, erblickt die h.M. den einschlägigen Zulassungsgrund für die Fälle gravierender/schwerwiegender Rechtsanwendungsfehler des FG in § 115 II Nr. 2 Alt. 2 FGO. Zur Auslegung dieser

---

953 *Kempermann*, DStZ 2005, 772, 773. *Kempermann* weist insoweit darauf hin, dass sich dies auch insbesondere aus der Stellungnahme des Rechtsausschusses des Deutschen Bundestages ergebe. Denn im Rechtsausschuss hatten sich die damaligen Regierungsparteien (SPD und Grüne) gegen die Auffassung der bürgerlichen Opposition (CDU/CSU u. F.D.P.) und der PDS mit der Meinung durchgesetzt, es sei besser, *„zunächst die Auswirkungen der Erweiterung des Zugangs zum BFH durch den neuen Zulassungsgrund des § 115 II Nr. 2 FGO ... abzuwarten"*, s. dazu die Beschlussempfehlung und den Bericht des Rechtsausschusses (6. Ausschuss) zu dem Gesetzentwurf der Bundesregierung – Drucksachen 14/4061, 14/4450: Entwurf eines 2. FGOÄndG – v. 08.11.2000, BT-Drucks. 14/4549, S. 11, sowie *Beermann*, DStR 2005, 450, 451. Vgl. in diesem Zusammenhang auch später im 4. Abschnitt unter C. (S. 609 ff., dort S. 610 f.).

954 So *Seer*, in: T/K, § 115 FGO Tz. 40 (Lfg. 131 Oktober 2012).

955 Vgl. auch *Seer*, BB 2000, 2387, 2389; *ders.*, StuW 2001, 3, 10; *ders.*, in: T/K, § 115 FGO Tz. 40 (Lfg. 131 Oktober 2012). Vgl. im Übrigen die weiteren Nachweise oben in Fußnote 949. – Zur **Kritik** daran, dass die beabsichtigte Erweiterung der Revisionszulassungsgründe im Wortlaut des § 115 II bzw. § 116 III 3 FGO nicht hinreichend deutlich zum Ausdruck gelangt, später im 4. Abschnitt unter A.IV.2.e) (S. 447 ff., dort S. 449 f.) und dort ausführlich unter C. (S. 609 ff.).

Vorschrift und mithin auch zur Klärung der Frage, unter welchen konkreten Voraussetzungen ein Rechtsanwendungsfehler des FG (ausnahmsweise) die Zulassung der Revision nach sich zieht, wird in der Rechtsprechung des BFH sowie der einschlägigen Literatur dabei nicht selten auf die Parallelvorschrift des § 543 II 1 Nr. 2 Alt. 2 ZPO und die dazu ergangene Gesetzesbegründung verwiesen[956].

§ 543 II 1 Nr. 2 Alt. 2 ZPO stimmt mit der Regelung des § 115 II Nr. 2 Alt. 2 FGO wörtlich nahezu überein[957], so dass dem Wortlaut dieser Vorschrift – wie auch dem Wortlaut des gesamten § 543 II 1 ZPO – demzufolge ebenso wenig entnommen werden kann, wie dem Wortlaut des § 115 II FGO[958]. Es muss also auch hier auf die Gesetzesbegründung zurückgegriffen werden, die bei der Auslegung des § 115 II Nr. 2 Alt. 2 FGO bereits deswegen mit heranzuziehen ist, weil das diesbzgl. einschlägige *Gesetz zur Reform des Zivilprozesses*[959] in zeitlichem Zusammenhang mit dem 2. FGOÄndG in den Bundestag eingebracht worden ist, und die Regelungen der §§ 543 II 1 Nr. 2 Alt. 2 ZPO und 115 II Nr. 2 Alt. 2 FGO nahezu gleich lautende Revisionszulassungsvorschriften enthalten[960].

---

956 Vgl. nur *BFH*, Beschl. v. 14.02.2002, VII B 141/01, BFH/NV 2002, 798, 799; Beschl. v. 28.06.2002, III B 28/02, BFH/NV 2002, 1474; Beschl. v. 13.07.2004, X B 25/04, BFH/NV 2004, 1545, 1546, sowie *Lange*, NJW 2001, 1098, 1100; *ders.*, DStZ 2002, 782, 785; *ders.*, StuW 2006, 366, 368; *Ruban*, DStR 2005, 2033, 2034; *Rüsken*, DStZ 2000, 815, 819; vgl. überdies *Spindler*, DB 2001, 61, 62.

957 In § 115 II Nr. 2 Alt. 2 FGO heißt es, die Revision ist zuzulassen, wenn die Sicherung einer einheitlichen Rechtsprechung eine Entscheidung des BFH erfordert. § 543 II 1 Nr. 2 Alt. 2 ZPO normiert, dass die Revision zuzulassen ist, wenn die Sicherung einer einheitlichen Rechtsprechung eine Entscheidung des Revisionsgerichts – also des BGH – erfordert.

958 *Ruban*, DStR 2005, 2033, 2034.

959 *Gesetz zur Reform des Zivilprozesses (Zivilprozessreformgesetz – ZPO-RG)* v. 27.07.2001, BGBl. I 2001, 1887, 1899. Vgl. dazu die Gesetzesmaterialien: Begründung des Entwurfs eines ZPO-RG von SPD-Bündnis 90/Die Grünen v. 04.07.2000, BT-Drucks. 14/3750, sowie Begründung des Entwurfs eines ZPO-RG der Bundesregierung v. 24.11.2000, BT-Drucks. 14/4722.

960 Zur Berücksichtigung der zu § 543 II 1 Nr. 2 Alt. 2 ZPO ergangenen Gesetzesbegründung bei der Auslegung des § 115 II Nr. 2 Alt. 2 FGO s. insbesondere *BFH*, Beschl. v. 14.02.2002 (Fn. 956), BFH/NV 2002, 798, 799; Beschl. v. 28.06.2002 (Fn. 956), BFH/NV 2002, 1474; Beschl. v. 13.07.2004 (Fn. 956), BFH/NV 2004, 1545, 1546. Vgl. zudem *Lange*, NJW 2001, 1098, 1100; *ders.*, DStZ 2002, 782, 785; *ders.*, StuW 2006, 366, 368; *Rüsken*, DStZ 2000, 815, 819; vgl. überdies *Spindler*, DB 2001, 61, 62. *Lange*, NJW 2001, 1098, 1100, führt insoweit an, dass die Heranziehung der Gesetzesbegründung zu § 543 II 1 Nr. 2 (Alt. 2) ZPO bei der Auslegung des § 115 II Nr. 2 (Alt. 2) FGO v.a. deswegen gerechtfertigt erscheine, weil die jetzige Formulierung des § 115 II Nr. 2 FGO im Referentenentwurf zum 2. FGOÄndG v. 22.02.2000 noch nicht vorhanden gewesen, sondern erst später – parallel zu den Vorarbeiten zum Entwurf eines ZPO-RG – aufgegriffen worden sei; diese Formulierung habe sich sodann im Gesetzentwurf der Bundesregierung zum 2. FGOÄndG v. 11.09.2000 (BT-Drucks. 14/4061) wieder gefunden, der zeitlich dem Gesetzentwurf zum

Die Gesetzesbegründung zum ZPO-RG bringt insoweit zunächst zum Ausdruck, dass die Revision zur Sicherung einer einheitlichen Rechtsprechung zuzulassen sei, wenn es darum gehe, das Entstehen oder Fortbestehen schwer erträglicher Unterschiede in der Rechtsprechung zu vermeiden, wobei es darauf ankomme, welche Bedeutung der angefochtenen Entscheidung für die Rechtsprechung im Ganzen zukomme. Diese Voraussetzungen seien nicht schon dann gegeben, wenn ein Gericht in einem Einzelfall eine Fehlentscheidung getroffen habe, selbst wenn es sich dabei um einen offensichtlichen Rechtsfehler handele, wohl aber dann, wenn es von der höchstrichterlichen Rechtsprechung „abweicht", diese also nicht berücksichtige und die Gefahr einer Wiederholung bestehe[961]. Es heißt dann weiter, dass darüber hinaus anerkannt sei, dass materielle oder formelle Fehler bei der Auslegung oder Anwendung revisiblen Rechts auch dann über den Einzelfall hinaus allgemeine Interessen nachhaltig berühren, wenn sie von erheblichem Gewicht und geeignet seien, das Vertrauen in die Rechtsprechung zu beschädigen[962].

Diese Ausführungen erscheinen letztlich genauso unklar wie die in der Gesetzesbegründung zum 2. FGOÄndG gewählte Formulierung.

Anders als in der Gesetzesbegründung zu § 115 II FGO findet sich in der Begründung zu § 543 II 1 Nr. 2 Alt. 2 ZPO aber das Zitat einer Kommentarstelle. Unmittelbar hinter den Worten „wenn sie von erheblichem Gewicht und geeignet sind, das Vertrauen in die Rechtsprechung zu beschädigen" heißt es dort *„(vgl. Göhler/Buddendiek, OWiG, § 80 Rn. 5 ff.)"*[963], so dass die Lektüre der Gesetzesbegründung hier zunächst den Eindruck vermittelt, dieses Zitat konkretisiere die vorangestellte Aussage und verdeutliche, was konkret gemeint sei, wenn Fehler angesprochen werden, die von erheblichem Gewicht und geeignet seien, das Vertrauen in die Rechtsprechung zu beschädigen. Geht man diesem Zitat nach, stellt man allerdings relativ schnell fest, dass die angegebene Fundstelle die zu

ZPO-RG v. 04.07.2000 (BT-Drucks. 14/3750, Gesetzentwurf von SPD-Bündnis 90/ Die Grünen) nachgefolgt sei; vgl. insoweit auch *Spindler*, DB 2001, 61, 62.

961 Siehe die Begründung des Entwurfs eines ZPO-RG von SPD-Bündnis 90/Die Grünen v. 04.07.2000, BT-Drucks. 14/3750, S. 75 f., <u>sowie</u> die Begründung des Entwurfs eines ZPO-RG der Bundesregierung v. 24.11.2000, BT-Drucks. 14/4722, S. 104, jeweils unter Hinweis auf die Rechtsprechung des *BGH* zu den §§ 79 I 2, 80 I Nr. 1 Alt. 2 OWiG betreffend die Zulassung der Rechtsbeschwerde in Angelegenheiten über Ordnungswidrigkeiten: *BGH (1. Strafsenat)*, Beschl. v. 12.11.1970, 1 StR 263/70, BGHSt 24, 15, 21 f.

962 So die Begründung des Entwurfs eines ZPO-RG von SPD-Bündnis 90/Die Grünen v. 04.07.2000, BT-Drucks. 14/3750, S. 76, <u>sowie</u> die Begründung des Entwurfs eines ZPO-RG der Bundesregierung v. 24.11.2000, BT-Drucks. 14/4722, S. 104.

963 Vor dem Hintergrund, dass die Begründung des Entwurfs eines ZPO-RG v. 04.07.2000 bzw. v. 24.11.2000 datiert, und der zitierte Kommentar 1998 in der 12. Auflage und 2002 in der 13. Auflage erschienen ist, bezieht sich das in der Gesetzesbegründung niedergelegte Zitat augenscheinlich auf die 12. Auflage.

belegende Aussage nicht stützt, jedenfalls nicht in der gebotenen Klarheit[964]. Sie enthält zwar einige Anhaltspunkte dazu, unter welchen Voraussetzungen die Zulassung der Rechtsbeschwerde in Angelegenheiten über Ordnungswidrigkeiten zur Sicherung einer einheitlichen Rechtsprechung in Betracht kommt. Zu dem Zulassungsgrund der ‚Sicherung einer einheitlichen Rechtsprechung' gemäß §§ 79 I 2, 80 I Nr. 1 Alt. 2 OWiG wird aber die Auffassung vertreten, eine Auslegung dieser Vorschrift dahingehend, dass sie im Wesentlichen auf die Kompensation von krassen Fehlentscheidungen gerichtet sei, entspreche weder dem Wortlaut noch dem Sinn und Zweck der gesetzlichen Regelung; das Gewicht des Rechtsfehlers im Einzelfall stelle mithin kein Merkmal dar, das die Zulassung der Rechtsbeschwerde zur Sicherung einer einheitlichen Rechtsprechung rechtfertigen könne[965]. Es stehen dort stattdessen vielmehr andere Aspekte im Vordergrund, wenn es darum geht, Kriterien aufzuzeigen, unter denen vorinstanzliche Fehlentscheidungen die Zulassung der Rechtsbeschwerde nach sich ziehen[966]. Folglich vermag auch die zitierte Fundstelle die in der Begründung zum ZPO-RG – und ähnlich auch im 2. FGOÄndG – gewählte Formulierung, dass Fehler bei der Auslegung oder Anwendung revisiblen Rechts auch dann über den Einzelfall hinaus allgemeine Interessen nachhaltig berühren, wenn sie von erheblichem Gewicht und geeignet seien, das Vertrauen in die Rechtsprechung zu beschädigen, nicht zu konkretisieren[967].

Die Gesetzesbegründung zum ZPO-RG bietet aber – im Gegensatz zu der zu § 115 II FGO verfassten amtlichen Begründung – dennoch einige Anhaltspunkte für die Beurteilung der Frage, welche konkreten Voraussetzungen nun an das Vorliegen von Fehlern bei der Auslegung oder Anwendung revisiblen Rechts zu stellen sind, die „von erheblichem Gewicht und geeignet sind, das Vertrauen in die Rechtsprechung zu beschädigen".

Denn im Anschluss an das angegebene und letztlich leerlaufende Zitat der Kommentarstelle zum OWiG findet sich in der Begründung die Erläuterung, dass zu den zuvor angesprochenen Rechtsanwendungsfehlern v.a. die Fälle gehören,

---

964 *Lange*, NJW 2001, 1098, 1100; *ders.*, StuW 2006, 366, 368.

965 Vgl. hierzu KK/*Senge*[3], § 80 OWiG Tz. 10 m.w.N.

966 Im Zentrum steht dabei das Kriterium der *„Wiederholungsgefahr"*, das überwiegend als der entscheidende Gesichtspunkt angesehen wird, wenn es um die Zulassung der Rechtsbeschwerde in Angelegenheiten über Ordnungswidrigkeiten unter dem Aspekt der Sicherung einer einheitlichen Rechtsprechung geht, vgl. *Göhler/Buddendiek*[12], § 80 OWiG Tz. 5; Göhler/*Seitz*[16], § 80 OWiG Tz. 5, jeweils m.w.N. – Zum Tatbestandsmerkmal der *„Wiederholungsgefahr"* in der Rechtsprechung des *BGH* insbesondere zu den §§ 543 II 1 Nr. 2 Alt. 2 u. 574 II Nr. 2 Alt. 2 ZPO ausführlich nachfolgend im 4. Abschnitt unter B.III.2.c)bb)(3) (S. 566 ff., dort S. 568 ff.).

967 Auf gleicher Linie *Lange*, NJW 2001, 1098, 1100; *ders.*, StuW 2006, 366, 368. Dazu ebenfalls *kritisch Bleschick*, Revisionszulassungsgründe im Spannungsverhältnis, S. 362, der in diesem Zusammenhang von einer oberflächlichen sowie ungenauen Arbeit des Gesetzgebers spricht.

in denen *Verfahrensgrundrechte*, namentlich die Grundrechte auf *Gewährung des rechtlichen Gehörs* und auf ein *objektiv willkürfreies Verfahren*, verletzt seien und deswegen *Gegenvorstellung* erhoben und *Verfassungsbeschwerde* eingelegt werden könnten. Dies zu vermeiden, müsse mit der Zulassung der Revision ermöglicht werden, was jedoch allein mit dem Zulassungsgrund der ‚Grundsätzlichen Bedeutung' nach herkömmlichem Verständnis zumindest nicht sichergestellt wäre[968].

Soweit der Gesetzgeber des ZPO-RG der äußerst unscharfen Formel der Gesetzesbegründung, Fehler bei der Auslegung oder Anwendung des revisiblen Rechts würden auch dann über den Einzelfall hinaus allgemeine Interessen nachhaltig berühren, „wenn sie von erheblichem Gewicht und geeignet sind, das Vertrauen in die Rechtsprechung zu beschädigen", durch Nennung von Fallbeispielen hier also zumindest ansatzweise Konturen verleiht, bleibt dies für die Auslegung des § 115 II Nr. 2 Alt. 2 FGO indes ohne Nutzen. Denn die dort genannte Verletzung von Verfahrensgrundrechten wird in der FGO bereits von der ausdrücklich geregelten Verfahrensrevision des § 115 II Nr. 3 FGO erfasst, so dass es einer Zulassung der Revision wegen sog. gravierender/schwerwiegender Rechtsanwendungsfehler in Fällen, in denen bspw. die (Verfahrens-) Grundrechte auf Gewährung des rechtlichen Gehörs und auf ein objektiv willkürfreies Verfahren verletzt werden, auf dem Gebiet der Finanzgerichtsbarkeit überhaupt nicht bedarf[969]. Der Katalog der

968 Vgl. die Begründung des Entwurfs eines ZPO-RG von SPD-Bündnis 90/Die Grünen v. 04.07.2000, BT-Drucks. 14/3750, S. 76, sowie die Begründung des Entwurfs eines ZPO-RG der Bundesregierung v. 24.11.2000, BT-Drucks. 14/4722, S. 104. – Die in der Gesetzesbegründung in diesem Zusammenhang zitierte Entscheidung des BGH – *BGH*, Beschl. v. 25.11.1999, IX ZB 95/99, JZ 2000, 526 f. = NJW 2000, 590 – verdeutlicht einen solchen Fall. Hier hat der BGH nämlich entschieden, dass die Verletzung eines Verfahrensgrundrechts des Beschwerdeführers durch das OLG – im konkreten Fall ein Verstoß gegen das Grundrecht des Beschwerdeführers auf ein objektiv willkürfreies Verfahren und damit gegen Art. 3 I GG i.V.m. dem Rechtsstaatsprinzip i.S.d. Art. 20 III GG – nicht mit der nach § 567 IV ZPO a.F. ausgeschlossenen Beschwerde und auch nicht mit einer außerordentlichen Beschwerde wegen greifbarer Gesetzwidrigkeit geltend gemacht, sondern vielmehr ausschließlich durch das OLG von diesem selbst auf eine *Gegenvorstellung* hin behoben werden könne. Gerade in derartigen Fallkonstellationen sollen nach der Gesetzesbegründung die Erhebung einer Gegenvorstellung und die Einlegung einer Verfassungsbeschwerde dadurch vermieden werden, dass solch gravierende/schwerwiegende Verstöße gegen Verfahrensgrundrechte, wie sie in der Gesetzesbegründung genannt sind, die Zulassung der Revision nach § 543 II 1 Nr. 2 Alt. 2 ZPO rechtfertigen.

969 Ebenso *Lange* DStZ 2002, 782, 785. Dennoch findet die Verletzung von Verfahrensgrundrechten auch in der einschlägigen BFH-Rechtsprechung zur Revisionszulassung wegen gravierender/schwerwiegender Rechtsanwendungsfehler des FG teilweise Erwähnung, vgl. bspw. *BFH*, Beschl. v. 18.11.2010, VII B 12/10, BFH/NV 2011, 406; vgl. hierzu auch nachfolgend unter (2)(a) (S. 277 f.). – Das Verfahrensgrundrecht auf ein *objektiv willkürfreies Verfahren* wird auf dem Gebiet

Revisionszulassungsgründe des § 543 II 1 ZPO kennt den Zulassungsgrund des ‚entscheidungserheblichen Verfahrensmangels' hingegen nicht, so dass Verstöße gegen Verfahrensgrundrechte der Parteien im Anwendungsbereich der ZPO mithin nur unter den Voraussetzungen des § 543 II 1 Nrn. 1 oder 2 zur Zulassung der Revision führen können, d.h. wenn der Entscheidung darüber grundsätzliche Bedeutung zukommt bzw. die Fortbildung des Rechts oder die Sicherung einer

---

der Finanzgerichtsbarkeit durch den BFH über die eigens in § 115 II Nr. 3 FGO normierte Verfahrensrevision bspw. in den nachfolgend genannten Konstellationen erfasst: So handelt das FG im Zusammenhang mit der Entscheidung über die Klage insbesondere dann verfahrensfehlerhaft i.S.d. § 115 II Nr. 3 FGO, wenn es einen Trennungsbeschluss (vgl. § 73 I 1 a.E., § 73 I 2 FGO) *willkürlich* erlässt oder durch einen solchen Beschluss einen Beteiligten *willkürlich* in der Wahrnehmung seiner prozessualen Rechte behindert, vgl. *Seer*, in: T/K, § 115 FGO Tz. 104 (Lfg. 131 Oktober 2012). Des Weiteren kann das Grundrecht auf ein *objektiv willkürfreies Verfahren* im Zusammenhang mit Ablehnungsgesuchen relevant werden: Die mit der NZB vorgebrachte Rüge, ein Richter- oder Sachverständigenablehnungsgesuch sei vom FG zu Unrecht als unbegründet zurückgewiesen worden, betrifft stets einen Verfahrensfehler, der dem FG in einer dem Endurteil vorausgegangenen (Neben-) Entscheidung unterlaufen ist, die einer Nachprüfung im Revisionsverfahren gemäß §§ 124 II, 128 II FGO grds. entzogen ist. Ein derartiger Verfahrensfehler ist mithin regelmäßig als nicht rügefähiger Verfahrensmangel einzustufen und kann die Zulassung der Revision nach § 115 II Nr. 3 FGO somit nicht begründen. Etwas anderes gilt ausnahmsweise nur dann, wenn die unberechtigte Ablehnung eines Befangenheitsantrages gegen das *Willkürverbot* verstößt oder ein Verfahrensgrundrecht verletzt wird, wie z.B. der Anspruch auf Gewährung rechtlichen Gehörs (Art. 103 I GG) oder der Anspruch auf den gesetzlichen Richter (Art. 101 I 2 GG). Die Vorenthaltung des gesetzlichen Richters kann dabei wiederum nur dann bejaht werden, wenn der Beschluss des FG über die Zurückweisung des Ablehnungsgesuches nicht bloß als rechtsfehlerhaft, sondern als greifbar gesetzwidrig und damit *willkürlich* einzustufen ist, wenn also das FG seine Entscheidung ohne ausreichenden sachlichen Grund getroffen hat, vgl. zum Ganzen *BFH*, Beschl. v. 13.01.2003, III B 51/02, BFH/NV 2003, 640 m.w.N.; Beschl. v. 28.05.2003, III B 87/02, BFH/NV 2003, 1218 f. m.w.N.; Beschl. v. 22.10.2003, III B 14/03, BFH/NV 2004, 224; Beschl. v. 27.10.2003, VII S 20/03 (PKH), BFH/NV 2004, 375, 376; Beschl. v. 28.04.2004, VII B 343/03, n.v. (juris); Beschl. v. 04.08.2004, VII B 240, 241/03, BFH/NV 2005, 218; Beschl. v. 12.08.2004, VII B 15/04, BFH/NV 2005, 221; Beschl. v. 27.10.2004, VII S 11/04 (PKH), BStBl. II 2005, 139, 141; Beschl. v. 14.09.2005, VI B 53/05, BFH/NV 2006, 103, 104; Beschl. v. 08.11.2005, VIII R 2/96, BFH/NV 2006, 573, 575; Beschl. v. 22.12.2005, II B 12/05, BFH/NV 2006, 782; Beschl. v. 19.05.2006, II B 78/05, BFH/NV 2006, 1620; Beschl. v. 19.05.2006, II B 79/05, BFH/NV 2006, 1622; Beschl. v. 19.05.2006, II B 88/05, BFH/NV 2006, 1625; Beschl. v. 16.01.2007, X B 38/06, BFH/NV 2007, 757, 758; Beschl. v. 27.08.2007, VII B 26/07, BFH/NV 2008, 221; Beschl. v. 30.01.2008, V B 57/07, BFH/NV 2008, 611 f.; Gräber/*Ruban*[6], § 115 FGO Tz. 88; *Seer*, in: T/K, § 115 FGO Tz. 111 (Lfg. 131 Oktober 2012).

einheitlichen Rechtsprechung eine Entscheidung des BGH erfordert[970]. Besteht deswegen auf dem Gebiet der Zivilgerichtsbarkeit natürlich ein besonderes Bedürfnis, auch besonders schwerwiegende Verfahrensmängel als ‚Fehler von erheblichem Gewicht' zu qualifizieren, die geeignet sind, das Vertrauen in die Rechtsprechung zu beschädigen[971], können daraus für die Auslegung des § 115 II Nr. 2 Alt. 2 FGO aber leider keine gewinnbringenden Schlüsse gezogen werden.

---

970 Die sich aufgrund der Novellierung des zivilprozessualen Revisionszulassungsrechts durch das ZPO-RG ergebende Möglichkeit, den Katalog der Revisionszulassungsgründe in § 543 II 1 ZPO entsprechend der Regelungen der §§ 132 II Nr. 3 VwGO, 115 II Nr. 3 FGO, 160 II Nr. 3 SGG und mit Abstrichen auch 72 II Nr. 3 ArbGG um den Zulassungsgrund des ‚entscheidungserheblichen Verfahrensmangels' zu ergänzen, hat der Gesetzgeber bedauerlicherweise nicht wahrgenommen. Zur Begründung wurde seinerzeit ausgeführt, der Entwurf eines ZPO-RG sehe davon ab, den Verfahrensmangel, auf dem das Urteil beruhen könne, als zusätzlichen Zulassungsgrund einzuführen. Denn es sei kein Grund ersichtlich, die Revision bei der Geltendmachung von Verfahrensmängeln unter geringeren Voraussetzungen zuzulassen als bei der Geltung materiellrechtlicher Rechtsfehler. Auch bei Verfahrensmängeln solle der Zugang zur Revisionsinstanz daher nur dann eröffnet sein, wenn die Entscheidung darüber grundsätzliche Bedeutung habe oder wenn die Fortbildung des Rechts oder die Sicherung einer einheitlichen Rechtsprechung eine Entscheidung des Revisionsgerichts erfordern, vgl. dazu die Begründung des Entwurfs eines ZPO-RG von SPD-Bündnis 90/Die Grünen v. 04.07.2000, BT-Drucks. 14/3750, S. 76, sowie die Begründung des Entwurfs eines ZPO-RG der Bundesregierung v. 24.11.2000, BT-Drucks. 14/4722, S. 105. Diese Begründung vermag insbesondere deswegen nicht zu überzeugen, weil sie die Frage aufwirft, warum dann in den anderen Gerichtsbarkeiten – namentlich auf dem Gebiet der VwGO, der FGO, des SGG und mit Abstrichen auch des ArbGG – seitens des Gesetzgebers ein Grund für die Schaffung einer eigenständigen Verfahrensrevision gesehen worden ist, ebenso *Lange*, DStZ 2002, 782, 786. Darüber hinaus muss mit Bedauern festgestellt werden, dass der Gesetzgeber insoweit eine weitere Chance vertan hat, die verschiedenen Prozessordnungen im Interesse der Rechtsschutzsuchenden und der Rechtsanwender einander soweit wie möglich anzugleichen (s. auch *Lange*, DStZ 2002, 782, 786), obwohl er gerade dieses Ziel, im Interesse einer Vereinheitlichung der Verfahrensordnungen den Zugang zu den obersten Bundesgerichten möglichst in allen Verfahrensordnungen gleich zu regeln, immer wieder lautstark betont hat, vgl. für den Bereich der Finanzgerichtsbarkeit bspw. die Beschlussempfehlung und den Bericht des Rechtsausschusses (6. Ausschuss) zu dem Gesetzentwurf der Bundesregierung – Drucksachen 14/4061, 14/4450: Entwurf eines 2. FGOÄndG – v. 08.11.2000, BT-Drucks. 14/4549, S. 11, sowie *Lange*, NJW 2001, 1098, 1101 a.E.

971 Vgl. auch *Rüsken*, DStZ 2000, 815, 819 f.

(2) Bislang noch keine allgemeingültige Definition eines gravierenden/ schwerwiegenden Rechtsanwendungsfehlers des FG

Angesichts dessen, dass also der Wortlaut sowohl des § 115 II FGO als auch des § 543 II 1 ZPO und auch die jeweiligen Gesetzesbegründungen keine konkreten Vorgaben dazu enthalten, unter welchen Voraussetzungen die Revision wegen gravierender/schwerwiegender Rechtsanwendungsfehler des FG zuzulassen ist, bzw. die Begründung des Entwurfs eines ZPO-RG nur solche Vorgaben enthält, die für die Auslegung des § 115 II Nr. 2 Alt. 2 FGO aufgrund der in § 115 II Nr. 3 FGO eigens verankerten Verfahrensrevision ohne Nutzen sind, obliegt es nunmehr dem BFH als Revisionsgericht, anhand der anerkannten Auslegungsregeln zu prüfen, ob und unter welchen Voraussetzungen es dem Zweck der Zulassungsvorschriften entspricht, den Zugang zum Rechtsmittelgericht auch in den Fällen der Fehlentscheidung im Einzelfall zu eröffnen[972].

Zwar ist es dem BFH bis heute nicht gelungen, eine allgemeingültige, einheitliche Definition eines die Zulassung der Revision nach sich ziehenden gravierenden/schwerwiegenden Rechtsanwendungsfehlers des FG zu entwickeln[973], so dass

---

972 *Ruban*, DStR 2005, 2033, 2034.

973 So formuliert der *BFH* in seinem Beschl. v. 13.10.2003, IV B 85/02, BStBl. II 2004, 25, *dass wenn auch eine allgemeingültige Definition eines derart schwerwiegenden Fehlers von der Rechtsprechung noch nicht entwickelt worden sei, der BFH dessen Voraussetzungen doch zumindest dann bejaht habe, wenn die Entscheidung des FG objektiv willkürlich erscheine oder auf sachfremden Erwägungen beruhe und unter keinem denkbaren Gesichtspunkt rechtlich vertretbar sei* (vgl. jüngst auch *BFH*, Beschl. v. 19.07.2012, X B 88/11, BFH/NV 2012, 1932). In den beiden Beschl. v. 12.08.2003, IV B 189/01, BFH/NV 2003, 1604, 1605, u. v. 10.02.2005, IV B 62/03, BFH/NV 2005, 1319, 1320, führt der BFH dazu aus, *dass aber weiterhin noch nicht vollständig geklärt sei, wie ein derartig schwerwiegender Fehler definiert werden könne. Nicht zweifelhaft erscheine lediglich, dass objektiv willkürliche bzw. greifbar gesetzwidrige Entscheidungen eine Korrektur durch das Revisionsgericht erforderten. ... Der Streitfall biete im Übrigen jeweils keine Veranlassung, näher auf die Definition des zur Revisionszulassung führenden schwerwiegenden Fehlers einzugehen.* Vgl. auch *Seer*, in: T/K, § 115 FGO Tz. 75 (Lfg. 131 Oktober 2012). – Zumindest missverständlich bzw. nicht nachvollziehbar *BFH*, Beschl. v. 31.08.2005, XI B 240/02, n.v. (juris), wenn es dort heißt, *es sei mittlerweile höchstrichterlich geklärt, dass ein materiell-rechtlicher Fehler nur dann zur Zulassung der Revision nach § 115 II Nr. 2 FGO führe, wenn es sich um einen offensichtlichen Rechtsanwendungsfehler von erheblichem Gewicht i.S. einer willkürlichen oder greifbar gesetzwidrigen Entscheidung handele.* Wenn schließlich der *BFH* in seinem Beschl. v. 07.04.2009, XI B 73/08, n.v. (juris), davon spricht, *dass durch die bereits vorliegende Rechtsprechung des BFH seit dem Beschl. v. 13.10.2003, IV B 85/02, BStBl. II 2004, 25, abschließend geklärt sei, dass und aus welchen Gründen nur ein schwerwiegender Fehler des FG bei der Auslegung und Anwendung revisiblen Rechts die Zulassung der Revision rechtfertigen könne,* dann bezieht sich die dort angesprochene *abschließende Klärung* offenbar nur darauf, dass einfache Rechtsanwendungsfehler die Zulassung

also auch mehr als 14 Jahre nach der Reform des finanzgerichtlichen Revisionszulassungsrechts durch das 2. FGOÄndG noch immer nicht abschließend und vollständig geklärt ist, welche Arten von Fehlern der Vorinstanz über grundsätzliche Bedeutung, Rechtsfortbildung, Divergenz und Verfahrensmangel hinaus zur Zulassung der Revision führen sollen[974]. Jedoch hat der BFH in seiner Rechtsprechung seit Inkrafttreten des 2. FGOÄndG zum 01.01.2001 und der damit verbundenen Neufassung der Revisionszulassungsgründe i.S.d. § 115 II FGO einzelne – nachfolgend zu beleuchtende – Kriterien entwickelt, die der Konkretisierung der in der Gesetzesbegründung gegebenen unscharfen Erläuterung, wonach Fehler bei der Auslegung revisiblen Rechts über den Einzelfall hinaus auch dann allgemeine Interessen nachhaltig berühren können, wenn sie z.B. von erheblichem Gewicht und geeignet sind, das Vertrauen in die Rechtsprechung zu beschädigen[975], dienen und dem Tatbestand der Revisionszulassung wegen gravierender/schwerwiegender Rechtsanwendungsfehler des FG Konturen verleihen sollen.

(a) Berücksichtigung sowohl materieller als auch formeller Rechtsanwendungsfehler des FG?

Der BFH hat in einigen Entscheidungen zunächst ausgeführt, dass Fehler des FG bei der Auslegung und Anwendung revisiblen Rechts, die von erheblichem Gewicht und geeignet seien, das Vertrauen in die Rechtsprechung zu beschädigen, auch und insbesondere dann in Betracht kommen, wenn *Verfahrensgrundrechte* verletzt worden seien[976].

Diese Entscheidungen beziehen sich dabei – teilweise sogar ausdrücklich – auf die Gesetzesbegründung zum ZPO-RG und die dort zur näheren Bestimmung gravierender/schwerwiegender vorinstanzlicher Rechtsanwendungsfehlers explizit und vorzugsweise genannte ‚*Verletzung von Verfahrensgrundrechten*'. Sie helfen im Hinblick auf die Konkretisierung eines die Zulassung der Revision nach sich ziehenden gravierenden/schwerwiegenden Rechtsanwendungsfehlers des FG aber

---

der Revision nicht rechtfertigen können, nicht hingegen auf die – noch nicht erfolgte – abschließende Klärung der einzelnen Voraussetzungen eines zulassungsrelevanten gravierenden/schwerwiegenden Rechtsanwendungsfehlers.

974 *Kempermann*, DStZ 2005, 772, 773.

975 So die Begründung des Entwurfs eines 2. FGOÄndG v. 11.09.2000, BT-Drucks. 14/4061, S. 9 zu Nr. 13.

976 Bspw. *BFH*, Beschl. v. 10.02.2005, IV B 50, 52/03, BFH/NV 2005, 1215; Beschl. v. 09.11.2006, IV B 6/05, BFH/NV 2007, 727 **(IV. Senat)**; Beschl. v. 10.03.2004, VII B 331/03, n.v. (juris); Beschl. v. 23.09.2004, VII B 367/03, BFH/NV 2005, 328; Beschl. v. 22.02.2005, VII B 213/04, BFH/NV 2005, 1217, 1218; Beschl. v. 24.04.2008, VII B 262/07, BFH/NV 2008, 1448; Beschl. v. 18.11.2010, VII B 12/10, BFH/NV 2011, 406 **(VII. Senat)**; Beschl. v. 02.04.2003, VIII B 209/02, n.v. (juris); Beschl. v. 28.04.2003, VIII B 260/02, BFH/NV 2003, 1336, allerdings jeweils betreffend die Revisionszulassung wegen grundsätzlicher Bedeutung der Rechtssache (vgl. insoweit vorstehend unter aa) [S. 263 f. einschließlich Fußnote 938]) **(VIII. Senat)**.

kein bisschen weiter, weil die Verletzung von Verfahrensgrundrechten/Verfahrensvorschriften im Anwendungsbereich der FGO ja bereits von der eigens dafür geschaffenen Verfahrensrevision i.S.d. § 115 II Nr. 3 FGO erfasst wird, so dass die vorstehend zitierte Rechtsprechung deswegen m.E. sogar als unzutreffend eingestuft werden muss[977].

Darüber hinaus hat der BFH des Öfteren formuliert, dass ein Fehler von erheblichem Gewicht, der geeignet sei, das Vertrauen in die Rechtsprechung zu beschädigen, nur bei *offensichtlichen materiellen oder formellen Rechtsanwendungsfehlern des FG* gegeben sei[978].

---

977 Vgl. insoweit auch bereits vorstehend unter (1)(b) (S. 269 ff., dort S. 273 ff.). Vgl. in diesem Zusammenhang überdies die nachfolgend genannten Entscheidungen des *BFH*, Beschl. v. 14.11.2006, IV B 13/04, BFH/NV 2007, 728, 729; Beschl. v. 01.09.2008, IV B 4/08, BFH/NV 2009, 35, wo sich am Ende der Ausführungen zu der Problematik eines besonders schwerwiegenden Rechtsanwendungsfehlers des FG jeweils die folgende Formulierung findet: *„Sieht man von den nicht durchgreifenden Verfahrensrügen ab, so haben die Kläger (und Beschwerdeführer [eingefügt vom Verf.]) keine Umstände vorgetragen, aus denen sich schließen ließe, dem FG sei ein Fehler von erheblichem Gewicht im vorstehend beschriebenen Sinn unterlaufen."* Diese Formulierung deutet m.E. darauf hin, dass Verfahrensfehler zwar durchaus ‚Fehler von erheblichem Gewicht' darstellen können, dass sie im Anwendungsbereich der FGO aufgrund der in § 115 II Nr. 3 FGO normierten Verfahrensrevision jedoch nicht als ‚besonders schwerwiegende Rechtsanwendungsfehler' im vorstehenden Sinne zu qualifizieren sind. Dies gilt umso mehr, als die Verfahrensrügen in den vorstehend zitierten Entscheidungen stets vor der Problematik des gravierenden/schwerwiegenden Rechtsanwendungsfehlers und dort jeweils ‚unter der Flagge' des § 115 II Nr. 3 FGO abgehandelt werden.

978 *BFH*, Beschl. v. 06.10.2005, II B 9/04, BFH/NV 2006, 24, 25; Beschl. v. 12.01.2006, II B 65/05, BFH/NV 2006, 813; Beschl. v. 03.08.2006, II B 170/05, BFH/NV 2007, 97, 98; Beschl. v. 04.04.2007, II B 66/06, BFH/NV 2007, 1274, 1275; Beschl. v. 23.08.2007, II B 3/07, BFH/NV 2007, 2348, 2350; Beschl. v. 20.08.2008, II B 27/07, n.v. (juris) **(II. Senat)**; Beschl. v. 31.05.2005, III B 143/04, BFH/NV 2005, 1632, 1633; Beschl. v. 19.06.2006, III B 42/05, n.v. (juris); Beschl. v. 10.08.2009, III B 205/08, ZSteu 2009, R1024 **(III. Senat)**; Beschl. v. 30.01.2007, IV B 111/05, BFH/NV 2007, 1146, 1147; Beschl. v. 29.10.2008, IV B 134/07, n.v. (juris); Beschl. v. 30.01.2009, IV B 90/07, n.v. (juris); Beschl. v. 29.05.2012, IV B 33/11, BFH/NV 2012, 1468, 1469 **(IV. Senat)**; Beschl. v. 04.04.2003, V B 183/02, BFH/NV 2003, 1097; Beschl. v. 28.07.2003, V B 72/02, BFH/NV 2003, 1597; Beschl. v. 03.11.2005, V B 9/04, BFH/NV 2006, 248, 249; Beschl. v. 11.11.2005, V B 45/04, BFH/NV 2006, 622, 623; Beschl. v. 19.07.2007, V B 66/06, BFH/NV 2007, 2067, 2069; Beschl. v. 14.04.2008, V B 205/07, ZSteu 2008, R604; Beschl. v. 19.05.2008, V B 29/07, BFH/NV 2008, 1501, 1507; Beschl. v. 17.10.2008, V B 265/07, n.v. (juris) **(V. Senat)**; Beschl. v. 02.10.2008, VI B 102/07, BFH/NV 2009, 148; Beschl. v. 11.03.2009, VI B 141/07, n.v. (juris); Beschl. v. 18.10.2010, VI B 91/10, BFH/NV 2011, 280, 281 **(VI. Senat)**; Beschl. v. 13.01.2006, VIII B 7/04, BFH/NV 2006, 914; Beschl. v. 17.01.2006, VIII B 172/05, BFH/NV 2006, 799; Beschl. v. 03.08.2006, VIII B 192/05, BFH/NV 2006, 2118; Beschl. v. 01.09.2006,

Soweit der BFH in diesen Entscheidungen auch *formelle Rechtsanwendungsfehler des FG* erwähnt, erweckt dies auch hier wieder den Eindruck, dass er insoweit – konkludent – auf die Gesetzesbegründung zum ZPO-RG Bezug nimmt und auf die dort explizit und vorzugsweise genannte ‚Verletzung von Verfahrensgrundrechten' abzielt. Die Ausweitung der beachtlichen ‚Fehler von erheblichem Gewicht' auf formelle Rechtsanwendungsfehler ist dabei jedoch auch hier wieder insoweit überflüssig und wenig hilfreich, als formelle Rechtsanwendungsfehler in Form von Verfahrensmängeln vorstehenden Ausführungen gemäß ja bereits von der eigens dafür geschaffenen Verfahrensrevision i.S.d. § 115 II Nr. 3 FGO erfasst werden.

Allerdings gilt es im Hinblick auf die Auslegung der vom BFH gewählten Formulierung zu berücksichtigen, dass der dort verwendete Begriff des ‚formellen Rechtsanwendungsfehlers' auch dahingehend verstanden werden *könnte*, dass er neben den bereits von § 115 II Nr. 3 FGO erfassten Verfahrensmängeln auch Fehler des FG bei der Auslegung von Vorschriften, die das *Besteuerungsverfahren* – also gleichsam Vorschriften der AO – betreffen, umfasst. Solche Fehler stellen, da es sich nicht um die Verletzung von Vorschriften des Gerichtsverfahrensrechts – also insbesondere um die Verletzung von Vorschriften der FGO – handelt[979], nämlich keine

VIII B 81/05, BFH/NV 2006, 2297, 2299; Beschl. v. 01.12.2006, VIII B 2/06, BFH/NV 2007, 450; Beschl. v. 04.12.2006, VIII B 61/06, BFH/NV 2007, 451, 452; Beschl. v. 14.03.2007, VIII B 131/06, BFH/NV 2007, 1176, 1177; Beschl. v. 27.03.2007, VIII B 152/05, BFH/NV 2007, 1335; Beschl. v. 03.04.2007, VIII B 101/06, BFH/NV 2007, 1343; Beschl. v. 24.04.2007, VIII B 249/05, BFH/NV 2007, 1465, 1466; Beschl. v. 26.09.2008, VIII B 23/08, n.v. (juris); Beschl. v. 07.10.2008, VIII B 19/08, n.v. (juris); Beschl. v. 08.01.2009, VIII B 193/07, ZSteu 2009, R1137 **(VIII. Senat)**; Beschl. v. 11.12.2002, IX B 124/02, BFH/NV 2003, 495; Beschl. v. 19.12.2002, IX B 79/02, BFH/NV 2003, 501; Beschl. v. 20.01.2003, IX B 94/02, BFH/NV 2003, 617; Beschl. v. 31.01.2003, IX B 174/02, BFH/NV 2003, 649; Beschl. v. 07.02.2005, IX B 239/02, BFH/NV 2005, 1052; Beschl. v. 10.02.2005, IX B 169/03, BFH/NV 2005, 1057; Beschl. v. 28.02.2005, IX B 119/04, BFH/NV 2005, 1130, 1131; Beschl. v. 06.04.2005, IX B 174/04, BFH/NV 2005, 1354; Beschl. v. 17.01.2006, IX B 79/05, BFH/NV 2006, 802; Beschl. v. 29.03.2006, IX B 14/06, n.v. (juris); Beschl. v. 20.09.2012, IX B 174/11, BFH/NV 2013, 68 **(IX. Senat)**; Beschl. v. 25.01.2008, X B 90/07, BFH/NV 2008, 610; Beschl. v. 01.04.2008, X B 17/07, ZSteu 2008, R502 **(X. Senat)**; Beschl. v. 20.12.2006, XI B 23/06, BFH/NV 2007, 648, 649; Beschl. v. 21.03.2007, XI B 163/06, BFH/NV 2007, 1333, 1334; Beschl. v. 21.05.2007, XI B 164/06, BFH/NV 2007, 1657; Beschl. v. 06.12.2010, XI B 27/10, BFH/NV 2011, 645; Beschl. v. 18.05.2011, XI B 57/10, BFH/NV 2011, 1704, 1705; Beschl. v. 10.01.2012, XI B 80/11, BFH/NV 2012, 815 **(XI. Senat)**.

979 Lediglich Verstöße des FG gegen Vorschriften des Gerichtsverfahrensrechts können die Zulassung der Revision wegen eines Verfahrensmangels i.S.d. § 115 II Nr. 3 FGO begründen, *BFH*, Beschl. v. 22.10.1994, V B 40/94, BFH/NV 1995, 610; Beschl. v. 25.03.1998, XI B 76/97, BFH/NV 1998, 1237, 1238; Beschl. v. 30.06.1999, XI B 66/98, BFH/NV 1999, 1620; Beschl. v. 18.05.2000, VII B 36/99, BFH/NV 2000, 1355; Beschl. v. 14.07.2000, V B 50, 51, 52/00, BFH/NV 2000, 1493; Beschl.

Verfahrensmängel i.S.d. § 115 II Nr. 3 FGO, sondern vielmehr *materiell-rechtliche Mängel* dar[980]. Sie können somit – auch wenn es sich namentlich um die Verletzung von (Besteuerungs-) *Verfahrens*vorschriften handelt – die Zulassung der Revision wegen eines gravierenden/schwerwiegenden formellen Rechtsanwendungsfehlers des FG nach sich ziehen, wenn sie von erheblichem Gewicht und geeignet sind, das Vertrauen in die Rechtsprechung zu beschädigen.

Wenn es sich aber im Ergebnis um materiell-rechtliche Mängel i.S.d. finanzgerichtlichen Revisionszulassungsrechts handelt, *könnten* solche Fehler des FG auch bereits dem Begriff des *,materiellen Rechtsanwendungsfehlers'* zugeordnet werden. Es bedarf also letztlich überhaupt nicht des Begriffs des ,formellen Rechtsanwendungsfehlers', wenn es um die Beurteilung der Frage geht, unter welchen Voraussetzungen die Revision wegen eines gravierenden/schwerwiegenden Rechtsanwendungsfehlers des FG zuzulassen ist; dieser trägt hier mehr zur Verwirrung bei, als das er weiter hilft. Soweit aber die Rechtsprechung dem Revisionszulassungstatbestand des ,Gravierenden/Schwerwiegenden Rechtsanwendungsfehlers des FG' begrifflich bislang sowohl materielle als auch formelle Rechtsanwendungsfehler zuordnet, umfasst der Begriff des ,formellen Rechtsanwendungsfehlers bei folgerichtigem, korrektem Verständnis jedenfalls nur die Fehler des FG, die diesem bei der Auslegung von Vorschriften des Besteuerungsverfahrens unterlaufen, während Verstöße gegen Vorschriften des Gerichtsverfahrensrechts der FGO keinesfalls unter den Zulassungstatbestand des ,Gravierenden/Schwerwiegenden Rechtsanwendungsfehlers' fallen, da die Revisionszulassung insoweit durch § 115 II Nr. 3 FGO begründet wird.

Vor dem Hintergrund vorstehender Ausführungen und der insoweit mit dem Begriff des ,formellen Rechtsanwendungsfehlers' verbundenen Unklarheiten erscheint es mithin befürwortenswert, wenn der BFH in seinen Entscheidungen

---

v. 21.06.2001, XI B 26/01, BFH/NV 2001, 1444; Beschl. v. 26.06.2001, VI B 76/01, BFH/NV 2001, 1591; Beschl. v. 30.04.2002, VI B 298/01, BFH/V 2002, 1166; Beschl. v. 26.06.2002, IX B 154/01, BFH/NV 2002, 1424; Beschl. v. 09.12.2003, III B 135/03, BFH/NV 2004, 339; Beschl. v. 29.03.2005, XI B 242/03, BFH/NV 2005, 1236, 1237; Beschl. v. 05.07.2005, XI B 101/04, BFH/NV 2005, 1854, 1856; Beschl. v. 09.08.2005, V B 56/05, BFH/NV 2005, 2230, 2231; Beschl. v. 22.08.2005, V B 168/04, BFH/NV 2006, 308, 309; Beschl. v. 12.10.2005, XI B 204/04, BFH/NV 2006, 327; Beschl. v. 23.06.2006, XI B 145/05, BFH/NV 2006, 1857, 1859; Beschl. v. 26.06.2006, XI B 154/05, BFH/NV 2006, 1862; Beschl. v. 21.08.2006, I B 95/05, BFH/NV 2006, 2121; Beschl. v. 30.01.2007, XI B 84/06, BFH/NV 2007, 913; Beschl. v. 21.08.2007, X B 68/07, BFH/NV 2007, 2143; Beschl. v. 17.09.2008, II B 2/08, ZSteu 2008, R1020 m.w.N.

980 *BFH,* Urt. v. 10.02.1982, I R 190/78, BStBl. II 1982, 682; Beschl. v. 21.06.2001 (Fn. 979), BFH/NV 2001, 1444; Beschl. v. 21.08.2007 (Fn. 979), BFH/NV 2007, 2143; *Seer,* in: T/K, § 115 FGO Tz. 89 (Lfg. 131 Oktober 2012). Ähnlich auch *BFH,* Beschl. v. 22.08.2005 (Fn. 979), BFH/NV 2006, 308, 309; vgl. zudem *BFH,* Beschl. v. 17.09.2008 (Fn. 979), ZSteu 2008, R1020.

zukünftig nur noch von einem die Zulassung der Revision rechtfertigenden besonders schwerwiegenden *materiellen Rechtsanwendungsfehler* des FG sprechen würde, zumal sich darunter dann ja auch die o.g. Fehler des FG bei der Auslegung von Vorschriften des Besteuerungsverfahrens fassen ließen, soweit diese als besonders schwerwiegend einzustufen wären[981].

(b) *,Objektive Willkür' und ,Greifbare Gesetzwidrigkeit' als Eckpfeiler der Definition eines gravierenden/schwerwiegenden Rechtsanwendungsfehlers des FG durch den BFH*

In einem weiteren Schritt hat der BFH das Kriterium der *,Objektiven Willkür'* als zentrales Tatbestandsmerkmal der Revisionszulassung wegen eines gravierenden/schwerwiegenden Rechtsanwendungsfehlers des FG herausgebildet. Die Herausbildung dieses Tatbestandsmerkmals korrespondiert auf den ersten Blick mit der Gesetzesbegründung zum ZPO-RG, in der – wie schon erwähnt – die Verletzung des Grundrechts auf ein *objektiv willkürfreies Verfahren* als konkretes Beispiel für einen die Zulassung der Revision rechtfertigenden Fehler von erheblichem Gewicht genannt wird, der geeignet sei, das Vertrauen in die Rechtsprechung zu beschädigen[982].

Die Rechtsprechung des BFH bezieht sich bei genauerem Hinsehen jedoch weniger auf die Verletzung des in der Gesetzesbegründung zum ZPO-RG angesprochenen Grundrechts auf ein objektiv willkürfreies Verfahren, das – wie oben unter (1)(b) (S. 269 ff., dort S. 273) sowie vorstehend unter (a) (S. 277 f. [bzw. ff.]) dargelegt – in der FGO ja bereits über die eigens geschaffene Verfahrensrevision i.S.d.

---

981 Vgl. z.B. die entsprechenden Formulierungen in *BFH*, Beschl. v. 10.02.2011, II S 39/10 (PKH), BStBl. II 2011, 657, 658 **(II. Senat)**; Beschl. v. 28.02.2002, III B 155/01, BFH/NV 2002, 805; Beschl. v. 09.08.2002, III B 34/02, BFH/NV 2002, 1616, 1617; Beschl. v. 29.08.2002, III B 16/02, BFH/NV 2003, 39; Beschl. v. 25.03.2003, III B 67/02, BFH/NV 2003, 1167; Beschl. v. 18.07.2003, III B 143/02, BFH/NV 2003, 1403 **(III. Senat)**; Beschl. v. 01.09.2008, IV B 133/07, BFH/NV 2009, 135 **(IV. Senat)**; Beschl. v. 09.03.2004, X B 68/03, BFH/NV 2004, 1112, 1113; Beschl. v. 01.09.2004, X B 162/03, BFH/NV 2005, 224, 226; Beschl. v. 01.09.2004, X B 163/03, BFH/NV 2005, 227; Beschl. v. 01.03.2005, X B 158/04, BFH/NV 2005, 1014; Beschl. v. 11.07.2007, X B 118/06, BFH/NV 2007, 1916, 1917; Beschl. v. 12.08.2009, X S 47/08 (PKH), BFH/NV 2009, 1997 **(X. Senat)**; Beschl. v. 27.07.2009, XI B 120/08, n.v. (juris) **(XI. Senat)**, wo jeweils ausschließlich von besonders schwerwiegenden *materiellen Rechtsanwendungsfehlern* bzw. *materiell-rechtlichen Fehlern/materiellen Rechtsfehlern* die Rede ist. Vgl. zudem *Rüsken*, DStZ 2000, 815, 820, der von der *„Erfassung der (materiellen) Rechtsfehler"* spricht (dort unter 7. ganz zu Beginn).

982 Siehe dazu die Begründung des Entwurfs eines ZPO-RG von SPD-Bündnis 90/Die Grünen v. 04.07.2000, BT-Drucks. 14/3750, S. 76, sowie die Begründung des Entwurfs eines ZPO-RG der Bundesregierung v. 24.11.2000, BT-Drucks. 14/4722, S. 104.

§ 115 II Nr. 3 FGO erfasst wird[983]. Mit dem Kriterium der ‚*Objektiven Willkür*' soll insoweit vielmehr das aus Art. 3 I und Art. 19 IV 1 GG abzuleitende Recht eines Beteiligten auf eine *willkürfreie gerichtliche Entscheidung* – also das Grundrecht auf eine *willkürfreie materielle Rechtsentscheidung* – abgedeckt werden, so dass die Revision aufgrund eines gravierenden/schwerwiegenden Rechtsanwendungsfehlers des FG nach der nunmehr st. Rspr. aller elf Senate des BFH insbesondere dann zuzulassen ist, wenn sich die Auslegung und Anwendung revisiblen Rechts durch das FG *in materieller Hinsicht* als *objektiv willkürlich* darstellt[984].

---

983 Vgl. zu dem Verfahrensgrundrecht auf ein *objektiv willkürfreies Verfahren* auch insbesondere die Ausführungen in Fußnote 969.

984 Senatsübergreifend *BFH*, Beschl. v. 04.11.2004, I B 43/04, BFH/NV 2005, 707, 708; Beschl. v. 20.10.2005, I B 49/05, BFH/NV 2006, 337; Beschl. v. 20.12.2006, I B 47/05, BStBl. II 2009, 766, 769; Beschl. v. 03.04.2007, I B 105/06, BFH/NV 2007, 1629, 1630; Beschl. v. 08.05.2007, I B 12/06, BFH/NV 2007, 1679, 1680; Beschl. v. 24.02.2009, I B 187/08, n.v. (juris); Beschl. v. 03.03.2009, I B 200/08, n.v. (juris); Beschl. v. 08.04.2009, I B 202/08, n.v. (juris) (*„Akt willkürlicher Rechtsfindung"*); Beschl. v. 05.05.2009, I B 197/08, n.v. (juris); Beschl. v. 07.05.2009, I B 214/08, n.v. (juris); Beschl. v. 26.05.2009, I B 16/09, n.v. (juris) (*„Akt willkürlicher Rechtsfindung"*); Beschl. v. 31.08.2009, I B 21/09, BFH/NV 2010, 163, 164; Beschl. v. 06.10.2009, I B 55/09, BFH/NV 2010, 469 **(I. Senat)**; Beschl. v. 28.09.2004, II B 162/03, BFH/NV 2005, 72, 73; Beschl. v. 06.10.2005, II B 9/04, BFH/NV 2006, 24, 25; Beschl. v. 12.01.2006, II B 65/05, BFH/NV 2006, 813; Beschl. v. 03.08.2006, II B 170/05, BFH/NV 2007, 97, 98; Beschl. v. 04.04.2007, II B 66/06, BFH/NV 2007, 1274, 1275; Beschl. v. 23.08.2007, II B 3/07, BFH/NV 2007, 2348, 2350; Beschl. v. 30.08.2007, II B 91/06, n.v. (juris); Beschl. v. 20.08.2008, II B 27/07, n.v. (juris); Beschl. v. 28.10.2008, II B 80/08, n.v. (juris); Beschl. v. 06.05.2009, II B 14/09, ZSteu 2009, R582; Beschl. v. 19.05.2009, II B 183/08, n.v. (juris); Beschl. v. 15.07.2009, II B 42/09, ZSteu 2009, R908; Beschl. v. 10.02.2011, II S 39/10 (PKH), BStBl. II 2011, 657, 658; Beschl. v. 10.06.2011, II B 149/10, BFH/NV 2011, 1540; Beschl. v. 05.09.2012, II B 61/12, BFH/NV 2012, 1995 **(II. Senat)**; Beschl. v. 28.06.2002, III B 28/02, BFH/NV 2002, 1474; Beschl. v. 24.07.2002, III B 54/02, BFH/NV 2002, 1488, 1489; Beschl. v. 09.08.2002, III B 34/02, BFH/NV 2002, 1616, 1617; Beschl. v. 29.08.2002, III B 16/02, BFH/NV 2003, 39; Beschl. v. 11.01.2003, III B 97/02, BFH/NV 2003, 510; Beschl. v. 25.03.2003, III B 67/02, BFH/NV 2003, 1167; Beschl. v. 18.07.2003, III B 143/02, BFH/NV 2003, 1403; Beschl. v. 28.07.2003, III B 125/02, BFH/NV 2003, 1445; Beschl. v. 29.10.2003, III B 15/03, BFH/NV 2004, 166, 167; Beschl. v. 21.05.2004, III B 107/03, BFH/NV 2004, 1220, 1221; Beschl. v. 29.06.2004, III B 98/03, n.v. (juris); Beschl. v. 25.02.2005, III B 13/04, BFH/NV 2005, 1065, 1066; Beschl. v. 25.02.2005, III B 109/04, BFH/NV 2005, 1086, 1087; Beschl. v. 31.05.2005, III B 143/04, BFH/NV 2005, 1632, 1633; Beschl. v. 30.08.2005, III B 22/05, BFH/NV 2006, 88; Beschl. v. 30.01.2006, III B 133/04, BFH/NV 2006, 938; Beschl. v. 08.02.2006, III B 128/04, BFH/NV 2006, 1116, 1117; Beschl. v. 27.02.2006, III B 170/05, BFH/NV 2006, 1090, 1091; Beschl. v. 19.06.2006, III B 42/05, n.v. (juris); Beschl. v. 29.06.2006, III B 32/06, BFH/NV 2006, 1795; Beschl. v. 14.08.2006, III B 171/05, BFH/NV 2006, 2307, 2308; Beschl. v. 27.02.2007, III B 158/06, BFH/NV 2007, 1090, 1091; Beschl.

v. 19.04.2007, III B 36/06, BFH/NV 2007, 1518, 1519; Beschl. v. 31.03.2008, III B 151/07, BFH/NV 2008, 1335, 1336; Beschl..v 20.08.2008, III B 1/07, BFH/NV 2008, 1884, 1885; Beschl. v. 29.05.2009, III B 168/07, n.v. (juris); Beschl. v. 10.08.2009, III B 205/08, ZSteu 2009, R1024; Beschl. v. 12.10.2012, III B 78/12, BFH/NV 2013, 39 **(III. Senat)**; Beschl. v. 30.08.2001, IV B 79, 80/01, BStBl. II 2001, 837, 841; Beschl. v. 12.08.2003, IV B 189/01, BFH/NV 2003, 1604, 1605; Beschl. v. 11.09.2003, IV B 35/02, BFH/NV 2004, 343; Beschl. v. 13.10.2003, IV B 85/02, BStBl. II 2004, 25; Beschl. v. 10.02.2005, IV B 50, 52/03, BFH/NV 2005, 1215; Beschl. v. 10.02.2005, IV B 62/03, BFH/NV 2005, 1319, 1320; Beschl. v. 20.10.2005, IV B 65/04, BFH/NV 2006, 240; Beschl. v. 28.06.2006, IV B 94/04, BFH/NV 2006, 2059, 2060; Beschl. v. 09.11.2006, IV B 6/05, BFH/NV 2007, 727; Beschl. v. 14.11.2006, IV B 13/04, BFH/NV 2007, 728, 729; Beschl. v. 30.01.2007, IV B 111/05, BFH/NV 2007, 1146, 1147; Beschl. v. 23.06.2008, IV B 106/07, BFH/NV 2008, 1642; Beschl. v. 01.09.2008, IV B 4/08, BFH/NV 2009, 35; Beschl. v. 01.09.2008, IV B 133/07, BFH/NV 2009, 135; Beschl. v. 29.10.2008, IV B 134/07, n.v. (juris); Beschl. v. 08.01.2009, IV B 9/08, ZSteu 2009, R737; Beschl. v. 30.01.2009, IV B 90/07, n.v. (juris); Beschl. v. 27.07.2009, IV B 90/08, BFH/NV 2010, 4; Beschl. v. 09.11.2009, IV B 54/09, BFH/NV 2010, 448; Beschl. v. 26.10.2011, IV B 96/10, BFH/NV 2012, 285; Beschl. v. 16.05.2012, IV B 48/11, BFH/NV 2012, 1462, 1464; Beschl. v. 29.05.2012, IV B 33/11, BFH/NV 2012, 1468, 1469 **(IV. Senat)**; Beschl. v. 04.04.2003, V B 183/02, BFH/NV 2003, 1097; Beschl. v. 28.07.2003, V B 72/02, BFH/NV 2003, 1597; Beschl. v. 08.01.2004, V B 37-39, 57/03, BFH/NV 2004, 829, 831; Beschl. v. 12.05.2005, V B 146/03, BStBl. II 2005, 714, 715; Beschl. v. 03.11.2005, V B 9/04, BFH/NV 2006, 248, 249; Beschl. v. 11.11.2005, V B 45/04, BFH/NV 2006, 622, 623; Beschl. v. 03.03.2006, V B 15/05, BFH/NV 2006, 1366; Beschl. v. 26.07.2006, V B 184/05, n.v. (juris); Beschl. v. 11.08.2006, V B 23/04, BFH/NV 2007, 60, 61; Beschl. v. 27.12.2006, V B 165/05, BFH/NV 2007, 747, 749; Beschl. v. 11.05.2007, V B 25/06, n.v. (juris); Beschl. v. 28.06.2007, V B 95/06, BFH/NV 2007, 2122, 2123; Beschl. v. 19.07.2007, V B 66/06, BFH/NV 2007, 2067, 2069; Beschl. v. 27.11.2007, V B 118/07, n.v. (juris); Beschl. v. 05.03.2008, V B 69/06, BFH/NV 2008, 1006, 1007; Beschl. v. 14.04.2008, V B 205/07, ZSteu 2008, R604; Beschl. v. 19.05.2008, V B 29/07, BFH/NV 2008, 1501, 1507; Beschl. v. 29.05.2008, V B 160/07, BFH/NV 2008, 1544; Beschl. v. 17.10.2008, V B 265/07, n.v. (juris); Beschl. v. 16.06.2009, V B 131/08, BFH/NV 2009, 1678, 1679 **(V. Senat)**; Beschl. v. 05.07.2005, VI B 150/04, BFH/NV 2005, 2025; Beschl. v. 16.01.2007, VI B 35/06, BFH/NV 2007, 941; Beschl. v. 22.02.2007, VI B 29/06, BFH/NV 2007, 969, 970; Beschl. v. 14.06.2007, VI B 24/07, n.v. (juris); Beschl. v. 04.09.2007, VI B 53/06, BFH/NV 2007, 2326; Beschl. v. 11.09.2007, VI B 5/07, BFH/NV 2007, 2328, 2329; Beschl. v. 13.11.2007, VI B 160/06, BFH/NV 2008, 341, 343; Beschl. v. 05.03.2008, VI B 74/07, n.v. (juris); Beschl. v. 24.07.2008, VI B 7/08, BFH/NV 2008, 1838; Beschl. v. 24.09.2008, VI B 107/07, n.v. (juris); Beschl. v. 02.10.2008, VI B 102/07, BFH/NV 2009, 148; Beschl. v. 17.12.2008, VI B 43/08, BFH/NV 2009, 585; Beschl. v. 03.03.2009, VI B 107/08, ZSteu 2009, R390, R391; Beschl. v. 11.03.2009, VI B 141/07, n.v. (juris); Beschl. v. 18.10.2010, VI B 91/10, BFH/NV 2011, 280, 281; Beschl. v. 06.02.2012, VI B 147/11, ZSteu 2012, R486, R487 **(VI. Senat)**; Beschl. v. 14.02.2002, VII B 141/01, BFH/NV 2002, 798, 799; Beschl. v. 07.08.2002, VII B 214/01, BFH/NV 2002, 1606, 1607; Beschl. v. 09.12.2002, VII B

102/02, BFH/NV 2003, 530; Beschl. v. 16.12.2002, VII B 94/02, BFH/NV 2003, 631, 632; Beschl. v. 21.03.2003, VII B 197/02, BFH/NV 2003, 1103, 1104; Beschl. v. 17.07.2003, VII B 93/02, BFH/NV 2004, 5, 7; Beschl. v. 11.02.2004, VII B 224/03, BFH/NV 2004, 1060; Beschl. v. 10.03.2004, VII B 331/03, n.v. (juris); Beschl. v. 08.04.2004, VII B 110/03, BFH/NV 2004, 1310, 1312; Beschl. v. 23.09.2004, VII B 367/03, BFH/NV 2005, 328; Beschl. v. 18.10.2004, VII B 100/04, n.v. (juris); Beschl. v. 13.01.2005, VII B 147/04, BStBl. II 2005, 457, 459; Beschl. v. 22.02.2005, VII B 213/04, BFH/NV 2005, 1217, 1218; Beschl. v. 12.04.2005, VII B 81/04, BFH/NV 2005, 1478, 1479; Beschl. v. 07.06.2006, VII B 195/05, BFH/NV 2006, 1786, 1787; Beschl. v. 04.08.2006, VII B 251/05, BFH/NV 2006, 2227; Beschl. v. 13.07.2007, VII B 105/07, BFH/NV 2007, 2300, 2301; Beschl. v. 28.08.2007, VII B 357/06, BFH/NV 2008, 113; Beschl. v. 24.04.2008, VII B 262/07, BFH/NV 2008, 1448; Beschl. v. 15.10.2008, VII B 153/08, n.v. (juris); Beschl. v. 18.11.2010, VII B 12/10, BFH/NV 2011, 406 **(VII. Senat)**; Beschl. v. 22.05.2002, VIII B 60/01, n.v. (juris); Beschl. v. 04.02.2003, VIII B 182/02, BFH/NV 2003, 1059; Beschl. v. 02.04.2003, VIII B 209/02, n.v. (juris) (allerdings betreffend die Revisionszulassung wegen grundsätzlicher Bedeutung der Rechtssache, vgl. insoweit vorstehend unter aa) [S. 263 f. einschließlich Fußnote 938]); Beschl. v. 28.04.2003, VIII B 260/02, BFH/NV 2003, 1336 (allerdings auch betreffend die Revisionszulassung wegen grundsätzlicher Bedeutung der Rechtssache, vgl. insoweit vorstehend unter aa) [S. 263 f. einschließlich Fußnote 938]); Beschl. v. 23.09.2003, VIII B 188/02, n.v. (juris); Beschl. v. 10.02.2005, VIII B 126/03, n.v. (juris); Beschl. v. 13.06.2005, VIII B 290/03, BFH/NV 2005, 2213; Beschl. v. 13.01.2006, VIII B 7/04, BFH/NV 2006, 914; Beschl. v. 17.01.2006, VIII B 172/05, BFH/NV 2006, 799; Beschl. v. 03.08.2006, VIII B 192/05, BFH/NV 2006, 2118; Beschl. v. 01.09.2006, VIII B 81/05, BFH/NV 2006, 2297, 2299; Beschl. v. 01.12.2006, VIII B 2/06, BFH/NV 2007, 450; Beschl. v. 04.12.2006, VIII B 61/06, BFH/NV 2007, 451, 452; Beschl. v. 14.03.2007, VIII B 131/06, BFH/NV 2007, 1176, 1177; Beschl. v. 27.03.2007, VIII B 152/05, BFH/NV 2007, 1335; Beschl. v. 03.04.2007, VIII B 101/06, BFH/NV 2007, 1343; Beschl. v. 24.04.2007, VIII B 249/05, BFH/NV 2007, 1465, 1466; Beschl. v. 07.12.2007, VIII B 68/07, BFH/NV 2008, 590; Beschl. v. 25.03.2008, VIII B 122/07, BFH/NV 2008, 1317; Beschl. v. 26.09.2008, VIII B 23/08, n.v. (juris); Beschl. v. 07.10.2008, VIII B 19/08, n.v. (juris); Beschl. v. 30.10.2008, VIII B 8/08, n.v. (juris); Beschl. v. 08.01.2009, VIII B 193/07, ZSteu 2009, R1137; Beschl. v. 03.03.2010, VIII B 216/09, BFH/NV 2010, 1110, 1111 **(VIII. Senat)**; Beschl. v. 11.12.2002, IX B 124/02, BFH/NV 2003, 495; Beschl. v. 19.12.2002, IX B 79/02, BFH/NV 2003, 501; Beschl. v. 20.01.2003, IX B 94/02, BFH/NV 2003, 617; Beschl. v. 31.01.2003, IX B 174/02, BFH/NV 2003, 649; Beschl. v. 13.02.2003, IX B 83/02, BFH/NV 2003, 805; Beschl. v. 24.11.2004, IX B 151/03, BFH/NV 2005, 853; Beschl. v. 07.02.2005, IX B 239/02, BFH/NV 2005, 1052; Beschl. v. 10.02.2005, IX B 169/03, BFH/NV 2005, 1057; Beschl. v. 28.02.2005, IX B 119/04, BFH/NV 2005, 1130, 1131; Beschl. v. 02.03.2005, IX B 184/03, BFH/NV 2005, 1067; Beschl. v. 06.04.2005, IX B 174/04, BFH/NV 2005, 1354; Beschl. v. 07.07.2005, IX B 13/05, BFH/NV 2005, 2031; Beschl. v. 16.12.2005, IX B 38/05, BFH/NV 2006, 772, 773; Beschl. v. 17.01.2006, IX B 79/05, BFH/NV 2006, 802 u. 803; Beschl. v. 29.03.2006, IX B 14/06, n.v. (juris); Beschl. v. 24.07.2006, IX B 208/05, BFH/NV 2006, 2269; Beschl. v. 23.11.2006, IX B 119/06, BFH/NV 2007, 449; Beschl.

v. 23.11.2006, IX B 109/06, BFH/NV 2007, 680, 681; Beschl. v. 07.12.2006, IX B 34/06, BFH/NV 2007, 715, 716; Beschl. v. 07.12.2006, IX B 50/06, BFH/NV 2007, 1135, 1136; Beschl. v. 05.03.2007, IX B 189/06, BFH/NV 2007, 1124, 1125; Beschl. v. 15.03.2007, IX B 234/06, BFH/NV 2007, 1179, 1180; Beschl. v. 30.08.2007, IX B 104/07, BFH/NV 2007, 2144, 2145; Beschl. v. 01.10.2008, IX B 86/08, ZSteu 2008, R1176; Beschl. v. 09.10.2008, IX B 87/08, n.v. (juris); Beschl. v. 28.11.2008, IX B 118/08, n.v. (juris); Beschl. v. 12.05.2011, IX B 121/10, BFH/NV 2011, 1391; Beschl. v. 20.09.2012, IX B 174/11, BFH/NV 2013, 68 **(IX. Senat)**; Beschl. v. 12.12.2002, X B 99/02, BFH/NV 2003, 496, 497; Beschl. v. 29.04.2003, X B 62/02, BFH/NV 2003, 1087, 1088; Beschl. v. 10.12.2003, X B 48/03, n.v. (juris); Beschl. v. 09.03.2004, X B 68/03, BFH/NV 2004, 1112, 1113; Beschl. v. 13.07.2004, X B 25/04, BFH/NV 2004, 1545, 1546; Beschl. v. 01.09.2004, X B 162/03, BFH/NV 2005, 224, 226; Beschl. v. 01.09.2004, X B 163/03, BFH/NV 2005, 227; Beschl. v. 01.03.2005, X B 158/04, BFH/NV 2005, 1014; Beschl. v. 06.04.2005, X B 124/04, n.v. (juris); Beschl. v. 22.09.2005, X S 8/05 (PKH), n.v. (juris); Beschl. v. 07.11.2005, X B 49/05, BFH/NV 2006, 359; Beschl. v. 14.03.2006, X B 172/05, BFH/NV 2006, 1318; Beschl. v. 16.01.2007, X B 38/06, BFH/NV 2007, 757, 759; Beschl. v. 26.03.2007, X B 186/06, n.v. (juris); Beschl. v. 27.06.2007, X B 73/06, BFH/NV 2007, 1653; Beschl. v. 11.07.2007, X B 118/06, BFH/NV 2007, 1916, 1917; Beschl. v. 12.09.2007, X B 18/03, BFH/NV 2008, 102; Beschl. v. 24.10.2007, X B 126/07, n.v. (juris); Beschl. v. 09.01.2008, X B 144/07, ZSteu 2008, R645; Beschl. v. 25.01.2008, X B 90/07, BFH/NV 2008, 610; Beschl. v. 28.02.2008, X B 207/07, BFH/NV 2008, 791, 792; Beschl. v. 01.04.2008, X B 17/07, ZSteu 2008, R502; Beschl. v. 22.04.2008, X B 57/07, BFH/NV 2008, 1192, 1194; Beschl. v. 22.04.2008, X B 260/07, ZSteu 2008, R609, R610; Beschl. v. 12.08.2008, X B 46/08, n.v. (juris); Beschl. v. 15.10.2008, X B 60/07, BFH/NV 2009, 205; Beschl. v. 02.12.2008, X B 53/08, ZSteu 2009, R243; Beschl. v. 02.12.2008, X B 68/08, n.v. (juris); Beschl. v. 02.12.2008, X B 69/08, n.v. (juris); Beschl. v. 25.02.2009, X B 121/08, BFH/NV 2009, 890; Beschl. v. 12.08.2009, X S 47/08 (PKH), BFH/NV 2009, 1997; Beschl. v. 13.10.2009, X B 67/09, ZSteu 2009, R1251; Beschl. v. 17.03.2010, X B 118/09, BFH/NV 2010, 1277; Beschl. v. 25.03.2010, X B 176/08, BFH/NV 2010, 1455, 1456; Beschl. v. 18.08.2010, X B 178/09, BFH/NV 2010, 2010; Beschl. v. 13.07.2011, X B 187/10, BFH/NV 2011, 1899; Beschl. v. 08.12.2011, X B 70/11, BFH/NV 2012, 376, 377; Beschl. v. 19.07.2012, X B 88/11, BFH/NV 2012, 1932; Beschl. v. 29.08.2012, X B 216/11, BFH/NV 2013, 24; Beschl. v. 30.08.2012, X B 97/11, BFH/NV 2013, 13, 15 **(X. Senat)**; Beschl. v. 20.07.2004, XI B 189/03, BFH/NV 2005, 206; Beschl. v. 16.12.2004, XI B 193/03, BFH/NV 2005, 1098, 1099; Beschl. v. 31.08.2005, XI B 240/02, n.v. (juris); Beschl. v. 18.11.2005, XI B 191/04, BFH/NV 2006, 354; Beschl. v. 29.11.2005, XI B 7/05, n.v. (juris); Beschl. v. 15.11.2006, XI B 18/06, BFH/NV 2007, 475, 476; Beschl. v. 20.12.2006, XI B 23/06, BFH/NV 2007, 648, 649; Beschl. v. 21.03.2007, XI B 163/06, BFH/NV 2007, 1333, 1334; Beschl. v. 30.03.2007, XI B 177/06, BFH/NV 2007, 1340; Beschl. v. 14.05.2007, XI B 186/06, BFH/NV 2007, 1529; Beschl. v. 21.05.2007, XI B 164/06, BFH/NV 2007, 1657; Beschl. v. 17.08.2007, XI B 83/07, BFH/NV 2007, 2141; Beschl. v. 28.11.2007, XI B 172/06, BFH/NV 2008, 372; Beschl. v. 14.08.2008, XI B 44/08, n.v. (juris); Beschl. v. 23.10.2008, XI B 27/08, BFH/NV 2009, 188; Beschl. v. 04.12.2008, XI B 250/07, BFH/NV 2009, 394; Beschl. v. 27.07.2009, XI B 120/08, n.v. (juris); Beschl.

Ein weiteres konkretisierendes Tatbestandsmerkmal, das der BFH zur näheren Bestimmung eines zur Zulassung der Revision führenden gravierenden/schwerwiegenden Rechtsanwendungsfehlers des FG herausgebildet hat, ist das Kriterium der *‚Greifbaren Gesetzwidrigkeit'*.

Nach Inkrafttreten des 2. FGOÄndG zum 01.01.2001 hatte dieses Kriterium anfänglich nicht bei allen Senaten sofort regelmäßig und nach außen hin sichtbar Eingang in die Rechtsprechung zur Zulassung der Revision wegen gravierender Rechtsanwendungsfehler des FG gefunden.

So hat insbesondere der ***X. Senat*** des BFH das Kriterium der ‚Greifbaren Gesetzwidrigkeit' soweit ersichtlich zunächst nur in zwei – jeweils unveröffentlichten – Entscheidungen aus den Jahren 2003 und 2005 mehr oder weniger beiläufig aufgegriffen[985]. Erst ab dem Jahre 2007 wurde in den einschlägigen Entscheidungen

---

v. 06.12.2010, XI B 27/10, BFH/NV 2011, 645 u. 646; Beschl. v. 18.05.2011, XI B 57/10, BFH/NV 2011, 1704, 1705; Beschl. v. 22.12.2011, XI B 21/11, BFH/NV 2012, 813, 815; Beschl. v. 10.01.2012, XI B 80/11, BFH/NV 2012, 815 **(XI. Senat)**. Der BFH spricht zwar in den vorstehend zitierten Entscheidungen überwiegend nur davon, dass die Auslegung und Anwendung revisiblen Rechts durch das FG bzw. die Entscheidung des FG *objektiv willkürlich* sein müsse, ohne dabei explizit auf die *Willkürfreiheit der materiellen Rechtsentscheidung* abzustellen. Eine Durchsicht der einschlägigen Entscheidungen belegt jedoch die o.g. Aussage, dass sich das Kriterium der ‚Objektiven Willkür' nahezu ausschließlich auf die materiellrechtliche Ebene bezieht: So wird die Problematik des gravierenden/schwerwiegenden Rechtsanwendungsfehlers des FG i.S. einer willkürlichen Entscheidung in einer Vielzahl von Entscheidungen zumeist im Zusammenhang mit der Geltendmachung materiell-rechtlicher Fehler in Form der sachlichen Unrichtigkeit des finanzgerichtlichen Urteils abgehandelt. Überdies wird die verfahrensrechtliche Komponente – wie schon mehrfach erwähnt – in der FGO ja bereits über die in § 115 II Nr. 3 FGO geregelte Verfahrensrevision erfasst. Soweit in einigen Entscheidungen in diesem Zusammenhang trotzdem von *„offensichtlichen materiellen oder formellen Rechtsanwendungsfehlern des FG im Sinne einer willkürlichen ... Entscheidung"* oder gar von der *Verletzung von Verfahrensgrundrechten* die Rede ist, wird auf die unter (a) (S. 277 ff.) dargestellten **kritischen** Erläuterungen verwiesen. – Zustimmend zu dem von der Rechtsprechung mit dem Kriterium der ‚Objektiven Willkür' gewählten Maßstab *Rüsken*, DStZ 2000, 815, 820, der sich äußerst klarsichtig dahingehend äußert, dass der Erforderlichkeitsmaßstab i.S.d. § 115 II Nr. 2 Alt. 2 FGO *„nicht nur auf die in der Gesetzesbegründung zur ZPO ausdrücklich angeführten Verfahrensgrundrechte, sondern auch auf Art. 3 I GG, also das Grundrecht auf eine willkürfreie materielle Rechtsentscheidung, zu beziehen"* sei, wie es seiner Ansicht nach bereits in der Gesetzesbegründung zum 2. FGO-ÄndG angedeutet werde.

985 *BFH*, Beschl. v. 10.12.2003, X B 48/03, n.v. (juris): Dort heißt es sinngemäß, dass eine Revisionszulassung gemäß § 115 II Nr. 2 Alt. 2 FGO mit der Behauptung, das Urteil verstoße gegen das sachliche Recht, nur dann erreicht werden könne, wenn die Entscheidung des FG objektiv willkürlich oder *„doch jedenfalls so greifbar gesetzeswidrig"* sei, dass das Vertrauen in die Rechtsprechung nur durch

des *X. Senats regelmäßig* – wenn auch zunächst wiederum in einer unveröffentlichten Entscheidung[986] – ausgeführt, dass ein die Zulassung der Revision nach sich ziehender schwerwiegender Rechtsanwendungsfehler des FG neben dem Fall einer mit Willkür behafteten materiellen Rechtsentscheidung auch dann in Betracht kommen könne, wenn ein Rechtsfehler des FG zu einer greifbar gesetzwidrigen Entscheidung geführt habe[987]. Bereits hier ist darauf hinzuweisen, dass der *X. Senat* im Zuge der ab dem Jahre 2007 *regelmäßigen* Einbeziehung des Kriteriums der ‚Greifbaren Gesetzwidrigkeit' in den Kreis der zulassungsrelevanten gravierenden Rechtsanwendungsfehler des FG um eine Konkretisierung bemüht gewesen ist und sich in der Folge ausführlich und intensiv mit diesem Merkmal auseinandergesetzt hat. In einer grundlegenden Entscheidung v. 01.04.2008[988] hat er dazu den durchaus gelungenen Versuch unternommen, dem unbestimmten Rechtsbegriff der ‚Greifbaren Gesetzwidrigkeit' als zentralem Tatbestandsmerkmal der Revisionszulassung wegen schwerwiegender Rechtsanwendungsfehler des FG Konturen zu verleihen, die er in nachfolgenden Entscheidungen auch immer wieder bekräftigt hat[989].

---

eine höchstrichterliche Korrektur der finanzgerichtlichen Entscheidung wiederhergestellt werden könne. – *BFH*, Beschl. v. 06.04.2005, X B 124/04, n.v. (juris): Dort heißt es sinngemäß, dass ein Rechtsverstoß von erheblichem Gewicht, der geeignet sei, das Vertrauen in die Rechtsprechung zu beschädigen, nicht vorliege, da die Entscheidung des FG weder willkürlich *„noch greifbar gesetzwidrig"* sei.

986 *BFH*, Beschl. v. 26.03.2007, X B 186/06, n.v. (juris), wonach eine Revisionszulassung gemäß § 115 II Nr. 2 Alt. 2 FGO zur Sicherung einer einheitlichen Rechtsprechung dann in Betracht komme, wenn es sich bei den behaupteten Mängeln um offensichtliche Rechtsanwendungsfehler von erheblichem Gewicht i.S. einer willkürlichen oder *„zumindest greifbar gesetzwidrigen"* Entscheidung handele.

987 Siehe im Anschluss an die gerade in Fußnote 986 zitierte Entscheidung v. 26.03.2007 *BFH*, Beschl. v. 27.06.2007, X B 73/06, BFH/NV 2007, 1653; Beschl. v. 24.10.2007, X B 126/07, n.v. (juris); Beschl. v. 09.01.2008, X B 144/07, ZSteu 2008, R645; Beschl. v. 25.01.2008, X B 90/07, BFH/NV 2008, 610. – Vgl. i.Ü. die weiteren (allgemeinen) Nachweise aus der Rechtsprechung des *X. Senats* zum Kriterium der ‚Greifbaren Gesetzwidrigkeit' in Fußnote 990.

988 *BFH*, Beschl. v. 01.04.2008, X B 154/04, BFH/NV 2008, 1116, 1119 f. = AO-StB 2008, 179, 180.

989 Vgl. etwa *BFH*, Beschl. v. 22.10.2008, X B 228/07, n.v. (juris); Beschl. v. 23.10.2008, X B 247/07, BFH/NV 2009, 209; zudem punktuell Beschl. v. 13.07.2011, X B 187/10, BFH/NV 2011, 1899; Beschl. v. 30.08.2012, X B 97/11, BFH/NV 2013, 13, 15. – Vgl. i.Ü. die weiteren (allgemeinen) Nachweise aus der Rechtsprechung des *X. Senats* zum Kriterium der ‚Greifbaren Gesetzwidrigkeit' in Fußnote 990. – Zur Definition der ‚Greifbaren Gesetzwidrigkeit' als Tatbestandsmerkmal eines gravierenden/schwerwiegenden Rechtsanwendungsfehlers des FG – insbesondere auch unter Berücksichtigung der grundlegenden Entscheidung des *X. Senats* v. 01.04.2008 (Fn. 988), BFH/NV 2008, 1116, 1119 f. = AO-StB 2008, 179, 180 – ausführlich später unter (e) (S. 310 ff., dort insbesondere S. 316 ff.).

Es lässt sich demnach festhalten, dass neben den Fällen einer mit Willkür behafteten materiellen Rechtsentscheidung des FG nun auch die Fälle einer greifbar gesetzwidrigen erstinstanzlichen Entscheidung durchweg einen festen Platz in der Rechtsprechung des BFH zur Zulassung der Revision gefunden haben. Demzufolge vertreten insoweit nunmehr sämtliche elf BFH-Senate, dass die Revision wegen eines gravierenden/schwerwiegenden Rechtsanwendungsfehlers auch dann zuzulassen ist, wenn sich die Auslegung und Anwendung revisiblen Rechts durch das FG als *greifbar gesetzwidrig* qualifizieren lässt[990].

---

990 Siehe senatsübergreifend *BFH*, Beschl. v. 04.11.2004, I B 43/04, BFH/NV 2005, 707, 708; Beschl. v. 02.06.2006, I B 41/05, BFH/NV 2006, 1687, 1688 (Zulassung der Revision wegen einer *‚Greifbaren Rechtswidrigkeit'*); Beschl. v. 24.02.2009, I B 187/08, n.v. (juris); Beschl. v. 31.08.2009, I B 21/09, BFH/NV 2010, 163, 164; Beschl. v. 06.10.2009, I B 55/09, BFH/NV 2010, 469 **(I. Senat)**; Beschl. v. 06.10.2005, II B 9/04, BFH/NV 2006, 24, 25; Beschl. v. 12.01.2006, II B 65/05, BFH/NV 2006, 813; Beschl. v. 23.08.2007, II B 3/07, BFH/NV 2007, 2348, 2350; Beschl. v. 30.08.2007, II B 91/06, n.v. (juris); Beschl. v. 20.08.2008, II B 27/07, n.v. (juris); Beschl. v. 28.10.2008, II B 80/08, n.v. (juris); Beschl. v. 06.05.2009, II B 14/09, ZSteu 2009, R582; Beschl. v. 19.05.2009, II B 183/08, n.v. (juris); Beschl. v. 15.07.2009, II B 42/09, ZSteu 2009, R908; Beschl. v. 10.06.2011, II B 149/10, BFH/NV 2011, 1540; Beschl. v. 05.09.2012, II B 61/12, BFH/NV 2012, 1995 **(II. Senat)**; Beschl. v. 28.06.2002, III B 28/02, BFH/NV 2002, 1474; Beschl. v. 18.07.2003, III B 143/02, BFH/NV 2003, 1403; Beschl. v. 28.07.2003, III B 125/02, BFH/NV 2003, 1445; Beschl. v. 29.06.2004, III B 98/03, n.v. (juris); Beschl. v. 25.02.2005, III B 13/04, BFH/NV 2005, 1065, 1066; Beschl. v. 25.02.2005, III B 109/04, BFH/NV 2005, 1086, 1087; Beschl. v. 31.05.2005, III B 143/04, BFH/NV 2005, 1632, 1633; Beschl. v. 30.01.2006, III B 133/04, BFH/NV 2006, 938; Beschl. v. 08.02.2006, III B 128/04, BFH/NV 2006, 1116, 1117; Beschl. v. 27.02.2006, III B 170/05, BFH/NV 2006, 1090, 1091; Beschl. v. 19.06.2006, III B 42/05, n.v. (juris); Beschl. v. 29.06.2006, III B 32/06, BFH/NV 2006, 1795; Beschl. v. 14.08.2006, III B 171/05, BFH/NV 2006, 2307, 2308; Beschl. v. 27.02.2007, III B 158/06, BFH/NV 2007, 1090, 1091; Beschl. v. 19.04.2007, III B 36/06, BFH/NV 2007, 1518, 1519; Beschl. v. 31.03.2008, III B 151/07, BFH/NV 2008, 1335, 1336; Beschl. v. 10.08.2009, III B 205/08, ZSteu 2009, R1024; Beschl. v. 12.10.2012, III B 78/12, BFH/NV 2013, 39 **(III. Senat)**; Beschl. v. 12.08.2003, IV B 189/01, BFH/NV 2003, 1604, 1605; Beschl. v. 10.02.2005, IV B 62/03, BFH/NV 2005, 1319, 1320; Beschl. v. 14.11.2006, IV B 13/04, BFH/NV 2007, 728, 729; Beschl. v. 30.01.2007, IV B 111/05, BFH/NV 2007, 1146, 1147; Beschl. v. 23.06.2008, IV B 106/07, BFH/NV 2008, 1642; Beschl. v. 01.09.2008, IV B 4/08, BFH/NV 2009, 35; Beschl. v. 01.09.2008, IV B 133/07, BFH/NV 2009, 135; Beschl. v. 29.10.2008, IV B 134/07, n.v. (juris); Beschl. v. 08.01.2009, IV B 9/08, ZSteu 2009, R737; Beschl. v. 27.07.2009, IV B 90/08, BFH/NV 2010, 4; Beschl. v. 26.10.2011, IV B 96/10, BFH/NV 2012, 285; Beschl. v. 16.05.2012, IV B 48/11, BFH/NV 2012, 1462, 1464; Beschl. v. 29.05.2012, IV B 33/11, BFH/NV 2012, 1468 u. 1469 **(IV. Senat)**; Beschl. v. 04.04.2003, V B 183/02, BFH/NV 2003, 1097; Beschl. v. 28.07.2003, V B 72/02, BFH/NV 2003, 1597; Beschl. v. 08.01.2004, V B 37-39, 57/03, BFH/NV 2004, 829, 831; Beschl. v. 03.11.2005, V B 9/04, BFH/NV 2006, 248, 249; Beschl. v. 11.11.2005, V B 45/04, BFH/NV 2006, 622,

623; Beschl. v. 03.03.2006, V B 15/05, BFH/NV 2006, 1366; Beschl. v. 26.07.2006, V B 184/05, n.v. (juris); Beschl. v. 27.12.2006, V B 165/05, BFH/NV 2007, 747, 749; Beschl. v. 11.05.2007, V B 25/06, n.v. (juris); Beschl. v. 28.06.2007, V B 95/06, BFH/NV 2007, 2122, 2123; Beschl. v. 27.11.2007, V B 118/07, n.v. (juris); Beschl. v. 05.03.2008, V B 69/06, BFH/NV 2008, 1006, 1007; Beschl. v. 14.04.2008, V B 205/07, ZSteu 2008, R604; Beschl. v. 19.05.2008, V B 29/07, BFH/NV 2008, 1501, 1507; Beschl. v. 29.05.2008, V B 160/07, BFH/NV 2008, 1544; Beschl. v. 30.04.2009, V B 132/08, n.v. (juris) **(V. Senat)**; Beschl. v. 05.07.2005, VI B 150/04, BFH/NV 2005, 2025; Beschl. v. 16.01.2007, VI B 35/06, BFH/NV 2007, 941; Beschl. v. 22.02.2007, VI B 29/06, BFH/NV 2007, 969, 970; Beschl. v. 14.06.2007, VI B 24/07, n.v. (juris); Beschl. v. 04.09.2007, VI B 53/06, BFH/NV 2007, 2326; Beschl. v. 11.09.2007, VI B 5/07, BFH/NV 2007, 2328, 2329; Beschl. v. 13.11.2007, VI B 160/06, BFH/NV 2008, 341, 343; Beschl. v. 05.03.2008, VI B 74/07, n.v. (juris); Beschl. v. 24.09.2008, VI B 107/07, n.v. (juris); Beschl. v. 02.10.2008, VI B 102/07, BFH/NV 2009, 148; Beschl. v. 11.03.2009, VI B 141/07, n.v. (juris); Beschl. v. 18.10.2010, VI B 91/10, BFH/NV 2011, 280, 281; Beschl. v. 06.02.2012, VI B 147/11, ZSteu 2012, R486, R487 **(VI. Senat)**; Beschl. v. 16.12.2002, VII B 94/02, BFH/NV 2003, 631, 632; Beschl. v. 21.03.2003, VII B 197/02, BFH/NV 2003, 1103, 1104; Beschl. v. 11.02.2004, VII B 224/03, BFH/NV 2004, 1060; Beschl. v. 12.04.2005, VII B 81/04, BFH/NV 2005, 1478, 1479; Beschl. v. 07.06.2006, VII B 195/05, BFH/NV 2006, 1786, 1787; Beschl. v. 04.08.2006, VII B 251/05, BFH/NV 2006, 2227; Beschl. v. 28.08.2007, VII B 357/06, BFH/NV 2008, 113; Beschl. v. 18.11.2010, VII B 12/10, BFH/NV 2011, 406 **(VII. Senat)**; Beschl. v. 23.09.2003, VIII B 188/02, n.v. (juris); Beschl. v. 13.06.2005, VIII B 290/03, BFH/NV 2005, 2213; Beschl. v. 16.05.2006, VIII B 148/05, n.v. (juris); Beschl. v. 25.10.2006, VIII B 62/06, n.v. (juris); Beschl. v. 07.12.2007, VIII B 68/07, BFH/NV 2008, 590 (Zulassung der Revision wegen einer *,Greifbaren Rechtswidrigkeit/Greifbaren Gesetzwidrigkeit'*); Beschl. v. 25.03.2008, VIII B 122/07, BFH/NV 2008, 1317; Beschl. v. 30.06.2008, VIII B 182/07, BFH/NV 2008, 1669; Beschl. v. 03.03.2010, VIII B 216/09, BFH/NV 2010, 1110, 1111 **(VIII. Senat)**; Beschl. v. 11.12.2002, IX B 124/02, BFH/NV 2003, 495; Beschl. v. 19.12.2002, IX B 79/02, BFH/NV 2003, 501; Beschl. v. 20.01.2003, IX B 94/02, BFH/NV 2003, 617; Beschl. v. 31.01.2003, IX B 174/02, BFH/NV 2003, 649; Beschl. v. 13.02.2003, IX B 83/02, BFH/NV 2003, 805; Beschl. v. 24.11.2004, IX B 151/03, BFH/NV 2005, 853; Beschl. v. 07.02.2005, IX B 239/02, BFH/NV 2005, 1052; Beschl. v. 10.02.2005, IX B 169/03, BFH/NV 2005, 1057; Beschl. v. 28.02.2005, IX B 119/04, BFH/NV 2005, 1130, 1131; Beschl. v. 02.03.2005, IX B 184/03, BFH/NV 2005, 1067; Beschl. v. 06.04.2005, IX B 174/04, BFH/NV 2005, 1354; Beschl. v. 07.07.2005, IX B 13/05, BFH/NV 2005, 2031; Beschl. v. 16.12.2005, IX B 38/05, BFH/NV 2006, 772, 773; Beschl. v. 17.01.2006, IX B 79/05, BFH/NV 2006, 802 u. 803; Beschl. v. 29.03.2006, IX B 14/06, n.v. (juris); Beschl. v. 24.07.2006, IX B 208/05, BFH/NV 2006, 2269; Beschl. v. 23.11.2006, IX B 119/06, BFH/NV 2007, 449; Beschl. v. 23.11.2006, IX B 109/06, BFH/NV 2007, 680, 681; Beschl. v. 07.12.2006, IX B 34/06, BFH/NV 2007, 715, 716; Beschl. v. 07.12.2006, IX B 50/06, BFH/NV 2007, 1135, 1136; Beschl. v. 05.03.2007, IX B 189/06, BFH/NV 2007, 1124, 1125; Beschl. v. 15.03.2007, IX B 234/06, BFH/NV 2007, 1179, 1180; Beschl. v. 30.08.2007, IX B 104/07, BFH/NV 2007, 2144, 2145; Beschl. v. 01.10.2008, IX B 86/08, ZSteu 2008, R1176; Beschl. v. 09.10.2008, IX B 87/08, n.v. (juris);

Wenn also nach der nunmehr ständigen und senatsübergreifenden Rechtsprechung des BFH die Revision wegen eines gravierenden/schwerwiegenden Rechtsanwendungsfehlers des FG immer und insbesondere dann zuzulassen ist, wenn sich die Auslegung und Anwendung revisiblen Rechts durch das FG *in materieller Hinsicht als objektiv willkürlich* darstellt oder sie *greifbar gesetzwidrig* erscheint, bedeutet dies schließlich gleichzeitig, dass umgekehrt eine bloße Fehlerhaftigkeit der Vorentscheidung sowie eine allenfalls fehlerhafte Anwendung/Umsetzung von Grundsätzen der höchstrichterlichen Rechtsprechung auf die Besonderheiten des Einzelfalls für die Zulassung der Revision wegen eines gravierenden/schwerwiegenden Rechtsanwendungsfehlers nicht ausreichen[991].

Beschl. v. 28.11.2008, IX B 118/08, n.v. (juris); Beschl. v. 12.05.2011, IX B 121/10, BFH/NV 2011, 1391; Beschl. v. 20.09.2012, IX B 174/11, BFH/NV 2013, 68 **(IX. Senat)**; Beschl. v. 10.12.2003 (Fn. 985), n.v. (juris); Beschl. v. 06.04.2005 (Fn. 985), n.v. (juris); Beschl. v. 26.03.2007 (Fn. 986), n.v. (juris); Beschl. v. 27.06.2007 (Fn. 987), BFH/NV 2007, 1653; Beschl. v. 24.10.2007 (Fn. 987), n.v. (juris); Beschl. v. 09.01.2008 (Fn. 987), ZSteu 2008, R645; Beschl. v. 25.01.2008 (Fn. 987), BFH/NV 2008, 610; Beschl. v. 01.04.2008 (Fn. 988), BFH/NV 2008, 1116, 1119 f. = AO-StB 2008, 179, 180; Beschl. v. 12.08.2008, X B 46/08, n.v. (juris); Beschl. v. 15.10.2008, X B 60/07, BFH/NV 2009, 205; Beschl. v. 22.10.2008 (Fn. 989), n.v. (juris); Beschl. v. 23.10.2008 (Fn. 989), BFH/NV 2009, 209; Beschl. v. 02.12.2008, X B 53/08, ZSteu 2009, R243; Beschl. v. 02.12.2008, X B 68/08, n.v. (juris); Beschl. v. 02.12.2008, X B 69/08, n.v. (juris); Beschl. v. 25.02.2009, X B 121/08, BFH/NV 2009, 890; Beschl. v. 12.08.2009, X S 47/08 (PKH), BFH/NV 2009, 1997; Beschl. v. 17.03.2010, X B 118/09, BFH/NV 2010, 1277; Beschl. v. 25.03.2010, X B 176/08, BFH/NV 2010, 1455, 1457; Beschl. v. 18.08.2010, X B 178/09, BFH/NV 2010, 2010; Beschl. v. 13.07.2011 (Fn. 989), BFH/NV 2011, 1899; Beschl. v. 08.12.2011, X B 70/11, BFH/NV 2012, 376, 377; Beschl. v. 19.07.2012, X B 88/11, BFH/NV 2012, 1932; Beschl. v. 29.08.2012, X B 216/11, BFH/NV 2013, 24; Beschl. v. 30.08.2012 (Fn. 989), BFH/NV 2013, 13, 15 **(X. Senat)**; Beschl. v. 20.07.2004, XI B 189/03, BFH/NV 2005, 206; Beschl. v. 31.08.2005, XI B 240/02, n.v. (juris); Beschl. v. 29.11.2005, XI B 7/05, n.v. (juris); Beschl. v. 20.12.2006, XI B 23/06, BFH/NV 2007, 648, 649; Beschl. v. 21.03.2007, XI B 163/06, BFH/NV 2007, 1333, 1334; Beschl. v. 30.03.2007, XI B 177/06, BFH/NV 2007, 1340; Beschl. v. 17.08.2007, XI B 83/07, BFH/NV 2007, 2141; Beschl. v. 06.12.2010, XI B 27/10, BFH/NV 2011, 645 u. 646 (*‚greifbar gesetzwidrig/greifbar rechtswidrig‘*); Beschl. v. 18.05.2011, XI B 57/10, BFH/NV 2011, 1704, 1705; Beschl. v. 22.12.2011, XI B 21/11, BFH/NV 2012, 813, 815; Beschl. v. 10.01.2012, XI B 80/11, BFH/NV 2012, 815 **(XI. Senat)**.

991 So etwa *BFH*, Beschl. v. 27.09.2001, XI B 25/01, BFH/NV 2002, 213, 214; Beschl. v. 15.03.2002, V B 33/01, BFH/NV 2002, 1040; Beschl. v. 18.07.2003, III B 143/02, BFH/NV 2003, 1403; Beschl. v. 12.08.2003, IV B 189/01, BFH/NV 2003, 1604, 1605; Beschl. v. 16.12.2004, XI B 193/03, BFH/NV 2005, 1098, 1099; Beschl. v. 10.02.2005, IV B 62/03, BFH/NV 2005, 1319, 1320; Beschl. v. 31.05.2005, III B 143/04, BFH/NV 2005, 1632, 1633; Beschl. v. 03.11.2005, V B 9/04, BFH/NV 2006, 248, 249; Beschl. v. 11.11.2005, V B 45/04, BFH/NV 2006, 622, 623; Beschl. v. 17.01.2006, VIII B 172/05, BFH/NV 2006, 799; Beschl. v. 03.08.2006, VIII B 192/05, BFH/NV 2006, 2118;

(c) *Uneinheitliche sowie unklare BFH-Rechtsprechung – Undurchsichtiges und verworrenes Verhältnis zwischen ‚Objektiver Willkür' und ‚Greifbarer Gesetzwidrigkeit'*

Die Herausbildung der beiden Kriterien der ‚Objektiven Willkür' sowie der ‚Greifbaren Gesetzwidrigkeit' ist zwar ein erster Schritt auf dem Weg zur Konkretisierung der in der Gesetzesbegründung gegebenen unscharfen Erläuterung, wonach Fehler bei der Auslegung revisiblen Rechts über den Einzelfall hinaus auch dann allgemeine Interessen nachhaltig berühren können, wenn sie z.B. von erheblichem Gewicht und geeignet seien, das Vertrauen in die Rechtsprechung zu beschädigen.

Bereits eingangs unter (2) (S. 276 f.) ist jedoch ausgeführt worden, dass die Rechtsprechung bislang noch keine allgemeingültige, einheitliche Definition eines zur Zulassung der Revision führenden gravierenden/schwerwiegenden Rechtsanwendungsfehlers des FG entwickelt hat. Die beiden in ständiger senatsübergreifender Rechtsprechung herausgebildeten Tatbestandsmerkmale der ‚Objektiven Willkür' und der ‚Greifbaren Gesetzwidrigkeit' bilden zwar die *Eckpfeiler* der Definition eines gravierenden Rechtsanwendungsfehlers des FG durch den BFH und verleihen diesem Zulassungstatbestand bereits durchaus gewisse Konturen. Jedoch wird insbesondere das Verhältnis zwischen diesen beiden zentralen Tatbestandsmerkmalen innerhalb des BFH teilweise unterschiedlich verstanden, so dass auf diesem Gebiet nach wie vor ein großes Maß an Rechtsunsicherheit und Unklarheit herrscht.

Beschl. v. 03.08.2006, II B 170/05, BFH/NV 2007, 97, 98; Beschl. v. 01.09.2006, VIII B 81/05, BFH/NV 2006, 2297, 2299; Beschl. v. 09.11.2006, IV B 6/05, BFH/NV 2007, 727; Beschl. v. 01.12.2006, VIII B 2/06, BFH/NV 2007, 450; Beschl. v. 04.12.2006, VIII B 61/06, BFH/NV 2007, 451, 452; Beschl. v. 30.01.2007, IV B 111/05, BFH/NV 2007, 1146, 1147; Beschl. v. 14.03.2007, VIII B 131/06, BFH/NV 2007, 1176, 1177; Beschl. v. 27.03.2007, VIII B 152/05, BFH/NV 2007, 1335; Beschl. v. 03.04.2007, VIII B 101/06, BFH/NV 2007, 1343; Beschl. v. 24.04.2007, VIII B 249/05, BFH/NV 2007, 1465, 1466; Beschl. v. 24.04.2007, VIII B 251/05, BFH/NV 2007, 1521; Beschl. v. 23.08.2007, II B 3/07, BFH/NV 2007, 2348, 2350; Beschl. v. 25.01.2008, X B 90/07, BFH/NV 2008, 610 (ebenso wenig genügt ein *Rechenfehler*); Beschl. v. 01.04.2008, X B 17/07, ZSteu 2008, R502; Beschl. v. 14.04.2008, V B 205/07, ZSteu 2008, R604; Beschl. v. 26.09.2008, VIII B 23/08, n.v. (juris); Beschl. v. 07.10.2008, VIII B 19/08, n.v. (juris); Beschl. v. 17.10.2008, V B 265/07, n.v. (juris); Beschl. v. 08.01.2009, VIII B 193/07, ZSteu 2009, R1137; Beschl. v. 30.01.2009, IV B 90/07, n.v. (juris); Beschl. v. 11.03.2009, VI B 141/07, n.v. (juris); Beschl. v. 09.11.2009, IV B 54/09, BFH/NV 2010, 448; Beschl. v. 18.05.2011, XI B 57/10, BFH/NV 2011, 1704, 1705; Beschl. v. 19.07.2012, X B 88/11, BFH/NV 2012, 1932. – Vgl. in diesem Zusammenhang auch die einschlägige Rechtsprechung des BFH zum Zulassungstatbestand der ‚Divergenz' oben unter b)bb)(1) (S. 234 ff., dort insbesondere S. 235), wonach die fehlerhafte Anwendung/Umsetzung der maßgebenden Rechtsprechungsgrundsätze auf die Besonderheiten des Streitfalls auch für das Vorliegen einer Divergenz nicht ausreicht.

Für den Rechtsschutzsuchenden stellt es sich somit weiterhin als äußerst *undurchsichtig* und *verworren* dar, unter welchen konkreten Voraussetzungen schwerwiegende Rechtsanwendungsfehler des FG nun im Einzelnen die Revisionszulassung zur Sicherung einer einheitlichen Rechtsprechung i.S.d. § 115 II Nr. 2 Alt. 2 FGO – worunter der BFH diesen Zulassungstatbestand ja nunmehr einheitlich subsumiert wissen möchte[992] – nach sich ziehen.

Bereits im Zusammenhang mit dem *Kriterium der ‚Objektiven Willkür'* existieren unterschiedliche Aussagen in den einschlägigen Entscheidungen des BFH. So findet sich zunächst des Öfteren die Formulierung, ein besonders schwerwiegender Rechtsanwendungsfehler des FG sei dann anzunehmen, wenn das Urteil des FG *„objektiv willkürlich und unter keinem denkbaren Gesichtspunkt rechtlich vertretbar"* erscheine[993]. In zahlreichen anderen Entscheidungen heißt es, ein besonders schwerwiegender Rechtsanwendungsfehler des FG liege dann vor, wenn die Entscheidung des FG *„objektiv willkürlich oder unter keinem denkbaren Gesichtspunkt rechtlich vertretbar"* sei[994], bzw. wenn die finanzgerichtliche Entscheidung *„objektiv willkürlich erscheint oder auf sachfremden Erwägungen beruht und unter keinem denkbaren Gesichtspunkt rechtlich vertretbar ist"*[995]. Schon diese differierenden

---

992 Vgl. dazu ausführlich oben unter aa) (S. 263 ff.).

993 So oder ähnlich *BFH*, Beschl. v. 08.05.2007, I B 12/06, BFH/NV 2007, 1679, 1680; Beschl. v. 05.05.2009, I B 197/08, n.v. (juris); Beschl. v. 07.05.2009, I B 214/08, n.v. (juris) **(I. Senat)**; Beschl. v. 28.09.2004, II B 162/03, BFH/NV 2005, 72, 73 **(II. Senat)**; Beschl. v. 29.10.2003, III B 15/03, BFH/NV 2004, 166, 167; Beschl. v. 21.05.2004, III B 107/03, BFH/NV 2004, 1220, 1221 **(III. Senat)**; Beschl. v. 12.05.2005, V B 146/03, BStBl. II 2005, 714, 715; Beschl. v. 11.05.2007, V B 25/06, n.v. (juris) **(V. Senat)**; Beschl. v. 07.08.2002, VII B 214/01, BFH/NV 2002, 1606, 1607; Beschl. v. 16.12.2002, VII B 94/02, BFH/NV 2003, 631, 632; Beschl. v. 10.03.2004, VII B 331/03, n.v. (juris); Beschl. v. 13.01.2005, VII B 147/04, BStBl. II 2005, 457, 459; Beschl. v. 28.08.2007, VII B 357/06, BFH/NV 2008, 113 **(VII. Senat)**; Beschl. v. 15.10.2008, X B 60/07, BFH/NV 2009, 205; Beschl. v. 12.08.2009, X S 47/08 (PKH), BFH/NV 2009, 1997; Beschl. v. 25.03.2010, X B 176/08, BFH/NV 2010, 1455, 1456 **(X. Senat)**; Beschl. v. 18.11.2005, XI B 191/04, BFH/NV 2006, 354; Beschl. v. 21.05.2007, XI B 164/06, BFH/NV 2007, 1657 **(XI. Senat)**.

994 Siehe insoweit *BFH*, Beschl. v. 30.08.2005, III B 22/05, BFH/NV 2006, 88 **(III. Senat)**; Beschl. v. 19.07.2007, V B 66/06, BFH/NV 2007, 2067, 2069; Beschl. v. 16.06.2009, V B 131/08, BFH/NV 2009, 1678, 1679 **(V. Senat)**; Beschl. v. 24.07.2008, VI B 7/08, BFH/NV 2008, 1838; Beschl. v. 17.12.2008, VI B 43/08, BFH/NV 2009, 585; Beschl. v. 03.03.2009, VI B 107/08, ZSteu 2009, R390, R391 **(VI. Senat)**; Beschl. v. 09.12.2002, VII B 102/02, BFH/NV 2003, 530; Beschl. v. 08.04.2004, VII B 110/03, BFH/NV 2004, 1310, 1312; Beschl. v. 18.10.2004, VII B 100/04, n.v. (juris) **(VII. Senat)**; Beschl. v. 13.10.2009, X B 67/09, ZSteu 2009, R1251 **(X. Senat)**; Beschl. v. 16.12.2004, XI B 193/03, BFH/NV 2005, 1098, 1099; Beschl. v. 15.11.2006, XI B 18/06, BFH/NV 2007, 475, 476 **(XI. Senat)**.

995 Vgl. so oder ähnlich *BFH*, Beschl. v. 03.03.2009, I B 200/08, n.v. (juris); Beschl. v. 05.05.2009 (Fn. 993), n.v. (juris); Beschl. v. 07.05.2009 (Fn. 993), n.v. (juris)

Formulierungen zeigen, wie verworren sich die Einzelheiten für den Rechtsschutzsuchenden darstellen, und dass die einzelnen Aussagen im Detail erheblich voneinander abweichen.

Insoweit ist zunächst klarzustellen, dass es sich bei den in diesen Formulierungen jeweils verwendeten Phrasen *„auf sachfremden Erwägungen beruhend“* sowie *„unter keinem denkbaren Gesichtspunkt rechtlich vertretbar“* um die zentralen Elemente der vom BVerfG zum Begriff der ‚Objektiven Willkürlichkeit‘ entwickelten Definition handelt, die sich auch der BFH zu Eigen gemacht hat[996]. Dies kommt

---

(I. Senat); Beschl. v. 29.05.2009, III B 168/07, n.v. (juris) **(III. Senat)**; Beschl. v. 12.08.2003, IV B 189/01, BFH/NV 2003, 1604, 1605; Beschl. v. 13.10.2003, IV B 85/02, BStBl. II 2004, 25; Beschl. v. 10.02.2005, IV B 62/03, BFH/NV 2005, 1319, 1320; Beschl. v. 20.10.2005, IV B 65/04, BFH/NV 2006, 240; Beschl. v. 28.06.2006, IV B 94/04, BFH/NV 2006, 2059, 2060; Beschl. v. 14.11.2006, IV B 13/04, BFH/NV 2007, 728, 729; Beschl. v. 01.09.2008, IV B 4/08, BFH/NV 2009, 35; Beschl. v. 01.09.2008, IV B 133/07, BFH/NV 2009, 135 **(IV. Senat)**; Beschl. v. 22.02.2007, VI B 29/06, BFH/NV 2007, 969, 970; Beschl. v. 14.06.2007, VI B 24/07, n.v. (juris) **(VI. Senat)**; Beschl. v. 18.10.2004 (Fn. 994), n.v. (juris); Beschl. v. 15.10.2008, VII B 153/08, n.v. (juris) **(VII. Senat)**; Beschl. v. 09.03.2004, X B 68/03, BFH/NV 2004, 1112, 1113; Beschl. v. 01.03.2005, X B 158/04, BFH/NV 2005, 1014; Beschl. v. 22.09.2005, X S 8/05 (PKH), n.v. (juris), Beschl. v. 07.11.2005, X B 49/05, BFH/NV 2006, 359; Beschl. v. 14.03.2006, X B 172/05, BFH/NV 2006, 1318; Beschl. v. 16.01.2007, X B 38/06, BFH/NV 2007, 757, 759; Beschl. v. 12.09.2007, X B 18/03, BFH/NV 2008, 102; Beschl. v. 28.02.2008, X B 207/07, BFH/NV 2008, 791, 792; Beschl. v. 22.04.2008, X B 57/07, BFH/NV 2008, 1192, 1194; Beschl. v. 22.04.2008, X B 260/07, ZSteu 2008, R609, R610; Beschl. v. 08.12.2011, X B 70/11, BFH/NV 2012, 376, 377; Beschl. v. 19.07.2012, X B 88/11, BFH/NV 2012, 1932 **(X. Senat)**; Beschl. v. 16.12.2004 (Fn. 994), BFH/NV 2005, 1098, 1099; Beschl. v. 14.05.2007, XI B 186/06, BFH/NV 2007, 1529; Beschl. v. 21.05.2007 (Fn. 993), BFH/NV 2007, 1657; Beschl. v. 28.11.2007, XI B 172/06, BFH/NV 2008, 372; Beschl. v. 14.08.2008, XI B 44/08, n.v. (juris); Beschl. v. 23.10.2008, XI B 27/08, BFH/NV 2009, 188; Beschl. v. 04.12.2008, XI B 250/07, BFH/NV 2009, 394; Beschl. v. 27.07.2009, XI B 120/08, n.v. (juris) **(XI. Senat)**. Teilweise wird auch die m.E. inhaltlich identische Formulierung *„wenn die Entscheidung des FG objektiv willkürlich erscheint oder auf sachfremden Erwägungen beruht, die unter keinem denkbaren Gesichtspunkt rechtlich vertretbar sind“* verwendet, s. *BFH*, Beschl. v. 23.06.2008, IV B 106/07, BFH/NV 2008, 1642 **(IV. Senat)**; Beschl. v. 11.02.2004, VII B 224/03, BFH/NV 2004, 1060; Beschl. v. 12.04.2005, VII B 81/04, BFH/NV 2005, 1478, 1479 **(VII. Senat)**; Beschl. v. 07.07.2005, IX B 13/05, BFH/NV 2005, 2031 **(IX. Senat)**. Vgl. schließlich noch *BFH*, Beschl. v. 09.08.2007, X B 218/06, BFH/NV 2007, 2273, wo der *X. Senat* ausgeführt hat, dass für einen Rechtsfehler von erheblichem Gewicht i.S.d. § 115 II Nr. 2 Alt. 2 FGO eine Entscheidung vorliegen müsse, die *„unter keinem denkbaren Gesichtspunkt rechtlich vertretbar ist oder die auf sachfremden Erwägungen beruht“*, und zudem *Lange*, DStZ 2002, 782, 784.

996 Dazu ausführlich und mit Nachweisen aus der Rechtsprechung u.a. des BVerfG u. des BFH nachfolgend unter (d) (S. 300 ff.).

allerdings in den vorstehend zitierten Entscheidungen überhaupt gar nicht zum Ausdruck. Die dort verwendeten o.g. Formulierungen erwecken vielmehr den Eindruck, es handele sich bei den Phrasen *„unter keinem denkbaren Gesichtspunkt rechtlich vertretbar“* bzw. *„auf sachfremden Erwägungen beruhend und unter keinem denkbaren Gesichtspunkt rechtlich vertretbar“* um eigenständige Tatbestandsvoraussetzungen, die jeweils *kumulativ* (*„objektiv willkürlich und ...“*) neben dem bzw. *alternativ* (*„objektiv willkürlich oder ...“*) zu dem Tatbestandsmerkmal der ‚Objektiven Willkür‘ vorliegen müssten, wenn es um die Annahme eines besonders schwerwiegenden Rechtsanwendungsfehlers unter dem Gesichtspunkt einer mit Willkür behafteten materiellen Rechtsentscheidung des FG geht.

Die vom BFH verwendeten unterschiedlichen Formulierungen bringen somit enorme Unsicherheiten mit sich und erscheinen überaus irreführend[997]. Da es sich bei den vom BFH in zahlreichen Entscheidungen verwendeten Phrasen *„auf sachfremden Erwägungen beruhend“* sowie *„unter keinem denkbaren Gesichtspunkt rechtlich vertretbar“* – wie schon angedeutet – um die wesentlichen Definitionselemente des Willkürbegriffs handelt, sind diese Formulierungen letztlich sogar unzutreffend.

Der BFH sollte sich dessen schnellstmöglich bewusst werden und dies in seiner zukünftigen Rechtsprechung unverzüglich klarstellen. Zur Korrektur seiner bislang zahlreichen missverständlichen – m.E. sogar unzutreffenden – Formulierungen sollte er demnach klarsichtig zum Ausdruck bringen, dass ein gravierender Rechtsanwendungsfehler des FG dann anzunehmen ist, wenn die finanzgerichtliche Entscheidung *objektiv willkürlich erscheint, d.h., wenn das Urteil des FG auf sachfremden Erwägungen beruht und unter keinem denkbaren Gesichtspunkt rechtlich vertretbar ist*[998]. Denn so wäre ein für allemal geklärt, dass es vorliegend im Hinblick auf die Phrasen *„auf sachfremden Erwägungen beruhend“* sowie *„unter keinem denkbaren Gesichtspunkt rechtlich vertretbar“* allein um das die Revisionszulassung wegen schwerwiegender Rechtsanwendungsfehler des FG konkretisierende Tatbestandsmerkmal der ‚Objektiven Willkür‘ geht, das sich im Wesentlichen über diese beiden Elemente definiert, und nicht um irgendwelche kumulativ oder alternativ zu verlangenden eigenständigen Tatbestandsvoraussetzungen.

---

997 *Kritisch* dazu ansatzweise auch *Beermann*, DStR 2005, 450, 453. Siehe zudem ansatzweise *Bleschick*, Revisionszulassungsgründe im Spannungsverhältnis, S. 166 u. 340: *„Zirkulär“* erscheinende Zulassungsformeln.

998 Vgl. insoweit bspw. auch *BFH*, Beschl. v. 03.04.2007, I B 105/06, BFH/NV 2007, 1629, 1630, wo der BFH in den Entscheidungsgründen ausführt, dass die Würdigung des FG *„jedenfalls nicht willkürlich, das heißt, unter keinem rechtlichen Gesichtspunkt denkbar“* sei. Überdies *BFH*, Beschl. v. 13.07.2007, VII B 105/07, BFH/NV 2007, 2300, 2301, wonach eine Revisionszulassung gemäß § 115 II Nr. 2 Alt. 2 FGO dann in Betracht komme, wenn das angefochtene Urteil *„objektiv willkürlich ist, d.h. die Entscheidung unter keinem vernünftigen Gesichtspunkt vertretbar und nachvollziehbar“* sei.

Was nun das *Verhältnis* zwischen den beiden Tatbestandsmerkmalen der ‚Objektiven Willkür' sowie der ‚Greifbaren Gesetzwidrigkeit' als Eckpfeiler der Definition eines gravierenden/schwerwiegenden Rechtsanwendungsfehlers des FG durch den BFH angeht, lassen einige Senate eine *klare Trennung* zwischen objektiv willkürlichen und greifbar gesetzwidrigen Entscheidungen *vermissen*, so dass folglich teilweise *beide Fallgruppen gleichgesetzt* werden[999].

Diese *Gleichsetzung* kommt bspw. darin zum Ausdruck, dass z.T. *„greifbar gesetzwidrige Entscheidungen"* über die wesentlichen Elemente des Willkürbegriffs definiert werden. So ist in einigen Entscheidungen des ***IV. und VI. Senats*** die Rede davon, dass *„objektiv willkürliche Entscheidungen bzw. Entscheidungen, die auf sachfremden Erwägungen beruhen und unter keinem denkbaren Gesichtspunkt rechtlich vertretbar sind (greifbar gesetzwidrige Entscheidungen)"* eine Korrektur durch das Revisionsgericht erfordern[1000]. Diese Entscheidungen lassen eine klare Trennung zwischen den beiden Fallgruppen demnach insoweit vermissen, als sie zwar von ‚objektiv willkürlichen' und ‚greifbar gesetzwidrigen' Entscheidungen sprechen, letztere aber als *„Entscheidungen, die auf sachfremden Erwägungen beruhen und unter keinem denkbaren Gesichtspunkt rechtlich vertretbar sind"* definieren, und somit zur Konkretisierung einer greifbar gesetzwidrigen Entscheidung die wesentlichen Definitionselemente des Willkürbegriffs heranziehen[1001]. Bei genauerem Hinsehen handelt es sich folglich trotz des Klammerzusatzes *„(greifbar gesetzwidrige Entscheidungen)"* und der insoweit unterschiedlichen Bezeichnung der für die Revisionszulassung wegen gravierender/schwerwiegender Rechtsanwendungsfehler des FG in Betracht kommenden finanzgerichtlichen Entscheidungen als ‚objektiv willkürlich' und ‚greifbar gesetzwidrig' ausnahmslos um solche Entscheidungen, die der Fallgruppe der ‚Willkürlichkeit' zuzuordnen sind[1002].

---

999 *Ruban*, DStR 2005, 2033, 2035 f.

1000 *BFH*, Beschl. v. 12.08.2003, IV B 189/01, BFH/NV 2003, 1604, 1605; Beschl. v. 10.02.2005, IV B 62/03, BFH/NV 2005, 1319, 1320 **(IV. Senat)**; Beschl. v. 22.02.2007, VI B 29/06, BFH/NV 2007, 969, 970; Beschl. v. 14.06.2007, VI B 24/07, n.v. (juris) **(VI. Senat)**.

1001 Siehe zu den zentralen Elementen des Willkürbegriffs andeutungsweise bereits vorstehend auf S. 293 u. 294. Zur Definition der ‚Objektiven Willkür' als Tatbestandsmerkmal eines gravierenden/schwerwiegenden Rechtsanwendungsfehlers des FG ausführlich nachstehend unter (d) (S. 300 ff.).

1002 In diesem Zusammenhang lassen sich auch noch einige weitere Entscheidungen nennen, in denen die Phrasen *„auf sachfremden Erwägungen beruhend"* sowie *„unter keinem denkbaren Gesichtspunkt rechtlich vertretbar"* – also die wesentlichen Elemente des Willkürbegriffs – Erwähnung finden und die insoweit ebenfalls auf eine *Gleichsetzung* objektiv willkürlicher und greifbar gesetzwidriger Entscheidungen hinweisen: Bspw. führt der ***IV. Senat***, Beschl. v. 14.11.2006, IV B 13/04, BFH/NV 2007, 728, 729; Beschl. v. 01.09.2008, IV B 4/08, BFH/NV 2009, 35; Beschl. v. 01.09.2008, IV B 133/07, BFH/NV 2009, 135, in den Entscheidungsgründen jeweils zunächst an, dass die Zulassung der Revision schließlich auch nicht *„wegen greifbarer Gesetzeswidrigkeit"* der angefochtenen Entscheidung geboten sei bzw. die Klägerin und Beschwerdeführerin auch keine Gründe vorgetragen habe, aus denen sich eine *„greifbare Gesetzwidrigkeit"* der finanzgerichtlichen Entscheidung ergeben könnte. Im weiteren Verlauf seiner Begründung heißt es dann aber stets, dass der Senat das Vorliegen eines schwerwiegenden Rechtsanwendungsfehlers des FG angenommen habe, wenn die Entscheidung des FG *„objektiv willkürlich erscheint oder auf sachfremden Erwägungen beruht und unter keinem denkbaren Gesichtspunkt rechtlich vertretbar ist"*, was darauf schließen lässt, dass der BFH die beiden Fallgruppen auch in den vorstehend zitierten Entscheidungen jeweils *identisch versteht* und *miteinander vermengt*. – Ebenso deutet es auf eine *Gleichsetzung* objektiv willkürlicher und greifbar gesetzwidriger Entscheidungen hin, wenn der ***V. Senat*** in seinem Beschl. v. 11.05.2007, V B 25/06, n.v. (juris), ausführt, dass der Kläger und Beschwerdeführer selbst nicht geltend mache, dass die Vorentscheidung *„objektiv willkürlich und unter keinem denkbaren Gesichtspunkt rechtlich vertretbar sei und deshalb wegen greifbarer Gesetzwidrigkeit"* die Revision nach § 115 II Nr. 2 Alt. 2 FGO zuzulassen sei. Nichts anderes gilt, wenn der ***V. Senat*** in seinem Beschl. v. 28.06.2007, V B 95/06, BFH/NV 2007, 2122, 2123, und im Anschluss daran der ***II. Senat*** in seinem Beschl. v. 30.08.2007, II B 91/06, n.v. (juris), davon sprechen, dass die Klägerin und Beschwerdeführerin selbst nicht die Ansicht vertrete, dass die Vorentscheidung *„auf sachfremden Erwägungen beruhe und unter keinem denkbaren Gesichtspunkt rechtlich vertretbar und deshalb objektiv willkürlich oder greifbar gesetz(es)widrig sei"*. – Unklar und widersprüchlich verhält sich der ***VI. Senat***, Beschl. v. 24.09.2008, VI B 107/07, n.v. (juris), wenn es dort heißt, dass es sich um einen schwerwiegenden Rechtsanwendungsfehler des FG handeln müsse, *„der die erstinstanzliche Entscheidung als objektiv willkürlich oder als greifbar gesetzeswidrig, mithin als unter keinem denkbaren Gesichtspunkt vertretbar erscheinen lasse"*. Mit dieser Formulierung erweckt der *VI. Senat* einmal mehr den Eindruck, dass zur Konkretisierung des Begriffs der ‚Greifbaren Gesetzwidrigkeit' Elemente des Willkürbegriffs herangezogen werden; trotz der dortigen anfänglichen Formulierung *„als objektiv willkürlich oder als greifbar gesetzeswidrig"* deutet dies folglich wiederum auf eine *Gleichsetzung* der beiden Fallgruppen hin (vgl. insoweit auch *BFH*, Beschl. v. 16.01.2007, VI B 35/06, BFH/NV 2007, 941; Beschl. v. 11.09.2007, VI B 5/07, BFH/NV 2007, 2328, 2329). Der Beschl. des *VI. Senats* v. 24.09.2008, a.a.O., enthält dann allerdings weiter unten in den Entscheidungsgründen die Formulierung *„eine greifbare Gesetzwidrigkeit oder gar eine Willkürlichkeit der angefochtenen Entscheidung"*, so dass der *VI. Senat* in dieser Entscheidung entgegen seiner anfänglichen Ausführungen sowie im Gegensatz zu seinen hier und in Fußnote 1000 zitierten anderen Entscheidungen letztlich also doch eine *klare Trennung* zwischen den beiden Fallgruppen der ‚Objektiven Willkür' und der ‚Greifbaren Gesetzwidrigkeit' vornimmt; vgl. zu dieser letztgenannten Formulierung und ihrer Bedeutung für das Verhältnis zwischen den beiden Tatbestandsmerkmalen der ‚Objektiven Willkür' und der ‚Greifbaren Gesetzwidrigkeit' gleich nachfolgend auf S. 298 f. einschließlich Fußnote 1006. – Unklar mit Blick auf das Verhältnis objektiv willkürlicher und greifbar gesetzwidriger Entscheidungen verhält sich schließlich auch der ***X. Senat***, wenn er in seinem Beschl. v. 19.07.2012, X B 88/11, BFH/NV 2012, 1932, zunächst i.S. einer *Gleichsetzung* anführt, dass die Voraussetzungen

Die *Gleichsetzung* der beiden Fallgruppen kommt des Weiteren und m.E. noch klarer in einer Entscheidung des ***VIII. Senats*** zum Ausdruck, wenn es dort ohne erkennbaren inhaltlichen Unterschied zwischen den beiden Kriterien der ,Objektiven Willkür' und der ,Greifbaren Gesetzwidrigkeit' heißt, die Revision sei nicht gemäß § 115 II Nr. 2 (Alt. 2) FGO *„wegen willkürlich falscher Rechtsanwendung des FG im Sinne greifbarer Gesetzeswidrigkeit"* zuzulassen[1003].

---

eines schwerwiegenden Rechtsanwendungsfehlers des FG jedenfalls dann vorlägen, wenn die Entscheidung des FG *„objektiv willkürlich erscheint oder auf sachfremden Erwägungen beruht und unter keinem denkbaren Gesichtspunkt rechtlich vertretbar – d.h. greifbar gesetzwidrig – ist"*, um dann jedoch – quasi entgegen der anfänglichen Formulierung – ,Objektive Willkür' und ,Greifbare Gesetzwidrigkeit' jeweils separat und getrennt voneinander zu definieren. – Vgl. in diesem Zusammenhang zudem *Kempermann*, DStZ 2005, 772, 773 f., der unter Bezugnahme auf *BFH*, Beschl. v. 13.10.2003, IV B 85/02, BStBl. II 2004, 25, schildert, dass ein gravierender/schwerwiegender Rechtsanwendungsfehler des FG jedenfalls dann gegeben sei, wenn die finanzgerichtliche Entscheidung objektiv willkürlich erscheine oder auf sachfremden Erwägungen beruhe und unter keinem denkbaren Gesichtspunkt rechtlich vertretbar sei, um anschließend auf S. 774 auszuführen, dass *derartige Fehler sich auch unter die Kategorie der ,Greifbaren Gesetzwidrigkeit' fassen ließen.*

1003 So *BFH*, Beschl. v. 13.06.2005, VIII B 290/03, BFH/NV 2005, 2213. Vgl. insoweit auch *BFH*, Beschl. v. 07.12.2007, VIII B 68/07, BFH/NV 2008, 590, wo es im Hinblick auf die beiden Fallgruppen der ,Objektiven Willkür' und ,Greifbaren Rechts-/Gesetzwidrigkeit' zwar in umgekehrter Reihenfolge, aber dennoch inhaltlich gleichbedeutend heißt: *„greifbare Rechtswidrigkeit im Sinne einer willkürlichen Entscheidung"*. Vgl. darüber hinaus *BFH*, Beschl. v. 06.10.2009, I B 55/09, BFH/NV 2010, 469, wo der *I. Senat* ähnlich wie der *VIII. Senat* in seiner letztgenannten Entscheidung ausführt, dass es zutreffe, dass eine *„greifbar gesetzwidrige und in diesem Sinne willkürliche Entscheidung"* einen besonders schwerwiegenden Rechtsfehler enthalte. – An dieser Stelle ist darauf hinzuweisen, dass auch in anderen Bereichen außerhalb der Revisionszulassung wegen gravierender/schwerwiegender Rechtsanwendungsfehler des FG gemäß § 115 II Nr. 2 Alt. 2 FGO häufig nicht klar zwischen den Begriffen der ,Willkür' und der ,Greifbaren Gesetzwidrigkeit' unterschieden wird; vielmehr erfolgt auch dort oftmals eine *Gleichsetzung* der Begriffe. In der st. Rspr. des BFH heißt es bspw., dass die Zurückweisung eines Ablehnungsgesuchs durch gesonderten Beschluss nur dann einen Verfahrensmangel i.S.d. § 115 II Nr. 3 FGO darstelle, wenn der Beschluss sich nicht nur als rechtsfehlerhaft, sondern als *„greifbar gesetzwidrig und damit willkürlich"* erweise, s. z.B. *BFH*, Beschl. v. 28.05.2003, III B 87/02, BFH/NV 2003, 1218, 1219; Beschl. v. 16.01.2007, X B 38/06, BFH/NV 2007, 757, 758; Beschl. v. 27.08.2007, VII B 26/07, BFH/NV 2008, 221; Beschl. v. 30.01.2008, V B 57/07, BFH/NV 2008, 611 f., jeweils m.w.N. Vgl. zudem *Dürr*, INF 2001, 65, 68, wenn er im Hinblick auf die Bindung des BFH an die Zulassung der Revision gemäß § 115 III FGO anführt, dass das FG den BFH nicht in *„offensichtlich gesetzwidriger Weise und damit willkürlich"* zu einer Entscheidung zwingen und den Beteiligten

Nach wohl überwiegender – und m.E. zutreffender – Ansicht können die beiden Fallgruppen der ‚Objektiven Willkür' sowie der ‚Greifbaren Gesetzwidrigkeit' jedoch nicht gleichgesetzt und identisch verstanden werden. Vielmehr *gehe die Fallgruppe der ‚greifbar gesetzwidrigen' Entscheidungen über die Fallgruppe der ‚objektiv willkürlichen' Entscheidungen hinaus und sei mithin weiter zu verstehen als letztere*[1004].

Dies komme insbesondere in der häufig anzutreffenden Formulierung zum Ausdruck, mit der Rüge fehlerhafter Rechtsanwendung durch das FG könne die Zulassung der Revision gemäß § 115 II Nr. 2 Alt. 2 FGO nur dann erreicht werden, wenn es sich bei den behaupteten Mängeln um offensichtliche Rechtsanwendungsfehler von erheblichem Gewicht *„im Sinne einer willkürlichen oder zumindest greifbar gesetzwidrigen Entscheidung"* handele[1005]. Oftmals heißt es in den einschlägigen

---

die zweite Instanz eröffnen bzw. sie dem Revisionsrisiko aussetzen könne (vgl. ausführlich Fußnote 246).

1004 So *Lange*, StuW 2006, 366, 372 sowie insbesondere 373; *ders.* HHSp., § 115 FGO Tz. 208 (Lfg. 192 Oktober 2006). Vgl. auch *Ruban*, DStR 2005, 2033, 2036, u. *Seer*, in: T/K, § 115 FGO Tz. 75 (Lfg. 131 Oktober 2012).

1005 So oder ähnlich *BFH*, Beschl. v. 24.02.2009, I B 187/08, n.v. (juris) (*„weder … willkürlich noch sonst greifbar gesetzwidrig"*) **(I. Senat**, vgl. insoweit aber auch die Entscheidung des *I. Senats* zur *Gleichsetzung* der beiden Fallgruppen in Fußnote 1003**)**; Beschl. v. 06.10.2005, II B 9/04, BFH/NV 2006, 24, 25; Beschl. v. 12.01.2006, II B 65/05, BFH/NV 2006, 813 (allerdings mit dem insoweit missverständlichen sowie unklaren bzw. widersprüchlichen Zusatz *„die unter keinem denkbaren Gesichtspunkt rechtlich vertretbar ist"*); Beschl. v. 23.08.2007, II B 3/07, BFH/NV 2007, 2348, 2350; Beschl. v. 20.08.2008, II B 27/07, n.v. (juris); Beschl. v. 28.10.2008, II B 80/08, n.v. (juris); Beschl. v. 15.07.2009, II B 42/09, ZSteu 2009, R908; Beschl. v. 10.06.2011, II B 149/10, BFH/NV 2011, 1540 **(II. Senat**, vgl. insoweit aber auch die Entscheidung des *II. Senats* zur *Gleichsetzung* der beiden Fallgruppen in Fußnote 1002**)**; Beschl. v. 31.05.2005, III B 143/04, BFH/NV 2005, 1632, 1633; Beschl. v. 19.06.2006, III B 42/05, n.v. (juris); Beschl. v. 10.08.2009, III B 205/08, ZSteu 2009, R1024 **(III. Senat)**; Beschl. v. 30.01.2007, IV B 111/05, BFH/NV 2007, 1146, 1147; Beschl. v. 29.10.2008, IV B 134/07, n.v. (juris); Beschl. v. 29.05.2012, IV B 33/11, BFH/NV 2012, 1468, 1469 **(IV. Senat**, vgl. insoweit aber auch die Entscheidungen des *IV. Senats* zur *Gleichsetzung* der beiden Fallgruppen in den Fußnoten 1000 u. 1002**)**; Beschl. v. 28.07.2003, V B 72/02, BFH/NV 2003, 1597 (*„objektiv willkürlich oder doch jedenfalls so greifbar gesetzwidrig"*); Beschl. v. 26.07.2006, V B 184/05, n.v. (juris); Beschl. v. 27.12.2006, V B 165/05, BFH/NV 2007, 747, 749; Beschl. v. 27.11.2007, V B 118/07, n.v. (juris); Beschl. v. 05.03.2008, V B 69/06, BFH/NV 2008, 1006, 1007; Beschl. v. 14.04.2008, V B 205/07, ZSteu 2008, R604; Beschl. v. 19.05.2008, V B 29/07, BFH/NV 2008, 1501, 1507 **(V. Senat**, vgl. insoweit aber auch die Entscheidungen des *V. Senats* zur *Gleichsetzung* der beiden Fallgruppen in Fußnote 1002**)**; Beschl. v. 02.10.2008, VI B 102/07, BFH/NV 2009, 148; Beschl. v. 11.03.2009, VI B 141/07, n.v. (juris) **(VI. Senat**, vgl. insoweit aber auch die Entscheidungen des *VI. Senats* zur *Gleichsetzung* der beiden Fallgruppen in den Fußnoten 1000 u. 1002**)**; Beschl. v. 21.03.2003, VII B 197/02, BFH/NV 2003, 1103,

Entscheidungen des BFH auch, bspw. die Formulierung von Rechtsfragen von angeblich grundsätzlicher Bedeutung sowie der bloße Hinweis auf erhebliche Rechtsfehler reichten nicht aus, *„um eine greifbare Gesetz(es)widrigkeit oder gar eine Willkürlichkeit der angefochtenen Entscheidung"* anzunehmen bzw. darzulegen[1006], was das o.g. Verhältnis zwischen den beiden Fallgruppen ebenfalls verdeutlicht.

1104 (*„objektiv willkürlich ... oder doch jedenfalls so greifbar gesetzwidrig"*); Beschl. v. 28.08.2007, VII B 357/06, BFH/NV 2008, 113 (*„objektiv willkürlich oder jedenfalls in einem Maße greifbar gesetzwidrig"*) **(VII. Senat)**; Beschl. v. 10.12.2003, X B 48/03, n.v. (juris) (*„objektiv willkürlich oder doch jedenfalls so greifbar gesetzeswidrig"*); Beschl. v. 26.03.2007, X B 186/06, n.v. (juris); Beschl. v. 25.01.2008, X B 90/07, BFH/NV 2008, 610 **(X. Senat**, vgl. insoweit aber auch die Entscheidung des *X. Senats* zur *Gleichsetzung* der beiden Fallgruppen in Fußnote 1002**)**; Beschl. v. 06.12.2010, XI B 27/10, BFH/NV 2011, 645; Beschl. v. 18.05.2011, XI B 57/10, BFH/NV 2011, 1704, 1705; Beschl. v. 22.12.2011, XI B 21/11, BFH/NV 2012, 813, 815 **(XI. Senat)**.

1006 Vgl. etwa *BFH*, Beschl. v. 06.05.2009, II B 14/09, ZSteu 2009, R582; Beschl. v. 05.09.2012, II B 61/12, BFH/NV 2012, 1995 **(II. Senat**, vgl. insoweit aber auch die Entscheidung des *II. Senats* zur *Gleichsetzung* der beiden Fallgruppen in Fußnote 1002**)**; Beschl. v. 28.06.2002, III B 28/02, BFH/NV 2002, 1474; Beschl. v. 09.08.2002, III B 34/02, BFH/NV 2002, 1616, 1617; Beschl. v. 29.08.2002, III B 16/02, BFH/NV 2003, 39; Beschl. v. 25.03.2003, III B 67/02, BFH/NV 2003, 1167, wo es in den Entscheidungsgründen jeweils heißt, dass jeglicher Anhaltspunkt für eine *„greifbare gesetzwidrige oder gar willkürliche Entscheidung"* fehle, bzw. dass die Klägerin und Beschwerdeführerin mit ihren Beanstandungen nicht schlüssig dargetan habe, dass das FG Urteil auf gravierenden/schwerwiegenden Fehlern bei der Auslegung und Anwendung des materiellen Rechts beruhe, die geeignet seien, das Vertrauen in die Rechtsprechung zu beschädigen, oder es sich *„gar um eine willkürliche, ... Entscheidung"* handele; Beschl. v. 12.10.2012, III B 78/12, BFH/NV 2013, 39 **(III. Senat)**; Beschl. v. 23.06.2008, IV B 106/07, BFH/NV 2008, 1642; Beschl. v. 26.10.2011, IV B 96/10, BFH/NV 2012, 285; Beschl. v. 16.05.2012, IV B 48/11, BFH/NV 2012, 1462, 1464 **(IV. Senat**, vgl. insoweit aber auch die Entscheidungen des *IV. Senats* zur *Gleichsetzung* der beiden Fallgruppen in den Fußnoten 1000 u. 1002**)**; Beschl. v. 27.11.2007 (Fn. 1005), n.v. (juris); Beschl. v. 29.05.2008, V B 160/07, BFH/NV 2008, 1544 **(V. Senat**, vgl. insoweit aber auch die Entscheidungen des *V. Senats* zur *Gleichsetzung* der beiden Fallgruppen in Fußnote 1002**)**; Beschl. v. 24.09.2008, VI B 107/07, n.v. (juris), vgl. hierzu aber auch oben Fußnote 1002; Beschl. v. 06.02.2012, VI B 147/11, ZSteu 2012, R486, R487 **(VI. Senat**, vgl. insoweit aber auch die Entscheidungen des *VI. Senats* zur *Gleichsetzung* der beiden Fallgruppen in den Fußnoten 1000 u. 1002**)**; Beschl. v. 11.02.2004, VII B 224/03, BFH/NV 2004, 1060; Beschl. v. 12.04.2005, VII B 81/04, BFH/NV 2005, 1478, 1479 **(VII. Senat)**; Beschl. v. 23.09.2003, VIII B 188/02, n.v. (juris), wonach ein gravierender/schwerwiegender Rechtsanwendungsfehler des FG nur dann vorliege, wenn die Entscheidung des FG *„greifbar gesetzwidrig ist oder das FG gar willkürlich gehandelt hat"*; Beschl. v. 03.03.2010, VIII B 216/09, BFH/NV 2010, 1110, 1111 **(VIII. Senat**, vgl. insoweit aber auch die Entscheidungen des *VIII. Senats* zur *Gleichsetzung* der beiden Fallgruppen in Fußnote 1003**)**; Beschl. v. 07.07.2005,

Die Herausbildung der beiden Kriterien der ,Objektiven Willkür' und der ,Greifbaren Gesetzwidrigkeit' in nunmehr ständiger senatsübergreifender Rechtsprechung des BFH hat dem Zulassungstatbestand des ,Gravierenden/Schwerwiegenden Rechtsanwendungsfehlers des FG' bereits gewisse Konturen verliehen.

Wie den vorstehenden Ausführungen entnommen werden kann, bestehen jedoch im Einzelnen erhebliche Rechtsunsicherheiten und Unklarheiten, da insbesondere das Verhältnis zwischen diesen beiden zentralen Tatbestandsmerkmalen in der BFH-Rechtsprechung längst noch nicht als abschließend geklärt zu betrachten ist. Von einer allgemeingültigen, einheitlichen Definition eines die Zulassung der Revision rechtfertigenden gravierenden/schwerwiegenden Rechtsanwendungsfehlers des FG scheint der BFH also immer noch weit entfernt.

(d) Definition der ,Objektiven Willkür' als Tatbestandsmerkmal eines gravierenden/schwerwiegenden Rechtsanwendungsfehlers des FG

Nach der ständigen senatsübergreifenden Rechtsprechung des BFH ist die Revision aufgrund eines gravierenden/schwerwiegenden Rechtsanwendungsfehlers des FG insbesondere dann zuzulassen, wenn sich die Auslegung und Anwendung revisiblen Rechts durch das FG in materieller Hinsicht als *objektiv willkürlich* darstellt[1007].

Diese Rechtsprechung basiert auf dem Gedanken, dass die Korrektur eines Urteils, das bei der Gesetzesauslegung oder -anwendung gegen grundlegende, verfassungsrechtlich abgesicherte Gerechtigkeitsanforderungen verstoßen habe, nicht nur im Interesse des durch die Entscheidung beschwerten Prozessbeteiligten, sondern auch im öffentlichen Interesse an einer gemäß Art. 20 III GG Recht und

---

IX B 13/05, BFH/NV 2005, 2031; Beschl. v. 01.10.2008, IX B 86/08, ZSteu 2008, R1176; Beschl. v. 09.10.2008, IX B 87/08, n.v. (juris); Beschl. v. 28.11.2008, IX B 118/08, n.v. (juris); Beschl. v. 12.05.2011, IX B 121/10, BFH/NV 2011, 1391; Beschl. v. 20.09.2012, IX B 174/11, BFH/NV 2013, 68 **(IX. Senat)**; Beschl. v. 12.08.2008, X B 46/08, n.v. (juris); Beschl. v. 02.12.2008, X B 53/08, ZSteu 2009, R243; Beschl. v. 02.12.2008, X B 68/08, n.v. (juris); Beschl. v. 02.12.2008, X B 69/08, n.v. (juris); Beschl. v. 17.03.2010, X B 118/09, BFH/NV 2010, 1277; Beschl. v. 18.08.2010, X B 178/09, BFH/NV 2010, 2010; Beschl. v. 13.07.2011, X B 187/10, BFH/NV 2011, 1899; Beschl. v. 29.08.2012, X B 216/11, BFH/NV 2013, 24; Beschl. v. 30.08.2012, X B 97/11, BFH/NV 2013, 13, 15 **(X. Senat**, vgl. insoweit aber auch die Entscheidung des *X. Senats* zur *Gleichsetzung* der beiden Fallgruppen in Fußnote 1002); Beschl. v. 10.01.2012, XI B 80/11, BFH/NV 2012, 815 **(XI. Senat)**. Vgl. zudem *Lange* HHSp., § 115 FGO Tz. 207 (Lfg. 192 Oktober 2006), der anführt, dass greifbar gesetzwidrige Entscheidungen *unterhalb der Grenze* der ,Objektiven Willkür' anzusiedeln seien. – Nicht nachvollziehbar hingegen *BFH*, Beschl. v. 25.02.2005, III B 13/04, BFH/NV 2005, 1065, 1066, wo von einem offensichtlichen Rechtsanwendungsfehler von erheblichem Gewicht *„im Sinne einer willkürlichen oder gar greifbar gesetzwidrigen Entscheidung"* die Rede ist, und das vorstehend beschriebene Verhältnis zwischen diesen beiden Fallgruppen somit – auch entgegen der eingangs zitierten Entscheidungen des *III. Senats* – geradezu umgekehrt wird.

1007 Vgl. dazu die umfangreichen Nachweise in Fußnote 984.

Gesetz verpflichteten Rechtsprechung liege[1008]. Die Zulassung der Revision sei in diesen Fällen insbesondere auch mit Rücksicht auf die sich aus § 90 II 1 BVerfGG ergebende Subsidiarität der Verfassungsbeschwerde geboten. Denn danach obliege es primär der Fachgerichtsbarkeit, i.R.d. jeweils maßgeblichen Verfahrensordnung die Grundrechte der Beteiligten zu wahren und durchzusetzen[1009]. Eine Zulassung der Revision komme deshalb immer dann in Betracht, wenn das BVerfG das angefochtene Urteil aller Voraussicht nach auf eine Verfassungsbeschwerde hin aufheben würde[1010].

Soweit der BFH in seiner Rechtsprechung zu § 115 II Nr. 2 Alt. 2 FGO also das Tatbestandsmerkmal der ‚Objektiven Willkür' verwendet, handelt es sich dabei einmal mehr um einen unbestimmten Rechtsbegriff, der einer weiteren Definition und Konkretisierung bedarf.

Die vorstehend wiedergegebene Aussage, die Zulassung der Revision komme immer dann in Betracht, wenn das BVerfG das angefochtene Urteil voraussichtlich auf eine Verfassungsbeschwerde hin aufheben würde, legt es nahe, insoweit auf die *Rechtsprechung des BVerfG* abzustellen. Dieses hat nämlich in einer Vielzahl von Entscheidungen zumindest ansatzweise Kriterien entwickelt, um eine Abgrenzung objektiv willkürlicher Entscheidungen von den schlicht falschen und rechtsfehlerhaften Entscheidungen vornehmen zu können[1011]. Es hat den Begriff der ‚Objektiven Willkür' dabei zu einem etablierten sowie überkommenen Rechtsbegriff geformt, der – ähnlich wie der unbestimmte Rechtsbegriff der ‚Grundsätzlichen Bedeutung der Rechtssache' – als weitgehend ausgefüllt betrachtet werden kann.

So formuliert das BVerfG in einigen Entscheidungen, eine ‚Objektive Willkürlichkeit' sei anzunehmen, wenn die Rechtsanwendung des Gerichts bei verständiger Würdigung der das Grundgesetz beherrschenden Gedanken nicht mehr verständlich sei und sich daher der Schluss aufdränge, dass die Entscheidung *auf*

1008 *Ruban*, DStR 2005, 2033, 2035.

1009 *BVerfG*, Beschl. v. 11.10.1978, 2 BvR 214/76, NJW 1979, 539; Urt. v. 12.01.1983, 2 BvR 964/82, BVerfGE 63, 77; Beschl. v. 30.04.2003, 1 PBvU 1/02, BVerfGE 107, 395, 414 = NJW 2003, 1924, 1928 – Rechtsschutz gegen den Richter I; *BFH*, Beschl. v. 28.06.2002, III B 28/02, BFH/NV 2002, 1474; Beschl. v. 13.07.2004, X B 25/04, BFH/NV 2004, 1545, 1546; Gräber/*Ruban*[6], § 115 FGO Tz. 68.

1010 So *BFH*, Beschl. v. 02.04.2003, VIII B 209/02, n.v. (juris); Beschl. v. 28.04.2003, VIII B 260/02, BFH/NV 2003, 1336, jeweils unter Hinweis auf *BGH*, Beschl. v. 01.10.2002, XI ZR 71/02, NJW 2003, 65, 68, wobei sämtliche dieser Beschlüsse diesbzgl. eine Revisionszulassung wegen grundsätzlicher Bedeutung der Rechtssache gemäß § 115 II Nr. 1 FGO bzw. § 543 II 1 Nr. 1 ZPO thematisieren (vgl. insoweit vorstehend unter aa) [S. 263 f. einschließlich Fußnote 938]); *Ruban*, DStR 2005, 2033, 2035.

1011 *Rüsken*, DStZ 2000, 815, 820, weist darauf hin, dass es mit erheblichen Schwierigkeiten verbunden sei, den Begriff der ‚Objektiven Willkür' rechtsgrundsätzlich bzw. rechtstheoretisch einzugrenzen.

sachfremden Erwägungen beruhe[1012]. In anderen Entscheidungen heißt es, eine ‚Objektive Willkürlichkeit' und damit eine Verletzung des Art. 3 I GG sei gegeben, wenn der *Inhalt/Regelungsgehalt einer Norm ignoriert* oder die *Rechtslage in krasser Weise missdeutet/verkannt* worden sei, wenn also die Rechtsanwendung des Gerichts *unter keinem denkbaren Aspekt mehr rechtlich vertretbar* sei und sich daher der Schluss aufdränge, dass die Entscheidung *auf sachfremden und damit willkürlichen Erwägungen beruhe*[1013].

1012 So das BVerfG in st. Rspr.: *BVerfG*, Beschl. v. 01.07.1954, 1 BvR 361/52, BVerfGE 4, 1, 7; Entscheidung v. 10.06.1964, 1 BvR 37/63, BVerfGE 18, 85, 96; Beschl. v. 24.03.1976, 2 BvR 804/75, BVerfGE 42, 64, 74; Beschl. v. 03.11.1982, 1 BvR 710/82, BVerfGE 62, 189, 192; Beschl. v. 15.05.1984, 1 BvR 967/83, BVerfGE 67, 90, 94; Beschl. v. 04.06.1985, 1 BvR 1222/82, BVerfGE 70, 93, 97 f.; Beschl. v. 13.01.1987, 2 BvR 209/84, BVerfGE 74, 102, 127; Beschl. v. 24.05.1994, 2 BvR 862/94, NJW 1995, 124 (2. Kammer des Zweiten Senats); Beschl. v. 13.08.1997, 2 BvR 540/96, NJW 1998, 369 (2. Kammer des Zweiten Senats); Beschl. v. 29.04.1998, 2 BvR 2939/93, NJW 1998, 2810 (2. Kammer des Zweiten Senats); Beschl. v. 28.03.2002, 2 BvR 2104/01, NJW 2002, 2859, 2860 (4. Kammer des Zweiten Senats, Nichtannahmebeschluss); Beschl. v. 09.10.2003, 1 BvR 693/02, NJW 2004, 151, 152 (1. Kammer des Ersten Senats, Nichtannahmebeschluss), teils m.w.N. Vgl. überdies *BVerfG*, Urt. v. 05.11.1985, 2 BvR 1434/83, BVerfGE 71, 122, 136; Beschl. v. 26.05.1993, 2 BvR 20/93, DVBl. 1993, 1001 (1. Kammer des Zweiten Senats).

1013 Ständige Rechtsprechung des BVerfG, vgl. etwa *BVerfG*, Beschl. v. 15.03.1989, 1 BvR 1428/88, BVerfGE 80, 48, 51; Beschl. v. 13.11.1990, 1 BvR 275/90, BVerfGE 83, 82, 84; Beschl. v. 07.04.1992, 1 BvR 1772/91, BVerfGE 86, 59, 63; Beschl. v. 03.11.1992, 1 BvR 1243/88, BVerfGE 87, 273, 278 f.; Beschl. v. 26.05.1993, 1 BvR 208/93, BVerfGE 89, 1, 13 u. 14; Beschl. v. 26.05.1993, 2 BvR 20/93, DVBl. 1993, 1001 (1. Kammer des Zweiten Senats); Beschl. v. 19.01.1996, 1 BvR 662/93, NJW 1996, 1336 (1. Kammer des Ersten Senats); Beschl. v. 30.01.1996, 1 BvR 2388/95, NJW 1996, 1531 (1. Kammer des Ersten Senats, Nichtannahmebeschluss); Urt. v. 08.07.1997, 1 BvR 1934/93, BVerfGE 96, 189, 203; Beschl. v. 07.07.1999, 1 BvR 346/99, EuGRZ 1999, 494 (1. Kammer des Ersten Senats); Beschl. v. 07.04.2000, 1 BvR 2205/99, NJW 2000, 2494 (2. Kammer des Ersten Senats); Beschl. v. 20.09.2000, 1 BvR 441/00, NJW 2001, 1200 (2. Kammer des Ersten Senats); Beschl. v. 19.12.2000, 1 BvR 1684/99, NJW 2001, 1125 f. (3. Kammer des Ersten Senats); Beschl. v. 28.03.2002 (Fn. 1012), NJW 2002, 2859, 2860; Beschl. v. 09.10.2003 (Fn. 1012), NJW 2004, 151, 152; Beschl. v. 26.05.2004, 1 BvR 172/04, NJW 2004, 2584 (2. Kammer des Ersten Senats); Beschl. v. 26.07.2005, 1 BvR 85/04, NJW 2005, 3345, 3346 (1. Kammer des Ersten Senats, Nichtannahmebeschluss); Beschl. v. 11.12.2008, 1 BvR 1665/08, NVwZ-RR 2009, 361, 362 (3. Kammer des Ersten Senats, Nichtannahmebeschluss); Beschl. v. 08.12.2009, 1 BvR 3041/06, NJW 2010, 1870, 1871 (3. Kammer des Ersten Senats); Beschl. v. 27.08.2010, 2 BvR 3052/09, BVerfGK 17, 526, 529 f. (1. Kammer des Zweiten Senats). Zudem *Rüsken*, DStZ 2000, 815, 821. – Vorliegend ist lediglich die willkürliche Auslegung und Anwendung revisiblen Rechts durch das FG *in materieller Hinsicht* von Bedeutung, während der Verfahrensaspekt demgegenüber zu vernachlässigen ist, dazu schon oben unter (b) (S. 281 f.).

Diese vom BVerfG entwickelte Definition hat sich auch der *BFH* zu Eigen gemacht und verwendet sie, wenn es darum geht, festzustellen, ob ein die Zulassung der Revision i.S.d. § 115 II Nr. 2 Alt. 2 FGO nach sich ziehender besonders gravierender/schwerwiegender Rechtsanwendungsfehler des FG i.S. einer objektiv willkürlichen Entscheidung vorliegt.

So heißt es in etlichen Entscheidungen des BFH – teilweise unter ausdrücklicher Berufung auf das BVerfG –, eine Entscheidung des FG sei erst dann als willkürlich zu qualifizieren, wenn die *Rechtslage in krasser Weise verkannt* werde. Dies wiederum sei erst dann der Fall, wenn der Richterspruch *unter keinem denkbaren Aspekt rechtlich vertretbar* sei und sich deshalb der Schluss aufdränge, er *beruhe auf sachfremden Erwägungen*[1014].

1014 Siehe z.B. *BFH*, Beschl. v. 24.07.2002, III B 54/02, BFH/NV 2002, 1488, 1489; Beschl. v. 17.07.2003, VII B 93/02, BFH/NV 2004, 5, 7; Beschl. v. 11.09.2003, IV B 35/02, BFH/NV 2004, 343; Beschl. v. 04.11.2004, I B 43/04, BFH/NV 2005, 707, 708; Beschl. v. 31.03.2006, V B 181/05, BFH/NV 2006, 2138, 2139; Beschl. v. 11.08.2006, V B 23/04, BFH/NV 2007, 60, 61; Beschl. v. 03.04.2007, I B 105/06, BFH/NV 2007, 1629, 1630; Beschl. v. 11.07.2007, X B 118/06, BFH/NV 2007, 1916, 1917; Beschl. v. 13.07.2007, VII B 105/07, BFH/NV 2007, 2300, 2301; Beschl. v. 22.04.2008, X B 57/07, BFH/NV 2008, 1192, 1194, im Hinblick auf die ‚Verkennung der Rechtslage in krasser Weise', während die Elemente ‚auf sachfremden Erwägungen beruhend' und ‚unter keinem denkbaren Gesichtspunkt rechtlich vertretbar' hier *alternativ* zu dem Tatbestandsmerkmal der ‚Objektiven Willkür' verwendet werden, vgl. insoweit bereits vorstehend unter (c) (S. 291 ff., dort S. 292 ff. einschließlich Fußnote 995); Beschl. v. 24.09.2008, VI B 107/07, n.v. (juris; allerdings etwas unklar, vgl. schon Fußnote 1002); Beschl. v. 26.09.2008, VIII B 23/08, n.v. (juris); Beschl. v. 14.07.2009, III B 33/08, ZSteu 2009, R866; Beschl. v. 18.11.2010, VII B 12/10, BFH/NV 2011, 406, teils unter Nennung einzelner, teilweise unter Nennung sämtlicher Elemente. Vgl. überdies *BFH*, Beschl. v. 08.02.2006, III B 128/04, BFH/NV 2006, 1116, 1117; Beschl. v. 30.03.2007, XI B 177/06, BFH/NV 2007, 1340; Beschl. v. 17.08.2007, XI B 83/07, BFH/NV 2007, 2141; Beschl. v. 24.10.2007, X B 126/07, n.v. (juris); Beschl. v. 24.09.2008, VI B 107/07, n.v. (juris, vgl. zu den dortigen Unklarheiten bereits Fußnote 1002); Beschl. v. 25.02.2009, X B 121/08, BFH/NV 2009, 890, Beschl. v. 19.07.2012, X B 88/11, BFH/NV 2012, 1932, wo es jeweils etwas abweichend heißt, dass ‚Objektive Willkür' vorliege, wenn die *fehlerhafte Rechtsanwendung bei verständiger Würdigung nicht mehr nachvollziehbar/verständlich* sei und sich deshalb der Schluss aufdränge, dass sie *auf sachfremden Erwägungen beruhe.* Zudem Gräber/*Ruban*[6], § 115 FGO Tz. 68; *Lange* HHSp., § 115 FGO Tz. 205 (Lfg. 192 Oktober 2006); *Rüsken*, DStZ 2000, 815, 821. – Zu der Problematik, dass im Zusammenhang mit dem Kriterium der ‚Objektiven Willkür' in der Rechtsprechung des BFH eine Vielzahl teilweise stark voneinander abweichender Formulierungen verwendet wird, und deswegen hinsichtlich der Phrasen ‚auf sachfremden Erwägungen beruhend' sowie ‚unter keinem denkbaren Gesichtspunkt rechtlich vertretbar' der – unzutreffende – Eindruck entsteht, es handele sich insoweit um jeweils eigenständige Tatbestandsvoraussetzungen, die entweder *kumulativ* neben dem bzw. *alternativ* zu dem Tatbestandsmerkmal

Das bedeutet im Umkehrschluss, dass die bloß fehlerhafte Auslegung und Anwendung eines Gesetzes allein die Willkürlichkeit einer Gerichtsentscheidung nicht begründen kann[1015]. Ein Richterspruch ist also nicht schon dann willkürlich, wenn er fragwürdig und im Ergebnis zweifelhaft oder sogar eindeutig (offensichtlich) rechtsfehlerhaft ist[1016].

Auch logische Fehler bei der Tatsachen- und Beweiswürdigung, auf die sich die dem FG unterlaufene Willkür dem Grunde nach durchaus auch beziehen kann[1017], rechtfertigen für sich gesehen noch nicht die Annahme einer objektiv willkürlichen Entscheidung[1018], soweit nicht das finanzgerichtliche Urteil auf einer Tatsachen- und Beweiswürdigung beruht, die unhaltbar ist, weil sie unter offensichtlichen und schwerwiegenden Fehlern leidet, der betreffende Fehler mithin zu einem sachfremden, offensichtlich fehlerhaften Entscheidungsergebnis geführt hat[1019]. Ebenso wenig führt jeder Verstoß des FG gegen die Denkgesetze oder Erfahrungssätze bzw. gegen anerkannte Schätzungsgrundsätze automatisch zu der Annahme eines gravierenden/schwerwiegenden Rechtsanwendungsfehlers i.S. einer objektiv willkürlichen Entscheidung nach § 115 II Nr. 2 Alt. 2 FGO[1020].

---

der ‚Objektiven Willkür' vorliegen müssten, s. bereits ausführlich oben unter (c) (S. 291 ff., dort S. 292 ff.).

1015 *BVerfG*, Beschl. v. 03.11.1992, 1 BvR 1243/88, BVerfGE 87, 273, 278 f.; Beschl. v. 26.05.1993, 2 BvR 20/93, DVBl. 1993, 1001 (1. Kammer des Zweiten Senats); Beschl. v. 30.01.1996, 1 BvR 2388/95, NJW 1996, 1531 (1. Kammer des Ersten Senats, Nichtannahmebeschluss); Urt. v. 08.07.1997, 1 BvR 1934/93, BVerfGE 96, 189, 203; Beschl. v. 29.04.1998, 2 BvR 2939/93, NJW 1998, 2810 (2. Kammer des Zweiten Senats); Beschl. v. 07.07.1999, 1 BvR 346/99, EuGRZ 1999, 494 (1. Kammer des Ersten Senats); Beschl. v. 20.09.2000, 1 BvR 441/00, NJW 2001, 1200 (2. Kammer des Ersten Senats); Beschl. v. 19.12.2000, 1 BvR 1684/99, NJW 2001, 1125, 1126 (3. Kammer des Ersten Senats); Beschl. v. 28.03.2002, 2 BvR 2104/01, NJW 2002, 2859, 2860 (4. Kammer des Zweiten Senats, Nichtannahmebeschluss); Beschl. v. 08.12.2009, 1 BvR 3041/06, NJW 2010, 1870, 1871 (3. Kammer des Ersten Senats); *BFH*, Beschl. v. 22.04.2008, X B 57/07, BFH/NV 2008, 1192, 1194.

1016 Siehe etwa *BVerfG*, Beschl. v. 09.10.2003, 1 BvR 693/02, NJW 2004, 151, 152 (1. Kammer des Ersten Senats, Nichtannahmebeschluss). Überdies *BFH*, Beschl. v. 04.11.2004, I B 43/04, BFH/NV 2005, 707, 708; Beschl. v. 22.04.2008 (Fn. 1015), BFH/NV 2008, 1192, 1194 (auch, dass das FG mit seiner Rechtsauffassung von der herrschenden Meinung abweicht, genügt insoweit nicht); Gräber/*Ruban*[6], § 115 FGO Tz. 68.

1017 *BFH*, Beschl. v. 13.07.2007, VII B 105/07, BFH/NV 2007, 2300, 2301.

1018 Vgl. *BVerfG*, Urt. v. 08.07.1997 (Fn. 1015), BVerfGE 96, 189, 203; Beschl. v. 28.03.2002 (Fn. 1015), NJW 2002, 2859, 2860; *BFH*, Beschl. v. 30.03.2007, XI B 177/06, BFH/NV 2007, 1340; *Ruban*, DStR 2005, 2033, 2035.

1019 *BFH*, Beschl. v. 30.03.2007 (Fn. 1018), BFH/NV 2007, 1340; Beschl. v. 05.05.2009, I B 197/08, n.v. (juris); *Ruban*, DStR 2005, 2033, 2035.

1020 *BFH*, Beschl. v. 09.03.2004, X B 68/03, BFH/NV 2004, 1112, 1113; Beschl. v. 20.10.2005, I B 49/05, BFH/NV 2006, 337; Beschl. v. 28.06.2006, IV B 94/04, BFH/NV 2006, 2059, 2060; Beschl. v. 14.11.2006, IV B 13/04, BFH/NV 2007, 728,

Es ist – auch in den vorstehend genannten Fällen – vielmehr stets erforderlich, dass die finanzgerichtliche Entscheidung *auf sachfremden Erwägungen beruht und unter keinem denkbaren Gesichtspunkt rechtlich vertretbar ist*[1021]. Demzufolge kommt dem Umstand, ob die gerichtliche Entscheidung im Einzelnen eingehend begründet wurde oder nicht, eine nicht unerhebliche Bedeutung zu[1022]. Denn der Vorwurf der Willkürlichkeit ist regelmäßig dann zu verneinen, wenn sich das Gericht (auf der Grundlage der höchstrichterlichen Rechtsprechung) eingehend und in nachvollziehbarer Weise mit der Rechtslage auseinandergesetzt hat und seine Auffassung nicht jeder Rechtsgrundlage bzw. jedes sachlichen Grundes entbehrt[1023].

729; Beschl. v. 31.07.2007, X B 36/07, n.v. (juris); Beschl. v. 01.09.2008, IV B 4/08, BFH/NV 2009, 35; Beschl. v. 15.10.2008, X B 120/08, BFH/NV 2009, 41, 42; Beschl. v. 22.01.2009, X B 144/08, ZSteu 2009, R257, R258; Beschl. v. 06.05.2009, II B 14/09, ZSteu 2009, R582.

1021 Vgl. die Nachweise in Fußnote 1014.

1022 *BVerfG*, Beschl. v. 03.11.1992 (Fn. 1015), BVerfGE 87, 273, 278 f.; Beschl. v. 26.05.1993 (Fn. 1015), DVBl. 1993, 1001.

1023 So *BVerfG*, Beschl. v. 03.11.1992 (Fn. 1015), BVerfGE 87, 273, 278 f.; Beschl. v. 26.05.1993, 1 BvR 208/93, BVerfGE 89, 1, 14; Beschl. v. 26.05.1993 (Fn. 1015), DVBl. 1993, 1001; Beschl. v. 19.01.1996, 1 BvR 662/93, NJW 1996, 1336 (1. Kammer des Ersten Senats); Urt. v. 08.07.1997 (Fn. 1015), BVerfGE 96, 189, 203 (betreffend die Beweislage/-würdigung); Beschl. v. 07.07.1999 (Fn. 1015), EuGRZ 1999, 494; Beschl. v. 07.04.2000, 1 BvR 2205/99, NJW 2000, 2494 (2. Kammer des Ersten Senats); Beschl. v. 20.09.2000 (Fn. 1015), NJW 2001, 1200; Beschl. v. 19.12.2000 (Fn. 1015), NJW 2001, 1125, 1126; Beschl. v. 28.03.2002 (Fn. 1015), NJW 2002, 2859, 2860 (betreffend die Beweislage/-würdigung). Siehe auch *BFH*, Beschl. v. 30.08.2001, IV B 79, 80/01, BStBl. II 2001, 837, 841; Beschl. v. 28.06.2002, III B 28/02, BFH/NV 2002, 1474; Beschl. v. 24.07.2002, III B 54/02, BFH/NV 2002, 1488, 1489; Beschl. v. 17.07.2003, VII B 93/02, BFH/NV 2004, 5, 7; Beschl. v. 20.07.2004, XI B 189/03, BFH/NV 2005, 206, unter Hinweis darauf, dass hieraus nicht der Umkehrschluss gezogen werden könne, jede finanzgerichtliche Entscheidung, die sich nicht mit sämtlichen rechtlichen Details auseinandersetze, weise bereits einen Fehler von erheblichem Gewicht auf, dazu **kritisch** nachfolgend unter (f) (S. 321 ff., dort S. 322 f.) sowie später im 4. Abschnitt unter B.III.2.b) (S. 546 f.); Beschl. v. 13.10.2004, IV B 122/02, BFH/NV 2005, 560; ähnlich auch Beschl. v. 21.05.2007, XI B 164/06, BFH/NV 2007, 1657, 1658, wonach derartige eklatante Mängel im Übrigen schon dann fernlägen, wenn das FG seiner Entscheidung die Rechtsgrundsätze der BFH-Rechtsprechung zugrunde gelegt und seine tatsächliche und rechtliche Würdigung des Streitfalls schlüssig und nachvollziehbar begründet habe; ähnlich ebenfalls Beschl. v. 11.07.2007, X B 118/06, BFH/NV 2007, 1916, 1917; ähnlich zudem Beschl. v. 17.08.2007, XI B 83/07, BFH/NV 2007, 2141, 2142; ähnlich schließlich Beschl. v. 28.02.2008, X B 207/07, BFH/NV 2008, 791, 792 a.E., wonach wiederum derart eklatante Mängel im Übrigen schon dann fern lägen, wenn das FG seiner Entscheidung die in der st. Rspr. des BFH entwickelten abstrakten Grundsätze zugrunde gelegt sowie seine (tatsächliche und rechtliche) Würdigung des Streitfalles schlüssig und nachvollziehbar begründet habe;

Schließlich kann auch ein Fehler des FG bei der i.R.v. § 102 FGO erfolgten Überprüfung der finanzbehördlichen Ermessensentscheidung keinen gravierenden Rechtsanwendungsfehler i.S. einer objektiv willkürlichen Entscheidung nach § 115 II Nr. 2 Alt. 2 FGO begründen[1024]. Dasselbe gilt für die Frage nach der Verfassungsmäßigkeit einer ordnungsgemäß zustande gekommenen Norm. Denn von der Verfassungskonformität eines Gesetzes darf ein Gericht solange ausgehen, bis dessen Verfassungswidrigkeit ausdrücklich festgestellt worden ist, so dass eine objektiv willkürliche Entscheidung insoweit niemals in Betracht kommen kann. Würde ein Gericht allerdings eine bereits für verfassungswidrig erklärte Norm anwenden, wäre die Revision wegen Abweichung von der betreffenden (BVerfG-) Entscheidung zuzulassen[1025].

Beschl. v. 15.10.2008, X B 60/07, BFH/NV 2009, 205; überdies Gräber/*Ruban*[6], § 115 FGO Tz. 68. Vgl. in diesem Zusammenhang schließlich noch den soeben bereits erwähnten *BFH*-Beschl. v. 17.08.2007, XI B 83/07, BFH/NV 2007, 2141, 2142, wonach auch eine *kurze oder lückenhafte und den Beschwerdeführer nicht überzeugende Begründung der Vorentscheidung* grds. nicht geeignet sein soll, das Vertrauen in die Rechtsprechung zu beschädigen und die Zulassung der Revision gemäß § 115 II Nr. 2 Alt. 2 FGO zu begründen; dazu **kritisch** nachfolgend unter (f) (S. 321 ff., dort S. 322 f.) sowie später im 4. Abschnitt unter B.III.2.b) (S. 546 ff., dort S. 547). – Die hier seitens der Rechtsprechung verwendete Formulierung *‚wenn seine – des FG – Auffassung nicht jeder Rechtsgrundlage bzw. jedes sachlichen Grundes entbehrt‘* ist eigentlich Bestandteil der Definition der ‚Greifbaren Gesetzwidrigkeit‘, vgl. dazu nachstehend unter (e) (S. 310 ff.). Wenn der BFH diese Phrase nun aber auch im Zusammenhang mit der Definition der ‚Objektiven Willkürlichkeit‘ benutzt, verdeutlicht dies das bereits vorstehend unter (c) (S. 291 ff.) ausführlich dargestellte *undurchsichtige und verworrene Verhältnis* zwischen diesen beiden Tatbestandsmerkmalen. Siehe insoweit auch *BFH*, Beschl. v. 09.08.2002, III B 34/02, BFH/NV 2002, 1616, 1617; Beschl. v. 29.08.2002, III B 16/02, BFH/NV 2003, 39; Beschl. v. 11.01.2003, III B 97/02, BFH/NV 2003, 510; Beschl. v. 25.03.2003, III B 67/02, BFH/NV 2003, 1167, wo diese Überschneidungen ebenfalls zum Ausdruck kommen, wenn von einer *‚willkürlichen, jeder/jeglicher gesetzlichen Grundlage entbehrenden Entscheidung/Würdigung‘* die Rede ist.

1024 *BFH*, Beschl. v. 10.02.2005, IV B 50, 52/03, BFH/NV 2005, 1215.

1025 *BFH*, Beschl. v. 10.02.2005 (Fn. 1024), BFH/NV 2005, 1215; *Lange* HHSp., § 115 FGO Tz. 211 (Lfg. 192 Oktober 2006). – Von der nicht in Betracht kommenden Revisionszulassung wegen eines gravierenden/schwerwiegenden Rechtsanwendungsfehlers des FG i.S. einer objektiv willkürlichen Entscheidung nach § 115 II Nr. 2 Alt. 2 FGO *unberührt* bleibt hingegen die Zulassung der Revision wegen grundsätzlicher Bedeutung der Rechtssache gemäß § 115 II Nr. 1 FGO, die grds. immer dann einschlägig ist, wenn *vernünftige Zweifel an der Verfassungsmäßigkeit* einer für die Entscheidung des Streitfalls maßgeblichen Vorschrift des Steuerrechts bestehen, vgl. dazu ausführlich oben unter I.1.g)cc) (S. 167 ff.), dort v.a. (1) (S. 167 f.).

Die Festellung, ob Willkür vorliegt, ist dabei ausschließlich anhand *objektiver Kriterien* zu treffen[1026]. Auf ein schuldhaftes Handeln des Richters kommt es hingegen nicht an, da die Feststellung von Willkür keinen persönlichen subjektiven Schuldvorwurf derart enthält, dass das Gericht es hätte besser machen müssen und einen Fehler gemacht hätte, der nicht jedermann passieren kann[1027]. Willkür will vielmehr allein als eine Maßnahme im *objektiven Sinn* verstanden werden, die im Verhältnis zu der Situation, die sie gestalten und der sie Herr werden will, tatsächlich und eindeutig unangemessen ist[1028].

Es handelt sich insoweit letztlich um den schlichten Ausdruck dafür, dass ein Urteil *sachlich schlechterdings unhaltbar* ist[1029]. Um den rein objektiven Charakter dieses Tatbestandsmerkmals von vornherein klarzustellen, empfiehlt es sich – wie es in den einschlägigen Entscheidungen des BVerfG sowie in vielen Entscheidungen

---

1026 *BVerfG*, Beschl. v. 03.11.1992, 1 BvR 1243/88, BVerfGE 87, 273, 278 f.; Beschl. v. 26.05.1993, 1 BvR 208/93, BVerfGE 89, 1, 13; Urt. v. 08.07.1997, 1 BvR 1934/93, BVerfGE 96, 189, 203; Beschl. v. 07.07.1999, 1 BvR 346/99, EuGRZ 1999, 494 (1. Kammer des Ersten Senats); Beschl. v. 07.04.2000, 1 BvR 2205/99, NJW 2000, 2494 (2. Kammer des Ersten Senats); Beschl. v. 20.09.2000, 1 BvR 441/00, NJW 2001, 1200 (2. Kammer des Ersten Senats); Beschl. v. 19.12.2000, 1 BvR 1684/99, NJW 2001, 1125, 1126 (3. Kammer des Ersten Senats); Beschl. v. 26.05.2004, 1 BvR 172/04, NJW 2004, 2584 (2. Kammer des Ersten Senats); Beschl. v. 08.12.2009, 1 BvR 3041/06, NJW 2010, 1870, 1871 (3. Kammer des Ersten Senats).

1027 Ständige Rechtsprechung des BVerfG: *BVerfG*, Beschl. v. 24.03.1976, 2 BvR 804/75, BVerfGE 42, 64, 73 m.w.N.; Beschl. v. 03.11.1982, 1 BvR 710/82, BVerfGE 62, 189, 192 m.w.N.; Beschl. v. 04.06.1985, 1 BvR 1222/82, BVerfGE 70, 93, 97 f.; Urt. v. 05.11.1985, 2 BvR 1434/83, BVerfGE 71, 122, 136; Beschl. v. 15.03.1989, 1 BvR 1428/88, BVerfGE 80, 48, 51; Beschl. v. 13.11.1990, 1 BvR 275/90, BVerfGE 83, 82, 84; Beschl. v. 07.04.1992, 1 BvR 1772/91, BVerfGE 86, 59, 63; Beschl. v. 03.11.1992 (Fn. 1026), BVerfGE 87, 273, 278 f.; Beschl. v. 26.05.1993 (Fn. 1026), BVerfGE 89, 1, 13; Beschl. v. 29.04.1998, 2 BvR 2939/93, NJW 1998, 2810 (2. Kammer des Zweiten Senats); Beschl. v. 07.07.1999 (Fn. 1026), EuGRZ 1999, 494; Beschl. v. 07.04.2000 (Fn. 1026), NJW 2000, 2494; Beschl. v. 20.09.2000 (Fn. 1026), NJW 2001, 1200; Beschl. v. 19.12.2000 (Fn. 1026), NJW 2001, 1125, 1126; Beschl. v. 26.05.2004 (Fn. 1026), NJW 2004, 2584 f. Vgl. auch Gräber/*Ruban*[6], § 115 FGO Tz. 68: Keine subjektive Willkür. Zudem *Rüsken*, DStZ 2004, 334, 338.

1028 So *BVerfG*, Beschl. v. 24.03.1976 (Fn. 1027), BVerfGE 42, 64, 73 m.w.N.; Beschl. v. 03.11.1982 (Fn. 1027), BVerfGE 62, 189, 192 m.w.N.; Beschl. v. 04.06.1985 (Fn. 1027), BVerfGE 70, 93, 97 f.; Beschl. v. 15.03.1989 (Fn. 1027), BVerfGE 80, 48, 51; Beschl. v. 13.11.1990 (Fn. 1027), BVerfGE 83, 82, 84; Beschl. v. 07.04.1992 (Fn. 1027), BVerfGE 86, 59, 63; Beschl. v. 26.05.1993 (Fn. 1026), BVerfGE 89, 1, 14.

1029 *Rüsken*, DStZ 2004, 334, 338. Vgl. stellvertretend aus der bundesverfassungsgerichtlichen Rechtsprechung *BVerfG*, Beschl. v. 08.12.2009 (Fn. 1026), NJW 2010, 1870, 1871, wo das BVerfG im Zusammenhang mit der Verletzung des Art. 3 I GG in seiner Bedeutung als objektives Willkürverbot von einem *‚schlechthin unhaltbaren Richterspruch'* spricht.

des BFH und auch in den diesseitigen Ausführungen bereits gehandhabt wird – stets von *‚Objektiver Willkür'* zu sprechen.

‚Objektive Willkür' und Schätzung von Besteuerungsgrundlagen

Oftmals wird der Vorwurf der ‚Objektiven Willkürlichkeit' auch dann erhoben, wenn es um die *Rechtmäßigkeit einer Schätzung von Besteuerungsgrundlagen* gemäß § 162 AO geht.

Dabei führt natürlich nicht jede i.R. einer Schätzung unterlaufene Ungereimtheit zu einem besonders schwerwiegenden Rechtsanwendungsfehler i.S.d. § 115 II Nr. 2 Alt. 2 FGO[1030]. Denn i.R.d. Schätzung können Tatsachenfeststellungen auch mit einem geringeren Grad an Überzeugung getroffen werden, als dies in der Regel geboten ist. Der Grad der grundsätzlich erforderlichen Gewissheit verringert sich dabei soweit, dass der Sachverhalt aufgrund von Wahrscheinlichkeitserwägungen festgestellt werden darf[1031]. Diese mit der Schätzung einhergehende *gesetzliche Beweismaßreduzierung auf eine größtmögliche Wahrscheinlichkeit*[1032] eröffnet dem FG, dem § 96 I 1 Hs. 2 FGO als Tatsachen- und Rechtsinstanz eine eigene, selbständige Schätzungsbefugnis einräumt, demzufolge durchaus erhebliche Beurteilungsspielräume[1033].

Ein zur Zulassung der Revision berechtigender gravierender/schwerwiegender Rechtsanwendungsfehler des FG i.S. einer objektiv willkürlichen Entscheidung kann insoweit unter Berücksichtigung der mit einer Schätzung stets verbundenen Unsicherheiten allenfalls dann bejaht werden, wenn die Schätzung den durch die Umstände des Einzelfalls gezogenen Schätzungsrahmen (offensichtlich) verlässt und sich nicht an den wahrscheinlichen Besteuerungsgrundlagen orientiert, sondern – subjektiv willkürlich – bewusst zum Nachteil des Steuerpflichtigen geschätzt wurde[1034]. Ebenso verhält es sich, wenn das Schätzungsergebnis trotz vorhandener Möglichkeiten, den Sachverhalt aufzuklären und Schätzungsgrundlagen zu ermitteln, *krass* von den tatsächlichen Gegebenheiten abweicht und in keiner Weise erkennbar ist, dass überhaupt und ggf. welche Schätzungserwägungen angestellt worden sind (objektiv willkürlicher Hoheitsakt)[1035].

1030 Ebenso *Kempermann*, DStZ 2005, 772, 776.

1031 *BFH*, Beschl. v. 13.10.2003, IV B 85/02, BStBl. II 2004, 25, 26 m.w.N.

1032 Dazu *Seer*, in: T/K, § 162 AO Tz. 2 (Lfg. 110 August 2006); *ders.*, in: T/L, Steuerrecht[21], § 21 Tz. 207.

1033 Siehe auch *Kempermann*, DStZ 2005, 772, 776.

1034 *BFH*, Beschl. v. 16.05.2003, II B 50/02, BFH/NV 2003, 1150; Beschl. v. 13.10.2003 (Fn. 1031), BStBl. II 2004, 25, 26 m.w.N.; Beschl. v. 10.02.2005, VIII B 126/03, n.v. (juris); Beschl. v. 20.10.2005, IV B 65/04, BFH/NV 2006, 240; Beschl. v. 07.11.2005, X B 49/05, BFH/NV 2006, 359. Vgl. auch *BFH*, Beschl. v. 03.03.2006, V B 15/05, BFH/NV 2006, 1366.

1035 So *BFH*, Beschl. v. 16.05.2003 (Fn. 1034), BFH/NV 2003, 1150; Beschl. v. 20.10.2005 (Fn. 1034), BFH/NV 2006, 240; Beschl. v. 02.06.2014, III B 101/13, BFH/NV 2014, 1374, 1376.

Der BFH hat in diesem Zusammenhang auf der einen Seite betont, dass ein besonders schwerwiegender Rechtsanwendungsfehler i.S.d. § 115 II Nr. 2 Alt. 2 FGO nur dann angenommen werden könne, wenn nicht nur das Ergebnis der Schätzung, sondern zugleich deren Methode und rechnerische Details als objektiv willkürlich in Frage gestellt würden[1036]. Andererseits hat er herausgestellt, dass eine Zulassung der Revision in denjenigen Fällen nicht in Betracht komme, in denen ein etwaiger Verstoß des FG gegen die Denkgesetze lediglich eine einzige der im Streitfall verwendeten zahlreichen Schätzungsgrundlagen betreffe, dieser Verstoß jedoch nicht dazu führe, dass sich auch das Gesamtergebnis der Schätzung als auf den ersten Blick *eklatant fehlerhaft* darstelle. Denn ein Rechtsfehler, der nur auf einer Vorstufe der Schätzung, nicht aber auch in deren Gesamtergebnis ‚offensichtlich' sei, könne nicht als ‚besonders schwerwiegend' i.S.d. Rechtsprechung zu § 115 II Nr. 2 Alt. 2 FGO angesehen werden. Andernfalls könnte der BFH mittels einer Rüge besonders schwerwiegender materiell-rechtlicher Fehler nämlich gezwungen werden, die gesamten Steuerakten auf mögliche Zulassungsgründe durchzusehen, was im NZB-Verfahren aber gerade vermieden werden solle[1037].

Eine genauere Betrachtung der diesen Beschlüssen zugrunde liegenden Sachverhalte zeigt, was der BFH mit seinen dortigen Ausführungen zum Ausdruck bringen möchte: Ein gravierender/schwerwiegender Rechtsanwendungsfehler soll regelmäßig dann noch nicht vorliegen, wenn das finanzgerichtliche Urteil Umstände erkennen lässt, die die Schätzung trotz eines Fehlers als vertretbar erscheinen lassen[1038].

Vor diesem Hintergrund hat der BFH in letzter Zeit des Öfteren ausdrücklich klargestellt, dass ein gravierender Rechtsanwendungsfehler des FG i.S. einer objektiv willkürlichen Entscheidung im Zusammenhang mit der Schätzung von Besteuerungsgrundlagen immer nur dann in Betracht komme, wenn das *Ergebnis der Schätzung wirtschaftlich unmöglich* und damit *schlechthin unvertretbar* sei, wenn

---

1036 Siehe *BFH*, Beschl. v. 01.09.2004, X B 162/03, BFH/NV 2005, 224, 226; Beschl. v. 01.09.2004, X B 163/03, BFH/NV 2005, 227; Beschl. v. 10.02.2005 (Fn. 1034), n.v. (juris).

1037 Vgl. *BFH*, Beschl. v. 09.03.2004, X B 68/03, BFH/NV 2004, 1112, 1113; Beschl. v. 01.03.2005, X B 158/04, BFH/NV 2005, 1014. *Kritisch Kempermann*, DStZ 2005, 772, 776, der anführt, dass die in den beiden Beschlüssen zum Ausdruck gebrachte Befürchtung – bei einer Berücksichtigung auch von Fehlern auf einer ‚Vorstufe' der Schätzung könne der BFH mittels einer Rüge besonders schwerwiegender materiell-rechtlicher Fehler gezwungen werden, die gesamten Steuerakten auf mögliche Zulassungsgründe durchzusehen, was im NZB-Verfahren aber gerade vermieden werden solle – nicht recht verständlich sei. Denn dieser Gefahr stehe die Darlegungspflicht des Beschwerdeführers i.R.d. Begründung einer NZB nach §§ 116 III 3, 115 II Nr. 2 Alt. 2 FGO entgegen (zum Zweck des im NZB-Verfahren grds. bestehenden gesetzlichen Begründungszwangs ausführlich bereits oben unter A.II.2. [S. 108 ff., dort S. 110 f.]).

1038 *Kempermann*, DStZ 2005, 772, 776.

sich das gewonnene *Schätzungsergebnis* mithin als *offensichtlich realitätsfremd* darstelle[1039], während bei einem in sich schlüssigen, wirtschaftlich möglichen und vernünftigen Schätzungsergebnis ein solcher schwerwiegender Rechtsanwendungsfehler hingegen nicht angenommen werden könne[1040].

(e) Definition der ‚Greifbaren Gesetzwidrigkeit' als Tatbestandsmerkmal eines gravierenden/schwerwiegenden Rechtsanwendungsfehlers des FG

Die Zulassung der Revision wegen eines gravierenden/schwerwiegenden Rechtsanwendungsfehlers des FG kommt nach der Rechtsprechung sämtlicher BFH-Senate auch dann in Betracht, wenn die Auslegung und Anwendung revisiblen Rechts durch das FG in materieller Hinsicht als *greifbar gesetzwidrig* zu qualifizieren ist[1041].

Auch diese Rechtsprechung fußt auf dem Gedanken, dass die Korrektur greifbar gesetzwidriger Gerichtsentscheidungen nicht nur im Interesse des durch die Entscheidung beschwerten Prozessbeteiligten, sondern auch im öffentlichen Interesse an einer gemäß Art. 20 III GG Recht und Gesetz verpflichteten Rechtsprechung liege. Zudem lasse sich eine die Zulassung der Revision nach sich ziehende gravierende/schwerwiegende Fehlerhaftigkeit finanzgerichtlicher Urteile freundlicher als mit Verdikt der ‚Objektiven Willkürlichkeit' dadurch beschreiben, dass das Urteil als greifbar gesetzwidrig qualifiziert werde[1042].

Soweit der BFH in seiner Rechtsprechung zu § 115 II Nr. 2 Alt. 2 FGO also neben dem Tatbestandsmerkmal der ‚Objektiven Willkür' das Tatbestandsmerkmal der ‚Greifbaren Gesetzwidrigkeit' verwendet, handelt es sich auch hier wiederum um

---

1039 *BFH*, Beschl. v. 09.03.2004 (Fn. 1037), BFH/NV 2004, 1112, 1113; Beschl. v. 01.03.2005 (Fn. 1037), BFH/NV 2005, 1014; Beschl. v. 01.04.2008, X B 92/07, BFH/NV 2008, 1337; Beschl. v. 24.07.2008, VI B 7/08, BFH/NV 2008, 1838; Beschl. v. 17.09.2008, II B 2/08, ZSteu 2008, R1020; Beschl. v. 30.09.2008, VII S 17/08 (PKH), BFH/NV 2009, 203; Beschl. v. 15.10.2008, VII B 153/08, n.v. (juris); Beschl. v. 15.10.2008, X B 120/08, BFH/NV 2009, 41, 42; Beschl. v. 12.11.2008, V B 41/08, BFH/NV 2009, 402, 403; Beschl. v. 22.01.2009, X B 144/08, ZSteu 2009, R257, R258; Beschl. v. 06.05.2009, II B 14/09, ZSteu 2009, R582; Beschl. v. 02.06.2014 (Fn. 1035), BFH/NV 2014, 1374, 1376; vgl. zudem Beschl. v. 04.06.2014, X B 95/13, BFH/NV 2014, 1355, 1356: Gravierender/Schwerwiegender Rechtsanwendungsfehler des FG nur bei *Nichtigkeit des Schätzungsbescheides.*

1040 Vgl. *BFH*, Beschl. v. 13.10.2003 (Fn. 1031), BStBl. II 2004, 25, 26; Beschl. v. 07.11.2005 (Fn. 1034), BFH/NV 2006, 359.

1041 Vgl. dazu die umfangreichen Nachweise in Fußnote 990.

1042 *Lange*, StuW 2006, 366, 372; *ders.* HHSp., § 115 FGO Tz. 207 (Lfg. 192 Oktober 2006). – Zum Verhältnis zwischen diesen beiden zentralen Tatbestandsmerkmalen eines gravierenden/schwerwiegenden Rechtsanwendungsfehlers des FG – die ‚Greifbare Gesetzwidrigkeit' ist nach wohl zutreffender Ansicht weiter zu verstehen und liegt unterhalb der Grenze der ‚Objektiven Willkürlichkeit' – ausführlich oben unter (c) (S. 291 ff., dort v.a. S. 295 ff.).

einen unbestimmten Rechtsbegriff, der einen weiteren Auslegungs- und Konkretisierungsbedarf hervorruft.

In diesem Zusammenhang ist zu berücksichtigen, dass das Kriterium der ‚Greifbaren Gesetzwidrigkeit' der bisherigen – früheren – Rechtsprechung zur sog. *außerordentlichen Beschwerde* entstammt[1043]. Im Rahmen dieser Rechtsprechung hat

1043 Nach bisheriger – früherer – Rechtsprechung des BFH wurde in Fällen einer kraft Gesetzes mit förmlichen Rechtsbehelfen nicht mehr anfechtbaren finanzgerichtlichen Entscheidung ausnahmsweise die Statthaftigkeit des in der FGO nicht vorgesehenen Rechtsbehelfs der *‚Außerordentlichen Beschwerde wegen greifbarer Gesetzwidrigkeit'* in Erwägung gezogen. Nach nunmehr einheitlicher Auffassung aller elf Senate des BFH wird die außerordentliche Beschwerde jedoch mit Wirkung zum 01.01.2002 (Normierung der Gehörsrüge gemäß § 321a ZPO i.V.m. § 155 FGO) bzw. spätestens seit dem 01.01.2005 (Normierung der Anhörungsrüge gemäß § 133a FGO) unter Hinweis auf ihre Unvereinbarkeit mit dem verfassungsrechtlichen *Gebot der Rechtsmittelklarheit* (vgl. dazu *BVerfG*, Beschl. v. 30.04.2003, 1 PBvU 1/02, BVerfGE 107, 395, 416 f. = NJW 2003, 1924, 1928 – Rechtsschutz gegen den Richter I [Plenum]; Beschl. v. 16.01.2007, 1 BvR 2803/06, NJW 2007, 2538, 2539 [2. Kammer des Ersten Senats, Nichtannahmebeschluss]; ausführlich später im 4. Abschnitt unter A.IV.2.b) [S. 430 ff., dort S. 431 ff.) übereinstimmend für *unstatthaft* gehalten, vgl. beispielhaft nur *BFH*, Beschl. v. 29.01.2003, I B 114/02, BStBl. II 2003, 317, 318 f.; Beschl. v. 29.09.2005, I B 70/05, BFH/NV 2006, 110; Beschl. v. 31.01.2007, I B 158/06, BFH/NV 2007, 952, 953 **(I. Senat)**; Beschl. v. 26.01.2006, II B 93/05, BFH/NV 2006, 1157, 1158; Beschl. v. 22.02.2006, II S 1/06, BFH/NV 2006, 1309 **(II. Senat)**; Beschl. v. 17.03.2006, III B 138/05, n.v. (juris) **(III Senat)**; Beschl. v. 05.12.2002, IV B 190/02, BStBl. II 2003, 269 f. **(IV. Senat)**; Beschl. v. 12.12.2002, V B 185/02, BStBl. II 2003, 270, 271; Beschl. v. 29.12.2004, V B 215/04, BFH/NV 2005, 1312; Beschl. v. 21.02.2006, V S 25/05, BFH/NV 2006, 1128; Beschl. v. 11.05.2007, V B 48/06, BFH/NV 2007, 1682 f. **(V. Senat)**; Beschl. v. 11.03.2009, VI S 14/08, BFH/NV 2009, 1130, 1131 **(VI. Senat)**; Beschl. v. 31.07.2006, VII B 279/05, BFH/NV 2006, 2114; Beschl. v. 05.10.2006, VII B 344/05, BFH/NV 2007, 253 **(VII. Senat)**; Beschl. v. 30.11.2005, VIII B 181/05, BStBl. II 2006, 188 ff. **(VIII. Senat)**; Beschl. v. 22.06.2006, IX B 108/06, BFH/NV 2006, 1696; Beschl. v. 14.11.2006, IX B 156/06, BFH/NV 2007, 473 **(IX. Senat)**; Beschl. v. 08.01.2007, X B 190/06, BFH/NV 2007, 932, 933; Beschl. v. 09.08.2007, X B 85/07, n.v. (juris) **(X. Senat)**; Beschl. v. 13.06.2006, XI B 75/05, BFH/NV 2006, 1691; Beschl. v. 08.01.2007, XI B 141/06, BFH/NV 2007, 933, 934; Beschl. v. 18.02.2014, XI B 140/13, BFH/NV 2014, 879 f. **(XI. Senat)**, teilweise m.w.N. auch aus anderen Gerichtsbarkeiten. Zwar hatte der *IV Senat* des BFH in einigen Entscheidungen zunächst noch an der Statthaftigkeit der außerordentlichen Beschwerde festgehalten und diese ausnahmsweise dann für statthaft erklärt, wenn der Beschwerdeführer mit ihr die Verletzung von solchen Verfahrensvorschriften gerügt hatte, deren Auslegung gerade den Gegenstand der finanzgerichtlichen Entscheidung bildete, also in Fällen der bewussten und objektiv greifbar gesetzwidrigen Anwendung von Prozessrecht durch das FG, vgl. etwa *BFH*, Beschl. v. 13.05.2004, IV B 230/02, BStBl. II 2004, 833 f. u. 835; Beschl. v. 08.09.2005, IV B 42/05, BStBl. II 2005, 838 f. (dies explizit offen lassend *BFH*, Beschl. v. 19.10.2005, X S 22/05, BFH/

der BFH in einer Vielzahl von Entscheidungen dazu Stellung genommen, unter welchen Voraussetzungen eine Gerichtsentscheidung als *greifbar gesetzwidrig* anzusehen ist. Die einschlägigen Entscheidungen führen insoweit aus, eine greifbare Gesetzwidrigkeit komme in Betracht, wenn die angefochtene Entscheidung jeglicher gesetzlichen Grundlage entbehre[1044] – etwa weil sie ihrer Art oder ihrem Inhalt nach oder als Entscheidung des betreffenden Gerichts oder in dem betreffenden Verfahren vom Gesetz überhaupt nicht vorgesehen sei[1045] – und damit eine nicht hinnehmbare Gesetzwidrigkeit zur Folge habe[1046]. Es müsse sich also stets um

---

NV 2006, 336). Diese Ansicht hat der *IV. Senat* aber zwischenzeitlich ausdrücklich aufgegeben und sich nunmehr ausnahmslos der Rechtsprechung der übrigen Senate angeschlossen (vgl. *BFH*, Beschl. v. 14.03.2007, IV S 13/06 [PKH], BStBl. II 2007, 468, 469), so dass eine außerordentliche Beschwerde im Finanzprozess mithin nicht mehr in Betracht kommt. *Kritisch* dazu unter Hinweis auf das Gebot effektiven Rechtsschutzes zu Recht *Seer*, in: T/K, Vor § 115 FGO Tz. 48 (Lfg. 131 Oktober 2012) sowie § 133a FGO Tz. 3 (Lfg. 121 September 2009).

1044 *BFH*, Beschl. v. 26.05.1977, V B 7/77, BStBl. II 1977, 628; Beschl. v. 26.08.1991, IV B 135/90, BFH/NV 1992, 509, 510; Beschl. v. 26.04.1996, III B 35/96, BFH/NV 1996, 700; Beschl. v. 27.06.1996, IV B 168/95, BFH/NV 1997, 57; Beschl. v. 22.10.1998, X B 163/98, BFH/NV 1999, 504; Beschl. v. 28.10.1998, II B 51/98, BFH/NV 1999, 632; Beschl. v. 12.07.1999, VI B 20/99, BFH/NV 2000, 60; Beschl. v. 02.12.1999, I B 62/99, BFH/NV 2000, 845; Beschl. v. 17.12.1999, VI B 218/99, BFH/NV 2000, 481; Beschl. v. 18.01.2000, I B 119/99, BFH/NV 2000, 858, 859; Beschl. v. 24.02.2000, III B 1/00, BFH/NV 2000, 1111; Beschl. v. 18.10.2000, IV B 98/00, BFH/NV 2001, 332; Beschl. v. 22.11.2000, I B 106/00, BFH/NV 2001, 619; Beschl. v. 26.02.2001, XI B 157/00, BFH/NV 2001, 1033; Beschl. v. 05.03.2001, III B 119/00, BFH/NV 2001, 1036; Beschl. v. 07.03.2002, VIII B 165/01, BFH/NV 2002, 1162; Beschl. v. 10.04.2002, VIII B 122/01, BFH/NV 2002, 1309; Beschl. v. 10.07.2002, IX B 73/02, BFH/NV 2002, 1341; Beschl. v. 14.10.2002, V B 170/01, BFH/NV 2003, 197; Beschl. v. 05.12.2002 (Fn. 1043), BStBl. II 2003, 269; Beschl. v. 12.12.2002 (Fn. 1043), BStBl. II 2003, 270, 271; Beschl. v. 29.01.2003 (Fn. 1043), BStBl. II 2003, 317, 318; Beschl. v. 13.05.2004 (Fn. 1043), BStBl. II 2004, 833, 835; Beschl. v. 08.09.2005 (Fn. 1043), BStBl. II 2005, 838, vereinzelt m.w.N. aus der Rechtsprechung des *BVerwG* und insbesondere des *BGH* zur außerordentlichen Beschwerde wegen greifbarer Gesetzwidrigkeit.

1045 Siehe *BFH*, Beschl. v. 26.05.1977 (Fn. 1044), BStBl. II 1977, 628; Beschl. v. 22.12.1994, V B 16/94, BFH/NV 1995, 721; Beschl. v. 26.04.1996 (Fn. 1044), BFH/NV 1996, 700; Beschl. v. 01.10.1996, VII B 142/96, BFH/NV 1997, 374; Beschl. v. 28.10.1998 (Fn. 1044), BFH/NV 1999, 632; Beschl. v. 02.12.1999 (Fn. 1044), BFH/NV 2000, 845; Beschl. v. 18.01.2000 (Fn. 1044), BFH/NV 2000, 858, 859; Beschl. v. 10.07.2002 (Fn. 1044), BFH/NV 2002, 1341; Beschl. v. 14.10.2002 (Fn. 1044), BFH/NV 2003, 197; Beschl. v. 19.10.2005 (Fn. 1043), BFH/NV 2006, 336, vereinzelt m.w.N. aus der Rechtsprechung des *BGH* zur außerordentlichen Beschwerde wegen greifbarer Gesetzwidrigkeit.

1046 *BFH*, Beschl. v. 26.08.1991 (Fn. 1044), BFH/NV 1992, 509, 510; Beschl. v. 22.10.1998 (Fn. 1044), BFH/NV 1999, 504; Beschl. v. 12.07.1999 (Fn. 1044), BFH/NV 2000, 60; Beschl. v. 17.12.1999 (Fn. 1044), BFH/NV 2000, 481; Beschl. v. 24.02.2000 (Fn. 1044),

eine Entscheidung handeln, die dem Gesetz inhaltlich fremd und deshalb mit der geltenden Rechtsordnung schlechthin unvereinbar sei[1047]. Diese Voraussetzung sei insbesondere dann erfüllt, wenn die gerichtliche Entscheidung auf einer Gesetzesauslegung beruhe, die offensichtlich dem Wortlaut und dem Zweck des Gesetzes widerspreche und daher eine Gesetzesanwendung zur Folge habe, die durch das Gesetz ersichtlich ausgeschlossen werden sollte[1048]. Im Anschluss daran heißt es schließlich vereinzelt, es müsse sich um eine Entscheidung handeln, die (deshalb)

BFH/NV 2000, 1111; Beschl. v. 18.10.2000 (Fn. 1044), BFH/NV 2001, 332; Beschl. v. 26.02.2001 (Fn. 1044), BFH/NV 2001, 1033; Beschl. v. 05.03.2001 (Fn. 1044), BFH/NV 2001, 1036; Beschl. v. 10.04.2002 (Fn. 1044), BFH/NV 2002, 1309; Beschl. v. 05.12.2002 (Fn. 1043), BStBl. II 2003, 269; Beschl. v. 13.05.2004 (Fn. 1043), BStBl. II 2004, 833, 835; Beschl. v. 08.09.2005 (Fn. 1043), BStBl. II 2005, 838.

1047 So *BFH*, Beschl. v. 27.06.1996 (Fn. 1044), BFH/NV 1997, 57; Beschl. v. 28.10.1998 (Fn. 1044), BFH/NV 1999, 632; Beschl. v. 02.12.1999 (Fn. 1044), BFH/NV 2000, 845; Beschl. v. 07.03.2002 (Fn. 1044), BFH/NV 2002, 1162; Beschl. v. 12.12.2002 (Fn. 1043), BStBl. II 2003, 270, 271, großteils m.w.N. aus der Rechtsprechung des *BVerwG* und insbesondere des *BGH* zur außerordentlichen Beschwerde wegen greifbarer Gesetzwidrigkeit. – Vgl. auch *BFH*, Beschl. v. 15.12.2005, VII B 268/05, BFH/NV 2006, 767, wo es heißt, dass die angefochtene Entscheidung *„schlechterdings unhaltbar"* sein müsse.

1048 *BFH*, Beschl. v. 22.11.1994, VII B 144/94, BFH/NV 1995, 791; Beschl. v. 26.01.1998, VII B 215/97, BFH/NV 1998, 866; Beschl. v. 22.10.1998 (Fn. 1044), BFH/NV 1999, 504; Beschl. v. 12.07.1999 (Fn. 1044), BFH/NV 2000, 60; Beschl. v. 02.12.1999 (Fn. 1044), BFH/NV 2000, 845; Beschl. v. 17.12.1999 (Fn. 1044), BFH/NV 2000, 481; Beschl. v. 07.01.2000, VII B 292/99, BFH/NV 2000, 481; Beschl. v. 24.02.2000 (Fn. 1044), BFH/NV 2000, 1111; Beschl. v. 18.10.2000 (Fn. 1044), BFH/NV 2001, 332; Beschl. v. 19.12.2000, VII B 301/00, BFH/NV 2001, 425; Beschl. v. 26.02.2001 (Fn. 1044), BFH/NV 2001, 1033; Beschl. v. 05.03.2001 (Fn. 1044), BFH/NV 2001, 1036; Beschl. v. 21.12.2001, VII B 216/01, BFH/NV 2002, 923; Beschl. v. 10.04.2002 (Fn. 1044), BFH/NV 2002, 1309; Beschl. v. 15.05.2002, I B 3/02, BFH/NV 2002, 1317; Beschl. v. 05.12.2002 (Fn. 1043), BStBl. II 2003, 269; Beschl. v. 13.05.2004 (Fn. 1043), BStBl. II 2004, 833, 835 u. 836; Beschl. v. 08.09.2005 (Fn. 1043), BStBl. II 2005, 838, vereinzelt m.w.N. aus der Rechtsprechung des *BGH* zur außerordentlichen Beschwerde wegen greifbarer Gesetzwidrigkeit. – Vgl. insoweit auch die soeben schon erwähnten *BFH*-Entscheidungen, Beschl. v. 13.05.2004 (Fn. 1043), BStBl. II 2004, 833 f.; Beschl. v. 08.09.2005 (Fn. 1043), BStBl. II 2005, 838 u. 839, wo es jeweils heißt, dass den Betroffenen gegen eine mit förmlichen Rechtsbehelfen nicht mehr anfechtbare Entscheidung des FG ausnahmsweise eine *außerordentliche Beschwerde* zustehe, *wenn das FG eine Vorschrift des Prozessrechts bewusst in einer objektiv greifbar gesetzwidrigen Weise angewendet habe* (vgl. in diesem Zusammenhang auch den *BFH*-Beschl. v. 19.10.2005 [Fn. 1043], BFH/NV 2006, 336, sowie insgesamt bereits Fußnote 1043).

bei verständiger Würdigung unter keinem denkbaren Gesichtspunkt rechtlich vertretbar erscheine[1049].

Betrachtet man diese durch die Rechtsprechung des BFH zur außerordentlichen Beschwerde vorgenommene Auslegung und Konkretisierung des Begriffs der ‚Greifbaren Gesetzwidrigkeit', so lässt sich feststellen, dass der BFH diesem unbestimmten Rechtsbegriff durchaus Konturen verliehen hat. Auch der Begriff der ‚Greifbaren Gesetzwidrigkeit' stellt mithin nach überwiegender Ansicht – ähnlich wie die beiden unbestimmten Rechtsbegriffe der ‚Grundsätzlichen Bedeutung' und der ‚Objektiven Willkürlichkeit' – einen etablierten sowie überkommenen, durch die Rechtsprechung in verschiedenen Gerichtszweigen[1050] weitgehend ausgefüllten, und vom BVerfG anerkannten Rechtsbegriff dar[1051]. Es erscheint somit naheliegend, den durch die BFH-Rechtsprechung zur außerordentlichen Beschwerde ausgefüllten Rechtsbegriff der ‚Greifbaren Gesetzwidrigkeit' auch für das Revisionszulassungsrecht fruchtbar zu machen und zur Auslegung und Konkretisierung dieses Kriteriums als Tatbestandsmerkmal eines gravierenden/schwerwiegenden Rechtsanwendungsfehlers des FG i.R.d. § 115 II Nr. 2 Alt. 2 FGO auf die dort entwickelte Definition zurückzugreifen[1052].

1049 Vgl. *BFH*, Beschl. v. 13.05.2004 (Fn. 1043), BStBl. II 2004, 833, 835 u. 836; Beschl. v. 08.09.2005 (Fn. 1043), BStBl. II 2005, 838; Beschl. v. 15.12.2005 (Fn. 1047), BFH/NV 2006, 767. – Zu etwaigen Überschneidungen dieses letztgenannten Elements/dieser letztgenannten Formulierung mit dem Kriterium der ‚Objektiven Willkür' vgl. nachfolgend in Fußnote 1060.

1050 Vgl. z.B. *BVerwG*, Beschl. v. 31.01.2000, 8 B 22/00, BayVBl. 2000, 764, sowie *BGH*, Beschl. v. 14.11.1991, I ZB 15/91, NJW 1992, 983, 984 – Greifbare Gesetzwidrigkeit; Beschl. v. 08.10.1992, VII ZB 3/92, NJW 1993, 135, 136; Beschl. v. 04.03.1993, V ZB 5/93, NJW 1993, 1865; Beschl. v. 26.05.1994, I ZB 4/94, NJW 1994, 2363, 2364 – Greifbare Gesetzwidrigkeit II; Beschl. v. 16.03.1998, II ZB 19/97, NJW 1998, 1715 f.; Beschl. v. 20.07.1999, X ZB 12/99, NJW-RR 1999, 1585, allesamt m.w.N. und jeweils zur außerordentlichen Beschwerde wegen greifbarer Gesetzwidrigkeit.

1051 Bspw. *BVerfG*, Beschl. v. 25.04.2001, 1 BvR 132/01, NJW 2001, 2159 (1. Kammer des Ersten Senats, Nichtannahmebeschluss); *Lange* StuW 2006, 366, 373; *ders.* HHSp., § 115 FGO Tz. 209 (Lfg. 192 Oktober 2006).

1052 Soweit in einer Vielzahl der analysierten BFH-Entscheidungen zur Statthaftigkeit der außerordentlichen Beschwerde zusätzlich zu den o.g. Erwägungen erwähnt wird, eine außerordentliche Beschwerde wegen greifbarer Gesetzwidrigkeit sei auch dann statthaft, wenn der Beschluss des FG unter *schwerwiegender Verletzung von Verfahrensvorschriften* zustande gekommen sei, ist darauf vorstehend nicht weiter eingegangen worden. Denn dieser Aspekt hat für das finanzgerichtliche Revisionszulassungsrecht und den dortigen Zulassungstatbestand des ‚Gravierenden/Schwerwiegenden Rechtsanwendungsfehlers des FG' gemäß § 115 II Nr. 2 Alt. 2 FGO aufgrund der in der FGO eigens vorgesehenen Verfahrensrevision nach § 115 II Nr. 3 FGO keinerlei Bedeutung, vgl. dazu bereits ausführlich oben unter (1)(b) (S. 269 ff., dort S. 273) sowie vorstehend unter (a) (S. 277 f. [bzw. ff.]).

Zunächst hatte jedoch keiner der elf BFH-Senate *ausführlich* zu dem Begriff der ‚Greifbaren Gesetzwidrigkeit' als konkretisierendem Tatbestandsmerkmal des § 115 II Nr. 2 Alt. 2 FGO Stellung genommen. In den einschlägigen Entscheidungen zur Revisionszulassung wegen eines gravierenden/schwerwiegenden Rechtsanwendungsfehlers des FG i.S. einer greifbar gesetzwidrigen Entscheidung wurden jeweils *lediglich einzelne Aspekte* des i.R.d. Rechtsprechung zur außerordentlichen Beschwerde konkretisierten Rechtsbegriffs angesprochen bzw. weiterentwickelt.

Nennenswert erscheint insoweit v.a. eine Entscheidung des ***V. Senats***, in der dieser ausgeführt hat, dass eine Entscheidung sich auch dann als greifbar gesetzwidrig darstelle, *wenn das FG eine offensichtlich einschlägige entscheidungserhebliche Vorschrift übersehen habe*[1053]. Diese Entscheidung ist bereits deshalb von erheblicher Bedeutung, weil der *V. Senat* in ihr einen gravierenden/schwerwiegenden Rechtsanwendungsfehler des FG i.S. einer greifbar gesetzwidrigen Entscheidung bejaht hat[1054]. Zudem ist die dort getroffene Kernaussage zur greifbaren Gesetzwidrigkeit in der Folgezeit von nahezu sämtlichen anderen Senaten – großteils auch unter ausdrücklicher Zitierung der Entscheidung des *V. Senats* – immer wieder aufgefasst und bestätigt worden, so dass der *V. Senat* mit seiner Entscheidung maßgeblich zur weiteren Konkretisierung des Kriteriums der ‚Greifbaren Gesetzwidrigkeit' im finanzgerichtlichen Revisionszulassungsrecht beigetragen hat[1055].

1053 *BFH*, Beschl. v. 28.07.2003, V B 72/02, BFH/NV 2003, 1597, unter Hinweis auf *Lange* HHSp., § 115 FGO Tz. 206, nunmehr Tz. 207 u. insbesondere 210 (Lfg. 192 Oktober 2006).

1054 Siehe dazu auch nachfolgend unter (f) (S. 321 ff., dort S. 324).

1055 Vgl. etwa *BFH*, Beschl. v. 06.05.2009, II B 14/09, ZSteu 2009, R582; Beschl. v. 05.09.2012, II B 61/12, BFH/NV 2012, 1995 **(II. Senat)**; Beschl. v. 12.10.2012, III B 78/12, BFH/NV 2013, 39 **(III. Senat)**; Beschl. v. 23.06.2008, IV B 106/07, BFH/NV 2008, 1642; Beschl. v. 26.10.2011, IV B 96/10, BFH/NV 2012, 285; Beschl. v. 16.05.2012, IV B 48/11, BFH/NV 2012, 1462, 1464 **(IV. Senat)**; Beschl. v. 03.11.2005, V B 9/04, BFH/NV 2006, 248, 249; Beschl. v. 29.05.2008, V B 160/07, BFH/NV 2008, 1544; Beschl. v. 30.04.2009, V B 132/08, n.v. (juris) **(V. Senat)**; Beschl. v. 24.09.2008, VI B 107/07, n.v. (juris); Beschl. v. 06.02.2012, VI B 147/11, ZSteu 2012, R486, R487 **(VI. Senat)**; Beschl. v. 07.07.2004, VII B 344/03, BStBl. II 2004, 896, 898 (allerdings mit Einschränkungen, dazu **kritisch** ansatzweise nachstehend unter cc)(4) [S. 328 f.] sowie ausführlich später im 4. Abschnitt unter B.III.2.d) [S. 603 ff.]); Beschl. v. 28.08.2007, VII B 357/06, BFH/NV 2008, 113 (vgl. hierzu aber auch nachfolgend unter cc)(3) [S. 327 f., dort S. 328]); Beschl. v. 18.11.2010, VII B 12/10, BFH/NV 2011, 406 **(VII. Senat)**; Beschl. v. 03.03.2010, VIII B 216/09, BFH/NV 2010, 1110, 1111 **(VIII. Senat)**; Beschl. v. 07.07.2005, IX B 13/05, BFH/NV 2005, 2031; Beschl. v. 01.10.2008, IX B 86/08, ZSteu 2008, R1176; Beschl. v. 28.11.2008, IX B 118/08, n.v. (juris); Beschl. v. 12.05.2011, IX B 121/10, BFH/NV 2011, 1391 **(IX. Senat)**; Beschl. v. 26.03.2007, X B 186/06, n.v. (juris); Beschl. v. 24.10.2007, X B 126/07, n.v. (juris); Beschl. v. 12.08.2008, X B 46/08, n.v. (juris); Beschl. v. 02.12.2008, X B 53/08, ZSteu 2009, R243; Beschl. v. 02.12.2008, X B

Einige Entscheidungen wollen eine greifbare Gesetzwidrigkeit i.R.d. § 115 II Nr. 2 Alt. 2 FGO – jeweils unter direkter bzw. indirekter Bezugnahme auf die Rechtsprechung zur außerordentlichen Beschwerde – überdies immer dann annehmen, *wenn das Urteil jeglicher gesetzlichen Grundlage entbehre oder auf einer offensichtlich Wortlaut und Gesetzeszweck widersprechenden Gesetzesauslegung beruhe*[1056].

Eine *vollumfängliche* Definition der ‚Geifbaren Gesetzwidrigkeit' i.R. einer BFH-Entscheidung zur Revisionszulassung wegen eines gravierenden/schwerwiegenden Rechtsanwendungsfehlers des FG i.S.d. § 115 II Nr. 2 Alt. 2 FGO findet sich – soweit ersichtlich – jedoch erst in einem Beschluss des ***X. Senats*** aus dem Jahre 2008[1057]. Dort hat der *X. Senat* klarsichtig herausgearbeitet, dass die Annahme greifbar gesetzwidriger Entscheidungen auf außergewöhnliche/ganz ungewöhnliche Fallgestaltungen beschränkt bleiben müsse. So könne eine greifbare Gesetzwidrigkeit angenommen werden, *wenn eine Entscheidung jeglicher gesetzlichen Grundlage entbehre* oder *wenn sie auf einer Gesetzesauslegung beruhe, die offensichtlich Wortlaut und Gesetzeszweck widerspreche und daher eine Gesetzesanwendung zur*

68/08, n.v. (juris); Beschl. v. 02.12.2008, X B 69/08, n.v. (juris); Beschl. v. 17.03.2010, X B 118/09, BFH/NV 2010, 1277; Beschl. v. 18.08.2010, X B 178/09, BFH/NV 2010, 2010; Beschl. v. 13.07.2011, X B 187/10, BFH/NV 2011, 1899; Beschl. v. 19.07.2012, X B 88/11, BFH/NV 2012, 1932; Beschl. v. 29.08.2012, X B 216/11, BFH/NV 2013, 24; Beschl. v. 30.08.2012, X B 97/11, BFH/NV 2013, 13, 15 **(X. Senat)**; Beschl. v. 17.08.2007, XI B 83/07, BFH/NV 2007, 2141; Beschl. v. 10.01.2012, XI B 80/11, BFH/NV 2012, 815 **(XI. Senat)**. – Hingegen reicht es für das Vorliegen eines gravierenden/schwerwiegenden Rechtsanwendungsfehlers des FG i.S. einer greifbar gesetzwidrigen (bzw. objektiv willkürlichen) Entscheidung nach der einschlägigen BFH-Rechtsprechung *nicht* aus, wenn *das FG eine vorhandene höchstrichterliche Rechtsprechung übersehen hat,* da ein solcher Fehler von seinem Gewicht her dem Übersehen einer Rechtsnorm *nicht* gleichzustellen sei, und daher *nicht* als ‚gravierend/schwerwiegend' i.S. der zu § 115 II Nr. 2 Alt. 2 FGO entwickelten Grundsätze angesehen werden könne, vgl. insoweit den soeben bereits zitierten *BFH*-Beschl. v. 19.07.2012, X B 88/11, BFH/NV 2012, 1932.

1056 Bspw. *BFH*, Beschl. v. 08.02.2006, III B 128/04, BFH/NV 2006, 1116, 1117; Beschl. v. 30.03.2007, XI B 177/06, BFH/NV 2007, 1340, unter Hinweis darauf, dass auch eine *Beweiswürdigung* im Einzelfall so offensichtliche Fehler von erheblichem Gewicht aufweisen könne, dass sie jedem Zweck einer Beweiswürdigung zuwiderlaufe; Beschl. v. 17.08.2007 (Fn. 1055), BFH/NV 2007, 2141; Beschl. v. 24.10.2007 (Fn. 1055), n.v. (juris). Diese Entscheidungen nehmen teilweise direkt Bezug auf die Rechtsprechung zur außerordentlichen Beschwerde und verweisen insoweit auf den einschlägigen *BFH*-Beschl. v. 05.03.2001, III B 119/00, BFH/NV 2001, 1036; teilweise wird die Rechtsprechung zur außerordentlichen Beschwerde auch indirekt in Bezug genommen, indem auf den eingangs zitierten *BFH*-Beschl. v. 08.02.2006, a.a.O., verwiesen wird, der seinerseits wiederum unmittelbar auf die Rechtsprechung zur außerordentlichen Beschwerde – *BFH*, Beschl. v. 05.03.2001, a.a.O. – verweist. Vgl. insoweit auch nachfolgend Fußnote 1061.

1057 *BFH*, Beschl. v. 01.04.2008, X B 154/04, BFH/NV 2008, 1116, 1119 f. = AO-StB 2008, 179, 180.

Folge habe, die durch das Gesetz ersichtlich ausgeschlossen werden sollte[1058]. Ebenso verhalte es sich, *wenn das FG eine offensichtlich einschlägige entscheidungserhebliche Vorschrift übersehen oder eine solche Vorschrift völlig unvertretbar ausgelegt habe*[1059]. Nach Ansicht des *X. Senats beruhe nur in solchen Fällen die Entscheidung auf einem gravierenden, unerträglichen und außerdem offenkundigen, d.h. ohne Weiteres erkennbaren Rechtsverstoß, so dass sie als mit der vorliegenden Rechtsprechung schlechthin unvereinbar und an einem so schweren Rechtsfehler leidend angesehen werden könne, dass sie bei verständiger Würdigung unter keinem denkbaren Gesichtspunkt rechtlich vertretbar erscheinen könne*[1060].

Diese Ausführungen des *X. Senats* bringen inhaltlich zwar keine neuen Gesichtspunkte. Denn sie decken sich ihrem Inhalt nach im Wesentlichen mit den zur außerordentlichen Beschwerde wegen greifbarer Gesetzwidrigkeit entwickelten Kriterien. Des Weiteren stimmen sie überwiegend mit dem Inhalt der o.g. Entscheidungen überein, soweit der BFH dort jeweils punktuell zu dem Begriff der ‚Greifbaren Gesetzwidrigkeit' als konkretisierendem Tatbestandsmerkmal des § 115 II Nr. 2 Alt. 2 FGO Stellung genommen und einzelne Aspekte dieses i.R.d. Rechtsprechung zur außerordentlichen Beschwerde konkretisierten Rechtsbegriffs angesprochen bzw. weiterentwickelt hat. Die Entscheidung des *X. Senats* ist jedoch insoweit zu begrüßen, als sie endlich einmal *umfassend* klarstellt, wie der Begriff der ‚Greifbaren Gesetzwidrigkeit' i.R.d. finanzgerichtlichen Revisionszulassungsrechts zu verstehen ist, welche Fehler des FG hier also die Wertung als

---

1058 So der *X. Senat* des *BFH* in seinem Beschl. v. 01.04.2008 (Fn. 1057), BFH/NV 2008, 1116, 1119 f. = AO-StB 2008, 179, 180, unter Hinweis auf drei Entscheidungen des *III.* bzw. *X. Senats*, Beschl. v. 22.10.1998, X B 163/98, BFH/NV 1999, 504, sowie Beschl. v. 05.03.2001, III B 119/00, BFH/NV 2001, 1036 (jeweils zur außerordentlichen Beschwerde), und Beschl. v. 08.02.2006, III B 128/04, BFH/NV 2006, 1116, 1117 (zum gravierenden/schwerwiegenden Rechtsanwendungsfehler i.S.d. § 115 II Nr. 2 Alt. 2 FGO).

1059 So weiter *BFH*, Beschl. v. 01.04.2008 (Fn. 1057), BFH/NV 2008, 1116, 1120 = AO-StB 2008, 179, 180. Vgl. insoweit auch *Lange* HHSp., § 115 FGO Tz. 207 u. v.a. 210 (Lfg. 192 Oktober 2006).

1060 *BFH*, Beschl. v. 01.04.2008 (Fn. 1057), BFH/NV 2008, 1116, 1120. – Diese letzte Formulierung *„dass sie bei verständiger Würdigung unter keinem denkbaren Gesichtspunkt rechtlich vertretbar erscheinen könne"* ist eigentlich Bestandteil der Definition der ‚Objektiven Willkür', vgl. dazu vorstehend unter (d) (S. 300 ff., dort S. 301 ff.). Wenn der BFH diese Phrase nun aber auch im Zusammenhang mit der Definition der ‚Greifbaren Gesetzwidrigkeit' benutzt, deutet dies einmal mehr auf das bereits oben unter (c) (S. 291 ff.) ausführlich dargestellte *undurchsichtige und verworrene Verhältnis* zwischen diesen beiden Tatbestandsmerkmalen hin (vgl. insoweit auch die Nachweise aus der Rechtsprechung zur außerordentlichen Beschwerde in Fußnote 1049). Vgl. z.B. auch *BFH*, Beschl. v. 12.01.2006, II B 65/05, BFH/NV 2006, 813 (dazu schon in Fußnote 1005); Beschl. v. 24.09.2008, VI B 107/07, n.v. (juris; dazu schon in Fußnote 1002), wo diese Überschneidungen ebenfalls zum Ausdruck kommen.

‚greifbar gesetzwidrig' rechtfertigen, ohne dass immer hilfsweise auf die frühere Rechtsprechung zum inzwischen schon gar nicht mehr statthaften Rechtsbehelf der ‚Außerordentlichen Beschwerde' zurückgegriffen werden muss. Es ist deshalb nur konsequent, dass die in dieser Entscheidung ausführlich und zusammenfassend herausgearbeiteten Kriterien bei der Auslegung des Begriffs der ‚Greifbaren Gesetzwidrigkeit' auch in der Folgezeit herangezogen worden sind und somit nachhaltig Eingang in die weitere Rechtsprechung des BFH zur Revisionszulassung wegen eines gravierenden/schwerwiegenden Rechtsanwendungsfehlers des FG i.S. einer greifbar gesetzwidrigen Entscheidung gemäß § 115 II Nr. 2 Alt. 2 FGO gefunden haben[1061].

1061 Siehe nur *BFH*, Beschl. v. 22.10.2008, X B 228/07, n.v. (juris); Beschl. v. 23.10.2008, X B 247/07, BFH/NV 2009, 209, die jeweils ausdrücklich auf den *BFH*-Beschl. v. 01.04.2008 (Fn. 1057), BFH/NV 2008, 1116, verweisen (beide Entscheidungen enthalten überdies auch noch direkte Verweise auf die BFH-Rechtsprechung zur außerordentlichen Beschwerde, konkret auf die *BFH*-Beschl. v. 22.10.1998, X B 163/98, BFH/NV 1999, 504, sowie v. 05.03.2001, III B 119/00, BFH/NV 2001, 1036). Zu den auch in diesen beiden Entscheidungen des *X. Senats* jeweils zum Ausdruck kommenden Überschneidungen im Hinblick auf die Definition der beiden einen gravierenden/schwerwiegenden Rechtsanwendungsfehler des FG kennzeichnenden Tatbestandsmerkmale der ‚Objektiven Willkür' und der ‚Greifbaren Gesetzwidrigkeit' vgl. schon Fußnote 1060. – Vgl. vorliegend bspw. auch *BFH*, Beschl. v. 06.05.2009 (Fn. 1055), ZSteu 2009, R582; Beschl. v. 05.09.2012 (Fn. 1055), BFH/NV 2012, 1995 **(II. Senat)**; Beschl. v. 12.10.2012 (Fn. 1055), BFH/NV 2013, 39 **(III. Senat)**; Beschl. v. 26.10.2011 (Fn. 1055), BFH/NV 2012, 285; Beschl. v. 16.05.2012 (Fn. 1055), BFH/NV 2012, 1462, 1464, unter Hinweis darauf, dass der dort abstrakt angesprochene Fall einer *Wortlaut und Gesetzeszweck offensichtlich widersprechenden Gesetzesauslegung* als Beispiel für eine greifbar gesetzwidrige Entscheidung bei einer Gesetzesauslegung, die *sprachlich möglich*, wenn auch nicht gerade naheliegend sei, jedoch nicht vorliege **(IV. Senat)**; Beschl. v. 29.05.2008 (Fn. 1055), BFH/NV 2008, 1544; Beschl. v. 30.04.2009 (Fn. 1055), n.v. (juris) **(V. Senat)**; Beschl. v. 24.09.2008 (Fn. 1055), n.v. (juris); Beschl. v. 06.02.2012 (Fn. 1055), ZSteu 2012, R486, R487 **(VI. Senat)**; Beschl. v. 03.03.2010 (Fn. 1055), BFH/NV 2010, 1110, 1111 **(VIII. Senat)**; Beschl. v. 01.10.2008 (Fn. 1055), ZSteu 2008, R1176; Beschl. v. 09.10.2008, IX B 87/08, n.v. (juris); Beschl. v. 28.11.2008 (Fn. 1055), n.v. (juris); Beschl. v. 12.05.2011 (Fn. 1055), BFH/NV 2011, 1391 **(IX. Senat)**; Beschl. v. 12.08.2008 (Fn. 1055), n.v. (juris); Beschl. v. 02.12.2008 (Fn. 1055), ZSteu 2009, R243; Beschl. v. 02.12.2008 (Fn. 1055), n.v. (juris); Beschl. v. 02.12.2008 (Fn. 1055), n.v. (juris); Beschl. v. 25.02.2009, X B 121/08, BFH/NV 2009, 890; Beschl. v. 17.03.2010 (Fn. 1055), BFH/NV 2010, 1277; Beschl. v. 18.08.2010 (Fn. 1055), BFH/NV 2010, 2010; Beschl. v. 13.07.2011 (Fn. 1055), BFH/NV 2011, 1899; Beschl. v. 19.07.2012 (Fn. 1055), BFH/NV 2012, 1932; Beschl. v. 29.08.2012 (Fn. 1055), BFH/NV 2013, 24; Beschl. v. 30.08.2012 (Fn. 1055), BFH/NV 2013, 13, 15 **(X. Senat)**; Beschl. v. 10.01.2012 (Fn. 1055), BFH/NV 2012, 815 **(XI. Senat)**. Sämtliche dieser hier genannten Entscheidungen gehen allerdings als *nach* dem 01.04.2008 und der diesbzgl. Entscheidung des *X. Senats* ergangene Entscheidungen – im

Zudem wird anhand der Ausführungen des *X. Senats* deutlich, dass sich die ‚Greifbare Gesetzwidrigkeit' maßgeblich an dem Kriterium der *‚Offenkundigkeit/Offensichtlichkeit'* orientiert. So heißt es in der Entscheidung des *X. Senats*, erforderlich für das Vorliegen einer ‚Greifbaren Gesetzwidrigkeit' sei eine Gesetzesauslegung, die *offensichtlich* Wortlaut und Gesetzeszweck widerspreche und daher eine Gesetzesanwendung zur Folge habe, die durch das Gesetz *ersichtlich* ausgeschlossen werden sollte. Des Weiteren begründe das Übersehen einer einschlägigen entscheidungserheblichen Vorschrift durch das FG eine ‚Greifbare Gesetzwidrigkeit', wenn es sich dabei um eine *offensichtlich* einschlägige entscheidungserhebliche Vorschrift handele. Denn nur unter diesen Voraussetzungen beruhe die Entscheidung auf einem gravierenden, unerträglichen und außerdem *offenkundigen, d.h. ohne Weiteres erkennbaren* Rechtsverstoß[1062]. Der gravierende/schwerwiegende Rechtsanwendungsfehler des FG muss also – soweit er auf den

---

Gegensatz zu den beiden eingangs zitierten Entscheidungen des *X. Senats* – lediglich *punktuell* auf einzelne Aspekte zur Begriffsbestimmung der ‚Greifbaren Gesetzwidrigkeit' i.R.d. § 115 II Nr. 2 Alt. 2 FGO ein und erwähnen insoweit neben dem Übersehen einer offensichtlich einschlägigen entscheidungserheblichen Vorschrift (dazu schon separat vorstehend auf S. 315 mit Rechtsprechungsnachweisen in Fußnote 1055) – großteils noch unter indirekter Bezugnahme der BFH-Rechtsprechung zur außerordentlichen Beschwerde durch Verweis auf den *BFH*-Beschl. v. 08.02.2006, III B 128/04, BFH/NV 2006, 1116, 1117, der seinerseits wiederum unmittelbar auf die Rechtsprechung zur außerordentlichen Beschwerde, *BFH*, Beschl. v. 05.03.2001, III B 119/00, BFH/NV 2001, 1036, verweist – ausschließlich die Aspekte des *‚Entbehrens jeglicher gesetzlichen Grundlage'* bzw. des *‚Beruhens auf einer offensichtlich Wortlaut und Gesetzeszweck widersprechenden Gesetzesauslegung'* (vgl. insoweit auch die *vor* dem 01.04.2008 und der diesbzgl. Entscheidung des *X. Senats* ergangenen, in Fußnote 1056 zitierten Entscheidungen), so dass sie eigentlich bereits vorstehend in Fußnote 1056 hätten mit zitiert werden müssen. Angesichts dessen, dass diese Entscheidungen jedoch allesamt *nach* dem Beschluss des *X. Senats* v. 01.04.2008 (Fn. 1057), BFH/NV 2008, 1116, 1119 f., mit den dort ausführlich und zusammenfassend herausgearbeiteten Kriterien zur Auslegung des Begriffs der ‚Greifbaren Gesetzwidrigkeit' i.R.d. § 115 II Nr. 2 Alt. 2 FGO ergangen sind, und sie diesen – auch wenn sie ihn nicht ausdrücklich erwähnen – doch wohl zumindest ‚vor Augen gehabt' haben dürften, sowie vor dem Hintergrund, dass einige dieser Entscheidungen in letzter Zeit vermehrt davon Abstand nehmen, betreffend die Definition der ‚Greifbaren Gesetzwidrigkeit' i.R.d. § 115 II Nr. 2 Alt. 2 FGO indirekt oder gar direkt auf die BFH-Rechtsprechung zur außerordentlichen Beschwerde Bezug zu nehmen und zu verweisen, sind sie allesamt erst an dieser Stelle zitiert worden. – *Kritisch* zu dem Attribut der ‚Greifbaren Gesetzwidrigkeit' und den zu dessen Ausfüllung/Präzisierung herangezogenen Kriterien im Hinblick auf die *mangelnde Vorhersehbarkeit Bleschick*, Revisionszulassungsgründe im Spannungsverhältnis, S. 349 f., vgl. auch später Fußnote 1768.

1062 Vgl. zum Ganzen *BFH*, Beschl. v. 01.04.2008 (Fn. 1057), BFH/NV 2008, 1116, 1120 = AO-StB 2008, 179, 180.

Vorwurf der ‚Greifbaren Gesetzwidrigkeit' gestützt wird – immer *offenkundig/offensichtlich* sein; es muss sich mithin stets um einen Fehler handeln, der ohne weiteres erkennbar (ersichtlich), d.h. *evident* ist[1063].

1063 Insoweit ist anzumerken, dass in der einschlägigen BFH-Rechtsprechung zu § 115 II Nr. 2 Alt. 2 FGO auch *nicht selten* davon gesprochen wird, dass es sich bei dem die Zulassung der Revision nach sich ziehenden Fehler des FG um einen *offenkundigen/offensichtlichen Rechtsanwendungsfehler von erheblichem Gewicht i.S. einer willkürlichen oder greifbar gesetzwidrigen Entscheidung* handeln müsse, vgl. hierzu die umfangreichen Nachweise in den Fußnoten 936 u. 978. – Wenn der *V. Senat* des *BFH* in seinem Beschl. v. 19.05.2008, V B 29/07, BFH/NV 2008, 1501, 1507, das Merkmal der *‚Offensichtlichkeit'* aber in Relation zu dem Umfang der Darlegungen der Klägerin und Beschwerdeführerin setzt, indem er abschließend ausführt, dass gegen die *Offensichtlichkeit* der geltend gemachten Fehler im Übrigen auch der große Umfang der zu ihrer Darlegung gemachten Ausführungen spreche, dann erscheint dies **kritikbedürftig**. Denn es gilt zu bedenken, dass der BFH dem Beschwerdeführer gemäß § 116 III 3 FGO stets eine schlüssige und substantiierte Darlegung der Zulassungsvoraussetzungen des § 115 II FGO abverlangt, wozu i.R.d. §§ 116 III 3, 115 II Nr. 2 Alt. 2 FGO im Hinblick auf einen gravierenden/schwerwiegenden Rechtsanwendungsfehler des FG auch und v.a. die Darlegung der qualifizierten Fehlerhaftigkeit der angefochtenen FG-Entscheidung gehört. Hier nun danach zu differenzieren, ob der betreffende gravierende (offensichtliche) Rechtsanwendungsfehler des FG in nur wenigen Sätzen dargelegt werden kann oder ob es hierzu mehrerer/vieler Sätze bedarf, führt zu *erheblichen Rechtsunsicherheiten* beim Beschwerdeführer, da dieser auch mit Blick auf die etwaige *Offensichtlichkeit* des gerügten Rechtsanwendungsfehlers nicht wissen kann, wie knapp er seine Ausführungen zur qualifizierten Fehlerhaftigkeit der angefochtenen FG-Entscheidung halten darf, um dennoch dem Darlegungserfordernis des § 116 III 3 FGO zu genügen. Insoweit läuft er folglich Gefahr, dass seine NZB auch betreffend einen offensichtlichen Rechtsanwendungsfehler mangels hinreichender Begründung als unzulässig verworfen und ihm darüber hinaus ggf. noch vorgehalten wird, er rüge lediglich die bloß fehlerhafte materielle Rechtsanwendung der Vorinstanz. Mithin sollten dem Beschwerdeführer ausführliche Darlegungen zur qualifizierten Fehlerhaftigkeit des angefochtenen finanzgerichtlichen Urteils in Form eines offensichtlichen Rechtsanwendungsfehlers nicht zum Nachteil gereichen, zumal auch der *BFH* in seinem Beschl. v. 19.05.2008, a.a.O., vor seinem Hinweis auf den gegen die *Offensichtlichkeit* sprechenden großen Umfang der klägerischen Ausführungen – m.E. widersprüchlich – selbst darauf hinweist, dass der Beschwerdebegründung *nicht substantiiert* entnommen werden könne, dass dem FG ein solcher (offensichtlicher) schwerwiegender Rechtsanwendungsfehler unterlaufen sei, da sich die Klägerin und Beschwerdeführerin *nicht hinreichend konkret* unter Berücksichtigung der vom FG herangezogenen Vorschriften mit der Rechtslage auseinandergesetzt habe.

(f) Fazit – Uneinheitliche sowie unklare und äußerst restriktive Rechtsprechung des BFH zum gravierenden/schwerwiegenden Rechtsanwendungsfehler des FG i.S. einer objektiv willkürlichen bzw. greifbar gesetzwidrigen Entscheidung

In nunmehr st. Rspr. hat der BFH durch die Herausbildung der beiden Kriterien der ‚Objektiven Willkür' und der ‚Greifbaren Gesetzwidrigkeit' zwei Eckpfeiler geschaffen, die maßgeblich zur Konkretisierung der Rechtsfigur des ‚Gravierenden/Schwerwiegenden Rechtsanwendungsfehlers des FG' beigetragen und diesem von der Rechtsprechung in § 115 II Nr. 2 Alt. 2 FGO verankerten Revisionszulassungstatbestand Konturen verliehen haben[1064].

Das darf jedoch nicht darüber hinweg täuschen, dass es dem BFH in seiner Rechtsprechung bis heute nicht gelungen ist, eine allgemeingültige und einheitliche Definition eines gravierenden/schwerwiegenden finanzgerichtlichen Rechtsanwendungsfehlers zu entwickeln sowie eine abschließende und vollständige Klärung der Frage herbeizuführen, unter welchen konkreten Voraussetzungen ein solcher Rechtsanwendungsfehler anzunehmen ist[1065]. Hinzu kommt, dass das Verhältnis zwischen den beiden bislang herausgebildeten zentralen Tatbestandsmerkmalen der ‚Objektiven Willkür' und der ‚Greifbaren Gesetzwidrigkeit' innerhalb des BFH zwischen den einzelnen Senaten bis heute nicht einheitlich verstanden wird und somit immer noch *undurchsichtig und verworren* wirkt. Nicht zuletzt werden objektiv willkürliche und greifbar gesetzwidrige FG-Entscheidungen teilweise überschneidend definiert, indem bspw. zur Konkretisierung greifbar gesetzwidriger Entscheidungen die wesentlichen Definitionselemente des Willkürbegriffs herangezogen werden, was auch nicht gerade zur weiteren Klärung des Verhältnisses i.S. einer größeren Rechtssicherheit beiträgt[1066].

1064 Siehe bereits oben unter (b) (S. 281 ff.) u. (c) (S. 291 ff., dort S. 291 u. 300).

1065 So schon oben eingangs unter (2) (S. 276 f.) sowie unter (c) (S. 291 ff., dort insbesondere S. 291 f. u. 300). – Vgl. dazu die Nachweise aus Rechtsprechung und Literatur in den Fußnoten 973 und 974. Zwar handelt es sich bei den dort zitierten Entscheidungen überwiegend um solche aus den Jahren 2003 und 2005. Weil sich aber auch 8-10 Jahre später in der Rechtsprechung keine nennenswerten Änderungen bzw. Weiterentwicklungen ergeben haben, gelten die in diesen Entscheidungen getroffenen Aussagen unverändert fort, was durch die ebenfalls in Fußnote 973 zitierte BFH-Entscheidung aus dem Jahre 2012 – *BFH*, Beschl. v. 19.07.2012, X B 88/11, BFH/NV 2012, 1932 – Bestätigung findet, die ihrerseits den Aspekt der bislang noch nicht entwickelten allgemeingültigen, einheitlichen Definition eines gravierenden/schwerwiegenden Rechtsanwendungsfehlers des FG herausstellt.

1066 Zu diesen Aspekten bereits ausführlich oben unter (c) (S. 291 ff.); vgl. in diesem Zusammenhang zudem vorstehend unter (d) (S. 300 ff., dort S. 305 einschließlich Fußnote 1023 a.E.) sowie (e) (S. 310 ff., dort v.a. S. 317 einschließlich Fußnote 1060 [vgl. überdies Fn. 1061]). – **Kritisch** zu dieser äußerst uneinheitlichen

Überdies erweist sich die BFH-Rechtsprechung zur Revisionszulassung wegen eines gravierenden/schwerwiegenden Rechtsanwendungsfehlers des FG i.S. einer objektiv willkürlichen bzw. greifbar gesetzwidrigen Entscheidung nach § 115 II Nr. 2 Alt. 2 FGO auch mehr als 14 Jahre nach der Reform der Revisionszulassungsgründe durch das 2. FGOÄndG immer noch als *äußerst restriktiv*[1067].

Wie schon vorstehend unter (d) (S. 300 ff., dort S. 305) erwähnt, verneint der BFH nämlich bspw. das Vorliegen eines gravierenden Rechtsanwendungsfehlers i.S. einer objektiv willkürlichen Entscheidung, wenn sich das FG (auf der Grundlage der höchstrichterlichen Rechtsprechung) eingehend mit der Rechtslage auseinandergesetzt hat und seine Auffassung nicht jeder Rechtsgrundlage bzw. jedes sachlichen Grundes entbehrt[1068]. Hinzu kommt, dass auch der Umkehrschluss, den man aus den vorstehenden Ausführungen ziehen könnte, nicht greift. Denn wenn der Vorwurf der Willkürlichkeit regelmäßig dann verneint wird, wenn sich das Gericht (auf der Grundlage der höchstrichterlichen Rechtsprechung) eingehend und in nachvollziehbarer Weise mit der Rechtslage auseinandergesetzt hat und seine Auffassung nicht jeder Rechtsgrundlage bzw. jedes sachlichen Grundes entbehrt, dann sollte man meinen, dass der Vorwurf der Willkürlichkeit zumindest immer dann in die Überlegungen über die Zulassung der Revision mit einzubeziehen ist, wenn die finanzgerichtliche Entscheidung eine eingehende Auseinandersetzung mit der Rechtslage vermissen lässt. Das ist aber gerade nicht der Fall. Der BFH hat nämlich vielmehr klargestellt, dass nicht jede finanzgerichtliche Entscheidung, die sich nicht mit sämtlichen rechtlichen Details auseinandersetze, bereits einen Rechtsanwendungsfehler von erheblichem Gewicht i.S. einer objektiv willkürlichen (oder greifbar gesetzwidrigen) Entscheidung aufweise[1069]. Des Weiteren soll eine kurze oder lückenhafte und den Beschwerdeführer nicht überzeugende Begründung der Vorentscheidung grds. ebenfalls nicht geeignet sein, das Vertrauen in die Rechtsprechung zu beschädigen und die Zulassung der Revision gemäß

---

und unklaren Rechtsprechung des BFH ausführlich später im 4. Abschnitt unter B.III.2.a) (S. 539 ff.).

1067 Ebenso *Seer*, in: T/K, § 115 FGO Tz. 75 a.E. (Lfg. 131 Oktober 2012).

1068 *BFH*, Beschl. v. 30.08.2001, IV B 79, 80/01, BStBl. II 2001, 837, 841; Beschl. v. 28.06.2002, III B 28/02, BFH/NV 2002, 1474; Beschl. v. 24.07.2002, III B 54/02, BFH/NV 2002, 1488, 1489; Beschl. v. 17.07.2003, VII B 93/02, BFH/NV 2004, 5, 7; Beschl. v. 13.10.2004, IV B 122/02, BFH/NV 2005, 560; ähnlich auch Beschl. v. 21.05.2007, XI B 164/06, BFH/NV 2007, 1657, 1658; ähnlich ebenfalls Beschl. v. 11.07.2007, X B 118/06, BFH/NV 2007, 1916, 1917; ähnlich zudem Beschl. v. 17.08.2007, XI B 83/07, BFH/NV 2007, 2141, 2142; ähnlich schließlich Beschl. v. 28.02.2008, X B 207/07, BFH/NV 2008, 791, 792 a.E.; Beschl. v. 15.10.2008, X B 60/07, BFH/NV 2009, 205; vgl. zum Inhalt der ‚ähnlichen' Beschlüsse die entsprechenden Ausführungen in Fußnote 1023.

1069 *BFH*, Beschl. v. 20.07.2004, XI B 189/03, BFH/NV 2005, 206.

§ 115 II Nr. 2 Alt. 2 FGO wegen eines schwerwiegenden Rechtsanwendungsfehlers zu begründen[1070].

Diese Rechtsprechung zeugt von der *äußerst restriktiven* Handhabung des Zulassungstatbestandes des ‚Gravierenden/Schwerwiegenden Rechtsanwendungsfehlers des FG i.S. einer objektiv willkürlichen (bzw. greifbar gesetzwidrigen) Entscheidung' durch den BFH[1071]. Für den Beschwerdeführer stellt sich nämlich insoweit die Frage, welche konkreten Anhaltspunkte denn überhaupt auf eine objektiv willkürliche Vorentscheidung hindeuten sollen, wenn aus einer kurzen und lückenhaften Begründung der Vorentscheidung, die sich gerade nicht eingehend mit der Rechtslage des streitgegenständlichen Falles auseinandersetzt, der Vorwurf der Willkürlichkeit nicht zwangsläufig abgeleitet werden kann. Das gilt insbesondere auch vor dem Hintergrund, dass das BVerfG in seiner Rechtsprechung herausgestellt hat, dass dem Umstand, ob die gerichtliche Entscheidung im Einzelnen eingehend begründet worden sei oder nicht, eine nicht unerhebliche Bedeutung zukomme, wenn es um den Vorwurf der Willkürlichkeit gehe[1072].

Soweit der BFH mit den vorstehend zitierten Entscheidungen, die sich dazu verhalten, wann keine objektiv willkürliche Vorentscheidung anzunehmen ist, eine Konkretisierung der Revisionszulassung zur Sicherung einer einheitlichen Rechtsprechung gemäß § 115 II Nr. 2 Alt. 2 FGO wegen gravierender/schwerwiegender Rechtsanwendungsfehler des FG i.S. einer objektiv willkürlichen (bzw. greifbar gesetzwidrigen) Entscheidung angestrebt haben sollte, erscheint dies insgesamt wenig gelungen, da die betreffenden Entscheidungen sich inhaltlich quasi regelrecht widersprechen und sich somit gegenseitig nahezu aufheben. Eine Hilfestellung bei der Beantwortung der Frage, welche konkreten Anhaltspunkte denn nun auf eine objektiv willkürliche (bzw. greifbar gesetzwidrige) FG-Entscheidung hindeuten, kann diesen Entscheidungen folglich jedenfalls nicht entnommen werden[1073].

Die Folge dieser überaus restriktiven Rechtsprechung liegt auf der Hand. Sie lässt sich insbesondere daran ablesen, dass bisher kaum Entscheidungen bekannt geworden sind, in denen der BFH einen gravierenden/schwerwiegenden Rechtsanwendungsfehler des FG *positiv festgestellt* und infolgedessen die Revision zur

---

1070 *BFH*, Beschl. v. 17.08.2007 (Fn. 1068), BFH/NV 2007, 2141, 2142. Vgl. zudem *BFH*, Beschl. v. 03.08.2006, II B 170/05, BFH/NV 2007, 97, 98, wonach auch das Vorbingen, der finanzgerichtlichen Vorentscheidung fehle es an einer ‚nachvollziehbaren Begründung' sowie an einem ‚schlüssigen Begründungsband', den Anforderungen an die ordnungsgemäße Darlegung eines gravierenden/schwerwiegenden Rechtsanwendungsfehlers des FG i.S.d. §§ 116 III 3, 115 II Nr. 2 Alt. 2 FGO nicht genüge.

1071 Vgl. insoweit auch *Rüsken*, DStZ 2004, 334, 338, unter Hinweis darauf, dass die *Messlatte der Willkür* zu *hoch* angelegt werde.

1072 *BVerfG*, Beschl. v. 03.11.1992, 1 BvR 1243/88, BVerfGE 87, 273, 278 f.; Beschl. v. 26.05.1993, 2 BvR 20/93, DVBl. 1993, 1001 (1. Kammer des Zweiten Senats).

1073 Siehe zum Ganzen auch – ebenfalls **kritisch** – später im 4. Abschnitt unter B.III.2.b) (S. 546 f.).

Sicherung einer einheitlichen Rechtsprechung gemäß § 115 II Nr. 2 Alt. 2 FGO zugelassen hat. Soweit mir ersichtlich, hat er einen finanzgerichtlichen Rechtsanwendungsfehler von erheblichem Gewicht i.S. einer objektiv willkürlichen oder greifbar gesetzwidrigen Entscheidung nämlich erst in *drei Entscheidungen* angenommen[1074].

So hat zunächst der *V. Senat* in seinem Beschluss v. 28.07.2003[1075] die Revision wegen eines gravierenden/schwerwiegenden Rechtsanwendungsfehlers i.S. einer *greifbar gesetzwidrigen* Entscheidung zugelassen, weil das FG – nach eigenem Eingeständnis des Berichterstatters – eine für den Streitfall offensichtlich einschlägige entscheidungserhebliche Rechtsvorschrift (konkret § 19 I 1 UStG) übersehen hatte[1076].

1074 Vgl. *Kempermann*, DStZ 2005, 772, 775; *Seer*, in: T/K, § 115 FGO Tz. 75 a.E. (Lfg. 131 Oktober 2012), wo von *zwei bzw. drei* bekannten Entscheidungen die Rede ist; vgl. überdies *Bleschick*, Revisionszulassungsgründe im Spannungsverhältnis, S. 167, der ebenfalls *drei* Entscheidungen erwähnt. – Es besteht zwar durchaus die theoretische Möglichkeit, dass der BFH auch in weiteren Entscheidungen die Revision wegen gravierender Rechtsanwendungsfehler des FG zugelassen hat. Denn gemäß § 116 V 2 Hs. 2 Alt. 2 FGO kann von einer Begründung des Beschlusses, mit dem der BFH über die NZB entscheidet, abgesehen werden, wenn der Beschwerde stattgegeben wird, so dass also insoweit nicht unbedingt ersichtlich wäre, dass bzw. warum der BFH die Revisionszulassung auf einen schwerwiegenden Rechtsanwendungsfehler des FG gestützt hat. Eine solche Praxis ist aber bereits deswegen kaum vorstellbar, weil die Rechtsfigur des ‚Gravierenden/Schwerwiegenden Rechtsanwendungsfehlers des FG' als i.R.d. Novellierung des finanzgerichtlichen Revisionszulassungsrechts neu herausgebildeter Zulassungstatbestand in ihren Einzelheiten bei weitem noch nicht abschließend geklärt ist, so dass nahezu jede BFH-Entscheidung, die einen solchen gravierenden Rechtsanwendunsgfehler bejahen würde, auch i.S.d. § 116 V 2 Hs. 2 Alt. 1 FGO geeignet wäre, zur weiteren Klärung der entsprechenden Zulassungsvoraussetzungen beizutragen, was wiederum vermuten lässt, dass die entsprechende Zulassungsbegründung dann jeweils auch kundgetan würde. Selbst wenn aber insoweit nun weitere positive Zulassungsentscheidungen ergangen wären, könnten diese zwar die Aussage der restriktiven Zulassungsrechtsprechung bei schwerwiegenden Rechtsanwendungsfehlern geringfügig relativieren; sie hülfen letztlich mangels Begründung allerdings auch nicht weiter, wenn es um die Klärung und Konkretisierung der tatbestandlichen Voraussetzungen eines gravierenden/schwerwiegenden Rechtsanwendungsfehlers des FG sowie ihres Verhältnisses etc. geht.

1075 *BFH*, Beschl. v. 28.07.2003, V B 72/02, BFH/NV 2003, 1597.

1076 Auf die Geltendmachung der Rechtsfehlerhaftigkeit der Entscheidung gegenüber dem FG teilte der Berichterstatter dem Kläger mit, dass eine Berichtigung des Urteils nach § 107 FGO – also wegen offenbarer Unrichtigkeiten – nicht in Betracht komme; er stellte dem Kläger anheim, den materiellen Fehler i.R. einer NZB geltend zu machen.

Nachfolgend hat der *IV. Senat* in seinem Beschluss v. 13.10.2003[1077] einen Fehler von erheblichem Gewicht angenommen, weil er die vom FG bestätigte/gebilligte Schätzung des dort beklagten Finanzamtes als eklatant falsch und somit *objektiv willkürlich* empfand. Dabei war aus dem Betrieb einer Taxe auf der Basis einer Wegstrecke von 80.000 km ein Gewinn von über 94.000 DM angenommen worden, der mehr als 85 % des Umsatzes in Höhe von 110.000 DM betragen sollte. Der BFH hat dazu ausgeführt, dass sowohl dem Finanzamt als auch dem FG auf den ersten Blick hätte einleuchten müssen, dass ein *„eklatant falsches Schätzungsergebnis"* gefunden und der Schätzungsrahmen offensichtlich verlassen worden sei, zumal der Betriebsinhaber im Hinblick auf seine Geschäftsführertätigkeit in einem anderen Unternehmen nur in eingeschränktem Maße selbst als Fahrer zur Verfügung gestanden habe.

Schließlich hat der *VII. Senat* in seinem Beschluss v. 13.01.2005[1078] die Revision wegen eines gravierenden/schwerwiegenden Rechtsanwendungsfehlers i.S. einer *objektiv willkürlichen* Entscheidung des FG zugelassen, weil dessen Entscheidung unter keinem rechtlichen Gesichtspunkt vertretbar erschien. Nach Auffassung des BFH hatte das FG bei der von ihm vorgenommenen Änderung des angefochtenen Abrechnungsbescheides die Steuerbescheide und die in ihnen ausgewiesenen anrechenbaren Steuern nämlich nicht vollständig und sachlogisch richtig berücksichtigt[1079].

Es besteht also dringender Handlungsbedarf auf Seiten des BFH, der in seiner Rechtsprechung im Hinblick auf einen effektiven Finanzrechtsschutz nunmehr schnellstmöglich eine betreffend das Verhältnis von ‚Objektiver Willkür' und ‚Greifbarer Gesetzwidrigkeit' einheitliche Auslegung und Definition der Rechtsfigur des ‚Gravierenden/Schwerwiegenden Rechtsanwendungsfehlers des FG' sowie eine weitere und umfassende Klärung und Konkretisierung der tatbestandlichen Voraussetzungen dieser Rechtsfigur vornehmen und insoweit insbesondere auch seine äußerst restriktive Handhabung dieses Zulassungstatbestandes überdenken sollte[1080].

1077 *BFH*, Beschl. v. 13.10.2003, IV B 85/02, BStBl. II 2004, 25, 26 (allerdings offen gelassen, ob Anknüpfung an § 115 II Nr. 1 oder Nr. 2 Alt. 2 FGO [S. 25], vgl. schon oben unter aa) [S. 263 ff., dort S. 264 einschließlich Fußnote 939]).

1078 *BFH*, Beschl. v. 13.01.2005, VII B 147/04, BStBl. II 2005, 457, 459.

1079 In seinem Beschl. v. 24.08.2005, VIII B 36/04, BFH/NV 2006, 86, hat der BFH das Vorliegen eines gravierenden/schwerwiegenden Rechtsanwendungsfehlers des FG (i.S. einer objektiv willkürlichen Entscheidung) ausdrücklich *offen gelassen*, weil im Streitfall insoweit ein auch schlüssig gerügter Verfahrensmangel i.S.d. §§ 115 II Nr. 3, 116 III 3 FGO hinzukam, der letztendlich gemäß § 116 VI FGO zur Aufhebung der Vorentscheidung und Zurückverweisung der Sache an das FG führte.

1080 Zu der äußerst restriktiven Handhabung dieses Zulassungstatbestandes **kritisch** später im 4. Abschnitt unter B.III.2.c) (S. 551 ff.); dort dann auch ausführlich

cc) Erforderlichkeit einer Entscheidung des BFH

Die Zulassung der Revision wegen eines gravierenden/schwerwiegenden Rechtsanwendungsfehlers des FG i.S.d. § 115 II Nr. 2 Alt. 2 FGO setzt schließlich nach dem Wortlaut der Vorschrift voraus, dass die Sicherung einer einheitlichen Rechtsprechung *eine Entscheidung des BFH erfordert.* Insoweit gilt zunächst nichts anderes als bei der ebenfalls unter § 115 II Nr. 2 Alt. 2 FGO zu subsumierenden Revisionszulassung wegen Divergenz[1081].

(1) Grundsätzlich keine gesonderte Prüfung der Erforderlichkeit

Soweit der BFH einen Rechtsanwendungsfehler von erheblichem Gewicht nach nunmehr st. Rspr. insbesondere dann annimmt, wenn es sich um eine objektiv willkürliche bzw. greifbar gesetzwidrige Vorentscheidung handelt, ist das Erfordernis einer BFH-Entscheidung zur Sicherung einer einheitlichen Rechtsprechung in diesen Fällen aber grds. ohne weiteres gegeben[1082]. Einer gesonderten Prüfung dieses Tatbestandsmerkmals mitsamt all seiner Einzeltatbestandsmerkmale (Allgemeininteresse an einer Entscheidung des BFH, Klärungs- [Korrektur-] bedürftigkeit, Klärungsfähigkeit[1083]) bedarf es insoweit i.d.R. nicht[1084].

Dies belegen auch die mir bekannten drei Entscheidungen, in denen der BFH bislang einen gravierenden/schwerwiegenden Rechtsanwendungsfehler des FG angenommen hat, und die in den Entscheidungsgründen keine (gesonderten)

---

zu dem damit einhergehenden Bedürfnis nach einer entsprechend erweiterten Auslegung.

1081 Vgl. zu den dortigen Anforderungen an die ‚Erforderlichkeit einer Entscheidung des BFH' oben unter b)ff) (S. 249 ff.). – *Bleschick*, Revisionszulassungsgründe im Spannungsverhältnis, S. 359, 361 u. 383, hingegen hält das Tatbestandsmerkmal der ‚Erforderlichkeit' i.R.d. Rechtsprechungsvereinheitlichungsrevision unter dem Gesichtspunkt des gravierenden/schwerwiegenden finanzgerichtlichen Rechtsanwendungsfehlers für überflüssig, da ihm ein eigenständiger Bedeutungsgehalt nicht zukomme, vgl. ebenso bereits zur Divergenz vorstehend unter b)ff) (S. 249), dort Fußnote 899.

1082 *Lange* HHSp., § 115 FGO Tz. 215 (Lfg. 192 Oktober 2006).

1083 Zu diesen (Einzel-) Tatbestandsmerkmalen ausführlich oben unter I.1.d) (S. 139 ff.), dort insbesondere aa) (S. 140 ff.), I.1.e) (S. 147 ff.) u. I.1.f)aa) (S. 156 ff.).

1084 *Bleschick*, Revisionszulassungsgründe im Spannungsverhältnis, S. 185, führt dazu an, dass die Revisionszulassung in den Fällen eines gravierenden/schwerwiegenden Rechtsanwendungsfehlers des FG dem Interesse an einer korrigierenden Entscheidung des Revisionsgerichts und gerade nicht der Klärung einer Rechtsfrage dienen solle, so dass es bei qualifizierter Fehlerhaftigkeit des angefochtenen finanzgerichtlichen Urteils des Merkmals der *‚Klärungsbedürftigeit'* überhaupt nicht bedürfe; vgl. überdies *Bleschick*, a.a.O., S. 358, 361 u. 383. – Die Klärungsbedürftigkeit ist insoweit – wie im Text bereits gekennzeichnet – m.E. treffender als *‚Korrekturbedürftigkeit'* zu bezeichnen, die in den entsprechenden Fällen aber eben grds. ohne weiteres vorliegen wird.

Erläuterungen zur Erforderlichkeit einer BFH-Entscheidung erkennen lassen[1085]. In seinem Beschluss v. 28.07.2003[1086] spricht der *V. Senat* vielmehr davon, dass in den Fällen der objektiv willkürlichen bzw. greifbar gesetzwidrigen Entscheidung das Vertrauen in die Rechtsprechung nur durch eine höchstrichterliche Korrektur der finanzgerichtlichen Entscheidung wieder hergestellt werden könne, woraus sich gerade folgern lässt, dass in diesen Fällen das Erfordernis einer BFH-Entscheidung zur Sicherung einer einheitlichen Rechtsprechung regelmäßig gegeben ist[1087].

(2) Jedoch stets gesonderte Prüfung der Entscheidungserheblichkeit

Zu berücksichtigen ist jedoch auch bei einem gravierenden Rechtsanwendungsfehler des FG stets die *Entscheidungserheblichkeit* des entsprechenden Fehlers für die gesamte Entscheidung.

Denn auch bei diesem Zulassungstatbestand ist immer erforderlich, dass die Entscheidung des FG auf dem betreffenden Rechtsverstoß beruht, so dass zumindest die Möglichkeit bestehen muss, dass das finanzgerichtliche Urteil ohne den schwerwiegenden Rechtsanwendungsfehler anders ausgefallen wäre[1088].

(3) Analoge Anwendung des § 126 IV FGO auch bei der Revisionszulassung wegen eines gravierenden/schwerwiegenden Rechtsanwendungsfehlers des FG

Nicht zuletzt wendet die Rechtsprechung auch bei der Revisionszulassung wegen eines gravierenden/schwerwiegenden Rechtsanwendungsfehlers des FG i.S.d. § 115 II Nr. 2 Alt. 2 FGO – wie schon bei der Revisionszulassung wegen grundsätzlicher Bedeutung der Rechtssache gemäß § 115 II Nr. 1 FGO und wegen Divergenz i.S.d. § 115 II Nr. 2 Alt. 2 FGO[1089] – die unmittelbar nur für das Revisionsverfahren geltende Vorschrift des § 126 IV FGO – Zurückweisung der Revision wegen sog. *Ergebnisrichtigkeit* – vereinzelt entsprechend an.

1085 Vgl. insoweit nochmals *BFH*, Beschl. v. 28.07.2003, V B 72/02, BFH/NV 2003, 1597; Beschl. v. 13.10.2003, IV B 85/02, BStBl. II 2004, 25, 26 (allerdings offen gelassen, ob Anknüpfung an § 115 II Nr. 1 oder Nr. 2 Alt. 2 FGO [S. 25], vgl. schon oben unter aa) [S. 263 ff., dort S. 264 einschließlich Fußnote 939]); Beschl. v. 13.01.2005, VII B 147/04, BStBl. II 2005, 457, 459.

1086 *BFH*, Beschl. v. 28.07.2003 (Fn. 1085), BFH/NV 2003, 1597.

1087 Zu den seitens des BFH geforderten besonderen Anforderungen an die Darlegung der Erforderlichkeit einer Entscheidung des BFH bei einem gravierenden/schwerwiegenden Rechtsanwendungsfehler, der *ausgelaufenes Recht* betrifft, **kritisch** nachfolgend unter 2.b)cc)(2) (S. 355 f.).

1088 Vgl. auch Gräber/*Ruban*[6], § 115 FGO Tz. 44 v.a. a.E.

1089 Zur entsprechenden Anwendung des § 126 IV FGO bei der Revisionszulassung wegen grundsätzlicher Bedeutung der Rechtssache gemäß § 115 II Nr. 1 FGO oben unter I.1.f)cc) (S. 161 ff.) und wegen Divergenz i.S.d. § 115 II Nr. 2 Alt. 2 FGO vorstehend unter b)ff)(2)(b) (S. 257 f.).

So hat bspw. der *VII. Senat* des BFH in seinem Beschluss v. 13.07.2007[1090] die Rüge des Beschwerdeführers einer gemäß § 115 II Nr. 2 Alt. 2 FGO objektiven Willkür der Tatsachenfeststellungen des FG an sich für gerechtfertigt angesehen; er hat die Revision aber in entsprechender Anwendung des § 126 IV FGO nicht zugelassen, weil das Urteil des FG sich trotz der vermeintlich willkürlichen Tatsachenfeststellungen als im Ergebnis richtig erwiesen habe.

Überdies hat der *VII. Senat* des BFH in seinem Beschluss v. 28.08.2007[1091] judiziert, dass das Übersehen einer offensichtlich einschlägigen und entscheidungserheblichen Rechtsvorschrift nur dann eine greifbare Gesetzwidrigkeit der angefochtenen finanzgerichtlichen Entscheidung und damit einen die Zulassung der Revision gemäß § 115 II Nr. 2 Alt. 2 FGO nach sich ziehenden gravierenden/schwerwiegenden Rechtsanwendungsfehlers des FG darstellen könne, wenn sich die betreffende Entscheidung analog § 126 IV FGO auch im Ergebnis als falsch erweise[1092].

(4) BFH*-Beschluss vom 07.07.2004, VII B 344/03, BStBl. II 2004, 896 ff.*

In diesem Zusammenhang erscheint schließlich eine weitere Entscheidung erwähnenswert, die bereits im Jahre 2004 ergangen ist:

Dort hat der *VII. Senat* des BFH in seinem – im Bundessteuerblatt veröffentlichen – Beschluss v. 07.07.2004[1093] im Hinblick auf das Vorliegen eines gravierenden/schwerwiegenden Rechtsanwendungsfehlers i.S.d. § 115 II Nr. 2 Alt. 2 FGO ausgeführt, dass das FG mit § 171 XIV AO zwar eine – im Streitfall zweifellos einschlägige und für die Gesamtwürdigung wesentliche – Rechtsvorschrift übersehen habe[1094]. Er hat jedoch im selben Atemzug verdeutlicht, dass andererseits insoweit aber auch nicht unberücksichtigt bleiben dürfe, *in welchem Umfang sich der Fehler/Irrtum des Gerichts im Ergebnis nachteilig auf den unterlegenen Beteiligten ausgewirkt habe und in welchem Umfang die Beteiligten durch ihr eigenes Verhalten diesen Fehler/Irrtum hätten vermeiden helfen und damit ein anderes Verfahrensergebnis hätten herbeiführen können.* So sei im Streitfall die Anwendbarkeit der irrtümlich übersehenen Vorschrift im Verlauf des finanzgerichtlichen Verfahrens offenbar keinem der Beteiligten aufgefallen, zumal auch der Tatbestand des FG-Urteils kein

---

1090 *BFH*, Beschl. v. 13.07.2007, VII B 105/07, BFH/NV 2007, 2300, 2301.

1091 *BFH*, Beschl. v. 28.08.2007, VII B 357/06, BFH/NV 2008, 113.

1092 **Kritisch** zu der Praxis der Rechtsprechung, die Vorschrift des § 126 IV FGO im NZB-Verfahren entsprechend anzuwenden, ansatzweise bereits oben unter I.1.f) cc) (S. 161 ff., dort S. 162) und vorstehend unter b)ff)(2)(b) (S. 257 f., dort S. 258) sowie ausführlich später im 4. Abschnitt unter B.I.4. (S. 500 ff.).

1093 *BFH*, Beschl. v. 07.07.2004, VII B 344/03, BStBl. II 2004, 896, 898.

1094 Das *Übersehen einer im Streitfall offensichtlich einschlägigen entscheidungserheblichen Rechtsvorschrift* stellt ein maßgebliches Kriterium zur Bestimmung eines Rechtsanwendungsfehlers von erheblichem Gewicht i.S. einer greifbar gesetzwidrigen Entscheidung dar, aufgrund dessen der BFH auch bereits einmal die Revision nach § 115 II Nr. 2 Alt. 2 FGO zugelassen hat, vgl. dazu oben unter bb)(2)(e) (S. 310 ff., dort S. 315) u. bb)(2)(f) (S. 321 ff., dort S. 324).

entsprechendes Parteivorbringen enthalten habe, und andernfalls das Verfahren insgesamt einen völlig anderen Verlauf genommen hätte und das FG-Urteil mit großer Wahrscheinlichkeit anders ausgefallen wäre. Unter diesen besonderen Umständen sei nicht zu erkennen, dass der dem FG unterlaufene Fehler geeignet wäre, das Vertrauen in die Rechtsprechung zu beschädigen.

Diese Erwägungen hat nachfolgend der *IV. Senat* des BFH in seinem Beschluss v. 29.02.2008[1095] aufgegriffen und insoweit festgehalten, dass eine entsprechende Beschwerdebegründung gemäß §§ 115 II Nr. 2 Alt. 2, 116 III 3 FGO den Vortrag des Beschwerdeführers enthalten müsse, *in welchem Umfang dieser selbst zu dem geltend gemachten Rechtsirrtum beigetragen habe und aus welchen Gründen er diesen Rechtsirrtum nicht schon während des FG-Verfahrens durch einen entsprechenden Hinweis vermieden und damit ein anderes Verfahrensergebnis herbeigeführt habe.*

Zwar findet die Vorschrift des § 126 IV FGO und deren entsprechende Anwendung in den Gründen der o.g. Entscheidungen nicht explizit Erwähnung. Jedoch liegt den dortigen Erwägungen jeweils ein ähnlicher Rechtsgedanke zugrunde. Die Revision soll nämlich gerade dann nicht wegen eines Rechtsanwendungsfehlers von erheblichem Gewicht zugelassen werden, wenn die aus dem Übersehen einer im Streitfall zweifellos einschlägigen Rechtsvorschrift resultierenden Nachteile für den unterlegenen Beteiligten im (End-) Ergebnis nicht wesentlich erscheinen und dieser durch rechtzeitige und sachgerechte Einwendungen/Hinweise das Entstehen eines solchen Fehlers/Irrtums im angefochtenen erstinstanzlichen Urteil hätte vermeiden und somit ein anderes Verfahrensergebnis hätte herbeiführen können.

Der BFH macht die Zulassung der Revision wegen eines gravierenden/schwerwiegenden Rechtsanwendungsfehlers des FG dabei erstmals von weiteren Kriterien abhängig. Hierbei bezieht er auch außerhalb des eigentlichen Rechtsstreits liegende Umstände in die Entscheidung über die Revisionszulassung mit ein und würdigt insbesondere das erstinstanzliche *Prozessverhalten des Beschwerdeführers.* Dies führt wiederum zu einer weiteren Einschränkung der ohnehin schon äußerst restriktiven Handhabung dieses Zulassungstatbestandes und schafft eine zusätzliche Hürde, wenn es um die Zulassung der Revision wegen gravierender/schwerwiegender Rechtsanwendungsfehlers i.S.d. § 115 II Nr. 2 Alt. 2 FGO geht[1096].

1095 *BFH*, Beschl. v. 29.02.2008, IV B 74/07, n.v. (juris).

1096 *Kritisch* auch *Steinhauff*, jurisPR-SteuerR 29/2004 Anm. 4, dort unter C. a.E. sowie unter D.; *Stöcker*, AO-StB 2004, 391, 392. Vgl. ansatzweise auch *Bleschick*, Revisionszulassungsgründe im Spannungsverhältnis, S. 173. Ausführlich **kritisch** später im 4. Abschnitt unter B.III.2.d) (S. 603 ff.).

2. *Die Darlegung der ‚Erforderlichkeit einer Entscheidung des BFH zur Sicherung einer einheitlichen Rechtsprechung' i.R.d. Begründung einer NZB – §§ 116 III 3, 115 II Nr. 2 Alt. 2 FGO*

Stützt der Beschwerdeführer seine NZB auf den Revisionszulassungsgrund des § 115 II Nr. 2 Alt. 2 FGO und macht er insoweit geltend, die Sicherung der Einheitlichkeit der Rechtsprechung erfordere eine Entscheidung des BFH, muss er in der Beschwerdebegründung substantiiert darlegen (= aufzeigen, erklären, erläutern[1097]), inwiefern über eine entscheidungserhebliche Rechtsfrage unterschiedliche Auffassungen bei den Gerichten bestehen oder welche sonstigen vergleichbaren Gründe eine höchstrichterliche Entscheidung gebieten[1098].

Diese vom BFH in letzter Zeit des Öfteren verwendete Formel macht deutlich, dass der Zulassungsgrund des § 115 II Nr. 2 Alt. 2 FGO – wie vorstehend unter 1.b) (S. 221 ff.) u. 1.c) (S. 258 ff.) erörtert – im Wesentlichen zwei Fallgruppen umfasst. Soweit es dort heißt, dass der Beschwerdeführer in der Beschwerdebegründung substantiiert darlegen müsse, *inwiefern über eine entscheidungserhebliche Rechtsfrage unterschiedliche Auffassungen bei den Gerichten bestehen*, bezieht sich dies auf die *Darlegung der Divergenz* (dazu nachfolgend unter a) [S. 330 ff.]), die bis zum 31.12.2000 als Divergenzrevision in § 115 II Nr. 2 FGO 1965 verankert war und nach der Neufassung der Revisionszulassungsgründe durch das 2. FGOÄndG den Hauptanwendungsfall der neu geschaffenen Rechtsprechungsvereinheitlichungsrevision des § 115 II Nr. 2 Alt. 2 FGO bildet. Wenn es dort heißt, dass der Beschwerdeführer in der Beschwerdebegründung substantiiert darlegen müsse, *welche sonstigen vergleichbaren Gründe eine höchstrichterliche Entscheidung gebieten*, bezieht sich dies auf die *Darlegung eines besonders schwerwiegenden Fehlers – eines sog. gravierenden/qualifizierten Rechtsanwendungsfehlers – des FG* (dazu nachfolgend unter b) [S. 348 ff.]), den der BFH in nunmehr st. Rspr. i.R. einer erweiterten Auslegung zur Stärkung und Verbesserung des Individualrechtsschutzes des einzelnen Steuerpflichtigen neben der Divergenz in § 115 II Nr. 2 Alt. 2 FGO hineinlesen möchte.

a) Die Darlegung der Divergenz

aa) Genaue Angabe/Bezeichnung der angeblichen Divergenzentscheidung

Gemäß § 115 III 3 FGO 1965 musste in der Beschwerdeschrift einer auf Divergenz gestützten NZB die Entscheidung des BFH, des BVerfG oder des GmSOGB, von

---

1097 Zum Begriff des „Darlegens" ausführlich oben unter A.II.4.a) (S. 114 ff.).

1098 *BFH*, Beschl. v. 12.12.2002, X B 99/02, BFH/NV 2003, 496, 497; Beschl. v. 23.03.2004, X B 129/03, BFH/NV 2004, 979, 980; Beschl. v. 01.09.2004, II B 77/03, n.v. (juris); Beschl. v. 30.05.2005, X B 149/04, BFH/NV 2005, 1618, 1619; Beschl. v. 16.02.2006, X B 176/05, BFH/NV 2006, 1052, 1053; Beschl. v. 21.08.2006, X B 154/05, BFH/NV 2006, 2285, 2286; Beschl. v. 23.01.2007, VI B 17/06, BFH/NV 2007, 950; Beschl. v. 23.08.2007, II B 3/07, BFH/NV 2007, 2348, 2349; Beschl. v. 14.08.2008, XI B 44/08, n.v. (juris); Gräber/*Ruban*[6], § 116 FGO Tz. 40.

der das finanzgerichtliche Urteil nach Ansicht des Beschwerdeführers abwich – also die sog. Divergenzentscheidung –, *bezeichnet* werden. Angesichts dessen, dass sich die präzise Identität der Divergenzentscheidung zweifelsfrei ermitteln lassen musste, erforderte eine ordnungsgemäße Divergenzrüge die *genaue Angabe/Bezeichnung der angeblich divergierenden Entscheidung mit Datum, Aktenzeichen und ggf. auch der (allgemein zugänglichen) Fundstelle*[1099].

Die nunmehr zentrale Vorschrift über die Begründung der NZB, § 116 III 3 FGO, spricht zwar nicht mehr ausdrücklich von der für eine ordnungsgemäße Divergenzrüge bislang erforderlichen Bezeichnung der angeblichen Divergenzentscheidung. Sie formuliert vielmehr, dass in der Beschwerdebegründung die Voraussetzzungen des § 115 II FGO – mithin die Revisionszulassungsgründe – dargelegt werden müssen. Für die ordnungsgemäße Darlegung der Divergenz als Hauptanwendungsfall der Rechtsprechungsvereinheitlichungsrevision i.S.d. § 115 II Nr. 2 Alt. 2 FGO erachtet die Rechtsprechung aber auch weiterhin unverändert die *hinreichend genaue Angabe/Bezeichnung der behaupteten Divergenzentscheidung mit Datum, Aktenzeichen und ggf. auch der (allgemein zugänglichen) Fundstelle* als notwendig[1100].

1099 So die st. Rspr. des BFH zu § 115 III 3 FGO 1965, vgl. exemplarisch *BFH*, Urt. v. 06.05.1970, VI B 140/69, BStBl. II 1970, 552; Beschl. v. 30.03.1983, I B 9/83, BStBl. II 1983, 479, 480; Beschl. v. 10.03.1988, V B 45/86, BFH/NV 1988, 511; Beschl. v. 01.08.1990, II B 36/90, BStBl. II 1990, 987 (allerdings betreffend die Geltendmachung der *grundsätzlichen Bedeutung* wegen Abweichung von einer Entscheidung eines anderen obersten Bundesgerichts, vgl. insoweit auch bereits Fußnote 823); Beschl. v. 22.01.1993, III B 311/90, BFH/NV 1994, 713; Beschl. v. 16.03.1994, II B 102/93, BFH/NV 1995, 34; Beschl. v. 08.04.1994, I B 204/93, BFH/NV 1995, 513; Beschl. v. 07.12.1994, II B 179/93, BFH/NV 1995, 695; Beschl. v. 31.08.1995, VIII B 21/93, BStBl. II 1995, 890, 891; Beschl. v. 22.11.1995, VIII B 13/95, BFH/NV 1996, 348; Beschl. v. 31.10.1996, VIII B 42/96, BFH/NV 1997, 490; Beschl. v. 22.07.1997, I B 130/96, BFH/NV 1998, 323; Beschl. v. 01.12.1998, III B 78/97, BFH/NV 1999, 741; Beschl. v. 19.08.1999, III B 20/97, BFH/NV 2000, 212; Beschl. v. 13.03.2000, III B 92/99, BFH/NV 2000, 1120; Beschl. v. 19.07.2000, I B 42/00, S 4/00, BFH/NV 2000, 1494; Beschl. v. 04.12.2000, V B 15/00, BFH/NV 2001, 819.

1100 Vgl. nur *BFH*, Beschl. v. 28.12.2001, VII B 109/01, BFH/NV 2002, 663, 664; Beschl. v. 25.04.2002, II B 24/01, BFH/NV 2002, 1311; Beschl. v. 20.12.2002, VII B 66/02, BFH/NV 2003, 592; Beschl. v. 09.03.2004, X B 141/03, BFH/NV 2004, 955; Beschl. v. 05.07.2005, XI B 101/04, BFH/NV 2005, 1854, 1855; Beschl. v. 24.08.2005, IV B 61/04, BFH/NV 2006, 85; Beschl. v. 07.09.2005, IV B 67/04, BFH/NV 2006, 234; Beschl. v. 17.01.2006, VIII B 172/05, BFH/NV 2006, 799; Beschl. v. 16.02.2006, X B 126/05, BFH/NV 2006, 1125, 1126; Beschl. v. 15.11.2006, XI B 19/06, BFH/NV 2007, 400 f.; Beschl. v. 01.12.2006, VIII B 2/06, BFH/NV 2007, 450; Beschl. v. 05.12.2006, VIII B 4/06, BFH/NV 2007, 490, 491; Beschl. v. 07.12.2006, VIII B 48/05, BFH/NV 2007, 712, 713; Beschl. v. 07.12.2006, VI B 103/06, BFH/NV 2007, 735; Beschl. v. 11.12.2006, VIII B 82/06, BFH/NV 2007, 453; Beschl. v. 01.02.2007, III B 165/05, BFH/NV 2007, 954, 955; Beschl. v. 27.03.2007, IV B 149/05, BFH/NV

Dem kann bedenkenlos zugestimmt werden, da es dem BFH als Beschwerdegericht nicht zugemutet werden kann, selbst das angefochtene finanzgerichtliche Urteil auf mögliche Divergenzen zu untersuchen. Die genaue Angabe/Bezeichnung der vermeintlichen Divergenzentscheidung als Mindestanforderung einer ordnungsgemäß begründeten und somit zulässigen Divergenzbeschwerde rechtfertigt sich also letztendlich aus dem Entlastungszweck des § 116 III 3 FGO[1101].

bb) Herausarbeitung und Gegenüberstellung divergierender Rechtssätze als zentrale Darlegungsanforderung der Divergenzrüge

Nach einhelliger Auffassung zur früheren Divergenzrevision gemäß § 115 II Nr. 2 FGO 1965 bezog sich die *Bezeichnungslast* des § 115 III 3 FGO 1965 jedoch nicht nur auf die Divergenzentscheidung selbst, sondern vielmehr auch auf die *Abweichung*[1102]. Der BFH verlangte deshalb in st. Rspr. – und in Übereinstimmung mit der Rechtsprechung der anderen obersten Bundesgerichte[1103] – über den Wortlaut des § 115 III 3 FGO 1965 hinaus[1104], dass der Beschwerdeführer aus dem angefochtenen finanzgerichtlichen Urteil einen *die Entscheidung tragenden, abstrakten Rechtssatz herausarbeitete*, der mit einem die höchstrichterliche Divergenzentscheidung tragenden, abstrakten Rechtssatz nicht übereinstimmte. Die (ggf. konkludenten[1105])

2007, 1502, 1503; Beschl. v. 03.04.2007, VIII B 60/06, BFH/NV 2007, 1341, 1342; Beschl. v. 28.06.2007, V B 95/06, BFH/NV 2007, 2122, 2123; Beschl. v. 19.07.2007, V B 66/06, BFH/NV 2007, 2067, 2069; Beschl. v. 16.08.2007, VIII B 210/06, BFH/NV 2007, 2286, 2287; Beschl. v. 17.08.2007, VIII B 36/06, BFH/NV 2007, 2293, 2294; Beschl. v. 14.09.2007, VIII B 15/07, BFH/NV 2008, 61; Beschl. v. 19.11.2007, VIII B 70/07, BFH/NV 2008, 380, 381; Beschl. v. 20.02.2008, VIII B 83/07, BFH/NV 2008, 978; Beschl. v. 20.02.2008, VIII B 103/07, BFH/NV 2008, 980; Beschl. v. 22.07.2008, II B 47/07, BFH/NV 2008, 1846. Zudem *BGH*, Beschl. v. 01.10.2002, XI ZR 71/02, NJW 2003, 65, 66.

1101 Gräber/*Ruban*[6], § 116 FGO Tz. 41 a.E.; *Lange* HHSp., § 116 FGO Tz. 191 a.E. (Lfg. 194 Juni 2007). – Zum Entlastungszweck des Begründungserfordernisses i.S.d. § 116 III 3 FGO bereits oben unter A.II.2. (S. 108 ff., dort S. 110 f.).

1102 *BVerfG*, Beschl. v. 03.10.1989, 1 BvR 1245/88, BVerfGE 81, 22, 27 f., v.a. 28, zu § 115 III 3, II Nr. 2 FGO 1965. Siehe überdies *BVerwG*, Beschl. v. 20.12.1995, 6 B 35/95, NVwZ-RR 1996, 712, 713, zu §§ 133 III 3, 132 II Nr. 2 VwGO; *BAG*, Beschl. v. 19.11.1979, 5 AZN 15/79, NJW 1980, 1814, zu §§ 72a III 2, 72 II Nr. 2 ArbGG 1979. Vgl. zudem *Weyreuther*, Revisionszulassung und NZB, Tz. 220.

1103 Vgl. hierzu bspw. aus der Rechtsprechung des *BVerwG*, Beschl. v. 18.12.1972, II 24.72, Buchholz 232 § 87 BBG Nr. 52; Beschl. v. 07.03.1975, VI C 47.74, Buchholz 310 § 132 VwGO (1960) Nr. 130, jeweils zitiert nach *BFH*, Beschl. v. 30.03.1983, I B 9/83, BStBl. II 1983, 479, 480; Beschl. v. 20.12.1995 (Fn. 1102), NVwZ-RR 1996, 712, 713, zu §§ 133 III 3, 132 II Nr. 2 VwGO. Zudem etwa aus der Rechtsprechung des *BAG*, Beschl. v. 19.11.1979 (Fn. 1102), NJW 1980, 1814, zu §§ 72a III 2, 72 II Nr. 2 ArbGG 1979.

1104 *Seer*, StuW 2001, 3, 11; *ders.*, in: T/K, § 116 FGO Tz. 51 (Lfg. 131 Oktober 2012).

1105 Siehe dazu oben unter 1.b)cc) (S. 240 ff., dort S. 241 f.).

tragenden, abstrakten Rechtssätze waren dabei so genau zu bezeichnen, dass eine Abweichung erkennbar wurde[1106].

Auch nach der Neufassung der Revisionszulassungsgründe durch das 2. FGO-ÄndG hält der BFH an diesem Erfordernis fest und verlangt vom Beschwerdeführer einer i.S.d. §§ 116 III 3, 115 II Nr. 2 Alt. 2 FGO ordnungsgemäß begründeten Divergenzrüge weiterhin unverändert und senatsübergreifend die *Darlegung zweier voneinander abweichender und die Entscheidung des Gerichts jeweils tragender, abstrakter Rechtssätze.* Begehrt der Beschwerdeführer also die Zulassung der Revision gemäß § 115 II Nr. 2 Alt. 2 FGO wegen Divergenz zu Entscheidungen des BFH oder anderer Gerichte, so hat er darzulegen, zu welcher konkreten Rechtsfrage die behauptete Abweichung bestehen soll. Dazu muss er *(ggf. konkludente[1107]) tragende und abstrakte Rechtssätze aus dem angefochtenen finanzgerichtlichen Urteil einerseits und der behaupteten Divergenzentscheidung andererseits herausarbeiten und einander gegenüberstellen*, um so eine Abweichung erkennbar zu machen[1108].

1106 *BFH*, Beschl. v. 30.03.1983, I B 9/83, BStBl. II 1983, 479, 480; Beschl. v. 12.05.1987, VII B 63/87, BFH/NV 1988, 38; Beschl. v. 29.06.1987, X B 26/87, BFH/NV 1988, 239; Beschl. v. 10.08.1987, V B 70/87, BFH/NV 1988, 242; Beschl. v. 11.02.1988, V B 104/86, BFH/NV 1989, 29; Beschl. v. 10.03.1988, V B 45/86, BFH/NV 1988, 511; Beschl. v. 01.08.1990, II B 36/90, BStBl. II 1990, 987 (allerdings betreffend die Geltendmachung der *grundsätzlichen Bedeutung* wegen Abweichung von einer Entscheidung eines anderen obersten Bundesgerichts, vgl. insoweit auch bereits Fußnote 823); Beschl. v. 17.06.1992, II B 183/91, BFH/NV 1993, 179; Beschl. v. 16.12.1992, II B 68/91, BFH/NV 1994, 248; Beschl. v. 22.01.1993, III B 311/90, BFH/NV 1994, 713; Beschl. v. 22.03.1993, V B 165/92, BFH/NV 1994, 378; Beschl. v. 09.06.1993, II B 92/92, BFH/NV 1994, 184; Beschl. v. 21.07.1993, VII B 147/93, BFH/NV 1994, 484; Beschl. v. 18.02.1994, X B 35/93, BFH/NV 1995, 120; Beschl. v. 16.03.1994, II B 102/93, BFH/NV 1995, 34; Beschl. v. 08.04.1994, I B 204/93, BFH/NV 1995, 513; Beschl. v. 28.04.1994, X B 313/93, BFH/NV 1995, 124; Beschl. v. 14.06.1994, VII B 239/93, BFH/NV 1995, 89; Beschl. v. 07.12.1994, II B 179/93, BFH/NV 1995, 695; Beschl. v. 31.08.1995, VIII B 21/93, BStBl. II 1995, 890, 891; Beschl. v. 22.11.1995, VIII B 13/95, BFH/NV 1996, 348; Beschl. v. 02.08.1996, VIII B 74/95, BFH/NV 1997, 133; Beschl. v. 31.10.1996, VIII B 42/96, BFH/NV 1997, 490; Beschl. v. 22.07.1997, I B 130/96, BFH/NV 1998, 323; Beschl. v. 01.12.1998, III B 78/97, BFH/NV 1999, 741; Beschl. v. 21.01.1999, XI B 13/98, BFH/NV 1999, 1102; Beschl. v. 19.08.1999, III B 20/97, BFH/NV 2000, 212; Beschl. v. 08.10.1999, I B 123/98, BFH/NV 2000, 573, 574; Beschl. v. 13.03.2000, III B 92/99, BFH/NV 2000, 1120; Beschl. v. 23.06.2000, VIII B 52/99, BFH/NV 2000, 1487; Beschl. v. 19.07.2000, I B 42/00, S 4/00, BFH/NV 2000, 1494; Beschl. v. 02.10.2000, I B 127/99, n.v. (juris); Beschl. v. 06.10.2000, V B 99/00, BFH/NV 2001, 330; Beschl. v. 22.11.2000, VI B 174/00, BFH/NV 2001, 451; Beschl. v. 04.12.2000, V B 15/00, BFH/NV 2001, 819; Beschl. v. 21.12.2000, X B 71/00, BFH/NV 2001, 772.

1107 Siehe dazu oben unter 1.b)cc) (S. 240 ff., dort S. 243 f.).

1108 So die langjährige ständige senatsübergreifende Rechtsprechung des BFH: *BFH*, Beschl. v. 21.07.2004, I B 190/03, BFH/NV 2004, 1642, 1643; Beschl. v. 26.04.2005, I B 243/04, BFH/NV 2005, 1590, 1591; Beschl. v. 13.06.2005, I B 239/04, BFH/NV

2005, 1840; Beschl. v. 13.06.2005, I B 8/05, BFH/NV 2005, 1840, 1841; Beschl. v. 15.07.2005, I B 237/04, BFH/NV 2005, 2217; Beschl. v. 16.10.2006, I B 50/06, BFH/NV 2007, 254; Beschl. v. 06.11.2006, I B 29/06, BFH/NV 2007, 465, 466; Beschl. v. 19.12.2006, I B 67/06, BFH/NV 2007, 695, 696; Beschl. v. 03.04.2007, I B 151, 152/06, BFH/NV 2007, 1671; Beschl. v. 05.06.2014, I B 150/13, BFH/NV 2014, 1756 **(I. Senat)**; Beschl. v. 25.04.2002, II B 24/01, BFH/NV 2002, 1311; Beschl. v. 12.07.2002, II B 33/01, BFH/NV 2002, 1482, 1483; Beschl. v. 24.03.2003, II B 41/02, BFH/NV 2003, 1067; Beschl. v. 01.09.2004, II B 77/03, n.v. (juris); Beschl. v. 11.11.2004, II B 172/03, BFH/NV 2005, 509, 510; Beschl. v. 19.01.2005, II B 38/04, BFH/NV 2005, 900, 901; Beschl. v. 10.03.2005, II B 20/04, BFH/NV 2005, 1337, 1338; Beschl. v. 23.08.2007, II B 3/07, BFH/NV 2007, 2348, 2349 f.; Beschl. v. 22.07.2008, II B 47/07, BFH/NV 2008, 1846; Beschl. v. 27.04.2009, II B 167/08, BFH/NV 2009, 1123; Beschl. v. 08.10.2010, II B 111/10, BFH/NV 2011, 73, 76 **(II. Senat)**; Beschl. v. 20.01.2003, III B 63/02, BFH/NV 2003, 644; Beschl. v. 26.03.2003, III B 92/02, BFH/NV 2003, 939, 940; Beschl. v. 18.07.2003, III B 143/02, BFH/NV 2003, 1403; Beschl. v. 21.05.2004, III B 171/03, BFH/NV 2004, 1404; Beschl. v. 26.05.2004, III B 89/03, BFH/NV 2004, 1221, 1222; Beschl. v. 25.10.2004, III B 131/03, BFH/NV 2005, 339; Beschl. v. 27.05.2005, III B 5/05, BFH/NV 2005, 1758, 1759; Beschl. v. 31.05.2005, III B 143/04, BFH/NV 2005, 1632, 1633; Beschl. v. 14.08.2006, III B 177/05, BFH/NV 2006, 2251, 2252; Beschl. v. 24.10.2006, III S 4/06 (PKH), BFH/NV 2007, 446 f.; Beschl. v. 01.02.2007, III B 165/05, BFH/NV 2007, 954, 955; Beschl. v. 31.03.2008, III B 151/07, BFH/NV 2008, 1335; Beschl. v. 31.07.2008, III B 64/07, BStBl. II 2011, 37, 38 **(III. Senat)**; Beschl. v. 01.10.2002, IV B 91/01, BFH/NV 2003, 304; Beschl. v. 10.02.2005, IV B 50, 52/03, BFH/NV 2005, 1215, 1216; Beschl. v. 09.03.2005, IV B 74/03, BFH/NV 2005, 1289, 1290; Beschl. v. 24.08.2005, IV B 61/04, BFH/NV 2006, 85; Beschl. v. 07.09.2005, IV B 67/04, BFH/NV 2006, 234; Beschl. v. 06.07.2006, IV B 95/05, BFH/NV 2006, 2246, 2247; Beschl. v. 05.09.2006, IV B 128/05, BFH/NV 2007, 243; Beschl. v. 27.03.2007, IV B 149/05, BFH/NV 2007, 1502, 1503; Beschl. v. 07.04.2009, IV B 64/08, BFH/NV 2009, 1264; Beschl. v. 04.06.2009, IV B 53/08, n.v. (juris); Beschl. v. 12.11.2009, IV B 8/09, BFH/NV 2010, 464; Beschl. v. 19.10.2011, IV B 61/10, BFH/NV 2012, 246 **(IV. Senat)**; Beschl. v. 08.01.2004, V B 37-39, 57/03, BFH/NV 2004, 829, 831; Beschl. v. 11.03.2005, V B 117/04, BFH/NV 2005, 1162, 1163; Beschl. v. 05.01.2006, V B 16/05, BFH/NV 2006, 1104, 1105; Beschl. v. 11.08.2006, V B 23/04, BFH/NV 2007, 60, 61; Beschl. v. 24.08.2006, V B 36/05, BFH/NV 2007, 69; Beschl. v. 26.06.2007, V B 197/05, BFH/NV 2007, 1897, 1898; Beschl. v. 28.06.2007, V B 95/06, BFH/NV 2007, 2122, 2123; Beschl. v. 19.07.2007, V B 66/06, BFH/NV 2007, 2067, 2069 **(V. Senat)**; Beschl. v. 05.10.2004, VI S 6/04 (PKH), BFH/NV 2005, 13; Beschl. v. 28.02.2005, VI S 8/04 (PKH), BFH/NV 2005, 1129; Beschl. v. 14.08.2006, VI B 54/06, BFH/NV 2006, 2282, 2283; Beschl. v. 07.12.2006, VI B 103/06, BFH/NV 2007, 735; Beschl. v. 23.01.2007, VI B 17/06, BFH/NV 2007, 950; Beschl. v. 22.02.2007, VI B 29/06, BFH/NV 2007, 969, 970; Beschl. v. 01.03.2007, VI B 92/06, BFH/NV 2007, 1172, 1173; Beschl. v. 18.10.2010, VI B 91/10, BFH/NV 2011, 280, 281 **(VI. Senat)**; Beschl. v. 28.12.2001, VII B 109/01, BFH/NV 2002, 663, 664; Beschl. v. 10.05.2002, VII B 179/01, BFH/NV 2002, 1316; Beschl. v. 29.05.2002, VII B 8/02, BFH/NV 2002, 1323, 1324; Beschl. v. 20.12.2002, VII B 66/02, BFH/NV 2003, 592; Beschl. v. 19.02.2003, VII B 45/02, BFH/NV 2003,

665, 666; Beschl. v. 11.02.2004, VII B 224/03, BFH/NV 2004, 1060; Beschl. v. 08.03.2004, VII B 334/03, BFH/NV 2004, 974, 975; Beschl. v. 07.07.2004, VII B 344/03, BStBl. II 2004, 896, 897; Beschl. v. 09.08.2006, VII B 238/05, BFH/NV 2006, 2227, 2228; Beschl. v. 07.11.2006, VII B 29/06, BFH/NV 2007, 399, 400 **(VII. Senat)**; Beschl. v. 21.10.2005, VIII B 295/04, BFH/NV 2006, 339; Beschl. v. 13.12.2005, VIII B 74/05, BFH/NV 2006, 740; Beschl. v. 17.01.2006, VIII B 172/05, BFH/NV 2006, 799; Beschl. v. 01.09.2006, VIII B 81/05, BFH/NV 2006, 2297, 2298; Beschl. v. 01.12.2006, VIII B 2/06, BFH/NV 2007, 450; Beschl. v. 05.12.2006, VIII B 4/06, BFH/NV 2007, 490, 491; Beschl. v. 07.12.2006, VIII B 48/05, BFH/NV 2007, 712, 713; Beschl. v. 11.12.2006, VIII B 82/06, BFH/NV 2007, 453; Beschl. v. 03.04.2007, VIII B 60/06, BFH/NV 2007, 1341, 1342; Beschl. v. 16.08.2007, VIII B 210/06, BFH/NV 2007, 2286, 2287; Beschl. v. 17.08.2007, VIII B 36/06, BFH/NV 2007, 2293, 2294; Beschl. v. 14.09.2007, VIII B 15/07, BFH/NV 2008, 61; Beschl. v. 19.11.2007, VIII B 70/07, BFH/NV 2008, 380, 381; Beschl. v. 05.12.2007, VIII B 79/07, BFH/NV 2008, 732, 733; Beschl. v. 20.02.2008, VIII B 83/07, BFH/NV 2008, 978; Beschl. v. 20.02.2008, VIII B 103/07, BFH/NV 2008, 980 **(VIII. Senat)**; Beschl. v. 19.02.2002, IX B 130/01, BFH/NV 2002, 802; Beschl. v. 25.09.2002, IX B 14/02, BFH/NV 2003, 191; Beschl. v. 11.12.2002, IX B 124/02, BFH/NV 2003, 495; Beschl. v. 19.12.2002, IX B 79/02, BFH/NV 2003, 501; Beschl. v. 20.01.2003, IX B 94/02, BFH/NV 2003, 617; Beschl. v. 31.01.2003, IX B 174/02, BFH/NV 2003, 649; Beschl. v. 18.05.2005, IX B 168/04, BFH/NV 2005, 1829; Beschl. v. 10.02.2010, IX B 163/09, BFH/NV 2010, 887 **(IX. Senat)**; Beschl. v. 05.02.2002, X B 69/01, BFH/NV 2002, 782, 783; Beschl. v. 16.04.2002, X B 102/01, BFH/NV 2002, 1045, 1046; Beschl. v. 20.11.2002, X B 48/01, BFH/NV 2003, 317, 318; Beschl. v. 06.02.2003, X B 153/01, BFH/NV 2003, 621, 622; Beschl. v. 12.02.2003, X B 122/02, BFH/NV 2003, 803; Beschl. v. 18.03.2003, X B 66/02, BFH/NV 2003, 886, 887; Beschl. v. 29.04.2003, X B 62/02, BFH/NV 2003, 1087, 1088; Beschl. v. 30.07.2003, X B 152/02, BFH/NV 2003, 1603; Beschl. v. 11.09.2003, X B 103/02, BFH/NV 2004, 180; Beschl. v. 07.10.2003, X B 52/03, BFH/NV 2004, 80; Beschl. v. 14.10.2003, X B 26/03, BFH/NV 2004, 82, 83; Beschl. v. 01.09.2004, X B 162/03, BFH/NV 2005, 224; Beschl. v. 30.05.2005, X B 149/04, BFH/NV 2005, 1618, 1619; Beschl. v. 08.06.2005, X B 16/05, BFH/NV 2005, 1621; Beschl. v. 12.07.2005, X B 104/04, BFH/NV 2005, 1860; Beschl. v. 01.08.2005, X B 32/05, BFH/NV 2005, 2223, 2224; Beschl. v. 16.08.2005, X B 141/04, BFH/NV 2005, 2236, 2237; Beschl. v. 20.12.2005, X B 10/05, BFH/NV 2006, 777; Beschl. v. 16.02.2006, X B 126/05, BFH/NV 2006, 1125, 1126; Beschl. v. 06.03.2006, X B 102/05, BFH/NV 2006, 1134, 1135; Beschl. v. 05.07.2006, X B 114/05, BFH/NV 2006, 1869, 1870; Beschl. v. 21.08.2006, X B 154/05, BFH/NV 2006, 2285, 2286; Beschl. v. 22.08.2006, X B 30/06, BFH/NV 2006, 2253, 2254; Beschl. v. 19.07.2012, X B 88/11, BFH/NV 2012, 1932; Beschl. v. 30.08.2012, X B 97/11, BFH/NV 2013, 13, 14 m.w.N. **(X. Senat)**; Beschl. v. 05.07.2002, XI B 67/00, BFH/NV 2002, 1479; Beschl. v. 12.07.2002, XI B 152/01, BFH/NV 2002, 1484; Beschl. v. 13.12.2002, XI B 145/99, BFH/NV 2003, 497; Beschl. v. 08.06.2004, XI B 97/02, BFH/NV 2004, 1418, 1419; Beschl. v. 21.03.2005, XI B 219/03, BFH/NV 2005, 1344; Beschl. v. 05.07.2005, XI B 101/04, BFH/NV 2005, 1854, 1855; Beschl. v. 12.10.2005, XI B 204/04, BFH/NV 2006, 327; Beschl. v. 14.12.2005, XI B 24/05, BFH/NV 2006, 1102; Beschl. v. 15.11.2006, XI B 19/06, BFH/NV 2007, 400 f.; Beschl. v. 30.11.2006, XI B 13/06,

Da eine die Rechtseinheit gefährdende Abweichung (Divergenz) nach st. Rspr. des BFH nur dann vorliegt, wenn das FG in seinem Urteil bei gleichem, vergleichbarem oder gleich gelagertem vorliegenden und festgestellten Sachverhalt in ein und derselben (identischen) Rechtsfrage eine andere Rechtsauffassung vertritt, als ein anderes Gericht in derjenigen Entscheidung, zu der eine Divergenz gegeben sein soll[1109], hat der Beschwerdeführer i.R.d. *Darlegung der Divergenz* darüber hinaus auszuführen, dass es sich im Streitfall um einen *vergleichbaren Sachverhalt*[1110] sowie um eine *identische Rechtsfrage*[1111] handelt.

BFH/NV 2007, 389; Beschl. v. 12.01.2007, XI B 39/06, BFH/NV 2007, 710, allerdings ggf. insoweit etwas missverständlich, als es dort heißt, dass es für die schlüssige Bezeichung einer Divergenz auch ausreiche, wenn eine (FG-) Entscheidung benannt werde, die zu einem vergleichbaren Sachverhalt ergangen sei und diesem Sachverhalt eine andere Rechtsfolge beigemessen habe, als sie das FG in dem angefochtenen Urteil angenommen habe (vgl. zu dieser Problematik bereits oben unter 1.b)cc) [S. 240 ff., dort S. 241 f. u. v.a. 243 f.]), weil auch in den hiermit gemeinten Fällen einer *konkludenten Rechtssatzbildung* die Herausarbeitung und Gegenüberstellung der divergierenden konkludenten Rechtssätze erforderlich ist, vgl. nur die unter dem *VIII. Senat* zitierte *BFH*-Entscheidung v. 16.08.2007, VIII B 210/06, BFH/NV 2007, 2286, 2287, vgl. insoweit auch bereits oben unter 1.b)cc) (S. 240 ff. [243 f.]), dort Fußnote 879; Beschl. v. 05.11.2007, XI B 42/07, BFH/NV 2008, 190; Beschl. v. 18.05.2011, XI B 57/10, BFH/NV 2011, 1704 **(XI. Senat)**. Des Weiteren Gräber/*Ruban*[6], § 116 FGO Tz. 42; *Lange* HHSp., § 116 FGO Tz. 192 (Lfg. 194 Juni 2007); Schwarz/*Dürr*, § 116 FGO Tz. 23 (Lfg. 30 6/2008).

1109 Vgl. dazu die umfangreichen Nachweise aus der Rechtsprechung in Fußnote 841.

1110 *BFH*, Beschl. v. 14.04.2004, I B 51/03, n.v. (juris); Beschl. v. 13.12.2005 (Fn. 1108), BFH/NV 2006, 740; Beschl. v. 17.01.2006 (Fn. 1108), BFH/NV 2006, 799; Beschl. v. 01.12.2006 (Fn. 1108), BFH/NV 2007, 450; Beschl. v. 05.12.2006 (Fn. 1108), BFH/NV 2007, 490, 491; Beschl. v. 07.12.2006 (Fn. 1108), BFH/NV 2007, 712, 713; Beschl. v. 11.12.2006 (Fn. 1108), BFH/NV 2007, 453; Beschl. v. 01.03.2007 (Fn. 1108), BFH/NV 2007, 1172, 1173; Beschl. v. 03.04.2007 (Fn. 1108), BFH/NV 2007, 1341, 1342; Beschl. v. 19.07.2007 (Fn. 1108), BFH/NV 2007, 2067, 2069; Beschl. v. 16.08.2007 (Fn. 1108), BFH/NV 2007, 2286, 2287; Beschl. v. 17.08.2007 (Fn. 1108), BFH/NV 2007, 2293, 2294; Beschl. v. 14.09.2007 (Fn. 1108), BFH/NV 2008, 61; Beschl. v. 19.11.2007 (Fn. 1108), BFH/NV 2008, 380, 381; Beschl. v. 05.12.2007 (Fn. 1108), BFH/NV 2008, 732, 733; Beschl. v. 20.02.2008 (Fn. 1108), BFH/NV 2008, 978; Beschl. v. 20.02.2008 (Fn. 1108), BFH/NV 2008, 980; Beschl. v. 22.07.2008 (Fn. 1108), BFH/NV 2008, 1846; Beschl. v. 27.04.2009 (Fn. 1108), BFH/NV 2009, 1123; Beschl. v. 18.10.2010 (Fn. 1108), BFH/NV 2011, 280, 281; Beschl. v. 30.08.2012 (Fn. 1108), BFH/NV 2013, 13, 14 m.w.N.

1111 *BFH*, Beschl. v. 13.12.2005 (Fn. 1108), BFH/NV 2006, 740; Beschl. v. 17.01.2006 (Fn. 1108), BFH/NV 2006, 799; Beschl. v. 22.08.2006 (Fn. 1108), BFH/NV 2006, 2253, 2254; Beschl. v. 01.12.2006 (Fn. 1108), BFH/NV 2007, 450; Beschl. v. 05.12.2006 (Fn. 1108), BFH/NV 2007, 490, 491; Beschl. v. 07.12.2006 (Fn. 1108), BFH/NV 2007, 712, 713; Beschl. v. 11.12.2006 (Fn. 1108), BFH/NV 2007, 453; Beschl. v. 01.03.2007 (Fn. 1108), BFH/NV 2007, 1172, 1173; Beschl. v. 03.04.2007 (Fn. 1108), BFH/NV

Soweit der BFH also weiterhin die Darlegung zweier voneinander abweichender und die Entscheidung des Gerichts jeweils tragender, abstrakter Rechtssätze fordert, genügt es für die ordnungsgemäße Begründung einer NZB i.S.d. §§ 116 III 3, 115 II Nr. 2 Alt. 2 FGO nicht, zwar einen tragenden, abstrakten Rechtssatz aus der angeblichen Divergenzentscheidung herauszustellen, sodann sinngemäß allerdings nur geltend zu machen, das FG habe diesen Rechtssatz im Ergebnis falsch auf den konkreten Streitfall angewendet. Denn wird dabei nicht zugleich auch ein tragender, abstrakter Rechtssatz aus dem angefochtenen finanzgerichtlichen Urteil benannt, der mit demjenigen der Divergenzentscheidung im (Rechts-) Grundsätzlichen nicht übereinstimmt, handelt es sich nach der Rechtsprechung des BFH insoweit nicht um die Bezeichnung bzw. Darlegung einer Divergenz, sondern vielmehr nur um die Behauptung eines im Zulassungsverfahren unbeachtlichen Subsumtionsfehlers[1112].

Für eine auf den Tatbestand der ‚Abweichung' gestützte NZB reicht demzufolge weder die *Rüge einer Divergenz in der Beurteilung und Würdigung von Tatsachen* noch die *Rüge eines bloßen Subsumtionsfehlers* aus[1113]. Angesichts dessen, dass nicht schon die Unrichtigkeit des FG-Urteils im Einzelfall, sondern vielmehr erst dessen Fehlerhaftigkeit im (Rechts-) Grundsätzlichen die Zulassung der Revision rechtfertigt[1114], bedarf es somit stets einer *Darlegung der Nichtübereinstimmung im*

2007, 1341, 1342; Beschl. v. 19.07.2007 (Fn. 11081110), BFH/NV 2007, 2067, 2069; Beschl. v. 16.08.2007 (Fn. 1108), BFH/NV 2007, 2286, 2287; Beschl. v. 17.08.2007 (Fn. 1108), BFH/NV 2007, 2293, 2294; Beschl. v. 14.09.2007 (Fn. 1108), BFH/NV 2008, 61; Beschl. v. 19.11.2007 (Fn. 1108), BFH/NV 2008, 380, 381; Beschl. v. 05.12.2007 (Fn. 1108), BFH/NV 2008, 732, 733; Beschl. v. 20.02.2008 (Fn. 1108), BFH/NV 2008, 978; Beschl. v. 20.02.2008 (Fn. 1108), BFH/NV 2008, 980; Beschl. v. 22.07.2008 (Fn. 1108), BFH/NV 2008, 1846; Beschl. v. 27.04.2009 (Fn. 1108), BFH/NV 2009, 1123; Beschl. v. 18.10.2010 (Fn. 1108), BFH/NV 2011, 280, 281; Beschl. v. 30.08.2012 (Fn. 1108), BFH/NV 2013, 13, 14 m.w.N.

1112 Vgl. etwa *BFH*, Beschl. v. 31.08.1995, VIII B 21/93, BStBl. II 1995, 890, 891; Beschl. v. 22.11.2000, VI B 174/00, BFH/NV 2001, 451; Beschl. v. 13.12.2002, XI B 145/99, BFH/NV 2003, 497; Beschl. v. 25.10.2004, III B 131/03, BFH/NV 2005, 339; Beschl. v. 31.05.2005, III B 143/04, BFH/NV 2005, 1632, 1633; Beschl. v. 21.10.2005, VIII B 295/04, BFH/NV 2006, 339; Beschl. v. 21.08.2006, X B 154/05, BFH/NV 2006, 2285, 2286; Beschl. v. 19.12.2006, I B 67/06, BFH/NV 2007, 695, 696; Beschl. v. 23.01.2007, VI B 17/06, BFH/NV 2007, 950.

1113 So bspw. *BFH*, Beschl. v. 29.04.2003, X B 62/02, BFH/NV 2003, 1087, 1088; Beschl. v. 01.09.2004, X B 162/03, BFH/NV 2005, 224, 225; Beschl. v. 25.10.2004 (Fn. 1112), BFH/NV 2005, 339; Beschl. v. 12.07.2005, X B 104/04, BFH/NV 2005, 1860; Beschl. v. 22.02.2007, VI B 29/06, BFH/NV 2007, 969, 970; Beschl. v. 05.12.2007, VIII B 79/07, BFH/NV 2008, 732, 733.

1114 Vgl. hierzu bereits oben unter 1.b)bb)(1) (S. 234 ff., dort S. 235 f.) mit den Nachweisen in Fußnote 848.

(Rechts-) Grundsätzlichen[1115], d.h. einer Darlegung der Nichtübereinstimmung bei der Aufstellung tragender, abstrakter Rechtssätze[1116].

Die Anforderungen, die der BFH in seiner senatsübergreifenden st. Rspr. auch nach der Reform des finanzgerichtlichen Revisionszulassungsrechts und der damit einhergehenden Erweiterung und Neuformulierung der Zulassungsgründe an die ordnungsgemäße Begründung einer auf Divergenz gestützten NZB stellt, überfordern den Beschwerdeführer und dessen Prozessvertreter maßlos und führen zu einer unzumutbaren Verkürzung des zweitinstanzlichen finanzgerichtlichen Rechtsschutzes[1117]. Denn wenn der BFH zur Darlegung der Divergenz neben der genauen Angabe/Bezeichnung der behaupteten Divergenzentscheidung auch weiterhin unverändert fordert, dass der Beschwerdeführer in seiner Beschwerdebegründung die von ihm behauptete Abweichung durch das Herausarbeiten und Gegenüberstellen einander widersprechender, tragender, abstrakter Rechtssätze aus der angefochtenen erstinstanzlichen Entscheidung einerseits und der behaupteten Divergenzentscheidung andererseits erkennbar machen muss, schränkt er die Möglichkeit des Rechtsschutzsuchenden, die Zulassung der Revision wegen Divergenz mit der NZB zu erstreiten, erheblich ein.

Da weder § 115 II Nr. 2 Alt. 2 FGO noch § 116 III 3 FGO ihrem Wortlaut nach irgendwelche Anzeichen für eine derartige – rechtsschutzverkürzende – Interpretation des Divergenztatbestandes als Hauptanwendungsfall der Rechtsprechungsvereinheitlichungsrevision enthalten, widerspricht die Fortführung der bereits zu §§ 115 II Nr. 2, 115 III 3 FGO 1965 aufgestellten Darlegungsanforderungen dem geltenden Recht[1118]. Im Schrifttum wird deshalb vereinzelt zu Recht gefordert, von dem überaus restriktiven Erfordernis divergierender (ggf. konkludenter)

1115 *BFH*, Beschl. v. 14.08.2001, XI B 57/01, BFH/NV 2002, 51; Beschl. v. 25.09.2002, IX B 14/02, BFH/NV 2003, 191; Beschl. v. 11.12.2002, IX B 124/02, BFH/NV 2003, 495; Beschl. v. 19.12.2002, IX B 79/02, BFH/NV 2003, 501; Beschl. v. 20.01.2003, IX B 94/02, BFH/NV 2003, 617; Beschl. v. 31.01.2003, IX B 174/02, BFH/NV 2003, 649; Beschl. v. 15.02.2006, XI B 78/05, BFH/NV 2006, 1122, 1123; Beschl. v. 16.08.2007, VIII B 210/06, BFH/NV 2007, 2286, 2287; Beschl. v. 17.08.2007, VIII B 36/06, BFH/NV 2007, 2293, 2295; Beschl. v. 14.09.2007, VIII B 15/07, BFH/NV 2008, 61; Beschl. v. 19.11.2007, VIII B 70/07, BFH/NV 2008, 380, 381; Beschl. v. 10.02.2010, IX B 163/09, BFH/NV 2010, 887; Beschl. v. 18.10.2010, VI B 91/10, BFH/NV 2011, 280, 281.

1116 Siehe auch Gräber/*Ruban*[6], § 116 FGO Tz. 42: Aus der Beschwerdebegründung müsse sich stets ergeben, dass eine Nichtübereinstimmung verschiedener Gerichte nicht nur hinsichtlich des Ergebnisses der Auslegung, sondern *„im Grundsätzlichen“*, d.h. bei der Aufstellung abstrakter Rechtsgrundsätze bestehe.

1117 Auf gleicher Linie *Seer*, in: T/K, § 115 FGO Tz. 74 sowie § 116 FGO Tz. 52 u. 53 (jeweils Lfg. 131 Oktober 2012). Siehe dazu ansatzweise auch bereits oben unter 1.b)cc) (S. 240 ff., dort S. 244) sowie ausführlich **kritisch** später im 4. Abschnitt unter B.III.1.b)aa) (S. 522 ff.).

1118 *Seer*, StuW 2003, 193, 199, 203 u. 204; *ders.*, in: T/K, § 115 FGO Tz. 74 sowie § 116 FGO Tz. 52 u. 53 (jeweils Lfg. 131 Oktober 2012). Siehe hierzu ansatzweise auch

Rechtssätze als zentralem Tatbestandsmerkmal des Divergenztatbestandes Abstand zu nehmen und die NZB bereits dann als hinreichend begründet i.S.d. §§ 116 III 3, 115 II Nr. 2 Alt. 2 FGO anzusehen, wenn der Beschwerdeführer ausführlich und schlüssig darlegt, dass die angefochtene finanzgerichtliche Entscheidung von einer höchstrichterlichen Rechtsprechung oder der Rechtsprechung eines anderen Gerichts[1119] *lediglich im Entscheidungsergebnis abweicht*, ohne selbst – ggf. konkludent – einen abweichenden, die Entscheidung tragenden, abstrakten Rechtssatz zu bilden[1120].

cc) Darlegungsanforderungen bei sog. nachträglicher Divergenz und bei künftig zu erwartender Rechtsprechungsdivergenz

(1) Anforderungen an die Darlegung bei sog. nachträglicher Divergenz

Wie bereits vorstehend unter 1.b)dd) (S. 245 ff., dort S. 246 f.) ausgeführt, erfasst § 115 II Nr. 2 Alt. 2 FGO auch den Fall der sog. *nachträglichen Divergenz*. Danach ist die Revision – auf eine NZB hin – wegen einer (tatsächlich gegebenen) Abweichung zur Sicherung einer einheitlichen Rechtsprechung auch dann zuzulassen, wenn die relevante Divergenzentscheidung in der Beschwerdebegründung unerwähnt geblieben ist, weil sie erst nach Erlass des finanzgerichtlichen Urteils sowie nach Ablauf der Beschwerdebegründungsfrist des § 116 III 1 FGO ergangen bzw. erst so spät bekannt geworden oder veröffentlicht worden ist, dass eine Berufung auf die Divergenz in der Beschwerdebegründung innerhalb der zweimonatigen Begründungsfrist nicht mehr möglich war[1121].

Auch in diesen Fällen der sog. *nachträglichen Divergenz* muss der Beschwerdeführer allerdings seinen formellen Obliegenheiten aus § 116 III 3 FGO nachkommen, wonach er einen Revisionszulassungsgrund i.S.d. § 115 II FGO darzulegen hat. Die Revision kann also regelmäßig nur dann zur Sicherung einer einheitlichen Rechtsprechung zugelassen werden, wenn die Beschwerde innerhalb der – ggf. gemäß § 116 III 4 FGO zu verlängernden – zweimonatigen Begründungsfrist des § 116 III 1 FGO schlüssig begründet worden ist[1122]. Fehlt eine § 116 III 3 FGO

---

bereits oben unter 1.b)cc) (S. 240 ff., dort S. 244) sowie ausführlich **kritisch** später im 4. Abschnitt unter B.III.1.b)aa) (S. 522 ff., dort S. 525).

1119 Zum Spektrum möglicher Divergenzentscheidungen ausführlich oben unter 1.b) aa) (S. 222 ff.).

1120 *Seer*, StuW 2003, 193, 199 u. 204; *ders.*, in: T/K, § 115 FGO Tz. 74 u. § 116 FGO Tz. 53 (jeweils Lfg. 131 Oktober 2012). Vgl. hierzu bereits vorstehend unter 1.b)cc) (S. 240 ff., dort S. 244 f.) sowie ausführlich später im 4. Abschnitt unter B.III.1.b) bb) (S. 527 ff.).

1121 Vgl. die ausführlichen Nachweise in Fußnote 890.

1122 *BFH*, Beschl. v. 29.07.1976, V B 10/76, BStBl. II 1976, 684; Beschl. v. 24.05.1988, V B 36/88, BFH/NV 1989, 312; Beschl. v. 27.01.1995, VIII B 105/94, BFH/NV 1995, 808; Beschl. v. 09.02.1996, VIII B 8/95, BFH/NV 1996, 619; Beschl. v. 16.12.1999, IV B 32/99, BFH/NV 2002, 1160, 1161, jeweils zum alten Recht; Beschl. v. 16.05.2002, IX B 1/02, BFH/NV 2002, 1322; Beschl. v. 31.10.2002, IV B 126/01, BFH/NV 2003, 291;

genügende Beschwerdebegründung, so kommt eine Berücksichtigung der erst nach Ablauf der Begründungsfrist entstandenen Divergenz auch von Amts wegen hingegen nicht in Betracht[1123]. Denn ansonsten würde eine mangels hinreichender Begründung unzulässige NZB durch eine nachträglich ergangene bzw. bekannt gewordene oder veröffentlichte Divergenzentscheidung entgegen § 116 III 3 FGO in die Zulässigkeit und Begründetheit hineinwachsen[1124].

In concreto bedeutet dies, dass die Revision gemäß § 115 II Nr. 2 Alt. 2 FGO bspw. dann (ausnahmsweise) zugelassen werden kann, wenn der Beschwerdeführer die Zulassung der Revision ursprünglich wegen grundsätzlicher Bedeutung der Rechtssache beantragt und auch hinreichend begründet hatte, diese aber im Zeitpunkt der Entscheidung über die NZB nicht mehr besteht, weil der BFH die aufgeworfene Rechtsfrage zwischenzeitlich – d.h. nach Einlegung und Begründung der NZB – geklärt hat, jedoch mit einem anderen Ergebnis als das FG in der angefochtenen Entscheidung. In einem derartigen Fall kann dem Beschwerdeführer die unterlassene Divergenzrüge nämlich gerade nicht entgegengehalten werden, da die nachträgliche Divergenzentscheidung (des BFH) ihm bei Ablauf der Begründungsfrist ja noch gar nicht bekannt sein konnte. Die mangelnde Darlegung der Erforderlichkeit einer Entscheidung des BFH zur Sicherung einer einheitlichen Rechtsprechung wegen Divergenz i.S.d. § 115 II Nr. 2 Alt. 2 FGO berührt die Zulassung der Revision insoweit also keineswegs. Es kommt vielmehr stets einzig und allein darauf an, dass die vom Beschwerdeführer eingelegte NZB zumindest den formellen Anforderungen an die Darlegung der – durch die nachträgliche Divergenzentscheidung (des BFH) zwischenzeitlich geklärten – grundsätzlichen Bedeutung der Rechtssache i.S.d. §§ 116 III 3, 115 II Nr. 1 FGO genügt. Ist dies der Fall, erscheint es in Fällen sog. *nachträglicher Divergenz* – ausgehend vom Normzweck des § 115 II Nr. 2 Alt. 2 FGO (objektiv-rechtlich: Wahrung/Wiederherstellung der Einheitlichkeit der Rechtsprechung, also der Rechtseinheit und Rechtssicherheit im Interesse der Allgemeinheit; subjektiv-rechtlich: Herbeiführung einer richtigen Entscheidung im Interesse der Beteiligten[1125]) sowie aufgrund der fließenden Grenzen zwischen den einzelnen Zulassungsgründen i.S.d. § 115

Beschl. v. 08.08.2005, VIII B 73/04, BFH/NV 2005, 2230; Beschl. v. 19.09.2007, XI B 52/06, BFH/NV 2008, 63, 64, vereinzelt m.w.N.; vgl. zudem Beschl. v. 08.11.2007, IV B 171/06, BStBl. II 2008, 380. Siehe auch Gräber/*Ruban*[6], § 116 FGO Tz. 55; *Herrmann*, Zulassung der Revision und NZB im Steuerprozeß, Tz. 175; *Seer*, in: T/K, § 116 FGO Tz. 55 (Lfg. 131 Oktober 2012).

1123 *BFH*, Beschl. v. 24.05.1988 (Fn. 1122), BFH/NV 1989, 312; *Seer*, in: T/K, § 116 FGO Tz. 55 a.E. (Lfg. 131 Oktober 2012).

1124 *Lange* HHSp., § 116 FGO Tz. 195 a.E. (Lfg. 194 Juni 2007).

1125 Zum Zweck der Rechtsprechungsvereinheitlichungsrevision s. bereits vorstehend unter 1.a)cc) (S. 220).

II FGO – geradezu geboten, die Revision zur Sicherung einer einheitlichen Rechtsprechung zuzulassen[1126].

1126 Siehe zum Ganzen: *BFH*, Beschl. v. 20.06.1974, VI B 15/74, BStBl. II 1974, 583 m.w.N., wo es heißt, dass ein Beharren auf der Pflicht zur Darlegung der Divergenz die Rechtskraft des divergierenden Urteils nach sich ziehen würde, was wiederum zu einer Störung des Rechtsfriedens führen könnte; Beschl. v. 29.07.1976 (Fn. 1122), BStBl. II 1976, 684; Beschl. v. 24.05.1988 (Fn. 1122), BFH/NV 1989, 312; Beschl. v. 04.04.1990, II B 46/89, BFH/NV 1991, 188; Beschl. v. 27.01.1995 (Fn. 1122), BFH/NV 1995, 808; Beschl. v. 09.02.1996 (Fn. 1122), BFH/NV 1996, 619; Beschl. v. 16.12.1999 (Fn. 1122), BFH/NV 2002, 1160, 1161, jeweils zum alten Recht; Beschl. v. 16.05.2002 (Fn. 1122), BFH/NV 2002, 1322; Beschl. v. 31.10.2002 (Fn. 1122), BFH/NV 2003, 291; Beschl. v. 15.05.2003, IV B 219/01, BFH/NV 2003, 1408, 1409; Beschl. v. 31.03.2005, III S 8/05 (PKH), BFH/NV 2005, 1350, 1351; Beschl. v. 08.08.2005 (Fn. 1122), BFH/NV 2005, 2230; Beschl. v. 17.01.2006, VII B 326/04, BFH/NV 2006, 1108; Beschl. v. 28.03.2007, V B 210/05, BFH/NV 2007, 1720, 1721; Beschl. v. 19.09.2007 (Fn. 1122), BFH/NV 2008, 63, 64. Des Weiteren Gräber/*Ruban*[6], § 116 FGO Tz. 55; *Herrmann*, Zulassung der Revision und NZB im Steuerprozeß, Tz. 175; *Lange* HHSp., § 116 FGO Tz. 195 u. 257 a.E. (Lfg. 194 Juni 2007); Schwarz/*Dürr*, § 115 FGO Tz. 22 sowie 41 a.E. u. § 116 FGO Tz. 34 (jeweils Lfg. 30 6/2008); *Seer*, in: T/K, § 116 FGO Tz. 73a (Lfg. 131 Oktober 2012). Vgl. aus der verwaltungsgerichtlichen Rechtsprechung und dem einschlägigen Schrifttum bspw. *BVerwG*, Beschl. v. 24.05.1965, III B 10.65, DVBl. 1965, 841; Beschl. v. 11.02.1986, 8 B 7/85, Buchholz 310 § 132 VwGO Nr. 240; Beschl. v. 07.01.1993, 4 NB 42/92, NVwZ-RR 1993, 513 m.w.N.; *Kopp/Schenke*[16], § 133 VwGO Tz. 19a. **Ablehnend** hingegen *Bleschick*, Revisionszulassungsgründe im Spannungsverhältnis, S. 151 (vgl. in diesem Zusammenhang allerdings auch *Bleschick*, a.a.O., S. 356 a.E., betreffend § 543 II 1 Nr. 2 Alt. 2 ZPO). – In diesem Zusammenhang soll noch auf einen weiteren Fall hingewiesen werden, in dem nach der Rechtsprechung des BFH auf eine NZB hin die Zulassung der Revision gemäß § 115 II Nr. 2 Alt. 2 FGO trotz nicht bzw. nicht ordnungsgemäß erfolgter Geltendmachung dieses Zulassungsgrundes in Betracht kommt. So verhält es sich nämlich dann, wenn das FG von einem Urteil des BFH abgewichen ist und der Beschwerdeführer zwar nicht die Abweichung von diesem Urteil gerügt, wohl aber die grundsätzliche Bedeutung der Frage, ob die vom FG vorgenommene Auslegung des BFH-Urteils zutreffend sei, dargelegt hat, *BFH*, Beschl. v. 02.11.2004, IV B 32/03, BFH/NV 2005, 377, 378; Gräber/*Ruban*[6], § 116 FGO Tz. 44; *Seer*, in: T/K, § 116 FGO Tz. 73a (Lfg. 131 Oktober 2012). Vgl. insoweit auch *BVerwG*, Beschl. v. 08.02.1961, VIII B 193.60, DVBl. 1961, 382. – Schließlich ist noch anzumerken, dass eine Bindung an den geltend gemachten Zulassungsgrund auch dann nicht besteht, wenn die NZB zwar auf den Zulassungsgrund des § 115 II Nr. 2 Alt. 2 FGO (Divergenz) gestützt wird, sich aus dem eingehend dargestellten Sachverhalt aber das Vorliegen eines Verfahrensmangels i.S.d. § 115 II Nr. 3 FGO ergibt, *BFH*, Beschl. v. 28.05.2003, VII B 236/02, BFH/NV 2003, 1208 (aus Gründen der Rechtsklarheit aufgehoben durch Beschl. v. 27.11.2003, VII B 236/02, BFH/NV 2004, 366, da die betreffende gerichtliche Entscheidung ergangen ist, obwohl das Verfahren durch die Eröffnung des Insolvenzverfahrens über das Vermögen des Klägers und Beschwerdeführers

(2) *Anforderungen an die Darlegung bei künftig zu erwartender Rechtsprechungsdivergenz*

Außer in den Fällen der sog. *nachträglichen Divergenz* kann die Zulassung der Revision gemäß § 115 II Nr. 2 Alt. 2 FGO unter dem Gesichtspunkt der Divergenz auch noch zur *Verhinderung einer künftig zu erwartenden Rechtsprechungsdivergenz* gerechtfertigt sein[1127].

In diesem Fall hat der Beschwerdeführer aufzuzeigen, warum ohne eine Entscheidung des BFH zu befürchten sei, dass es in näherer Zukunft möglicherweise zu Rechtsprechungsdivergenzen kommen werde. In der Beschwerdebegründung ist demnach darzulegen, dass die angestrebte BFH-Entscheidung geeignet und notwendig erscheine, *künftige unterschiedliche gerichtliche Entscheidungen* über die betreffende Rechtsfrage zu verhindern[1128]. Dazu bedarf es des schlüssigen Vortrags, dass Unterschiede in der finanzgerichtlichen Rechtsprechung zu erwarten seien, weil in absehbarer Zeit vergleichbare Fälle zur Entscheidung anstehen und folglich die konkrete Möglichkeit bestehe, dass andere FGe künftig eine divergierende Rechtsprechung entwickeln werden, die durch eine (vorbeugende) Entscheidung des BFH verhindert werden könne[1129].

Zur Darlegung einer künftig zu erwartenden Rechtsprechungsdivergenz kann es schließlich auch genügen, wenn der Beschwerdeführer substantiiert vorbringt, die Entscheidung des FG beruhe auf einer *offensichtlich falschen Rechtsanwendung*, da in diesem Fall davon auszugehen wäre, dass andere FGe der beanstandeten Entscheidung nicht folgen, sondern vielmehr von ihr abweichen werden, und insoweit

---

unterbrochen worden ist, so dass ihr keine rechtliche Wirkung zukommt); Beschl. v. 03.02.2005, VII B 304/03, BFH/NV 2005, 1111, 1112; Beschl. v. 13.09.2007, IV B 63/07, BFH/NV 2008, 39; Beschl. v. 05.11.2007, IV B 166/06, BFH/NV 2008, 248; Gräber/*Ruban*[6], § 116 FGO Tz. 55 a.E.; *Seer*, in: T/K, § 116 FGO Tz. 73a a.E. (Lfg. 131 Oktober 2012). Zudem *BVerwG*, Beschl. v. 29.06.1977, V B 88.76, Buchholz 310 § 132 VwGO Nr. 154.

1127 Dazu bereits vorstehend unter 1.b)dd) (S. 245 ff., dort S. 247) m.w.N. in Fußnote 891.

1128 *BFH*, Beschl. v. 18.07.2001, X B 46/01, BFH/NV 2001, 1596, 1597; Beschl. v. 04.12.2001, X B 112/01, BFH/NV 2002, 346; Beschl. v. 17.01.2002, V B 88/01, BFH/NV 2002, 748; Beschl. v. 23.01.2002, X B 94/01, BFH/NV 2002, 622; Beschl. v. 05.07.2002, XI B 136/01, BFH/NV 2002, 1479, 1480; Beschl. v. 11.02.2003, VII B 244/02, BFH/NV 2003, 833, 835; Beschl. v. 04.12.2003, VII B 121/03, BFH/NV 2004, 824; Beschl. v. 19.10.2004, VII B 1/04, BFH/NV 2005, 561, 562; Beschl. v. 13.01.2005, V B 153/04, V S 18/04, BFH/NV 2005, 926, 927; *Beermann*, DStZ 2001, 312, 317; Schwarz/*Dürr*, § 116 FGO Tz. 23 (Lfg. 30 6/2008); *Wagner*, in: KvW[19], § 116 FGO Tz. 18.

1129 Siehe *BFH*, Beschl. v. 18.07.2001 (Fn. 1128), BFH/NV 2001, 1596, 1597; Beschl. v. 17.01.2002 (Fn. 1128), BFH/NV 2002, 748; Beschl. v. 13.01.2005 (Fn. 1128), BFH/NV 2005, 926, 927; Schwarz/*Dürr*, § 115 FGO Tz. 43a u. § 116 FGO Tz. 23 (jeweils Lfg. 30 6/2008).

ein Bedürfnis nach (vorbeugender) einheitlicher Beantwortung der betreffenden Rechtsfrage durch den BFH besteht[1130].

dd) Darlegung der Erforderlichkeit einer Entscheidung des BFH

(1) Grundsätzliche Entbehrlichkeit von Darlegungen zur Erforderlichkeit einer BFH-Entscheidung

Da die Rechtsprechungsvereinheitlichungsrevision i.S.d. § 115 II Nr. 2 Alt. 2 FGO die ‚Erforderlichkeit einer Entscheidung des BFH' ausdrücklich als eigenständige Zulassungsvoraussetzung neben das zentrale Tatbestandsmerkmal der ‚Sicherung einer einheitlichen Rechtsprechung' stellt[1131], bezieht sich das Darlegungserfordernis des § 116 III 3 FGO bei einer auf Divergenz gestützten NZB grds. auch auf diese Zulassungsvoraussetzung.

Angesichts dessen, dass bei einer vorliegenden Divergenz – auch nach der Rechtsprechung des BFH – das (abstrakte) Allgemeininteresse an der Beseitigung der Divergenz sowie die Klärungsbedürftigkeit der divergierend beurteilten Rechtsfrage regelmäßig angenommen werden können[1132], erscheint ein (ausführlicher) Vortrag betreffend *diese beiden* Tatbestandsmerkmale jedoch zumeist entbehrlich. Lediglich in Ausnahmefällen wird man vom Beschwerdeführer entsprechende Ausführungen verlangen können, so insbesondere dann, wenn die entschiedene Rechtsfrage nur noch für sehr wenige Fälle von Bedeutung ist, weil sie *ausgelaufenes Recht* betrifft[1133].

1130 Vgl. *BFH*, Beschl. v. 18.07.2001 (Fn. 1128), BFH/NV 2001, 1596, 1597; Beschl. v. 04.12.2001 (Fn. 1128), BFH/NV 2002, 346; Beschl. v. 05.07.2002 (Fn. 1128), BFH/NV 2002, 1479, 1480; Beschl. v. 11.02.2003 (Fn. 1128), BFH/NV 2003, 833, 835; Beschl. v. 13.01.2005 (Fn. 1128), BFH/NV 2005, 926, 927; Schwarz/*Dürr*, § 116 FGO Tz. 23 (Lfg. 30 6/2008). – Zur Zulassung der Revision aufgrund eines sog. *gravierenden/schwerwiegenden Rechtsanwendungsfehlers des FG* s. bereits vorstehend unter 1.c) (S. 258 ff.); zu den Anforderungen an seine Darlegung i.R.d. Begründung einer NZB s. nachfolgend unter b) (S. 348 ff.).

1131 Siehe oben unter 1.b)ff) (S. 249).

1132 Vgl. dazu vorstehend unter 1.b)ff)(1)(a) (S. 250 f.) m.w.N. aus Rechtsprechung und Literatur.

1133 *BFH*, Beschl. v. 08.08.2007, X B 26/07, BFH/NV 2007, 1895, 1896, unter Hinweis darauf, dass der Beschwerdeführer auch bei der Divergenzrüge einen dennoch bestehenden *Klärungsbedarf* darlegen müsse, wenn die zu beurteilenden Rechtsfragen *ausgelaufenes Recht* betreffen (s. zur Anknüpfung an die Klärungsbedürftigkeit bereits **kritisch** oben unter I.2.b)aa) [S. 185 ff., dort S. 186 f.]). Vgl. zu dem Umstand, dass Fälle *ausgelaufenen Rechts* eine Ausnahme von dem bei vorliegender Divergenz grds. anzunehmenden Allgemeininteresse darstellen, bereits vorstehend unter 1.b)ff)(1)(c) (S. 253 f.). Zu der Problematik *ausgelaufenen Rechts* einschließlich der anerkannten Ausnahmen einer Revisionszulassung und den insoweit geforderten Darlegungen ausführlich schon oben unter I.1.g)aa) (S. 163 ff.) u. I.2.b)aa) (S. 185 ff.).

Hans-Friedrich Lange[1134] führt insoweit aus, dass Darlegungen zur Erforderlichkeit einer BFH-Entscheidung i.S.d. §§ 116 III 3, 115 II Nr. 2 Alt. 2 FGO dann grds. entbehrlich seien, wenn der Beschwerdeführer mit der NZB eine Abweichung des finanzgerichtlichen Urteils von einer Entscheidung des *BFH*, des *BVerfG* oder des *GmSOGB* geltend mache. Im Falle der Rüge einer „sonstigen Rechtsprechungsdivergenz" seien entsprechende Darlegungen hingegen stets erforderlich.

Diese Differenzierung erscheint so wenig nachvollziehbar, zumal sie eine Begründung vermissen lässt. Wenn *Lange* Darlegungen zur Erforderlichkeit für grds. entbehrlich erachtet, dann entspricht das der diesseits vorstehend geäußerten Auffassung. Wenn diese Entbehrlichkeit allerdings nur auf Abweichungen von *Entscheidungen des BFH, des BVerfG und des GmSOGB* – und somit lediglich auf die frühere Divergenzrevision gemäß § 115 II Nr. 2 FGO 1965 – beschränkt wird, dann muss dem widersprochen werden. Denn vor dem Hintergrund, dass es nach der Neufassung der Revisionszulassungsgründe i.S.d. § 115 II FGO nun nicht mehr darauf ankommt, welches Gericht die Entscheidung, von der abgewichen wird, getroffen hat[1135], erscheint diese Einschränkung nicht gerechtfertigt. Vielmehr müssen Darlegungen zur Erforderlichkeit einer Entscheidung des BFH regelmäßig auch dann als entbehrlich angesehen werden, wenn es sich bei den betreffenden Divergenzentscheidungen um Entscheidungen der *obersten Bundesgerichte anderer Gerichtszweige*, um Entscheidungen des *EuGH*, um Entscheidungen *anderer FGe* oder um Entscheidungen *anderer Spruchkörper desselben FG* handelt[1136].

Eine Ausnahme kann allerhöchstens dann anerkannt werden, wenn das finanzgerichtliche Urteil von einer Entscheidung eines anderen Gerichts – d.h. z.B. von Entscheidungen eines *OVG/VGH* oder *LSG* sowie eines *OLG* bzw. *LAG* – abweicht. Denn wie schon vorstehend unter 1.b)ff)(1)(b) (S. 251 ff.) ausgeführt, erscheint nicht bei jeder Divergenz des angefochtenen Urteils zu einer anderen Rechtsprechung eine Entscheidung des BFH von Nöten, um dem Bedürfnis der Allgemeinheit nach

---

1134 *Lange* HHSp., § 116 FGO Tz. 198 (Lfg. 194 Juni 2007).

1135 Dazu bereits ausführlich vorstehend unter 1.b)aa)(2) (S. 224 f.) m.w.N. in Fußnote 815.

1136 Siehe diesbzgl. auch die bereits unter 1.b)ff)(1)(a) (S. 250 f. einschließlich Fußnote 903) zitierte Entscheidung des *BFH*, Beschl. v. 30.09.2003, XI B 153/02, BFH/NV 2004, 213, wonach die Sicherung einer einheitlichen Rechtsprechung dann eine Entscheidung des BFH ‚erfordert', wenn ein FG bei gleichem oder vergleichbarem Sachverhalt in einer entscheidungserheblichen Rechtsfrage eine andere Rechtsauffassung vertritt als der BFH, der GmSOGB, ein anderes oberstes Bundesgericht oder ein anderes FG. Für den EuGH kann letztlich nicht anderes gelten, zumal Abweichungen von der Rechtsauffassung des gemäß Art. 19 I EUV, Art. 267 AEUV für die Wahrung des EUV/AEUV zuständigen EuGH im Hinblick auf die Einheitlichkeit der Rechtsprechung besonders schwer wiegen. Auch bei Entscheidungen anderer Spruchkörper desselben FG erscheinen Darlegungen zur Erforderlichkeit einer Entscheidung des BFH schließlich regelmäßig entbehrlich, um insoweit Divergenzen innerhalb eines FG entgegenzuwirken.

einer einheitlichen Rechtsprechung nachzukommen. In Fällen, in denen das angefochtene finanzgerichtliche Urteil (lediglich) zu unterinstanzlichen Entscheidungen anderer Gerichtszweige divergiert, können vom Beschwerdeführer also durchaus schlüssige und substantiierte Ausführungen dazu verlangt werden, ob und inwieweit eine Entscheidung des BFH im Hinblick auf das (abstrakte) Allgemeininteresse an der Beseitigung der Divergenz sowie die Klärungsbedürftigkeit der divergierend beurteilten Rechtsfrage zur Sicherung einer einheitlichen Rechtsprechung erforderlich ist[1137].

(2) Ausnahme: Ausführliche Darlegung der Entscheidungserheblichkeit

Die auch seitens der Rechtsprechung des BFH bei vorliegender Divergenz regelmäßig anerkannte Entbehrlichkeit von Darlegungen zur Erforderlichkeit einer BFH-Entscheidung i.S.d. §§ 116 III 3, 115 II Nr. 2 Alt. 2 FGO bezieht sich – wie vorstehend dargestellt – allerdings nur auf die Tatbestandsmerkmale des ‚Allgemeininteresses an der Beseitigung der Divergenz' und der ‚Klärungsbedürftigkeit der divergierend beurteilten Rechtsfrage'.

Anders verhält es sich hingegen bei dem Tatbestandsmerkmal der Entscheidungserheblichkeit.

Bereits zur bisherigen – bis zum 31.12.2000 geltenden – Rechtslage forderte die Rechtsprechung vom Beschwerdeführer nicht selten die ausführliche Darlegung der Entscheidungserheblichkeit der Divergenz[1138]. Dies galt jedenfalls dann, wenn nach den Umständen des Streitfalls Zweifel an der Entscheidungserheblichkeit der divergierend beurteilten Rechtsfrage bestanden[1139].

Auch unter Geltung der §§ 116 III 3, 115 II Nr. 2 Alt. 2 FGO hält der BFH in etlichen Entscheidungen an diesem Erfordernis fest. Er verlangt insoweit weiterhin

1137 Dies entspricht der von *Lange* HHSp., § 115 FGO Tz. 194 (Lfg. 192 Oktober 2006), vertretenen und diesseits befürworteten Ansicht, dass bei Abweichungen des FG von z.B. einer Entscheidung eines OVG/VGH *besonders sorgfältig zu prüfen* sei, ob und inwieweit zur Sicherung einer einheitlichen Rechtsprechung eine Entscheidung des BFH erforderlich sei, s. dazu bereits oben unter 1.b)ff)(1)(b) (S. 251 ff.); vgl. auch später im 4. Abschnitt unter B.III.1.a) (S. 518 ff., dort S. 519 f.). – Dass auch bei *RFH-Entscheidungen* regelmäßig eine *besonders sorgfältige Prüfung* der ‚Erforderlichkeit einer BFH-Entscheidung' vorzunehmen ist und es i.R.d. Begründung einer NZB entsprechend *schlüssiger und substantiierter Darlegungen* seitens des Beschwerdeführers bedarf, versteht sich m.E. von selbst, weil hier schon ihre Tauglichkeit als Divergenzentscheidung stets davon abhängt, dass sie heute noch als Richterrecht relevant sind, vgl. insoweit auch die Ausführungen oben unter 1.b)ff)(1)(b) (S. 251 ff.) mit Fußnote 908 sowie später im 4. Abschnitt unter B.III.1.a) (S. 518 ff., dort S. 519 f.) mit Fußnote 1707.

1138 Siehe zum alten Recht bspw. *BFH*, Beschl. v. 20.06.1974, VI B 15/74, BStBl. II 1974, 583; Beschl. v. 24.03.1987, I B 125/86, BFH/NV 1987, 799; Beschl. v. 15.02.1989, II B 157/88, BFH/NV 1990, 375; Beschl. v. 27.07.1993, VII B 214/92, BFH/NV 1994, 559.

1139 Gräber/*Ruban*[6], § 116 FGO Tz. 43.

die Darlegung, dass die Vorentscheidung auf der gerügten Abweichung beruht, d.h., dass der vom FG aufgestellte, von anderen Gerichtsentscheidungen abweichende abstrakte Rechtssatz für sein Urteil tragend und die Abweichung entscheidungserheblich/rechtserheblich war[1140]. Es bedarf also stets Ausführungen dazu, ob und inwiefern die behaupteten Fehler des FG gerade auf der Statuierung eines divergierenden Rechtssatzes und nicht auf anderen möglichen Ursachen – wie z.B. einem schlichten Übersehen der betreffenden Rechtsprechung, ihrer fehlerhaften Anwendung auf den Einzelfall oder Mängeln bei der Tatsachenfeststellung – beruhen[1141].

Eine solch ausführliche Darlegung der Entscheidungserheblichkeit der Divergenz kann dem Beschwerdeführer i.R.d. Begründung seiner NZB jedoch nicht abverlangt werden, da sie ihn maßlos überfordert und somit seine Möglichkeit, eine den gesetzlichen Anforderungen der §§ 116 III 3, 115 II Nr. 2 Alt. 2 FGO entsprechende (= zulässige) NZB einzulegen, enorm verringert[1142]. Deshalb muss es zur ordnungsgemäßen Darlegung der Entscheidungserheblichkeit als Tatbestandsmerkmal der Erforderlichkeit einer Entscheidung des BFH i.S.d. §§ 116 III 3, 115 II Nr. 2 Alt. 2 FGO ausreichen, wenn der Beschwerdeführer vorbringt, dass die *bloße Möglichkeit* bestehe, dass die angefochtene finanzgerichtliche Entscheidung unter Zugrundelegung der abweichenden Ansicht der Divergenzentscheidung anders ausgefallen wäre[1143]. Welche konkreten Anforderungen insoweit an den Vortrag des Beschwerdeführers zu stellen sind, bestimmt sich nach den Umständen des Einzelfalles[1144]. Besondere Ausführungen zur Entscheidungserheblichkeit erscheinen aber jedenfalls dann regelmäßig entbehrlich, wenn das FG seine Entscheidung

---

1140 So z.B. *BFH*, Beschl. v. 27.06.2002, X B 144/01, BFH/NV 2002, 1336, 1337; Beschl. v. 13.06.2005, I B 239/04, BFH/NV 2005, 1840 (unter ausdrücklicher Verwendung des Begriffs des ‚Beruhens'); Beschl. v. 06.03.2006, X B 102/05, BFH/NV 2006, 1134, 1135; Beschl. v. 27.03.2006, VIII B 21/05, BFH/NV 2006, 1256. Vgl. zudem *BFH*, Beschl. v. 07.04.2009, IV B 64/08, BFH/NV 2009, 1264.

1141 *BFH*, Beschl. v. 16.04.2007, I B 115/06, BFH/NV 2007, 1674.

1142 Auf gleicher Linie *Lange* HHSp., § 116 FGO Tz. 197 a.E. (Lfg. 194 Juni 2007); *Seer*, in: T/K, § 116 FGO Tz. 56 (Lfg. 131 Oktober 2012).

1143 Vgl. so bereits *BFH*, Beschl. v. 27.05.1987, IV B 78/86, BFH/NV 1988, 161, 162; Beschl. v. 17.05.1995, II B 10/95, BFH/NV 1995, 1044; Beschl. v. 27.12.1996, XI B 11/96, BFH/NV 1997, 506; Beschl. v. 30.07.1997, II B 37/97, BFH/NV 1998, 436, 437; Beschl. v. 11.02.1999, IX S 10/98, BFH/NV 1999, 925; Beschl. v. 09.11.1999, II B 14/99, BFH/NV 2000, 582, 583; Beschl. v. 27.03.2000, IX S 3/00, BFH/NV 2000, 1093, sowie aus der neueren Rechtsprechung *BFH*, Beschl. v. 16.10.2003, VII B 6/03, BFH/NV 2004, 544, 545; Beschl. v. 10.03.2004, VII B 92/03, BFH/NV 2004, 977; Beschl. v. 11.08.2006, V B 23/04, BFH/NV 2007, 60, 61; Beschl. v. 05.12.2006, VIII B 4/06, BFH/NV 2007, 490, 492. Zustimmend *Lange* HHSp., § 116 FGO Tz. 196 (Lfg. 194 Juni 2007) u. *Seer*, in: T/K, § 116 FGO Tz. 56 a.E. (Lfg. 131 Oktober 2012). Siehe auch oben unter 1.b)ff)(2) (S. 254 f.).

1144 *Lange* HHSp., § 116 FGO Tz. 196 (Lfg. 194 Juni 2007).

ausdrücklich auf einen klar herausgearbeiteten Rechtssatz gestützt hat und bzgl. dieses Rechtssatzes Divergenz geltend gemacht wird[1145].

Aus ‚Sicherheitsgründen' und zur Vermeidung von Rechtsnachteilen empfiehlt es sich jedoch, in der Beschwerdebegründung regelmäßig auch eine ausführliche Darlegung der Entscheidungserheblichkeit der Divergenz i.S.d. ‚Beruhens' der Vorentscheidung auf der gerügten Abweichung vorzunehmen, so wie es der BFH (sinngemäß) nach wie vor in etlichen Entscheidungen verlangt[1146].

Besonderheiten gelten bei sog. *kumulativer Mehrfachbegründung* des angefochtenen finanzgerichtlichen Urteils. Denn korrespondierend zu den oben unter 1.b) ff)(2) (S. 254 ff. [255 f.]) gemachten Ausführungen, wonach eine BFH-Entscheidung zur Sicherung einer einheitlichen Rechtsprechung i.S.d. § 115 II Nr. 2 Alt. 2 FGO in derartigen Fällen nur dann erforderlich wird, wenn die Divergenz jede der für sich selbständig tragenden Begründungen betrifft, hat der Beschwerdeführer i.R.d. Begründung seiner NZB nach § 116 III 3 FGO form- und fristgerecht darzulegen, dass hinsichtlich einer jeden dieser Begründungen eine Divergenz gegeben ist[1147].

Schließlich ist vorstehend unter 1.b)ff)(2)(a) (S. 256) bereits darauf hingewiesen worden, dass nach der in Rechtsprechung und Literatur überwiegenden Ansicht beiläufig geäußerte Rechtsansichten – sog. *obiter dicta* – eine Divergenz nicht begründen. Führt der Beschwerdeführer also aus, die Revision sei gemäß § 115 II Nr. 2 Alt. 2 FGO zur Sicherung einer einheitlichen Rechtsprechung zuzulassen, weil das FG beiläufig eine von der Rechtsprechung des BFH oder eines anderen Gerichts[1148] abweichende Rechtsansicht geäußert habe bzw. weil das FG von einem *obiter dictum* in der angeblichen Divergenzentscheidung des BFH oder der übrigen (höchstrichterlichen) Rechtsprechung abgewichen sei, so reicht dies für eine

---

1145 Ebenso *Lange* HHSp., § 116 FGO Tz. 196 (Lfg. 194 Juni 2007); Schwarz/*Dürr*, § 116 FGO Tz. 23 (Lfg. 30 6/2008).

1146 Vgl. zu dieser Empfehlung mit Blick auf die Vermeidung von Rechtsnachteilen auch bereits oben unter I.2.f) (S. 200 ff., dort S. 201 [u. 202]) betreffend die etwaige Offenkundigkeit v.a. der Klärungsfähigkeit/Entscheidungserheblichkeit der aufgeworfenen Rechtsfrage i.R.d. Grundsatzrevision des § 115 II Nr. 1 FGO, sowie nachfolgend unter b)cc)(3) (S. 356) betreffend die etwaige Offenkundigkeit der Entscheidungserheblichkeit des dargelegten finanzgerichtlichen Rechtsanwendungsfehlers i.R.d. Rechtsprechungsvereinheitlichungsrevision unter dem Gesichtspunkt eines gravierenden/schwerwiegenden Rechtsanwendungsfehlers des FG gemäß § 115 II Nr. 2 Alt. 2 FGO.

1147 Vgl. *BFH*, Beschl. v. 17.05.1995, II B 10/95, BFH/NV 1995, 1044; Beschl. v. 24.03.2003, II B 41/02, BFH/NV 2003, 1067; *Lange* HHSp., § 116 FGO Tz. 197 (Lfg. 194 Juni 2007); *Seer*, in: T/K, § 116 FGO Tz. 56 (Lfg. 131 Oktober 2012). Zu den Darlegungsanforderungen bei *kumulativer Mehrfachbegründung* allgemein auch bereits oben unter A.II.4.f) (S. 126).

1148 Zum Spektrum möglicher Divergenzentscheidungen ausführlich vorstehend unter 1.b)aa) (S. 222 ff.).

ordnungsgemäße Darlegung der Divergenz i.S.d. §§ 116 III 3, 115 II Nr. 2 Alt. 2 FGO nach herrschender Ansicht folglich nicht aus[1149].

Angesichts dessen, dass nach diesseits vertretener Auffassung die NZB aber bereits dann als hinreichend begründet i.S.d. §§ 116 III 3, 115 II Nr. 2 Alt. 2 FGO anzusehen ist, wenn der Beschwerdeführer ausführlich und schlüssig darlegt, dass die angefochtene finanzgerichtliche Entscheidung von einer höchstrichterlichen Rechtsprechung oder der Rechtsprechung eines anderen Gerichts *lediglich im Entscheidungsergebnis abweicht*, ohne selbst – ggf. konkludent – einen abweichenden, die Entscheidung tragenden, abstrakten Rechtssatz zu bilden[1150], sind jedoch – entgegen der herrschenden Ansicht – auch beiläufig geäußerte Rechtsansichten (*obiter dicta*) geeignet, eine Divergenzrüge ausreichend zu begründen[1151].

b) Die Darlegung eines gravierenden/schwerwiegenden Rechtsanwendungsfehlers des FG

Wie vorstehend unter 1.c) (S. 258 ff.) ausführlich dargestellt, ist die Revision zur Sicherung einer einheitlichen Rechtsprechung i.S.d. § 115 II Nr. 2 Alt. 2 FGO nach Auffassung der senatsübergreifenden Rechtsprechung des BFH über die Fälle der Divergenz hinaus auch bei einem gravierenden/schwerwiegenden Rechtsanwendungsfehler des FG zuzulassen. Die bereits aus den Gesetzesmaterialien herauszulesende Formel, dass es sich insoweit um einen Fehler von erheblichem Gewicht handeln müsse, der geeignet sei, das Vertrauen in die Rechtsprechung zu

---

1149 Siehe die entsprechenden Nachweise in Fußnote 926 und 927. – Vgl. zur Problematik der *obiter dicta* unter dem Gesichtspunkt der Grundsatzrevision bereits oben unter I.1.f)bb) (S. 158 ff., dort S. 160); unter dem Gesichtspunkt der Rechtsfortbildungsrevision bereits vorstehend unter II.1.c) (S. 209 ff. [211]), dort Fußnote 777.

1150 Dazu ansatzweise bereits oben unter 1.b)cc) (S. 240 ff., dort S. 244 f.) und vorstehend unter bb) (S. 332 ff., dort S. 338 f.) sowie ausführlich später im 4. Abschnitt unter B.III.1.b)bb) (S. 527 ff.).

1151 Im Ergebnis ebenso *Seer*, in: T/K, § 116 FGO Tz. 54 (Lfg. 131 Oktober 2012); vgl. insoweit auch bereits oben unter 1.b)ff)(2)(a) (S. 256 f.) sowie ausführlich später im 4. Abschnitt unter B.III.1.b)cc) (S. 534 f.). *Wagner*, in: KvW[19], § 116 FGO Tz. 17 f., erachtet nur beiläufig in der Entscheidung geäußerte Rechtsansichten (*obiter dicta*) zwar grds. für unzureichend. Seiner Ansicht nach kann in derartigen Fällen allerdings eine *„vorbeugende Revisionszulassung"* in Betracht kommen, wenn der Beschwerdeführer darlegt, dass ohne eine Entscheidung des BFH in näherer Zukunft Rechtsprechungsdivergenzen zu befürchten seien, vgl. hierzu auch bereits oben unter 1.b)dd) (S. 245 ff., dort S. 247) sowie vorstehend unter cc) (2) (S. 342 f.). – Dagegen wird eine Divergenz nicht hinreichend dargetan, wenn in der Beschwerdebegründung einem finanzgerichtlichen Urteil lediglich die in der mündlichen Verhandlung über den Streitfall gemachten Ausführungen des Vorsitzenden Richters gegenüber gestellt werden, *BFH*, Beschl. v. 05.02.2002, X B 69/01, BFH/NV 2002, 782, 783.

beschädigen[1152], hat der BFH in nunmehr st. Rspr. dahingehend konkretisiert, dass die Sicherung einer einheitlichen Rechtsprechung insbesondere dann eine Entscheidung erfordere, wenn die Auslegung und Anwendung revisiblen (materiellen) Rechts durch das FG *objektiv willkürlich* sei oder sich als *greifbar gesetzwidrig* erweise[1153].

aa) Darlegung der qualifizierten Fehlerhaftigkeit – Darlegung einer objektiv willkürlichen bzw. greifbar gesetzwidrigen FG-Entscheidung

Stützt der Beschwerdeführer seine NZB auf den Zulassungsgrund der ‚Erforderlichkeit einer Entscheidung des BFH zur Sicherung einer einheitlichen Rechtsprechung' gemäß § 115 II Nr. 2 Alt. 2 FGO unter dem Gesichtspunkt eines gravierenden/schwerwiegenden Rechtsanwendungsfehlers des FG, so hat er die diesen begründenden *besonderen Umstände* im Einzelnen darzulegen[1154].

Dazu reichen die Formulierung von Rechtsfragen von angeblich grundsätzlicher Bedeutung und der bloße – ggf. unschlüssige – Hinweis auf nach Ansicht des Beschwerdeführers erhebliche Rechtsfehler jedoch nicht aus[1155], sofern es sich in-

---

1152 Vgl. die Begründung des Entwurfs eines 2. FGOÄndG v. 11.09.2000, BT-Drucks. 14/4061, S. 9 zu Nr. 13.

1153 Zu den Einzelheiten mit allen Nuancen und Unterschieden zwischen den einzelnen BFH-Senaten ausführlich oben unter 1.c) (S. 258 ff.) mit zahlreichen Nachweisen aus der Rechtsprechung aller Senate des BFH.

1154 *BFH*, Beschl. v. 07.05.2009, I B 214/08, n.v. (juris) **(I. Senat)**; Beschl. v. 12.01.2006, II B 65/05, BFH/NV 2006, 813; Beschl. v. 17.09.2008, II B 2/08, ZSteu 2008, R1020; Beschl. v. 06.05.2009, II B 14/09, ZSteu 2009, R582 **(II. Senat)**; Beschl. v. 12.10.2012, III B 78/12, BFH/NV 2013, 39 **(III. Senat)**; Beschl. v. 23.06.2008, IV B 106/07, BFH/NV 2008, 1642; Beschl. v. 08.01.2009, IV B 9/08, ZSteu 2009, R737 **(IV. Senat)**; Beschl. v. 12.11.2008, V B 41/08, BFH/NV 2009, 402, 403 **(V. Senat)**; Beschl. v. 24.07.2008, VI B 7/08, BFH/NV 2008, 1838 **(VI. Senat)**; Beschl. v. 15.11.2001, VII B 40/01, BFH/NV 2002, 373 (Darlegung der *groben Fehlerhaftigkeit* des angefochtenen Urteils; s. aber Beschl. v. 11.07.2007, X B 118/06, BFH/NV 2007, 1916, 1917); Beschl. v. 11.02.2004, VII B 224/03, BFH/NV 2004, 1060; Beschl. v. 12.04.2005, VII B 81/04, BFH/NV 2005, 1478, 1479; Beschl. v. 30.09.2008, VII S 17/08 (PKH), BFH/NV 2009, 203 **(VII. Senat)**; Beschl. v. 07.07.2005, IX B 13/05, BFH/NV 2005, 2031; Beschl. v. 16.12.2005, IX B 38/05, BFH/NV 2006, 772, 773; Beschl. v. 24.07.2006, IX B 208/05, BFH/NV 2006, 2269 **(IX. Senat)**; Beschl. v. 24.10.2007, X B 126/07, n.v. (juris); Beschl. v. 01.04.2008, X B 92/07, BFH/NV 2008, 1337; Beschl. v. 15.10.2008, X B 120/08, BFH/NV 2009, 41, 42; Beschl. v. 25.02.2009, X B 121/08, BFH/NV 2009, 890; Beschl. v. 12.08.2009, X S 47/08 (PKH), BFH/NV 2009, 1997; Beschl. v. 19.07.2012, X B 88/11, BFH/NV 2012, 1932 **(X. Senat)**; Beschl. v. 14.08.2001, XI B 57/01, BFH/NV 2002, 51; Beschl. v. 17.08.2007, XI B 83/07, BFH/NV 2007, 2141 **(XI. Senat)**.

1155 Siehe *BFH*, Beschl. v. 23.06.2008 (Fn. 1154), BFH/NV 2008, 1642 **(IV. Senat)**; Beschl. v. 27.11.2007, V B 118/07, n.v. (juris) **(V. Senat)**; Beschl. v. 11.02.2004 (Fn. 1154), BFH/NV 2004, 1060; Beschl. v. 12.04.2005 (Fn. 1154), BFH/NV 2005, 1478, 1479

soweit nicht um *das Übersehen einer im konkreten Streitfall offensichtlich einschlägigen entscheidungserheblichen Norm* handelt[1156]. Ebenso wenig genügt es, pauschal zu behaupten, das FG habe die Auslegungsgrundsätze des BFH verkannt[1157], oder vorzutragen, es habe Rechtsprechungsgrundsätze fehlerhaft auf die Besonderheiten des zu beurteilenden Einzelfalles angewendet[1158]. Schließlich genügt auch das

---

(VII. Senat); Beschl. v. 07.07.2005 (Fn. 1154), BFH/NV 2005, 2031; Beschl. v. 16.12.2005 (Fn. 1154), BFH/NV 2006, 772, 773; Beschl. v. 24.07.2006 (Fn. 1154), BFH/NV 2006, 2269; Beschl. v. 28.11.2008, IX B 118/08, n.v. (juris) **(IX. Senat)**; Beschl. v. 24.10.2007 (Fn. 1154), n.v. (juris); Beschl. v. 12.08.2009 (Fn. 1154), BFH/NV 2009, 1997 **(X. Senat)**; Beschl. v. 17.08.2007 (Fn. 1154), BFH/NV 2007, 2141 **(XI. Senat)**. – Auch die bloße Berufung auf einen Verstoß gegen den Gleichheitssatz des Art. 3 GG oder gegen die Vereinigungsfreiheit des Art. 9 GG und die diesbzgl. einfache Nennung der einschlägigen Artikel des Grundgesetzes ist für die substantiierte Darlegung der Voraussetzungen eines gravierenden/schwerwiegenden Rechtsanwendungsfehlers des FG unzureichend, vgl. etwa *BFH*, Beschl. v. 20.08.2008, II B 27/07, n.v. (juris); ähnlich *BFH*, Beschl. v. 25.02.2009 (Fn. 1154), BFH/NV 2009, 890, im Hinblick auf die bloße Behauptung einer Verletzung der Art. 2, Art. 12 u. Art. 20 GG. Zu den Darlegungsanforderungen bei i.R.d. NZB geltend gemachten Verfassungsverstößen ausführlich bereits vorstehend unter I.2.b)bb) (S. 187 ff.).

1156 Vgl. *BFH*, Beschl. v. 07.07.2005 (Fn. 1154), BFH/NV 2005, 2031; Beschl. v. 17.08.2007 (Fn. 1154), BFH/NV 2007, 2141; Beschl. v. 24.10.2007 (Fn. 1154), n.v. (juris); Beschl. v. 23.06.2008 (Fn. 1154), BFH/NV 2008, 1642. – Vgl. in diesem Zusammenhang insbesondere auch die Entscheidung des *BFH*, Beschl. v. 28.07.2003, V B 72/02, BFH/NV 2003, 1597, in der der *V. Senat* des BFH *das Übersehen einer offensichtlich einschlägigen entscheidungserheblichen Vorschrift* als Kennzeichen einer *greifbar gesetzwidrigen* FG-Entscheidung herausgebildet und diesbzgl. einen die Revisionszulassung gemäß § 115 II Nr. 2 Alt. 2 FGO nach sich ziehenden gravierenden/schwerwiegenden Rechtsanwendungsfehler des FG angenommen hat, dazu oben unter 1.c)bb)(2)(e) (S. 310 ff., dort S. 315) sowie 1.c)bb)(2)(f) (S. 321 ff., dort S. 324).

1157 *BFH*, Beschl. v. 15.03.2002, V B 33/01, BFH/NV 2002, 1040; Beschl. v. 03.11.2005, V B 9/04, BFH/NV 2006, 248, 249; Beschl. v. 11.11.2005, V B 45/04, BFH/NV 2006, 622, 623. – Vgl. insoweit aber auch *BFH*, Beschl. v. 10.01.2012, XI B 80/11, BFH/NV 2012, 815, wonach ein die Zulassung der Revision rechtfertigender gravierender/schwerwiegender Rechtsanwendungsfehler auch dann gegeben sein kann, wenn das FG – was entsprechend schlüssig und substantiiert darzulegen ist – bei der Auslegung einer Willenserklärung anerkannte Auslegungsgrundsätze in einem Maße außer Acht lässt, dass seine Entscheidung nicht mehr nachvollziehbar erscheint.

1158 Bspw. *BFH*, Beschl. v. 28.07.2003, III B 125/02, BFH/NV 2003, 1445; Beschl. v. 11.11.2005 (Fn. 1157), BFH/NV 2006, 622, 623; Beschl. v. 01.04.2008, X B 17/07, ZSteu 2008, R502. – Siehe auch *BFH*, Beschl. v. 12.12.2002, X B 99/02, BFH/NV 2003, 496, 497, sowie Beschl. v. 17.01.2006, IX B 79/05, BFH/NV 2006, 802, wo jeweils ausgeführt wird, dass die bloße Behauptung eines Verstoßes gegen die (einheitliche) BFH-Rechtsprechung zur Darlegung eines gravierenden/schwerwiegenden

Vorbringen, der finanzgerichtlichen Vorentscheidung fehle es an einer ‚nachvollziehbaren Begründung' sowie an einem ‚schlüssigen Begründungsband', nicht den Anforderungen an die ordnungsgemäße Darlegung eines gravierenden/schwerwiegenden Rechtsanwendungsfehlers des FG[1159].

Der Beschwerdeführer muss gemäß §§ 116 III 3, 115 II Nr. 2 Alt. 2 FGO vielmehr die Schwere des dem FG unterlaufenen Fehlers, d.h. die *qualifizierte Fehlerhaftigkeit* des angefochtenen finanzgerichtlichen Urteils, konkret herausstellen[1160].

Betreffend den *Vorwurf der ‚Objektiven Willkür'* ist somit im Einzelnen darzulegen, dass und warum der finanzgerichtliche Richterspruch bei verständiger Würdigung nicht mehr nachvollziehbar/verständlich bzw. unter keinem denkbaren Aspekt rechtlich vertretbar erscheine und sich daher der Schluss aufdränge, er beruhe auf sachfremden Erwägungen[1161]. Für den (Sonder-) Fall, dass sich der

---

Rechtsanwendungsfehlers des FG i.S.d. § 115 II Nr. 2 Alt. 2 FGO nicht ausreiche. Vgl. zudem *BFH*, Beschl. v. 17.08.2007 (Fn. 1154), BFH/NV 2007, 2141, 2142, wonach pauschale Einwände gegen die rechtliche und/oder tatsächliche Würdigung durch das FG nicht den Schluss auf eine Willkür der angegriffenen Entscheidung erlauben.

1159 So *BFH*, Beschl. v. 03.08.2006, II B 170/05, BFH/NV 2007, 97, 98. – Vgl. dazu auch *BFH*, Beschl. v. 17.08.2007 (Fn. 1154), BFH/NV 2007, 2141, 2142, wonach eine kurze oder lückenhafte und den Beschwerdeführer nicht überzeugende Begründung der Vorentscheidung grds. ebenfalls nicht geeignet sein soll, das Vertrauen in die Rechtsprechung zu beschädigen und die Zulassung der Revision gemäß § 115 II Nr. 2 Alt. 2 FGO wegen eines gravierenden/schwerwiegenden Rechtsanwendungsfehlers des FG zu begründen; dazu **kritisch** bereits oben unter 1.c)bb)(2)(f) (S. 321 ff., dort S. 322 f.) sowie später im 4. Abschnitt unter B.III.2.b) (S. 546 ff., dort S. 547).

1160 Schwarz/*Dürr*, § 116 FGO Tz. 26 f. (Lfg. 30 6/2008).

1161 Vgl. insoweit etwa *BFH*, Beschl. v. 03.08.2006 (Fn. 1159), BFH/NV 2007, 97, 98 **(II. Senat)**; Beschl. v. 24.02.2003, III B 117/02, BFH/NV 2003, 810, 811 **(III. Senat)**; Beschl. v. 23.08.2002, IV B 89/01, BFH/NV 2003, 177, 178 **(IV. Senat)**; Beschl. v. 03.11.2005 (Fn. 1157), BFH/NV 2006, 248, 249 **(V. Senat)**; Beschl. v. 22.02.2007, VI B 29/06, BFH/NV 2007, 969, 970; Beschl. v. 14.06.2007, VI B 24/07, n.v. (juris) **(VI. Senat)**; Beschl. v. 18.11.2010, VII B 12/10, BFH/NV 2011, 406 **(VII. Senat)**; Beschl. v. 12.12.2002 (Fn. 1158), BFH/NV 2003, 496, 497; Beschl. v. 29.04.2003, X B 62/02, BFH/NV 2003, 1087, 1088; Beschl. v. 10.12.2003, X B 48/03, n.v. (juris); Beschl. v. 09.08.2007, X B 218/06, BFH/NV 2007, 2273; Beschl. v. 24.10.2007 (Fn. 1154), n.v. (juris); Beschl. v. 25.02.2009 (Fn. 1154), BFH/NV 2009, 890; Beschl. v. 19.07.2012 (Fn. 1154), BFH/NV 2012, 1932 **(X. Senat)**; Beschl. v. 20.12.2006, XI B 23/06, BFH/NV 2007, 648, 649, unter Hinweis darauf, dass die pauschale Behauptung, die objektive Willkürlichkeit des finanzgerichtlichen Urteils folge aus der Nichtberücksichtigung der klägerischen Beweisangebote und Beweisantritte sowie aus der unterbliebenen bzw. unvollständigen Würdigung des klägerischen Sach- und Rechtsvortrags, hierfür nicht einmal ansatzweise genüge; Beschl. v. 17.08.2007 (Fn. 1154), BFH/NV 2007, 2141 u. 2142 **(XI. Senat)**; Gräber/*Ruban*[6], § 116 FGO Tz. 45; Schwarz/*Dürr*, § 116 FGO Tz. 26 (Lfg. 30 6/2008). Vgl.

Vorwurf der ‚Objektiven Willkürlichkeit' gegen die *Rechtmäßigkeit einer Schätzung von Besteuerungsgrundlagen* i.S.d. § 162 AO richtet, bedeutet dies, dass die bloße Behauptung, das Schätzungsergebnis des FG widerspreche den Gesetzen der Logik, dem Darlegungserfordernis der §§ 116 III 3, 115 II Nr. 2 Alt. 2 FGO nicht genügt[1162]; der Beschwerdeführer hat hier vielmehr substantiiert darzulegen, dass sich das Ergebnis der Schätzung als wirtschaftlich unmöglich und damit schlechthin unvertretbar darstelle, das gewonnene Schätzungsergebnis mithin offensichtlich realitätsfremd erscheine[1163].

Hinsichtlich des *Vorwurfs der ‚Greifbaren Gesetzwidrigkeit'* ist dementsprechend schlüssig und substantiiert darzulegen, dass die finanzgerichtliche Entscheidung jeglicher gesetzlichen Grundlage entbehre[1164]. Je nachdem, wie die greifbare Gesetzwidrigkeit letztendlich begründet werden soll, bedarf es (darüber hinaus) der Darlegung, dass die vorinstanzliche Entscheidung auf einer Gesetzesauslegung beruhe, die offensichtlich Wortlaut und Gesetzeszweck widerspreche und daher eine Gesetzesanwendung zur Folge habe, die durch das Gesetz ersichtlich ausgeschlossen werden sollte, bzw. dass das FG eine offensichtlich einschlägige entscheidungserhebliche Vorschrift übersehen oder eine solche Vorschrift völlig unvertretbar ausgelegt habe[1165].

überdies *BFH*, Beschl. v. 07.08.2002, VII B 214/01, BFH/NV 2002, 1606, 1607; Beschl. v. 16.12.2002, VII B 94/02, BFH/NV 2003, 631, 632; Beschl. v. 18.10.2004, VII B 100/04, n.v. (juris); Beschl. v. 28.08.2007, VII B 357/06, BFH/NV 2008, 113 **(VII. Senat)**; Beschl. v. 28.11.2007, XI B 172/06, BFH/NV 2008, 372 **(XI. Senat)**, allerdings jeweils im Hinblick auf die Darlegung einer FG-Entscheidung, die *‚objektiv willkürlich und unter keinem denkbaren Gesichtspunkt rechtlich vertretbar'* bzw. *‚objektiv willkürlich oder unter keinem denkbaren Gesichtspunkt rechtlich vertretbar'* bzw. *‚objektiv willkürlich oder auf sachfremden Erwägungen beruhend und unter keinem denkbaren Gesichtspunkt rechtlich vertretbar'* erscheine (dazu insgesamt **kritisch** bereits oben unter 1.c)bb)(2)(c) [S. 291 ff., dort S. 292 ff.]).

1162 *BFH*, Beschl. v. 15.10.2008, VII B 153/08, n.v. (juris).

1163 Vgl. z.B. *BFH*, Beschl. v. 01.04.2008 (Fn. 1154), BFH/NV 2008, 1337; Beschl. v. 17.09.2008 (Fn. 1154), ZSteu 2008, R1020; Beschl. v. 30.09.2008 (Fn. 1154), BFH/NV 2009, 203; Beschl. v. 15.10.2008 (Fn. 1162), n.v. (juris); Beschl. v. 15.10.2008 (Fn. 1154), BFH/NV 2009, 41, 42; Beschl. v. 12.11.2008 (Fn. 1154), BFH/NV 2009, 402, 403; Beschl. v. 06.05.2009 (Fn. 1154), ZSteu 2009, R582.

1164 Siehe bspw. *BFH*, Beschl. v. 17.08.2007 (Fn. 1154), BFH/NV 2007, 2141; Beschl. v. 24.10.2007 (Fn. 1154), n.v. (juris); Beschl. v. 25.02.2009 (Fn. 1154), BFH/NV 2009, 890; Beschl. v. 19.07.2012 (Fn. 1154), BFH/NV 2012, 1932.

1165 Vgl. etwa *BFH*, Beschl. v. 17.08.2007 (Fn. 1154), BFH/NV 2007, 2141; Beschl. v. 24.10.2007 (Fn. 1154), n.v. (juris); Beschl. v. 25.02.2009 (Fn. 1154), BFH/NV 2009, 890; Beschl. v. 19.07.2012 (Fn. 1154), BFH/NV 2012, 1932, allesamt betreffend den Aspekt der *‚offensichtlich Wortlaut und Gesetzeszweck widersprechenden Gesetzesauslegung'*. – Soweit der *V. Senat* des *BFH* in seinem Beschl. v. 19.05.2008, V B 29/07, BFH/NV 2008, 1501, 1507, das Merkmal der *‚Offensichtlichkeit'*, an dem sich die ‚Greifbare Gesetzwidrigkeit' maßgeblich orientiert, in Relation zu dem

bb) Entbehrlichkeit der Darlegung bei offensichtlicher Willkür?

Nach mehrfach geäußerter Ansicht im Schrifttum kann auf eine ausführliche und substantiierte Darlegung i.S.d. §§ 116 III 3, 115 II Nr. 2 Alt. 2 FGO ausnahmsweise dann verzichtet werden, wenn ein Fall *,offensichtlicher Willkür'* vorliegt. Dabei handele es sich um Fälle, in denen der angefochtenen Entscheidung ohne weiteres angesehen werden könne, dass sie jeglicher Rechtsgrundlage entbehre[1166].

Zwar ist grds. jede Absenkung der Darlegungsanforderungen i.S.d. §§ 116 III 3, 115 II Nr. 2 Alt. 2 FGO begrüßenswert. Vorliegend erscheint ein Verzicht auf ausführliche und substantiierte Darlegungen aber nicht ganz unproblematisch.

Insoweit stellt sich zunächst die Frage, warum eine ausnahmsweise Entbehrlichkeit entsprechender Darlegungen bei einer auf einen gravierenden/schwerwiegenden Rechtsanwendungsfehler des FG gestützten NZB nur in Fällen ,offensichtlicher Willkür', nicht hingegen für die Fälle ,offensichtlicher greifbarer Gesetzwidrigkeit' angenommen wird. Denn es ist – insbesondere für den Beschwerdeführer – wenig nachvollziehbar, Begründungserleichterungen nur im Hinblick auf eine Tatbestandsalternative vorzusehen, während betreffend die andere Variante – hier betreffend die ,Greifbare Gesetzwidrigkeit' – weiterhin eine voll umfängliche Darlegung der Voraussetzungen des § 115 II Nr. 2 Alt. 2 FGO gefordert wird.

Dabei muss jedoch Berücksichtigung finden, dass sich das Tatbestandsmerkmal der ,Greifbaren Gesetzwidrigkeit' maßgeblich über das Kriterium der ,Offensichtlichkeit' definiert und somit stets auf einen evidenten, ohne Weiteres erkennbaren/ersichtlichen Rechtsverstoß abzielt[1167]. Würde man nun auch bei ,offensichtlicher greifbarer Gesetzwidrigkeit' ausführliche und substantiierte Darlegungen für entbehrlich erachten, hätte dies zur Folge, dass bei vermeintlich gravierenden/schwerwiegenden Rechtsanwendungsfehlern i.S. einer greifbar gesetzwidrigen Entscheidung entsprechende Darlegungen stets vollumfänglich entbehrlich wären, weil einer greifbaren Gesetzwidrigkeit bereits per definitionem immer eine gewisse Offenkundigkeit/Offensichtlichkeit anhaftet. Vor diesem Hintergrund und um die Anforderungen an die Darlegung eines gravierenden/schwerwiegenden

---

Umfang der Darlegungen der Klägerin und Beschwerdeführerin setzt, indem er abschließend ausführt, dass gegen die *Offensichtlichkeit* der geltend gemachten Fehler im Übrigen auch der große Umfang der zu ihrer Darlegung gemachten Ausführungen spreche, ist hierzu bereits **kritisch** Stellung genommen worden, dazu oben unter 1.c)bb)(2)(e) (S. 310 ff. [320]), dort Fußnote 1063.

1166 Gräber/*Ruban*[6], § 116 FGO Tz. 45 a.E.; *Seer*, in: T/K, § 116 FGO Tz. 57 a.E. (Lfg. 131 Oktober 2012); *Wagner*, in: KvW[19], § 116 FGO Tz. 19 a.E. – Zu den auch hier wieder zum Ausdruck kommenden Überschneidungen im Hinblick auf die Definition der beiden Tatbestandsmerkmale der ,Objektiven Willkür' und der ,Greifbaren Gesetzwidrigkeit' s. bereits vorstehend unter 1.c)bb)(2)(d) (S. 300 ff., dort S. 305, insbesondere Fußnote 1023 a.E.).

1167 Siehe zur Definition der ,Greifbaren Gesetzwidrigkeit' und der insoweit zentralen Stellung des Kriteriums der ,Offensichtlichkeit' bereits oben unter 1.c)bb)(2)(e) (S. 310 ff., dort S. 319 f.).

Rechtanwendungsfehlers für den Beschwerdeführer sowohl bei einer objektiv willkürlichen als auch bei einer greifbar gesetzwidrigen Vorentscheidung gleich zu halten, sollte betreffend den Vorwurf der ‚Objektiven Willkürlichkeit', auch wenn diese geradezu offensichtlich ist, von einem ausnahmsweisen Verzicht auf ausführliche und substantiierte Darlegungen abgesehen werden.

Hinzu kommt, dass der Beschwerdeführer sich niemals sicher sein kann, ob auch der BFH in dem konkreten Streitfall einen Fall von ‚offensichtlicher Willkür' annimmt, so dass insoweit immer die Gefahr besteht, dass die NZB mangels hinreichender Darlegungen des Beschwerdeführers als unzulässig verworfen wird. Schon allein um diesem Risiko zu entgehen, sollte der Beschwerdeführer auch in Fällen vermeintlich ‚offensichtlicher Willkür' die Umstände, die seiner Ansicht nach den Vorwurf der ‚Willkürlichkeit' begründen, in der Beschwerde entsprechend ausführlich und substantiiert darlegen.

cc) Darlegung der Erforderlichkeit einer Entscheidung des BFH

(1) Grundsätzliche Entbehrlichkeit von Darlegungen zur Erforderlichkeit einer BFH-Entscheidung

Angesichts dessen, dass die Rechtsprechungsvereinheitlichungsrevision i.S.d. § 115 II Nr. 2 Alt. 2 FGO – wie schon mehrfach erwähnt – die ‚Erforderlichkeit einer Entscheidung des BFH' ausdrücklich als eigenständige Zulassungsvoraussetzung neben das zentrale Tatbestandsmerkmal der ‚Sicherung einer einheitlichen Rechtsprechung' stellt[1168], bezieht sich das Darlegungserfordernis des § 116 III 3 FGO bei einer auf einen gravierenden/schwerwiegenden Rechtsanwendungsfehler des FG gestützten NZB zunächst grds. auch auf diese Zulassungsvoraussetzung.

Allerdings erscheinen derartige Ausführungen in der NZB – korrespondierend zu den oben unter 1.c)cc)(1) (S. 326 f.) zu § 115 II Nr. 2 Alt. 2 FGO gemachten Erläuterungen – regelmäßig entbehrlich, weil die Erforderlichkeit einer Entscheidung – einer Korrektur – durch den BFH in den Fällen eines gravierenden/schwerwiegenden Rechtsanwendungsfehlers i.S. einer objektiv willkürlichen bzw. greifbar gesetzwidrigen Entscheidung nahezu ausnahmslos gegeben sein wird. Legt der Beschwerdeführer die qualifizierte Fehlerhaftigkeit der angefochtenen finanzgerichtlichen Entscheidung in Form der objektiven Willkürlichkeit bzw. greifbaren Gesetzwidrigkeit in seiner Beschwerde schlüssig und substantiiert dar[1169], ergibt sich daraus folglich zugleich, dass eine korrigierende Entscheidung des BFH erforderlich ist, ohne dass es weiterer gesonderter Darlegungen bedarf[1170].

1168 Siehe oben unter 1.b)ff) (S. 249) sowie a)dd)(1) (S. 343).

1169 Hierzu vorstehend unter aa) (S. 349 ff.).

1170 Ebenso Gräber/*Ruban*[6], § 116 FGO Tz. 45 a.E.; *Lange* HHSp., § 116 FGO Tz. 203 (Lfg. 194 Juni 2007).

(2) *Besondere Darlegungsanforderungen bei einem ausgelaufenes Recht betreffenden gravierenden/schwerwiegenden Rechtsanwendungsfehler des FG?*

Besondere Darlegungen zur Erforderlichkeit einer BFH-Entscheidung sollen nach der Rechtsprechung allerdings dann notwendig sein, wenn die Rechtsfrage, bzw. der vermeintlich gravierende/schwerwiegende Rechtsanwendungsfehler des FG, *ausgelaufenes Recht* betrifft.

Denn bereits i.R.d. § 115 II Nr. 1 FGO sei anerkannt, dass *ausgelaufenes Recht* betreffende Rechtsfragen im Regelfall nicht mehr klärungsbedürftig seien, so dass ihnen regelmäßig keine grundsätzliche Bedeutung mehr zukomme. Entsprechendes müsse für den Zulassungsgrund der ‚Erforderlichkeit einer Entscheidung des BFH zur Sicherung einer einheitlichen Rechtsprechung' unter dem Gesichtspunkt eines gravierenden/schwerwiegenden Rechtsanwendungsfehlers i.S.d. § 115 II Nr. 2 Alt. 2 FGO gelten, zumal in Fällen *ausgelaufenen Rechts* das allgemeine Interesse an der einheitlichen Handhabung und Entwicklung des Rechts i.d.R. nicht berührt und aus diesem Grund ein höchstrichterlicher Klärungsbedarf nicht gegeben sei. Zur Darlegung der Klärungsbedürftigkeit und damit einhergehend der Erforderlichkeit einer korrigierenden Entscheidung des BFH gemäß §§ 116 III 3, 115 II Nr. 2 Alt. 2 FGO müsse die Beschwerde deswegen Ausführungen dazu enthalten, *dass sich die vom Beschwerdeführer aufgeworfene Rechtsfrage (zumindest) noch für einen nicht überschaubaren Personenkreis in Zukunft weiterhin stellen könnte*, wie dies bei Fragen aus fortgeltendem Recht regelmäßig der Fall ist, da nur unter dieser Voraussetzung die Befassung des BFH mit dem alten Recht im Interesse einer einheitlichen Rechtsanwendung von Verwaltung und Rechtsprechung in einer nicht völlig unerheblichen Anzahl von Fällen geboten sei[1171].

Dieser Ansicht ist entschieden entgegenzutreten:

Dabei ist zunächst *kritisch* anzumerken, dass der BFH für die revisionszulassungsrechtliche Auseinandersetzung mit *ausgelaufenem Recht* in dieser Entscheidung – wie so oft – an das Tatbestandsmerkmal der ‚Klärungsbedürftigkeit' anknüpft bzw. im Hinblick auf diese Problematik sowohl mit der Klärungsbedürftigkeit als auch mit dem (abstrakten) Allgemeininteresse argumentiert, obwohl – wie vorstehend unter I.2.b)aa) (S. 185 ff., dort S. 186 f.) erläutert – dogmatisch zutreffend *allein* das Tatbestandsmerkmal des ‚(Abstrakten) Allgemeininteresses' den Anknüpfungspunkt und die Argumentationsbasis für eine Auseinandersetzung mit der Problematik *ausgelaufenen Rechts* bildet.

Was den eigentlichen Inhalt der Entscheidung angeht, wonach bei einem *ausgelaufenes Recht* betreffenden gravierenden/schwerwiegenden Rechtsanwendungsfehler des FG eine BFH-Entscheidung zur Sicherung einer einheitlichen Rechtsprechung grds. nicht bzw. nur unter besonderen Darlegungsanforderungen erforderlich sein soll, so ist dem entgegenzuhalten, dass ein Fehler von

1171 *BFH*, Beschl. v. 15.09.2004, X B 174/03, EzFamR EStG § 10e Nr. 41.

erheblichem Gewicht i.S. einer objektiv willkürlichen bzw. greifbar gesetzwidrigen Entscheidung des FG das von § 115 II Nr. 2 Alt. 2 FGO zu schützende Vertrauen in die Einheitlichkeit der Rechtsprechung auch dann stets tangiert, wenn das finanzgerichtliche Urteil zu *ausgelaufenem, früherem Recht* ergangen ist. Das gilt zur Wahrung des Individualrechtsschutzes unabhängig davon, ob die entsprechende Rechtsfrage für die Anwendung des Rechts in der Zukunft noch richtungsweisend sein könnte und noch für eine Vielzahl von Fällen aus der Vergangenheit entscheidungserheblich wäre, so dass entsprechende zusätzliche Darlegungserfordernisse abzulehnen sind[1172].

(3) Ausführungen zur Entscheidungserheblichkeit

Stützt der Beschwerdeführer seine NZB auf einen gravierenden/schwerwiegenden Rechtsanwendungsfehler des FG i.S.d. § 115 II Nr. 2 Alt. 2 FGO, sollte die Beschwerdebegründung im Hinblick auf eine nach §§ 116 III 3, 115 II Nr. 2 Alt. 2 FGO ordnungsgemäße Darlegung dieses Zulassungstatbestandes – auch wenn Ausführungen zur Erforderlichkeit einer BFH-Entscheidung im Übrigen grds. entbehrlich sind[1173] – jedoch regelmäßig Ausführungen zur *Entscheidungserheblichkeit* des entsprechenden Rechtsanwendungsfehlers enthalten.

Auf derartige Ausführungen kann i.d.R. nur verzichtet werden, wenn die *Entscheidungserheblichkeit* des vom Beschwerdeführer dargelegten gravierenden/schwerwiegenden Rechtsanwendungsfehlers *auf der Hand liegt*[1174]; auch in diesem Fall empfiehlt es sich aber, aus ‚Sicherheitsgründen' vorsichtshalber zumindest kurze Ausführungen zur Entscheidungserheblichkeit des entsprechenden Rechtsanwendungsfehlers zu machen, um Rechtsnachteile zu vermeiden[1175].

1172 Auf gleicher Linie *Lange* HHSp., § 116 FGO Tz. 203 (Lfg. 194 Juni 2007). Vgl. zudem *Seer*, in: T/K, § 115 FGO Tz. 55 a.E. (Lfg. 131 Oktober 2012), s. bereits ansatzweise oben unter I.1.g)aa) a.E. (S. 163 ff., dort S. 166). – Zu der Problematik *ausgelaufenen Rechts* einschließlich der anerkannten Ausnahmen einer Revisionszulassung und den insoweit geforderten Darlegungen i.R.d. Grundsatzrevision ausführlich oben unter I.1.g)aa) (S. 163 ff.) u. I.2.b)aa) (S. 185 ff.).

1173 Vgl. soeben unter (1) (S. 354).

1174 Vgl. insoweit auch Gräber/*Ruban*[4], § 115 FGO Tz. 59 a.E. (zu § 115 III 3 FGO 1965); Gräber/*Ruban*[6], § 116 FGO Tz. 29; Schwarz/*Dürr*, § 116 FGO Tz. 14 (Lfg. 30 6/2008); *Seer*, in: T/K, § 116 FGO Tz. 45 (Lfg. 131 Oktober 2012); *Wagner*, in: KvW[19], § 116 FGO Tz. 13, jeweils insbesondere im Hinblick auf die Darlegung der Klärungsfähigkeit und Entscheidungserheblichkeit i.R. einer auf § 115 II Nr. 1 FGO gestützten NZB. Zudem *Pietzner*, in: Schoch u.a., § 133 VwGO Tz. 32 a.E. (Lfg. 2 Februar 1998), betreffend § 132 II Nr. 1 VwGO. – Vgl. dazu ausführlich bereits oben unter I.2.f) (S. 200 ff., dort S. 201) betreffend die Grundsatzrevision.

1175 So auch *Seer*, in: T/K, § 116 FGO Tz. 45 a.E. (Lfg. 131 Oktober 2012); *Wagner*, in: KvW[19], § 116 FGO Tz. 13 a.E. mit Blick auf §§ 116 III 3, 115 II Nr. 1 FGO. Vgl. auch bereits oben unter I.2.f) (S. 200 ff., dort S. 201 u. 202) betreffend die Grundsatzrevision sowie unter a)dd)(2) (S. 345 ff., dort S. 347) betreffend den Zulassungstatbestand der ‚Divergenz'.

4. Abschnitt: *Kritische Würdigung* der Rechtsprechung des Bundesfinanzhofs zu den Revisionszulassungsgründen des § 115 II Nrn. 1 u. 2 FGO und den Anforderungen an ihre Darlegung i.R.d. Begründung einer NZB gemäß § 116 III 3 FGO unter dem Blickwinkel der Gewährung eines effektiven zweitinstanzlichen Finanzrechtsschutzes

In dem vorhergehenden 3. Abschnitt ist die Rechtsprechung des BFH zu den Revisionszulassungsgründen des § 115 II Nrn. 1 u. 2 FGO und den Anforderungen an ihre Darlegung i.R.d. Begründung einer NZB gemäß § 116 III 3 FGO ausführlich und in allen Einzelheiten analysiert und ausgewertet worden. Hierbei ist deutlich geworden, dass sich die Zulassungspraxis der Rechtsprechung auch nach Inkrafttreten des 2. FGOÄndG zum 01.01.2001 durchweg als *äußerst restriktiv* darstellt: Der BFH legt die Revisionszulassungsgründe in st. Rspr. nach wie vor *überaus restriktiv* aus und stellt sehr hohe und strenge Anforderungen an die hinreichende und ordnungsgemäße Begründung einer NZB.

Vor diesem Hintergrund soll die einschlägige BFH-Rechtsprechung nachfolgend einer *kritischen Würdigung* unterzogen werden. Dabei soll v.a. aufgezeigt werden, dass der BFH angehalten ist, seine bisherige Rechtsprechung im Hinblick auf einen effektiven zweitinstanzlichen Finanzrechtsschutz durch eine erweiterte und großzügigere sowie präzisere Auslegung der Zulassungsgründe rechtsschutz- und zugangsfreundlicher zu gestalten, und damit einhergehend seine überaus strengen – dem Beschwerdeführer kaum mehr zumutbaren – Darlegungsanforderungen i.R.d. Begründung einer NZB abzusenken. Hierzu sollen in einem *Allgemeinen Teil* zunächst das Bedürfnis und die Notwendigkeit einer erweiterten sowie individualrechtsschutzgewährenden verfassungskonformen Auslegung der Revisionszulassungsgründe des § 115 II Nrn. 1 u. 2 FGO und einer Lockerung der Anforderungen an das Begründnungsniveau einer NZB nach § 116 III 3 FGO anhand der einschlägigen verfassungsrechtlichen Vorgaben sowie unter Berücksichtigung der entsprechenden einfachrechtlichen Bezüge und ‚Besonderheiten/Eigenarten' der Finanzgerichtsbarkeit herausgearbeitet werden (dazu gleich unter A. [S. 358 ff.]), um anschließend in einem *Besonderen Teil* konkret aufzuzeigen und zu erläutern, wo und wie genau die einzelnen Zulassungstatbestände mitsamt den seitens des BFH dazu herausgebildeten restriktiven Zulassungskriterien einer solchen verfassungskonformen Auslegung und dementsprechend die jeweiligen strengen Darlegungsanforderungen einer Absenkung und Lockerung zugänglich sind (dazu nachfolgend unter B. [S. 464 ff.]). In einem *abschließenden Teil* erfolgt schließlich ein Appell an den Gesetzgeber, um diesem vor Augen zu führen, dass auch er in der Verantwortung zur Herbeiführung eines gestärkten und verbesserten Individualrechtsschutzes im finanzgerichtlichen Revisionszulassungsrecht steht (dazu später unter C. [S. 609 ff.]).

A. Herausarbeitung des Bedürfnisses und der Notwendigkeit einer erweiterten sowie individualrechtsschutzgewährenden verfassungskonformen Auslegung der Revisionszulassungsgründe des § 115 II Nrn. 1 u. 2 FGO und einer Lockerung der Anforderungen an das Begründungsniveau einer NZB nach § 116 III 3 FGO anhand der einschlägigen verfassungsrechtlichen Vorgaben sowie unter Berücksichtigung der entsprechenden einfachrechtlichen Bezüge und ‚Besonderheiten/Eigenarten' der Finanzgerichtsbarkeit

Wenn es um die Herausarbeitung des Bedürfnisses und der Notwendigkeit einer erweiterten sowie individualrechtsschutzgewährenden verfassungskonformen Auslegung der Revisionszulassungsgründe des § 115 II Nrn. 1 u. 2 FGO und einer Lockerung der Anforderungen an das Begründungsniveau einer NZB nach § 116 III 3 FGO geht, sind zunächst die einschlägigen verfassungsrechtlichen Vorgaben zu berücksichtigen.

Verfassungsrechtliche Vorgaben für die Ausgestaltung des Rechtsschutzes und v.a. für die Gestaltung des Zugangs zum Revisionsgericht können dabei aus mehreren verfassungsrechtlichen Bestimmungen und Prinzipien hergeleitet werden. In Betracht kommen insoweit insbesondere der *allgemeine Justizgewährungsanspruch* und die *Rechtsschutzgarantie des Art. 19 IV 1 GG*. Daneben kommen dem *Rechtsstaatsprinzip gemäß Art. 20 III GG* und hier v.a. dem *Gebot der hinreichenden Bestimmtheit* sowie dem aus *Art. 20 III GG* i.V.m. dem *allgemeinen Gleichheitssatz nach Art. 3 I GG* hergeleiteten *verfahrensrechtlichen Willkürverbot* weitreichende Bedeutung zu[1176].

1176 Auf diese letztgenannten Punkte – *Bestimmtheitsgebot* und *verfahrensrechtliches Willkürverbot* – soll jedoch – eingebunden in die Ausführungen zum *Bedürfnis* und zur *Notwendigkeit einer erweiterten individualrechtsschutzgewährenden Zulassungspraxis ‚im engeren Sinne'* – erst später unter IV.2.b) (S. 430 ff.) u. IV.2.c) (S. 440 ff.) ausführlich eingegangen werden. – Auch das *Justizgrundrecht* auf den *gesetzlichen Richter* gemäß *Art. 101 I 2 GG* findet insoweit erst später – und zwar unter IV.2.d) (S. 442 ff., dort S. 444 f.) – Erwähnung.

Überdies nimmt die Vorschrift des *Art. 103 I GG* – als *„prozessuales Urrecht"* des Menschen bezeichnet[1177] – eine zentrale Rolle ein, wenn es um die verfassungsrechtlichen Vorgaben für die Ausgestaltung des Rechtsschutzes geht. Sie normiert auf verfassungsrechtlicher Ebene den Anspruch des Einzelnen auf rechtliches Gehör: *„Vor Gericht hat jedermann Anspruch auf rechtliches Gehör"*. Die Norm des Art. 103 I GG betrifft allerdings nur den Ablauf und die Durchführung, also den Inhalt des gerichtlichen Verfahrens, sie dient jedoch nicht der Rechtswegeröffnung[1178]. Folglich kann sie auch nicht als Beurteilungsmaßstab für die Gestaltung des Zugangs zum Revisionsgericht herangezogen werden[1179].

Neben den einschlägigen verfassungsrechtlichen Vorgaben müssen zudem die entsprechenden einfachrechtlichen Bezüge und ‚Besonderheiten/Eigenarten' der Finanzgerichtsbarkeit in die Herausarbeitung des Bedürfnisses und der Notwendigkeit einer erweiterten sowie individualrechtsschutzgewährenden verfassungskonformen Auslegung der Revisionszulassungsgründe des § 115 II Nrn. 1 u. 2 FGO und einer Lockerung der Anforderungen an das Begründungsniveau einer NZB nach § 116 III 3 FGO mit einfließen. Hierbei liegt ein besonderes Augenmerk auf der *Zweistufigkeit der Finanzgerichtsbarkeit* und der *Möglichkeit der Übertragung des Rechtsstreits auf den Einzelrichter.*

I. Allgemeiner Justizgewährungsanspruch und Rechtsschutzgarantie des Art. 19 IV 1 GG als Ausgangspunkt jeglicher Überlegungen zur Ausgestaltung des Rechtsschutzes und v.a. zur Gestaltung des Zugangs zum Revisionsgericht

Den Ausgangspunkt für jegliche Überlegungen zur Ausgestaltung des Rechtsschutzes und v.a. zur Gestaltung des Zugangs zum Revisionsgericht bilden stets der *allgemeine Justizgewährungsanspruch* und die *Rechtsschutzgarantie des Art. 19 IV 1 GG.*

1. Der allgemeine Justizgewährungsanspruch

Als Konsequenz aus dem grds. innerstaatlichen Gewalt-/Selbsthilfeverbot, dem staatlichen Gewaltmonopol und der bürgerlichen Friedenspflicht verleiht der Verfassungsstaat seinem Bürger einen *allgemeinen Justizgewährungsanspruch*[1180].

1177 *BVerfG*, Beschl. v. 30.04.2003, 1 PBvU 1/02, BVerfGE 107, 395, 408 = NJW 2003, 1924, 1926 – Rechtsschutz gegen den Richter I (Plenum); *Seer*, StuW 2001, 3, 4.

1178 M/D/*Schmidt-Aßmann*, Art. 103 Abs. 1 GG Tz. 7 (Lfg. 48 November 2006); *Traut*, Zugang zur Revision in Zivilsachen, S. 81.

1179 Auf gleicher Linie *Traut*, Zugang zur Revision in Zivilsachen, S. 81.

1180 *BVerfG*, Beschl. v. 11.06.1980, 1 PBvU 1/79, BVerfGE 54, 277, 292 (Plenum); Beschl. v. 13.03.1990, 2 BvR 94/88, BVerfGE 81, 347, 356; Beschl. v. 02.03.1993, 1 BvR 249/92, BVerfGE 88, 118, 123; Beschl. v. 20.06.1995, 1 BvR 166/93, BVerfGE 93, 99, 107; Beschl. v. 26.04.1999, 1 BvR 467/99, NJW 1999, 2582, 2583; Beschl. v. 30.04.2003,

Dogmatischer Ansatzpunkt für die Begründung eines solchen allgemeinen Anspruchs auf Justizgewährung ist nach der Rechtsprechung des BVerfG das Rechtsstaatsprinzip gemäß Art. 20 III GG i.V.m. den (einschlägigen) materiellen Grundrechten, hilfsweise i.V.m. Art. 2 I GG, der auch in diesem Zusammenhang als Auffanggrundrecht fungiert[1181].

Der allgemeine Justizgewährungsanspruch beinhaltet die Vorgabe, den Rechtsschutz des Einzelnen so auszugestalten, dass er effektiv ist (Gebot des effektiven/wirkungsvollen Rechtsschutzes)[1182]. Er umfasst das Recht auf Zugang zu den Gerichten und eine grundsätzlich umfassende tatsächliche und rechtliche Prüfung des Streitbegehrens/Streitgegenstandes in einem förmlichen Verfahren sowie eine verbindliche Entscheidung durch den Richter[1183].

Das Grundgesetz sichert dabei im Bereich des allgemeinen Justizgewährungsanspruchs lediglich das Offenstehen des Rechtswegs, also die Öffnung des Zugangs zum Gericht[1184]. Die hierin zum Ausdruck kommende Garantie einer gerichtlichen Rechtsschutzmöglichkeit gegen behauptete Rechtsverletzungen eröffnet jedoch

---

1 PBvU 1/02, BVerfGE 107, 395, 401 ff. = NJW 2003, 1924 ff. – Rechtsschutz gegen den Richter I (Plenum); Beschl. v. 08.12.2010, 1 BvR 381/10, NJW 2011, 1276, 1277 (1. Kammer des Ersten Senats); Dreier/*Schulze-Fielitz*², Art. 19 IV GG Tz. 35 m.w.N. aus dem Schrifttum; M/D/*Schmidt-Aßmann*, Art. 19 Abs. 4 GG Tz. 16 (Lfg. 42 Februar 2003).

1181 *BVerfG*, Beschl. v. 11.06.1980 (Fn. 1180), BVerfGE 54, 277, 291; Beschl. v. 02.03.1993 (Fn. 1180), BVerfGE 88, 118, 123; Beschl. v. 20.06.1995 (Fn. 1180), BVerfGE 93, 99, 107; Beschl. v. 26.04.1999 (Fn. 1180), NJW 1999, 2582, 2583; Beschl. v. 30.04.2003 (Fn. 1180), BVerfGE 107, 395, 401 u. 406 f. = NJW 2003, 1924 u. 1926; Beschl. v. 07.10.2003, 1 BvR 10/99, BVerfGE 108, 341, 347 = NJW 2003, 3687, 3688 – Rechtsschutz gegen den Richter II; Beschl. v. 08.12.2010 (Fn. 1180), NJW 2011, 1276, 1277; BK/*Schenke*, Art. 19 Abs. 4 GG Tz. 58 (Akt. 138 Februar 2009); M/D/*Schmidt-Aßmann*, Art. 19 Abs. 4 GG Tz. 16 (Lfg. 42 Februar 2003).

1182 Siehe *BVerfG*, Beschl. v. 11.06.1980 (Fn. 1180), BVerfGE 54, 277, 291; Beschl. v. 08.10.1991, 1 BvR 1324/90, BVerfGE 84, 366, 369 f.; Beschl. v. 12.02.1992, 1 BvL 1/89, BVerfGE 85, 337, 345; Beschl. v. 02.03.1993 (Fn. 1180), BVerfGE 88, 118, 123; Beschl. v. 20.06.1995 (Fn. 1180), BVerfGE 93, 99, 107; Beschl. v. 26.04.1999 (Fn. 1180), NJW 1999, 2582, 2583; Beschl. v. 30.04.2003 (Fn. 1180), BVerfGE 107, 395, 401 ff. = NJW 2003, 1924 ff.; Beschl. v. 07.10.2003 (Fn. 1181), BVerfGE 108, 341, 347 = NJW 2003, 3687, 3688; Beschl. v. 08.12.2010 (Fn. 1180), NJW 2011, 1276, 1277.

1183 So *BVerfG*, Beschl. v. 11.06.1980 (Fn. 1180), BVerfGE 54, 277, 291; Beschl. v. 08.10.1991 (Fn. 1182), BVerfGE 84, 366, 369 f.; Beschl. v. 12.02.1992 (Fn. 1182), BVerfGE 85, 337, 345; Beschl. v. 27.01.1998, 1 BvL 15/87, BVerfGE 97, 169, 185; Beschl. v. 26.04.1999 (Fn. 1180), NJW 1999, 2582, 2583; Beschl. v. 30.04.2003 (Fn. 1180), BVerfGE 107, 395, 401 = NJW 2003, 1924; Beschl. v. 07.10.2003 (Fn. 1181), BVerfGE 108, 341, 347 = NJW 2003, 3687, 3688.

1184 *BVerfG*, Beschl. v. 30.04.2003 (Fn. 1180), BVerfGE 107, 395, 401, 402 u. 408 = NJW 2003, 1924 u. 1926; Beschl. v. 24.01.2005, 1 BvR 2653/03, NJW 2005, 1768, 1769 (1. Kammer des Ersten Senats, Nichtannahmebeschluss).

keinen unbegrenzten Rechtsweg[1185]. Insbesondere gewährleistet der allgemeine Anspruch auf Justizgewährung nach h.M. *keinen mehrstufigen Instanzenzug (Rechtsmittelzug)* und mithin auch kein Rechtsmittel an ein Gericht höherer Instanz wie bspw. die Revision[1186].

Das aus dem allgemeinen Justizgewährungsanspruch resultierende Gebot effektiven Rechtsschutzes schließt demnach auch eine nähere gesetzliche Ausgestaltung der Bedingungen und formellen = prozessualen Voraussetzungen des Zugangs zu den Rechtsmittel- (Revisions-) Gerichten nicht aus[1187].

2. *Die Rechtsschutzgarantie des Art. 19 IV 1 GG als spezielle Ausprägung des allgemeinen Justizgewährungsanspruchs für den Bereich des öffentlichen Rechts*

Der Anwendungsbereich des allgemeinen Justizgewährungsanspruchs beschränkt sich allerdings auf die Durchsetzung der privatrechtlichen Rechtsordnung[1188]. Er bildet die Grundlage des Rechtsschutzes in bürgerlich-/zivilrechtlichen Streitigkeiten, für die die Rechtsschutzgarantie des Art. 19 IV 1 GG gerade keine Anwendung findet, und sichert auf diesem Wege, dass ein Gericht verbindlich über

1185 Siehe nur *BVerfG*, Beschl. v. 30.04.2003 (Fn. 1180), BVerfGE 107, 395, 401 (f.) = NJW 2003, 1924.

1186 Ständige Rechtsprechung, vgl. etwa *BVerfG*, Beschl. v. 11.06.1980 (Fn. 1180), BVerfGE 54, 277, 291 m.w.N.; Beschl. v. 08.02.1994, 1 BvR 765/89, 1 BvR 766/89, BVerfGE 89, 381, 390; Beschl. v. 30.04.2003 (Fn. 1180), BVerfGE 107, 395, 401 u. 402 = NJW 2003, 1924; Beschl. v. 07.10.2003 (Fn. 1181), BVerfGE 108, 341, 348 = NJW 2003, 3687, 3688; Beschl. v. 08.01.2004, 1 BvR 864/03, NJW 2004, 1371 (1. Kammer des Ersten Senats, Nichtannahmebeschluss); Beschl. v. 25.02.2004, 1 BvR 157/03, n.v. (juris) (1. Kammer des Ersten Senats, Nichtannahmebeschluss); Beschl. v. 09.03.2004, 1 BvR 2262/03, NJW 2004, 1729, 1730 (1. Kammer des Ersten Senats, Nichtannahmebeschluss); Beschl. v. 08.12.2010 (Fn. 1180), NJW 2011, 1276, 1277. Zudem *Papier*, in: HdbStR VIII³, § 176 Tz. 8 a.E. u. 15; *Traut*, Zugang zur Revision in Zivilsachen, S. 69 u. 70. – Dazu **kritisch** nachfolgend unter 3.b) (S. 365 ff., dort S. 366 ff., insbesondere 368 ff.).

1187 Vgl. *BVerfG*, Beschl. v. 11.06.1980 (Fn. 1180), BVerfGE 54, 277, 291; Beschl. v. 08.10.1991 (Fn. 1182), BVerfGE 84, 366, 369 f.; Beschl. v. 12.02.1992 (Fn. 1182), BVerfGE 85, 337, 345 f.; Beschl. v. 02.03.1993 (Fn. 1180), BVerfGE 88, 118, 123 f. m.w.N.; Beschl. v. 20.06.1995 (Fn. 1180), BVerfGE 93, 99, 107; Beschl. v. 30.04.2003 (Fn. 1180), BVerfGE 107, 395, 402 u. 408 = NJW 2003, 1924 u. 1926; Beschl. v. 04.05.2004, 1 BvR 1892/03, BVerfGE 110, 339, 342; Beschl. v. 24.01.2005 (Fn. 1184), NJW 2005, 1768, 1769; Beschl. v. 26.07.2005, 1 BvR 85/04, NJW 2005, 3345 (1. Kammer des Ersten Senats, Nichtannahmebeschluss).

1188 Ähnlich *Papier*, in: HdbStR VIII³, § 176 Tz. 5.

das Bestehen von Rechten und Pflichten in einer zivilrechtlichen Angelegenheit entscheidet[1189].

Für den Bereich des öffentlichen Rechts folgt das Gebot der Rechtsschutzgewährung hingegen unmittelbar aus der in Art. 19 IV 1 GG normierten Rechtsschutzgarantie[1190]. Art. 19 IV 1 GG bildet die Grundlage des Rechtsschutzes in öffentlich-/verwaltungsrechtlichen Streitigkeiten und stellt insoweit eine *spezielle Ausprägung* des allgemeinen Justizgewährungsanspruchs dar, die immer dann zur Anwendung kommt, wenn es um den Rechtsschutz gegen *Akte der öffentlichen Gewalt* geht[1191].

Das Steuerrecht unterfällt dem *öffentlichen Recht*, da die einschlägigen steuerrechtlichen Vorschriften Trägern hoheitlicher Gewalt zugeordnet sind[1192]. Es handelt sich insoweit um *besonderes Verwaltungsrecht*, so dass folglich die Finanzgerichtsbarkeit, die gemäß § 1 FGO durch unabhängige, von den Verwaltungsbehörden

---

1189 *BVerfG*, Beschl. v. 11.06.1980, 1 PBvU 1/79, BVerfGE 54, 277, 291 (Plenum); Beschl. v. 08.10.1991, 1 BvR 1324/90, BVerfGE 84, 366, 369 f.; Beschl. v. 12.02.1992, 1 BvL 1/89, BVerfGE 85, 337, 345; Beschl. v. 02.03.1993, 1 BvR 249/92, BVerfGE 88, 118, 123; Beschl. v. 20.06.1995, 1 BvR 166/93, BVerfGE 93, 99, 107; Beschl. v. 27.01.1998, 1 BvL 15/87, BVerfGE 97, 169, 185; Beschl. v. 26.04.1999, 1 BvR 467/99, NJW 1999, 2582, 2583; Beschl. v. 30.04.2003, 1 PBvU 1/02, BVerfGE 107, 395, 406 f. = NJW 2003, 1924, 1926 – Rechtsschutz gegen den Richter I (Plenum); Beschl. v. 08.12.2010, 1 BvR 381/10, NJW 2011, 1276, 1277 (1. Kammer des Ersten Senats). Vgl. dazu auch BK/*Schenke*, Art. 19 Abs. 4 GG Tz. 61 (Akt. 138 Februar 2009): *Privatrechtliche Rechtsstreitigkeiten als „Domäne des Justizgewährungsanspruchs"*. – Zu dem nach der Plenarentscheidung des *BVerfG* v. 30.04.2003, a.a.O., BVerfGE 107, 395 ff. = NJW 2003, 1924 ff., teilweise weitergehenden Anwendungsbereich des allgemeinen Justizgewährungsanspruchs im Hinblick auf die (erstmalige) Verletzung von Verfahrensgrundrechten durch ein Gericht s. später unter 3.b) (S. 365 ff., dort S. 372 ff.).

1190 *BVerfG*, Beschl. v. 02.03.1993 (Fn. 1189), BVerfGE 88, 118, 123. Die in Art. 19 IV 1 GG normierte Rechtsschutzgarantie wird aufgrund des Wortlauts oftmals auch als *‚Rechtsweggarantie'* bezeichnet. In Art. 19 IV 1 GG heißt es nämlich wörtlich: *„Wird jemand durch die öffentliche Gewalt in seinen Rechten verletzt, so steht ihm der Rechtsweg offen"*.

1191 *BVerfG*, Beschl. v. 13.03.1990, 2 BvR 94/88, BVerfGE 81, 347, 356; Beschl. v. 30.04.1997, 2 BvR 817/90 u.a., BVerfGE 96, 27, 39; Beschl. v. 05.12.2001, 2 BvR 527/99 u.a., BVerfGE 104, 220, 231; Beschl. v. 30.04.2003 (Fn. 1189), BVerfGE 107, 395, 403 = NJW 2003, 1924, 1925, wo das BVerfG ausdrücklich darauf hinweist, dass sich der allgemeine Justizgewährungsanspruch und als dessen Spezialregelung die Rechtsweggarantie des Art. 19 IV 1 GG in ihrem rechtsstaatlichen Kerngehalt nicht unterscheiden, Unterschiede gerade nur hinsichtlich der Anwendungsbereiche bestünden; BK/*Schenke*, Art. 19 Abs. 4 GG Tz. 58 u. 61 (Akt. 138 Februar 2009); Dreier/*Schulze-Fielitz*[2], Art. 19 IV GG Tz. 35 u. 36 m.w.N.

1192 *Seer*, in: T/L, Steuerrecht[21], § 1 Tz. 26.

getrennte, *besondere Verwaltungsgerichte* ausgeübt wird, einen Zweig der *besonderen Verwaltungsgerichtsbarkeit* darstellt[1193].

Für die Frage, welche verfassungsrechtlichen Vorgaben für die Ausgestaltung des – finanzgerichtlichen – Rechtsschutzes und v.a. für die Gestaltung des Zugangs zum Revisionsgericht zu beachten sind, und woran die einschlägige Rechtsprechung des BFH zu den Revisionszulassungsgründen sowie den Anforderungen an ihre Darlegung i.R.d. Begründung einer NZB auszurichten ist, ist demzufolge (primär) auf die Gewährleistungen der Rechtsschutzgarantie des Art. 19 IV 1 GG abzustellen[1194].

3. Der Gewährleistungsgehalt der Rechtsschutzgarantie des Art. 19 IV 1 GG

a) Gebot des effektiven/wirkungsvollen gerichtlichen Rechtsschutzes

Art. 19 IV 1 GG bestimmt wörtlich: *„Wird jemand durch die öffentliche Gewalt in seinen Rechten verletzt, so steht ihm der Rechtsweg offen“.* Diese zentrale grundgesetzliche Bestimmung wird zu Recht als *„Grundsatznorm für die gesamte Rechtsordnung“* angesehen[1195] und als das *„Kernstück des formalen Rechtsstaats“* bezeichnet[1196].

Sie verleiht dem einzelnen Bürger eine Rechtsstellung, in der er der öffentlichen Gewalt in einer abgesicherten prozessualen Rechtsposition gegenübertritt, so dass er sich nicht mehr als ‚Untertan‘ sehen muss, der dem Staat schutzlos ausgeliefert

---

1193 Siehe *Seer*, in: T/L, Steuerrecht[21], § 1 Tz. 27. Vgl. zudem *Seer*, in: T/L, Steuerrecht[21], § 22 Tz. 6 u. 60 einschließlich Fußnote 4 auf S. 1192.

1194 Vor diesem Hintergrund sind die vorstehend unter 1. (S. 359 ff.) gemachten Ausführungen zu den verfassungsrechtlichen Vorgaben des allgemeinen Justizgewährungsanspruchs relativ kurz gehalten und findet nachfolgend fast ausschließlich eine Auseinandersetzung mit den direkt aus Art. 19 IV 1 GG herzuleitenden Rechtsschutzgewährleistungen statt. Da sich aber der allgemeine Justizgewährungsanspruch und als dessen Spezialregelung die Rechtsschutz-/Rechtsweggarantie des Art. 19 IV 1 GG in ihrem rechtsstaatlichen Kerngehalt kaum bzw. überhaupt nicht unterscheiden, die jeweiligen Anforderungen vielmehr dicht beieinander liegen und Unterschiede nur hinsichtlich der Anwendungsbereiche bestehen (vgl. Fußnote 1191 sowie Dreier/*Schulze-Fielitz*[2], Art. 19 IV GG Tz. 37 m.w.N., u. *Voßkuhle*, NJW 2003, 2193, 2196), gelten die nachfolgenden Ausführungen zu Art. 19 IV 1 GG weit überwiegend auch für die sich aus dem allgemeinen Justizgewährungsanspruch ergebenden Rechtsschutzgewährleistungen.

1195 *BVerfG*, Beschl. v. 23.06.1981, 2 BvR 1107/77, 2 BvR 1124/77, 2 BvR 195/79, BVerfGE 58, 1, 40, unter Hinweis auf *v. Mangoldt/Klein*, Das Bonner Grundgesetz, Bd. I, 2. Aufl., 1957, S. 542.

1196 *Krüger/Sachs*, in: Sachs[3], Art. 19 GG Tz. 11, einschließlich der dortigen Überschrift zu 4.

ist[1197]. Art. 19 IV 1 GG enthält damit eine *Systementscheidung zu Gunsten des Individualrechtsschutzes*[1198].

Angesichts dessen bildet die Rechtsschutzgarantie des Art. 19 IV 1 GG für den Einzelnen nicht lediglich das *„formelle Hauptgrundrecht"*[1199], das der (früheren) Selbstherrlichkeit der Exekutive entgegenwirkt[1200]. Der in Art. 19 IV 1 GG verbürgte Gerichts-/Rechtsschutz kann mithin nicht als bloßes Additum angesehen werden, das zu den materiellen Grundrechten des Steuerpflichtigen nur hinzutritt. Die Gewährleistung des Gerichts-/Rechtsschutzes durch Art. 19 IV 1 GG ist vielmehr *Teil des subjektiv-rechtlichen Grundrechtsschutzes* selbst[1201].

Diese Systementscheidung des Grundgesetzes zu Gunsten des Individualrechtsschutzes und damit einhergehend die Qualifikation des Gerichts-/Rechtsschutzes als Teil des subjektiv-rechtlichen Grundrechtsschutzes selbst hat enorme Auswirkungen auf den Gewährleistungsgehalt der Rechtsschutzgarantie des Art. 19 IV 1 GG.

So garantiert Art. 19 IV 1 GG nach Sinn und Zweck der Rechtsschutzgarantie nicht nur das formelle Recht und die theoretische Möglichkeit zur Anrufung der Gerichte, also bloß den Zugang zu den Gerichten. Art. 19 IV 1 GG gewährleistet nach h.M. vielmehr auch einen *effektiven/wirkungsvollen Rechtsschutz* und verleiht dem Bürger einen substantiellen Anspruch auf eine *möglichst lückenlose tatsächlich wirksame gerichtliche Kontrolle*[1202]. Er trägt damit der Erkenntnis Rechnung,

---

1197 Dreier/*Schulze-Fielitz*², Art. 19 IV GG Tz. 35 m.w.N.; *Seer*, StuW 2001, 3; *Stern*, in: Stern, Staatsrecht III/1, § 75 II 1, S. 1441.

1198 *Seer*, StuW 2001, 3; *ders.*, in: T/L, Steuerrecht²¹, § 22 Tz. 1, jeweils m.w.N.

1199 So die Bezeichnung bei *Klein*, VVDStRL Bd. 8 (1950), 67, 88 u. 123.

1200 Vgl. *Seer*, StuW 2001, 3, unter Hinweis auf die einschlägige BVerfG-Rechtsprechung, bspw. *BVerfG*, Entscheidung v. 12.01.1960, 1 BvL 17/59, BVerfGE 10, 264, 267; Beschl. v. 19.06.1973, 1 BvL 39/69 u.a., BVerfGE 35, 263, 274; Beschl. v. 28.10.1975, 2 BvR 883/73 u.a., BVerfGE 40, 237, 260; Beschl. v. 30.04.2003, 1 PBvU 1/02, BVerfGE 107, 395, 405 = NJW 2003, 1924, 1925 – Rechtsschutz gegen den Richter I (Plenum), wo jeweils darauf hingewiesen wird, dass die Bedeutung des Art. 19 IV 1 GG vornehmlich darin liege, dass er die ‚Selbstherrlichkeit' der vollziehenden Gewalt im Verhältnis zum Bürger beseitige.

1201 So *Bethge*, KritVj. 1990, 9, 15 f.; *Krebs*, in: v. Münch/Kunig⁵, Art. 19 GG Tz. 47 a.E. m.w.N.; *Seer*, StuW 2001, 3; *ders.*, in: T/L, Steuerrecht²¹, § 22 Tz. 2.

1202 Ständige Rechtsprechung des BVerfG: *BVerfG*, Beschl. v. 12.11.1958, 2 BvL 4/56 u.a., BVerfGE 8, 274, 326; Entscheidung v. 23.04.1969, 2 BvR 552/63, BVerfGE 25, 352, 365; Beschl. v. 19.06.1973 (Fn. 1200), BVerfGE 35, 263, 274; Beschl. v. 18.07.1973, 1 BvR 23/73 u.a., BVerfGE 35, 382, 401 f.; Beschl. v. 02.04.1974, 2 BvR 444/73, BVerfGE 37, 93, 96; Beschl. v. 24.04.1974, 2 BvR 236/74 u.a., BVerfGE 37, 150, 153; Beschl. v. 10.06.1975, 2 BvR 1074/74, BVerfGE 40, 95, 98; Beschl. v. 28.10.1975 (Fn. 1180), BVerfGE 40, 237, 256; Beschl. v. 29.10.1975, 2 BvR 630/73, BVerfGE 40, 272, 275; Beschl. v. 16.12.1975, 2 BvR 854/75, BVerfGE 41, 23, 26; Beschl. v. 11.02.1976, 2 BvR 652/75, BVerfGE 41, 323, 326; Beschl. v. 07.04.1976, 2 BvR 847/75, BVerfGE 42, 128, 130; Beschl. v. 04.05.1977, 2 BvR 616/75, BVerfGE

dass Rechte regelmäßig erst dann effektiv sind, wenn sie im Konfliktfall auch durchgesetzt werden können[1203].

b) Anspruch auf einen mehrstufigen Instanzenzug?

Die in Art. 19 IV 1 GG verbürgte Effektivität des gerichtlichen Rechtsschutzes wird in erster Linie von den Prozessordnungen gesichert. Sie treffen Vorkehrungen dafür, dass der Einzelne seine Rechte auch tatsächlich wirksam durchsetzen kann

---

44, 302, 305; Beschl. v. 19.10.1977, 2 BvR 42/76, BVerfGE 46, 166, 178; Beschl. v. 27.09.1978, 1 BvR 361/78, BVerfGE 49, 220, 241; Beschl. v. 10.10.1978, 1 BvR 475/78, BVerfGE 49, 252, 256; Beschl. v. 11.10.1978, 2 BvR 1055/76, BVerfGE 49, 329, 340 f.; Beschl. v. 13.06.1979, 1 BvR 699/77, BVerfGE 51, 268, 284; Beschl. v. 20.12.1979, 1 BvR 385/77, BVerfGE 53, 30, 68; Beschl. v. 16.01.1980, 1 BvR 127/78 u.a., BVerfGE 53, 115, 127 f.; Beschl. v. 27.03.1980, 2 BvR 316/80, BVerfGE 54, 39, 41; Beschl. v. 16.12.1980, 2 BvR 419/80, BVerfGE 55, 349, 369; Beschl. v. 20.04.1982, 2 BvL 26/81, BVerfGE 60, 253, 269 u. 296 f.; Beschl. v. 08.07.1982, 2 BvR 1187/80, BVerfGE 61, 82, 110 f.; Beschl. v. 12.07.1983, 1 BvR 1470/82, BVerfGE 65, 76, 90; Urt. v. 15.12.1983, 1 BvR 209/83 u.a., BVerfGE 65, 1, 70; Beschl. v. 02.05.1984, 2 BvR 1413/83, BVerfGE 67, 43, 58; Beschl. v. 02.12.1987, 1 BvR 1291/85, BVerfGE 77, 275, 284; Beschl. v. 17.03.1988, 2 BvR 233/84, BVerfGE 78, 88, 99; Beschl. v. 29.11.1989, 1 BvR 1011/88, BVerfGE 81, 123, 129; Beschl. v. 17.04.1991, 1 BvR 419/81 u.a., BVerfGE 84, 34, 49; Beschl. v. 17.04.1991, 1 BvR 1529/84 u.a., BVerfGE 84, 59, 77; Beschl. v. 02.03.1993, 1 BvR 249/92, BVerfGE 88, 118, 123 f.; Beschl. v. 16.05.1995, 1 BvR 1087/91, BVerfGE 93, 1, 13; Urt. v. 14.05.1996, 2 BvR 1516/93, BVerfGE 94, 166, 226; Beschl. v. 19.02.1997, 2 BvR 2989/95, n.v. (juris) (2. Kammer des Zweiten Senats); Beschl. v. 30.04.1997, 2 BvR 817/90 u.a., BVerfGE 96, 27, 39; Beschl. v. 20.02.1998, 1 BvR 661/94, BVerfGE 97, 298, 315; Urt. v. 14.07.1999, 1 BvR 2226/94 u.a., BVerfGE 100, 313, 364; Beschl. v. 27.10.1999, 1 BvR 385/90, BVerfGE 101, 106, 122 f.; Beschl. v. 18.01.2000, 1 BvR 321/96, BVerfGE 101, 397, 407; Urt. v. 20.02.2001, 2 BvR 1444/00, BVerfGE 103, 142, 156; Beschl. v. 05.12.2001, 2 BvR 527/99 u.a., BVerfGE 104, 220, 231 f.; Beschl. v. 27.02.2002, 2 BvR 553/01, NJW 2002, 2699, 2700 (3. Kammer des 2. Senats); Beschl. v. 13.03.2002, 2 BvR 261/01, NJW 2002, 2700, 2701 (3. Kammer des Zweiten Senats); Beschl. v. 30.04.2003 (Fn. 1200), BVerfGE 107, 395, 401 ff. = NJW 2003, 1924 ff.; Beschl. v. 07.10.2003, 1 BvR 10/99, BVerfGE 108, 341, 347 = NJW 2003, 3687, 3688 – Rechtsschutz gegen den Richter II; Urt. v. 18.07.2005, 2 BvR 2236/04, BVerfGE 113, 273, 310. Vgl. zudem BK/*Schenke*, Art. 19 Abs. 4 GG Tz. 637 (Akt. 143 Dezember 2009): Art. 19 IV GG gewährleiste nicht nur *„irgendeine Form des Rechtsschutzes, sondern einen effektiven Rechtsschutz"*; Dreier/*Schulze-Fielitz*[2], Art. 19 IV GG Tz. 80; *Huber*, in: v. Mangoldt/Klein/Starck[5], Art. 19 Abs. 4 GG Tz. 453, 455 u. 471; *Krebs*, in: v. Münch/Kunig[5], Art. 19 GG Tz. 62; *Krüger/Sachs*, in: Sachs[3], Art. 19 GG Tz. 143; *Seer*, StuW 2001, 3 f.; *ders.*, in: T/L, Steuerrecht[21], § 22 Tz. 2, großteils m.w.N.

1203 *Huber*, in: v. Mangoldt/Klein/Starck[5], Art. 19 Abs. 4 GG Tz. 336; *Seer*, StuW 2001, 3, 4.

und die Folgen staatlicher Eingriffe im Regelfall nicht ohne gerichtliche Prüfung zu tragen hat[1204].

Das Grundgesetz garantiert in diesem Zusammenhang jedoch nicht die *Mehrstufigkeit* aller gerichtlichen Verfahren[1205]. Insbesondere gewährleisten weder die Rechtsschutzgarantie des Art. 19 IV 1 GG noch das Rechtsstaatsprinzip gemäß Art. 20 III GG einen *Instanzenzug (Rechtsmittelzug)*[1206].

1204 *BVerfG*, Urt. v. 14.05.1996, 2 BvR 1516/93, BVerfGE 94, 166, 213; Beschl. v. 30.04.1997, 2 BvR 817/90 u.a., BVerfGE 96, 27, 39; Beschl. v. 05.12.2001, 2 BvR 527/99 u.a., BVerfGE 104, 220, 231 f.

1205 Siehe *BVerfG*, Beschl. v. 19.06.1973, 1 BvL 39/69 u.a., BVerfGE 35, 263, 271; Beschl. v. 16.12.1975, 2 BvR 854/75, BVerfGE 41, 23, 26.

1206 So die st. Rspr. des BVerfG: *BVerfG*, Beschl. v. 21.10.1954, 1 BvL 9/51 u.a., BVerfGE 4, 74, 94 f.; Entscheidung v. 22.06.1960, 2 BvR 37/60, BVerfGE 11, 232, 233 m.w.N.; Entscheidung v. 07.07.1960, 2 BvR 435/60 u.a., BVerfGE 11, 263, 265; Entscheidung v. 08.12.1965, 1 BvR 662/65, BVerfGE 19, 323, 328; Beschl. v. 18.02.1970, 1 BvR 226/69, BVerfGE 28, 21, 36; Beschl. v. 29.10.1975, 2 BvR 630/73, BVerfGE 40, 272, 274; Beschl. v. 16.12.1975 (Fn. 1205), BVerfGE 41, 23, 26; Beschl. v. 21.06.1977, 2 BvR 308/77, BVerfGE 45, 363, 375; Beschl. v. 11.10.1978, 2 BvR 1055/76, BVerfGE 49, 329, 340 u. 342; Beschl. v. 11.06.1980, 1 PBvU 1/79, BVerfGE 54, 277, 291 (Plenum); Beschl. v. 12.07.1983, 1 BvR 1470/82, BVerfGE 65, 76, 90 f.; Beschl. v. 02.02.1988, 2 BvR 702/84 u.a., BVerfGE 78, 7, 18; Beschl. v. 17.03.1988, 2 BvR 233/84, BVerfGE 78, 88, 99; Beschl. v. 30.10.1990, 2 BvR 562/88, BVerfGE 83, 24, 31; Beschl. v. 07.07.1992, 2 BvR 1631/90 u.a., BVerfGE 87, 48, 61; Beschl. v. 08.02.1994, 1 BvR 765/89 u.a., BVerfGE 89, 381, 390; Beschl. v. 07.03.1995, 1 BvR 790/91 u.a., BVerfGE 92, 158, 185; Urt. v. 04.07.1995, 1 BvF 2/86 u.a., BVerfGE 92, 365, 410; Beschl. v. 30.04.1997 (Fn. 1204), BVerfGE 96, 27, 39; Beschl. v. 05.12.2001 (Fn. 1204), BVerfGE 104, 220, 231 f.; Beschl. v. 30.04.2003, 1 PBvU 1/02, BVerfGE 107, 395, 401 u. 402 = NJW 2003, 1924 – Rechtsschutz gegen den Richter I (Plenum); Beschl. v. 07.10.2003, 1 BvR 10/99, BVerfGE 108, 341, 348 = NJW 2003, 3687, 3688 – Rechtsschutz gegen den Richter II; Beschl. v. 08.01.2004, 1 BvR 864/03, NJW 2004, 1371 (1. Kammer des Ersten Senats, Nichtannahmebeschluss); Beschl. v. 25.02.2004, 1 BvR 157/03, n.v. (juris) (1. Kammer des Ersten Senats, Nichtannahmebeschluss); Beschl. v. 09.03.2004, 1 BvR 2262/03, NJW 2004, 1729, 1730 (1. Kammer des Ersten Senats, Nichtannahmebeschluss); Beschl. v. 25.01.2005, 2 BvR 656/99 u.a., BVerfGE 112, 185, 207; Beschl. v. 08.12.2010, 1 BvR 381/10, NJW 2011, 1276, 1277 (1. Kammer des Ersten Senats). Vgl. aus der einschlägigen Literatur z.B. BK/*Schenke*, Art. 19 Abs. 4 GG Tz. 63 u. 102 ff. m.w.N. (Akt. 138 Februar 2009); *Jarass*, in: Jarass/Pieroth[12], Art. 19 GG Tz. 56 sowie Art. 20 GG Tz. 93; *Krüger/Sachs*, in: Sachs[3], Art. 19 GG Tz. 120 a.E. u. 138; M/D/*Schmidt-Aßmann*, Art. 19 Abs. 4 GG Tz. 179 (Lfg. 42 Februar 2003). – Vgl. zudem *BVerfG*, Beschl. v. 18.09.1952, 1 BvR 49/51, BVerfGE 1, 433, 437 f.; Entscheidung v. 10.03.1970, 2 BvR 721/67, BVerfGE 28, 88, 96; Entscheidung v. 19.07.1972, 2 BvR 872/71, BVerfGE 34, 1, 6; Beschl. v. 30.06.1976, 2 BvR 164/76, BVerfGE 42, 243, 248; Beschl. v. 30.06.1976, 2 BvR 212/76, BVerfGE 42, 252, 254; Beschl. v. 11.10.1978, a.a.O., BVerfGE 49, 329, 342 f.; Beschl. v. 12.07.1983, a.a.O., BVerfGE 65, 76, 90; Beschl. v. 08.02.1994, a.a.O., BVerfGE 89, 381, 390; Beschl. v. 30.04.2003, a.a.O., BVerfGE 107, 395, 411 f. = NJW

Dem liegt die traditionelle – soweit ersichtlich erstmalig von *Günter Dürig* im Jahre 1958 formulierte[1207] – Ansicht zugrunde, Art. 19 IV 1 GG *schütze durch, nicht aber gegen den Richter*. Auch das BVerfG hat sich dieser Auffassung angeschlossen und formuliert seitdem in st. Rspr., ebenso wie der überwiegende Teil der einschlägigen Literatur, dass Art. 19 IV 1 GG *Rechtsschutz durch den Richter, nicht aber gegen den Richter gewährleiste*[1208]. Folglich seien Akte der Judikative, d.h. die Ausübung der rechtsprechenden Gewalt, nicht als Ausübung öffentlicher Gewalt i.S.d. Art. 19 IV 1 GG anzusehen, so dass ein Anspruch auf Kontrolle von Gerichtsurteilen durch ein höherinstanzliches/übergeordnetes Gericht aus Art. 19 IV 1 GG nicht hergeleitet werden könne[1209].

Den Hintergrund dieses verfassungsrechtlichen Dogmas, *„Schutz durch, nicht aber gegen den Richter"*, bildet die Sorge vor einem ‚unendlichen' Rechtsschutz. Eine Subsumtion auch der Rechtsprechung durch die Gerichte unter den Begriff der ‚öffentlichen Gewalt' i.S.d. Art. 19 IV 1 GG birge nämlich die Gefahr eines *„Rechtsschutz-Perpetuum Mobile"*[1210], eines die Rechtskraft ausschließenden

---

2003, 1924, 1927, wonach auch aus *Art. 103 I GG*, der auf einen angemessenen Ablauf des Verfahrens abzielt und die rechtsstaatliche Durchführung des Verfahrens sichert, nicht die Verpflichtung des Gesetzgebers hergeleitet werden könne, einen Instanzenzug bereitzustellen und in jedem Fall gegen eine gerichtliche Entscheidung ein Rechtsmittel an ein Gericht höherer Instanz zu gewähren.

1207 *Günter Dürig*, in: Maunz/Dürig, Grundgesetz, Kommentar, Art. 19 IV GG Tz. 17 (Erstbearbeitung 1958), zitiert nach *Seer*, StuW 2001, 3, 6, u. StuW 2003, 193.

1208 Siehe nur *BVerfG*, Entscheidung v. 07.07.1960 (Fn. 1206), BVerfGE 11, 263, 265; Entscheidung v. 05.02.1963, 2 BvR 21/60, BVerfGE 15, 275, 280; Entscheidung v. 20.06.1967, 2 BvL 10/64, BVerfGE 22, 106, 110; Beschl. v. 11.10.1978 (Fn. 1206), BVerfGE 49, 329, 340; Beschl. v. 12.07.1983 (Fn. 1206), BVerfGE 65, 76, 90; Beschl. v. 16.06.1987, 1 BvR 1113/86, BVerfGE 76, 93, 98; Beschl. v. 30.04.2003 (Fn. 1206), BVerfGE 107, 395, 403 = NJW 2003, 1924, 1925. Vgl. aus der einschlägigen Literatur z.B. BK/*Schenke*, Art. 19 Abs. 4 GG Tz. 372 a.E. (Akt. 141 August 2009); *Jarass*, in: Jarass/Pieroth[12], Art. 19 GG Tz. 45; *Krüger/Sachs*, in: Sachs[3], Art. 19 GG Tz. 120; *Pieroth/Schlink*[18], Grundrechte, Tz. 1009; *Traut*, Zugang zur Revision in Zivilsachen, S. 78.

1209 So z.B. *BVerfG*, Entscheidung v. 07.07.1960 (Fn. 1206), BVerfGE 11, 263, 265; Entscheidung v. 05.02.1963 (Fn. 1208), BVerfGE 15, 275, 280; Entscheidung v. 23.04.1969, 2 BvR 552/63, BVerfGE 25, 352, 365; Entscheidung v. 04.05.1971, 1 BvR 96/71, BVerfGE 31, 87, 93 f.; Beschl. v. 11.10.1978 (Fn. 1206), BVerfGE 49, 329, 340; Beschl. v. 12.07.1983 (Fn. 1206), BVerfGE 65, 76, 90; Beschl. v. 16.06.1987 (Fn. 1208), BVerfGE 76, 93, 98; Beschl. v. 30.04.2003 (Fn. 1206), BVerfGE 107, 395, 403 ff. = NJW 2003, 1924, 1925 f. Zudem etwa BK/*Schenke*, Art. 19 Abs. 4 GG Tz. 371 f. m.w.N. (Akt. 141 August 2009); *Jarass*, in: Jarass/Pieroth[12], Art. 19 GG Tz. 45 u. 56; *Krüger/Sachs*, in: Sachs[3], Art. 19 GG Tz. 120; M/D/*Schmidt-Aßmann*, Art. 19 Abs. 4 GG Tz. 96 ff., v.a. 98 f. (Lfg. 42 Februar 2003); *Pieroth/Schlink*[18], Grundrechte, Tz. 1009.

1210 Dieser Begriff findet sich bei *Seer*, StuW 2001, 3, 6, u. StuW 2003, 193, 194, der diesem Dogma selbst allerdings *kritisch* gegenübersteht und auch die Rechtsprechung durch die Gerichte unter den Begriff der ‚öffentlichen Gewalt' i.S.d. Art. 19 IV 1 GG fassen möchte (vgl. nachfolgend auf S. 368 ff.), zumal die Sorge

Rechtsschutzes ad infinitum[1211]. Aus diesem Grunde müsse im Wege der teleologischen Reduktion eine Ausklammerung der rechtsprechenden Gewalt aus der Rechtsschutzgarantie des Art. 19 IV 1 GG erfolgen[1212].

Dieses scheinbar fest verankerte Dogma steht jedoch *„auf tönernen Füßen"*[1213] und wird in jüngerer Zeit in der einschlägigen Literatur zunehmend *kritisch* hinterfragt. In der Tat gibt es durchaus beträchtliche Gegenargumente, die es geradezu gebieten, diese über Jahrzehnte gefestigte Aussage nicht unkommentiert wie einen Fels in der Brandung, oder – wie *Dieter Lorenz* zutreffend formuliert – wie eine *„zum Schlagwort erstarrte Behauptung"*[1214], stehen zu lassen:

Bereits der uneingeschränkte und weitreichende Wortlaut des Art. 19 IV 1 GG spricht für eine Einbeziehung auch der Judikative in den Schutzbereich der Rechtsschutzgarantie. Denn der dort verwendete Begriff der ‚öffentlichen Gewalt' umfasst von seinem Wortlaut her auch die Rechtsprechung durch die Gerichte[1215]. Eine Erstreckung der Rechtsschutzgarantie auf Akte der Judikative folgt zudem aus einer systematischen Interpretation des Art. 19 IV 1 GG, der in unmittelbarem Zusammenhang mit den ihm vorangestellten Grundrechten steht[1216]. Nicht zuletzt spricht auch die Zusammenschau mit anderen grundgesetzlichen Vorschriften, namentlich Art. 1 III und Art. 93 I Nr. 4a GG, für ein uneingeschränktes Verständnis des Begriffs der ‚öffentlichen Gewalt' in Art. 19 IV 1 GG unter Einbeziehung auch richterlicher Entscheidungen.

Art. 1 III GG normiert die Lückenlosigkeit der staatlichen Grundrechtsbindung[1217]. Es heißt dort wörtlich: *„Die nachfolgenden Grundrechte binden Gesetz-*

---

vor einem ‚unendlichen' Rechtsschutz noch keinen Ausschluss richterlicher Entscheidungen aus dem Begriff der ‚öffentlichen Gewalt' rechtfertige.

1211 Exemplarisch BK/*Schenke*, Art. 19 Abs. 4 GG Tz. 372 (Akt. 141 August 2009); *Krüger/Sachs*, in: Sachs[3], Art. 19 GG Tz. 120 (*endloser Zirkel*); *Pieroth/Schlink*[18], Grundrechte, Tz. 1009. Vgl. in diesem Zusammenhang auch *BVerfG*, Beschl. v. 18.09.1952, 1 BvR 49/51, BVerfGE 1, 433, 437, wonach jeder Rechtsstreit einmal ein Ende finden müsse.

1212 BK/*Schenke*, Art. 19 Abs. 4 GG Tz. 371 f. m.w.N. (Akt. 141 August 2009); *Krüger/Sachs*, in: Sachs[3], Art. 19 GG Tz. 120.

1213 Siehe die Formulierung bei *Huber*, in: v. Mangoldt/Klein/Starck[5], Art. 19 Abs. 4 GG Tz. 437, u. *Seer*, in: T/K, Vor § 115 FGO Tz. 1 (Lfg. 131 Oktober 2012).

1214 So *Lorenz*, Rechtsschutz des Bürgers und Rechtsweggarantie, S. 241. Vgl. zudem *Voßkuhle*, NJW 2003, 2193, 2196, der von einem *lähmenden Dogma* spricht.

1215 *Seer*, in: T/K, Vor § 115 FGO Tz. 1 (Lfg. 131 Oktober 2012). Vgl. auch BK/*Schenke*, Art. 19 Abs. 4 GG Tz. 372 (Akt. 141 August 2009), der ebenfalls auf den Wortlaut des Art. 19 IV 1 GG hinweist, sich im Ergebnis aber dennoch für eine Ausklammerung der rechtsprechenden Gewalt aus der Rechtsschutzgarantie des Art. 19 IV 1 GG ausspricht.

1216 In diesem Sinne auch BK/*Schenke*, Art. 19 Abs. 4 GG Tz. 372 (Akt. 141 August 2009), der im Ergebnis aber dennoch eine Erstreckung der Rechtsschutzgarantie auf Akte der Judikative ablehnt.

1217 *Höfling*, in: Sachs[3], Art. 1 GG Tz. 76 f. m.w.N.

gebung, vollziehende Gewalt und Rechtsprechung als unmittelbar geltendes Recht." Angesichts dessen, dass es sich bei der Rechtsschutzgarantie des Art. 19 IV 1 GG um ein eigenständiges/selbständiges Grundrecht als Teil des subjektiv-rechtlichen Grundrechtsschutzes handelt[1218], bezieht sich die Bindungsanordnung des Art. 1 III GG auch auf Art. 19 IV 1 GG als eines der dort genannten „nachfolgenden Grundrechte"[1219]. Dabei richtet sich diese Bindungsanordnung explizit auch an die Rechtsprechung als sog. Dritte (Staats-) Gewalt, die neben ihrer Funktion als grundrechtsschützende Gewalt schlechthin zugleich selbst zu den gemäß Art. 1 III GG grundrechtsverpflichteten Staatsfunktionen gehört[1220]. Eine Erstreckung des Begriffs der ‚öffentlichen Gewalt' i.S.d. der Rechtsschutzgarantie des Art. 19 IV 1 GG auf Akte der Judikative scheint also schon wegen Art. 1 III GG und der dort festgeschriebenen Grundrechtsbindung der gesamten Staatsgewalt geboten.

Nichts anderes folgt aus Art. 93 I Nr. 4a GG und der Auslegung des dortigen Begriffs der ‚öffentlichen Gewalt'. Gemäß Art. 93 I Nr. 4a GG[1221] dient die Verfassungsbeschwerde als einziges Verfahren in der Zuständigkeit des BVerfG dem Individualrechtsschutz des Bürgers gegen Grundrechtsverletzungen und sichert insoweit die unmittelbare Geltung der Grundrechte – mithin auch die Geltung des Art. 19 IV 1 GG – gegenüber den drei Staatsgewalten i.S.d. Art. 1 III GG[1222]. Unter Art. 93 I Nr. 4a GG und den dort verwendeten Begriff der ‚öffentlichen Gewalt' fallen dabei insbesondere auch alle Akte der rechtsprechenden Gewalt[1223], was ebenfalls für ein umfassendes Begriffsverständnis der ‚öffentlichen Gewalt' i.R.d. Rechtsschutzgarantie des Art. 19 IV 1 GG unter Einbeziehung der Judikative spricht[1224].

Es ist folglich kein Grund ersichtlich, der es rechtfertigen würde, den Begriff der ‚öffentlichen Gewalt' in Art. 19 IV 1 GG durch Ausgliederung richterlicher Entscheidungen aus der Rechtsschutzgarantie teleologisch zu reduzieren und ihn beträchtlich enger auszulegen als in Art. 93 I Nr. 4a GG für den Beschwerdegegenstand der

1218 Siehe dazu vorstehend unter a) (S. 363 ff., dort S. 364).

1219 Vgl. in diesem Zusammenhang auch *Höfling*, in: Sachs[3], Art. 1 GG Tz. 75.

1220 *Höfling*, in: Sachs[3], Art. 1 GG Tz. 97, der zuvor in Tz. 76 darauf hinweist, dass wenn Art. 1 III GG „Gesetzgebung, vollziehende Gewalt und Rechtsprechung" in einer Trias der Grundrechtsverpflichteten aufzähle, diese Formel nur noch einmal aufgliedere, was Art. 1 I 2 GG bereits für die Menschenwürde in dem Begriff *‚alle staatliche Gewalt'* zusammenfasse. Vgl. zudem Dreier/*Schulze-Fielitz*[2], Art. 19 IV GG Tz. 48, sowie *Krüger/Sachs*, in: Sachs[3], Art. 19 GG Tz. 120.

1221 Art. 93 I Nr. 4a GG lautet: *„Das Bundesverfassungsgericht entscheidet über Verfassungsbeschwerden, die von jedermann mit der Behauptung erhoben werden können, durch die öffentliche Gewalt in einem seiner Grundrechte oder in einem seiner in Artikel 20 Abs. 4, 33, 38, 101, 103 und 104 enthaltenen Rechte verletzt zu sein."*

1222 *Sturm*, in: Sachs[3], Art. 93 GG Tz. 67 u. 77.

1223 Vgl. Dreier/*Schulze-Fielitz*[2], Art. 19 IV GG Tz. 48; *Krüger/Sachs*, in: Sachs[3], Art. 19 GG Tz. 120; *Sturm*, in: Sachs[3], Art. 93 GG Tz. 76.

1224 Auf gleicher Linie *Seer*, StuW 2001, 3, 6.

Verfassungsbeschwerde[1225]. Der argumentative und systematische Zusammenhang mit den o.g. grundgesetzlichen Vorschriften spricht vielmehr für eine Einbeziehung auch der Rechtsprechung durch die Gerichte in den Begriff der ‚öffentlichen Gewalt' i.R.d. Rechtsschutzgarantie des Art. 19 IV 1 GG und somit gegen die Vorstellung, das Grundgesetz garantiere keinen Rechtsschutz gegen den Richter[1226].

Der Hinweis der Gegenansicht auf das Problem und die Unmöglichkeit einer endlosen Rechtsschutzspirale ist zwar durchaus nachvollziehbar und grds. zutreffend, er verweist jedoch lediglich auf die Problematik, wieviel Rechtsschutz der Staat leisten muss, um den Mindesterfordernisses des von Art. 19 IV 1 GG eingeräumten grundrechtlichen Leistungs- (Rechtsschutz-) anspruchs gerecht zu werden[1227]. Im Übrigen lässt sich das Problem der endlosen Rechtsschutzspirale und mithin die Sorge vor einem *Rechtsschutz ad infinitum* durchaus sachgerecht lösen, ohne von vornherein den Schutzbereich der Rechtsschutzgarantie einzuengen[1228]. Denn auch Art. 19 IV 1 GG unterliegt *verfassungsimmanenten Schranken*, so dass der Gesetzgeber durchaus die Möglichkeit besitzt, den Grundsätzen der ‚Funktionsfähigkeit der Rechtspflege' und der ‚Rechtssicherheit' Vorrang vor

---

1225 Ebenso *Seer*, StuW 2001, 3, 6.

1226 Grundlegend und überzeugend *Voßkuhle*, Rechtsschutz gegen den Richter, S. 146 ff., dort insbesondere S. 149 ff., u. zudem S. 255 ff.; *ders.*, NJW 2003, 2193, 2196, der dort hervorhebt, dass richterliche Entscheidungen als hoheitliche Eingriffsakte zu begreifen seien, die Grundrechte des Bürgers verletzen können und die deshalb in das Kontrollgefüge des Grundgesetzes integriert werden müssen. In diesem Sinne auch *T. Brandner*, in: FS H.E. Brandner, 683, 688 ff. u. 696 ff.; Dreier/*Schulze-Fielitz*², Art. 19 IV GG Tz. 49, unter Hinweis darauf, dass der mit dem einfachen *„Zirkelschluß"*, Art. 19 IV 1 GG gewährleiste den Schutz durch den Richter, nicht gegen den Richter, gerechtfertigte Ausschluss der Judikative aus dem Begriff der *‚öffentlichen Gewalt'* i.S.d. Art. 19 IV 1 GG dem Begriffsgebrauch des Grundgesetzes im Übrigen widerspreche, zumal umstandslos auch der Schutz durch den Richter gegen den Richter von Art. 19 IV 1 GG erfasst sein könnte; *Huber*, in: v. Mangoldt/Klein/Starck⁵, Art. 19 Abs. 4 GG Tz. 437 u. 439; *Ibler*, in: Berliner Kommentar, Art. 19 IV GG Tz. 91 f. (Lfg. 6 X/02); *Krebs*, in: v. Münch/Kunig⁵, Art. 19 GG Tz. 57; *Lorenz*, Rechtsschutz des Bürgers und Rechtsweggarantie, S. 241 ff.; *Seer*, StuW 2001, 3, 6; *ders.*, StuW 2003, 193, 194; *ders.*, in: T/K, Vor § 115 FGO Tz. 1 (Lfg. 131 Oktober 2012); *Stürner*, Anfechtung von Zivilurteilen, S. 61 u. 62 sowie 70 ff.

1227 *Krebs*, in: v. Münch/Kunig⁵, Art. 19 GG Tz. 57, der darauf hinweist, dass die Annahme, Art. 19 IV 1 GG könne keinen *unendlichen Instanzenzug* wollen, evident richtig sei, als Argument in diesem Zusammenhang allerdings als fragliche Bemerkung anzusehen sei; *Seer*, StuW 2001, 3, 6.

1228 Vgl. hierzu die umfangreichen Literaturnachweise in Fußnote 1226 und dort insbesondere *Voßkuhle*, Rechtsschutz gegen den Richter, S. 146 ff. u. 255 ff., dort v.a. S. 298 ff.; vgl. zudem *Voßkuhle*, NJW 2003, 2193, 2196. Überdies *T. Brandner*, in: FS H.E. Brandner, 683, 688 ff. u. 696 ff., dort insbesondere 695 f. u. 698 f.; *Seer*, StuW 2001, 3, 6; *ders.*, StuW 2003, 193, 194, die ebenfalls jeweils schon in Fußnote 1226 Erwähnung gefunden haben.

einer Optimierung des Individualrechtsschutzes einzuräumen[1229]. Infolgedessen kann das Gesetz den Zugang zu einem zur Verfügung gestellten Rechtsmittel bspw. auch von bestimmten einschränkenden formellen Voraussetzungen abhängig machen[1230].

Wenn aber der einzige gewichtige Grund, die Sorge vor einem ‚unendlichen' Rechtsschutz, einer Einbeziehung der Judikative in den Schutzbereich der Rechtsschutzgarantie nicht entgegensteht, und der systematische Zusammenhang zwischen der Bindungsanordnung des Art. 1 III GG, der Rechtsschutzgarantie des Art. 19 IV 1 GG und der grundrechtsschützenden Kompetenzzuweisung des Art. 93 I Nr. 4a GG betreffend die Verfassungsbeschwerde eine entsprechend uneingeschränkte Auslegung des Art. 19 IV 1 GG erfordert, kann das in st. Rspr. des BVerfG formulierte verfassungsrechtliche Dogma, das Grundgesetz gewährleiste keinen Rechtsschutz gegen den Richter, keinen Bestand (mehr) haben.

Dies folgt schließlich auch aus Art. 95 I GG[1231], der für die dort genannten fünf Gerichtsbarkeiten einen mehrstufigen Aufbau voraussetzt[1232]. Wenn Art. 95 I GG nämlich vorschreibt, dass an der Spitze der fünf Fachgerichtsbarkeiten jeweils ein oberster Gerichtshof stehen muss, dann geht er demnach gleichzeitig davon aus, dass die dort genannten fünf Fachgerichtsbarkeiten im Allgemeinen zumindest aus zwei Gerichtsinstanzen bestehen[1233].

1229 *Huber*, in: v. Mangoldt/Klein/Starck[5], Art. 19 Abs. 4 GG Tz. 439 a.E.; *Seer*, StuW 2001, 3, 6; *ders.*, in: T/K, Vor § 115 FGO Tz. 1 (Lfg. 131 Oktober 2012). Siehe hierzu ausführlich nachfolgend unter 4. (S. 377).

1230 Vgl. z.B. *BVerfG*, Beschl. v. 02.12.1987, 1 BvR 1291/85, BVerfGE 77, 275, 284 m.w.N.: Art. 19 IV 1 GG verbiete keineswegs die Errichtung jeder Schranke vor dem Zugang zum Gericht; Beschl. v. 07.07.1992 (Fn. 1206), BVerfGE 87, 48, 61; Beschl. v. 02.03.1993, 1 BvR 249/92, BVerfGE 88, 118, 123 f. m.w.N. Zudem *Seer*, StuW 2001, 3, 6; *ders.*, in: T/K, Vor § 115 FGO Tz. 1 (Lfg. 131 Oktober 2012). Vgl. auch nachstehend unter 4. (S. 377 f.).

1231 Art. 95 I GG lautet: *„Für die Gebiete der ordentlichen, der Verwaltungs- der Finanz-, der Arbeits- und der Sozialgerichtsbarkeit errichtet der Bund als oberste Gerichtshöfe den Bundesgerichtshof, das Bundesverwaltungsgericht, den Bundesfinanzhof, das Bundesarbeitsgericht und das Bundessozialgericht."*

1232 *Seer*, StuW 2001, 3, 6; *ders.*, in: T/K, Vor § 115 FGO Tz. 1 (Lfg. 131 Oktober 2012). **A.A.** *BVerfG*, Beschl. v. 30.06.1976 (Fn. 1206), BVerfGE 42, 243, 248; Beschl. v. 11.06.1980 (Fn. 1206), BVerfGE 54, 277, 291; *Detterbeck*, in: Sachs[3], Art. 95 GG Tz. 8 f. m.w.N.

1233 Vgl. *Detterbeck*, in: Sachs[3], Art. 95 GG Tz. 9 m.w.N., der daraus jedoch nicht die Anordnung/Gewährleistung eines Instanzenzuges ableiten möchte; Dreier/*Schulze-Fielitz*[2], Art. 95 GG Tz. 20, wonach Art. 95 GG zumindest für den Regelfall davon ausgehe, dass innerhalb der Fachgerichtsbarkeiten zumindest zwei Gerichtsinstanzen bestehen, weil ‚oberste' Gerichtshöfe untere voraussetzen. **Anders** demgegenüber die soeben in Fußnote 1232 zitierte Rechtsprechung des *BVerfG*.

Es lässt sich somit festhalten, dass die Rechtsschutzgarantie des Art. 19 IV 1 GG angesichts des dortigen umfassenden Wortlauts („öffentliche Gewalt") sowie der systematischen Zusammenschau mit Art. 1 III, Art. 93 I Nr. 4a und Art. 95 I GG ein mindestens *zweistufiges gerichtliches Verfahren* voraussetzt, in dem eine effektive Kontrolle der richterlichen Ausgangsentscheidung als Akt der öffentlichen Gewalt stattfinden kann[1234].

Das *BVerfG* zeigt sich von diesen gewichtigen Argumenten bislang jedoch nahezu unbeeindruckt und hält im Anwendungsbereich der Rechtsschutzgarantie des Art. 19 IV 1 GG unverändert an der gefestigten/traditionellen Vorstellung fest, *das Grundgesetz garantiere keinen Rechtsschutz gegen den Richter.* Richterliche Entscheidungen im originären Kernbereich der Gerichte als *Kontroll- und distanzierte Entscheidungsinstanzen*[1235] bleiben damit weiterhin aus dem Schutzbereich des Art. 19 IV 1 GG ausgeklammert[1236].

Zwar hat sich das BVerfG der im Schrifttum zunehmend geäußerten Kritik dergestalt angenommen, dass es nunmehr jedenfalls bei der Verletzung von

---

1234 Vgl. hierzu die umfangreichen Literaturnachweise in Fußnote 1226 und dort insbesondere *Voßkuhle*, Rechtsschutz gegen den Richter, S. 255 ff.; vgl. zudem *Voßkuhle*, NJW 2003, 2193, 2196. Überdies *T. Brandner*, in: FS H.E. Brandner, 683, 696 ff.; *Huber*, in: v. Mangoldt/Klein/Starck[5], Art. 19 Abs. 4 GG Tz. 439; *Seer*, StuW 2001, 3, 6; *ders.*, StuW 2003, 193, 194; *ders.*, in: T/K, Vor § 115 FGO Tz. 1 (Lfg. 131 Oktober 2012); *Stürner*, Anfechtung von Zivilurteilen, S. 70 ff., dort insbesondere 71 f., die ebenfalls jeweils schon in Fußnote 1226 Erwähnung gefunden haben. Zudem Dreier/*Schulze-Fielitz*[2], Art. 95 GG Tz. 20: Im Regelfall zumindest zwei Gerichtsinstanzen.

1235 Die Bezeichnung des Gerichts als *Kontroll- und distanzierte Entscheidungsinstanz* verwendet M/D/*Schmidt-Aßmann*, Art. 19 Abs. 4 GG Tz. 98 (Lfg. 42 Februar 2003); vgl. zudem *Seer*, StuW 2003, 193, 194. Nach der von *Schmidt-Aßmann* verwendeten Terminologie ist davon das Gericht in seiner Rolle als *„Erstentscheidender"* und *„Selbst-Handelnder"* zu unterscheiden. Zu diesen letztgenannten Akten, die als öffentliche Gewalt i.S.d. Art. 19 IV 1 GG anerkannt sind, zählt das BVerfG solche gerichtlichen Entscheidungen, die das Gericht aufgrund eines ausdrücklich normierten Richtervorbehalts außerhalb seiner spruchrichterlichen Tätigkeit und somit nicht in seiner typischen Funktion als Instanz der unbeteiligten Streitentscheidung trifft, vgl. *BVerfG*, Beschl. v. 30.04.1997 (Fn. 1204), BVerfGE 96, 27, 39 ff.; Beschl. v. 05.12.2001 (Fn. 1204), BVerfGE 104, 220, 231 ff.; Beschl. v. 30.04.2003 (Fn. 1206), BVerfGE 107, 395, 406 = NJW 2003, 1924, 1925. Des Weiteren fallen unter diese Fallgruppe die Justizverwaltungsakte der Kostenbeamten in den Geschäftsstellen der Gerichte (*BVerfG*, Entscheidung v. 28.01.1970, 2 BvR 319/62, BVerfGE 28, 10, 14 f.), Akte des Rechtspflegers (*BVerfG*, Beschl. v. 18.01.2000, 1 BvR 321/96, BVerfGE 101, 397, 407) sowie (Durchsuchungs-) Anordnungen der Staatsanwaltschaft als Strafverfolgungsbehörde (*BVerfG*, Urt. v. 20.02.2001, 2 BvR 1444/00, BVerfGE 103, 142, 156).

1236 *BVerfG*, Beschl. v. 30.04.2003 (Fn. 1206), BVerfGE 107, 395, 403 ff. = NJW 2003, 1924, 1925 f.; *Seer*, StuW 2003, 193, 194. Vgl. zudem die ausführlichen Nachweise aus Rechtsprechung und Literatur in den Fußnoten 1208 u. 1209.

Verfahrensgrundrechten – namentlich insbesondere i.R.d. Art. 103 I GG – einen begrenzten Anspruch auf effektiven Rechtsschutz auch gegen den Richter anerkennt. So hat es in seinem von *Andreas Voßkuhle*[1237] als *spektakulär* bezeichneten Beschluss v. 30.04.2003[1238] in der seltenen Gestalt einer Plenarentscheidung[1239] zum Ausdruck gebracht, dass es durchaus erkannt habe, dass durch die einengende Auslegung des Art. 19 IV 1 GG dahingehend, dass dieser den Rechtsschutz gegen richterliche Akte nicht umfasse, dort ein Rechtschutzdefizit verbleibe. Die dortige restriktive Auslegung des Begriffs der ‚öffentlichen Gewalt' und das dadurch hervorgerufene Rechtsschutzdefizit unterlägen unter dem Aspekt der Rechtsstaatlichkeit aber jedenfalls dann keinen Bedenken, wenn der allgemeine Justizgewährungsanspruch Rechtsschutz auch in den von Art. 19 IV 1 GG nicht erfassten Fällen ermögliche, soweit dies rechtsstaatlich geboten sei[1240]. Soweit die Gerichte in ihrem originären Kern- bzw. Kontrollbereich selbst Rechtsverletzungen verüben, möchte das BVerfG also mit dem allgemeinen Justizgewährungsanspruch abhelfen, der seiner Ansicht nach auch Rechtsschutz hinsichtlich der *gerichtlichen Verfahrensdurchführung* ermögliche, soweit durch diese die Verfahrensgrundrechte verletzt sein können[1241].

Dabei hat das BVerfG insbesondere das in Art. 103 I GG verankerte Verfahrensgrundrecht auf rechtliches Gehör im Blick. Es führt insoweit aus, dass Art. 103 I GG in einem funktionalen Zusammenhang mit der Rechtsschutzgarantie nach Art. 19 IV 1 GG stehe, die den *Zugang zum Verfahren* sichere, während Art. 103 I GG auf einen angemessenen *Ablauf des Verfahrens* abziele: *Wer bei Gericht formell ankomme, solle auch substanziell ankommen, also wirklich gehört werden.* Denn

1237 *Voßkuhle*, NJW 2003, 2193 (Einleitung).

1238 *BVerfG*, Beschl. v. 30.04.2003, 1 PBvU 1/02, BVerfGE 107, 395 ff. = NJW 2003, 1924 ff. – Rechtsschutz gegen den Richter I (Plenum).

1239 Hier hatte der Erste Senat des *BVerfG* durch Beschl. v. 16.01.2002, 1 BvR 10/99, BVerfGE 104, 357, wegen abweichender Rechtsauffassung der beiden Senate zum fachgerichtlichen Rechtsschutz bei Gehörsverletzungen das Plenum angerufen. – Insoweit ist anzumerken, dass es nicht sehr häufig vorkommt, dass das BVerfG eine gefestigte Rechtsprechung aufgibt und den *„horror pleni"* überwindet, vgl. *Benda*, in: Benda/Klein, VerfProzR², Tz. 150 u. 152; *Voßkuhle*, NJW 2003, 2193. Neben der o.g. liegen bisher – soweit ersichtlich – lediglich *fünf Plenarentscheidungen* vor: *BVerfG*, Beschl. v. 08.12.1952, 1 PBvV 1/52, BVerfGE 2, 79 ff.; Beschl. v. 20.07.1954, 1 PBvU 1/54, BVerfGE 4, 27 ff.; Beschl. v. 11.06.1980, 1 PBvU 1/79, BVerfGE 54, 277 ff.; Beschl. v. 08.04.1997, 1 PBvU 1/95, BVerfGE 95, 322 ff.; Beschl. v. 03.07.2012, 2 PBvU 1/11, JZ 2012, 1119 ff.

1240 *BVerfG*, Beschl. v. 30.04.2003 (Fn. 1238), BVerfGE 107, 395, 404, 406 u. 407 = NJW 2003, 1924, 1925, 1925 f. u. 1926.

1241 So *BVerfG*, Beschl. v. 30.04.2003 (Fn. 1238), BVerfGE 107, 395, 407 = NJW 2003, 1924, 1926. Siehe dazu auch M/D/*Schmidt-Aßmann*, Art. 19 Abs. 4 GG Tz. 17a u. 96 ff., v.a. 98 f. (Lfg. 42 Februar 2003).

wenn ein Gericht im Verfahren einen Gehörsverstoß begehe, vereitele es die Möglichkeit, eine Rechtsverletzung vor Gericht effektiv geltend zu machen[1242].

Die i.R. dieser grundlegenden Plenarentscheidung vollzogene ,Auflockerung' der ständigen bundesverfassungsgerichtlichen Rechtsprechung betrifft jedoch letztlich nur den (angemessenen) Ablauf und die Durchführung, also den Inhalt des gerichtlichen Verfahrens im Hinblick auf die dortige Gewährung rechtlichen Gehörs. Das BVerfG verlangt insoweit zwar ein Gerichtsverfahren, das dem Kläger durch *tatsächliche Anhörung* effektiven Rechtsschutz gewährt, und setzt damit – wie *Roman Seer* formuliert – durchaus wichtige Marksteine für eine verfassungskonforme Ausbildung des Rechtsmittelrechts, zumal eine Verletzung rechtlichen Gehörs jeder Verfahrensstufe gerügt werden können müsse, ohne dass der Kläger und Rechtsmittelführer auf für ihn intransparente, ungeschriebene außerordentliche Rechtsbehelfe verwiesen werden dürfe[1243]. Warum es den Kernbereich richterlicher Tätigkeit – die Rechtsprechung im materiellen Sinne und damit genuin richterliche Entscheidungen – allerdings weiterhin aus dem Schutzbereich der Rechtsschutzgarantie ausgeklammert wissen möchte, und somit i.R.d. Art. 19 IV 1 GG nach wie vor *kein mindestens zweistufiges gerichtliches Verfahren* fordert, in dem eine effektive Kontrolle der richterlichen Ausgangsentscheidung als Akt der öffentlichen Gewalt stattfinden kann, lässt sich nur schwer nachvollziehen[1244]. Insbesondere scheint es wenig überzeugend, den begrenzt anerkannten Anspruch auf effektiven Rechtsschutz auch gegen den Richter bei Gehörsverletzungen i.R. eines *,dogmatischen Eiertanzes'*[1245] auf den ungeschriebenen allgemeinen Justizgewährungsanspruch zu stützen, obwohl Wortlaut, Systematik und Zielsetzung des Art. 19 IV 1 GG – der Norm, die eigentlich den Zugang zu Gericht bei hoheitlichen Eingriffen in subjektive Rechte abschließend regelt – sehr viel eher dafür sprechen, es sogar geradezu gebieten, auch die Abwehr rechtswidriger *richterlicher* Hoheitsakte thematisch dort zu verorten[1246]. Daher ist es bezeichnend, dass das BVerfG

1242 Vgl. *BVerfG*, Beschl. v. 30.04.2003 (Fn. 1238), BVerfGE 107, 395, 409 = NJW 2003, 1924, 1926, unter Hinweis auf *BVerfG*, Beschl. v. 29.11.1989, 1 BvR 1011/88, BVerfGE 81, 123, 129.

1243 *Seer*, StuW 2003, 193, 194, der insoweit wiederum auf *BVerfG*, Beschl. v. 30.04.2003 (Fn. 1238), BVerfGE 107, 395, 407, 409, 410 u. 416 f. = NJW 2003, 1924, 1926 u. 1928, verweist.

1244 Ebenso *kritisch Seer*, StuW 2003, 193, 194; vgl. auch *Voßkuhle*, NJW 2003, 2193, 2196.

1245 So die Bezeichnung von *Voßkuhle*, NJW 2003, 2193, 2196.

1246 Dazu eingehend *Voßkuhle*, Rechtsschutz gegen den Richter, S. 146 ff. u. 255 ff.; *ders.*, NJW 2003, 2193, 2196, der dazu ausführt, dass richterliche Entscheidungen zunächst einmal als das begriffen werden müssten, was sie seien, nämlich als *„Hoheitsakte, die Grundrechte des Bürgers verletzen können und die deshalb in das Kontrollgefüge des Grundgesetzes integriert werden müssen"*. Die von *Voßkuhle* insoweit favorisierte thematische Verortung in Art. 19 IV 1 GG befürwortet auch ein Großteil der verfassungsrechtlichen Literatur, vgl. nur *T. Brandner*, in:

FS H.E. Brandner, 683, 688 ff. u. 696 ff.; Dreier/*Schulze-Fielitz*[2], Art. 19 IV GG Tz. 49, unter Erwähnung des *Grundrechtscharakters* des Art. 19 IV 1 GG; *Huber*, in: v. Mangoldt/Klein/Starck[5], Art. 19 Abs. 4 GG Tz. 437 u. 439; *Ibler*, in: Berliner Kommentar, Art. 19 IV GG Tz. 91 f. (Lfg. 6 X/02); *Krebs*, in: v. Münch/Kunig[5], Art. 19 GG Tz. 57; *Lorenz*, Rechtsschutz des Bürgers und Rechtsweggarantie, S. 241 ff.; *Stürner*, Anfechtung von Zivilurteilen, S. 61 u. 62 sowie 70 ff. – Einer Einbeziehung richterlicher Entscheidungen in den Schutzbereich des Art. 19 IV 1 GG steht dabei auch die *historische Stoßrichtung* dieser Vorschrift nicht entgegen: Zwar sahen die Vorgängervorschriften des § 182 der Paulskirchen-Verfassung und des Art. 107 der Weimarer Reichsverfassung (WRV) Rechtsschutz allein gegen Rechtsverletzungen durch die vollziehende Gewalt vor. So hieß es in § 182 der Paulskirchen-Verfassung: *„Die Verwaltungsrechtspflege hört auf; über alle Rechtsverletzungen entscheiden die Gerichte"*. Art. 107 der WRV normierte: *„Im Reiche und in den Ländern müssen nach Maßgabe der Gesetze Verwaltungsgerichte zum Schutz des Einzelnen gegen Anordnungen und Verfügungen der Verwaltungsbehörde bestehen"*. Auch der Herrenchiemseer Entwurf zum Grundgesetz sah in Art. 138 I zunächst vor, dass gerichtliche Hilfe in Anspruch nehmen könne, *„wer sich durch eine Anordnung oder durch die Untätigkeit einer Verwaltungsbehörde in seinen Rechten verletzt oder mit einer ihm nicht obliegenden Pflicht beschwert glaubt."* In den Beratungen zum Grundgesetz wurde diese Einengung jedoch heftig *kritisiert* und stattdessen die Forderung formuliert, tatsächlich oder vermeintlich rechtswidrige staatliche Eingriffe in die Rechts- und Freiheitsspähre müssten umfassend einer gerichtlichen Prüfung zugeführt werden (s. dazu *Voßkuhle*, Rechtsschutz gegen den Richter, S. 151 ff., dort v.a. S. 152 f., unter Hinweis auf die in den Verhandlungen des Parlamentarischen Rates geäußerten Motive; vgl. überdies insgesamt die Nachweise bei *v. Doemming/Füsslein/Matz*, Entstehungsgeschichte Grundgesetzartikel, JöR, Bd. 1 N.F. [1951], S. 183 f., auf die auch *Voßkuhle*, a.a.O., S. 153 Fußnote 37, verweist). Auch wenn Art. 19 IV 1 GG dies so letztlich nicht aufgenommen hat, ist er aber doch erheblich weiter formuliert als der Herrenchiemseer Entwurf, zumal die ausdrückliche Bezugnahme auf die Verwaltung entfallen ist. Der historische Wille des Verfassungsgebers ist insoweit insgesamt zwar alles andere als eindeutig (ebenso *Voßkuhle*, NJW 2003, 2193, 2196). So hat auch das *BVerfG* ausdrücklich konstatiert, dass den Materialien zum Grundgesetz nicht zweifelsfrei zu entnehmen sei, ob die offenere Formulierung des Art. 19 IV 1 GG dahingehend zu verstehen sei, dass dort keine Einschränkung auf die vollziehende Gewalt erfolgen sollte; insofern lasse die Entstehungsgeschichte vielmehr Raum für unterschiedliche Auslegungen (vgl. *BVerfG*, Beschl. v. 30.04.2003 [Fn. 1238], BVerfGE 107, 395, 405 = NJW 2003, 1924, 1925). Vor dem Hintergrund, dass der Verfassungsgeber aber gerade nicht die an die Vorgängervorschriften des § 182 der Paulskirchen-Verfassung und des Art. 107 der WRV anknüpfende engere Formulierung des Herrenchiemseer Entwurfs in dessen Art. 138 I übernommen hat, sowie unter Berücksichtigung des Wortlauts, der Systematik und der Zielsetzung des Art. 19 IV 1 GG erscheint eine thematische Verortung der Abwehr rechtswidriger richterlicher Hoheitsakte in dieser Vorschrift allerdings äußerst naheliegend. Dass das *BVerfG* dennoch von einer Verortung auch richterlicher Entscheidungen in Art. 19 IV 1 GG absieht, dürfte nach

jenseits der traditionell engen Interpretation des Art. 19 IV 1 GG auch keine (weiteren) Gründe anzuführen vermocht hat[1247].

Letztlich kann hier aber – bei diesseitiger eindeutiger Positionierung *für* ein mindestens zweistufiges gerichtliches Verfahren zur effektiven Kontrolle der richterlichen Ausgangsentscheidung als Akt der öffentlichen Gewalt – dahingestellt bleiben, ob das Grundgesetz und hier insbesondere die Rechtsschutzgarantie des Art. 19 IV 1 GG nun ein mindestens zweistufiges gerichtliches Verfahren und somit die Einrichtung eines Instanzen-/Rechtsmittelzuges verlangt.

Zwar liegt es nach der einschlägigen bundesverfassungsgerichtlichen Rechtsprechung grds. in der Gestaltungsfreiheit des Gesetzgebers, unter Abwägung und Ausgleich der verschiedenen betroffenen Interessen zu entscheiden, ob es bei einer Instanz bleiben soll oder ob mehrere Instanzen bereitgestellt werden und unter welchen Voraussetzungen diese im Einzelnen angerufen werden können[1248]. Sieht eine Prozessordnung angesichts der Entscheidung des Gesetzgebers allerdings eine weitere gerichtliche Instanz vor, so sichert Art. 19 IV 1 GG dem Bürger in diesem Rahmen die Effektivität des Rechtsschutzes. Die Eröffnung einer jeden weiteren Instanz verpflichtet den Gesetzgeber somit stets zur Gewährung effektiven/wirkungsvollen Rechtsschutzes i.S. eines Anspruchs auf eine möglichst lückenlose tatsächlich wirksame gerichtliche Kontrolle[1249].

Ansicht *Voßkuhles* wohl daran liegen, dass auf den ersten Blick der ungeschriebene allgemeine Justizgewährungsanspruch mehr Flexibilität bei der Ausgestaltung des Rechtswegs eröffne als Art. 19 IV 1 GG. Diese Annahme erweise sich jedoch bei näherem Hinsehen als unzutreffend, da der Gewährleistungsgehalt beider Rechtsweggarantien gerade in Bezug auf den allgemeinen Rechtsschutzstandard weitgehend identisch sei und Abweichungen sich lediglich in der unterschiedlichen Wertschätzung privatautonomer Rechtsschutzgestaltung ergäben, vgl. *Voßkuhle*, NJW 2003, 2193, 2196.

1247 Ebenso *Huber*, in: v. Mangoldt/Klein/Starck[5], Art. 19 Abs. 4 GG Tz. 438 a.E.

1248 Vgl. insoweit *BVerfG*, Beschl. v. 11.06.1980 (Fn. 1239), BVerfGE 54, 277, 291 (Plenum); Beschl. v. 12.07.1983 (Fn. 1206), BVerfGE 65, 76, 90 u. 91; Beschl. v. 30.04.2003 (Fn. 1238), BVerfGE 107, 395, 402 = NJW 2003, 1924; Beschl. v. 04.05.2004, 1 BvR 1892/03, BVerfGE 110, 339, 342, wonach die nähere Ausgestaltung des Rechtswegs der jeweiligen Prozessordnung obliegt; Beschl. v. 24.01.2005, 1 BvR 2653/03, NJW 2005, 1768, 1769 (1. Kammer des Ersten Senats, Nichtannahmebeschluss); Beschl. v. 26.07.2005, 1 BvR 85/04, NJW 2005, 3345 (1. Kammer des Ersten Senats, Nichtannahmebeschluss); Beschl. v. 08.12.2010 (Fn. 1206), NJW 2011, 1276, 1277.

1249 Ständige Rechtsprechung des BVerfG: Bspw. *BVerfG*, Beschl. v. 29.10.1975 (Fn. 1206), BVerfGE 40, 272, 275; Beschl. v. 12.07.1983 (Fn. 1206), BVerfGE 65, 76, 90; Beschl. v. 30.04.1997 (Fn. 1204), BVerfGE 96, 27, 39; Beschl. v. 05.12.2001 (Fn. 1204), BVerfGE 104, 220, 231 f., v.a. 232; Beschl. v. 30.04.2003 (Fn. 1238), BVerfGE 107, 395, 405 = NJW 2003, 1924, 1925; vgl. zudem Beschl. v. 08.12.2010 (Fn. 1206), NJW 2011, 1276, 1277. Überdies *Seer*, in: T/K, Vor § 115 FGO Tz. 2 (Lfg. 131 Oktober 2012). Vgl. auch bereits oben unter a) (S. 363 ff., dort S. 364 f.) einschließlich der Nachweise in Fußnote 1202.

In der Finanzgerichtsbarkeit hat sich der Gesetzgeber dazu entschlossen, eine weitere zweite Instanz zu eröffnen, indem er neben den Finanzgerichten als den Gerichten erster Instanz den Bundesfinanzhof als Rechtsmittel-/Revisionsinstanz geschaffen hat. Damit hat er sich jedenfalls verpflichtet, innerhalb dieser beiden zur Verfügung gestellten Instanzen und insbesondere auch in der zulassungsabhängigen Rechtsmittel-/Revisionsinstanz einschließlich des Revisionszulassungsverfahrens den in Art. 19 IV 1 GG verbürgten effektiven (Finanz-) Rechtsschutz zu gewähren.

4. *Verfassungsimmanente Schranken der Rechtsschutzgarantie des Art. 19 IV 1 GG – Abwägung zwischen der ‚Funktionsfähigkeit der Rechtspflege' sowie der ‚Rechtssicherheit' einerseits und einer effektiven/wirkungsvollen Rechtsschutzgewährung andererseits unter Berücksichtigung des Verhältnismäßigkeitsgrundsatzes*

Allerdings unterliegt auch die Rechtsschutzgarantie – wie schon angedeutet – *verfassungsimmanenten Schranken*[1250], so dass die Gewährung effektiven, wirkungsvollen Rechtsschutzes i.R.d. Art. 19 IV 1 GG nicht uneingeschränkt erfolgen kann.

Als eingriffslegitimierender/-relevanter Zweck für eine Einschränkung des Zugangs zur Rechtsmittelinstanz kommen insoweit die Verfassungsgrundsätze der *‚Funktionsfähigkeit der Rechtspflege'* und der *‚Rechtssicherheit'* in Betracht[1251]. Zwischen diesen und dem aus Art. 19 IV 1 GG folgenden Gebot effektiven/wirkungsvollen Rechtsschutzes in Form eines Rechts auf Überprüfung der erstinstanzlichen Entscheidung hat der Gesetzgeber folglich abzuwägen[1252]. Hierbei ist er – wie bereits vorstehend unter 3.b) (S. 365 ff., dort S. 370 f.) erwähnt – durchaus befugt, der ‚Funktionsfähigkeit der Rechtspflege', die zu den Grundbedingungen des Rechtsstaats gehört und das Interesse aller potenziell Betroffenen an einem effektiven, wirkungsvollen Rechtsschutz auf objektiv-rechtlicher Ebene bündelt, sowie der ‚Rechtssicherheit' *Vorrang* vor einer Optimierung des Individualrechtsschutzes einzuräumen[1253]. Das Gesetz kann mithin den Zugang zu einem zur Verfügung

---

1250 Dazu *Sachs*, in: Stern, Staatsrecht III/2, § 81 IV 5, S. 550 ff.

1251 *Seer*, StuW 2001, 3, 6; *Voßkuhle*, Rechtsschutz gegen den Richter, S. 330. – Vgl. zu dem Grundsatz der *‚Funktionsfähigkeit/Funktionstüchtigkeit der Rechtspflege'* etwa *BVerfG*, Entscheidung v. 11.04.1972, 2 BvR 75/71, BVerfGE 33, 23, 32; Beschl. v. 19.07.1972, 2 BvL 7/71, BVerfGE 33, 367, 383; Entscheidung v. 31.01.1973, 2 BvR 454/71, BVerfGE 34, 238, 248 f.; Beschl. v. 08.10.1974, 2 BvR 747/73, BVerfGE 38, 105, 115 f.

1252 Siehe *Seer*, StuW 2001, 3, 6 f. Vgl. in diesem Zusammenhang auch BK/*Robbers*, Art. 20 Abs. 1 GG Tz. 1990 (Akt. 142 Oktober 2009): Vorrang/Vorrecht des Gesetzgebers, *„zwischen Erfordernissen der Rechtssicherheit und möglichen Einbußen an materialer Gerechtigkeit im Einzelfall abzuwägen"*.

1253 Vgl. *Huber*, in: v. Mangoldt/Klein/Starck[5], Art. 19 Abs. 4 GG Tz. 439 a.E.; *Seer*, StuW 2001, 3, 6; *ders.*, in: T/K, Vor § 115 FGO Tz. 1 (Lfg. 131 Oktober 2012).

gestellten Rechtsmittel von bestimmten einschränkenden formellen Voraussetzungen – wie bspw. der Zulassungsentscheidung der Gerichte – abhängig machen[1254].

Im Rahmen dieser Abwägung zwischen der ‚Funktionsfähigkeit der Rechtspflege' sowie der ‚Rechtssicherheit' einerseits und einer Optimierung des Individualrechtsschutzes andererseits hat der Gesetzgeber jedoch *praktische Konkordanz* i.S. eines nach beiden Seiten hin möglichst *schonenden, verhältnismäßigen* Ausgleichs herzustellen[1255]. Entscheidet sich der Gesetzgeber, ein zur Verfügung gestelltes Rechtsmittel von bestimmten einschränkenden formellen Voraussetzungen abhängig zu machen, so unterliegt er dabei also den Grenzen des *Verhältnismäßigkeitsgrundsatzes* (*Übermaßverbot* als Grenze der Ausgestaltungsbefugnis des Gesetzgebers)[1256].

Das bedeutet, dass *der Zugang zur Rechtsmittelinstanz nicht auf unzumutbare, aus Sachgründen nicht mehr zu rechtfertigende Weise erschwert werden darf*[1257].

1254 Bspw. *BVerfG*, Beschl. v. 02.12.1987, 1 BvR 1291/85, BVerfGE 77, 275, 284 m.w.N.: Art. 19 IV 1 GG verbiete keineswegs die Errichtung jeder Schranke vor dem Zugang zum Gericht; Beschl. v. 07.07.1992, 2 BvR 1631/90 u.a., BVerfGE 87, 48, 61; Beschl. v. 02.03.1993, 1 BvR 249/92, BVerfGE 88, 118, 123 f. m.w.N.; *Seer*, StuW 2001, 3, 6; *ders.*, in: T/K, Vor § 115 FGO Tz. 1 (Lfg. 131 Oktober 2012). Siehe auch schon vorstehend unter 3.b) (S. 365 ff., dort S. 371).

1255 *Seer*, StuW 2001, 3, 6 f. – Vgl. allgemein mit Blick auf Art. 19 IV 1 GG auch *Huber*, in: v. Mangoldt/Klein/Starck[5], Art. 19 Abs. 4 GG Tz. 372 a.E. Vgl. überdies allgemein *Hesse*, Grundzüge Verfassungsrecht[20], Tz. 72 u. 317 f.; *Lerche*, Übermaß und Verfassungsrecht, S. 152 f., insbesondere 153; *ders.*, in: HdbStR V, § 122 Tz. 3 ff.

1256 Vgl. *Seer*, StuW 2001, 3, 6; *ders.*, in: T/K, Vor § 115 FGO Tz. 2 (Lfg. 131 Oktober 2012).

1257 *BVerfG*, Entscheidung v. 12.01.1960, 1 BvL 17/59, BVerfGE 10, 264, 268; Beschl. v. 02.04.1974, 2 BvR 444/73, BVerfGE 37, 93, 96; Beschl. v. 28.10.1975, 2 BvR 883/73 u.a., BVerfGE 40, 237, 256; Beschl. v. 29.10.1975, 2 BvR 630/73, BVerfGE 40, 272, 274 f.; Beschl. v. 16.12.1975, 2 BvR 854/75, BVerfGE 41, 23, 26; Beschl. v. 11.02.1976, 2 BvR 652/75, BVerfGE 41, 323, 326 f.; Beschl. v. 07.04.1976, 2 BvR 847/75, BVerfGE 42, 128, 130; Beschl. v. 04.05.1977, 2 BvR 616/75, BVerfGE 44, 302, 305 f.; Beschl. v. 10.10.1978, 1 BvR 475/78, BVerfGE 49, 252, 256 f.; Beschl. v. 11.10.1978, 2 BvR 1055/76, BVerfGE 49, 329, 341; Beschl. v. 03.10.1979, 1 BvR 726/78, BVerfGE 52, 203, 207 (Justizgewährungsanspruch [= JGA]/Rechtsstaatsprinzip); Beschl. v. 16.01.1980, 1 BvR 127/78 u.a., BVerfGE 53, 115, 127; Beschl. v. 20.04.1982, 2 BvL 26/81, BVerfGE 60, 253, 269; Beschl. v. 12.07.1983, 1 BvR 1470/82, BVerfGE 65, 76, 90; Beschl. v. 14.05.1985, 1 BvR 370/84, BVerfGE 69, 381, 385 (JGA/Rechtsstaatsprinzip); Beschl. v. 11.02.1987, 1 BvR 475/85, BVerfGE 74, 228, 234 (JGA/Rechtsstaatsprinzip); Beschl. v. 02.12.1987 (Fn. 1254), BVerfGE 77, 275, 284; Beschl. v. 02.02.1988, 2 BvR 702/84 u.a., BVerfGE 78, 7, 18; Beschl. v. 17.03.1988, 2 BvR 233/84, BVerfGE 78, 88, 99; Beschl. v. 29.11.1989, 1 BvR 1011/88, BVerfGE 81, 123, 129; Beschl. v. 12.02.1992, 1 BvL 1/89, BVerfGE 85, 337, 345 (JGA/Rechtsstaatsprinzip); Beschl. v. 20.05.1992, 2 BvR 405/92, InfAuslR 1992, 288, 289 f. (1. Kammer des Zweiten Senats); Beschl. v. 26.01.1993, 2 BvR 1058/92 u.a., NVwZ 1993, 465 f. (1. Kammer des Zweiten Senats); Beschl. v. 02.03.1993

Diese Vorgabe gilt einerseits für den Gesetzgeber bei der Ausgestaltung des Rechtsmittelrechts; sie richtet sich aber andererseits auch und insbesondere an die Gerichte im Hinblick auf die ihnen obliegende Auslegung und Anwendung der vom Gesetzgeber geschaffenen rechtsmittelrechtlichen Vorschriften. Der Richter ist gehalten, das Rechtsmittel- (Verfahrens-) recht in einer Weise auszulegen und anzuwenden, die der Tragweite des Grundrechts auf einen effektiven/wirkungsvollen

---

(Fn. 1254), BVerfGE 88, 118, 124 (JGA/Rechtsstaatsprinzip); Beschl. v. 26.10.1993, 2 BvR 1004/93, StV 1994, 201 f. (2. Kammer des Zweiten Senats; JGA/Rechtsstaatsprinzip); Beschl. v. 21.03.1994, 2 BvR 211/94, BayVBl. 1994, 530 (1. Kammer des Zweiten Senats); Beschl. v. 07.11.1994, 2 BvR 2079/93, BayVBl. 1995, 178 (1. Kammer des Zweiten Senats); Beschl. v. 20.06.1995, 1 BvR 166/93, BVerfGE 93, 99, 108 (JGA/Rechtsstaatsprinzip); Beschl. v. 19.02.1997, 2 BvR 2989/95, n.v. (juris) (2. Kammer des Zweiten Senats); Beschl. v. 27.10.1999, 1 BvR 385/90, BVerfGE 101, 106, 125; Beschl. v. 16.11.1999, 1 BvR 1821/94, NJW-RR 2000, 946 (1. Kammer des Ersten Senats; JGA/Rechtsstaatsprinzip); Beschl. v. 18.01.2000, 1 BvR 321/96, BVerfGE 101, 397, 408; Beschl. v. 23.06.2000, 1 BvR 830/00, NVwZ 2000, 1163, 1164 (2. Kammer des Ersten Senats, Nichtannahmebeschluss); Beschl. v. 08.03.2001, 1 BvR 1653/99, NVwZ 2001, 552 (1. Kammer des Ersten Senats); Beschl. v. 31.07.2001, 1 BvR 1061/00, NVwZ 2001, 1392 (3. Kammer des Ersten Senats); Beschl. v. 27.02.2002, 2 BvR 553/01, NJW 2002, 2699, 2700 (3. Kammer des Zweiten Senats); Beschl. v. 13.03.2002, 2 BvR 261/01, NJW 2002, 2700, 2701 (3. Kammer des Zweiten Senats); Beschl. v. 30.04.2003, 1 PBvU 1/02, BVerfGE 107, 395, 413 = NJW 2003, 1924, 1927 – Rechtsschutz gegen den Richter I (Plenum); Beschl. v. 04.05.2004, 1 BvR 1892/03, BVerfGE 110, 339, 342; Beschl. v. 25.01.2005, 2 BvR 656/99 u.a., BVerfGE 112, 185, 207 f. (JGA/Rechtsstaatsprinzip); Beschl. v. 30.06.2005, 1 BvR 2615/04, NVwZ 2005, 1176, 1177 (3. Kammer des Ersten Senats); Beschl. v. 25.07.2005, 1 BvR 2419/03 u.a., WM 2005, 2014 (1. Kammer des Ersten Senats; JGA/Rechtsstaatsprinzip); Beschl. v. 24.01.2007, 1 BvR 382/05, NVwZ 2007, 805, 806 (2. Kammer des Ersten Senats); Beschl. v. 04.11.2008, 1 BvR 2587/06, NJW 2009, 572, 573 (1. Kammer des Ersten Senats; JGA/Rechtsstaatsprinzip); Beschl. v. 27.05.2010, 1 BvR 2643/07, FamRZ 2010, 1235, 1236 (2. Kammer des Ersten Senats; JGA/Rechtsstaatsprinzip); Beschl. v. 29.09.2010, 1 BvR 2649/06, n.v. (juris) (3. Kammer des Ersten Senats; JGA/Rechtsstaatsprinzip); Beschl. v. 08.12.2010, 1 BvR 381/10, NJW 2011, 1276, 1277 (1. Kammer des Ersten Senats; JGA/Rechtsstaatsprinzip); Beschl. v. 28.04.2011, 1 BvR 3007/07, NJW 2011, 2276, 2277 (3. Kammer des Ersten Senats; JGA/Rechtsstaatsprinzip); Beschl. v. 19.10.2011, 2 BvR 754/10, ThürVBl. 2012, 51 (1. Kammer des Zweiten Senats; JGA/Rechtsstaatsprinzip); *BFH GrS*, Beschl. v. 03.09.2001, GrS 3/98, BStBl. II 2001, 802, 808; BK/*Schenke*, Art. 19 Abs. 4 GG Tz. 62, 106, 152 m.w.N. sowie 378 Fußnote 992 (Akt. 138 Februar 2009); Dreier/*Schulze-Fielitz*[2], Art. 19 IV GG Tz. 80 a.E., 84, 92, 95 m.w.N.; *Huber*, in: v. Mangoldt/Klein/Starck[5], Art. 19 Abs. 4 GG Tz. 380 u. 453 a.E.; *Ibler*, in: Berliner Kommentar, Art. 19 IV GG Tz. 46 u. 170 (Lfg. 6 X/02); *Jarass*, in: Jarass/Pieroth[12], Art. 19 GG Tz. 50 u. 56 sowie Art. 20 GG Tz. 93; *Krebs*, in: v. Münch/Kunig[5], Art. 19 GG Tz. 69 a.E.; *Seer*, StuW 2001, 3, 6; *ders.*, in: T/K, Vor § 115 FGO Tz. 2 (Lfg. 131 Oktober 2012); *Tipke*, StuW 2004, 3, 5 u. 19 f.; *Traut*, Zugang zur Revision in Zivilsachen, S. 69.

Rechtsschutz hinreichend Rechnung trägt[1258]. Er darf ein von der jeweiligen Prozessordnung eröffnetes Rechtsmittel insbesondere nicht *ineffektiv machen* und für den Rechtsmittelführer *,leerlaufen' lassen*[1259].

Einer möglichst optimalen und umfassenden Gewährung von Individualrechtsschutz würde es an sich entsprechen, dem Rechtsschutzsuchenden den Zugang zur Rechtsmittelinstanz uneingeschränkt zu eröffnen[1260].

Einer solchen schrankenlosen Rechtsschutzgewährung steht aber der gerade erwähnte Verfassungsgrundsatz der *,Funktionsfähigkeit der Rechtspflege'* entgegen. Denn ein Verzicht auf jegliche Einschränkung des Zugangs zum Rechtsmittelgericht führt erfahrungsgemäß innerhalb kürzester Zeit zu einer Überlastung dieses Gerichts, das dann nämlich nicht mehr in der Lage ist, in einem angemessenen Zeitfenster über die bei ihm anhängigen Rechtsmittel zu entscheiden; eine Zugangsbeschränkung zur Rechtsmittelinstanz ist deshalb nahezu unverzichtbar[1261].

Vor dem Hintergrund des Verhältnismäßigkeitsgrundsatzes und der daraus resultierenden Vorgabe, den Zugang zur Rechtsmittelinstanz nicht auf unzumutbare, aus Sachgründen nicht mehr zu rechtfertigende Weise zu erschweren, ist jedoch umgekehrt zu berücksichtigen, dass bei der i.R.d. Rechtsschutzgarantie des Art. 19

1258 Siehe etwa *BVerfG*, Beschl. v. 02.12.1987 (Fn. 1254), BVerfGE 77, 275, 284; Beschl. v. 02.03.1993 (Fn. 1254), BVerfGE 88, 118, 125; Beschl. v. 26.10.1993 (Fn. 1257), StV 1994, 201 f.; Beschl. v. 20.02.1998, 1 BvR 661/94, BVerfGE 97, 298, 315; Beschl. v. 31.07.2001 (Fn. 1257), NVwZ 2001, 1392; Beschl. v. 04.05.2004 (Fn. 1257), BVerfGE 110, 339, 342; Beschl. v. 04.11.2008 (Fn. 1257), NJW 2009, 572, 573; Beschl. v. 27.05.2010 (Fn. 1257), FamRZ 2010, 1235, 1236; Beschl. v. 19.10.2011 (Fn. 1257), ThürVBl. 2012, 51; *BFH GrS*, Beschl. v. 03.09.2001 (Fn. 1257), BStBl. II 2001, 802, 808. Vgl. zudem *Krüger/Sachs*, in: Sachs[3], Art. 19 GG Tz. 143; *Seer*, StuW 2001, 3, 10; *ders.*, in: T/K, Vor § 115 FGO Tz. 3 (Lfg. 131 Oktober 2012); *Tipke*, StuW 2004, 3, 19 f.

1259 *BVerfG*, Beschl. v. 17.03.1988 (Fn. 1257), BVerfGE 78, 88, 98 f.; Beschl. v. 30.04.1997, 2 BvR 817/90 u.a., BVerfGE 96, 27, 39; Beschl. v. 24.03.1998, 1 BvR 1935/96 u.a., NJW 1998, 2131, 2132 (1. Kammer des Ersten Senats); Beschl. v. 08.03.2001 (Fn. 1257), NVwZ 2001, 552, 553; Beschl. v. 05.12.2001, 2 BvR 527/99 u.a., BVerfGE 104, 220, 232; Beschl. v. 13.03.2002 (Fn. 1257), NJW 2002, 2700, 2701; Urt. v. 12.03.2003, 1 BvR 330/96 u.a., BVerfGE 107, 299, 337; Beschl. v. 30.06.2005 (Fn. 1257), NVwZ 2005, 1176, 1177; Beschl. v. 25.07.2005 (Fn. 1257), WM 2005, 2014; Beschl. v. 09.10.2006, 1 BvR 2565/03, WM 2007, 182 f. (1. Kammer des Ersten Senats); Beschl. v. 24.01.2007 (Fn. 1257), NVwZ 2007, 805, 806; Beschl. v. 29.09.2010 (Fn. 1257), n.v. (juris); Beschl. v. 28.04.2011 (Fn. 1257), NJW 2011, 2276, 2277. – Zu den Anforderungen an die Auslegung und Anwendung der vom Gesetzgeber geschaffenen rechtsmittelrechtlichen Vorschriften durch die (BFH-) Rechtsprechung im Lichte des Grundrechts auf einen effektiven/wirkungsvollen Rechtsschutz sowie unter Berücksichtigung des Verhältnismäßigkeitsgrundsatzes allgemein ausführlich noch später unter IV.2. (S. 425 ff.).

1260 Auf gleicher Linie *Ruban*, in: FS 75 Jahre RFH-BFH, 131, 139.

1261 Ebenso *Ruban*, in: FS 75 Jahre RFH-BFH, 131, 139.

IV 1 GG im Zentrum stehenden Abwägung zwischen der ‚Funktionsfähigkeit der Rechtspflege' sowie der ‚Rechtssicherheit' einerseits und der Gewährung/Optimierung von Individualrechtsschutz andererseits Letzterer nicht einseitig geopfert werden darf[1262]. Wie schon erwähnt, ist der Gesetzgeber zwar durchaus befugt, den Grundsätzen der ‚Funktionsfähigkeit der Rechtspflege' und der ‚Rechtssicherheit' Vorrang vor der Gewährung/Optimierung von Individualrechtsschutz einzuräumen. Allerdings darf der Gedanke der Einzelfallgerechtigkeit und des hinreichenden Individualrechtsschutzes dabei eben nicht völlig außer Acht gelassen werden.

II. Rechtsschutzdefizit durch Abschaffung der Streitwertrevision?

1. *Einbuße des Individualrechtsschutzes ohne Gewinn an Funktionsfähigkeit der Rechtspflege*

Vor der Reform des finanzgerichtlichen Revisionszulassungsrechts durch das 2. FGOÄndG wurde der Gewährung und Optimierung des Individualrechtsschutzes i.S.d. Rechtsschutzgarantie des Art. 19 IV 1 GG durch eine Kombination von Streitwert- und Zulassungsrevision lange Zeit hinreichend Rechnung getragen. So konnte seinerzeit jedes finanzgerichtliche Urteil, bei dem der Streitwert 1.000 DM und später – nach Erhöhung der Streitwertgrenze – 10.000 DM überstieg, unabhängig von einer gerichtlichen Zulassung der materiell-rechtlichen Kontrolle durch den BFH zugeführt werden[1263].

Die *Streitwertrevision* ist jedoch schließlich – nachdem sie zuvor bereits aufgrund der Neufassung von Art. 1 Nr. 5 BFHEntlG durch Art. 2 des Gesetzes zur Beschleunigung verwaltungs- und finanzgerichtlicher Verfahren seit 1985 bis letztendlich zum 31.12.2000 suspendiert worden war – durch das 2. FGOÄndG mit Wirkung zum 01.01.2001 – aus durchaus nachvollziehbaren Gründen – *endgültig abgeschafft* worden[1264], so dass der weit überwiegende Teil der früher revisiblen

---

1262 Vgl. *Seer*, in: T/K, § 115 FGO Tz. 16 a.E. (Lfg. 131 Oktober 2012): Der Individualrechtsschutz dürfe nicht einseitig dem *Beschleunigungsinteresse* geopfert werden.

1263 Ähnlich *Seer*, BB 2000, 2387, 2388; *ders.*, StuW 2001, 3, 7; *ders.*, StuW 2003, 193, 200. – Zur ursprünglichen Streitwertgrenze i.H.v. 1.000 DM und ihrer späteren Erhöhung auf 10.000 DM durch das BFHEntlG ausführlich oben im 1. Abschnitt unter B.V. (S. 17 ff., dort S. 19 [auf S. 18 f. zuvor auch noch zu der davor geltenden Streitwertgrenze i.H.v. 200 DM]) u. C.I. (S. 20) sowie unter D.II. (S. 26 ff.).

1264 Zur Suspendierung der Streitwertrevision aufgrund der Neufassung von Art. 1 Nr. 5 BFHEntlG durch Art. 2 des Gesetzes zur Beschleunigung verwaltungs- und finanzgerichtlicher Verfahren ausführlich oben im 1. Abschnitt unter D.III. (S. 28 ff.). Zur endgültigen Abschaffung der Streitwertrevision durch das 2. FGOÄndG ausführlich oben im 2. Abschnitt unter A.II. (S. 54 ff.). – Die Gesetzesbegründung lässt im Hinblick auf die endgültige Abschaffung der Streitwertrevision verlauten, dass der Streitwert kein geeignetes Auswahlkriterium für die Revision darstelle; insbesondere sei er kein Gradmesser für die Bedeutung der Sache. Vielmehr führe der Streitwert als Auswahlkriterium für die Revision im Hinblick

erstinstanzlichen finanzgerichtlichen Urteile nunmehr irrevisibel geworden ist[1265]. Die Zulassung der Revision und damit einhergehend die materiell-rechtliche Überprüfung finanzgerichtlicher Entscheidungen durch den BFH beschränkt sich nämlich seit Einführung der ausschließlich zulassungsabhängigen Revision – neben den einem erstinstanzlichen Urteil anhaftenden entscheidungserheblichen Verfahrensmängeln (§ 115 II Nr. 3 FGO) – ausschließlich auf Rechtssachen, die grundsätzliche Bedeutung besitzen (§ 115 II Nr. 1 FGO), sowie auf Fälle, in denen die Fortbildung des Rechts oder die Sicherung einer einheitlichen Rechtsprechung eine Entscheidung des BFH erfordert (§ 115 II Nr. 2 FGO). Hinzu kommt, dass sich – wie den vorstehenden Ausführungen im 3. Abschnitt unschwer entnommen werden kann – die Rechtsprechung des BFH zu den Revisionszulassungsgründen, bspw. und insbesondere zu dem unbestimmten Rechtsbegriff der ‚Grundsätzlichen Bedeutung', äußerst restriktiv darstellt und seine Anforderungen an die Darlegung der Zulassungsgründe i.R.d. Begründung einer NZB unverändert streng und überzogen sind.

Die ersatzlose Streichung der Streitwertrevision durch das 2. FGOÄndG hat demzufolge zu einer deutlichen Einbuße des Individualrechtsschutzes auf dem Gebiet der Finanzgerichtsbarkeit geführt[1266].

Diese deutliche Rechtsschutzeinbuße ließe sich ggf. rechtfertigen bzw. erschiene zumindest nachvollziehbar und vertretbar, wenn dadurch gleichzeitig der Funktionsfähigkeit der Rechtspflege hinreichend Rechnung getragen würde. Dem ist aber gerade nicht so. Wie das einschlägige Zahlenmaterial zeigt, steht der durch die ersatzlose Streichung der Streitwertrevision herbeigeführten erheblichen Einbuße des Individualrechtsschutzes kein nennenswerter Gewinn an Funktionsfähigkeit der Rechtspflege gegenüber[1267]:

So entsprach die Gesamtzahl der beim BFH eingegangenen Rechtsmittel (Revisionen und NZBen) in den Jahren 1999 und 2000 in etwa der Zahl des Jahres 1984, als es in der Finanzgerichtsbarkeit noch eine Streitwertrevision gab[1268]. Schon in

---

auf den Instanzenzug zu einer Privilegierung von Rechtsstreitigkeiten mit hohem Streitwert, was als sozialstaatlich bedenklich und somit ungerecht zu erachten sei, vgl. die Begründung des Entwurfs eines 2. FGOÄndG v. 11.09.2000, BT-Drucks. 14/4061, S. 7, sowie die weiteren umfangreichen Nachweise in den Fußnoten 228-231.

1265 Siehe *Seer*, BB 2000, 2387, 2388; *ders.*, StuW 2001, 3, 7; *ders.*, StuW 2003, 193, 200.

1266 So auch *Seer*, StuW 2001, 3, 7; *ders.*, StuW 2003, 193, 200.

1267 Vgl. auch *Seer*, BB 2000, 2387, 2388; *ders.*, StuW 2001, 3, 7; *ders.*, StuW 2003, 193, 200.

1268 Jahresbericht des *BFH* 1999, S. 7 und 10. Danach betrug die Zahl der beim BFH eingegangenen Rechtsmittel im Jahr 1984 **2629** (2060 Revisionen [= 78,4 %] und 569 NZBen [= 21,6 %]). Im Jahr 1999 wurden beim BFH insgesamt **2515** Rechtsmittel (998 Revisionen [= 39,7 %] und 1517 NZBen [= 60,3 %]; die auf S. 10 des Jahresberichts fälschlicherweise angeführte Zahl von 1558 eingegangenen NZBen betrifft tatsächlich die Zahl der Erledigungen, vgl. S. 7 und 14 des Jahresberichts, sowie die Fußnoten 295 u. 321) eingelegt. Trotz Suspendierung der

den Jahren 2001 und 2002 überstieg sie die Zahl des Jahres 1984 dann deutlich[1269]. Im Jahre 2013 war die Gesamtzahl der beim BFH eingegangenen Rechtsmittel zuletzt immerhin leicht rückläufig[1270].

Auch wenn beim BFH in den Jahren 1985-1999 zunächst ein deutlicher Abbau der Rückstände[1271] sowie eine Halbierung der durchschnittlichen Verfahrensdauer stattgefunden hat[1272], liegt der entscheidende Grund hierfür jedoch weniger in der Suspendierung der Streitwertrevision, als vielmehr in der von 1984 bis 1991

Streitwertrevision seit 1985 wurden 1999 beim BFH demnach jedoch nur *114 Rechtsmittel weniger* eingelegt als 1984. Vgl. auch *Seer*, BB 2000, 2387, 2388; *ders.*, StuW 2001, 3, 7. – Jahresbericht des *BFH* 2000, S. 7 und 10. Danach betrug die Zahl der beim BFH eingegangenen Rechtsmittel im Jahr 2000 **2653** (1031 Revisionen [= 38,9 %] und 1622 NZBen [= 61,1 %]). Trotz Suspendierung der Streitwertrevision seit 1985 wurden 2000 beim BFH mithin sogar *24 Rechtsmittel mehr* eingelegt als 1984.

1269 Jahresbericht des *BFH* 2001, S. 7, 8 u. 10. Danach betrug die Zahl der beim BFH eingegangenen Rechtsmittel im Jahr 2001 **2861** (875 Revisionen [= 30,6 %] und 1986 NZBen [= 69,4 %]). Trotz Suspendierung und endgültiger Abschaffung der Streitwertrevision seit 1985 bzw. 2001 wurden 2001 beim BFH *232 Rechtsmittel mehr* eingelegt als 1984 (Zahlen aus 1984 in Fußnote 1268). – Jahresbericht des *BFH* 2002, S. 7, 8 u. 10. Danach betrug die Zahl der beim BFH eingegangenen Rechtsmittel im Jahr 2002 **2953** (756 Revisionen [= 25,6 %] und 2197 NZBen [= 74,4 %]). Trotz Suspendierung und endgültiger Abschaffung der Streitwertrevision seit 1985 bzw. 2001 wurden 2002 beim BFH *324 Rechtsmittel mehr* eingelegt als 1984 (Zahlen aus 1984 in Fußnote 1268). Vgl. auch *Seer*, StuW 2003, 193, 200 f.

1270 Jahresbericht des *BFH* 2013, S. 5 und 6. Danach betrug die Zahl der beim BFH eingegangenen Rechtsmittel im Jahr 2013 **2392** (735 Revisionen [= 30,7 %] und 1657 NZBen [= 69,3 %]). Trotz Suspendierung und endgültiger Abschaffung der Streitwertrevision seit 1985 bzw. 2001 wurden 2013 beim BFH demnach jedoch nur – aber immerhin – *237 Rechtsmittel weniger* eingelegt als 1984 (Zahlen aus 1984 in Fußnote 1268).

1271 *List*, DStR 2000, 1499, 1501, unter Hinweis auf die Auswertung der Jahresberichte des *BFH* aus dieser Zeit; *Seer*, BB 2000, 2387, 2388; *ders.*, StuW 2001, 3, 7; *ders.*, StuW 2003, 193, 201. Siehe exemplarisch auch den Jahresbericht des *BFH* 1999, S. 8 (Unerledigte Verfahren). Von 1999 an erfolgte dann ein geringer Anstieg bis 2003, während die Zahl der Rückstände seit 2003 – abgesehen von einem minimalen Anstieg in 2009 – bis 2011 wieder rückläufig gewesen ist, vgl. Jahresberichte des *BFH* 2008, S. 8, u. 2011, S. 6 (Unerledigte Verfahren); ab 2012 erfolgte dann wieder ein leichter Anstieg, vgl. Jahresbericht des *BFH* 2013, S. 6 (Unerledigte Verfahren).

1272 Wiederum *List*, DStR 2000, 1499, 1501, unter Hinweis auf die Auswertung der Jahresberichte des *BFH* aus dieser Zeit; *Seer*, BB 2000, 2387, 2388; *ders.*, StuW 2001, 3, 7; *ders.*, StuW 2003, 193, 201. Vgl. exemplarisch auch den Jahresbericht des *BFH* 1999, S. 18. In der Zeit von 2000-2013 betrug die durchschnittliche Verfahrensdauer zwischen acht und dreizehn Monaten, vgl. dazu die jeweiligen Jahresberichte des *BFH* 2000-2013.

erfolgten Aufstockung des BFH von acht auf elf Senate[1273]. Soweit die Zahl der Revisionen nach der Suspendierung der Streitwertrevision im Vergleich zu 1984 bis zum Jahr 2000 auf die Hälfte und nach der endgültigen Abschaffung der Streitwertrevision sogar fast auf ein Drittel abgesunken ist, könnte dies zwar zunächst einmal durchaus auf eine ‚Entlastung' des BFH hindeuten. Dabei muss jedoch Berücksichtigung finden, dass an ihre Stelle die NZBen getreten sind, deren Zahl sich seit der Suspendierung und ersatzlosen Streichung der Streitwertrevision im Vergleich zu 1984 *mehr als verdreifacht* hat, so dass das Verhältnis von eingelegten NZBen und Revisionen nunmehr nahezu konstant ca. 70 zu 30 beträgt[1274].

Durch die Suspendierung und schließlich endgültige Abschaffung der Streitwertrevision mag somit zwar auf lange Sicht gesehen ein weiterer (erheblicher) Anstieg von Rechtsmitteln zum Stillstand gebracht worden sein[1275]. Hierbei gilt es jedoch zu bedenken, dass sich die BFH-Richter aufgrund der enorm angestiegenen Zahl der NZBen in der weit überwiegenden Anzahl der Fälle nun nicht mehr mit dem eigentlichen materiell-rechtlichen Steuerstreit, sondern mit einem vorgelagerten separaten Streitgegenstand befassen, nämlich mit der Frage nach der ordnungsgemäßen Darlegung und dem Vorliegen eines Revisionszulassungsgrundes[1276]. Bedenkt man überdies, dass die NZBen eine übermäßig hohe Misserfolgsquote aufweisen und der BFH in durchschnittlich 86,7% aller eingelegten NZBen die Zulassung der Revision verweigert[1277], kommt es regelmäßig in (weit) mehr als der Hälfte aller Rechtsmittel- (Revisions- und NZB-) verfahren gar nicht erst zu einer Entscheidung in der Sache[1278].

1273 *Seer*, BB 2000, 2387, 2388; *ders.*, StuW 2001, 3, 7; *ders.*, StuW 2003, 193, 201. – Die Aufnahme der Tätigkeit durch den *IX. Senat* erfolgte im Jahre 1984, die Aufnahme der Tätitgkeit durch den *X. Senat* im Jahre 1987, und die Aufnahme der Tätigkeit durch den *XI.Senat* im Jahre 1991.

1274 Vgl. dazu bereits ausführlich oben im 2. Abschnitt unter B.I. (S. 73 ff.) u. v.a. B.III. (S. 76 ff., dort S. 83 f.) mitsamt der detaillierten Auswertung des einschlägigen Zahlenmaterials in den Fußnoten 321 u. 322. Siehe auch *Seer*, BB 2000, 2387, 2388; *ders.*, StuW 2001, 3, 7; *ders.*, StuW 2003, 193, 201. In den Jahren 2002-2004 hatte sich die Zahl der NZBen im Vergleich zu 1984 sogar *nahezu vervierfacht.*

1275 So auch *Seer*, BB 2000, 2387, 2388; *ders.*, StuW 2001, 3, 7; *ders.*, StuW 2003, 193, 201.

1276 Ebenso *Seer*, BB 2000, 2387, 2388; *ders.*, StuW 2001, 3, 7; *ders.*, StuW 2003, 193, 201. Siehe zudem *Sunder-Plassmann* HHSp., Einf. FGO Tz. 177 a.E. (Lfg. 176 März 2003), der ebenfalls anmerkt, dass es bedenklich erscheine, dass sich der BFH inzwischen mehr mit NZBen als mit Revisionen befassen müsse.

1277 Vgl. dazu ausführlich bereits oben im 2. Abschnitt unter B.III. (S. 76 ff., dort S. 78 bzw. 79 ff.) mitsamt detaillierter Auswertung des einschlägigen Zahlenmaterials.

1278 Vgl. insoweit auch *Seer*, BB 2000, 2387, 2388; *ders.*, StuW 2001, 3, 7, mit Blick auf das Zahlenwerk aus 1999 (*in mehr als der Hälfte aller Verfahren*); *ders.*, StuW 2003, 193, 201, im Hinblick auf das Zahlenwerk aus 2002 (*in weit mehr als der Hälfte aller Verfahren*). Vgl. überdies *Seer*, in: T/K, § 115 FGO Tz. 39 (Lfg. 131 Oktober 2012), betreffend das Zahlenwerk aus 2000 (*in etwa der Hälfte aller Verfahren*).

Daran ändert auch die Praxis des BFH nichts, der die Zulässigkeit der NZB und mithin auch die ordnungsgemäße Darlegung der Revisionszulassungsgründe zunehmend dahinstehen/offen lässt, wenn diese *„jedenfalls unbegründet"* ist, ein Revisionszulassungsgrund also *jedenfalls nicht vorliegt*[1279]. Entscheidungen, in denen der BFH die NZB als unbegründet zurückweist, enthalten zwar regelmäßig bereits ‚Ausführungen zur Sache' und befassen sich folglich i.S. einer *‚verkappten Revisionsentscheidung'* – zumindest andeutungsweise – auch schon mit den aufgeworfenen materiell-rechtlichen Streitfragen[1280]. Diese Entscheidungen sind aber gleichwohl nicht annähernd geeignet, die Zulassung der Revision und damit die einer stattgebenden NZB-Entscheidung nachfolgende Revisions-/Sachentscheidung über die jeweilige steuerrechtliche Streitfrage zu ersetzen bzw. zu kompensieren[1281], wie sich schon aus den differierenden Prüfungs-/Streitgegenständen und den daraus resultierenden unterschiedlichen Prüfungsprogrammen von Revision und NZB ergibt. Denn während sich das Prüfungsprogramm der Revision auf die Revisionsgründe gemäß § 118 FGO bezieht und die Verletzung des gesamten Bundesrechts umfasst, beschränkt sich das Prüfungsprogramm der NZB ausschließlich

1279 Siehe z.B. *BFH*, Beschl. v. 07.04.2009, IV B 64/08, BFH/NV 2009, 1264; Beschl. v. 27.05.2009, VI B 69/08, BStBl. II 2009, 730; Beschl. v. 19.07.2012, X B 88/11, BFH/NV 2012, 1932, wo es heißt, dass die Beschwerde – bei *Zweifeln* daran, ob die gesetzlichen Darlegungsanforderungen des § 116 III 3 FGO überhaupt erfüllt seien – *jedenfalls unbegründet* sei, sowie die weiteren Nachweise in Fußnote 399. Vgl. überdies *BFH*, Beschl. v. 09.01.2009, IV B 27/08, BStBl. II 2011, 393, wonach die Zulassung der Revision *jedenfalls deshalb* nicht in Betracht komme, weil der materiell-rechtlichen Einschätzung der Vorinstanz beizupflichten sei.

1280 Vgl. z.B. *BFH*, Beschl. v. 20.12.2006, I B 47/05, BStBl. II 2009, 766, 769 ff.; Beschl. v. 31.07.2008, III B 64/07, BStBl. II 2011, 37 f.; Beschl. v. 27.03.2009, VIII B 184/08, BStBl. II 2009, 850 ff.; Beschl. v. 23.04.2009, VI B 118/08, BStBl. II 2010, 234, 235; Beschl. v. 27.05.2009 (Fn. 1279), BStBl. II 2009, 730, 731 f.; Beschl. v. 21.09.2009, VI B 31/09, BStBl. II 2011, 382, 383; Beschl. v. 18.03.2010, IX B 227/09, BStBl. II 2010, 627 f.; Beschl. v. 10.02.2011, II S 39/10 (PKH), BStBl. II 2011, 657, 658. Vgl. zudem *BFH*, Beschl. v. 09.01.2009 (Fn. 1279), BStBl. II 2011, 393 ff., mit der für eine NZB und das insoweit einschlägige Prüfungsprogramm der Revisionszulassungsgründe des § 115 II FGO nicht nachvollziehbaren sowie verwunderlichen Formulierung, dass die Zulassung der Revision jedenfalls deshalb nicht in Betracht komme, *weil der materiell-rechtlichen Einschätzung der Vorinstanz beizupflichten sei.* Wenn der BFH damit ggf. sinngemäß zum Ausdruck bringen wollte, dass der aufgeworfenen Rechtsfrage mangels Klärungsbedürftigkeit keine grundsätzliche Bedeutung zukomme, da die Rechtsfrage offensichtlich so zu beantworten gewesen ist, wie es das FG in der angefochtenen Entscheidung getan hat (dazu oben im 3. Abschnitt unter B.I.1.e) [S. 147 f.] mit Nachweisen in Fußnote 548), dann wäre es wünschenswert gewesen, wenn er dies in den Gründen auch explizit zum Ausdruck gebracht hätte.

1281 Andeutungsweise auch bereits oben im 2. Abschnitt unter B.III. (S. 76 ff. [81]), dort Fußnote 317.

auf die Revisionszulassungsgründe i.S.d. § 115 II FGO[1282]. Die in einer ablehnenden Beschwerdeentscheidung des BFH, in der dieser die NZB als unbegründet zurückweist, enthaltenen ‚Ausführungen zur Sache' erfolgen mithin niemals auf ‚rein materiell-rechtlicher Ebene', sondern stehen immer im Lichte der Erläuterungen zu den einzelnen Tatbestandsmerkmalen der jeweiligen Revisionszulassungsgründe, erfolgen also stets in Anlehnung an die jeweiligen konkreten Zulassungskriterien und die entsprechenden Darlegungsanforderungen[1283].

Darüber hinaus ist zu berücksichtigen, dass das Rechtsmittel der NZB keinen der Revision adäquaten Rechtsschutzersatz darstellen kann, da das NZB-/Zulassungsverfahren systematisch lediglich ein *Vorverfahren* darstellt, um in das sich anschließende eigentliche Revisionsverfahren hineinzugelangen. Nicht zuletzt ist in diesen beiden Verfahrensabschnitten die Richterbank beim BFH jeweils unterschiedlich besetzt: Während im NZB-/Zulassungsverfahren gemäß §§ 10 III Alt. 2, 116 V 1 FGO regelmäßig die aus drei Richtern bestehende *Beschlussbesetzung* entscheidet, obliegt die Entscheidung über die sich ggf. anschließende Revision gemäß § 10 III Alt. 1 FGO – grds. aufgrund mündlicher Verhandlung, §§ 90 I 1 i.V.m. 121 S. 1 FGO – dem *Vollsenat* in der *Urteilsbesetzung* von fünf Richtern. Es besteht also durchaus die Möglichkeit, dass der Vollsenat – das Revisionsgericht im eigentlichen Sinne – materiell-rechtlich eine andere Sichtweise vertritt, als sie die Beschlussbesetzung im vorgelagerten NZB-/Zulassungsverfahren andeutungsweise zum Ausdruck gebracht hat, so dass bei einer ablehnenden Beschwerdeentscheidung des BFH, in der dieser die NZB als unbegründet zurückweist, – auch wenn es sich dabei um eine *‚verkappte Revisionsentscheidung'* im o.g. Sinne handelt – von einer Entscheidung in der Sache, wie sie der Beschwerdeführer im sich ggf. anschließenden Revisionsverfahren erhält, keine Rede sein kann[1284].

1282 In diesem Sinne auch *Seer*, in: T/L, Steuerrecht[21], § 22 Tz. 230 Fußnote 3 auf S. 1236. – Zu den unterschiedlichen Prüfungs-/Streitgegenständen und Prüfungsprogrammen von NZB und Revision ausführlich bereits oben im 3. Abschnitt unter A.I.5. (S. 103 ff., dort S. 106) und A.II.1. (S. 107 f.).

1283 Vgl. diesbzgl. die Entscheidungen in Fußnote 1280. Wenig nachvollziehbar und verwunderlich erscheint in diesem Zusammenhang der ebenfalls dort zitierte Beschl. v. 09.01.2009 (Fn. 1279), BStBl. II 2011, 393 ff., der i.R.d. NZB-Verfahrens anscheinend allein auf materiell-rechtliche Erwägungen abstellt, vgl. **kritisch** bereits Fußnote 1280.

1284 An dieser Stelle soll nochmals (vgl. schon oben im 3. Abschnitt unter B.I.1.e) [S. 147 ff. – 148], dort Fußnote 548 im Hinblick auf die Beurteilung der Klärungsbedürftigkeit) auf die Ansicht *Bleschicks*, Revisionszulassungsgründe im Spannungsverhältnis, S. 300 ff., hingewiesen werden, der in *sämtlichen* Fällen, in denen die einzelnen Voraussetzungen der Revisionszulassungsgründe nicht gegeben seien, die *Erörterung materiell-rechtlicher Gesichtspunkte im NZB-Verfahren* zur *Wahrung des Rechtsfriedens* über den Einzelfall hinaus für *zweckmäßig* erachtet, wozu es allerdings einer *Vollbesetzung des entscheidenden Senats mit fünf Richtern* sowie einer vorherigen *Anhörung des Beschwerdeführers* bedürfe, ausführlich oben Fußnote 548.

Der BFH verwendet also einen wesentlichen, wenn nicht gar den weit überwiegenden Teil seiner Arbeitskraft erkennbar auf *revisionszweckfremde Fragestellungen*[1285] und befasst sich viel zu sehr mit der Frage, aus welchen Gründen die Revisionsinstanz nicht angerufen werden kann[1286]. Dies führt aus Sicht des rechtsschutzsuchenden Steuerbürgers zu der sich geradezu aufdrängenden und in der einschlägigen Literatur bereits mehrfach zutreffend aufgeworfenen Frage, ob es nicht angebrachter erschiene, wenn der BFH seine hier aufgewendete wertvolle Arbeitskraft im Interesse eines effektiven/wirkungsvollen Individualrechtsschutzes der eigentlichen materiellen Entscheidung einer Revision gewidmet hätte und zukünftig widmen würde, anstatt sie für umfangreiche Vorprüfungen über die Zulassung oder Nichtzulassung der Revision (Ordnungsgemäße Darlegung eines Revisionszulassungsgrundes? – Vorliegen eines Revisionszulassungsgrundes? – Somit: Zulassung oder Nichtzulassung der Revision?) regelrecht zu vergeuden[1287]. Insbesondere vor dem Hintergrund der äußerst restriktiven Zulassungspraxis des BFH mitsamt seinen übermäßig strengen und übersteigerten Darlegungsanforderungen lässt sich diese Frage m.E. nur mit einem klaren *„Ja!“* beantworten.

Jedenfalls steht aber der durch die ersatzlose Streichung der Streitwertrevision hervorgerufenen deutlichen Einbuße des Individualrechtsschutzes mit Blick auf das aussagekräftige einschlägige Zahlenmaterial letztlich kein nennenswerter Gewinn an Funktionsfähigkeit der Rechtspflege gegenüber, aufgrund dessen sich die betreffende Rechtsschutzeinbuße rechtfertigen ließe bzw. der diese zumindest nachvollziehbar und vertretbar erscheinen ließe.

2. *Korrelation zwischen der Existenz der Streitwertrevision und der Zweistufigkeit der Finanzgerichtsbarkeit*

Angesichts dessen stellt sich die Frage, ob die endgültige Abschaffung der Streitwertrevision und die damit einhergehende Einführung einer ausschließlich zulassungsabhängigen Revision über die ‚bloße‘ – wenn auch deutliche – Einbuße des Individualrechtsschutzes hinaus zu einem für den Rechtsschutzsuchenden

---

1285 *List*, DStR 2000, 1499, 1503 u. 1504; *Seer*, BB 2000, 2387, 2388; *ders.*, StuW 2001, 3, 7; *ders.*, StuW 2003, 193, 201, der jeweils darauf hinweist, dass dies für die Arbeitskraft der *Prozessbevollmächtigten* genauso gelte; *ders.*, in: T/K, § 115 FGO Tz. 40 a.E. (Lfg. 131 Oktober 2012), spricht insoweit von *revisionszweckfremden ‚Verfahrensfragen‘*; *ders.*, in: T/L, Steuerrecht[21], § 22 Tz. 230 Fußnote 3 auf S. 1236. Vgl. auch *List*, INF 2004, 615, 616. **A.A.** *Rüsken*, DStZ 2004, 334, 338 Fußnote 18. – Zu den Revisionszwecken ausführlich später unter IV.3.a) (S. 454 ff.).

1286 *Gebhardt*, AO-StB 2009, 56, 57.

1287 Ebenso bereits *List*, DStR 2000, 1499, 1503 u. 1504; *Seer*, BB 2000, 2387, 2388; *ders.*, StuW 2001, 3, 7; *ders.*, StuW 2003, 193, 201; *ders.*, in: T/K, § 115 FGO Tz. 40 a.E. (Lfg. 131 Oktober 2012). Sinngemäß überdies *Raupach*, in: Die Situation der Finanzgerichtsbarkeit, 69, 80. Vgl. zudem *List*, INF 2004, 615, 616. **A.A.** wiederum *Rüsken*, DStZ 2004, 334, 338 Fußnote 18.

erheblichen Rechtsschutzdefizit i.R.d. zweitinstanzlichen finanzgerichtlichen Rechtsschutzes geführt hat.

Zwar erfolgte die Abschaffung der Streitwertrevision letztlich aus durchaus nachvollziehbaren Gründen. Denn es scheint dem Rechtsschutzsuchenden in der Tat nur schwer überzeugend vermittelbar, dass bei kleineren oder mittleren Streitwerten, die unterhalb der jeweils festgesetzten Streitwertgrenze liegen, das Rechtsmittel der Revision ausgeschlossen sein soll, obwohl eine ungünstige Entscheidung in einer kleineren Streitsache für ihn weitaus schwerwiegender sein kann, als ein verlorener Millionenprozess für ein großes Wirtschaftsunternehmen[1288].

Jedenfalls gilt es aber zu bedenken, dass vor der Suspendierung und schließlichen Abschaffung der Streitwertrevision eine *Korrelation* zwischen der *Existenz der Streitwertrevision* auf der einen Seite und der *Zweistufigkeit der Finanzgerichtsbarkeit* auf der anderen Seite bestand[1289].

a) Die Finanzgerichtsbarkeit als nur zweistufig aufgebaute Gerichtsbarkeit

Die Finanzgerichtsbarkeit bildet gemäß Art. 95 I GG einen *eigenständigen Zweig* der staatlichen Gerichtsbarkeit. Sie ist die rechtsprechende Gewalt i.S.d. Art. 92 GG für die in § 33 I FGO genannten Streitigkeiten und weist als einziger Gerichtszweig der Bundesrepublik Deutschland traditionell einen nur *zweistufigen Instanzenzug* auf[1290].

Gerichte der Finanzgerichtsbarkeit sind nach § 2 FGO die Finanzgerichte als obere Landesgerichte[1291] und der Bundesfinanzhof. Die Finanzgerichte entscheiden gemäß § 35 FGO im ersten Rechtszug als *Tatsacheninstanz*, wohingegen der Bundesfinanzhof nach § 36 FGO ausschließlich eine *Rechtsmittelinstanz* für Revisionen und Beschwerden gegen erstinstanzliche finanzgerichtliche Entscheidungen darstellt[1292]. Es gibt folglich keine *Berufungsinstanz*, in der der Streitstoff auch in

---

1288 Vgl. insoweit die betreffenden Ausführungen in der Begründung des Entwurfs eines 2. FGOÄndG v. 11.09.2000, BT-Drucks. 14/4061, S. 7. *Kritisch* bzw. zweifelnd *Seer*, in: T/K, § 115 FGO Tz. 9 (Lfg. 131 Oktober 2012).

1289 *Schaumburg*, StuW 1999, 68, 69 f. u. v.a. 72 einschließlich Fußnote 67; *Seer*, BB 2000, 2387; *ders.*, StuW 2001, 3, 5; *ders.*, in: T/K, § 115 FGO Tz. 9 (Lfg. 131 Oktober 2012); *ders.*, in: T/L, Steuerrecht[21], § 22 Tz. 230; *Sunder-Plassmann* HHSp., Einf. FGO Tz. 201 (Lfg. 176 März 2003). Vgl. auch *Rüsken*, DStZ 2004, 334: Streitwertrevision als *Kompensation* für das Fehlen einer dritten Instanz in der Finanzgerichtsbarkeit.

1290 *Birk*, Steuerrecht[11], Tz. 588-599; *Seer*, in: T/L, Steuerrecht[21], § 22 Tz. 60.

1291 Die Finanzgerichte sind den Oberverwaltungsgerichten/Verwaltungsgerichtshöfen, den Landessozialgerichten, den Oberlandesgerichten und den Landesarbeitsgerichten, also den Landesgerichten der zweiten Instanz, gleichgeordnet, obwohl sie ihrer Funktion nach erstinstanzliche Gerichte sind, vgl. auch Gräber/*Koch*[6], § 2 FGO Tz. 3.

1292 Siehe *Seer*, in: T/L, Steuerrecht[21], § 22 Tz. 60.

tatsächlicher Hinsicht nochmals überprüft wird, sondern lediglich eine *Rechtsmittel-/Revisionsinstanz*, die gemäß § 118 FGO auf die rechtliche Überprüfung der finanzgerichtlichen Entscheidung beschränkt ist[1293].

Damit unterscheidet sich die Finanzgerichtsbarkeit erheblich von den *anderen Gerichtsbarkeiten*, die vom Grundsatz her allesamt *dreistufig* ausgestaltet sind und dabei regelmäßig über *zwei Tatsacheninstanzen* verfügen[1294].

1293 Vgl. *Birk*, Steuerrecht[11], Tz. 588-599.

1294 Der *dreistufige Instanzenzug* ergibt sich für die anderen in Art. 95 I GG genannten Gerichtsbarkeiten im Einzelnen aus den folgenden Vorschriften: In der **Verwaltungsgerichtsbarkeit** sind in *erster Instanz* i.d.R. die *Verwaltungsgerichte* zuständig; sie entscheiden gemäß § 45 VwGO als Tatsacheninstanz im ersten Rechtszug über alle Streitigkeiten, für die der Verwaltungsrechtsweg nach § 40 VwGO offensteht (vgl. zur ausnahmsweisen erstinstanzlichen Zuständigkeit eines Gerichts der Verwaltungsgerichtsbarkeit höherer Ordnung v.a. die Regelungen in §§ 47 u. 48 VwGO, durch die die erstinstanzliche Zuständigkeit des Oberverwaltungsgerichts/Verwaltungsgerichtshofs [vgl. zu der Bezeichnung ‚Verwaltungsgerichtshof' § 184 VwGO] begründet wird, sowie § 50 VwGO über die erst- [und zugleich letzt-] instanzliche Zuständigkeit des Bundesverwaltungsgerichts). *Berufungsinstanz* sind gemäß §§ 46 Nr. 1, 124 ff. VwGO die *Oberverwaltungsgerichte/Verwaltungsgerichtshöfe* als zweite Tatsacheninstanz, während die Entscheidung über die *Revision* (einschließlich der Sprungrevision) nach §§ 49 Nrn. 1 u. 2, 132 ff. VwGO dem *Bundesverwaltungsgericht* obliegt. – Eine Besonderheit beinhaltet die Regelung der §§ 49 Nr. 2, 135 VwGO, die den Beteiligten *für den Fall, dass die Berufung durch Bundesgesetz ausgeschlossen ist*, wenigstens die Möglichkeit der Revision gegen verwaltungsgerichtliche Urteile an das Bundesverwaltungsgericht eröffnet, vgl. *Kopp/Schenke*[16], § 135 VwGO Tz. 1. Bundesgesetze, die die Berufung generell ausschließen sind z.B. § 20 II 1 ESG, § 23 II 1 InVorG, § 10 II 1 KDVG, § 339 I 1 u. III LAG (i.V.m. § 190 I Nr. 1 VwGO), § 58 SaatG, § 137 III 1 TKG (hinsichtlich der Entscheidungen der Beschlusskammern der Bundesnetzagentur = Regulierungsbehörde), § 22 S. 1 VerkSiG, § 37 II 1 VermG, § 6 I 2 VZOG, § 12 S. 1 WiSiG, § 34 S. 1 WPflG und § 75 S. 1 ZDG. Insoweit handelt es sich zwar um eine *Durchbrechung* des dreistufigen Instanzenzuges in der Verwaltungsgerichtsbarkeit, da die Berufung in den genannten Fällen *generell* ausgeschlossen wird, so dass eine nochmalige Überprüfung des Streitstoffs in tatsächlicher Hinsicht nicht stattfindet. Der generelle Ausschluss der Berufung durch Bundesgesetz betrifft aber insgesamt betrachtet lediglich einige wenige sowie darüber hinaus überwiegend untergeordnete bzw. weniger zentrale Bereiche des Verwaltungsrechts. In der Mehrzahl verwaltungsrechtlicher Streitigkeiten steht dem Rechtsschutzsuchenden demgegenüber folglich ein dreistufiger Instanzenzug zur Verfügung, zumal die Beschränkung der Berufung in Form des Zulassungserfordernisses gemäß §§ 124, 124a VwGO gerade nicht als Ausschluss der Berufung i.S.d. § 135 S. 1 VwGO anzusehen ist, auch wenn sie einer Berufung im konkreten Fall ggf. entgegensteht, vgl. Eyermann/*P. Schmidt*[11], § 135 VwGO Tz. 1 a.E.; *Kopp/Schenke*[16], § 135 VwGO Tz. 2; *Meyer-Ladewig*, NJW 1978, 857, 859, sowie nachfolgend Fußnote 1296. – Eine weitere *Durchbrechung* des dreistufigen Instanzenzuges in der Verwaltungsgerichtsbarkeit stellt § 78 I AsylVfG dar, da gegen die dort bezeichneten Urteile der Verwaltungsgerichte jedes Rechtsmittel, also sowohl die Berufung als auch die Revision, ausgeschlossen ist, so dass dem Rechtsschutzsuchenden in den entsprechenden Fällen – Klageabweisung durch das Verwaltungsgericht als offensichtlich unzulässig oder offensichtlich unbegründet – nur eine einzige Instanz (Verwaltungsgericht) zur Verfügung steht. – In der **Sozialgerichtsbarkeit** sind in *erster Instanz* i.d.R. die *Sozialgerichte* zuständig; sie entscheiden gemäß § 8 SGG, soweit durch Gesetz nichts anderes bestimmt ist, als Tatsacheninstanz im ersten Rechtszug über alle Streitigkeiten, für die der Rechtsweg vor den Gerichten der Sozialgerichtsbarkeit nach §§ 51, 204 SGG offensteht (vgl. zur ausnahmsweisen erstinstanzlichen Zuständigkeit eines Gerichts der Sozialgerichtsbarkeit höherer Ordnung die Regelungen in § 29 II-IV SGG, durch die die erstinstanzliche Zuständigkeit des Landessozialgerichts [§ 29 III SGG: des Landessozialgerichts Nordrhein-Westfalen; § 29 IV SGG: des Landessozialgerichts Berlin-Brandenburg] begründet wird, sowie § 39 II SGG über die erst- [und zugleich letzt-] instanzliche Zuständigkeit des Bundessozialgerichts). *Berufungsinstanz* sind gemäß §§ 29 I, 143 ff. SGG die *Landessozialgerichte* als zweite Tatsacheninstanz, während die Entscheidung über die *Revision* (einschließlich der Sprungrevision) nach §§ 39 I, 160 ff. SGG dem *Bundessozialgericht* obliegt. – Die **Ordentliche Gerichtsbarkeit** umfasst nach § 13 GVG die *Straf- und Zivilsachen*. Auf den Instanzenzug in **Strafsachen** soll jedoch an dieser Stelle nicht näher eingegangen werden. Denn zum einen orientieren sich die erstinstanzliche Zuständigkeit und der entsprechende Instanzenzug im Wesentlichen an der jeweiligen Straferwartung; zum anderen kennt das Strafprozessrecht keine zulassungsabhängigen Rechtsmittel, so dass also weder die Statthaftigkeit der Berufung gemäß §§ 312 ff. StPO (einen Sonderfall für den Bereich der Bagatellkriminalität bildet die sog. *Annahmeberufung* gemäß § 313 StPO) noch die Statthaftigkeit der Revision nach §§ 333 ff. StPO von einer gerichtlichen Zulassung abhängt. Zu den **Zivilsachen** gehören nach § 13 GVG die *bürgerlichen Rechtsstreitigkeiten*, die *Familiensachen* und die *Angelegenheiten der freiwilligen Gerichtsbarkeit*. In **bürgerlichen Rechtsstreitigkeiten** stellt sich der Instanzenzug im Einzelnen wie folgt dar: Übersteigt der Wert des Streitgegenstandes 5.000 € nicht, so sind gemäß §§ 23 Nr. 1, 71 I GVG in *erster Instanz* grds. die *Amtsgerichte* zuständig, soweit nicht nach § 71 II GVG die *Landgerichte* ohne Rücksicht auf den Wert des Streitgegenstandes ausschließlich zuständig sind. Bei einem Wert des Streitgegenstandes von mehr als 5.000 € sind gemäß §§ 23 Nr. 1, 71 I GVG regelmäßig die *Landgerichte erstinstanzlich* zuständig, soweit nicht nach § 23 Nr. 2 GVG die *Amtsgerichte* ohne Rücksicht auf den Wert des Streitgegenstandes – nach § 23 Nr. 2 lit. a) u. c) GVG ausschließlich – zuständig sind. *Berufungsinstanz* sind bei erstinstanzlicher Zuständigkeit der Amtsgerichte gemäß §§ 72 I 1 GVG, 511 ff. ZPO die *Landgerichte*, bei erstinstanzlicher Zuständigkeit der Landgerichte nach §§ 119 I Nr. 2 GVG, 511 ff. ZPO die *Oberlandesgerichte*, jeweils als zweite Tatsacheninstanz. Die Entscheidung über die *Revision* (einschließlich der Sprungrevision) obliegt schließlich nach §§ 133 GVG, 542 ff. ZPO stets dem *Bundesgerichtshof*. In **Familiensachen** (vgl. nunmehr abschließend § 111 FamFG) entscheiden in *erster Instanz* gemäß § 23a I 1 Nr. 1, Satz 2 GVG ausschließlich die *Amtsgerichte* als *Familiengerichte* nach § 23b I GVG.

Zwar befinden sich auch die übrigen Gerichtsbarkeiten durch Einführung einer *zulassungsabhängigen Berufung* inzwischen allesamt auf dem Weg zu einer einzigen Tatsacheninstanz[1295], so dass die Berufungsinstanz als zweite Tatsacheninstanz

---

Beschwerdeinstanz sind gemäß §§ 119 I Nr. 1 lit. a), II GVG, 58 ff. FamFG (vgl. zudem § 117 FamFG betreffend Rechtsmittel in Ehesachen [§§ 111 Nr. 1, 121 FamFG] u. Familienstreitsachen [§ 112 FamFG]) die *Oberlandesgerichte – Familiensenate* – als vollständige zweite Tatsacheninstanz (vgl. § 65 III FamFG), während die Entscheidung über die *Rechtsbeschwerde* (einschließlich der Sprungrechtsbeschwerde) nach §§ 133 GVG, 70 ff. FamFG dem *Bundesgerichtshof* obliegt. In **Angelegenheiten der freiwilligen Gerichtsbarkeit** (vgl. insoweit die enumerative Aufzählung in § 23a II GVG) entscheiden in *erster Instanz* gemäß § 23a I 1 Nr. 2 GVG grds. die *Amtsgerichte* (u.a. als *Betreuungsgerichte* nach § 23c I GVG). *Beschwerdeinstanz* sind gemäß §§ 119 I Nr. 1 lit. b) GVG, 58 ff. FamFG i.d.R. die *Oberlandesgerichte* als vollständige zweite Tatsacheninstanz (vgl. § 65 III FamFG). Eine Ausnahme gilt für die von den Betreuungsgerichten nach § 23c I GVG entschiedenen Betreuungssachen (§ 271 FamFG), Unterbringungssachen (§ 312 FamFG) und betreuungsgerichtlichen Zuweisungssachen (§ 340 FamFG) sowie für die von den Amtsgerichten nach § 23a I 1 Nr. 2, II Nr. 6 GVG entschiedenen Freiheitsentziehungssachen (§ 415 FamFG), in denen gemäß §§ 72 I 2 GVG, 58 ff. FamFG jeweils die *Landgerichte* als vollständige zweite Tatsacheninstanz (vgl. § 65 III FamFG) für die Entscheidung über die *Beschwerde* zuständig sind. Die Entscheidung über die *Rechtsbeschwerde* (einschließlich der Sprungrechtsbeschwerde) obliegt nach §§ 133 GVG, 70 ff. FamFG stets dem *Bundesgerichtshof.* – In der **Arbeitsgerichtsbarkeit** ist zwischen dem *Urteilsverfahren* (§§ 2, 46 I ArbGG) und dem *Beschlussverfahren* (§§ 2a, 80 I ArbGG) zu differenzieren. Im **Urteilsverfahren**, in dem sich die Zuständigkeit der Arbeitsgerichtsbarkeit auf *bürgerliche Rechtsstreitigkeiten* bezieht, sind in *erster Instanz* gemäß § 8 I ArbGG die *Arbeitsgerichte* zuständig. *Berufungsinstanz* sind gemäß §§ 8 II, 64 ff. ArbGG die *Landesarbeitsgerichte* als zweite Tatsacheninstanz, während die Entscheidung über die *Revision* (einschließlich der Sprungrevision) nach §§ 8 III, 72 ff. ArbGG dem *Bundesarbeitsgericht* obliegt. Im **Beschlussverfahren**, dessen Anwendungsbereich sich ausschließlich auf *kollektivrechtliche Streitigkeiten* – vornehmlich aus dem Betriebsverfassungsrecht – erstreckt, entscheiden in *erster Instanz* gemäß § 8 I ArbGG ebenfalls die *Arbeitsgerichte. Beschwerdeinstanz* sind nach §§ 8 IV, 87 ff. ArbGG die *Landesarbeitsgerichte* als zweite Tatsacheninstanz, während für die Entscheidung über die *Rechtsbeschwerde* (einschließlich der Sprungrechtsbeschwerde) gemäß §§ 8 V, 92 ff. ArbGG stets das *Bundesarbeitsgericht* zuständig ist.

1295 Siehe auch *Seer*, StuW 2001, 3, 4. – Vgl. zur Einführung einer zulassungsabhängigen Berufung in den übrigen Gerichtsbarkeiten im Einzelnen wie folgt: Für die **Verwaltungsgerichtsbarkeit**: §§ 124 ff. VwGO: Allgemeine Zulassungsberufung mit Antrag auf Zulassung der Berufung; Einführung durch das 6. VwGOÄndG v. 01.11.1996, BGBl. I 1996, 1626, 1627 f.; s. ferner das RmBereinVpG v. 20.12.2001, BGBl. I 2001, 3987, 3988 f.; vgl. zudem das 1. JuMoG v. 24.08.2004, BGBl. I 2004, 2198, 2204. Zum generellen Ausschluss der Berufung durch Sondergesetze i.R.d. allgemeinen Verwaltungsgerichtsbarkeit ausführlich vorstehend in

dem Rechtsschutzsuchenden faktisch nicht selten verschlossen bleibt. Weil es sich bei der Beschränkung der Berufung in Form des Zulassungserfordernisses jedoch nicht um einen generellen Ausschluss der Berufung handelt[1296], besteht dort für den Rechtsschutzsuchenden auch weiterhin jeweils grds. die – zumindest theoretische – Möglichkeit, die erstinstanzliche Entscheidung zunächst von der Berufungsinstanz als einer zweiten Tatsacheninstanz und anschließend noch von der

---

Fußnote 1294. – Für die **Sozialgerichtsbarkeit**: §§ 143 ff. SGG: Kombination von Streitwert- und Zulassungsberufung: Zulassungserfordernis bei Streitwerten bis zu 750 € (§ 144 I 1 Nr. 1 SGG) bzw. 10.000 € (§ 144 I 1 Nr. 2 SGG) mit NZB. Siehe hierzu das Gesetz zur Entlastung der Rechtspflege v. 11.01.1993, BGBl. I 1993, 50, 53 f.; vgl. ferner das 4. Euro-Einführungsgesetz v. 21.12.2000, BGBl. I 2000, 1983, 2009; s. überdies das 6. SGGÄndG v. 17.08.2001, BGBl. I 2001, 2144, 2150; vgl. zudem das Gesetz zur Änderung des Sozialgerichtsgesetzes und des Arbeitsgerichtsgesetzes v. 26.03.2008, BGBl. I 2008, 444, 446. – Für die **Ordentliche Gerichtsbarkeit (Zivilsachen)**: §§ 511 ff. ZPO: Kombination von Streitwert- und Zulassungsberufung: Zulassungserfordernis bei Streitwerten bis zu 600 € ohne Rechtsmittel gegen die Nichtzulassung der Berufung; Einführung durch das ZPO-RG v. 27.07.2001, BGBl. I 2001, 1887, 1895; s. auch das 1. JuMoG v. 24.08.2004, BGBl. I 2004, 2198, 2199; s. ferner die Bekanntmachung der Neufassung der ZPO v. 05.12.2005, BGBl. I 2005, 3202, 3277. Vgl. überdies für den Bereich der *Familiensachen* sowie der *Angelegenheiten der freiwilligen Gerichtsbarkeit* §§ 58 ff., insbesondere § 61 FamFG: Kombination von Streitwert- und Zulassungsbeschwerde in vermögensrechtlichen Angelegenheiten: Zulassungserfordernis bei Streitwerten bis zu 600 € ohne Rechtsmittel gegen die Nichtzulassung der Beschwerde, eingeführt durch das FGG-RG v. 17.12.2008, BGBl. I 2008, 2586, 2602 (ff.). – Für die **Arbeitsgerichtsbarkeit**: §§ 64 ff. ArbGG im *Urteilsverfahren*: Im Wesentlichen Kombination von Streitwert- (Streitwertgrenze = 600 €) und Zulassungsberufung ohne Rechtsmittel gegen die Nichtzulassung der Berufung; in Bestandsschutzstreitigkeiten, also in Rechtsstreitigkeiten über das Bestehen, das Nichtbestehen oder die Kündigung eines Arbeitsverhältnisses, ist die Berufung generell unabhängig von ihrer Zulassung oder dem Erreichen der Streitwertgrenze zulässig (vgl. § 64 II lit. c) ArbGG). Siehe hierzu bereits die Bekanntmachung der Neufassung des ArbGG v. 02.07.1979, BGBl. I 1979, 853, 866; s. anschließend das Arbeitsgerichtsbeschleunigungsgesetz v. 30.03.2000, BGBl. I 2000, 333, 334; vgl. zudem das 4. Euro-Einführungsgesetz v. 21.12.2000, BGBl. I 2000, 1983, 2009.

1296 Auf gleicher Linie Eyermann/*P. Schmidt*[11], § 135 VwGO Tz. 1 a.E.; *Kopp/Schenke*[16], § 135 VwGO Tz. 2, jeweils im Hinblick auf die §§ 124, 124a VwGO und den in § 135 S. 1 VwGO geregelten Fall, dass die Berufung durch Bundesgesetz (generell) ausgeschlossen ist (dazu ausführlich vorstehend in Fußnote 1294); vgl. zudem *Meyer-Ladewig*, NJW 1978, 857, 859. Eyermann/*P. Schmidt*[11], § 135 VwGO Tz. 1 a.E., weist insoweit ausdrücklich darauf hin, dass die Berufung nicht generell ausgeschlossen sei, wenn sie unter bestimmten Voraussetzungen zuzulassen sei, unabhängig davon, ob im jeweils konkreten Fall eine Berufungszulassungsvoraussetzung vorliege oder nicht.

(ebenfalls zulassungsabhängigen) Revisionsinstanz als reiner Rechtsinstanz überprüfen zu lassen.

Zumindest äußerlich behalten die anderen Gerichtsbarkeiten demnach ihren dreistufigen Instanzenzug bei[1297] und unterscheiden sich somit maßgeblich von der von vornherein nur zweistufig aufgebauten Finanzgerichtsbarkeit.

Der zweistufige Aufbau der Finanzgerichtsbarkeit war jedoch in der Vergangenheit keinesfalls unumstritten.

Der von der Bundesregierung eingebrachte *Entwurf einer Finanzgerichtsordnung* sah mit Rücksicht auf die besonderen Verhältnisse der Finanzgerichtsbarkeit zwar ursprünglich eine Beschränkung des Instanzenzuges auf weiterhin zwei Stufen vor[1298]. Im Zuge der Beratungen dieses Entwurfs und im Vorfeld der endgültigen

1297 Vgl. auch *Seer*, StuW 2001, 3, 4.

1298 Im Allgemeinen Teil der Begründung des Entwurfs einer Finanzgerichtsordnung v. 02.08.1963, BT-Drucks. IV/1446, S. 36, heißt es im Hinblick auf die Leitgedanken des Gesetzentwurfs wörtlich: *„Im Gegensatz zur allgemeinen Verwaltungsgerichtsbarkeit und zur Sozialgerichtsbarkeit soll der Instanzenzug der Finanzgerichtsbarkeit mit Rücksicht auf deren besondere Verhältnisse auch künftig auf zwei Stufen beschränkt bleiben"*. Hierfür seien verschiedene Gründe maßgebend (S. 36 f. Begründung FGO-E): So seien die FGe zwar ebenso wie die Gerichte anderer Gerichtsbarkeiten zur vollständigen Sachaufklärung verpflichtet. Allerdings seien die Tatsachen vor den FGen im Allgemeinen weit weniger umstritten als bspw. in der allgemeinen Verwaltungsgerichtsbarkeit, weil die entsprechende Sachaufklärung in den meisten bedeutenderen Fällen schon durch die Einrichtungen der Finanzverwaltung, insbesondere durch die Betriebsprüfung, vorgenommen werde. Darüber hinaus seien die Steuertatbestände entsprechend dem Grundsatz der Gesetzmäßigkeit der Besteuerung sowohl hinsichtlich der Voraussetzungen als auch hinsichtlich der Höhe der Steuerschuld/des Umfangs der Steuerpflicht gesetzlich genau normiert, so dass bei der Festsetzung der jeweiligen Steuer für die Anwendung eines Ermessens ein im Verhältnis zu anderen Verwaltungsbehörden nur geringer Raum verbleibe; die Tätigkeit der Finanzbehörden bei der Steuerfestsetzung sei daher bereits eine echte Rechtsentscheidung („rechtsanwendende" Tätigkeit mit nur ausnahmsweise möglichem Ermessensspielraum, vgl. auch S. 37 f. Begründung FGO-E). Des Weiteren hätten die Finanzverwaltungsbehörden die Tatsachen schon nach materiellem Steuerrecht nicht nur zuungunsten, sondern auch zugunsten des Steuerpflichtigen zu berücksichtigen. Nicht zuletzt würde die Einführung einer weiteren Instanz das finanzgerichtliche Verfahren, bei dem ein besonderes Bedürfnis sowohl der Steuerpflichtigen als auch der Finanzverwaltung nach möglichst schneller Entscheidung bestünde, über Gebühr verteuern, komplizieren und verlängern, zumal die Überprüfung der Verwaltungsakte durch die Finanzverwaltung in einem Vorverfahren hierdurch nicht erspart werden könnte. Weil für die Wirksamkeit des Rechtsschutzes weniger die Vielzahl der Instanzen als vielmehr die Unabhängigkeit der Gerichte und die Ausgestaltung des Verfahrens einschließlich des Vorverfahrens maßgebend seien, halte der Entwurf schließlich „entgegen einem verschiedentlich geäußerten Wunsch auf Einführung ‚oberer Finanzgerichte' in Übereinstimmung

Verabschiedung der FGO 1965 beschloss dann aber der Deutsche Bundestag – über alle Parteien hinweg – zunächst einen dreistufigen Aufbau auch der Finanzgerichtsbarkeit, der neben den Finanzgerichten als zweite (Tatsachen-) Instanz sog. *Oberfinanzgerichte* vorsah: Gemäß § 2 dieses vom Bundestag beschlossenen Entwurfs einer Finanzgerichtsordnung waren als Gerichte der Finanzgerichtsbarkeit in den Ländern die Finanzgerichte und das *Oberfinanzgericht* sowie im Bund der Bundesfinanzhof vorgesehen. Dem *Oberfinanzgericht* oblag dabei nach § 33a die Entscheidung über das Rechtsmittel der *Berufung* gegen Urteile der Finanzgerichte (vgl. dazu auch § 107b I sowie den gesamten Abschnitt V, Unterabschnitt 1 des Entwurfs betreffend die *Berufung* [§§ 107b-107h]) und die Entscheidung über das Rechtsmittel der *Beschwerde* gegen andere finanzgerichtliche Entscheidungen (vgl. dazu auch § 118 I des Entwurfs)[1299].

Erst nach Anrufung des Vermittlungsausschusses durch den Bundesrat kam es schließlich doch noch zu einer Beschränkung des finanzgerichtlichen Instanzenzuges[1300], dies wohl insbesondere aus fiskalischen Motiven[1301]. Ein weiterer zentraler Grund für die Beibehaltung des zweistufigen Instanzenzuges war eine gerade in

---

mit der Auffassung namhafter Sachkenner, insbesondere auch in Übereinstimmung mit den nach Anhörung mehrerer Sachverständiger gefassten Beschlüssen des Finanzausschusses des Bundestages in der 3. Wahlperiode, an der bisherigen zweiinstanzlichen Gliederung der Finanzgerichtsbarkeit fest".

1299 Schriftlicher Bericht des Rechtsausschusses (12. Ausschuss) über den von der Bundesregierung eingebrachten Entwurf einer Finanzgerichtsordnung (FGO) – Drucksache IV/1446 – v. 09.06.1965, BT-Drucks. IV/3523, v.a. S. 2, 14, 42 ff. u. 49. Siehe zudem Schriftlicher Bericht des Rechtsausschusses (12. Ausschuss) über den von der Bundesregierung eingebrachten Entwurf einer Finanzgerichtsordnung (FGO) – Drucksache IV/1446 -, Bericht des Abgeordneten Bauer (Würzburg) v. 14.06.1965, zu BT-Drucks. IV/3523, dort insbesondere S. 2 f. – Nach § 33b Satz 1 des Entwurfs konnte die Landesgesetzgebung zudem bestimmen, dass das *Oberfinanzgericht* i.R. seiner Gerichtsbarkeit auf Antrag über die Gültigkeit einer landesrechtlichen Verordnung oder einer anderen im Range unter dem Landesgesetz stehenden Rechtsvorschrift entscheidet, soweit nicht gesetzlich vorgesehen war, dass die betreffende Rechtsvorschrift durch ein Verfassungsgericht nachprüfbar ist.

1300 Beschluss des Bundesrates betreffend das Verlangen der Einberufung des Vermittlungsausschusses hinsichtlich der Finanzgerichtsordnung (FGO) einschließlich der Gründe für die Einberufung des Vermittlungsausschusses zur Finanzgerichtsordnung (FGO) v. 09.07.1965, BT-Drucks. IV/3739. Ferner Mündlicher Bericht des Vermittlungsausschusses zu der Finanzgerichtsordnung (FGO) – Drucksachen IV/1446, IV/3523, zu IV/3523, IV/3739 – v. 22.07.1965, BT-Drucks. IV/3755, v.a. S. 2, 3 u. 4.

1301 Siehe insoweit den Beschluss des Bundesrates betreffend das Verlangen der Einberufung des Vermittlungsausschusses hinsichtlich der Finanzgerichtsordnung (FGO) einschließlich der Gründe für die Einberufung des Vermittlungsausschusses zur Finanzgerichtsordnung (FGO) v. 09.07.1965, BT-Drucks. IV/3739, S. 2, dort unter 1.2. unter Hinweis auf die Unvereinbarkeit der Schaffung eines dreistufigen

Steuersachen nicht wünschenswerte Verlängerung des Rechtswegs, die ein dreigliedriger Aufbau der Finanzgerichtsbarkeit nach sich gezogen hätte. Überdies war für den Vermittlungsausschuss maßgebend, dass bei einer dreiinstanzlichen Gliederung der Finanzgerichtsbarkeit die erforderliche Einheitlichkeit der Rechtsprechung in Steuersachen beeinträchtigt werden würde[1302].

Zwar ist die *Kritik* an dieser Entscheidung, an der Beschränkung des finanzgerichtlichen Instanzenzuges auf lediglich zwei Stufen festzuhalten, bis heute nicht vollständig verstummt, auch wenn sie nach zunächst intensiver Diskussion über die Frage nach der zwei- oder dreistufigen Ausgestaltung der Finanzgerichtsbarkeit in letzter Zeit deutlich zurückgegangen zu sein scheint[1303].

Ungeachtet dessen scheint jedoch die Kontroverse um die Beibehaltung der Zweistufigkeit oder die Umgestaltung zur Dreistufigkeit inzwischen *rechtspolitisch entschieden* zu sein. Denn mit Inkrafttreten des 2. FGOÄndG v. 19.12.2000 zum 01.01.2001 hat sich der Gesetzgeber trotz der endgültigen und ersatzlosen Abschaffung der Streitwertrevision und der damit verbundenen Einführung einer ausschließlich zulassungsabhängigen Revision dazu entschlossen, an einem zweistufigen Aufbau der Finanzgerichtsbarkeit festzuhalten. Da überdies Justizreformen seit geraumer Zeit zunehmend durch eine Beschleunigung und Straffung des Verfahrens sowie eine Entlastung der Gerichte gekennzeichnet sind, passt ein

---

finanzgerichtlichen Instanzenzuges mit dem *Grundsatz sparsamer Haushaltsführung*. Überdies *Seer*, BB 2000, 2387; *ders.*, StuW 2001, 3, 4.

1302 Vgl. zu den für den Vermittlungsausschuss maßgebenden Gründen insgesamt den Beschluss des Bundesrates betreffend das Verlangen der Einberufung des Vermittlungsausschusses hinsichtlich der Finanzgerichtsordnung (FGO) einschließlich der Gründe für die Einberufung des Vermittlungsausschusses zur Finanzgerichtsordnung (FGO) v. 09.07.1965, BT-Drucks. IV/3739, S. 2.

1303 *Seer*, BB 2000, 2387; *ders.*, StuW 2001, 3, 4. – Aus dem umfangreichen Schrifttum zu der Diskussion über die Einführung eines dreistufigen Aufbaus der Finanzgerichtsbarkeit oder die Festhaltung an einem nur zweistufigen finanzgerichtlichen Instanzenzug: *Bickel*, ZRP 1984, 57, 58 ff.; *Dänzer-Vanotti*, BB 1986, 2386 f.; *Gmach*, DStR 1987, 23 ff., dort insbesondere 24, 26, 29 u. 30; *Hoffmann-Fölkersamb*, Geschichte und Perspektiven des Rechtsbehelfsverfahrens, S. 94 ff.; *Klein/Triller*, DStZ 1986, 471, 473 f. u. 475; *Kraft*, DStR 1981, 667 ff.; *List*, Die Finanzgerichtsbarkeit in unserer Zeit, S. 28 f.; *Niethammer*, DStZ 1987, 119 f.; *Offerhaus*, DStR 1986, 99, 100 ff.; *ders.*, FR 1986, 169; *ders.*, BB 1988, 2074, 2075; *Raupach*, in: Die Situation der Finanzgerichtsbarkeit, 69 ff.; *Rönitz*, DB 1987, 653 f.; *Rößler*, BB 1984, 2262, 2263 f.; *ders.*, DStZ 1987, 246 f.; *Rudloff*, DStR 1986, 503 ff.; *Voß*, BB 1987, 376 ff.; *Weber-Grellet*, DStZ 1987, 20 ff.; *ders.*, DStZ 1989, 131 f.; *de With*, in: FS 75 Jahre RFH-BFH, 157 ff.; *Witte*, DStR 1978, 511, 515. Ferner *Noch/Burkhard*, StuW 1999, 335, insbesondere 338 ff.; *Schmieszek*, in: FS Offerhaus, 773, 783 f. Siehe aus letzter Zeit etwa *Gebhardt*, AO-StB 2009, 56, der für die *Einführung einer Berufungsinstanz* in der Finanzgerichtsbarkeit plädiert, wobei im Einzelnen die *Finanzgerichte* den Status sog. *Untergerichte* erhalten sollen, gegen deren Urteile dann die *Berufung* zu einem *Oberfinanzgericht* oder *Finanzgerichtshof* zulässig sein soll.

Ausbau der Finanzgerichtsbarkeit – auch vor dem Hintergrund der bereits erwähnten Einführung einer zulassungsabhängigen Berufung in den übrigen Gerichtsbarkeiten – offenbar nicht mehr in unsere Zeit, so dass sich der Rechtsschutzsuchende in Steuersachen aller Voraussicht nach dauerhaft mit einem lediglich zweistufigen Gerichtssystem und somit nur einer Tatsacheninstanz abfinden muss[1304].

Auch wenn die Finanzgerichtsbarkeit aufgrund der expliziten Nennung in Art. 95 I GG im Verhältnis zu den anderen Gerichtsbarkeiten institutionell einen selbständigen und gleichrangigen Gerichtszweig darstellt[1305], so bleibt sie folglich aufgrund ihres – nunmehr wohl dauerhaft – nur zweistufigen Instanzenzuges dennoch deutlich hinter diesen zurück[1306].

b) Wegfall der Geschäftsgrundlage für die Zweistufigkeit der Finanzgerichtsbarkeit durch Streichung der Streitwertrevision *und* praktisch einstufiger Instanzenzug im finanzgerichtlichen Verfahren

Dieser im Vergleich zu den anderen Gerichtsbarkeiten erheblichen Verkürzung des finanzgerichtlichen Instanzenzuges auf nur zwei Stufen wurde lange Zeit durch die Existenz der Streitwertrevision hinreichend Rechnung getragen. Die Streitwertrevision stand nämlich gerade für den *Individualrechtsschutz* und eine *effiziente Rechtmäßigkeitskontrolle* durch eine zweite Instanz in zumindest wirtschaftlich nicht ganz unbedeutenden Verfahren.

Mit ihrer nunmehr endgültigen und ersatzlosen Streichung durch das 2. FGO-ÄndG ist folglich auch die *Geschäftsgrundlage für die Zweistufigkeit der Finanzgerichtsbarkeit entfallen*[1307].

1304 Auf gleicher Linie *Seer*, StuW 2001, 3, 4. – Im Übrigen wäre die Einführung eines dreistufigen finanzgerichtlichen Instanzenzuges mit enormen Kostenlasten verbunden, was einem Ausbau der Finanzgerichtsbarkeit mit Blick auf die gegenwärtige Haushaltssituation ebenfalls entgegensteht.

1305 *Seer*, BB 2000, 2387; *ders.*, StuW 2001, 3, 4; *ders.*, in: T/L, Steuerrecht[21], § 22 Tz. 60. Zudem *Detterbeck*, in: Sachs[3], Art. 95 GG Tz. 11: *„Gleichwertigkeit der fünf Gerichtszweige"*, unter Hinweis auf die noch zu Art. 96 I GG a.F. ergangene Entscheidung des *BVerfG* v. 09.05.1961, 2 BvR 49/60, BVerfGE 12, 326, 333, wonach das Grundgesetz die dort genannten fünf Gerichtszweige als *„gleichwertig, gleichrangig und gleich bedeutsam"* anerkenne.

1306 Siehe auch *Seer*, BB 2000, 2387; *ders.*, StuW 2001, 3, 5; *ders.*, in: T/K, § 115 FGO Tz. 9 (Lfg. 131 Oktober 2012); *ders.*, in: T/L, Steuerrecht[21], § 22 Tz. 230.

1307 Vgl. schon *Felix*, KÖSDI 1985, 5961 ff., betreffend die seinerzeitige Suspendierung der Streitwertrevision. Vgl. im Anschluss daran *Schaumburg*, StuW 1999, 68, 69 f. u. v.a. 72, dort insbesondere Fußnote 67; *Seer*, BB 2000, 2387; *ders.*, StuW 2001, 3, 5; *ders.*, in: T/K, § 115 FGO Tz. 9 (Lfg. 131 Oktober 2012); *ders.*, in: T/L, Steuerrecht[21], § 22 Tz. 230. Zudem *Lange*, NJW 2001, 1098, 1099; *ders.* HHSp., § 115 FGO Tz. 55 (Lfg. 192 Oktober 2006).

Die anfängliche Suspendierung und schließlich endgültige Abschaffung der Streitwertrevision führt darüber hinaus sogar dazu, dass der ohnehin schon äußerst schmale zweistufige Instanzenzug de facto zu einer nur *einstufigen Finanzgerichtsbarkeit* verkümmert ist, da angesichts der ausnahmslos für sämtliche Revisionen statuierten gerichtlichen Zulassungshürde für die weit überwiegende Anzahl der Fälle letzten Endes allein ein Rechtszug offen steht.

Dies indes beschneidet den Individualrechtsschutz des Steuerbürgers so ungemein, dass dieser in der Finanzgerichtsbarkeit nach dem Wegfall der Streitwertrevision auf höchst unangemessene Weise unterrepräsentiert ist. Eine derart nachhaltige Einschränkung des Rechtsschutzbedürfnisses in Steuersachen wiederum lässt dabei angesichts der vorstehend beschriebenen *Korrelation* zwischen der Existenz der Streitwertrevision und der Zweistufigkeit der Finanzgerichtsbarkeit zunächst einmal *indiziell* auf ein *erhebliches Defizit* innerhalb des zweitinstanzlichen finanzgerichtlichen Rechtsschutzes schließen und zieht eine spürbare Minderung der dortigen Rechtsschutzqualität nach sich[1308].

Überdies lädt der vorstehend beschriebene Zustand – ein *praktisch einstufiger Instanzenzug* für die weit überwiegende Anzahl der Fälle – die Richter am Finanzgericht als Fachrichter der ersten Instanz zu einem mehr oder weniger sorglosen Umgang mit dem Recht ein, weil es an einer ausreichenden Kontrolle durch eine übergeordnete zweite Instanz fehlt[1309].

1308 *List*, DStR 1985, 359, 360 f. u. 363; *ders.*, DStZ 1988, 159 u. 160; *ders.*, DStR 1995, 1982, 1984, jeweils ausschließlich betreffend die Suspendierung der Streitwertrevision im Jahre 1985; *ders.*, DStR 2000, 1499, 1502, 1503 u. 1505; *Schaumburg*, StuW 1999, 68, 69 f. u. v.a. 72 einschließlich Fußnote 67; *Seer*, BB 2000, 2387; *ders.*, StuW 2001, 3, 4 ff., v.a. 5; *ders.*, StuW 2003, 193, 200 u. 204; *ders.*, in: T/K, § 115 FGO Tz. 16 u. 39 (Lfg. 131 Oktober 2012); *Suhrbier-Hahn*, DStR 2001, 467, 473; *Sunder-Plassmann* HHSp., Einf. FGO Tz. 156 (Lfg. 176 März 2003), der darauf hinweist, dass der Mangel des nur zweistufigen finanzgerichtlichen Instanzenzuges zwar von vornherein in der FGO angelegt gewesen sei, allerdings nunmehr mit der Suspendierung und endgültigen Abschaffung der Streitwertrevision erst richtig zum Vorschein komme. Vgl. überdies *Herden*, DStZ 2000, 394, 396, nach dessen Auffassung die endgültige Abschaffung der Streitwertrevision zwar auch vor dem Hintergrund der Einzelfallgerechtigkeit hinnehmbar sei (vgl. Fußnote 230), der jedoch gleichzeitig zu bedenken gibt, dass die Einzelfallgerechtigkeit im Finanzgerichtsprozess im Hinblick auf den nur zweistufigen Aufbau der Finanzgerichtsbarkeit deutlich zu kurz komme, wenn nicht über einen zusätzlichen vierten Revisionszulassungsgrund der *„überwiegenden Zweifel an der Richtigkeit der angefochtenen Entscheidung"* nachgedacht werde, vgl. insoweit auch bereits oben im 2. Abschnitt unter A.II. (S. 54 ff. [56]), dort Fußnote 232, nachfolgend unter 4. (S. 418), dort Fußnote 1376, sowie später unter C.II. (S. 613 f.), dort Fußnote 1974. Vgl. schließlich noch insgesamt oben im 2. Abschnitt unter A.II. (S. 54 ff., dort S. 56 einschließlich Fußnote 232).

1309 *Seer*, in: T/K, § 115 FGO Tz. 16 (Lfg. 131 Oktober 2012). Damit soll jedoch nicht unterstellt werden, dass die Richter am Finanzgericht tatsächlich entsprechend

3. *Verschärfung der Situation bei Übertragung des Rechtsstreits auf den Einzelrichter*

Die Situation verschärft sich, wenn der Rechtsstreit auf den Einzelrichter übertragen und das finanzgerichtliche Verfahren dadurch teilweise weiter reduziert wird.

a) Kollegialprinzip und Senatsverfassung als Vorgabe der FGO 1965 und Grundprinzip der Finanzgerichtsbarkeit

Die FGO 1965 hatte seinerzeit auf erstinstanzlicher Ebene bewusst *Kollegialspruchkörper* mit einer *Senatsverfassung* vorgesehen, um die im Vergleich zu den anderen Gerichtsbarkeiten erhebliche Verkürzung des finanzgerichtlichen Instanzenzuges auf nur zwei Stufen auszugleichen und ihr entsprechend entgegenzuwirken[1310].

Auch heute verfügen die Finanzgerichte in ihrer Eigenschaft als obere Landesgerichte (vgl. § 2 FGO) gemäß § 5 II 1 FGO – ebenso wie der BFH nach § 10 II 1 FGO – über eine *Senatsverfassung* und sind im Grundsatz als *Kollegialgerichte* ausgestaltet. Die Senate, die bei den Finanzgerichten gebildet werden, entscheiden dabei als *Kollegialspruchkörper* nach § 5 III 1 FGO grds. in der Besetzung mit drei (Berufs-) Richtern und zwei ehrenamtlichen Richtern[1311].

Das der sowohl in der FGO 1965 als auch in der heute geltenden Fassung der FGO fest verankerten Senatverfassung immanente *Kollegialprinzip* ist als Prototyp der sog. *Intra-Organ-Kontrolle*[1312] geeignet, etwaige Kontrolldefizite, die auf zweitinstanzlicher Ebene entstehen, zumindest teilweise zu kompensieren[1313].

---

sorglos mit dem Recht umgehen; es soll vielmehr allein darauf hingewiesen werden, dass der bestehende Zustand – ein de facto einstufiger finanzgerichtlicher Instanzenzug – zu einem mehr oder weniger sorglosen Umgang mit dem Recht einlädt und somit eine entsprechende Gefahr besteht. – Siehe dazu auch nachfolgend unter IV.1. (S. 423) sowie konkret im Hinblick auf die Einladung zu einem sorglosen Umgang mit dem *Europäischen Unionsrecht* später unter B.III.2.e) (S. 606 ff., dort S. 608).

1310 § 4 II 1 und III 1 FGO 1965 lauteten wie folgt: *„Bei den Finanzgerichten werden Senate gebildet“* (§ 4 II 1 FGO 1965). *„Die Senate entscheiden in der Besetzung mit drei Richtern und zwei ehrenamtlichen Finanzrichtern“* (§ 4 III 1 FGO 1965). – Vgl. dazu Mündlicher Bericht des Vermittlungsausschusses zu der Finanzgerichtsordnung (FGO) – Drucksachen IV/1446, IV/3523, zu IV/3523, IV/3739 – v. 22.07.1965, BT-Drucks. IV/3755, S. 2 Ziffer 3. lit. b) u. c); ferner *Seer*, BB 2000, 2387; *ders.*, StuW 2001, 3, 5.

1311 Beschlüsse außerhalb der mündlichen Verhandlung und Gerichtsbescheide nach § 90a FGO ergehen jedoch ohne Mitwirkung der ehrenamtlichen Richter, § 5 III 2 FGO.

1312 So *Seer*, BB 2000, 2387, 2388; *ders.*, StuW 2001, 3, 7; *ders.*, in: T/L, Steuerrecht[21], § 22 Tz. 61 u. 64; *Sunder-Plassmann* HHSp., § 6 FGO Tz. 26 (Lfg. 175 Oktober 2002); *Voßkuhle*, Rechtsschutz gegen den Richter, S. 294.

1313 *Brandis*, in: T/K, § 6 FGO Tz. 3 a.E. (Lfg. 115 April 2008); *Seer*, BB 2000, 2387, 2388; *ders.*, StuW 2001, 3, 7; *Sunder-Plassmann* HHSp., § 6 FGO Tz. 26 (Lfg. 175 Oktober 2002); *Voßkuhle*, Rechtsschutz gegen den Richter, S. 331.

Denn es ist gerade dadurch gekennzeichnet, dass innerhalb der Funktionseinheit ‚Spruchkörper' mehrere Personen (Richter) bei der Entscheidung zusammenwirken, sich infolge gemeinsamer Erörterung gegenseitig beeinflussen und damit zugleich auch kontrollieren[1314]. Kollegialentscheidungen kommt demnach – auch wenn hier letztlich eine Abhängigkeit von der ‚Qualität der Richter' besteht[1315] – zumindest tendenziell regelmäßig eine höhere Gewähr für die Qualität und Rechtsrichtigkeit zu als einer Entscheidung durch einen einzelnen Richter, so dass durch sie grds. auch ein effektiverer und wirkungsvollerer Rechtsschutz gewährt wird, als wenn lediglich ein einzelner Richter entscheidet[1316].

b) Einführung des sog. fakultativen Einzelrichters – § 6 FGO

Ungeachtet dessen hat der Gesetzgeber durch das FGOÄndG v. 21.12.1992 mit Wirkung zum 01.01.1993 auf erstinstanzlicher Ebene – ohne jegliche Streitwertbegrenzung – den *sog. fakultativen Einzelrichter* gemäß § 6 FGO eingeführt[1317].

Nach der Begründung des Gesetzgebers soll diese Vorschrift zur Entlastung der Gerichte sowie zur Beschleunigung und Straffung des finanzgerichtlichen Verfahrens beitragen. Die Einführung des Einzelrichters soll die Senate der Finanzgerichte

---

1314 *Seer*, BB 2000, 2387, 2388; *ders.*, StuW 2001, 3, 7; *ders.*, in: T/L, Steuerrecht[21], § 22 Tz. 61; *Sunder-Plassmann* HHSp., § 6 FGO Tz. 26 Fußnote 5 (Lfg. 175 Oktober 2002); *Voßkuhle*, Rechtsschutz gegen den Richter, S. 294; *Woerner*, BB 1996, 39, der anführt, dass in einem Spruchkörper Rechts- und Tatsachenfragen in aller Regel ausführlicher erörtert werden, während der Einzelrichter mit sich selbst allein sei.

1315 *Balke*, StJ 1993, 13, 37 ff.; *Brandis*, in: T/K, § 6 FGO Tz. 3 (Lfg. 115 April 2008); *Tipke*, StuW 1993, 213, 220.

1316 *BVerfG*, Beschl. v. 05.05.1998, 1 BvL 23/97, NJW 1999, 274 u. 275 (3. Kammer des Ersten Senats); Beschl. v. 05.05.1998, 1 BvL 24/97, DStZ 1998, 722, 723 (3. Kammer des Ersten Senats); *BFH*, Urt. v. 02.12.1998, X R 15-16/97, BStBl. II 1999, 412, 413; Beschl. v. 09.07.2003, IX B 34/03, BStBl. II 2003, 858, 859; *Brandis*, in: T/K, § 6 FGO Tz. 3, 6 (*„größere Sachkompetenz des Kollegiums"*) u. 22 (Lfg. 115 April 2008); *Gramich*, DStR 1993, 6, 7 (*„größere Sachkompetenz des Senats"*); *Klein/Probst*, DB 1993, 1387, 1388, auch unter Hinweis auf einen *„Horror vacui"* in der Einzelrichtersituation (dort Fußnote 15); *Loose*, StuW 2006, 376, 379 u. 381; *ders.*, AO-StB 2009, 52, 54 u. 55; *Musielak*, NJW 2000, 2769, 2778; *Pelka*, StuW 1999, 61, 63 u. 64; *Rößler*, DStZ 1995, 240; *ders.*, DStZ 1999, 384; *ders.*, DStZ 2000, 459, 460; *Schnellenbach*, in: FS Menger, 341, 347; *Sunder-Plassmann* HHSp., § 6 FGO Tz. 5, 23 u. 26 (Lfg. 175 Oktober 2002). **A.A.** *BFH*, Beschl. v. 21.10.1999, VII R 15/99, BStBl. II 2000, 88, 92: *Grundsätzliche Gleichwertigkeit* von Kollegialentscheidung und Entscheidung durch einen einzelnen Richter, dazu *kritisch* die Anmerkung von *Rößler*, DStZ 2000, 459, 460.

1317 Gesetz zur Änderung der Finanzgerichtsordnung und anderer Gesetze (FGO-Änderungsgesetz) v. 21.12.1992, BGBl. I 1992, 2109 = BStBl. I 1993, 90. Siehe auch *Seer*, BB 2000, 2387; *ders.*, StuW 2001, 3, 5; *ders.*, in: T/L, Steuerrecht[21], § 22 Tz. 64.

von den weniger bedeutsamen Verfahren entlasten und infolgedessen zu einer spürbaren Abkürzung der (erheblich zu langen) Verfahrensdauer führen[1318].

Mit der Einführung des *fakultativen Einzelrichters* weicht der Gesetzgeber von dem einer Senatsverfassung immanenten Kollegialprinzip ab und durchbricht dieses zu Gunsten des Einzelrichterprinzips[1319]. Hinzu kommt, dass die Schaffung dieser Rechtsfigur unter Beibehaltung des zweistufigen Gerichtsaufbaus[1320] sowie zu einem Zeitpunkt erfolgt ist, zu dem die Streitwertrevision bereits seit über 7 Jahren suspendiert war, und zu dem äußerst ungewiss war, zu welchem Ergebnis die rechtspolitische Diskussion über das weitere Schicksal der Streitwertrevision letztendlich führen würde[1321].

1318 Vgl. zu den Motiven für die Einführung des sog. fakultativen Einzelrichters gemäß § 6 FGO die Stellungnahme des Bundesrates zu dem Entwurf eines FGOÄndG 1991 v. 14.08.1991, BT-Drucks. 12/1061, S. 27, sowie die Beschlussempfehlung und den Bericht des Rechtsausschusses (6. Ausschuss) zu dem Gesetzentwurf der Bundesregierung – Drucksache 12/1061: Entwurf eines FGOÄndG – v. 10.11.1992, BT-Drucks. 12/3676, S. 20. Zudem *Loose*, StuW 2006, 376, 377 f.; *ders.*, AO-StB 2009, 52, 53, jeweils unter Hinweis darauf, dass diese Begründung von der Vorstellung getragen sei, drei Einzelrichter würden in derselben Zeiteinheit mehr erledigen als ein Senat. *Loose* weist diesbzgl. weiter darauf hin, dass dies zu kurz gedacht sei, denn es sei insoweit viel entscheidender, ob die Sache für die Einzelrichtersitzung oder die Senatssitzung so weit vorbereitet sei, dass sie in einer mündlichen Verhandlung entschieden werden könne. Dafür könne ein frühzeitig angesetzter Erörterungstermin vor dem Berichterstatter (vgl. § 79 I 1, 2 Nr. 1 FGO) durchaus eher geeignet sein, als ein zu früher Termin vor dem Einzelrichter. Zwar könne die Übertragung auf den Einzelrichter in Einzelfällen sinnvoll sein, sie führe jedoch nicht automatisch zu einer kürzeren Verfahrensdauer. In der Tat lässt sich eine *Korrelation* zwischen der Einzelrichterquote und einer Verkürzung der Verfahrensdauer bei den Finanzgerichten nicht nachweisen, vgl. dazu *Loose*, StuW 2006, 376, 378, unter Hinweis auf eine Erhebung des Justizministeriums NRW bei den dortigen Finanzgerichten Düsseldorf, Köln und Münster für die Jahre 2003 und 2004, sowie *Seer*, in: T/L, Steuerrecht[21], § 22 Tz. 64.

1319 *Brandis*, in T/K, § 6 FGO Tz. 1 a.E. (Lfg. 115 April 2008); *Seer*, in: T/L, Steuerrecht[21], § 22 Tz. 64.

1320 Dazu oben unter 2.a) (S. 388 ff.).

1321 Während der Entwurf eines FGOÄndG 1991 v. 14.08.1991 noch die dauerhafte Übernahme des Wegfalls der Streitwertrevision vorsah (s. Begründung des Entwurfs eines FGOÄndG 1991, BT-Drucks. 12/1061, S. 21), konnte bei der Verabschiedung des FGOÄndG v. 21.12.1992 ein rechtspolitischer Konsens über die endgültige Abschaffung der Streitwertrevision nicht herbeigeführt und eine abschließende Einigung somit nicht erzielt werden (s. Beschlussempfehlung und Bericht des Rechtsausschusses [6. Ausschuss] zu dem Gesetzentwurf der Bundesregierung – Drucksache 12/1061: Entwurf eines FGOÄndG – v. 10.11.1992, BT-Drucks. 12/3676, S. 1, 13, 19 u. 20, sowie *Seer*, in: T/K, § 115 FGO Tz. 9 [Lfg. 115 April 2008] bzw. Tz. 7 [Lfg. 131 Oktober 2012] und die weiteren zahlreichen

Nachdem der Gesetzgeber der Zweistufigkeit der Finanzgerichtsbarkeit mit der endgültigen Abschaffung der Streitwertrevision durch das 2. FGOÄndG bereits die zentrale Geschäftsgrundlage entzogen hat, ist dem nur zweistufigen finanzgerichtlichen Verfahren durch Einführung des Einzelrichters somit noch eine *weitere wesentliche Geschäftsgrundlage* – die gesetzliche Verankerung von Kollegialspruchkörpern mit Senatsverfassung in der ersten Instanz – *entzogen* worden, zumal das 2. FGOÄndG trotz ersatzloser Streichung der Streitwertrevision unverändert an der Rechtsfigur des *‚fakultativen Einzelrichters'* festgehalten hat[1322].

Äußerlich scheint die mit der Einführung des fakultativen Einzelrichters einhergehende Durchbrechung des einer Senatsverfassung immanenten Kollegialprinzips zunächst gleichwohl akzeptabel zu sein[1323].

Denn § 6 FGO normiert bestimmte Ausschlussgründe, die einer Übertragung des Rechtsstreits auf den Einzelrichter entgegenstehen, und stellt die Übertragung nur im Übrigen in das Ermessen des Senats. Gemäß § 6 I FGO *kann und darf* der Senat den Rechtsstreit einem seiner Mitglieder als Einzelrichter nur dann zur Entscheidung übertragen, wenn die Sache keine besonderen Schwierigkeiten tatsächlicher oder rechtlicher Art aufweist (§ 6 I Nr. 1 FGO) und die Rechtssache keine grundsätzliche Bedeutung hat (§ 6 I Nr. 2 FGO)[1324]. Überdies verbietet § 6 II FGO die Übertragung des Rechtsstreits auf den Einzelrichter, wenn bereits vor dem Senat

---

Nachweise aus dem Schrifttum in Fn. 163), ausführlich dazu oben im 1. Abschnitt unter F.I. (S. 35 ff., dort insbesondere S. 37 [f.]) u. F.II. (S. 38 ff.).

1322 Auf gleicher Linie *Seer*, BB 2000, 2387; *ders.*, StuW 2001, 3, 5, der anführt, dass dies den Gesetzgeber anscheinend bisher recht wenig störe, zumal er die entsprechende Rechtsschutzeinbuße nunmehr dauerhaft billige. – In diesem Zusammenhang ist noch darauf hinzuweisen, dass der Rechtsausschuss entgegen der Forderung und Stellungnahme des Bundesrates zu dem Entwurf eines FGOÄndG 1991 v. 14.08.1991, BT-Drucks. 12/1061, S. 27, von einer *obligatorischen* Übertragung des Rechtsstreits auf den Einzelrichter abgesehen hat, weil es im Finanzgerichtsverfahren nur eine Tatsacheninstanz gebe und die Übertragung des Rechtsstreits auf den Einzelrichter in diesem Verfahren neu sei, vgl. Beschlussempfehlung und Bericht des Rechtsausschusses (6. Ausschuss) zu dem Gesetzentwurf der Bundesregierung – Drucksache 12/1061: Entwurf eines FGOÄndG – v. 10.11.1992, BT-Drucks. 12/3676, S. 20.

1323 Ebenso *Seer*, StuW 2001, 3, 5.

1324 Siehe zu dem Begriff und den Voraussetzungen der *‚besonderen Schwierigkeiten tatsächlicher oder rechtlicher Art'* ausführlich *Brandis*, in: T/K, § 6 FGO Tz. 7 (Lfg. 115 April 2008); *Buciek*, DStR 1993, 118, 119; *Gramich*, DStR 1993, 6, 7. Zu dem Begriff und den Voraussetzungen der *‚Grundsätzlichen Bedeutung der Rechtssache'*, die in § 6 I Nr. 2 (und in § 6 III 1) FGO weitgehend wie i.R.d. § 115 II Nr. 1 FGO zu beurteilen ist, vgl. die vorstehend im 3. Abschnitt unter B.I.1.a)aa) (S. 128 ff.) gemachten Ausführungen mit den dortigen Nachweisen insbesondere in Fußnote 481.

mündlich verhandelt worden ist, es sei denn, dass inzwischen ein Vorbehalts-, Teil- oder Zwischenurteil ergangen ist[1325].

Indem also § 6 I FGO in dem jeweils konkret vorliegenden Rechtsstreit das *Nichtvorliegen* besonderer Schwierigkeiten tatsächlicher oder rechtlicher Art und kumulativ das *Nichtvorliegen* der grundsätzlichen Bedeutung der Rechtssache verlangt, besteht nach der Vorstellung des Gesetzgebers eine Gleichwertigkeit der Entscheidungen von Einzelrichter und Kollegium (Senat) nur in dem Bereich dieser in § 6 I FGO tatbestandlich näher umschriebenen ausschließlich übertragungsgeeigneten *„Durchschnitts- und Bagatellfälle“*[1326]. Die Normierung der einschränkenden Übertragungsvoraussetzungen des § 6 I FGO soll mithin gerade in schwierigen sowie grundlegenden und bedeutenden Fällen etwaige Rechtsschutzeinbußen verhindern[1327]; der mit einer Übertragung des Rechtsstreits auf den Einzelrichter beabsichtigte Beschleunigungseffekt soll hier möglichst nicht zu einer Verminderung der Rechtsschutzqualität führen, die durch ein Kollegialgericht regelmäßig verbürgt wird[1328]. Der Gesetzgeber erkennt damit die größere Sachkompetenz des Kollegiums an und trägt insoweit der entsprechend höheren Qualitäts- und Richtigkeitsgewähr der Kollegialentscheidung Rechnung[1329].

1325 Hinter der Übertragungssperre des § 6 II FGO verbirgt sich der Gedanke, dass bei bereits erfolgter mündlicher Verhandlung vor dem Senat eine spürbare Verfahrensbeschleunigung durch Übertragung des Rechtsstreits auf den Einzelrichter nicht mehr möglich ist, *Seer*, in: T/L, Steuerrecht[21], § 22 Tz. 65.

1326 *Brandis*, in: T/K, § 6 FGO Tz. 6 (Lfg. 115 April 2008); *Sunder-Plassmann* HHSp., § 6 FGO Tz. 5 a.E. (Lfg. 175 Oktober 2002), der entgegen *BFH*, Beschl. v. 21.10.1999, VII R 15/99, BStBl. II 2000, 88, 92, anführt, dass man mithin nicht allgemein sagen könne, dass der Gesetzgeber von der grundsätzlichen Gleichwertigkeit der Entscheidungen von Einzelrichter und Kollegium ausgehe, zumal er ansonsten – insbesondere aus haushaltspolitischen Gründen – wohl schon längst die Auflösung aller Kollegialspruchkörper hätte vornehmen müssen.

1327 Siehe *Brandis*, in: T/K, § 6 FGO Tz. 6 (Lfg. 115 April 2008).

1328 *Seer*, in: T/L, Steuerrecht[21], § 22 Tz. 64 a.E.

1329 Vgl. *Brandis*, in: T/K, § 6 FGO Tz. 6 (Lfg. 115 April 2008); *Gramich*, DStR 1993, 6, 7; *Sunder-Plassmann* HHSp., § 6 FGO Tz. 26 (Lfg. 175 Oktober 2002), wonach dem Konzept des § 6 I FGO eine entsprechende Überzeugung des Gesetzgebers im Hinblick auf die höhere Qualitäts- und Richtigkeitsgewähr der Kollegialentscheidung zugrunde liege. *Sunder-Plassmann* führt dazu weiter an, dass auch Praktiker der Verwaltungs- und Finanzgerichtsbarkeit die Überlegenheit des Kollegialprinzips für die qualitätsorientierte Effizienz der Rechtsprechung bestätigt haben (Nachweise in Fußnote 1316); eine Einschätzung, die auch *seiner eigenen* Erfahrung während *seiner* Tätigkeit am BFH entspreche, da die auffallend defizitären FG-Urteile „häufiger solche von Einzelrichtern“ gewesen seien. – Siehe zu der höheren Qualitäts- und Richtigkeitsgewähr von Kollegialentscheidungen bereits oben unter a) (S. 398 f.), wo in Fußnote 1316 auch schon auf den von *Klein/Probst*, DB 1993, 1387, 1388 Fußnote 15, angesprochenen *„Horror vacui“* in der Einzelrichtersituation hingewiesen worden ist.

Allerdings muss insoweit *in verfahrensrechtlicher Hinsicht* gewährleistet sein, dass auch tatsächlich nur einfach gelagerte Fälle vor den Einzelrichter gelangen[1330].

Das gilt insbesondere vor dem Hintergrund, dass der Einzelrichter infolge des Übertragungsbeschlusses mit allen Befugnissen an die Stelle des Senats tritt und bis zum Abschluss des Verfahrens (bzw. bis zu einer evtl. Rückübertragung auf den Senat gemäß § 6 III 1 FGO) selbständig und unabhängig vom Senat das *erkennende Gericht* bildet und den *gesetzlichen Richter* i.S.d. Art. 101 I 2 GG darstellt[1331]. Der Einzelrichter wird damit nach § 6 I FGO in die Lage versetzt, alle „zur Entscheidung" notwendigen Maßnahmen zu treffen. Insoweit fällt er nicht nur die Endentscheidung, sondern führt insbesondere auch die mündliche Verhandlung durch und trifft in Alleinverantwortung sämtliche verfahrensvorbereitenden und -abschließenden (Neben- und Folge-) Entscheidungen, u.a. auch die Entscheidung über die Zulassung der Revision[1332].

Eine entsprechende verfahrensrechtliche Gewährleistung, durch die sichergestellt wird, dass ausnahmslos qualitativ unkomplizierte Rechtsfälle zur (umfassenden) Entscheidung beim Einzelrichter landen, und die somit einer Verminderung des Rechtsschutzes bzw. der Rechtsschutzqualität durch Vorenthaltung einer Kollegialentscheidung in schwierigen sowie grundlegenden und bedeutenden Fällen entgegenwirkt, existiert jedoch – wie den nachfolgenden Ausführungen entnommen werden kann – in mehrfacher Hinsicht nicht.

Der Kläger besitzt zunächst einmal keinerlei effektive Einflussmöglichkeiten, um die Übertragung des Rechtsstreits auf den Einzelrichter im Vorhinein zu verhindern.

1330 Seer, StuW 2001, 3, 5.

1331 *BFH*, Beschl. v. 28.04.1998, VII R 102/97, BStBl. II 1998, 544, 545; Beschl. v. 26.10.1998, I R 22/98, BStBl. II 1999, 60, 61; Beschl. v. 28.12.1998, V R 33/98, BFH/NV 1999, 815; Beschl. v. 06.11.2006, II B 45/05, BFH/NV 2007, 466; *Brandis*, in: T/K, § 6 FGO Tz. 2 u. 17 (Lfg. 115 April 2008); *Buciek*, DStR 1993, 118, 120; *ders.*, in: BG, § 6 FGO Tz. 97 (Lfg. 20 Juli 1999); Gräber/*Koch*[6], § 6 FGO Tz. 22; *Gramich*, DStR 1993, 6, 7; *Kretzschmar*, BB 1993, 545, 548; *Loose*, StuW 2006, 376, 378; *ders.*, AO-StB 2009, 52, 54; *Rößler*, DStZ 1993, 97, 98; *Seer*, in: T/K, § 119 FGO Tz. 28 (Lfg. 118 Februar 2009); *ders.*, in: T/L, Steuerrecht[21], § 22 Tz. 66; *Sunder-Plassmann* HHSp., § 6 FGO Tz. 64 u. 67 (Lfg. 175 Oktober 2002).

1332 Vgl. *Brandis*, in: T/K, § 6 FGO Tz. 18 (Lfg. 115 April 2008); *Buciek*, DStR 1993, 118, 120; *ders.*, in: BG, § 6 FGO Tz. 98 (Lfg. 20 Juli 1999); *Seer*, in: T/L, Steuerrecht[21], § 22 Tz. 66; *Sunder-Plassmann* HHSp., § 6 FGO Tz. 64-66 (Lfg. 175 Oktober 2002).

Die Anwendung des § 6 I FGO geschieht nämlich unabhängig von einem *„Übertragungsantrag“*[1333] oder einer Zustimmung der Beteiligten[1334]. Es stellt sich demnach die Frage, ob den Beteiligten vor der Übertragung des Rechtsstreits auf den Einzelrichter i.R. einer *Anhörung* nicht wenigstens *rechtliches Gehör* zu gewähren ist, damit sie dem Senat gegenüber etwaige Bedenken, die aus ihrer Sicht gegen die Übertragung auf den Einzelrichter bestehen, mitteilen können.

Das Gesetz schreibt in § 6 I FGO – anders als in § 6 III 1 FGO für den Fall der Rückübertragung des Rechtsstreits vom Einzelrichter auf den Senat – eine vorherige Anhörung der Beteiligten nicht ausdrücklich vor. Hinzu kommt, dass § 65 I FGO, der den notwendigen Inhalt einer Klageschrift normiert, abweichend von den entsprechenden zivilprozessualen Vorschriften der §§ 253 III Nr. 3, 277 I 2 ZPO keine Äußerung des Klägers dazu verlangt, ob einer Entscheidung der Sache durch den Einzelrichter Gründe entgegenstehen[1335]. Daraus folgt, dass der Gesetzgeber in

---

1333 *BFH*, Beschl. v. 09.01.2002, VII B 275/01, BFH/NV 2002, 926, 927; *Brandis*, in: T/K, § 6 FGO Tz. 13 (Lfg. 115 April 2008), der des Weiteren anführt, dass den Beteiligten natürlich auch nicht zugebilligt werden könne, nach Gutdünken zwischen Senat und Einzelrichter zu wählen. *Kretzschmar*, BB 1993, 545, 547, weist in diesem Zusammenhang darauf hin, dass ein etwaiger „Übertragungsantrag“ auch nicht zwingend gesondert beschieden und mit einer bestimmten Begründung zurückgewiesen werden müsse, wobei die Ablehnung eines solchen „Übertragungsantrags“ durch den Senat dem Antragsteller i.R. eines *nobile officium* natürlich mitgeteilt werden könne.

1334 Siehe *BFH*, Beschl. v. 21.09.2000, XI B 94/00, BFH/NV 2001, 200 (Leitsatz); Beschl. v. 25.07.2003, XI B 202/02, BFH/NV 2003, 1541; *Brandis*, in: T/K, § 6 FGO Tz. 13 (Lfg. 115 April 2008); *Buciek*, in: BG, § 6 FGO Tz. 26 (Lfg. 20 Juli 1999); *Gramich*, DStR 1993, 6, 7: Unerheblich, ob Zustimmung oder Widerspruch, unter Hinweis auf einen Vergleich der tatbestandlichen Voraussetzungen der §§ 6 I und 79a III FGO (dazu nachfolgend unter c) [S. 416 f.]); *Loose*, AO-StB 2009, 52, 54; *Sunder-Plassmann* HHSp., § 6 FGO Tz. 34 (Lfg. 175 Oktober 2002).

1335 Teilweise werden im Schrifttum die entsprechenden zivilprozessualen Vorschriften der §§ 253 III Nr. 3, 277 I 2 ZPO, die für die Klageschrift bzw. die Klageerwiderung jeweils eine Äußerung des Klägers bzw. Beklagten dazu verlangen, ob einer Entscheidung der Sache durch den Einzelrichter Gründe entgegenstehen, über § 155 Satz 1 FGO für sinngemäß anwendbar erklärt, vgl. Gräber/*Koch*[6], § 6 FGO Tz. 7; *Gramich*, DStR 1993, 6, 7 f.; *Kretzschmar*, BB 1993, 545, 546. Aus dem Normgehalt dieser Vorschriften wird gefolgert, dass die Beteiligten schon zu Beginn des Verfahrens mit einer Übertragung der Sache auf den Einzelrichter rechnen müssen und deshalb eine Anhörungspflicht nicht bestehe; das rechtliche Gehör werde den Beteiligten vielmehr bereits durch diese Bestimmungen und das darin verankerte Äußerungsverlangen gewährt, vgl. die einschlägige zivilprozessuale Literatur, bspw. *Reichold*, in: Thomas/Putzo[32], § 348a ZPO Tz. 4; Zöller/*Greger*[26], § 348a ZPO Tz. 4. *Gegen* eine sinngemäße Anwendung der §§ 253 III Nr. 3, 277 I 2 ZPO i.R.d. finanzgerichtlichen Verfahrens spricht jedoch, dass § 155 Satz 1 FGO die sinngemäße Anwendung von GVG und ZPO nur vorsieht, soweit die FGO selbst keine Bestimmungen über das Verfahren enthält. § 65 I FGO enthält jedoch

§ 6 I FGO bewusst von § 6 III 1 FGO und der dort explizit vorgesehenen vorherigen Anhörung abgewichen ist, so dass im Umkehrschluss aus § 6 III 1 FGO (*argumentum e contrario*) bei der Übertragungsentscheidung des Senats auf den Einzelrichter eine Pflicht zur vorherigen Anhörung der Beteiligten nicht besteht[1336].

Zwar empfiehlt sich aus richterlicher Sicht die vorherige Anhörung der Beteiligten ebenso wie aus Prozessvertretersicht bereits in der Klageschrift/Klagebegründung eine Stellungnahme dazu, ob einer Entscheidung der Sache durch den Einzelrichter Gründe entgegenstehen – dies gilt insbesondere vor dem Hintergrund der *Unanfechtbarkeit des Übertragungsbeschlusses*[1337]. Den Beteiligten sollte demnach ein entsprechender Hinweis dahingehend erteilt werden, dass eine Übertragung des Rechtsstreits auf den Einzelrichter nach § 6 I FGO in Betracht komme, um ihnen wenigstens Gelegenheit zu geben, zu den Übertragungsvoraussetzungen des § 6 I Nrn. 1 u. 2 FGO Stellung zu nehmen und etwaige Bedenken klar und gut begründet zum Ausdruck zu bringen[1338].

---

gerade eine Bestimmung über den notwendigen Inhalt einer Klageschrift im finanzgerichtlichen Verfahren und verlangt – wie bereits ausgeführt – insoweit *keine* klägerseitige Stellungnahme dazu, ob einer Entscheidung der Sache durch den Einzelrichter Gründe entgegenstehen.

1336 Auf gleicher Linie *BFH*, Beschl. v. 16.09.1999, XI R 83/97, BFH/NV 2000, 332, 333; Beschl. v. 20.10.1999, XI R 87/97, BFH/NV 2000, 578; Beschl. v. 16.11.1999, XI R 97/97, BFH/NV 2000, 585; Beschl. v. 09.01.2002 (Fn. 1333), BFH/NV 2002, 926, 927 (Keine Notwendigkeit einer vorherigen Anhörung oder einer vorherigen mündlichen Verhandlung); *Brandis*, in: T/K, § 6 FGO Tz. 13 (Lfg. 115 April 2008); *Buciek*, in: BG, § 6 FGO Tz. 27 f. m.w.N. (Lfg. 20 Juli 1999) (**anders** noch *Buciek*, DStR 1993, 118, 119); *Sunder-Plassmann* HHSp., § 6 FGO Tz. 35 (Lfg. 175 Oktober 2002); *Tipke*, StuW 1993, 213, 220. **A.A.** etwa Gräber/*Koch*[6], § 6 FGO Tz. 7; *Rößler*, DStZ 2000, 459, 460, unter Hinweis auf das *argumentum a maiore ad minus*; darüber hinaus zu **§ 6 VwGO** *BVerwG*, Urt. v. 10.11.1999, 6 C 30.98, BVerwGE 110, 40, 45 m.w.N., wonach eine rechtzeitige vorherige Anhörung bereits aus verfassungsrechtlichen Gründen geboten sei, andernfalls eine Verletzung des verfassungsrechtlichen Gebots der Gewährung rechtlichen Gehörs gemäß Art. 103 I GG drohe. **Offen gelassen** von *BFH*, Beschl. v. 21.10.1999 (Fn. 1326), BStBl. II 2000, 88, 91 f.; Urt. v. 20.02.2001, IX R 94/97, BStBl. II 2001, 415, 416.

1337 *Brandis*, in: T/K, § 6 FGO Tz. 13 (Lfg. 115 April 2008), betreffend die aus Prozessvertretersicht empfehlenswerte Stellungnahme bereits in der Klageschrift/ Klagebegründung unter Hinweis auf *Wagner*, Praxis des Steuerprozesses[2], Tz. 220. – Zur weiteren Problematik der *Unanfechtbarkeit des Übertragungsbeschlusses* nachfolgend auf S. 407 ff.

1338 Ebenso *Brandis*, in: T/K, § 6 FGO Tz. 13 (Lfg. 115 April 2008); *Buciek*, in: BG, § 6 FGO Tz. 29 (Lfg. 20 Juli 1999): Faire Verfahrensgestaltung; *Kretzschmar*, BB 1993, 545, 546, der es – wohl jedoch in Anlehnung an die §§ 253 III Nr. 3, 277 I 2 ZPO (vgl. dazu Fußnote 1335) – für empfehlenswert erachtet, die Beteiligten mit der Aufforderung zur Klagebegründung bzw. Klageerwiderung formularmäßig auf die Möglichkeit einer entsprechenden Stellungnahme hinzuweisen; *Loose*, StuW 2006, 376, 378, unter besonderem Hinweis auf die Unanfechtbarkeit des

Es besteht aber eben weder eine Pflicht zur Hinweiserteilung seitens des Senats, noch ist dieser – wenn er denn einen solchen Hinweis erteilt – gehalten, seine Übertragungsentscheidung an etwaig geäußerten Bedenken der Beteiligten auszurichten. Die Entscheidung über die Übertragung auf den Einzelrichter steht vielmehr nach wie vor im alleinigen *Ermessen* des Senats, der folglich gegen den Widerspruch der Beteiligten eine Übertragung vornehmen kann[1339]. Die Beteiligten können gegenüber dem Senat somit lediglich *anregen*, von einer etwaigen Übertragung Abstand zu nehmen, und versuchen, bei ihrer Ansicht nach tatsächlich oder rechtlich besonders schwierigen sowie grundsätzlich bedeutsamen Sachen entsprechend auf diesen einzuwirken, um eine Übertragung des Rechtsstreits auf den Einzelrichter zu verhindern. Sie verfügen insoweit mithin nur über eine äußerst schwach ausgeprägte verfahrensrechtliche Position[1340]. Denn was nützt es, wenn ihnen auf ihre Anregungen und Stellungnahmen hin signalisiert wird, eine ihrerseits abgelehnte Übertragung des Rechtsstreits auf den Einzelrichter sei für das Gericht (den Senat) nur fakultativ gewesen[1341]?

Hinzu kommen *zwei weitere Aspekte*, die in der Zusammenschau noch weitaus schwerwiegender zu bewerten sind:

Die Entscheidung über die Übertragung des Rechtsstreits auf den Einzelrichter steht im *Ermessen* des Senats. Dieser *kann* gemäß § 6 I FGO den Rechtsstreit einem seiner Mitglieder als Einzelrichter zur Entscheidung übertragen, wenn die Sache keine besonderen Schwierigkeiten tatsächlicher oder rechtlicher Art aufweist und die Rechtssache keine grundsätzliche Bedeutung hat. Insbesondere vor dem Hintergrund, dass die dortigen Ausschlussgründe als unbestimmte Rechtsbegriffe durch eine besondere Vagheit und dementsprechend großzügige Wertungsmöglichkeiten gekennzeichnet sind, ist die Praxis der FGe, was die Übertragung des Rechtsstreits auf den Einzelrichter angeht, augenscheinlich äußerst unterschiedlich[1342].

Übertragungsbeschlusses; *ders.*, AO-StB 2009, 52, 54. Mit Einschränkungen auch *Sunder-Plassmann* HHSp., § 6 FGO Tz. 35 (Lfg. 175 Oktober 2002), der sich dafür ausspricht, dass in sog. *einschlägigen Fällen* – damit sind wohl Fälle gemeint, in denen der Kläger nicht fach-/rechtskundig vertreten und demnach eine entsprechende Kenntnis der Rechtslage nicht vorhanden ist – das FG die Beteiligten auf die Übertragungsabsicht hinweisen sollte, während ein solcher Hinweis in *jedem Fall*, noch dazu gleich nach Klageeinreichung, u.U. *„mehr Verwirrung stiften als Klarheit bringen"* könne.

1339 Ähnlich *Buciek*, in: BG, § 6 FGO Tz. 26 (Lfg. 20 Juli 1999); *Gramich*, DStR 1993, 6, 7; *Sunder-Plassmann* HHSp., § 6 FGO Tz. 34 (Lfg. 175 Oktober 2002). – Siehe zu der mit dieser *Ermessensentscheidung* unter Rechtsschutzgesichtspunkten verbundenen weiteren Problematik unmittelbar nachstehend hier auf S. 406 ff.

1340 Vgl. *Buciek*, DStR 1993, 118, 120; *ders.*, in: BG, § 6 FGO Tz. 26 (Lfg. 20 Juli 1999).

1341 *Sunder-Plassmann* HHSp., Einf. FGO Tz. 156 Fußnote 4 a.E. (Lfg. 176 März 2003).

1342 Für das Jahr **1998** berichtet *Schmieszek*, in: FS Offerhaus, 773, 781, dass bei den vor den FGen erledigten Klagen die abschließende Entscheidung in insgesamt nur 8,6 % der Fälle (= Bundesdurchschnitt) durch den Einzelrichter i.S.d. § 6 I FGO getroffen worden sei; die Einzelrichterübertragungsquote i.S.d. § 6 I FGO bewegte

Dies wiederum scheint zunächst gleichwohl insoweit unproblematisch zu sein, als dem BFH grds. eine entsprechende Prozess-/Verfahrensaufsichtsfunktion zukommt: Als zweitinstanzlichem (Revisions-) Gericht obliegt ihm nach § 115 II Nr. 3 FGO nämlich regelmäßig die Kontrolle über die Finanzgerichte[1343]. Dieser Aufsichts- und Kontrollfunktion steht jedoch die Entscheidung des Gesetzgebers entgegen, *„die Zuständigkeitsbegrenzung zwischen Einzelrichter und Senat in vollem Umfang irrevisibel auszugestalten"*[1344]. So regelt § 6 IV 1 FGO zunächst die *Unanfechtbarkeit* des Übertragungsbeschlusses i.S.d. § 6 I FGO. Gegen die Sachentscheidung – das Urteil – eines Einzelrichters sind zwar die Rechtsmittel der Revision und NZB unter den gleichen Voraussetzungen zulässig wie gegen ein entsprechendes Senatsurteil[1345]. Jedoch gilt es hier zu beachten, dass die Revision – und somit

---

sich bei den einzelnen FGen – regional differierend – zwischen 0,5 % beim *FG Nürnberg* (*Statistisches Bundesamt*, Arbeitsunterlage Finanzgerichte 1997) und 27,9 % beim *Hessischen FG* (*Statistisches Bundesamt*, Arbeitsunterlage Finanzgerichte 1998). Was die vor den FGen im Jahr **2011** erledigten Klagen angeht, so ist die abschließende Entscheidung in insgesamt 13,3 % der Fälle durch den Einzelrichter i.S.d. § 6 I FGO getroffen worden; die Einzelrichterübertragungsquote i.S.d. § 6 I FGO bewegte sich hier bei den einzelnen FGen zwischen 0,0 % beim *FG des Saarlandes* und 40,9 % beim *Hessischen FG*. Was die vor den FGen im Jahr **2011** erledigten Verfahren zur Gewährung von vorläufigem Rechtsschutz angeht, so ist die abschließende Entscheidung in insgesamt 4,1 % der Fälle durch den Einzelrichter i.S.d. § 6 I FGO getroffen worden; die Einzelrichterübertragungsquote i.S.d. § 6 I FGO schwankte hier bei den einzelnen FGen zwischen 0,0 % beim *FG Mecklenburg-Vorpommern*, beim *FG des Saarlandes*, beim *FG Sachsen-Anhalt* sowie *FG Schleswig-Holstein* und 18,3 % beim *Hessischen FG*, vgl. dazu insgesamt die einschlägigen Zahlen des *Statistischen Bundesamtes*, Fachserie 10 Reihe 2.5, Rechtspflege, Finanzgerichte, 2011, erschienen am 30.03.2012, S. 14 f. u. 20 f. Vgl. auch *Seer*, BB 2000, 2387 f.; *ders.*, StuW 2001, 3, 5. Zudem *Brandis*, in: T/K, § 6 FGO Tz. 4 (Lfg. 115 April 2008), u. *Seer*, in: T/L, Steuerrecht[21], § 22 Tz. 69, mit Zahlenmaterial aus 2006 bzw. 2010.

1343 *Seer*, StuW 2001, 3, 5; *ders.*, in: T/K, § 115 FGO Tz. 14 u. 83 m.w.N. (Lfg. 131 Oktober 2012). – Die Kontrolle der Finanzgerichte durch den BFH als zweitinstanzliches (Revisions-) Gericht wird zudem noch in der Sicherung einer einheitlichen Rechtsprechung (§ 115 II Nr. 2 Alt. 2 FGO, vgl. dazu bereits oben im 3. Abschnitt unter B.III.1.a)cc) [S. 220]) sowie in der Entscheidungskompetenz über die NZB (§ 116 II 1, III 2, V 1 u. 3 FGO) ausgeübt.

1344 Beschlussempfehlung und Bericht des Rechtsausschusses (6. Ausschuss) zu dem Gesetzentwurf der Bundesregierung – Drucksache 12/1061: Entwurf eines FGO-ÄndG – v. 10.11.1992, BT-Drucks. 12/3676, S. 20. Unter Hinweis darauf *Brandis*, in: T/K, § 6 FGO Tz. 16 (Lfg. 115 April 2008); *Buciek*, DStR 1993, 118, 120; *Kretzschmar*, BB 1993, 545, 547 u. 548; Schwarz/*Fu*, § 6 FGO Tz. 21 (Lfg. 29 11/2007); *Sunder-Plassmann* HHSp., § 6 FGO Tz. 95 (Lfg. 175 Oktober 2002).

1345 Siehe *Brandis*, in: T/K, § 6 FGO Tz. 24 (Lfg. 115 April 2008); *Loose*, AO-StB 2009, 52, 54. Dazu *kritisch Klein/Probst*, DB 1993, 1387 f., die stattdessen als Rechtsbehelf gegen die Entscheidung des Einzelrichters die ‚Anrufung des Senats' i.S.

auch die NZB – gemäß § 6 IV 2 FGO auf eine unterlassene Übertragung nicht gestützt werden kann; dasselbe gilt nach § 124 II Hs. 2 i.V.m. § 6 IV 1 FGO für den Fall einer erfolgten Übertragung und somit insgesamt für eine fehlerhafte Anwendung des § 6 I FGO[1346].

Diese nahezu vollumfängliche *Irrevisibilität* und *Unanfechtbarkeit* des Übertragungsaktes auf den Einzelrichter bewirkt, dass eine Überprüfung der jeweiligen Übertragungsentscheidung durch den BFH auf einfachgesetzlicher Ebene ausgeschlossen ist. Im Zusammenspiel mit den o.g. nahezu konturenlosen Übertragungsgrenzen führt dies dazu, dass die Finanzgerichte insoweit praktisch von einem *‚freien Übertragungsermessen'* dergestalt Gebrauch machen, dass sie völlig frei entscheiden können, ob sie den Rechtsstreit nach § 6 I FGO auf den Einzelrichter übertragen oder nicht[1347]. So hat der *VII. Senat* des *BFH* in seinem Beschluss

---

einer FG-Beschwerde gegen die Einzelrichterentscheidung verankern wollen (vgl. insoweit auch den entsprechenden Formulierungsvorschlag auf S. 1387 Fußnote 9).

1346 *BFH*, Beschl. v. 28.12.1998 (Fn. 1331), BFH/NV 1999, 815; Beschl. v. 21.10.1999 (Fn. 1326), BStBl. II 2000, 88, 89; Urt. v. 20.02.2001 (Fn. 1336), BStBl. II 2001, 415, 416 m.w.N.; Beschl. v. 25.06.2001, V B 6/01, BFH/NV 2001, 1589, 1590 m.w.N.; Beschl. v. 28.01.2003, VI B 75/02, BFH/NV 2003, 926; Beschl. v. 21.12.2004, II B 13/04, BFH/NV 2005, 897; Beschl. v. 02.03.2005, VII B 142/04, BFH/NV 2005, 1576, 1577 (betreffend den Rückübertragungsbeschluss nach § 6 III 1 FGO); Beschl. v. 10.03.2005, VI B 166/04, BFH/NV 2005, 1089; Beschl. v. 21.03.2006, X B 94/05, BFH/NV 2006, 1142, 1144; Beschl. v. 14.06.2006, V B 193/05, BFH/NV 2006, 1854; Beschl. v. 12.10.2006, VII B 326/05, BFH/NV 2007, 519, 520; Beschl. v. 26.10.2006, IX B 9/06, BFH/NV 2007, 447; Beschl. v. 06.11.2008, IX B 144/08, BFH/NV 2009, 195 m.w.N. (betreffend den Rückübertragungsbeschluss nach § 6 III 1 FGO); Beschl. v. 11.01.2011, VI B 60/10, BFH/NV 2011, 786, 788; Beschl. v. 21.11.2012, II B 78/12, BFH/NV 2013, 320, 321; *Brandis*, in: T/K, § 6 FGO Tz. 16 (Lfg. 115 April 2008); *Buciek*, DStR 1993, 118, 120; *ders.*, in: BG, § 6 FGO Tz. 176 (Lfg. 20 Juli 1999) m.w.N.; *Kretzschmar*, BB 1993, 545, 547; Schwarz/*Fu*, § 6 FGO Tz. 21 (Lfg. 29 11/2007); *Seer*, BB 2000, 2387; *ders.*, StuW 2001, 3, 5 f.; *ders.*, in: T/K, § 124 FGO Tz. 10 (Lfg. 119 Mai 2009); *ders.*, in: T/L, Steuerrecht[21], § 22 Tz. 68.

1347 Auf gleicher Linie *Seer*, BB 2000, 2387; *ders.*, StuW 2001, 3, 5 f. – Hinzu kommt, dass nach *BFH*, Urt. v. 20.02.2001 (Fn. 1336), BStBl. II 2001, 415, 416, für den nach § 6 IV 1 FGO unanfechtbaren Beschluss des FG zur Übertragung des Rechtsstreits auf den Einzelrichter eine Begründung nicht erforderlich ist. Dies ergibt sich aus § 113 II 1 FGO, wonach Beschlüsse nur dann zu begründen sind, wenn sie durch Rechtsmittel angefochten werden können oder über einen Rechtsbehelf entscheiden. Nichts anderes soll nach der BFH-Rechtsprechung dann gelten, wenn einer der Beteiligten sich zuvor gegen eine Übertragung des Rechtsstreits auf den Einzelrichter ausgesprochen hat, s. auch *Brandis*, in: T/K, § 6 FGO Tz. 14 (Lfg. 115 April 2008); *Buciek*, in: BG, § 6 FGO Tz. 84 (Lfg. 20 Juli 1999), jeweils m.w.N.; *Kretzschmar*, BB 1993, 545, 546 u. 547; *Sunder-Plassmann* HHSp., § 6 FGO Tz. 61 m.w.N. (Lfg. 175 Oktober 2002); *Wolff-Diepenbrock*, HFR 2001, 681; **a.A.** hingegen Gräber/*Koch*[6], § 6 FGO Tz. 8; *Gramich*, DStR 1993, 6, 8 m.w.N. Insbesondere wenn

v. 21.10.1999 explizit ausgeführt, dass die in § 6 I Nrn. 1 u. 2 FGO aufgeführten materiellen Übertragungsvoraussetzungen angesichts ihres prognostischen Charakters und der insoweit zulässigen überschlägigen Beuteilung der Streitsache gerade nicht als tatbestandliche Voraussetzungen für das Übertragungsermessen des FG zu verstehen seien, sondern lediglich als – ebenso wie die im Übrigen zu treffende Ermessensentscheidung – *der Überprüfung durch das Rechtsmittelgericht ausnahmslos (!) entzogene Leitlinien eines dem FG eingeräumten Ermessens*[1348]. Ein derart weitgehendes Verständnis i.S. einer unüberprüfbaren Willensentscheidung des FG hätte allerdings zur Folge, dass wohl noch nicht einmal Fälle denkbar wären, in denen eine Übertragung des Rechtsstreits auf den Einzelrichter wegen Missachtung der Übertragungsvoraussetzungen des § 6 I Nrn. 1 u. 2 FGO als ‚greifbar gesetzwidrig' anzusehen wäre[1349]. Dies wiederum würde aber die *Verfassungswidrigkeit* der Übertragungsregel des § 6 I FGO nach sich ziehen. Denn auch, wenn der Beschleunigungs- und Entlastungszweck des § 6 FGO einer vollumfänglichen Überprüfung der jeweiligen Übertragungsentscheidung entgegensteht, stünde eine derart verstandene *‚bewegliche/flexible Zuständigkeitsregel'*, die nicht nur ein sachlich begrenztes Beurteilungsermessen, sondern vielmehr ein freies, absolut nicht nachprüfbares Übertragungsermessen der Finanzgerichte vorsieht, mangels Vorhersehbarkeit des im Einzelfall entscheidenden Richters – Kollegium oder Einzelrichter – nicht mehr im Einklang mit dem Gebot des gesetzlichen Richters i.S.d. Art. 101 I 2 GG[1350].

---

sich einer der Beteiligten gegen die Übertragung auf den Einzelrichter gewandt hat, empfiehlt sich aber jedenfalls eine entsprechende – zumindest kurze – Begründung, ebenso *Brandis*, in: T/K, § 6 FGO Tz. 14 (Lfg. 115 April 2008); *Buciek*, in: BG, § 6 FGO Tz. 84 m.w.N. (Lfg. 20 Juli 1999); *Kretzschmar*, BB 1993, 545, 546 u. 547: *„nobile officium"*; *Sunder-Plassmann* HHSp., § 6 FGO Tz. 61 (Lfg. 175 Oktober 2002); *Wolff-Diepenbrock*, HFR 2001, 681: *„nobile officium"*.

1348 *BFH*, Beschl. v. 21.10.1999 (Fn. 1326), BStBl. II 2000, 88, 93. Im Anschluss daran *BFH*, Beschl. v. 12.10.2006 (Fn. 1346), BFH/NV 2007, 519, 520; Beschl. v. 21.11.2012 (Fn. 1346), BFH/NV 2013, 320, 321. Vgl. auch *BFH*, Beschl. v. 30.01.2009, IV B 24/08, n.v. (juris). – Eine Einschränkung soll insoweit allenfalls – der *VII. Senat* hat dies in den beiden eingangs genannten Beschlüssen jeweils offen gelassen – in Fällen *objektiver Willkür* erfolgen, wenn also die Beurteilung der Schwierigkeit und Bedeutung einer Streitsache durch das FG unter keinem vernünftigen Gesichtspunkt nachvollziehbar ist; vgl. auch – jeweils offen lassend – *BFH*, Beschl. v. 17.04.1997, III R 39/96, BFH/NV 1997, 860, sowie Beschl. v. 22.07.2004, VII B 359/03, BFH/NV 2005, 79; vgl. zudem Schwarz/*Fu*, § 6 FGO Tz. 21 (Lfg. 29 11/2007).

1349 Ebenso *Seer*, StuW 2001, 3, 6; *ders.*, in: T/K, § 119 FGO Tz. 30 (Lfg. 118 Februar 2009).

1350 Eingehend *Gerharz*, Einzelrichter in der Finanzgerichtsbarkeit, S. 139 ff., 150 ff. u. 253 f.; ferner *Küttner*, Garantie des Gesetzlichen Richters, S. 26 ff., wonach ein Ermessen hinsichtlich der Bestimmung des gesetzlichen Richters unzulässig sei, sowie S. 78 ff., dort insbesondere S. 86 ff. Überdies *Brandis*, in: T/K, § 6 FGO Tz. 10

Zwar können Revision und NZB nach nahezu st. Rspr. des BFH ausnahmsweise auch darauf gestützt werden, dass sich die Übertragung des Rechtsstreits auf den Einzelrichter als *greifbar gesetzwidrig* erweise.

Diese Rüge – es handelt sich insoweit um eine Besetzungsrüge i.S.d. §§ 115 II Nr. 3, 119 Nr. 1 FGO – obliegt jedenfalls dann der uneingeschränkten Überprüfung durch den BFH und ist dem Rechtsschutzsuchenden mithin jedenfalls dann nicht durch § 6 IV 1 FGO verwehrt, wenn sie sich ausschließlich auf *formelle Verstöße* dergestalt bezieht, dass die Übertragung nicht in einem den gesetzlichen

---

i.V.m. 16 a.E. (Lfg. 115 April 2008); *Felix*, FR 1993, 13 f.; *Sangmeister*, BB 1995, 2345, 2346 ff.; *Seer*, StuW 2001, 3, 6; *ders.*, in: T/K, § 119 FGO Tz. 30 (Lfg. 118 Februar 2009); *ders.*, in: T/L, Steuerrecht[21], § 22 Tz. 68. Vgl. zudem *Sunder-Plassmann* HHSp., § 6 FGO Tz. 14 ff. u. 101 (Lfg. 175 Oktober 2002): Bei einer weitgehend nicht überprüfbaren Ermessensentscheidung schwebe einmal mehr die *„Gefahr der Verfassungswidrigkeit"* über der Vorschrift des § 6 I FGO. Vgl. schließlich noch *Schnellenbach*, in: FS Menger, 341, 351, der im Hinblick auf § 348 ZPO (a.F.) und die seinerzeit beabsichtigte Einführung einer korrespondierenden Vorschrift im Verwaltungsprozess mit Rücksicht auf Art. 101 I 2 GG von einer *verfassungsrechtlich* bedenklichen/problematischen bzw. mindestens *verfassungspolitisch* gänzlich unbefriedigenden Regelung spricht. **A.A.** – § 6 I FGO verstoße nicht gegen Verfassungsrecht, v.a. nicht gegen Art. 101 I 2 GG – *BFH*, Urt. v. 08.06.1995, IV R 80/94, BStBl. II 1995, 776, 777 (insoweit jedoch nicht veröffentlicht, vgl. juris); Beschl. v. 19.07.1995, X R 41/94, BFH/NV 1996, 54; Beschl. v. 17.04.1996, VI R 105/95, BFH/NV 1996, 767; Beschl. v. 10.09.1996, IV R 51/94, BFH/NV 1997, 242; Beschl. v. 24.10.1996, IV R 57/95, BFH/NV 1997, 417 (s. jedoch auch S. 412 einschließlich Fußnote 1355); Beschl. v. 17.04.1997 (Fn. 1348), BFH/NV 1997, 860 (Verfassungsbeschwerde nicht zur Entscheidung angenommen, vgl. *BVerfG*, Beschl. v. 15.08.1997, 2 BvR 1272/97, StE 1997, 735 [3. Kammer des Zweiten Senats]); Beschl. v. 16.12.1997, IX R 22/95, BFH/NV 1998, 720 (s. jedoch auch S. 412 einschließlich Fußnote 1355); Beschl. v. 27.03.1998, X B 161/96, BFH/NV 1998, 1487; Beschl. v. 27.03.1998, X R 105/96, BFH/NV 1998, 1488 (s. jedoch auch S. 412 einschließlich Fußnote 1355); Beschl. v. 22.03.1999, XI R 102/96, BFH/NV 1999, 1245; Beschl. v. 31.03.1999, XI R 100/96, BFH/NV 1999, 1242; Beschl. v. 19.04.1999, XI R 105/96, BFH/NV 1999, 1473; Beschl. v. 19.04.1999, XI R 106/96, BFH/NV 1999, 1474; Beschl. v. 05.05.1999, XI R 133/96, BFH/NV 1999, 1366; Beschl. v. 30.06.1999, XI R 113/96, BFH/NV 1999, 1621 (s. jedoch auch S. 412 einschließlich Fußnote 1355); Beschl. v. 16.09.1999 (Fn. 1336), BFH/NV 2000, 332, 333 (s. jedoch auch S. 412 einschließlich Fußnote 1355); Beschl. v. 20.10.1999 (Fn. 1336), BFH/NV 2000, 578; Beschl. v. 21.10.1999 (Fn. 1326), BStBl. II 2000, 88, 93; Beschl. v. 16.11.1999 (Fn. 1336), BFH/NV 2000, 585; Beschl. v. 03.12.1999, VI B 75/99, BFH/NV 2000, 732; Beschl. v. 09.01.2002 (Fn. 1333), BFH/NV 2002, 926, 927; *Birk*, StuW 1993, 296, 298; *Buciek*, in: BG, § 6 FGO Tz. 9 ff. (Lfg. 20 Juli 1999); Gräber/*Koch*[6], § 6 FGO Tz. 3; *Gramich*, DStR 1993, 6, 7; *Kretzschmar*, BB 1993, 545, 552 f.; Schwarz/*Fu*, § 6 FGO Tz. 3 (Lfg. 29 11/2007). – Zu den Anforderungen an das *Gebot des gesetzlichen Richters* i.S.d. Art. 101 I 2 GG ausführlich die Plenarentscheidung des *BVerfG*, Beschl. v. 08.04.1997, 1 PBvU 1/95, BVerfGE 95, 322, 327 ff., insbesondere 329 ff.

Vorschriften entsprechenden *Verfahren* vorgenommen worden und eine wirksame Übertragung (bzw. Rückübertragung) des Rechtsstreits somit überhaupt nicht erfolgt sei[1351]. So verhält es sich etwa, wenn sich der Einzelrichter selbst bestellt hat, wenn ihm der Rechtsstreit nicht durch Senatbeschluss i.S.d. § 6 I FGO, sondern lediglich durch Verfügung des Vorsitzenden zugewiesen worden ist, wenn gegen die ausdrücklichen Übertragungsverbote der §§ 6 II und III 2 FGO verstoßen worden ist, sowie wenn der Übertragung aus sonstigen Gründen eine *greifbare Gesetzwidrigkeit* anhaftet, z.B. weil sie ausschließlich zur Durchführung der Beweisaufnahme erfolgt ist[1352]. Denn in diesen Fällen erweise sich die Übertragungsentscheidung als mit der geltenden Rechtsordnung schlechthin unvereinbar, weil sie jeglicher gesetzlichen Grundlage entbehre und dem Gesetz inhaltlich fremd sei, so dass sie bei verständiger Würdigung nicht mehr nachvollziehbar und somit offensichtlich unhaltbar erscheine[1353].

1351 *BFH*, Urt. v. 08.06.1995 (Fn. 1350), BStBl. II 1995, 776, 777 m.w.N. (insoweit jedoch nicht veröffentlicht, vgl. juris); Beschl. v. 17.04.1997 (Fn. 1348), BFH/NV 1997, 860; Beschl. v. 21.10.1999 (Fn. 1326), BStBl. II 2000, 88, 89 m.w.N.; Beschl. v. 25.06.2001 (Fn. 1346), BFH/NV 2001, 1589, 1590; Beschl. v. 06.11.2006 (Fn. 1331), BFH/NV 2007, 466, 467; Beschl. v. 30.01.2009 (Fn. 1348), n.v. (juris). – Vgl. im Übrigen *BFH*, Urt. v. 20.02.2001 (Fn. 1336), BStBl. II 2001, 415, 416 m.w.N.; Beschl. v. 28.01.2003 (Fn. 1346), BFH/NV 2003, 926; Beschl. v. 15.11.2004, VIII B 184/04, BFH/NV 2005, 556; Beschl. v. 21.12.2004 (Fn. 1346), BFH/NV 2005, 897; Beschl. v. 10.03.2005 (Fn. 1346), BFH/NV 2005, 1089; Beschl. v. 21.03.2006 (Fn. 1346), BFH/NV 2006, 1142, 1144; Beschl. v. 14.06.2006 (Fn. 1346), BFH/NV 2006, 1854; Beschl. v. 26.10.2006 (Fn. 1346), BFH/NV 2007, 447; Beschl. v. 30.01.2008, V B 57/07, BFH/NV 2008, 611, 612; Beschl. v. 11.01.2011 (Fn. 1346), BFH/NV 2011, 786, 788; Beschl. v. 21.11.2012 (Fn. 1346), BFH/NV 2013, 320, 321. Zudem *Brandis*, in: T/K, § 6 FGO Tz. 16 (Lfg. 115 April 2008); *Buciek*, in: BG, § 6 FGO Tz. 177 f. m.w.N. (Lfg. 20 Juli 1999); *Kretzschmar*, BB 1993, 545, 547 f.; Schwarz/*Fu*, § 6 FGO Tz. 21 (Lfg. 29 11/2007); *Sunder-Plassmann* HHSp., § 6 FGO Tz. 97 (Lfg. 175 Oktober 2002).

1352 Siehe bspw. *BFH*, Beschl. v. 19.01.1994, II R 69/93, BFH/NV 1994, 725 f.; Urt. v. 08.06.1995 (Fn. 1350), BStBl. II 1995, 776, 777 (insoweit jedoch nicht veröffentlicht, vgl. juris); Beschl. v. 17.04.1996 (Fn. 1350), BFH/NV 1996, 767; Beschl. v. 29.05.1996, IV R 26/95, BFH/NV 1996, 908; Beschl. v. 17.04.1997 (Fn. 1348), BFH/NV 1997, 860 (formell nicht ordnungsgemäße Berufung des Einzelrichters); Beschl. v. 16.12.1997 (Fn. 1350), BFH/NV 1998, 720; Beschl. v. 28.12.1998 (Fn. 1331), BFH/NV 1999, 815; Beschl. v. 21.10.1999 (Fn. 1326), BStBl. II 2000, 88, 89; Beschl. v. 06.11.2006 (Fn. 1331), BFH/NV 2007, 466, 467 (formell nicht ordnungsgemäße Berufung des Einzelrichters). Vgl. auch *Brandis*, in: T/K, § 6 FGO Tz. 16 (Lfg. 115 April 2008); *Buciek*, in: BG, § 6 FGO Tz. 57, 177 u. 179, jeweils m.w.N. (Lfg. 20 Juli 1999); Gräber/*Koch*[6], § 6 FGO Tz. 26 m.w.N.; *Kretzschmar*, BB 1993, 545, 548; *Seer*, in: T/K, § 119 FGO Tz. 29 m.w.N. (Lfg. 118 Februar 2009); *Sunder-Plassmann* HHSp., § 6 FGO Tz. 98 (Lfg. 175 Oktober 2002).

1353 Vgl. etwa *BFH*, Beschl. v. 28.01.2003 (Fn. 1346), BFH/NV 2003, 926 m.w.N.; Beschl. v. 21.12.2004 (Fn. 1346), BFH/NV 2005, 897; Beschl. v. 10.03.2005 (Fn. 1346), BFH/NV 2005, 1089; Beschl. v. 21.03.2006 (Fn. 1346), BFH/NV 2006, 1142, 1144; Beschl.

Höchst umstritten und bislang noch nicht eindeutig geklärt ist indessen die Frage, ob und inwieweit bei erfolgter Übertragung des Rechtsstreits auf den Einzelrichter auch die *materiellen Übertragungsvoraussetzungen* des § 6 I Nrn. 1 u. 2 FGO einer revisionszulassungs- bzw. revisionsrechtlichen Überprüfung auf etwaige greifbare Gesetzwidrigkeiten unterfallen. So geht der *VII. Senat* des *BFH* in seinem o.g. Beschluss v. 21.10.1999 davon aus, dass die Vorschrift des § 6 IV 1 FGO nach der Vorstellung des Gesetzgebers gerade eine Überprüfung des Übertragungsbeschlusses ausschließen möchte, die auf die Feststellung gerichtet sei, ob die vom Gesetz in § 6 I Nrn. 1 u. 2 FGO aufgestellten materiellen (Rechtmäßigkeits-) Voraussetzungen für eine Übertragung vorgelegen haben und ob das FG von dem ihm eingeräumten Ermessen rechtsfehlerfrei Gebrauch gemacht habe[1354]. Nach mehreren anderen Entscheidungen des BFH soll die Rüge der nicht vorschriftsmäßigen Besetzung des Gerichts gemäß §§ 115 II Nr. 3, 119 Nr. 1 FGO hingegen auch bei Missbrauch des § 6 FGO unter greifbar gesetzwidrigem = offensichtlichem Verstoß gegen die materiellen Übertragungsvoraussetzungen des § 6 I Nrn. 1 u. 2 FGO zulässig sein[1355]. Dabei gelte es jedoch zu beachten, dass die

v. 14.06.2006 (Fn. 1346), BFH/NV 2006, 1854; Beschl. v. 26.10.2006 (Fn. 1346), BFH/NV 2007, 447; Beschl. v. 11.01.2011 (Fn. 1346), BFH/NV 2011, 786, 788. Zudem *BFH*, Beschl. v. 30.01.2009 (Fn. 1348), n.v. (juris) m.w.N.: *„unter keinem Gesichtspunkt mehr zu rechtfertigen“*. Schließlich noch *Brandis*, in: T/K, § 6 FGO Tz. 16 (Lfg. 115 April 2008), der anführt, die Übertragung des Rechtsstreits auf den Einzelrichter stelle sich in diesen Fällen so offensichtlich gesetzwidrig dar, *„dass die Gesetzwidrigkeit auf der Hand liegt, so dass über sie nicht ernstlich gestritten werden kann“*.

1354 *BFH*, Beschl. v. 21.10.1999 (Fn. 1326), BStBl. II 2000, 88, 89; ferner Beschl. v. 06.11.2006 (Fn. 1331), BFH/NV 2007, 466, 467. Vgl. auch *BFH*, Beschl. v. 30.01.2009 (Fn. 1348), n.v. (juris).

1355 Bspw. *BFH*, Beschl. v. 24.10.1996 (Fn. 1350), BFH/NV 1997, 417; Beschl. v. 16.12.1997 (Fn. 1350), BFH/NV 1998, 720; Beschl. v. 27.03.1998 (Fn. 1350), BFH/NV 1998, 1488; Beschl. v. 30.06.1999 (Fn. 1350), BFH/NV 1999, 1621; Beschl. v. 16.09.1999 (Fn. 1336), BFH/NV 2000, 332, 333; Beschl. v. 25.06.2001 (Fn. 1346), BFH/NV 2001, 1589, 1590, wo der *V. Senat* in einem Verfahren des einstweiligen Rechtsschutzes eine entsprechende *Ermessenreduzierung auf Null* dergestalt angenommen hat, dass eine Übertragung des Rechtsstreits auf den Einzelrichter nicht mehr zu rechtfertigen sei, wenn sie erst erfolge, nachdem der Rechtsstreit bereits im Wesentlichen abschließend bearbeitet worden und infolge der Bearbeitung als grundsätzlich bedeutsam beurteilt worden sei; Beschl. v. 28.01.2003 (Fn. 1346), BFH/NV 2003, 926; wohl auch Beschl. v. 21.03.2006 (Fn. 1346), BFH/NV 2006, 1142, 1144; wohl ebenfalls Beschl. v. 11.01.2011 (Fn. 1346), BFH/NV 2011, 786, 788. Ebenso *Brandis*, in: T/K, § 6 FGO Tz. 16 (Lfg. 115 April 2008). Zudem Schwarz/*Fu*, § 6 FGO Tz. 21 (Lfg. 29 11/2007), für den Fall der *objektiv willkürlichen* Beurteilung der Schwierigkeit und Bedeutung einer Streitsache. *Offen gelassen* für den Fall der *objektiv willkürlichen* Beurteilung der Schwierigkeit und Bedeutung einer Streitsache von *BFH*, Beschl. v. 17.04.1997 (Fn. 1348), BFH/NV 1997, 860; Beschl. v. 21.10.1999 (Fn. 1326), BStBl. II 2000, 88, 93; Beschl. v. 22.07.2004 (Fn. 1348),

Übertragung des Rechtsstreits auf den Einzelrichter, die aufgrund eines bloßen Rechtsfehlers unter Verstoß gegen die Voraussetzungen des § 6 I Nr. 2 FGO erfolgt sei, allein noch keinen Fall greifbarer Gesetzwidrigkeit begründe[1356]. Eine entsprechende Besetzungsrüge sei vielmehr allenfalls dann schlüssig erhoben, wenn die grundsätzliche Bedeutung der Rechtssache dargelegt werde und außerdem, dass diese – unter Berücksichtigung des Beteiligtenvorbringens im Klageverfahren – für das FG offenkundig gewesen sei[1357]. Letzterer – die Voraussetzungen des § 6 I Nrn. 1 u. 2 FGO in die Prüfung einer greifbaren Gesetzwidrigkeit mit einbeziehenden – Auffassung wird vereinzelt entgegengehalten, die Justiziabilität der Beurteilung der Schwierigkeit und Bedeutung einer Streitsache durch das FG wäre in ganz besonderem Maße geeignet, den vom Gesetz mit § 6 FGO verfolgten Beschleunigungs- und Entlastungszweck zu gefährden. Deshalb sei die regelmäßig in einem recht frühen Verfahrensstadium zu treffende und auch sonst durchaus von vielen Unwägbarkeiten abhängige Entscheidung über die tatsächliche sowie rechtliche Schwierigkeit bzw. über die Grundsätzlichkeit der Streitsache – auch im Hinblick auf eine Missachtung der materiellen Übertragungsvoraussetzungen des § 6 I Nrn. 1 u. 2 FGO i.S. einer greifbaren Gesetzwidrigkeit – von der gerichtlichen Überprüfung auszunehmen[1358].

Aber selbst wenn man die in § 6 I Nrn. 1 u. 2 FGO aufgeführten materiellen Übertragungsvoraussetzungen entgegen des äußerst weitgehenden Verständnisses des *VII. Senats* nicht als der Überprüfung durch das Rechtsmittelgericht ausnahmslos entzogene Ermessensleitlinien, sondern vielmehr als Tatbestandsvoraussetzungen für das Übertragungsermessen des FG betrachtet, die bei erfolgter Übertragung des Rechtsstreits auf den Einzelrichter zumindest einer revisionszulassungs- bzw. revisionsrechtlichen Überprüfung auf etwaige greifbare Gesetzwidrigkeiten zugänglich sind, ändert das an der nahezu freien Übertragungsentscheidung der Finanzgerichte nur wenig. Denn die besondere Vagheit der in § 6 I Nrn. 1 u. 2 FGO verankerten unbestimmten Rechtsbegriffe i.V.m. der Einräumung eines Übertragungsermessens eröffnet den Senaten der Finanzgerichte bei ihrer Entscheidung, den Rechtsstreit auf den Einzelrichter zu übertragen, auch weiterhin äußerst großzügige Wertungsmöglichkeiten und kaum abgrenzbare Beurteilungsspielräume, die eben i.R.d. Revisions-/NZB-Verfahrens gegen die abschließende Sachentscheidung des Einzelrichters allenfalls auf Ausreißerentscheidungen i.S. greifbar

---

BFH/NV 2005, 79; Beschl. v. 12.10.2006 (Fn. 1346), BFH/NV 2007, 519, 520; vgl. auch bereits Fußnote 1348.

1356 *BFH*, Beschl. v. 19.01.1994 (Fn. 1352), BFH/NV 1994, 725, 726; Beschl. v. 15.11.2004 (Fn. 1351), BFH/NV 2005, 556; *Brandis*, in: T/K, § 6 FGO Tz. 16 a.E. (Lfg. 115 April 2008): Allein daraus, dass der Rechtssache grundsätzliche Bedeutung zukomme und das FG aufgrund einer im Vorhinein bestehenden Absicht von den vom Kläger zitierten BFH-Urteilen abgewichen sei, könne eine greifbare Gesetzwidrigkeit des Übertragungsbeschlusses nicht hergeleitet werden.

1357 So *BFH*, Beschl. v. 16.12.1997 (Fn. 1350), BFH/NV 1998, 720.

1358 *Sunder-Plassmann* HHSp., § 6 FGO Tz. 100 (Lfg. 175 Oktober 2002).

gesetzwidriger, also offensichtlicher Verstöße gegen die materiellen Übertragungsvoraussetzungen überprüft werden könn(t)en.

Dem Rechtsschutzsuchenden bleibt mithin regelmäßig nur die Möglichkeit, die End- (Sach-) Entscheidung des Einzelrichters mit den auch gegen ein Senatsurteil zur Verfügung stehenden Rechtsmitteln der Revision und NZB unter den gewöhnlichen Voraussetzungen – d.h. insbesondere Bindung an die Revisionszulassungsgründe des § 115 II FGO unter Beachtung des Darlegungserfordernisses gemäß § 116 III 3 FGO – anzufechten, wobei insoweit – von etwaigen greifbaren Gesetzwidrigkeiten abgesehen – die Einschränkungen des § 124 II Hs. 2 i.V.m. § 6 IV 1 sowie des § 6 IV 2 FGO zu berücksichtigen sind[1359]. Da die Finanzgerichte, der Senat ebenso wie der Einzelrichter, bekanntlich jedoch eher zur Nichtzulassung der Revision neigen[1360], rückt folglich auch hier wieder die NZB in den Fokus.

In diesem Zusammenhang ist darauf hinzuweisen, dass einer entsprechenden NZB nicht entgegengehalten werden kann, dass ein FG sich eine Einzelrichterentscheidungsbefugnis angemaßt hat. Zwar darf der Senat eines FG einen Rechtsstreit einem seiner Mitglieder als Einzelrichter nach § 6 I Nr. 2 FGO nur zur Entscheidung übertragen, wenn die Rechtssache keine grundsätzliche Bedeutung besitzt. Soweit der BFH in seiner Rechtsprechung[1361] jedoch anführt, dass sich die Übertragung des Rechtsstreits auf den Einzelrichter nicht schon deshalb als greifbare Gesetzwidrigkeit erweise, weil der Rechtssache grundsätzliche Bedeutung zukomme, geht daraus hervor, dass es durchaus Fälle geben kann, in denen der Rechtsstreit auf den Einzelrichter übertragen wird/worden ist, obwohl die Rechtssache grundsätzliche Bedeutung besitzt[1362]. In den entsprechenden Fällen soll – da eine

1359 Dazu vorstehend auf S. 407 ff. u. 410 ff.

1360 Siehe zur *Nicht-Zulassungspraxis der FGe* oben im 2. Abschnitt unter B.III. (S. 76 ff., dort S. 78) mit Nachweisen in Fußnote 307.

1361 Vgl. die Nachweise in Fußnote 1356.

1362 Dies folgt ferner aus der Vorschrift des § 6 III 1 FGO. Danach kann der Einzelrichter nach Anhörung der Beteiligten den Rechtsstreit auf den Senat nämlich nur zurückübertragen, wenn sich aus einer wesentlichen Änderung der Prozesslage ergibt, dass die Rechtssache grundsätzliche Bedeutung hat. Wesentliche Tatbestandsvoraussetzung des § 6 III 1 FGO und somit zentrale Rückübertragungsvoraussetzung ist also eine *wesentliche Änderung der Prozesslage* nach der erfolgten Übertragung auf den Einzelrichter, aus der sich dann ergeben muss, dass die Rechtssache nunmehr grundsätzliche Bedeutung aufweist. Dies wiederum erfordert das Auftreten neuer Umstände, während eine lediglich neue Einschätzung zu Umständen, die bereits bei der Übertragung bekannt und vorhanden waren, hingegen nicht genügen soll. Es ist demzufolge durchaus vorstellbar, dass der Einzelrichter entgegen der Übertragungsregel des § 6 I Nr. 2 FGO *tatsächlich* Rechtssachen von grundsätzlicher Bedeutung entscheidet bzw. entscheiden muss, weil sich (lediglich) die ursprüngliche Einschätzung der im Vorhinein getroffenen überschlägigen Entscheidung über die Bedeutung der Rechtssache als unzutreffend darstellt, vgl. nur *Brandis*, in: T/K, § 6 FGO Tz. 21 m.w.N. (Lfg. 115 April 2008); vgl. zudem *Loose*, StuW 2006, 376, 378 f.; *ders.*, AO-StB 2009, 52, 54.

greifbare Gesetzwidrigkeit allein wegen Verkennung der grundsätzlichen Bedeutung nach der o.g. BFH-Rechtsprechung i.d.R. eben gerade nicht anzunehmen ist – allerdings lediglich eine Besetzungsrüge i.S.d. §§ 115 II Nr. 3, 116 III 3, 119 Nr. 1 FGO ausgeschlossen sein. Der Kläger ist hingegen jedoch nicht gehindert, eine auf die grundsätzliche Bedeutung der Rechtssache gestützte NZB einzulegen, wenn er der Überzeugung ist, dass es bei der Entscheidung des konkreten Rechtsstreits auf eine Rechtsfrage von grundsätzlicher Bedeutung ankommt. Der ursprünglichen Einschätzung der fehlenden grundsätzlichen Bedeutung durch das FG i.R.d. Übertragung auf den Einzelrichter kann dabei weder präjudizielle noch indizielle Bedeutung für die Entscheidung des BFH über eine NZB zukommen, insbesondere nicht im Hinblick auf die regelmäßige Unanfechtbarkeit des Übertragungsbeschlusses nach § 6 IV 1 FGO. Denn verkennt das FG die grundsätzliche Bedeutung der in einem Rechtsstreit aufgeworfenen Rechtsfragen, so besteht – von Fällen greifbarer Gesetzwidrigkeit abgesehen – kein Rechtsbehelf gegen eine unter Verstoß gegen die Voraussetzungen des § 6 I Nr. 2 FGO erfolgte Übertragung auf den Einzelrichter. Wenn nun aber die unter Verstoß gegen die Voraussetzungen des § 6 I Nr. 2 FGO vorgenommene Übertragung eines Rechtsstreits für sich allein noch keinen Fall einer greifbaren Gesetzwidrigkeit ausmachen soll, dann muss die Einzelrichterentscheidung bei der Prüfung des Revisionszulassungsgrundes der ‚Grundsätzlichen Bedeutung der Rechtssache' für Zwecke der NZB demzufolge ebenso behandelt werden wie eine Senatsentscheidung. Eine andere Sichtweise hätte nämlich zur Folge, dass der Kläger insoweit rechtsschutzlos gestellt würde[1363].

Mit Blick auf die bereits hinreichend erläuterte äußerst restriktive BFH-Rechtsprechung zu den Revisionszulassungsgründen und den insoweit überaus strengen Darlegungsanforderungen, insbesondere auch betreffend die Grundsatzrevision gemäß §§ 115 II Nr. 1, 116 III 3 FGO, verspricht die Einlegung einer NZB auch gegen Entscheidungen des Einzelrichters hier indessen nur wenig Aussicht auf Erfolg.

Dies wiederum hat zur Folge, dass sich der finanzgerichtliche Rechtsschutz bei Besetzung der Richterbank nur mit dem fakultativen Einzelrichter i.S.d. § 6 FGO

1363 Vgl. insoweit auch *Loose*, AO-StB 2009, 52, 54, der zutreffend anführt, dass der fakultative Einzelrichter i.S.d. § 6 FGO entscheiden und nach § 115 II Nr. 1 FGO – sogar *von sich aus*, ohne dass eine entsprechende NZB des Steuerpflichtigen notwendig wäre – die Revision zulassen müsse, wenn er bspw. aufgrund einer neuen Einschätzung in der mündlichen Verhandlung trotz unveränderter Prozesslage zu der Erkenntnis gelange, dass dem Rechtsstreit nunmehr grundsätzliche Bedeutung zukomme, und die Voraussetzungen für eine Rückübertragung nach § 6 III 1 FGO aufgrund bloßer ursprünglicher Verkennung der grundsätzlichen Bedeutung ohne nachträgliche wesentliche Änderung der Prozesslage gleichzeitig nicht vorliegen. Auf die Neigung der FGe zur Nichtzulassung der Revision ist jedoch vorstehend mehrmals hingewiesen worden, vgl. zuletzt vorstehend S. 414 einschließlich Fußnote 1360.

in einer einzigen Einzelrichterentscheidung erschöpft – und zwar aufgrund der ersatzlosen Streichung der Streitwertrevision betragsmäßig unbegrenzt.

Der fakultative Einzelrichter bildet also in vielen Fällen, wenn nicht gar in der überwiegenden Anzahl der Fälle, faktisch – quasi in Person eines *„Amtsrichters in Steuersachen"* und ohne jegliche Streitwertbegrenzung (!) – die erste und zugleich letzte gerichtliche Instanz in der Finanzgerichtsbarkeit. – Ein Zustand, den etwa die ZPO nur für Streitwerte bis zu 600 € toleriert, wenn sie nach § 511 II Nr. 1 ZPO gegen die im ersten Rechtszug erlassenen Endurteile – und somit auch gegen die erstinstanzlichen Endurteile des gemäß § 348 ZPO originären bzw. nach § 348a ZPO obligatorischen Einzelrichters – die Berufung (nur) für zulässig erklärt, wenn der Wert des Beschwerdegegenstandes 600 € übersteigt[1364].

c) Einführung des sog. konsentierten Einzelrichters – § 79a III, IV FGO

Ebenfalls durch das FGOÄndG v. 21.12.1992 hat der Gesetzgeber mit Wirkung zum 01.01.1993 auf erstinstanzlicher Ebene[1365] zur Entlastung der Senate der Finanzgerichte sowie zur Beschleunigung und Straffung des finanzgerichtlichen Verfahrens[1366] den *sog. konsentierten Einzelrichter* gemäß § 79a III, IV FGO eingeführt[1367]. Danach kann der Vorsitzende *„auch sonst"*, d.h. auch außerhalb von Entscheidungen im vorbereitenden Verfahren i.S.d. § 79a I Nrn. 1-6 FGO, im Einverständnis der Beteiligten anstelle des Senats entscheiden; ist ein Berichterstatter bestellt, so entscheidet dieser nach § 79a IV FGO anstelle des Vorsitzenden.

Diese weitere Einzelrichterentscheidungsbefugnis, die nicht an die einschränkenden tatbestandlichen Voraussetzungen des § 6 FGO gebunden ist[1368],

---

1364 *Seer*, BB 2000, 2387, 2388; *ders.*, StuW 2001, 3, 5; *ders.*, in: T/K, § 115 FGO Tz. 16 (Lfg. 131 Oktober 2012); *ders.*, in: T/L, Steuerrecht[21], § 22 Tz. 69. Vgl. auch *Brandis*, in: T/K, § 6 FGO Tz. 2 (Lfg. 115 April 2008), sowie *Felix*, FR 1993, 13, 14, der pointiert von einer willkürlichen *„Halbstufigkeit"* des Steuerprozesses spricht, so wie wenn gegen Zivilurteile der Amtsgerichte lediglich auf Zulassung die Revision zum BGH statthaft wäre.

1365 § 79a III, IV FGO gilt nach der ausdrücklichen Regelung in § 121 S. 2 FGO nicht im Revisionsverfahren vor dem BFH.

1366 Siehe die Begründung des Entwurfs eines FGOÄndG 1991 v. 14.08.1991, BT-Drucks. 12/1061, S. 16 f.

1367 Gesetz zur Änderung der Finanzgerichtsordnung und anderer Gesetzte (FGO-Änderungsgesetz) v. 21.12.1992, BGBl. I 1992, 2109, 2111 = BStBl. I 1993, 90, 92. – Vgl. auch die Parallelvorschrift des § 87a II, III VwGO für den Bereich der Verwaltungsgerichtsbarkeit.

1368 Exemplarisch *Niedersächsisches FG*, Urt. v. 31.03.2004, 7 K 393/99, EFG 2005, 299 f. m.w.N. auch betreffend die Gegenansicht. Ferner *Gramich*, DStR 1993, 6, 9, der darauf hinweist, dass nach dem eindeutigen Gesetzeswortlaut des § 79a III FGO bei Einverständnis der Beteiligten auch die in rechtlicher Hinsicht oder aufgrund tatsächlicher Umstände schwierigsten grundsätzlichsten Rechtsfragen durch den

stellt wiederum eine Durchbrechung des einer Senatsverfassung immanenten Kollegialprinzips dar, die allerdings – im Gegensatz zu der Regelung des fakultativen Einzelrichters in § 6 FGO – unter zwei Gesichtspunkten grds. unbedenklich erscheint[1369]. Denn während der fakultative Einzelrichter – von einer evtl. Zurückübertragung gemäß § 6 III 1 FGO abgesehen – stets zur Entscheidung verpflichtet ist, besteht die Entscheidungsbefugnis des Senats beim konsentierten Einzelrichter *konkurrierend* fort; dieser muss also nicht entscheiden, sondern ist nach § 79a III, IV FGO lediglich zur Entscheidung berechtigt[1370]. Des Weiteren – und das ist der wesentliche Aspekt – kann der konsentierte Einzelrichter nach dem ausdrücklichen Wortlaut des § 79a III FGO nur im Einverständnis der Beteiligten entscheiden. Diese haben es – anders als i.R.d. § 6 FGO – also selbst in der Hand und können frei darüber entscheiden, ob sie sich anstelle einer Senatsentscheidung, die zumindest tendenziell regelmäßig eine höhere Gewähr für die Qualität und Rechtsrichtigkeit besitzt[1371], mit einer Entscheidung des Einzelrichters zufrieden geben wollen[1372].

Angesichts dieser unter Rechtsschutzgesichtspunkten regelmäßig unbedenklichen Durchbrechung des Kollegialprinzips durch den konsentierten Einzelrichter soll auf die Regelung des § 79a III, IV FGO an dieser Stelle auch nicht näher eingegangen werden[1373].

Einzelrichter allein entschieden werden können; *Kretzschmar*, BB 1993, 545, 551; *Seer*, in: T/L, Steuerrecht[21], § 22 Tz. 70 u. 71. **Dagegen** wendet sich *Loose*, StuW 2006, 376, 380 f.; *ders.*, AO-StB 2009, 52, 55, jeweils mit dem Argument, dass der gesetzliche Richter der Dispositionsmaxime der Beteiligten entzogen sei, wolle er nicht zum *„Richter der Beteiligten"* werden. Angesichts des verkürzten Rechtsschutzes vor den FGen müsse auch aus rechtsstaatlichen Erwägungen heraus gewährleistet sein, dass nur einfach gelagerte Fälle durch den Einzelrichter – angeordneter/fakultativer oder konsentierter – entschieden werden.

1369 Auf gleicher Linie *Gramich*, DStR 1993, 6, 8; *Seer*, in: T/L, Steuerrecht[21], § 22 Tz. 70.

1370 *Buciek*, StuW 1999, 53, 56; Gräber/*Koch*[6], § 79a FGO Tz. 28: *Ermessen*, ob von der Möglichkeit, als Einzelrichter zu entscheiden, Gebrauch gemacht werden soll; keine Bindung an die Einverständniserklärung der Beteiligten; *Gramich*, DStR 1993, 6, 9; *Kretzschmar*, BB 1993, 545, 550 u. 551; *Seer*, in: T/L, Steuerrecht[21], § 22 Tz. 70; *Stalbold*, in: BG, § 79a FGO Tz. 49 (Lfg. 92 November 2011).

1371 Vgl. die Nachweise in Fußnote 1316.

1372 *Niedersächsisches FG*, Urt. v. 31.03.2004 (Fn. 1368), EFG 2005, 299, 300. Ebenso *Seer*, in: T/L, Steuerrecht[21], § 22 Tz. 70, mit dem Hinweis auf den Grundsatz *„Volenti non fit iniuria" – „Dem Einwilligenden geschieht kein Unrecht"*.

1373 Siehe dazu ausführlich – insbesondere auch mit Blick auf das *Verbot der „aufgedrängten Zustimmung"* sowie die unzulässige Praxis einiger FG-Senate, formularmäßig generell nach dem Einverständnis der Beteiligten zu fragen, – *Seer*, in: T/L, Steuerrecht[21], § 22 Tz. 70 f.

4. Fazit

Nach alledem bleibt Folgendes festzuhalten:

Der finanzgerichtliche Rechtsschutz wird ausgehend von einem bereits äußerst schmalen zweistufigen Instanzenzug in der weit überwiegenden Anzahl der Fälle aufgrund der endgültigen und ohne spürbare Kompensation erfolgten Abschaffung der Streitwertrevision und der damit einhergehenden Einführung einer ausschließlich zulassungsabhängigen Revision praktisch auf nur noch eine Instanz reduziert, wobei dieser *einstufige Instanzenzug* häufig auch noch vor dem Einzelrichter endet[1374]. Hinzu kommt, dass die Entscheidung zur Übertragung des Rechtsstreits auf den Einzelrichter – also die Einschränkung des Kollegialprinzips zugunsten des Einzelrichterprinzips – auf erstinstanzlicher Ebene in das nahezu freie und kaum überprüfbare Ermessen des Gerichts gestellt wird, zumal keinerlei verfahrensrechtliche Vorkehrungen existieren, durch die sichergestellt wird, dass die Finanzgerichte von ihrem Übertragungsermessen auf entsprechend zurückhaltende Weise und nur in den von § 6 I Nrn. 1 u. 2 FGO gemeinten, einfach gelagerten übertragungsgeeigneten Durchschnitts- und Bagatellfällen Gebrauch machen[1375].

Dieses Zusammenspiel von ersatzloser Streichung der Streitwertrevision zugunsten einer reinen Zulassungsrevision einerseits sowie einer nur zweistufigen Finanzgerichtsbarkeit mitsamt der Möglichkeit einer – in das nahezu freie und kaum überprüfbare Ermessen des Gerichts (Senats) gestellten – erstinstanzlichen Einzelrichterentscheidung andererseits bewirkt – um die eingangs in der Überschrift zu II. (S. 381) aufgeworfene Frage zu beantworten – ein *erhebliches Rechtsschutzdefizit* beim Steuerpflichtigen und stellt eine gravierende Reduzierung und Verkürzung des Individualrechtsschutzes in Steuersachen dar[1376]. Es führt zu einer

---

1374 *Seer*, in: T/K, § 115 FGO Tz. 16 (Lfg. 131 Oktober 2012).

1375 Siehe auch *Seer*, in: T/L, Steuerrecht[21], § 22 Tz. 69 a.E. – Ausführlich vorstehend unter 3.b) (S. 399 ff., dort S. 400 ff.).

1376 Auf gleicher Linie *Seer*, StuW 2001, 3, 6; *ders.*, in: T/K, § 115 FGO Tz. 9 u. 39 (Lfg. 131 Oktober 2012); *ders.*, in: T/L, Steuerrecht[21], § 22 Tz. 69. Ebenso etwa Schwarz/*Fu*, § 6 FGO Tz. 4 (Lfg. 29 11/2007); *Sunder-Plassmann* HHSp., Einf. FGO Tz. 156 (Lfg. 176 März 2003), unter Hinweis darauf, dass die Einführung des streitentscheidenden Einzelrichters gemäß § 6 FGO im finanzgerichtlichen Verfahren überflüssig und dem Stellenwert der Finanzgerichte als oberer Landesgerichte langfristig abträglich sei; *ders.* HHSp., § 6 FGO Tz. 26 (Lfg. 175 Oktober 2002). Vgl. in diesem Zusammenhang überdies die Stellungnahme des Präsidenten der Bundessteuerberaterkammer *Dann*, FAZ v. 22.12.1992: *„Die Änderung der Finanzgerichtsordnung benachteiligt den Bürger"*, zitiert nach *Kretzschmar*, BB 1993, 545, 554 (dort Fußnote 86), sowie *Felix*, FR 1993, 13 f. (*„Halbstufigkeit"* des Steuerprozesses [14]). Vgl. zudem *Herden*, DStZ 2000, 394, 396, nach dessen Auffassung die endgültige Abschaffung der Streitwertrevision zwar auch vor dem Hintergrund der Einzelfallgerechtigkeit hinnehmbar sei (vgl. Fußnote 230), der jedoch gleichzeitig zu bedenken gibt, dass die Einzelfallgerechtigkeit im Finanzgerichtsprozess im Hinblick auf den nur zweistufigen Aufbau der Finanzgerichtsbarkeit mit der

Abschottung des BFH als Rechtsmittelinstanz, so dass es an einer effizienten Zugangsmöglichkeit zum BFH mit dem Ziel, effektiven und wirkungsvollen zweitinstanzlichen Individualrechtsschutz zu erlangen, fehlt[1377].

Dies wiederum ist mit dem Gebot des effektiven Rechtsschutzes nach Art. 19 IV 1 GG nur schwerlich in Einklang zu bringen und darf deshalb – v.a. weil es sich bei der Materie des Steuerrechts um eine klassisch eingriffsgeprägte Rechtsmaterie handelt[1378] – keinesfalls kompensationslos hingenommen werden[1379]. Denn wird sowohl der Zugang zur zweiten Instanz erheblich eingeschränkt,

---

Möglichkeit einer streitigen Einzelrichterentscheidung deutlich zu kurz komme, wenn nicht über einen zusätzlichen vierten Revisionszulassungsgrund der *„überwiegenden Zweifel an der Richtigkeit der angefochtenen Entscheidung"* nachgedacht werde, vgl. insoweit auch bereits oben im 2. Abschnitt unter A.II. (S. 54 ff. [56]), dort Fußnote 232, vorstehend unter 2.b) (S. 396 f. [397]), dort Fn. 1308, sowie später unter C.II. (S. 613 f.), dort Fn. 1974. – Auch der Hinweis von *Rieß*, DStZ 1994, 737, 738, dass der Finanzgerichtsbarkeit im Hinblick auf die Sonderstellung der Finanzgerichte als einziger Tatsacheninstanz mit dem *fakultativen Einzelrichter* – verglichen mit den drei anderen Möglichkeiten des *originären Einzelrichters* (Gesetzlicher Richter ohne Übertragung), des *obligatorischen Einzelrichters* (Zwingende Übertragung ohne Ermessensspielraum bei Vorliegen der Voraussetzungen) und des *halbobligatorischen* Einzelrichters (Übertragung *soll in der Regel* erfolgen, wenn die Voraussetzungen vorliegen) – die „moderateste Form" des streitentscheidenden Einzelrichters beschert worden sei, kann über diese erhebliche Beschneidung des Individualrechtsschutzes nicht hinwegtäuschen. Dasselbe gilt für die durch den Gesetzgeber in § 5 IV 1 FGO aufgenommene Öffnungsklausel, die es den Ländern ermöglicht, durch Gesetz die Mitwirkung von zwei ehrenamtlichen Richtern an den Entscheidungen des Einzelrichters vorzusehen. Denn ungeachtet dessen, dass von dieser Klausel aktuell offensichtlich kein Land Gebrauch macht (die laut Gräber/*Koch*[6], § 5 FGO Tz. 4 a.E., bislang einzige entsprechende gesetzliche Regelung in *Niedersachsen* – § 3 II Nds. AGFGO – ist durch Art. 3 des Gesetzes zur Änderung des Gesetzes über Kosten im Bereich der Justizverwaltung und anderer Gesetze v. 24.03.2006, Nds. GVBl. 2006, 181, gestrichen worden), ist dies lediglich ein schwacher Trost und kann nicht als Ausgleich für die Reduzierung des Instanzenzuges auf den Einzelrichter und das beim Steuerpflichtigen hervorgerufene *erhebliche Rechtsschutzdefizit* angesehen werden.

1377 Vgl. insoweit auch *Seer*, BB 2000, 2387; *ders.*, StuW 2001, 3, 5; *ders.*, StuW 2003, 193, 204; *ders.*, in: T/K, § 115 FGO Tz. 16 (Lfg. 131 Oktober 2012).

1378 Zum Steuerrecht als Recht der Eingriffsverwaltung *Seer*, in: T/L, Steuerrecht[21], § 1 Tz. 27; *Tipke*, StRO I, S. 80 f. Zudem ausführlich nachfolgend unter IV.3.b) (S. 458).

1379 In diesem Sinne auch *Seer*, StuW 2001, 3, 6; *ders.*, in: T/K, § 115 FGO Tz. 16 (Lfg. 131 Oktober 2012). Vgl. zudem *Seer*, in: T/L, Steuerrecht[21], § 22 Tz. 64 u. 69, der im Hinblick auf die Reduzierung des Individualrechtsschutzes auf den Einzelrichter und die diesbzgl. unter dem Blickwinkel des Art. 19 IV 1 GG geäußerten Bedenken darauf hinweist, dass sogar der mit der Einführung des § 6 FGO bezweckte Beschleunigungseffekt gar nicht sicher sei, da sich eine *Korrelation*

als auch das Kollegialprinzip in der ersten Instanz – gerade in den durch die Abschaffung der Streitwertrevision und die Restriktion des Zugangs zum BFH besonders betroffenen einfach gelagerten und grundsätzlich nicht bzw. wenig bedeutsamen Verfahren – aufgegeben bzw. durchbrochen, so führt dies zu einer Verfehlung des verhältnismäßigen Ausgleichs zwischen der ‚Funktionsfähigkeit der Rechtspflege' einerseits und dem Individualrechtsschutz des Steuerpflichtigen andererseits. Zu Lasten des Individualrechtsschutzes tritt insoweit eine Schieflage ein, die neben der Funktionsfähigkeit der Rechtspflege mit Blick auf die Rechtsschutzgarantie des Art. 19 IV 1 GG gleichzeitig auch die Verfassungsmäßigkeit des zweitinstanzlichen finanzgerichtlichen Rechtsschutzes in Frage stellt[1380].

III. Kompensation des Rechtsschutzdefizits durch das Rechtsmittel der NZB?

Man wird dieser enormen Beschneidung des Individualrechtsschutzes in Steuersachen schließlich auch nicht pauschal entgegenhalten können, ein Rechtsschutzdefizit beim Steuerpflichtigen bestehe bereits deswegen nicht, weil dem rechtsschutzsuchenden Steuerpflichtigen das Rechtsmittel der NZB zur Verfügung stehe, um sich gegen die Nichtzulassung der Revision durch die Finanzgerichte zur Wehr zur setzen und somit zweitinstanzlichen Finanzrechtsschutz vor dem BFH zu erlangen.

Insoweit muss nämlich Beachtung finden, dass das Rechtmittel der NZB und insbesondere ihre Begründung dem Beschwerdeführer und seinem Prozessvertreter erhebliche – großteils übermenschliche – Anstrengungen sowie einen enormen Arbeitsaufwand abverlangt. Die NZB wird deswegen auch nicht selten als *„labyrinthisches Gebilde"*, *„aus dem kaum Wege ans Licht führen"*[1381], als *„Nadelöhr"*[1382] sowie als das *anspruchsvollste* und *schwierigste* aller Rechtsmittel bezeichnet[1383]. Dies gilt bereits angesichts der engen Revisionszulassungsgründe des § 115 II FGO sowie ganz besonders mit Blick auf die äußerst restriktive Zulassungspraxis des BFH, der – wie im 3. Abschnitt ausführlich herausgearbeitet[1384] – die Zulassungsgründe überaus einschränkend auslegt und übermäßig hohe,

---

zwischen der Einzelrichterquote und einer Verkürzung der Verfahrensdauer tatsächlich überhaupt nicht nachweisen lasse (vgl. m.w.N. Fußnote 1318 a.E.).

1380 *Seer*, BB 2000, 2387, 2388; *ders.*, StuW 2001, 3, 7. Zustimmend *Brandis*, in: T/K, § 6 FGO Tz. 3 a.E. (Lfg. 115 April 2008).

1381 *Müller-Eiselt*, ZfZ 1994, 258, 261.

1382 *Lange*, DStZ 1998, 92, 97.

1383 Vgl. nur *Müller-Eiselt*, ZfZ 1994, 258, 261. Vgl. zudem *Seer*, in: T/K, § 116 FGO Tz. 39 (Lfg. 131 Oktober 2012), speziell unter Hinweis auf die Darlegung der ‚Grundsätzlichen Bedeutung' einer Rechtssache i.S.d. §§ 116 III 3, 115 II Nr. 1 FGO als eine der *anspruchsvollsten* Aufgaben eines Prozessbevollmächtigten.

1384 Siehe dort insbesondere unter B. (S. 127 ff.).

teils hypertrophe – und teilweise auch noch uneinheitliche – Anforderungen an ihre Darlegung i.R.d. der Begründung einer NZB gemäß § 116 III 3 FGO stellt[1385]. Da somit die Latte für eine Revisionszulassung vom BFH durchweg hoch angelegt wird[1386], überfordern sowohl die gesetzlichen als auch die richterrechtlichen Zulassungsanforderungen die Mehrzahl der Rechtsschutzsuchenden und ihrer Prozessvertreter[1387].

Entsprechendes spiegelt sich auch in den Entscheidungen des BFH über die inzwischen zahlreich eingelegten NZBen wider[1388]. Ein unbefangener Blick in das *Sammelsurium der BFH/NV* sowie die dort unzählig veröffentlichte und kaum noch überschaubare, uferlose *Nicht-Zulassungsjudikatur* des BFH vermittelt einem Außenstehenden wie auch dem Rechtsschutzsuchenden selbst nämlich den Eindruck einer *Rechtsschutzverweigerungsinstanz*[1389]. Das verdeutlichen auch die Zahlen der beim BFH erfolgreich und erfolglos eingelegten NZBen, bei denen es wenig verwunderlich erscheint, dass über Jahre hinweg durchschnittlich nur ca. 13,3 % erfolgreich = begründet, demgegenüber aber 69,6 % erfolglos, also unzulässig (35,6 %) oder unbegründet (34,0 %) sind. Berücksichtigt man darüber hinaus noch

---

1385 So weist *Sunder-Plassmann* HHSp., Einf. FGO Tz. 156 (Lfg. 176 März 2003), mit Recht darauf hin, dass der angelegte Maßstab bei den einzelnen Senaten nicht einheitlich sei.

1386 Vgl. *Sunder-Plassmann* HHSp., Einf. FGO Tz. 156 (Lfg. 176 März 2003).

1387 Ebenso *Seer*, StuW 2001, 3, 5; *ders.*, StuW 2003, 193, 200; *Tipke*, StuW 2004, 3, 20, der anführt, dass offenbar viele Anwälte und Steuerberater mit der Aufgabe überfordert seien, dem BFH eine auf die Darlegung der Zulassungsgründe beschränkte, klar strukturierte NZB-Begründung auf hohem Niveau zu liefern, wobei diese Überforderung auch maßgeblich auf die zu hohen Anforderungen zurückzuführen sein dürfte, die an eine erfolgreiche = zulässige und begründete NZB gestellt werden. Vgl. insoweit auch *Pezzer*, in: DFGT 4 (2007), 67, 83, der seine *Kritik* an den weit überzogenen Anforderungen an die Darlegung der Zulassungsgründe anschaulich darstellt, wenn er anführt, dass *man sich etwa den Notarzt vorstelle, der einen Patienten nur dann zu untersuchen bereit sei, wenn dieser nicht nur sage, wo es ihm weh tue, sondern wenn er auch die Art der Erkrankung mit der zutreffenden medizinischen Terminologie unter exakter Angabe der Fundstelle im klinischen Wörterbuch ‚darlege'. Eine solche Vorgehensweise würde nicht hingenommen, auch nicht mit der Begründung, die entsprechenden Darlegungsanforderungen sollten den Notarzt entlasten.*

1388 Das Verhältnis von eingelegten NZBen und Revisionen beträgt seit der endgültigen Abschaffung der Streitwertrevision und der damit einhergehenden Einführung einer ausschließlich zulassungsabhängigen Revision durch das 2. FGOÄndG nahezu konstant ca. 70 zu 30, dazu oben im 2. Abschnitt unter B.III. (S. 76 ff., dort S. 83 f.) mit der Auswertung der Jahresberichte des *BFH* in Fußnote 322: Pro Jahr werden regelmäßig ca. zwischen 1700 und 2200 NZBen beim BFH eingelegt (Tiefstwert 2013: 1657 NZBen).

1389 Auf gleicher Linie *Seer*, StuW 2001, 3, 5 u. 11. Siehe auch *Seer*, in: T/K, § 116 FGO Tz. 29 (Lfg. 131 Oktober 2012); *ders.*, in: T/L, Steuerrecht[21], § 22 Tz. 230 u. 254.

die Zurücknahmen, Löschungen und sonstigen Erledigungen i.H.v. durchschnittlich 17,1 %, dann beträgt die durchschnittliche Misserfolgsquote hier letztlich sogar 86,7 %[1390]. Völlig zurecht wird das finanzgerichtliche NZB-Recht – wie oben im 2. Abschnitt unter A.III.2. (S. 62 f., dort S. 63) bereits angedeutet – demnach zunehmend als *„Stolperdraht-Recht"* bezeichnet und empfunden, obwohl das Gesetz (§§ 115 II, 116 III 3 FGO) dies keineswegs zwingend so fordert[1391].

Vor diesem Hintergrund kann das Rechtsmittel der NZB gerade nicht als effiziente Zugangsmöglichkeit zum BFH mit dem Ziel, effektiven und wirkungsvollen zweitinstanzlichen Individualrechtsschutz zu erlangen, angesehen werden[1392], so dass allein die Tatsache, dass dem rechtsschutzsuchenden Steuerpflichtigen dieses Rechtsmittel zur Verfügung steht, das bei ihm bewirkte *erhebliche Rechtsschutzdefizit* nicht ohne weiteres zu kompensieren vermag[1393].

IV. Bedürfnis und Notwendigkeit einer erweiterten individualrechtsschutzgewährenden Zulassungspraxis ‚im engeren Sinne'

Das Rechtsmittel der NZB ist vielmehr nur dann geeignet, die durch die endgültige Abschaffung der Streitwertrevision hervorgerufene Unterrepräsentation des Individualrechtsschutzes in Steuersachen annähernd auszugleichen, wenn der BFH die Revisionszulassungsgründe des § 115 II FGO auf verfassungskonforme Weise entsprechend weit und erweitert auslegt und damit einhergehend seine überzogenen Anforderungen an das Begründungsniveau einer NZB gemäß § 116 III 3 FGO erheblich absenkt[1394].

1390 Vgl. dazu bereits die ausführliche Darstellung und Erläuterung des einschlägigen Zahlenmaterials oben im 2. Abschnitt unter B.III. (S. 76 ff., dort S. 79 ff.) mitsamt der Auswertung der Jahresberichte des *BFH* 2001-2013. – *Seer*, StuW 2001, 3, 10 f. u. 11, hebt ganz besonders die Rate unzulässiger Rechtsmittel (NZBen) hervor – 2000: 46,6 %, 2001: 47,5 %, 2013 auch noch beträchtliche 33,5 % -, die also bereits an den überzogenen Zulässigkeitshürden scheitern.

1391 *Seer*, StuW 2001, 3, 5 u. 11; *ders.*, StuW 2003, 193, 203; *ders.*, in: T/K, § 116 FGO Tz. 29 (Lfg. 131 Oktober 2012); *ders.*, in: T/L, Steuerrecht[21], § 22 Tz. 254. Vgl. auch *Pezzer*, in: DFGT 4 (2007), 67, 81. Vgl. die weiteren Nachweise in Fußnote 255.

1392 So im Ergebnis auch *Seer*, BB 2000, 2387; *ders.*, StuW 2001, 3, 5; *ders.*, StuW 2003, 193, 204; *ders.*, in: T/K, § 115 FGO Tz. 16 (Lfg. 131 Oktober 2012).

1393 Vgl. nur *Seer*, StuW 2003, 193, 200; *ders.*, in: T/K, § 116 FGO Tz. 6 (Lfg. 131 Oktober 2012); *ders.*, in: T/L, Steuerrecht[21], § 22 Tz. 230.

1394 Siehe nur *Seer*, StuW 2001, 3, 7: Verfassungskonforme Auslegung zur Vermeidung des Diktums der Verfassungswidrigkeit; *ders.*, in: T/K, § 115 FGO Tz. 9 u. 16 a.E. (Lfg. 131 Oktober 2012).

1. *Bedürfnis nach einer erweiterten sowie individualrechtsschutzgewährenden verfassungskonformen Auslegung der Revisionszulassungsgründe des § 115 II Nrn. 1 u. 2 FGO und einer Lockerung der Anforderungen an das Begründungsniveau einer NZB nach § 116 III 3 FGO mit Blick auf die Zweistufigkeit der Finanzgerichtsbarkeit und die Möglichkeit einer Einzelrichterentscheidung in erster Instanz*

Das *Bedürfnis* nach einer erweiterten verfassungskonformen Auslegung der Revisionszulassungsgründe des § 115 II Nrn. 1 u. 2 FGO und einer damit einhergehenden Lockerung der entsprechenden Darlegungsanforderungen zwecks größtmöglicher Verwirklichung des Individualrechtsschutzes zeigt sich besonders mit Blick auf die soeben unter II.2.a) u. b) (S. 388 ff. u. 396 f.) sowie II.3.b) (S. 399 ff.) und II.4. (S. 418 ff.) erläuterte Problematik einer nur schmalen zweistufigen Finanzgerichtsbarkeit, die in erster Instanz überdies die Möglichkeit einer Einzelrichterentscheidung vorsieht.

Denn fällt das erstinstanzliche Gericht – u.U. der alleinentscheidende fakultative Einzelrichter i.S.d. § 6 FGO – keine positive Entscheidung über die Zulassung der Revision, so bleibt dem Rechtsschutzsuchenden nur die Möglichkeit einer – angesichts der bereits erwähnten Abschottung des BFH als Rechtsmittelinstanz[1395] in Zusammenschau mit seiner äußerst restriktiven Zulassungspraxis wenig erfolgversprechenden – NZB. Es ist aber gerade auf dem eingriffsintensiven Gebiet des Steuerrechts[1396] mit seinem nur zweistufigen Instanzenzug und lediglich einer Tatsacheninstanz dringend geboten, für möglichst viele erstinstanzliche Entscheidungen eine effiziente Zugangsmöglichkeit zum BFH als Revisionsgericht zu gewähren, damit diese Entscheidungen, die ggf. auch noch durch den Einzelrichter ergangen sind, einer umfassenden rechtlichen Kontrolle und Überprüfung durch eine zweite Instanz zugeführt werden können.

Dies gilt umso mehr, wenn man bedenkt, dass die Abschottung des BFH als Rechtsmittelinstanz und der insoweit praktisch nur noch *einstufige Instanzenzug* die Fachrichter der ersten Instanz zu einem mehr oder weniger sorglosen Umgang mit dem Recht einlädt, da eine hinreichende Kontrolle über die Finanzgerichte durch den BFH als übergeordnete zweite Instanz überwiegend eben nicht gewährleistet ist[1397]. Noch gravierender verhält sich die Situation schließlich bei

1395 Vorstehend unter II.4. (S. 418 ff.).

1396 Vgl. insoweit ansatzweise bereits vorstehend unter II.4. (S. 418 ff., dort S. 419) sowie ausführlich nachfolgend unter 3.b) (S. 458).

1397 *Seer*, in: T/K, § 115 FGO Tz. 16 (Lfg. 131 Oktober 2012). Damit soll jedoch nicht die Unterstellung verbunden werden, dass die Richter am Finanzgericht tatsächlich entsprechend sorglos mit dem Recht umgehen, sondern vielmehr allein darauf hingewiesen werden, dass der bestehende Zustand – ein de facto einstufiger finanzgerichtlicher Instanzenzug – zu einem mehr oder weniger sorglosen Umgang mit dem Recht einlädt und somit eine entsprechende Gefahr besteht. – Siehe

einer erstinstanzlichen Entscheidung nur durch den Einzelrichter. Denn hier erfordert das Fehlen der i.R.d. Kollegialprinzips und somit im Senat bestehenden Intra-Organ-Kontrolle[1398], dass der jeweilige Einzelrichter stets ein Höchstmaß an Verantwortungsbewusstsein für seine Entscheidungen an den Tag legt[1399]. Weil aber die Richterkarriere (oftmals) zum Leidwesen der rechtsschutzsuchenden Steuerbürger nicht unwesentlich von den Erledigungszahlen abhängt, und der Mensch darüber hinaus „naturgemäß zur Bequemlichkeit neigt", stellt die Einzelrichterposition zumindest einen Anreiz zum *„kurzen Prozess"* dar, zumal der Einzelrichter sowohl neben als großteils auch über sich keinen ihn beeinflussenden und kontrollierenden Richterkollegen vorfindet[1400].

Bildlich gesprochen bedeutet dies, dass eine entsprechend erweiterte sowie individualrechtsschutzgewährende verfassungskonforme Auslegung der Revisionszulassungsgründe und eine Absenkung der Anforderungen an das Begründungsniveau einer NZB schon insbesondere deshalb unumgänglich ist, um dem *‚blauen Himmel'* über den erstinstanzlichen FG-Entscheidungen – und v.a. über den Entscheidungen des in erster Instanz alleinentscheidenden und ‚alleinherrschenden' *„Amtsrichters in Steuersachen"*[1401] – entgegenzuwirken. Dem Rechtsschutzsuchenden muss es dabei mit Blick auf die konstant hohe Zahl der beim BFH eingelegten NZBen (Verhältnis NZBen – Revisionen = ca. 70 zu 30[1402]) und die darin zum Ausdruck kommende verbreitete Unzufriedenheit mit einem nur einstufigen (Einzelrichter-) Finanzgerichtsverfahren[1403] möglich sein, die in erster Instanz

---

dazu auch bereits vorstehend unter II.2.b) (S. 396 f., dort S. 397) sowie konkret im Hinblick auf die Einladung zu einem sorglosen Umgang mit dem *Europäischen Unionsrecht* später unter B.III.2.e) (S. 606 ff., dort S. 608).

1398 Dazu oben unter II.3.a) (S. 398 f.).

1399 Ebenso *Seer*, in: T/L, Steuerrecht[21], § 22 Tz. 69.

1400 Vgl. *Seer*, in: T/L, Steuerrecht[21], § 22 Tz. 69. *Skeptisch* insoweit auch schon *Tipke*, StuW 1993, 213, 220, während *Buciek*, StuW 1999, 53 ff., dem fakultativen Einzelrichter hingegen eher positiv gegenübersteht. – Auch hier soll wiederum nicht unterstellt werden, dass der Einzelrichter stets *„kurzen Prozess"* macht, sondern vielmehr allein darauf hingewiesen werden, dass die Einzelrichterposition zum *„kurzen Prozess"* anreizt.

1401 Diesen Begriff verwendet *Seer*, in: T/L, Steuerrecht[21], § 22 Tz. 69, vgl. schon oben unter II.3.b) (S. 399 ff., dort S. 416).

1402 Pro Jahr werden regelmäßig ca. zwischen 1700 und 2200 NZBen beim BFH eingelegt. Siehe soeben Fußnote 1388 sowie ausführlich oben im 2. Abschnitt unter B.III. (S. 76 ff., dort S. 83 f.) mit der Auswertung der Jahresberichte des *BFH* in Fußnote 322.

1403 *Raupach*, in: Die Situation der Finanzgerichtsbarkeit, 69, 80; *Seer*, in: T/K, § 116 FGO Tz. 6 (Lfg. 131 Oktober 2012); s. auch bereits oben im 2. Abschnitt unter B.III. (S. 76 ff., dort S. 84). Vgl. zudem *Seer*, in: T/L, Steuerrecht[21], § 22 Tz. 230 Fußnote 4 auf S. 1236, der ausführt, dass sich in der konstant hohen Zahl der beim BFH eingelegten NZBen *„ein durch das Zusammenwirken mit Einzelrichterentscheidungen auf der FG-Ebene insgesamt defizitäres Rechtsmittelsystem"* widerspiegele. **A.A.**

gefällte Entscheidung von der nächst höheren (Kontroll-) Instanz in (materiell-) rechtlicher Hinsicht vollumfänglich überprüfen zu lassen, ohne dass ihm dabei formale Hürden und Stolpersteine in Form eines vom BFH oktroyierten hypertrophen Darlegungsaufwands in den Weg gelegt werden, die er auch unter zwingender Zuhilfenahme eines fach-/rechtskundigen Prozessvertreters[1404] zu überwinden kaum in der Lage ist.

2. *Notwendigkeit einer erweiterten sowie individualrechtsschutzgewährenden verfassungskonformen Auslegung der Revisionszulassungsgründe des § 115 II Nrn. 1 u. 2 FGO und einer Lockerung der Anforderungen an das Begründungsniveau einer NZB nach § 116 III 3 FGO* konkret *mit Blick auf die Rechtsschutzgarantie des Art. 19 IV 1 GG i.V.m. dem Rechtsstaatsprinzip gemäß Art. 20 III GG sowie dem aus Art. 20 III GG i.V.m. dem allgemeinen Gleichheitssatz nach Art. 3 I GG hergeleiteten verfahrensrechtlichen Willkürverbot*

Die *Notwendigkeit*, ggf. sogar *Verpflichtung* zu einer erweiterten verfassungskonformen Auslegung der Revisionszulassungsgründe des § 115 II Nrn. 1 u. 2 FGO und einer damit einhergehenden Lockerung der entsprechenden Darlegungsanforderungen zur größtmöglichen Verwirklichung des Individualrechtsschutzes ergibt sich dabei *unmittelbar* aus der Rechtsschutzgarantie des Art. 19 IV 1 GG i.V.m. dem Rechtsstaatsprinzip gemäß Art. 20 III GG sowie dem aus Art. 20 III GG i.V.m. dem allgemeinen Gleichheitssatz nach Art. 3 I GG hergeleiteten verfahrensrechtlichen Willkürverbot.

Die Rechtsschutzgarantie des Art. 19 IV 1 GG, die sich als spezialgesetzliche Ausformung und somit als ein wesentlicher Bestandteil des Rechtsstaatsprinzips nach Art. 20 III GG darstellt[1405], richtet sich nämlich nicht nur an den Gesetzgeber, sondern auch an die Rechtsprechung, d.h. an die Gerichte und den einzelnen

hingegen *Rüsken*, DStZ 2004, 334, 335, der darin allein eine *„blinde Rechtsleidenschaft von Bürgern"* erblicken möchte, *„die noch dadurch angestachelt werden, dass ihnen vorgegaukelt wird, das Steuerrecht müsse auf dem Bierdeckel Platz finden"*.

1404 An dieser Stelle sei noch einmal daran erinnert, dass gemäß § 62 IV FGO vor dem BFH *Vertretungszwang* herrscht, der natürlich auch die Einlegung und Begründung einer NZB umfasst (vgl. insoweit auch § 62 IV 2 FGO, wonach der Vertretungszwang ausdrücklich auch für Prozesshandlungen gilt, durch die ein Verfahren vor dem BFH eingeleitet wird).

1405 *Huber*, in: v. Mangoldt/Klein/Starck[5], Art. 19 Abs. 4 GG Tz. 353: Rechtsschutzgarantie als wesentlicher Bestandteil des Rechtsstaatsprinzips, *„das sie als individuelle Anspruchsnorm zu sichern hilft"*; *Krebs*, in: v. Münch/Kunig[5], Art. 19 GG Tz. 47 m.w.N.; *Lorenz*, Rechtsschutz des Bürgers und Rechtsweggarantie, S. 13, unter Hinweis darauf, dass der besonders wichtige Bereich der Forderung nach umfassendem Rechtsschutz aus dem Rechtsstaatsprinzip herausgelöst und auf

Richter als Rechtsanwender. Gerade der Richter muss – wie vorstehend unter I.4. (S. 377 ff., dort S. 379 f.) bereits angedeutet – die Tragweite des Grundrechts auf einen effektiven und wirkungsvollen Rechtsschutz beachten und seine Entscheidung daran ausrichten[1406]. Ebenso wie der Gesetzgeber bei der Ausgestaltung des Rechtsmittelrechts darf auch er bei der ihm obliegenden Auslegung und Anwendung der vom Gesetzgeber geschaffenen rechtsmittelrechtlichen Vorschriften *den Zugang zur Rechtsmittelinstanz nicht auf unzumutbare, aus Sachgründen nicht mehr zu rechtfertigende Weise erschweren*[1407].

Dem Rechtsmittelgericht ist es demnach unter Berücksichtigung des Verhältnismäßigkeitsgrundsatzes insbesondere verwehrt, ein von der jeweiligen Prozessordnung eröffnetes = statthaftes Rechtsmittel durch eine zu enge Auslegung und Anwendung prozessualer Regeln *ineffektiv zu machen* und für den Rechtsmittelführer *‚leerlaufen' zu lassen*[1408]. Es darf die Möglichkeit zur Einlegung eines Rechtsmittels mithin nicht dadurch unterlaufen, dass es den Umfang seiner Prüfung auf eine Weise beschränkt, die eine bestehende Rechtsschutzmöglichkeit um ihre eigentliche Wirkung sowie ihren wesentlichen Sinn bringt[1409].

a) Keine Überspannung der Darlegungsanforderungen i.R.d. Begründung einer NZB – Verfahrensrecht als dienendes Recht

Die vorgenannte Vorgabe, den Zugang zur Rechtsmittelinstanz nicht auf unzumutbare, aus Sachgründen nicht mehr zu rechtfertigende Weise zu erschweren, bedeutet *konkret* somit zunächst, dass sich aus dem verfassungsrechtlichen Gebot, effektiven und wirkungsvollen Rechtsschutz zu gewähren, die Pflicht der Fachgerichte zu einer erweiterten sowie individualrechtsschutzgewährenden verfassungskonformen Auslegung der Revisionszulassungsgründe des § 115 II FGO ergibt. Die Fachgerichte und namentlich der BFH als das gemäß § 116 II 1, III 2, V 1 FGO für die Entscheidung über die NZB zuständige Gericht ist insoweit *insbesondere* verpflichtet, die entsprechenden Anforderungen an die Darlegungslast bei der Geltendmachung der Zulassungsgründe i.S.d. §§ 116 III 3, 115 II FGO, von deren Beachtung/Einhaltung die Eröffnung der Revisionsinstanz und somit die Gewährung zweitinstanzlichen finanzgerichtlichen Rechtsschutzes letztendlich abhängt, nicht derart zu erschweren, dass diese auch von einem ‚durchschnittlichen', ja

---

eine neue, selbständige Grundlage gestellt worden sei, ohne freilich die innere Verbindung zu jenem zu verlieren.

1406 *Seer*, StuW 2001, 3, 10. Vgl. zudem die übrigen Nachweise in Fußnote 1258.

1407 Siehe dazu bereits oben unter I.4. (S. 377 ff., dort S. 378 ff.) mit Nachweisen in den Fußnoten 1257 u. 1258.

1408 Vgl. schon oben unter I.4. (S. 377 ff., dort S. 380) mit Rechtsprechungsnachweisen in Fußnote 1259.

1409 Siehe *BVerfG*, Beschl. v. 17.03.1988, 2 BvR 233/84, BVerfGE 78, 88, 100; *Beermann*, in: BG, Vor §§ 115-134 FGO Tz. 28 a.E. (Lfg. 7 April 1997); *Seer*, StuW 2001, 3, 10; *ders.*, in: T/K, Vor § 115 FGO Tz. 3 (Lfg. 131 Oktober 2012); *Tipke*, StuW 2004, 3, 20.

sogar selbst einem eigens darauf spezialisierten Prozessvertreter mit zumutbarem Aufwand nicht bzw. kaum mehr erfüllt werden können. Es steht dem BFH zwar zu, von den Verfahrensbeteiligten bei der Auslegung und Anwendung der §§ 116 III 3, 115 II FGO ein *Mindestmaß an Substantiierung* zu verlangen. Dabei dürfen die Anforderungen an eine substantiierte Darlegung der Revisionszulassungsgründe jedoch nicht dermaßen sachwidrig sowie unzumutbar überspitzt und überspannt werden, dass die Möglichkeit, die Zulassung der Revision mittels einer NZB zu erstreiten, *ineffektiv wird* und für den Beschwerdeführer *,leerläuft'*[1410].

Der gerichtlichen Durchsetzung des materiellen Rechts dürfen folglich keine unangemessen hohen verfahrensrechtlichen Hürden in den Weg gelegt werden. Das hat der *Große Senat des BFH* in seinem Beschluss v. 03.09.2001 auf den Punkt gebracht und dazu exemplarisch sowie überzeugend ausgeführt: *„Dem Richter ist es aufgrund des Rechtsstaatsprinzips verwehrt, durch übermäßig strenge Handhabung verfahrensrechtlicher Schranken den Anspruch auf gerichtliche Durchsetzung des materiellen Rechts unzumutbar zu verkürzen. Im Zweifel verdient diejenige Interpretation eines Gesetzes den Vorzug, die dem Bürger den Zugang zu den Gerichten eröffnet"*[1411].

Daraus geht hervor, dass der BFH bei der Auslegung der Revisionszulassungsgründe des § 115 II FGO sowie bei der Entwicklung der Anforderungen an ihre Darlegung i.R.d. Begründung einer NZB gemäß § 116 III 3 FGO immer bedenken

---

1410 Vgl. *BFH GrS*, Beschl. v. 03.09.2001, GrS 3/98, BStBl. II 2001, 802, 808; vgl. zudem *BVerfG*, Beschl. v. 25.07.2005, 1 BvR 938/03, BVerfGK 6, 72, 76 (1. Kammer des Ersten Senats, Nichtannahmebeschluss). Zum Ganzen sinngemäß auch *BVerfG*, Beschl. v. 23.06.2000, 1 BvR 830/00, NVwZ 2000, 1163, 1164 (2. Kammer des Ersten Senats, Nichtannahmebeschluss); Beschl. v. 08.03.2001, 1 BvR 1653/99, NVwZ 2001, 552 f. (1. Kammer des Ersten Senats); Beschl. v. 30.06.2005, 1 BvR 2615/04, NVwZ 2005, 1176, 1177 (3. Kammer des Ersten Senats); Beschl. v. 24.01.2007, 1 BvR 382/05, NVwZ 2007, 805, 806 (2. Kammer des Ersten Senats), jeweils zu den Vorschriften der §§ 124 II, 124a IV 4 VwGO über die Zulassungsberufung in der Verwaltungsgerichtsbarkeit. – Vgl. insoweit allgemein auch bereits oben unter I.4. (S. 377 ff., dort S. 378 ff.) mit Rechtsprechungsnachweisen insbesondere in Fußnote 1259 sowie vorstehend eingangs unter 2. (S. 425 f.). – Siehe überdies *Seer*, StuW 2001, 3, 7, der darauf hinweist, dass Art. 19 IV 1 GG auf die Auslegung der Revisionszulassungsgründe des § 115 II FGO sowie die richterrechtliche Statuierung der Begründungsanforderungen bei der NZB nach § 116 III 3 FGO *ausstrahle*.

1411 *BFH GrS*, Beschl. v. 03.09.2001 (Fn. 1410), BStBl. II 2001, 802, 808. – Vgl. zudem *BVerfG*, Entscheidung v. 05.02.1963, 2 BvR 21/60, BVerfGE 15, 275, 281 f. m.w.N.; Beschl. v. 16.01.1980, 1 BvR 127/78 u.a., BVerfGE 53, 115, 128 m.w.N.; Beschl. v. 08.10.1991, 1 BvR 1324/90, BVerfGE 84, 366, 369 f. m.w.N. (u.a. unter Hinweis auf Beschl. v. 08.11.1988, 1 BvR 1527/87, BVerfGE 79, 80, 84 f.); Beschl. v. 31.07.2001, 1 BvR 1061/00, NVwZ 2001, 1392 (3. Kammer des Ersten Senats); Beschl. v. 25.07.2005, 1 BvR 2419/03 u.a., WM 2005, 2014 (1. Kammer des Ersten Senats).

muss, dass es sich hierbei um *Verfahrensrecht* und mithin um sog. *dienendes Recht* handelt.

Das *BVerfG* hat dazu ausgeführt, dass das Verfahrensrecht der Herbeiführung gesetzmäßiger und unter diesem Blickpunkt richtiger, aber darüber hinaus auch i.R. dieser Richtigkeit gerechter Entscheidungen diene[1412]. Dieser ebenso schwerfällige wie schwerwiegende Satz beschreibt zutreffend die Funktion und das Ziel der (steuerlichen) Verfahrensordnung, die niemals zum Selbstzweck werden darf, sondern vielmehr zuvörderst dem Zweck dienen muss, rechtsrichtige und/oder gerechte Lösungen in der Sache herbeizuführen[1413]. Form- und Verfahrensvorschriften dienen nämlich stets der (möglichst optimalen) Durchsetzung des materiellen Rechts, so dass sie insoweit immer auch zweckbetont sowie zweckorientiert auszulegen und anzuwenden sind[1414].

Klaus Tipke stellt diese Auslegungsrichtlinie einer zweckbetonten Interpretation von Form- und Verfahrensvorschriften in seinem mit *„Steuerunrecht durch Übermaß-Formalismus"* überschriebenen Beitrag[1415] exemplarisch heraus. Er führt aus, die Verfahrensordnung solle den Bürgern das Recht nicht durch übertriebene Förmelei aus der Hand schlagen, sondern ihnen zu ihrem Recht verhelfen. Sie sei kein Sieb, durch das möglichst viele Bürger fallen sollen, so dass übertriebener Formalismus mithin nicht über Rechtsrichtigkeit und Gerechtigkeit siegen dürfe. Die Errichtung unnötiger – da sachlich nicht gebotener – spitzfindiger Fallstricke sowie überaus hoher Verfahrensbarrieren/-hürden führe zu einer Entwertung der Rechtsschutzgarantie und einer Verfehlung des rechtsstaatlichen Verfahrenszwecks; sie lasse das Besteuerungs- und Gerichtsverfahren in ein *formalistisches bzw. formaljuristisches Geschicklichkeitsturnier* ausarten und bewirke demnach das Scheitern vieler Bürger mit ihren Ansprüchen und Rechten. Dass dies mit der Vorstellung des Gesetzgebers nicht im Einklang stehe, ergebe sich insbesondere bereits aus den Bestimmungen der §§ 89 I AO sowie 76 II FGO, die eine Betreuungs- bzw. Verfahrens-/Prozessfürsorgepflicht der Finanzbehörden und Finanzrichter vorsehen[1416].

1412 *BVerfG*, Beschl. v. 24.03.1976, 2 BvR 804/75, BVerfGE 42, 64, 73; Beschl. v. 29.04.1980, 2 BvR 1441/79, BVerfGE 54, 117, 125. Vgl. auch *BVerfG*, Beschl. v. 10.10.1978, 1 BvR 475/78, BVerfGE 49, 252, 257: Danach diene das Verfahrensrecht nicht nur dem Ziel, einen geordneten Verfahrensgang zu sichern; es sei im grundrechtlich relevanten Bereich vielmehr auch das Mittel, dem Grundrechtsträger im konkreten Fall zu seinem verfassungsmäßigen Recht zu verhelfen.

1413 *Gast*, in: Rechtsschutz im Steuerrecht, 181, 183 m.w.N. u. 195; *Schmieszek*, in: FS Offerhaus, 773, 774; *Tipke*, steuertip 49/09, 1.

1414 Vgl. *Gast*, in: Rechtsschutz im Steuerrecht, 181, 183 m.w.N.; *Schmieszek*, in: FS Offerhaus, 773, 774; *Tipke*, StuW 2004, 3 u. 4.

1415 *Tipke*, steuertip 49/09, 1 ff.

1416 Siehe *Tipke*, steuertip 49/09, 1 u. 4 a.E., unter Hinweis darauf, dass es in der Steuerverfahrensordnung *„immer noch zu viel hoheitlich-formalistische Tradition, immer noch zu viel formale Pedanterie"* gebe, die von *„Formalienreitern"*,

Diese enorme – konstruktive – *Kritik* an einem übermäßigen Verfahrensformalismus passt nur zu gut auf die Rechtsprechung des BFH zu den Revisionszulassungsgründen des § 115 II FGO und den Anforderungen an ihre Darlegung i.R.d. Begründung einer NZB nach § 116 III 3 FGO. Denn der Zweck der verfahrensrechtlichen Darlegungsanforderungen des finanzgerichtlichen Revisionszulassungs- bzw. Revisionsrechts besteht darin, den Prozessstoff aufzubereiten und damit die Prüfung durch das Revisionsgericht zu erleichtern; es soll hingegen nicht durch sachlich nicht gebotene Formalerfordernisse die revisionsgerichtliche Nachprüfung der erstinstanzlichen FG-Entscheidung unterbunden werden[1417]. Gerade deshalb muss bei einer zweckorientierten Auslegung der Zulassungsgründe des § 115 II FGO sowie bei der Entwicklung und Herausbildung der entsprechenden Anforderungen an das Begründungsniveau einer NZB gemäß § 116 III 3 FGO zwangsläufig auch der Gedanke des Individualrechtsschutzes zentrale Berücksichtigung finden. Der BFH sollte demnach bestrebt sein, die Zulassung der Revision und damit die Möglichkeit des Steuerpflichtigen, die gegen ihn ergangene erstinstanzliche FG-Entscheidung durch eine übergeordnete zweite Instanz in (materiell-) rechtlicher Hinsicht vollumfänglich überprüfen zu lassen, nicht durch eine einschränkende Auslegung der Zulassungsgründe sowie überspannte Darlegungsanforderungen zu erschweren und an einer übermäßig strengen Handhabung verfahrensrechtlicher Formalien scheitern zu lassen. Eine derart restriktive Zulassungspraxis, wie sie der BFH bislang in st. Rspr. senatsübergreifend praktiziert, und die der Revisionsinstanz in der Finanzgerichtsbarkeit einen kaum zu entfernenden Riegel vorschiebt, verbietet sich nämlich mit Blick auf den soeben dargestellten Charakter der §§ 115 II, 116 III 3 FGO als dienendes Recht geradezu und führt zu einer gesetzlich nicht gewollten Verschärfung der revisionszulassungsrechtlichen Verfahrensvorschriften. Art. 19 IV 1 GG gebietet es den Gerichten vielmehr, das Verfahrensrecht in einer Weise auszulegen und anzuwenden, die den erkennbaren Interessen des rechtsschutzsuchenden Bürgers und dem Gebot effektiven Rechtsschutzes bestmöglich Rechnung trägt[1418].

„Verfahrensformalisten“ und *„Zugangshürdenbauer(n)“* (*Tipke*, a.a.O., 2) hochgehalten werde. Vgl. auch *Tipke*, StuW 2004, 3, 4 u. 5; auch der Titel dieses Beitrags spricht für sich, wenn es dort heißt: *„Zwischen materiellem Steuerrecht und Steuerverfahrensrecht – Für ein geordnetes Verfahren zur Durchsetzung des materiellen Rechts – Gegen rechtsverweigernden, pedantischen Verfahrensformalismus“*.

1417 Vgl. *BFH GrS*, Beschl. v. 03.09.2001 (Fn. 1410), BStBl. II 2001, 802, 808, unter Hinweis auf *BFH*, Urt. v. 08.05.1985, I R 108/81, BStBl. II 1985, 523, jeweils zu der revisionsrechtlichen Vorschrift des § 120 II 2 FGO a.F. = § 120 III Nr. 2 lit. b FGO. – Zum Zweck des Begründungszwangs der NZB ausführlich oben im 3. Abschnitt unter A.II.2. (S. 108 ff., dort S. 110 f.).

1418 *BVerfG*, Beschl. v. 19.02.1997, 2 BvR 2989/95, n.v. (juris) (2. Kammer des Zweiten Senats); Beschl. v. 20.02.1998, 1 BvR 661/94, BVerfGE 97, 298, 315; Beschl. v. 27.02.2002, 2 BvR 553/01, NJW 2002, 2699, 2700 (3. Kammer des 2. Senats); Beschl. v. 13.03.2002, 2 BvR 261/01, NJW 2002, 2700, 2701 (3. Kammer des Zweiten

Vor diesem Hintergrund ist der BFH folglich gehalten, die Bestimmungen der §§ 115 II, 116 III 3 FGO über die Revisionszulassungsgründe und das Darlegungserfordernis i.R.d. Begründung einer NZB *i.S. eines verstärkten Individualrechtsschutzes* entsprechend großzügig und weitherzig zu handhaben. Dies gilt nicht zuletzt auch deshalb, weil die durchweg restriktive Rechtsprechung des BFH zur NZB beim Rechtsschutzsuchenden den Eindruck erwecken könnte, der BFH verwerfe eine vom Steuerpflichtigen eingelegte NZB aufgrund unzureichender Darlegung der Zulassungsgründe nach §§ 116 III 3, 115 II FGO als unzulässig bzw. weise diese mangels Vorliegens eines Zulassungsgrundes als unbegründet zurück, um sich mit der Sache selbst nicht beschäftigen und eine entsprechende Sachentscheidung nicht treffen zu müssen.

b) Forderung nach einem berechenbaren, kalkulierbaren und vorhersehbaren Instanzenzug

Die o.g. Vorgabe, den Zugang zur Rechtsmittelinstanz nicht auf unzumutbare, aus Sachgründen nicht mehr zu rechtfertigende Weise zu erschweren, und das damit einhergehende Gebot, die Zulassung der Revision nicht durch eine einschränkende Auslegung der Zulassungsgründe sowie überspannte Darlegungsanforderungen zu verkomplizieren und an einer übermäßig strengen Handhabung verfahrensrechtlicher Formalien scheitern zu lassen, beinhaltet daneben zugleich die *Forderung nach einem für die Beteiligten berechenbaren, kalkulierbaren und vorhersehbaren Instanzenzug*[1419].

Das *Rechtsstaatsprinzip gemäß Art. 20 III GG* enthält als wesentlichen Bestandteil den *Grundsatz der Rechtssicherheit*[1420]. Zentrales Element des Rechtsstaatsprinzips

---

Senats). Siehe auch *BVerfG*, Beschl. v. 11.06.1980, 1 PBvU 1/79, BVerfGE 54, 277, 293 (Plenum): *Freiheitsgewährleistende Funktion des Verfahrensrechts*, sowie Beschl. v. 02.03.1993, 1 BvR 249/92, BVerfGE 88, 118, 126 f. Vgl. zudem *Gast*, in: Rechtsschutz im Steuerrecht, 181, 182: *„Verfahrensnormen als Rechtsschutzgaranten"*.

1419 Auf gleicher Linie *Seer*, BB 2000, 2387, 2389; *ders.*, StuW 2001, 3, 10; *ders.*, in: T/K, § 115 FGO Tz. 54 (Lfg. 131 Oktober 2012). – Dazu konkret mit Blick auf §§ 115 II Nr. 1, 116 III 3 FGO nachfolgend auf S. 438 f. u. 439 f. sowie unter B.I.1.a) (S. 466 f.), B.I.1.c) (S. 469 ff., dort S. 470 ff.), B.I.3.a) (S. 491 ff.) u. B.I.5. (S. 506 ff., dort insbesondere S. 511 f.); konkret mit Blick auf §§ 115 II Nr. 2 Alt. 2, 116 III 3 FGO nachstehend auf S. 439 f. und unter B.III.2.a)aa) (S. 540 ff.).

1420 *BVerfG*, Urt. v. 01.07.1953, 1 BvL 23/51, BVerfGE 2, 380, 403; Urt. v. 18.12.1953, 1 BvL 106/53, BVerfGE 3, 225, 237 f.; Entscheidung v. 24.07.1957, 1 BvL 23/52, BVerfGE 7, 89, 92 f.; Entscheidung v. 12.12.1957, 1 BvR 678/57, BVerfGE 7, 194, 196; Beschl. v. 29.10.1969, 1 BvL 19/69, BVerfGE 27, 167, 173; Beschl. v. 08.05.1973, 2 BvL 5/72 u.a., BVerfGE 35, 41, 47; Beschl. v. 11.02.1976, 2 BvR 652/75, BVerfGE 41, 323, 326; Beschl. v. 09.08.1978, 2 BvR 831/76, BVerfGE 49, 148, 164; Beschl. v. 30.04.2003, 1 PBvU 1/02, BVerfGE 107, 395, 416 = NJW 2003, 1924, 1928 – Rechtsschutz gegen den Richter I (Plenum); *BGH*, Beschl. v. 08.09.2004, V ZR 260/03, NJW 2005, 154, 155; BK/*Robbers*, Art. 20 Abs. 1 GG Tz. 2128 (Akt. 142 Oktober

und eine Ausprägung bzw. Konkretisierung des Grundsatzes der Rechtssicherheit ist das *Gebot der hinreichenden Bestimmtheit von Rechtsvorschriften*[1421]. Hinzu kommt das *Gebot der Normenklarheit*, das sich inhaltlich großteils mit dem Bestimmtheitsgebot überschneidet[1422].

Der rechtsstaatliche Grundsatz der Rechtssicherheit und das darin zum Ausdruck kommende Bestimmtheitsgebot wirken sich im Bereich des Verfahrensrechts dabei u.a. und insbesondere in dem *Postulat der Rechtsmittelklarheit (und Rechtsmittelsicherheit)* aus[1423]. Das Postulat der Rechtsmittelklarheit beinhaltet insoweit zunächst das *Gebot der hinreichenden Bestimmtheit* der Bestimmungen

---

2009); Dreier/*Schulze-Fielitz*[2], Art. 20 GG (Rechtsstaat) Tz. 129; *Jarass*, in: Jarass/Pieroth[12], Art. 20 GG Tz. 57.

1421 BK/*Robbers*, Art. 20 Abs. 1 GG Tz. 2128 (Akt. 142 Oktober 2009); Dreier/*Schulze-Fielitz*[2], Art. 20 GG (Rechtsstaat) Tz. 129; *Jarass*, in: Jarass/Pieroth[12], Art. 20 GG Tz. 57. – Siehe zum *Gebot der hinreichenden Bestimmtheit von Rechtsvorschriften* bspw. *BVerfG*, Beschl. v. 26.09.1978, 1 BvR 525/77, BVerfGE 49, 168, 181; Beschl. v. 24.11.1981, 2 BvL 4/80, BVerfGE 59, 104, 114; Beschl. v. 18.05.1988, 2 BvR 579/84, BVerfGE 78, 205, 212; Beschl. v. 07.05.2001, 2 BvK 1/00, BVerfGE 103, 332, 384; Beschl. v. 17.07.2003, 2 BvL 1/99 u.a., BVerfGE 108, 186, 235.

1422 BK/*Robbers*, Art. 20 Abs. 1 GG Tz. 2279 (Akt. 142 Oktober 2009): Gebot der Normenklarheit als ein Teilbereich des Bestimmtheitsgebots; *Jarass*, in: Jarass/Pieroth[12], Art. 20 GG Tz. 63. – Vgl. zum *Gebot der Normenklarheit* bspw. *BVerfG*, Beschl. v. 09.08.1995, 1 BvR 2263/94 u.a., BVerfGE 93, 213, 238; Beschl. v. 14.12.2000, 2 BvR 1741/99 u.a., BVerfGE 103, 21, 33 (3. Kammer des Zweiten Senats); Urt. v. 19.03.2003, 2 BvL 9/98 u.a., BVerfGE 108, 1, 20 m.w.N. (auch zu dem *Gebot der Normenwahrheit*, auf das hier aber nicht näher eingegangen werden soll); Beschl. v. 09.04.2003, 1 BvL 1/01 u.a., BVerfGE 108, 52, 75; Urt. v. 26.07.2005, 1 BvR 782/94 u.a., BVerfGE 114, 1, 53 m.w.N. Zum Gebot der Normenklarheit gehört auch die *Widerspruchsfreiheit der Rechtsordnung*, auf die an dieser Stelle aber ebenfalls nicht näher eingegangen werden soll, vgl. dazu bspw. *BVerfG*, Entscheidung v. 12.02.1969, 1 BvR 687/62, BVerfGE 25, 216, 227 m.w.N.; Urt. v. 07.05.1998, 2 BvR 1876/91 u.a., BVerfGE 98, 83, 97; Urt. v. 27.10.1998, 1 BvR 2306/96 u.a., BVerfGE 98, 265, 301 f.; Beschl. v. 09.04.2003, a.a.O.

1423 *BVerfG*, Beschl. v. 09.08.1978 (Fn. 1420), BVerfGE 49, 148, 164; Beschl. v. 07.07.1992, 2 BvR 1631/90 u.a., BVerfGE 87, 48, 65; Beschl. v. 30.04.2003 (Fn. 1420), BVerfGE 107, 395, 416 = NJW 2003, 1924, 1928; *BGH*, Beschl. v. 08.09.2004 (Fn. 1420), NJW 2005, 154, 155; BK/*Robbers*, Art. 20 Abs. 1 GG Tz. 1996 u. 2319 (Akt. 142 Oktober 2009). – Das *Postulat der Rechtsmittelsicherheit*, auf das hier nachfolgend nicht weiter eingegangen werden soll, gebietet mit Blick auf die Grundsätze des intertemporalen Prozessrechts und den im Rechtsstaatsprinzip wurzelnden Vertrauensschutz eines Rechtsmittelführers, dass bei einem gesetzlich festgelegten Ausschluss bestimmter Rechtsmittel ein bereits eingelegtes Rechtsmittel unberührt = zulässig bleibt, sofern das Gesetz nicht mit hinreichender Deutlichkeit etwas Abweichendes bestimmt, vgl. *BVerfG*, Beschl. v. 07.07.1992, a.a.O., BVerfGE 87, 48, 62 ff.; *Beermann*, in: BG, Vor §§ 115-134 FGO Tz. 24 (Lfg. 7 April 1997); *Seer*, in: T/K, Vor § 115 FGO Tz. 2 a.E. (Lfg. 131 Oktober 2012).

über den Rechtsweg bei den staatlichen Gerichten (sog. *Rechtswegbestimmtheit*)[1424]. Rechtsnormen, die den Zugang zu den Rechtsmittelgerichten regeln, sind für den Bürger *hinreichend bestimmt* sowie *möglichst klar und übersichtlich* zu halten, da sie festlegen, auf welche Weise und in welchen Grenzen er sein Recht suchen kann[1425]. Dasselbe gilt für die Regelungen über die Ausgestaltung der einzelnen Rechtsmittel[1426]. Diese müssen für den Bürger in ihren Voraussetzungen *erkennbar* sein[1427]; besonders die entsprechenden gesetzlichen Bestimmungen über die Einlegung und Begründung der jeweiligen Rechtsmittel sowie ihre Auslegung und Anwendung durch die Rechtsprechung müssen sich demnach durch ein *besonderes Maß an Klarheit und innerer Logik* auszeichnen[1428]. Hinzu kommen – als Ausfluss des allgemeinen rechtsstaatlichen Bestimmtheitsgebots sowie des Grundsatzes der Rechtssicherheit – die rechtsstaatlichen Erfordernisse der *Berechenbarkeit, Messbarkeit, Orientierungsgewissheit* und *Vorhersehbarkeit* staatlichen Handelns[1429]. Denn wie bereits eingangs erwähnt, stellt es ein zentrales Gebot der

---

1424 *BVerfG*, Beschl. v. 25.03.1981, 2 BvR 1258/79, BVerfGE 57, 9, 22; BK/*Robbers*, Art. 20 Abs. 1 GG Tz. 2198 (Akt. 142 Oktober 2009); Dreier/*Schulze-Fielitz*[2], Art. 20 GG (Rechtsstaat) Tz. 215; *Jarass*, in: Jarass/Pieroth[12], Art. 20 GG Tz. 93.

1425 Siehe *BVerfG*, Beschl. v. 11.06.1980, 1 PBvU 1/79, BVerfGE 54, 277, 292 f. (Plenum); Beschl. v. 12.02.1992, 1 BvL 1/89, BVerfGE 85, 337, 353; Beschl. v. 25.07.2005, 1 BvR 938/03, BVerfGK 6, 72, 76 (1. Kammer des Ersten Senats, Nichtannahmebeschluss); BK/*Robbers*, Art. 20 Abs. 1 GG Tz. 2198 (Akt. 142 Oktober 2009); Dreier/*Schulze-Fielitz*[2], Art. 20 GG (Rechtsstaat) Tz. 215; *Jarass*, in: Jarass/Pieroth[12], Art. 19 GG Tz. 63.

1426 BK/*Robbers*, Art. 20 Abs. 1 GG Tz. 2198 (Akt. 142 Oktober 2009); Dreier/*Schulze-Fielitz*[2], Art. 20 GG (Rechtsstaat) Tz. 215; *Jarass*, in: Jarass/Pieroth[12], Art. 20 GG Tz. 93, jeweils unter Hinweis auf *BVerfG*, Beschl. v. 09.08.1978 (Fn. 1420), BVerfGE 49, 148, 164; vgl. zudem *BVerfG*, Beschl. v. 11.06.1980 (Fn. 1425), BVerfGE 54, 277, 292 f., sowie Beschl. v. 30.04.2003 (Fn. 1420), BVerfGE 107, 395, 416 = NJW 2003, 1924, 1928.

1427 *BVerfG*, Beschl. v. 11.06.1980 (Fn. 1425), BVerfGE 54, 277, 292 f.; Beschl. v. 30.04.2003 (Fn. 1420), BVerfGE 107, 395, 416 = NJW 2003, 1924, 1928; Beschl. v. 07.10.2003, 1 BvR 10/99, BVerfGE 108, 341, 349 = NJW 2003, 3687, 3688 – Rechtsschutz gegen den Richter II; Beschl. v. 25.07.2005 (Fn. 1425), BVerfGK 6, 72, 76; Beschl. v. 16.01.2007, 1 BvR 2803/06, NJW 2007, 2538, 2539 (2. Kammer des Ersten Senats, Nichtannahmebeschluss).

1428 *BVerfG*, Beschl. v. 11.02.1987, 1 BvR 475/85, BVerfGE 74, 228, 234; *BGH*, Beschl. v. 08.09.2004 (Fn. 1420), NJW 2005, 154, 155; Gräber/*Ruban*[6], § 115 FGO Tz. 19; *Seer*, in: T/K, Vor § 115 FGO Tz. 2 (Lfg. 131 Oktober 2012).

1429 *BVerfG*, Entscheidung v. 24.07.1957 (Fn. 1420), BVerfGE 7, 89, 92; Beschl. v. 09.08.1978 (Fn. 1420), BVerfGE 49, 148, 164; Beschl. v. 30.04.2003 (Fn. 1420), BVerfGE 107, 395, 416 = NJW 2003, 1924, 1928; *BGH*, Beschl. v. 08.09.2004 (Fn. 1420), NJW 2005, 154, 155; BK/*Robbers*, Art. 20 Abs. 1 GG Tz. 1996, 2130 u. 2133 (Akt. 142 Oktober 2009); Dreier/*Schulze-Fielitz*[2], Art. 20 GG (Rechtsstaat) Tz. 129 m.w.N.; *Sommermann*, in: v. Mangoldt/Klein/Starck[6], Art. 20 Abs. 3 GG Tz. 289.

Rechtsstaatlichkeit dar, dass die Zulässigkeit eines Rechtsmittels für die Beteiligten *berechenbar* und *kalkulierbar* und damit einhergehend der Instanzenzug *vorhersehbar* bleibt[1430]. Dies umschließt mit Blick auf das Postulat der Rechtsmittelklarheit das Gebot, dem Rechtsschutzsuchenden den Weg zur Überprüfung gerichtlicher Entscheidungen in klarer Abgrenzung vorzuzeichnen/zu weisen, und dem Bürger bei der rechtlichen Ausgestaltung des jeweiligen Rechtsmittels anhand angemessen klarer und konkreter Beurteilungsmaßstäbe die Prüfung zu ermöglichen, ob und unter welchen rechtlichen Voraussetzungen dieses im Einzelnen zulässig ist[1431]. Das Postulat der Rechtsmittelklarheit verbietet es dabei insbesondere, den rechtsschutzsuchenden Bürger einem unübersehbaren *Annahme- bzw. Zulassungsrisiko* auszusetzen[1432].

Dem Gesetzgeber ist es grds. jedoch nicht verwehrt, bei der Regelung über die Eröffnung des Zugangs zur Rechtsmittel-/Revisionsinstanz abstrakte auslegungsbedürftige sowie auslegungsfähige unbestimmte Rechtsbegriffe zu verwenden, die nicht allgemeingültig umschrieben werden können[1433]. Denn Auslegungsbedürftigkeit

---

1430 Vgl. insoweit die Nachweise in Fußnote 1419. – Dazu konkret mit Blick auf §§ 115 II Nr. 1, 116 III 3 FGO nachfolgend auf S. 438 f. u. 439 f. sowie unter B.I.1.a) (S. 466 f.), B.I.1.c) (S. 469 ff., dort S. 470 ff.), B.I.3.a) (S. 491 ff.) u. B.I.5. (S. 506 ff., dort insbesondere S. 511 f.); konkret mit Blick auf §§ 115 II Nr. 2 Alt. 2, 116 III 3 FGO nachstehend auf S. 439 f. und unter B.III.2.a)aa) (S. 540 ff.).

1431 *BVerfG*, Beschl. v. 09.08.1978 (Fn. 1420), BVerfGE 49, 148, 164; Beschl. v. 07.07.1992 (Fn. 1423), BVerfGE 87, 48, 65; Beschl. v. 30.04.2003 (Fn. 1420), BVerfGE 107, 395, 416 = NJW 2003, 1924, 1928; Beschl. v. 08.01.2004, 1 BvR 864/03, NJW 2004, 1371, 1372 (1. Kammer des Ersten Senats, Nichtannahmebeschluss); Beschl. v. 25.02.2004, 1 BvR 157/03, n.v. (juris) (1. Kammer des Ersten Senats, Nichtannahmebeschluss); Beschl. v. 09.03.2004, 1 BvR 2262/03, NJW 2004, 1729, 1730 (1. Kammer des Ersten Senats, Nichtannahmebeschluss); *BGH*, Beschl. v. 08.09.2004 (Fn. 1420), NJW 2005, 154, 155; BK/*Robbers*, Art. 20 Abs. 1 GG Tz. 1996 u. 2319 (Akt. 142 Oktober 2009).

1432 Siehe *BVerfG*, Beschl. v. 09.08.1978 (Fn. 1420), BVerfGE 49, 148, 164; BK/*Robbers*, Art. 20 Abs. 1 GG Tz. 1996 (Akt. 142 Oktober 2009). – Vgl. dazu konkret mit Blick auf §§ 115 II Nr. 1, 116 III 3 FGO nachfolgend unter B.I.1.c) (S. 469 ff., dort S. 470 ff.) sowie konkret mit Blick auf §§ 115 II Nr. 2 Alt. 2, 116 III 3 FGO nachstehend unter B.III.2.a)bb) (S. 542 ff.).

1433 Vgl. *BVerfG*, Beschl. v. 12.01.1967, 1 BvR 169/63, BVerfGE 21, 73, 79 m.w.N.; Entscheidung v. 07.07.1971, 1 BvR 775/66, BVerfGE 31, 255, 264; Beschl. v. 23.04.1974, 1 BvR 6/74 u.a., BVerfGE 37, 132, 142; Beschl. v. 31.05.1988, 1 BvR 520/83, BVerfGE 78, 214, 226 m.w.N.; Urt. v. 17.11.1992, 1 BvL 8/87, BVerfGE 87, 234, 263; Beschl. v. 11.01.1994, 1 BvR 434/87, BVerfGE 90, 1, 16; Beschl. v. 26.04.1995, 1 BvL 19/94 u.a., BVerfGE 92, 262, 272 f.; Beschl. v. 07.05.2001 (Fn. 1421), BVerfGE 103, 332, 384; Beschl. v. 08.01.2004 (Fn. 1431), NJW 2004, 1371, 1372 m.w.N.; Beschl. v. 25.02.2004 (Fn. 1431), n.v. (juris) m.w.N.; Beschl. v. 03.03.2004, 1 BvF 3/92, BVerfGE 110, 33, 56 f.; Beschl. v. 09.03.2004 (Fn. 1431), NJW 2004, 1729, 1730 m.w.N.; Beschl. v. 25.07.2005 (Fn. 1425), BVerfGK 6, 72, 76 m.w.N. Vgl. darüber hinaus *Jarass*, in: Jarass/Pieroth[12], Art. 20 GG Tz. 58; *Schnapp*, in: v. Münch/Kunig[4/5],

allein führt noch nicht zur Unbestimmtheit einer Norm[1434]. Dem Bestimmtheitserfordernis ist insoweit vielmehr schon genügt, wenn etwaig auftretende Auslegungsprobleme mit herkömmlichen juristischen Auslegungsmethoden bewältigt, d.h. unbestimmte Rechtsbegriffe von den Gerichten präzisiert und den gesetzlichen Tatbestandsvoraussetzungen auf diese Weise angemessen klare und konkrete Beurteilungsmaßstäbe entnommen werden können[1435]. Bei abstrakten unbestimmten Rechtsbegriffen kann demnach auch ihre langjährige Konkretisierung durch die einschlägige Rechtsprechung Berücksichtigung finden[1436]; ebenso kann der Gesetzgeber eine Konkretisierung durch die Rechtsprechung abwarten, beobachten und ggf. durch entsprechende gesetzliche Nachbesserung Korrekturen vornehmen[1437]. Eine Verletzung des Postulats der Rechtsmittelklarheit und des darin verankerten Bestimmtheitsgebots liegt aber (spätestens) dann vor, wenn es der Rechtsprechung innerhalb angemessener Zeit nicht gelingt, die unbestimmten Rechtsbegriffe so zu

---

Art. 20 GG Tz. 29 m.w.N.; *Sommermann*, in: v. Mangoldt/Klein/Starck[6], Art. 20 Abs. 3 GG Tz. 289.

1434 *BVerfG*, Entscheidung v. 14.03.1967, 1 BvR 334/61, BVerfGE 21, 209, 215 m.w.N.; Entscheidung v. 04.04.1967, 1 BvR 126/65, BVerfGE 21, 245, 261; Entscheidung v. 07.07.1971 (Fn. 1433), BVerfGE 31, 255, 264; Beschl. v. 03.07.1973, 1 BvR 153/69, BVerfGE 35, 348, 358 f.; Beschl. v. 23.04.1974 (Fn. 1433), BVerfGE 37, 132, 142; Beschl. v. 22.06.1977, 1 BvR 799/76, BVerfGE 45, 400, 420; Beschl. v. 18.05.1988 (Fn. 1421), BVerfGE 78, 205, 212; Beschl. v. 09.11.1988, 1 BvR 243/86, BVerfGE 79, 106, 120; Beschl. v. 27.11.1990, 1 BvR 402/87, BVerfGE 83, 130, 145; Urt. v. 24.04.1991, 1 BvR 1341/90, BVerfGE 84, 133, 149; Beschl. v. 12.02.1992 (Fn. 1425), BVerfGE 85, 337, 353; Beschl. v. 24.06.1993, 1 BvR 689/92, BVerfGE 89, 69, 84 f.; Beschl. v. 09.08.1995 (Fn. 1422), BVerfGE 93, 213, 238; Beschl. v. 07.05.2001 (Fn. 1421), BVerfGE 103, 332, 384; Beschl. v. 03.03.2004 (Fn. 1433), BVerfGE 110, 33, 56. Vgl. überdies BK/*Robbers*, Art. 20 Abs. 1 GG Tz. 2283 (Akt. 142 Oktober 2009); *Schnapp*, in: v. Münch/Kunig[4/5], Art. 20 GG Tz. 29 m.w.N.; *Sommermann*, in: v. Mangoldt/Klein/Starck[6], Art. 20 Abs. 3 GG Tz. 289.

1435 Siehe *BVerfG*, Beschl. v. 27.11.1990 (Fn. 1434), BVerfGE 83, 130, 145 m.w.N.; Beschl. v. 12.02.1992 (Fn. 1425), BVerfGE 85, 337, 353; Beschl. v. 11.01.1994 (Fn. 1433), BVerfGE 90, 1, 16 f.; Urt. v. 22.11.2000, 1 BvR 2307/94 u.a., BVerfGE 102, 254, 337; Beschl. v. 14.12.2000 (Fn. 1422), BVerfGE 103, 21, 33; Beschl. v. 08.01.2004 (Fn. 1431), NJW 2004, 1371, 1372; Beschl. v. 25.02.2004 (Fn. 1431), n.v. (juris); Beschl. v. 03.03.2004 (Fn. 1433), BVerfGE 110, 33, 56 f.; Beschl. v. 09.03.2004 (Fn. 1431), NJW 2004, 1729, 1730 m.w.N. Vgl. zudem *Sachs*, in: Sachs[3], Art. 20 GG Tz. 127.

1436 *BVerfG*, Beschl. v. 08.08.1978, 2 BvL 8/77, BVerfGE 49, 89, 134; Beschl. v. 12.05.1987, 2 BvR 1226/83 u.a., BVerfGE 76, 1, 74; Dreier/*Schulze-Fielitz*[2], Art. 20 GG (Rechtsstaat) Tz. 133 m.w.N.; *Jarass*, in: Jarass/Pieroth[12], Art. 20 GG Tz. 59.

1437 Vgl. *BVerfG*, Beschl. v. 09.03.1994, 2 BvL 43/92 u.a., BVerfGE 90, 145, 191; Beschl. v. 08.01.2004 (Fn. 1431), NJW 2004, 1371, 1372; Beschl. v. 25.02.2004 (Fn. 1431), n.v. (juris); Beschl. v. 09.03.2004 (Fn. 1431), NJW 2004, 1729, 1730; Dreier/*Schulze-Fielitz*[2], Art. 20 GG (Rechtsstaat) Tz. 133 m.w.N.

konkretisieren, dass die Voraussetzungen der Revisionszulassung für den Rechtsschutzsuchenden ohne weiteres erkennbar sind[1438].

Bedient sich der Gesetzgeber also bei der Regelung der Revisionszulassungsgründe überwiegend abstrakter unbestimmter Rechtsbegriffe – wie es der Gesetzgeber des 2. FGOÄndG in § 115 II Nrn. 1 u. 2 FGO zur Regelung der Grundsatz-, Rechtsfortbildungs- und Rechtsprechungsvereinheitlichungsrevision getan hat –, so kommt es folglich maßgeblich auf die *Anwendung und Handhabung* dieser auslegungs- sowie konkretisierungsbedürftigen Rechtsbegriffe und der entsprechenden Rechtsvorschriften *durch die einschlägige Rechtsprechung* an. Dabei gilt es zu bedenken, dass die Rechtsprechung im Prozess der Konkretisierung und Präzisierung gesetzlich verwendeter unbestimmter Rechtsbegriffe ihrerseits das *Postulat der Rechtsmittelklarheit* zu berücksichtigen hat. Dies wiederum bedeutet konkret, dass die Gerichte bei der Auslegung und Anwendung von Gesetzen die Unbestimmtheiten und Ungewissheiten der jeweiligen normativen Grundlagen schrittweise verringern, d.h. gesetzliche Merkmale sowie Tatbestände für den rechtsschutzsuchenden Bürger mit Hilfe der anerkannten Auslegungsmethoden klären und nicht weiter verunklaren sollen[1439]. Es obliegt somit der Judikatur, die notwendige *Berechenbarkeit* und *Kalkulierbarkeit* der Zulässigkeit eines Rechtsmittels sicherzustellen, um so die *Vorhersehbarkeit* des Instanzenzuges für den Rechtsschutzsuchenden zu begründen[1440].

1438 *BVerfG*, Beschl. v. 08.01.2004 (Fn. 1431), NJW 2004, 1371, 1372; Beschl. v. 25.02.2004 (Fn. 1431), n.v. (juris); Beschl. v. 09.03.2004 (Fn. 1431), NJW 2004, 1729, 1730; jeweils zu der § 115 II FGO nahezu entsprechenden zivilprozessualen Zulassungsvorschrift des § 543 II 1 ZPO. Vgl. insoweit auch Gräber/*Ruban*[6], § 115 FGO Tz. 3, zu § 115 II Nr. 2 FGO.

1439 Vgl. sinngemäß *BVerfG*, Beschl. v. 12.01.1967 (Fn. 1433), BVerfGE 21, 73, 82 m.w.N.; Entscheidung v. 14.03.1967 (Fn. 1434), BVerfGE 21, 209, 215 m.w.N.; Entscheidung v. 07.07.1971 (Fn. 1433), BVerfGE 31, 255, 264; Beschl. v. 09.11.1988 (Fn. 1434), BVerfGE 79, 106, 120; Beschl. v. 30.11.1988, 1 BvR 1301/84, BVerfGE 79, 174, 195; Urt. v. 17.11.1992 (Fn. 1433), BVerfGE 87, 234, 263 f.; vgl. zudem *BVerfG*, Beschl. v. 08.01.2004 (Fn. 1431), NJW 2004, 1371, 1372; Beschl. v. 25.02.2004 (Fn. 1431), n.v. (juris); Beschl. v. 09.03.2004 (Fn. 1431), NJW 2004, 1729, 1730; Beschl. v. 26.07.2005, 1 BvR 85/04, NJW 2005, 3345 (1. Kammer des Ersten Senats, Nichtannahmebeschluss). Darüber hinaus Dreier/*Schulze-Fielitz*[2], Art. 20 GG (Rechtsstaat) Tz. 176 m.w.N.; *Sachs*, in: Sachs[3], Art. 20 GG Tz. 130 a.E.; *Sommermann*, in: v. Mangoldt/Klein/Starck[6], Art. 20 Abs. 3 GG Tz. 289.

1440 Vgl. in diesem Zusammenhang *Seer*, BB 2000, 2387, 2389; *ders.*, StuW 2001, 3, 10; *ders.*, in: T/K, § 115 FGO Tz. 54 (Lfg. 131 Oktober 2012). Zudem *Sachs*, in: Sachs[3], Art. 20 GG Tz. 130 a.E.; *Sommermann*, in: v. Mangoldt/Klein/Starck[6], Art. 20 Abs. 3 GG Tz. 289. – *Seer*, in: T/K, Vor § 115 FGO Tz. 3 (Lfg. 131 Oktober 2012), sowie *Tipke*, StuW 2004, 3, 20, weisen jeweils ausdrücklich darauf hin, *dass Verfahrensvorschriften so auszulegen seien, dass ein Widerspruch mit dem Postulat der Rechtsmittelklarheit und Rechtsmittelsicherheit vermieden werde.* – Zu der Problematik der *Berechenbarkeit und Kalkulierbarkeit der Zulässigkeit eines*

Der BFH ist folglich seinerseits gehalten, die entsprechenden revisionszulassungsrechtlichen Vorschriften der §§ 115 II, 116 III 3 FGO über die Revisionszulassungsgründe und das Darlegungserfordernis i.R.d. Begründung einer NZB unter Beachtung der Grundsätze über die Rechtsmittelklarheit auszulegen und zu handhaben. Im Rahmen der Konkretisierung und Präzisierung der in § 115 II Nrn. 1 u. 2 FGO verwendeten unbestimmten Rechtsbegriffe hat er mithin ausreichend klare und hinreichend bestimmte Kriterien für das Vorliegen der einzelnen Zulassungsgründe und insbesondere für ihre Darlegung i.R.d. Begründung einer NZB aufzustellen. Dabei muss es sich um *fassbare* und für den Beschwerdeführer *praktikable* Merkmale handeln[1441], so dass dieser die für eine zulässige und begründete NZB erforderlichen Darlegungsanforderungen deutlich erkennen und deren Erfolgsaussichten – zumindest in etwa – zuverlässig einschätzen kann. Der Beschwerdeführer muss mit Blick auf seinen konkreten Rechtsfall in der Lage sein, anhand der durch die Rechtsprechung des BFH herausgebildeten Kriterien eine NZB mit zumutbarem Aufwand ordnungsgemäß einlegen und begründen zu können[1442], was seinerseits wiederum voraussetzt, dass es sich hierbei um entsprechend *berechenbare* sowie *händelbare* und somit *kalkulierbare* Kriterien handelt. Die von der Rechtsprechung statuierten Anforderungen an das Vorliegen und die Darlegung der einzelnen Revisionszulassungsgründe müssen dementsprechend in ihrem Inhalt und ihren Voraussetzungen so klar formuliert sein, dass ein umsichtiger und – gemäß § 62 IV FGO zwangsläufig – durch einen Prozessbevollmächtigten vertretener Beschwerdeführer die sich daraus für eine NZB ergebenden Zulässigkeitsvoraussetzungen durchschauen und erkennen kann, und sein Verhalten durch eine den gesetzlichen Vorschriften der §§ 116 III 3, 115 II FGO entsprechende hinreichende Beschwerdebegründung danach auszurichten vermag[1443].

Rechtsmittels sowie der *Vorhersehbarkeit des Instanzenzuges* konkret mit Blick auf §§ 115 II Nr. 1, 116 III 3 FGO nachfolgend auf S. 438 f. u. 439 f. sowie unter B.I.1.a) (S. 466 f.), B.I.1.c) (S. 469 ff., dort S. 470 ff.), B.I.3.a) (S. 491 ff.) u. B.I.5. (S. 506 ff., dort insbesondere S. 511 f.); konkret mit Blick auf §§ 115 II Nr. 2 Alt. 2, 116 III 3 FGO nachstehend auf S. 439 f. und unter B.III.2.a)aa) (S. 540 ff.).

1441 Vgl. auch BK/*Robbers*, Art. 20 Abs. 1 GG Tz. 2290 m.w.N. (Akt. 142 Oktober 2009).

1442 Siehe insoweit auch *sinngemäß* die Rechtsprechung des *BVerfG*, wonach die Rechtsunterworfenen *in zumutbarer Weise* feststellen können müssen, ob die tatsächlichen Voraussetzungen für die in der Rechtsnorm ausgesprochene Rechtsfolge vorliegen: *BVerfG*, Beschl. v. 23.04.1974 (Fn. 1433), BVerfGE 37, 132, 142; Beschl. v. 24.11.1981 (Fn. 1421), BVerfGE 59, 104, 114; Urt. v. 22.11.2000 (Fn. 1435), BVerfGE 102, 254, 337; Beschl. v. 07.05.2001 (Fn. 1421), BVerfGE 103, 332, 384. Zudem BK/*Robbers*, Art. 20 Abs. 1 GG Tz. 2130 u. 2133 (Akt. 142 Oktober 2009), der anführt, dass die Maßgaben der Rechtsordnung so hinreichend bestimmt sein müssen, dass die Betroffenen sich *orientieren* können.

1443 Vgl. insoweit auch *sinngemäß* die Rechtsprechung des *BVerfG*, wonach der Betroffene – mit Blick auf das Gebot der Normenklarheit – die Rechtslage *durchschauen und erkennen, und sein Verhalten danach ausrichten können muss*: *BVerfG*, Beschl. v. 12.01.1967 (Fn. 1433), BVerfGE 21, 73, 79; Entscheidung v. 07.07.1971

Das BVerfG hat sich unter dem Gesichtspunkt der Rechtsmittelklarheit und hinreichenden Bestimmtheit bereits in mehreren Entscheidungen ausführlich mit der Rechtsnorm des § 543 II 1 ZPO, die § 115 II FGO im Wesentlichen entspricht, auseinandergesetzt. Es ist dabei zu dem Schluss gekommen, dass § 543 II 1 ZPO, der den Zugang zur revisionsgerichtlichen Überprüfung der angefochtenen Entscheidung eröffnet, auch unter Berücksichtigung der dort verwendeten unbestimmten Rechtsbegriffe, keinen verfassungsrechtlichen Bedenken ausgesetzt sei, da die dortigen Formulierungen als grds. konkretisierungsfähig anzusehen seien[1444].

Ebenso hat das BVerfG die vom *BGH* vorgenommene Auslegung und Anwendung des § 543 II 1 ZPO, v.a. betreffend die Konkretisierung des dort in § 543 II 1 Nr. 2 Alt. 2 ZPO gesetzlich verwendeten Begriffs der *‚Erforderlichkeit einer Entscheidung des Revisionsgerichts zur Sicherung einer einheitlichen Rechtsprechung‘*, nach anfänglicher Skepsis verfassungsrechtlich für vertretbar gehalten. Es hat insoweit ausgeführt, dass die durch den *BGH* vorgenommene Verwendung des Unterbegriffs der *‚Wiederholungsgefahr‘* zur näheren Konkretisierung des in § 543 II 1 Nr. 2 Alt. 2 ZPO enthaltenen unbestimmten Rechtsbegriffs der *‚Sicherung einer einheitlichen Rechtsprechung‘* verfassungsrechtlich unbedenklich sei, wenn gewährleistet sei, dass der Tatbestand der *‚Wiederholungsgefahr‘* hinreichend klar sei, um die Prüfung und Abschätzung der Erfolgsaussichten des Zulassungsantrags

(Fn. 1433), BVerfGE 31, 255, 264; Beschl. v. 23.04.1974 (Fn. 1433), BVerfGE 37, 132, 142; Beschl. v. 22.06.1977 (Fn. 1434), BVerfGE 45, 400, 420; Beschl. v. 12.06.1979, 1 BvL 19/76, BVerfGE 52, 1, 41; Urt. v. 03.11.1982, 1 BvR 210/79, BVerfGE 62, 169, 183; Beschl. v. 28.06.1983, 2 BvR 539/80 u.a., BVerfGE 64, 261, 286; Beschl. v. 18.05.1988 (Fn. 1421), BVerfGE 78, 205, 212; Beschl. v. 27.11.1990 (Fn. 1434), BVerfGE 83, 130, 145; Urt. v. 24.04.1991 (Fn. 1434), BVerfGE 84, 133, 149; Urt. v. 17.11.1992 (Fn. 1433), BVerfGE 87, 234, 263; Beschl. v. 07.05.2001 (Fn. 1421), BVerfGE 103, 332, 384; Urt. v. 16.01.2003, 2 BvR 716/01, BVerfGE 107, 104, 120; Beschl. v. 09.04.2003 (Fn. 1422), BVerfGE 108, 52, 75; Beschl. v. 17.07.2003 (Fn. 1421), BVerfGE 108, 186, 235; Beschl. v. 03.03.2004 (Fn. 1433), BVerfGE 110, 33, 53. Zudem BK/*Robbers*, Art. 20 Abs. 1 GG Tz. 2129, 2130 m.w.N., 2132, 2133 u. 2280 (Akt. 142 Oktober 2009); *Jarass*, in: Jarass/Pieroth[12], Art. 20 GG Tz. 59; *Sachs*, in: Sachs[3], Art. 20 GG Tz. 126 m.w.N.; *Sommermann*, in: v. Mangoldt/Klein/Starck[6], Art. 20 Abs. 3 GG Tz. 289.

1444 *BVerfG*, Beschl. v. 08.01.2004 (Fn. 1431), NJW 2004, 1371, 1372; Beschl. v. 25.02.2004 (Fn. 1431), n.v. (juris); Beschl. v. 09.03.2004 (Fn. 1431), NJW 2004, 1729, 1730; Beschl. v. 15.03.2004, 1 BvR 1591/03, NJW 2004, 2079 (1. Kammer des Ersten Senats, Nichtannahmebeschluss); Beschl. v. 24.01.2005, 1 BvR 2653/03, NJW 2005, 1768, 1769 (1. Kammer des Ersten Senats, Nichtannahmebeschluss); Beschl. v. 26.07.2005 (Fn. 1439), NJW 2005, 3345. Vgl. insoweit auch Gräber/*Ruban*[6], § 115 FGO Tz. 3, zu § 115 II FGO: Die Regelung des § 115 II FGO genüge rechtsstaatlichen Anforderungen.

zu ermöglichen, und die Anforderungen an die Darlegungsvoraussetzungen nicht überspannt würden[1445].

Ohne an dieser Stelle näher auf die vom *BGH* praktizierte Auslegung des § 543 II 1 Nr. 2 Alt. 2 ZPO sowie das hierbei von ihm aufgestellte Erfordernis der ‚*Wiederholungsgefahr*' einzugehen[1446], so erscheint es aber jedenfalls äußerst zweifelhaft, ob die vom *BFH* praktizierte Auslegung der einzelnen Revisionszulassungsgründe des § 115 II Nrn. 1 u. 2 FGO und die seinerseits vorgenommene vermeintliche Konkretisierung der dort enthaltenen unbestimmten Rechtsbegriffe sowie die entsprechende Handhabung des jeweiligen Darlegungserfordernisses i.R.d. Begründung einer NZB nach § 116 III 3 FGO den vorstehend erläuterten Anforderungen an Rechtsmittelklarheit und hinreichende Bestimmtheit gerecht wird. Denn bei den seitens des *BFH* zur Konkretisierung der §§ 115 II Nrn. 1 u. 2, 116 III 3 FGO aufgestellten Kriterien handelt es sich in weiten Teilen um eine lapidare Aneinanderreihung *bloßer Floskeln, inhaltsleerer Formeln und Phrasen sowie sinnentleerter Worthülsen.*

So verlangt der BFH – um hier nur einige Beispiele zu erwähnen und ohne näher *kritisch* auf Einzelheiten einzugehen[1447] – für den Zulassungsgrund der ‚Grundsätzlichen Bedeutung der Rechtssache' i.S.d. § 115 II Nr. 1 FGO, *dass die für die Beurteilung des Streitfalls maßgebliche Rechtsfrage das (abstrakte) Interesse der Allgemeinheit an der einheitlichen (Fort-) Entwicklung und Handhabung des Rechts berühre,* bzw. *ihre Beantwortung/Entscheidung durch den BFH in dem angestrebten Revisionsverfahren aus Gründen der Rechtsklarheit/Rechtssicherheit, der*

1445 Zunächst noch *kritisch BVerfG*, Beschl. v. 08.01.2004 (Fn. 1431), NJW 2004, 1371, 1372; anschließend dann *tolerierend BVerfG*, Beschl. v. 25.07.2005 (Fn. 1425), BVerfGK 6, 72, 76. Vgl. auch *BVerfG*, Beschl. v. 26.07.2005 (Fn. 1439), NJW 2005, 3345 f., v.a. mit Blick auf die vom *BGH* zu § 543 II 1 Nr. 2 Alt. 2 ZPO praktizierte Auslegung, wonach eine Revisionszulassung wegen eines offenkundigen und durchgehenden Rechtsanwendungsfehlers, der nicht zugleich zur objektiven Willkürlichkeit führe, nicht in Betracht komme. Zudem *BVerfG*, Beschl. v. 10.04.2008, 1 BvR 1440/07, NJW 2008, 2493, 2494 (3. Kammer des Ersten Senats, Nichtannahmebeschluss), wiederum zu dem Kriterium der ‚Wiederholungsgefahr'. Siehe auch später unter B.III.2.c)bb)(5) (S. 587 ff., dort S. 595 f.).

1446 Zu der vom *BGH* vorgenommenen Auslegung des § 543 II 1 ZPO mit Blick auf den dort in § 543 II 1 Nr. 2 Alt. 2 ZPO gesetzlich verwendeten unbestimmten Rechtsbegriff der ‚*Erforderlichkeit einer Entscheidung des Revisionsgerichts zur Sicherung einer einheitlichen Rechtsprechung*' und die zu seiner Konkretisierung aufgestellten Kriterien – Erfordernis einer ‚*Wiederholungsgefahr*' etc. – ausführlich später unter B.III.2.c)bb)(3) (S. 566 ff.) u. B.III.2.c)bb)(5) (S. 587 ff. [dort sowohl **negativ** als auch **positiv kritisch**]).

1447 Vgl. zu den einzelnen Kriterien/Tatbestandsmerkmalen der Grundsatzrevision ausführlich bereits oben im 3. Abschnitt unter B.I.1.b)-g) (S. 132 ff.) u. zu den jeweiligen Darlegungsanforderungen ausführlich bereits oben im 3. Abschnitt unter B.I.2. (S. 180 ff.) sowie im Einzelnen **kritisch** nachfolgend unter B.I. (S. 464 ff.).

Rechtseinheitlichkeit und/oder der Rechtsentwicklung/Rechtsfortbildung im (abstrakten) allgemeinen Interesse liege. Es sei folglich entscheidend, *ob das Interesse eines größeren Kreises von Steuerpflichtigen an der einheitlichen (Fort-) Entwicklung und Handhabung des Rechts berührt werde.* Darüber hinaus fordert der BFH in einigen Entscheidungen zusätzlich, *dass es sich bei der entscheidungserheblichen Rechtsfrage zugleich um eine aus rechtssystematischen Gründen bedeutsame und für die einheitliche Rechtsanwendung wichtige Frage handeln müsse*[1448]. Sämtliche vorstehend genannten Kriterien müssen natürlich auch Gegenstand einer entsprechenden NZB sein und dementsprechend gemäß § 116 III 3 FGO schlüssig und substantiiert dargelegt werden[1449].

Im Rahmen der Rechtsprechungsvereinheitlichungsrevision i.S.d. § 115 II Nr. 2 Alt. 2 FGO und der hier von der Rechtsprechung herausgebildeten Rechtsfigur des ‚Gravierenden/Schwerwiegenden Rechtsanwendungsfehlers des FG' spricht der BFH betreffend das Verhältnis der beiden als Eckpfeiler eines solchen Rechtsanwendungsfehlers herausgebildeten Fallgruppen der ‚Objektiven Willkür' sowie der ‚Greifbaren Gesetzwidrigkeit' – überaus undurchsichtig und verworren, zumal uneinheitlich – teilweise von *willkürlich falscher Rechtsanwendung des FG im Sinne greifbarer Gesetzeswidrigkeit*, teils hingegen aber auch von finanzgerichtlichen Rechtsanwendungsfehlern *im Sinne einer willkürlichen oder zumindest greifbar gesetzwidrigen Entscheidung* bzw. *einer greifbaren Gesetz(es)widrigkeit oder gar einer Willkürlichkeit der angefochtenen Entscheidung*[1450].

Mit Blick auf diese überaus *vagen* sowie *verschwommenen* und zwischen den einzelnen Senaten zudem teils *uneinheitlichen* Wendungen des BFH kann man wohl kaum von einer hinreichenden Konkretisierung und Präzisierung der in § 115 II Nrn. 1 u. 2 FGO gesetzlich verwendeten unbestimmten Rechtsbegriffe durch die einschlägige Rechtsprechung sprechen, die den Grundsätzen der Rechtsmittelklarheit und hinreichenden Bestimmtheit gerecht wird. Die herausgebildeten Merkmale lassen nahezu *jegliche Konturenschärfe vermissen* und führen somit zu erheblichen Rechtsunsicherheiten beim Beschwerdeführer. Diesem werden kaum brauchbare Anhaltspunkte mit an die Hand gegeben, die ihm als Orientierungshilfe und Wegweiser bei der Anfertigung einer erfolgversprechenden, d.h. zulässigen und begründeten NZB behilflich sind. Anstatt mit Blick auf das Postulat der Rechtsmittelklarheit und die Forderung nach einem für die Beteiligten *berechenbaren, kalkulierbaren* und *vorhersehbaren* Instanzenzug die sich aus der Verwendung der unbestimmten Rechtsbegriffe in § 115 II Nrn. 1 u. 2 FGO ergebenden Ungewissheiten zu verringern, führt die Rechtsprechung des BFH aufgrund der *konturenlosen und undeutlichen Vorgaben* zu einer weiteren Verunklarung der dortigen Zulassungstatbestände und verunsichert den Beschwerdeführer mehr, als dass sie

1448 Siehe insoweit die Rechtsprechungsnachweise in den Fußnoten 498-500, 501, 502 sowie 504, u. 518.

1449 Vgl. hierzu etwa die Rechtsprechungsnachweise in den Fußnoten 682-684.

1450 Siehe dazu die Rechtsprechungsnachweise in den Fußnoten 1003, 1005 u. 1006.

ihm hilft[1451]. Überdies tritt sie in Widerspruch zu sich selbst, wenn sie einerseits *formelhafte Wendungen* für das Begründungserfordernis des § 116 III 3 FGO – zu Recht – nicht genügen lässt[1452], die von ihr zu §§ 116 III 3, 115 II Nrn. 1 u. 2 FGO aufgestellten Kriterien sich andererseits aber gerade in eben solchen *Leerformeln* erschöpfen, so dass der Beschwerdeführer nicht einmal annähernd erkennen kann, was genau er im Einzelnen darzulegen hat, damit seine Darlegungen den Anforderungen an eine hinreichende Beschwerdebegründung gerecht werden und die Revision auf seine NZB hin zugelassen wird.

c) Forderung nach einem willkürfreien Instanzenzug

Diese *floskelhafte, konturenlose* sowie *äußerst unbestimmte und undeutliche* BFH-Rechtsprechung zu den revisionszulassungsrechtlichen Vorschriften der §§ 115 II, 116 III 3 FGO gerät darüber hinaus in Konflikt mit dem aus dem Rechtsstaatsprinzip gemäß Art. 20 III GG i.V.m. dem allgemeinen Gleichheitssatz nach Art. 3 I GG hergeleiteten *verfahrensrechtlichen Willkürverbot.*

Der allgemeine Gleichheitssatz gemäß Art. 3 I GG bedeutet für die Gerichte in erster Linie *Rechtsanwendungsgleichheit*[1453]. Die Rechtsprechung hat dabei die Gleichheit vor dem Gesetz zu garantieren. Sie soll insoweit eine gleichmäßige und damit gesetzmäßige Rechtsanwendung gewährleisten[1454]. Diese Vorgabe umfasst insbesondere auch die gleichmäßige Anwendung des Verfahrensrechts, durch

---

1451 Soweit das *BVerfG* in seiner Plenarentscheidung v. 30.04.2003 (Fn. 1420), BVerfGE 107, 395, 416 f. = NJW 2003, 1924, 1928, ausführt, bei entsprechend komplizierten und nur schwer zu erfassenden Formerfordernissen eines Rechtsmittels, bei denen nicht erwartet werden könne, dass der Rechtsschutzsuchende sich darüber in zumutbarer Weise Aufklärung verschaffen können werde, müsste die Rechtsordnung – mit Blick auf das Gebot, dem Rechtsschutzsuchenden den Weg zur Überprüfung gerichtlicher Entscheidungen klar vorzuzeichnen,- zumindest für eine dieses Defizit ausgleichende *Rechtsmittelbelehrung* sorgen (vgl. *BVerfG*, Beschl. v. 20.06.1995, 1 BvR 166/93, BVerfGE 93, 99, 108), so würde auch dies vorliegend jedenfalls nicht weiterhelfen. Denn zum einen wäre es kaum möglich, eine solch umfangreiche Rechtsmittelbelehrung mit sämtlichen vom BFH für die Darlegung der einzelnen Revisionszulassungsgründe aufgestellten Kriterien zu formulieren. Zum anderen würde eine solche Rechtsmittelbelehrung nach wie vor eine bloße Aneinanderreihung von *Floskeln* und *formelhaften Wendungen* darstellen, so dass die auf Seiten des Beschwerdeführers bei der Anfertigung einer entsprechenden NZB-Begründung aufgrund der *Konturenlosigkeit* der jeweiligen Merkmale bestehenden Rechtsunsicherheiten unverändert bestehen blieben.

1452 Siehe dazu vorstehend im 3. Abschnitt unter A.II.4.c)cc) (S. 121 f.).

1453 BK/*Robbers*, Art. 20 Abs. 1 GG Tz. 1857 (Akt. 142 Oktober 2009); *Osterloh*, in: Sachs[3], Art. 3 GG Tz. 124.

1454 *BVerfG*, Beschl. v. 29.04.1980, 2 BvR 1441/79, BVerfGE 54, 117, 125; *Starck*, in: v. Mangoldt/Klein/Starck[5], Art. 3 Abs. 1 GG Tz. 282 u. 289.

das das jeweilige materielle Recht angewendet und verwirklicht wird[1455]. Für alle Rechtsschutzverfahren ergibt sich diesbzgl. aus Art. 3 I GG i.V.m. dem Rechtsstaatsprinzip nach Art. 20 III GG bzw. für den Rechtsschutz gegen Akte der öffentlichen Gewalt spezieller i.V.m. der Rechtsschutzgarantie des Art. 19 IV 1 GG ein *Anspruch auf Rechtsschutzgleichheit*[1456]. Das hierdurch gewährleistete gleiche Zugangsrecht zu den Gerichten erstreckt sich dabei v.a. auch auf den *Instanzenzug*[1457]. Werden also Rechtsmittel zur Verfügung gestellt, so muss folglich der Zugang zur Rechtsmittelinstanz den Rechtsschutzsuchenden möglichst gleichmäßig eröffnet werden[1458]. Die entsprechenden gesetzlichen Bestimmungen über die Einlegung und Begründung der jeweiligen Rechtsmittel sowie ihre Auslegung und Anwendung durch die Rechtsprechung müssen sich demnach neben Klarheit und innerer Logik[1459] auch durch ein *besonderes Maß an Gleichheit* auszeichnen[1460]. Erforderlich ist mithin nicht nur ein für die Beteiligten *berechenbarer, kalkulierbarer und vorhersehbarer*[1461], sondern – mit Blick auf das Art. 20 III GG i.V.m. dem allgemeinen Gleichheitssatz des Art. 3 I GG zu entnehmende und eingangs bereits erwähnte *verfahrensrechtliche Willkürverbot* als einem Element und Prinzip der rechtsstaatlichen Ordnung[1462] – insbesondere auch *willkürfreier Instanzenzug*[1463].

1455 Siehe *BVerfG*, Beschl. v. 29.04.1980 (Fn. 1454), BVerfGE 54, 117, 125; *Starck*, in: v. Mangoldt/Klein/Starck[5], Art. 3 Abs. 1 GG Tz. 282 u. 289; *Tipke*, StuW 2004, 3, 21. Vgl. zudem Dreier/*Heun*[2], Art. 3 GG Tz. 93, sowie ausführlich zur *dienenden Funktion des Verfahrensrechts* vorstehend unter a) (S. 426 ff., dort S. 427 ff.).

1456 *Osterloh*, in: Sachs[3], Art. 3 GG Tz. 204, u.a. sowie insbesondere unter Hinweis auf *BVerfG*, Beschl. v. 13.03.1990, 2 BvR 94/88, BVerfGE 81, 347, 356 f.

1457 Dreier/*Heun*[2], Art. 3 GG Tz. 95, u.a. unter Hinweis auf *BVerfG*, Beschl. v. 09.08.1978, 2 BvR 831/76, BVerfGE 49, 148, 165 ff.; Beschl. v. 11.06.1980, 1 PBvU 1/79, BVerfGE 54, 277, 292 f. (Plenum); Beschl. v. 12.07.1983, 1 BvR 1470/82, BVerfGE 65, 76, 91 ff.

1458 *BVerfG*, Beschl. v. 11.02.1987, 1 BvR 475/85, BVerfGE 74, 228, 234.

1459 Siehe dazu vorstehend unter b) (S. 430 ff., dort insbesondere S. 432).

1460 *BVerfG*, Beschl. v. 11.02.1987 (Fn. 1458), BVerfGE 74, 228, 234; *BGH*, Beschl. v. 08.09.2004, V ZR 260/03, NJW 2005, 154, 155; Gräber/*Ruban*[6], § 115 FGO Tz. 19; *Seer*, in: T/K, Vor § 115 FGO Tz. 2 (Lfg. 131 Oktober 2012).

1461 Vgl. hierzu bereits vorstehend unter b) (S. 430 ff.).

1462 BK/*Robbers*, Art. 20 Abs. 1 GG Tz. 1859, 1869, 1872, 1873 u. 1874 (Akt. 142 Oktober 2009); *Osterloh*, in: Sachs[3], Art. 3 GG Tz. 125 (Herleitung aus Art. 20 III u. 19 IV 1 GG); *Sommermann*, in: v. Mangoldt/Klein/Starck[6], Art. 20 Abs. 3 GG Tz. 305.

1463 Vgl. in diesem Zusammenhang auch die Rechtsprechung des *BVerfG*, wonach eine *unverständliche* bzw. *willkürliche* Anwendung von (Zivil-) Prozessrecht gegen den allgemeinen Gleichheitssatz des Art. 3 I GG verstoße: *BVerfG*, Beschl. v. 24.04.1985, 2 BvR 1248/82, BVerfGE 69, 248, 254 f.; Urt. v. 05.11.1985, 2 BvR 1434/83, BVerfGE 71, 122, 131 f.; darüber hinaus *Jarass*, in: Jarass/Pieroth[12], Art. 3 GG Tz. 68 a.E. m.w.N., betreffend *Willkür* bei der Anwendung von Kostenvorschriften sowie bei der Streitwertfestsetzung. – Zu der Problematik der *Berechenbarkeit, Kalkulierbarkeit* und *Vorhersehbarkeit* sowie v.a. *Willkürfreiheit des Instanzenzuges* konkret mit Blick auf §§ 115 II Nr. 1, 116 III 3 FGO nachfolgend

Zwar wird der allgemeine Gleichheitssatz des Art. 3 I GG angesichts der regelmäßigen Auslegungsbedürftigkeit gesetzlich verwendeter unbestimmter Rechtsbegriffe[1464] nicht schon dadurch verletzt, dass unterschiedliche Gerichte bzw. unterschiedliche Spruchkörper desselben Gerichts – hier die einzelnen Senate des BFH – bei der Anwendung derselben Norm möglicherweise zu unterschiedlichen Ergebnissen gelangen können[1465]. Jedoch lassen die überaus *unbestimmten* und *undeutlichen* Vorgaben des BFH zur Konkretisierung der in § 115 II Nrn. 1 u. 2 FGO gesetzlich verwendeten unbestimmten Rechtsbegriffe sowie zur Präzisierung der Darlegungsanforderungen i.S.d. § 116 III 3 FGO in Form *bloßer inhaltsleerer Phrasen* und *sinnentleerter Worthülsen* keinen sich aus der Natur der Sache ergebenden sowie aus Sicht der Rechtsprechung sachgerechten und vernünftigen oder sonstwie sachlich einleuchtenden Differenzierungsgrund dafür erkennen, warum der eine Fall ‚genommen', die Revision also auf eine NZB des Beschwerdeführers hin zugelassen wird, während in einem anderen Fall die NZB des Beschwerdeführers mangels hinreichender Darlegung bzw. mangels Vorliegens eines Zulassungsgrundes als unzulässig verworfen oder als unbegründet zurückgewiesen und die Zulassung der Revision somit verweigert wird[1466].

d) Beurteilung der Erfolgsaussichten einer NZB und damit Revisionszulassung zum BFH als ‚Lotterie', ‚Poker' und ‚Roulette' mit einem nicht unerheblichen Prozesskostenrisiko

Die seitens des BFH aufgestellten – vorstehend unter b) (S. 430 ff., dort S. 438 f.) beispielhaft genannten – Kriterien zur Darlegung sowie zum Vorliegen der einzelnen Revisionszulassungsgründe i.S.d. §§ 116 III 3, 115 II Nrn. 1 u. 2 FGO bilden folglich im Hinblick auf die Forderung nach einem *berechenbaren, kalkulierbaren* sowie *vorhersehbaren* und *v.a. willkürfreien Instanzenzug* keinen geeigneten und – unter Individualrechtsschutzgesichtspunkten – sachgerechten Maßstab für die Beurteilung der Erfolgsaussichten einer NZB und damit für die Zulassung der Revision. Denn die *besondere Vagheit* der in § 115 II Nrn. 1 u. 2 FGO gesetzlich verwendeten unbestimmten Rechtsbegriffe – insbesondere des Begriffs der ‚Grundsätzlichen

---

unter B.I.1.c) (S. 469 ff., dort S. 470 ff.) u. B.I.5. (S. 506 ff., dort insbesondere S. 511 f.) sowie konkret mit Blick auf §§ 115 II Nr. 2 Alt. 2, 116 III 3 FGO nachstehend unter B.III.2.a)aa) (S. 540 ff.) u. B.III.2.a)bb) (S. 542 ff.).

1464 Siehe dazu ausführlich vorstehend unter b) (S. 430 ff., dort S. 433 f. [bzw. ff.]).

1465 Vgl. *BVerfG*, Beschl. v. 26.07.2005, 1 BvR 85/04, NJW 2005, 3345 (1. Kammer des Ersten Senats, Nichtannahmebeschluss).

1466 Vgl. in diesem Zusammenhang *abstrakt* die st. Rspr. des *BVerfG*, wonach eine Verletzung des Willkürverbots dann vorliege, wenn sich ein vernünftiger, aus der Natur der Sache ergebender oder sonstwie sachlich einleuchtender Grund für eine gesetzliche Differenzierung oder Gleichbehandlung nicht finden lasse: *BVerfG*, Urt. v. 23.10.1951, 2 BvG 1/51, BVerfGE 1, 14, 52; Beschl. v. 17.10.1990, 1 BvR 283/85, BVerfGE 83, 1, 23 m.w.N.; Beschl. v. 05.10.1993, 1 BvL 34/81, BVerfGE 89, 132, 141; BK/*Robbers*, Art. 20 Abs. 1 GG Tz. 1868 (Akt. 142 Oktober 2009).

Bedeutung der Rechtssache' in § 115 II Nr. 1 FGO[1467] – und v.a. die angesichts ihrer *Konturenlosigkeit kaum fassbaren* und somit *unberechenbaren* und *unkalkulierbaren* Zulassungskriterien des BFH bewirken mit Blick auf das Darlegungserfordernis des § 116 III 3 FGO eine erhebliche, rechtsstaatlich nicht hinnehmbare Rechtsunsicherheit über den einer Beschwerdebegründung zugrunde zu legenden richtigen Maßstab[1468].

Die Frage der Revisionszulassung zum BFH – und damit das Kernstück des finanzgerichtlichen Rechtsmittelrechts – verkommt für den Rechtsschutzsuchenden somit zu einem *absolut unkalkulierbaren ‚Lotterie- und Vabanquespiel'*[1469], bei dem es fast ausschließlich vom *Zufall* abhängt, ob der BFH die Revision auf eine NZB des Beschwerdeführers hin zulässt, oder ob er deren Zulassung verweigert. Die *äußerst floskelhaften* sowie *überaus unbestimmten* und *undeutlichen* Vorgaben lassen dem Beschwerdeführer und seinem Prozessbevollmächtigten nämlich keine andere Wahl, als i.R. eines *‚Prozessualen Pokers bzw. Roulettes' zu mutmaßen und zu spekulieren*, wie eine hinreichende Darlegung des jeweiligen Zulassungsgrundes samt seiner Tatbestandsmerkmale auszusehen hat, damit die Revision auf eine NZB hin zugelassen wird. Von einer reellen Chance, die Erfolgsaussichten einer NZB – zumindest in etwa – zuverlässig einschätzen zu können, um insoweit eine den Darlegungsanforderungen des § 116 III 3 FGO genügende, d.h. zulässige und gleichzeitig begründete NZB einlegen zu können, kann mithin nicht im Entferntesten gesprochen werden.

Vielmehr führt diese nur scheinbare Konkretisierung der in § 115 II Nrn. 1 u. 2 FGO gesetzlich verwendeten unbestimmten Rechtsbegriffe sowie die ebenfalls nur vermeintliche Präzisierung der Darlegungsanforderungen i.S.d. § 116 III 3 FGO in Form einer weit überwiegend nur lapidaren Aneinanderreihung *formelhafter Wendungen* und *bloßer Leerformeln* zu einem von der Rechtsprechung des BFH praktisch vollzogenen, freien *Annahme- oder Zulassungsermessen.* Ein solches praktisch vollzogenes Annahme-/Zulassungsermessen ist jedoch schon ausweislich des Gesetzeswortlauts in § 115 II FGO (*„Die Revision ist ... zuzulassen, wenn ...“*) überhaupt nicht gewollt und unterläuft den dort normierten Anspruch des Rechtsschutzsuchenden auf Zulassung der Revision, der diesem bei ordnungsgemäßer Darlegung und Vorliegen eines Zulassungsgrundes zukommt; überdies sind die damit verbundenen erheblichen Rechtsunsicherheiten für den Rechtsschutzsuchenden

---

1467 Vgl. dazu bereits oben im 3. Abschnitt unter B.I.1.b) (S. 132 ff., dort S. 136) sowie B.I.2.e) (S. 198 f.).

1468 Siehe auch *Seer*, BB 2000, 2387, 2389; *ders.*, StuW 2001, 3, 10.

1469 Ähnlich *Seer*, StuW 2001, 3, 10; *ders.*, StuW 2003, 193, 203 a.E. u. 204; *ders.*, in: T/K, § 115 FGO Tz. 41 a.E. (Lfg. 131 Oktober 2012). – Dazu konkret mit Blick auf §§ 115 II Nr. 1, 116 III 3 FGO nachfolgend unter B.I.1.c) (S. 469 ff., dort S. 470 ff.) u. B.I.5. (S. 506 ff., dort insbesondere S. 511 f.) sowie konkret mit Blick auf §§ 115 II Nr. 2 Alt. 2, 116 III 3 FGO nachstehend unter B.III.2.a)bb) (S. 542 ff.).

unerträglich[1470]. Denn es gilt zu berücksichtigen, dass der BFH mit Blick auf die von ihm herausgebildeten *konturenlosen* sowie *undeutlichen* und *unkalkulierbaren* Zulassungskriterien i.R. einer nahezu *willkürlichen Zulassungspraxis* quasi nach *Gutdünken* entscheiden kann, wann er die Revision auf eine NZB hin zulässt und wann nicht, sprich wann er eine NZB als zulässig und begründet ansieht und wann er eine NZB mangels hinreichender Darlegung bzw. mangels Vorliegens eines Zulassungsgrundes als unzulässig verwirft oder als unbegründet zurückweist und die Zulassung der Revision somit verweigert[1471]. Eine derart freie Handhabung der revisionszulassungsrechtlichen Vorschriften der §§ 115 II, 116 III 3 FGO, getreu dem Grundsatz *'leave it or take it'*, kommt dabei – wie bereits an anderer Stelle erwähnt – praktisch einer *Rechtsschutzverweigerung* gleich[1472]. Eine solche lässt sich jedoch mit der Forderung nach einem *berechenbaren, kalkulierbaren, vorhersehbaren* und *v.a. willkürfreien Instanzenzug*, die sich aus dem allgemeinen Gleichheitssatz des Art. 3 I GG und dem daraus folgenden verfahrensrechtlichen Willkürverbot als einem Element des Grundsatzes der Rechtsstaatlichkeit gemäß Art. 20 III GG ableiten lässt[1473], ebenso wenig vereinbaren, wie mit dem Anspruch auf Gewährung effektiven Rechtsschutzes nach Art. 19 IV 1 GG.

Darüber hinaus gerät die einschlägige Rechtsprechung des BFH zu den §§ 115 II, 116 III 3 FGO in Konflikt mit dem Justizgrundrecht auf den gesetzlichen Richter gemäß Art. 101 I 2 GG. Denn mit Blick auf den bei der Prüfung von Verstößen gegen

---

1470 Auf gleicher Linie *Seer*, BB 2000, 2387, 2389; *ders.*, StuW 2001, 3, 10; *ders.*, StuW 2003, 193, 204; *ders.*, in: T/K, § 115 FGO Tz. 41 a.E. (Lfg. 131 Oktober 2012). – Vgl. insoweit auch die Ausführungen oben im 3. Abschnitt unter A.I.5. (S. 103 ff., dort S. 104), wonach dem für die Entscheidung über die Zulassung zuständigen Gericht (FG bzw. BFH) *kein Zulassungsermessen* zukommt, da ein jeder der in § 115 II FGO enumerativ aufgezählten Zulassungsgründe dem Rechtsschutzsuchenden einen Anspruch auf Zulassung der Revision verleiht. – Zu der Problematik des praktisch vollzogenen, freien *Annahme-/Zulassungsermessens* konkret mit Blick auf §§ 115 II Nr. 1, 116 III 3 FGO nachfolgend unter B.I.1.c) (S. 469 ff., dort S. 470 ff.) sowie konkret mit Blick auf §§ 115 II Nr. 2 Alt. 2, 116 III 3 FGO nachstehend unter B.III.2.a)bb) (S. 542 ff.).

1471 Siehe insoweit auch *Schneider*, Praxis der neuen ZPO², S. 466 Tz. 1050, der mit Blick auf die *zivilprozessuale Zulassungspraxis* darauf hinweist, dass die *„nicht definierbaren Zulassungsgründe des § 543 II 1 ZPO" „auch in ihrer Umschreibung"* durch die Rechtsprechung unbestimmt bleiben und es dem *BGH* als Revisionsgericht ermöglichen, *„so zu entscheiden, wie es ihm gerade passt"*. – Zu der Problematik der nahezu *willkürlichen Zulassungspraxis* konkret mit Blick auf §§ 115 II Nr. 1, 116 III 3 FGO nachfolgend unter B.I.1.c) (S. 469 ff., dort S. 470 ff.) sowie konkret mit Blick auf §§ 115 II Nr. 2 Alt. 2, 116 III 3 FGO nachstehend unter B.III.2.a)bb) (S. 542 ff.).

1472 Vgl. vorstehend unter III. (S. 420 ff., dort S. 421): Die Nicht-Zulassungsjudikatur des BFH vermittelt den Eindruck einer *Rechtsschutzverweigerungsinstanz.*

1473 Vgl. insoweit bereits vorstehend unter c) (S. 440 ff.).

Art. 101 I 2 GG zugrunde zu legenden *Willkürmaßstab*[1474] stellt die Herausbildung derart *konturenloser* sowie *unberechenbarer* Zulassungskriterien durch den BFH und die – mangels geeigneter und sachgerechter Zulassungsmaßstäbe – damit einhergehende – i.R. eines praktisch vollzogenen Annahme-/Zulassungsermessens – nahezu *willkürliche Handhabung* der Vorschriften über die Darlegung und das Vorliegen der Revisionszulassungsgründe aus Sicht des Rechtsschutzsuchenden einen Entzug/eine Vorenthaltung der finanzgerichtlichen Revisionsinstanz dar, die mit dem in Art. 101 I 2 GG niedergelegten Gebot des gesetzlichen Richters nicht im Einklang steht[1475].

Hinzu kommt schließlich, dass dem Beschwerdeführer insoweit zugemutet wird, zur Wahrung seiner noch verbliebenen Chance auf Zulassung der Revision das mit der Einlegung einer NZB verbundene *nicht unerhebliche Prozesskostenrisiko* einzugehen[1476], ohne auch nur annähernd einschätzen und vorhersehen zu können,

---

1474 Siehe nur *BVerfG*, Beschl. v. 26.02.1954, 1 BvR 537/53, BVerfGE 3, 359, 364 f.; Beschl. v. 30.06.1970, 2 BvR 48/70, BVerfGE 29, 45, 48 f.; Beschl. v. 23.06.1981, 2 BvR 1107/77 u.a., BVerfGE 58, 1, 45; Beschl. v. 08.04.1987, 2 BvR 687/85, BVerfGE 75, 223, 234; Beschl. v. 03.11.1992, 1 BvR 137/92, BVerfGE 87, 282, 285; *BFH*, Beschl. v. 18.08.1992, VIII R 9/92, BStBl. II 1993, 55, 56; Beschl. v. 10.08.1994, II R 29/94, BStBl. II 1994, 862, 863 f.; Beschl. v. 09.11.1998, V R 67/97, BFH/NV 1999, 643; Beschl. v. 03.09.1999, I R 54/98, BFH/NV 2000, 321; Beschl. v. 21.10.1999, VII R 15/99, BStBl. II 2000, 88, 92; Beschl. v. 20.04.2001, IV R 32/00, BStBl. II 2001, 651, 655; Beschl. v. 28.04.2004, VII B 343/03, n.v. (juris); Beschl. v. 22.12.2004, II B 166/03, BFH/NV 2005, 705, 706; Beschl. v. 12.09.2005, VII B 1/05, BFH/NV 2006, 146, 147; Beschl. v. 14.09.2005, VI B 53/05, BFH/NV 2006, 103, 104; Beschl. v. 08.11.2005, VIII R 2/96, BFH/NV 2006, 573, 575: Danach greift das Verfahrensgrundrecht auf den gesetzlichen Richter nur bei *willkürlichen Verstößen* gegen Verfahrensvorschriften. Eine gerichtliche Entscheidung verstößt demzufolge nur dann gegen das Gebot des gesetzlichen Richters, wenn sie von *willkürlichen Erwägungen* getragen ist.

1475 Vgl. in diesem Zusammenhang auch *Lange* HHSp., § 115 FGO Tz. 20 (Lfg. 192 Oktober 2006), unter Hinweis darauf, dass eine *objektiv willkürliche* Verweigerung der Revisionszulassung trotz Vorliegens eines Zulassungsgrundes i.S.d. § 115 II FGO das Recht auf den *gesetzlichen Richter* nach Art. 101 I 2 GG verletze, vgl. insoweit *BVerfG*, Beschl. v. 01.02.1991, 1 BvR 314/88, NJW 1991, 2077, 2078 m.w.N. (3. Kammer des Ersten Senats). Vgl. zudem *BVerfG*, Beschl. v. 11.12.2008, 1 BvR 1665/08, NVwZ-RR 2009, 361, 362 m.w.N. (3. Kammer des Ersten Senats, Nichtannahmebeschluss); Beschl. v. 27.08.2010, 2 BvR 3052/09, BVerfGK 17, 526, 529 f. m.w.N. (1. Kammer des Zweiten Senats), wonach die Nichtzulassung eines Rechtsmittels – hier konkret die Nichtzulassung der Rechtsbeschwerde zum *BGH* gemäß § 574 I 1 Nr. 2, II Nr. 1, III 1 ZPO – *bei willkürlicher Handhabung der Zulassungsvorschriften* das Recht auf den *gesetzlichen Richter* nach Art. 101 I 2 GG verletze. Vgl. insgesamt auch bereits oben im 3. Abschnitt unter A.I.5. (S. 103 ff. [104]), dort Fußnote 375.

1476 Gemäß § 135 II FGO fallen die Kosten eines ohne Erfolg eingelegten Rechtsmittels demjenigen zur Last, der das Rechtsmittel eingelegt hat. Verwirft der BFH also die NZB als unzulässig oder weist er sie als unbegründet zurück, so hat der Beschwerdeführer nach § 135 II FGO die Kosten des Verfahrens zu tragen. Die Bemessungsgrundlage für die *Gerichtsgebühren* bildet gemäß § 3 I GKG der *Streitwert*. Da sich der für die Bemessung der *Rechtsanwaltsgebühren* maßgebliche *Gegenstandswert* i.S.d. § 2 I RVG gemäß § 23 I 1 RVG im gerichtlichen Verfahren nach den für die Gerichtsgebühren geltenden Wertvorschriften bestimmt, ist der nach den Vorschriften des GKG zu ermittelnde Streitwert folglich zugleich Bemessungsgrundlage für die Gebühren des bevollmächtigten Rechtsanwalts oder Steuerberaters (vgl. insoweit § 45 StBVV [ehemals § 45 StBGebV], wonach auf die Vergütung des Steuerberaters im Verfahren vor den Gerichten der Finanzgerichtsbarkeit die Vorschriften des RVG sinngemäß anzuwenden sind), vgl. Gräber/*Ruban*[6], Vor § 135 FGO Tz. 3. In Verfahren vor den Gerichten der Finanzgerichtsbarkeit – und somit auch im NZB-Verfahren vor dem BFH – ist der Streitwert, soweit nichts anderes bestimmt ist, gemäß § 52 I GKG nach der sich aus dem Antrag des Klägers/Rechtsmittelführers für ihn ergebenden Bedeutung der Sache nach Ermessen zu bestimmen. Bietet der bisherige Sach- und Streitstand für die Bestimmung des Streitwerts keine genügenden Anhaltspunkte, so ist nach § 52 II GKG ein *Streitwert von 5.000 €* anzunehmen (sog. *Auffangstreitwert/Auffangwert*; auch *fiktiver Streitwert* oder *hilfsweiser Ausnahmewert*, vgl. *Hartmann*, Kostengesetze[39], § 52 GKG Tz. 17 m.w.N.). Vor den Gerichten der Finanzgerichtsbarkeit betrifft der Antrag des Klägers/Rechtsmittelführers jedoch zumeist eine bezifferte Geldleistung – bspw. eine Steuerminderung – oder einen hierauf bezogenen Verwaltungsakt, so dass dann gemäß § 52 III 1 GKG deren Höhe maßgebend ist, vgl. auch *Schwarz*, AO-StB 2004, 31, 32. Schließlich ist zu berücksichtigen, dass der *Streitwert* in finanzgerichtlichen Verfahren nach § 52 IV Nr. 1 GKG (i.V.m. § 63 I 3, 4 GKG) grds. *nicht unter 1.500 €* angenommen werden darf (sog. *Mindeststreitwert/Mindestwert*). Unter Zugrundelegung dieses *Mindeststreitwerts von 1.500 €* ergibt sich für den Beschwerdeführer betreffend die Einlegung einer NZB dabei ein voraussichtliches ungefähres **Prozesskostenrisiko** i.H.v. 385 €, während für den Beschwerdeführer das voraussichtliche ungefähre **Prozesskostenrisiko** unter Zugrundelegung des *Auffangstreitwerts von 5.000 €* 890 € sowie unter Zugrundelegung eines *Streitwerts von 10.000 €* 1.590 € beträgt (vgl. insoweit auch *Eberl*, StuB 2004, 904 u. 905, mit einer Auflistung der einzelnen Gebührenpositionen sowie unter Zugrundelegung der Regelgebühren nach dem GKG und dem RVG, wobei die Umsatzsteuer dort allerdings noch mit nur 16 % anstelle der heutigen 19 % berücksichtigt worden ist, und sich die dortigen Gebührenwerte natürlich noch auf die Rechtslage vor der Kostenrechtsreform durch das 2. Kostenrechtsmodernisierungsgesetz – 2. KostRMoG – v. 23.07.2013, BGBl. I 2013, 2586 ff., beziehen und dementsprechend auch noch ein Mindeststreitwert von 1.000 € zugrunde gelegt worden ist). Schon diese drei Beispiele verdeutlichen das für den Beschwerdeführer mit der Einlegung einer NZB verbundene *nicht unerhebliche Prozesskostenrisiko*. Bedenkt man, dass in finanzgerichtlichen Verfahren der Streitwert mit Blick auf die jeweils im Streit stehenden Steuerbeträge nicht selten noch höhere Dimensionen annimmt, so trifft den Beschwerdeführer bei der Einlegung einer NZB regelmäßig ein *beträchtliches Prozesskostenrisiko*. – Bei einer Revisionszulassung durch den BFH, also im Falle einer für zulässig und

ob für die von ihm eingelegte NZB Erfolgsaussichten bestehen und somit eine Zulassung der Revision in Betracht kommt oder nicht[1477].

e) Fazit und Vergleich mit den Anforderungen an den Inhalt einer Klage vor dem FG

Die *äußerst restriktive* sowie *floskelhafte, konturenlose* und *überaus unbestimmte* Rechtsprechung des BFH zu den revisionszulassungsrechtlichen Vorschriften der §§ 115 II, 116 III 3 FGO gestaltet das Vorhaben des Beschwerdeführers und seines Prozessbevollmächtigten, mittels Einlegung einer NZB die Zulassung der Revision gegen das angefochtene finanzgerichtliche Urteil zu erreichen, zu einem *prozessualen Hürdenlauf*, bei dem dieser zwangsläufig ins Stolpern gerät. Der BFH errichtet insoweit *absolut hypertrophe Zugangsbarrieren*[1478], die es dem Rechtsschutzsuchenden faktisch nahezu unmöglich machen, mittels Einlegung einer NZB in die Revisionsinstanz hineinzugelangen. Das wiederum führt zu einer tatsächlichen Verhinderung des Zugangs zur finanzgerichtlichen Rechtsmittelinstanz durch den BFH.

Den Beschwerdeführer einem solchen – *nahezu unberechenbaren – Zulassungsrisiko* auszusetzen, ist jedoch der *Forderung nach einem berechenbaren, kalkulierbaren, vorhersehbaren und v.a. willkürfreien Instanzenzug* und somit dem *Verlangen nach einem effektiven Individualrechtsschutz* abträglich. Aus einer Zusammenschau der Rechtsschutzgarantie des Art. 19 IV 1 GG, des Rechtsstaatsprinzips nach Art. 20 III GG und des in Art. 20 III GG i.V.m. Art. 3 I GG verankerten

---

begründet erachteten NZB, wird über die Kosten des NZB-Verfahrens hingegen grds. zunächst nicht entschieden. Vielmehr wendet die h.M. auf die NZB und die spätere Revision den *Grundsatz der einheitlichen Kostenentscheidung* an, so dass für die Kostentragung insoweit der endgültige Ausgang des Verfahrens in der Hauptsache maßgebend ist, vgl. Gräber/*Ruban*[6], § 116 FGO Tz. 68; *Lange* HHSp., § 116 FGO Tz. 270 (Lfg. 194 Juni 2007), jeweils m.w.N. aus der Rechtsprechung. Der Erfolg im NZB-Verfahren sagt damit regelmäßig noch nichts darüber aus, wer letztlich die Kosten der erfolgreichen NZB zu tragen hat. Gegen diese Auffassung bringt *Seer*, in: T/K, § 116 FGO Tz. 82 (Lfg. 131 Oktober 2012), zutreffend vor, dass sie dem Charakter der NZB als einem von der Revision an sich zu unterscheidenden selbständigen Verfahren widerspreche. Konsequent sei es vielmehr, das NZB-Verfahren auch kostenrechtlich zu verselbständigen. Dies entspreche zudem dem Wortlaut des § 135 I FGO, wonach der unterliegende Beteiligte die Kosten des Verfahrens zu tragen habe. *Seer* weist aber zugleich darauf hin, dass das Verfahren über die NZB als ein *Zwischenverfahren* verstanden werden könne. Da der in einer Zwischeninstanz erzielte Erfolg kostenrechtlich jedoch regelmäßig irrelevant bleibe, erscheine die von der h.M. vorgenommene Kostenverteilung unter diesem Blickwinkel durchaus vertretbar.

1477 Vgl. sinngemäß *BVerfG*, Beschl. v. 09.08.1978, 2 BvR 831/76, BVerfGE 49, 148, 164 f., betreffend die Annahmerevision gemäß § 554b I ZPO a.F.

1478 Ähnlich *Tipke*, StuW 2004, 3, 23 a.E.: *Errichtung überhöhter Zugangsbarrieren*; *ders.*, steuertip 49/09, 1, 4 a.E.: *Aufstellung übermäßig hoher Zugangshürden*.

verfahrensrechtlichen Willkürverbots ergibt sich vielmehr die Notwendigkeit einer erweiterten sowie individualrechtsschutzgewährenden verfassungskonformen Auslegung der Revisionszulassungsgründe des § 115 II Nrn. 1 u. 2 FGO und einer Lockerung der Anforderungen an das Begründungsniveau einer NZB nach § 116 III 3 FGO. Der BFH ist insoweit angehalten, die überflüssigen, da sachlich – auch mit Blick auf den Entlastungszweck des Begründungszwangs[1479] – nicht gebotenen, *prozessualen „Stolperdrähte"* im finanzgerichtlichen Revisionszulassungsverfahren zu beseitigen[1480]. Hierbei obliegt es der Rechtsprechung insbesondere, die Entwicklung und Herausbildung der Kriterien für das Vorliegen der einzelnen Zulassungstatbestände und insbesondere für ihre Darlegung i.R.d. Begründung einer NZB so vorzunehmen, dass die entsprechenden Vorgaben sich nicht nur in *bloßen Floskeln* sowie *formelhaften inhaltsleeren Wendungen* und *sinnentleerten Worthülsen* erschöpfen. Vielmehr müssen die jeweiligen tatbestandlichen Grenzen der einzelnen Zulassungskriterien und der entsprechenden Darlegungsanforderungen deutlich erkennbar sein, damit die Revisionszulassung durch den BFH nicht in ein *unkalkulierbares ‚Lotteriespiel'* und damit einhergehend in ein freies *Annahme-/Zulassungsermessen* ausartet. Von einem effektiven zweitinstanzlichen Finanzrechtsschutzes kann nämlich nur dann gesprochen werden, wenn der Beschwerdeführer und sein Prozessbevollmächtigter im Hinblick auf den konkreten Streitfall auch tatsächlich in der Lage sind, die Erfolgsaussichten einer NZB anhand klarer Beurteilungs-/Zulassungsmaßstäbe – zumindest in etwa – zuverlässig einschätzen und diese mit zumutbarem Aufwand ordnungsgemäß einlegen und begründen zu können. Dies gilt insbesondere, wenn man bedenkt, dass es bei der Zulassungsentscheidung des BFH im NZB-Verfahren um die für den Rechtsschutzsuchenden überaus wesentliche Frage geht, ob ihm – in einem ohnehin schon schlanken zweistufigen Finanzgerichtsverfahren, in dem erstinstanzlich ggf. sogar nur der Einzelrichter entscheidet, und in dem die Streitwertrevision durch das 2. FGOÄndG nunmehr endgültig abgeschafft worden ist,- die Möglichkeit eröffnet wird, eine gegen ihn ergangene FG-Entscheidung in (materiell-) rechtlicher Hinsicht durch eine zweite Instanz vollumfänglich überprüfen zu lassen[1481].

1479 Zum Zweck des Begründungszwangs ausführlich oben im 3. Abschnitt unter A.II.2. (S. 108 ff., dort S. 110 f.).

1480 Vgl. insoweit auch *Seer*, in: T/K, Vor § 115 FGO Tz. 3 a.E. (Lfg. 131 Oktober 2012), unter Hinweis darauf, dass das Rechtsmittel-/Revisionsgericht weder *prozessuale „Stolperdrähte"* ziehen, noch *„Zulässigkeitsfallen"* stellen und *unverhältnismäßige Anforderungen an die Darlegung der Revisionszulassungsgründe* verlangen dürfe. – Als sachlicher Grund für die überaus strengen Anforderungen an das Vorliegen und die Darlegung der einzelnen Revisionszulassungsgründe des § 115 II Nrn. 1 u. 2 FGO kann insbesondere auch nicht der Grundsatz der *‚Funktionsfähigkeit der Rechtspflege'* herhalten, vgl. dazu ausführlich oben unter I.4. (S. 377 ff.) sowie II.1. (S. 381 ff.).

1481 An dieser Stelle soll noch einmal darauf hingewiesen werden, dass auch eine sog. *‚verkappte Revisionsentscheidung'*, also eine Entscheidung des BFH, in der dieser

Dabei eröffnet das Gesetz dem BFH vorliegend auch die Möglichkeit, mit Blick auf seine *äußerst restriktive* sowie *nahezu willkürliche Zulassungspraxis* Nachbesserungen und Reparaturen vorzunehmen und somit der – insbesondere durch die endgültige Abschaffung der Streitwertrevision hervorgerufenen – Unterrepräsentation des Individualrechtsschutzes[1482] *de lege lata* durch eine erweiterte verfassungskonforme Auslegung der Revisionszulassungsgründe des § 115 II Nrn. 1 u. 2 FGO und eine entsprechende Lockerung der – aktuell überspannten – Darlegungsanforderungen i.S.d. § 116 III 3 FGO entgegenzuwirken. Die §§ 115 II, 116 III 3 FGO stehen dem ihrem Wortlaut nach nicht entgegen.

So ist zunächst § 115 II FGO einer erweiterten sowie individualrechtsschutzgewährenden verfassungskonformen Auslegung zugänglich. Gerade die Erweiterung und Neufassung der Revisionszulassungsgründe in § 115 II FGO durch das 2. FGOÄndG bietet dem BFH nämlich nunmehr Gelegenheit, seine bislang restriktive Zulassungspraxis auf verfassungskonforme Weise zu ändern, d.h. die einzelnen Zulassungsgründe entsprechend verfassungskonform zu deuten/zu interpretieren und seine unverändert strengen, überzogenen Anforderungen an das Begründungsniveau einer NZB abzusenken[1483]. Das gilt umso mehr, als der Gesetzgeber mit der Erweiterung und Neufassung der Zulassungsgründe bzw. der

---

die NZB als unbegründet zurückweist, und die sich im Lichte der jeweiligen Zulassungskriterien und der entsprechenden Darlegungsanforderungen – zumindest andeutungsweise – auch schon mit den aufgeworfenen materiell-rechtlichen Streitfragen befasst, die eigentliche Revisions-/Sachentscheidung über die jeweilige steuerrechtliche Streitfrage nicht annähernd ersetzen bzw. kompensieren kann, vgl. dazu ausführlich oben unter II.1. (S. 381 ff., dort S. 385 f.).

1482 Siehe zu dem durch die ersatzlose Streichung der Streitwertrevision zugunsten einer reinen Zulassungsrevision beim Steuerpflichtigen bewirkten *erheblichen Rechtsschutzdefizit* ausführlich oben unter II. (S. 381 ff.).

1483 Auf gleicher Linie *Dißars*, StB 2002, 4, 9; *Dürr*, INF 2001, 65, 68; *Heißenberg*, KÖSDI 2001, 12768, 12774; *Seer*, StuW 2001, 3, 11; *ders.*, in: T/K, § 116 FGO Tz. 3 a.E. u. 29 (Lfg. 116 Juli 2008 bzw. nun Lfg. 131 Oktober 2012); *ders.*, in: T/L, Steuerrecht[21], § 22 Tz. 230 a.E. u. 254; *Tipke*, StuW 2004, 3, 20. *Lange* HHSp., § 116 FGO Tz. 157 f. (Lfg. 194 Juni 2007), führt zwar an, dass insoweit nicht die bisherigen Begründungsanforderungen als solche modifiziert werden sollen, etwa durch ‚Kappung' bestimmter strenger Anforderungen. Er möchte aber wenigstens (allein) aus den durch das 2. FGOÄndG erweiterten Revisionszulassungsgründen erleichterte Begründungsanforderungen ableiten (vgl. bereits Fußnote 415 u. 737). Hingegen meint Gräber/*Ruban*[6], § 116 FGO Tz. 26, dass auch aus der Erweiterung der Revisionszulassungsgründe nicht ohne weiteres geringere Begründungsanforderungen abgeleitet werden könnten (vgl. ebenfalls bereits Fußnote 415 u. 737). – Vgl. zu der dem BFH durch die Erweiterung und Neufassung der Zulassungsgründe in § 115 II FGO eröffneten Gelegenheit, seine bislang restriktive Zulassungspraxis auf verfassungskonforme Weise zu ändern, bereits oben im 2. Abschnitt unter B.III. (S 76 ff., dort S. 82 f.) sowie im 3. Abschnitt unter A.II.3. (S. 111 ff., dort S. 113 f.).

Neugestaltung der Zulassungsrevision ausweislich der Motive zum 2. FGOÄndG trotz Abschaffung der Streitwertrevision eine Erweiterung des zu engen Zugangs zum BFH und damit einhergehend eine Stärkung und Verbesserung des Individualrechtsschutzes bewirken wollte, auch wenn er dies im Gesetzeswortlaut bedauerlicherweise nicht explizit geäußert hat[1484].

Auch in § 116 III 3 FGO findet sich schließlich keine Wortlautgrenze, die einer entsprechenden Lockerung der Anforderungen an die Begründung einer NZB entgegenstünde. Wenn es dort heißt, dass in der Beschwerdebegründung die – verfassungskonform zu deutenden/zu interpretierenden – Voraussetzungen des § 115 II FGO dargelegt werden müssen, dann bedeutet dies einerseits zwar, dass die Begründung einer NZB stets ein gewisses *Mindestmaß an Substantiierung* aufweisen muss[1485]. *,Darlegen'* bedeutet nämlich schon nach dem allgemeinen Sprachgebrauch, der sich auch in der einschlägigen Rechtsprechung des BFH widerspiegelt, so viel wie *,ausführlich (näher) erläutern, erklären'* bzw. *,in aller Deutlichkeit ausführen'*[1486], so dass der Beschwerdeführer folglich immer näher auf die Voraussetzungen des § 115 II FGO – d.h. auf die einzelnen Revisionszulassungsgründe und deren jeweilige Tatbestandsmerkmale – eingehen und diese mit Blick auf den konkreten Streitfall erläutern muss. Da jedoch die Rechtsschutzgarantie des Art. 19 IV 1 GG auf die Auslegung der Zulassungsgründe des § 115 II FGO sowie die richterrechtliche Statuierung der Begründungsanforderungen bei der NZB nach § 116 III 3 FGO ausstrahlt und somit zu Erleichterungen in der Gerichtspraxis zwingt[1487], dürfen die Anforderungen an eine substantiierte Darlegung andererseits mithin nicht auf sachwidrige und für den Rechtsschutzsuchenden unzumutbare Weise überspitzt und überspannt werden[1488]. Das gilt umso mehr, wenn man bedenkt, dass die Oktroyierung eines derart *diffizilen* und durch *diffuse Vorgaben* gekennzeichneten Darlegungsaufwands, wie ihn der BFH dem Beschwerdeführer derzeit abverlangt, *beträchtliche Haftungsrisiken* für dessen Prozessvertreter in sich birgt,

---

1484 Zur Intention des 2. FGOÄndG ausführlich oben im 2. Abschnitt unter B.II. (S. 75 f.). – Zur **Kritik** daran, dass das gesetzgeberische Ziel, den Rechtsschutz des einzelnen Steuerpflichtigen durch eine Erweiterung des zu engen Zugangs zum BFH zu stärken und zu verbessern, im Wortlaut der Neufassung des § 115 II bzw. § 116 III 3 FGO nicht hinreichend deutlich zum Ausdruck gelangt, s. bereits oben im 3. Abschnitt unter B.III.1.c)bb)(1)(a) (S. 267 ff., dort insbesondere S. 267 u. 269, speziell zum Zulassungstatbestand des sog. ,Gravierenden/Schwerwiegenden Rechtsanwendungsfehlers des FG' u. mit zahlreichen weiteren Nachweisen) sowie ausführlich später unter C. (S. 609 ff.).

1485 Siehe bereits vorstehend unter a) (S. 426 ff., dort S. 427).

1486 Zur sprachlichen Herleitung des Begriffs *,Darlegen'* ausführlich bereits oben im 3. Abschnitt unter A.II.4.a) (S. 114 f.).

1487 *Seer*, StuW 2001, 3, 7.

1488 Vgl. dazu bereits eingehend vorstehend unter a) (S. 426 ff.) mit zahlreichen Nachweisen aus der Rechtsprechung des *BFH* und des *BVerfG*.

insbesondere wenn die NZB vom BFH mangels hinreichender Darlegung und somit mangels ordnungsgemäßer Begründung als unzulässig verworfen wird[1489].

Nicht zuletzt stehen die überspannten Anforderungen an die Begründung einer NZB in Widerspruch zu den *Anforderungen*, die seitens der Rechtsprechung des BFH *an den Inhalt einer Klage vor dem FG* gestellt werden.

Gemäß § 40 II FGO ist die Klage, soweit gesetzlich nichts anderes bestimmt ist, nur zulässig, wenn der Kläger geltend macht, durch den Verwaltungsakt oder durch die Ablehnung oder Unterlassung eines Verwaltungsakts oder einer anderen Leistung in seinen Rechten verletzt zu sein. Unter *‚Geltendmachen'* versteht die Rechtsprechung dabei ein *‚substantiiertes und schlüssiges Darlegen'*[1490]. Nach § 65 I 1 FGO muss die Klage des Weiteren den „Gegenstand des Klagebegehrens" bezeichnen[1491]. Auch das *‚Bezeichnen'* wird dabei von der Rechtsprechung i.S.v. *‚Darlegen'* verstanden. Eine i.S.d. § 65 I 1 FGO ausreichende Bezeichnung des Gegenstandes des Klagebegehrens erfordert insoweit zumindest die substantiierte und schlüssige Darlegung, was der Kläger begehrt und worin er eine Rechtsverletzung sieht, so dass das Gericht durch die Angaben des Klägers in die Lage versetzt wird, die Grenzen seiner Entscheidungsbefugnis nach § 96 I 2 FGO bestimmen zu können[1492].

1489 Ein Rechtsanwalt (Steuerberater), der mit der Einlegung eines Rechtsmittels – bspw. mit der Einlegung einer NZB – beauftragt ist, muss seine Sorgfalt nämlich v.a. darauf richten, dass das von ihm eingelegte Rechtsmittel zulässig ist. Er hat demnach insbesondere darauf zu achten, dass das Rechtsmittel und seine Begründung den vorgeschriebenen Inhalt aufweisen. Die Begründung ist somit stets *mit besonderer Sorgfalt* zu verfassen, vgl. insoweit *Rinsche*, Haftung des Rechtsanwalts[5], S. 208 Tz. I 441. – Angesichts der *überaus strengen* sowie *überzogenen* und zudem *absolut unkalkulierbaren* Darlegungsanforderungen des BFH und der damit einhergehenden erhöhten Gefahr einer Verwerfung der NZB als unzulässig bewegt sich der Prozessvertreter bei deren Einlegung und Begründung im finanzgerichtlichen Verfahren folglich auf ‚äußerst dünnem Eis'.

1490 Bspw. *BFH*, Urt. v. 28.10.1987, I R 275/83, BStBl. II 1988, 292; Urt. v. 13.07.1994, I R 5/93, BStBl. II 1995, 134, 136; Urt. v. 14.09.1994, I R 153/93, BStBl. II 1995, 499, 500.

1491 Der durch das FGOÄndG v. 21.12.1992, BGBl. I 1992, 2109, 2110, eingeführte Begriff des „Gegenstandes des Klagebegehrens" bedeutet letztlich nichts anderes als „Streitgegenstand", s. *BFH*, Urt. v. 08.07.1998, I R 23/97, BStBl. II 1998, 628 f.; Urt. v. 24.05.2000, VI R 183/98, BFH/NV 2000, 1480; Beschl. v. 17.01.2002, VI B 114/01, BStBl. II 2002, 306, 307, jeweils m.w.N.; Gräber/*v. Groll*[6], § 65 FGO Tz. 32. Vgl. auch die Begründung des Entwurfs eines FGOÄndG 1991 v. 14.08.1991, BT-Drucks. 12/1061, S. 14, unter Hinweis darauf, dass mit der neuen Terminologie eine sachliche Änderung nicht beabsichtigt gewesen sei; vielmehr sollten Auslegung und Anwendung des § 65 I 1 FGO lediglich von dem Meinungsstreit über den Streitgegenstandsbegriff freigehalten werden.

1492 Siehe nur *BFH*, Beschl. v. 26.11.1979, GrS 1/78, BStBl. II 1980, 99, 102; Urt. v. 31.01.1996, II R 95/93, BFH/NV 1996, 564; Urt. v. 27.06.1996, IV R 61/95, BFH/NV 1997, 232; Urt. v. 08.07.1998 (Fn. 1491), BStBl. II 1998, 628, 629; Urt. v. 18.05.1999, X R 20/98, BFH/NV 1999, 1603; Urt. v. 27.07.1999, VIII R 56/98, BFH/NV 2000,

Der Kläger muss also substantiiert und schlüssig, d.h. materiell und fallbezogen und nicht nur formel- und floskelhaft darlegen, inwieweit der angefochtene Verwaltungsakt rechtswidrig ist und ihn in seinen Rechten verletzt[1493].

Insbesondere i.R.d. § 65 I 1 FGO hat der BFH den insoweit oftmals übertriebenen Formalismus der FGe zunehmend *kritisiert* und zahlreiche Urteile im Hinblick auf die dort statuierten enorm hohen Anforderungen aufgehoben[1494]. Er hat die Anforderungen an die Bezeichnung des Gegenstandes des Klagebegehrens im Laufe der Zeit gelockert und mit Blick auf den aus Art. 19 IV 1 GG abzuleitenden *Grundsatz der rechtsschutzfreundlichen/-gewährenden Auslegung von Verfahrensvorschriften* ausgeführt, dass § 65 I 1 FGO so auszulegen sei, dass der Anspruch des Bürgers auf eine möglichst effektive Kontrolle der Akte öffentlicher Gewalt durch die Gerichte nicht unnötig erschwert werde[1495]. Die Formalanforderungen betreffend die

---

198; Beschl. v. 17.01.2002 (Fn. 1491), BStBl. II 2002, 306, 307 u. 308 (sinngemäß); Beschl. v. 20.09.2002, IV B 198/01, BFH/NV 2003, 190; Beschl. v. 06.12.2002, VIII B 219/02, BFH/NV 2003, 782; Beschl. v. 30.12.2003, IV B 21/01, BStBl. II 2004, 239, 241 (sinngemäß); Beschl. v. 22.02.2005, III S 17/04 (PKH), BFH/NV 2005, 1124; Beschl. v. 25.09.2006, IV B 58/05, n.v. (juris); Beschl. v. 02.05.2008, X B 237/07, ZSteu 2008, R647; Beschl. v. 11.08.2008, III B 56/08, n.v. (juris); Beschl. v. 04.04.2011, VIII B 96/10, BFH/NV 2011, 1172, vereinzelt m.w.N.

1493 *Nieland*, AO-StB 2004, 349; *Stöcker*, in: BG, § 65 FGO Tz. 56 (Lfg. 59 Juli 2006). *Bartone*, in: KvW[19], § 65 FGO Tz. 5, *Bilsdorfer*, INF 1998, 646, 648, u. *Schaumburg*, DStZ 1995, 545, 547, halten jeweils zumindest eine schlag- und stichwortartige Grob-/Kurzbegründung für erforderlich.

1494 Vgl. nur *BFH*, Urt. v. 27.06.1996 (Fn. 1492), BFH/NV 1997, 232 (Aufhebung von *FG Schleswig-Holstein*, Urt. v. 07.12.1994, II 733/93, n.v. [juris]); Urt. v. 23.01.1997, IV R 84/95, BStBl. II 1997, 462 (Aufhebung von *FG München*, Urt. v. 25.10.1995, 13 K 2447/94, EFG 1996, 388); Urt. v. 27.07.1999 (Fn. 1492), BFH/NV 2000, 198 (Aufhebung von *FG Münster*, Urt. v. 27.06.1997, 11 K 4329/96 G, n.v. [juris]); Beschl. v. 17.01.2002 (Fn. 1491), BStBl. II 2002, 306 (Aufhebung von *FG Rheinland-Pfalz*, Urt. v. 22.03.2001, 6 K 3031/00, n.v. [juris]); Urt. v. 11.02.2003, VII R 18/02, BStBl. II 2003, 606 (Aufhebung von *FG des Landes Brandenburg*, Urt. v. 15.01.2002, 4 K 472/01, EFG 2002, 705); Beschl. v. 17.11.2003, XI B 213/01, BFH/NV 2004, 514 (Aufhebung von *FG Rheinland-Pfalz*, Urt. v. 15.10.2001, 5 K 1646/01, n.v. [juris]); Beschl. v. 08.06.2004, XI B 46/02, BFH/NV 2004, 1417 (Aufhebung von *FG Berlin*, Urt. v. 16.01.2002, 6 K 6238/01, n.v. [juris]); Beschl. v. 24.02.2006, II B 97/05, BFH/NV 2006, 1129 (Aufhebung von *FG des Landes Brandenburg*, Urt. v. 18.05.2005, 4 K 1166/04, n.v. [juris]); Beschl. v. 16.04.2007, VII B 98/04, BFH/NV 2007, 1345 (Aufhebung von *FG München*, Urt. v. 17.03.2004, 3 K 1208/02, n.v. [juris]).

1495 Aus der st. Rspr. des *BFH*: *BFH*, Urt. v. 27.06.1996 (Fn. 1492), BFH/NV 1997, 232, 233; Urt. v. 23.01.1997 (Fn. 1494), BStBl. II 1997, 462, 463; Urt. v. 27.07.1999 (Fn. 1492), BFH/NV 2000, 198; Beschl. v. 17.01.2002 (Fn. 1491), BStBl. II 2002, 306, 308; Beschl. v. 17.11.2003 (Fn. 1494), BFH/NV 2004, 514; Beschl. v. 08.06.2004 (Fn. 1494), BFH/NV 2004, 1417; Beschl. v. 24.02.2006 (Fn. 1494), BFH/NV 2006, 1129; Beschl. v. 16.04.2007 (Fn. 1494), BFH/NV 2007, 1345, teils m.w.N. Zudem *Brandis*, in: T/K, Vor § 63 FGO Tz. 1 sowie § 65 FGO Tz. 1 (jeweils Lfg. 121 September 2009), u.

Ordnungsmäßigkeit der Klageerhebung dürften nämlich nicht in einen ‚*Klageinhaltsformalismus*' ausarten und zu Rechtsschutzhindernissen auswachsen[1496].

Kritisiert der BFH aber auf der einen Seite den übertriebenen Formalismus der FGe i.R.d. § 65 I 1 FGO und lockert er dort die Anforderungen an die Bezeichnung = Darlegung des Gegenstandes des Klagebegehrens, so stellt es einen *denklogischen Widerspruch* dar, wenn er auf der anderen Seite i.R.d. NZB-Verfahrens selbst überaus *hohe Zugangsbarrieren* in Form übermäßig strenger und weit überzogener Darlegungsanforderungen errichtet, die dem ‚*Klageinhaltsformalismus*' der FGe in nichts nachstehen, diesen angesichts der durchweg *floskelhaften* und *konturenlosen* Vorgaben sogar noch übertreffen[1497]. Auch aus diesem Grunde ist

---

schließlich *Seer*, in: T/L, Steuerrecht[21], § 22 Tz. 149: Die Klageschrift ist so auszulegen, *„dass im Zweifel dasjenige gewollt ist, was nach den Maßstäben der Rechtsordnung vernünftig ist und der recht verstandenen Interessenlage der Beteiligten entspricht"* (vgl. insoweit auch allgemein *BFH*, Urt. v. 20.09.1996, VI R 43/93, BFH/NV 1997, 249 m.w.N.; Urt. v. 08.07.1998 [Fn. 1491], BStBl. II 1998, 628, 629). Vgl. zuletzt *Tipke*, StuW 2004, 3, 18 a.E.: Das Verfahren vor den FGen brauche einen an Art. 19 IV 1 GG orientierten *Prozessfürsorger*.

1496 *Brandis*, in: T/K, § 65 FGO Tz. 1 (Lfg. 121 September 2009); *Tipke*, StuW 2004, 3, 18 f. Ähnlich *Pust*, DStR 2002, 1119, 1120 f.: Keine überspannten Anforderungen. – Auf der Grundlage einer Vielzahl von Einzelfallentscheidungen/-situationen hat die Rechtsprechung inzwischen – unter Berücksichtigung des Erfordernisses einer rechtsschutzfreundlichen/-gewährenden Auslegung – eine Linie erreicht, die man durchaus als „großzügig-unformalistisch" bezeichnen kann, vgl. *Brandis*, in: T/K, § 65 FGO Tz. 14 (Lfg. 121 September 2009). Danach muss der Kläger den konkreten Streitpunkt zwar substantiiert und schlüssig, d.h. materiell und fallbezogen und nicht nur formel- und floskelhaft darlegen (vgl. vorstehend mit Nachweisen in Fußnote 1492 u. 1493). Ergänzend hat aber das Gericht alle ihm bzw. der Finanzbehörde bekannten und vernünftigerweise erkennbaren Umstände tatsächlicher und rechtlicher Art zu berücksichtigen und heranzuziehen, s. z.B. *BFH*, Urt. v. 27.06.1996 (Fn. 1492), BFH/NV 1997, 232, 233; Urt. v. 27.07.1999 (Fn. 1492), BFH/NV 2000, 198; Urt. v. 11.02.2003 (Fn. 1494), BStBl. II 2003, 606, 609; Beschl. v. 17.11.2003 (Fn. 1494), BFH/NV 2004, 514; Beschl. v. 08.06.2004 (Fn. 1494), BFH/NV 2004, 1417; Beschl. v. 16.04.2007 (Fn. 1494), BFH/NV 2007, 1345, jeweils m.w.N.

1497 *Tipke*, StuW 2004, 3, 23 a.E., u. steuertip 49/09, 1, 4 a.E., führt insoweit – bildlich gesprochen – an: *„Die Kritiker der formalistischen Elche sind insoweit am Ende selber welche."* – In diesem Zusammenhang scheint es überdies erwähnenswert, dass nicht wenige (Bundes-) Finanzrichter sich scheuen, die großen Anstrengungen in Form erschöpfender Darlegungen auf sich zu nehmen, die erforderlich sind, um die formalen Zugangsvoraussetzungen zu erfüllen und die entsprechend *hohen Zugangshürden* zu überwinden, die das *BVerfG* für die Zulässigkeit einer Richtervorlage, d.h. für die Begründung eines Vorlagebeschlusses i.R.d. des konkreten Normenkontrollverfahrens nach Art. 100 I 1 GG i.V.m. § 80 I, II 1 BVerfGG, aufgestellt hat. Die (Bundes-) Finanzrichter sprechen dabei ihrerseits von einem ‚*Prozessualen Roulette*' oder von einem ‚*Zugangs-Lotterie-/Zugangs-Vabanquespiel*', an

der BFH folglich angehalten, Erleichterungen in der Gerichtspraxis vorzunehmen und seine *überspannten* und *unkalkulierbaren* Anforderungen an eine substantiierte und schlüssige Darlegung der Revisionszulassungsgründe gemäß §§ 116 III 3, 115 II FGO entsprechend abzusenken, zumal gerade der Vergleich mit der Rechtsprechung zu den Anforderungen an den Klageinhalt zeigt, dass der Begriff des *‚Darlegens‘* seinem Wortlaut nach einer rechtsschutzfreundlichen/-gewährenden Auslegung durchaus zugänglich ist und somit auch einer Lockerung der Anforderungen an das Begründungsniveau einer NZB nach § 116 III 3 FGO nicht entgegensteht.

3. Untermauerung der Notwendigkeit einer erweiterten sowie individualrechtsschutzgewährenden verfassungskonformen Auslegung der Revisionszulassungsgründe des § 115 II Nrn. 1 u. 2 FGO und einer Lockerung der Anforderungen an das Begründungsniveau einer NZB nach § 116 III 3 FGO durch einige weitere Aspekte

Ergibt sich die Notwendigkeit einer erweiterten sowie individualrechtsschutzgewährenden verfassungskonformen Auslegung der Revisionszulassungsgründe des § 115 II Nrn. 1 u. 2 FGO und einer Lockerung der Anforderungen an das Begründungsniveau einer NZB nach § 116 III 3 FGO also im Wesentlichen aus einer Zusammenschau der Rechtsschutzgarantie des Art. 19 IV 1 GG, des Rechtsstaatsprinzips gemäß Art. 20 III GG sowie des in Art. 20 III GG i.V.m. Art. 3 I GG verankerten verfahrensrechtlichen Willkürverbots[1498], so lässt sie sich darüber hinaus auch noch durch einige weitere Aspekte untermauern.

a) Revisionszwecke

Die Gebotenheit und Notwendigkeit einer erweiterten sowie individualrechtsschutzgewährenden verfassungskonformen Auslegung der Revisionszulassungsgründe des § 115 II Nrn. 1 u. 2 FGO und einer damit einhergehenden Lockerung der entsprechenden Darlegungsanforderungen i.R.d. Begründung einer NZB gemäß § 116 III 3 FGO folgt dabei bereits aus den Revisionszwecken.

---

dem man selbst nicht unbedingt teilnehmen möchte, vgl. *Klein*, in: Benda/Klein, VerfProzR², Tz. 869 a.E. u. 896 a.E., der in Tz. 897 überdies von einem *prozessualen Manövrierraum* spricht, der den Fallzugriff ebenso wie die Fallablehnung ermögliche; *Tipke*, StuW 2004, 3, 21; *ders.*, steuertip 49/09, 1, 3. Auch insoweit stellt die Errichtung überaus *hoher Zugangsbarrieren* in Form übermäßig strenger und weit überzogener Darlegungsanforderungen durch die Rechtsprechung des BFH einen *denklogischen Widerspruch* dar, der die Bundesfinanzrichter veranlassen sollte, ihre eigene Zulassungspraxis i.R.d. NZB-Verfahrens grundlegend zu überdenken.

1498 Dazu ausführlich vorstehend unter 2. (S. 425 ff.).

Wurde *früher* oftmals vertreten, dass das Rechtsmittel der Revision *in erster Linie* dem Allgemeininteresse an der Fortbildung des Rechts und der Wahrung der Rechtseinheit/Rechtssicherheit diene[1499], besteht *heute* weitgehend Einigkeit darüber, dass das Revisionsgericht – hier also der BFH – trotz der Beschränkung auf die reine Zulassungsrevision der Gewährung von Individualrechtsschutz und der Herstellung von Einzelfallgerechtigkeit verpflichtet bleibt[1500]. Dabei stehen diese

---

1499 So möchte bspw. *Raupach*, in: FS 75 Jahre RFH-BFH, 163, 177, der *objektivrechtlichen Rechtsfortbildungsfunktion* des BFH den *Vorrang* vor dem Individualrechtsschutz einräumen, weil er die *Aufgabe des BFH zur Rechtsfortbildung des Steuerrechts* für *absolut vordringlich* halte. Überdies *Ruban*, in: FS 75 Jahre RFH-BFH, 131, 139 u. 143 f., wonach bei einem Zielkonflikt zwischen der möglichst umfassenden Gewährung von Rechtsschutz im Einzelfall und dem Allgemeininteresse an der Erhaltung der Rechtseinheit die individuelle Rechtsschutzgewährung hinter dem *vorrangigen Revisionszweck der Bewahrung der Rechtseinheit* zurücktreten müsse. Im geltenden Revisionsrecht stehe *die Wahrung der Rechtseinheit als Hauptaufgabe der Revisionsgerichte deutlich im Vordergrund.*

1500 *BVerfG*, Beschl. v. 09.08.1978, 2 BvR 831/76, BVerfGE 49, 148, 159 f. (bzw. ff.); Beschl. v. 11.06.1980, 1 PBvU 1/79, BVerfGE 54, 277, 289 f. (Plenum), jeweils zu § 554b I ZPO a.F.; Beschl. v. 08.01.2004, 1 BvR 864/03, NJW 2004, 1371 (1. Kammer des Ersten Senats, Nichtannahmebeschluss), zu der § 115 II FGO nahezu entsprechenden zivilprozessualen Zulassungsvorschrift des § 543 II 1 ZPO; Beschl. v. 25.07.2005, 1 BvR 2419/03 u.a., WM 2005, 2014 (1. Kammer des Ersten Senats); Beschl. v. 29.09.2010, 1 BvR 2649/06, n.v. (juris) (3. Kammer des Ersten Senats), ebenfalls jeweils zu § 543 II 1 ZPO; *Beermann*, DStZ 2000, 773, unter Hinweis darauf, dass die gerechte Entscheidung des Einzelfalls stets das *oberste Ziel* auch einer Revisionsentscheidung sein müsse; *Dürr*, INF 2001, 65, 67 u. 68; *Gottwald*, Revisionsinstanz als Tatsacheninstanz, S. 86 ff. m.w.N.; Gräber/*Ruban*[6], § 115 FGO Tz. 2; *List*, DB 2000, 2294, 2295; *ders.*, DStR 2000, 1499, 1503; *May*, Die Revision[2], S. 16 ff. Tz. 38 ff., insbesondere S. 18 Tz. 45; *Musielak*, NJW 2000, 2769, 2777 f.; *Pfeiffer*, NJW 1999, 2617, 2618; *Rüsken*, DStZ 2000, 815, 819; *Schaumburg*, StuW 1999, 68, 72 (jedenfalls solange die Finanzgerichtsbarkeit einer Dreistufigkeit entbehre); *Seer*, in: T/K, § 115 FGO Tz. 14 u. 15 (Lfg. 131 Oktober 2012); *Spindler*, DB 2001, 61, 62. Vgl. auch die Begründung des Entwurfs eines 2. FGOÄndG v. 11.09.2000, BT-Drucks. 14/4061, S. 6: Danach dient die Revision zum einen dem öffentlichen allgemeinen Anliegen der Fortbildung des Rechts und der Wahrung der Rechtseinheit, zum anderen aber auch *dem Interesse der Parteien an der Beseitigung von Fehlurteilen.* Auch eine Revision, die nur das Ziel der Wahrung der Rechtseinheit im Auge habe, müsse stets zu einer *gerechten Entscheidung des Einzelfalls* führen. Vgl. zudem Beschlussempfehlung und Bericht des Rechtsausschusses (6. Ausschuss) zu dem Gesetzentwurf der Bundesregierung – Drucksachen 14/4061, 14/4450: Entwurf eines 2. FGOÄndG – v. 08.11.2000, BT-Drucks. 14/4549, S. 11: Danach dürfe kein Obergericht dazu gezwungen werden, sehenden Auges ein Fehlurteil gut zu heißen. Ein Revisionsgericht müsse vielmehr auch die Möglichkeit haben, sich bei offensichtlichen Fehlern einer Sache anzunehmen, *auch wenn es nur um den Einzelfall gehe.*

beiden Revisionszwecke – das Allgemeininteresse an der Rechtsfortbildung und der Wahrung der Rechtseinheit/Rechtssicherheit einerseits sowie die Herstellung/ Wahrung der Einzelfallgerechtigkeit andererseits – *gleichberechtigt/gleichrangig nebeneinander*[1501].

Nachdem also dem Rechtsschutzsuchenden der Zugang zum Revisionsgericht eröffnet ist, d.h. wenn das FG oder auf eine NZB hin der BFH die Revision zugelassen hat, dient die Überprüfung des erstinstanzlichen Urteils mithin gerade auch dem Zweck, die rechtlich korrekte Entscheidung des jeweiligen Einzelfalls zu gewährleisten[1502]. Was aber für das Stadium *nach* der Eröffnung des Zugangs zum Revisionsgericht – also für das Revisionsverfahren selbst – gilt, das muss konsequenterweise auch bereits für das *Vorstadium der Revisionszulassung* – also für das Zugangs-/Zulassungsverfahren – gelten, das seinerseits auf die Aufhebung und Überwindung der gesetzlichen Revisionssperre abzielt[1503].

Auch wenn bei der Ausgestaltung des Zugangs zum BFH und der Formulierung der Revisionszulassungsgründe in § 115 II Nrn. 1 u. 2 FGO Schwerpunkt und Übergewicht äußerlich von ihrem Wortlaut her auf dem Allgemeininteresse an

---

1501 *BVerfG*, Beschl. v. 11.06.1980 (Fn. 1500), BVerfGE 54, 277, 289: Die Revision dient nicht nur in zweiter Linie der Wahrung der Einzelfallgerechtigkeit; *Gottwald*, Revisionsinstanz als Tatsacheninstanz, S. 86 ff. m.w.N.; Gräber/*Ruban*[6], § 115 FGO Tz. 2 a.E. (entgegen der früher in FS 75 Jahre RFH-BFH, 131, 139 u. 143 f., geäußerten Rechtsauffassung, vgl. Fn. 1499); *List*, DB 2000, 2294, 2295, der anführt, dass anlässlich der wesentlich unterschiedlichen Struktur der Finanzgerichtsbarkeit gegenüber den übrigen Gerichtsbarkeiten – zweistufige Gerichtsbarkeit mit nur einer gerichtlichen Tatsacheninstanz, die sogar bloß in einer Einzelrichterentscheidung bestehen könne – der Schwerpunkt bei sachgerechter Abwägung nicht allein auf den Revisionszweck der ‚Rechtsfortbildung' und der ‚Wahrung der Rechtseinheit/Rechtssicherheit' gelegt werden könne; *May*, Die Revision[2], S. 16 ff. Tz. 38 ff., insbesondere S. 21 Tz. 51 a.E. u. S. 21 f. Tz. 52. – *Seer*, in: T/K, § 115 FGO Tz. 15 (Lfg. 131 Oktober 2012), weist in diesem Zusammenhang darauf hin, dass die Revision – abgesehen von einer Beschränkung auf bestimmte Streitigkeiten – (auch) als Rechtsmittel des Einzelnen zur Abwehr von Grundrechtseingriffen bzw. zur Durchsetzung individueller Rechte anzusehen sei, zumal das Revisionsgericht entgegen der Regelungen in Art. 100 I GG und Art. 267 II AEUV nicht etwa auf Ersuchen des FG, sondern nur auf Antrag eines beschwerten Beteiligten sowie mit einer lediglich zwischen den Beteiligten wirkenden Rechtskraft entscheiden dürfe, und dabei regelmäßig das Verbot der reformatio in peius zu beachten habe.

1502 *BVerfG*, Beschl. v. 11.06.1980 (Fn. 1500), BVerfGE 54, 277, 289 f.; Gräber/*Ruban*[6], § 115 FGO Tz. 2; *May*, Die Revision[2], S. 16 ff. Tz. 38 ff., insbesondere S. 19 Tz. 46 u. S. 21 f. Tz. 52; *Seer*, in: T/K, § 115 FGO Tz. 15 (Lfg. 131 Oktober 2012).

1503 Ähnlich *Beermann*, DStZ 2000, 773, der anführt, dass das Ziel einer gerechten Entscheidung des Einzelfalls auch die *Zulassung der Revision* jedenfalls mitbeeinflussen dürfe. – Siehe dazu, dass das NZB-/Zulassungsverfahren auf die Aufhebung und Überwindung der gesetzlichen Revisionssperre gerichtet ist, bereits oben im 3. Abschnitt unter A.I.5. (S. 103 ff., dort S. 105) sowie A.II.1. (S. 107).

der Fortbildung des Rechts und der Wahrung der Rechtseinheit/Rechtssicherheit liegen[1504], muss folglich bei ihrer Auslegung und Handhabung durch die Gerichte, d.h. bei der Herausbildung der Zulassungskriterien und der Anforderungen, die nach § 116 III 3 FGO an ihre Darlegung i.R.d. Begründung einer NZB gestellt werden, der Gedanke des Individualrechtsschutzes *angemessen und gleichwertig* Berücksichtigung finden[1505].

1504 Das belegt die Formulierung der Revisionszulassungsgründe der Grundsatzrevision sowie insbesondere der Rechtsfortbildungs- und Rechtsprechungsvereinheitlichungsrevision. Danach kommt die Zulassung der Revision nur in Betracht, wenn *die Rechtssache grundsätzliche Bedeutung hat* (§ 115 II Nr. 1 FGO) bzw. wenn *die Fortbildung des Rechts oder die Sicherung einer einheitlichen Rechtsprechung eine Entscheidung des BFH erfordert* (§ 115 II Nr. 2 Alt. 1 u. 2 FGO). Lediglich bei der Verfahrensrevision kommt der Gedanke der Einzelfallgerechtigkeit und des Individualinteresses an einer zutreffenden Entscheidung des einzelnen Steuerfalls auch bereits im Wortlaut zum Ausdruck: Nach § 115 II Nr. 3 FGO ist die Revision dann zuzulassen, wenn ein Verfahrensmangel geltend gemacht wird und vorliegt, auf dem die Entscheidung beruhen kann. – Siehe insoweit auch *BVerfG*, Beschl. v. 08.01.2004 (Fn. 1500), NJW 2004, 1371; Beschl. v. 25.07.2005 (Fn. 1500), WM 2005, 2014; Beschl. v. 29.09.2010 (Fn. 1500), n.v. (juris), wo es jeweils heißt, dass die § 115 II FGO nahezu entsprechende zivilprozessuale Zulassungsvorschrift des § 543 II 1 ZPO *„der Verfolgung von Allgemeinbelangen weichenstellende Bedeutung"* zuweise.

1505 Vgl. auch *Seer*, in: T/K, § 115 FGO Tz. 14 (Erster Spiegelstrich a.E.) u. 15 (Lfg. 131 Oktober 2012). Überdies *List*, DB 2000, 2294, 2295, der mit Blick auf die Struktur der nur zweistufigen Finanzgerichtsbarkeit vorbringt, dass zwischen den eigentlichen Revisionszwecken der ‚Rechtsfortbildung' sowie ‚Rechtseinheit/Rechtssicherheit' und der Einzelfallgerechtigkeit ein *angemessenes Verhältnis* hergestellt werden müsse. Vgl. zudem Beschlussempfehlung und Bericht des Rechtsausschusses (6. Ausschuss) zu dem Gesetzentwurf der Bundesregierung – Drucksachen 14/4061, 14/4450: Entwurf eines 2. FGOÄndG – v. 08.11.2000, BT-Drucks. 14/4549, S. 11: Danach erlaubt die Regelung des § 115 II Nr. 2 FGO dem BFH insbesondere auch, *aus Gründen der Einzelfallgerechtigkeit Zugriff auf ein Verfahren zu nehmen*, da kein Obergericht dazu gezwungen werden dürfe, sehenden Auges ein Fehlurteil gut zu heißen. Ein Revisionsgericht müsse vielmehr auch die Möglichkeit haben, sich bei offensichtlichen Fehlern einer Sache anzunehmen, *auch wenn es nur um den Einzelfall gehe.* – **A.A.** wohl Gräber/*Ruban*[6], § 115 FGO Tz. 3, die zwar diese Schwerpunktbildung und dieses Übergewicht bei der Ausgestaltung des Zugangs zum BFH und der Formulierung der Revisionszulassungsgründe erwähnt und anführt, dass insoweit das Bedürfnis der Beteiligten nach einer möglichst umfassenden Gewährleistung der Einzelfallgerechtigkeit im Interesse der Gewährleistung der allgemeinen Revisionszwecke der ‚Rechtsfortbildung' und ‚Rechtsvereinheitlichung' vernachlässigt werde; *Ruban* hält diese Einschränkung des Zugangs zur Revisionsinstanz jedoch letztlich – auch im Hinblick auf die Rechtsschutzgarantie des Art. 19 IV 1 GG – für vertretbar. Ebenso wohl *Bleschick*, Revisionszulassungsgründe im Spannungsverhältnis, S. 57, wenn er anführt, dass Begründungsansätze dahingehend, dass das Individualinteresse bei

b) Komplexität und Kompliziertheit des materiellen Steuerrechts als Recht der Eingriffsverwaltung

Des Weiteren untermauert die Komplexität und Kompliziertheit des materiellen Steuerrechts als Recht der Eingriffsverwaltung die Notwendigkeit einer erweiterten sowie individualrechtsschutzgewährenden verfassungskonformen Auslegung der Revisionszulassungsgründe des § 115 II Nrn. 1 u. 2 FGO und einer entsprechenden Lockerung der Anforderungen an das Begründungsniveau einer NZB nach § 116 III 3 FGO.

Während der Durchschnittsbürger mit manchen anderen Behörden u.U. ein Leben lang überhaupt nichts zu tun hat, wird fast jeder im Erwerbsleben Stehende von gegen ihn gerichteten Steueransprüchen betroffen und kommt daher zwangsläufig mit den Finanzbehörden in Berührung. Der moderne Staat wird demzufolge auch als *Steuerstaat* bezeichnet[1506].

Bei der Durchführung der Besteuerung greifen die Finanzbehörden äußerst empfindlich in die Belange der einzelnen Steuerbürger ein, und zwar nicht nur in die Vermögenssphäre, sondern auch in die nichtvermögensrechtliche Privatsphäre[1507]. Die Steuerverwaltung gilt insoweit geradezu als *Paradebeispiel staatlicher Eingriffsverwaltung*, in der der Staat mit seiner allgemeinen Belastungswirkung am intensivsten zupackt[1508]. Diese enorme Eingriffsintensität des Steuerrechts bewirkt ein stark ausgeprägtes Rechtsschutzbedürfnis des einzelnen Steuerzahlers, so dass die Forderung nach einem effektiven Finanzrechtsschutz – insbesondere auch auf zweitinstanzlicher Ebene – für diesen von überragender Bedeutung ist[1509].

Hinzu kommt die Komplexität und Kompliziertheit des materiellen Steuerrechts, das aus einer Vielzahl von Einzelsteuergesetzen besteht, die Regelungen

---

der Zulassungsrevision vollkommen unberücksichtigt bleibe, nicht überzeugen könnten, es hingegen vielmehr nicht zu beanstanden sei, dass der Gesetzgeber der Verfolgung von Allgemeinbelangen die vorhandene weichenstellende Bedeutung zuweise. – Vgl. in diesem Zusammenhang auch *Bleschick*, a.a.O., S. 37 ff., insbesondere S. 45 u. 48, der allgemein die Ansicht vertritt, dass den Revisionszwecken bei der Auslegung der Zulassungstatbestände des § 115 II FGO durch den Rechtsanwender keine Relevanz zukomme.

1506 *Tipke*, in: Rechtsschutz im Steuerrecht, 131, 174.

1507 *Seer*, in: T/L, Steuerrecht[21], § 1 Tz. 27 m.w.N. (Auferlegung von Geldleistungs-, Mitwirkungs- und Offenbarungspflichten).

1508 *Streck*, Steuerstreit[2], S. 222 Tz. 1111, unter Hinweis darauf, dass dort der Rechtsschutz nach Abschaffung der Streitwertrevision auf das gerade notwendige Maß gestutzt sei. – Zum Steuerrecht als Recht der Eingriffsverwaltung *Seer*, in: T/L, Steuerrecht[21], § 1 Tz. 27; *Tipke*, StRO I, S. 80 f. Zudem vorstehend unter II.4. (S. 418 ff., dort. S. 419).

1509 Vgl. auch *Tipke*, in: Rechtsschutz im Steuerrecht, 131, 174, der anführt, dass die Bedeutung der Finanzgerichtsbarkeit für den Steuerzahler in einem Steuerstaat wohl keiner Hervorhebung mehr bedürfe.

zu den einzelnen Steuerarten enthalten[1510]. Die jeweiligen Normen dieser Einzelsteuergesetze sind dabei nicht selten äußerst undurchsichtig, unstrukturiert sowie verschachtelt ausgestaltet, so dass sie kaum mehr verständlich und nur schwer zu durchschauen sind. So werden bspw. Normen, die regelmäßig aus zahlreichen Absätzen bzw. Sätzen bestehen, zunehmend unsystematisch mit verschiedenen Tatbeständen und Tatbestandsvarianten überfrachtet, die dann ihrerseits wieder mit zahlreichen Ausnahmen und Rückausnahmen versehen werden, so dass es selbst dem fachkundigen Rechtsanwender schwer fällt, das eigentliche Grundprinzip aus der Norm herauszulesen und den Überblick zu behalten.

Diese durchweg komplexe und komplizierte Regelung einzelner Instrumente und Tatbestände i.R.d. jeweiligen Einzelsteuergesetze[1511] beruht auf einem unermüdlichen *Aktionismus des Steuergesetzgebers*[1512]. Das *Stakkato der* an fiskalischen Interessen sowie an diversen gesellschaftlichen Gruppen-/Individualinteressen und lenkungs-/parteipolitischen Positionen ausgerichteten *Steueränderungsgesetzgebung* führt zu einer erheblichen *Steuerunsicherheit*[1513]. Der Steuerbürger muss sich in einem *‚Steuerchaos'* zurechtfinden – in einem regelrechten *‚Steuerdschungel'*, den er kaum noch durchdringen kann, und der für ihn eine nicht überschaubare *Planungsunsicherheit* in sich birgt[1514]. Verstärkt wird diese enorme Planungsunsicherheit dadurch, dass immer mehr Normen des materiellen Steuerrechts vor dem Hintergrund des Verfassungsrechts bzw. des Europäischen Unionsrechts problematisch erscheinen und über ihnen das *Damoklesschwert der Verfassungs- bzw. Unionsrechtswidrigkeit* schwebt[1515].

1510 An Einzelsteuergesetzen kennt das materielle Steuerrecht u.a. das *Außensteuergesetz*, das *Bewertungsgesetz*, das *Einkommensteuergesetz*, das *Erbschaft- und Schenkungsteuergesetz*, das *Gewerbesteuergesetz*, das *Grunderwerbsteuergesetz*, das *Grundsteuergesetz*, das *Körperschaftsteuergesetz*, das *Umwandlungssteuergesetz* und das *Umsatzsteuergesetz*, um nur die wichtigsten zu nennen. Hinzu kommen eine Vielzahl weiterer Gesetze sowie zahlreiche Verordnungen und im BStBl. I veröffentlichte BMF-Schreiben.

1511 Beispielhaft sei hier die Regelung der §§ 4h EStG sowie 8a KStG betreffend die Beschränkung des Abzugs von Finanzierungsaufwand im Konzern (Zinsschranke, §§ 4h EStG, 8a I KStG) und betreffend die Gesellschafterfremdfinanzierung (§ 8a II, III KStG) genannt, eine im Detail hochkomplexe Regelung, vgl. *Hey*, in: T/L, Steuerrecht[21], § 11 Tz. 51.

1512 Ähnlich *Seer*, in: T/L, Steuerrecht[21], § 1 Tz. 8 a.E.

1513 Siehe *Lang*, in: T/L, Steuerrecht[20], § 4 Tz. 1. Zudem *Hey*, in: T/L, Steuerrecht[21], § 3 Tz. 1 u. 2.

1514 So auch *Hey*, in: T/L, Steuerrecht[21], § 3 Tz. 1 u. 2; *Seer*, in: T/L, Steuerrecht[21], § 1 Tz. 4 u. 8 a.E.; *Vogel*, JZ 1993, 1121: *„Kartographie des ‚Dschungels'"*. Vgl. auch *Hey*, in: T/L, Steuerrecht[21], § 3 Tz. 8, die den *desolaten Zustand der Steuergesetze* bemängelt. Zudem *Lang*, in: T/L, Steuerrecht[20], § 9 Tz. 563 a.E., der auf die *„steuergesetzliche Flickschusterei"* (namentlich zu den §§ 17, 23 EStG) hinweist.

1515 Vgl. betreffend die etwaige *Verfassungswidrigkeit* materieller Steuerrechtsnormen insbesondere den aktuellen *Vorläufigkeitskatalog des BMF* und die dort in der

Das gegenwärtige *materielle ‚Steuerchaos'* verlangt demnach einmal mehr nach einer effizienten Zugangsmöglichkeit zum BFH, die es dem Steuerpflichtigen ermöglicht, eine gegen ihn ergangene FG-Entscheidung in (materiell-) rechtlicher Hinsicht durch eine zweite Instanz vollumfänglich überprüfen zu lassen. Auch mit Blick auf die Komplexität und Kompliziertheit des eingriffsintensiven materiellen Steuerrechts ist eine erweiterte Zulassungspraxis des BFH i.R.d. NZB-Verfahrens somit zwingend geboten, um einen effektiven und wirkungsvollen zweitinstanzlichen Individualrechtsschutz in Steuersachen erlangen zu können.

c) Rechtsprechung des BVerfG zur Subsidiarität der Verfassungsbeschwerde

Die vollkommen überzogenen und überaus strengen Darlegungsanforderungen des BFH i.R.d. Begründung einer NZB nach § 116 III 3 FGO stehen schließlich in engem Zusammenhang mit einem Aspekt aus dem *Verfassungsprozessrecht.*

Wie schon oben im 3. Abschnitt unter B.I.1.g)cc)(3) (S. 170 ff., dort S. 172 f.) andeutungsweise erwähnt, verstößt nämlich eine Verfassungsbeschwerde nach der Rechtsprechung des BVerfG *mangels ordnungsgemäßer Rechtswegerschöpfung* i.d.R. gegen den in § 90 II 1 BVerfGG unter Nutzung der Ermächtigung des Art. 94 II 2 GG zum Ausdruck kommenden *Grundsatz der (formellen) Subsidiarität,* wenn der BFH zuvor die NZB (oder die Revision) *als unzulässig verworfen* hat[1516]. Denn in diesem Fall habe der Beschwerdeführer von einem gegen die Entscheidung des FG zulässigen Rechtsmittel – namentlich der NZB (oder der Revision) – nicht auf prozessual

---

Anlage aufgezählten Punkte, hinsichtlich derer *Festsetzungen der Einkommensteuer* gemäß § 165 I 2 Nr. 3 AO im Hinblick auf die Verfassungsmäßigkeit und verfassungskonforme Auslegung der jeweiligen Norm nur vorläufig vorzunehmen sind, *BMF,* Schreiben v. 16.05.2011, IV A 3-S 0338/07/10010, 2011/0314156, BStBl. I 2011, 464, samt Anlage; Neufassung der Anlage durch *BMF,* Schreiben v. 10.12.2012, IV A 3-S 0338/07/10010, 2012/1004313, BStBl. I 2012, 1174, sowie Schreiben v. 25.02.2013, IV A 3-S 0338/07/10010, 2013/0072232, BStBl. I 2013, 195. – Was die etwaige *Unionsrechtswidrigkeit* materieller Steuerrechtsnormen angeht, so ist auf die *Checkliste potenziell EU-rechtswidriger Normen des deutschen direkten Steuerrechts – Update 2013* – von *Kessler/Spengel,* DB Beilage Nr. 1 zu Heft 4 v. 25.01.2013, 1 ff., zu verweisen, die in ihrer Einleitung auf S. 3 anführen, dass der Umfang der Checkliste im Vergleich zu 2003 (Veröffentlichung der ersten Checkliste mit bereits über 100 Normen) weiter angewachsen sei.

1516 So z.B. *BVerfG,* Beschl. v. 12.10.1951, 1 BvR 201/51, BVerfGE 1, 13, 14; Beschl. v. 03.10.1989, 1 BvR 1245/88, BVerfGE 81, 22, 27; Beschl. v. 31.10.1992, 2 BvR 739/91, HFR 1993, 327 (3. Kammer des Zweiten Senats); Beschl. v. 07.06.1993, 2 BvR 1767/92, HFR 1993, 541 f. (3. Kammer des Zweiten Senats); Beschl. v. 03.07.2003, 2 BvR 368/02, BVerfGK 1, 222, 223 (3. Kammer des Zweiten Senats, Nichtannahmebeschluss); Beschl. v. 27.01.2005, 2 BvR 2223/03, HFR 2005, 352 (3. Kammer des Zweiten Senats, Nichtannahmebeschluss). Siehe dazu auch *Seer,* StuW 2001, 3, 17; *ders.,* in: T/K, VerfRS Tz. 28 u. 42 (Lfg. 127 Oktober 2011); *ders.,* in: T/L, Steuerrecht^{21}, § 22 Tz. 274.

ordnungsgemäße Weise Gebrauch gemacht[1517]. Das bedeutet: Immer dann, wenn der BFH eine NZB mangels hinreichender Darlegung eines Revisionszulassungsgrundes als unzulässig verwirft, ist dem Beschwerdeführer zugleich stets auch die Möglichkeit zur Einlegung einer erfolgreichen Verfassungsbeschwerde entzogen. Erst wenn er von allen gegen die finanzgerichtliche Entscheidung zulässigen Rechtsmitteln *auch in der Sache erfolglos Gebrauch gemacht hat* – der BFH die NZB (oder die Revision) mithin als unbegründet zurückgewiesen hat –, ist die Verfassungsbeschwerde zulässig[1518].

Diese Restriktion in der bundesverfassungsgerichtlichen Rechtsprechung ist unerträglich und verdeutlicht wiederum, dass eine Lockerung der bisweilen übersteigerten Darlegungsanforderungen seitens des BFH im NZB-Verfahren dringend erforderlich und unumgänglich ist – auch, um dem Beschwerdeführer die Möglichkeit zur Einlegung einer erfolgreichen Verfassungsbeschwerde offen zu halten. Denn in der Zusammenschau mit der nach wie vor äußerst restriktiven Zulassungspraxis des BFH bewirkt eine derart einschränkende Rechtsprechung auf verfassungsprozessualer Ebene letztlich eine gravierende *Rechtsschutzverweigerung*, weil sie den Zugang zum BVerfG vereitelt[1519].

1517 *BVerfG*, Beschl. v. 31.10.1992 (Fn. 1516), HFR 1993, 327; Beschl. v. 07.06.1993 (Fn. 1516), HFR 1993, 541 f.; Beschl. v. 03.07.2003 (Fn. 1516), BVerfGK 1, 222, 223; Beschl. v. 27.01.2005 (Fn. 1516), HFR 2005, 352. – *Einschränkend* aber nun *BVerfG*, Beschl. v. 07.12.2010, 1 BvR 2628/07, NJW 2011, 1058 f. Nach dieser Senatsentscheidung steht es der Zulässigkeit einer Verfassungsbeschwerde nicht entgegen, dass ein oberstes Bundesgericht eine NZB als unzulässig verwirft, weil es alle wesentlichen Aspekte einer Verfassungsfrage bereits als in seiner Rechtsprechung geklärt/gewürdigt ansieht und deshalb deren Klärungsbedürftigkeit in einem Revisionsverfahren verneint, *wenn* der Beschwerdeführer vernünftige und gewichtige Gründe für eine verfassungsgerichtliche Überprüfung dieser Rechtsfrage/dieser Würdigung anführen könne und es sich um eine ungeklärte verfassungsrechtliche Frage handele, die umstritten geblieben sei und über die das BVerfG noch nicht entschieden habe.

1518 *BVerfG*, Beschl. v. 12.10.1951 (Fn. 1516), BVerfGE 1, 13, 14. – Anders demgegenüber die *einschränkende* vorstehend in Fußnote 1517 zitierte Senatsentscheidung des *BVerfG*.

1519 In diesem Sinne auch *Seer*, StuW 2001, 3, 17; *ders.*, in: T/K, VerfRS Tz. 28 u. 42 (Lfg. 127 Oktober 2011); *ders.*, in: T/L, Steuerrecht[21], § 22 Tz. 274. Vgl. in diesem Zusammenhang auch bereits oben im 3. Abschnitt unter B.I.1.g)cc)(3) (S. 170 ff., dort S. 172 f.) sowie nachfolgend unter B.I.5. (S. 506 ff., dort S. 512 f.). – Ohne große Bedenken aber anscheinend *BVerfG*, Beschl. v. 27.01.2005 (Fn. 1516), HFR 2005, 352, wenn es dort heißt: „Eine Grundrechtsverletzung dadurch, dass der Bundesfinanzhof ausführt, den in seiner Entscheidung im einzelnen dargelegten einfachrechtlichen Begründungsanforderungen an eine Nichtzulassungsbeschwerde werde nicht Rechnung getragen, ist nicht erkennbar. *Dem steht auch nicht entgegen, dass diese prozessuale Entscheidung des Bundesfinanzhofs zur Folge*

Vor diesem Hintergrund sollte auch das *BVerfG* seine Rechtsprechung zum Subsidiaritätserfordernis grundlegend überdenken.

So hat es bereits in einigen wenigen Entscheidungen i.R. einer großzügigeren Handhabung entschieden, dass die Verwerfung einer NZB als unzulässig der Zulässigkeit einer Verfassungsbeschwerde mit Blick auf den Subsidiaritätsgrundsatz nicht entgegenstehe, wenn die NZB *nicht offensichtlich unzulässig* gewesen sei[1520]. *Offensichtlich unzulässig* ist ein Rechtsmittel indes nur dann, wenn über seine Unzulässigkeit nach dem Stand der Rechtsprechung und Lehre zum Zeitpunkt seiner Einlegung *keine Ungewissheit* bestehen konnte[1521]. Hingegen darf die *berechtigte*

---

hat, dass dem Beschwerdeführer damit zugleich die Möglichkeit einer erfolgreichen Verfassungsbeschwerde versagt ist (Hervorhebung vom Verf.)."

1520 *BVerfG*, Beschl. v. 14.06.1994, 1 BvR 1022/88, BVerfGE 91, 93, 105 ff.: Das gelte insbesondere dann, wenn bereits eine Entscheidung des Revisionsgerichts zu der streitigen Grundsatzfrage ergangen sei, und die NZB auf Erwägungen gestützt werde, die aus Sicht einer verständigen Prozesspartei die Möglichkeit eröffnen, dass das Revisionsgericht seine bislang vertretene Auffassung überprüfe. Sei nicht ersichtlich, dass eine verständige und gewissenhafte Prozesspartei für den Rechtsstandpunkt des Beschwerdeführers noch wesentliche zusätzliche Argumente hätte finden können, so liege *keine die Zulässigkeit der Verfassungsbeschwerde ausschließende mangelhafte Rechtswegerschöpfung* vor, die auf der Außerachtlassung von Zulässigkeitserfordernissen des einfachrechtlichen Rechtsmittels in Form einer nicht ausreichenden Beschwerdebegründung beruhe. Darüber hinaus im Anschluss daran *BVerfG*, Beschl. v. 20.03.2001, 1 BvR 491/96, BVerfGE 103, 172, 182. Des Weiteren *BVerfG*, Beschl. v. 04.12.2002, 2 BvR 400/98 u.a., BVerfGE 107, 27, 44, der ebenfalls eine großzügigere Handhabung nahelegt, ebenso *Seer*, in: T/L, Steuerrecht[21], § 22 Tz. 274 Fußnote 1 auf S. 1248. – Vgl. in diesem Zusammenhang auch die st. Rspr. des BVerfG betreffend den (Ab-) Lauf der Monatsfrist zur Einlegung der Verfassungsbeschwerde gemäß § 93 I 1 BVerfGG. Danach setzt auch eine gerichtliche Entscheidung, die ein Rechtsmittel als unzulässig verworfen hat, die Monatsfrist zur Einlegung der Verfassungsbeschwerde erneut in Lauf, wenn das Rechtsmittel *nicht offensichtlich unzulässig* gewesen ist, *BVerfG*, Beschl. v. 25.05.1956, 1 BvR 83/56, BVerfGE 5, 17, 19 f.; Entscheidung v. 26.03.1963, 1 BvR 451/62, BVerfGE 16, 1, 3; Entscheidung v. 08.12.1965, 1 BvR 662/65, BVerfGE 19, 323, 330; Entscheidung v. 28.01.1970, 1 BvR 719/68, BVerfGE 28, 1, 6; Entscheidung v. 10.03.1970, 2 BvR 721/67, BVerfGE 28, 88, 95 m.w.N.; Beschl. v. 06.06.1978, 1 BvR 98/76, BVerfGE 48, 341, 344; Beschl. v. 26.01.1983, 1 BvR 614/80, BVerfGE 63, 80, 85; Beschl. v. 14.06.1994, a.a.O., BVerfGE 91, 93, 106; Urt. v. 12.03.2003, 1 BvR 330/96 u.a., BVerfGE 107, 299, 308; Beschl. v. 25.11.2008, 1 BvR 848/07, BVerfGE 122, 190, 199.

1521 Siehe bspw. *BVerfG*, Entscheidung v. 28.01.1970 (Fn. 1520), BVerfGE 28, 1, 6; Beschl. v. 06.06.1978 (Fn. 1520), BVerfGE 48, 341, 344; Beschl. v. 10.10.1978, 1 BvR 475/78, BVerfGE 49, 252, 255; Urt. v. 12.03.2003 (Fn. 1520), BVerfGE 107, 299, 308; Beschl. v. 25.11.2008 (Fn. 1520), BVerfGE 122, 190, 201 f., jeweils im Hinblick auf den (Ab-) Lauf der Monatsfrist zur Einlegung der Verfassungsbeschwerde nach § 93 I 1 BVerfGG.

Ungewissheit über die Zulässigkeit eines Rechtsmittels nicht zu Lasten des Rechtsschutzsuchenden gehen und daher auch nicht zur Unzulässigkeit einer Verfassungsbeschwerde führen[1522].

Wünschenswert wäre es insoweit, diese Rechtsprechung auszuweiten und zu festigen, und die Verfassungsbeschwerde regelmäßig nur noch dann mangels ordnungsgemäßer Rechtswegerschöpfung am Subsidiaritätserfordernis der Art. 94 II 2 GG, § 90 II 1 BVerfGG scheitern zu lassen, wenn die seitens des Beschwerdeführers eingelegte NZB zuvor *offensichtlich unzulässig* gewesen ist[1523]. Mit einer derartigen Beschränkung der BVerfG-Rechtsprechung zur Subsidiarität der Verfassungsbeschwerde auf Fälle *offensichtlich unzulässiger Rechtsmittel* wäre dem Beschwerdeführer einer NZB und einer nachfolgend erhobenen Verfassungsbeschwerde schon ein ganzes Stück weit gedient. Denn angesichts der äußerst diffusen, da durchweg floskelhaften und konturenlosen Vorgaben zur Konkretisierung der in § 115 II FGO gesetzlich verwendeten unbestimmten Rechtsbegriffe und zur Präzisierung der Darlegungsanforderungen i.S.d. § 116 III 3 FGO sowie der damit einhergehenden unberechenbaren/unkalkulierbaren und nahezu willkürlichen Zulassungspraxis des BFH[1524] besteht für den Beschwerdeführer zum Zeitpunkt der Einlegung und Begründung einer NZB fast immer *(berechtigte) Ungewissheit* darüber, ob diese den Anforderungen an eine ordnungsgemäße Darlegung der Revisionszulassungsgründe entspricht, so dass eine unzureichende Beschwerdebegründung wohl nur in den wenigsten Fällen zu einer *offensichtlichen Unzulässigkeit* der NZB führen können wird. Eine weniger restriktive Rechtsprechung des BVerfG zum Subsidiaritätserfordernis bei als unzulässig verworfenen Rechtsmitteln würde dem Beschwerdeführer, dessen NZB vom BFH mangels hinreichender Darlegung eines Zulassungsgrundes als unzulässig verworfen worden ist, somit zumindest die Möglichkeit offen halten, gegen den ablehnenden BFH-Beschluss eine erfolgreiche Verfassungsbeschwerde einlegen zu können.

1522 Vgl. z.B. *BVerfG*, Beschl. v. 25.05.1956 (Fn. 1520), BVerfGE 5, 17, 20; Entscheidung v. 26.03.1963 (Fn. 1520), BVerfGE 16, 1, 3; Urt. v. 12.03.2003 (Fn. 1520), BVerfGE 107, 299, 309.

1523 Auf gleicher Linie *Seer*, in: T/K, VerfRS Tz. 42 a.E. (Lfg. 127 Oktober 2011).

1524 Dazu ausführlich oben unter 2. (S. 425 ff.), dort v.a. unter b) (S. 430 ff.), c) (S. 440 ff.), d) (S. 442 ff.) u. e) (S. 447 ff.).

B. Ansatzpunkte einer Lockerung der Zulassungspraxis mit Blick auf die *einzelnen* Revisionszulassungstatbestände des § 115 II Nrn. 1 u. 2 FGO und die *jeweiligen* Anforderungen an ihre Darlegung i.R.d. Begründung einer NZB gemäß § 116 III 3 FGO

Vorstehend sind in einem *Allgemeinen Teil* das Bedürfnis und die Notwendigkeit einer erweiterten sowie individualrechtsschutzgewährenden verfassungskonformen Auslegung der Revisionszulassungsgründe des § 115 II Nrn. 1 u. 2 FGO und einer Lockerung der Anforderungen an das Begründungsniveau einer NZB nach § 116 III 3 FGO anhand der einschlägigen verfassungsrechtlichen Vorgaben sowie unter Berücksichtigung der entsprechenden einfachrechtlichen Bezüge und ‚Besonderheiten/Eigenarten' der Finanzgerichtsbarkeit herausgearbeitet worden.

In Anlehnung daran soll nunmehr in einem *Besonderen Teil* – im Wesentlichen im Hinblick auf die im 3. Abschnitt jeweils bereits ansatzweise geäußerte *Kritik* – aufgezeigt und erläutert werden, wo und wie genau die einzelnen Zulassungstatbestände des § 115 II Nrn. 1 u. 2 FGO einer solchen verfassungskonformen Auslegung zugänglich sind und inwieweit der BFH dort jeweils konkret gehalten ist, an der Stellschraube ‚Revisionszulassung' zu drehen, d.h. die seinerseits herausgebildeten restriktiven sowie unberechenbaren Zulassungskriterien großzügiger und kalkulierbarer zu handhaben und die entsprechend überzogenen Darlegungsanforderungen i.S.d. § 116 III 3 FGO abzusenken, um so die Weichen für eine erweiterte sowie individualrechtsschutzgewährende Zulassungspraxis und damit einhergehend in Richtung eines effektiven zweitinstanzlichen Finanzrechtsschutzes zu stellen.

I. Grundsatzrevision, §§ 115 II Nr. 1, 116 III 3 FGO

Im Rahmen der Grundsatzrevision bieten nahezu sämtliche Tatbestandsmerkmale mitsamt den dazugehörigen Darlegungsanforderungen Ansatzpunkte für eine Lockerung der Zulassungspraxis.

Im Zentrum stehen dabei die beiden zentralen Tatbestandsmerkmale, das *(abstrakte) Allgemeininteresse* an der Klärung der aufgeworfenen Rechtsfrage (dazu gleich unter 1. [S. 465 ff.] sowie nachfolgend unter 2. [S. 472 ff.]) und die *Klärungsbedürftigkeit* der betreffenden Rechtsfrage (dazu nachstehend unter 3. [S. 490 ff.])[1525]. Aber auch bei dem i.R.d. *Entscheidungserheblichkeit* verankerten Tatbestandsmerkmal der *‚Fehlenden Ergebnisrichtigkeit' analog § 126 IV FGO* finden sich entsprechende Ansatzpunkte für eine großzügigere Handhabung des

1525 Dazu, dass auch das Tatbestandsmerkmal der *‚Rechtssache'* mit Blick auf einen verstärkten Individualrechtsschutz einer erweiterten Auslegung zugänglich ist, bereits oben im 3. Abschnitt unter B.I.1.d)bb) (S. 142 ff., dort S. 143) sowie später unter 2.a)bb) (S. 477).

Revisionszulassungsgrundes der ,Grundsätzlichen Bedeutung der Rechtssache' gemäß § 115 II Nr. 1 FGO und eine Absenkung der Anforderungen, die an seine Darlegung i.R.d. Begründung einer NZB nach § 116 III 3 FGO gestellt werden (dazu später unter 4. [S. 500 ff.]). Nicht zuletzt bietet die BFH-Rechtsprechung zur *Revisionszulassung wegen grundsätzlicher Bedeutung der Rechtssache bei behaupteten Verfassungsverstößen* Potenzial für eine Lockerung der Zulassungspraxis (dazu abschließend unter 5. [S. 506 ff.]).

1. Kritik *an der Rechtsprechung des BFH zum (abstrakten) Allgemeininteresse an der Klärung der aufgeworfenen Rechtsfrage und den entsprechenden Darlegungsanforderungen*

Wie schon oben im 3. Abschnitt unter B.I.1.b) (S. 132 ff., dort S. 133 f.) eingehend erläutert, hält der BFH aufgrund des unveränderten Wortlauts des § 115 II Nr. 1 FGO auch nach Inkrafttreten des 2. FGOÄndG an seinem zuvor entwickelten tradierten Verständnis des Begriffs der ,Grundsätzlichen Bedeutung der Rechtssache' fest:

Danach ist erforderlich, dass *die für die Beurteilung des Streitfalls maßgebliche Rechtsfrage das (abstrakte) Interesse der Allgemeinheit an der einheitlichen (Fort-) Entwicklung und Handhabung des Rechts berührt,* bzw. *ihre Beantwortung/Entscheidung durch den BFH in dem angestrebten Revisionsverfahren aus Gründen der Rechtsklarheit/Rechtssicherheit, der Rechtseinheitlichkeit und/oder der Rechtsentwicklung/Rechtsfortbildung im (abstrakten) allgemeinen Interesse liegt*[1526]. Ein solches Vorbringen muss folglich auch Gegenstand der NZB sein, d.h. der Beschwerdeführer muss i.R. seiner Beschwerdebegründung korrespondierend dazu schlüssig und substantiiert darlegen, *aus welchen Gründen im Einzelnen die über die herausgestellte Rechtsfrage zu treffende Revisionsentscheidung das (abstrakte) Interesse der Allgemeinheit an der einheitlichen (Fort-) Entwicklung und Handhabung des Rechts berührt,* bzw. *weshalb ihre Klärung durch den BFH in dem angestrebten Revisionsverfahren aus Gründen der Rechtsklarheit/Rechtssicherheit, der Rechtseinheitlichkeit und/oder der Rechtsentwicklung/Rechtsfortbildung im (abstrakten) allgemeinen Interesse liegt*[1527].

Aus diesen Formulierungen und Umschreibungen leitet der BFH zwei zentrale Kriterien zur Bestimmung des (abstrakten) Allgemeininteresses ab, nämlich die *,Betroffenheit einer Vielzahl gleichartiger Fälle'* sowie die *,Breitenwirkung einer Rechtsfrage'*. Entscheidend ist also stets, ob *das Interesse eines größeren Kreises von Steuerpflichtigen an der einheitlichen (Fort-) Entwicklung und Handhabung des Rechts* berührt wird[1528].

Diese Rechtsprechung des BFH zum (abstrakten) Allgemeininteresse an der Klärung der aufgeworfenen Rechtsfrage mitsamt den entsprechenden

1526 Ausführliche Rechtsprechungsnachweise in den Fußnoten 501 u. 502.
1527 Siehe die Nachweise aus der Rechtsprechung in den Fußnoten 682 u. 683.
1528 Ausführlich m.w.N. oben im 3. Abschnitt unter B.I.1.d)aa) (S. 140 f.).

Darlegungsanforderungen i.R. einer NZB-Begründung ist enorm *kritikbedürftig* – und zwar unter zwei Gesichtspunkten:

a) *,Betroffenheit einer Vielzahl gleichartiger Fälle'* vs. *,Breitenwirkung einer Rechtsfrage'* – Unklare Kriterien zur Bestimmung des (abstrakten) Allgemeininteresses

Zunächst einmal wirft die einschlägige BFH-Rechtsprechung – wie bereits im 3. Abschnitt unter B.I.1.d)aa) (S. 140 f.) andeutungsweise dargelegt – etliche *Unklarheiten* auf.

Denn sie stellt heraus, dass der Umstand, dass von einer Rechtsfrage möglicherweise eine *Vielzahl von (gleichartigen) Steuerfällen* betroffen ist, für sich allein noch nicht ausreichen soll, einer Sache grundsätzliche Bedeutung zu verleihen. Entscheidend sei vielmehr die *Breitenwirkung* einer höchstrichterlichen Entscheidung über eine zweifelhafte und deshalb klärungsbedürftige Rechtsfrage[1529].

Liest man diese Ausführungen, dann stellt sich die Frage, was damit gemeint ist und was der BFH dem Beschwerdeführer hier mit auf den Weg geben möchte. Es drängt sich insoweit insbesondere die Frage auf, wie anders als durch den Hinweis auf eine Vielzahl betroffener (gleichartiger) Steuerfälle der Beschwerdeführer denn überhaupt die geforderte Breitenwirkung einer Rechtsfrage darlegen kann bzw. darlegen soll[1530]. Ich meine, dass es hier letztlich überhaupt gar keine andere Möglichkeit gibt, als auf eine Vielzahl betroffener (gleichartiger) Steuerfälle hinzuweisen, denn die beiden Kiterien der *,Betroffenheit einer Vielzahl gleichartiger Fälle'* und der *,Breitenwirkung einer Rechtsfrage'* sind nahezu untrennbar miteinander verbunden[1531].

Es lässt sich also festhalten, dass dem Beschwerdeführer äußerst wenig an die Hand gegeben wird, woran er sich letztendlich orientieren kann, um das (abstrakte) Allgemeininteresse als Tatbestandsmerkmal der ,Grundsätzlichen Bedeutung

---

1529 Vgl. die Nachweise in Fußnote 521.

1530 Diese Frage stellt auch *Seer*, in: T/K, § 115 FGO Tz. 48 a.E. (Lfg. 131 Oktober 2012).

1531 Vgl. insoweit auch *Lange* HHSp., § 115 FGO Tz. 93 (Lfg. 192 Oktober 2006): *Lange* führt zwar zunächst an, dass einer Rechtsfrage nicht schon deshalb grundsätzliche Bedeutung zukomme, weil sie sich in einer Vielzahl gleichliegender Fälle ebenfalls stelle. Wenn er aber anschließend – etwas unklar bzw. widersprüchlich – darauf hinweist, dass *diese „Breitenwirkung"* – damit meint *Lange* wohl die Relevanz der Rechtsfrage für eine Vielzahl gleichliegender Fälle – allerdings für eine ,Grundsätzliche Bedeutung' sprechen könne, dann stellt er gewissermaßen eine *,Verbindung'* zwischen der *,Betroffenheit einer Vielzahl gleichartiger/-liegender Fälle'* und der seitens der Rechtsprechung (zusätzlich) geforderten *,Breitenwirkung einer Rechtsfrage'* her und begründet diese insoweit quasi mit der *,Betroffenheit einer Vielzahl von gleichartigen/-liegenden Steuerfällen'*. Vgl. zudem *May*, Die Revision^2, S. 142 Tz. 68, unter Hinweis darauf, dass wenn die Rechtsfrage nur eine geringe Zahl denkbarer Fälle betreffe, ihrer Beantwortung mit Blick auf die Grundsätzlichkeit die *Beispiel- oder Breitenwirkung* fehle.

der Rechtssache' hinreichend darzulegen. Vielmehr stiftet der BFH mit seiner Rechtsprechung hier insoweit Verwirrung, als er eben einerseits herausstellt, dass zur Bestimmung des (abstrakten) Allgemeininteresses die Kriterien der *‚Betroffenheit einer Vielzahl gleichartiger Fälle'* und der *‚Breitenwirkung einer Rechtsfrage'* heranzuziehen seien, der Hinweis auf eine Vielzahl betroffener (gleichartiger) Steuerfälle für sich allein andererseits aber gerade noch nicht ausreichen soll, um die geforderte Breitenwirkung einer Rechtsfrage und somit das (abstrakte) Allgemeininteresse zu begründen.

Vor diesem Hintergrund erscheint die einschlägige Rechtsprechung des BFH äußerst fragwürdig, zumal sie den Anwendungsbereich der Grundsatzrevision gemäß § 115 II Nr. 1 FGO erheblich einschränkt. Sie lässt den Rechtsschutzsuchenden v.a. im Dunkeln darüber, welche Kriterien für das Vorliegen der geforderten Breitenwirkung einer Rechtsfrage denn nun letztendlich maßgeblich sein sollen und wie das (abstrakte) Allgemeininteresse im Ergebnis zu begründen ist. Ein solcher Zustand ist jedoch mit Blick auf die Forderung, dass die Zulässigkeit des Rechtsmittels ‚NZB' für die Beteiligten berechenbar und kalkulierbar und damit einhergehend der Instanzenzug vorhersehbar bleiben muss[1532], unhaltbar, so dass es zur ordnungsgemäßen Darlegung der geforderten Breitenwirkung einer Rechtsfrage folglich ausreichen muss, dass der Beschwerdeführer *auf eine Vielzahl betroffener (gleichartiger) Steuerfälle hinweist*. Eine darüber hinausgehende ausführliche Darlegung der geforderten Breitenwirkung – wie immer diese auch auszusehen hat – ist dem Beschwerdeführer hingegen nicht zumutbar und kann ihm mithin auch nicht abverlangt werden[1533], zumal insoweit unklar bleibt, welche weiteren konkreten Kriterien für eine ausreichende Darlegung des (abstrakten) Allgemeininteresses an der Klärung der aufgeworfenen Rechtsfrage und damit für eine ordnungsgemäße Beschwerdebegründung überhaupt maßgeblich wären[1534].

1532 Dazu ausführlich oben unter A.IV.2.b) (S. 430 ff.).

1533 Ebenso *Seer*, in: T/K, § 115 FGO Tz. 54 u. § 116 FGO Tz. 46 (jeweils Lfg. 131 Oktober 2012); zudem schon oben im 3. Abschnitt unter B.I.2.e) (S. 198 f., dort S. 199). Auch *Bleschick*, Revisionszulassungsgründe im Spannungsverhältnis, S. 114, weist auf die enorme Schwierigkeit für den Rechtsschutzsuchenden hin, die *Breitenwirkung* einer Rechtsfrage ausführlich darzulegen.

1534 Nach *Bleschick*, Revisionszulassungsgründe im Spannungsverhältnis, S. 307 ff. u. 318, soll das (abstrakte) Allgemeininteresse als Tatbestandsmerkmal der Grundsatzrevision des § 115 II Nr. 1 FGO im Ergebnis ebenfalls dann gegeben sein, wenn die aufgeworfene Rechtsfrage für eine *Vielzahl von Fällen* maßgeblich sei. *Bleschick* möchte dieses Kriterium der *‚Relevanz für eine unbestimmte Vielzahl von Fällen'* dabei näher bestimmt wissen und stellt insoweit anstelle einer untauglichen numerischen Bestimmung durch Heranziehung einer absolut oder relativ festgelegten Zahlengrenze (S. 311 f.) auf das Vorliegen eines sog. *qualitativen* und eines sog. *quantitativen Aspekts* ab (S. 312 ff. u. 319): Dabei sei der *qualitative Aspekt* dann anzunehmen, wenn sich eine auf andere Fälle anwendbare Antwort auf die aufgeworfene Rechtsfrage finden und damit eine individuell-konkrete Fallentscheidung in einen Leitsatz fassen lasse. Der *qualitative Aspekt*

b) Fehlplatzierung der Kriterien zur Bestimmung des (abstrakten) Allgemeininteresses

Wenn man überdies den Kanon der Revisionszulassungsgründe des § 115 II FGO mit den Formulierungen und Kriterien vergleicht, die die BFH-Rechtsprechung zur Bestimmung des (abstrakten) Allgemeininteresses i.R.d. Grundsatzrevision gemäß § 115 II Nr. 1 FGO unverändert anlegt, dann deutet dies offensichtlich auf eine *Fehlplatzierung* der entsprechenden Zulassungskriterien hin.

Denn wenn es dort heißt, dass *die für die Beurteilung des Streitfalls maßgebliche Rechtsfrage das (abstrakte) Interesse der Allgemeinheit* – d.h. *eines größeren Kreises von Steuerpflichtigen* – ***an der einheitlichen (Fort-) Entwicklung und Handhabung des Rechts*** *berühren müsse*, bzw. *ihre Beantwortung/Entscheidung durch den BFH in dem angestrebten Revisionsverfahren* ***aus Gründen der Rechtsklarheit/Rechtssicherheit, der Rechtseinheitlichkeit und/oder der Rechtsentwicklung/Rechtsfortbildung*** *im (abstrakten) allgemeinen Interesse liegen müsse*, dann passen diese Kriterien deutlich besser zu der in § 115 II Nr. 2 Alt. 1 FGO normierten Rechtsfortbildungsrevision bzw. – soweit dort von der ***einheitlichen*** *(Fort-) Entwicklung und Handhabung des Rechts* sowie von der ***Rechtseinheitlichkeit*** gesprochen wird – zu der in § 115 II Nr. 2 Alt. 2 FGO verankerten Rechtsprechungsvereinheitlichungsrevision[1535].

Angesichts dieser systematischen Erwägungen hält *Hans-Friedrich Lange* i.R.d. §§ 115 II Nr. 1, 116 III 3 FGO Ausführungen des Beschwerdeführers dazu, *inwieweit das (abstrakte) Interesse der Allgemeinheit an Rechtsklarheit sowie Rechtssicherheit und an der einheitlichen (Fort-) Entwicklung und Handhabung des Rechts berührt sei*, zutreffend nicht mehr für erforderlich, da diese Fragen ja nunmehr von dem speziellen Zulassungsgrund der ‚Erforderlichkeit einer BFH-Entscheidung zur Fortbildung des Rechts' gemäß § 115 II Nr. 2 Alt. 1 FGO und m.E. auch von dem ebenso speziellen Zulassungsgrund der ‚Erforderlichkeit einer BFH-Entscheidung

---

beschreibe demnach den Erkenntnisgehalt der herausgestellten Rechtsfrage für weitere Rechtsstreitigkeiten, d.h. die Möglichkeit zur Aufstellung abstrakt-genereller Regelungen, die sog. *Leitsatzfähigkeit.* Für den *quantitaiven Aspekt* komme es auf das häufige Auftreten der Rechtsfrage an, wozu es sich um typische/regelmäßig wiederkehrende Sachverhalte der Rechtsprechungs- und Verwaltungspraxis handeln müsse, die aufgrund ihrer tatsächlichen oder rechtlichen Gestaltung wiederkehren können.

1535 Auf gleicher Linie *Seer*, StuW 2001, 3, 9 f.: § 115 II Nr. 2 FGO; *ders.*, in: T/K, § 115 FGO Tz. 48 (Lfg. 131 Oktober 2012): § 115 II Nr. 2 Alt. 1 FGO. Auch *Bleschick*, Revisionszulassungsgründe im Spannungsverhältnis, S. 94, weist ansatzweise auf diese *„systematischen Komplikationen"* hin, da insoweit auf Charakteristika zurückgegriffen werde, die im Hinblick auf die Fortbildung des Rechts oder die Sicherung einer einheitlichen Rechtsprechung nach § 115 II Nr. 2 FGO zu einer Revisionszulassung führen sollen.

zur Sicherung einer einheitlichen Rechtsprechung' nach § 115 II Nr. 2 Alt. 2 FGO erfasst werden[1536].

Wenn der BFH also weiterhin an diesen äußerst floskelhaften sowie überaus unbestimmten und undeutlichen Formulierungen und Kriterien zur Bestimmung des (abstrakten) Allgemeininteresses festhalten möchte, dann sollte er dies i.R.d. § 115 II Nr. 2 Alt. 1 und ggf. auch Alt. 2 FGO tun, dem sich diese Zulassungskriterien begrifflich und systematisch besser zuordnen lassen.

Dabei muss dann aber auch Berücksichtigung finden, dass die Anforderungen an die Darlegung der jeweiligen Zulassungskriterien auch dort nicht überspannt werden dürfen, damit dem Beschwerdeführer die Anfertigung einer ordnungsgemäßen NZB-Begründung und somit der Zugang zum BFH als Rechtsmittelinstanz nicht auf unzumutbare Weise erschwert wird. Für die hinreichende Darlegung des (abstrakten) Allgemeininteresses und der seitens der Rechtsprechung insoweit geforderten Breitenwirkung muss es demnach i.R.d. Rechtsfortbildungsrevision gemäß § 115 II Nr. 2 Alt. 1 FGO (und ggf. auch i.R.d. Rechtsprechungsvereinheitlichungsrevision nach § 115 II Nr. 2 Alt. 2 FGO) ebenfalls ausreichen, dass der Beschwerdeführer *auf eine Vielzahl betroffener (gleichartiger) Steuerfälle hinweist*[1537], da dem Rechtsschutzsuchenden nur durch eine derart erweiterte und großzügigere Handhabung der Zulassungskriterien ein auch in der zweiten Instanz effektiver Finanzrechtsschutz gewährt werden kann.

c) ‚*Bedeutsamkeit der Rechtsfrage aus rechtssystematischen Gründen und Wichtigkeit der Rechtsfrage für die einheitliche Rechtsanwendung*' als weiteres fehlplatziertes und unklares Kriterium zur Bestimmung des (abstrakten) Allgemeininteresses

Hinzu kommt ein weiterer Aspekt, der ebenfalls die Rechtsprechung des BFH zum (abstrakten) Allgemeininteresse betrifft.

So fordert der BFH in einigen Entscheidungen für das Vorliegen der grundsätzlichen Bedeutung der Rechtssache auch nach Inkrafttreten des 2. FGOÄndG weiterhin <u>zusätzlich</u>, dass es sich bei der aufgeworfenen entscheidungserheblichen Rechtsfrage zugleich um eine *aus rechtssystematischen Gründen bedeutsame und für die einheitliche Rechtsanwendung wichtige Frage* handeln müsse[1538]. Folglich

---

1536 *Lange* HHSp., § 116 FGO Tz. 171 a.E. (Lfg. 194 Juni 2007); dem folgend *Seer*, in: T/K, § 116 FGO Tz. 41 (Lfg. 131 Oktober 2012), die jeweils die Rechtsfortbildungsrevision gemäß § 115 II Nr. 2 Alt. 1 FGO für einschlägig erachten. Vgl. schon oben im 3. Abschnitt unter B.I.2.e) (S. 198 f., dort S. 199). – Vgl. zudem *Beermann*, DStZ 2001, 312, 316; *ders.*, in: BG, § 116 FGO Tz. 71 (Lfg. 66 September 2007), der darauf abstellen möchte, ob der Entscheidung über die Rechtsfrage die Bedeutung einer *„Leitentscheidung"* beigemessen werden könne.

1537 Siehe dazu ausführlich vorstehend unter a) (S. 466 f., dort S. 467), betreffend die Grundsatzrevision gemäß § 115 II Nr. 1 FGO.

1538 Siehe die Nachweise in Fußnote 504.

erfordert auch die Begründung einer NZB, die auf die grundsätzliche Bedeutung der Rechtssache gestützt wird, nach wie vor eine entsprechend schlüssige und substantiierte Darlegung dieses Zulassungskriteriums[1539].

Auch diese Rechtsprechung ist unter zwei Gesichtspunkten enorm *kritikbedürftig*:

So erscheint das Zulassungskriterium der *‚aus rechtssystematischen Gründen bedeutsamen und für die einheitliche Rechtsanwendung wichtigen Rechtsfrage‘* i.R.d. Grundsatzrevision nach § 115 II Nr. 1 FGO zunächst ebenfalls *fehlplatziert.*

Sollte der BFH also weiterhin an diesem Kriterium zur Bestimmung des (abstrakten) Allgemeininteresses festhalten wollen, dann sollte er dieses jedenfalls in § 115 II Nr. 2 FGO verorten, denn es passt begrifflich und systematisch – wenn überhaupt – besser zur Rechtsfortbildungsrevision gemäß § 115 II Nr. 2 Alt. 1 FGO bzw. insbesondere zur Rechtsprechungsvereinheitlichungsrevision nach § 115 II Nr. 2 Alt. 2 FGO (Stichwort *„Einheitliche Rechtsanwendung“* sowie *„Rechtssystem, Rechtssystematik“*)[1540].

Überdies ist diese Formulierung/dieses Zulassungskriterium an Abstraktheit sowie Konturenlosigkeit und Unberechenbarkeit kaum mehr zu überbieten.

Es handelt sich dabei um eine floskelhafte sowie überaus unbestimmte und undeutliche Vorgabe, so dass sich trefflich darüber streiten lässt, wann eine *aus rechtssystematischen Gründen bedeutsame und für die einheitliche Rechtsanwendung wichtige Rechtsfrage* vorliegt. *Roman Seer* hat dazu in seiner Kommentierung zu § 115 II Nr. 1 FGO exemplarisch ausgeführt, dass das, was die einen als Rechtssystem verstünden, für die anderen ein bloßes Konglomerat von Einzelregeln und Zufälligkeiten darstellen könne[1541]. Die Frage, wann eine Rechtsfrage *aus rechtssystematischen Gründen bedeutsam* ist, stellt sich somit im Ergebnis als eine absolut subjektive Wertungsfrage dar und birgt demzufolge die Gefahr in sich, dass die Gerichte und die einzelnen Senate des BFH dieses Kriterium und mithin den Revisionszulassungsgrund des § 115 II Nr. 1 FGO völlig unterschiedlich handhaben[1542].

Das jedoch erscheint im Hinblick auf einen auch in zweiter Instanz effektiven Finanzrechtsschutz nahezu unhaltbar. Denn wie oben unter A.IV.2.b) (S. 430 ff.), c) (S. 440 ff.), d) (S. 442 ff.) u. e) (S. 447 ff.) ausführlich herausgearbeitet, obliegt es der Judikatur mit Blick auf das Rechtsstaatlichkeitsgebot des Art. 20 III GG und das darin verankerte Postulat der Rechtsmittelklarheit sowie mit Blick auf das aus Art. 20 III GG i.V.m. mit dem allgemeinen Gleichheitssatz nach Art. 3 I GG

1539 Vgl. die Nachweise in Fußnote 684.

1540 *Lange* HHSp., § 116 FGO Tz. 171 a.E. (Lfg. 194 Juni 2007), hält insoweit die Rechtsfortbildungsrevision gemäß § 115 II Nr. 2 Alt. 1 FGO für einschlägig; *Seer*, StuW 2001, 3, 9 f., verweist pauschal auf § 115 II Nr. 2 FGO.

1541 *Seer*, in: T/K, § 115 FGO Tz. 41 (Lfg. 131 Oktober 2012). Vgl. auch bereits *Seer*, BB 2000, 2387, 2389. Vgl. überdies *List*, DB 2002, 1069, 1072, der die Frage aufwirft, ob hinsichtlich der einzelnen steuerrechtlichen Vorschriften überhaupt eine Systematik und eine einheitliche Auffassung darüber existiere.

1542 So auch *Seer*, in: T/K, § 115 FGO Tz. 41 (Lfg. 131 Oktober 2012).

hergeleitete verfahrensrechtliche Willkürverbot, die notwendige *Berechenbarkeit* und *Kalkulierbarkeit* der Zulässigkeit eines Rechtsmittels sicherzustellen, um so die *Vorhersehbarkeit* und v.a. *Willkürfreiheit* des Instanzenzuges für den Rechtsschutzsuchenden zu begründen. Die Voraussetzungen der Revisionszulassung und insbesondere die Anforderungen an die Darlegung der Revisionszulassungsgründe i.R.d. Begündung einer NZB müssen für den Beschwerdeführer demnach *erkennbar, kalkulierbar, nachvollziehbar* und *vorhersehbar* sein[1543]. Derart unbestimmte und vage Vorgaben, wie sie die Rechtsprechung hier mit dem kaum fassbaren Zulassungskriterium der ,*aus rechtssystematischen Gründen bedeutsamen und für die einheitliche Rechtsanwendung wichtigen Rechtsfrage*' macht, bilden jedoch quasi ein Paradebeispiel dafür, dass der Rechtsschutzsuchende einem unübersehbaren *Annahme- bzw. Zulassungsrisiko* ausgesetzt ist und die Frage der Revisionszulassung zum BFH als das Kernstück des finanzgerichtlichen Rechtsmittelrechts für ihn zu einem *absolut unkalkulierbaren ,Lotterie- und Vabanquespiel'* verkommt[1544]. Dem Beschwerdeführer bleibt nämlich bei der i.R.d. NZB-Begründung seinerseits vorzunehmenden Beantwortung der Frage, ob die von ihm aufgeworfene Rechtsfrage *aus rechtssystematischen Gründen bedeutsam und für die einheitliche Rechtsanwendung wichtig* ist, letztlich nicht anderes übrig, als zu mutmaßen und zu spekulieren. Gelingt ihm die hinreichende – angesichts des konturenlosen und wenig klaren Maßstabs bereits äußerst komplizierte – Darlegung der *Bedeutsamkeit der Rechtsfrage aus rechtssystematischen Gründen*, so bedeutet dies jedoch längst nicht, dass seine NZB auch begründet ist und die Revision zugelassen wird. Denn aufgrund dessen, dass es sich hierbei – wie soeben erwähnt – um eine absolut subjektive Wertungsfrage handelt und damit einhergehend eine unterschiedliche Beurteilung und Handhabung durch die Gerichte und die einzelnen Senate des BFH droht, führt diese Formulierung/dieses Kriterium letztlich zu einem vom Gesetz nicht gewollten, von der Rechtsprechung des BFH aber praktisch vollzogenen, freien *Annahme-/Zulassungsermessen*, das schließlich in eine nahezu *willkürliche Zulassungspraxis* mündet[1545].

Vor diesem Hintergrund sollte für die Begründung des (abstrakten) Allgemeininteresses i.R.d. Grundsatzrevision des § 115 II Nr. 1 FGO – und ebenso i.R.d. Rechtsfortbildungs- bzw. Rechtsprechungsvereinheitlichungsrevision des § 115 II Nr. 2 Alt. 1 bzw. 2 FGO[1546] – mithin gänzlich auf dieses Zulassungskriterium mitsamt entsprechender Darlegungsanforderungen verzichtet werden. Denn waren

---

1543 Siehe dazu ausführlich bereits oben unter A.IV.2., dort insbesondere b) (S. 430 ff.).

1544 Vgl. hierzu allgemein ausführlich bereits oben unter A.IV.2.b) (S. 430 ff., dort S. 433) u. v.a. A.IV.2.d) (S. 442 f.) sowie A.IV.2.e) (S. 447 ff.). Siehe auch *Seer*, BB 2000, 2387, 2389; *ders.*, in: T/K, § 115 FGO Tz. 41 a.E. (Lfg. 131 Oktober 2012).

1545 Vgl. dazu ebenfalls allgemein ausführlich bereits oben unter A.IV.2.d) (S. 442 ff.) u. A.IV.2.e) (S. 447 ff.). Siehe auch *Seer*, in: T/K, § 115 FGO Tz. 41 a.E. (Lfg. 131 Oktober 2012).

1546 Vgl. insoweit die vorstehenden Ausführungen zur *Fehlplatzierung* des Zulassungskriteriums der ,*aus rechtssystematischen Gründen bedeutsamen und für die*

die von der Rechtsprechung insoweit statuierten Anforderungen aufgrund ihrer Abstraktheit sowie Konturenlosigkeit und Unberechenbarkeit schon zu den §§ 115 II Nr. 1, 115 III 3 FGO 1965 unhaltbar, so sind sie für die §§ 115 II Nr. 1, 116 III 3 FGO nach der Erweiterung und Neufassung der Zulassungsgründe durch das 2. FGOÄndG und der damit beabsichtigten Stärkung des Individualrechtsschutzes[1547] erst recht entschieden abzulehnen[1548].

2. Kritik *an der Rechtsprechung des BFH zum (abstrakten) Allgemeininteresse an der Klärung der aufgeworfenen Rechtsfrage und den entsprechenden Darlegungsanforderungen mit Blick auf die seitens des Gesetzgebers geforderte Stärkung des Individualrechtsschutzes – Forderung nach einer erweiterten Auslegung der §§ 115 II Nr. 1, 116 III 3 FGO*

Geht man also – wie soeben unter 1.b) (S. 468 f.) u. 1.c) (S. 469 ff., dort S. 470) herausgearbeitet – davon aus, dass sich die Anforderungen, die der BFH i.R.d. Grundsatzrevision an das (abstrakte) Allgemeininteresse und seine Darlegung i.R.d. Begründung einer NZB nach §§ 116 III 3, 115 II Nr. 1 FGO stellt, begrifflich und systematisch besser den separaten sowie speziellen Zulassungstatbeständen der Rechtsfortbildungsrevision gemäß § 115 II Nr. 2 Alt. 1 FGO bzw. der Rechtsprechungsvereinheitlichungsrevision nach § 115 II Nr. 2 Alt. 2 FGO zuordnen lassen, dann muss § 115 II Nr. 1 FGO im Hinblick auf die seitens des Gesetzgebers geforderte Stärkung des Individualrechtsschutzes *zwangsläufig weitere Fälle erfassen und entsprechend erweitert ausgelegt werden.* Denn ansonsten drängt sich die Frage auf, welche Fälle für die Grundsatzrevision überhaupt noch übrig bleiben[1549].

Vor diesem Hintergrund kommt die Zulassung der Revision wegen grundsätzlicher Bedeutung der Rechtssache gemäß § 115 II Nr. 1 FGO auch in den folgenden Fällen in Betracht:

Zum einen bei *erheblichen finanziellen bzw. wirtschaftlichen sowie sozialen Auswirkungen der Entscheidung über die aufgeworfene Rechtsfrage,* ohne dass anhand

---

einheitliche Rechtsanwendung wichtigen Rechtsfrage‘ i.R.d. Grundsatzrevision nach § 115 II Nr. 1 FGO auf S. 470.

1547 Zur Intention des 2. FGOÄndG ausführlich oben im 2. Abschnitt unter B.II. (S. 75 f.).

1548 Ebenso *Beermann*, in: BG, § 116 FGO Tz. 71 a.E. (Lfg. 66 September 2007); *Lange* HHSp., § 116 FGO Tz. 171 (Lfg. 194 Juni 2007); *List*, DB 2002, 1069, 1072; *Seer*, BB 2000, 2387, 2389; *ders.*, StuW 2003, 193, 204; *ders.*, in: T/K, § 115 FGO Tz. 41 u. § 116 FGO Tz. 42 (jeweils Lfg. 131 Oktober 2012). Vgl. zudem *List*, DB 2000, 2294, 2296: Interpretationsformulierung von *besonderer Vagheit.* – Andeutungsweise **kritisch** auch bereits oben im 3. Abschnitt unter B.I.2.b) (S. 183 ff., dort S. 185).

1549 Auf gleicher Linie *Seer*, in: T/K, § 115 FGO Tz. 48 (Lfg. 131 Oktober 2012).

der quantitativen Fallzahl unbedingt eine Breitenwirkung festzustellen wäre (dazu ausführlich nachfolgend unter b)aa) [S. 482 ff.])[1550].

Zum anderen bei *gravierenden/schwerwiegenden Fehlern des FG bei der Auslegung und Anwendung des materiellen Rechts*, also in Fällen, in denen der Einzelfall erstinstanzlich *sachlich unrichtig* entschieden worden ist und es sich hierbei um einen *gravierenden/schwerwiegenden Rechtsanwendungsfehler* handelt (dazu ausführlich nachfolgend unter b)bb) [S. 488 ff.])[1551].

Der BFH lehnt jedoch eine Ausweitung der Grundsatzrevision auf die o.g. Fälle in st. Rspr. kategorisch ab. Während er den erheblichen finanziellen bzw. wirtschaftlichen sowie sozialen Auswirkungen der Entscheidung über die aufgeworfene Rechtsfrage für die Revisionszulassung überhaupt keine Bedeutung beimisst, sollen gravierende/schwerwiegende Rechtsanwendungsfehler des FG mit Blick auf die Zulassung der Revision zwar nicht i.R.d. Grundsatzrevision, jedoch – wie im 3. Abschnitt unter B.III.1.c) (S. 258 ff.) u. B.III.2.b) (S. 348 ff.) ausführlich dargestellt – unter bestimmten engen Voraussetzungen zumindest i.R.d. Rechtsprechungsvereinheitlichungsrevision Berücksichtigung finden[1552].

a) Argumente für eine erweiterte Auslegung des § 115 II Nr. 1 FGO

M.E. gibt es aber durchaus beachtliche Argumente, die – trotz des unverändert gebliebenen Wortlauts des § 115 II Nr. 1 FGO – für eine erweiterte Auslegung der Grundsatzrevision *i.S. eines verstärkten Individualrechtsschutzes* sprechen:

aa) Gesetzesmaterialien zum 2. FGOÄndG

Wie schon oben im 3. Abschnitt unter B.I.1.d)bb) (S. 142 f.) angedeutet, kann die Forderung nach einer erweiterten Auslegung des § 115 II Nr. 1 FGO bereits aus den Gesetzesmaterialien hergeleitet werden und korrespondiert insoweit insbesondere mit der Begründung des Regierungsentwurfs eines 2. FGOÄndG.

Aus der Stellungnahme des Bundesrates sowie der Beschlussempfehlung und dem Bericht des Rechtssausschusses geht zwar hervor, dass im Bereich des § 115 II Nr. 1 FGO, dessen Wortlaut unverändert geblieben ist, eine materiell-rechtliche Änderung nicht beabsichtigt gewesen ist[1553].

1550 Siehe auch bereits oben im 3. Abschnitt unter B.I.1.d)bb)(1) (S. 143 f.).

1551 Siehe auch bereits oben im 3. Abschnitt unter B.I.1.d)bb)(2) (S. 144 ff.); vgl. zudem im 3. Abschnitt unter B.III.1.c)aa) a.E. (S. 263 ff., dort S. 266 f.).

1552 **Kritisch** zum *Inhalt* dieser Rechtsprechung bereits oben im 3. Abschnitt unter B.III.1.c)bb)(2)(f) (S. 321 ff.) sowie ausführlich später unter III.2. (S. 535 ff.).

1553 Unterrichtung durch die Bundesregierung zu dem Entwurf eines 2. FGOÄndG – Drucksache 14/4061 -, hier: Stellungnahme des Bundesrates und Gegenäußerung der Bundesregierung, v. 01.11.2000, BT-Drucks. 14/4450 (zu Drucksache 14/4061), S. 3: Zu Art. 1 Nr. 13, sowie Beschlussempfehlung und Bericht des Rechtsausschusses (6. Ausschuss) zu dem Gesetzentwurf der Bundesregierung – Drucksachen 14/4061, 14/4450: Entwurf eines 2. FGOÄndG – v. 08.11.2000, BT-Drucks. 14/4549,

Hier besteht allerdings ein Widerspruch zu der zum Gesetzentwurf verfassten amtlichen Regierungsbegründung. Darin hat der Gesetzgeber nämlich klar zum Ausdruck gebracht, dass mit der Neufassung der bislang zu engen Revisionszulassungsgründe eine Stärkung und Verbesserung des Rechtsschutzes einhergehen und der entsprechend zu enge Zugang zum BFH erweitert werden sollte[1554]. Ausweislich der Gesetzesbegründung wollte er dabei vornehmlich *alle Tatbestände in die Grundsatzrevision einbezogen wissen, in denen über den Einzelfall hinaus ein allgemeines Interesse an einer korrigierenden Entscheidung des Revisionsgerichts besteht*[1555].

Hans-Friedrich Lange tritt einer solchen Deutung der Regierungsbegründung entschieden entgegen. Er ist mit der h.M. und v.a. st. Rspr. des BFH der Ansicht, dass eine Revisionszulassung aus Gründen der Einzelfallgerechtigkeit zur Stärkung und Verbesserung des Rechtsschutzes in Steuersachen allein i.R.d. § 115 II Nr. 2 FGO, nicht aber i.R.d. § 115 II Nr. 1 FGO erfolgen könne, da die im Wortlaut unveränderte Vorschrift des § 115 II Nr. 1 FGO gerade keinen Bedeutungswandel dahingehend erhalten habe, dass sie abweichend vom bisherigen Verständnis nunmehr – zumindest auch – individualrechtsschützenden Charakter aufweise.

Lange begründet dies in erster Linie damit, dass der in der Regierungsbegründung verwendete Begriff der *‚Grundsatzrevision‘* allumfassend zu verstehen sei und sowohl die in § 115 II Nr. 1 FGO als auch die in § 115 II Nr. 2 Alt. 1 u. 2 FGO bezeichneten Revisionszulassungsgründe erfasse, die als Konkretisierungen und Unterfälle der Grundsatzrevision i.S.d. § 115 II Nr. 1 FGO anzusehen seien[1556].

S. 5 f. u. 12 zu Nr. 13. – Vgl. zudem *Seer*, in: T/K, § 115 FGO Tz. 42 (Lfg. 131 Oktober 2012), der sich dieser Ansicht selbst aber nicht anschließt.

1554 Siehe hierzu die Begründung des Entwurfs eines 2. FGOÄndG v. 11.09.2000, BT-Drucks. 14/4061, S. 1 u. 6. Vgl. im Übrigen auch Beschlussempfehlung und Bericht des Rechtsausschusses (6. Ausschuss) zu dem Gesetzentwurf der Bundesregierung – Drucksachen 14/4061, 14/4450: Entwurf eines 2. FGOÄndG – v. 08.11.2000, BT-Drucks. 14/4549, S. 1 u. 10.

1555 So die Begründung des Entwurfs eines 2. FGOÄndG v. 11.09.2000, BT-Drucks. 14/4061, S. 6 u. 9 zu Nr. 13. Vgl. auch Beschlussempfehlung und Bericht des Rechtsausschusses (6. Ausschuss) zu dem Gesetzentwurf der Bundesregierung – Drucksachen 14/4061, 14/4450: Entwurf eines 2. FGOÄndG – v. 08.11.2000, BT-Drucks. 14/4549, S. 10. Vgl. zudem *Seer*, in: T/K, § 115 FGO Tz. 42 a.E. (Lfg. 131 Oktober 2012).

1556 *Lange* HHSp., § 115 FGO Tz. 80, 81 u. 83 (Lfg. 192 Oktober 2006). Vgl. insoweit auch *Bleschick*, Revisionszulassungsgründe im Spannungsverhältnis, S. 334, der den Begriff der *‚Grundsatzrevision‘* als *Oberbegriff* für sämtliche Revisionszulassungsgründe des § 115 II Nrn. 1 u. 2 FGO verstanden wissen möchte. – Gegen eine erweiterte Auslegung des § 115 II Nr. 1 FGO sind außerdem Gräber/*Ruban*[6], § 115 FGO Tz. 23, 24 u. 25; Schwarz/*Dürr*, § 115 FGO Tz. 10 (Lfg. 30 6/2008); weitere Nachweise in Fußnote 788. Vgl. überdies *List*, DB 2000, 2294, 2297, der von einer *jedenfalls auch sachlichen Übereinstimmung* der neuen mit den alten Zulassungsgründen – damit gemeint ist dann wohl auch die Grundsatzrevision

Die genaue Lektüre der Begründung des Regierungsentwurfs lässt m.E. aber einen anderen Schluss zu und spricht somit im Ergebnis für eine erweiterte Auslegung des Zulassungsgrundes der ‚Grundsätzlichen Bedetung der Rechtssache' gemäß § 115 II Nr. 1 FGO.

So heißt es im Allgemeinen Teil der Begründung zunächst wörtlich:

„Bei der inhaltlichen Ausgestaltung beschränkt sich der Entwurf nicht darauf, die klassischen Revisionszulassungsgründe (Grundsätzlichkeit, Divergenz und entscheidungserheblicher Verfahrensmangel) zu übernehmen. Er greift – neben dem entscheidungserheblichen Verfahrensmangel, der aus dem geltenden Recht unverändert übernommen ist (§ 115 Abs. 2 Nr. 3 des Entwurfs) – die Zulassungsvoraussetzungen des § 74 Abs. 2 GWB auf[1557]" – wonach die Rechtsbeschwerde zuzulassen ist, wenn eine Rechtsfrage von grundsätzlicher Bedeutung zu entscheiden ist (§ 74 II Nr. 1 GWB) oder wenn die Fortbildung des Rechts oder die Sicherung einer einheitlichen Rechtsprechung eine Entscheidung des BGH erfordert (§ 74 II Nr. 2 GWB)[1558]. *„Damit werden alle Tatbestände in die Grundsatzrevision einbezogen, in denen über den Einzelfall hinaus ein allgemeines Interesse an einer korrigierenden Entscheidung des Revisionsgerichts besteht*[1559]*."*

Diese Formulierung legt es in der Tat durchaus nahe, den dort verwendeten Begriff der ‚*Grundsatzrevision*' allumfassend auch in Bezug auf die Rechtsfortbildungs- und Rechtsprechungsvereinheitlichungsrevision zu verstehen, was sich auch in der dem Bericht des Rechtsausschusses zugrunde liegenden Formulierung widerspiegelt, wenn es dort wörtlich heißt:

„Bei den Revisionszulassungsgründen beschränkt sich der Entwurf nicht darauf, die klassischen Zulassungsgründe ‚Grundsätzlichkeit', ‚Divergenz' und ‚entscheidungserheblicher Verfahrensmangel' zu übernehmen. Die Revision soll auch – damit soll im Interesse der Rechtsschutzsuchenden der Zugang zum Bundesfinanzhof erweitert werden – immer dann zugelassen werden, wenn die Fortbildung des Rechts oder die Sicherung einer einheuitlichen Rechtsprechung eine Entscheidung des Bundesfinanzhofs erfordert. Damit werden alle Tatbestände in die Grundsatzrevision

---

i.S.d. § 115 II Nr. 1 FGO – spricht. Vgl. zudem die Begründung des Entwurfs eines ZPO-RG von SPD-Bündnis 90/Die Grünen v. 04.07.2000, BT-Drucks. 14/3750, S. 44 (Allgemeiner Teil) u. v.a. S. 75 f. (Einzelbegründung zu § 543 ZPO), sowie die Begründung des Entwurfs eines ZPO-RG der Bundesregierung v. 24.11.2000, BT-Drucks. 14/4722, S. 67 (Allgemeiner Teil) u. v.a. S. 104 f. (Einzelbegründung zu § 543 ZPO), die jeweils (vornehmlich) eine erweiterte Auslegung der Revisionszulassungsgründe i.R.d. § 543 II 1 Nr. 2 ZPO vornehmen möchte, der § 115 II Nr. 2 FGO entspricht.

1557 Begründung des Entwurfs eines 2. FGOÄndG v. 11.09.2000, BT-Drucks. 14/4061, S. 6.

1558 Der hinter dem Gedankenstrich stehende – nicht kursiv gedruckte – Satzteil entstammt nicht der Gesetzesbegründung, sondern wurde vom Verf. hinzugefügt.

1559 Begründung des Entwurfs eines 2. FGOÄndG v. 11.09.2000, BT-Drucks. 14/4061, S. 6.

einbezogen, in denen ein allgemeines Interesse an einer korrigierenden Entscheidung des Revisionsgerichts besteht[1560]*."*

Etwas anderes ergibt sich jedoch aus der Einzelbegründung zu § 115 FGO. Dort heißt es wörtlich: *„Nummer 1 und Nummer 2 übernehmen die Regelung des § 74 Abs. 2 GWB, die die Zulassung der Rechtsbeschwerde in Kartellangelegenheiten regelt, als Revisionszulassungsgründe. Damit beschränkt sich die Grundsatzrevision nicht auf Divergenzfälle und auf Fälle der Rechtsfortbildung und -vereinheitlichung, sondern bezieht alle Tatbestände ein, in denen über den Einzelfall hinaus ein allgemeines Interesse an einer korrigierenden Entscheidung des Revisionsgerichts besteht*[1561]*."*

Auch hier liegt es zunächst wiederum nahe, die Formulierung mit *Hans-Friedrich Lange* dahingehend auszulegen, dass der Begriff der *,Grundsatzrevision'* allumfassend mit Blick auf § 115 II Nr. 1 und Nr. 2 FGO verwendet worden ist.

Allerdings gilt es dabei zu berücksichtigen, dass die Spezialtatbestände der Rechtsfortbildungs- und Rechtsprechungsvereinheitlichungrevision gemäß § 115 II Nr. 2 Alt. 1 u. 2 FGO sowie als Bestandteil/Fallgruppe der Rechtsprechungsvereinheitlichungsrevision auch die Divergenzfälle eingangs gesondert Erwähnung finden. Auch wenn diese Tatbestände Konkretisierungen oder Unterfälle des Revisionszulassungsgrundes der ,Grundsätzlichen Bedeutung der Rechtssache' i.S.d. § 115 II Nr. 1 FGO darstellen, so kann sich die anschließend geäußerte beabsichtigte Einbeziehung aller Tatbestände in die Grundsatzrevision, in denen über den Einzelfall hinaus ein allgemeines Interesse an einer korrigierenden Entscheidung des Revisiongerichts besteht, jedoch ausschließlich auf § 115 II Nr. 1 FGO beziehen. Denn ansonsten wäre die anfängliche Formulierung, dass sich die *,Grundsatzrevision'* gerade *„nicht auf Divergenzfälle und auf Fälle der Rechtsfortbildung und -vereinheitlichung"*, die ja in § 115 II Nr. 2 FGO eine gesonderte Normierung erfahren haben, beschränkt, letztlich ohne besondere Bedeutung und wenig nachvollziehbar.

Die Einbeziehung aller Tatbestände, die ein über den Einzelfall hinausgehendes Allgemeininteresse an einer korrigierenden Entscheidung aufweisen, in die Grundsatzrevision, bezieht sich also gerade auf den Zulassungsgrund des § 115 II Nr. 1 FGO und nicht (auch) auf die gesondert normierten Spezial- und Unterfälle des § 115 II Nr. 2 Alt. 1 u. 2 FGO[1562].

Das Bemühen aller am Gesetzgebungsverfahren zum 2. FGOÄndG Beteiligten, den Zugang zum BFH im Interesse der Einzelfallgerechtigkeit und mit Blick auf

1560 Beschlussempfehlung und Bericht des Rechtsausschusses (6. Ausschuss) zu dem Gesetzentwurf der Bundesregierung – Drucksachen 14/4061, 14/4450: Entwurf eines 2. FGOÄndG – v. 08.11.2000, BT-Drucks. 14/4549, S. 10.

1561 Begründung des Entwurfs eines 2. FGOÄndG v. 11.09.2000, BT-Drucks. 14/4061, S. 9 zu Nr. 13.

1562 Ebenso *Beermann*, in: BG, § 115 FGO Tz. 76 (Lfg. 57 März 2006); *Seer*, BB 2000, 2387, 2388 f.; *ders.*, StuW 2001, 3, 8 f.; *ders.*, StuW 2003, 193, 196 u. 204; *ders.*, in: T/K, § 115 FGO Tz. 42 a.E. (Lfg. 131 Oktober 2012).

einen auch zweitinstanzlich effektiven Finanzrechtsschutz zu erweitern, ist begrüßenswert[1563], zumal verfassungsrechtlich und einfachrechtlich geboten.

Da jedoch in Rechtsprechung und Schrifttum mit Blick auf die Gesetzesmaterialien, die m.E. bereits für eine erweiterte Auslegung des § 115 II Nr. 1 FGO sprechen, weit überwiegend § 115 II Nr. 2 FGO als Einfallstor für eine erweiterte sowie individualrechtsschutzgewährende Auslegung der Revisionszulassungsgründe des § 115 II FGO angesehen wird, bedarf es weiterer überzeugender Argumente, die zeigen, dass eine erweiterte Auslegung allumfassend gerade über § 115 II Nr. 1 FGO zu erfolgen hat.

bb) Rechtsbegriffliche Erwägungen

Als dogmatischer Anknüpfungspunkt für eine erweiterte Auslegung der Grundsatzrevision i.S.d. § 115 II Nr. 1 FGO dient zunächst der dort verwendete Begriff der ‚Rechtssache'.

Zwar ist nach herrschender Auffassung der Begriff der ‚Rechtssache' gleichbedeutend mit dem Begriff der ‚Rechtsfrage'[1564]. Trotzdem bietet dieser in § 115 II Nr. 1 FGO verankerte Rechtsbegriff den normativen Ansatz für ein erweitertes Begriffsverständnis und lässt sich somit zu der vom Gesetzgeber beabsichtigten Stärkung und Verbesserung des Individualrechtsschutzes im finanzgerichtlichen Revisionszulassungsrecht heranziehen[1565].

Denn er erhält schon insoweit eine über den Begriff der ‚Rechtsfrage' hinausgehende eigenständige Bedeutung, als es sich bei der ‚Rechtssache' um die Angelegenheit/den Fall der Parteien bzw. Beteiligten handelt. Eine ‚Rechtssache' beruht somit regelmäßig nicht bloß auf einer einzelnen darstellbaren ‚Rechtsfrage', sondern vielmehr auf einem Komplex von einander abhängigen und mit dem zu entscheidenden Sachverhalt zusammenhängenden ‚Rechtsfragen', so dass sich die Grundsätzlichkeit i.S.d. § 115 II Nr. 1 FGO folglich auf die ‚Rechtssache' als das gesamte Gebilde, also den vom FG entschiedenen Fall nach Sachverhalt und rechtlicher Beurteilung beziehen muss[1566].

cc) Rechtssystematische Erwägungen

Darüber hinaus lässt sich eine erweiterte Auslegung der Grundsatzrevision gemäß § 115 II Nr. 1 FGO auch im System der Revisionszulassungsgründe des § 115 II FGO mit Blick auf das Verhältnis der einzelnen Zulassungsgründe zueinander sowie aus einem Vergleich zu § 11 IV FGO begründen. Dabei handelt es sich um das gewichtigste aller Argumente.

1563 So auch *Seer*, StuW 2001, 3, 9.

1564 Siehe oben im 3. Abschnitt unter B.I.1.c) (S. 138).

1565 Auf gleicher Linie *List*, DB 2003, 572, 573 f.; *Seer*, in: T/K, § 115 FGO Tz. 44 sowie § 116 FGO Tz. 47 (jeweils Lfg. 131 Oktober 2012). Siehe auch bereits oben im 3. Abschnitt unter B.I.1.d)bb) (S. 142 ff., dort S. 143).

1566 Ebenso *List*, DB 2003, 572, 573 f., insbesondere 574.

Die Kriterien der ‚Grundsätzlichen Bedeutung‘ sowie der ‚Fortbildung des Rechts‘ und der ‚Sicherung einer einheitlichen Rechtsprechung‘ finden sich auch in § 11 IV FGO, der die Anrufung des Großen Senats wegen Grundsätzlichkeit – sog. *Grundsatzanrufung* – normiert:

„Der erkennende Senat kann eine Frage von grundsätzlicher Bedeutung dem Großen Senat zur Entscheidung vorlegen, wenn das nach seiner Auffassung zur Fortbildung des Rechts oder zur Sicherung einer einheitlichen Rechtsprechung erforderlich ist.“

Nach § 11 IV FGO sind folglich die Tatbestandsmerkmale der *‚Erforderlichkeit zur Fortbildung des Rechts‘* bzw. der *‚Erforderlichkeit zur Sicherung einer einheitlichen Rechtsprechung‘ qualifizierende Merkmale grundsätzlicher Bedeutung*, um eine Vorlage an den Großen Senat zu rechtfertigen[1567]. Die einzelnen Kriterien der Grundsatzanrufung i.S.d. § 11 IV FGO, namentlich die ‚Frage von grundsätzlicher Bedeutung‘ sowie die ‚Erforderlichkeit zur Fortbildung des Rechts‘ bzw. die ‚Erforderlichkeit zur Sicherung einer einheitlichen Rechsprechung‘ werden hier also *kumulativ* verwendet, so dass zusätzlich zu der grundsätzlichen Bedeutung der entsprechenden Rechtsfrage (Vorlagefrage) stets eines der beiden qualifizierenden Merkmale *kumulativ* hinzukommen muss, damit das Vorlagebegehren begründet ist[1568].

§ 115 II FGO normiert hingegen in Nr. 1 u. 2 jeweils eigenständige, gleichrangig nebeneinander stehende Zulassungsgründe. Er verwendet die Tatbestände der Rechtsfortbildungs- und Rechtsprechungsvereinheitlichungsrevision gemäß § 115 II Nr. 2 Alt. 1 u. 2 FGO dementsprechend *gerade nicht kumulativ, sondern vielmehr alternativ* zur Grundsatzrevision nach § 115 II Nr. 1 FGO[1569]. Dabei bildet die Grundsatzrevision den *generellen Zulassungsgrund*, während Rechtsfortbildungs- und Rechtsprechungsvereinheitlichungsrevision lediglich *Konkretisierungen bzw.*

1567 *Seer*, StuW 2001, 3, 9; *ders.*, StuW 2003, 193, 196; *ders.*, in: T/K, § 115 FGO Tz. 43 (Lfg. 131 Oktober 2012); *Sunder-Plassmann* HHSp., § 11 FGO Tz. 91, 92 u. v.a. 96 (Lfg. 194 Juni 2007). Das gilt neben § 11 IV FGO auch für §§ 11 IV VwGO, 41 IV SGG, 132 IV GVG, 45 IV ArbGG. Andeutungsweise auch bereits oben im 3. Abschnitt unter B.I.1.a)bb) (S. 130 ff.).

1568 *Seer*, BB 2000, 2387, 2388; *ders.*, StuW 2001, 3, 9; *ders.*, StuW 2003, 193, 196; *ders.*, in: T/K, § 115 FGO Tz. 43 (Lfg. 131 Oktober 2012); *Sunder-Plassmann* HHSp., § 11 FGO Tz. 91, 92 u. v.a. 96 (Lfg. 194 Juni 2007). Siehe dazu andeutungsweise auch bereits oben im 3. Abschnitt unter B.I.1.a)bb) (S. 130 ff.), dort auch unter Hinweis auf die Notwendigkeit einer *besonderen ‚Breitenwirkung‘* der i.R.d. § 11 IV FGO zu entscheidenden Rechtsfrage (Vorlagefrage).

1569 *Seer*, BB 2000, 2387, 2388; *ders.*, StuW 2001, 3, 9; *ders.*, StuW 2003, 193, 196; *ders.*, in: T/K, § 115 FGO Tz. 43 (Lfg. 131 Oktober 2012); vgl. zudem *Sunder-Plassmann* HHSp., § 11 FGO Tz. 96 (Lfg. 194 Juni 2007). Gegenüber den Voraussetzungen für die Zulassung einer Grundsatzrevision i.S.d. § 115 II Nr. 1 FGO wird das *Niveau* der Vorlagevoraussetzungen in § 11 IV FGO folglich angehoben, *Seer*, StuW 2001, 3, 9; *Sunder-Plassmann* HHSp., § 11 FGO Tz. 85 (Lfg. 194 Juni 2007). Vgl. dazu andeutungsweise auch bereits oben im 3. Abschnitt unter B.I.1.a)bb) (S. 130 ff.).

Sonder-/Unterfälle dieses generellen Zulassungstatbestandes der ,Grundsätzlichen Bedeutung' darstellen und mithin als *leges speciales* anzusehen sind[1570].

Hieraus wird deutlich, dass es Fälle von grundsätzlicher Bedeutung geben muss, deren Entscheidung *weder* zur Fortbildung des Rechts *noch* zur Sicherung einer einheitlichen Rechtsprechung erforderlich ist, und die – gleichsam als weniger qualifizierte Fälle von grundsätzlicher Bedeutung – dem Grundtatbestand des § 115 II Nr. 1 FGO unterfallen[1571]. Da aber der Revisionszulassungsgrund der ,Grundsätzlichen Bedeutung der Rechtssache' gemäß § 115 II Nr. 1 FGO äußerlich in seinem Wortlaut keine Veränderung erfahren hat, muss er demnach als Generalklausel erheblich weiter ausgelegt und verstanden werden, als noch vor der Neufassung der Zulassungsgründe durch das 2. FGOÄndG[1572].

Es lässt sich somit festhalten, dass das Gesetz mit Blick auf den systematischen Zusammenhang zwischen den einzelnen Revisionszulassungsgründen des § 115 II FGO und ihr Verhältnis zueinander den Spielraum eröffnet, bereits die Grundsatzrevision nach § 115 II Nr. 1 FGO *i.S. eines verstärkten Individualrechtsschutzes* erweitert auszulegen, und den Kreis der Fälle, denen grundsätzliche Bedeutung zukommt, trotz des gleichgebliebenen Wortlauts des § 115 II Nr. 1 FGO weiter zu ziehen als bislang[1573]. Da es sich bei dem Revisionszulassungsgrund der

1570 Ähnlich *Seer*, StuW 2001, 3, 9; *ders.*, StuW 2003, 193, 196.

1571 *Beermann*, in: BG, § 115 FGO Tz. 72 u. 82 (Lfg. 57 März 2006); *ders.*, DStZ 2006, 71, 73; *Seer*, BB 2000, 2387, 2388; *ders.*, StuW 2001, 3, 9 f.; *ders.*, StuW 2003, 193, 196; *ders.*, in: T/K, § 115 FGO Tz. 43 (Lfg. 131 Oktober 2012). Vgl. insoweit auch *BGH*, Beschl. v. 01.10.2002, XI ZR 71/02, NJW 2003, 65, 67 f. u. 68, jeweils m.w.N. – Vgl. in diesem Zusammenhang zudem die Begründung des Entwurfs eines ZPO-RG von SPD-Bündnis 90/Die Grünen v. 04.07.2000, BT-Drucks. 14/3750, S. 44 (Allgemeiner Teil) u. S. 75 (Einzelbegründung zu § 543 ZPO), sowie die Begründung des Entwurfs eines ZPO-RG der Bundesregierung v. 24.11.2000, BT-Drucks. 14/4722, S. 67 (Allgemeiner Teil) u. S. 104 (Einzelbegründung zu § 543 ZPO): Zwar möchte diese jeweils (vornehmlich) eine erweiterte Auslegung der Revisionszulassungsgründe i.R.d. § 543 II 1 Nr. 2 ZPO vornehmen, der § 115 II Nr. 2 FGO entspricht, vgl. schon Fußnote 1556. Jedoch heißt es dort ausdrücklich, dass die Zulassungsvoraussetzungen der ,Fortbildung des Rechts' und der ,Sicherung einer einheitlichen Rechtsprechung' den Zulassungsgrund der ,Grundsätzlichen Bedeutung der Rechtssache' *konkretisieren, ohne ihn hierauf zu beschränken.* Des Weiteren heißt es dort, dass mit der Erweiterung der Zulassungsgründe und dem damit verbundenen erweiterten Verständnis der ,Grundsätzlichen Bedeutung der Rechtssache' künftig auch Revisionen zuzulassen sein werden, denen eine Grundsatzbedeutung im herkömmlichen Sinne nicht zukomme, die aber gleichwohl eine Leitentscheidung der höchstrichterlichen Rechtsprechung erfordern.

1572 Ebenso *Seer*, StuW 2001, 3, 10.

1573 Auf gleicher Linie *Beermann*, in: BG, § 115 FGO Tz. 72, 76 u. 82 (Lfg. 57 März 2006); *ders.*, DStZ 2006, 71, 73; *Dißars*, StB 2002, 4, 8; *Seer*, BB 2000, 2387, 2389; *ders.*, StuW 2001, 3, 9 f. u. 11; *ders.*, StuW 2003, 193, 196 u. 204; *ders.*, in: T/K, § 115 FGO Tz. 43 sowie § 116 FGO Tz. 39 a.E. (jeweils Lfg. 131 Oktober 2012), wonach

‚Grundsätzlichen Bedeutung der Rechtssache' um die Generalklausel der Zulassungsgründe des § 115 II Nrn. 1 u. 2 FGO handelt, erscheint eine solche erweiterte Auslegung des § 115 II Nr. 1 FGO sogar geradezu geboten, weil ansonsten das Verhältnis von Generalzulassungstatbestand und Spezialzulassungstatbeständen auf den Kopf gestellt wird[1574].

Das gilt insbesondere, wenn man schließlich bedenkt, dass die Fälle der Rechtsfortbildung vor der Reform des Revisionszulassungsrechts durch das 2. FGOÄndG den Hauptanwendungsfall einer Revisionszulassung wegen grundsätzlicher Bedeutung bildeten[1575]. Diese sind aber nunmehr mit der Neufassung der Zulassungsgründe aus der Grundsatzrevision des § 115 II Nr. 1 FGO ausgeklammert und in einen neuen selbständigen und separaten Zulassungstatbestand der Rechtsfortbildungsrevision i.S.d. § 115 II Nr. 2 Alt. 1 FGO überführt worden, so dass der Maßstab für die in § 115 II Nr. 1 FGO angesiedelten und verbliebenen Fälle ein anderer sein muss als noch vor der Reform[1576]. Denn ansonsten bestünde die überaus skurile Situation, dass der eigenständige und neu geschaffene Revisionszulassungsgrund der Rechtsfortbildungsrevision gemäß § 115 II Nr. 2 Alt. 1 FGO leerlaufen würde und mithin schlichtweg überflüssig wäre[1577], während die Grundsatzrevision nach § 115 II Nr. 1 FGO trotz der Neufassung der Zulassungsgründe in § 115 II Nr. 2 FGO unverändert immer noch so ausgelegt und gehandhabt würde, als bildeten die Fälle der Rechtsfortbildung nach wie vor den Hauptanwendungsfall einer Revisionszulassung wegen grundsätzlicher Bedeutung.

Ist also der Weg frei für eine erweiterte Auslegung der Grundsatzrevision und ist § 115 II Nr. 1 FGO – auch um dem BFH als Revisionsgericht eine *maximale Wirkungsbreite* zu sichern[1578] – sogar zwingend *i.S. eines verstärkten Individualrechtsschutzes*

---

der unbestimmte Rechtsbegriff der ‚Grundsätzlichen Bedeutung' nunmehr auch der *Herstellung von Einzelfallgerechtigkeit* zugänglich und das Begriffsverständnis dementsprechend zu erweitern sei. – Vgl. dazu andeutungsweise auch bereits oben im 3. Abschnitt unter B.I.1.d)bb) (S. 142 ff., dort S. 143).

1574 *Seer*, StuW 2001, 3, 9. Vgl. zudem *Seer*, in: T/K, § 115 FGO Tz. 43 (Lfg. 131 Oktober 2012), unter Hinweis darauf, dass das Verhältnis des § 115 II Nr. 1 FGO zu den in § 115 II Nr. 2 FGO enthaltenen Zulassungsgründen ansonsten im Dunkeln bleibe.

1575 Vgl. oben im 3. Abschnitt unter B.II.1.a)aa) (S. 203) mit Nachweisen in Fußnote 752.

1576 *Seer*, in: T/K, § 115 FGO Tz. 43 (Lfg. 131 Oktober 2012).

1577 Siehe auch *Seer*, in: T/K, § 115 FGO Tz. 43 (Lfg. 131 Oktober 2012). – So empfindet bspw. *Rüsken*, DStZ 2004, 334, 337, der sich gegen eine Stärkung des Individualrechtsschutzes i.R.d. Revisionszulassung wegen grundsätzlicher Bedeutung der Rechtssache ausspricht, den Revisionszulassungsgrund der Rechtsfortbildungsrevision gemäß § 115 II Nr. 2 Alt. 1 FGO offenbar als überflüssig, wenn er dafür plädiert, diesen Zulassungsgrund als bloßen – bereits in § 115 II Nr. 1 FGO enthaltenen – Unterfall der Grundsatzrevision in § 115 II Nr. 2 FGO *„um der systematischen Klarheit der Vorschrift willen"* wieder zu streichen, dazu **kritisch** nachstehend unter II. (S. 514 ff., dort S. 516).

1578 Vgl. insoweit die Begründung des Entwurfs eines 2. FGOÄndG v. 11.09.2000, BT-Drucks. 14/4061, S. 6.

erweitert auszulegen, dann muss demzufolge auch die Messlatte für die hinreichende und ordnungsgemäße Begründung der in § 115 II Nr. 1 FGO angesiedelten und verbliebenen Fälle i.R.d. NZB entsprechend abgesenkt werden.

Das bedeutet insbesondere, dass insoweit nicht mehr die strengen Darlegungsanforderungen verlangt werden dürfen, die der BFH i.R.d. Grundsatzrevision immer noch unverändert an das (abstrakte) Allgemeininteresse und seine Darlegung i.R.d. Begründung einer NZB nach §§ 116 III 3, 115 II Nr. 1 FGO stellt[1579], zumal sich diese Anforderungen – wie vorstehend unter 1.b) (S. 468 f.) u. 1.c) (S. 469 ff., dort S. 470) ausführlich dargestellt – begrifflich und systematisch besser den separaten sowie speziellen Zulassungstatbeständen der Rechtsfortbildungsrevision gemäß § 115 II Nr. 2 Alt. 1 FGO bzw. der Rechtsprechungsvereinheitlichungsrevision nach § 115 II Nr. 2 Alt. 2 FGO zuordnen lassen[1580].

Für den BFH mag es zwar schwierig sein, i.R. seiner st. Rspr. einen systematischen Schwenk zu machen und den Kreis der Fälle, denen grundsätzliche Bedeutung i.S.d. § 115 II Nr. 1 FGO zukommt, mit Blick auf eine Stärkung des Individualrechtsschutzes weiter zu ziehen als bislang sowie damit einhergehend den hohen Anspruch an die Darlegung der grundsätzlichen Bedeutung der Rechtssache abzusenken. Denn die Richterschaft des BFH ist an die ‚Grundsätzliche Bedeutung' als etablierten und gefestigten Rechtsbegriff gewöhnt und möchte sich überdies wohl nicht in Widerspruch zu anderen Gerichtsbarkeiten begeben, die das im 3. Abschnitt unter B.I.1.b) (S. 132 ff.) ausführlich beschriebene tradierte Verständnis der Grundsatzrevision über Jahre bzw. Jahrzehnte hinweg ebenso wie der BFH fest in ihrer jeweiligen revisionszulassungsrechtlichen Rechtsprechung verankert haben[1581].

1579 So auch *Seer*, StuW 2001, 3, 11 f.

1580 Vgl. auch *Beermann*, DStZ 2006, 71, 73, der anführt, dass die Frage, ob die Voraussetzungen der ‚Grundsätzlichen Bedeutung der Rechtssache' i.S.d. § 115 II Nr. 1 FGO erfüllt seien, nach anderen Kriterien beurteilt werden müsse als nach denen der ‚Rechtsfortbildung' und der ‚Sicherung einer einheitlichen Rechtsprechung'.

1581 Zum Verständnis des Rechtsbegriffs der ‚Grundsätzlichen Bedeutung' in den anderen Gerichtsbarkeiten s. bspw. ***BVerwG***, Beschl. v. 17.08.2009, 6 B 9.09, NVwZ 2009, 1569; Beschl. v. 09.09.2011, 8 B 15.11, ZOV 2011, 226 (jeweils zu § 132 II Nr. 1 VwGO); ***BSG***, Beschl. v. 24.10.2011, B 8 SO 25/11 B, BSG-Intern – Registernummer 30139 (zu § 160 II Nr. 1 SGG); ***BGH***, Beschl. v. 27.03.2003, V ZR 291/02, NJW 2003, 1943, 1944 m.w.N.; Beschl. v. 18.11.2009 u. 10.02.2010, IV ZR 36/09, VersR 2010, 645 f. (jeweils zu § 543 II 1 Nr. 1 ZPO); ***BAG***, Beschl. v. 28.06.2011, 3 AZN 146/11, NJW 2011, 2828 (zu § 72 II Nr. 1 ArbGG). Danach ist es für eine Revisionszulassung wegen grundsätzlicher Bedeutung der Rechtssache auch hier jeweils regelmäßig erforderlich, *dass sich die aufgeworfene Rechtsfrage in einer unbestimmten Vielzahl weiterer (gleichartiger) Fälle stellen kann,* bzw. *dass ihr eine über den Einzelfall hinausgehende Bedeutung in Form einer Breitenwirkung zukommt, und dass die für die Beurteilung des Streitfalls maßgebliche Rechtsfrage (deshalb) das (abstrakte) Interesse der Allgemeinheit an der einheitlichen (Fort-) Entwicklung und Handhabung des Rechts berührt.*

Dennoch ist es enttäuschend, dass der BFH den systematischen Zusammenhang zwischen den einzelnen Revisionszulassungsgründen des § 115 II FGO und ihr Verhältnis zueinander bislang außer Acht lässt. Das Gewöhntsein an das tradierte Verständnis der ‚Grundsätzlichen Bedeutung' und die Scheu vor einem Widerspruch zu der einschlägigen Rechtsprechung der anderen Gerichtsbarkeiten können dabei nicht als Entschuldigung herhalten, zumal in den anderen Prozessordnungen mit Ausnahme der ZPO die Rechtsfortbildungs- und Rechtsprechungsvereinheitlichungsrevision bislang nicht als eigenständige und separate Revisionszulassungsgründe neben der Grundsatzrevision normiert worden sind.

Der BFH sollte deshalb der Forderung nach einer erweiterten Auslegung der Grundsatzrevision gemäß § 115 II Nr. 1 FGO sowie einer Absenkung der entsprechenden Darlegungsanforderungen nachkommen, um auch in der finanzgerichtlichen Revisionsinstanz einen effektiven und verstärkten Individualrechtsschutz zu gewähren und Einzelfallgerechtigkeit herzustellen. Damit bestünde für die anderen Gerichtsbarkeiten schließlich auch die Möglichkeit, ihre jeweilige revisionszulassungsrechtliche Rechtsprechung zum Zulassungsgrund der ‚Grundsätzlichen Bedeutung der Rechtssache' und den entsprechenden Darlegungsanforderungen zu überdenken und sich ggf. der entsprechend gewandelten Rechtsprechung des BFH zur Grundsatzrevision anzuschließen, die dann das systematische Verhältnis der einzelnen Revisionszulassungsgründe zueinander widerspiegeln würde, das durch die Neufassung der Zulassungsgründe in § 115 II Nrn. 1 u. 2 FGO – und ebenso in § 543 II 1 Nrn. 1 u. 2 ZPO – nunmehr explizit zum Ausdruck kommt.

b) Fallgruppen einer Revisionszulassung wegen grundsätzlicher Bedeutung der Rechtssache bei entsprechend erweiterter sowie individualrechtsschutzgewährender Auslegung des § 115 II Nr. 1 FGO

Um der Intention des 2. FGOÄndG, den Individualrechtsschutz in Steuersachen zu stärken und zu verbessern und damit einhergehend den Zugang zum BFH zu erweitern[1582], gerecht zu werden, ist folglich das über den Einzelfall hinausgehende (abstrakte) Allgemeininteresse an der Klärung der aufgeworfenen Rechtsfrage nicht nur daran zu messen, ob von der Rechtssache – durch Präjudizienbildung – eine größere Anzahl von (gleichartigen) Steuerfällen betroffen ist[1583].

aa) Finanzielle/Wirtschaftliche sowie soziale Auswirkungen der Entscheidung über die aufgeworfene Rechtsfrage

Wie schon im 3. Abschnitt unter B.I.1.d)bb)(1) (S. 143 f.) sowie vorstehend eingangs unter 2. (S. 472 f.) andeutungsweise erwähnt lässt sich das über den Einzelfall

---

1582 Siehe zur Intention des 2. FGOÄndG ausführlich oben im 2. Abschnitt unter B.II. (S. 75 f.).

1583 Auf gleicher Linie *Seer*, in: T/K, § 115 FGO Tz. 49 (Lfg. 131 Oktober 2012).

hinausgehende (abstrakte) Allgemeininteresse vielmehr auch bei *erheblichen finanziellen bzw. wirtschaftlichen sowie sozialen Auswirkungen* der Entscheidung über die aufgeworfene Rechtsfrage begründen, ohne dass anhand der quantitativen Fallzahl unbedingt eine Breitenwirkung festzustellen wäre[1584]. Es erscheint nämlich wenig überzeugend, das (abstrakte) Allgemeininteresse und somit die grundsätzliche Bedeutung zwar von der Frage nach der Anzahl der Fälle abhängig zu machen, auf die sich die Entscheidung über eine Rechtsfrage auswirken kann, während die Frage nach dem Ausmaß bzw. nach dem Gewicht der Auswirkungen in finanzieller bzw. wirtschaftlicher sowie sozialer Hinsicht für die Beurteilung der ‚Grundsätzlichen Bedeutung der Rechtssache' außen vor bleibt. Denn auch wenn bei der Auslegung des Rechtsbegriffs der ‚Grundsätzlichen Bedeutung' nicht verkannt werden darf, dass dieser dazu dienen soll, die Möglichkeit zur Einlegung der Revision einzuschränken, so stellt sich jedenfalls die Frage, ob die hierbei zu beachtenden Grenzen letztlich nicht zu eng erscheinen, wenn sie ausschließlich aus dem Blickwinkel der *rechtlichen Auswirkungen* der Entscheidung über die aufgeworfene Rechtsfrage über den konkreten Einzelfall hinaus gezogen werden[1585].

So möchte bspw. die zum Entwurf eines 2. FGOÄndG verfasste amtliche Regierungsbegründung namentlich solche Fehler bei der Auslegung revisiblen Rechts mit in die Grundsatzrevision nach § 115 II Nr. 1 FGO einbezogen wissen, die *von erheblichem Gewicht und geeignet sind, das Vertrauen in die Rechtsprechung zu beschädigen*[1586]. Ohne an dieser Stelle näher auf diese Fallgruppe einzugehen[1587], so gilt es insoweit jedoch zu berücksichtigen, dass für die Frage, ob der betreffenden Rechtsverletzung ein erhebliches Gewicht zukommt, jedenfalls auch den tatsächlichen – insbesondere finanziellen bzw. wirtschaftlichen, ggf. aber auch sozialen – Auswirkungen der Entscheidung über die aufgeworfene Rechtsfrage *für die Beteiligten* eine erhebliche Relevanz zukommt[1588].

1584 Ebenso *Seer*, in: T/K, § 115 FGO Tz. 49 (Lfg. 131 Oktober 2012). Hingegen soll dem *tatsächlichen oder wirtschaftlichen Gewicht* einer Sache i.R.d. Bestimmung des (abstrakten) Allgemeininteresses nach *Bleschick*, Revisionszulassungsgründe im Spannungsverhältnis, S. 314 ff. u. 319, neben dem Kriterium der ‚Relevanz der aufgeworfenen Rechtsfrage für eine unbestimmte Vielzahl von Fällen' mitsamt dem dabei von ihm als maßgeblich erachteten qualitativen sowie quantitativen Aspekt (vgl. dazu ausführlich a.E. der vorstehend unter 1.a) [S. 466 f. - 467] gemachten Ausführungen, dort Fußnote 1534) keine zusätzliche Bedeutung zukommen.

1585 Siehe auch *Beermann*, DStZ 2000, 773, 775 f. Vgl. zudem *Beermann*, DStZ 2001, 155, 157, der wirtschaftliche und soziale Folgen ebenfalls berücksichtigt wissen möchte, dort allerdings nicht nur betreffend das (abstrakte) Allgemeininteresse, sondern auch im Hinblick auf die Klärungsbedürftigkeit.

1586 Begründung des Entwurfs eines 2. FGOÄndG v. 11.09.2000, BT-Drucks. 14/4061, S. 9 zu Nr. 13.

1587 Dazu im 3. Abschnitt unter B.III.1.c) (S. 258 ff.) u. B.III.2.b) (S. 348 ff.) sowie nachfolgend unter bb) (S. 488 ff.).

1588 Vgl. dazu auch *Seer*, in: T/K, § 115 FGO Tz. 55 (Lfg. 94 März 2001).

Anders als der *BFH*, nach dessen aktueller Auffassung finanzielle bzw. wirtschaftliche Auswirkungen einer Entscheidung einer Rechtssache gerade keine grundsätzliche Bedeutung nach § 115 II Nr. 1 FGO verleihen[1589], hat sich der *BGH* in Anlehnung an die Begründung zum Entwurf des ZPO-RG bereits mehrfach dafür ausgesprochen, die grundsätzliche Bedeutung der Rechtssache i.S.d. § 543 II 1 Nr. 1 ZPO gerade auch anhand dieser tatsächlichen – wirtschaftlichen – Auswirkungen zu beurteilen. Dazu heißt es in der Begründung zum Entwurf des ZPO-RG, die erweiterte Zulassungsformel des § 543 II 1 Nrn. 1 u. 2 ZPO bringe zum Ausdruck, dass einer Rechtssache grundsätzliche Bedeutung nicht nur dann zukomme, wenn die Fortbildung des Rechts oder die Sicherung einer einheitlichen Rechtsprechung eine Entscheidung des Revisionsgerichts erfordere, sondern auch dann, *wenn andere Auswirkungen des Rechtsstreits auf die Allgemeinheit deren Interesse in ganz besonderem Maße berühren, wie z.B. das tatsächliche oder wirtschaftliche Gewicht der Sache für den beteiligten Rechtsverkehr*[1590].

In Anlehnung an diese Ausführungen in den Gesetzesmaterialien kommt einer Rechtssache nach der einschlägigen *BGH-Rechtsprechung* grundsätzliche, über den Einzelfall hinausreichende Bedeutung gemäß § 543 II 1 Nr. 1 ZPO auch dann zu, wenn es zwar nicht um die Klärung einer für eine Vielzahl von Fällen bedeutsamen Rechtsfrage geht, wenn jedoch andere Auswirkungen des Rechtsstreits auf die Allgemeinheit deren Interessen in besonderem Maße berühren und ein Tätigwerden des Revisionsgerichts erforderlich machen. Dies gelte insbesondere dann, *wenn das tatsächliche oder wirtschaftliche Gewicht des Rechtsstreits, nicht nur für die Vermögensinteressen der Parteien, sondern auch für die Allgemeinheit/für den Rechtsverkehr, von besonderer Bedeutung sei*[1591]. Die ordnungsgemäße Darlegung

---

1589 Siehe nur *BFH*, Beschl. v. 16.07.2007, VII B 321/06, BFH/NV 2007, 2373, 2375, sowie die weiteren Nachweise in Fußnote 524. – Vgl. jedoch demgegenüber *BFH*, Beschl. v. 29.10.1992, I B 81/92, BFH/NV 1993, 315; Beschl. v. 27.07.1993, VII B 214/92, BFH/NV 1994, 559; Beschl. v. 26.07.1995, I B 184/94, BFH/NV 1996, 257; Beschl. v. 26.10.1995, I B 49/95, BFH/NV 1996, 436; Beschl. v. 18.12.1996, XI B 71/96, BFH/NV 1997, 505; Beschl. v. 20.02.1998, IX B 98/97, BFH/NV 1998, 1111, wo es der BFH für die Darlegung der grundsätzlichen Bedeutung i.S.d. §§ 115 III 3, 115 II Nr. 1 FGO 1965 (immerhin) jeweils noch für ausreichend gehalten hat, wenn substantielle sowie konkrete Angaben darüber gemacht werden, dass und aus welchem Grund die aufgeworfene Rechtsfrage *wegen ihrer tatsächlichen (wirtschaftlichen) Auswirkungen die Interessen der Allgemeinheit oder eines größeren Teils der Allgemeinheit berühre.*

1590 So die Begründung des Entwurfs eines ZPO-RG von SPD-Bündnis 90/Die Grünen v. 04.07.2000, BT-Drucks. 14/3750, S. 76 (Einzelbegründung zu § 543 ZPO), sowie die Begründung des Entwurfs eines ZPO-RG der Bundesregierung v. 24.11.2000, BT-Drucks. 14/4722, S. 105 (Einzelbegründung zu § 543 ZPO).

1591 *BGH*-Rechtsprechung des *IV., V., IX. und XI. Zivilsenats*: *BGH*, Beschl. v. 24.09.2003, IV ZB 41/02, NJW 2004, 289, 290 (zu § 574 II Nr. 1 ZPO) **(IV. Zivilsenat)**; Beschl. v. 27.03.2003, V ZR 291/02, NJW 2003, 1943, 1944 f. (zu § 543 II 1 Nr. 1 ZPO); Beschl. v. 18.09.2003, V ZB 9/03, NJW 2003, 3765 m.w.N. (zu § 574 II Nr. 1 ZPO):

einer grundsätzlichen Bedeutung der Rechtssache i.S.d. § 544 II 3 ZPO unter diesem Gesichtspunkt erfordere folglich *eine konkrete Darstellung der tatsächlichen oder wirtschaftlichen Auswirkungen des Rechtsstreits auf die Allgemeinheit* sowie darüber hinaus Ausführungen dazu, warum das Interesse der Allgemeinheit ein korrigierendes Eingreifen des Revisionsgerichts erforderlich mache[1592].

Sowohl die Begründung zum Entwurf des ZPO-RG als auch der *BGH* in seiner Rechtsprechung stellen bei der Beurteilung der grundsätzlichen Bedeutung der Rechtssache unter dem Gesichtspunkt der finanziellen bzw. wirtschaftlichen Auswirkungen des Rechtsstreits und der Entscheidung über die aufgeworfene Rechtsfrage jedoch nur darauf ab, ob *die Interessen der Allgemeinheit, des beteiligten Rechtsverkehrs bzw. der beteiligten Verkehrskreise* erheblich berührt werden; demgegenüber wird der ggf. erheblichen Relevanz dieser Auswirkungen für die Beteiligten auch hier keinerlei Bedeutung beigemessen[1593]. Vor dem Hintergrund,

---

Hier spricht der *BGH* von der tatsächlichen und wirtschaftlichen Bedeutung *für die beteiligten Verkehrskreise* (namentlich für die Berufsstände der Rechtsanwälte und Rechtsbeistände), was letztlich aber wohl auch i.S.v. ‚Allgemeinheit' bzw. ‚Rechtsverkehr' zu verstehen ist **(V. Zivilsenat**, der die Frage, ob einer Sache auch dann grundsätzliche Bedeutung zukomme, wenn nur die tatsächlichen oder wirtschaftlichen Auswirkungen der Entscheidung für die Allgemeinheit von Bedeutung seien, *anfänglich noch offen gelassen hatte*, vgl. insoweit Beschl. v. 04.07.2002, V ZB 16/02, NJW 2002, 3029, 3030 [zu § 574 II Nr. 1 ZPO]); Beschl. v. 06.07.2006, IX ZB 281/05, n.v. (juris) (zu § 574 II Nr. 1 ZPO) **(IX. Zivilsenat)**; Beschl. v. 01.10.2002, XI ZR 71/02, NJW 2003, 65, 67 f. u. 68 m.w.N. sowie unter Hinweis auf die Systematik des § 543 II 1 ZPO; vgl. zudem Beschl. v. 11.05.2004, XI ZB 39/03, NJW 2004, 2222, 2223 (zu § 574 II Nr. 1 ZPO): *„andere Auswirkungen des Rechtsstreits"* **(XI. Zivilsenat)**. Ebenso *v. Gierke/Seiler*, JZ 2003, 403, 407; *dies.*, NJW 2004, 1497, 1498; *Hannich*, in: Hannich/Meyer-Seitz, ZPO-Reform 2002, § 543 ZPO Tz. 19; Musielak/*Ball*[7], § 543 ZPO Tz. 5; *Seiler*, MDR 2003, 785 f., unter Hinweis darauf, abstrakte Festlegungen zu dem tatsächlichen oder wirtschaftlichen Gewicht der Sache nur zurückhaltend vorzunehmen, um dieses Zulassungskriterium „als eine Art Generalklausel möglichst flexibel handhaben zu können"; *Wenzel*, NJW 2002, 3353, 3354; *ders.*, in: MünchKomm[3], § 543 ZPO Tz. 10; **a.A.** hingegen *Traut*, Zugang zur Revision in Zivilsachen, S. 131.

1592 *BGH*, Beschl. v. 01.10.2002 (Fn. 1591), NJW 2003, 65, 68 (zu § 544 II 3 ZPO). Ferner *BGH*, Beschl. v. 10.12.2003, IV ZR 319/02, NJW-RR 2004, 537, 538 (zu § 544 II 3 ZPO). Vgl. überdies *BGH*, Beschl. v. 11.05.2004 (Fn. 1591), NJW 2004, 2222, 2223 (zu § 575 III Nr. 2 ZPO).

1593 Auch der *BFH* hat, soweit er die finanziellen bzw. wirtschaftlichen Auswirkungen der Entscheidung über die aufgeworfene Rechtsfrage in älterer Rechtsprechung teilweise berücksichtigt hat, allein auf *die Interessen der Allgemeinheit oder eines größeren Teils der Allgemeinheit* abgestellt, vgl. Fußnote 1589. Siehe des Weiteren *Beermann*, DStZ 2000, 773, 776 (dort unter c) a.E.: *„... dass eine grundsätzliche Bedeutung sich auch aus wirtschaftlichen oder sozialen Auswirkungen der Entscheidung über die Rechtsfrage ergeben kann, wenn diese die Interessen der Allgemeinheit berühren, ..."*); *ders.*, DStZ 2001, 155, 157, wonach *Interessen der Allgemeinheit*

dass § 115 II Nr. 1 FGO – dasselbe gilt letztlich für § 543 II 1 Nr. 1 ZPO – aber gerade weitere Fälle erfassen soll, als solche, deren Entscheidung entweder zur Fortbildung des Rechts oder zur Sicherung einer einheitlichen Rechtsprechung erforderlich ist, sowie im Hinblick darauf, dass diese beiden separaten Zulassungskriterien der ‚Rechtsfortbildung' und der ‚Wahrung der Rechtseinheit/Rechtssicherheit' die Belange und Interessen der Allgemeinheit bereits ausreichend abdecken, dürfen mit Blick auf die finanziellen bzw. wirtschaftlichen und evtl. auch sozialen Auswirkungen der Entscheidung über die aufgeworfene Rechtsfrage eben nicht nur die Interessen der Allgemeinheit und des Rechtsverkehrs Berücksichtigung finden, sondern ist vielmehr auch *der ggf. erheblichen Relevanz dieser Auswirkungen für die an dem jeweiligen Rechtsstreit Beteiligten – insbesondere für den betroffenen Steuerpflichtigen* – Bedeutung beizumessen[1594]. Dem kann auch nicht entgegenstehen, dass eine solche Interpretation der Grundsatzrevision im Ergebnis begrifflich und inhaltlich eine Entfernung von dem vom BFH aufgestellten zentralen Erfordernis des (abstrakten) Allgemeininteresses – so wie der BFH es herkömmlicherweise versteht – darstellt. Denn nur so kann i.R.d. § 115 II Nr. 1 FGO unter dem Aspekt der finanziellen bzw. wirtschaftlichen und sozialen Auswirkungen der Entscheidung über die aufgeworfene Rechtsfrage ein verstärkter Individualrechtsschutz gewährt und somit hinreichend Einzelfallgerechtigkeit auch auf revisionszulassungsrechtlicher Ebene hergestellt werden.

Für eine derartige Ausweitung der Grundsatzrevision gemäß § 115 II Nr. 1 FGO spricht schließlich auch, dass auf diese Weise die erhebliche finanzielle bzw.

---

sich auch aus der Verhinderung oder Beseitigung nachteiliger *wirtschaftlicher oder sozialer Folgen* ergeben könnten. Zuvor schon *Prütting*, Die Zulassung der Revision, S. 176 ff. (bis S. 180, dort v.a. S. 178 u. betreffend die sozialen Auswirkungen S. 180).

1594 Die Entscheidung des *BVerfG*, Beschl. v. 05.08.1998, 1 BvR 472/98, NJW 1999, 207, 208 m.w.N. (1. Kammer des Ersten Senats), wonach für die Annahme der grundsätzlichen Bedeutung einer Rechtssache gemäß § 546 I 2 Nr. 1 und § 554b ZPO *die erheblichen wirtschaftlichen Auswirkungen einer Entscheidung für die Parteien allein nicht ausreichen*, steht dem nicht entgegen, da sie zur *alten Rechtslage* ergangen ist, als die Rechtsfortbildungs- und Rechtsprechungsvereinheitlichungsrevision noch nicht eigenständig neben der Grundsatzrevision standen. – Wenn schließlich *BAG*, Beschl. v. 28.06.2011, 3 AZN 146/11, NJW 2011, 2828 m.w.N., zu § 72 II Nr. 1 ArbGG ausführt, dass eine Rechtsfrage (auch) dann von grundsätzlicher Bedeutung sei, wenn sie *„wegen ihrer tatsächlichen, z.B. wirtschaftlichen Auswirkungen die Interessen der Allgemeinheit oder eines größeren Teils der Allgemeinheit eng berührt"*, die tatsächlichen, z.B. wirtschaftlichen Auswirkungen also auch hier ausschließlich auf die *Interessen der Allgemeinheit oder eines größeren Teils der Allgemeinheit* bezogen werden, dann gilt es auch insoweit zu berücksichtigen, dass im ArbGG die Rechtsfortbildungs- und Rechtsprechungsvereinheitlichungsrevision bislang nicht als eigenständige und separate Revisionszulassungsgründe neben der Grundsatzrevision normiert worden sind, vgl. bereits vorstehend unter a)cc) (S. 477 ff., dort S. 482).

wirtschaftliche Bedeutung der Entscheidung über die aufgeworfene Rechtsfrage für den betroffenen Steuerpflichtigen im Revisionszulassungsrecht Berücksichtigung fände, ohne dass es der Festsetzung einer starren Streitwertgrenze bedarf, die evtl. wiederum als Benachteiligung finanzschwächerer Parteien durch Privilegierung von Rechtsstreitigkeiten mit hohem Streitwert und mithin als sozialstaatlich bedenklich sowie ggf. sogar willkürlich empfunden werden könnte[1595]. Nicht zuletzt gilt es zu bedenken, dass das Steuerrecht wirtschaftliche Kräfte erfassen möchte. Dies muss sich dann aber auch im finanzgerichtlichen Rechtsschutz von der ersten bis zur letzten Instanz zugunsten des einzelnen Rechtsschutzsuchenden in Person des betroffenen Steuerpflichtigen niederschlagen, so dass also das Bedürfnis einer Leitentscheidung des BFH mit Blick auf die grundsätzliche Bedeutung der Rechtssache nach § 115 II Nr. 1 FGO stets auch dann in Betracht zu ziehen ist, wenn der Entscheidung über die aufgeworfene Rechtsfrage für den betroffenen Steuerpflichtigen als Beteiligten des konkreten Rechtsstreits ein erhebliches finanzielles bzw. wirtschaftliches Gewicht zukommt.

Für die ordnungsgemäße Darlegung der grundsätzlichen Bedeutung der Rechtssache i.S.d. §§ 115 II Nr. 1, 116 III 3 FGO muss es demnach auch ausreichen, wenn der Beschwerdeführer *die erheblichen tatsächlichen – v.a. finanziellen bzw. wirtschaftlichen, ggf. aber auch sozialen – Auswirkungen der Entscheidung über die aufgeworfene Rechtsfrage für ihn als Beteiligten des konkreten Rechtsstreits* schlüssig und substantiiert vorträgt[1596]. Gesonderte Ausführungen dazu, warum ein korrigierendes Eingreifen des BFH in Form einer Leitentscheidung im Interesse der Allgemeinheit erforderlich ist, sind hingegen nicht notwendig, weil das Kriterium der ‚Erforderlichkeit einer Entscheidung des Revisionsgerichts' in § 115 II Nr. 1 FGO anders als in § 115 II Nr. 2 FGO – dasselbe gilt für § 543 II 1 Nr. 1 ZPO im Vergleich zu § 543 II 1 Nr. 2 ZPO – keine Erwähnung findet[1597].

1595 Zu dieser ‚Privilegierungsproblematik' und den entsprechenden sozialstaatlichen Bedenken schon oben im 1. Abschnitt unter D.I. (S. 24 ff., dort S. 26), im 2. Abschnitt unter A.II. (S. 54 f.) sowie vorstehend unter A.II.1. (S. 381), dort Fußnote 1264. – Vgl. demgegenüber *Bleschick*, Revisionszulassungsgründe im Spannungsverhältnis, S. 316, sowie *Traut*, Zugang zur Revision in Zivilsachen, S. 130, die im Hinblick auf die Revisionszulassung allein wegen der finanziellen bzw. wirtschaftlichen Bedeutung einer Sache von einer Wiedereinführung der Streitwertrevision „durch die Hintertür" sprechen.

1596 Vgl. dazu auch *Seer*, in: T/K, § 116 FGO Tz. 41 u. 47 (Lfg. 131 Oktober 2012), woraus allerdings nicht ganz klar hervorgeht, dass auf die finanziellen bzw. wirtschaftlichen (und sozialen) Auswirkungen *für den bzw. die Beteiligten des konkreten Rechtsstreits* abzustellen ist.

1597 **Anders** jedoch der *BGH* zu §§ 543 II 1 Nr. 1, 544 II 3 ZPO, vgl. Fußnote 1592.

bb) Gravierende/Schwerwiegende Fehler des FG bei der Auslegung und Anwendung des materiellen Rechts

Die vorstehend unter a) (S. 473 ff.) aufgezeigten Argumente für ein erweitertes Verständnis der Grundsatzrevision gemäß § 115 II Nr. 1 FGO ebnen überdies den Weg für die Begründung des (abstrakten) Allgemeininteresses auch bei *gravierenden/schwerwiegenden Fehlern des FG bei der Auslegung und Anwendung des materiellen Rechts.* Das über den Einzelfall hinausgehende (abstrakte) Allgemeininteresse lässt sich nämlich auch in Fällen begründen, in denen der Einzelfall erstinstanzlich *sachlich unrichtig* entschieden worden ist und es sich insoweit um einen *gravierenden/schwerwiegenden Rechtsanwendungsfehler* handelt[1598].

Auch die zum Entwurf eines 2. FGOÄndG verfasste amtliche Regierungsbegründung möchte in derartigen Fällen ein (abstraktes) Allgemeininteresse i.S.d. § 115 II Nr. 1 FGO annehmen und gravierende/schwerwiegende Rechtsanwendungsfehler des FG in die Grundsatzrevision einbeziehen. Denn wenn es dort heißt, dass der Gesetzgeber vornehmlich *alle Tatbestände in die Grundsatzrevision* – damit gemeint ist § 115 II Nr. 1 FGO[1599] – *einbezogen wissen wollte, in denen über den Einzelfall hinaus ein allgemeines Interesse an einer korrigierenden Entscheidung des Revisionsgerichts besteht*[1600], dann nennt die Regierungsbegründung unmittelbar im Anschluss mit Blick auf die in § 115 II Nr. 1 FGO verbliebenen Fälle namentlich *Fehler bei der Auslegung revisiblen Rechts, die über den Einzelfall hinaus auch dann allgemeine Interessen nachhaltig berühren könnten, wenn sie z.B. von erheblichem Gewicht und geeignet seien, das Vertrauen in die Rechtsprechung zu beschädigen*[1601].

1598 Gleicher Ansicht *Beermann*, DStZ 2000, 773, 776; *ders.*, DStZ 2006, 71, 73; vgl. überdies *Beermann*, in: BG, § 115 FGO Tz. 73 a.E., 76, 77 u. 82 a.E. (Lfg. 57 März 2006). Des Weiteren *Dißars*, StB 2002, 4, 8; *List*, DB 2002, 1069, 1072 u. 1073; *ders.*, DB 2003, 572, 573 (**anders** aber auf S. 575); *Seer*, BB 2000, 2387, 2389; *ders.*, StuW 2001, 3, 10 u. 11 f.; *ders.*, StuW 2003, 193, 196 u. 204; *ders.*, in: T/K, § 115 FGO Tz. 43 a.E., 47 sowie 78 (Lfg. 131 Oktober 2012). Siehe zudem *List*, INF 2004, 615, 616 f., der jedoch gegen sämtliche Fehlentscheidungen der FGe ungeachtet ihres Ausmaßes die Revision zum BFH zulassen möchte, vgl. insoweit auch bereits *List*, DB 2003, 572, 575. – Vgl. dazu auch schon oben im 3. Abschnitt unter B.I.1.d) bb)(2) (S. 144 ff.) sowie B.III.1.c)aa) a.E. (S. 263 ff., dort S. 266 f.) und ansatzweise vorstehend eingangs unter 2. (S. 472 ff., dort S. 473).

1599 Siehe dazu die Herleitung vorstehend unter a)aa) (S. 473 ff.).

1600 Begründung des Entwurfs eines 2. FGOÄndG v. 11.09.2000, BT-Drucks. 14/4061, S. 6 u. 9 zu Nr. 13. Siehe überdies Beschlussempfehlung und Bericht des Rechtsausschusses (6. Ausschuss) zu dem Gesetzentwurf der Bundesregierung – Drucksachen 14/4061, 14/4450: Entwurf eines 2. FGOÄndG – v. 08.11.2000, BT-Drucks. 14/4549, S. 10. Vgl. zudem *Seer*, in: T/K, § 115 FGO Tz. 42 a.E. (Lfg. 131 Oktober 2012).

1601 So die Begründung des Entwurfs eines 2. FGOÄndG v. 11.09.2000, BT-Drucks. 14/4061, S. 9 zu Nr. 13, mit der Begründung, dass es in diesen Fällen geboten sein könne, der Rechtspraxis auch dann eine höchstrichterliche Orientierungshilfe zu geben, wenn die engen Zulassungsgründe des bisherigen, bis zum

Für die ordnungsgemäße Darlegung des (abstrakten) Allgemeininteresses als zentrales Tatbestandsmerkmal des Rechtsbegriffs der ‚Grundsätzlichen Bedeutung' würde es dementsprechend genügen, wenn der Beschwerdeführer einen Fehler des FG bei der Auslegung und Anwendung des materiellen Rechts sowie dessen erhebliches Gewicht – mithin die grobe Fehlerhaftigkeit des erstinstanzlichen finanzgerichtlichen Urteils – schlüssig und substantiiert vorträgt und insoweit ausführt, warum dieser Rechtsanwendungsfehler das Vertrauen in die Rechtspflege/Rechtsprechung als Ausdruck des (abstrakten) Allgemeininteresses zu beschädigen vermag[1602].

Nach nunmehr st. Rspr. des BFH und weit überwiegender Ansicht im Schrifttum begründen gravierende/schwerwiegende Fehler des FG bei der Auslegung und Anwendung des materiellen Rechts – wie nun schon mehrfach erwähnt – jedoch nicht das (abstrakte) Allgemeininteresse i.S.d. § 115 II Nr. 1 FGO. Sie führen demzufolge nicht zu einer Revisionszulassung wegen grundsätzlicher Bedeutung der Rechtssache, sondern finden unter bestimmten engen Voraussetzungen allenfalls i.R.d. Rechtsprechungsvereinheitlichungsrevision gemäß § 115 II Nr. 2 Alt. 2 FGO Berücksichtigung[1603].

Auch wenn insoweit – aufgrund der genannten begrifflichen und systematischen Erwägungen sowie mit Blick auf die Gesetzesmaterialien zum 2. FGO-ÄndG[1604] – m.E. die Grundsatzrevision nach § 115 II Nr. 1 FGO und hier das

---

31.12.2000 geltenden Rechts nicht vorlägen. – Vgl. zu dieser Formulierung auch die Begründung des Entwurfs eines ZPO-RG von SPD-Bündnis 90/Die Grünen v. 04.07.2000, BT-Drucks. 14/3750, S. 76 (Einzelbegründung zu § 543 ZPO), sowie die Begründung des Entwurfs eines ZPO-RG der Bundesregierung v. 24.11.2000, BT-Drucks. 14/4722, S. 104 (Einzelbegründung zu § 543 ZPO), aber jeweils mit Blick auf § 543 II 1 Nr. 2 ZPO.

1602 Gleicher Auffassung *Seer*, in: T/K, § 116 FGO Tz. 47 (Lfg. 131 Oktober 2012). Vgl. zudem *Seer*, StuW 2001, 3, 11 f.

1603 Siehe z.B. aus neuerer Zeit *BFH*, Beschl. v. 16.06.2009, V B 131/08, BFH/NV 2009, 1678, 1679; Beschl. v. 18.10.2010, VI B 91/10, BFH/NV 2011, 280, 281; Beschl. v. 18.05.2011, XI B 57/10, BFH/NV 2011, 1704, 1705; Beschl. v. 10.01.2012, XI B 80/11, BFH/NV 2012, 815, sowie die weiteren umfangreichen Rechtsprechungsnachweise in Fußnote 936. Überdies Gräber/*Ruban*[6], § 115 FGO Tz. 24 u. 25; *Lange* HHSp., § 115 FGO Tz. 78, 79-83 u. 92 (Lfg. 192 Oktober 2006); Schwarz/*Dürr*, § 115 FGO Tz. 10 (Lfg. 30 6/2008); *Spindler*, DB 2001, 61, 62. Vgl. zudem *Bleschick*, Revisionszulassungsgründe im Spannungsverhältnis, S. 332 ff. u. 383. Weitere Nachweise in Fußnote 788. Vgl. schließlich noch die Beschlussempfehlung und den Bericht des Rechtsausschusses (6. Ausschuss) zu dem Gesetzentwurf der Bundesregierung – Drucksachen 14/4061, 14/4450: Entwurf eines 2. FGO-ÄndG – v. 08.11.2000, BT-Drucks. 14/4549, S. 11, woraus hervorgeht, dass der Rechtsausschuss Einzelfallgerechtigkeit ebenfalls wohl eher über § 115 II Nr. 2 FGO gewährt wissen möchte. – Zu den Voraussetzungen oben im 3. Abschnitt unter B.III.1.c) (S. 258 ff.) u. B.III.2.b) (S. 348 ff.).

1604 Dazu vorstehend unter a) (S. 473 ff.).

Tatbestandsmerkmal des (abstrakten) Allgemeininteresses als dogmatisch einzig richtiger Anknüpfungspunkt anzusehen ist, spielt es in der Praxis letztlich keine Rolle, welchem der in § 115 II Nrn. 1 u. 2 FGO genannten Revisionszulassungsgründe man die Fälle eines gravierenden/schwerwiegenden Rechtsanwendungsfehlers des FG zuordnet. Das gilt insbesondere aus der *Perspektive des Rechtsschutzsuchenden*, für den es allein darauf ankommt, dass die Revision auf seine NZB hin zugelassen wird. Welcher Revisionszulassungsgrund einschlägig ist, ist dabei für ihn letztlich von untergeordneter Bedeutung[1605].

Das wiederum bedeutet, dass man auch auf Basis der h.M. durchaus zu für den rechtsschutzsuchenden Steuerbürger erträglichen Ergebnissen gelangen kann, wenn der BFH den Tatbestand des § 115 II Nr. 2 Alt. 2 FGO entsprechend rechtsschutzfreundlich auslegt[1606]. Dem ist jedoch nicht so. Vielmehr erweist sich auch die Rechtsprechung des BFH zur Rechtsfigur des ‚Gravierenden/Schwerwiegenden Rechtsanwendungsfehlers des FG' als äußerst restriktiv und führt für den Rechtsschutzsuchenden in puncto Revisionszulassung zu überaus unbefriedigenden Ergebnissen; der Gedanke, dem Individualrechtsschutz auch in zweiter Instanz verstärkt Rechnung zu tragen und die Rechtmäßigkeitskontrolle finanzgerichtlicher Entscheidungen durch die zweite Instanz zu effektuieren, kommt folglich auch hier wieder deutlich zu kurz[1607].

3. Kritik *an der Rechtsprechung des BFH zur Klärungsbedürftigkeit der aufgeworfenen Rechtsfrage und den entsprechenden Darlegungsanforderungen*

Der BFH möchte die Revision wegen grundsätzlicher Bedeutung der Rechtssache gemäß § 115 II Nr. 1 FGO nur zulassen, wenn die aufgeworfene Rechtsfrage, an deren Klärung ein (abstraktes) Allgemeininteresse besteht, *klärungsbedürftig* ist. Das setzt vornehmlich voraus, dass die Beantwortung der für die Beurteilung des Streitfalls maßgeblichen Rechtsfrage etwa wegen Unklarheiten im Gesetz *zu ernsthaften/ernstlichen Zweifeln Anlass gibt oder umstritten ist*, so dass mehrere Antwort- u. Lösungsmöglichkeiten vertretbar erscheinen[1608]. Keine Klärungsbedürftigkeit liegt hingegen vor, wenn sich die aufgeworfene Rechtsfrage aufgrund der *eindeutigen*

1605 Vgl. sinngemäß auch *Seer*, StuW 2003, 193, 198.

1606 Ebenso *Seer*, in: T/K, § 115 FGO Tz. 43 a.E. (Lfg. 131 Oktober 2012), der jedoch die Fälle gravierender/schwerwiegender Rechtsanwendungsfehler des FG im Zuge einer erweiterten Auslegung des § 115 II Nr. 1 FGO unter die Grundsatzrevision subsumieren möchte.

1607 **Kritisch** zum *Inhalt* dieser Rechtsprechung schon oben im 3. Abschnitt unter B.III.1.c)bb)(2)(f) (S. 321 ff.) sowie ausführlich später unter III.2. (S. 535 ff.).

1608 Siehe dazu oben im 3. Abschnitt unter B.I.1.e) (S. 147 [ff.]) mit den umfangreichen Rechtsprechungsnachweisen in Fußnote 544 und insbesondere in Fußnote 546.

Rechtslage problemlos beantworten lässt[1609]. An der Klärungsbedürftigkeit fehlt es ebenfalls regelmäßig, wenn der BFH die betreffende Rechtsfrage bereits hinreichend geklärt hat, da eine höchstrichterlich bereits geklärte Rechtsfrage im Regelfall einer erneuten Klärung in einem Revisionsverfahren nicht bedarf[1610].

Für die Darlegung der Klärungsbedürftigkeit i.R.d. Begründung einer NZB gemäß §§ 115 II Nr. 1, 116 III 3 FGO fordert die BFH-Rechtsprechung dementsprechend schlüssige und substantiierte Ausführungen, die erkennen lassen, dass die Beurteilung der aufgeworfenen Rechtsfrage von der Klärung einer *zweifelhaften oder umstrittenen Rechtslage* abhängig ist. Der Beschwerdeführer hat insoweit insbesondere darzulegen, *in welchem Umfang, von welcher Seite und aus welchen Gründen die Beantwortung der für bedeutsam gehaltenen Rechtsfrage zweifelhaft und umstritten* ist. Das wiederum erfordert eine äußerst detaillierte Auseinandersetzung mit den diversen in Rechtsprechung, Schrifttum und Verwaltung zu der betreffenden Rechtsfrage vertretenen Rechtsansichten unter Angabe der entsprechenden Fundstellen[1611].

a) Strenge und überspannte/überzogene Anforderungen an die Darlegung der Klärungsbedürftigkeit

Die einschlägige Rechtsprechung des BFH zur Klärungsbedürftigkeit der aufgeworfenen Rechtsfrage und insbesondere zu den Anforderungen an ihre Darlegung i.R.d. Begründung einer auf die grundsätzliche Bedeutung der Rechtssache gestützten NZB ist abzulehnen, weil sie den Beschwerdeführer *maßlos überfordert.*

Wenn dem Beschwerdeführer zur ordnungsgemäßen Darlegung, dass die Beurteilung der aufgeworfenen Rechtsfrage von der Klärung einer zweifelhaften oder umstrittenen Rechtslage abhängig ist, stets eine detaillierte Aufarbeitung des Streitstands zu der betreffenden Rechtsfrage in Form einer ausführlichen und erschöpfenden Erörterung sämtlicher einschlägiger, in Rechtsprechung, Schrifttum und Verwaltung vertretener Rechtsauffassungen – und zwar jeweils unter Angabe der entsprechenden Quellen – abverlangt wird, dann führt das dazu, dass ihm der Zugang zum BFH als Rechtsmittelinstanz insoweit entgegen Art. 19 IV 1 GG *auf unzumutbare, aus Sachgründen nicht mehr zu rechtfertigende Weise erschwert* wird[1612]. Denn dem Zweck des im NZB-Verfahren bestehenden gesetzlichen

---

1609 Vgl. dazu oben im 3. Abschnitt unter B.I.1.e) (S. 147 f.) mitsamt den umfangreichen Rechtsprechungsnachweisen in den Fußnoten 547 u. 548.

1610 Vgl. hierzu oben im 3. Abschnitt unter B.I.1.e) (S. 147 ff., dort S. 149 ff.) mitsamt den dortigen umfangreichen Rechtsprechungsnachweisen insbesondere in den Fußnoten 549 u. 550. – Zur möglicherweise *erneuten Klärungsbedürftigkeit* einer höchstrichterlich bereits geklärten Rechtsfrage ausführlich oben im 3. Abschnitt unter B.I.1.e) (S. 147 ff., dort S. 151 f.).

1611 Siehe dazu ausführlich oben im 3. Abschnitt unter B.I.2.c) (S. 190 ff.) mit den umfangreichen Rechtsprechungsnachweisen in den Fußnoten 707-711.

1612 Siehe zu dieser zentralen Vorgabe des Art. 19 IV 1 GG, dass *der Zugang zur Rechtsmittelinstanz nicht auf unzumutbare, aus Sachgründen nicht mehr zu rechtfertigende*

Begründungszwangs, den der Entscheidung über die NZB zugrunde zu legenden Rechtsstoff zur Entlastung und Erleichterung der Prüfung durch den BFH aufzubereiten, zu beschränken und zusammenzufassen[1613], kann es nicht entsprechen, dass der Beschwerdeführer für die hinreichende Darlegung der Klärungsbedürftigkeit regelmäßig eine *filigrane Exegese nach Art eines Hochschullehrer-Rechtsgutachtens* anfertigen muss, die einer gründlichen wissenschaftlichen Auseinandersetzung mit der betreffenden Rechtsproblematik gleicht[1614].

Das gilt auch mit Blick auf das aus Art. 19 IV 1, 20 III GG abgeleitete rechtsstaatliche Gebot, dass *die Zulässigkeit eines Rechtsmittels für die Beteiligten berechenbar und kalkulierbar* und damit einhergehend *der Instanzenzug vorhersehbar* bleiben muss[1615]. Denn bei den eingangs genannten strengen und überspannten/überzogenen Anforderungen an die Darlegung der Klärungsbedürftigkeit besteht für den Beschwerdeführer immer Ungewissheit darüber, ob er den Streitstand zu der aufgeworfenen Rechtsfrage hinreichend ausführlich aufgearbeitet und die entsprechenden Rechtsansichten aus Rechtsprechung, Schrifttum und Verwaltung detailliert genug vorgetragen hat, oder ob er ggf. nicht noch vertiefter unter Angabe weiterer Quellen auf die jeweilige Rechtsproblematik und den einschlägigen Streitstand hätte eingehen müssen. Dem Beschwerdeführer eine solch erschöpfende Erörterung sämtlicher vertretener Rechtsansichten abzuverlangen, macht die Zulässigkeit seiner NZB für ihn *nahezu unberechenbar/unkalkulierbar*, zumal er immer auch eine einschlägige Rechtsauffassung übersehen kann und er dann in der Folge gleich damit rechnen muss, dass seine NZB mangels ausreichend erschöpfender Aufarbeitung des Streitstands und somit mangels hinreichender Darlegung, in welchem Umfang, von welcher Seite und aus welchen Gründen die Beantwortung der für bedeutsam gehaltenen Rechtsfrage zweifelhaft und umstritten ist, als unzulässig verworfen wird.

Weise erschwert werden darf, ausführlich oben unter A.I.4. (S. 377 ff., dort S. 378 ff.) sowie A.IV.2. (S. 425 f.), und dort konkret unter a) (S. 426 ff.) u. b) (S. 430 ff.).

1613 Vgl. zum Zweck des Begründungszwangs ausführlich oben im 3. Abschnitt unter A.II.2. (S. 108 ff., dort S. 110 f.).

1614 Auf gleicher Linie *Seer*, in: T/K, § 115 FGO Tz. 54 u. v.a. § 116 FGO Tz. 46 (jeweils Lfg. 131 Oktober 2012), der dort auch noch einmal bekräftigt, dass die strengen und überspannten/überzogenen – *hypertrophen* – Anforderungen, die an die Darlegung (u.a.) der Klärungsbedürftigkeit gestellt werden, *gegen sich selbst sprechen* und den Beschwerdeführer *überfordern*. Vgl. in diesem Zusammenhang auch *List*, DB 2002, 1069, 1072 f., der in der geforderten Auseinandersetzung mit dem Schrifttum eine regelmäßige *Überforderung* der Beschwerdeführer erblickt, zumal es bei der Fülle steuerrechtlichen Schrifttums zu einzelnen Fragen und der Vielzahl der Veröffentlichungsmedien schwierig sei, das einschlägige Schrifttum in seiner Gesamtheit zu überblicken und zu erörtern.

1615 Zu der Forderung nach einem für die Beteiligten *berechenbaren, kalkulierbaren und vorhersehbaren Instanzenzug* ausführlich oben unter A.IV.2.b) (S. 430 ff.).

Um der Richterschaft des BFH die von ihr aufgestellten, nahezu hypertrophen Darlegungsanforderungen vor Augen zu führen, macht *Roman Seer*[1616] einen interessanten Vorschlag:

Er meint, dass ein interessantes Experiment darin bestünde, BFH-Richter für einige Wochen die Rolle der Prozessvertreter einnehmen zu lassen. Diese sähen sich dann Steuerpflichtigen ausgesetzt, die erst in der dritten oder sogar vierten Woche nach Zustellung des finanzgerichtlichen Urteils mit der Bitte zu ihnen kämen, dagegen Rechtsmittel einzulegen. Umringt von Aktenbergen anderer diverser und ebenfalls drängender Vorgänge wären sie dann gezwungen, in akribischer Feinarbeit und innerhalb kürzester Zeit *fallbezogen/fallnah* eine *filigrane Exegese* über die grundsätzliche Bedeutung der Rechtssache, insbesondere mit Blick auf das (abstrakte) Allgemeininteresse und die Klärungsbedürftigkeit der aufgeworfenen Rechtsfrage, anzufertigen. Gemeinsam mit *Roman Seer* bin ich der Ansicht, dass man kein Prophet zu sein braucht, um die Prognose zu wagen, dass auch nicht wenige aus den Reihen der Richterschaft des BFH kläglich scheitern würden, wenn sie die von ihnen selbst statuierten Darlegungsanforderungen fallbezogen/fallnah und unter enormem Zeitdruck zu Papier bringen müssten.

Auch wenn der Vorschlag zunächst ein wenig amüsant klingen mag, so verdeutlicht er einmal mehr, dass es kaum noch realisierbar ist, den hypertrophen Anforderungen an die Darlegung der grundsätzlichen Bedeutung der Rechtssache – hier konkret an die Darlegung der Klärungsbedürftigkeit der aufgeworfenen Rechtsfrage – nachzukommen, so dass diese schnellstmöglich und zwangsläufig gelockert werden müssen, um den Beschwerdeführer und seinen Prozessvertreter nicht maßlos sowie unzumutbar zu überfordern.

b) Lockerung der Anforderungen – Revisionszulassung bei fehlender höchstrichterlicher Rechtsprechung

aa) Zulassung der Revision gemäß § 115 II Nr. 1 FGO wegen grundsätzlicher Bedeutung der Rechtssache

Eine Lockerung der Anforderungen könnte bspw. dadurch herbeigeführt werden, dass die Revision auch bereits dann gemäß § 115 II Nr. 1 FGO zugelassen wird, wenn zu der aufgeworfenen Rechtsfrage noch keine höchstrichterliche Rechtsprechung ergangen ist, wenn also die betreffende Rechtsfrage höchstrichterlich noch nicht entschieden ist.

Die Tatsache fehlender höchstrichterlicher Rechtsprechung zu einer für bedeutsam gehaltenen entscheidungserheblichen Rechtsfrage kann nämlich regelmäßig zumindest als *Indiz* für ihre Klärungsbedürftigkeit angesehen werden. Das ergibt sich m.E. insbesondere aus dem *Umkehrschluss*, dass es nach st. Rspr. des BFH an

1616 *Seer*, StuW 2001, 3, 11.

der Klärungsbedürftigkeit der aufgeworfenen Rechtsfrage fehlen soll, wenn diese bereits eine hinreichende höchstrichterliche Klärung erfahren hat[1617].

Der BFH sieht dies hingegen grds. anders und lässt den bloßen Hinweis darauf, dass die betreffende Rechtsfrage höchstrichterlich noch nicht entschieden sei, für die ordnungsgemäße Darlegung ihrer Klärungsbedürftigkeit gerade nicht ausreichen[1618]. Nur in einigen wenigen – vereinzelten – Fällen hat der BFH die Revision im Hinblick auf eine von ihm noch nicht (abschließend) entschiedene Rechtsfrage nach § 115 II Nr. 1 FGO wegen grundsätzlicher Bedeutung der Rechtssache zugelassen[1619].

Wie schon oben unter 1. (S. 465 ff.) mit Blick auf das (abstrakte) Allgemeininteresse an der Klärung der aufgeworfenen Rechtsfrage sowie vorstehend unter a) (S. 491 ff.) ausführlich herausgearbeitet, so muss jedoch auch bei der Klärungsbedürftigkeit der aufgeworfenen Rechtsfrage Berücksichtigung finden, dass an ihre Darlegung durch den Beschwerdeführer i.R.d. Begründung einer NZB keine überzogenen Anforderungen gestellt werden dürfen. Hierzu führt der *Große Senat* in seinem schon einmal zitierten Beschluss exemplarisch und überzeugend aus, dass *es dem Richter aufgrund des Rechtsstaatsprinzips verwehrt sei, durch übermäßig strenge Handhabung verfahrensrechtlicher Schranken den Anspruch auf gerichtliche Durchsetzung des materiellen Rechts unzumutbar zu verkürzen. Im Zweifel verdiene vielmehr diejenige Interpretation eines Gesetzes den Vorzug, die dem Bürger den Zugang zu den Gerichten eröffne*[1620].

Wenn also zu der aufgeworfenen Rechtsfrage noch keine höchstrichterliche Rechtsprechung ergangen ist, dann ist somit *im Zweifel* – zugunsten des Rechtsschutzsuchenden – von ihrer Klärungsbedürftigkeit auszugehen, so dass folglich *im Zweifel* auch ein Hinweis des Beschwerdeführers auf bislang fehlende einschlägige höchstrichterliche Rechtsprechung zu der betreffenden Rechtsfrage für die ordnungsgemäße Darlegung ihrer Klärungsbedürftigkeit genügen muss[1621].

1617 Siehe zu dieser *BFH*-Rechtsprechung bereits eingangs unter 3. (S. 490 f., dort S. 491 einschließlich Fußnote 1610, unter Hinweis auf die einschlägigen Rechtsprechungsnachweise).

1618 Vgl. die Nachweise aus der Rechtsprechung des *BFH* in Fußnote 558 sowie in Fußnote 715.

1619 Vgl. die Rechtsprechungsnachweise in den Fußnoten 560-562.

1620 *BFH GrS*, Beschl. v. 03.09.2001, GrS 3/98, BStBl. II 2001, 802, 808. Vgl. auch bereits oben unter A.IV.2.a) (S. 426 ff., dort S. 427).

1621 Auf gleicher Linie *Beermann*, DStZ 2000, 773, 775, unter Hinweis auf *Kleier*, in: Frankfurter Kommentar zum GWB[3], § 73 GWB Tz. 50; *ders.*, DStZ 2001, 312, 316, der in diesem Fall allerdings das (abstrakte) Allgemeininteresse an der Klärung der aufgeworfenen Rechtsfrage bejaht; *ders.*, in: BG, § 115 FGO Tz. 104 (Lfg. 57 März 2006) u. § 116 FGO Tz. 71 (Lfg. 66 September 2007); *Seer*, in: T/K, § 115 FGO Tz. 54 u. § 116 FGO Tz. 46 (Lfg. 115 April 2008; jetzt Lfg. 131 Oktober 2012); *Wagner*, in: KvW[19], § 115 FGO Tz. 12. Vgl. schon oben im 3. Abschnitt unter B.I.1.e) (S. 147 ff., dort S. 153).

Das gilt umso mehr, als auch in finanzgerichtlichen Entscheidungen die Zulassung der Revision auf diese Weise begründet wird. So hat bspw. jüngst das *Niedersächsische FG* die Revision gemäß § 115 II Nr. 1 FGO zugelassen, weil die Frage, bis zu welcher Anzahl an Beschäftigungsstellen noch von einer regelmäßigen Arbeitsstätte ausgegangen werden könne, *bislang nicht höchstrichterlich geklärt sei*[1622]. Wenn also Finanzgerichte die Zulassung der Revision auf diese Weise begründen, dann sollte auch dem Darlegungserfordernis der §§ 116 III 3, 115 II Nr. 1 FGO i.R.d. Begründung einer NZB genügt sein, wenn der Beschwerdeführer darauf hinweist, dass die aufgeworfene Rechtsfrage höchstrichterlich bislang keine Klärung erfahren habe.

Der BFH sollte hier folglich sogar darüber nachdenken, ob es nicht nur für die Darlegung der Klärungsbedürftigkeit, sondern vielmehr *im Zweifel* auch für die Darlegung der ‚Grundsätzlichen Bedeutung der Rechtssache' *insgesamt* ausreicht, wenn der Beschwerdeführer eine abstrakte entscheidungserhebliche Rechtsfrage aufwirft und darauf hinweist, dass zu dieser Rechtsfrage noch keine höchstrichterliche Rechtsprechung ergangen, diese also höchstrichterlich noch nicht entschieden sei, ohne dass etwaige weitere Ausführungen, bspw. zum (abstrakten) Allgemeininteresse an der Klärung der aufgeworfenen Rechtsfrage, erforderlich wären[1623].

bb) Zulassung der Revision gemäß § 115 II Nr. 2 Alt. 1 FGO zur Fortbildung des Rechts

Schließlich ließe sich noch darüber nachdenken, die Revision in Fällen, in denen zu der aufgeworfenen Rechtsfrage noch keine höchstrichterliche Rechtsprechung ergangen ist, gemäß § 115 II Nr. 2 Alt. 1 FGO zur Fortbildung des Rechts zuzulassen. So hat bspw. jüngst das *FG Rheinland-Pfalz* die Revision nach § 115 II Nr. 2 Alt. 1 FGO zur Fortbildung des Rechts zugelassen, weil die spezielle Frage, ob im Hinblick auf den Zweck des Kassenstaatsprinzips hinsichtlich der Kirchen als eigentlich nicht-staatliche Einrichtungen eine einschränkende Auslegung des Art. 14 DBA-Frankreich geboten sei, *höchstrichterlich bisher nicht entschieden sei*[1624].

1622 *Niedersächsisches FG*, Urt. v. 15.04.2011, 3 K 169/10, EFG 2011, 1774, 1775.

1623 Vgl. auch *Beermann*, DStZ 2000, 773, 775, unter Hinweis auf *Kleier*, in: Frankfurter Kommentar zum GWB³, § 73 GWB Tz. 50; *Seer*, in: T/K, § 115 FGO Tz. 54 u. § 116 FGO Tz. 46 (Lfg. 115 April 2008; jetzt Lfg. 131 Oktober 2012). Vgl. ansatzweise auch bereits oben im 3. Abschnitt unter B.I.1.e) (S. 147 ff., dort S. 153). – Dafür spricht auch, dass die Tatsache, dass zu der aufgeworfenen Rechtsfrage noch keine höchstrichterliche Rechtsprechung ergangen ist, die betreffende Rechtsfrage höchstrichterlich mithin noch nicht entschieden ist, auf eine *Offenkundigkeit* der ‚Grundsätzlichen Bedeutung der Rechtssache' hindeuten kann, vgl. oben im 3. Abschnitt unter B.I.2.f) (S. 200) m.w.N. insbesondere in Fußnote 739.

1624 *FG Rheinland-Pfalz*, Urt. v. 27.10.2011, 6 K 2558/09, EFG 2012, 182, 183. Vgl. zudem *FG Münster*, Urt. v. 30.08.2005, 6 K 867/02 AO, EFG 2006, 237, 240, wo das FG die Revision gemäß § 115 II Nr. 2 FGO (pauschal ohne nähere Differenzierung)

Für eine Zuordnung dieser Fälle zur Rechtsfortbildungsrevision spricht m.E., dass die Tatsache fehlender höchstrichterlicher Rechtsprechung zu einer für bedeutsam gehaltenen entscheidungserheblichen Rechtsfrage regelmäßig zumindest ein *Indiz* dafür darstellt, dass der konkrete Streitfall Veranlassung gibt, Grundsätze und Leitlinien für die Auslegung von Gesetzesbestimmungen des materiellen Rechts oder des Verfahrensrechts aufzustellen oder Gesetzeslücken rechtsschöpferisch auszufüllen[1625]. Darüber hinaus korrespondiert sie mit den vorstehenden *kritischen* Ausführungen zum (abstrakten) Allgemeininteresse an der Klärung der aufgeworfenen Rechtsfrage, aus denen hervorgeht, dass die seitens des BFH zur Bestimmung des (abstrakten) Allgemeininteresses i.R.d. § 115 II Nr. 1 FGO verwendeten Formulierungen und Kriterien offensichtlich fehlplatziert sind und begrifflich sowie systematisch (u.a.) besser zur Rechtsfortbildungsrevision gemäß § 115 II Nr. 2 Alt. 1 FGO passen[1626].

Entsprechend den unter aa) a.E. (S. 493 ff., dort S. 495) vorangegangenen Ausführungen zur Darlegung der ‚Grundsätzlichen Bedeutung der Rechtssache' *insgesamt* sollte es jedoch auch bei einer Revisionszulassung zur Fortbildung des Rechts nicht nur für die Darlegung der Klärungsbedürftigkeit, die dort unter dem Aspekt der ‚Erforderlichkeit einer Entscheidung des BFH' ebenfalls verlangt wird[1627], sondern vielmehr *im Zweifel* auch für die Darlegung der ‚Erforderlichkeit einer Entscheidung des BFH zur Fortbildung des Rechts' *insgesamt* genügen, wenn der Beschwerdeführer eine abstrakte entscheidungserhebliche Rechtsfrage herausstellt und darauf hinweist, dass zu dieser Rechtsfrage noch keine höchstrichterliche Rechtsprechung ergangen, diese also höchstrichterlich noch nicht entschieden sei. Dies korrespondiert auch mit den Ausführungen im 3. Abschnitt unter B.II.1.c) (S. 209 ff., dort S. 211 f.), wonach im Regelfall von der Erforderlichkeit einer Entscheidung des BFH zur Fortbildung des Rechts nach § 115 II Nr. 2 Alt. 1 FGO auszugehen ist, wenn die Entscheidung über den Rechtsstreit im Einzelfall von einer *ungeklärten Rechtsfrage* abhängt, die *noch nicht Gegenstand einer höchstrichterlichen Rechtsprechung* gewesen ist, so dass die Abhängigkeit der Entscheidung

---

zugelassen hat, da *bisher nicht höchstrichterlich geklärt sei,* ob und unter welchen Voraussetzungen nach den Grundsätzen von Treu und Glauben ein Anspruch auf Abschluss eines Verrechnungsvertrages bestehe. – Vgl. zu der einschlägigen gegenteiligen *BFH*-Rechtsprechung, wonach auch i.R.d. Rechtsfortbildungsrevision der bloße Hinweis darauf, dass die aufgeworfene Rechtsfrage höchstrichterlich noch nicht entschieden sei, zur ordnungsgemäßen Darlegung des Zulassungsgrundes für sich allein nicht ausreiche, schon oben im 3. Abschnitt unter B.II.2. a.E. (S. 212 ff., dort S. 214) mit Rechtsprechungsnachweisen in Fußnote 783.

1625 Siehe zur *‚Veranlassung zur Aufstellung von Leitsätzen für die Gesetzesauslegung oder zur Ausfüllung von Gesetzeslücken'* als der zentralen Voraussetzung der Rechtsfortbildungsrevision oben im 3. Abschnitt unter B.II.1.b) (S. 205 ff.).

1626 Dazu ausführlich vorstehend unter 1.b) (S. 468 f.) u. 1.c) (S. 469 ff., dort S. 470).

1627 Vgl. dazu oben im 3. Abschnitt unter B.II.1.c) (S. 209 ff., dort S. 210) mitsamt den Nachweisen in Fußnote 773.

des Rechtsstreits von einer *bisher höchstrichterlich noch ungeklärten Rechtsfrage* mithin regelmäßig die Erforderlichkeit einer BFH-Entscheidung zur Fortbildung des Rechts i.S. einer höchstrichterlichen Präjudizienbildung *indiziert*, die für die steuerliche Rechtsanwendung von herausragender Bedeutung ist[1628].

cc) Fazit

Eine entsprechend erweiterte Auslegung der Revisionszulassungsgründe, wonach bei noch nicht vorhandener höchstrichterlicher Rechtsprechung zu der aufgeworfenen Rechtsfrage *im Zweifel* von ihrer Klärungsbedürftigkeit – oder sogar von der ‚Grundsätzlichen Bedeutung der Rechtssache' bzw. der ‚Erforderlichkeit einer Entscheidung des BFH zur Fortbildung des Rechts' *insgesamt* – auszugehen ist, und damit einhergehend eine Absenkung der entsprechenden Darlegungsanforderungen, so dass folglich *im Zweifel* auch ein Hinweis auf bislang fehlende einschlägige höchstrichterliche Rechtsprechung zu der betreffenden Rechtsfrage für die ordnungsgemäße Darlegung ihrer Klärungsbedürftigkeit – oder sogar der ‚Grundsätzlichen Bedeutung der Rechtssache' bzw. der ‚Erforderlichkeit einer Entscheidung des BFH zur Fortbildung des Rechts' *insgesamt* – genügt, erleichtert dem Beschwerdeführer und seinem Prozessvertreter die Begründung einer NZB im Vergleich zu den bisherigen strengen und überspannten/überzogenen Darlegungsanforderungen ungemein.

Sie trägt im Einklang mit Art. 19 IV 1 GG und im Lichte des *Plädoyers des Großen Senats* erheblich dazu bei, dem rechtsschutzsuchenden Steuerbürger den Zugang zum BFH als Rechtsmittelinstanz nicht auf unzumutbare Weise zu erschweren, sondern vielmehr seinen Anspruch auf gerichtliche Durchsetzung des materiellen

---

1628 Vgl. insoweit auch *Beermann*, DStZ 2000, 773, 776, der anführt, dass in derartigen Fällen die grundsätzliche Bedeutung der *bisher höchstrichterlich noch ungeklärten Rechtsfrage*, die vorliegend durch den Zulassungstatbestand der ‚Erforderlichkeit einer Entscheidung des BFH zur Fortbildung des Rechts' konkretisiert werde, i.d.R. zu unterstellen sei; *Seer*, in: T/K, § 115 FGO Tz. 62 a.E. (Lfg. 131 Oktober 2012); später unter II. (S. 514 ff., dort S. 518). Wenn *Seer* jedoch darüber hinaus fordert, dass die entsprechende bisher höchstrichterlich noch ungeklärte Rechtsfrage eine gewisse Breitenwirkung aufweisen müsse, dann ist dies im Hinblick darauf abzulehnen, dass weitere Anforderungen – insbesondere mit Blick auf die Darlegung – gerade nicht verlangt werden sollten; das gilt bspw. und v.a. für Ausführungen zum (abstrakten) Allgemeininteresse an der Klärung der aufgeworfenen und bisher höchstrichterlich noch ungeklärten Rechtsfrage, vgl. vorstehend unter aa) a.E. (S. 493 ff., dort S. 495). **A.A.** insgesamt wohl Gräber/*Ruban*[6], § 115 FGO Tz. 41, nach deren Auffassung es für die Revisionszulassung nicht genügt, dass der BFH sich bisher noch nicht zu der aufgeworfenen Rechtsfrage geäußert habe, da die Zulassung der Revision gemäß § 115 II Nr. 2 Alt. 1 FGO nur dann „erfordert" werde, wenn die bisher höchstrichterlich nicht entschiedene Rechtsfrage auch zweifelhaft sei. – Zur Bedeutung der höchstrichterlichen Präjudizienbildung für die steuerliche Rechtsanwendung s. oben im 3. Abschnitt unter B.II.1.a)bb) (S. 204 f., dort S. 205).

Rechts zu fördern, so dass der BFH aufgerufen ist, seine restriktive Rechtsprechung zu überdenken und seine Anforderungen zu lockern.

c) Lockerung der Anforderungen – Revisionszulassung und ‚Musterprozess'

aa) Zulassung der Revision gemäß § 115 II Nr. 1 FGO wegen grundsätzlicher Bedeutung der Rechtssache

Zwar kann nach der Rechtsprechung des BFH die Klärungsbedürftigkeit einer Rechtsfrage nicht allein daraus hergeleitet werden, dass beim BFH in einem ähnlich gelagerten Fall bereits ein Revisionsverfahren anhängig ist, über das dieser bislang noch nicht entschieden hat. Folglich genügt auch ein entsprechender Hinweis des Beschwerdeführers auf ein beim BFH in einem ähnlich gelagerten Fall bereits anhängiges Revisionsverfahren für die Darlegung der Klärungsbedürftigkeit der aufgeworfenen Rechtsfrage grds. nicht, weil mit einem solchen Hinweis auf ein Parallelverfahren zunächst nur ein individuelles Interesses des Beschwerdeführers an einer Gleichbehandlung mit den Beteiligten des bereits anhängigen Verfahrens geltend gemacht werde[1629].

Allerdings wird – wie auch der *IV. Senat* in seinem Beschluss v. 05.04.2005 herausgestellt hat[1630] – die Klärungsbedürftigkeit der aufgeworfenen Rechtsfrage und mithin auch die ‚Grundsätzliche Bedeutung der Rechtssache' *insgesamt* regelmäßig dann zu bejahen sein, wenn beim BFH nicht nur ein bloßer Parallelfall, sondern vielmehr bereits ein sog. *Musterprozess* zur Klärung einer zweifelhaften Rechtsfrage *anhängig* ist, dessen Ausgang auch für andere Verfahren vorentscheidend ist bzw. sein kann, in denen sich die betreffende zweifelhafte Rechtsfrage ebenfalls stellt[1631]. Denn auch ein beim BFH bereits *anhängiger Musterprozess* zur Klärung einer zweifelhaften Rechtsfrage kann regelmäßig zumindest als *Indiz* für die Klärungsbedürftigkeit der aufgeworfenen Rechtsfrage angesehen werden, wenn diese mit der betreffenden zweifelhaften Rechtsfrage in dem bereits anhängigen Musterprozess übereinstimmt. Dementsprechend sollte es auch hier – in Anlehnung an die vorstehend unter b), dort insbesondere unter aa) (S. 493 ff.) u. cc) (S. 497 f.)

1629 Siehe die einschlägigen Rechtsprechungsnachweise in Fußnote 563 u. Fußnote 716.

1630 *BFH*, Beschl. v. 05.04.2005, IV B 96/03, BFH/NV 2005, 1564, 1565.

1631 Vgl. auch *Lange* HHSp., § 115 FGO Tz. 93 (Lfg. 192 Oktober 2006), der unter Hinweis auf *BFH*, Beschl. v. 14.07.1977, IV B 27/77, BStBl. II 1977, 806, 807, anführt, dass die Zulassung der Revision hier auch *im Interesse einer gewissen Materialbreite* liege, da es vielfach der Rechtsfindung des Revisionsgerichts diene, wenn ihm zu einer bestimmten Rechtsfrage *Anschauungsmaterial* aus mehreren ähnlich gelagerten Fällen zur Verfügung stehe und es die verschiedenen Argumente aus mehreren Verfahren kennen lerne; *Seer*, in: T/K, § 115 FGO Tz. 50 (Lfg. 131 Oktober 2012). Vgl. ansatzweise auch bereits oben im 3. Abschnitt unter B.I.1.e) (S. 147 ff., dort S. 154).

gemachten Ausführungen und im Hinblick auf das *Gebot der Lockerung der Anforderungen – im Zweifel* für die Darlegung der Klärungsbedürftigkeit sowie darüber hinaus auch für die Darlegung der ‚Grundsätzlichen Bedeutung der Rechtssache' *insgesamt* genügen, wenn der Beschwerdeführer eine abstrakte entscheidungserhebliche Rechtsfrage aufwirft und substantiiert darauf hinweist, dass es sich hierbei um eine zweifelhafte Rechtsfrage handele, zu deren Klärung beim BFH bereits ein *Musterprozess anhängig* sei, dessen Ausgang auch für das streitgegenständliche Verfahren vorentscheidend sei bzw. sein könne, ohne dass etwaige weitere Ausführungen, bspw. zum (abstrakten) Allgemeininteresse an der Klärung der aufgeworfenen Rechtsfrage, erforderlich wären.

bb) Zulassung der Revision gemäß § 115 II Nr. 2 Alt. 1 FGO zur Fortbildung des Rechts

Weist der Beschwerdeführer pauschal darauf hin, es bestehe die Möglichkeit, dass sich aus der zugelassenen Revision ein *Musterprozess entwickele*, genügt dies den Anforderungen an die hinreichende Darlegung eines der in § 115 II FGO genannten Revisionszulassungsgründe nach der einschlägigen Rechtsprechung des BFH nicht[1632].

Bedenkt man aber, dass die Anforderungen an die Darlegung der Revisionszulassungsgründe nicht überspannt werden dürfen und in Anlehnung an den *Großen Senat im Zweifel diejenige Interpretation eines Gesetzes den Vorzug verdient, die dem Bürger den Zugang zu den Gerichten eröffnet*[1633], ist die Revision *im Zweifel* jedoch bereits dann gemäß § 115 II Nr. 2 Alt. 1 FGO zur Fortbildung des Rechts zuzulassen, wenn die Möglichkeit besteht, dass sich aus ihr ein *Musterprozess entwickelt*[1634]. Denn auch die Tatsache, dass dem streitgegenständlichen Verfahren die *Bedeutung eines Musterprozesses zukommen könnte*, kann regelmäßig zumindest als *Indiz* dafür angesehen werden, dass der konkrete Streitfall Veranlassung gibt, Grundsätze und Leitlinien für die Auslegung von Gesetzesbestimmungen des materiellen Rechts oder des Verfahrensrechts aufzustellen oder Gesetzeslücken rechtsschöpferisch auszufüllen[1635]. Des Weiteren ist die Rechtsfortbildungsrevision nach § 115 II Nr. 2 Alt. 1 FGO ja gerade darauf zugeschnitten, in sog. *Musterprozessen* höchstrichterliche Entscheidungen zu ermöglichen, die sich wegen ihrer Beispielswirkung

---

1632 *BFH*, Beschl. v. 16.11.2006, XI B 178/05, BFH/NV 2007, 477 (konkret zu § 115 II Nr. 2 Alt. 2 FGO).

1633 *BFH GrS*, Beschl. v. 03.09.2001, GrS 3/98, BStBl. II 2001, 802, 808, bereits vorstehend unter b)aa) (S. 493 ff., dort S. 494).

1634 Ebenso *Seer*, in: T/K, § 115 FGO Tz. 54 a.E. (Lfg. 131 Oktober 2012), der jedoch pauschal auf § 115 II Nr. 2 FGO verweist. – Vgl. andeutungsweise auch bereits oben im 3. Abschnitt unter B.I.1.e) (S. 147 ff. [154]), dort Fußnote 564, sowie oben im 3. Abschnitt unter B.II.1.a)bb) (S. 204 f.).

1635 Siehe zur *‚Veranlassung zur Aufstellung von Leitsätzen für die Gesetzesauslegung oder zur Ausfüllung von Gesetzeslücken'* als der zentralen Voraussetzung der Rechtsfortbildungsrevision oben im 3. Abschnitt unter B.II.1.b) (S. 205 ff.).

auch auf die allgemeine Rechtsanwendung außerhalb des jeweiligen Prozesses auswirken[1636].

Mithin sollte es auch hier *im Zweifel* für die Darlegung der Klärungsbedürftigkeit, die i.R.d. § 115 II Nr. 2 Alt. 1 FGO unter dem Aspekt der ‚Erforderlichkeit einer Entscheidung des BFH' verlangt wird[1637], sowie darüber hinaus auch für die Darlegung der ‚Erforderlichkeit einer Entscheidung des BFH zur Fortbildung des Rechts' *insgesamt* genügen, wenn der Beschwerdeführer eine abstrakte entscheidungserhebliche Rechtsfrage aufwirft und schlüssig sowie nachvollziehbar darauf hinweist, dass es sich hierbei um eine zweifelhafte Rechtsfrage handele und mit Blick auf deren Klärung die Möglichkeit bestehe, dass sich aus der zugelassenen Revision ein *Musterprozess entwickele*[1638]. Denn auch hierdurch wird dem Beschwerdeführer die Begründung seiner NZB – diesmal i.R.d. §§ 116 III 3, 115 II Nr. 2 Alt. 1 FGO – und damit zugleich der Zugang zum BFH als Rechtsmittelinstanz im Einklang mit Art. 19 IV 1 GG erheblich erleichtert und somit seinem Anspruch auf gerichtliche Durchsetzung des materiellen Rechts im Lichte des *Plädoyers des Großen Senats* Rechnung getragen.

4. Kritik *an der Rechtsprechung des BFH zur ‚Fehlenden Ergebnisrichtigkeit' analog § 126 IV FGO*

Nach st. Rspr. des BFH fehlt es an der Entscheidungserheblichkeit der vom Beschwerdeführer aufgeworfenen Rechtsfrage, wenn sich das angefochtene finanzgerichtliche Urteil im Entscheidungsausspruch *bereits aus anderen als den vom FG herangezogenen Gründen als im Ergebnis richtig darstellt* und die Revision deshalb nach § 126 IV FGO zurückzuweisen wäre (sog. *Ergebnisrichtigkeit*). Der BFH macht somit die ‚Fehlende Ergebnisrichtigkeit' analog § 126 IV FGO i.R.d. Entscheidungserheblichkeit zur Voraussetzung für die Zulassung der Revision wegen grundsätzlicher Bedeutung der Rechtssache gemäß § 115 II Nr. 1 FGO[1639].

1636 Vgl. bereits oben im 3. Abschnitt unter B.II.1.a)bb) (S. 204 f.). – Vor diesem Hintergrund ist es wenig nachvollziehbar, dass der *BFH* in seinem Beschl. v. 16.11.2006 (Fn. 1632), BFH/NV 2007, 477, die Problematik eines pauschalen Hinweises darauf, dass die Möglichkeit bestehe, dass sich aus der zugelassenen Revision ein *Musterprozess entwickele*, (ausschließlich) mit Blick auf den Revisionszulassungsgrund der Rechtsprechungsvereinheitlichungsrevision nach § 115 II Nr. 2 Alt. 2 FGO und die dortigen Darlegungsanforderungen behandelt.

1637 Vgl. dazu oben im 3. Abschnitt unter B.II.1.c) (S. 209 ff., dort S. 210) mitsamt den Nachweisen in Fußnote 773.

1638 Vgl. auch später unter II. (S. 514 ff., dort S. 518).

1639 Siehe die entsprechenden Nachweise in Fußnote 597 betreffend die Grundsatzrevision gemäß § 115 II Nr. 1 FGO. Siehe zudem die entsprechenden Nachweise in den Fußnoten 931 sowie 1090 u. 1091 betreffend die Rechtsprechungsvereinheitlichungsrevision i.S.d. § 115 II Nr. 2 Alt. 2 FGO, wo der BFH bei der Revisionszulassung wegen Divergenz und wegen eines gravierenden/schwerwiegenden

Möchte der Beschwerdeführer also von vornherein vermeiden, dass seine NZB gerade aus diesem Grund als unbegründet zurückgewiesen wird, so sollte diese folglich regelmäßig auch Ausführungen dazu enthalten, dass das angefochtene FG-Urteil auch *im Ergebnis unrichtig* ist, also auch keine anderen als die vom FG dargestellten Gründe das Urteil als im Ergebnis richtig erscheinen lassen.

Diese Rechtsprechung des BFH zur analogen Anwendung der revisionsrechtlichen Vorschrift des § 126 IV FGO im NZB-Verfahren muss man aus zweierlei Perspektiven betrachten:

Einerseits können Ausführungen des Beschwerdeführers dazu, dass das angefochtene finanzgerichtliche Urteil auch im Ergebnis unrichtig ist, also auch keine anderen als die vom FG dargestellten Gründe das Urteil als im Ergebnis richtig erscheinen lassen, für den Beschwerdeführer zwar insoweit durchaus von Vorteil sein, als dieser hierdurch die Möglichkeit erhält, bereits i. R. seiner NZB eine Art ‚vorgeschobene Revisionsbegründung' mit vorzubringen, mit der er die über die Zulassung der Revision entscheidenden Richter ggf. zusätzlich überzeugen könnte, die Revision zuzulassen.

Andererseits – und das ist hier m.E. entscheidend – wird mit der ‚Fehlenden Ergebnisrichtigkeit' analog § 126 IV FGO aber ein zusätzliches Kriterium in das finanzgerichtliche Revisionszulassungsrecht eingebaut, das dort *systematisch* überhaupt nicht hingehört und dem Beschwerdeführer – soweit dieser sich dazu verhält – *weitere diffizile und umfangreiche Ausführungen abverlangt.*

Gegen die Verankerung dieses Prüfungs-/Zulassungskriteriums im finanzgerichtlichen Revisionszulassungsrecht spricht insbesondere, dass der BFH damit bereits im Zulassungsverfahren die Erfolgsaussichten und somit den vermutlichen Ausgang des künftigen Revisionsverfahrens beurteilt. Innerhalb des Zulassungsverfahrens ist der BFH aber gehalten, sich einzig mit den seitens des Beschwerdeführers vorgebrachten Revisionszulassungsgründen auseinanderzusetzen. Er hat hier also gerade nicht zu prüfen, ob die angestrebte Revision auch sachlich Erfolg haben würde, da die Erfolgsausschichten der Revision nicht Gegenstand des Zulassungsverfahrens sind. Mithin sollte die Beurteilung der Erfolgsaussichten der Revision auf die Zulassungsentscheidung des BFH keinen Einfluss nehmen, sondern vielmehr dem eigens dafür vorgesehenen Revisionsverfahren vorbehalten bleiben[1640].

Rechtsanwendungsfehlers des FG die Vorschrift des § 126 IV FGO jeweils ebenfalls analog anwendet, wie schließlich auch bei der in dieser Arbeit nicht näher behandelten Verfahrensrevision nach § 115 II Nr. 3 FGO.

1640 Auf gleicher Linie Gräber/*Ruban*[6], § 115 FGO Tz. 32 u. 61 sowie § 116 FGO Tz. 56 (**anders** aber – zur Verfahrensrevision – § 115 FGO Tz. 98); *Klein/Ruban*, Zugang zum BFH, Tz. 182; *May*, Die Revision[2], S. 142 Tz. 67; Schwarz/*Dürr*, § 115 FGO Tz. 39 u. § 116 FGO Tz. 35 (jeweils Lfg. 30 6/2008) (**anders** aber § 115 FGO Tz. 16 u. – zur Verfahrensrevision – 56 [Lfg. 30 6/2008]); *Seer*, in: T/K, § 115 FGO Tz. 53, 80 u. zudem – zur Verfahrensrevision – 117 (Lfg. 131 Oktober 2012), § 116 FGO Tz. 73 u. 73a (Lfg. 131 Oktober 2012), unter Hinweis darauf, dass die NZB *kein*

Das kann zwar u.U. zur Zulassung einer von vornherein aussichtslosen Revision führen[1641]. Dies ist jedoch hinzunehmen, weil das Zulassungsverfahren und das nachfolgende Revisionsverfahren als zwei separate und voneinander zu unterscheidende Verfahrensabschnitte anzusehen sind. So bildet das NZB-/Zulassungsverfahren systematisch lediglich ein *Vorverfahren*, um im Einzelfall durch Überwindung der Zugangsschranke zur Revisionsinstanz die gesetzliche Revisionssperre aufzuheben und in das sich anschließende eigentliche Revisionsverfahren hineinzugelangen[1642]. Damit einher geht die strikte Trennung des Prüfungs-/Streitgegenstandes und des Prüfungsprogramms im NZB-/Zulassungsverfahren und im sich ggf. anschließenden Revisionsverfahren. Denn während das Prüfungsprogramm der Revision auf die Überprüfung der angefochtenen finanzgerichtlichen Entscheidung in rechtlicher Hinsicht gerichtet ist und gemäß § 118 FGO die Verletzung des gesamten Bundesrechts umfasst, beschränkt sich das Prüfungsprogramm der NZB allein auf die Revisionszulassungsgründe i.S.d. § 115 II FGO[1643].

Vor diesem Hintergrund stellt das Rechtsmittel der NZB auch keinen der Revision adäquaten Rechtsschutzersatz dar[1644], so dass der Rechtsschutz des Beschwerdeführers erheblich verkürzt wird, wenn der BFH die ‚Fehlende Ergebnisrichtigkeit' analog § 126 IV FGO i.R.d. Entscheidungserheblichkeit der aufgeworfenen Rechtsfrage zur weiteren Voraussetzung für die Zulassung der Revision wegen grundsätzlicher Bedeutung der Rechtssache gemäß § 115 II Nr. 1 FGO macht und somit bereits im NZB-/Zulassungsverfahren die Erfolgsaussichten der Revision beurteilt[1645].

---

summarisches Revisionsvorprüfungsverfahren sei (Tz. 73), sowie § 126 FGO Tz. 58 (Lfg. 119 Mai 2009); *Wagner*, in: KvW[19], § 115 FGO Tz. 31, betreffend die Verfahrensrevision. Des Weiteren *Bleschick*, Revisionszulassungsgründe im Spannungsverhältnis, S. 386. Ebenso *Kopp/Schenke*[16], § 132 VwGO Tz. 19 m.w.N. (zu der Parallelvorschrift des § 144 IV VwGO), sowie sinngemäß auch Zöller/*Gummer*[26], § 543 ZPO Tz. 6a. – Vgl. ansatzweise auch bereits oben im 3. Abschnitt unter B.I.1.f)cc) (S. 161 ff., dort S. 162) u. B.III.1.b)ff)(2)(b) (S. 257 f., dort S. 258).

1641 Gräber/*Ruban*[6], § 115 FGO Tz. 32 u. 61 sowie § 116 FGO Tz. 56; *Seer*, in: T/K, § 116 FGO Tz. 73a (Lfg. 131 Oktober 2012).

1642 Siehe bereits oben im 3. Abschnitt unter A.I.5. (S. 103 ff., dort S. 105) und A.II.1. (S. 107). Vgl. zudem vorstehend unter A.II.1. (S. 381 ff., dort S. 386).

1643 Gräber/*Ruban*[6], § 116 FGO Tz. 56; s. auch Zöller/*Gummer*[26], § 543 ZPO Tz. 6a. Vgl. zu den unterschiedlichen Prüfungs-/Streitgegenständen und Prüfungsprogrammen von NZB und Revision ausführlich bereits oben im 3. Abschnitt unter A.I.5. (S. 103 ff., dort S. 106) und A.II.1. (S. 107 f.).

1644 So schon oben unter A.II.1. (S. 381 ff., dort S. 386).

1645 Nach *Bleschick*, Revisionszulassungsgründe im Spannungsverhältnis, S. 385, *schütze* der Erklärungsansatz, dass bei analoger Anwendung des § 126 IV FGO die *Entscheidungserheblichkeit* der herausgestellten Rechtsfrage *entfalle*, *vor*, dass die Voraussetzungen des Revisionszulassungsgrundes (der ‚Grundsätzlichen Bedeutung der Rechtssache') nicht gegeben seien und dem Beschwerdeführer somit nichts vorenthalten bliebe, was ihm das Revisionszulassungsrecht ohnehin nicht

Wenn der BFH dieser Argumentation damit entgegentritt, dass auch der Grundsatz, wonach die Erfolgsaussichten eines künftigen Revisionsverfahrens bei der Entscheidung über die NZB keine Rolle spielen dürften, uneingeschränkt nur für die Erfolgsaussichten hinsichtlich der in der Beschwerdebegründung aufgeworfenen Rechtsfrage von grundsätzlicher Bedeutung, nicht jedoch im Hinblick auf den übrigen Streitstoff gelte[1646], dann greift diese Rechtfertigung letztlich nicht.

Denn wie bereits oben unter A.II.1. (S. 381 ff., dort S. 386) im Zusammenhang mit der Problematik der ‚verkappten Revisionsentscheidung' erwähnt, gilt es auch hier zentral zu berücksichtigen, dass im NZB-/Zulassungsverfahren einerseits und im sich ggf. anschließenden Revisionsverfahren andererseits die Richterbank beim BFH jeweils unterschiedlich besetzt ist: So entscheidet über die Zulassung der Revision auf eine NZB hin gemäß §§ 10 III Alt. 2, 116 V 1 FGO regelmäßig die *Beschlussbesetzung* von drei Richtern, während die Entscheidung über die künftige Revision und damit auch über die Frage, ob das angefochtene FG-Urteil im Ergebnis zu bestätigen ist, gemäß § 10 III Alt. 1 FGO – grds. aufgrund mündlicher Verhandlung, §§ 90 I 1 i.V.m. 121 S. 1 FGO – dem *Vollsenat* in der *Urteilsbesetzung* von fünf Richtern obliegt. Es besteht demnach die Möglichkeit, dass die für (Revisions-) Urteile geltende Fünferbesetzung (Vollsenat) – das Revisionsgericht im eigentlichen Sinne – im Revisionsverfahren zu einer anderen Auffassung über die Erfolgsaussichten der Revision gelangt, als die Beschlussbesetzung im vorgelagerten NZB-/Zulassungsverfahren – und zwar nicht nur hinsichtlich der in der Beschwerdebegründung aufgeworfenen Rechtsfrage von grundsätzlicher Bedeutung, sondern auch im Hinblick auf den übrigen Streitstoff und insbesondere betreffend die Frage, ob das angefochtene finanzgerichtliche Urteil im Ergebnis zu bestätigen ist[1647].

---

gewährleiste. Durch die Ausweitung des Rechtsgedankens des § 126 IV FGO auf das NZB-Verfahren werde dem Beschwerdeführer das genommen, was ihm § 115 II FGO gewähre, *Bleschick*, a.a.O., S. 384.

1646 *BFH*, Beschl. v. 10.12.2003, X B 134/02, BFH/NV 2004, 906, 907. Ebenso Schwarz/ *Dürr*, § 115 FGO Tz. 16 (Lfg. 30 6/2008); vgl. überdies *Sendler*, DVBl. 1992, 240, 243.

1647 Im Ergebnis ebenso Gräber/*Ruban*[6], § 115 FGO Tz. 32 u. 61 sowie § 116 FGO Tz. 56; *Seer*, in: T/K, § 116 FGO Tz. 73a (Lfg. 131 Oktober 2012). – *Bleschick*, Revisionszulassungsgründe im Spannungsverhältnis, S. 389 f., bemängelt, dass der Beteiligte im NZB-Verfahren aufgrund der jeweils abweichenden Besetzung des entscheidenden Senats im NZB-/Zulassungs- und Revisionsverfahren einer nicht hinzunehmenden *Beliebigkeit im Entscheidungsergebnis* ausgesetzt sei, wenn es um die Beurteilung der ‚anderen Gründe' i.S.d. §126 IV FGO gehe. Denn der Umstand, ob eine Rechtsfrage überhaupt zur Entscheidung zugelassen werde, hänge insoweit von der jeweiligen Besetzung des Beschlusssenats und seiner Prüfung der ‚anderen Gründe', d.h. des materiellen Rechts, ab, das häufig auch bereits innerhalb eines Senats eine unterschiedliche Beurteilung erfahre. Soweit folglich der Rechtsspruch im Verfahren der NZB im Hinblick auf die ‚anderen Gründe' – im Hinblick auf das materielle Recht – nicht auch in der Besetzung des

Der Schulterschluss aller BFH-Richter, die revisionsrechtliche Vorschrift des § 126 IV FGO im NZB-Verfahren analog anzuwenden, erscheint demnach unverständlich sowie insgesamt wenig überzeugend und ist mithin im Ergebnis abzulehen[1648], zumal eine aus der analogen Anwendung des § 126 IV FGO resultierende Vermischung des NZB-/Zulassungsverfahrens mit dem Revisionsverfahren selbst ersterem jede ohnehin schon kaum vorhandene *Berechenbarkeit* nimmt[1649].

Soweit der BFH die Vorschrift des § 126 IV im Verfahren über die NZB dennoch entsprechend anwenden möchte, ist der Beschwerdeführer vor dem Erlass einer auf die entsprechende Anwendung des § 126 IV FGO gestützten zurückweisenden Beschwerdeentscheidung aber zumindest auf die ‚anderen Gründe', auf die der BFH seine zurückweisende Entscheidung stützt, und die die Entscheidung des FG trotz einer Verletzung des bestehenden Rechts als im Ergebnis richtig erscheinen lassen, hinzuweisen, und ist ihm insoweit Gelegenheit zur Stellungnahme zu geben, um seinem *Anspruch auf Gewährung rechtlichen Gehörs* zu den im bisherigen Verfahrensverlauf nicht erörterten rechtlichen Gesichtspunkten Rechnung zu tragen. Denn im Unterschied zu den Fällen *kumulativer Mehrfachbegründung*, in denen das FG seine Entscheidung nebeneinander auf mehrere Gründe gestützt hat,

---

Vollsenats falle, könne eine analoge Anwendung des § 126 IV FGO angesichts der insoweit *zufälligen Ergebnisse* mithin schon nicht überzeugen.

1648 Vgl. insoweit auch die Nachweise in Fußnote 1640. *Bleschick*, Revisionszulassungsgründe im Spannungsverhältnis, S. 385 ff., der auch in Fußnote 1640 schon Erwähnung gefunden hat, ist ebenfalls der Auffassung, dass sich eine analoge Anwendung des § 126 IV FGO im NZB-Verfahren verbiete. Neben dem Hinweis auf Wortlaut und Systematik der Zulassungsbestimmung des § 115 II FGO (S. 389) sowie die jeweils unterschiedliche Senatsbesetzung im Verfahren über die NZB und die Revision (S. 389 f., vgl. vorstehend Fußnote 1647), bringt er überdies verfassungsrechtliche Bedenken im Hinblick auf den in Art. 101 I 2 GG garantierten Grundsatz des gesetzlichen Richters vor (S. 390 ff.): Er führt insoweit aus, dass die Revisionszulassung für den Rechtsschutzsuchenden in Ermangelung konkreter Prüfungsvorgaben von dem mehr oder weniger zufälligen Erkennen der ‚anderen Gründe' i.S.d. § 126 IV FGO durch den Beschlussenat abhängig sei. Weil die entsprechende Anwendung des § 126 IV FGO von der Intensität der Prüfung materiell-rechtlicher Fragen abhänge, diese jedoch nicht verbindlich sei, sondern vielmehr von der mehr oder weniger zufälligen Prüfungsintensität des jeweiligen Beschlusssenats abhänge, fehle es für den konkreten Rechtsstreit an einer abstrakt-generellen Vorausbestimmung des zur Entscheidung berufenen gesetzlichen Richters.

1649 Vgl. in diesem Zusammenhang Zöller/*Gummer*[26], § 543 ZPO Tz. 6a. – Zu der *Unberechenbarkeit* der Zulassungskriterien/der Zulassungspraxis des BFH vgl. oben unter A.IV.2.b) (S. 430 ff., dort insbesondere S. 438 ff.), A.IV.2.c) (S. 440 ff., dort S. 442), A.IV.2.d) (S. 442 ff.) u. A.IV.2.e) (S. 447 ff.) sowie konkret betreffend die Grundsatzrevision gemäß § 115 II Nr. 1 FGO vorstehend unter 1.a) (S. 466 f.), 1.c) (S. 469 ff., dort S. 470 ff.) u. 3.a) (S. 491 ff.).

die die Entscheidung jeweils selbständig tragen[1650], und der Beschwerdeführer die Gründe, mit denen er sich in seiner Beschwerdebegründung auseinandersetzen muss, aufgrund der Urteilsbegründung des FG bereits kennt, kann er bei einer entsprechenden Anwendung des § 126 IV FGO durch den BFH den Grund für die spätere Versagung der von ihm angestrebten Revisionszulassung anhand des FG-Urteils nicht erkennen und dazu in seiner Beschwerdebegründung folglich regelmäßig auch keine Stellung nehmen, weil dieser in der dortigen Urteilsbegründung gerade nicht herangezogen worden ist[1651].

Zumindest das hat der BFH inzwischen erkannt, so dass auch nach der einschlägigen BFH-Rechtsprechung stets ein Hinweis auf die ‚anderen Gründe' i.S.d. § 126 IV FGO erforderlich und dem Beschwerdeführer insoweit Gelegenheit zur Stellungnahme einzuräumen ist, bevor der BFH eine auf § 126 IV FGO analog gestützte zurückweisende Beschwerdeentscheidung erlässt[1652].

Die vorstehenden *kritischen* Ausführungen zur analogen Anwendung der revisionsrechtlichen Vorschrift des § 126 IV FGO im NZB-Verfahren gelten neben der Grundsatzrevision gemäß § 115 II Nr. 1 FGO entsprechend allesamt auch für die anderen Revisionszulassungsgründe, bei denen der BFH die Vorschrift des § 126 IV FGO ebenfalls bereits im NZB-Verfahren heranzieht, namentlich insbesondere für die Rechtsprechungsvereinheitlichungsrevision i.S.d. § 115 II Nr. 2 Alt. 2 FGO und die dortigen Zulassungstatbestände der ‚Divergenz' und des ‚Gravierenden/Schwerwiegenden Rechtsanwendungsfehlers des FG'[1653]. Auch hier ist die analoge Anwendung des § 126 IV FGO im Verfahren über die NZB aus den dargelegten Gründen im Ergebnis abzulehnen[1654].

1650 Zur Problematik der sog. *kumulativen Mehrfachbegründung* allgemein ausführlich oben im 3. Abschnitt unter A.I.3. (S. 92 ff.) u. A.II.4.f) (S. 126).

1651 Gräber/*Ruban*[6], § 116 FGO Tz. 56; *Seer*, in: T/K, § 115 FGO Tz. 80 u. – zur Verfahrensrevision – 117 (Lfg. 131 Oktober 2012). Vgl. mit Blick auf die Parallelvorschrift des § 144 IV VwGO Eyermann/*P. Schmidt*[11], § 133 VwGO Tz. 22; *Pietzner*, in: Schoch u.a., § 133 VwGO Tz. 79 (Lfg. 2 Februar 1998); *Sendler*, DVBl. 1992, 240, 243.

1652 Grundlegend *BFH*, Beschl. v. 10.12.2003, X B 134/02, BFH/NV 2004, 906, 908.

1653 Siehe zur analogen Anwendung des § 126 IV FGO i.R.d. § 115 II Nr. 2 Alt. 2 FGO die entsprechenden Nachweise in Fußnote 931 (Divergenz) sowie in Fußnote 1090 u. 1091 (Gravierender/Schwerwiegender Rechtsanwendungsfehler des FG).

1654 Vgl. insoweit auch Gräber/*Ruban*[6], § 115 FGO Tz. 61; Schwarz/*Dürr*, § 115 FGO Tz. 39 (Lfg. 30 6/2008); *Seer*, in: T/K, § 115 FGO Tz. 80 (Lfg. 131 Oktober 2012) u. § 126 FGO Tz. 58 (Lfg. 119 Mai 2009). Vgl. überdies *Bleschick*, Revisionszulassungsgründe im Spannungsverhältnis, S. 385 ff., v.a. 394. Zudem – zu der Parallelvorschrift des § 144 IV VwGO – *Kopp/Schenke*[16], § 132 VwGO Tz. 19 m.w.N., sowie sinngemäß auch Zöller/*Gummer*[26], § 543 ZPO Tz. 6a.

5. Kritik *an der Rechtsprechung des BFH zur Zulassung der Revision wegen grundsätzlicher Bedeutung der Rechtssache bei behaupteten Verfassungsverstößen und den entsprechenden Darlegungsanforderungen*

Nach der Rechtsprechung einiger Senate des BFH genügt es für die Zulassung der Revision wegen grundsätzlicher Bedeutung der Rechtssache gemäß § 115 II Nr. 1 FGO bei behaupteten Verfassungsverstößen nicht, dass vernünftige Zweifel an der Verfassungsmäßigkeit einer für die Entscheidung des Streitfalls maßgeblichen Steuerrechtsnorm bestehen. Sie verlangen darüber hinaus mit Blick auf das Tatbestandsmerkmal der Entscheidungserheblichkeit, dass im Falle der Verfassungswidrigkeit einer für die Entscheidung des Streitfalls maßgeblichen Steuerrechtsnorm *eine für den Beschwerdeführer günstigere Entscheidung in Form einer weniger belastenden Steuerfestsetzung zu treffen wäre.* Die schlüssige und substantiierte Darlegung der grundsätzlichen Bedeutung der Rechtssache durch den Beschwerdeführer i.R.d. Begründung einer NZB, mit der dieser die Verfassungswidrigkeit einer entscheidungserheblichen Steuerrechtsnorm geltend macht, erfordere demnach insbesondere Ausführungen dazu, dass eine normverwerfende Entscheidung des BVerfG in seinem Fall zu einer *rückwirkenden (begünstigenden) Neuregelung* der beanstandeten Steuerrechtsnorm – zumindest aber zu einer *Übergangsregelung für alle noch offenen Fälle* – führen würde[1655].

Diese die Revisionszulassung bei behaupteten Verfassungsverstößen enorm einschränkende Rechtsprechung, die mit ihren zusätzlichen Anforderungen an die Zulassung der Revision wegen grundsätzlicher Bedeutung der Rechtssache gemäß § 115 II Nr. 1 FGO und an ihre Darlegung i.R.d. Begründung einer NZB nach §§ 116 III 3, 115 II Nr. 1 FGO dazu führt, dass zahlreiche Fälle, in denen vernünftige Zweifel an der Verfassungsmäßigkeit einer für die Entscheidung des Streitfalls maßgeblichen Steuerrechtsnorm bestehen, einer Überprüfung durch den BFH entzogen werden[1656], ist unter mehreren Gesichtspunkten entschieden abzulehnen:

So setzt der BFH mit dieser Rechtsprechung zunächst insbesondere für die erstinstanzlichen Gerichte ein überaus *gefährliches Signal,* da diese sich veranlasst sehen könnten, mit Blick auf die nunmehr zum Gegenstand der BFH-Zulassungspraxis gemachte Rechtsfolgenjudikatur des BVerfG selbst schwerwiegenden Verfassungsverstößen die grundsätzliche Bedeutung der Rechtssache abzusprechen und insoweit die Zulassung der Revision zu verweigern, wenn ihrer Ansicht nach nicht zu erwarten ist, dass der Kläger in den Genuss einer günstigeren Entscheidung in Form einer weniger belastenden Steuerfestsetzung, d.h. einer Neu- oder Übergangsregelung der beanstandeten Steuerrechtsnorm, kommen werde, sondern lediglich mit einer in die Zukunft wirkenden *Unvereinbarkeitserklärung mit*

1655 Siehe die entsprechenden Rechtsprechungsnachweise in Fußnote 628.

1656 Vgl. Schwarz/*Dürr,* § 115 FGO Tz. 13 (Lfg. 30 6/2008). Vgl. auch bereits oben im 3. Abschnitt unter B.I.1.g)cc)(3) (S. 170 ff., dort S. 171 f.).

Ex-nunc-Reformpflicht – sog. *Pro-Futuro-Unvereinbarkeitserklärung* – bzw. mit einer *Appellentscheidung des BVerfG* gerechnet werden könne[1657].

Darüber hinaus führt eine solche Zulassungsrestriktion, wie sie der BFH hier bei behaupteten Verfassungsverstößen praktiziert, v.a. im Hinblick auf die insoweit herausgebildeten Darlegungsanforderungen dazu, dass die Frage der Vereinbarkeit einer Steuerrechtsnorm mit dem Europäischen Unionsrecht erheblich leichter zum BFH gelangt als die Frage ihrer Vereinbarkeit mit der nationalen Verfassung[1658]. Dies ergibt sich aus einem Vergleich der jeweiligen Darlegungsanforderungen, denen i.R.d. Begründung einer entsprechenden NZB Rechnung zu tragen ist. So lässt es der BFH für die Zulassung der Revision wegen grundsätzlicher Bedeutung der Rechtssache gemäß § 115 II Nr. 1 FGO bei der Rüge von Unionsrechtsverstößen im Interesse eines effektiven Rechtsschutzes nämlich bereits genügen, wenn die (nicht entfernte) Möglichkeit von zu einer Vorlage an den EuGH führenden *vernünftigen Zweifeln* an der *Auslegung* einer für die Entscheidung des Streitfalls maßgeblichen Norm des Unionsrechts durch das FG aufgezeigt wird, oder der Beschwerdeführer darlegt, dass zu einer Vorlage an den EuGH führende *vernünftige Zweifel* an der *Gültigkeit* einer entscheidungserheblichen unionsrechtlichen Vorschrift bestehen können[1659]. Weitere Anforderungen an die Darlegung i.S.d. §§ 116 III 3, 115 II Nr. 1 FGO neben den schlüssigen und substantiierten Ausführungen zu den Gründen der vermuteten Unionsrechtswidrigkeit, die eine an den Vorgaben des Europäischen Unionsrechts sowie der dazu ergangenen EuGH- und BFH-Rechtsprechung orientierte inhaltliche und rechtliche Auseinandersetzung mit der als grundsätzlich bedeutsam bezeichneten unionsrechtlichen Problematik erfordern[1660], stellt der BFH – anders als bei behaupteten Verfassungsverstößen – hingegen nicht. Die sich daraus ergebende Schlussfolgerung, dass das Europäische Unionsrecht mit den vier Grundfreiheiten des AEUV-Vertrages also mittlerweile offenbar höher zu bewerten ist als die im Grundgesetz als unserer nationalen Verfassung verbürgten Grundrechte, sollte uns und insbesondere dem BFH mit Blick auf die seinerseits vorgenommene Zulassungsrestriktion bei behaupteten Verfassungsverstößen zu denken geben, zumal es dem rechtsschutzsuchenden Steuerbürger nur schwer vermittelbar ist, dass und warum die Frage der Vereinbarkeit einer Steuerrechtsnorm mit dem Europäischen Unionsrecht i.R.d. NZB-Verfahrens erheblich leichter zum BFH gelangt als die Frage ihrer Vereinbarkeit mit der nationalen Verfassung[1661].

Des Weiteren geht die Darlegung, dass im Falle der Verfassungswidrigkeit einer für die Entscheidung des Streitfalls maßgeblichen Steuerrechtsnorm eine für den Beschwerdeführer günstigere Entscheidung in Form einer weniger belastenden

1657 Auf gleicher Linie *Seer*, StuW 2001, 3, 17.

1658 Ebenso *Seer*, in: T/K, § 115 FGO Tz. 58 (Lfg. 102 Oktober 2003).

1659 Siehe die entsprechenden Rechtsprechungsnachweise in den Fußnoten 649 und 650.

1660 Vgl. dazu oben im 3. Abschnitt unter B.I.2.b)cc) (S. 189) m.w.N. in Fußnote 703.

1661 Vgl. insoweit auch *Seer*, StuW 2001, 3, 18; *ders.*, in: T/K, § 115 FGO Tz. 58 (Lfg. 102 Oktober 2003).

Steuerfestsetzung zu treffen wäre, also eine normverwerfende Entscheidung des BVerfG in seinem Fall zu einer rückwirkenden (begünstigenden) Neureglung der beanstandeten Steuerrechtsnorm – zumindest aber zu einer Übergangsregelung für alle noch offenen Fälle – führen würde, weit über das hinaus, was das BVerfG von den Fachgerichten zur Begründung der Entscheidungserheblichkeit bei einer konkreten Normenkontrollvorlage gemäß Art. 100 I 1 GG fordert[1662]. Die entsprechenden Darlegungsanforderungen des § 80 II 1 BVerfGG, wonach die Begründung eines Vorlagebeschlusses angeben muss, inwiefern die Entscheidung des Gerichts von der Gültigkeit der zur Prüfung gestellten Rechtsvorschrift abhängig und mit welcher übergeordneten Rechtsnorm diese Rechtsvorschrift unvereinbar ist, verlangen nämlich gerade keine Prognose, wie das BVerfG entscheiden und welche Rechtsfolgen es anordnen wird[1663]. Ebenso wenig steht es der Entscheidungserheblichkeit der zur Prüfung gestellten Rechtsvorschrift i.S.d. Art. 100 I 1 GG, § 80 II 1 BVerfGG entgegen, dass das BVerfG im Falle einer Unvereinbarkeitserklärung die weitere Anwendung des bisherigen Rechts anordnen kann[1664].

Auch im Hinblick auf die *Rechtsfolgenjudikatur des BVerfG* selbst kann der einschränkenden Rechtsprechung des BFH zur Zulassung der Revision wegen grundsätzlicher Bedeutung der Rechtssache gemäß § 115 II Nr. 1 FGO bei behaupteten Verfassungsverstößen mitsamt den entsprechenden Darlegungsanforderungen nicht gefolgt werden.

Dabei ist zunächst festzuhalten, dass die Praxis des BVerfG, dem Gesetzgeber (dem Staat) für die Reparatur der verfassungswidrigen Steuerrechtsnorm lediglich mit Rücksicht auf die Erfordernisse einer geordneten und verlässlichen periodischen Haushaltsführung/-planung ‚budgetären Dispositionsschutz'[1665] in Form einer ex-nunc wirkenden ‚Schonfrist' zu gewähren[1666], letztlich nichts daran ändert,

---

1662 Auf gleicher Linie *Seer*, in: T/K, VerfRS Tz. 28 (Lfg. 127 Oktober 2011).

1663 *Seer*, in: T/K, VerfRS Tz. 21 (Lfg. 127 Oktober 2011).

1664 *BVerfG*, Beschl. v. 25.09.1992, 2 BvL 5/91 u.a., BVerfGE 87, 153, 180; Beschl. v. 22.06.1995, 2 BvL 37/91, BVerfGE 93, 121, 131; Beschl. v. 07.11.2006, 1 BvL 10/02, BVerfGE 117, 1, 28 u. 70; *Seer*, in: T/K, VerfRS Tz. 24 a.E. (Lfg. 127 Oktober 2011).

1665 Diesen plastischen Ausdruck verwendet *Drüen*, FR 1999, 289, 291, der diesem ‚budgetären Dispositionsschutz' des Staates zu Recht *kritisch* gegenübertritt (S. 290 f.).

1666 *Drüen*, FR 1999, 289, 291, führt insoweit *kritisch* an, dass die Grundrechte mithin nur noch nach Maßgabe eines gemeinwohlbezogenen Haushaltsvorbehalts gewährleistet werden, s. auch *Seer*, StuW 2001, 3, 17. *Kritisch* zu dem Budget-Argument auch *Habscheidt*, Anspruch des Bürgers, S. 29 ff.; *Moes*, StuW 2008, 27, 31 f.; *Sangmeister*, StuW 2001, 168, 176 ff.; *Schwenke*, DStR 1999, 404, 407 f.; *Seer*, NJW 1996, 285, 289 ff.; *ders.*, StuW 2001, 3, 14 f.; *ders.*, in: T/K, VerfRS Tz. 60 a.E. u. 62 (Lfg. 127 Oktober 2011); *Tipke*, StuW 2004, 187 ff. – Anders als bei der bundesverfassungsgerichtlichen Pro-Futuro-Unvereinbarkeitsrechtsprechung spielt das Argument budgetärer Rücksichtnahme in der *Judikatur des EuGH* keine Rolle. Die finanziellen Konsequenzen für die öffentlichen Haushalte sind somit für die Wirkung der EuGH-Urteile grds. irrelevant. Ihnen kommt vielmehr

dass die mit der Verfassung unvereinbare Steuerrechtsnorm bereits im streitbefangenen Zeitraum materiell verfassungswidrig gewesen ist[1667]. Auch in diesem Fall bleibt der Gesetzgeber aufgerufen, den verfassungswidrigen Zustand für die Vergangenheit zu beseitigen. Berücksichtigt man, dass die Unvereinbarkeitserklärung mit Ex-nunc-Reformpflicht diese – an sich gebotene – Gestaltungsmöglichkeit des Gesetzgebers keineswegs ausschließt[1668], dann kann die Zulassung der Revision – entgegen der BFH-Rechtsprechung – folglich nicht deshalb abgelehnt werden, weil im Falle der Verfassungswidrigkeit einer für die Entscheidung des Streitfalls maßgeblichen Steuerrechtsnorm keine für den Beschwerdeführer (Kläger) günstigere Entscheidung in Form einer weniger belastenden Steuerfestsetzung zu treffen wäre, also eine normverwerfende Entscheidung des BVerfG in seinem Fall nicht zu einer rückwirkenden (begünstigenden) Neuregelung der beanstandeten Steuerrechtsnorm – auch nicht zumindest zu einer Übergangsregelung für alle noch offenen Fälle – führen würde, sondern lediglich mit einer in die Zukunft wirkenden Unvereinbarkeitserklärung mit Ex-nunc-Reformpflicht – sog. Pro-Futuro-Unvereinbarkeitserklärung – bzw. mit einer Appellentscheidung des BVerfG zu rechnen wäre[1669]. Die vom Beschwerdeführer aufgeworfene Rechtsfrage betreffend die behauptete Verfassungswidrigkeit einer entscheidungserheblichen

---

regelmäßig Ex-tunc-Wirkung zu, so dass das vom EuGH gefundene Auslegungsergebnis grds. auch auf vergangene Steuerzeiträume anzuwenden ist. Wenn also eine Steuerrechtsnorm Grundfreiheiten des Steuerpflichtigen verletzt, dann nimmt der EuGH regelmäßig keine Rücksicht auf ein wie auch immer gelagertes „budgetäres Dispositionsinteresse" des jeweiligen Mitgliedstaates. Vielmehr ist es diesem dann verwehrt, mit Blick auf den *Anwendungsvorrang des Europäischen Unionsrechts* die unionsrechtswidrige nationale Steuerrechtsnorm weiter anzuwenden (*Anwendungssperre*), und zwar sowohl für zukünftige als auch für vergangene Veranlagungszeiträume; auch eine Übergangsfrist gibt es nicht, vgl. *Seer*, StuW 2001, 3, 18; *ders.*, in: T/K, EuRS Tz. 50 m.w.N. (Lfg. 126 Mai 2011). – In diesem Zusammenhang soll noch Erwähnung finden, dass das BVerfG zur Begründung seiner Pro-Futuro-Unvereinbarkeitsrechtsprechung neuerdings außerdem den Gedanken einer Art *‚Vertrauensschutz zugunsten des Gesetzgebers'* verwendet, vgl. *BVerfG*, Beschl. v. 04.02.2009, 1 BvL 8/05, BVerfGE 123, 1, 38 – Hamburgische Spielgerätesteuer; dem folgend *Moes*, StuW 2008, 27, 32 ff. Auch diese Begründung der bundesverfassungsgerichtlichen Pro-Futuro-Unvereinbarkeitsrechtsprechung ist jedoch unhaltbar, zumal der Staat nicht verfassungsrechtlich vor sich selbst zu schützen ist, sondern vielmehr allein der Bürger verfassungsrechtlich Vertrauensschutz gegenüber staatlichen Handlungen genießen kann, vgl. *Hey*, in: FS Spindler, 97, 106; *Seer*, in: T/K, VerfRS Tz. 62 a.E. m.w.N. (Lfg. 127 Oktober 2011).

1667 *Seer*, NJW 1996, 285 ff., v.a. 289 ff.; *ders.*, StuW 2001, 3, 17; *ders.*, in: T/K, § 115 FGO Tz. 58 (Lfg. 102 Oktober 2003).

1668 Vgl. *Seer*, NJW 1996, 285, 286; *ders.*, in: T/K, § 115 FGO Tz. 58 (Lfg. 102 Oktober 2003).

1669 *Seer*, in: T/K, § 115 FGO Tz. 58 (Lfg. 102 Oktober 2003).

Steuerrechtsnorm besitzt vielmehr *unabhängig vom Rechtsfolgenausspruch des BVerfG* grundsätzliche Bedeutung i.S.d. § 115 II Nr. 1 FGO[1670].

Dies gilt umso mehr, als das BVerfG inzwischen über ein breit gefächertes *Arsenal flexibler Entscheidungsaussprüche* verfügt, von dem es nach nahezu freier Dezision sowie ohne jegliche nachvollziehbare Dogmatik Gebrauch macht[1671]. Das überaus bunte Spektrum an Rechtsfolgenaussprüchen, das man getrost als regelrechte *„Rechtsfolgen-Lotterie"* bezeichnen kann[1672], reicht von der *Nichtigkeitserklärung*[1673] über die *Unvereinbarkeitserklärung mit Ex-tunc- oder Ex-nunc-Reformpflicht, mit oder ohne Fristsetzung* bzw. *mit oder ohne Übergangsregelung*[1674],

---

1670 So auch *Seer*, StuW 2001, 3, 17.

1671 *Seer*, StuW 2001, 3, 17; *ders.*, in: T/K, § 115 FGO Tz. 58 (Lfg. 102 Oktober 2003) u. VerfRS Tz. 62 (Lfg. 127 Oktober 2011). Vgl. insoweit auch bereits oben im 3. Abschnitt unter B.I.1.g)cc)(3) (S. 170 ff., dort S. 172). – *Kritisch* zu diesem Rechtsfolgenarsenal des BVerfG auch *Balke*, in: FS Lang, 965, 968 ff.; *Habscheidt*, Anspruch des Bürgers, S. 34 ff.; *Hey*, in: FS Spindler, 97, 102 ff.; *Sangmeister*, StuW 2001, 168, 179 ff.; *Seer*, NJW 1996, 285, 289 u. 289 ff.; *Tipke*, StuW 2004, 187 ff.

1672 Ausdrücklich *Seer*, StuW 2001, 3, 17. Siehe zudem *Seer*, NJW 1996, 285, 291; *ders.*, in: T/K, § 115 FGO Tz. 58 a.E. (Lfg. 102 Oktober 2003) u. VerfRS Tz. 62 (Lfg. 127 Oktober 2011).

1673 Den gesetzlichen Regelfall der bundesverfassungsgerichtlichen Entscheidungsaussprüche bildet gemäß §§ 78, 82 I, 95 III BVerfGG die *ex tunc* und *ipso iure* wirkende Nichtigkeitserklärung verfassungswidriger Steuerrechtsnormen, dazu ausführlich *Seer*, in: T/K, VerfRS Tz. 56 f. (Lfg. 127 Oktober 2011).

1674 Der Rechtsfolgenausspruch der Unvereinbarkeitserklärung, auch Unvereinbarkeitsfeststellung, wird – als das mildere Mittel zur Nichtigkeitserklärung – in §§ 31 II, 79 I BVerfGG bruchstückhaft vorausgesetzt. Er führt grds. eine *Anwendungssperre* der mit der Verfassung für unvereinbar erklärten Steuerrechtsnorm für den gesamten Zeitraum ab Entstehung der Grundgesetzkollision bis zur Neuregelung herbei, so dass folglich auch die mit der Unvereinbarkeitserklärung verbundene gesetzgeberische Verpflichtung, eine der Verfassung entsprechende Rechtslage herzustellen, prinzipiell – *ex tunc* – zurückwirkt. Zur Verhinderung eines rechtlichen Vakuums kann das BVerfG als Interimslösung bis zur Neugestaltung durch den Gesetzgeber eine *(vorläufige) Übergangsregelung* aussprechen und in dieser den verfassungsrechtlichen Mindeststandard formulieren, zum Ganzen ausführlich *Seer*, in: T/K, VerfRS Tz. 58 f. m.w.N. (Lfg. 127 Oktober 2011). – Häufig weicht das BVerfG jedoch von dem grds. Rückwirkungsgebot ab und verpflichtet den Gesetzgeber unter Hinweis auf Gemeinwohlbelange wie die Erfordernisse einer geordneten und verlässlichen periodischen Haushaltsführung/-planung nur *ex nunc* – ggf. unter Gewährung von Übergangsfristen – zu einer Reparatur der betreffenden Steuerrechtsnorm, vgl. *Seer*, in: T/K, VerfRS Tz. 60 m.w.N. (Lfg. 127 Oktober 2011); dazu kritisch *Seer*, NJW 1996, 285, 289 ff.; *ders.*, StuW 2001, 3, 14 f. – Während die frühere bundesverfassungsgerichtliche Rechtsprechung von der Ex-nunc-Wirkung nach österreichischem Vorbild noch den sog. *Anlassfall* ausnahm (vgl. z.B. *BVerfG*, Beschl. v. 10.11.1998, 2 BvR 1057/91 u.a., BVerfGE 99, 216, 245 f. = BStBl. II 1999, 182, 192 f.), trifft die jüngere Rechtsprechung

bis hin zur bloßen *Appellentscheidung mit oder ohne Fristsetzung*[1675]. Diese Aufzählung der unterschiedlichen variantenreichen Rechtsfolgenaussprüche macht deutlich, dass es kaum mehr möglich ist, einigermaßen verlässlich abzuschätzen, wie das BVerfG auf die Verfassungswidrigkeit einer entscheidungserheblichen Steuerrechtsnorm reagiert, so dass die Wirkung einer die Verfassungswidrigkeit bestätigenden Entscheidung des BVerfG für die Beteiligten des konkreten Streitfalls kaum mehr kalkulierbar und vorhersehbar ist[1676].

Wenn nun aber der BFH diese mangelnde Kalkulierbarkeit sowie Verlässlichkeit und Vorhersehbarkeit der BVerfG-Rechtsprechung im NZB-Verfahren auf den Beschwerdeführer abwälzen möchte, indem er Ausführungen zum voraussichtlichen Entscheidungsausspruch des BVerfG verlangt, weil nach der einschlägigen Rechtsprechung des BVerfG nicht ohne weiteres davon ausgegangen werden könne, dass eine normverwerfende Entscheidung dieses Gerichts auch zu einer rückwirkenden (begünstigenden) Neuregelung der beanstandeten Steuerrechtsnorm – und sei es auch nur i.R. einer Übergangsregelung für alle noch offenen Fälle – führen werde, und somit die Entscheidungserheblichkeit des gerügten Verfassungsverstoßes regelmäßig nicht offenkundig sei[1677], dann setzt er damit im Hinblick auf einen effektiven Finanzrechtsschutz betreffend die Zulassung der Revision wegen grundsätzlicher Bedeutung der Rechtssache gemäß §§ 115 II Nr. 1, 116 III 3 FGO bei behaupteten Verfassungsverstößen entscheidungserheblicher Steuerrechtsnormen ein *falsches Signal.* Weder vom FG bei dessen Entscheidung über die Zulassung der Revision noch erst recht vom Beschwerdeführer bei der Begründung seiner NZB sollte der BFH insoweit mutmaßende sowie spekulative Prognosen über den zu erwartenden Rechtsfolgenausspruch des BVerfG verlangen[1678]. Denn wenn er die Revisionszulassung trotz vernünftiger Zweifel an der Verfassungsmäßigkeit einer für die Entscheidung des Streitfalls maßgeblichen Steuerrechtsnorm zusätzlich von der o.g. *„Rechtsfolgen-Lotterie"* des BVerfG abhängig macht, dann verkommt diese ihrerseits zu einem *absolut unkalkulierbaren Lotteriespiel*, bei dem es fast ausschließlich vom Zufall abhängt, ob der BFH die Revision auf die NZB des Beschwerdeführers hin zulässt, oder ob er deren Zulassung verweigert[1679]. Das wiederum ist jedoch der Forderung nach einem berechenbaren, kalkulierbaren sowie

---

diese Unterscheidung zutreffend nicht mehr, vgl. insoweit auch *Seer*, in: T/K, VerfRS Tz. 60 (Lfg. 127 Oktober 2011): Unterscheidung provoziere nur weitere Zufälligkeiten.

1675 Siehe dazu *Seer*, in: T/K, VerfRS Tz. 61 m.w.N. (Lfg. 127 Oktober 2011).

1676 Ebenso Schwarz/*Dürr*, § 115 FGO Tz. 13 (Lfg. 30 6/2008); *Seer*, NJW 1996, 285, 291; *ders.*, in: T/K, § 115 FGO Tz. 58 a.E. (Lfg. 102 Oktober 2003) sowie VerfRS Tz. 28 u. 62 (Lfg. 127 Oktober 2011). Vgl. insoweit auch bereits oben im 3. Abschnitt unter B.I.1.g)cc)(3) (S. 170 ff., dort S. 172).

1677 Siehe die entsprechenden Rechtsprechungsnachweise in Fußnote 629.

1678 *Seer*, StuW 2001, 3, 17.

1679 In diesem Sinne auch *Seer*, StuW 2001, 3, 17; *ders.*, in: T/K, § 115 FGO Tz. 58 a.E. (Lfg. 102 Oktober 2003). Vgl. allgemein zu der Problematik, dass die

vorhersehbaren und v.a. willkürfreien Instanzenzug und somit dem Verlangen nach einem effektiven Individualrechtsschutz i.S.d. Art. 19 IV 1, 20 III GG abträglich[1680].

Wie schon oben im 3. Abschnitt unter B.I.1.g)cc)(3) (S. 170 ff., dort S. 172 f.) dargelegt, verschärft sich die Situation für den Beschwerdeführer schließlich durch die bundesverfassungsgerichtliche Rechtsprechung zur Subsidiarität der Verfassungsbeschwerde. Danach verstößt eine Verfassungsbeschwerde *mangels ordnungsgemäßer Rechtswegerschöpfung* nämlich i.d.R. gegen den in § 90 II 1 BVerfGG unter Nutzung der Ermächtigung des Art. 94 II 2 GG verankerten *Grundsatz der (formellen) Subsidiarität*, wenn der BFH zuvor die NZB (oder die Revision) *als unzulässig verworfen* hat, weil der Beschwerdeführer in diesem Fall von einem gegen die Entscheidung des FG zulässigen Rechtsmittel – namentlich der NZB (oder der Revision) – nicht auf prozessual ordnungsgemäße Weise Gebrauch gemacht habe[1681].

Die sich aus dem Zusammenwirken von BFH- und BVerfG-Rechtsprechung insoweit ergebende *eklatante Rechtsschutzverkürzung* ist absolut unerträglich, wie das bereits oben im 3. Abschnitt unter B.I.1.g)cc)(3) (S. 170 ff., dort S. 172 f.) dargestellte – und zur Verdeutlichung hier noch einmal wiederholte – Szenario zeigt: Denn lässt das FG die Revision nicht zu, weil – die Verfassungswidrigkeit der entscheidungserheblichen Steuerrechtsnorm vorausgesetzt – seiner Ansicht nach nicht zu erwarten ist, dass der Kläger in den Genuss einer günstigeren Entscheidung in Form einer weniger belastenden Steuerfestsetzung, d.h. einer Neu- oder Übergangsregelung der beanstandeten Steuerrechtsnorm, kommen werde, sondern lediglich mit einer in die Zukunft wirkenden Unvereinbarkeitserklärung mit Ex-nunc-Reformpflicht bzw. mit einer Appellentscheidung des BVerfG gerechnet werden könne, und verwirft der BFH die daraufhin eingelegte NZB mangels hinreichender Darlegung der grundsätzlichen Bedeutung als unzulässig, weil ihre Begründung keine (hinreichenden) Ausführungen dazu enthält, dass eine normverwerfende Entscheidung des BVerfG zu einer rückwirkenden (begünstigenden) Neuregelung der beanstandeten Steuerrechtsnorm – zumindest aber zu einer Übergangsregelung für alle noch offenen Fälle – führen würde, dann kann der Beschwerdeführer die von ihm behauptete Verfassungswidrigkeit der für die Entscheidung des Streitfalls maßgeblichen Steuerrechtsnorm schließlich auch mit der

---

Revisionszulassung für den Beschwerdeführer zu einem *absolut unkalkulierbaren Lotteriespiel* verkommt, bereits oben unter A.IV.2.d) (S. 442 f.) u. A.IV.2.e) (S. 447 ff.).

1680 Zu der Forderung nach einem berechenbaren, kalkulierbaren sowie vorhersehbaren und v.a. willkürfreien Instanzenzug allgemein bereits oben unter A.IV.2.b) (S. 430 ff.), A.IV.2.c) (S. 440 ff.) u. A.IV.2.e) (S. 447 ff.).

1681 Siehe dazu die entsprechenden Rechtsprechungsnachweise in Fußnote 634 bzw. Fußnoten 1516 u. 1517. Vgl. zu dieser Restriktion in der Rechtsprechung des *BVerfG* allgemein **kritisch** mit Blick auf die immer noch äußerst restriktive Zulassungspraxis des BFH und seine nach wie vor strengen und überzogenen Darlegungsanforderungen i.R.d. Begründung einer NZB nach § 116 III 3 FGO ausführlich oben unter A.IV.3.c) (S. 460 ff.).

Verfassungsbeschwerde nicht weiterverfolgen, da diese seitens des BVerfG wegen Verstoßes gegen den Subsidiaritätsgrundsatz ebenfalls regelmäßig schon auf der Zulässigkeitsebene verworfen wird[1682].

Vor dem Hintergrund dieser gravierenden Verkürzung – nahezu Verweigerung – des zweitinstanzlichen finanzgerichtlichen und in der Folge auch verfassungsrechtlichen Rechtsschutzes, die dem Beschwerdeführer sowohl den Zugang zum BFH als auch nachfolgend zum BVerfG vereitelt[1683], darf der BFH Ausführungen zum voraussichtlichen Entscheidungsausspruch des BVerfG bei der Rüge von Verfassungsverstößen i.R.d. Begründung einer NZB nicht verlangen. Vielmehr muss er seine Anforderungen an die Revisionszulassung wegen grundsätzlicher Bedeutung der Rechtssache gemäß § 115 II Nr. 1 FGO mitsamt den entsprechenden Darlegungsanforderungen i.S.d. §§ 116 III 3, 115 II Nr. 1 FGO bei behaupteten Verfassungsverstößen entsprechend absenken und es für die Zulassung der Revision insoweit genügen lassen, dass vernünftige Zweifel an der Verfassungsmäßigkeit einer für die Entscheidung des Streitfalls maßgeblichen Steuerrechtsnorm bestehen und somit die Möglichkeit gegeben ist, dass das BVerfG diese den Beschwerdeführer belastende steuerrechtliche Vorschrift für mit der Verfassung unvereinbar erklärt[1684]. Das wiederum bedeutet, dass dem Darlegungserfordernis bei behaupteten Verfassungsverstößen bereits dann hinreichend Rechnung getragen wird, wenn der Beschwerdeführer in Form einer an den Vorgaben des GG sowie der einschlägigen Rechtsprechung des BVerfG und des BFH orientierten inhaltlichen und rechtlichen Auseinandersetzung mit der als grundsätzlich bedeutsam bezeichneten verfassungsrechtlichen Problematik[1685] schlüssig und substantiiert zu den Gründen der vermuteten Verfassungswidrigkeit vorträgt, und anschließend ausführt, dass diesbzgl. die Möglichkeit bestehe, dass das BVerfG die ihn belastende steuerrechtliche Vorschrift für mit der Verfassung unvereinbar erkläre, *ohne dass* insoweit auch nur ansatzweise weitere mutmaßende sowie spekulative Prognosen über den zu erwartenden konkreten Rechtsfolgenausspruch des BVerfG erforderlich wären, deren Darlegungsnotwendigkeit einen effektiven Finanz- sowie darüber hinaus Verfassungsrechtsschutz aus den genannten Gründen entgegen Art. 19 IV 1, 20 III GG schlichtweg vereiteln würde.

1682 Auf gleicher Linie *Seer*, StuW 2001, 3, 17; *ders.*, in: T/K, § 115 FGO Tz. 58 (Lfg. 102 Oktober 2003) u. VerfRS Tz. 28 (Lfg. 127 Oktober 2011).

1683 Siehe *Seer*, StuW 2001, 3, 17; *ders.*, in: T/K, § 115 FGO Tz. 58 (Lfg. 102 Oktober 2003), der das Ergebnis des dargestellten Szenarios als *„schlichte Rechtsverweigerung"* bezeichnet; zudem *Seer*, in: T/K, VerfRS Tz. 28 (Lfg. 127 Oktober 2011).

1684 Ebenso *Seer*, in: T/K, VerfRS Tz. 28 a.E. (Lfg. 127 Oktober 2011). Gegen derart überspannte Anforderungen an die Darlegung bei behaupteter Verfassungswidrigkeit auch *Bleschick*, Revisionszulassungsgründe im Spannungsverhältnis, S. 113 f. Vgl. zudem bereits oben im 3. Abschnitt unter B.I.1.g)cc)(3) (S. 170 ff., dort v.a. S. 173).

1685 Vgl. dazu oben im 3. Abschnitt unter B.I.2.b)bb) (S. 187 f.) m.w.N. insbesondere in Fußnote 696.

II. Rechtsfortbildungsrevision, §§ 115 II Nr. 2 Alt. 1, 116 III 3 FGO

Die Rechtsprechung des BFH zur Rechtsfortbildungsrevision gibt per se zunächst nur wenig Anlass zur Kritik, da der BFH zur Interpretation des Begriffs der ‚Fortbildung des Rechts' klare Maßstäbe herausgebildet hat. Das gilt insbesondere im Hinblick darauf, dass er die Rechtsfortbildungsrevision recht weit und umfassend versteht, indem er sowohl die rechtsschöpferische Ausfüllung von (offenen oder verdeckten) Gesetzeslücken als auch die Aufstellung, d.h. die Erarbeitung und/ oder Weiterentwicklung von Leitlinien und Rechtsgrundsätzen für die Gesetzesauslegung als ‚Rechtsfortbildung' i.S.d. § 115 II Nr. 2 Alt. 1 FGO betrachtet[1686].

Allerdings bedarf es in diesem Zusamenhang einmal mehr einer *kritischen* Betrachtung der Zulassungspraxis des BFH i.R.d. Grundsatzrevision des § 115 II Nr. 1 FGO im Verhältnis zu der in § 115 II Nr. 2 Alt. 1 FGO normierten Rechtsfortbildungsrevision. Denn die Ausklammerung der Rechtsfortbildungsfälle als frühere Hauptanwendungsfälle einer Revisionszulassung wegen grundsätzlicher Bedeutung aus der Grundsatzrevision und deren gesonderte Herausstellung in § 115 II Nr. 2 Alt. 1 FGO als dem *konkretisierenden sowie qualifizierenden Spezialtatbestand* und somit eigenständig ausgestalteten gesetzlichen Zulassungsgrund der Rechtsfortbildungsrevision[1687] mit dem dortigen weiten und umfassenden Verständnis des Begriffs der ‚Rechtsfortbildung' unter gleichzeitiger Fortgeltung der zu der Generalklausel des § 115 II Nr. 1 FGO entwickelten bisherigen strengen Darlegungsanforderungen[1688] verdeutlicht einmal mehr die Möglichkeit sowie das Bedürfnis und die Notwendigkeit einer erweiterten Auslegung des Zulassungstatbestandes der ‚Grundsätzlichen Bedeutung der Rechtssache' i.S.d. § ·115 II Nr. 1 FGO und einer Lockerung der dort seitens des BFH gestellten Anforderungen[1689]:

1686 Siehe dazu die Ausführungen oben im 3. Abschnitt unter B.II.1.b) (S. 205 ff.) m.w.N. aus der Rechtsprechung des *BFH* in Fußnote 762. – *Kritisch* zu den durch die Rechtsprechung vorgenommenen Definitionen/Konkretisierungen des Revisionszulassungsgrundes der Rechtsfortbildungsrevision *hingegen Bleschick*, Revisionszulassungsgründe im Spannungsverhältnis, S. 122 f., 129 u. 320 f., der den charakteristischen Inhalt der Revisionszulassung zur Fortbildung des Rechts mit Blick auf eine Differenzierung zur Grundsatzrevision sowie einen eigenständigen und speziellen Regelungsgehalt auf die Ausfüllung von Lücken sowie die Weiterentwicklung des Rechts *über den Plan des Gesetzes* hinaus beschränken möchte, während einfache Auslegungsfragen demgegenüber stets dem Zulassungsgrund der ‚Grundsätzlichen Bedeutung der Rechtssache' zuzuordnen seien (*Bleschick*, a.a.O., S. 323 f., 324 u. 326), vgl. schon Fußnote 764 u. 767.

1687 Vgl. zu alledem die vorstehenden Ausführungen oben im 3. Abschnitt unter B.II.1.a)aa) (S. 203 f) m.w.N. in den Fußnoten 752-756.

1688 Vgl. hierzu die vorstehenden Ausführungen oben im 3. Abschnitt unter B.II.2. (S. 212 ff., dort S. 213) mit den dortigen Rechtsprechungsnachweisen in Fn. 781.

1689 Auf gleicher Linie *Seer*, StuW 2003, 193, 196, der insoweit ebenfalls eine *Absenkung der Messlatte* für die Begründung der in § 115 II Nr. 1 FGO verbliebenen Fälle fordert.

Die Normierung eines eigenständig ausgestalteten gesetzlichen Zulassungsgrundes der ‚Erforderlichkeit einer Entscheidung des BFH zur Fortbildung des Rechts' in § 115 II Nr. 2 Alt. 1 FGO beinhaltet nämlich die gesetzgeberische Grundentscheidung, sämtliche revisionszulassungsrechtlichen Fragen ‚rund um die Fortbildung/Fortentwicklung und Weiterentwicklung des Rechts' nunmehr ausschließlich über diesen selbständigen und separaten Zulassungstatbestand zu erfassen. Wie schon vorstehend unter I.1.b) (S. 468 f.) ausführlich herausgearbeitet, erscheinen die i.R.d. Grundsatzrevision gemäß § 115 II Nr. 1 FGO zur Bestimmung des (abstrakten) Allgemeininteresses in st. Rspr. unverändert angelegten Zulassungskriterien aufgrund der vorgegebenen Systematik somit offensichtlich *fehlplatziert*. Auch der BFH sollte insoweit – mehr als 14 Jahre nach der Verselbständigung der Rechtsfortbildungsrevision im finanzgerichtlichen Revisionszulassungsrecht – eigentlich inzwischen erkannt haben, dass er für die Zulassung der Revision wegen grundsätzlicher Bedeutung der Rechtssache nicht länger verlangen kann, dass *die für die Beurteilung des Streitfalls maßgebliche Rechtsfrage das (abstrakte) Interesse der Allgemeinheit* – d.h. *eines größeren Kreises von Steuerpflichtigen* – ***an der einheitlichen (Fort-) Entwicklung und Handhabung des Rechts*** *berühren müsse*, bzw. *ihre Beantwortung/Entscheidung durch den BFH in dem angestrebten Revisionsverfahren* ***aus Gründen der Rechtsklarheit/Rechtssicherheit, der Rechtseinheitlichkeit und/oder der Rechtsentwicklung/Rechtsfortbildung*** *im (abstrakten) allgemeinen Interesse liegen müsse.* Denn hierbei handelt es sich augenscheinlich um Elemente, die ausschließlich i.R.d. in § 115 II Nr. 2 Alt. 1 FGO normierten Rechtsfortbildungsrevision als Zulassungskriterien herangezogen werden dürfen, allenfalls noch i.R.d. Rechtsprechungsvereinheitlichungsrevision nach § 115 II Nr. 2 Alt. 2 FGO, soweit dort von der ***einheitlichen*** *(Fort-) Entwicklung und Handhabung des Rechts* sowie von der ***Rechtseinheitlichkeit*** die Rede ist, die jedenfalls aber nicht länger den Maßstab für die Zuordnung zur Grundsatzrevision des § 115 II Nr. 1 FGO bilden können[1690].

Eine konsequente ‚Auslagerung' und Verschiebung der genannten Zulassungskriterien aus der Grundsatzrevision gemäß § 115 II Nr. 1 FGO in die begrifflich und systematisch jeweils einschlägigen Zulassungsgründe des § 115 II Nr. 2 FGO – namentlich insbesondere die Rechtsfortbildungsrevision bzw. ggf. die

---

1690 Dasselbe gilt, soweit der BFH in einigen Entscheidungen für das Vorliegen der grundsätzlichen Bedeutung der Rechtssache auch nach Inkrafttreten des 2. FGOÄndG weiterhin zusätzlich fordert, dass es sich bei der aufgeworfenen entscheidungserheblichen Rechtsfrage zugleich um eine *aus rechtssystematischen Gründen bedeutsame und für die einheitliche Rechtsanwendung wichtige Frage* handeln müsse; auch dieses Element passt begrifflich und systematisch – wenn überhaupt – besser zur Rechtsfortbildungsrevision gemäß § 115 II Nr. 2 Alt. 1 FGO bzw. insbesondere zur Rechtsprechungsvereinheitlichungsrevision nach § 115 II Nr. 2 Alt. 2 FGO, soweit hier auf die *‚einheitliche Rechtsanwendung'* sowie auf das *‚Rechtssystem'* bzw. die *‚Rechtssystematik'* abgestellt wird, vgl. dazu ausführlich bereits oben unter I.1.c) (S. 469 ff., dort S. 470).

Rechtsprechungsvereinheitlichungsrevision – ebnet ihrerseits nachfolgend wiederum den Weg für die diesseits geforderte erweiterte individualrechtsschutzgewährende Auslegung des Zulassungstatbestandes der ‚Grundsätzlichen Bedeutung der Rechtssache' und ermöglicht es, die Revision gestützt auf die Generalklausel des § 115 II Nr. 1 FGO unter gleichzeitiger Absenkung der dortigen bislang strengen Darlegungsanforderungen auch bei erheblichen finanziellen bzw. wirtschaftlichen sowie sozialen Auswirkungen der Entscheidung über die aufgeworfene Rechtsfrage sowie – bei korrekter dogmatischer Betrachtung – bei gravierenden/schwerwiegenden Fehlern des FG bei der Auslegung und Anwendung des materiellen Rechts zuzulassen[1691]. Entgegen *Reinhart Rüsken*, der sich gegen eine Stärkung des Individualrechtsschutzes i.R.d. Revisionszulassung wegen grundsätzlicher Bedeutung der Rechtssache ausspricht, und dafür plädiert, den Revisionszulassungsgrund der Rechtsfortbildungsrevision gemäß § 115 II Nr. 2 Alt. 1 FGO als bloßen – bereits in § 115 II Nr. 1 FGO enthaltenen – Unterfall der Grundsatzrevision in § 115 II Nr. 2 FGO *„um der systematischen Klarheit der Vorschrift willen"* wieder zu streichen[1692], ist der durch das 2. FGOÄndG neu geschaffene selbständige Zulassungsgrund der ‚Erforderlichkeit einer Entscheidung des BFH zur Fortbildung des Rechts' gemäß § 115 II Nr. 2 Alt. 1 FGO also gerade nicht überflüssig, sondern ermöglicht – als deutlich erkennbarer konkretisierender sowie qualifizierender Spezialtatbestand – bei entsprechend konsequenter Anwendung unter Heranziehung der bisher i.R.d. Generalklausel des § 115 II Nr. 1 FGO angelegten Zulassungskriterien die zwingend gebotene erweiterte Auslegung der Grundsatzrevision *i.S. eines verstärkten Individualrechtsschutzes.*

Sollte sich der BFH also dazu durchringen, die entsprechenden o.g. Zulassungskriterien aus der Grundsatzrevision ‚auszulagern' und komplett in die begrifflich

1691 Zu der Forderung nach einer erweiterten Auslegung der §§ 115 II Nr. 1, 116 III 3 FGO ansatzweise bereits oben im 3. Abschnitt unter B.I.1.d)bb) (S. 142 ff.) sowie ausführlich vorstehend unter I.2. (S. 472 f.), dort unter a) (S. 473 ff.). Zu den beiden *Fallgruppen* einer Revisionszulassung wegen grundsätzlicher Bedeutung der Rechtssache bei entsprechend erweiterter Auslegung des § 115 II Nr. 1 FGO ansatzweise bereits oben im 3. Abschnitt unter B.I.1.d)bb)(1) (S. 143 f.) u. (2) (S. 144 ff.) sowie ausführlich vorstehend unter I.2.b) (S. 482 ff.), dort unter aa) (S. 482 ff.) u. bb) (S. 488 ff.).

1692 *Rüsken*, DStZ 2004, 334, 337. – Vgl. in diesem Zusammenhang auch *Bleschick*, Revisionszulassungsgründe im Spannungsverhältnis, S. 122 f. u. 129, der meint, dass der Revisionszulassungsgrund der Rechtsfortbildungsrevision insoweit *keinen eigenen Bedeutungsgehalt* aufweise, als insbesondere die Voraussetzung, dass über noch ungeklärte Rechtsfragen entschieden werden müsse, bereits nicht über das Merkmal der ‚Klärungsbedürftigkeit' i.S.d. Grundsatzrevision gemäß § 115 II Nr. 1 FGO hinausgehe. *Er* möchte die Revision zur Fortbildung des Rechts insoweit nur dann zulassen, wenn es um Rechtsfragen gehe, zu denen der BFH die Ausfüllung von Lücken sowie die Weiterentwicklung des Rechts *über den Plan des Gesetzes hinaus* vornehmen solle (*Bleschick*, a.a.O., S. 323 f., 324 u. 326), vgl. dazu insgesamt bereits Fußnote 764 u. 767.

sowie systematisch einschlägige Rechtsfortbildungsrevision zu verschieben, dann hat er jedoch auch hier zu bedenken, dass es sich insoweit um äußerst floskelhafte sowie überaus unbestimmte und undeutliche Formulierungen und Kriterien zur Bestimmung des (abstrakten) Allgemeininteresses an der Fortbildung des Rechts handelt. Mithin muss demnach insbesondere Berücksichtigung finden, dass die Anforderungen an die Darlegung dieser Zulassungskriterien auch hier nicht überspannt werden dürfen, um dem Beschwerdeführer die Anfertigung einer ordnungsgemäßen NZB-Begründung und somit den Zugang zum BFH als Rechtsmittelinstanz nicht auf unzumutbare Weise zu erschweren. Für die hinreichende Darlegung des (abstrakten) Allgemeininteresses an der Fortbildung des Rechts und der seitens der Rechtsprechung insoweit geforderten Breitenwirkung muss es folglich – wie schon oben unter I.1.a) (S. 466 f.) u. I.1.b) (S. 468 f., dort S. 469) im Hinblick auf die Anwendung dieser Formulierungen und Kriterien i.R.d. Grundsatzrevision ausführlich herausgearbeitet – auch i.R.d. Rechtsfortbildungsrevision gemäß § 115 II Nr. 2 Alt. 1 FGO ausreichen, dass der Beschwerdeführer *auf eine Vielzahl betroffener (gleichartiger) Steuerfälle hinweist*, da dem Rechtsschutzsuchenden allein durch eine derart erweiterte und großzügigere Handhabung der äußerst floskelhaften sowie überaus unbestimmten und undeutlichen Zulassungskriterien ein auch zweitinstanzlich effektiver Finanzrechtsschutz gewährt werden kann.

Vor diesem Hintergrund sollte der BFH auch *insgesamt* davon absehen, die seinerseits zur Darlegung der ‚Grundsätzlichen Bedeutung der Rechtssache' i.S.d. § 115 II Nr. 1 FGO entwickelten bisherigen strengen Anforderungen i.R.d. Rechtsfortbildungsrevision unverändert fortgelten zu lassen, und stattdessen die Messlatte für die hinreichende und ordnungsgemäße Begründung der in § 115 II Nr. 2 Alt. 1 FGO angesiedelten Rechtsfortbildungsfälle i.R.d. NZB entsprechend absenken[1693]. Für die Darlegung der ‚Erforderlichkeit einer Entscheidung des BFH zur Fortbildung des Rechts' nach § 115 II Nr. 2 Alt. 1 FGO sollte es demnach ausreichen, dass der Beschwerdeführer eine abstrakte entscheidungserhebliche Rechtsfrage aufwirft sowie schlüssig und substantiiert darlegt, dass es mit Blick auf die Beantwortung der herausgestellten Rechtsfrage für eine Vielzahl betroffener (gleichartiger/gleichgelagerter) Steuerfälle bislang an einer hinreichenden richtungsweisenden Orientierungshilfe fehle, so dass Veranlassung bestehe, Grundsätze und Leitlinien für die Auslegung der konkret anzuwendenden Gesetzesbestimmung(en) aufzustellen oder Gesetzeslücken rechtsschöpferisch auszufüllen, und die Beantwortung der aufgeworfenen Rechtsfrage demzufolge die geforderte Breitenwirkung aufweise.

1693 Auf gleicher Linie *Wagner*, in: KvW[19], § 116 FGO Tz. 15, der seinerseits vorbringt, eine unveränderte Fortgeltung der seitens des BFH zur Darlegung der ‚Grundsätzlichen Bedeutung der Rechtssache' i.S.d. § 115 II Nr. 1 FGO entwickelten bisherigen strengen Anforderungen sei deswegen nicht bedenkenlos, weil mit dem Revisionszulassungsgrund der ‚Erforderlichkeit einer Entscheidung des BFH zur Fortbildung des Rechts' nach der ursprünglichen gesetzgeberischen Intention der Zugang zum Revisionsgericht erleichtert werden sollte.

Bedenkt man darüber hinaus, dass die Erforderlichkeit einer BFH-Entscheidung zur Fortbildung des Rechts und somit die Veranlassung zur Aufstellung von Grundsätzen und Leitlinien für die Auslegung von Gesetzesbestimmungen bzw. zur rechtsschöpferischen Ausfüllung von Gesetzeslücken regelmäßig dadurch *indiziert* wird, dass zu der aufgeworfenen entscheidungserheblichen Rechtsfrage ***noch keine höchstrichterliche Rechtsprechung ergangen ist***, sollte es bei einer Revisionszulassung zur Fortbildung des Rechts für die Darlegung der ‚Erforderlichkeit einer Entscheidung des BFH zur Fortbildung des Rechts' *im Zweifel* auch genügen, wenn der Beschwerdeführer eine abstrakte entscheidungserhebliche Rechtsfrage aufwirft und darauf hinweist, *dass zu dieser Rechtsfrage noch keine höchstrichterliche Rechtsprechung ergangen, diese also höchstrichterlich noch nicht entschieden sei*[1694].

Schließlich kommt auch der Tatsache, dass dem streitgegenständlichen Verfahren die ***Bedeutung eines Musterprozesses zukommen könnte***, regelmäßig *Indizwirkung* dafür zu, dass der konkrete Streitfall Veranlassung gibt, Grundsätze und Leitlinien für die Auslegung von Gesetzesbestimmungen aufzustellen oder Gesetzeslücken rechtsschöpferisch auszufüllen, zumal die Rechtsfortbildungsrevision gemäß § 115 II Nr. 2 Alt. 1 FGO ja gerade darauf zugeschnitten ist, in sog. ***Musterprozessen*** höchstrichterliche Entscheidungen zu ermöglichen. Somit sollte es bei einer Revisionszulassung zur Fortbildung des Rechts für die Darlegung der ‚Erforderlichkeit einer Entscheidung des BFH zur Fortbildung des Rechts' *im Zweifel* ebenfalls genügen, wenn der Beschwerdeführer eine abstrakte entscheidungserhebliche Rechtsfrage aufwirft und schlüssig sowie nachvollziehbar darauf hinweist, *dass es sich hierbei um eine zweifelhafte Rechtsfrage handele und mit Blick auf deren Klärung die Möglichkeit bestehe, dass sich aus der zugelassenen Revision ein Musterprozess entwickele*[1695].

III. Rechtsprechungsvereinheitlichungsrevision, §§ 115 II Nr. 2 Alt. 2, 116 III 3 FGO

1. *Zulassung der Revision wegen Divergenz*

a) Ausdehnung des Spektrums möglicher Divergenzentscheidungen als positives Signal für einen effektiven zweitinstanzlichen Rechtsschutz i.R.d. Divergenztatbestandes

Die Revisionszulassung zur Sicherung einer einheitlichen Rechtsprechung unter dem Gesichtspunkt der Divergenz bildet den Hauptanwendungsfall der Rechtsprechungsvereinheitlichungsrevision des § 115 II Nr. 2 Alt. 2 FGO, die als nunmehr

1694 Siehe dazu ausführlich bereits oben unter I.3.b)bb) (S. 495 ff.) u. I.3.b)cc) (S. 497 f.).
1695 Siehe dazu ausführlich bereits oben unter I.3.c)bb) (S. 499 f.).

weiter gefasster Zulassungstatbestand die frühere klassische Divergenzrevision gemäß § 115 II Nr. 2 FGO 1965 absorbiert[1696].

Dieser Erweiterung der früheren klassischen Divergenzrevision zu einer allgemein gefassten Rechtsprechungsvereinheitlichungsrevision[1697] trägt auch der BFH Rechnung, indem er das Spektrum der möglichen Divergenzentscheidungen, von denen das finanzgerichtliche Urteil abweichen kann, ausgedehnt und somit den Anwendungsbereich des Divergenztatbestandes i.S. eines effektiven zweitinstanzlichen Rechtsschutzes verbreitert hat. Denn kamen als potenzielle Divergenzentscheidungen i.R.d. früheren Divergenzrevision des § 115 II Nr. 2 FGO 1965 lediglich Entscheidungen des *BFH*, des *BVerfG* und des *GmSOGB* in Betracht[1698], so kommt es nach der einschlägigen Rechtsprechung des BFH nun nicht mehr darauf an, welches Gericht die Entscheidung, von der abgewichen wird, getroffen hat[1699]. Das Spektrum möglicher Divergenzentscheidungen umfasst demnach nunmehr neben den Entscheidungen des ***BFH***, des ***BVerfG*** und des ***GmSOGB*** auch Entscheidungen des ***RFH***, soweit diese heute noch als Richterrecht relevant sind[1700], Entscheidungen der ***obersten Bundesgerichte anderer Gerichtszweige***, namentlich des ***BVerwG***, des ***BSG***, des ***BGH*** und des ***BAG***[1701], Entscheidungen des ***EuGH***[1702], Entscheidungen ***anderer FGe*** sowie Entscheidungen ***anderer Spruchkörper desselben FG***, um Divergenzen innerhalb eines FG entgegenzuwirken[1703], und schließlich nach zutreffender herrschender Auffassung auch Entscheidungen ***unterer Instanzen anderer Gerichtszweige***, bspw. Entscheidungen eines ***OVG/VGH*** oder ***LSG*** sowie konsequenterweise auch Entscheidungen eines ***OLG*** bzw. ***LAG***[1704].

Bereits oben im 3. Abschnitt unter B.III.1.b)ff)(1)(b) (S. 251 ff.) sowie B.III.2.a) dd)(1) (S. 343 ff., dort S. 344 f.) ist in Anlehnung an die von *Hans-Friedrich Lange* geäußerte Auffassung ausführlich herausgestellt worden, dass bei Abweichungen der finanzgerichtlichen Entscheidung von Entscheidungen (lediglich) *unterer Instanzen anderer Gerichtszweige* – d.h. z.B. von Entscheidungen eines *OVG/VGH* oder *LSG* sowie konsequenterweise auch eines *OLG* bzw. *LAG* – ungeachtet der Einordnung dieser Entscheidungen als jeweils taugliche Divergenzentscheidungen

1696 Siehe insoweit die Ausführungen oben im 3. Abschnitt unter B.III.1.b) (S. 221) sowie B.III.1.b)aa)(1) a.E. (S. 222 ff., dort S. 223 f.) u. B.III.1.b)aa)(2) (S. 224 f.).

1697 Vgl. oben im 3. Abschnitt unter B.III.1.b)aa)(2) (S. 224 f.).

1698 Dazu oben im 1. Abschnitt unter C.I. (S. 20 f.) u. vorstehend im 3. Abschnitt unter B.III.1.b)aa)(1) (S. 222 f. [bzw. ff.]).

1699 Siehe hierzu die Ausführungen oben im 3. Abschnitt unter B.III.1.b)aa)(2) (S. 224 f.) mit den entsprechenden Nachweisen in Fußnote 815.

1700 Vgl. dazu ausführlich oben im 3. Abschnitt unter B.III.1.b)aa)(2)(a) (S. 225 ff.).

1701 Vgl. dazu vorstehend im 3. Abschnitt unter B.III.1.b)aa)(2)(b) (S. 228).

1702 Vgl. dazu vorstehend im 3. Abschnitt unter B.III.1.b)aa)(2)(b) (S. 228).

1703 Vgl. dazu vorstehend im 3. Abschnitt unter B.III.1.b)aa)(2)(c) (S. 229).

1704 Vgl. dazu ausführlich oben im 3. Abschnitt unter B.III.1.b)aa)(2)(c) (S. 229 ff., dort S. 230 f.).

im Hinblick auf die eigenständige Zulassungsvoraussetzung der ‚Erforderlichkeit einer BFH-Entscheidung' *besonders sorgfältig zu prüfen* ist, ob und inwieweit zur Sicherung einer einheitlichen Rechtsprechung eine Entscheidung des BFH notwendig ist, da nicht bei jeder Divergenz des angefochtenen Urteils zu einer anderen Rechtsprechung eine Entscheidung des BFH von Nöten ist, um dem Bedürfnis der Allgemeinheit nach einer einheitlichen Rechtsprechung gerecht zu werden[1705]. Demzufolge sind mit Blick auf die o.g. *unterinstanzlichen Divergenzentscheidungen anderer Gerichtszweige* für eine ordnungsgemäße Darlegung der Divergenz *schlüssige und substantiierte Ausführungen* dazu erforderlich, ob und inwieweit eine Entscheidung des BFH im Hinblick auf das (abstrakte) Allgemeininteresse an der Beseitigung der Divergenz sowie die Klärungsbedürftigkeit der divergierend beurteilten Rechtsfrage zur Sicherung einer einheitlichen Rechtsprechung erforderlich ist.

Daraus ergibt sich insbesondere kein Widerspruch zu der Einordnung der o.g. *unterinstanzlichen Entscheidungen anderer Gerichtszweige* in das Spektrum potenzieller Divergenzentscheidungen. Denn während es dabei um die Tauglichkeit einer Entscheidung als Divergenzentscheidung geht, die bei diesen Entscheidungen mit Blick auf den nunmehr weiter gefassten Zulassungstatbestand des § 115 II Nr. 2 Alt. 2 FGO und die insoweit einschlägige BFH-Rechtsprechung, wonach es nun nicht mehr darauf ankommt, welches Gericht die Entscheidung, von der abgewichen wird, getroffen hat[1706], gegeben ist, geht es hier allein um die Frage, ob eine Entscheidung des BFH erforderlich ist, um dem Bedürfnis der Allgemeinheit nach einer einheitlichen Rechtsprechung gerecht zu werden. Einer *besonders sorgfältigen Prüfung* der ‚Erforderlichkeit einer BFH-Entscheidung' sowie entsprechend *schlüssiger und substantiierter Darlegungen* seitens des Beschwerdeführers steht somit nichts entgegen, wenn das FG bei gleichem oder vergleichbarem Sachverhalt in einer entscheidungserheblichen Rechtsfrage eine andere Rechtsauffassung vertritt als ein *OVG/VGH* oder ein *LSG* sowie ein *OLG* bzw. ein *LAG*[1707].

1705 Siehe insoweit auch *Lange* HHSp., § 115 FGO Tz. 194 (Lfg. 192 Oktober 2006).

1706 Siehe dazu die Ausführungen oben im 3. Abschnitt unter B.III.1.b)aa)(2) (S. 224 f.) mit den entsprechenden Nachweisen in Fußnote 815.

1707 **Anders** hingegen *Bleschick*, Revisionszulassungsgründe im Spannungsverhältnis, S. 145. – Dass auch bei *RFH-Entscheidungen* regelmäßig eine *besonders sorgfältige Prüfung* der ‚Erforderlichkeit einer BFH-Entscheidung' vorzunehmen ist und es i.R.d. Begründung einer NZB entsprechend *schlüssiger und substantiierter Darlegungen* seitens des Beschwerdeführers bedarf, versteht sich m.E. von selbst, weil hier schon ihre Tauglichkeit als Divergenzentscheidung stets davon abhängt, dass sie heute noch als Richterrecht relevant sind, vgl. insoweit auch die Ausführungen oben im 3. Abschnitt unter B.III.1.b)ff)(1)(b) (S. 251 ff.) mit Fußnote 908 u. B.III.2.a)dd)(1) (S. 343 ff., dort S. 344 f.) mit Fußnote 1137.

b) Eklatante Rechtsschutzverkürzung durch das Erfordernis divergierender Rechtssätze

Die Zulassung der Revisions gemäß § 115 II Nr. 2 Alt. 2 FGO zur Beseitigung einer Divergenz ist nach der Rechtsprechung des BFH aber im Wesentlichen davon abhängig, dass das FG in seiner Entscheidung einen *tragenden, abstrakten Rechtssatz* aufstellt, der mit den ebenfalls tragenden Rechtsausführungen – also einem ebenfalls *tragenden, abstrakten Rechtssatz* – in der angeblichen Divergenzentscheidung eines anderen Gerichts nicht übereinstimmt. Ebenso wie bereits i.R.d. früheren klassischen Divergenzrevision des § 115 II Nr. 2 FGO 1965 bildet das *Erfordernis divergierender Rechtssätze* nach st. Rspr. des BFH also auch weiterhin das zentrale Tatbestandsmerkmal des nunmehr in § 115 II Nr. 2 Alt. 2 FGO verankerten Divergenztatbestandes[1708]. Das bedeutet zugleich, dass eine Divergenz in der Beurteilung und Würdigung von Tatsachen regelmäßig ebenso unbeachtlich ist wie ein bloßer Subsumtionsfehler. Nach der einschlägigen BFH-Rechtsprechung liegt eine die einheitliche Rechtsprechung i.S.d. § 115 II Nr. 2 Alt. 2 FGO gefährdende Abweichung insbesondere dann nicht vor, wenn das FG erkennbar von den Rechtsgrundsätzen/Rechtsprechungsgrundsätzen der BFH-Rechtsprechung bzw. der vermeintlichen Divergenzentscheidung eines anderen Gerichts ausgegangen ist, diese dann aber (angeblich) rechtsfehlerhaft auf die Besonderheiten des Streitfalls angewendet hat. Quasi zusammenfassend formuliert der BFH dazu, dass es für die Zulassung der Revision zur Sicherung einer einheitlichen Rechtsprechung unter dem Gesichtspunkt der Divergenz allein auf die *Nichtübereinstimmung im (Rechts-) Grundsätzlichen* ankommen soll[1709].

Für die Darlegung der Divergenz i.R.d. Begründung einer NZB bedeutet dies, dass als zentrale Darlegungsanforderung der Divergenzrüge die *Herausarbeitung und Gegenüberstellung divergierender Rechtssätze* erforderlich ist. Eine gemäß §§ 116 III 3, 115 II Nr. 2 Alt. 2 FGO ordnungsgemäß begründete Divergenzrüge erfordert demnach in st. Rspr. senatsübergreifend die *Darlegung zweier voneinander abweichender und die Entscheidung des Gerichts jeweils tragender, abstrakter Rechtssätze.* Hierzu muss der Beschwerdeführer *tragende und abstrakte Rechtssätze aus dem angefochtenen FG-Urteil einerseits und der angeblichen Divergenzentscheidung andererseits herausarbeiten und einander gegenüberstellen*, um so eine Abweichung zu verdeutlichen[1710]. Hingegen lässt es der BFH nicht genügen, zwar einen *tragenden, abstrakten Rechtssatz* aus der vermeintlichen Divergenzentscheidung herauszustellen, sodann sinngemäß aber nur geltend zu machen, das FG habe diesen Rechtssatz im Ergebnis falsch auf den konkreten Streitfall angewendet. Der BFH erblickt darin vielmehr nur die Behauptung eines schlichten unbeachtlichen Subsumtionsfehlers, dessen Rüge ebenso wie die Rüge einer Divergenz in

---

1708 Siehe dazu die entsprechenden Rechtsprechungsnachweise in Fußnote 875.

1709 Siehe hierzu die entsprechenden Rechtsprechungsnachweise in den Fußnoten 845-848. Vgl. auch den Rechtsprechungsnachweis in Fußnote 849.

1710 Siehe dazu die entsprechenden Rechtsprechungsnachweise in Fußnote 1108.

der Beurteilung und Würdigung von Tatsachen entsprechend den zu § 115 II Nr. 2 Alt. 2 FGO aufgestellten Anforderungen sowie mit Blick auf die erforderliche *Darlegung der Nichtübereinstimmung im (Rechts-) Grundsätzlichen* für die ordnungsgemäße Begründung einer Divergenzrüge schließlich nicht ausreicht[1711].

aa) Kritik *an der engen Divergenz-Doktrin des BFH*

Bereits das Aufspüren einer einschlägigen Divergenzentscheidung, die i.R.d. NZB-Begründung mit Datum, Aktenzeichen und ggf. auch der (allgemein zugänglichen) Fundstelle hinreichend genau anzugeben bzw. zu bezeichnen ist[1712], gestaltet sich häufig überaus schwierig. Wenn der BFH darüber hinaus die Zulassung der Revision zur Sicherung einer einheitlichen Rechtsprechung unter dem Gesichtspunkt der Divergenz strikt von dem einschränkenden Erfordernis divergierender Rechtssätze abhängig macht und für die hinreichende Darlegung der Divergenz i.R.d. Begründung einer NZB ausnahmslos die Herausarbeitung und Gegenüberstellung dieser divergierenden Rechtssätze verlangt, dann stellt er insoweit äußerst diffizile sowie enorm hohe Anforderungen an die ordnungsgemäße Begründung einer Divergenzrüge, die den Beschwerdeführer und dessen Prozessvertreter maßlos überfordern und den Rechtsschutz mit Blick auf die Revisionszulassung i.R.d. § 115 II Nr. 2 Alt. 2 FGO eklatant sowie unzumutbar verkürzen[1713]. Denn in akribischer Feinarbeit und innerhalb kürzester Zeit fallbezogen/fallnah eine *filigrane Exegese* über die Divergenz anzufertigen, d.h. einander widersprechende tragende, abstrakte Rechtssätze aus der angefochtenen erstinstanzlichen Entscheidung einerseits und der angeblichen Divergenzentscheidung andererseits herauszuarbeiten und gegenüberzustellen, bedarf stets einer *äußerst sorgfältigen Vorbereitung* und muss *wohldurchdacht formuliert* sein[1714]. Gerade hier liegt die mit Abstand *größte Fehlerquelle* bei der Abfassung einer Divergenzrüge, wie die zahlreichen ähnlich klingenden Formulierungen der in BFH/NV abgedruckten Entscheidungen zeigen, wenn es dort etwa heißt: *„Diesen Anforderungen wird die Beschwerdebegründung nicht gerecht. Es fehlt an der Gegenüberstellung tragender, abstrakter Rechtssätze."*[1715]. Wie schon bei der grundsätzlichen Bedeutung der Rechtssache und den dortigen

---

1711 Vgl. hierzu die entsprechenden Rechtsprechungsnachweise in den Fußnoten 1112, 1113 u. 1115.

1712 Siehe insoweit die entsprechenden Rechtsprechungsnachweise in Fußnote 1100.

1713 Vgl. ansatzweise bereits oben im 3. Abschnitt unter B.III.1.b)cc) (S. 240 ff., dort S. 244) sowie B.III.2.a)bb) (S. 332 ff., dort S. 338).

1714 Auf gleicher Linie *Seer*, StuW 2001, 3, 11; *ders.*, in: T/K, § 116 FGO Tz. 52 (Lfg. 131 Oktober 2012). Vgl. in diesem Zusammenhang auch *Nassall*, NJW 2012, 113, 115, der auf die insoweit erforderliche sorgfältige Analyse der Gründe der angefochtenen Entscheidung und die Aufdeckung der sie wirklich tragenden, häufig verklausulierten oder gar nicht formulierten Überlegungen hinweist.

1715 Ebenso *Seer*, StuW 2001, 3, 11; *ders.*, StuW 2003, 193, 203; *ders.*, in: T/K, § 116 FGO Tz. 52 (Lfg. 131 Oktober 2012). Eine solche Formulierung findet sich z.B. in *BFH*, Beschl. v. 19.07.2007, V B 66/06, BFH/NV 2007, 2067, 2069.

Zulassungskriterien des (abstrakten) Allgemeininteresses und der Klärungsbedürftigkeit der aufgeworfenen Rechtsfrage, so wäre es folglich auch hier wieder angebracht, dem Vorschlag von *Roman Seer*[1716] folgend BFH-Richter für einige Wochen die Rolle der Prozessvertreter einnehmen und sie unter enormem Zeitdruck auf Divergenzen gestützte NZBen – also *filigrane Exegesen* über die Divergenz – anfertigen zu lassen, um ihnen die ihrerseits aufgestellten, nahezu hypertrophen Darlegungsanforderungen deutlich vor Augen zu führen[1717].

Ein vermeintliches Entgegenkommen des BFH besteht darin, dass es nach der einschlägigen Rechtsprechung nicht zwangsläufig eines ausdrücklich ausgesprochenen, abstrakten divergierenden Rechtssatzes bedarf, der in den Gründen des angefochtenen finanzgerichtlichen Urteils nach Art eines Leitsatzes formuliert ist. Dem Erfordernis divergierender Rechtssätze sei vielmehr bereits dann genügt, wenn der betreffende abstrakte divergierende Rechtssatz *konkludent* in scheinbar nur fallbezogenen Rechtsausführungen des FG enthalten – d.h. gleichsam ‚versteckt' – sei, so dass eine Abweichung mithin auch dann vorliegen könne, wenn das FG einem bestimmten Sachverhalt eine andere Rechtsfolge beigemessen habe, als sie der BFH zu einem im Wesentlichen gleichen Sachverhalt ausgesprochen habe[1718]. Auch das ist für den Rechtsschutzsuchenden – wenn überhaupt – aber nur ein schwacher Trost, weil der BFH auch hier nahezu unverändert an seiner engen Divergenz-Doktrin festhält, wenn er insoweit verlangt, dass sich der vom FG *konkludent* aufgestellte, abstrakte divergierende Rechtssatz stets deutlich aus dem gedanklichen Zusammenhang der Entscheidungsgründe herauslesen lassen müsse[1719]. Bei genauer Betrachtung verkehrt sich die zunächst als Lockerung der engen Divergenz-Doktrin anmutende und vom BFH wohl auch so gedachte Berücksichtigung auch *konkludent* aufgestellter Rechtssätze in der angefochtenen FG-Entscheidung für den Beschwerdeführer mithin ins Gegenteil und führt m.E. sogar zu einer Erschwerung. Denn ist es – wie bereits ausgeführt – per se schon schwierig genug, einander widersprechende tragende, abstrakte Rechtssätze aus der angefochtenen erstinstanzlichen Entscheidung einerseits und der angeblichen Divergenzentscheidung andererseits herauszuarbeiten und gegenüberzustellen, so kann der Beschwerdeführer einen *konkludent* in scheinbar nur fallbezogenen Rechtsausführungen des FG enthaltenen, abstrakten Rechtssatz jeweils nur dann den Darlegungsanforderungen der Divergenzrüge entsprechend herausarbeiten

---

1716 *Seer*, StuW 2001, 3, 11.

1717 Siehe betreffend diesen Vorschlag bereits die entsprechenden Ausführungen zur Grundsatzrevision oben unter I.3.a) (S. 491 ff., dort S. 493).

1718 Siehe dazu die entsprechenden Rechtsprechungsnachweise in den Fußnoten 870-872 (zu § 115 II Nr. 2 FGO 1965) sowie in den Fußnoten 878 u. 879 (zu § 115 II Nr. 2 Alt. 2 FGO). Vgl. auch *Seer*, in: T/K, § 115 FGO Tz. 74 u. § 116 FGO Tz. 53 (jeweils Lfg. 131 Oktober 2012), der die Formulierung des ‚versteckten' Rechtssatzes verwendet.

1719 Vgl. hierzu die entsprechenden Rechtsprechungsnachweise in Fußnote 873 (zu § 115 II Nr. 2 FGO 1965) und in Fußnote 878 (zu § 115 II Nr. 2 Alt. 2 FGO).

und einem abstrakten Rechtssatz aus der behaupteten Divergenzentscheidung zwecks Verdeutlichung einer Abweichung gegenüberstellen, wenn er zunächst einen solchen ‚versteckten' Rechtssatz aus dem gedanklichen Zusammenhang der Entscheidungsgründe des FG-Urteils – also gleichsam ‚zwischen den Zeilen' – aufgespürt und eigenständig sauber formuliert hat[1720]. Das Herausarbeiten und Gegenüberstellen abstrakter divergierender Rechtssätze unter Heranziehung eines der FG-Entscheidung zugrunde liegenden *konkludenten* Rechtssatzes bürdet dem Beschwerdeführer also letztlich zuvor noch eine Aufgabe auf, die eigentlich dem erstinstanzlich entscheidenden Spruchkörper oblegen hätte, wenn dieser seine Entscheidung fundiert sowie klar und nachvollziehbar begründet hätte, nämlich das von ihm getroffene Entscheidungsergebnis durch einen entsprechenden abstrakten Rechtssatz zu belegen, und schränkt die Möglichkeit des Rechtsschutzsuchenden, die Zulassung der Revision zur Sicherung einer einheitlichen Rechtsprechung unter dem Gesichtspunkt der Divergenz zu erreichen, somit letztlich nicht minder ein.

Die aus der Anwendung des restriktiven *Erfordernisses divergierender (ggf. konkludenter) Rechtssätze* resultierende erhebliche Verkürzung des zweitinstanzlichen finanzgerichtlichen Rechtsschutzes tritt noch deutlicher zu Tage, wenn man sich folgenden weiteren Gedanken vor Augen führt:

So erscheint es durchaus vorstellbar, dass (Finanz-) Gerichte in der Praxis abstrakte (höchst-) richterliche Rechtssätze, die sich den einschlägigen juristischen Datenbanken heutzutage problemlos entnehmen lassen, zwar äußerlich ‚anwenden', indem sie diese zumindest zitieren, sie diese Rechtssätze im weiteren Verlauf ihrer Entscheidungsbegründung dann jedoch außer Acht lassen und somit nicht folgerichtig umsetzen, so dass eine *Diskrepanz* zwischen dem gefundenen Entscheidungsergebnis und dem zuvor benannten (höchst-) richterlichen Rechtssatz entsteht, ohne dass das (Finanz-) Gericht seinerseits ausdrücklich oder konkludent abstrakte divergierende Rechtssätze aufgestellt hätte[1721]. Wenn ein solches Vorgehen nach der ständigen senatsübergreifenden Rechtsprechung des BFH mangels ausdrücklicher bzw. konkludenter Rechtssatzbildung des FG allerdings nur einen schlichten unbeachtlichen Susbumtionsfehler darstellen soll, dann hat das schließlich zur Konsequenz, dass die Entscheidungen der FGe umso *revisionsfester* werden, je oberflächlicher – d.h. je weniger klar und strukturiert – sie begründet sind

1720 Vgl. insoweit nochmals *Nassall*, NJW 2012, 113, 115, wenn dieser auf die erforderliche sorgfältige Analyse der Gründe der angefochtenen Entscheidung und die Aufdeckung der sie wirklich tragenden, häufig verklausulierten oder *gar nicht formulierten* Überlegungen hinweist (s. bereits Fußnote 1714).

1721 Ähnlich *Seer*, in: T/K, § 115 FGO Tz. 74 (Lfg. 131 Oktober 2012). **A.A.** *Rüsken*, DStZ 2004, 334, 337, der bezweifelt, dass ein Gericht – ohne divergierende Rechtssätze aufzustellen – von einer anderen gerichtlichen Entscheidung (nur) ‚im Entscheidungsergebnis' abweichen könne.

und je weniger auf erstinstanzlicher finanzgerichtlicher Ebene überhaupt durchdachte abstrakte Rechtssätze gebildet und herausgestellt werden[1722].

Für den Beschwerdeführer resultiert daraus schließlich die kaum mehr bestehende Möglichkeit, den o.g. überzogenen Anforderungen an die ordnungsgemäße Begründung einer Divergenzrüge auch nur annähernd nachzukommen, weil er eben vergeblich nach ‚irgendwelchen' tragenden, abstrakten Rechtssätzen sucht, so dass die vom BFH statuierte enge Divergenz-Doktrin auch mit Blick auf die soeben geschilderte, durchaus vorstellbare (Finanz-) Gerichtspraxis den zweitinstanzlichen Finanzrechtsschutz unzumutbar verkürzt[1723].

Die einschränkende Rechtsprechung des BFH zum *Erfordernis divergierender (ggf. konkludenter) Rechtssätze* ist überdies auch nicht vom *Wortlaut* der einschlägigen revisionszulassungsrechtlichen Vorschriften gedeckt. Bot m.E. schon der Wortlaut der früheren §§ 115 II Nr. 2, 115 III 3 FGO 1965 keinerlei Anhaltspunkte für eine derartige restriktive Auslegung des Divergenztatbestandes[1724], so gilt dies erst recht für den Wortlaut des § 115 II Nr. 2 Alt. 2 FGO oder des § 116 III 3 FGO. Denn keine dieser beiden Vorschriften enthält auch nur irgendwelche Anzeichen, die auf eine derart restriktive Handhabung sowie überaus rechtsschutzverkürzende Interpretation dieses Revisionszulassungsgrundes und seiner Darlegungsanforderungen hindeuten, so dass die Fortführung der engen Divergenz-Doktrin und der entsprechenden strengen Darlegungsanforderungen i.R.d. Rechtsprechungsvereinheitlichungsrevision gemäß § 115 II Nr. 2 Alt. 2 FGO jedenfalls dem heute geltenden Recht widerspricht[1725]. Im Hinblick darauf, dass die Divergenzrevision als eigenständiger Revisionszulassungsgrund heute nicht mehr existiert, sondern lediglich noch eine Fallgruppe i.R.d. allgemein gefassten Rechtsprechungsvereinheitlichungsrevision nach § 115 II Nr. 2 Alt. 2 FGO bildet, ohne dass der Begriff der ‚Abweichung' bzw. ‚Divergenz' als explizites Tatbestandsmerkmal in den §§ 115 II Nr. 2 Alt. 2, 116 III 3 FGO noch gesondert Erwähnung findet, ist es dem BFH mithin verwehrt, ihm offenbar lieb gewordene Zulassungsrestriktionen aus der Zeit der früheren klassischen Divergenzrevision[1726] in den nunmehr weiter gefassten Zulassungstatbestand der Rechtsprechungsvereinheitlichungsrevision zu übernehmen.

1722 Gleicher Ansicht *Seer*, in: T/K, § 115 FGO Tz. 74 (Lfg. 131 Oktober 2012).

1723 Im Ergebnis ebenso *Seer*, in: T/K, § 115 FGO Tz. 74 (Lfg. 131 Oktober 2012).

1724 Auf gleicher Linie *Seer*, StuW 2001, 3, 11; *ders.*, in: T/K, § 116 FGO Tz. 51 (Lfg. 131 Oktober 2012).

1725 Ebenso *Seer*, StuW 2003, 193, 199, 203 u. 204; *ders.*, in: T/K, § 115 FGO Tz. 74 sowie § 116 FGO Tz. 52 u. 53 (jeweils Lfg. 131 Oktober 2012). Vgl. insoweit auch *Bleschick*, Revisionszulassungsgründe im Spannungsverhältnis, S. 152 f., der anführt, dass die ungebrochene Übernahme der vor dem 2. FGOÄndG geltenden Grundsätze bereits im Wortlaut des § 115 II Nr. 2 FGO keine Stütze finde. – Ansatzweise auch bereits oben im 3. Abschnitt unter B.III.1.b)cc) (S. 240 ff., dort S. 244) u. B.III.2.a)bb) (S. 332 ff., dort S. 338).

1726 Vgl. insoweit auch *Seer*, StuW 2003, 193, 199; *ders.*, in: T/K, § 115 FGO Tz. 74 (Lfg. 131 Oktober 2012).

Nichts anderes ergibt sich aus den *Gesetzesmaterialien.* Denn auch, wenn daraus eindeutig hervorgeht, dass die Neufassung der Revisionszulassungsgründe die klassischen Divergenzfälle auch weiterhin mit einbezogen wissen wollte[1727], so kann dies entgegen der Vorstellung des BFH jedoch nicht dahingehend verstanden werden, dass sämtliche von der früheren höchstrichterlichen Rechtsprechung zu §§ 115 II Nr. 2, 115 III 3 FGO 1965 entwickelten Kriterien und Restriktionen unverändert übernommen werden sollten[1728]. Der in den Gesetzesmaterialien niedergelegte Wille, auch die klassischen Divergenzfälle in die Neugestaltung der Revisionszulassungsgründe mit einzubeziehen, muss vielmehr so verstanden werden, dass allein der Tatbestand der Abweichung/Divergenz *per se* in den neu formulierten Zulassungsgründen auch weiterhin Beachtung finden sollte. Ein solches Verständnis ergibt sich insbesondere daraus, dass der Gesetzentwurf der Bundesregierung zum 2. FGOÄndG nachfolgend i.R.d. Erläuterungen zu § 116 III 3 FGO ausführt, dass eine Darlegung der Divergenz *„im Sinne des geltenden § 115 Abs. 2 FGO"* – also i.S.d. § 115 II Nr. 2 FGO 1965 –, *„die erhebliche Anforderungen an die Prozessvertreter stellt"*, künftig nicht mehr erforderlich sein sollte[1729]. Selbst wenn insoweit detaillierte Ausführungen dazu fehlen, welche einzelnen Darlegungen künftig konkret entbehrlich sein sollten, so bringt bereits dieses allgemein formulierte Vorhaben einer Darlegungsabsenkung mit Blick auf die dort explizit genannten, bisher an die Prozessvertreter gestellten erheblichen Anforderungen deutlich zum Ausdruck, dass der Gesetzgeber jedenfalls die Herausarbeitung und Gegenüberstellung tragender, abstrakter Rechtssätze als entbehrlich ansehen wollte, die dem Beschwerdeführer und dessen Prozessvertreter als zentrales Darlegungserfordernis bereits zur früheren klassischen Divergenzrevision gemäß

1727 Siehe die Begründung des Entwurfs eines 2. FGOÄndG v. 11.09.2000, BT-Drucks. 14/4061, S. 6 u. 9, sowie Beschlussempfehlung und Bericht des Rechtsausschusses (6. Ausschuss) zu dem Gesetzentwurf der Bundesregierung – Drucksachen 14/4061, 14/4450: Entwurf eines 2. FGOÄndG – v. 08.11.2000, BT-Drucks. 14/4549, S. 10.

1728 So aber bspw. die Formulierung in *BFH,* Beschl. v. 14.02.2002, VII B 141/01, BFH/NV 2002, 798, 799, wo es heißt, dass ausweislich der Gesetzesbegründung mit den neu gefassten Zulassungsgründen des § 115 II Nr. 2 FGO u.a. auch *die Fälle der Divergenz i.S.d. dazu von der höchstrichterlichen Rechtsprechung zu § 115 II Nr. 2 FGO 1965 entwickelten Kriterien* erfasst werden sollten.

1729 Begründung des Entwurfs eines 2. FGOÄndG v. 11.09.2000, BT-Drucks. 14/4061, S. 10. – Ebenso geht m.E. aus der Begründung des Entwurfs eines ZPO-RG von SPD-Bündnis 90/Die Grünen v. 04.07.2000, BT-Drucks. 14/3750, S. 44, sowie der Begründung des Entwurfs eines ZPO-RG der Bundesregierung v. 24.11.2000, BT-Drucks. 14/4722, S. 67, hervor, dass eine unveränderte Übernahme sämtlicher zur früheren klassischen Divergenzrevision entwickelter Kriterien und Restriktionen *nicht* beabsichtigt war, wenn es dort heißt, dass die – wegen ihrer strengen formalen Anforderungen ohnehin praktisch kaum relevante – Divergenzrevision neben dem Zulassungsgrund der ‚Sicherung einer einheitlichen Rechtsprechung' keine eigenständige Bedeutung mehr habe und daher entfallen könne.

§§ 115 II Nr. 2, 115 III 3 FGO 1965 enorme Anstrengungen abverlangt und sie in hohem Maße überfordert hat.

Wenn die einschlägige BFH-Rechtsprechung den Zulassungstatbestand der ‚Divergenz' als Fallgruppe – als Hauptanwendungsfall – der allgemein gefassten Rechtsprechungsvereinheitlichungsrevision i.S.d. § 115 II Nr. 2 Alt. 2 FGO ansieht, dann ist es schließlich nicht nachvollziehbar, warum sie *einerseits* das Spektrum möglicher Divergenzentscheidungen ausdehnt und somit den Anwendungsbereich des Divergenztatbestandes i.S. eines positiven Signals für einen effektiven zweitinstanzlichen Rechtsschutz verbreitert, *andererseits* aber – absolut rechtsschutzverkürzend – die aus Gewohnheit genutzte, ‚traditionelle' Zulassungsrestriktion der divergierenden Rechtssätze sowie deren Herausarbeitung und Gegenüberstellung i.R.d. Begründung einer NZB konsequent und unverändert – ohne jegliche Lockerung – beibehält.

bb) Stärkung und Verbesserung des Individualrechtsschutzes durch Revisionszulassung bei Divergenz im Entscheidungsergebnis

Wie die vorstehenden *kritischen* Ausführungen zur konsequenten und unveränderten Beibehaltung der engen Divergenz-Doktrin des BFH zeigen, muss die Revision im Hinblick auf die seitens des Gesetzgebers beabsichtigte Erweiterung des Zugangs zum BFH und die damit einhergehende Stärkung und Verbesserung des Individualrechtsschutzes[1730] bereits dann gemäß § 115 II Nr. 2 Alt. 2 FGO zur Sicherung einer einheitlichen Rechtsprechung unter dem Gesichtspunkt der Divergenz zugelassen werden, wenn das FG von einer höchstrichterlichen Rechtsprechung oder der Rechtsprechung eines anderen Gerichts[1731] *lediglich im Entscheidungsergebnis abweicht,* ohne selbst – ggf. konkludent – einen abweichenden, die Entscheidung tragenden, abstrakten Rechtssatz zu bilden.

Die Einheit/Einheitlichkeit der Rechtsprechung, die durch die Rechtsprechungsvereinheitlichungsrevsion des § 115 II Nr. 2 Alt. 2 FGO gewahrt werden soll[1732], ist nämlich auch bereits dann erheblich gestört, wenn die angefochtene erstinstanzliche FG-Entscheidung *in der Sache* von der übrigen (höchstrichterlichen) Judikatur abweicht, unabhängig davon, ob sie die maßgeblichen Rechtssätze rein tatsächlich verfehlt oder ihrerseits (bewusst) einen davon abweichenden Rechtssatz aufstellt[1733]. Ebenso ist nach Auffassung des *BVerfG* die Einheit der Rechtsordnung in

1730 Zur Intention des 2. FGOÄndG ausführlich oben im 2. Abschnitt unter B.II. (S. 75 f.).

1731 Zum Spektrum möglicher Divergenzentscheidungen ausführlich oben im 3. Abschnitt unter B.III.1.b)aa) (S. 222 ff.) sowie vorstehend unter a) (S. 518 ff.).

1732 Zum Zweck der Rechtsprechungsvereinheitlichungsrevision ausführlich oben im 3. Abschnitt unter B.III.1.a)cc) (S. 220).

1733 Auf gleicher Linie *Seer,* StuW 2003, 193, 199; *ders.,* in: T/K, § 115 FGO Tz. 74 (Lfg. 131 Oktober 2012). Ebenso zu § 543 II 1 Nr. 2 Alt. 2 ZPO *v. Gierke/Seiler,* JZ 2003, 403, 408; *Scheuch/Lindner,* NJW 2003, 728, 729.

ihrem Kern bedroht, wenn gleiches Recht ungleich gesprochen wird[1734], so dass es folglich gerechtfertigt erscheint, für die Zulassung der Revision i.R.d. § 115 II Nr. 2 Alt. 2 FGO unter dem Gesichtspunkt der Abweichung – ebenso wie z.B. der ***VIII. Zivilsenat** des BGH* in einigen Entscheidungen zu der gleichlautenden Vorschrift des § 574 II Nr. 2 Alt. 2 ZPO betreffend die Zulässigkeit der Rechtsbeschwerde[1735]

1734 *BVerfG* (Plenum), Beschl. v. 11.06.1980, 1 PBvU 1/79, BVerfGE 54, 277, 291.

1735 Siehe z.B. *BGH*, Beschl. v. 04.09.2002, VIII ZB 23/02, NJW 2002, 3783, 3784; Beschl. v. 04.09.2002, VIII ZB 49/02, NJW-RR 2003, 277; Beschl. v. 27.11.2002, VIII ZB 33/02, NJW-RR 2003, 229; Beschl. v. 05.02.2003, VIII ZB 115/02, NJW 2003, 1815, dort insoweit jedoch nicht abgedruckt, vgl. aber bei juris Tz. 3; Beschl. v. 05.03.2003, VIII ZB 134/02, NJW-RR 2003, 1366, wo es jeweils heißt, dass die geltend gemachte und vorliegende *objektive Abweichung (Divergenz)* in der zu entscheidenden Rechtsfrage von der allgemeinen Rechtsprechung der Zivilgerichte bzw. der höchstrichterlichen Rechtsprechung des BGH dem Zulassungsgrund der ‚Sicherung einer einheitlichen Rechtsprechung' gemäß § 574 II Nr. 2 Alt. 2 ZPO unterfalle, wenn die Gefahr einer Nachahmung oder Wiederholung bestehe, bzw. wenn davon auszugehen sei, dass das Berufungsgericht auch in Zukunft so verfahren werde. Vgl. zudem die Begründung des Entwurfs eines ZPO-RG von SPD-Bündnis 90/Die Grünen v. 04.07.2000, BT-Drucks. 14/3750, S. 76, sowie die Begründung des Entwurfs eines ZPO-RG der Bundesregierung v. 24.11.2000, BT-Drucks. 14/4722, S. 104, die insoweit jeweils unter Hinweis auf *BGH (1. Strafsenat)*, Beschl. v. 12.11.1970, 1 StR 263/70, BGHSt 24, 15, 21 f., vorbringt, dass die Revision zur Sicherung einer einheitlichen Rechtsprechung i.S.d. § 543 II 1 Nr. 2 Alt. 2 ZPO zuzulassen sei, wenn ein Gericht *„von der höchstrichterlichen Rechtsprechung ‚abweicht', diese also nicht berücksichtigt und die Gefahr einer Wiederholung besteht"*. Der *VIII. Zivilsenat des BGH* macht die Zulässigkeit der Rechtsbeschwerde zur Sicherung einer einheitlichen Rechtsprechung wegen Divergenz nach § 574 II Nr. 2 Alt. 2 ZPO – angelehnt an die Gesetzesbegründung – hier zwar zusätzlich von einer *Nachahmungs-/Wiederholungsgefahr* abhängig (vgl. zu diesen Zulassungskriterien ausführlich nachfolgend unter 2.c)bb)(3) [S. 566 ff., dort S. 568 ff.] u. im Hinblick auf die vorstehenden BGH-Entscheidungen insbesondere unter 2.c)bb)(3) [S. 566 ff., dort S. 570 ff.]); er verlangt aber jedenfalls *keine divergierende Rechtssatzbildung*. Eine Revisionszulassung bereits bei *Divergenz im Entscheidungsergebnis* befürworten aus der zivilprozessualen Literatur etwa auch *v. Gierke/Seiler*, JZ 2003, 403, 408; *Scheuch/Lindner*, NJW 2003, 728, 729; *Schlosser*, JZ 2003, 266, 267, unter Hinweis darauf, dass man mit der Formel eines „abstrakten Rechtssatzes", den ein Gericht aufgestellt hat und von dem ein anderes Gericht „abweicht", keinesfalls weiterkomme, es sei denn, es handele sich um einen Ausnahmefall, in dem wirklich offene Meinungsverschiedenheiten von Gerichten artikuliert werden; *Seiler*, MDR 2003, 785, 786; *Vollkommer*, EWiR 2005, 141, 142, unter Hinweis auf den Gesichtspunkt der Rechtsanwendungsgleichheit: Revisionszulassung wegen „evidenter Widersprüchlichkeit zweier Entscheidungen gleicher Ordnung". – **A.A.** aber der *I., II., V., VI. und XI. Zivilsenat des BGH*, die für die Revisionszulassung gemäß § 543 II 1 Nr. 2 Alt. 2 ZPO bzw. für die Zulässigkeit der Rechtsbeschwerde nach § 574 II Nr. 2 Alt. 2 ZPO unter dem Gesichtspunkt der Divergenz auf das *Erfordernis* *divergierender Rechtssätze* abstellen und dementsprechend i.R.d. §§ 544 II 3, 575 III Nr. 2 ZPO auch die *Darlegung zweier voneinander abweichender und die Entscheidung des Gerichts jeweils tragender, abstrakter Rechtssätze* verlangen, s. z.B. *BGH*, Beschl. v. 22.10.2009, I ZR 124/08, CR 2010, 302, 303, wonach die aufgrund eines anderen Verkehrsverständnisses abweichende Beurteilung als eine auf tatsächlichem Gebiet liegende Divergenz die Zulassung der Revision nicht gebiete **(I. Zivilsenat)**; Beschl. v. 09.07.2007, II ZR 95/06, NJW-RR 2007, 1676, wonach den Entscheidungen sich widersprechende abstrakte Rechtssätze (lediglich) *zugrunde liegen* müssen, s. dazu auch nachfolgend unter 2.c)bb)(3) (S. 566 ff., dort S. 577 ff.) **(II. Zivilsenat)**; Beschl. v. 29.05.2002, V ZB 11/02, NJW 2002, 2473, 2474; Beschl. v. 04.07.2002, V ZR 75/02, NJW 2002, 2957; Beschl. v. 04.07.2002, V ZB 16/02, NJW 2002, 3029, 3030; Beschl. v. 25.07.2002, V ZR 118/02, NJW 2002, 3180; Beschl. v. 31.10.2002, V ZR 100/02, NJW 2003, 754, 755; Beschl. v. 27.03.2003, V ZR 291/02, NJW 2003, 1943, 1945; Beschl. v. 23.10.2003, V ZB 28/03, NJW 2004, 367, 368; Beschl. v. 08.09.2004, V ZR 260/03, NJW 2005, 154, 155, wo – offensichtlich gleichbedeutend – von der abweichenden Formulierung eines ‚Obersatzes' die Rede ist, dazu nachfolgend unter 2.c)bb)(3) (S. 566 ff., dort S. 577 f.) **(V. Zivilsenat)**; Beschl. v. 24.09.2002, VI ZB 26/02, DAR 2003, 64; Beschl. v. 05.11.2002, VI ZB 40/02, NJW 2003, 437, wonach der angefochtenen Entscheidung ein Rechtssatz (lediglich) *zugrunde liegen* muss, s. dazu auch später unter 2.c)bb)(3) (S. 566 ff., dort S. 577 ff.); Beschl. v. 25.03.2003, VI ZB 55/02, NJW-RR 2003, 995 f. u. 996; Beschl. v. 13.05.2003, VI ZB 76/02, NJW-RR 2003, 1366, 1367; Beschl. v. 14.10.2003, VI ZB 19/03, NJOZ 2004, 212, 213 **(VI. Senat)**; Beschl. v. 01.10.2002, XI ZR 71/02, NJW 2003, 65, 66; Beschl. v. 03.06.2003, XI ZR 216/02, n.v. (juris), jedoch in Anlehnung an den *VIII. Zivilsenat* mit dem weiteren Erfordernis der *‚Wiederholungsgefahr'* (**kritisch** zu dieser Entscheidung später unter 2.c)bb)(3) [S. 566 ff. - 571], dort Fußnote 1842); Beschl. v. 16.09.2003, XI ZR 238/02, NJW 2004, 1167, wonach eine Divergenz nicht schon deshalb zu bejahen sei, weil ein Berufungsgericht im Einzelfall trotz gleichen oder identischen Sachverhalts zu einem anderen Ergebnis gelangt sei, als ein anderes gleich- oder höherrangiges Gericht, es hingegen vielmehr auf das Vorliegen einer *Divergenz in Rechtsfragen* ankomme **(XI. Zivilsenat)**; HK/*Kayser*[4], § 543 ZPO Tz. 17; *Rimmelspacher*, JZ 2003, 797, der anführt, dass bei einer Ausweitung in Richtung einer *Divergenz im Entscheidungsergebnis* das Revisionsgericht im Prinzip unzulässigerweise in eine Oberberufungsinstanz umfunktioniert würde; *Wenzel*, in: MünchKomm[3], § 543 ZPO Tz. 14. Ebenso zu der Divergenzrechtsbeschwerde gemäß § 24 II Nr. 1 LwVG a.F. der *BGH-Senat für Landwirtschaftssachen*, *BGH*, Beschl. v. 29.10.2009, BLw 3/09, n.v. (juris); Beschl. v. 17.10.2011, BLw 7/11, n.v. (juris), jeweils m.w.N. (dort findet jeweils sowohl der Begriff des ‚Obersatzes' als auch der Begriff des ‚Rechtssatzes' Erwähnung, dazu nachfolgend unter 2.c)bb)(3) [S. 566 ff. - 578], dort Fußnote 1875). Vgl. zudem den Beschluss des *IX. Zivilsenats*, *BGH*, Beschl. v. 23.03.2011, IX ZR 212/08, NJW 2011, 2443 f., der in den Entscheidungsgründen ausschließlich von *‚Obersätzen'* sowie einer *‚Obersatzabweichung/Obersatzdivergenz'* und einem *‚Obersatzvergleich'* spricht, in dem dieser Entscheidung vorangestellten amtlichen Leitsatz allerdings auch den Begriff der *‚Rechtssatzabweichung'* verwendet, vgl. zu dieser Entscheidung ausführlich **kritisch** später unter 2.c)bb)(4) (S. 581 ff.). Vgl.

– bereits auf eine *Divergenz im Entscheidungsergebnis* abzustellen[1736]. Das gilt umso mehr, als insoweit auch nicht ersichtlich ist, was sich die Rechtsprechung des BFH damit vergibt, wenn sie bei der Revisionszulassung betreffend die Abweichung auf das Entscheidungsergebnis abstellt. Denn wenn ein FG – wie vorstehend unter aa) (S. 522 ff., dort S. 524) geschildert – einen abstrakten (höchst-) richterlichen Rechtssatz zwar äußerlich ‚anwendet', diesen also zitiert, ihn dann aber im weiteren Verlauf seiner Entscheidungsbegründung außer Acht lässt und somit nicht folgerichtig umsetzt, so dass eine *Diskrepanz* zwischen dem gefundenen Entscheidungsergebnis und dem zuvor benannten (höchst-) richterlichen Rechtssatz entsteht, ohne dass das FG selbst ausdrücklich oder konkludent einen abstrakten divergierenden Rechtssatz aufgestellt hätte[1737], dann handelt es sich entgegen der Rechtsprechung gerade nicht um einen einfachen Rechtsfehler in Form eines schlichten unbeachtlichen Subsumtionsfehlers, sondern vielmehr um eine beachtliche, die einheitliche Rechtsprechung/die Rechtseinheit i.S.d. § 115 II Nr. 2 Alt. 2 FGO gefährdende Abweichung.

---

zuletzt noch *BGH*, Beschl. v. 07.07.2011, IX ZR 190/09, n.v. (juris), der ebenfalls den Begriff der *‚Obersatzabweichung'* verwendet, die nur dann vorliege, wenn sich aus dem Berufungsurteil ein abweichender, falscher *‚Rechtssatz'* „zwingend" ‚sicher' erschließen lasse, da nur so die Abgrenzung zur lediglich fehlerhaften Rechtsanwendung möglich sei (vgl. zu den dort verwendeten Begrifflichkeiten ‚Obersatz' und ‚Rechtssatz' noch später unter 2.c)bb)(4) [S. 581 ff. - 583], dort Fußnote 1894).

1736 Gleicher Ansicht *Seer*, StuW 2003, 193, 199 u. 204; *ders.*, in: T/K, § 115 FGO Tz. 74 u. § 116 FGO Tz. 53 (jeweils Lfg. 131 Oktober 2012). Siehe ansatzweise auch bereits oben im 3. Abschnitt unter B.III.1.b)cc) (S. 240 ff., dort S. 244 f.) sowie B.III.2.a)bb) (S. 332 ff., dort S. 338 f.). Vgl. zudem *Ruban*, DStR 2005, 2033, 2037, die die Fälle der Divergenz, die nicht der engen Divergenz-Doktrin unterfallen, allerdings unter den Zulassungstatbestand des ‚Gravierenden/Schwerwiegenden Rechtsanwendungsfehlers' fassen möchte, s. später unter 2.c)bb)(5) (S. 587 ff., dort S. 592 ff.). – *Bleschick*, Revisionszulassungsgründe im Spannungsverhältnis, S. 372 u. 373, vertritt hingegen die Auffassung, dass einer Abweichung unter alleiniger Berücksichtigung des Entscheidungsergebnisses keine Relevanz für die Zulassung der Revision zukommen könne. Es sei vielmehr auf das Kriterium der *‚Abweichung in der finanzgerichtlichen Rechtsanwendung i.S. einer einzelfallveranlassten Rechtssatzbildung'* abzustellen, wobei sich die Abgrenzung zulassungsrelevanter von nicht zulassungsrelevanten Abweichungen anhand der einzelnen Stufen richterlicher Rechtsanwendung ergeben soll (s. auch bereits oben im 3. Abschnitt unter B.III.1.b)cc) [S. 240 ff. - 245], dort Fußnote 883), vgl. zu diesem Kriterium ausführlich und **kritisch** später unter 2.c)cc) (S. 596 ff. [600]), dort Fußnote 1941.

1737 Dass *Rüsken*, DStZ 2004, 334, 337, bezweifelt, dass ein Gericht – ohne seinerseits divergierende Rechtssätze aufzustellen – von einer anderen gerichtlichen Entscheidung (nur) ‚im Entscheidungsergebnis' abweichen könne, ist schon in Fußnote 1721 erwähnt worden.

Der BFH sollte demnach von dem die Revisionszulassung einschränkenden Erfordernis divergierender Rechtssätze – der ‚Rechtssatzdivergenz' – sowie den damit verbundenen strengen, weit überzogenen Darlegungsanforderungen Abstand nehmen und für die *Darlegung der Divergenz* vielmehr auch die *Darlegung einer ‚Entscheidungs-/Ergebnisdivergenz'* ausreichen lassen[1738]. Entgegen der geschlossenen Phalanx der einschlägigen BFH-Rechtsprechung[1739] muss es dementsprechend auch genügen, wenn neben der hinreichend genauen Angabe/Bezeichung der angeblichen Divergenzentscheidung sowie der Darlegung, dass es sich im Streitfall um einen vergleichbaren Sachverhalt und um eine identische Rechtsfrage handele[1740], bspw. vorgebracht wird, *das FG sei von einem in der angeblichen Divergenzentscheidung des BFH oder der übrigen (höchstrichterlichen) Rechtsprechung aufgestellten abstrakten Rechtssatz*, den es selbstverständlich zu bezeichnen gilt, *dadurch objektiv abgewichen, dass es sich diesen zu Eigen gemacht, ihn im Ergebnis jedoch falsch ausgelegt bzw. falsch oder gar nicht angewendet habe*[1741]. Genauso muss es ausreichen, dass vorgebracht wird, *das angefochtene Urteil stehe im Widerspruch zu bestimmten Entscheidungen des BFH oder eines anderen Gerichts*[1742].

Insbesondere der *IV. und VII. Senat* haben in einigen Entscheidungen eine Revisionszulassung bereits bei Divergenz lediglich im Entscheidungsergebnis wenigstens reflektiert und diese in den Entscheidungsgründen zumindest explizit erwogen; sie haben die Anwendung dieses Zulassungskriteriums dabei letztlich aber jeweils dahinstehen lassen[1743]. In etlichen weiteren Entscheidungen heißt es in der Begründung ohne nähere Erwähnung einer ‚Divergenz im Entscheidungsergebnis', dass zur Darlegung der Erforderlichkeit einer BFH-Entscheidung zur Sicherung

---

1738 Der Begriff der *‚Entscheidungsdivergenz'* findet sich bei *Rimmelspacher*, JZ 2003, 797, der jedoch selbst die ‚Rechtssatzdivergenz' befürwortet (vgl. insoweit Fußnote 1735).

1739 Siehe die umfangreichen Rechtsprechungsnachweise in Fußnote 875 und 1108.

1740 Vgl. dazu die Ausführungen oben im 3. Abschnitt unter B.III.2.a)aa) (S. 330 ff.) mit Rechtsprechungsnachweisen in Fußnote 1100 sowie B.III.2.a)bb) (S. 332 ff., dort S. 336) mit Rechtsprechungsnachweisen in den Fußnoten 1110 und 1111.

1741 Auf gleicher Linie *Seer*, in: T/K, § 116 FGO Tz. 53 (Lfg. 131 Oktober 2012). Siehe ansatzweise auch bereits oben im 3. Abschnitt unter B.III.2.a)bb) (S. 332 ff., dort S. 338 f.). Vgl. zu den §§ 575 III Nr. 2, 574 II Nr. 2 Alt. 2 ZPO auch *BGH*, Beschl. v. 04.09.2002 (Fn. 1735), NJW 2002, 3783, 3784, Beschl. v. 04.09.2002 (Fn. 1735), NJW-RR 2003, 277; Beschl. v. 27.11.2002 (Fn. 1735), NJW-RR 2003, 229, wo der *BGH* es für die Darlegung einer objektiven Abweichung i.R.d. Begründung einer Rechtsbeschwerde jeweils sogar für ausreichend erachtet hat, dass der Beschwerdeführer das Berufungsurteil *als rechtsfehlerhaft* gerügt hat, womit er sich auf eine Divergenz in der zu entscheidenden Rechtsfrage berufen habe; zudem *v. Gierke/Seiler*, JZ 2003, 403, 408.

1742 Ebenso *Seer*, in: T/K, § 116 FGO Tz. 53 (Lfg. 131 Oktober 2012).

1743 *BFH*, Beschl. v. 30.08.2001, IV B 79, 80/01, BStBl. II 2001, 837, 840; Beschl. v. 09.07.2002, IV B 160/01, BFH/NV 2002, 1563 **(IV. Senat)**; Beschl. v. 29.05.2002, VII B 72/02, BFH/NV 2002, 1180 **(VII. Senat)**.

einer einheitlichen Rechtsprechung i.S.d. §§ 116 III 3, 115 II Nr. 2 Alt. 2 FGO unter dem Gesichtspunkt der Divergenz jedenfalls mindestens erforderlich sei, dass das Urteil, von dem die Vorinstanz abgewichen sein soll, und der Rechtssatz, den sie falsch ausgelegt oder angewandt haben soll, bezeichnet werden[1744]. Wenn insoweit von der falschen Auslegung oder Anwendung eines Rechtssatzes die Rede ist, dann deutet dies zunächst zwar durchaus auf eine ansatzweise Anerkennung der Divergenz lediglich im Entscheidungsergebnis als Revisionszulassungskriterium i.R.d. § 115 II Nr. 2 Alt. 2 FGO hin, auch wenn diese hier nicht ausdrücklich erwähnt wird. Allerdings rudert der BFH in den genannten Entscheidungen nachfolgend jeweils umgehend wieder zu dem Erfordernis divergierender Rechtssätze und deren Gegenüberstellung als Darlegungsvoraussetzung i.R.d. Begründung einer NZB zurück und behält seine strenge Rechtsprechung zur ‚Rechtssatzdivergenz' somit nach wie vor strikt bei[1745]. Die sich einer Divergenz im Entscheidungsergebnis annähernde Formulierung der falschen Rechtssatzauslegung oder -anwendung ist m.E. jedoch zugleich Ausdruck einer gewissen Unentschlossenheit des BFH, ob er den Anwendungsbereich des in § 115 II Nr. 2 Alt. 2 FGO enthaltenen Revisionszulassungsgrundes der Rechtsprechungsvereinheitlichungsrevision unter dem Gesichtspunkt der Divergenz entsprechend erweitern, d.h. das Erfordernis divergierender Rechtssätze aufweichen und die Darlegungsanforderungen absenken möchte bzw. soll, oder nicht. Vor diesem Hintergrund sollte der BFH einmal mehr intensiv darüber nachdenken, die Revision bereits dann gemäß § 115 II Nr. 2 Alt. 2 FGO zur Sicherung einer einheitlichen Rechtsprechung zuzulassen, wenn das FG von einer höchstrichterlichen Rechtsprechung oder der Rechtsprechung eines anderen Gerichts ohne eigene Rechtssatzbildung lediglich im Entscheidungsergebnis abweicht, und damit einhergehend für die hinreichende Darlegung einer auf Divergenz gestützten NZB das o.g. Vorbringen – insbesondere den Vortrag, das

1744 Siehe neben den in Fußnote 1743 genannten Entscheidungen des *IV. Senats*, die die Anwendung einer ‚Divergenz im Entscheidungsergebnis' als Zulassungskriterium ausdrücklich dahinstehen lassen, etwa *BFH*, Beschl. v. 16.09.2003, IV B 123/02, n.v. (juris); Beschl. v. 27.07.2004, IV B 201/02, BFH/NV 2004, 1645; Beschl. v. 02.08.2004, IV B 223/02, n.v. (juris); Beschl. v. 23.02.2005, IV B 4/04, n.v. (juris); Beschl. v. 02.08.2005, IV B 185/03, BFH/NV 2005, 2224; Beschl. v. 24.08.2005, IV B 61/04, BFH/NV 2006, 85; Beschl. v. 07.09.2005, IV B 67/04, BFH/NV 2006, 234; Beschl. v. 28.07.2006, IV B 39/05, BFH/NV 2006, 2073; Beschl. v. 22.08.2006, IV B 109/04, BFH/NV 2006, 2288; Beschl. v. 14.11.2006, IV B 13/04, BFH/NV 2007, 728; Beschl. v. 27.03.2007, IV B 149/05, BFH/NV 2007, 1502, 1503 **(IV. Senat)**; Beschl. v. 10.05.2002, VII B 179/01, BFH/NV 2002, 1316 **(VII. Senat)**. Vgl. insoweit auch *List*, DB 2002, 1069, 1071.

1745 Vgl. die Rechtsprechungsnachweise in Fußnote 1744. Auch aus den in Fußnote 1743 genannten Entscheidungen, die die Anwendung einer ‚Divergenz im Entscheidungsergebnis' als Zulassungskriterium ausdrücklich dahinstehen lassen, folgt letztlich nichts anderes.

FG habe einen in der angeblichen Divergenzentscheidung aufgestellten abstrakten Rechtssatz im Ergebnis falsch ausgelegt oder angewendet – genügen zu lassen.

Weil und solange der BFH aber unverändert an seiner ständigen restriktiven Rechtsprechung festhält und von dem zentralen, hypertrophen Darlegungserfordernis der Herausarbeitung und Gegenüberstellung divergierender Rechtssätze nicht abrückt, kann dem Beschwerdeführer und dessen Prozessvertreter nur *dringendst empfohlen* werden, auch weiterhin stets zwei tragende, voneinander abweichende abstrakte Rechtssätze zu formulieren, und insoweit aus den Urteilsgründen des angefochtenen finanzgerichtlichen Urteils einen – ggf. unausgesprochenen – abstrakten Rechtssatz herauszuarbeiten, welcher der Entscheidung des FG denklogisch zugrunde gelegen haben muss. Denn nur so ist mit Blick auf die aktuelle ständige Zulassungspraxis des BFH gewährleistet, dass die NZB den Anforderungen an eine hinreichende Darlegung der Divergenz genügt[1746].

Kann der angefochtenen finanzgerichtlichen Entscheidung ein – ggf. unausgesprochener – abstrakter Rechtssatz jedoch trotz aller Bemühungen absolut nicht entnommen werden und lässt sich das vom FG in seiner Entscheidung getroffene Ergebnis somit nicht durch einen Rechtssatz belegen, so fordert *Roman Seer*[1747] schließlich sogar, bei entsprechender Darlegung auf eine NZB hin die Revision zur Sicherung einer einheitlichen Rechtsprechung wegen eines gravierenden/schwerwiegenden Rechtsanwendungsfehlers nach § 115 II Nr. 2 Alt. 2 FGO zuzulassen, weil das erstinstanzliche FG-Urteil in einem solchen Fall als *objektiv willkürlich* anzusehen sei und insoweit unter einem *besonders gravierenden/schwerwiegenden Mangel* leide.

Diese Auffassung verdient uneingeschränkt Zustimmung, stärkt sie doch den Rechtsschutz desjenigen Beschwerdeführers ungemein, der sich einer FG-Entscheidung ausgesetzt sieht, in der er vergeblich nach ‚irgendwelchen' tragenden, abstrakten Rechtssätzen sucht, und hält sie überdies die erstinstanzlich entscheidenden Gerichte dazu an, das von Ihnen jeweils gefundene Entscheidungsergebnis durch deutlich erkennbare = herauslesbare abstrakte Rechtssätze zu belegen. Es ist somit zwar sehr zu wünschen, aber dennoch leider wohl kaum zu erwarten, dass der BFH, der nach wie vor strikt an seiner engen Divergenz-Doktrin festhält, und darüber hinaus die Rechtsfigur des ‚Gravierenden/Schwerwiegenden Rechtsanwendungsfehlers des FG' als weiteres Zulassungskriterium i.R.d. § 115 II Nr. 2 Alt. 2 FGO äußerst uneinheitlich sowie unklar und enorm restriktiv auslegt[1748], und von einer darauf gestützten Revisionszulassung – auch im Hinblick auf eine objektive Willkürlichkeit finanzgerichtlicher Entscheidungen – bislang

---

1746 Ebenso *Seer*, in: T/K, § 115 FGO Tz. 74 u. § 116 FGO Tz. 53 (jeweils Lfg. 131 Oktober 2012).

1747 *Seer*, in: T/K, § 116 FGO Tz. 53 (Lfg. 131 Oktober 2012).

1748 Siehe dazu ausführlich oben im 3. Abschnitt unter B.III.1.c) (S. 258 ff.) u. B.III.2.b) (S. 348 ff.) sowie **kritisch** oben im 3. Abschnitt unter B.III.1.c)bb)(2)(f) (S. 321 ff.) u. nachfolgend unter 2.a) (S. 539 ff.), 2.b) (S. 546 ff.) u. 2.c) (S. 551 ff.).

nur sehr zurückhaltend Gebrauch macht[1749], sich diesem rechtsschutzerweiternden und rechtsschutzstärkenden Verständnis anschließen und es seiner Revisionszulassungspraxis i.R.d. §§ 115 II Nr. 2 Alt. 2, 116 III 3 FGO zugrunde legen wird.

cc) *Begründung einer Divergenzrüge auch mit nur beiläufig geäußerten Rechtsansichten, sog.* obiter dicta

Angesichts der diesseits befürworteten Aufweichung des Erfordernisses zweier voneinander abweichender, die Entscheidungen tragender, abstrakter Rechtssätze aus der angefochtenen erstinstanzlichen Entscheidung einerseits und der angeblichen Divergenzentscheidung andererseits und der damit einhergehenden Stärkung und Verbesserung des Individualrechtsschutzes i.R.d. § 115 II Nr. 2 Alt. 2 FGO durch eine Revisionszulassung bereits bei Divergenz lediglich im Entscheidungsergebnis erscheint es schließlich konsequent, auch nur *beiläufig geäußerte Rechtsansichten*, sog. *obiter dicta*, in den Abweichungstatbestand miteinzubeziehen.

Auch Rechtsausführungen, die das FG in seiner angefochtenen erstinstanzlichen Entscheidung bzw. der BFH oder die übrige (höchstrichterliche) Rechtsprechung in der angeblichen Divergenzentscheidung[1750] i.R. eines *obiter dictums* lediglich in beiläufigen Bemerkungen geäußert hat, die also nur bei Gelegenheit der Entscheidung gemacht worden sind und somit außerhalb des tragenden Begründungszusammenhangs stehen, vermögen eine Revisionszulassung nach § 115 II Nr. 2 Alt. 2 FGO zu begründen. Für die gemäß §§ 116 III 3, 115 II Nr. 2 Alt. 2 FGO hinreichende Begründung einer auf Divergenz gestützten NZB genügt es demnach auch, wenn der Beschwerdeführer schlüssig und substantiiert vorbringt, dass die Revision zur Sicherung einer einheitlichen Rechtsprechung zuzulassen sei, weil das FG beiläufig i.R. eines *obiter dictums* eine von der Rechtsprechung des BFH oder eines anderen Gerichts abweichende Rechtsansicht geäußert habe bzw. weil das FG von einem *obiter dictum* in der angeblichen Divergenzentscheidung des BFH oder der übrigen (höchstrichterlichen) Rechtsprechung abgewichen sei[1751].

1749 Vgl. insoweit die einschlägigen Ausführungen oben im 3. Abschnitt unter B.III.1.c)bb)(2)(f) (S. 321 ff., dort S. 323 ff.), aus denen hervorgeht, dass bisher kaum Entscheidungen bekannt geworden sind, in denen der BFH einen gravierenden/schwerwiegenden Rechtsanwendungsfehler des FG *positiv festgestellt* und infolgedessen die Revision zugelassen hat (lediglich zwei Revisionszulassungen wegen objektiver Willkürlichkeit der Vorentscheidung).

1750 Zum Spektrum möglicher Divergenzentscheidungen ausführlich oben im 3. Abschnitt unter B.III.1.b)aa) (S. 222 ff.) sowie vorstehend unter a) (S. 518 ff.).

1751 Auf gleicher Linie *Seer*, in: T/K, § 115 FGO Tz. 71 a.E. u. § 116 FGO Tz. 54 (jeweils Lfg. 131 Oktober 2012); ansatzweise bereits oben im 3. Abschnitt unter B.III.1.b)ff)(2)(a) (S. 256 f.) u. B.III.2.a)dd)(2) (S. 345 ff., dort S. 347 f.). Vgl. insoweit überdies HK/*Kayser*[4], § 543 ZPO Tz. 25 a.E., der zu der § 115 II Nr. 2 Alt. 2 FGO entsprechenden Revisionszulassungsvorschrift des § 543 II 1 Nr. 2 Alt. 2 ZPO anführt, dass eine Divergenz auch dann in Betracht kommen könne, wenn das Berufungsgericht in seinen tragenden Gründen von einem *obiter dictum des BGH*

Der Einbeziehung auch nur beiläufig geäußerter Rechtsansichten – *obiter dicta* – in den Divergenztatbestand kann insbesondere auch nicht entgegengehalten werden, dass es sich insoweit jeweils nicht um tragende, entscheidungserhebliche Urteilserwägungen handele. Zwar folgt die Notwendigkeit der Entscheidungserheblichkeit der gerügten Abweichung daraus, dass die Revision gemäß § 115 II Nr. 2 Alt. 2 FGO nur dann zuzulassen ist, wenn die Sicherung einer einheitlichen Rechtsprechung eine Entscheidung des BFH ‚erfordert', wobei nicht entscheidungserhebliche Erwägungen eine BFH-Entscheidung regelmäßig nicht erfordern[1752]. Jedoch gilt es zu berücksichtigen, dass eine Entscheidung des BFH zur Sicherung einer einheitlichen Rechtsprechung i.S.d. § 115 II Nr. 2 Alt. 2 FGO mit Blick auf *obiter dicta* des FG in seiner angefochtenen erstinstanzlichen Entscheidung bzw. des BFH oder der übrigen (höchstrichterlichen) Rechtsprechung in der angeblichen Divergenzentscheidung schon allein deshalb *‚erforderlich'* ist, um etwaigen zukünftigen Rechtsprechungsdivergenzen *vorzubeugen*, die in näherer Zukunft aufgrund der entsprechenden beiläufig geäußerten Rechtsansichten ohne eine Entscheidung des BFH in Form unterschiedlicher gerichtlicher Entscheidungen auftreten könnten[1753].

2. *Zulassung der Revision wegen eines gravierenden/schwerwiegenden Rechtsanwendungsfehlers des FG*

Nach der nunmehr st. Rspr. des BFH kommt eine Zulassung der Revision gemäß § 115 II Nr. 2 Alt. 2 FGO zur Sicherung einer einheitlichen Rechtsprechung immer auch dann in Betracht, wenn dem FG bei der Auslegung und Anwendung revisiblen (materiellen) Rechts Fehler von so erheblichem Gewicht unterlaufen sind, dass das Vertrauen in die Einheitlichkeit der Rechtsprechung und mithin in die Verlässlichkeit der Rechtsordnung nur durch eine höchstrichterliche Korrektur der

---

abweiche und es nahe liege, dass der BGH an dem fraglichen Rechtssatz künftig auch entscheidungstragend festhalten werde. Zudem *Schmidt*, in: Immenga/Mestmäcker[4], § 74 GWB Tz. 12, zu der § 115 II Nr. 2 Alt. 2 FGO entsprechenden Rechtsbeschwerdezulassungsvorschrift des § 74 II Nr. 2 Alt. 2 GWB. – Vgl. schließlich noch *Sunder-Plassmann* HHSp., § 11 FGO Tz. 97 (Lfg. 194 Juni 2007), unter Hinweis darauf, dass die Rechtseinheitlichkeit auch dann in Gefahr und somit eine Grundsatzanrufung zur Sicherung einer einheitlichen Rechtsprechung i.S.d. § 11 IV Alt. 2 FGO auch dann erforderlich sein könne, wenn die abweichende Auffassung eines anderen Senats in einem *obiter dictum* sichtbar geworden sei.

1752 *BFH*, Beschl. v. 27.11.2001, XI B 123/01, BFH/NV 2002, 542.

1753 Ähnlich auch *Wagner*, in: KvW[19], § 116 FGO Tz. 17 f.: Vorbeugende Revisionszulassung, wenn in näherer Zukunft Rechtsprechungsdivergenzen zu befürchten seien. – Vgl. zu der Problematik der *künftig zu erwartenden Rechtsprechungsdivergenz* allgemein bereits oben im 3. Abschnitt unter B.III.1.b)dd) (S. 245 ff., dort S. 247) sowie zu den entsprechenden Darlegungsanforderungen oben im 3. Abschnitt unter B.III.2.a)cc)(2) (S. 342 f.).

angefochtenen finanzgerichtlichen Entscheidung wieder hergestellt werden könnte (sog. *gravierender/schwerwiegender Rechtsanwendungsfehler des FG*)[1754]. Mit der Einbeziehung derartiger gravierender/schwerwiegendender finanzgerichtlicher Rechtsanwendungsfehler in den Revisionszulassungsgrund der Rechtsprechungsvereinheitlichungsrevision des § 115 II Nr. 2 Alt. 2 FGO möchte der BFH und ihm folgend das überwiegende Schrifttum der vom Gesetzgeber geforderten Stärkung und Verbesserung des Individualrechtsschutzes Rechnung tragen[1755].

Was die dogmatisch korrekte Einordnung gravierender/schwerwiegender Rechtsanwendungsfehler des FG in das Gefüge der Revisionszulassungsgründe des § 115 II FGO angeht, so ist bereits vorstehend ausführlich herausgearbeitet worden, dass im Hinblick auf die Gesetzesmaterialien zum 2. FGOÄndG sowie insbesondere mit Blick auf rechtsbegriffliche und rechtssystematische Erwägungen die Grundsatzrevision gemäß § 115 II Nr. 1 FGO und hier das Tatbestandsmerkmal des (abstrakten) Allgemeininteresses als dogmatisch einzig richtiger Anknüpfungspunkt anzusehen ist, da diese als Generalzulassungstatbestand gerade einer erweiterten Auslegung *i.S. eines verstärkten Individualrechtsschutzes* zugänglich ist[1756]. Da aber inzwischen ausnahmslos sämtliche Senate des BFH § 115 II Nr. 2 Alt. 2 für einschlägig erachten, wenn es um die Berücksichtigung eines gravierenden/schwerwiegenden finanzgerichtlichen Rechtsanwendungsfehlers als Kriterium für die Revisionszulassung geht, ist die *kritische Würdigung* der einschlägigen BFH-Rechtsprechung hier i.R. dieses Zulassungsgrundes – der Rechtsprechungsvereinheitlichungsrevision – vorzunehmen.

Was den Inhalt dieses Revisionszulassungskriteriums betrifft, hat der BFH es bisher versäumt, eine allgemeingültige und v.a. einheitliche Definition eines gravierenden/schwerwiegenden Rechtsanwendungsfehlers des FG zu entwickeln[1757]. Die Konkretisierung dieser Rechtsfigur als Zulassungkriterium i.R.d. § 115 II Nr. 2 Alt. 2 FGO erschöpft sich bislang lediglich in der Herausbildung der beiden Eckpfleiler der *,Objektiven Willkür'* sowie der *,Greifbaren Gesetzwidrigkeit'*, so dass die Revision zur Sicherung einer einheitlichen Rechtsprechung wegen eines gravierenden/schwerwiegenden finanzgerichtlichen Rechtsanwendungsfehlers nach § 115 II Nr. 2 Alt. 2 FGO jedenfalls – und bislang ausschließlich – dann zuzulassen ist, wenn sich die Auslegung und Anwendung revisiblen (materiellen) Rechts durch das FG als *objektiv willkürlich* oder *greifbar gesetzwidrig* erweist[1758]. Klarheit

---

1754 Siehe die umfangreichen Rechtsprechungsnachweise aller *BFH*-Senate in Fußnote 936.

1755 Vgl. dazu die Nachweise aus Rechtsprechung und Schrifttum in Fußnote 788.

1756 Vgl. hierzu ansatzweise bereits oben im 3. Abschnitt unter B.I.1.d)bb) (S. 142 ff.), dort v.a. (2) (S. 144 ff.), u. B.III.1.c)aa) a.E. (S. 263 ff., dort S. 266 f.) sowie ausführlich vorstehend unter I.2.a) (S. 472 bzw. 473 ff.) u. v.a. I.2.b)bb) (S. 488 ff.).

1757 Siehe schon oben im 3. Abschnitt unter B.III.1.c)bb)(2) (S. 276 f.) sowie dort unter (c) (S. 291 ff., insbesondere S. 291 f. u. 300) u. (f) (S. 321).

1758 Siehe hierzu die umfangreichen Rechtsprechungsnachweise aller *BFH*-Senate in den Fußnoten 984 u. 990.

besteht außerdem darüber, dass eine bloß fehlerhafte Anwendung/Umsetzung von Grundsätzen der höchstrichterlichen Rechtsprechung auf die Besonderheiten des Einzelfalls umgekehrt indes nicht genügt, um die Zulassung der Revision wegen eines gravierenden/schwerwiegenden Rechtsanwendungsfehlers des FG zu begründen[1759].

Stützt der Beschwerdeführer seine NZB auf den Zulassungsgrund der ‚Erforderlichkeit einer Entscheidung des BFH zur Sicherung einer einheitlichen Rechtsprechung' unter dem Gesichtspunkt eines gravierenden/schwerwiegenden Rechtsanwendungsfehlers des FG, so hat er demzufolge die *besonderen Umstände*, die einen solchen Fehler begründen, gemäß §§ 116 III 3, 115 II Nr. 2 Alt. 2 FGO im Einzelnen darzulegen. Dazu muss er die *qualifizierte Fehlerhaftigkeit* des angefochtenen finanzgerichtlichen Urteils konkret herausstellen, was wiederum ein äußerst detailliertes Vorbringen zur *‚Objektiven Willkürlichkeit'* bzw. *‚Greifbaren Gesetzwidrigkeit'* unter besonderer Berücksichtigung der dazu in der (BVerfG-) Rechtsprechung entwickelten Definitionen erfordert[1760].

Die bisherige einschlägige BFH-Rechtsprechung zum gravierenden/schwerwiegenden Rechtsanwendungsfehler des FG ist jedoch – wie oben im 3. Abschnitt unter B.III.1.c)bb)(2)(c) (S. 291 ff.) ausführlich beleuchtet – in ihren Einzelheiten – auch zwischen den einzelnen Senaten – äußerst *uneinheitlich* und *unklar*.

Das gilt insbesondere für das *Verhältnis* der beiden Fallgruppen der *‚Objektiven Willkür'* und *‚Greifbaren Gesetzwidrigkeit'*, die teilweise gleichgesetzt werden, ohne dass klar zwischen objektiv willkürlichen und greifbar gesetzwidrigen Entscheidungen unterschieden wird[1761]. Teilweise wird aber auch die Auffassung vertreten, die Fallgruppe der *‚greifbar gesetzwidrigen'* Entscheidungen sei weiter zu verstehen als die der *‚objektiv willkürlichen'* Entscheidungen und gehe folglich über sie hinaus, wodurch das Verhältnis der beiden Fallgruppen mit Blick auf den im Vergleich zur ‚Greifbaren Gesetzwidrigkeit' engeren Begriff der ‚Objektiven Willkür' m.E. zutreffend abgebildet wird[1762]. Nicht zuletzt werden – was zu einer

---

1759 Vgl. die umfangreichen Rechtsprechungsnachweise in Fußnote 991.

1760 Zu den Anforderungen an die Darlegung eines gravierenden/schwerwiegenden Rechtsanwendungsfehlers des FG ausführlich bereits oben im 3. Abschnitt unter B.III.2.b) (S. 348 ff.), dort v.a. aa) (S. 349 ff.) mit Rechtsprechungsnachweisen insbesondere in den Fußnoten 1154, 1161, 1164 u. 1165. Zu den in der (BVerfG-) Rechtsprechung entwickelten Definitionen der ‚Objektiven Willkürlichkeit' sowie ‚Greifbaren Gesetzwidrigkeit' oben im 3. Abschnitt unter B.III.1.c)bb)(2)(d) (S. 300 ff.) u. B.III.1.c)bb)(2)(e) (S. 310 ff.).

1761 Dazu findet sich bspw. die Formulierung, die Revision sei nicht gemäß § 115 II Nr. 2 (Alt. 2) FGO *„wegen willkürlich falscher Rechtsanwendung des FG im Sinne greifbarer Gesetzeswidrigkeit"* zuzulassen, vgl. oben im 3. Abschnitt unter B.III.1.c)bb)(2)(c) (S. 291 ff., dort S. 297) mit Rechtsprechungsnachweisen in Fußnote 1003.

1762 Hierzu findet sich bspw. die Formulierung eines Rechtsanwendungsfehlers von erheblichem Gewicht *„im Sinne einer willkürlichen oder zumindest greifbar*

weiteren Verunklarung führt – objektiv willkürliche und greifbar gesetzwidrige Entscheidungen teilweise überschneidend definiert, indem bspw. zur Konkretisierung greifbar gesetzwidriger Entscheidungen die wesentlichen Definitionselemente des Willkürbegriffs herangezogen werden[1763].

Diese Rechtsprechung des BFH zum gravierenden/schwerwiegenden Rechtsanwendungsfehler des FG als Kriterium für die Zulassung der Revision zur Sicherung einer einheitlichen Rechtsprechung i.S.d. § 115 II Nr. 2 Alt. 2 FGO ist – wie teilweise schon oben im 3. Abschnitt unter B.III.1.c)bb)(2)(f) (S. 321 ff.) ansatzweise dargestellt – in zweierlei Hinsicht enorm *kritikbedürftig*:

Einerseits im Hinblick auf die *äußerst uneinheitliche sowie unklare Rechtsprechung* des BFH bzw. der einzelnen Senate betreffend das *Verhältnis* der beiden Fallgruppen der *‚Objektiven Willkür'* und *‚Greifbaren Gesetzwidrigkeit'* sowie ihre sich teils überschneidende Definition (dazu ausführlich ***kritisch*** nachfolgend unter a) [S. 539 ff.]; vgl. insoweit auch unter b) [S. 546 ff.]); und andererseits im Hinblick auf den eng begrenzten Anwendungsbereich der Rechtsfigur des ‚Gravierenden/ Schwerwiegenden Rechtsanwendungsfehlers des FG' und die insoweit mit Blick auf die beabsichtigte Stärkung und Verbesserung des Individualrechtsschutzes viel zu *restriktive Handhabung* dieses Zulassungstabestandes, wonach eine Revisionszulassung bei Rechtsanwendungsfehlern des FG bislang ausschließlich in Fällen ‚Objektiver Willkür' und ‚Greifbarer Gesetzwidrigkeit' in Betracht kommt (dazu ausführlich ***kritisch*** nachstehend unter c) [S. 551 ff.]).

---

gesetzwidrigen Entscheidung" bzw. die Formulierung *„eine greifbare Gesetz(es) widrigkeit oder gar eine Willkürlichkeit der angefochtenen Entscheidung"*, vgl. oben im 3. Abschnitt unter B.III.1.c)bb)(2)(c) (S. 291 ff., dort S. 298 f.) mit Rechtsprechungsnachweisen in den Fußnoten 1005 u. 1006.

1763 Siehe insoweit zunächst die Unklarheiten im Zusammenhang mit dem Kriterium der ‚Objektiven Willkür' oben im 3. Abschnitt unter B.III.1.c)bb)(2)(c) (S. 291 ff., dort S. 292 ff.) mit ausführlichen Rechtsprechungsnachweisen in den Fußnoten 993-995, wo die einschlägige BFH-Rechtsprechung zentrale Definitionselemente des Willkürbegriffs als eigenständige Tatbestandsvoraussetzungen *kumulativ* neben dem bzw. *alternativ* zu dem Tatbestandsmerkmal der ‚Objektiven Willkür' verlangt. – Siehe zudem die einschlägige BFH-Rechtsprechung, die greifbar gesetzwidrige Entscheidungen über die wesentlichen Elemente des Willkürbegriffs definiert, vgl. oben im 3. Abschnitt unter B.III.1.c)bb)(2)(c) (S. 291 ff., dort S. 295) mit Rechtsprechungsnachweisen in Fußnote 1000 (vgl. überdies die Rechtsprechungsnachweise in Fußnote 1002); vgl. zudem oben im 3. Abschnitt unter B.III.1.c)bb)(2)(e) (S. 310 ff., dort v.a. S. 317 einschließlich Fußnote 1060 [vgl. überdies Fußnote 1061]).

a) *Kritik* im Hinblick auf die äußerst uneinheitliche sowie unklare Rechtsprechung des BFH bzw. der einzelnen Senate zum gravierenden/schwerwiegenden Rechtsanwendungsfehler des FG

Betrachtet man das bislang in der BFH-Rechtsprechung offensichtlich nicht geklärte Verhältnis zwischen den beiden zentralen Tatbestandsmerkmalen eines gravierenden/schwerwiegenden Rechtsanwendungsfehlers des FG, der ‚Objektiven Willkür' einerseits und der ‚Greifbaren Gesetzwidrigkeit' andererseits, sowie deren sich teilweise überschneidende Definition in der Rechtsprechung einiger BFH-Senate, insbesondere durch Konkretisierung greifbar gesetzwidriger Entscheidungen über die wesentlichen Definitionselemente des Willkürbegriffs, dann führen die hieraus resultierenden Unklarheiten beim Rechtsschutzsuchenden zu einem äußerst *undurchsichtigen und verworrenen Rechtsprechungsbild*[1764].

Die im Detail erheblich voneinander abweichenden Aussagen der einzelnen Senate des BFH sowie der diesbzgl. absolut unterschiedliche Auslegungsmaßstab betreffend die Definition/Konkretisierung und das bislang ungeklärte Verhältnis von ‚Objektiver Willkür' und ‚Greifbarer Gesetzwidrigkeit' mitsamt den insoweit zahlreichen, deutlich verschiedenen Formulierungen erscheinen *überaus irreführend*; sie führen zu *enormen Rechtsunsicherheiten* beim Beschwerdeführer und *erschweren* es diesem *auf unzumutbare Weise*, machen es ihm letztlich sogar nahezu fast unmöglich, die qualifizierte Fehlerhaftigkeit der angefochtenen finanzgerichtlichen Entscheidung ordnungsgemäß darzulegen[1765]. Denn der Beschwerdeführer sieht sich insoweit mangels klar strukturierter Vorgaben stets der Frage ausgesetzt, ob und v.a. wie die ‚Objektive Willkürlichkeit' und die ‚Greifbare Gesetzwidrigkeit' als die zentralen Tatbestandsmerkmale qualifizierter Fehlerhaftigkeit finanzgerichtlicher Entscheidungen voneinander abzugrenzen sind, und ob folglich die Darlegung nur eines dieser Tatbestandsmerkmale genügt, oder ob sowohl zur ‚Objektiven Willkür' als auch zur ‚Greifbaren Gesetzwidrigkeit' – ggf. miteinander ‚vermengte' – Ausführungen erforderlich sind. Nicht zuletzt steht der Beschwerdeführer immer wieder vor dem kaum lösbaren Rätsel, welche der zahlreichen, in der einschlägigen BFH-Rechtsprechung verschieden formulierten Phrasen in Form

---

1764 Siehe insoweit auch bereits oben im 3. Abschnitt unter B.III.1.c)bb)(2)(c) (S. 291 ff.) sowie B.III.1.c)bb)(2)(f) (S. 321). Vgl. in diesem Zusammenhang überdies *Bleschick*, Revisionszulassungsgründe im Spannungsverhältnis, S. 175, 339 u. 341, der ebenfalls die sich teilweise überschneidenden, nicht aufeinander abgestimmten und somit kaum subsumierbaren Definitionen/Formeln *kritisiert*, die die Voraussetzungen eines gravierenden/schwerwiegenden Rechtsanwendungsfehlers des FG erfüllen sollen.

1765 Vgl. insoweit ansatzweise auch bereits oben im 3. Abschnitt unter B.III.1.c)bb)(2)(c) (S. 291 ff.) sowie B.III.1.c)bb)(2)(f) (S. 321). Vgl. in diesem Zusammenhang überdies *Bleschick*, Revisionszulassungsgründe im Spannungsverhältnis, S. 188 u. 341, der von *‚mühevollen Begründungserfordernissen'* spricht und auf die *„sehr große Herausforderung"* hinweist, einen gravierenden/schwerwiegenden Rechtsanwendungsfehler ordnungsgemäß darzulegen.

abstrakter Definitions-/Konkretisierungselemente er seiner NZB-Begründung zugrunde legen soll bzw. muss, um die qualifizierte Fehlerhaftigkeit des angefochtenen finanzgerichtlichen Urteils in Form der ,Objektiven Willkürlichkeit' oder ,Greifbaren Gesetzwidrigkeit' und somit einen gravierenden/schwerwiegenden Rechtsanwendungsfehler des FG gemäß §§ 116 III 3, 115 II Nr. 2 Alt. 2 FGO hinreichend schlüssig und substantiiert darzulegen.

aa) Unvereinbarkeit mit der Forderung nach einem berechenbaren, kalkulierbaren und vorhersehbaren Instanzenzug

Ein solcher Zustand ist jedoch der Forderung, dass die Zulässigkeit eines Rechtsmittels für die Beteiligten *berechenbar* und *kalkulierbar* und damit einhergehend der Instanzenzug *vorhersehbar* bleiben muss, abträglich und widerspricht dem Verlangen nach einem effektiven Individualrechtsschutz i.S.d. Art. 19 IV 1, 20 III GG. Denn wie vorstehend unter A.IV.2.b) (S. 430 ff.) ausführlich herausgearbeitet, obliegt es der Judikatur im Hinblick auf das aus Art. 20 III GG abgeleitete Rechtsstaalichkeitsgebot und das darin verankerte Postulat der Rechtsmittelklarheit, die notwendige *Berechenbarkeit* und *Kalkulierbarkeit* der Zulässigkeit eines Rechtmittels – hier des Rechtsmittels „NZB" – zu gewährleisten, um so die *Vorhersehbarkeit* des Instanzenzuges für den Rechtsschutzsuchenden sicherzustellen. Das bedeutet insbesondere, dass die Voraussetzungen der Revisionszulassung und v.a. die Anforderungen an die Darlegung der Revisionszulassungsgründe i.R.d. Begründung einer NZB – hier an die Darlegung der ,Erforderlichkeit einer Entscheidung des BFH zur Sicherung einer einheitlichen Rechtsprechung' gemäß §§ 116 III 3, 115 II Nr. 2 Alt. 2 FGO unter dem Gesichtspunkt eines gravierenden/schwerwiegenden Rechtsanwendungsfehlers des FG – für den Beschwerdeführer *erkennbar, kalkulierbar, nachvollziehbar* und *vorhersehbar* sein müssen[1766].

Zwar ist es der Rechtsprechung des BFH insoweit grds. nicht verwehrt, unbestimmte Rechtsbegriffe zu verwenden. Derartige unbestimmte Rechtsbegriffe müssen dann aber in der weiteren einschlägigen BFH-Rechtsprechung konkretisiert und präzisiert werden, damit sie zu für den Rechtsanwender – namentlich den Beschwerdeführer – ,fassbaren' = händelbaren sowie praktikablen und somit verwertbaren Darlegungs- und Zulassungskriterien werden. Der Beschwerdeführer muss den jeweiligen unbestimmten Rechtsbegriffen einen deutlich herausgebildeten Maßstab entnehmen können, den er seiner Beschwerdebegründung zugrunde legen und an dem er seine schlüssigen und substantiierten Ausführungen ausrichten kann[1767].

Die einschlägige BFH-Rechtsprechung hat hier ihrerseits i.R.d. neu gefassten Rechtsprechungsvereinheitlichungsrevision des § 115 II Nr. 2 Alt. 2 FGO den Begriff des ,Gravierenden/Schwerwiegenden Rechtsanwendungsfehlers des FG' als

---

1766 Siehe dazu ausführlich bereits oben unter A.IV.2.b) (S. 430 ff.).

1767 Zum Ganzen ausführlich bereits oben unter A.IV.2.b) (S. 430 ff., dort insbesondere S. 433 ff.).

Zulassungskriterium herausgebildet und diesen nachfolgend mit den beiden als Eckpfeiler zu betrachtenden Tatbestandsmerkmalen der ‚Objektiven Willkür' und der ‚Greifbaren Gesetzwidrigkeit' ausgefüllt und konkretisiert. Allerdings ist es in der BFH-Rechtsprechung – wie schon mehrfach herausgestellt – dabei insbesondere mit Blick auf das Verhältnis zwischen diesen beiden Tatbestandsmerkmalen bislang nicht gelungen, ein einheitliches senatsübergreifendes Verständnis und damit einhergehend eine einheitliche Anwendungslinie der ihrerseits geschaffenen Rechtsfigur des ‚Gravierenden/Schwerwiegenden finanzgerichtlichen Rechtsanwendungsfehlers' herauszubilden.

Wenn aber über 14 Jahre nach der Reform des finanzgerichtlichen Revisionszulassungsrechts immer noch keine allgemeingültige sowie einheitliche Definition eines ‚Gravierenden/Schwerwiegenden Rechtsanwendungsfehler des FG' als Zulassungskriterium i.R.d. § 115 II Nr. 2 Alt. 2 FGO entwickelt worden ist, weil sich insbesondere das Verhältnis der als Eckpfeiler eines solchen qualifizierten Rechtsanwendungsfehlers herausgebildeten Tatbestandsmerkmale der ‚Objektiven Willkür' und ‚Greifbaren Gesetzwidrigkeit' zwischen den einzelnen Senaten nach wie vor absolut undurchsichtig und verworren darstellt, auch weil objektiv willkürliche und greifbar gesetzwidrige Entscheidungen teilweise überschneidend definiert werden, indem bspw. zur Konkretisierung greifbar gesetzwidriger Entscheidungen die wesentlichen Definitionselemente des Willkürbegriffs herangezogen werden, kann man m.E. angesichts der hier nunmehr langjährig durchweg bestehenden erheblichen Rechtsunsicherheit über den einer Beschwerdebegründung zugrunde zu legenden richtigen Maßstab nicht mehr von einer hinreichend bestimmten BFH-Rechtsprechung sprechen, die der Forderung nach einem *berechenbaren, kalkulierbaren* sowie *vorhersehbaren* Instanzenzug und somit dem Postulat der Rechtsmittelklarheit gerecht wird, und einen geeigneten sowie – unter dem Gesichtspunkt effektiven Individualrechtsschutzes – sachgerechten Maßstab für die Beurteilung der Erfolgsaussichten einer NZB und damit für die Zulassung der Revision bildet[1768].

1768 Siehe insoweit auch (allgemein) *Beermann*, DStR 2005, 450, 455, der vorbringt, dass es notwendig sei, die entsprechenden Unsicherheiten zu überwinden und die jeweiligen Meinungsverschiedenheiten zu unterbinden, um den bislang erheblichen Schwierigkeiten hinsichtlich der *Kalkulierbarkeit* der Erfolgsaussichten einer NZB und der Anforderungen an deren Begründung entgegenzuwirken. Siehe überdies ansatzweise *kritisch* auch *Bleschick*, Revisionszulassungsgründe im Spannungsverhältnis, S. 166 f. u. 339 ff., v.a. 341, der anführt, dass die Merkmale der ‚Objektiven Willkür' bzw. ‚Greifbaren Gesetzwidrigkeit' angesichts der diesbzgl. bestehenden Ungewissheiten betreffend ihre *Vorhersehbarkeit* und der damit verbundenen ‚sehr großen Herausforderung', einen gravierenden/schwerwiegenden Rechtsanwendungsfehler ordnungsgemäß darzulegen, mit dem *Gebot der Rechtsmittelklarheit* in Konflikt geraten (vgl. in diesem Zusammenhang auch *Bleschicks* gesonderte *Kritik* betreffend die ‚Greifbare Gesetzwidrigkeit', die ein *inhaltlich kaum fest umrissenes, wenig praktikables sowie antizipierbares Attribut*

Diese Annahme wird gestärkt durch die einschlägige BVerfG-Rechtsprechung zu § 543 II 1 ZPO, wonach eine Verletzung des Postulats der Rechtsmittelklarheit und des darin verankerten Bestimmtheitsgebots – spätestens – dann vorliegt, wenn es der Rechtsprechung innerhalb angemessener Zeit nicht gelingt, die jeweiligen – entweder vom Gesetzgeber geschaffenen oder von ihr selbst herausgebildeten – unbestimmten Rechtsbegriffe derart zu konkretisieren und präzisieren, dass die Voraussetzungen der Revisionszulassung für den Rechtsschutzsuchenden ohne weiteres erkennbar sind[1769].

Infolge dieser Rechtsprechung können solche Unklarheiten, wie sie hier seit nunmehr über 14 Jahren nach der Reform des finanzgerichtlichen Revisionszulassungsrechts und Herausbildung der Rechtsfigur des ‚Gravierenden/Schwerwiegenden Rechtsanwendungsfehlers des FG' durch den BFH unverändert bestehen, im Hinblick auf einen effektiven zweitinstanzlichen Finanzrechtsschutz nicht länger hingenommen werden, so dass der BFH dringend aufgerufen ist, Abhilfe zu schaffen. Dabei sollte er betreffend das Verhältnis von ‚Objektiver Willkür' und ‚Greifbarer Gesetzwidrigkeit' schnellstmöglich eine einheitliche Anwendungslinie entwickeln, um insoweit einen klar strukturierten und v.a. einheitlichen Maßstab in Form von deutlich herausgebildeten und v.a. klar voneinander abgegrenzten Kriterien für eine Beschwerdebegründung aufzustellen, die dem Beschwerdeführer als *Orientierungshilfe* und *Wegweiser* bei der Anfertigung einer auf die qualifizierte Fehlerhaftigkeit des FG-Urteils gestützten NZB behilflich sind und einen sicheren Umgang mit der Rechtsfigur des ‚Gravierenden/Schwerwiegenden finanzgerichtlichen Rechtsanwendungsfehlers' ermöglichen.

bb) Unvereinbarkeit mit der Forderung nach einem willkürfreien Instanzenzug

Der o.g. Zustand, dass insbesondere das Verhältnis von ‚Objektiver Willkür' und ‚Greifbarer Gesetzwidrigkeit' als den beiden zentralen Tatbestandsmerkmalen eines gravierenden/schwerwiegenden Rechtsanwendungsfehlers des FG nach wie vor ungeklärt ist und sich als äußerst undurchsichtig und verworren darstellt, so dass über 14 Jahre nach der Reform des finanzgerichtlichen Revisionszulassungsrechts immer noch keine allgemeingültige sowie einheitliche und klar strukturierte Anwendungslinie dieser Rechtsfigur als Zulassungskriterium i.R.d. § 115 II Nr. 2 Alt. 2 FGO entwickelt worden ist, gerät darüber hinaus in Konflikt mit dem aus dem Rechtsstaatsprinzip gemäß Art. 20 III GG i.V.m. dem allgemeinen Gleichheitssatz nach Art. 3 I GG hergeleiteten *verfahrensrechtlichen Willkürverbot.*

---

darstelle und bei der es sich aufgrund des *Mangels an Vorhersehbarkeit* folglich um ein *untaugliches Zulassungskriterium ohne verlässliche Anhaltspunkte* handele, *Bleschick*, a.a.O., S. 349 f. u. 351). Vgl. ansatzweise zudem bereits oben unter A.IV.2.b) (S. 430 ff., dort S. 438 sowie 439 f.) u. A.IV.2.d) (S. 442 ff.).

1769 Vgl. dazu ausführlich bereits oben unter A.IV.2.b) (S. 430 ff., dort S. 434 f.) mit Rechtsprechungsnachweisen in Fußnote 1438.

Erforderlich ist danach nicht nur ein für die Beteiligten *berechenbarer, kalkulierbarer* und *vorhersehbarer*, sondern insbesondere auch *willkürfreier* Instanzenzug[1770].

Die seitens der Rechtsprechung des BFH betreffend die Revisionszulassung zur Sicherung einer einheitlichen Rechtsprechung wegen eines gravierenden/schwerwiegenden Rechtsanwendungsfehlers des FG wenig klaren und durchweg uneinheitlichen Vorgaben, insbesondere betreffend das Verhältnis von objektiv willkürlichen und greifbar gesetzwidrigen Entscheidungen, bilden insoweit aufgrund ihrer *Unberechenbarkeit* und *Unkalkulierbarkeit* einmal mehr ein Beispiel dafür, dass der Rechtsschutzsuchende i.R.d. Revisionszulassungspraxis des BFH einem erheblichen *Annahme- bzw. Zulassungsrisiko* ausgesetzt ist und die Frage der Revisionszulassung betreffend die qualifizierte Fehlerhaftigkeit angefochtener finanzgerichtlicher Entscheidungen für ihn zu einem *nahezu unkalkulierbaren Lotterie- und Vabanquespiel* verkommt[1771]. Der Beschwerdeführer einer hierauf gestützten NZB befindet sich nämlich stets in der überaus schwierigen Situation, dass er – wie vorstehend eingangs unter a) (S. 539 f.) schon erwähnt – mit Blick auf die gemäß §§ 116 III 3, 115 II Nr. 2 Alt. 2 FGO hinreichend schlüssige und substantiierte Darlegung eines gravierenden/schwerwiegenden finanzgerichtlichen Rechtsanwendungsfehlers vor der Frage steht, ob und v.a. wie er objektiv willkürliche und greifbar gesetzwidrige FG-Entscheidungen voneinander abzugrenzen hat und von welchen der in der BFH-Rechtsprechung zahlreich vorhandenen unterschiedlichen Formulierungen in Form abstrakter Definitions-/Konkretisierungselemente er in seiner Beschwerdebegründung ausgehen soll, um dieser den korrekten Beurteilungsmaßstab zugrunde zu legen. Angesichts des beschriebenen undurchsichtigen und verworrenen Rechtsprechungsbildes kann der Beschwerdeführer hierbei jedoch letztlich nur mutmaßen und spekulieren, wodurch ihm die Anfertigung einer ordnungsgemäßen NZB-Begründung und somit der Zugang zum BFH als Rechtsmittelinstanz entgegen Art. 19 IV 1, 20 III GG auf unzumutbare Weise erschwert wird. Das wiederum birgt letztendlich die Gefahr eines gesetzlich nicht gewollten, von der BFH-Rechtsprechung jedoch praktisch vollzogenen, freien *Annahme-/Zulassungsermessens*, das schließlich sogar in eine nahezu *willkürliche Zulassungspraxis* münden kann[1772], so dass also der BFH i.R. seiner Zulassungspraxis wegen gravierender/schwerwiegender Rechtsanwendungsfehler des FG auch der Forderung nach einem *willkürfreien* Instanzenzug als

---

1770 Siehe hierzu ausführlich bereits oben unter A.IV.2.c) (S. 440 ff.).

1771 Vgl. diesbzgl. auch die entsprechenden Ausführungen zu den Darlegungs- und Zulassungskriterien i.R.d. Grundsatzrevision des § 115 II Nr. 1 FGO, insbesondere oben unter I.1.c) (S. 469 ff., dort S. 470 ff.), u. überdies unter I.5. (S. 506 ff., dort S. 511 f.). Vgl. zudem allgemein oben unter A.IV.2.b) (S. 430 ff., dort S. 433) u. v.a. A.IV.2.d) (S. 442 f.) sowie A.IV.2.e) (S. 447 ff.).

1772 Vgl. auch insoweit die entsprechenden Ausführungen zu den Darlegungs- und Zulassungskriterien i.R.d. Grundsatzrevision gemäß § 115 II Nr. 1 FGO, v.a. oben unter I.1.c) (S. 469 ff., dort S. 470 ff.). Vgl. zudem allgemein oben unter A.IV.2.d) (S. 442 ff.) u. A.IV.2.e) (S. 447 ff.).

weiterer elementarer Voraussetzung für einen effektiven und wirkungsvollen zweitinstanzlichen Individualrechtsschutz bislang nicht hinreichend Rechnung trägt.

cc) Doppelter Widerspruch der BFH-Rechtsprechung zum gravierenden/schwerwiegenden Rechtsanwendungsfehler des FG ,zu sich selbst'

Die Rechtsprechung des BFH zur Zulassung der Revision wegen eines gravierenden/schwerwiegenden Rechtsanwendungsfehers des FG gemäß §§ 115 II Nr. 2 Alt. 2, 116 III 3 FGO tritt darüber hinaus in doppelter Hinsicht in Widerspruch zu sich selbst.

Ein Widerspruch besteht dabei zunächst in *,formeller' Hinsicht*:

Denn der BFH lässt *einerseits* für das in § 116 III 3 FGO normierte Begründungserfordernis einer NZB in st. Rspr. allgemein formelhafte Wendungen – zu Recht – nicht genügen[1773] und verlangt stattdessen vom Beschwerdeführer, der seine NZB auf den Zulassungstatbestand des ,Gravierenden/Schwerwiegenden Rechtsanwendungsfehlers des FG' stützt, gemäß §§ 116 III 3, 115 II Nr. 2 Alt. 2 FGO – wie schon eingangs unter 2. (S. 535 ff., dort S. 537) erwähnt – die schlüssige und substantiierte Darlegung der besonderen Umstände, die die qualifizierte Fehlerhaftigkeit der angefochtenen finanzgerichtlichen Entscheidung begründen, d.h. einen detaillierten Vortrag zur ,Objektiven Willkürlichkeit' bzw. ,Greifbaren Gesetzwidrigkeit' der angefochtenen FG-Entscheidung unter besonderer Berücksichtigung der dazu in der (BVerfG-) Rechtsprechung entwickelten Definitionen[1774]. *Andererseits* liegt den seitens des BFH insoweit aufgestellten Zulassungskriterien aber ein überaus undurchsichtiges und verworrenes Rechtsprechungsbild zugrunde, das insbesondere durch ein bislang nicht abschließend geklärtes Verhältnis von ,Objektiver Willkür' und ,Greifbarer Gesetzwidrigkeit' als den beiden zentralen Tatbestandsmerkmalen eines gravierenden/schwerwiegenden Rechtsanwendungsfehlers des FG und dementsprechend durch zahlreiche unterschiedliche Formulierungen in Form abstrakter Definitions-/Konkretisierungselemente der einzelnen Senate gekennzeichnet ist.

Solange jedoch die einzelnen Zulassungskriterien und ihr Verhältnis zueinander innerhalb der BFH-Rechtsprechung zwischen den einzelnen Senaten nicht abschließend und einheitlich geklärt und somit eine einheitliche Anwendungslinie sowie ein einheitlicher, klar strukturierter Beurteilungsmaßstab für die Darlegung der qualifizierten Fehlerhaftigkeit der angefochtenen finanzgerichtlichen

---

1773 Dazu oben im 3. Abschnitt unter A.II.4.c)cc) (S. 121 f.).

1774 Siehe zu den Darlegungsanforderungen betreffend einen gravierenden/schwerwiegenden Rechtsanwendungsfehler des FG ausführlich bereits oben im 3. Abschnitt unter B.III.2.b) (S. 348 ff.), dort v.a. aa) (S. 349 ff.) mit Rechtsprechungsnachweisen insbesondere in den Fußnoten 1154, 1161, 1164 u. 1165. Zu den in der (BVerfG-) Rechtsprechung entwickelten Definitionen der ,Objektiven Willkürlichkeit' sowie ,Greifbaren Gesetzwidrigkeit' oben im 3. Abschnitt unter B.III.1.c)bb)(2)(d) (S. 300 ff.) u. B.III.1.c)bb)(2)(e) (S. 310 ff.).

Entscheidung nicht vorhanden sind, kann dem Beschwerdeführer die unzureichende Darlegung dieser Zulassungskriterien auch nicht zum Vorwurf gemacht werden, da er unter diesen Voraussetzungen nicht einmal annähernd in der Lage ist, zu erkennen, was konkret er im Einzelnen darzulegen hat, um eine den Anforderungen genügende, erfolgversprechende Beschwerdebegründung anzufertigen[1775].

Der BFH tritt also ‚formell' in Widerspruch zu sich selbst, wenn er vom Beschwerdeführer die hinreichende und schlüssige Darlegung der qualifizierten Fehlerhaftigkeit der angefochtenen FG-Entscheidung verlangt, deren (Einzel-) Kriterien seinerseits noch überhaupt nicht abschließend und v.a. einheitlich geklärt und herausgearbeitet sind.

Ein Widerspruch ergibt sich überdies in *‚materieller' Hinsicht*:

Denn ungeachtet jeglicher Uneinheitlichkeiten sowie Unklarheiten betreffend die Definition und das Verhältnis möchte der BFH jedenfalls eine willkürliche Rechtsanwendung der FGe bekämpfen und vermeiden, wenn er bei objektiv willkürlichen Entscheidungen einen gravierenden/schwerwiegenden Rechtsanwendungsfehler des FG anerkennt und dementsprechend die Revision gemäß § 115 II Nr. 2 Alt. 2 FGO zur Sicherung einer einheitlichen Rechtsprechung zulässt. Die bislang wenig klare und v.a. uneinheitliche Linie innerhalb der BFH-Rechtsprechung zwischen den einzelnen Senaten und die insoweit bestehenden, teils eklatanten Unterschiede betreffend das Verhältnis und damit einhergehend die differierende – sich teils überschneidende – Definition/Konkretisierung objektiv willkürlicher sowie greifbar gesetzwidriger Entscheidungen führen aber letztlich dazu, dass sich der BFH mit seiner bislang undurchsichtigen und verworrenen Rechtsprechung zur Rechtsfigur des ‚Gravierenden/Schwerwiegenden Rechtsanwendungsfehlers des FG' seinerseits der Gefahr einer willkürlichen Revisionszulassungspraxis aussetzt, weil es an einem deutlich herausgebildeten Maßstab für die Beurteilung der Erfolgsaussichten einer NZB und damit für die Zulassung der Revision fehlt.

Wenn der BFH also Willkür i.R.d. erstinstanzlichen Rechtsanwendung bekämpfen und dem Rechtsschutzsuchenden gegen objektiv willkürliche FG-Entscheidungen die Revisionsinstanz eröffnen möchte, die einschlägige Revisionszulassungspraxis ihrerseits jedoch in Ermangelung klar präzisierter, für den Beschwerdeführer nachvollziehbarer sowie praktikabler und v.a. einheitlicher Darlegungs- und Zulassungskriterien und somit mangels einheitlichen, deutlich erkennbaren und strukturierten Beurteilungsmaßstabs der Gefahr eines praktisch vollzogenen, freien Annahme-/Zulassungsermessens ausgesetzt ist, das schließlich

1775 Vgl. in diesem Zusammenhang auch bereits oben unter A.IV.2.b) (S. 430 ff., dort S. 440) im Hinblick darauf, dass die Rechtsprechung des BFH in Widerspruch zu sich selbst tritt, wenn sie *einerseits* formelhafte Wendungen für die hinreichende Begründung einer NZB nicht genügen lässt, die von ihr zu §§ 116 III 3, 115 II Nrn. 1 u. 2 FGO aufgestellten Kriterien sich *andererseits* aber gerade in eben solchen Leerformeln erschöpfen.

sogar in eine nahezu willkürliche Zulassungspraxis münden kann, dann tritt der BFH auch insoweit wieder – diesmal ‚materiell' – in Widerspruch zu sich selbst.

b) Fehlendes Anschauungsmaterial angesichts restriktiver Zulassungsrechtsprechung zum gravierenden/schwerwiegenden Rechtsanwendungsfehler des FG i.S. einer objektiv willkürlichen bzw. greifbar gesetzwidrigen Entscheidung

Die vorstehend unter a)aa) (S. 540 ff.) u. a)bb) (S. 542 ff.) dargestellte *Unvereinbarkeit* der BFH-Rechtsprechung zum gravierenden/schwerwiegenden Rechtsanwendungsfehler des FG mit der *Forderung nach einem berechenbaren, kalkulierbaren sowie vorhersehbaren und willkürfreien Instanzenzug* sowie der vorstehend unter a)cc) (S. 544 ff.) herausgearbeitete *Widerspruch* in der einschlägigen BFH-Rechtsprechung, die vom Beschwerdeführer die hinreichende und schlüssige Darlegung der qualifizierten Fehlerhaftigkeit der angefochtenen FG-Entscheidung verlangt, obwohl die entsprechenden (Einzel-) Kriterien in der Rechtsprechung noch überhaupt nicht abschließend und v.a. einheitlich geklärt und herausgearbeitet sind, gelangen noch deutlicher zum Ausdruck, wenn man sich vor Augen führt, dass sich die einschlägige Rechtsprechung des BFH zu den beiden Tatbestandsmerkmalen der ‚Objektiven Willkür' und ‚Greifbaren Gesetzwidrigkeit' als durchweg restriktiv erweist und für den Beschwerdeführer in der Folge *kaum brauchbares Anschauungsmaterial* bereithält, das diesem im Hinblick darauf, wann konkret aus Sicht der Rechtsprechung ein gravierender/schwerwiegender Rechtsanwendungsfehler des FG i.S. einer objektiv willkürlichen oder greifbar gesetzwidrigen Entscheidung anzunehmen und wie genau dieser in der Beschwerdebegründung darzulegen ist, als Orientierungshilfe dienen könnte.

So verneint der BFH – wie schon oben im 3. Abschnitt unter B.III.1.c)bb)(2)(d) (S. 300 ff., dort S. 305) u. B.III.1.c)bb)(2)(f) (S. 321 ff., dort S. 322) erwähnt – die erforderliche qualifizierte Fehlerhaftigkeit der angefochtenen finanzgerichtlichen Entscheidung *i.S. einer ‚Objektiven Willkürlichkeit' des FG-Urteils*, wenn auf der Grundlage höchstrichterlicher Rechtsprechung eine eingehende Auseinandersetzung mit der Rechtslage stattgefunden hat und die seitens des FG geäußerte Rechtsauffassung nicht jeder Rechtsgrundlage bzw. jedes sachlichen Grundes entbehrt. Der BFH hat jedoch gleichzeitig klargestellt, dass nicht jede FG-Entscheidung, die sich nicht mit sämtlichen rechtlichen Details auseinandersetze, bereits einen *Rechtsanwendungsfehler von erheblichem Gewicht i.S. einer objektiv willkürlichen (oder greifbar gesetzwidrigen) Entscheidung* aufweise, so dass also auch der durchaus naheliegende Umkehrschluss, dass der Vorwurf ‚Objektiver Willkürlichkeit' zumindest immer dann in die Überlegung der Revisionszulassung mit einzubeziehen sei, wenn die angefochtene finanzgerichtliche Entscheidung eine eingehende Auseinandersetzung mit der Rechtslage vermissen lasse, nicht greift[1776].

1776 Dazu **kritisch** auch bereits oben im 3. Abschnitt unter B.III.1.c)bb)(2)(f) (S. 321 ff., dort S. 322) mit den entsprechenden Rechtsprechungsnachweisen in den Fußnoten 1068 u. 1069.

Wenn schließlich nach der Rechtsprechung des BFH auch aus einer kurzen und lückenhaften Begründung der angefochtenen finanzgerichtlichen Entscheidung, die sich gerade nicht eingehend mit der dem Streitfall zugrunde liegenden Rechtslage auseinandersetzt, nicht zwangsläufig ein gravierender/schwerwiegender Rechtsanwendungsfehler des FG *i.S. eines Willkürvorwurfs* abgeleitet werden kann, und das Vorbingen, der finanzgerichtlichen Vorentscheidung fehle es an einer ‚nachvollziehbaren Begründung' sowie an einem ‚schlüssigen Begründungsband', den Anforderungen an die ordnungsgemäße Darlegung eines solchen gravierenden/schwerwiegenden Rechtsanwendungsfehlers nicht genügt, obwohl der Umstand, ob die gerichtliche Entscheidung im Einzelnen eingehend begründet wurde oder nicht, nach der einschlägigen BVerfG-Rechtsprechung insoweit erhebliche Bedeutung erlangen soll, dann stellt sich für den Beschwerdeführer die Frage, welche konkreten Anhaltspunkte denn überhaupt auf eine ‚Objektive Willkürlichkeit' der Vorentscheidung hindeuten sollen[1777].

Soweit sich der BFH in den betreffenden Entscheidungen also dazu verhält, wann *nicht* von einer objektiv willkürlichen Vorentscheidung auszugehen ist, und er damit eine etwaige Konkretisierung der Revisionszulassung zur Sicherung einer einheitlichen Rechtsprechung gemäß § 115 II Nr. 2 Alt. 2 FGO wegen gravierender/schwerwiegender Rechtsanwendungsfehler des FG i.S. einer objektiv willkürlichen (bzw. greifbar gesetzwidrigen) Entscheidung angestrebt haben sollte, erscheint dies wenig gelungen und ist dieses Ziel hier insoweit klar verfehlt worden, als die jeweiligen Entscheidungen sich inhaltlich quasi regelrecht widersprechen und sich somit gegenseititg nahezu aufheben, so dass eine Hilfestellung bei der Beantwortung der Frage, welche konkreten Anhaltspunkte denn nun auf eine objektiv willkürliche (bzw. greifbar gesetzwidrige) FG-Entscheidung hindeuten und wie diese im Einzelnen darzulegen ist, nicht annähernd erfolgt ist[1778].

Angesichts dieses restriktiven Verständnisses der Rechtsfigur des ‚Gravierenden/Schwerwiegenden Rechtsanwendungsfehlers des FG' insbesondere im Hinblick auf die ‚Objektive Willkürlichkeit' der Vorentscheidung sind bisher auch kaum Entscheidungen bekannt geworden, in denen der BFH die qualifizierte Fehlerhaftigkeit der angefochtenen finanzgerichtlichen Entscheidung i.S. einer ‚Objektiven Willkürlichkeit' bzw. ‚Greifbaren Gesetzwidrigkeit' *positiv festgestellt* und infolgedessen die Revision zur Sicherung einer einheitlichen Rechtsprechung gemäß § 115 II Nr. 2 Alt. 2 FGO zugelassen hat[1779]. Es existiert folglich – wie eingangs

---

1777 Ebenso bereits oben im 3. Abschnitt unter B.III.1.c)bb)(2)(f) (S. 321 ff., dort S. 322 f.) mit den entsprechenden Rechtsprechungsnachweisen des *BFH* und des *BVerfG* in den Fußnoten 1070 u. 1072.

1778 Vgl. insoweit auch bereits oben im 3. Abschnitt unter B.III.1.c)bb)(2)(f) (S. 321 ff., dort S. 323).

1779 Siehe zu den mir bislang bekannt gewordenen drei Entscheidungen – Revisionszulassung einmal wegen ‚Greifbarer Gesetzwidrigkeit' und zweimal wegen ‚Objektiver Willkürlichkeit' der Vorentscheidung – ausführlich oben im 3. Abschnitt

angedeutet – *kaum brauchbares Anschauungsmaterial*, das dem Beschwerdeführer eine konkrete Vorstellung davon vermittelt, wann eine objektiv willkürliche FG-Entscheidung i.S. einer krassen Missdeutung/Verkennung der Rechtslage vorliegt bzw. wann von einer greifbar gesetzwidrigen Entscheidung des FG ausgegangen werden kann, und das er bei der Anfertigung seiner Beschwerdebegründung vergleichsweise heranziehen kann.

Nichts anderes folgt etwa aus der grundlegenden Entscheidung des *X. Senats* aus dem Jahre 2008[1780], in der dieser zwar begrüßenswerterweise umfassend sowie klarsichtig herausgearbeitet hat, wie der unbestimmte Rechtsbegriff der ,Greifbaren Gesetzwidrigkeit' i.R.d. finanzgerichtlichen Revisionszulassungsrechts zu verstehen ist, d.h. welche Fehler des FG *abstrakt* die Wertung als ,greifbar gesetzwidrig' und somit als revisionszulassungwürdig i.S.d. § 115 II Nr. 2 Alt. 2 FGO rechtfertigen. Allerdings fehlt es aufgrund der nur wenigen bekannt gewordenen Entscheidungen eines positiv festgestellten gravierenden/schwerwiegenden Rechtsanwendungsfehlers des FG i.S. einer greifbar gesetzwidrigen Entscheidung[1781] auch hier an entsprechend fallbezogenem Anschauungsmaterial, das dem Beschwerdeführer als Orientierungshilfe dienen könnte.

Die Problematik fehlenden fallbezogenen Anschauungsmaterials resultiert schließlich noch daraus, dass der Beschwerdeführer auch aus den – im Vergleich zu den nur wenigen positiven – unzähligen negativen Zulassungsentscheidungen letztlich kaum Argumentationspotenzial ziehen kann. Denn zumeist enthalten diese Entscheidungen lediglich kurze abstrakte Ausführungen, die sich in der Bezeichnung eines ,Gravierenden/Schwerwiegenden Rechtsanwendungsfehlers des FG' als Zulassungskriterium i.R.d. § 115 II Nr. 2 Alt. 2 FGO mitsamt den beiden in Betracht kommenden Tatbestandsvarianten der ,Objektiven Willkür' und ,Greifbaren Gesetzwidrigkeit' erschöpfen. Hinzu kommt ggf. noch eine – ebenfalls sehr abstrakt gehaltene – Definition eines dieser oder beider Tatbestandsmerkmale, ehe

---

unter B.III.1.c)bb)(2)(f) (S. 321 ff., dort S. 323 ff.). Vgl. in diesem Zusammenhang auch *Kempermann*, DStZ 2005, 772, 775, der *kritisch* vorbringt, dass alle Beteuerungen des BFH, gegen objektiv willkürliche FG-Entscheidungen die Revision zuzulassen, natürlich „wohlfeil" seien, solange es keine konkreten Fälle gebe, in denen die Revision aus einem solchen Grund zugelassen worden sei. Vgl. überdies *Rüsken*, DStZ 2004, 334, 338, der anführt, dass sich ein Grund für die wenigen bislang bekannt gewordenen Revisionszulassungen dieser Art daraus ergeben dürfte, dass die *Messlatte der Willkür* zu *hoch* angelegt werde.

1780 *BFH*, Beschl. v. 01.04.2008, X B 154/04, BFH/NV 2008, 1116, 1119 f. = AO-StB 2008, 179, 180. Zum Inhalt dieser Entscheidung im Einzelnen ausführlich oben im 3. Abschnitt unter B.III.1.c)bb)(2)(b) (S. 281 ff., dort S. 287) u. v.a. B.III.1.c)bb)(2)(e) (S. 310 ff., dort S. 316 ff.).

1781 Bislang ist mir nur eine Entscheidung des BFH bekannt geworden, in der dieser die Revision wegen eines gravierenden/schwerwiegenden Rechtsanwendungsfehlers des FG i.S. einer greifbar gesetzwidrigen Entscheidung zugelassen hat, vgl. oben im 3. Abschnitt unter B.III.1.c)bb)(2)(f) (S. 321 ff., dort S. 323 f.).

dann regelmäßig sinngemäß – mal mehr, mal weniger begründet – ausgeführt wird, dass ein Fehler von erheblichem Gewicht, der gemäß § 115 II Nr. 2 Alt. 2 FGO die Zulassung der Revision zur Sicherung einer einheitlichen Rechtsprechung rechtfertigen könnte, nicht vorliege bzw. nicht hinreichend schlüssig dargelegt worden sei[1782].

Zwar gilt es insoweit zu bedenken, dass es sich bei den aufgezeigten Zulassungskriterien mitsamt ihren einzelnen Tatbestandsvoraussetzungen regelmäßig um unbestimmte Rechtsbegriffe handelt, die auf möglichst viele Fälle anwendbar und für möglichst viele Fälle offen sein sollen, so dass sie natürlich nicht abschließend bis in alle Einzelheiten hinein beschrieben und konkretisiert werden können. Jedoch muss auch Berücksichtigung finden, dass dem Beschwerdeführer anhand der einschlägigen höchstrichterlichen Rechtsprechung gleichzeitig eine *konkrete* Vorstellung davon vermittelt werden muss, in welchen beispielhaften Fällen denn eine objektiv willkürliche bzw. greifbar gesetzwidrige FG-Entscheidung in Betracht kommt.

Aufgrund der soeben erwähnten Unbestimmtheit der Rechtsbegriffe sowie ihrer äußerst abstrakten Definition und bislang allenfalls vermeintlichen Konkretisierung gelingt dies am besten durch die Zurverfügungstellung von fallbezogenem Anschauungsmaterial in Form von positiven Zulassungsentscheidungen[1783]. Da

---

1782 Vgl. z.B. *BFH*, Beschl. v. 16.12.2005, IX B 38/05, BFH/NV 2006, 772, 773; Beschl. v. 24.07.2006, IX B 208/05, BFH/NV 2006, 2269; Beschl. v. 21.03.2007, XI B 163/06, BFH/NV 2007, 1333, 1334; Beschl. v. 19.04.2007, III B 36/06, BFH/NV 2007, 1518 f.; Beschl. v. 25.02.2009, X B 121/08, BFH/NV 2009, 890. – Vgl. in diesem Zusammenhang auch *Bleschick*, Revisionszulassungsgründe im Spannungsverhältnis, S. 160, der – wenn auch lediglich im Hinblick auf bestimmte, dort genannte Entscheidungen – ebenfalls die Knappheit *kritisiert*, mit der das Vorliegen eines gravierenden/schwerwiegenden Rechtsanwendungsfehlers des FG verneint werde.

1783 Die Regelung des § 116 V 2 Hs. 2 Alt. 2 FGO, wonach von einer Begründung des Beschlusses, mit dem der BFH über die NZB entscheidet, abgesehen werden kann, wenn der Beschwerde stattgegeben wird, dürfte der Zurverfügungstellung von fallbezogenem Anschauungsmaterial in Form von positiven Zulassungsentscheidungen nicht entgegenstehen, da die Rechtsfigur des ‚Gravierenden/Schwerwiegenden Rechtsanwendungsfehlers des FG' als i.R.d. Novellierung des finanzgerichtlichen Revisionszulassungsrechts neu herausgebildeter Zulassungstatbestand in ihren Einzelheiten bei weitem noch nicht abschließend geklärt ist, so dass nahezu jede BFH-Entscheidung, die einen solchen gravierenden/schwerwiegenden Rechtsanwendunsgfehler bejahen würde, auch i.S.d. § 116 V 2 Hs. 2 Alt. 1 FGO geeignet wäre, zur weiteren Klärung der entsprechenden Zulassungsvoraussetzungen beizutragen, was wiederum vermuten lässt, dass die entsprechende Zulassungsbegründung dann jeweils auch kundgetan würde, vgl. schon oben im 3. Abschnitt unter B.III.1.c)bb)(2)(f) (S. 321 ff. [324]), dort Fußnote 1074. – Vgl. in diesem Zusammenhang auch *Bleschick*, Revisionszulassungsgründe im Spannungsverhältnis, S. 117 f. sowie 175, 339 u. 340, der – insbesondere betreffend die Grundsatzrevision i.S.d. § 115 II Nr. 1 FGO (S. 117 f.), aber

solche hier aber bislang ‚Mangelware' sind, müsste stattdessen in den einschlägigen negativen Zulassungsentscheidungen über die o.g. spärlichen abstrakten Angaben hinaus beispielhaft dargestellt werden, welche konkreten Fallkonstellationen die Annahme eines gravierenden/schwerwiegenden Rechtsanwendungsfehlers des FG i.S. einer objektiv willkürlichen bzw. greifbar gesetzwidrigen Entscheidung nahe legen, um dem Beschwerdeführer auf diese Weise i.R. einer *Fallgruppen- bzw. Katalogbildung* das notwendige *fallbezogene Anschauungsmaterial* für die schlüssige und substantiierte Begründung seiner auf die qualifizierte Fehlerhaftigkeit der angefochtenen Entscheidung gestützten NZB zur Verfügung zu stellen. Derartige Ausführungen sucht man in der einschlägigen Rechtsprechung des BFH jedoch bislang leider vergeblich.

Eine lobenswerte Ausnahme kann allein darin gesehen werden, dass die Rechtsprechung eine greifbar gesetzwidrige Entscheidung bspw. auch dann annimmt, wenn *das FG eine offensichtlich einschlägige entscheidungserhebliche Vorschrift übersehen hat.* Dabei handelt es sich zwar ebenfalls noch um eine abstrakte, im Vergleich zu den übrigen floskelhaften Ausführungen betreffend die ‚Objektive Willkürlichkeit' bzw. ‚Greifbare Gesetzwidrigkeit' allerdings bei weitem konkretere, da für den Beschwerdeführer ‚fassbare' und praktikable Schilderung einer greifbar gesetzwidrigen Fallkonstellation, die überdies außer in der bislang einzigen positiven Zulassungsentscheidung des BFH zur ‚Greifbaren Gesetzwidrigkeit'[1784] auch in zahlreichen negativen Zulassungsentscheidungen Erwähnung findet[1785].

---

ansatzweise auch im Hinblick auf den Zulassungstatbestand des ‚Gravierenden/Schwerwiegenden Rechtsanwendungsfehlers des FG' (S. 175, 339 u. 340) – ebenfalls die Problematik anspricht, dass aufgrund der – im Vergleich zu der Fülle veröffentlichter negativer Zulassungsentscheidungen – geringen Zahl veröffentlichter positiver = stattgebender Zulassungsentscheidungen wenige weiterführende konkrete Anhaltspunkte zu den einzelnen Zulassungsvoraussetzungen einschließlich ihrer Darlegung i.R.d. Begründung einer NZB vorhanden seien und sich verlässliche sowie allgemeingültige Kriterien für künftige Fälle nur schwer gewinnen ließen, was noch dadurch verstärkt werde, dass nahezu sämtliche dieser Entscheidungen keine (vollständige) Begründung ihrer Zulassungsentscheidung enthalten.

1784 *BFH*, Beschl. v. 28.07.2003, V B 72/02, BFH/NV 2003, 1597, dazu näher oben im 3. Abschnitt unter B.III.1.c)bb)(2)(f) (S. 321 ff., dort S. 324).

1785 Siehe nur *BFH*, Beschl. v. 07.07.2004, VII B 344/03, BStBl. II 2004, 896, 898 (allerdings mit Einschränkungen, dazu **kritisch** ansatzweise bereits oben im 3. Abschnitt unter B.III.1.c)cc)(4) [S. 328 f.] sowie ausführlich nachfolgend unter d) [S. 603 ff.]); Beschl. v. 07.07.2005, IX B 13/05, BFH/NV 2005, 2031; Beschl. v. 03.11.2005, V B 9/04, BFH/NV 2006, 248, 249; Beschl. v. 26.03.2007, X B 186/06, n.v. (juris); Beschl. v. 17.08.2007, XI B 83/07, BFH/NV 2007, 2141; Beschl. v. 28.08.2007, VII B 357/06, BFH/NV 2008, 113 (vgl. hierzu aber auch oben im 3. Abschnitt unter B.III.1.c)cc)(3) [S. 327 f., dort S. 328]); Beschl. v. 24.10.2007, X B 126/07, n.v. (juris); Beschl. v. 01.04.2008 (Fn. 1780), BFH/NV 2008, 1116, 1120 = AO-StB 2008, 179, 180; Beschl. v. 29.05.2008, V B 160/07, BFH/NV 2008, 1544;

Es bleibt demnach festzuhalten, dass sich der BFH für die zahlreichen NZBen, die gemäß §§ 115 II Nr. 2 Alt. 2, 116 III 3 FGO erfolglos auf die qualifizierte Fehlerhaftigkeit der angefochtenen finanzgerichtlichen Entscheidung gestützt werden, sowie die daraus resultierende äußerst geringe Zulassungsquote betreffend gravierende/schwerwiegende Rechtsanwendungsfehler des FG in Ermangelung klar strukturierter konkreter Vorgaben und mangels konkreten fallbezogenen Anschauungsmaterials zu beispielhaften und typischen Fällen bzw. Fallgruppen einer objektiv willkürlichen bzw. greifbar gesetzwidrigen FG-Entscheidung weit überwiegend selbst verantwortlich zeichnet.

c) *Kritik* im Hinblick auf den eng begrenzten Anwendungsbereich der Rechtsfigur des ‚Gravierenden/Schwerwiegenden Rechtsanwendungsfehlers des FG' und die insoweit überaus restriktive Handhabung dieses Zulassungstatbestandes durch die Rechtsprechung des BFH – Bedürfnis und Notwendigkeit einer erweiterten Auslegung

Bereits vorstehend unter b) (S. 546 ff.) ist dargestellt worden, dass der einschlägigen Rechtsprechung des BFH zur ‚Objektiven Willkürlichkeit' und ‚Greifbaren Gesetzwidrigkeit' als den beiden bislang herausgebildeten Tatbestandsmerkmalen eines gravierenden/schwerwiegenden Rechtsanwendungsfehlers des FG ein durchweg restriktives Verständnis zugrunde liegt, und für den Beschwerdeführer in der Folge kaum brauchbares Anschauungsmaterial zur Verfügung steht.

Beschl. v. 23.06.2008, IV B 106/07, BFH/NV 2008, 1642; Beschl. v. 12.08.2008, X B 46/08, n.v. (juris); Beschl. v. 24.09.2008, VI B 107/07, n.v. (juris); Beschl. v. 01.10.2008, IX B 86/08, ZSteu 2008, R1176; Beschl. v. 22.10.2008, X B 228/07, n.v. (juris); Beschl. v. 23.10.2008, X B 247/07, BFH/NV 2009, 209; Beschl. v. 28.11.2008, IX B 118/08, n.v. (juris); Beschl. v. 02.12.2008, X B 53/08, ZSteu 2009, R243; Beschl. v. 02.12.2008, X B 68/08, n.v. (juris); Beschl. v. 02.12.2008, X B 69/08, n.v. (juris); Beschl. v. 30.04.2009, V B 132/08, n.v. (juris); Beschl. v. 06.05.2009, II B 14/09, ZSteu 2009, R582; Beschl. v. 03.03.2010, VIII B 216/09, BFH/NV 2010, 1110, 1111; Beschl. v. 17.03.2010, X B 118/09, BFH/NV 2010, 1277; Beschl. v. 18.08.2010, X B 178/09, BFH/NV 2010, 2010; Beschl. v. 18.11.2010, VII B 12/10, BFH/NV 2011, 406; Beschl. v. 12.05.2011, IX B 121/10, BFH/NV 2011, 1391; Beschl. v. 13.07.2011, X B 187/10, BFH/NV 2011, 1899; Beschl. v. 26.10.2011, IV B 96/10, BFH/NV 2012, 285; Beschl. v. 10.01.2012, XI B 80/11, BFH/NV 2012, 815; Beschl. v. 06.02.2012, VI B 147/11, ZSteu 2012, R486, R487; Beschl. v. 16.05.2012, IV B 48/11, BFH/NV 2012, 1462, 1464; Beschl. v. 19.07.2012, X B 88/11, BFH/NV 2012, 1932; Beschl. v. 29.08.2012, X B 216/11, BFH/NV 2013, 24; Beschl. v. 30.08.2012, X B 97/11, BFH/NV 2013, 13, 15; Beschl. v. 05.09.2012, II B 61/12, BFH/NV 2012, 1995; Beschl. v. 12.10.2012, III B 78/12, BFH/NV 2013, 39. Vgl. insoweit auch bereits oben im 3. Abschnitt unter B.III.1.c)bb)(2)(e) (S. 310 ff., dort S. 315) u. zudem B.III.2.b)aa) (S. 349 ff., dort S. 349 f. u. 352).

Hinzu kommt, dass der Anwendungsbereich der Rechtsfigur des ‚Gravierenden/Schwerwiegenden Rechtsanwendungsfehlers des FG' viel zu kurz greift, indem er sich nach inzwischen gefestigter Rechtsprechung sämtlicher BFH-Senate bislang ausschließlich auf die Fallgruppen einer objektiv willkürlichen bzw. greifbar gesetzwidrigen Entscheidung beschränkt.

Bei diesen beiden Fallgruppen handelt es sich nämlich um *praktisch absolute Ausnahmefälle*, wie schon die wenigen mir bislang bekannt gewordenen Entscheidungen zeigen, in denen ein gravierender/schwerwiegender Rechtsanwendungsfehler des FG zur Zulassung der Revision nach § 115 II Nr. 2 Alt. 2 FGO geführt hat[1786], und die für den BFH bereits Anlass genug sein sollten, den seinerseits abgesteckten, eng begrenzten Anwendungsbereich dieser Rechtsfigur im Hinblick auf einen effektiven Rechtsschutz grundlegend zu überdenken. Das gilt umso mehr, als eine solch restriktive – auf Fälle der ‚Objektiven Willkürlichkeit' und ‚Greifbaren Gesetzwidrigkeit' beschränkte – Handhabung dieses Zulassungstatbestandes der gesetzgeberischen Intention der Stärkung und Verbesserung des Individualrechtsschutzes des einzelnen Steuerpflichtigen zuwiderläuft, der sich die herrschende Ansicht einschließlich der BFH-Rechtsprechung nach eigener Aussage ja gerade durch eine erweiterte Auslegung des Zulassungsgrundes der ‚Erforderlichkeit einer Entscheidung des BFH zur Sicherung einer einheitlichen Rechtsprechung' i.S.d. § 115 II Nr. 2 Alt. 2 FGO verschrieben hatte, und wozu sie letztendlich die Rechtsfigur des ‚Gravierenden/Schwerwiegenden Rechtsanwendungsfehlers des FG' herausgebildet hatte[1787]. Nachdem nun seit der Reform des finanzgerichtlichen Revisionszulassungsrechts mehr als 14 Jahre vergangen sind, ohne dass in der einschlägigen Rechtsprechung des BFH Anhaltspunkte ersichtlich wären, die auch nur ansatzweise auf die beabsichtigte Stärkung und Verbesserung des Individualrechtsschutzes i.R.d. Rechtsprechungsvereinheitlichungsrevision des § 115 II Nr. 2 Alt. 2 FGO unter dem Gesichtspunkt eines gravierenden/schwerwiegenden Rechtsanwendungsfehlers des FG hindeuten, ist es demnach an der Zeit, dass der BFH in seiner Zulassungspraxis Veränderungen vornimmt, die eine entsprechend erweiterte Auslegung dieses Zulassungstatbestandes i.S. eines effektiven zweitinstanzlichen Finanzrechtsschutzes erkennen lassen.

aa) Keine Beschränkung auf objektiv willkürliche und greifbar gesetzwidrige FG-Entscheidungen

Es steht außer Frage, dass nicht jeder *einfache Rechtsfehler* in Form eines *schlichten Subsumtionsfehlers* die Zulassung der Revision zur Sicherung einer einheitlichen Rechtsprechung gemäß § 115 II Nr. 2 Alt. 2 FGO rechtfertigen kann. Vielmehr muss

---

1786 Zu diesen Entscheidungen ausführlich oben im 3. Abschnitt unter B.III.1.c)bb)(2)(f) (S. 321 ff., dort S. 323 ff.).

1787 Vgl. dazu vorstehend im 3. Abschnitt unter B.III.1.a)aa) (S. 215 ff., dort S. 216) u. B.III.1.a)cc) (S. 220). Zu der Intention des 2. FGOÄndG vorstehend im 2. Abschnitt unter B.II. (S. 75 f.).

es – wie schon mehrfach erwähnt – über die bloß fehlerhafte Rechtsanwendung einschließlich der Tatsachen- und Beweiswürdigung hinaus auf die *qualifizierte Fehlerhaftigkeit* des angefochteten finanzgerichtlichen Urteils ankommen, die der Beschwerdeführer gemäß §§ 116 III 3, 115 II Nr. 2 Alt. 2 FGO in seiner Beschwerdebegründung konkret herauszustellen hat[1788].

Das folgt bereits daraus, dass das prozessuale Rechtsinstitut der NZB gerade nicht dazu dient, allgemein die Richtigkeit finanzgerichtlicher Urteile zu gewährleisten[1789]. Die Revision zum BFH gegen sämtliche Fehlentscheidungen der FGe zuzulassen, ohne dass es auf deren Ausmaß ankäme[1790], zöge eine Verwischung der Grenzen von vorgelagerter Revisionszulassung und sich anschließendem

---

1788 Bspw. *BFH*, Beschl. v. 24.02.2003, III B 117/02, BFH/NV 2003, 810, 811; Beschl. v. 28.07.2003, III B 125/02, BFH/NV 2003, 1445; Beschl. v. 25.02.2005, III B 109/04, BFH/NV 2005, 1086, 1087; Beschl. v. 13.06.2005, VIII B 290/03, BFH/NV 2005, 2213; Beschl. v. 27.02.2006, III S 32/05 (PKH), BFH/NV 2006, 1131, 1132; Beschl. v. 17.08.2007, XI B 83/07, BFH/NV 2007, 2141 u. 2142; Beschl. v. 16.06.2009, V B 131/08, BFH/NV 2009, 1678, 1679; Beschl. v. 18.05.2011, XI B 57/10, BFH/NV 2011, 1704, 1705; *Lange* HHSp., § 115 FGO Tz. 203 (Lfg. 192 Oktober 2006); *Seer*, in: T/K, § 115 FGO Tz. 76 (Lfg. 131 Oktober 2012). Siehe auch die Rechtsprechungsnachweise in Fußnote 991, wonach eine fehlerhafte Anwendung/Umsetzung von Grundsätzen der höchstrichterlichen Rechtsprechung auf die Besonderheiten des Einzelfalls für die Zulassung der Revision wegen eines gravierenden/schwerwiegenden Rechtsanwendungsfehlers nicht ausreicht. Vgl. zudem *Bleschick*, Revisionszulassungsgründe im Spannungsverhältnis, S. 336 ff., der dem Standpunkt, dass jeder Rechtsanwendungsfehler/jeder Rechtsverstoß die Zulassung der Revision gemäß § 115 II Nr. 2 Alt. 2 FGO nach sich ziehen müsse, im Ergebnis ebenfalls ablehnend gegenübersteht.

1789 Siehe dazu bereits oben im 3. Abschnitt unter A.II.4.d) (S. 123) mit umfangreichen (Rechtsprechungs-) Nachweisen in Fußnote 465.

1790 So *List*, DB 2003, 572, 575; *ders.*, INF 2004, 615, 617, der gegen sämtliche Fehlentscheidungen der FGe ungeachtet ihres Ausmaßes, das auf den ersten Blick oftmals gar nicht beurteilt werden könne, die Revision zum BFH zulassen möchte. *List* hält insoweit allerdings – dogmatisch zutreffend, vgl. hierzu ansatzweise bereits oben im 3. Abschnitt unter B.I.1.d)bb) (S. 142 ff.), dort v.a. (2) (S. 144 ff.), u. B.III.1.c)aa) a.E. (S. 263 ff., dort S. 266 f.) sowie ausführlich vorstehend unter I.2.a) (S. 472 bzw. 473 ff.) u. v.a. I.2.b)bb) (S. 488 ff.) – die Grundsatzrevision gemäß § 115 II Nr. 1 FGO für einschlägig. – Vgl. zudem aus der zivilprozessualen Literatur *Ball*, in: FS Musielak, 27, 47 ff.; *Büttner*, in: Verhandlungen 65. Dt. Juristentag (Bd. I), A 89, A 104; *Musielak*, in: FS Gerhardt, 653, 677; *Piekenbrock/Schulze*, JZ 2002, 911, 919 u. 922; *Schultz*, MDR 2003, 1392, 1397 f., die jeweils die Ansicht vertreten, dass jede entscheidungserhebliche Verletzung revisiblen Rechts, also jeder entscheidungserhebliche einfache Rechtsfehler, die Zulassung der Revision gebiete. Teilweise wird die Forderung einer Revisionszulassung bei einfachen Rechtsfehlern dabei einschränkend jedoch u.a. an die Erfolgsaussichten der (zuzulassenden) Revision im Endergebnis geknüpft, vgl. bspw. *Büttner*, a.a.O.

Revisionsverfahren nach sich und ließe die gesetzliche Revisionssperre somit nahezu leerlaufen.

Genauso klar ist es, dass die beiden Tatbestandsalternativen der objektiv willkürlichen bzw. greifbar gesetzwidrigen Vorentscheidung – wie der BFH es in seiner Rechtsprechung grds. handhabt – i.R.d. Revisionszulassung wegen gravierender/schwerwiegender Rechtsanwendungsfehler des FG Berücksichtigung finden müssen, auch wenn es sich dabei um praktisch absolute Ausnahmefälle handelt. Einerseits, um *gewichtige* und *schwere* Rechtsanwendungsfehler der ersten Instanz i.S. einer krassen Missdeutung/Verkennung der Rechtslage ‚einzufangen', die den Richterspruch unter keinem denkbaren Aspekt mehr rechtlich vertretbar erscheinen lassen, so dass sich der Schluss aufdrängt, die angefochtene Entscheidung beruhe auf sachfremden Erwägungen; andererseits zwecks Erfassung *evidenter, offenkundiger/offensichtlicher* Rechtsanwendungsfehler der Vorinstanz, die dazu führen, dass die angefochtene Entscheidung jeglicher gesetzlichen Grundlage entbehrt.

Darüber hinaus müssen die beiden Tatbestandsvarianten der ‚Objektiven Willkürlichkeit' und ‚Greifbaren Gesetzwidrigkeit' i.R.d. Revisionszulassung wegen gravierender/schwerwiegender Rechtsanwendungsfehler des FG schon allein deshalb Berücksichtigung finden, um insoweit einer (verstärkten) Anwendung und Ausweitung gesetzlich nicht geregelter außerordentlicher Rechtsbehelfe entgegenzuwirken, wie z.B. der *‚Außerordentlichen Beschwerde'* und – soweit diese im Finanzprozess inzwischen für nicht mehr statthaft erachtet wird[1791] – v.a. der *‚Gegenvorstellung'*, die jeweils auch maßgeblich auf die Kriterien der materiellrechtlichen ‚Objektiven Willkürlichkeit' bzw. der ‚Greifbaren Gesetzwidrigkeit' gestützt werden (bzw. wurden)[1792].

Allerdings darf der Zulassungstatbestand des ‚Gravierenden/Schwerwiegenden Rechtsanwendungsfehlers des FG' auch nicht auf diese beiden Fallgruppen beschränkt bleiben, sondern muss vielmehr weitreichender verstanden werden.

Zwar soll mit der Rüge fehlerhafter Rechtsanwendung durch das FG die Revisionszulassung gemäß § 115 II Nr. 2 Alt. 2 FGO ausschließlich dann erreicht werden können, wenn es sich bei dem behaupteten Fehler um einen Rechtsanwendungsfehler von erheblichem Gewicht handelt, der geeignet ist, *das Vertrauen in die Rechtsprechung zu beschädigen*[1793]. Wie sich explizit aus einigen BFH-Entscheidungen ergibt, soll es dabei auf das *Vertrauen der Allgemeinheit* ankommen[1794]. Dennoch

---

1791 Siehe dazu bereits oben im 3. Abschnitt unter B.III.1.c)bb)(2)(e) (S. 310 ff. [311]), dort Fußnote 1043.

1792 Vgl. in diesem Zusammenhang auch *Seer*, BB 2000, 2387, 2388 u. 2389; *ders.*, StuW 2001, 3, 7 u. 10; *ders.*, StuW 2003, 193, 204 (unter 8.).

1793 Siehe hierzu die Begründung des Entwurfs eines 2. FGOÄndG v. 11.09.2000, BT-Drucks. 14/4061, S. 9 zu Nr. 13, sowie die einschlägige *BFH*-Rechtsprechung in Fußnote 936.

1794 So z.B. *BFH*, Beschl. v. 07.08.2002, VII B 214/01, BFH/NV 2002, 1606, 1607; Beschl. v. 03.11.2005, V B 9/04, BFH/NV 2006, 248, 249; Beschl. v. 12.01.2006, II B 65/05, BFH/NV 2006, 813; Beschl. v. 17.08.2007 (Fn. 1788), BFH/NV 2007, 2141 u. 2142;

muss bei der Einordnung der finanzgerichtlichen Fehlentscheidungen in die Rubrik der ‚Gravierenden/Schwerwiegenden Rechtsanwendungsfehler' stets auch die Gewährung von Individualrechtsschutz und die Herstellung von Einzelfallgerechtigkeit Berücksichtigung finden, insbesondere um der seitens der herrschenden Ansicht einschließlich der BFH-Rechtsprechung selbst gemachten Vorgabe, die Rechtsprechungsvereinheitlichungsrevision gemäß § 115 II Nr. 2 Alt. 2 FGO i.S.d. gesetzgeberisch geforderten Stärkung und Verbesserung des Individualrechtsschutzes des einzelnen Steuerpflichtigen erweitert auszulegen und diesen Zulassungsgrund dazu auf Fehler von erheblichem Gewicht – sog. gravierende/schwerwiegende Rechtsanwendungsfehler des FG – zu erstrecken[1795], hinreichend Rechnung zu tragen. Hierfür allein auf einen engen *Evidenz- und Willkürmaßstab* abzustellen, greift jedoch bei weitem zu kurz und wird dieser Vorgabe in keinster Weise gerecht[1796].

Beschl. v. 24.10.2007, X B 126/07, n.v. (juris); Beschl. v. 09.01.2008, X B 144/07, ZSteu 2008, R645; Beschl. v. 25.01.2008, X B 90/07, BFH/NV 2008, 610; Beschl. v. 05.03.2008, V B 69/06, BFH/NV 2008, 1006, 1007; Beschl. v. 14.04.2008, V B 205/07, ZSteu 2008, R604; Beschl. v. 19.05.2008, V B 29/07, BFH/NV 2008, 1501, 1507; Beschl. v. 24.07.2008, VI B 7/08, BFH/NV 2008, 1838; Beschl. v. 02.10.2008, VI B 102/07, BFH/NV 2009, 148; Beschl. v. 25.02.2009, X B 121/08, BFH/NV 2009, 890; Beschl. v. 06.12.2010, XI B 27/10, BFH/NV 2011, 645. Überdies *Seer*, BB 2000, 2387, 2389; *ders.*, StuW 2001, 3, 10 u. 12; *ders.*, StuW 2003, 193, 198 u. 204; *ders.*, in: T/K, § 115 FGO Tz. 77 (u. 78) sowie § 116 FGO Tz. 53 a.E. (jeweils Lfg. 131 Oktober 2012). Vgl. zudem *Beermann*, DStR 2005, 450, 452, 453, 454, dort – 454 f. – jedoch zugleich *kritisch* im Hinblick darauf, dass das Vertrauen in die Rechtsprechung auch deshalb Schutz verdienen könne, weil die Abweisung einer Revisionszulassung geeignet wäre, das Vertrauen – lediglich – des Betroffenen zu beschädigen.

1795 Vgl. insoweit oben im 3. Abschnitt unter B.III.1.a)aa) (S. 215 ff., dort S. 216) u. B.III.1.a)cc) (S. 220). Zu der Intention des 2. FGOÄndG oben im 2. Abschnitt unter B.II. (S. 75 f.).

1796 *Seer*, StuW 2003, 193, 198; *ders.*, in: T/K, § 115 FGO Tz. 76 (Lfg. 131 Oktober 2012). Siehe auch *List*, INF 2004, 615, 616 u. 617, der – dogmatisch zutreffend gestützt auf § 115 II Nr. 1 FGO, vgl. Fn. 1790 – allerdings gegen sämtliche Fehlentscheidungen der FGe ungeachtet ihres Ausmaßes die Revision zum BFH zulassen möchte (S. 617). **A.A.** *Lange* HHSp., § 115 FGO Tz. 214 (Lfg. 192 Oktober 2006), der vorbringt, dass der Fehler des FG *stets offensichtlich* sein müsse. Denn ein Fehler sei nur dann geeignet, das Vertrauen in die Rechtsprechung zu beschädigen, wenn er für einen Verständigen gleichsam ‚auf den ersten Blick erkennbar' sei. – *Bleschick*, Revisionszulassungsgründe im Spannungsverhältnis, S. 365 u. 367, stellt *hingegen* im Hinblick auf das von ihm i.R.d. § 115 II Nr. 2 Alt. 2 FGO beabsichtigte einheitliche Zulassungskriterium der *‚Abweichung in der Rechtsanwendung'* (vgl. dazu bereits oben im 3. Abschnitt unter B.III.1.a)aa) [S. 215 ff. - 216], dort Fußnote 788 a.E.) das Erfordernis *‚einzelfallveranlasster Rechtssatzbildung'* heraus, anhand dessen die Zulassungsrelevanz der betreffenden Abweichung in der Rechtsanwendung beurteilt werden solle. Hierfür sei kennzeichnend, dass die jeweilige Abweichung zwar durch den Einzelfall/durch den konkreten

Der zur Bestimmung objektiv willkürlicher und greifbar gesetzwidriger Vorentscheidungen angelegte Beurteilungsmaßstab ist nämlich per se äußerst eng sowie überaus vage. Selbst wenn in der einschlägigen BFH-Rechtsprechung hinsichtlich der dortigen Unwägbarkeiten in Form der Uneinheitlichkeiten und Unklarheiten betreffend die Auslegung/Definition und insbesondere das Verhältnis dieser beiden zentralen Tatbestandsmerkmale eine – wünschenswerte – Klärung erfolgen würde, bestünde beim Beschwerdeführer auch weiterhin enorme Unsicherheit über die Auslegung und v.a. über die Reichweite dieses Evidenz- und Willkürmaßstabs, zumal durch ihn ja nur eine Erfassung praktisch absoluter Ausnahmefälle erfolgt. Diese Vagheit und Unbestimmtheit im Hinblick auf die Bestimmung/Einordnung evidenter und willkürlicher Rechtsanwendungsfehler der Vorinstanz schafft wiederum zusätzliche *Anreize* zu einer ohnehin schon restriktiven Auslegung der Rechtsfigur des ‚Gravierenden/Schwerwiegenden Rechtsanwendungsfehlers des FG' als Zulassungskriterium i.R.d. § 115 II Nr. 2 Alt. 2 FGO[1797].

Die Restriktion auf einen äußerst engen sowie überaus vagen Evidenz- und Willkürmaßstab wirkt sich selbstredend auch auf das Darlegungserfordernis der §§ 116 III 3, 115 II Nr. 2 Alt. 2 FGO aus. Denn sie bedeutet auch insoweit eine erhebliche Einschränkung für den Beschwerdeführer, als es diesem nur äußerst selten gelingen wird, überzeugend sowie substantiiert und schlüssig darzulegen, dass die angefochtene finanzgerichtliche Vorentscheidung objektiv willkürlich bzw. greifbar gesetzwidrig erscheint, so dass sich die Beschränkung des Zulassungstatbestandes des ‚Gravierenden/Schwerwiegenden Rechtsanwendungsfehlers des FG' auf diese beiden Fallgruppen für ihn regelmäßig als ein kaum überwindbares Hindernis darstellt[1798].

Nicht zuletzt lässt sich die Beschränkung der Revisionszulassung auf die praktisch absoluten Ausnahmefälle der ‚Objektiven Willkürlichkeit' und ‚Greifbaren Gesetzwidrigkeit' der Vorentscheidung nur schwer mit den *Besonderheiten des finanzgerichtlichen Verfahrens und des Steuerrechts überhaupt* vereinbaren. Das gilt insbesondere vor dem Hintergrund, dass die Möglichkeit und Wahrscheinlichkeit erstinstanzlicher Fehlentscheidungen im Finanzprozess – ohne die fachliche Qualifikation der FGe und ihrer Richter in Zweifel zu ziehen – bereits dadurch erhöht ist, dass die Finanzgerichtsbarkeit einen nur zweistufigen Instanzenzug mit lediglich einer Tatsacheninstanz aufweist, der überdies erstinstanzlich die Möglichkeit einer Einzelrichterentscheidung vorsieht. Hinzu kommen die Komplexität und

---

Rechtsstreit ausgelöst worden sei, sich jedoch wegen ihrer Abstraktheit und der ihr insoweit anhaftenden Verallgemeinerungsfähigkeit über den entschiedenen Rechtsstreit hinaus auf weitere Fälle übertragen lasse, vgl. schon oben im 3. Abschnitt unter B.III.1.b)cc) (S. 240 ff. [242]), dort Fußnote 875 a.E., sowie ausführlich und **kritisch** nachfolgend unter cc) (S. 596 ff. [600]), dort Fußnote 1941.

1797 Auf gleicher Linie *Seer*, StuW 2003, 193, 198.

1798 Ebenso *List*, INF 2004, 615, 616, der – dogmatisch zutreffend gestützt auf § 115 II Nr. 1 FGO, vgl. Fn. 1790 – jedoch für eine Revisionszulassung gegen sämtliche Fehlentscheidungen der FGe ungeachtet ihres Ausmaßes eintritt (S. 617).

Kompliziertheit sowie die Unübersichtlichkeit und Schnelllebigkeit des materiellen Steuerrechts, die die Möglichkeit und Wahrscheinlichkeit finanzgerichtlicher Fehlentscheidungen noch einmal verstärken und den bisher angelegten Evidenz- und Willkürmaßstab einmal mehr deutlich zu eng erscheinen lassen[1799].

Der BFH ist hier folglich angehalten, sich von dem bislang ausschließlich eng angelegten Evidenz- und Willkürmaßstab zu lösen und die Rechtsprechungsvereinheitlichungsrevision gemäß § 115 II Nr. 2 Alt. 2 FGO im Hinblick auf die dort verankerte Rechtsfigur des ‚Gravierenden/Schwerwiegenden Rechtsanwendungsfehlers des FG' über die Fälle ‚Objektiver Willkürlichkeit' und ‚Greifbarer Gesetzwidrigkeit' der Vorentscheidung hinaus *erweitert auszulegen*, da sich mit Blick auf die Revisionszulassung nur so Ergebnisse erzielen lassen, die für den Rechtsschutzsuchenden erträglich sind und seinem Bedürfnis nach der auch gesetzgeberisch geforderten Stärkung und Verbesserung des Individualrechtsschutzes gerecht werden.

In diesem Zusammenhang soll nachfolgend unter bb) (S. 558 ff.) auf die *Grundzüge der einschlägigen Rechtsprechung des* ***BGH*** zu den gleichlautenden revisions- bzw. rechtsbeschwerdezulassungsrechtlichen Vorschriften der §§ 543 II 1 Nr. 2 Alt. 2, 574 II Nr. 2 Alt. 2 ZPO eingegangen werden[1800], um herauszuarbeiten, ob

---

1799 Siehe insoweit auch *List*, INF 2004, 615, 616 u. 617, der darauf hinweist, dass die Möglichkeiten, Quellen und Ursachen erstinstanzlicher Fehlentscheidungen in der Finanzgerichtsbarkeit (im Steuerrecht) angesichts der dortigen Besonderheiten unverhältnismäßig zahlreicher seien als in jedem anderen Zweig der Gerichtsbarkeit. – Zum Zusammenhang zwischen der Zweistufigkeit der Finanzgerichtsbarkeit und der Möglichkeit einer erstinstanzlichen Einzelrichterentscheidung *einerseits* sowie der Zulassungsrevision und der insoweit restriktiven Zulassungspraxis des BFH *andererseits* ausführlich oben unter A.II.2. (S. 387 ff.), hier v.a. b) (S. 396 f.), A.II.3.a) (S. 398 f. [Höhere Qualitäts- u. Richtigkeitsgewähr der Kollegialentscheidung]) u. A.II.3.b) (S. 399 ff.), A.II.4. (S. 418 ff.) sowie A.IV.1. (S. 423 ff.). Zum Zusammenhang zwischen der Komplexität und Kompliziertheit des materiellen Steuerrechts sowie der Zulassungsrevision und der insoweit restriktiven Zulassungspraxis des BFH ausführlich oben unter A.IV.3.b) (S. 458 ff.).

1800 Die ***Rechtsbeschwerde*** ist gemäß § 574 I ZPO statthaft, wenn dies im Gesetz ausdrücklich bestimmt ist (Nr. 1) oder das Ausgangsgericht sie durch eine Einzelfallentscheidung (Zulassungsentscheidung) im ersten Rechtszug zugelassen hat (Nr. 2). Die Zulassung durch das Ausgangsgericht gemäß § 574 I Nr. 2 ZPO erfolgt dabei nur bei Vorliegen eines der in § 574 II ZPO genannten Zulassungsgründe (§ 574 III 1 ZPO). In Fällen der aufgrund ausdrücklicher gesetzlicher Bestimmung statthaften Rechtsbeschwerde ist das Vorliegen eines Zulassungsgrundes i.S.d. § 574 II ZPO demgegenüber eine zusätzliche Voraussetzung für die *Zulässigkeit der Rechtsbeschwerde*, d.h. die Rechtsbeschwerde ist gemäß §§ 574 I Nr. 1, II ZPO *nur zulässig*, wenn einer der in § 574 II ZPO normierten Zulassungsgründe vorliegt. – Auch wenn die nachfolgend analysierten BGH-Entscheidungen durchweg Rechtsbeschwerden zum Gegenstand haben, deren Statthaftigkeit sich jeweils aus einer ausdrücklichen gesetzlichen Bestimmung ergibt, und bei denen

und inwieweit diese Rechtsprechung ggf. i.R. einer entsprechenden erweiterten Auslegung des § 115 II Nr. 2 Alt. 2 FGO herangezogen werden kann.

bb) Grundzüge der einschlägigen BGH-*Rechtsprechung zu §§ 543 II 1 Nr. 2 Alt. 2, 574 II Nr. 2 Alt. 2 ZPO*

Der *BGH* hat seinerseits zu den §§ 543 II 1 Nr. 2 Alt. 2, 574 II Nr. 2 Alt. 2 ZPO betreffend den in den Gesetzesmaterialien zum ZPO-RG angesprochenen *Rechtsanwendungsfehler von erheblichem Gewicht*[1801] eine inzwischen gefestigte Rechtsprechung entwickelt und dabei einige grundlegende Kriterien zur Bestimmung eines solchen gravierenden Rechtsanwendungsfehlers herausgebildet[1802].

---

die Frage nach dem Vorliegen der Zulassungsvoraussetzungen (Zulassungsgründe) i.S.d. § 574 II ZPO somit stets die *Zulässigkeit der Rechtsbeschwerde* (und nicht deren Zulassung) betrifft, wird im Folgenden zu Vereinfachungszwecken sowie korrespondierend zur ‚Revisionszulassung' überwiegend auch von der ‚*Rechtsbeschwerdezulassung/Zulassung der Rechtsbeschwerde*' sowie von ‚*rechtsbeschwerdezulassungsrechtlichen Vorschriften*' gesprochen.

1801 Siehe insoweit die Begründung des Entwurfs eines ZPO-RG von SPD-Bündnis 90/Die Grünen v. 04.07.2000, BT-Drucks. 14/3750, S. 76, sowie die Begründung des Entwurfs eines ZPO-RG der Bundesregierung v. 24.11.2000, BT-Drucks. 14/4722, S. 104.

1802 An dieser Stelle soll zunächst – zu Beginn der Darstellung der Grundzüge der einschlägigen *BGH*-Rechtsprechung zu § 543 II 1 Nr. 2 Alt. 2 (u. § 574 II Nr. 2 Alt. 2) ZPO betreffend die herausgebildeten Kriterien zur Bestimmung eines Rechtsanwendungsfehlers der Vorinstanz von erheblichem Gewicht – auf die im Zivilprozessrecht für das Revisionszulassungsrecht und die Nichtzulassungsbeschwerde relevante Vorschrift des § 26 Nr. 8 EGZPO als Übergangsregelung zum ZPO-RG v. 27.07.2001 hingewiesen werden, die bei Einlegung einer jeden NZB im Zivilprozess Berückichtigung finden muss, ungeachtet des Zulassungstatbestandes, auf den die betreffende NZB gestützt wird. Danach ist die Regelung des § 544 ZPO über die NZB bis zunächst einschließlich zum 31.12.2016 – vorausgegangen waren bereits Befristungen bis zum 31.12.2006, bis zum 31.12.2011 sowie bis zum 31.12.2014 – mit der Maßgabe anzuwenden, dass die Beschwerde gegen die Nichtzulassung der Revision durch das Berufungsgericht nur zulässig ist, wenn der Wert der mit der Revision geltend zu machenden Beschwer *20.000 €* übersteigt, § 26 Nr. 8 S. 1 EGZPO; dies gilt nicht, wenn das Berufungsgericht die Berufung verworfen hat, § 26 Nr. 8 S. 2 EGZPO. Der Zugang zur Revisionsinstanz über das Rechtsmittel der NZB wird somit – zunächst für den Zeitraum bis Ende 2016 – davon abhängig gemacht, dass der Wert der mit der beabsichtigen Revision verfolgten Beschwer 20.000 € übersteigt; eine 20.000 € übersteigende Beschwer ist mithin bis auf Weiteres *besondere Zulässigkeitsvoraussetzung der NZB* im Zivilprozess. Der Beschwerdeführer muss daher innerhalb der laufenden zweimonatigen Begründungsfrist nicht nur zu den Revisionszulassungsgründen i.S.d. § 543 II 1 ZPO vortragen, sondern auch glaubhaft darlegen, dass er mit der beabsichtigten Revision die Abänderung des Berufungsurteils in einem Umfang erstreben möchte, der 20.000 € übersteigt. Die Übergangsvorschrift des § 26 Nr. 8 EGZPO dient der

Nachdem der *XI. Zivilsenat* des BGH anfänglich noch die Grundsatzrevision gemäß § 543 II 1 Nr. 1 (§ 574 II Nr. 1) ZPO für einschlägig erachtetet hatte[1803], stimmen nunmehr alle BGH-Senate – ebenso wie der BFH[1804] – darin überein, dass die Fälle gravierender Rechtsanwendungsfehler der Vorinstanz dem Revisionszulassungsgrund der ‚Erforderlichkeit einer Entscheidung des BGH zur Sicherung einer einheitlichen Rechtsprechung' i.S.d. § 543 II 1 Nr. 2 Alt. 2 (§ 574 II Nr. 2 Alt. 2) ZPO zuzurechnen sind[1805].

(1) Erfassung objektiv willkürlicher Entscheidungen der Vorinstanz

Ebenso wie der BFH lässt auch der BGH die Revision gemäß § 543 II 1 Nr. 2 Alt. 2 ZPO (bzw. die Rechtsbeschwerde gemäß § 574 II Nr. 2 Alt. 2 ZPO) wegen eines gravierenden Rechtsanwendungsfehlers zur Sicherung einer einheitlichen Rechtsprechung jedenfalls dann zu, wenn die angefochtene Entscheidung der Vorinstanz – das Berufungsurteil – bei der Auslegung und Anwendung von Vorschriften des materiellen Rechts gegen das *Willkürverbot* als grundlegende, verfassungsrechtlich abgesicherte Gerechtigkeitsanforderung verstoßen hat und die Entscheidung

---

Entlastung des BGH; sie soll einer möglichen Überlastung vorbeugen, und zwar im Hinblick auf die Unsicherheit der Prognose, in welchem Umfang von der NZB Gebrauch gemacht werden wird, vgl. insoweit die Begründung des Entwurfs eines ZPO-RG von SPD-Bündnis 90/Die Grünen v. 04.07.2000, BT-Drucks. 14/3750, S. 97, sowie die Begründung des Entwurfs eines ZPO-RG der Bundesregierung v. 24.11.2000, BT-Drucks. 14/4722, S. 126; vgl. zu der Regelung des § 26 Nr. 8 EGZPO insgesamt ausführlich HK/*Saenger*[4], § 26 EGZPO Tz. 8 ff., sowie Zöller/*Gummer/Heßler*[26], § 26 EGZPO Tz. 12 ff. § 26 Nr. 8 EGZPO gilt jedoch – wie eingangs dieser Fußnote bereits angedeutet – *ausschließlich* für das Revisionszulassungsrecht der ZPO und die Einlegung einer NZB gemäß §§ 543 I Nr. 2, II 1, 544 ZPO, *nicht hingegen* für die Rechtsbeschwerde i.S.d. §§ 574, 575 ZPO.

1803 *BGH*, Beschl. v. 01.10.2002, XI ZR 71/02, NJW 2003, 65, 67 u. 68; Beschl. v. 10.12.2002, XI ZR 162/02, FamRZ 2003, 440, 441 (jeweils zu § 543 II 1 Nr. 1 ZPO), namentlich betreffend *Verstöße gegen das Willkürverbot* sowie die *Verletzung von Verfahrensgrundrechten.*

1804 Vgl. dazu ausführlich oben im 3. Abschnitt unter B.III.1.c)aa) (S. 263 ff.).

1805 Der *XI. Zivilsenat* des BGH hat seine frühere abweichende Auffassung (s. Fn. 1803) inzwischen explizit aufgegeben, vgl. *BGH*, Beschl. v. 11.05.2004, XI ZB 39/03, NJW 2004, 2222, 2223 (konkret zu § 574 II Nr. 2 Alt. 2 ZPO); *Lange*, StuW 2006, 366, 372; *Ruban*, DStR 2005, 2033, 2035 (Fußnote 21); Zöller/*Gummer*[26], § 543 ZPO Tz. 10 a.E. – Dass m.E. gravierende Rechtsanwendungsfehler der Vorinstanz dogmatisch zureffend der Grundsatzrevision des § 115 II Nr. 1 FGO bzw. § 543 II 1 Nr. 1 ZPO unterfallen müssten, habe ich bereits mehrfach dargelgt, vgl. dazu ansatzweise bereits oben im 3. Abschnitt unter B.I.1.d)bb) (S. 142 ff.), dort v.a. (2) (S. 144 ff.), u. B.III.1.c)aa) a.E. (S. 263 ff., dort S. 266 f.) sowie ausführlich vorstehend unter I.2.a) (S. 472 bzw. 473 ff.) u. v.a. I.2.b)bb) (S. 488 ff.).

deshalb von Verfassungs wegen einer Korrektur bedarf[1806]. So hat der BGH – um eine Entscheidung hervorzuheben – einen Verstoß gegen das Willkürverbot angenommen und in der Folge die Revision zugelassen, weil in der berufungsgerichtlichen Entscheidung eine sich als notwendig aufdrängende Vertragsauslegung

---

1806 *BGH*, Beschl. v. 27.03.2003, V ZR 291/02, NJW 2003, 1943, 1946 u. 1947 (zu § 543 II 1 Nr. 2 Alt. 2 ZPO); Beschl. v. 11.05.2004, XI ZB 39/03, NJW 2004, 2222, 2223 (zu § 574 II Nr. 2 Alt. 2 ZPO); Beschl. v. 07.10.2004, V ZR 328/03, NJW 2005, 153; Beschl. v. 15.05.2007, X ZR 20/05, NJW 2007, 2702, 2703 (jeweils zu § 543 II 1 Nr. 2 Alt. 2 ZPO); *Rüsken*, DStZ 2000, 815, 819 f.; *Wenzel*, NJW 2002, 3353, 3356. Vgl. zudem *BGH*, Beschl. v. 01.10.2002, XI ZR 71/02, NJW 2003, 65, 67 u. 68, allerdings noch zu § 543 II 1 Nr. 1 ZPO, s. insoweit Fußnoten 1803 u. 1805. – Die beiden Beschl. v. 27.03.2003 u. 07.10.2004 erfassen darüber hinaus auch entsprechende Verstöße gegen das Willkürverbot im Hinblick auf die Auslegung und Anwendung von Vorschriften des *Verfahrensrechts*. Diese sollen vorliegend aber keine weitere Berücksichtigung finden, da im finanzgerichtlichen Revisionszulassungsrecht *Verfahrensmängel* über die separate *Verfahrensrevision* des § 115 II Nr. 3 FGO erfasst werden. Ebenso verhält es sich im Hinblick auf die in zahlreichen BGH-Entscheidungen erwähnten *Verfahrensgrundrechte* – namentlich insbesondere die *Garantie des gesetzlichen Richters* (Art. 101 I 2 GG) und der *Anspruch auf Gewährung rechtlichen Gehörs* (Art. 103 I GG) – deren Verletzung gleichfalls eine Revisions- bzw. Rechtsbeschwerdezulassung gemäß §§ 543 II 1 Nr. 2 Alt. 2, 574 II Nr. 2 Alt. 2 ZPO wegen gravierender Rechtsanwendungsfehler zur Sicherung einer einheitlichen Rechtsprechung nach sich zieht, s. z.B. *BGH*, Beschl. v. 25.07.2002, V ZR 118/02, NJW 2002, 3180, 3181 (zu § 543 II 1 Nr. 2 Alt. 2 ZPO); Beschl. v. 19.09.2002, V ZB 31/02, NJW-RR 2003, 132 f.; Beschl. v. 04.12.2002, XII ZB 66/02, FamRZ 2003, 856, 857 (jeweils zu § 574 II Nr. 2 Alt. 2 ZPO); Beschl. v. 25.03.2003, VI ZR 355/02, NJW-RR 2003, 1074; Beschl. v. 27.03.2003, a.a.O., NJW 2003, 1943, 1946 (jeweils zu § 543 II 1 Nr. 2 Alt. 2 ZPO); Beschl. v. 13.05.2003, VI ZB 76/02, NJW-RR 2003, 1366, 1367 (zu § 574 II Nr. 2 Alt. 2 ZPO); Urt. v. 18.07.2003, V ZR 187/02, NJW 2003, 3205, 3206 (zu § 543 II 1 Nr. 2 Alt. 2 ZPO); Beschl. v. 11.05.2004, a.a.O., NJW 2004, 2222, 2223 (zu § 574 II Nr. 2 Alt. 2 ZPO); Beschl. v. 18.01.2005, XI ZR 340/03, BGHReport 2005, 939; Beschl. v. 15.05.2007, a.a.O., NJW 2007, 2702, 2703 (jeweils zu § 543 II 1 Nr. 2 Alt. 2 ZPO); vgl. zudem Beschl. v. 01.10.2002, a.a.O., NJW 2003, 65, 67 u. 68; Beschl. v. 10.12.2002, XI ZR 162/02, FamRZ 2003, 440, 441, allerdings jeweils noch zu § 543 II 1 Nr. 1 ZPO, s. insoweit Fußnoten 1803 u. 1805. Speziell zur Verletzung des *Verfahrensgrundrechts auf ein objektiv willkürfreies Verfahren* (Art. 3 I GG i.V.m. dem Rechtsstaatsprinzip) *BGH*, Beschl. v. 04.07.2002, V ZR 75/02, NJW 2002, 2957 (zu § 543 II 1 Nr. 2 Alt. 2 ZPO); Beschl. v. 04.07.2002, V ZB 16/02, NJW 2002, 3029, 3030; Beschl. v. 19.09.2002, a.a.O., NJW-RR 2003, 132 f. (jeweils zu § 574 II Nr. 2 Alt. 2 ZPO); Beschl. v. 19.12.2002, VII ZR 101/02, NJW 2003, 831 u. 832 (zu § 543 II 1 Nr. 2 Alt. 2 ZPO); Beschl. v. 09.04.2003, XII ZB 100/02, FamRZ 2003, 1093 (zu § 574 II Nr. 2 Alt. 2 ZPO).

unterblieben sei und dies der Verständlichkeit des angefochtenen Urteils entgegengestanden habe[1807].

Entgegen älterer Auffassungen[1808] kommt es bei der Geltendmachung von ‚Objektiver Willkür' nicht mehr darauf an, dass der Verstoß gegen das Willkürverbot *offenkundig* ist. Von diesem zusätzlichen Erfordernis der *‚offenkundigen Willkürlichkeit'* der angefochtenen Entscheidung hat sich der BGH durch Entscheidungen des *V. und XI. Zivilsenats* inzwischen explizit distanziert[1809].

Dem ist uneingeschränkt zuzustimmen, da es schon verfassungsrechtlich höchst problematisch erscheint, die Revision *ausschließlich* gegen offenkundige, zweifelsfreie Grundrechtsverstöße (Willkürakte) zuzulassen[1810]. Des Weiteren beschränkt es den Anwendungbereich der Rechtsfigur des ‚Rechtsanwendungsfehlers von erheblichem Gewicht' für den Rechtsschutzsuchenden im Hinblick auf einen effektiven und wirkungsvollen Rechtsschutz unzumutbar, wenn ein Verstoß gegen das Willkürverbot *zusätzlich stets* auch noch offenkundig sein muss, um die Revisionszulassung zur Sicherung einer einheitlichen Rechtsprechung zu rechtfertigen[1811]. Schließlich bildet das Kriterium der ‚Offenkundigkeit/Offensichtlichkeit'

1807 So *BGH*, Beschl. v. 07.10.2004 (Fn. 1806), NJW 2005, 153 f., v.a. 154; konkret ging es um die Annahme einer Eigenschaftszusicherung ohne Auslegung des Kaufvertrages; *kritisch* insoweit *Gross*, AnwBl. 2005, 221.

1808 Vgl. *BGH*, Beschl. v. 04.07.2002 (Fn. 1806), NJW 2002, 3029, 3030 u. 3031; Beschl. v. 25.07.2002 (Fn. 1806), NJW 2002, 3180, 3181, beide betreffend die *offenkundige* Verletzung von Verfahrensgrundrechten; Beschl. v. 01.10.2002 (Fn. 1806), NJW 2003, 65, 67 u. 68, sowohl im Hinblick auf *offenkundige* Verstöße gegen das Willkürverbot als auch betreffend *offenkundige* Verletzungen von Verfahrensgrundrechten (allerdings noch zu § 543 II 1 Nr. 1 ZPO, s. insoweit Fußnoten 1803 u. 1805); Beschl. v. 04.12.2002 (Fn. 1806), FamRZ 2003, 856, 857; Beschl. v. 19.12.2002 (Fn. 1806), NJW 2003, 831, 832; Beschl. v. 09.04.2003 (Fn. 1806), FamRZ 2003, 1093, jeweils im Hinblick auf die *offenkundige* Verletzung von Verfahrensgrundrechten.

1809 *BGH*, Beschl. v. 27.03.2003 (Fn. 1806), NJW 2003, 1943, 1945 f. u. 1946, sowie v.a. Beschl. v. 11.05.2004 (Fn. 1806), NJW 2004, 2222, 2223 f., jeweils mit Blick auf Verstöße gegen das Willkürverbot und die Verletzung von Verfahrensgrundrechten.

1810 Auf gleicher Linie *Scheuch/Lindner*, NJW 2003, 728, 730 (dort insbesondere betreffend die Verletzung eines Verfahrensgrundrechts).

1811 Auch *Scheuch/Lindner*, NJW 2005, 112, 114, begrüßen die Abstandnahme des BGH von dem zusätzlichen Erfordernis der ‚Offenkundigkeit' (dort insbesondere im Hinblick auf die Verletzung eines Verfahrensgrundrechts). Vgl. insoweit auch *Rüsken*, DStZ 2000, 815, 820, der darauf hinweist, dass ‚Objektive Willkür' nicht ohne weiteres eine spontane Evidenzerfahrung (i.S. einer Offenkundigkeit/Offensichtlichkeit) auslöse, sondern vielmehr wie jede Erkenntnis durch analytische Arbeit offen gelegt werden müsse; *ders.*, DStZ 2004, 334, 338, unter Hinweis darauf, dass ‚Objektive Willkür' keine Offensichtlichkeit voraussetze und häufig auch nicht in dem Sinne offensichtlich sei, dass man sie einem Urteil beim ersten Hinsehen ansehe.

weniger ein Tatbestandsmerkmal der Fallgruppe ‚Objektiv willkürlicher Gerichtsentscheidungen', sondern kennzeichnet vielmehr die ‚Greifbare Gesetzwidrigkeit' der angefochtenen Entscheidung, wie es der *X. Senat* des BFH grundlegend herausgearbeitet hat[1812].

(2) Keine Erfassung greifbar gesetzwidriger Entscheidungen der Vorinstanz

Im Gegensatz zum BFH lässt der BGH die Revision gemäß § 543 II 1 Nr. 2 Alt. 2 ZPO (bzw. die Rechtsbeschwerde gemäß § 574 II Nr. 2 Alt. 2 ZPO) wegen gravierender Rechtsanwendungsfehler zur Sicherung einer einheitlichen Rechtsprechung hingegen dann nicht zu, wenn sich die angefochtene berufungsgerichtliche Entscheidung bei der Auslegung und Anwendung von Vorschriften des materiellen Rechts als *greifbar gesetzwidrig* erweist. Während der BFH über die ‚Greifbare Gesetzwidrigkeit' und den insoweit angelegten Evidenzmaßstab also auch offenkundige/offensichtliche Rechtsanwendungsfehler von erheblichem Gewicht als revisionszulassungswürdig einstuft[1813], vertritt der BGH in st. Rspr. die Auffassung, dass es für die Revisions- bzw. Rechtsbeschwerdezulassung zur Sicherung einer einheitlichen Rechtsprechung gemäß §§ 543 II 1 Nr. 2 Alt. 2, 574 II Nr. 2 Alt. 2 ZPO nicht darauf ankommen soll, ob der betreffende Rechtsanwendungsfehler in dem Sinne *offensichtlich* sei, dass er von jedermann oder zumindest von einem Fachkundigen ohne weiteres erkannt werden könne[1814].

1812 *BFH*, Beschl. v. 01.04.2008, X B 154/04, BFH/NV 2008, 1116, 1120 = AO-StB 2008, 179, 180, s. dazu oben im 3. Abschnitt unter B.III.1.c)bb)(2)(e) (S. 310 ff., dort S. 319 f.); vgl. überdies nachfolgend unter (2) a.E. (S. 562 ff., dort S. 565). Zudem nochmals der Hinweis auf *Rüsken*, DStZ 2000, 815, 820; *ders.*, DStZ 2004, 334, 338 (Fn. 1811).

1813 Siehe zu der einschlägigen Rechtsprechung des BFH ausführlich oben im 3. Abschnitt unter B.III.1.c)bb)(2)(b) (S. 281 ff., dort S. 286 ff.) u. B.III.1.c)bb)(2)(e) (S. 310 ff.).

1814 *BGH*, Beschl. v. 29.05.2002, V ZB 11/02, NJW 2002, 2473, 2474 (zu § 574 II Nr. 2 Alt. 2 ZPO) mit zustimmender Anmerkung *Burgermeister*, BGHReport 2002, 747; Beschl. v. 04.07.2002, V ZR 75/02, NJW 2002, 2957 (zu § 543 II 1 Nr. 2 Alt. 2 ZPO); Beschl. v. 24.09.2002, VI ZB 26/02, DAR 2003, 64 (zu § 574 II Nr. 2 Alt. 2 ZPO); Beschl. v. 01.10.2002, XI ZR 71/02, NJW 2003, 65, 67; Beschl. v. 31.10.2002, V ZR 100/02, NJW 2003, 754, 755; Beschl. v. 19.12.2002, VII ZR 101/02, NJW 2003, 831 (jeweils zu § 543 II 1 Nr. 2 Alt. 2 ZPO); Beschl. v. 25.03.2003, VI ZB 55/02, NJW-RR 2003, 995, 996 (zu § 574 II Nr. 2 Alt. 2 ZPO); Beschl. v. 27.03.2003, V ZR 291/02, NJW 2003, 1943, 1945, 1945 f. u. 1947; Beschl. v. 08.04.2003, XI ZR 193/02, NJW 2003, 2319, 2320 (jeweils zu § 543 II 1 Nr. 2 Alt. 2 ZPO); Beschl. v. 23.09.2003, VI ZA 16/03, NJW 2003, 3781, 3782; Beschl. v. 14.10.2003, VI ZB 19/03, NJOZ 2004, 212, 214 (jeweils zu § 574 II Nr. 2 Alt. 2 ZPO); Beschl. v. 25.11.2003, VI ZR 184/03, FamRZ 2004, 265, 266; Beschl. v. 07.10.2004, V ZR 328/03, NJW 2005, 153 (jeweils zu § 543 II 1 Nr. 2 Alt. 2 ZPO). Vgl. insoweit auch bereits *BGH (1 Strafsenat)*, Beschl. v. 12.11.1970, 1 StR 263/70, BGHSt 24, 15, 21 f. (zu § 80 I Nr. 1 Alt. 2 OWiG), der von den zuvor zitierten BGH-Entscheidungen vereinzelt explizit in

Ebenso wie der BGH – außerhalb der Grenzen des Willkürverbots[1815] – dem *Gewicht* und der *Schwere* eines Rechtsanwendungsfehlers allein keine Bedeutung für die Revisions- bzw. Rechtsbeschwerdezulassung beimisst[1816], bildet mithin auch die *offensichtliche Unrichtigkeit* eines Urteils für sich keinen hinreichenden Grund, die Revision bzw. Rechtsbeschwerde zur Sicherung einer einheitlichen Rechtsprechung zuzulassen[1817]. Soweit in den Gesetzesmaterialien ausdrücklich eine Ergebniskorrektur wegen *„offensichtlicher Unrichtigkeit"* des Berufungsurteils gefordert werde[1818], könnten damit nur die *Fälle der Willkür* angesprochen sein,

---

Bezug genommen wird. Zudem *Gaier*, NJW-Sonderheft 2003, 18, 22; *Hannich*, in: Hannich/Meyer-Seitz, ZPO-Reform 2002, § 543 ZPO Tz. 23; *Jacoby*, ZZP 116 (2003), 229, 232 f.; Musielak/*Ball*[7], § 543 ZPO Tz. 8b a.E. u. 8d; *Reichold*, in: Thomas/Putzo[32], § 543 ZPO Tz. 4b u. 5; *Seiler/Wunsch*, NJW 2003, 1840, 1844; *Wenzel*, NJW 2002, 3353, 3355; *ders.*, in: MünchKomm[3], § 543 ZPO Tz. 17. Vgl. schließlich jedoch *BGH*, Beschl. v. 25.03.2003, VI ZR 355/02, NJW-RR 2003, 1074, **wohl a.A.**, zumindest aber missverständlich, wenn es dort heißt: *„Selbst wenn insoweit eine Unrichtigkeit des Urteils ... anzunehmen wäre, wäre diese kein Grund für eine Zulassung der Revision ...; sie wäre weder offenkundig noch ..."*.

1815 Vgl. zu den revisions- bzw. rechtsbeschwerdezulassungsrelevanten Verstößen gegen das Willkürverbot vorstehend unter (1) (S. 559 ff.).

1816 *BGH*, Beschl. v. 04.07.2002 (Fn. 1814), NJW 2002, 2957; Beschl. v. 01.10.2002 (Fn. 1814), NJW 2003, 65, 67; Beschl. v. 31.10.2002 (Fn. 1814), NJW 2003, 754, 755; Beschl. v. 27.03.2003 (Fn. 1814), NJW 2003, 1943, 1945; Beschl. v. 25.11.2003 (Fn. 1814), FamRZ 2004, 265, 266; Beschl. v. 07.10.2004 (Fn. 1814), NJW 2005, 153; Musielak/*Ball*[7], § 543 ZPO Tz. 8b a.E.; *Seiler/Wunsch*, NJW 2003, 1840, 1844; *Wenzel*, NJW 2002, 3353, 3355; *ders.*, in: MünchKomm[3], § 543 ZPO Tz. 17. *Kritisch Ball*, in: Verhandlungen 65. Dt. Juristentag (Bd. I), A 69, A 82 f.

1817 Vgl. nochmals exemplarisch *BGH*, Beschl. v. 19.12.2002 (Fn. 1814), NJW 2003, 831, sowie darüber hinaus die weiteren Nachweise in Fußnote 1814. – Teilweise möchte das Schrifttum als Maßstab für die Revisionszulassung wegen vorinstanzlicher Rechtsanwendungsfehler eine sog. *Unvertretbarkeitsgrenze* anlegen, so wohl z.B. *Nassall*, NJW 2003, 1345, 1350; Zöller/*Gummer*[26], § 543 ZPO Tz. 15c: Zwar möge die ‚offensichtliche Unrichtigkeit' eines Urteils entsprechend der einschlägigen BGH-Rechtsprechung allein noch kein für die Revisionszulassung ausreichender Grund sein, sie sei allerdings ein erhebliches Indiz für die *Unvertretbarkeit* der Entscheidung (i.S.d. Willkürgrenze des Rechtsstaatsprinzips). Vgl. insoweit auch *Nassall*, NJW 2012, 113, 115, wonach die Rechtseinheit, also die einheitliche Rechtsprechung, erst dann auf dem Spiel stehe, wenn eine Berufungsentscheidung den Bereich des gerade noch *Vertretbaren* verlasse und deshalb nicht so stehen bleiben könne.

1818 Siehe hierzu die Begründung des Entwurfs eines ZPO-RG von SPD-Bündnis 90/Die Grünen v. 04.07.2000, BT-Drucks. 14/3750, S. 44 (Allgemeiner Teil) u. S. 75 (Einzelbegründung zu § 543 II 1 Nr. 1 ZPO), sowie die Begründung des Entwurfs eines ZPO-RG der Bundesregierung v. 24.11.2000, BT-Drucks. 14/4722, S. 67, 71 (Allgmeiner Teil) u. S. 104 (Einzelbegründung zu § 543 II 1 Nr. 1 ZPO). – Vgl. andererseits aber die jeweilige Einzelbegründung zu § 543 II 1 Nr. 2

bei denen sich die Auslegung und Anwendung von Vorschriften des materiellen Rechts durch das Berufungsgericht so weit von den gesetzlichen Grundlagen entfernt habe, dass sie unter keinem denkbaren Gesichtspunkt mehr vertretbar und in diesem Sinne *evident fehlerhaft* sei[1819]. Das dort explizit genannte Erfordernis der *‚Offensichtlichkeit'* sei insoweit folglich ein *materielles Merkmal der Willkür*, nicht jedoch verfahrensrechtliche Voraussetzung für die Zulassung der Revision bzw. Rechtsbeschwerde[1820].

Es ist zu begrüßen, dass der BGH bei Verstößen gegen das Willkürverbot inzwischen von dem zusätzlichen Erfordernis der ‚Offenkundigkeit' absieht[1821].

Allerdings sollten *im Übrigen* offenkundige/offensichtliche Rechtsanwendungsfehler der Vorinstanz nicht außer Acht gelassen werden, wenn es um die Zulassung der Revision bzw. Rechtsbeschwerde zur Sicherung einer einheitlichen Rechtsprechung geht. Der BGH sollte vielmehr – ebenso wie grds. auch der BFH – seinen Zulassungsmaßstab neben der ‚Objektiven Willkür' auf die *‚Greifbarkeit einer Gesetzwidrigkeit'* als weiterer Fallgruppe qualifizierter Rechtsfehlerhaftigkeit der angefochtenen Entscheidung erstrecken, um auch für *evident fehlerhafte Vorentscheidungen* eine Revisions- bzw. Rechtsbeschwerdezulassung zu gewährleisten[1822].

Das Bedürfnis nach Erfassung auch evident = offenkundig/offensichtlich unrichtiger Entscheidungen der Vorinstanz bei der Auslegung und Anwendung von Vorschriften des materiellen Rechts über die Fallgruppe der ‚Greifbaren Gesetzwidrigkeit' wird insbesondere deutlich, wenn man sich das folgende Beispiel aus der Rechtsprechung des BFH vor Augen führt:

Wie bereits vorstehend mehrfach erwähnt, hat der *V. Senat* des BFH die Revision gemäß § 115 II Nr. 2 Alt. 2 FGO in seinem Beschluss v. 28.07.2003[1823] zur

ZPO – BT-Drucks. 14/3750, S. 75 f., u. BT-Drucks. 14/4722, S. 104 -, wonach jeweils eine in einem Einzelfall getroffene Fehlentscheidung selbst bei insoweit *offensichtlichem Rechtsfehler* nicht genügen soll. Auf die in dieser Hinsicht bestehende Widersprüchlichkeit innerhalb der Gesetzesbegründung weist auch der *BGH* in seinem Beschl. v. 31.10.2002 (Fn. 1814), NJW 2003, 754, 755, hin. Nach dem *BGH*-Beschl. v. 27.03.2003 (Fn. 1814), NJW 2003, 1943, 1945 f., stellt diese Einzelbegründung zu § 543 II 1 Nr. 2 ZPO ausdrücklich klar, dass es für die Revisionszulassung zur Sicherung einer einheitlichen Rechtsprechung nicht auf den formalen Aspekt der *Offensichtlichkeit eines Rechtsfehlers* ankomme.

1819 So *BGH*, Beschl. v. 27.03.2003 (Fn. 1814), NJW 2003, 1943, 1946. Vgl. überdies *BGH*, Beschl. v. 31.10.2002 (Fn. 1814), NJW 2003, 754, 755, sowie *Wenzel*, in: MünchKomm[3], § 543 ZPO Tz. 17, nach deren Auffassung sich der in dieser Hinsicht widersprüchlichen Gesetzesbegründung (vgl. Fn. 1818) anderes nicht entnehmen lasse.

1820 Vgl. in diesem Sinne *Rimmelspacher*, JZ 2003, 797, 798.

1821 Dazu gerade oben unter (1) (S. 559 ff., dort S. 561 f.) mit Rechtsprechungsnachweisen in Fußnote 1809; ebenso betreffend die Verletzung von Verfahrensgrundrechten.

1822 Für eine Berücksichtigung *offenkundiger Rechtsfehler* auch *Scheuch/Lindner*, NJW 2003, 728, 729, unter Hinweis auf ihre *vertrauensstörende Wirkung*.

1823 *BFH*, Beschl. v. 28.07.2003, V B 72/02, BFH/NV 2003, 1597.

Sicherung einer einheitlichen Rechtsprechung wegen ‚Greifbarer Gesetzwidrigkeit' der Vorentscheidung zugelassen, weil das FG eine offensichtlich einschlägige entscheidungserhebliche Rechtsvorschrift irrtümlich übersehen hatte[1824]. Das entsprechende finanzgerichtliche Urteil dürfte zwar nicht objektiv willkürlich i.S. der Definition des BVerfG gewesen sein, da das FG den Inhalt/Regelungsgehalt der betreffenden Vorschrift gerade nicht ignoriert, sondern diese vielmehr lediglich versehentlich nicht angewendet hat, so dass sich insbesondere nicht der Schluss aufdrängte, die Entscheidung beruhe auf sachfremden und damit willkürlichen Erwägungen. Ungeachtet dessen handelt es sich gleichwohl um einen Rechtsanwendungsfehler des FG, der über den Streitfall hinaus allgemeine Interessen nachhaltig berührt, weil er i.S. einer ‚Greifbaren Gesetzwidrigkeit' von erheblichem Gewicht und somit geeignet ist, das Vertrauen der Allgemeinheit in die Rechtsprechung zu beschädigen, so dass die Revisionszulassung wegen eines gravierenden Rechtsanwendungsfehlers hier ebenso gerechtfertigt ist wie bei einer objektiv willkürlichen Vorentscheidung[1825].

Ist also das Bedürfnis nach Erfassung auch evidenter, offenkundiger/offensichtlicher Fehlentscheidungen aufgrund des genannten finanzgerichtlichen Rechtsprechungsbeispiels nicht von der Hand zu weisen, so lässt dieses Beispiel schließlich auch erkennen, dass das Kriterium der ‚Evidenz, Offenkundigkeit/Offensichtlichkeit' eines Rechtsanwendungsfehlers – entgegen der in der BGH-Rechtsprechung und dem überwiegenden zivilprozessualen Schrifttum vertretenen o.g. Ansicht – eben nicht nur als materielles Merkmal der Willkür, sondern vielmehr als ein eigenständiges Zulassungskriterium anzusehen ist, über das sich die ‚Greifbare Gesetzwidrigkeit' der angefochtenen Entscheidung maßgeblich definiert, und das folglich über die Fallgruppe ‚greifbar gesetzwidriger Gerichtsentscheidungen' in die revisions- bzw. rechtsbeschwerdezulassungsrechtliche Rechtsprechung des BGH Einzug halten sollte[1826].

1824 Dazu insbesondere oben im 3. Abschnitt unter B.III.1.c)bb)(2)(e) (S. 310 ff., dort S. 315) u. B.III.1.c)bb)(2)(f) (S. 321 ff., dort S. 324).

1825 Ebenso *Lange* HHSp., § 115 FGO Tz. 207 (Lfg. 192 Oktober 2006); *ders.*, StuW 2006, 366, 372.

1826 Für eine gesonderte Berücksichtigung des Kriteriums der ‚Evidenz, Offenkundigkeit/Offensichtlichkeit' i.R.d. ‚Greifbaren Gesetzwidrigkeit' neben der ‚Objektiven Willkür' sprechen m.E. auch die Ausführungen von *Rüsken*, DStZ 2000, 815, 820, wonach ‚Objektive Willkür' nicht ohne weiteres eine spontane Evidenzerfahrung (i.S. einer Offenkundigkeit/Offensichtlichkeit) auslöse, sondern vielmehr wie jede Erkenntnis durch analytische Arbeit offen gelegt werden müsse, sowie *Rüsken*, DStZ 2004, 334, 338, wonach ‚Objektive Willkür' keine Offensichtlichkeit voraussetze und häufig auch nicht in dem Sinne offensichtlich sei, dass man sie einem Urteil beim ersten Hinsehen ansehe (wobei *Rüsken* sich selbst wohl jeweils allgemein gegen die Berücksichtigung der ‚Greifbaren Gesetzwidrigkeit' bzw. der ‚Evidenz, Offenkundigkeit/Offensichtlichkeit' als Zulassungsmaßstab ausspricht, und wohl ausschließlich objektiv willkürliche Vorentscheidungen

(3) *Symptomatischer Rechtsanwendungsfehler, Wiederholungsgefahr und Nachahmungseffekt*

In der Rechtsprechung des BGH zu den Revisions- bzw. Rechtsbeschwerdezulassungsvorschriften der §§ 543 II 1 Nr. 2 Alt. 2, 574 II Nr. 2 Alt. 2 ZPO haben sich darüber hinaus die folgenden Anhaltspunkte/Vorgaben für die Annahme eines gravierenden Rechtsanwendungsfehlers der Vorinstanz herauskristallisiert:

So ist die Revision bzw. Rechtsbeschwerde zur Sicherung einer einheitlichen Rechtsprechung dann zuzulassen, wenn vermieden werden soll, dass schwer erträgliche Unterschiede in der Rechtsprechung entstehen oder fortbestehen, wobei es maßgeblich darauf ankommt, welche *Bedeutung* der angefochtenen Entscheidung *für die Rechtsprechung im Ganzen* zukommt[1827]. Die hierdurch bestimmte Notwendigkeit einer höchstrichterlichen Leitentscheidung im Hinblick auf die Korrektur fehlerhafter Vorentscheidungen[1828] hat der BGH bei Vorliegen der besonderen Voraussetzungen des *‚Symptomatischen Rechtsanwendungsfehlers'*, der *‚Wiederholungsgefahr'* und des *‚Nachahmungseffektes'* bejaht. Fehler sind demnach hinzunehmen, Wiederholungsfehler ebenfalls, permanente (Wiederholungs-) Fehler hingegen nicht mehr[1829].

Ein Rechtsanwendungsfehler der Vorinstanz rechtfertigt also zunächst immer dann die Zulassung der Revision bzw. Rechtsbeschwerde, wenn es sich dabei um einen sog. ***‚Symptomatischen Rechtsanwendungsfehler'*** handelt. *Symptomatische Bedeutung* für die Rechtspraxis kommt einem Rechtsanwendungsfehler insoweit immer dann zu, wenn er auf eine ständige Fehlerpraxis schließen lässt, die darin besteht, dass das Instanzgericht in einer bestimmten Rechtsfrage in ständiger

---

berücksichtigen möchte). Vgl. zum Kriterium der ‚Offenkundigkeit/Offensichtlichkeit' als Kennzeichen einer greifbar gesetzwidrigen Gerichtsentscheidung auch bereits soeben unter (1) a.E. (S. 559 ff., dort S. 561 f.).

1827 *BGH*, Beschl. v. 29.05.2002, V ZB 11/02, NJW 2002, 2473, 2474; Beschl. v. 24.09.2002, VI ZB 26/02, DAR 2003, 64 (jeweils zu § 574 II Nr. 2 Alt. 2 ZPO); Beschl. v. 01.10.2002, XI ZR 71/02, NJW 2003, 65, 66 (zu § 543 II 1 Nr. 2 Alt. 2 ZPO); Beschl. v. 25.03.2003, VI ZB 55/02, NJW-RR 2003, 995, 996 (zu § 574 II Nr. 2 Alt. 2 ZPO); Beschl. v. 25.03.2003, VI ZR 355/02, NJW-RR 2003, 1074; Beschl. v. 27.03.2003, V ZR 291/02, NJW 2003, 1943, 1945; Beschl. v. 16.09.2003, XI ZR 238/02, NJW 2004, 1167 (jeweils zu § 543 II 1 Nr. 2 Alt. 2 ZPO); Beschl. v. 14.10.2003, VI ZB 19/03, NJOZ 2004, 212, 213 (zu § 574 II Nr. 2 Alt. 2 ZPO). Ebenso schon zu § 80 I Nr. 1 Alt. 2 OWiG *BGH (1. Strafsenat)*, Beschl. v. 12.11.1970, 1 StR 263/70, BGHSt 24, 15, 21 f. Siehe zudem die Begründung des Entwurfs eines ZPO-RG von SPD-Bündnis 90/Die Grünen v. 04.07.2000, BT-Drucks. 14/3750, S. 75, sowie die Begründung des Entwurfs eines ZPO-RG der Bundesregierung v. 24.11.2000, BT-Drucks. 14/4722, S. 104.

1828 Vgl. insoweit bspw. *BGH*, Beschl. v. 01.10.2002 (Fn. 1827), NJW 2003, 65, 66; Beschl. v. 27.03.2003 (Fn. 1827), NJW 2003, 1943, 1945.

1829 So sinngemäß die handliche Formel von *Ullmann*, WRP 2002, 593, 598, die auch von *Gross*, AnwBl. 2005, 221, sowie von *Wenzel*, NJW 2002, 3353, 3356, verwendet wird.

Praxis eine höchstrichterliche Rechtsprechung nicht berücksichtigt[1830]. Vereinzelt werden derartige Rechtsanwendungsfehler, denen angesichts ihrer Symptomatik eine die Rechtsprechung im Ganzen beeinträchtigende Wirkung zukommt, auch als *‚ansteckungsgefährliche Fehler‘*[1831] oder als *‚Fehler mit Signalwirkung‘*[1832] bezeichnet.

Zur ordnungsgemäßen Darlegung dieser Zulassungsvoraussetzungen i.R.d. der Beschwerdebegründung, die auf die qualifizierte Fehlerhaftigkeit der Vorentscheidung gestützt wird, hat der Beschwerdeführer zunächst einen entsprechenden Rechtsanwendungsfehler der Vorinstanz zu benennen. Weiter werden ihm diesbzgl. konkrete Angaben zu der angeblichen *symptomatischen Bedeutung* des betreffenden Fehlers abverlangt, wobei darzulegen sowie zu belegen ist, dass es sich bei der behaupteten Fehlerhaftigkeit der angefochtenen Entscheidung bereits um eine ständige Praxis des jeweiligen Instanzgerichts handelt. Hinzu kommt ggf. die konkrete, schlüssige und substantiierte Darlegung der geltend gemachten Nichtberücksichtigung einer höchstrichterlichen Rechtsprechung durch die Vorinstanz, wiederum unter Beibringung entsprechender Entscheidungszitate[1833].

1830 *BGH*, Beschl. v. 29.05.2002 (Fn. 1827), NJW 2002, 2473, 2474; Beschl. v. 27.03.2003 (Fn. 1827), NJW 2003, 1943, 1945 **(V. Zivilsenat)**; Beschl. v. 24.09.2002 (Fn. 1827), DAR 2003, 64; Beschl. v. 25.03.2003 (Fn. 1827), NJW-RR 2003, 995, 996; Beschl. v. 25.03.2003 (Fn. 1827), NJW-RR 2003, 1074; Beschl. v. 23.09.2003, VI ZB 32/03, BGHReport 2004, 125 (zu § 574 II Nr. 2 Alt. 2 ZPO); Beschl. v. 14.10.2003 (Fn. 1827), NJOZ 2004, 212, 213 **(VI. Zivilsenat)**; Beschl. v. 01.10.2002 (Fn. 1827), NJW 2003, 65, 66; Beschl. v. 16.09.2003 (Fn. 1827), NJW 2004, 1167, allerdings dort nur im Leitsatz **(XI. Zivilsenat)**; *Seer*, in: T/K, § 115 FGO Tz. 76 (Lfg. 131 Oktober 2012); *Wenzel*, NJW 2002, 3353, 3356; Zöller/*Gummer*[26], § 543 ZPO Tz. 13 u. 14. – *Kritisch Schlosser*, JZ 2003, 266, 267, der anführt, dass man mit der Formel eines *‚Rechtsanwendungsfehlers von symptomatischer Bedeutung‘* keinesfalls weiterkomme. *Schlosser* weist insoweit darüber hinaus darauf hin, dass der BGH sich selbst an der nötigen punktuellen Fortbildung des Rechts hindere, wenn er *‚Rechtsanwendungsfehler von symptomatischer Bedeutung‘* von einfachen Rechtsfehlern abzugrenzen suche, was letztendlich die Gefahr einer Verarmung „unserer Präjudizien-Kultur" nach sich ziehe (S. 267 u. 268).

1831 Siehe *Wenzel*, NJW 2002, 3353, 3356.

1832 So *BGH*, Beschl. v. 27.03.2003 (Fn. 1827), NJW 2003, 1943, 1945.

1833 *BGH*, Beschl. v. 01.10.2002, (Fn. 1827), NJW 2003, 65, 66 f.; Zöller/*Gummer*[26], § 544 ZPO Tz. 10a. – In der einschlägigen *BGH*-Rechtsprechung finden sich allerdings vereinzelt auch Beschlüsse, mit denen Revisionen zugelassen bzw. Rechtsbeschwerden als zulässig angesehen wurden, ohne dass seitens des BGH besondere Anforderungen an die Darlegung der symptomatischen Bedeutung des jeweils geltend gemachten Rechtsanwendungsfehlers gestellt worden sind, s. insoweit auch *v. Gierke/Seiler*, NJW 2004, 1497, 1500. Bspw. hat der *VIII. Zivilsenat* des BGH – ohne dass die symptomatische Bedeutung des geltend gemachten Rechtsanwendungsfehlers erkennbar gewesen wäre – auf eine NZB hin die Revision gemäß § 543 II 1 Nr. 2 Alt. 2 ZPO zur Sicherung einer einheitlichen Rechtsprechung zugelassen und nachfolgend das zugrunde liegende Berufungsurteil aufgehoben,

Ergänzend dazu hat der BGH in seiner Rechtsprechung weitere Kriterien herausgebildet, um zulassungsrelevante und nicht zulassungsrelevante Rechtsanwendungsfehler der Vorinstanz voneinander abzugrenzen:

Es handelt sich dabei um die beiden Merkmale der ***,Wiederholungsgefahr'*** und des ***,Nachahmungseffektes'***. So soll ein zulassungsrelevanter vorinstanzlicher Rechtsanwendungsfehler i.S.d. §§ 543 II 1 Nr. 2 Alt. 2, 574 II Nr. 2 Alt. 2 ZPO immer dann vorliegen, wenn dem entscheidenden Gericht bei der Rechtsanwendung ein Fehler unterlaufen ist, der aufgrund konkreter Anhaltspunkte für andere Fälle die *Wiederholung durch dasselbe Gericht* oder seine *Nachahmung durch andere Gerichte* befürchten bzw. erwarten lässt, so dass er ohne eine Korrektur durch das Revisions-/Rechtsbeschwerdegericht geeignet ist, das Vertrauen in die Rechtsprechung insgesamt zu erschüttern, und deswegen eine höchstrichterliche Leitentscheidung erfordert[1834]. Mithin kommt die Revisions- bzw. Rechtsbeschwerdezulassung zur

---

weil das Berufungsgericht zwar von den in der BGH-Rechtsprechung aufgestellten Grundsätzen zur konkludenten Zusicherung „fabrikneu" ausgegangen war, diese Grundsätze jedoch schlicht falsch angewandt hatte, *BGH*, Urt. v. 16.07.2003, VIII ZR 243/02, NJW 2003, 2824, 2825.

1834 *BGH*, Beschl. v. 29.05.2002 (Fn. 1827), NJW 2002, 2473, 2474 (ausschließlich zum ,Nachahmungseffekt'); Beschl. v. 04.07.2002, V ZR 75/02, NJW 2002, 2957 (zu § 543 II 1 Nr. 2 Alt. 2 ZPO); Beschl. v. 19.09.2002, V ZB 31/02, NJW-RR 2003, 132, 133 (zu § 574 II Nr. 2 Alt. 2 ZPO); Beschl. v. 31.10.2002, V ZR 100/02, NJW 2003, 754, 755 (zu § 543 II 1 Nr. 2 Alt. 2 ZPO); Beschl. v. 27.03.2003 (Fn. 1827), NJW 2003, 1943, 1945, wo betreffend die Nachahmung von „der *ernsthaften* (Hervorhebung vom Verf.) Gefahr einer Nachahmung" die Rede ist; Beschl. v. 18.03.2004, V ZR 222/03, NJW 2004, 1960, 1961, wo im Hinblick auf die Nachahmung wiederum „die *ernsthafte* (Hervorhebung vom Verf.) Gefahr einer Nachahmung" Erwähnung findet (zu § 543 II 1 Nr. 2 Alt. 2 ZPO); Beschl. v. 08.09.2004, V ZR 260/03, NJW 2005, 154, 155 (vornehmlich zur ,Wiederholungsgefahr'; zu § 543 II 1 Nr. 2 Alt. 2 ZPO) **(V. Zivilsenat)**; Beschl. v. 24.09.2002 (Fn. 1827), DAR 2003, 64; Beschl. v. 25.03.2003 (Fn. 1827), NJW-RR 2003, 995, 996 (jeweils ausschließlich zum ,Nachahmungseffekt'); Beschl. v. 25.03.2003 (Fn. 1827), NJW-RR 2003, 1074; Beschl. v. 23.09.2003 (Fn. 1830), BGHReport 2004, 125; Beschl. v. 14.10.2003 (Fn. 1827), NJOZ 2004, 212, 214 (ausschließlich zum ,Nachahmungseffekt'); Beschl. v. 25.11.2003, VI ZR 184/03, FamRZ 2004, 265, 266 (zu § 543 II 1 Nr. 2 Alt. 2 ZPO) **(VI. Zivilsenat)**; Beschl. v. 15.05.2007, X ZR 20/05, NJW 2007, 2702, 2703 (zu § 543 II 1 Nr. 2 Alt. 2 ZPO) **(X. Zivilsenat)**; Beschl. v. 01.10.2002 (Fn. 1827), NJW 2003, 65, 66, wo der BGH anführt, dass diese Erfordernisse – die ,Wiederholungsgefahr' und der ,Nachahmungseffekt' – sich dahin *zusammenfassen* lassen, dass ein Rechtsfehler des Berufungsgerichts mit ,symptomatischer Bedeutung' die Revisionszulassung unter dem Gesichtspunkt der Sicherung einer einheitlichen Rechtsprechung zu rechtfertigen vermag; Beschl. v. 11.05.2004, XI ZB 39/03, NJW 2004, 2222, 2223 (zu § 574 II Nr. 2 Alt. 2 ZPO) **(XI. Zivilsenat)**. Überdies *Hannich*, in: Hannich/Meyer-Seitz, ZPO-Reform 2002, § 543 ZPO Tz. 23; Musielak/*Ball*[7], § 543 ZPO Tz. 8b; *Wenzel*, NJW 2002, 3353, 3356. Wenig nachvollziehbar hingegen Zöller/*Gummer*[26], § 543 ZPO Tz. 14, wenn er anführt, dass der BGH von dem

Sicherung einer einheitlichen Rechtsprechung i.S.d. §§ 543 II 1 Nr. 2 Alt. 2, 574 II Nr. 2 Alt. 2 ZPO auch und bereits dann in Betracht, wenn die fehlerhafte Rechtsanwendung zwar nur einen Einzelfall betrifft, wenn sie aber durch die *Gefahr wiederholender Entscheidungen desselben Gerichts oder nachahmender Entscheidungen anderer Gerichte* Auswirkungen auf die Allgemeinheit haben kann.

Ebenso wie die auf die qualifizierte Fehlerhaftigkeit der Vorentscheidung gestützte Beschwerdebegründung konkrete Angaben zur vermeintlich symptomatischen Bedeutung des betreffenden Rechtsanwendungsfehlers enthalten muss, ist hier folglich auch ein entsprechend konkretes Vorbringen zu den Zulassungskriterien der *‚Wiederholungsgefahr'* und des *‚Nachahmungseffektes'* erforderlich. Insoweit hat der Beschwerdeführer insbesondere schlüssig und substantiiert darzulegen, dass und warum eine *Wiederholung* oder *Nachahmung* desselben Rechtsanwendungsfehlers in anderen Fällen konkret zu besorgen ist[1835].

Oftmals stellt die Rechtsprechung des BGH im Hinblick darauf, dass der betreffende Rechtsanwendungsfehler die Gefährdung der Einheitlichkeit der Rechtsprechung insgesamt besorgen lassen muss, auch auf die *Publizitätswirkung* ab, aufgrund derer das Vertrauen der Allgemeinheit in die Rechtsprechung im Ganzen erschüttert wird[1836]. Schließlich weist der BGH i.R.d. Herausbildung der o.g.

Erfordernis der ‚Nachahmungsgefahr' inzwischen ausdrücklich bzw. konkludent abgerückt sei, wo sich doch die dort zitierten Entscheidungen – mit einer Ausnahme, in der es allein um das Vorliegen von ‚Objektiver Willkür' ging (*BGH* NJW 2005, 153, dazu oben unter (1) [S. 559 ff.]),- auch gerade zu diesem Kriterium verhalten. – Siehe zur ‚Wiederholungsgefahr' sowie vereinzelt auch zum ‚Nachahmungseffekt' zudem *BGH*, Beschl. v. 04.09.2002, VIII ZB 23/02, NJW 2002, 3783, 3784; Beschl. v. 04.09.2002, VIII ZB 49/02, NJW-RR 2003, 277; Beschl. v. 27.11.2002, VIII ZB 33/02, NJW-RR 2003, 229; Beschl. v. 05.02.2003, VIII ZB 115/02, NJW 2003, 1815, dort insoweit jedoch nicht abgedruckt, vgl. aber bei juris Tz. 3, auch wenn hier der Begriff der ‚Wiederholungsgefahr' nicht explizit erwähnt wird; Beschl. v. 05.03.2003, VIII ZB 134/02, NJW-RR 2003, 1366, allesamt Entscheidungen des *VIII. Zivilsenats* zu § 574 II Nr. 2 Alt. 2 ZPO. Vgl. im Anschluss daran auch *BGH*, Beschl. v. 25.03.2003, XI ZR 241/02, n.v. (juris); Beschl. v. 08.04.2003, XI ZR 193/02, NJW 2003, 2319, 2320; Beschl. v. 03.06.2003, XI ZR 216/02, n.v. (juris), jeweils zu § 543 II 1 Nr. 2 Alt. 2 ZPO; Beschl. v. 23.09.2003, VI ZA 16/03, NJW 2003, 3871, 3782 (zu § 574 II Nr. 2 Alt. 2 ZPO). Vgl. schließlich noch die Begründung des Entwurfs eines ZPO-RG von SPD-Bündnis 90/Die Grünen v. 04.07.2000, BT-Drucks. 14/3750, S. 76, sowie die Begründung des Entwurfs eines ZPO-RG der Bundesregierung v. 24.11.2000, BT-Drucks. 14/4722, S. 104, jeweils unter Hinweis auf den zu § 80 I Nr. 1 Alt. 2 OWiG ergangenen *BGH*-Beschl. v. 12.11.1970, 1 StR 263/70, BGHSt 24, 15, 21 f. *(1. Strafsenat)*, zur ‚Wiederholungsgefahr'.

1835 *BGH*, Beschl. v. 01.10.2002 (Fn. 1827), NJW 2003, 65, 67.

1836 Siehe *BGH*, Beschl. v. 04.07.2002 (Fn. 1834), NJW 2002, 2957; Beschl. v. 19.09.2002 (Fn. 1834), NJW-RR 2003, 132, 133; Beschl. v. 31.10.2002 (Fn. 1834), NJW 2003, 754, 755, jeweils **V. Zivilsenat**. Überdies *Hannich*, in: Hannich/Meyer-Seitz, ZPO-Reform 2002, § 543 ZPO Tz. 23; *Wenzel*, NJW 2002, 3353, 3356.

Zulassungskriterien darauf hin, dass es bei dem Erfordernis einer Entscheidung des Revisions-/Rechtsbeschwerdegerichts zur Sicherung einer einheitlichen Rechtsprechung auch darauf ankomme, der Entwicklung einer uneinheitlichen Rechtsprechung *schon in den Anfängen* durch höchstrichterliche Leitentscheidungen entgegenzutreten[1837].

Die zur Bestimmung eines zulassungsrelevanten vorinstanzlichen Rechtsanwendungsfehlers herausgebildeten Kriterien der *‚Wiederholungsgefahr'* und des *‚Nachahmungseffektes'* hat der BGH in seiner Zulassungsrechtsprechung nachfolgend weiter ausgefüllt und konkretisiert:

So verwendet zunächst der *VIII. Zivilsenat* das Merkmal der *‚Wiederholungsgefahr'* und vereinzelt auch das Merkmal des *‚Nachahmungseffektes'* ausdrücklich im Zusammenhang mit dem Zulassungskriterium der *‚Abweichung (Divergenz)'* von einer bestehenden Rechtsprechung, wenn er ausführt, dass die jeweils geltend gemachte und vorliegende *objektive Abweichung* von der allgemeinen Rechtsprechung der Zivilgerichte bzw. der höchstrichterlichen Rechtsprechung des BGH dem Zulassungsgrund der ‚Sicherung einer einheitlichen Rechtsprechung' unterfalle, *wenn – „wie hier" – die Gefahr einer Wiederholung (oder Nachahmung) bestehe*[1838]. Der *VIII. Zivilsenat* macht mithin die Zulässigkeit der Rechtsbeschwerde zur Sicherung einer einheitlichen Rechtsprechung unter dem Gesichtspunkt der Abweichung (Divergenz) gemäß § 574 II Nr. 2 Alt. 2 ZPO – in Anlehnung an die Gesetzesbegründung – (zusätzlich) vom Vorliegen einer *‚Wiederholungs- (bzw. Nachahmungs-) gefahr'* abhängig[1839]. Dabei stellt er jedoch klar, dass mit der Geltendmachung der Abweichung – hier durch die Rüge einer rechtsfehlerhaften Vorentscheidung, womit eine Divergenz in der zu entscheidenden Rechtsfrage geltend gemacht worden sei – zugleich auch den Anforderungen des § 575 III Nr. 2 ZPO an die Darlegung der Zulässigkeitsvoraussetzungen i.S.d. § 574 II Nr. 2 Alt. 2

1837 Vgl. *BGH*, Beschl. v. 31.10.2002 (Fn. 1834), NJW 2003, 754, 755. *Wenzel*, NJW 2002, 3353, 3356, spricht von ‚vorbeugender Verhütung' einer uneinheitlichen Rechtsprechung, die eine Entscheidung des Revisionsgerichts erfordere.

1838 *BGH*, Beschl. v. 04.09.2002 (Fn. 1834), NJW 2002, 3783, 3784; Beschl. v. 04.09.2002 (Fn. 1834), NJW-RR 2003, 277; Beschl. v. 27.11.2002 (Fn. 1834), NJW-RR 2003, 229; Beschl. v. 05.03.2003 (Fn. 1834), NJW-RR 2003, 1366. Vgl. zudem *BGH*, Beschl. v. 05.02.2003 (Fn. 1834), NJW 2003, 1815, dort insoweit jedoch nicht abgedruckt, vgl. aber bei juris Tz. 3, wo zwar der Begriff der ‚Wiederholungsgefahr' nicht explizit erwähnt wird, wo es jedoch heißt, dass die Begründung des Berufungsgerichts erkennen lasse, dass es von der bisherigen Rechtsprechung abweiche und davon auszugehen sei, dass es auch in Zukunft so verfahren werde.

1839 Siehe hierzu auch die in Fn. 1834 a.E. im Zusammenhang mit den einschlägigen Entscheidungen zitierte Gesetzesbegründung, wobei diese Entscheidungen großteils explizit auf den entsprechenden *„Willen des Gesetzgebers"* hinweisen. – Vgl. insoweit auch bereits oben unter 1.b)bb) (S. 527 ff. [528]), dort Fußnote 1735.

ZPO hinreichend genügt worden sei[1840]. Auch andere Senate des BGH haben diese Rechtsprechung übernommen und i.R.d. Abweichungstatbestandes unter Berufung auf den *VIII. Zivilsenat* das Erfordernis der *‚Wiederholungsgefahr'* bzw. des *‚Nachahmungseffektes'* herausgestellt[1841].

Wie schon oben erwähnt lässt der BGH in diesen Entscheidungen eine *objektive Abweichung*, d.h. eine *Divergenz im Entscheidungsergebnis*, genügen und geht somit auf Distanz zu dem ansonsten durchweg vertretenen engen Erfordernis divergierender Rechtssatzbildung[1842]. Soweit er dabei für die Zulassung der Revision/ Rechtsbeschwerde zur Sicherung einer einheitlichen Rechtsprechung eine *Wiederholungs- bzw. Nachahmungsgefahr* verlangt, werden an deren Vorliegen allerdings keine weiteren Voraussetzungen gestellt, wie sich bereits daraus ergibt, dass für die Darlegung der Zulässigkeitsvoraussetzungen des § 574 II Nr. 2 Alt. 2 ZPO die Geltendmachung der Abweichung von der betreffenden – hier höchstrichterlichen – Rechtsprechung genügen soll[1843]. Der BGH geht hier vielmehr von einer solchen *Wiederholungs- bzw. Nachahmungsgefahr* aus, wenn er die jeweils geltend gemachte und vorliegende *objektive Abweichung* ohne nähere Begründung mit der – in

---

1840 *BGH*, Beschl. v. 04.09.2002 (Fn. 1834), NJW 2002, 3783, 3784; *Hannich*, in: Hannich/ Meyer-Seitz, ZPO-Reform 2002, § 544 ZPO Tz. 16.

1841 Vgl. *BGH*, Beschl. v. 25.03.2003 (Fn. 1834), n.v. (juris); Beschl. v. 08.04.2003 (Fn. 1834), NJW 2003, 2319, 2320; Beschl. v. 03.06.2003 (Fn. 1834), n.v. (juris), allesamt Entscheidungen des *XI. Zivilsenats* zu § 543 II 1 Nr. 2 Alt. 2 ZPO; Beschl. v. 23.09.2003 (Fn. 1834), NJW 2003, 3781, 3782, Entscheidung des *VI. Zivilsenats* zu § 574 II Nr. 2 Alt. 2 ZPO. – Ausweislich dieser Entscheidungen könne eine *Wiederholungsgefahr* (bzw. ein *Nachahmungseffekt*) insoweit regelmäßig nur dann angenommen werden, wenn ein Gericht anders lautende höchstrichterliche Rechtsprechung in vorwerfbarer Weise nicht beachte, wobei ein solches vorwerfbares Abweichen stets voraussetze, dass die entgegenstehende höchstrichterliche Rechtsprechung zum einen schon ergangen und zum anderen auch schon veröffentlicht sei, so dass das Tatgericht zumindest die Möglichkeit der Kenntnisnahme besitze (**ablehnend** betreffend dieses einschränkende Kriterium des ‚Abweichens in vorwerfbarer Weise' *Bleschick*, Revisionszulassungsgründe im Spannungsverhältnis, S. 356 f.; *Traut*, Zugang zur Revision in Zivilsachen, S. 157).

1842 Vorstehend unter 1.b)bb) (S. 527 ff. [528]), dort Fußnote 1735. Wenig verständlich und nicht nachvollziehbar allerdings der *BGH*-Beschl. v. 03.06.2003 (Fn. 1834), n.v. (juris), wenn dort zunächst unter Zitierung des *VIII. Zivilsenats* angeführt wird, dass die von der NZB geltend gemachte Divergenz eine Revisionszulassung bereits deshalb nicht eröffne, weil es an der nach der Rechtsprechung des *VIII. Zivilsenats* erforderlichen Wiederholungsgefahr fehle, um dann anschließend auszuführen, dass das Berufungsgericht auch keinen von der BGH-Rechtsprechung *abweichenden Rechtssatz* aufgestellt habe, obwohl der im Hinblick auf die erforderliche Wiederholungsgefahr ausdrücklich zitierte *VIII. Zivilsenat* insoweit ja gerade keine divergierende Rechtssatzbildung verlangt, sonder vielmehr eine objektive Abweichung und somit eine Divergenz im Entscheidungsergebnis genügen lässt.

1843 Siehe schon oben mit Nachweisen in Fußnote 1840.

einer Paranthese eher beiläufig bejahten – *Gefahr einer Wiederholung durch dasselbe Gericht* oder *einer Nachahmung durch andere Gerichte* verbindet[1844].

Demzufolge dürfte bei einer objektiven Abweichung zumindest von der höchstrichterlichen Rechtsprechung – angesichts der Erweiterung der früheren Divergenzrevision des § 546 I 2 Nr. 2 ZPO a.F. zu einer nunmehr allgemein gefassten Rechtsprechungsvereinheitlichungsrevision konsequenterweise jedoch auch bei einer objektiven Abweichung von der Rechtsprechung anderer Gerichte – grds. eine *Vermutung* für eine die Revisionszulassung rechtfertigende *Wiederholungsgefahr* bzw. einen die Revisionszulassung ebenso rechtfertigenden *Nachahmungseffekt* bestehen[1845]. Schon das objektive Abweichen der instanzgerichtlichen Entscheidung von der höchstrichterlichen Rechtsprechung oder der Rechtsprechung eines anderen Gerichts im Entscheidungsergebnis *indiziert* mithin die *Wiederholungsgefahr* bzw. einen *Nachahmungseffekt*, und führt deshalb zur Zulassung der Revision/Rechtsbeschwerde gemäß §§ 543 II 1 Nr. 2 Alt. 2, 574 II Nr. 2 Alt. 2 ZPO[1846].

1844 Vgl. insoweit die bereits erwähnte einschlägige Formulierung in den betreffenden Entscheidungen, wonach die *objektive Abweichung* von der jeweiligen Rechtsprechung dem Zulassungsgrund der ‚Sicherung einer einheitlichen Rechtsprechung' unterfalle, *wenn – „wie hier" – die Gefahr einer Wiederholung oder Nachahmung bestehe.*

1845 Auf gleicher Linie *v. Gierke/Seiler*, JZ 2003, 403, 409 u. 410, im Hinblick auf objektive Abweichungen von der *höchstrichterlichen* Rechtsprechung, sowie in Anlehnung an das materielle Zivilrecht und die dortige *tatsächliche Vermutung für die Wiederholungsgefahr* bei vorangegangener rechtswidriger Beeinträchtigung. Vgl. zudem *Scheuch/Lindner*, NJW 2003, 728, 729, ebenso unter Hinweis darauf, dass die rechtsfehlerhafte Entscheidung bei einer objektiven Abweichung in der Sache von der *höchstrichterlichen* Judikatur, d.h. bei einer Divergenz im Entscheidungsergebnis, nicht anders als eine rechtswidrige Beeinträchtigung i.S.d. materiellen Zivilrechts die *tatsächliche Vermutung für ihre künftige Wiederholung* begründe, vgl. insoweit bspw. *BGH*, Urt. v. 30.10.1998, V ZR 64/98, NJW 1999, 356, 358 f., zu § 1004 I 2 BGB. – *Kritisch* hingegen *Bleschick*, Revisionszulassungsgründe im Spannungsverhältnis, S. 343, unter Hinweis auf *Traut*, Zugang zur Revision in Zivilsachen, S. 160.

1846 Ebenso wohl auch *Ruban*, DStR 2005, 2033, 2037. Ferner *Seer*, in: T/K, § 115 FGO Tz. 77 u. 78 sowie § 116 FGO Tz. 53 a.E. u. 57 (jeweils Lfg. 131 Oktober 2012), zur Revisionszulassung gemäß § 115 II Nr. 2 Alt. 2 FGO u. v.a. im Hinblick auf Abweichungen von der *höchstrichterlichen* Rechtsprechung. – Gemäß der einschlägigen *BGH*-Rechtsprechung gelte es dabei zu bedenken, dass ein Abweichen begriffsnotwendig voraussetze, dass bereits eine anders lautende Entscheidung existent sei, und eine *Wiederholungsgefahr* (bzw. ein *Nachahmungseffekt*) nur dann angenommen sowie indiziert werden könne, wenn ein Gericht anders lautende (höchstrichterliche) Rechtsprechung in vorwerfbarer Weise nicht beachte, was wiederum voraussetze, dass die entgegenstehende (höchstrichterliche) Rechtsprechung zum einen schon ergangen und zum anderen auch schon

Es lässt sich somit festhalten, dass insbesondere der *VIII. Zivilsenat* und teilweise auch der *VI.* und *XI. Zivilsenat* an die Zulassung der Revision/Rechtsbeschwerde zur Sicherung einer einheitlichen Rechtsprechung in Fällen einer objektiven Abweichung, d.h. einer *Divergenz im Entscheidungsergebnis*, keine hohen Anforderungen stellen, auch wenn sie diese jeweils von dem (zusätzlichen) Erfordernis der *‚Wiederholungsgefahr'* bzw. des *‚Nachahmungseffektes'* abhängig machen, da es für eine ordnungsgemäße Darlegung i.S.d. §§ 544 II 3, 575 III Nr. 2 ZPO regelmäßig ausreicht, sich durch die Rüge der Rechtsfehlerhaftigkeit der Vorentscheidung auf eine Divergenz in der zu entscheidenden Rechtsfrage zu berufen, und insoweit von einer *Wiederholungsgefahr* und/oder einem *Nachahmungseffekt* ausgegangen wird. Folglich steht hier der Rechtsschutz des Einzelnen bei einer grob fehlerhaften Vorentscheidung ausschlaggebend im Vordergrund[1847].

Wie vorstehend schon erwähnt muss der betreffende zulassungsrelevante Rechtsanwendungsfehler *aufgrund konkreter Anhaltspunkte* für andere Fälle die Wiederholung durch dasselbe Gericht oder seine Nachahmung durch andere Gerichte befürchten bzw. erwarten lassen[1848].

Solche konkreten Anhaltspunkte für eine Wiederholungsgefahr oder einen Nachahmungseffekt liegen nach der Rechtsprechung des *V. Zivilsenats* vor, wenn sich die *rechtsfehlerhafte Begründung* des angefochtenen Berufungsurteils *verallgemeinern* lasse und überdies eine nicht unerhebliche Zahl künftiger Sachverhalte zu erwarten sei, auf die das Fehlurteil mitsamt der dortigen *Argumentation übertragen* werden könne[1849]. Hierfür sei entscheidend, dass sich der rechtliche Ansatz des Berufungsgerichts und dessen damit einhergehende fehlerhafte Begründung ohne weiteres von dem jeweiligen Streitfall lösen lasse und auch für andere ähnlich- bzw. gleichgelagerte Fälle herangezogen werden könne, denen nahezu dieselbe rechtliche Problematik zugrunde liege[1850].

Entsprechende Darlegungen des Beschwerdeführers zum Bestehen einer Wiederholungsgefahr oder eines Nachahmungseffektes sind dabei offenbar nicht erforderlich. Jedenfalls lässt sich insbesondere dem Beschluss des *V. Zivilsenats* v. 31.10.2002, der die genannten konkreten Anhaltspunkte ja erstmals explizit benannt und insoweit die Revision zugelassen hat, irgendein Vortrag zum Vorliegen einer Wiederholungsgefahr oder eines Nachahmungseffektes nicht entnehmen[1851].

---

veröffentlicht sei, so dass das Tatgericht zumindest die Möglichkeit der Kenntnisnahme besitze, vgl. bereits vorstehend in Fußnote 1841 m.w.N.

1847 In diesem Sinne auch *Schütt*, MDR 2002, 1447, 1448.

1848 Siehe oben auf S. 568 mit den entsprechenden Rechtsprechungsnachweisen in Fußnote 1834.

1849 *BGH*, Beschl. v. 31.10.2002 (Fn. 1834), NJW 2003, 754, 755; Beschl. v. 18.03.2004 (Fn. 1834), NJW 2004, 1960, 1961 **(V. Zivilsenat)**. Siehe auch *BGH*, Beschl. v. 25.11.2003 (Fn. 1834), FamRZ 2004, 265, 266 **(VI. Zivilsenat)**.

1850 *BGH*, Beschl. v. 18.03.2004 (Fn. 1834), NJW 2004, 1960, 1961.

1851 Siehe *BGH*, Beschl. v. 31.10.2002 (Fn. 1834), NJW 2003, 754 f. Überdies *v. Gierke/Seiler*, JZ 2003, 403, 409, die insoweit vorbringen, dass der Beschwerdeführer

Die vom *V. Zivilsenat* entwickelte o.g. Rechtsprechung zur Wiederholungsgefahr und zum Nachahmungseffekt bei verallgemeinerungsfähiger sowie übertragbarer fehlerhafter berufungsgerichtlicher Begründung hat schließlich auch der *XI Zivilsenat* übernommen und sie im Hinblick auf das Darlegungserfordernis i.R.d. Rechtsbeschwerde nach § 575 III Nr. 2 ZPO sogar noch weiterentwickelt. Dazu heißt es in seinem Beschluss v. 11.05.2004[1852], dass eine die Rechtsbeschwerdezulässigkeit rechtfertigende Wiederholungs- oder Nachahmungsgefahr in dem konkreten Streitfall von der Rechtsbeschwerde nicht dargelegt worden sei. Sie ergebe sich auch nicht unabhängig von den Darlegungen in der Rechtsbeschwerde aus der rechtlichen Begründung des angefochtenen Beschlusses. Ein solcher Fall sei – im Anschluss an die beiden o.g. Entscheidungen des *V. Zivilsenats* – nämlich nur dann gegeben, wenn sich die Begründung der angefochtenen Entscheidung verallgemeinern lasse und eine nicht unerhebliche Zahl künftiger Sachverhalte zu erwarten sei, auf die die Argumentation übertragen werden könne. Diese Voraussetzungen lägen im konkreten Streitfall jedoch nicht vor, weil die Begründung des angefochtenen Beschlusses von den besonderen Umständen des Einzelfalls geprägt sei und somit nicht verallgemeinert werden könne[1853].

Daraus geht hervor, dass entsprechende Darlegungen i.S.d. §§ 544 II 3, 575 III Nr. 2 ZPO in der Beschwerdebegründung regelmäßig dann *entbehrlich* sind, wenn sich eine Wiederholungsgefahr oder ein Nachahmungseffekt direkt und unmittelbar aus der rechtlichen Begründung der angefochtenen berufungsgerichtlichen Entscheidung ergibt, weil diese sich verallgemeinern und auf eine nicht

---

seine NZB ohnehin nicht auf die Fallgruppe des ‚Symptomatischen Rechtsanwendungsfehlers', der ‚Wiederholungsgefahr' und des ‚Nachahmungseffektes', sondern stattdessen – aus Sicht des entscheidenden *V. Zivilsenats* zu Unrecht – vielmehr auf den Tatbestand der ‚Divergenz' gestützt hatte. – Vgl. allerdings den *BGH*-Beschl. des *VI. Zivilsenats* v. 25.11.2003 (Fn. 1834), FamRZ 2004, 265, 266, wo es im Anschluss an die Bennenung der konkreten Anhaltspunkte für eine Wiederholungsgefahr oder einen Nachahmungseffekt heißt, dass „solche Auswirkungen" im vorliegenden Fall nicht aufgezeigt worden seien, was wiederum darauf schließen lässt, dass der *VI. Zivilsenat* hier ggf. entsprechende Darlegungen verlangt. Das gilt umso mehr, als es nachfolgend heißt, dass die Befürchtungen der Beschwerde, andere Instanzgerichte könnten der fehlerhaften Argumentation folgen oder der einschlägige § 116 III SGB X werde vom Berufungsgericht auch weiterhin unzutreffend angewandt, die Zulassung der Revision wegen ihrer Allgemeinheit gerade nicht rechtfertigen. Hierbei handele es sich lediglich um theoretisch mögliche negative Entwicklungen, die nach jedem Rechtsfehler eintreten können, während konkrete Anhaltspunkte im Hinblick auf eine ‚Argumentationsnachfolge' durch andere Instanzgerichte oder eine auch weiterhin unzutreffende Rechtsanwendung durch das Berufungsgericht im vorliegenden Fall jedoch nicht ersichtlich und wohl auch nicht dargelegt worden seien.

1852 *BGH*, Beschl. v. 11.05.2004 (Fn. 1834), NJW 2004, 2222, 2223.

1853 Zum Ganzen *BGH*, Beschl. v. 11.05.2004 (Fn. 1834), NJW 2004, 2222, 2223.

unerhebliche Zahl künftiger Sachverhalte übertragen lässt[1854]. Mit dieser Entscheidung hat der *XI. Zivilsenat* demzufolge – in Abgrenzung zu seiner früheren Entscheidung, wonach stets darzulegen sei, dass und warum eine Wiederholung oder Nachahmung konkret zu besorgen sei[1855],- ausdrücklich das klargestellt, was der *V. Zivilsenat* in seiner ‚Ursprungsentscheidung' v. 31.10.2002[1856] bereits ‚zwischen den Zeilen' hat anklingen lassen, nämlich die *Entbehrlichkeit entsprechender konkreter Darlegungen* bei einer Wiederholungsgefahr oder einem Nachahmungseffekt, der sich bereits direkt und unmittelbar aus der verallgemeinerungsfähigen sowie übertragbaren rechtlichen Begründung des Berufungsgerichts ergibt. Somit wird die Gefahr einer Wiederholung bzw. ein Nachahmungseffekt letztendlich auch bei Rechtsanwendungsfehlern mit Blick auf die Verallgemeinerungsfähigkeit und Übertragbarkeit der fehlerhaften Entscheidungsbegründung der Vorinstanz *indiziert/vermutet*, wenn nicht ausnahmsweise konkrete Anhaltspunkte dafür ersichtlich sind, dass sich die rechtsfehlerhafte Begründung der jeweiligen berufungsgerichtlichen Entscheidung gerade nicht verallgemeinern lässt und keine weiteren Fälle/Sachverhalte zu erwarten sind, auf die das Fehlurteil und die dortige Argumentation übertragen werden kann[1857].

Auch wenn die Entbehrlichkeit entsprechender Darlegungen hinsichtlich einer Wiederholungsgefahr oder eines Nachahmungseffektes bei einer Verallgemeinerungsfähigkeit und Übertragbarkeit der fehlerhaften vorinstanzlichen Entscheidungsbegründung für den Beschwerdeführer ein Entgegenkommen darstellt und ihm die Anfertigung seiner Beschwerdebegründung erheblich erleichtert, sollte eine solche Beschwerdebegründung m.E. aber dennoch auch hier ‚sicherheitshalber' entsprechende Darlegungen zu einer bestehenden Wiederholungsgefahr bzw. einem bestehenden Nachahmungseffekt enthalten. Denn die Frage, ob sich der rechtliche Ansatz des Berufungsgerichts und dessen damit einhergehende fehlerhafte Begründung ohne weiteres von dem jeweiligen Streitfall lösen lassen und auch für andere ähnlich- bzw. gleichgelagerte Fälle herangezogen werden können, denen nahezu dieselbe rechtliche Problematik zugrunde liegt, oder ob die Begründung der angefochtenen berufungsgerichtlichen Entscheidung demgegenüber eher von den besonderen Umständen des Einzelfalls geprägt ist, ist durchaus schwierig zu beurteilen, so dass deren Beantwortung und die davon abhängende Zulassungsentscheidung nicht allein dem Revisions- bzw. Rechtsbeschwerdegericht überlassen werden sollte. Vielmehr sollte der Beschwerdeführer durch entsprechende Darlegungen den BGH seinerseits davon zu überzeugen versuchen, dass es sich im konkreten Streitfall um eine verallgemeinerungsfähige rechtsfehlerhafte

---

1854 So auch der amtliche Leitsatz der Entscheidung des *XI. Zivilsenats* (Leitsatz a)). Vgl. zudem *Reichold*, in: Thomas/Putzo[32], § 544 ZPO Tz. 14.

1855 *BGH*, Beschl. v. 01.10.2002 (Fn. 1827), NJW 2003, 65, 67.

1856 *BGH*, Beschl. v. 31.10.2002 (Fn. 1834), NJW 2003, 754 f.

1857 Ebenso *v. Gierke/Seiler*, JZ 2003, 403, 409 u. 410. – *Kritisch* in diesem Zusammenhang allerdings *Bleschick*, Revisionszulassungsgründe im Spannungsverhältnis, S. 343, unter Hinweis auf *Traut*, Zugang zur Revision in Zivilsachen, S. 160.

Entscheidungsbegründung handelt, deren Argumentation auf eine nicht unerhebliche Zahl künftiger vergleichbarer Sachverhalte übertragen werden kann, und die somit eine Wiederholungsgefahr oder einen Nachahmungseffekt begründet.

Die Rechtsprechung des *V. Zivilsenats* zu den konkreten Anhaltspunkten für eine Wiederholungsgefahr oder einen Nachahmungseffekt, die dieser erstmals mit Beschluss v. 31.10.2002 herausgearbeitet hat[1858], hat er anschließend in Fortführung dieser Entscheidung mit seinem Beschluss v. 18.03.2004[1859] noch um einen weiteren Aspekt ergänzt:

Der *V. Zivilsenat* hat auch hier im Hinblick auf eine Wiederholungsgefahr sowie einen Nachahmungseffekt die Revision zur Sicherung einer einheitlichen Rechtsprechung i.S.d. § 543 II 1 Nr. 2 Alt. 2 ZPO zugelassen, weil sich die Begründung des Berufungsurteils verallgemeinern lasse und eine nicht unerhebliche Zahl künftiger Sachverhalte zu erwarten sei, auf die die dortige Argumentation übertragen werden könne; der gewählte rechtliche Ansatz des Berufungsgerichts könne ohne weiteres von dem konkreten Streitfall gelöst und auch für andere vergleichbare Fälle herangezogen werden, denen nahezu dieselbe rechtliche Problematik zugrunde liege[1860]. Er hat dann *ergänzend* weiter ausgeführt, dass sich dies letztlich daraus ergebe, dass das Berufungsgericht seinen Überlegungen *einen unrichtigen Obersatz zugrunde gelegt habe*; auch wenn es an der Formulierung eines Rechtssatzes in einem Berufungsurteil fehle, sei das Allgemeininteresse gleichwohl berührt, wenn der berufungsgerichtlichen Argumentation *erkennbar ein – unrichtiger – Obersatz zugrunde liege*, sie aus diesem Grunde verallgemeinerungsfähig sei und somit die Gefahr der Wiederholung oder Nachahmung eines Rechtsfehlers bestehe[1861]. Konkrete Anhaltspunkte für eine Wiederholungs- oder Nachahmungsgefahr können sich nach dieser Entscheidung also auch daraus ergeben, dass das Berufungsgericht bei seiner Begründung *erkennbar von einem – nicht formulierten – unrichtigen Obersatz ausgeht*[1862]. Mit Beschluss v. 08.09.2004 hat der *V. Zivilsenat* diese Rechtsprechung schließlich noch einmal bestätigt und insoweit den Begriff der sog. *strukturellen Wiederholungsgefahr*[1863] herausgebildet, die durch das *Zugrundelegen eines unrichtigen Obersatzes* begründet werde[1864].

Entsprechender Darlegungen des Beschwerdeführers zum Bestehen einer Wiederholungsgefahr oder eines Nachahmungseffektes bedarf es auch hier wieder nicht. Denn der *V. Zivilsenat* hat insoweit herausgestellt, dass diese in der

---

1858 *BGH*, Beschl. v. 31.10.2002 (Fn. 1834), NJW 2003, 754, 755; s. soeben auf S. 573 (ff.).

1859 *BGH*, Beschl. v. 18.03.2004 (Fn. 1834), NJW 2004, 1960 f.

1860 So *BGH*, Beschl. v. 18.03.2004 (Fn. 1834), NJW 2004, 1960, 1961.

1861 So weiter *BGH*, Beschl. v. 18.03.2004 (Fn. 1834), NJW 2004, 1960, 1961, auch unter Hinweis auf *Schultz*, MDR 2003, 1392, 1400.

1862 Vgl. insoweit auch den amtlichen Leitsatz der Entscheidung des *V. Zivilsenats* (Leitsatz a)). *Kritisch* zu dieser seiner Ansicht nach ‚wenig hilfreichen Formel' Zöller/*Gummer*[26], § 543 ZPO Tz. 14.

1863 Offensichtlich in Abgrenzung zu einer *empirisch belegten Wiederholungsgefahr.*

1864 *BGH*, Beschl. v. 08.09.2004 (Fn. 1834), NJW 2005, 154, 155.

Beschwerdebegründung dann nicht erforderlich seien, wenn sich die Wiederholungs- oder Nachahmungsgefahr „auf diese Weise" – d.h. eben durch erkennbares Zugrundelegen eines nicht formulierten unrichtigen Obersatzes – aus der rechtlichen Begründung des Berufungsgerichts oder aus offenkundigen Umständen i.S.d. § 291 ZPO ergebe; in einem solchen Fall könne der BGH als Revisionsgericht die Voraussetzung der Wiederholungsgefahr oder des Nachahmungseffektes vielmehr unabhängig von den Darlegungen in der Beschwerdebegründung feststellen[1865]. Dem stehe auch die Rechtsprechung des *XI. Zivilsenats*, wonach stets darzulegen sei, dass und warum eine Wiederholung oder Nachahmung konkret zu besorgen sei[1866], nicht entgegen, wie dieser auf Anfrage selbst bestätigt habe. Der Gesichtspunkt, das Revisionsgericht mit Blick auf den Zweck des Begründungserfordernisses nach § 544 II 3 ZPO von einer Ermittlung der Zulassungsvoraussetzungen anhand der Akten zu entlasten[1867], erlange nämlich nur dann Bedeutung, wenn die Wiederholungs- oder Nachahmungsgefahr hinsichtlich eines Rechtsfehlers aus – nicht ohnehin offenkundigen – tatsächlichen Umständen, wie bspw. einer ständigen berufungsgerichtlichen Fehlerpraxis, hergeleitet werde[1868]. Im Übrigen hat der *XI. Zivilsenat* mit Beschluss v. 11.05.2004 – wie oben bereits dargestellt – selbst eine Abgrenzung zu seiner früheren Rechtsprechung vorgenommen und bei einer verallgemeinerungsfähigen berufungsgerichtlichen Argumentation entsprechende Darlegungen hinsichtlich des Bestehens einer Wiederholungsgefahr oder eines Nachahmungseffektes für entbehrlich gehalten[1869].

Wenn der *V. Zivilsenat* in seinem Beschluss v. 18.03.2004[1870] von der erkennbaren *Zugrundelegung eines unrichtigen Obersatzes* spricht, die eine (strukturelle) Wiederholungsgefahr begründe, und durch die eine Wiederholungsgefahr bzw. ein Nachahmungseffekt – auch im Hinblick auf die Entbehrlichkeit entsprechender Darlegungen – auch hier wieder *indiziert/vermutet* wird, dann handelt es sich hierbei schließlich um nichts anderes als das erkennbare *Zugrundelegen eines divergierenden (unrichtigen) – konkludenten – Rechtssatzes* i.R.d. Divergenztatbestandes, so wie es bspw. der *II.* und teilweise auch der *VI. Zivilsenat* für eine Divergenz genügen lassen[1871]. Zwischen den Begriffen ‚*Obersatz*' und ‚*Rechtssatz*' besteht

---

1865 *BGH*, Beschl. v. 18.03.2004 (Fn. 1834), NJW 2004, 1960, 1961, mitsamt des amtlichen Leitsatzes dieser Entscheidung (Leitsatz b)). Vgl. zudem *Reichold*, in: Thomas/Putzo[32], § 544 ZPO Tz. 14.

1866 *BGH*, Beschl. v. 01.10.2002 (Fn. 1827), NJW 2003, 65, 67.

1867 Zum Zweck des Begründungserfordernisses ausführlich oben im 3. Abschnitt unter A.II.2. (S. 108 ff., dort S. 110 f.), dort konkret betreffend § 116 III 3FGO.

1868 Zum Ganzen *BGH*, Beschl. v. 18.03.2004 (Fn. 1834), NJW 2004, 1960, 1961.

1869 *BGH*, Beschl. v. 11.05.2004 (Fn. 1834), NJW 2004, 2222, 2223; soeben auf S. 574 f.

1870 *BGH*, Beschl. v. 18.03.2004 (Fn. 1834), NJW 2004, 1960, 1961.

1871 Siehe *BGH*, Beschl. v. 09.07.2007, II ZR 95/06, NJW-RR 2007, 1676 **(II. Zivilsenat)**; Beschl. v. 05.11.2002, VI ZB 40/02, NJW 2003, 437 **(VI. Zivilsenat)**; vgl. insoweit auch bereits oben unter 1.b)bb) (S. 527 ff. [528]), dort Fußnote 1735. – Auch der *BFH* lässt es für eine Divergenz und das dortige Erfordernis divergierender

insoweit m.E. kein inhaltlicher Unterschied, wie insbesondere aus dem Beschluss des *V. Zivilsenats* v. 08.09.2004[1872] ersichtlich ist, der die einschlägige Rechtsprechung zur Wiederholungsgefahr bei erkennbarer Zugrundelegung eines unrichtigen Obersatzes bestätigt hat. Denn wenn der *V. Zivilsenat* dort zunächst sowohl im Zusammenhang mit den Erläuterungen betreffend das Bestehen einer strukturellen Wiederholungsgefahr als auch später anlässlich der Erläuterungen zum Divergenztatbestand, in dessen Rahmen für gewöhnlich der Begriff des *‚Rechtssatzes'* seinen Platz hat (Stichwort ‚Erfordernis divergierender *Rechtssätze*')[1873], jeweils übereinstimmend den Begriff des ‚Obersatzes' verwendet[1874], dann ist dieser hier offensichtlich jeweils i.S.v. ‚Rechtssatz' zu verstehen[1875].

Rechtssätze ausreichen, dass der betreffende abstrakte divergierende Rechtssatz *konkludent* in scheinbar nur fallbezogenen Rechtsausführungen des FG enthalten ist, was letztlich einem *‚Zugrundeliegen'* gleichsteht, vgl. insoweit oben im 3. Abschnitt unter B.III.1.b)cc) (S. 240 ff., dort S. 241 f. u. 243 f.) sowie vorstehend unter 1.b)aa) (S. 522 ff. [523 f.], dort **kritisch** im Hinblick darauf, dass auch dies an dem strengen *Erfordernis divergierender Rechtssätze* letztlich nichts ändert).

1872 *BGH*, Beschl. v. 08.09.2004 (Fn. 1834), NJW 2005, 154 ff.

1873 Vgl. insoweit die einschlägigen Nachweise aus der *BGH*-Rechtsprechung in Fußnote 1735.

1874 *BGH*, Beschl. v. 08.09.2004 (Fn. 1834), NJW 2005, 154, 155; vgl. auch bereits Fußnote 1735.

1875 Auch in anderen Entscheidungen werden die Begriffe ‚Obersatz' und ‚Rechtssatz' inhaltlich übereinstimmend verwendet, vgl. bspw. die schon in Fußnote 1735 genannten Entscheidungen des *BGH-Senats für Landwirtschaftssachen* zu der Divergenzrechtsbeschwerde gemäß § 24 II Nr. 1 LwVG a.F., *BGH*, Beschl. v. 29.10.2009, BLw 3/09, n.v. (juris); Beschl. v. 17.10.2011, BLw 7/11, n.v. (juris), wo es jeweils heißt, dass eine Divergenz nur vorliege, wenn das Beschwerdegericht in einem seine Entscheidung tragenden Grund einem abstrakten *Rechtssatz (Obersatz)* gefolgt sei, der von einem in der Vergleichsentscheidung benannten *Rechtssatz* abweiche. Vgl. überdies Zöller/*Gummer*[26], § 543 ZPO Tz. 15c, der im Hinblick auf die Rechtsprechung des *V. Zivilsenats* anführt, dass es nicht darauf ankomme, dass das fehlerhafte Urteil – i.S.d. strengen *Divergenz* (Stichwort ‚Erfordernis divergierender *Rechtssätze*') – einen unrichtigen, der Verallgemeinerung zugänglichen *Obersatz* formuliere, was m.E. letztlich ebenfalls darauf hindeutet, dass die Begriffe deckungsgleich sind. Vgl. zudem *BVerfG*, Beschl. v. 25.07.2005, 1 BvR 938/03, BVerfGK 6, 72, 77 (1. Kammer des Ersten Senats, Nichtannahmebeschluss), wo mit Blick auf die Rechtsprechung des *V. Zivilsenats* von der Zugrundelegung eines unrichtigen *‚abstrakten Rechtssatzes'* gesprochen wird. **A.A.** aber offensichtlich *Nassall*, NJW 2012, 113, 114: *Nassall* führt aus, dass die durch den *V. Zivilsenat* ins Spiel gebrachte *Obersatzabweichung* (das Zugrundelegen eines unrichtigen Obersatzes) etwas anderes sei als die Divergenz im klassischen Sinne. Denn Letztere liege nur dann vor, wenn die angefochtene Entscheidung ein und dieselbe Rechtsfrage anders beantworte als die Vergleichsentscheidung, wenn sie mithin einen *Rechtssatz* aufstelle, der sich mit einem in der Vergleichsentscheidung aufgestellten und diese tragenden *Rechtssatz* nicht decke. Bei der

Das wiederum gibt – v.a. mit Blick darauf, dass etwaige Darlegungen des Beschwerdeführers zum Bestehen einer Wiederholungsgefahr oder eines Nachahmungseffektes entbehrlich sind, die Wiederholungs- oder Nachahmungsgefahr hingegen vielmehr auch hier bei der erkennbaren Zugrundelegung eines unrichtigen Obersatzes = Rechtssatzes wieder *indiziert/vermutet* wird,- Anlass, noch einmal darauf hinzuweisen, dass i.R.d. Revisionszulassung zur Sicherung einer einheitlichen Rechtsprechung wegen Divergenz die Anforderungen an die Darlegung der dort regelmäßig verlangten *divergierenden Rechtssätze* ebenfalls gelockert werden sollten, und zwar zumindest, wenn es darum geht, dass der Vorentscheidung *erkennbar ein divergierender (unrichtiger) – konkludenter – Rechtssatz zugrunde liegt,* wie es der *II.* und teilweise auch der *VI. Zivilsenat* sowie der *BFH* für eine Rechtssatzdivergenz genügen lassen[1876]. Dies gilt umso mehr, als sich dem die Revision zulassenden Beschluss des *V. Zivilsenats* v. 18.03.2004[1877] irgendein Vortrag des Beschwerdeführers, der sich zu dem der Vorentscheidung zugrunde liegenden unrichtigen Obersatz = Rechtssatz verhält und auf dessen Herausarbeitung/Herausstellung abzielt, nicht entnehmen lässt[1878].

Den bislang letzten Baustein i.R.d. Konkretisierung der zur Bestimmung eines zulassungsrelevanten vorinstanzlichen Rechtsanwendungsfehlers herausgebildeten

---

Divergenz gehe es also um *ausdrückliche Rechtssätze.* Die *Obersatzabweichung* bewege sich demgegenüber auf der Ebene darunter und betreffe die der Subsumtion zugrunde liegenden, verallgemeinerungsfähigen Überlegungen (vgl. insoweit auch bereits *Schultz,* MDR 2003, 1392, 1400, allerdings unter Verwendung der Begrifflichkeiten ‚Ober- und Untersätze'). *Gegen* diese Auffassung spricht m.E. aber die Tatsache, dass – wie vorstehend dargestellt – teilweise auch das Zugrundelegen eines divergierenden (unrichtigen) – konkludenten – Rechtssatzes ohne dessen ausdrückliche Benennung bzw. Formulierung als ausreichend für eine Divergenz angesehen wird. Da zudem die Begriffe ‚Obersatz' und ‚Rechtssatz' in mehreren Entscheidungen inhaltlich übereinstimmend verwendet werden, ist der von *Nassall* gewählte Begriff der *‚Obersatzabweichung'* mit der von ihm dargestellten *abweichenden Bedeutung* im Hinblick auf das Zugrundelegen eines unrichtigen Obersatzes i.S. der Rechtsprechung des *V. Zivilsenats* so m.E. zumindest missverständlich.

1876 Vgl. zu der **Kritik** an der engen Divergenz-Doktrin und den entsprechenden Darlegungsanforderungen (vornehmlich i.R.d. Finanzgerichtsbarkeit) ausführlich oben unter 1.b) (S. 521 ff.).

1877 *BGH,* Beschl. v. 18.03.2004 (Fn. 1834), NJW 2004, 1960 f.

1878 Ebenso wenig lässt sich dem *BGH*-Beschl. v. 08.09.2004 (Fn. 1834), NJW 2005, 154 ff., der die einschlägige Rechtsprechung zur Wiederholungsgefahr bei erkennbarer Zugrundelegung eines unrichtigen Obersatzes = Rechtssatzes bestätigt hat, ein solcher Vortrag entnehmen, wobei sich dieser Beschluss allerdings schwerpunktmäßig auch nicht zum Zugrundelegen eines unrichtigen Obersatzes = Rechtssatzes, sondern vielmehr zum sog. *‚Grundlegenden Missverständnis der höchstrichterlichen Rechtsprechung'* verhält, dazu nachfolgend hier auf S. 579 ff.

Kriterien der *‚Wiederholungsgefahr‘* bzw. des *‚Nachahmungseffektes‘* bildet der bereits erwähnte Beschluss des *V. Zivilsenats* v. 08.09.2004[1879]. Dort hat der *V. Zivilsenat* die Revision gemäß § 543 II 1 Nr. 2 Alt. 2 ZPO wiederum zur Sicherung einer einheitlichen Rechtsprechung zugelassen, und zwar im Hinblick auf ein sog. *‚Grundlegendes Missverständnis der höchstrichterlichen Rechtsprechung‘*. Im Einzelnen hat er seine Entscheidung dabei wie folgt begründet:

Der *V. Zivilsenat* führt aus, dass das Berufungsgericht seiner Entscheidung zwar zu Recht die einschlägige Senatsrechtsprechung – konkret zum Zustandekommen eines Beratungsvertrages beim Verkauf einer Anlageimmobilie – zugrunde gelegt habe. Das Berufungsgericht habe jedoch die Anforderungen an das Zustandekommen eines derartigen Beratungsvertrages verkannt[1880]. Bei dieser Verkennung der statuierten Anforderungen an das Zustandekommen eines Beratungsvertrages handele es sich nicht lediglich um eine – nicht zulassungsrelevante – fehlerhafte Rechtsanwendung im Einzelfall, sondern um ein *grundlegendes Missverständnis des rechtlichen Ansatzpunktes der einschlägigen Senatsrechtsprechung*, das – ebenso wie das Zugrundelegen eines unrichtigen Obersatzes[1881] – eine *strukturelle Wiederholungsgefahr* begründe und deswegen die Revisionszulassung zur Sicherung einer einheitlichen Rechtsprechung erfordere[1882]. Auch ein *grundlegendes Missverständnis der höchstrichterlichen Rechtsprechung* erzeugt somit eine *strukturelle Wiederholungsgefahr* und gebietet deshalb die Zulassung der Revision zur Sicherung einer

1879 *BGH*, Beschl. v. 08.09.2004 (Fn. 1834), NJW 2005, 154 ff.

1880 Konkret hatte das Berufungsgericht seiner Entscheidung zwar die einschlägige Senatsrechtsprechung zugrunde gelegt, wonach ein Beratungsvertrag zustande komme, wenn der Verkäufer dem Käufer im Zuge eingehender Vertragsverhandlungen, insbesondere auf Befragen, einen ausdrücklichen Rat erteile, bzw. der Verkäufer dem Käufer als Ergebnis der Verhandlungen ein Berechnungsbeispiel über Kosten und finanzielle Vorteile des Erwerbs vorlege, das der Herbeiführung des Geschäftsabschlusses dienen solle. Das Berufungsgericht hatte die Anforderungen an das Zustandekommen eines Beratungsvertrages in seiner Entscheidung jedoch insoweit verkannt, als es entscheidend darauf abgestellt hatte, dass das Ergebnis intensiver Vertragsverhandlungen einschließlich der diese widerspiegelnden Berechnungsbeispiele über Kosten und insbesondere steuerliche Vorteile des Erwerbs aus entsprechend verfassten und unterschriebenen Besuchsaufträgen ersichtlich sein müsse. Denn nach der einschlägigen Senatsrechtsprechung erfordere der Abschluss eines Beratungsvertrages weder die Dokumentation des Verhandlungsverlaufs, noch komme es darauf an, ob die durch das Erwerbsmodell zu erzielende steuerliche Ersparnis den Beratungsmittelpunkt bilde.

1881 Dazu – auch **kritisch** – vorstehend auf S. 576 ff.

1882 So *BGH*, Beschl. v. 08.09.2004 (Fn. 1834), NJW 2005, 154 f., insbesondere 155, unter Hinweis auf den unveröffentlichten *BGH*-Beschl. v. 10.04.2003, V ZR 360/02.

einheitlichen Rechtsprechung i.S.d. § 543 II 1 Nr. 2 Alt. 2 ZPO, wenn die angefochtene berufungsgerichtliche Entscheidung darauf beruht[1883].

Auf entsprechende Darlegungen zum Bestehen einer solchen strukturellen Wiederholungsgefahr oder eines ebensolchen Nachahmungseffektes kommt es auch hier offenbar nicht an, zumal sich dem Beschluss des *V. Zivilsenats* v. 08.09.2004 auch hier wieder nicht entnehmen lässt, dass der Beschwerdeführer besonders dazu vorgetragen habe, dass der dem Berufungsgericht im konkreten Streitfall unterlaufene Rechtsanwendungsfehler für andere Fälle die Wiederholung durch dasselbe Gericht oder seine Nachahmung durch andere Gerichte befürchten bzw. erwarten lasse. Mithin *indiziert* auch die fehlerhafte Rechtsanwendung in Form eines *grundlegenden Missverständnisses der höchstrichterlichen Rechtsprechung* die *strukturelle*, d.h. den Umständen nach praktisch naheliegende *Gefahr gleichartiger Fehlurteile*[1884], die somit – ohne dass es weiterer gesonderter Darlegungen bedarf – regelmäßig *vermutet* wird.

(4) BGH-*Beschluss vom 23.03.2011, IX ZR 212/08, NJW 2011, 2443 f.*

Bei Betrachtung der Grundzüge der einschlägigen BGH-Rechtsprechung zu den §§ 543 II 1 Nr. 2 Alt. 2, 574 II Nr. 2 Alt. 2 ZPO fällt eine Entscheidung deutlich aus der Reihe. Dabei handelt es sich um einen Beschluss des *IX. Zivilsenats*, in dem dieser – soweit ersichtlich – erstmals ausführlich i.R. einer Leitsatzentscheidung zu den Erfordernissen der Revisionszulassung zur Sicherung einer einheitlichen Rechtsprechung mitsamt den Anforderungen an die Begründung einer darauf gestützten NZB gemäß §§ 543 II 1 Nr. 2 Alt. 2, 544 II 3 ZPO Stellung genommen hat[1885].

Der *IX. Zivilsenat* hat dort den folgenden amtlichen Leitsatz aufgestellt:

„Rügt die Nichtzulassungsbeschwerde, das Berufungsgericht habe die allgemein bezeichnete Rechtsprechung des Bundesgerichtshofes grundlegend missverstanden, so ist die Erforderlichkeit der Revisionszulassung zur Sicherung einer einheitlichen Rechtsprechung nur dann hinreichend ausgeführt, wenn durch einen Vergleich der entscheidungstragenden, nicht notwendig geschriebenen Obersätze des Berufungsurteils mit der herangezogenen Rechtsprechung eine Rechtssatzabweichung dargelegt wird."

In der diesem Leitsatz zugrunde liegenden Entscheidung hat der *IX. Zivilsenat* die NZB der Beschwerdeführer als unzulässig verworfen, da die Begründung des Rechtsmittels den gesetzlichen Anforderungen nicht genügt habe; im Einzelnen hat er dazu Folgendes ausgeführt:

Mit der Behauptung, das Berufungsgericht habe die einschlägige Senatsrechtsprechung – konkret zur Entstehung von Schadensersatzansprüchen gegen einen

1883 Vgl. insoweit auch den ersten amtlichen Leitsatz der Entscheidung des *V. Zivilsenats. Kritisch* hingegen HK/*Kayser*[4], § 543 ZPO Tz. 28, der die Auffassung, dass jedes grundlegende Missverständnis der höchstrichterlichen Rechtsprechung eine strukturelle Wiederholungsgefahr begründe, als zu weitgehend ablehnt.

1884 Diese ‚Definition' benutzt *Gross*, AnwBl. 2005, 221.

1885 *BGH*, Beschl. v. 23.03.2011, IX ZR 212/08, NJW 2011, 2443 f.

Steuerberater – *grundlegend missverstanden*, sei das Erfordernis der Sicherung einer einheitlichen Rechtsprechung als Revisionszulassungsgrund nicht dargelegt worden. Vielmehr hätte die Beschwerdebegründung einen bestimmten, entscheidungserheblichen *Obersatz* des Berufungsurteils herausarbeiten müssen, der, sei es aufgrund eines Missverständnisses, sei es aufgrund anderer Erwägungen, von dem *Obersatz* einer Vergleichsentscheidung abweiche[1886]. Auf einen solchen *Obersatzvergleich* stelle der Senat auch für die Einheitlichkeitssicherung bereits in st. Rspr. ab[1887]. Darüber hinaus decke sich diese Auslegung mit dem – von der Beschwerde selbst angeführten – Beschluss des *V. Zivilsenats* v. 08.09.2004[1888]. Denn wenn der *V. Zivilsenat* dort zum Ausdruck gebracht habe, dass auch ein *grundlegendes Missverständnis* – ebenso wie die Heranziehung/Zugrundelegung eines unrichtigen *Obersatzes* – eine *strukturelle Wiederholungsgefahr* der fehlerhaften Rechtsanwendung erzeuge, dann bedeute das in der Sache letztlich nichts anderes als die Subsumtion unter einen *Obersatz*, der – hier infolge eines *Missverständnisses* – von der Vergleichsentscheidung abweiche; ansonsten könne ein *Missverständnis* zwar schwerwiegend sein, es wäre dann jedoch nicht grundlegend[1889]. Der *IX. Zivilsenat* führt dann weiter aus, dass auch der *V. Zivilsenat* seine ältere Zulassungsrechtsprechung i.S. eines *Obersatzvergleichs* klargestellt habe, ebenso wie andere oberste Bundesgerichte[1890]. Nicht zuletzt handele es sich auch dann um nichts anderes als eine *versteckte Obersatzdivergenz*, wenn ein Gericht in einer bestimmten Rechtsfrage in ständiger Praxis höchstrichterliche Rechtsprechung nicht berücksichtige, was der *V. Zivilsenat* bspw. in seinem Beschluss v. 29.05.2002[1891] als *Rechtsfehler mit symptomatischer Bedeutung* bezeichne[1892]. Somit hält der *IX. Zivilsenat* schließlich

---

1886 Siehe *BGH*, Beschl. v. 23.03.2011 (Fn. 1885), NJW 2011, 2443.

1887 So *BGH*, Beschl. v. 23.03.2011 (Fn. 1885), NJW 2011, 2443, unter Hinweis auf *BGH*, Beschl. v. 16.09.2010, IX ZB 203/09, n.v. (juris), zu § 574 II Nr. 2 Alt. 2 ZPO; Beschl. v. 02.12.2010, IX ZR 56/09, n.v. (juris); Beschl. v. 16.12.2010, IX ZR 150/08, n.v. (juris), jeweils zu § 543 II 1 Nr. 2 Alt. 2 ZPO.

1888 *BGH*, Beschl. v. 08.09.2004, V ZR 260/03, NJW 2005, 154, 155, zu § 543 II 1 Nr. 2 Alt. 2 ZPO.

1889 *BGH*, Beschl. v. 23.03.2011 (Fn. 1885), NJW 2011, 2443.

1890 Siehe *BGH*, Beschl. v. 23.03.2011 (Fn. 1885), NJW 2011, 2443, unter Hinweis auf *BGH*, Beschl. v. 18.03.2004, V ZR 222/03, NJW 2004, 1960, 1961 (dazu [**kritisch**] vorstehend unter (3) [S. 566 ff., dort S. 576 ff.]); Beschl. v. 19.06.2008, V ZR 190/07, Info M 2008, 449, i.Ü. n.v. (juris), wohl betreffend den Tatbestand der ‚Abweichung' (Divergenz), s. auch nachfolgend auf S. 584, dort Fußnote 1895; Beschl. v. 16.07.2009, V ZA 5/09, n.v. (juris), jeweils zu § 543 II 1 Nr. 2 Alt. 2 ZPO. Zudem *BFH*, Beschl. v. 16.04.2009, VIII B 216/08, BFH/NV 2009, 1264, 1265, zu § 115 II Nr. 2 Alt. 2 FGO und wohl betreffend den Tatbestand der ‚Abweichung' (Divergenz), s. auch nachstehend auf S. 584, dort Fußnote 1895, auf den der *IX. Zivilsenat* hier ebenfalls verweist.

1891 *BGH*, Beschl. v. 29.05.2002, V ZB 11/02, NJW 2002, 2473, 2474, zu § 574 II Nr. 2 Alt. 2 ZPO.

1892 So *BGH*, Beschl. v. 23.03.2011 (Fn. 1885), NJW 2011, 2443.

zusammenfassend fest, dass der von ihm geforderte *Obersatzvergleich*, ähnlich wie früher bei der Divergenzrevision, von der Begründung der NZB nachvollzogen werden müsse[1893], was dem Beschwerdeführer konkret eine Herausarbeitung und Gegenüberstellung der jeweiligen divergierenden *Obersätze* abverlangt.

Diese Rechtsprechung des *IX. Zivilsenats*, die dieser mit der o.g. Leitsatzentscheidung herausgebildet hat, ist im Hinblick auf einen effektiven Zivilrechtsschutz vor dem BGH als Revisionsgericht enorm *kritikbedürftig*.

Dabei gilt es auch hier zunächst wieder anzumerken, dass soweit der BGH in den Entscheidungsgründen ausschließlich die Begriffe *‚Obersatz/Obersätze'* sowie *‚Obersatzdivergenz'* und *‚Obersatzvergleich'* verwendet, diese auch hier offensichtlich jeweils wieder i.S.v. *‚Rechtssatz/Rechtssätze'* sowie *‚Rechtssatzdivergenz'* und *‚Rechtssatzvergleich'* zu verstehen sind, zumal zwischen den Begriffen *‚Obersatz'* und *‚Rechtssatz'* ein inhaltlicher Unterschied entsprechend den vorstehend unter (3) (S. 566 ff., dort S. 577 f.) gemachten Ausführungen nicht besteht. Das ergibt sich vorliegend auch insbesondere aus dem der Entscheidung des *IX. Zivilsenats* vorangestellten amtlichen (!) Leitsatz, wenn es dort heißt, dass bei der Rüge eines grundlegenden Missverständnisses der einschlägigen BGH-Rechtsprechung die Erforderlichkeit der Revisionszulassung zur Sicherung einer einheitlichen Rechtsprechung allein dann hinreichend ausgeführt sei, wenn durch einen Vergleich der entscheidungstragenden, nicht notwendig geschriebenen *Obersätze* des Berufungsurteils mit der herangezogenen Rechtsprechung eine *Rechtssatzabweichung* dargelegt werde. Wenn nämlich eine *Rechtssatzabweichung* gerade durch einen Vergleich der jeweiligen entscheidungstragenden (nicht notwendig geschriebenen) *Obersätze* dargelegt werden soll, dann finden die beiden Begriffe *‚Obersatz'* und *‚Rechtssatz'* hier somit ganz offensichtlich gleichbedeutend Verwendung[1894].

1893 Vgl. *BGH*, Beschl. v. 23.03.2011 (Fn. 1885), NJW 2011, 2443, unter Hinweis auf *BGH*, Beschl. v. 29.05.2002 (Fn. 1891), NJW 2002, 2473, 2474; Beschl. v. 27.03.2003, V ZR 291/02, NJW 2003, 1943, 1945, zu § 543 II 1 Nr. 2 Alt. 2 ZPO. Dabei gilt es anzumerken, dass die beiden in Bezug genommenen Beschlüsse des *V. Zivilsenats* insoweit jeweils zum Zulassungstatbestand der ‚Divergenz' i.R.d. (neuen) Rechtsprechungsvereinheitlichungsrevision ergangen sind, s. auch nachfolgend auf S. 584, dort Fußnote 1895.

1894 Vgl. neben dem amtlichen Leitsatz der Entscheidung des *IX. Zivilsenats* bspw. auch noch die von diesem in seinem Beschluss zitierte Entscheidung des *V. Zivilsenats*, *BGH*, Beschl. v. 19.06.2008 (Fn. 1890), Info M 2008, 449, i.Ü. n.v. (juris), wo die beiden Begriffe *‚Obersatz'* und *‚Rechtssatz'* ebenfalls in unmittelbarem Zusammenhang offensichtlich gleichbedeutend verwendet werden. Vgl. überdies *BGH*, Beschl. v. 07.07.2011, IX ZR 190/09, n.v. (juris), wo der *IX. Zivilsenat* die beiden Begriffe *‚Obersatz'* und *‚Rechtssatz'* ebenfalls offensichtlich gleichbedeutend verwendet, wenn er anführt, dass eine *‚Obersatzabweichung'* nur dann vorliege, wenn sich aus dem Berufungsurteil ein abweichender, falscher *‚Rechtssatz'* „zwingend" ‚sicher' erschließen lasse. Vgl. zudem die entsprechenden vorstehend unter (3) (S. 566 ff., dort S. 577 f. einschließlich Fußnote 1875) gemachten

Was nun die soeben angeführte enorme *Kritikbedürftigkeit* angeht, so ist Folgendes anzuführen:

Mit seiner in der o.g. Leitsatzentscheidung herausgebildeten Rechtsprechung betreffend die Revisionszulassung zur Sicherung einer einheitlichen Rechtsprechung und die Anforderungen an die Begründung einer darauf gestützten NZB gemäß §§ 543 II 1 Nr. 2 Alt. 2, 544 II 3 ZPO gibt der *IX. Zivilsenat* quasi sämtliche von den anderen Zivilsenaten im Hinblick auf die Zulassungsrelevanz vorinstanzlicher Rechtsanwendungsfehler statuierten konkretisierenden Kriterien auf. Denn er ‚schert letztlich alles über einen Kamm', wenn er auch in einem Rechtsanwendungsfehler mit *symptomatischer Bedeutung* sowie einem *grundlegenden Missverständnis* der höchstrichterlichen Rechtsprechung als indizierendem Merkmal einer die Zulassungsrelevanz eines Rechtsanwendungsfehlers kennzeichnenden strukturellen Wiederholungs- oder Nachahmungsgefahr ausnahmslos die Subsumtion unter einen abweichenden, nicht notwendig geschriebenen Obersatz = Rechtssatz erblickt und diese Kriterien somit jeweils auf eine versteckte Obersatz- = Rechtssatzdivergenz reduziert[1895]. Auch wenn sowohl die *symptomatische Bedeutung* des geltend gemachten Rechtsanwendungsfehlers als auch das *grundlegende Missverständnis* des rechtlichen Ansatzpunktes der einschlägigen höchstrichterlichen Rechtsprechung der Sache nach jeweils mit dem Merkmal der ‚Abweichung' zu tun hat – bei einem *symptomatischen Rechtsanwendungsfehler* geht es darum, dass das Instanzgericht eine höchstrichterliche Rechtsprechung in ständiger Praxis nicht berücksichtigt, diese also außen vor lässt und somit von ihr abweicht; bei einem *grundlegenden Missverständnis* der höchstrichterlichen Rechtsprechung geht es darum, dass das Instanzgericht die einschlägige höchstrichterliche Rechtsprechung seiner Entscheidung zwar zugrunde legt, bestimmte Anforderungen bzw. den Ansatzpunkt dieser Rechtsprechung dabei jedoch grundlegend missachtet bzw.

Ausführungen sowie ansatzweise schon oben unter 1.b)bb) (S. 527 ff. [528]), dort Fußnote 1735 a.E.

1895 Siehe insoweit *BGH*, Beschl. v. 23.03.2011 (Fn. 1885), NJW 2011, 2443, wobei es anzumerken gilt, dass die dortigen Verweise auf die Rechtsprechung des *V.* und *IX. Zivilsenats* sowie auf die Rechtsprechung des *BFH* im Hinblick auf die Obersatzdivergenz/den Obersatzvergleich oftmals wenig exemplarisch erscheinen und darüber hinaus teilweise – soweit in den Fußnoten 1890 u. 1893 kenntlich gemacht – zum Zulassungstatbestand der ‚Divergenz' ergangen sind, in dessen Rahmen sowohl der BGH als auch der BFH in st. Rspr. regelmäßig das Erfordernis divergierender Rechtssätze ins Zentrum stellen, so dass diese Verweise m.E. wenig gelungen erscheinen, um eine sog. *‚Obersatzdivergenz' auch auf dem Gebiet der instanzgerichtlichen Rechtsanwendungsfehler* zu belegen und zu untermauern. – Was die (strukturelle) Wiederholungs- oder Nachahmungsgefahr angeht, so ist schließlich noch darauf hinzuweisen, dass der *IX. Zivilsenat* dazu an anderer Stelle anführt, dass eine Wiederholungs- oder Nachahmungsgefahr ohnehin nur *indizielle Bedeutung* für eine seinerseits geforderte *Obersatz- = Rechtssatzabweichung* haben könne (S. 2443 f.).

missversteht/verkennt und somit ebenfalls von ihr abweicht – kann die Revisionszulassung auf eine NZB hin hier jedoch nicht durchweg von dem Erfordernis und der Darlegung eines Obersatz- = Rechtssatzvergleichs abhängig gemacht werden.

Es gilt nämlich insbesondere im Hinblick auf ein *grundlegendes Missverständnis* der höchstrichterlichen Rechtsprechung zu bedenken, dass das Berufungsgericht die einschlägige BGH-Rechtsprechung zwar durchaus grundlegend missverstehen und seiner Entscheidung dabei einen bestimmten, entscheidungserheblichen konkludenten Obersatz = Rechtssatz zugrunde legen kann. Ebenso gut kann aber ein *grundlegendes Missverständnis* vorliegen, ohne dass insoweit gleichzeitig ein konkludenter Obersatz = Rechtssatz gebildet bzw. der Entscheidung zugrunde gelegt wird, nämlich dann, wenn das Instanzgericht die einschlägige Rechtsprechung seiner Entscheidung zwar zugrunde legt, die dort gebildeten abstrakten Obersätze = Rechtssätze also ggf. auch äußerlich ‚anwendet', d.h. zitiert, sie dann jedoch im weiteren Verlauf seiner Entscheidungsbegründung nicht folgerichtig umsetzt, weil es bestimmte Anforderungen dieser Rechtsprechung einfach grundlegend missversteht und somit ihren rechtlichen Ansatzpunkt schlichtweg grundlegend verkennt[1896]. Da folglich das grundlegende Missverständnis/die grundlegende Verkennung der einschlägigen höchstrichterlichen Rechtsprechung nicht zwangsläufig immer auch mit der Subsumtion unter einen (ggf. ungeschriebenen) Obersatz = Rechtssatz einhergehen muss, *kann* es demnach gelingen, aus der berufungsgerichtlichen Entscheidung einen konkludenten Obersatz = Rechtssatz herauszulesen, *muss* es aber nicht. Das gilt nicht zuletzt auch deshalb, weil es für den Beschwerdeführer regelmäßig mit erheblichen Schwierigkeiten verbunden sein wird, aus der Entscheidungsbegründung der angefochtenen Berufungsentscheidung eigenständig eine konkludente – vom *IX. Zivilsenat* sog. *‚versteckte'* – Obersatz- = Rechtssatzdivergenz herauszuarbeiten, d.h. aus dem berufungsgerichtlichen Urteil einen ungeschriebenen, versteckten Obersatz = Rechtssatz geradezu herauszusuchen sowie anschließend aufzustellen und zu formulieren, um diesen dann der entsprechend herangezogenen Vergleichsentscheidung und den dortigen Obersätzen = Rechtssätzen gegenüberzustellen. Dem Beschwerdeführer aber auf diese Weise zunächst noch die Begründung der berufungsgerichtlich getroffenen Entscheidung aufzuerlegen, d.h. diesem abzuverlangen, das instanzgerichtlich gefundene Entscheidungsergebnis durch entsprechende abstrakte Obersätze = Rechtssätze zu belegen, um seinerseits Rechtsschutz gegen dieses Urteil erlangen und eine den Vorgaben entsprechende – zulässige – Beschwerdebegründung anfertigen zu können, kann ihm jedoch nicht zugemutet werden[1897].

Wenn nun also die revisionszulassungsrechtliche Rechtsprechung i.R.d. § 543 II 1 Nr. 2 Alt. 2 ZPO von vornherein ausschließlich auf den Tatbestand der – ggf. versteckten – Obersatz- = Rechtssatzdivergenz reduziert wird und die Begründung der NZB nach § 544 II 3 ZPO auch betreffend die *symptomatische Bedeutung* eines

---

1896 Vgl. in diesem Zusammenhang auch oben unter 1.b)aa) (S. 522 ff., dort S. 524).
1897 Vgl. insoweit auch oben unter 1.b)aa) (S. 522 ff., dort S. 523 f.).

vorinstanzlichen Rechtsanwendungsfehlers sowie insbesondere ein *grundlegendes Missverständnis* der einschlägigen höchstrichterlichen Rechtsprechung – ebenso wie i.R.d. Divergenztatbestandes – ausnahmslos einen Obersatz- = Rechtssatzvergleich darlegen und nachvollziehen muss, dann erschwert dies dem Beschwerdeführer die Begründung seiner NZB ungemein und mündet letztendlich in eine unzumutbare Verkürzung des Zivilrechtsschutzes vor dem BGH als Revisionsgericht. Das gilt umso mehr, wenn man bedenkt, dass die enge Divergenz-Doktrin mit dem dortigen Erfordernis divergierender (konkludenter) Rechtssätze, das sich seinerseits schon i.R.d. Divergenztatbestandes erheblich rechtsschutzverkürzend auswirkt[1898], aufgrund der einschlägigen Rechtsprechung des *IX. Zivilsenats* – abgesehen von den Fällen, in denen das Berufungsurteil gegen das Willkürverbot verstößt[1899] – auf *sämtliche* übrigen Fälle der als zulassungsrelevant eingestuften Rechtsanwendungsfehler des Berufungsgerichts ausgeweitet und übertragen wird. Eine solche fast grenzenlose Ausweitung des Erfordernisses divergierender Obersätze = Rechtssätze nimmt dem Beschwerdeführer nämlich nahezu jeglichen Spielraum i.R.d. Begründung seiner auf die Erforderlichkeit einer BGH-Entscheidung zur Sicherung einer einheitlichen Rechtsprechung gestützten NZB, so dass dieses Rechtsmittel im Hinblick auf die angesprochenen enormen Darlegungsanforderungen und die damit verbundenen erheblichen Schwierigkeiten für den Beschwerdeführer hier quasi leerläuft. Die gehörig einschränkende, die Erforderlichkeit der Revisionszulassung zur Sicherung einer einheitlichen Rechtsprechung auf eine – ggf. versteckte – Ober- = Rechtssatzdivergenz und einen damit einhergehenden Ober- = Rechtssatzvergleich reduzierende Rechtsprechung des *IX. Zivilsenats* läuft demnach einem *effektiven Individualrechtsschutz* auf dem Gebiet der Zivilgerichtsbarkeit und der damit verbundenen *Forderung nach Einzelfallgerechtigkeit* auch i.R.d. Revisionszulassungsrechts *zuwider.*

Dies vor Augen sollte der *IX. Zivilsenat* seine in der o.g. Entscheidung herausgebildete Rechtsprechung noch einmal grundlegend überdenken und sich dabei insbesondere auch eingestehen, dass es mit Blick auf die Zulassungsrelevanz von Rechtsanwendungsfehlern der Vorinstanz nicht immer zwangsläufig der Subsumtion unter einen abweichenden (konkludenten) Obersatz = Rechtssatz bedarf, sondern das Berufungsgericht stattdessen vielmehr auch den rechtlichen Ansatzpunkt der einschlägigen höchstrichterlichen Rechtsprechung schlichtweg grundlegend missverstehen/verkennen kann, ohne dabei einen abweichenden Obersatz = Rechtssatz zu bilden bzw. der Entscheidung zugrunde zu legen. Er sollte sich demzufolge der die Kriterien des *‚Symptomatischen Rechtsanwendungsfehlers‘*

1898 Zur **Kritik** an der engen Divergenz-Doktrin mit dem dortigen Erfordernis divergierender (konkludenter) Rechtssätze und den entsprechenden Darlegungsanforderungen (vornehmlich i.R.d. Finanzgerichtsbarkeit) ausführlich oben unter 1.b) (S. 521 ff.).

1899 Vgl. hierzu vorstehend unter (1) (S. 559 ff.). Eine weitere Ausnahme besteht hinsichtlich der hier nicht näher behandelten Verletzung von Verfahrensgrundrechten, vgl. oben Fußnote 1806.

sowie der *,Strukturellen Wiederholungs- oder Nachahmungsgefahr'* konkretisierenden Rechtsprechung der anderen Zivilsenate – insbesondere zum *grundlegenden Missverständnis* der höchstrichterlichen Rechtsprechung – anschließen, von der zu hoffen bleibt, dass sie auch weiterhin konsequent zugunsten des Rechtsschutzsuchenden Anwendung findet und ggf. noch weiter ausgebildet und präzisiert wird.

(5) Beurteilung und Bewertung der einschlägigen BGH*-Rechtsprechung*

Betrachtet man die Grundzüge der einschlägigen Rechtsprechung des BGH zur Zulassungsrelevanz vorinstanzlicher Rechtsanwendungsfehler mitsamt den Anforderungen an die Begründung einer die qualifizierte Rechtsfehlerhaftigkeit der Vorentscheidung geltend machenden NZB – insbesondere im Hinblick auf die vorstehend unter (3) (S. 566 ff.) dargestellten Zulassungskriterien des *,Symptomatischen Rechtsanwendungsfehlers'*, der *,(Strukturellen) Wiederholungsgefahr'* und des ebensolchen *,Nachahmungseffektes'* – dann lässt sich feststellen, dass auch hier noch durchweg *erhebliche Rechtsunsicherheiten* verbleiben[1900].

Denn es stellt sich bspw. die Frage, wann einem Rechtsanwendungsfehler des Instanzgerichts die erforderliche *symptomatische Bedeutung* zukommt, zumal für den betroffenen Beschwerdeführer – auch angesichts vielfach unveröffentlichter Entscheidungen – nur schwer feststellbar ist, ob dem angefochtenen Urteil die insoweit geforderte ständige Fehlerpraxis des Berufungsgerichts zugrunde liegt[1901].

1900 Auf gleicher Linie *Seer*, in: T/K, § 115 FGO Tz. 77 (Lfg. 115 April 2008) bzw. nunmehr in Lfg. 131 Oktober 2012: *Keine Prognose* hinsichtlich der Zulassung möglich.

1901 Ähnlich *Ahrens*, JR 2004, 336 f.; *Nassall*, NJW 2003, 1345, 1347, der dazu anführt, dass die Erwägungen der BGH-Rechtsprechung zu dem Zulassungsgrund der ,Sicherung einer einheitlichen Rechtsprechung' über die Divergenzfälle hinaus *„auf ein weites Feld ohne praktische Orientierungspunkte"* führen; *Ruban*, DStR 2005, 2033, 2036 f., dort jedoch insoweit missverständlich, als es für den betroffenen Beschwerdeführer kaum feststellbar sei, ob dem Urteil eine ständige Fehlerpraxis des Gerichts zugrunde liege *oder* dem Rechtsfehler eine *symptomatische Bedeutung* zukomme, da die dort genannte ,ständige Fehlerpraxis des Gerichts' die *symptomatische Bedeutung* des betreffenden Rechtsanwendungsfehlers ja gerade ausmacht; *Schlosser*, JZ 2003, 266, 267, unter Hinweis darauf, dass man mit der Formel eines *,Rechtsanwendungsfehlers von symptomatischer Bedeutung'* keinesfalls weiterkomme, sowie mit der weiteren Anmerkung, dass der BGH sich selbst an der nötigen punktuellen Fortbildung des Rechts hindere, wenn er *,Rechtsanwendungsfehler von symptomatischer Bedeutung'* von einfachen Rechtsfehlern abzugrenzen suche, was letztendlich die Gefahr einer Verarmung „unserer Präjudizien-Kultur" nach sich ziehe (S. 267 u. 268, vgl. schon Fußnote 1830 a.E.); *Seer*, in: T/K, § 115 FGO Tz. 77 (Lfg. 131 Oktober 2012). Vgl. schließlich noch *Bleschick*, Revisionszulassungsgründe im Spannungsverhältnis, S. 345 u. 345 f., dort zwar ohne Nennung der Formel des ,Symptomatischen Rechtsanwendungsfehlers', allerdings dennoch *kritisch* im Hinblick auf die geforderte *ständige Fehlerpraxis.*

Der Beschwerdeführer kann auch hier letztlich nur *spekulieren*, so dass er mit Blick auf die schlüssige und substantiierte Auseinandersetzung mit diesem Zulassungskriterium überfordert ist[1902].

Ebenso tut sich für den Beschwerdeführer die Frage auf, wann eine das Vertrauen der Allgemeinheit in die Einheitlichkeit der Rechtsprechung insgesamt beeinträchtigende *Wiederholungsgefahr* oder ein ebensolcher *Nachahmungseffekt* besteht[1903]. Die Beantwortung dieser Frage beinhaltet nämlich eine in die Zukunft weisende *spekulative Prognose*, die sich nicht ohne weiteres bejahen lässt und somit einmal mehr eine Überforderung des Beschwerdeführers nach sich zieht[1904]. Hinzu kommt, dass der *VI. Zivilsenat* die Befürchtungen der Beschwerdeführer, andere Instanzgerichte könnten der fehlerhaften Argumentation folgen oder die betreffende entscheidungserhebliche Vorschrift werde vom Berufungsgericht auch weiterhin unzutreffend angewandt, nicht hat genügen lassen, da diese wegen ihrer Allgemeinheit die Zulassung der Revision nicht rechtfertigen[1905]. Wenn der *VI. Zivilsenat* hierzu weiter ausführt, es handele sich insoweit lediglich um theoretisch mögliche negative Entwicklungen, die nach jedem Rechtsfehler eintreten können, während konkrete Anhaltspunkte für eine Wiederholungsgefahr oder einen Nachahmungseffekt weder aufgezeigt noch ersichtlich seien[1906], dann zeigt sich auch hieran, wie sehr die vom Beschwerdeführer geforderten Darlegungen in das *Spekulative* führen, und dass sie ihm regelmäßig enorme Anstrengungen abverlangen.

Im weiteren Verlauf seiner Rechtsprechung hat der BGH dann zwar den Begriff der sog. *strukturellen Wiederholungs- oder Nachahmungsgefahr* herausgebildet und konkrete Anhaltspunkte benannt, die als *Indiz* eine solche, den Umständen nach praktisch naheliegende, sich unmittelbar aus dem Urteil selbst ergebende Gefahr gleichartiger Fehlurteile durch dasselbe Gericht oder durch andere Gerichte vermuten lassen. Damit ist er dem Beschwerdeführer zwar insoweit entgegengekommen, als es nicht mehr (ausschließlich) auf eine in die Zukunft weisende spekulative Prognose ankommt. Allerdings bestehen auch hier weiterhin *nicht unerhebliche Rechtsunsicherheiten*, wenn z.B. im Hinblick auf die konkreten Anhaltspunkte für

---

1902 Ebenso *Rimmelspacher*, JZ 2003, 797, der insoweit fast *prophetische Fähigkeiten* der rechtsmittelsuchenden Partei für erforderlich hält; *Schlosser*, JZ 2003, 266, 267, der die Frage aufwirft, woher denn das OLG oder sogar der mit der Prüfung der Revisionserfolgsaussicht mandatierte Rechtsanwalt *prognostizieren* können sollte, was *symptomatische Bedeutung* habe; *Seer*, in: T/K, § 115 FGO Tz. 77 (Lfg. 131 Oktober 2012).

1903 Gleicher Ansicht *Seer*, in: T/K, § 115 FGO Tz. 77 (Lfg. 131 Oktober 2012).

1904 Siehe *Gehrlein*, BGHReport 2004, 1575. Vgl. überdies *Seer*, in: T/K, § 115 FGO Tz. 77 (Lfg. 131 Oktober 2012). Vgl. zudem *Ahrens*, JR 2004, 336; *Ball*, in: Verhandlungen 65. Dt. Juristentag (Bd. I), A 69, A 81.

1905 *BGH*, Beschl. v. 25.11.2003, VI ZR 184/03, FamRZ 2004, 265, 266, s. auch bereits vorstehend unter (3) (S. 566 ff. [573]), dort Fußnote 1851.

1906 So *BGH*, Beschl. v. 25.11.2003 (Fn. 1905), FamRZ 2004, 265, 266, s. ebenfalls schon vorstehend unter (3) (S. 566 ff. [573]), dort Fußnote 1851.

das Bestehen einer solchen strukturellen Wiederholungs- oder Nachahmungsgefahr zu entscheiden ist, ob sich die rechtsfehlerhafte Begründung des angefochtenen Berufungsurteils verallgemeinern lässt und eine nicht unerhebliche Zahl künftiger Sachverhalte zu erwarten ist, auf die das Fehlurteil mitsamt der dortigen Argumentation übertragen werden könnte, oder ob sich der rechtliche Ansatz der angefochtenen berufungsgerichtlichen Entscheidung und deren damit einhergehende fehlerhafte Begründung demgegenüber eher nicht ohne weiteres von dem jeweiligen Streitfall lösen lassen, weil sie von den besonderen Umständen des Einzelfalls geprägt sind[1907].

Letzteres gilt bspw. auch für das *grundlegende Missverständnis* der höchstrichterlichen Rechtsprechung als indizierendem Merkmal einer die Zulassungsrelevanz eines Rechtsanwendungsfehlers kennzeichnenden strukturellen Wiederholungs- oder Nachahmungsgefahr. Denn auch hier steht der Beschwerdeführer regelmäßig vor der Frage, ob nur eine nicht zulassungsrelevante fehlerhafte Rechtsanwendung im Einzelfall oder aber ein zur Zulassung der Revision führendes grundlegendes Missverständnis des rechtlichen Ansatzpunktes der einschlägigen höchstrichterlichen Rechtsprechung gegeben ist. Dass es sich hierbei um eine Abgrenzung handelt, die nur schwer greifbar ist, kann nicht von der Hand gewiesen werden, so dass der Erfolg einer NZB bei fehlerhaften Berufungsurteilen letztlich in hohem Maße – zumindest auch – von der Zulassungsneigung des erkennenden Senats abhängig und im jeweiligen Einzelfall demnach nur äußerst schwer *abschätzbar* und *vorhersehbar* bleibt[1908].

1907 Vgl. auch *Ball*, in: Verhandlungen 65. Dt. Juristentag (Bd. I), A 69, A 81, wenn er anführt, dass sich selbst für Standardfälle nur *spekulieren* lasse, *ob eine fehlerhafte Urteilsbegründung zur Nachahmung einlade*; denn dass sich eine fehlerhafte Urteilsbegründung auf andere gleich gelagerte Fälle übertragen lasse, belege zwar ihre *Reproduzierbarkeit*, jedoch noch *keine konkrete Reproduktionsgefahr* (dort Fußnote 77). Vgl. zudem *Gottwald*, in: Verhandlungen 65. Dt. Juristentag (Bd. I), A 107, 121, unter Hinweis auf die seitens der Rechtsprechung vorgenommene ‚weiche' Grenzziehung und die damit verbundenen Unsicherheiten.

1908 Ähnlich *Hall*, jurisPR-BGHZivilR 45/2004 Anm. 2, dort unter D. Vgl. überdies *Bleschick*, Revisionszulassungsgründe im Spannungsverhältnis, S. 378, der unter Hinweis auf *Traut*, Zugang zur Revision in Zivilsachen, S. 165, anführt, dass es dem BGH bislang nicht gelungen sei, einen trennscharfen und dem Bestimmtheitsgebot entsprechenden Maßstab herauszubilden. – Vgl. zur **Kritik** an der einschlägigen BGH-Rechtsprechung *insgesamt*, insbesondere im Hinblick auf die *Abschätzbarkeit* und *Vorhersehbarkeit* der Erfolgsaussichten einer auf die qualifizierte Fehlerhaftigkeit der angefochtenen berufungsgerichtlichen Entscheidung gestützten NZB, und vornehmlich betreffend die insoweit maßgeblichen Zulassungskriterien des *‚Symptomatischen Rechtsanwendungsfehlers'* sowie der *‚(Strukturellen) Wiederholungs- und Nachahmungsgefahr'*, *Ahrens*, JR 2004, 336 f.; *Ball*, in: Verhandlungen 65. Dt. Juristentag (Bd. I), A 69, A 81 f., der vorbringt, dass es sich bei den Zulassungskriterien der ‚Wiederholungs- und Nachahmungsanfälligkeit/-gefahr' um Zulassungsvoraussetzungen handele, die

Allerdings soll trotz der o.g. *Kritik* hier nicht verschwiegen, sondern vielmehr

---

praktisch unerfüllbar seien oder deren Erfüllung nahezu *beliebig bejaht oder verneint* werden könne; *Büttner*, BRAK-Mitt. 2003, 202, 208, der im Hinblick auf fehlende geeignete Aufklärungsmittel *äußerst plastisch* die Frage aufwirft, ob der Revisionsanwalt das Berufungsgericht zwecks Vorlage beim Revisionsgericht um eine schriftliche Auskunft bitten solle, ob dieses den gerügten Rechtsfehler zu wiederholen gedenke, oder ob er durch Einholung eines Meinungsforschungsgutachtens den Grad der ‚Ansteckungsgefährlichkeit' des jeweiligen Rechtsfehlers sowie die Frage klären solle, ob diesem Rechtsfehler ‚symptomatische Bedeutung' mit der Gefahr einer Nachahmung durch andere Gerichte zukomme; *ders.*, in: Verhandlungen 65. Dt. Juristentag (Bd. I), A 89, A 101, unter Hinweis darauf, dass eine *Erfolgsprognose* für jede NZB so gut wie *unmöglich* sei; *Gottwald*, in: Verhandlungen 65. Dt. Juristentag (Bd. I), A 107, 121, der von einer ‚weichen' Grenzziehung spricht und auf die damit verbundenen Unsicherheiten hinweist; *Nassall*, NJW 2003, 1345, 1347, unter Hinweis auf eine *‚merkwürdige Flucht in den Begriffshimmel'* und den *‚erheblichen rhetorischen Aufwand'*, mit dem die BGH-Senate vergeblich versucht hätten, die gesetzlichen Rechtsmittelzulassungsgründe begrifflich zu fassen; *ders.*, NJW 2012, 113, 115, mit der Anmerkung, dass die ZPO-Reform *Raum für Wertungen* lasse und dem BGH zur *‚Zugriffsrevision'* verholfen habe, da dieser eine fehlerhafte Berufungsentscheidung korrigieren könne, aber nicht stets auch müsse; *Rimmelspacher*, JZ 2003, 797, der in Frage zieht, dass der von der BGH-Rechtsprechung mit den o.g. Zulassungskriterien unternommene Konkretisierungsversuch gelungen sei; *Scheuch/Lindner*, NJW 2003, 728, 729; *Schneider*, AnwBl. 2003, 546, 547; *ders.*, MDR 2003, 901, 904, der von einem *‚Begriffschaos'* spricht, das jegliche *Berechenbarkeit* ausschließe, so dass es scheine, als ob sich der BGH mit den seinerseits vorgenommenen Umschreibungen zulassungsrelevanter Rechtsanwendungsfehler entlasten wolle, weil sich damit fast jede Nichtannahme bzw. Nichtzulassung „begründen" lasse; *Schultz*, MDR 2003, 1392, 1397 ff., v.a. 1398 f.; *Seiler*, MDR 2003, 785, 786; Zöller/*Gummer*[26], § 543 ZPO Tz. 14. Vgl. schließlich noch *Bleschick*, Revisionszulassungsgründe im Spannungsverhältnis, S. 283, 344 f., 345 f. u. 347, der von einer *Vielzahl unscharfer Konkretisierungsversuche ohne jegliche antizipierbare Umschreibungen* spricht (S. 283). Die Bestimmung der Wiederholungs- und Nachahmungsgefahr einschließlich der – „vermeintlich", so *Bleschick* – erleichterten Darlegungsanforderungen sei äußerst *diffus und unpräzise*, so dass sie dem *Gebot der Rechtsmittelklarheit* nicht genüge (S. 344 f. u. 347); im Übrigen handele es sich bei der ‚Wiederholungs- und Nachahmungsgefahr' um ein bereits *aus praktischen/tatsächlichen Erwägungen untaugliches Zulassungskriterium* (S. 345 f.). – Zudem wird der einschlägigen BGH-Rechtsprechung vereinzelt entgegengehalten, das Erfordernis der *‚Wiederholungs- und Nachahmungsgefahr'* sei *systemfremd*. Denn die Beurteilung, ob der betreffende Rechtsanwendungsfehler eine *‚Signalwirkung'* auch für künftige Streitfälle auslöse, verlange vom Revisionsgericht bereits im Zulassungsverfahren eine Sachprüfung des angefochtenen Urteils, die sinnvollerweise aber nicht zum Gegenstand des Zulassungsverfahrens gemacht werden, sondern erst Gegenstand des künftigen Revisionsverfahrens sein könne, *Jacoby*, ZZP 116 (2003), 229, 231 f.; *Rimmelspacher*, JZ 2003, 797. Vgl. in

positiv herausgestellt werden, dass sich der BGH – mit Ausnahme des *IX. Zivilsenats* in seinem Beschluss v. 23.03.2011[1909] – ersichtlich um eine deutlichere und eingehendere Konkretisierung der Rechtsfigur des ‚Gravierenden Rechtsanwendungsfehlers der Vorinstanz' als Fallgruppe einer Revisionszulassung zur Sicherung einer einheitlichen Rechtsprechung gemäß §§ 543 II 1 Nr. 2 Alt. 2, 544 II 3 ZPO bemüht und eine weitergehende Rechtsprechung entwickelt hat, als es der BFH in seiner bisherigen Zulassungsrechtsprechung zu §§ 115 II Nr. 2 Alt. 2, 116 III 3 FGO getan hat[1910]. Auch wenn die Grenzziehung zwischen einer nicht zulassungsrelevanten bloß fehlerhaften Rechtsanwendung im Einzelfall und einer zur Zulassung führenden qualifizierten Fehlerhaftigkeit der Vorentscheidung noch immer nicht klar abgesteckt ist und sich auch weiterhin als relativ ‚weich' darstellt[1911], ist es dem BGH hoch anzurechnen, dass er mit den herausgebildeten Zulassungskriterien des *‚Symptomatischen Rechtsanwendungsfehlers'* sowie der *‚Strukturellen Wiederholungs- und Nachahmungsgefahr'* und hier insbesondere mit dem *‚Grundlegenden Missverständnis der höchstrichterlichen Rechtsprechung'* den Versuch unternimmt, zur Bestimmung zulassungsrelevanter vorinstanzlicher Rechtsanwendungsfehler eine Rechtsprechung zu entwickeln, die sich zumindest durch etwas mehr *Konturenschärfe* auszeichnet und darüber hinaus v.a. ein *breiteres Anwendungsfeld* aufweist, als die lediglich auf die praktisch absoluten Ausnahme- (Ausreißer-) fälle der ‚Objektiven Willkür' und der ‚Greifbaren Gesetzwidrigkeit' beschränkte Parallelrechtsprechung des BFH[1912].

Das gilt insbesondere für die Ausweitung der Zulassungstatbestände i.R.d. § 543 II 1 Nr. 2 Alt. 2 ZPO auf die Fälle eines *‚Grundlegenden Missverständnisses der höchstrichterlichen Rechtsprechung'* als konkretem indizierenden Anhaltspunkt für das Bestehen einer strukturellen Wiederholungsgefahr oder eines ebensolchen Nachahmungseffektes, die eine gewisse Verwandtschaft zu der diesseits befürworteten *Divergenz im Entscheidungsergebnis* aufweisen[1913]. Denn so konkre-

---

diesem Zusammenhang außerdem *Ahrens*, JR 2004, 336, 337; *Schultz*, MDR 2003, 1392, 1398.

1909 *BGH*, Beschl. v. 23.03.2011, IX ZR 212/08, NJW 2011, 2443 f. Dazu ausführlich **kritisch** vorstehend unter (4) (S. 581 ff.).

1910 Ebenso *Seer*, in: T/K, § 115 FGO Tz. 76 (Lfg. 131 Oktober 2012) u. 77 (Lfg. 115 April 2008).

1911 *Gottwald*, in: Verhandlungen 65. Dt. Juristentag (Bd. I), A 107, 121.

1912 Die gegenüber der Rechtsprechung des *BFH* konturenschärfere *BGH-Rechtsprechung* begrüßt auch *Seer*, StuW 2003, 193, 198, der insoweit die Konkretisierung der Formel betreffend die Wiederholungsgefahr und den Nachahmungseffekt hervorhebt.

1913 Siehe zu der diesseits befürworteten *Divergenz im Entscheidungsergebnis* ansatzweise bereits oben im 3. Abschnitt unter B.III.1.b)cc) (S. 240 ff., dort S. 244 f.) u. B.III.2.a)bb) (S. 332 ff., dort S. 338 f.) sowie ausführlich vorstehend unter 1.b) bb) (S. 527 ff.) und schließlich auch noch vorstehend unter (3) (S. 566 ff., dort S. 570 ff.). Vgl. in diesem Zusammenhang auch *Gaier*, NJW-Sonderheft 2003, 18, 22,

tisierungsbedürftig dieses Merkmal auch sein mag[1914], so führt es doch zu einer enormen Ausweitung des revisionsgerichtlichen Zugriffs vor allem auf die Fälle, in denen die Instanzgerichte den höchstrichterlichen Leitlininen zwar verbal – d.h. rein äußerlich durch Zitieren – folgen, nicht jedoch der Sache nach, weil sie diese gerade grundlegend verkennen[1915]. Wenn nun also den Ansatzpunkt der höchstrichterlichen Rechtsprechung verkennende Urteile einer revisionsgerichtlichen Korrektur zugeführt werden, und ein solches grundlegendes Missverstehen und Verkennen der höchstrichterlichen Rechtsprechung eine die Zulassungsrelevanz vorinstanzlicher Rechtsanwendungsfehler kennzeichnende strukturelle Wiederholungs- oder Nachahmungsgefahr *indiziert*, dann ist das ein großer Schritt in die richtige Richtung hin zu einem effektiveren Rechtsschutz, bei dem der BGH der Einzelfallgerechtigkeit und den individuellen Interessen des Rechtsschutzsuchenden erheblich mehr Platz einräumt[1916]. Das wiederum zeugt davon, dass dieser immer mehr von seiner zunächst ebenfalls eher restriktiven Zulassungspraxis abweicht und die Anforderungen an eine auf die fehlerhafte Rechtsanwendung durch die Vorinstanz gestützte NZB zunehmend erheblich abmildert.

Entgegen *Reinhild Ruban*[1917] ist das vom BGH herausgebildete Zulassungskriterium der ‚*Strukturellen Wiederholungs- oder Nachahmungsgefahr*' schließlich auch nicht entbehrlich.

Ruban vertritt insoweit die Ansicht, dass die Fallgruppe der ‚*Strukturellen Wiederholungsgefahr*' sich mit dem Zulassungstatbestand der ‚Divergenz' berühre. So werde die Zulassung der Revision wegen struktureller Wiederholungsgefahr eines instanzgerichtlichen Rechtsanwendungsfehlers immer dann bedeutsam, wenn das Instanzgericht, ohne selbst (ausdrücklich) einen abstrakten, von der Rechtsprechung des Revisionsgerichts oder eines anderen Gerichts abweichenden Rechtssatz aufzustellen, im Ergebnis von der Rechtsprechung eines anderen Gerichts abgewichen sei, sei es, dass seinen Rechtsausführungen ein verdeckter Rechtssatz zugrunde liege, der – ausdrücklich formuliert – die Zulassung der Revision wegen Divergenz rechtfertigen würde[1918], sei es, dass es die Grundsätze der höchstrich-

---

sowie *Ruban*, DStR 2005, 2033, 2037, die jeweils anführen, dass die Fallgruppe der ‚Strukturellen Wiederholungsgefahr' sich mit dem Zulassungstatbestand der ‚Divergenz' berühre.

1914 Vgl. dazu soeben auf S. 589.

1915 Gleicher Ansicht *Scheuch/Lindner*, NJW 2005, 112, 114. Vgl. zudem *Nassall*, NJW 2012, 113, 114, der in diesem Zusammenhang auf die Erhaltung der *Grundlage einer weitreichenden Fehlerkontrolle* hinweist.

1916 Siehe auch *Scheuch/Lindner*, NJW 2005, 112, 114.

1917 *Ruban*, DStR 2005, 2033, 2037.

1918 Das erkennbare *Zugrundeliegen* eines *konkludenten/verdeckten* Rechtssatzes, d.h. die Tatsache, dass der betreffende abstrakte divergierende Rechtssatz *konkludent* in scheinbar nur fallbezogenen Rechtsausführungen des Instanzgerichts enthalten ist, genügt nach vereinzelter Rechtsprechung des *BGH* (*II.* u. *VI. Zivilsenat*) sowie nach der Rechtsprechung des *BFH* auch bereits für eine Divergenz und das

terlichen Rechtsprechung missverstanden und deshalb fehlerhaft auf den Einzelfall angewendet habe. In beiden Fällen bejahe der BGH mit jeweils überzeugender Begründung ein öffentliches Interesse an der Korrektur des betreffenden Rechtsanwendungsfehlers, wofür es des Kriteriums der ‚Wiederholungsgefahr' nach Auffassung *Rubans* jedoch nicht bedürfe[1919].

Ruban ist dabei zwar insoweit zuzustimmen, als das objektive Abweichen der instanzgerichtlichen Entscheidung von der höchstrichterlichen Rechtsprechung oder der Rechtsprechung eines anderen Gerichts im Entscheidungsergebnis die *Wiederholungsgefahr* bzw. einen *Nachahmungseffekt indiziert*[1920]. Das rechtfertigt es m.E. jedoch nicht, das Zulassungskriterium der ‚Wiederholungsgefahr' als überflüssig anzusehen. Auch wenn die eine Revisionszulassung rechtfertigende Wiederholungsgefahr in etlichen vom BGH herausgebildeten Fallgruppen *vermutet* wird, sollte sie mit diesen seitens der BGH-Rechtsprechung entwickelten Fallgruppen als Zulassungskriterium zur Abgrenzung von zulassungsrelevanten und nicht zulassungsrelevanten vorinstanzlichen Rechtsanwendungsfehlern vielmehr schon allein der *Rechtsklarheit* und *Rechtssicherheit* wegen beibehalten werden.

Das gilt umso mehr, als zu berücksichtigen ist, dass ein Fehler bei der Auslegung oder Anwendung des materiellen Rechts die Interessen der Allgemeinheit über die Einzelfallentscheidung hinaus auch deshalb nachhaltig berühren kann, weil es gilt, der Entwicklung einer uneinheitlichen Rechtsprechung schon in den *Anfängen* durch eine höchstrichterliche Leitentscheidung entgegenzutreten, so dass also auch bereits die *vorbeugende Verhütung* einer uneinheitlichen Rechtsprechung eine Entscheidung des Revisionsgerichts erforderlich macht[1921]. Vor diesem Hintergrund sind folglich auch Fälle vorstellbar, die eine Wiederholungsgefahr oder einen Nachahmungseffekt nach sich ziehen, ohne dass es sich dabei um ‚irgendwie geartete Abweichungen' von der Rechtsprechung anderer Gerichte handelt, nämlich insbesondere dann, wenn die betreffende Entscheidung des Instanzgerichts einen

---

dortige Erfordernis divergierender Rechtssätze, s. dazu zuletzt vorstehend unter (3) (S. 566 ff., dort S. 577 einschließlich Fußnote 1871 mit weiteren Nachweisen und Verweisen betreffend die *BGH-* u. *BFH-Rechtsprechung*).

1919 So im Einzelnen *Ruban*, DStR 2005, 2033, 2037. Zwar möchte *diese* die genannten Fälle, die sich jeweils mit dem Zulassungstatbestand der ‚Divergenz' berühren, allerdings (teilweise) nicht der engen Divergenz-Doktrin unterfallen, offensichtlich dem Zulassungstatbestand des ‚Gravierenden/Schwerwiegenden Rechtsanwendungsfehlers' zuordnen. Der Sache nach entspricht das jedoch letztlich der diesseits befürworteten *Divergenz im Entscheidungsergebnis* (vgl. dazu die Verweise in Fußnote 1913), ebenso *Seer*, in: T/K, § 115 FGO Tz. 77 a.E. (Lfg. 131 Oktober 2012).

1920 Vgl. dazu bereits vorstehend unter (3) (S. 566 ff., dort S. 572) m.w.N. in den Fußnoten 1845 u. 1846.

1921 *BGH*, Beschl. v. 31.10.2002, V ZR 100/02, NJW 2003, 754, 755; *Wenzel*, NJW 2002, 3353, 3356. Auch bei *Ruban* selbst findet diese Prämisse an anderer Stelle Erwähnung (DStR 2005, 2033, 2036).

Sachverhalt zum Gegenstand hat, über den *erstmalig* entschieden wird, oder das Instanzgericht *erstmals* zu einer bestimmten Rechtsfrage – so z.B. zur Auslegung einer neu inkraftgetretenen Vorschrift – Stellung nimmt, ohne dass bereits andere Judikate zu der entsprechenden Problematik vorhanden wären[1922], und die instanzgerichtliche Rechtsprechung somit quasi jeweils eine Art *,Grundsteinlegung'* darstellt. Denn auch eine solche *,grundsteinlegende Rechtsprechung'* des Instanzgerichts kann bei entsprechend verallgemeinerungsfähiger sowie übertragbarer fehlerhafter Begründung im Hinblick auf die *präventive, vorbeugende Verhütung* einer uneinheitlichen Rechtsprechung[1923] die strukturelle Gefahr einer Wiederholung durch dasselbe Gericht oder einer Nachahmung durch andere Gerichte nach sich ziehen, so dass das Merkmal der ,Wiederholungs- oder Nachahmungsgefahr' schließlich einen Anwendungsbereich besitzt, der über die genannten, sich mit dem Zulassungstatbestand der ,Divergenz' berührenden Tatbestände, die nach *Ruban* das öffentliche Korrekturinteresse i.R.d. Revisionszulassung wegen gravierender Rechtsanwendungsfehler bereits per se begründen[1924], hinausgeht.

Der *BFH* ist der Rechtsprechung des *BGH* zur Bestimmung zulassungsrelevanter vorinstanzlicher Rechtsanwendungsfehler anhand der Merkmale des ,Symptomatischen Rechtsanwendungsfehlers' sowie der ,Strukturellen Wiederholungs- oder Nachahmungsgefahr' einschließlich der Fallgruppe des ,Grundlegenden Missverständnisses der höchstrichterlichen Rechtsprechung' bislang nicht gefolgt. Er hat lediglich ansatzweise ganz vereinzelt sowie äußerst pauschal und eher beiläufig in z.T. unveröffentlichten Entscheidungen einige *Schlagwörter* aus dieser Rechtsprechung aufgeworfen, zumeist jedoch, ohne sich mit Blick auf die jeweilige Begründung der angefochtenen FG-Entscheidung und die dieser zugrunde liegenden konkreten Fallgestaltung näher mit den vom *BGH* herausgebildeten Zulassungskriterien auseinanderzusetzen[1925].

Im Hinblick auf die im Vergleich zur Parallelrechtsprechung des *BFH* weitergehende *BGH*-Rechtsprechung, die ein breiteres Anwendungsfeld eröffnet und durch das ersichtliche Bemühen um eine deutlichere und eingehendere Konkretisierung

---

1922 Vgl. sinngemäß auch Schwarz/*Dürr*, § 115 FGO Tz. 26 (Lfg. 30 6/2008).

1923 *Wenzel*, NJW 2002, 3353, 3356.

1924 Vgl. nochmals *Ruban*, DStR 2005, 2033, 2037.

1925 Bspw. *BFH*, Beschl. v. 15.04.2003, X B 104/01, n.v. (juris); Beschl. v. 03.09.2003, V B 77/01, n.v. (juris); Beschl. v. 10.09.2003, X B 95/03, n.v. (juris); Beschl. v. 26.11.2003, X B 124/02, BFH/NV 2004, 754, 755, wo der BFH im Zuge der Erläuterungen zum ,Symptomatischen Rechtsanwendungsfehler' und den entsprechenden Darlegungsanforderungen wenigstens ansatzweise auf die der angefochtenen FG-Entscheidung zugrunde liegende konkrete Fallgestaltung eingeht, indem er die Unverzichtbarkeit entsprechender Darlegungen im Hinblick auf den Einzelfallcharakter von Entscheidungen über Billigkeitsmaßnahmen herausstellt; Beschl. v. 15.09.2004, X B 174/03, EzFamR EStG § 10e Nr. 41; Beschl. v. 01.03.2005, IX B 170/04, BFH/NV 2005, 1066; Beschl. v. 31.03.2008, III B 151/07, BFH/NV 2008, 1335, 1336; *Ruban*, DStR 2005, 2033, 2037.

sowie zumindest etwas mehr Konturenschärfe geprägt ist[1926], sollte der *BFH* diese seitens des *BGH* zur Rechtsfigur des ‚Gravierenden Rechtsanwendungsfehlers der Vorinstanz' entwickelte Rechtsprechung mitsamt den dort herausgebildeten Zulassungskriterien – und hier insbesondere auch das ‚Grundlegende Missverständnis des rechtlichen Ansatzpunktes der einschlägigen höchstrichterlichen Rechtsprechung' – *in st. Rspr. konsequent* und *senatsübergreifend* in seine Zulassungspraxis einfließen lassen, um diesen Zulassungstatbestand über den auf die Fälle objektiv willkürlicher und greifbar gesetzwidriger Rechtsanwendung eng begrenzten Anwendungsbereich hinaus einer *erweiterten Auslegung* zugänglich zu machen und damit einhergehend der Forderung nach einer *Stärkung und Verbesserung des Finanzrechtsschutzes* sowie mehr *Einzelfallgerechtigkeit* auch im Revisionszulassungsrecht verstärkt Rechnung zu tragen[1927]. Nicht zuletzt scheint die Aufnahme dieser zu §§ 543 II 1 Nr. 2 Alt. 2, 544 II 3 ZPO entwickelten Merkmale zur Abgrenzung zulassungsrelevanter von nicht zulassungsrelevanten vorinstanzlichen Rechtsanwendungsfehlern in die Zulassungsrechtsprechung des *BFH* zu §§ 115 II Nr. 2 Alt. 2, 116 III 3 FGO auch unter dem Gesichtspunkt *einer einheitlichen Auslegung des Revisionszulassungsrechts in den verschiedenen Gerichtszweigen* geboten, zumal der einschlägige Revisionszulassungsgrund sowohl in der ZPO als auch in der FGO jeweils identisch als allgemein gefasste Rechtsprechungsvereinheitlichungsrevision formuliert ist, so dass es naheliegt, auch die Zulassungsrelevanz von Rechtsanwendungsfehlern des Instanzgerichts jeweils nach denselben Grundsätzen zu beurteilen und insoweit übereinstimmende Maßstäbe anzulegen.

Dabei bleibt zu wünschen, dass sowohl der *BFH* als auch der *BGH* die von diesem herausgebildeten Zulassungskriterien des ‚Symptomatischen Rechtsanwendungsfehlers' sowie der ‚Strukturellen Wiederholungsgefahr' und des ‚Strukturellen Nachahmungseffektes' mit den dortigen Fallgruppen konsequent fortentwickeln und auch weiter konkretisieren werden, um die nach wie vor bestehenden Rechtsunsicherheiten[1928] so weit wie möglich zu minimieren und dem Beschwerdeführer die *Berechenbarkeit* und *Prognostizierbarkeit* der Erfolgaussichten einer auf die qualifizierte Fehlerhaftigkeit der Vorentscheidung gestützten NZB dementsprechend zu erleichtern[1929]. Das gilt insbesondere vor dem Hintergrund der einschlägigen Rechtsprechung des BVerfG, das in seinem Beschluss v. 08.01.2004 die Forderung nach einer weiteren Konkretisierung der Tatbestandselemente des § 543 II 1

1926 Dazu vorstehend auf S. 590 f. (bzw. ff.).

1927 Auch *Seer*, StuW 2003, 193, 204, spricht sich für eine Berücksichtigung der vom *BGH* herausgebildeten Zulassungskriterien der ‚Wiederholungs- oder Nachahmungsgefahr' durch die *BFH-Rechtsprechung* aus, wobei er als Anknüpfungspunkt allerdings die erweitert auszulegende Grundsatzrevision gemäß § 115 II Nr. 1 FGO wählt.

1928 Hierzu vorstehend auf S. 587-589.

1929 Auf gleicher Linie *Ahrens*, JR 2004, 336, 337, der eine weitere Konkretisierung für ‚erforderlich' hält.

(Nr. 2 Alt. 2) ZPO herausgestellt hat[1930]. Es hat dabei in einem weiteren Beschluss v. 25.07.2005 insbesondere hervorgehoben, dass gewährleistet sein müsse, dass der zur näheren Konkretisierung des in § 543 II 1 Nr. 2 Alt. 2 ZPO enthaltenen unbestimmten Rechtsbegriffs der ‚Sicherung einer einheitlichen Rechtsprechung‘ verwendete Tatbestand (Unterbegriff) der ‚Wiederholungsgefahr‘ hinreichend klar sei, um die Prüfung und Abschätzung der Erfolgaussichten des Zulassungsantrags zu ermöglichen, und die Anforderungen an die Darlegungsvoraussetzungen nicht überspannt würden[1931]. Auch wenn das BVerfG die vom *BGH* vorgenommene Auslegung und Konkretisierung des § 543 II 1 Nr. 2 Alt. 2 ZPO anhand der Merkmale des *‚Risikos der Wiederholung eines Rechtsfehlers‘* oder der *‚ernsthaften Gefahr seiner Nachahmung‘* nach anfänglicher Skepsis anschließend toleriert und unter der genannten Prämisse für verfassungsrechtlich unbedenklich gehalten hat[1932], und die entsprechenden Anforderungen an eine auf die fehlerhafte Rechtsanwendung durch die Vorinstanz gestützte NZB bereits insoweit erheblich abgemildert worden sind, als die Wiederholungsgefahr als sog. ‚Strukturelle Wiederholungsgefahr‘ in bestimmten Fallkonstellationen *indiziert/vermutet* wird, ohne dass es besonderer Darlegungen zum Bestehen einer solchen, den Umständen nach praktisch naheliegenden Gefahr gleichartiger Fehlurteile bedarf[1933], so bleibt eine weitere Konkretisierung der – im Vergleich zur Parallelrechtsprechung des *BFH* zumindest etwas präziser gefassten – einschlägigen *BGH*-Rechtsprechung mit Blick auf die bereits erwähnte – noch ausbaufähige – *Berechenbarkeit* und *Prognostizierbarkeit/ Vorhersehbarkeit* hier schließlich dennoch wünschenswert.

cc) Fazit

Was nun den eng begrenzten Anwendungsbereich der Rechtsfigur des ‚Gravierenden/Schwerwiegenden Rechtsanwendungsfehlers des FG‘ sowie die insoweit überaus restriktive Handhabung dieses Zulassungstatbestandes durch die Rechtsprechung des *BFH* und damit einhergehend das Bedürfnis und die Notwendigkeit

1930 *BVerfG*, Beschl. v. 08.01.2004, 1 BvR 864/03, NJW 2004, 1371, 1372 (1. Kammer des Ersten Senats, Nichtannahmebeschluss).

1931 *BVerfG*, Beschl. v. 25.07.2005, 1 BvR 938/03, BVerfGK 6, 72, 76 (1. Kammer des Ersten Senats, Nichtannahmebeschluss). Siehe dazu auch bereits oben unter A.IV.2.b) (S. 430 ff., dort S. 437 f.).

1932 Zunächst noch *kritisch BVerfG*, Beschl. v. 08.01.2004 (Fn. 1930), NJW 2004, 1371, 1372, angesichts der Kürze der Zeit, in der das neue Revisionszulassungsrecht bis dato anzuwenden gewesen sei, zwar ohne grundsätzlichen Einwand, aber dennoch durchaus *kritisch/skeptisch* im Hinblick auf die Herausbildung einer einheitlichen und zugleich für die Rechtsuchenden eindeutigen Rechtsanwendungslinie. *Tolerierend* dann jedoch *BVerfG*, Beschl. v. 25.07.2005 (Fn. 1931), BVerfGK 6, 72, 76, sowie anschließend Beschl. v. 10.04.2008, 1 BvR 1440/07, NJW 2008, 2493, 2494 (3. Kammer des Ersten Senats, Nichtannahmebeschluss). Vgl. insoweit ebenfalls schon oben unter A.IV.2.b) (S. 430 ff. [437 f.]), dort insbesondere Fußnote 1445.

1933 Hierzu im Einzelnen vorstehend unter (3) (S. 566 ff., dort S. 570 ff.).

einer erweiterten Auslegung angeht, so lässt sich nach *kritischer* Betrachtung der einschlägigen *BFH*-Rechtsprechung sowie nach ebenso *kritischer* Analyse der Grundzüge der einschlägigen Rechtsprechung des *BGH* zusammenfassend Folgendes festhalten:

Als erstes ist an dieser Stelle noch einmal eingehend darauf hinzuweisen, dass der BFH seine bisherige Rechtsprechung zur ‚Objektiven Willkürlichkeit' und ‚Greifbaren Gesetzwidrigkeit' der finanzgerichtlichen Rechtsanwendung als den beiden bislang herausgebildeten Eckpfeilern eines gravierenden/schwerwiegenden Rechtsanwendungsfehlers des FG *einheitlich*, *großzügiger* und *klarer* fassen muss.

Das gilt namentlich für das bislang nicht geklärte Verhältnis zwischen diesen beiden zentralen Tatbestandsmerkmalen sowie für deren sich teilweise überschneidende Definition, insbesondere durch Konkretisierung greifbar gesetzwidriger Entscheidungen über die wesentlichen Elemente des Willkürbegriffs. Die hieraus resultierenden erheblichen Unklarheiten führen beim Rechtsschutzsuchenden zu einem äußerst *undurchsichtigen und verworrenen Rechtsprechungsbild*, dem durch klar strukturierte konkrete Vorgaben sowie durch Zurverfügungstellung konkreten fallbezogenen Anschauungsmaterials zu beispielhaften und typischen Fällen bzw. Fallgruppen einer objektiv willkürlichen bzw. greifbar gesetzwidrigen FG-Entscheidung gegengesteuert werden muss[1934].

Darüber hinaus ist der *BFH* gehalten, seine bisherige Rechtsprechung zum Zulassungstatbestand des ‚Gravierenden/Schwerwiegenden finanzgerichtlichen Rechtsanwendungsfehlers' in Anlehnung an die einschlägige Rechtsprechung des *BGH* zu den §§ 543 II 1 Nr. 2 Alt. 2, 544 II 3 bzw. §§ 574 II Nr. 2 Alt. 2, 575 III Nr. 2 ZPO auszuweiten und fortzuentwickeln.

Die Revision ist demnach immer auch dann zur Sicherung einer einheitlichen Rechtsprechung wegen gravierender/schwerwiegender Rechtsanwendungsfehler des FG gemäß § 115 II Nr. 2 Alt. 2 FGO zuzulassen, wenn dem dem FG bei der Auslegung und Anwendung des materiellen Rechts unterlaufenen Fehler *‚symptomatische Bedeutung'* zukommt, der Beschwerdeführer also darlegt, dass der geltend gemachte Rechtsanwendungsfehler auf eine *ständige Fehlerpraxis* des FG schließen lässt.

Dasselbe gilt, wenn dem FG bei der Rechtsanwendung ein Fehler unterlaufen ist, der aufgrund konkreter Anhaltspunkte für andere Fälle das *Risiko seiner Wiederholung* durch das FG oder die *ernsthafte Gefahr seiner Nachahmung* durch andere Gerichte befürchten lässt. Eine solche *strukturelle Wiederholungs- oder Nachahmungsgefahr* liegt dabei immer dann vor, wenn die fehlerhafte Begründung des angefochtenen FG-Urteils sich verallgemeinern lässt und demzufolge davon ausgegangen werden kann, dass das FG oder ein anderes Gericht diese fehlerhafte Urteilsbegründung auf weitere künftige Verfahren übertragen wird. Insoweit gilt es – auch hier in Anlehnung an den *BGH* – zu bedenken, dass eine solche, den Umständen nach praktisch naheliegende, sich unmittelbar aus dem Urteil selbst ergebende *Gefahr gleichartiger Fehlurteile* bei einer verallgemeinerungsfähigen

1934 Dazu ausführlich bereits oben unter a) (S. 539 ff.) u. b) (S. 546 ff.).

und übertragbaren fehlerhaften Entscheidungsbegründung der Vorinstanz *indiziert/vermutet* wird und demzufolge *entsprechend konkrete Darlegungen entbehrlich* macht, wenn nicht ausnahmsweise konkrete Anhaltspunkte dafür ersichtlich sind, dass die rechtsfehlerhafte Begründung der jeweiligen finanzgerichtlichen Entscheidung gerade nicht einer Verallgemeinerung zugänglich ist und somit keine weiteren Fälle/Sachverhalte erwarten lässt, auf die das Fehlurteil und die dortige Argumentation übertragen werden kann[1935].

Des Weiteren muss insbesondere auch ein *grundlegendes Missverständnis der höchstrichterlichen Rechtsprechung* durch das FG – und vor dem Hintergrund, dass § 115 II Nr. 2 Alt. 2 FGO im Gegensatz zur früheren Divergenzrevision nunmehr als allgemein gefasste Rechtsprechungsvereinheitlichungsrevision zu verstehen ist[1936], auch *ein grundlegendes Missverständnis der Rechtsprechung eines anderen Gerichts* durch das FG – stets die Zulassung der Revision zur Sicherung einer einheitlichen Rechtsprechung gemäß § 115 II Nr. 2 Alt. 2 FGO begründen, wenn die angefochtene finanzgerichtliche Entscheidung darauf beruht. Die Revision ist demzufolge immer auch dann zuzulassen, wenn das FG seiner Entscheidung zwar die einschlägige (höchstrichterliche) Rechtsprechung zugrunde gelegt hat, dabei jedoch bestimmte Anforderungen dieser Rechtsprechung grundlegend missverstanden und somit ihren rechtlichen Ansatzpunkt grundlegend verkannt hat. Denn auch ein solches *grundlegendes Missverständnis der einschlägigen (höchstrichterlichen) Rechtsprechung indiziert* eine die Revisionszulassung zur Sicherung einer einheitlichen Rechtsprechung rechtfertigende *strukturelle Wiederholungs- und Nachahmungsgefahr* und unterscheidet sich demnach ‚*grundlegend*' von einer bloßen nicht zulassungsrelevanten Rechtsanwendung im Einzelfall. Entsprechende Darlegungen zum Bestehen einer Wiederholungsgefahr oder eines Nachahmungseffektes sind demnach auch hier wieder *entbehrlich*, weil das Risiko der Wiederholung des jeweiligen Rechtsanwendungsfehlers durch das FG oder die ernsthafte Gefahr seiner Nachahmung durch andere Gerichte auch insoweit regelmäßig *vermutet* wird. Es genügt vielmehr, wenn der Beschwerdeführer schlüssig und substantiiert vorträgt,

1935 Auf die Problematik, dass eine Beschwerdebegründung auch hier ‚sicherheitshalber' dennoch entsprechende Darlegungen zum Bestehen einer *Wiederholungsgefahr* oder eines *Nachahmungseffektes* enthalten sollte, um die Beantwortung der durchaus schwierig zu beurteilenden Frage nach der Verallgemeinerungsfähigkeit und Übertragbarkeit der Urteilsbegründung – in Abgrenzung zu einer von den besonderen Umständen des Einzelfalls geprägten Urteilsbegründung – und die davon abhängende Zulassungsentscheidung nicht allein dem BFH zu überlassen, sondern diesen ggf. mit einer eigenen Argumentation, d.h. eigenen schlüssigen und substantiierten Darlegungen, von der eine *Wiederholungs- oder Nachahmungsgefahr* nach sich ziehenden Verallgemeinerungsfähigkeit und Übertragbarkeit der rechtsfehlerhaften Entscheidungsbegründung zu überzeugen, habe ich bereits hingewiesen, s. vorstehend unter bb)(3) (S. 566 ff., dort S. 575 f.).

1936 Dazu oben im 3. Abschnitt unter B.III.1.b)aa)(2) (S. 224 f.).

dass das FG bei der Begründung seiner Entscheidung die einschlägigen – insbesondere höchstrichterlichen – Leitlinien zwar zugrunde gelegt, ggf. auch zitiert, jedoch der Sache nach entscheidungserheblich grundlegend missverstanden/verkannt hat, und somit zu einem rechtsfehlerhaften, im Hinblick auf die Sicherung einer einheitlichen Rechtsprechung nicht tragbaren Entscheidungsergebnis gelangt ist.

Entwickelt man die bisherige *BFH*-Rechtsprechung zum Zulassungstatbestand des ‚Gravierenden/Schwerwiegenden Rechtsanwendungsfehlers des FG' in Anlehnung an die einschlägige Rechtsprechung des *BGH* den vorstehenden Ausführungen gemäß fort, und erstreckt man die Revisionszulassung zur Sicherung einer einheitlichen Rechtsprechung überdies konsequent auf sämtliche Fälle einer *Divergenz im Entscheidungsergebnis*, in denen das FG von einer höchstrichterlichen Rechtsprechung oder der Rechtsprechung eines anderen Gerichts ohne eigene (konkludente) Rechtssatzbildung lediglich in der Sache und mithin im Entscheidungsergebnis abweicht[1937] – so wie es auch der *BGH* in seiner Zulassungsrechtsprechung ansatzweise handhabt, wenn er ein die strukturelle Wiederholungs- oder Nachahmungsgefahr *indizierendes ‚Grundlegendes Missverständnis der einschlägigen (höchstrichterlichen) Rechtsprechung'* für die Revisionzulassung genügen lässt <u>oder</u> das *objektive Abweichen* der instanzgerichtlichen Entscheidung von der einschlägigen (höchstrichterlichen) Rechtsprechung im Entscheidungsergebnis ohne nähere Begründung als *Indiz* für das Bestehen einer solchen Wiederholungs- oder Nachahmungsgefahr ansieht[1938] –, dann ist das der richtige Weg hin zu einem *effektiven Rechtsschutz* i.R.d. Rechtsprechungsvereinheitlichungsrevision gemäß §§ 115 II Nr. 2 Alt. 2, 116 III 3 FGO, den der *BFH* beschreiten sollte. Eine solche Ausweitung der Rechtsprechung führt nämlich im finanzgerichtlichen Revisionszulassungsrecht zu einer für den Rechtsschutzsuchenden bei weitem annehmbareren und befriedigenderen Situation, da sie i.R.d. §§ 115 II Nr. 2 Alt. 2, 116 III 3 FGO – im Vergleich zur aktuellen Zulassungspraxis des *BFH*, wonach nur einer Rechtssatzdivergenz sowie einer objektiv willkürlichen bzw. greifbar gesetzwidrigen FG-Entscheidung die notwendige Zulassungsrelevanz zukommt – ein weitaus *größeres Zulassungsspektrum* eröffnet, und insoweit für den Beschwerdeführer mehr Ansatzpunkte bereithält, um auf eine NZB hin die Zulassung der Revision zur Sicherung einer einheitlichen Rechtsprechung wegen Divergenz oder gravierender/schwerwiegender Rechtsanwendungsfehlers des FG zu erreichen. Die Einbeziehung der seitens des *BGH* entwickelten Rechtsprechungsansätze sowie eine konsequente Revisionszulassung auch bereits bei *Divergenz lediglich im Entscheidungsergebnis* führt mithin schon zu einer beträchtlichen *Stärkung und Verbesserung des zweitinstanzlichen Individualrechtsschutzes* auf dem Gebiet der Finanzgerichtsbarkeit und damit einhergehend auch ein Stück weit zu mehr *Einzelfallgerechtigkeit* im finanzgerichtlichen

1937 Hierzu ausführlich oben unter 1.b)bb) (S. 527 ff.).

1938 Siehe insoweit oben unter bb)(3) (S. 566 ff., dort S. 570 ff. [betreffend das *objektive Abweichen* im Entscheidungsergebnis] u. S. 579 ff. [betreffend das *‚Grundlegende Missverständnis der einschlägigen höchstrichterlichen Rechtsprechung'*]).

Revisionszulassungsrecht, weil – auch wenn im Einzelnen nach wie vor nicht unerhebliche Rechtsunsicherheiten bestehen und eine weitere Konkretisierung auch der einschlägigen *BGH*-Rechtsprechung daher wünschenswert erscheint[1939] – die Schwelle, um rechtsfehlerhafte Vorentscheidungen der FGe einer revisionsgerichtlichen Kontrolle zuzuführen, hierdurch erheblich abgesenkt und folglich auch die Begründung einer NZB entsprechend erleichtert wird.

Das gilt umso mehr, wenn man bedenkt, dass eben gerade nicht jeder *einfache Rechtsfehler* in Form eines *schlichten Subsumtionsfehlers* die Zulassung der Revision zur Sicherung einer einheitlichen Rechtsprechung gemäß § 115 II Nr. 2 Alt. 2 FGO nach sich ziehen kann[1940].

Hinzu kommt schließlich, dass sich eine klar gefasste sowie griffige Formel zur – ggf. abschließenden – Bestimmung der Rechtsfigur des ‚Gravierenden/Schwerwiegenden Rechtsanwendungsfehlers des FG' und somit zur näheren Konkretisierung der qualifizierten Fehlerhaftigkeit finanzgerichtlicher Entscheidungen nur schwerlich aufstellen/bilden und formulieren lässt[1941].

1939 Vgl. vorstehend unter bb)(5) (S. 587 ff., dort S. 587-589 u. 595 f.).

1940 Dazu schon oben unter aa) (S. 552 ff.).

1941 Nicht unerwähnt bleiben soll an dieser Stelle aber der Vorschlag *Bleschicks*, der bereits mehrfach ansatzweise angeklungen ist: Ausgehend von dem Gedanken, dass eine am Gesetzeswortlaut orientierte Auslegung des § 115 II Nr. 2 Alt. 2 FGO nur *ein einziges einheitliches* Zulassungskriterium erfordere, möchte *Bleschick*, Revisionszulassungsgründe im Spannungsverhältnis, den maßgeblichen Ausgangspunkt des fraglichen Zulassungsmoments für ein überzeugendes sowie einheitliches Revisionszulassungskriterium i.R.d. § 115 II Nr. 2 Alt. 2 FGO insoweit umreißen, als es sich um eine entscheidungserhebliche *Abweichung in der finanzgerichtlichen Rechtsanwendung* handeln müsse (*Bleschick*, a.a.O., S. 354 f., 360 u. 383, sowie S. 356, 361 [vgl. zudem S. 363] u. 383; vgl. zum Ausgangspunkt der Ansicht *Bleschicks* ausführlich bereits oben im 3. Abschnitt unter B.III.1.a)aa) [S. 215 ff. - 216], dort Fußnote 788 a.E.). Was die *Entscheidungserheblichkeit* einer Abweichung in der Rechtsanwendung angeht, so sei diese bei Abweichungen, die aus den Entscheidungsgründen des angefochtenen finanzgerichtlichen Urteils nicht ersichtlich werden (sog. *unbewusste Abweichungen*, *Bleschick*, a.a.O., S. 365; vgl. auch bereits oben im 3. Abschnitt unter B.III.1.b)bb)(3) [S. 238], dort Fußnote 859 a.E.) aus der Perspektive des *iudex ad quem* als der korrigierenden Rechtsmittelinstanz zu berurteilen (*Bleschick*, a.a.O., S. 364 [f.] u. 367; vgl. dazu schon oben im 3. Abschnitt unter B.III.1.b)ff)(2) [S. 254], dort Fußnote 918). Die Eingrenzung der für die Revisionszulassung maßgeblichen Abweichungen in der Rechtsanwendung sei dabei konkret anhand des Kriteriums der *‚einzelfallveranlassten Rechtssatzbildung'* vorzunehmen, das seinerseits dadurch gekennzeichnet sei, dass die betreffende Abweichung in der Rechtsanwendung zwar durch den Einzelfall/durch den konkreten Rechtsstreit ausgelöst worden sei, sich jedoch wegen ihrer Abstraktheit und der ihr insoweit anhaftenden Verallgemeinerungsfähigkeit über den entschiedenen Rechtsstreit hinaus auf weitere Fälle übertragen lasse (*Bleschick*, a.a.O., S. 365 u. 367; vgl. hierzu auch bereits oben im 3. Abschnitt unter B.III.1.b)cc) [S. 240 ff. - 242], dort Fußnote 875 a.E., sowie vorstehend unter aa) [S. 552 ff. – 555], dort Fußnote 1796 a.E.). Unter Berücksichtigung der einzelnen Stufen richterlicher Rechtsanwendung (vgl. insoweit *Bleschick*, a.a.O., S. 367 ff.) sei eine *Abweichung in der finanzgerichtlichen Rechtsanwendung i.S. einer einzelfallveranlassten Rechtssatzbildung* mithin zunächst bei *Angabe/Formulierung des divergierenden Obersatzes in der Entscheidung des FG* gegeben, die bezogen auf die Rechtsanwendung im konkreten Einzelfall die Nennung eines abstrakten Rechtssatzes i.S.d. engen Rechtssatzdivergenz darstelle (*Bleschick*, a.a.O., S. 373 f.). Ebenso handele es sich um zulassungsrelevante Abweichungen i.S. einer einzelfallveranlassten Rechtssatzbildung beim *Ignorieren/Missachten bzw. Übersehen maßgeblicher Rechtsgrundlagen/ Rechtsnormen* (*Bleschick*, a.a.O., S. 375 u. 379), beim *Ignorieren/Nichtprüfen geschriebener oder ungeschriebener Tatbestandsmerkmale* (*Bleschick*, a.a.O., S. 374 u. 379) sowie bei der *Prüfung gesetzlich nicht existierender Tatbestandsmerkmale* (*Bleschick*, a.a.O., S. 374 u. 379), auf der Ebene der *Subsumtion* bei der *abweichenden Definition des jeweiligen Tatbestandsmerkmals* sowie *dessen näherer Konkretisierung/schrittweiser Präzisierung anhand höchstrichterlich (bislang) nicht anerkannter Kriterien, d.h. mittels zusätzlicher Begriffsbestimmungen, soweit dort weitere nicht folgerichtige, da im Obersatz nicht enthaltene Kriterien untersucht werden* (*Bleschick*, a.a.O., S. 375 ff., insbesondere S. 376, 377 a.E., 378 u. 379, der diesen Ansatz überdies für eine präzise Umschreibung des die Revisionszulassung gemäß § 543 II 1 Nr. 2 Alt. 2 ZPO begründenden ‚Grundlegenden Missverständnisses der höchstrichterlichen Rechtsprechung' hält, bzgl. dessen es dem *BGH* seiner Ansicht nach bislang nicht gelungen sei, einen trennscharfen und dem Bestimmtheitsgebot entsprechenden Maßstab herauszubilden, S. 378, vgl. auch bereits vorstehend unter bb)(5) [S. 587 ff. – 589], dort Fußnote 1908), und schließlich bei der *fehlerhaften Identifikation einer gesetzlichen Rechtsfolge* (*Bleschick*, a.a.O., S. 374, 375 u. 379); begrüßend *Seer*, in: T/K, § 115 FGO Tz. 74 a.E. (Lfg. 131 Oktober 2012): *Positiver Fallgruppenkanon.* Demgegenüber liege jeweils *keine* Abweichung in der finanzgerichtlichen Rechtsanwendung i.S. einer einzelfallveranlassten Rechtssatzbildung vor bei der *fehlerhaften Sachverhaltsfeststellung* (*Bleschick*, a.a.O., S. 379 u. 379 f.), und auf der Ebene der *Subsumtion* bei der *näheren Konkretisierung/schrittweisen Präzisierung mittels zusätzlicher Begriffsbestimmungen, soweit diesbzgl. keine weiteren nicht folgerichtigen Kriterien geprüft werden, die geprüften Kriterien vielmehr einen Konnex zu den allgemeinen Ober-/ Rechtssätzen aufweisen*, sowie bei der *Folgerung, dass der zu prüfende Tatsachenumstand im Hinblick auf Tatbestandsmerkmal und/oder Rechtsfolge ein Element des Normtatbestandes erfülle* (*Bleschick*, a.a.O., S. 379 u. 379 f.). Das insoweit herausgebildete Zulassungskriterium der ‚einzelfallveranlassten Rechtssatzbildung' führe schließlich auch dann zu für die Praxis brauchbaren Ergebnissen und ermögliche eine verlässliche sowie vorhersehbare und zuverlässige Bestimmung der zulassungsrelevanten Abweichungen in der Rechtsanwendung, wenn die finanzgerichtliche Entscheidung mangels ordnungsgemäß ausformulierter Entscheidungsgründe eine nicht ohne weiteres nachvollziehbare und somit unzureichende Begründung enthalte, wenn also das FG anlässlich seiner Entscheidung keine ordnungsgemäße Rechtsanwendungstechnik durchgeführt habe, so bspw. und insbesondere in Konstellationen, in denen die finanzgerichtlichen Entscheidungsgründe die ausdrückliche und eindeutige Nennung der angewandten Rechtsgrundsätze/Rechtsprechungsgrundsätze vermissen lassen, diese aber dennoch i.S. einer *konkludenten Rechtssatzbildung* erkennbar und nachvollziehbar seien (*Bleschick*, a.a.O., S. 380 ff. u. 383). – Es mag zwar zutreffen, dass das Zulassungskriterium der *‚Abweichung in der finanzgerichtlichen Rechtsanwendung i.S. einer einzelfallveranlassten Rechtssatzbildung'* zu mehr Präzision sowie Verlässlichkeit und Vorhersehbarkeit bei der Bestimmung zulassungsrelevanter Abweichungen in der Rechtsanwendung/zulassungsrelevanter Rechtsanwendungsfehler führt (so etwa *Bleschick*, a.a.O., S. 378, 382 u. 383), zumal es über die vom BFH bislang als ausschließlich zulassungsrelevant angesehene enge Rechtssatzdivergenz sowie objektiv willkürliche bzw. greifbar gesetzwidrige Rechtsanwendung hinausgeht. Jedoch geht auch dieses Zulassungskriterium im Hinblick auf die Gewährung eines umfassenden effektiven Individualrechtsschutzes i.R. der Revisionszulassung zur konkreten Rechtsanwendungskorrektur m.E. nicht weit genug. Denn es ist – auch wenn es darüber hinausgeht und wenn auch in abgemilderter Form – angelehnt an das diesseits unter Rechtsschutzgesichtspunkten *kritisierte* Kriterium der *‚Abweichung in (konkludenten) abstrakten Rechtssätzen'* i.S.d. engen Rechtssatzdivergenz, das für die Zulassung der Revision stets eine (konkludente) Rechtssatzbildung verlangt (vgl. insoweit auch die bei *Bleschick*, a.a.O., S. 373 ff., auftretenden Formulierungen der ‚Ausbildung/Bildung von Rechtsanwendungsgrundsätzen/Rechtsgrundsätzen/Rechtssätzen'; vgl. zur engen Rechtssatzdivergenz die **Kritik** oben unter 1.b)aa) [S. 522 ff.]). Hinzu kommt insbesondere, dass über das Kriterium der ‚einzelfallveranlassten Rechtssatzbildung' auf der Ebene der *Subsumtion* – wie vorstehend erwähnt – eben nur die abweichende Definition des jeweiligen Tatbestandsmerkmals sowie dessen nähere Konkretisierung/schrittweise Präzisierung mittels zusätzlicher Begriffsbestimmungen erfasst wird, soweit dort weitere nicht folgerichtige, da im Obersatz nicht enthaltene Kriterien untersucht werden, <u>nicht hingegen</u> die Konstellation, dass das FG sich in der übrigen (höchstrichterlichen) Rechtsprechung aufgestellte abstrakte Rechtssätze zu Eigen macht, sie im Ergebnis jedoch falsch auslegt oder anwendet, was sich aber gerade über die diesseits befürwortete *Divergenz im Entscheidungsergebnis* (vgl. dazu oben unter 1.b)bb) [S. 527 ff.]) erfassen lässt. Dass diese Konstellation der nicht folgerichtigen Umsetzung eines nur äußerlich ‚angewendeten' abstrakten (höchst-) richterlichen Rechtssatzes eben nicht nur einen einfachen Rechtsfehler in Form eines schlichten unbeachtlichen Subsumtionsfehlers darstellt, habe ich bereits ausgeführt (vgl. hierzu oben unter 1.b)bb) [S. 527 ff., dort S. 530]). Mithin erscheint es zur Stärkung und Verbesserung des zweitinstanzlichen finanzgerichtlichen Individualrechtsschutzes sowie mit Blick auf eine Verbreiterung des Zulassungsspektrums betreffend die Zulassung der Revision zur Sicherung einer einheitlichen Rechtsprechung wegen Divergenz oder gravierender/schwerwiegender Rechtsanwendungsfehler des FG und somit zur konkreten Rechtsanwendungskorrektur – wie dargetan – erstrebenswert, die Revisionszulassung zur Sicherung einer einheitlichen Rechtsprechung konsequent auf sämtliche Fälle einer *Divergenz im Entscheidungsergebnis* zu erstrecken, und parallel dazu das in der Rechtsprechung des *BGH* entwickelte, damit verwandte und eine strukturelle

So lässt sich ein gravierender/schwerwiegender Rechtsanwendungsfehler des FG insbesondere nicht über eine Formel definieren, wonach – in Anlehnung an die Vorschläge der Arbeitsgruppe zur Reform des finanzgerichtlichen Revisionsrechts 1998/1999 – die Revision immer auch dann zuzulassen ist, wenn *überwiegende Zweifel an der Richtigkeit der angefochtenen Entscheidung* bestehen[1942]. Denn eine derartige Interpretation des Revisionszulassungsgrundes der ‚Erforderlichkeit einer Entscheidung des BFH zur Sicherung einer einheitlichen Rechtsprechung' gemäß § 115 II Nr. 2 Alt. 2 FGO würde die Grenzen einer erweiterten sowie individualrechtsschutzgewährenden verfassungskonformen Auslegung der finanzgerichtlichen Zulassungsgründe des § 115 II FGO *de lege lata* sprengen. Ein solcher Vorschlag kann mithin – wie von der Reformarbeitsgruppe im Übrigen auch vorgesehen – vielmehr ausschließlich bei etwaigen Überlegungen zur Stärkung und Verbesserung des Individualrechtsschutzes im finanzgerichtlichen Revisionszulassungsrecht *de lege ferenda* durch eine Änderung der Rechtslage eine Rolle spielen, worauf nachfolgend unter C.II. (S. 613 ff.) noch ausführlich eingegangen wird.

d) Berücksichtigung des Verhaltens der Beteiligten zur Fehler-/Irrtumsvermeidung i.R.d. Revisionszulassung wegen gravierender/schwerwiegender Rechtsanwendungsfehler des FG? – *Kritische Würdigung* des *BFH*-Beschlusses vom 07.07.2004, VII B 344/03, BStBl. II 2004, 896 ff.

Nach der Rechtsprechung zweier Entscheidungen des *VII.* und nachfolgend des *IV. BFH-Senats* ist i.R.d. Revisionszulassung wegen gravierender/schwerwiegender Rechtsanwendungsfehler des FG i.S.d. § 115 II Nr. 2 Alt. 2 FGO stets auch auf das Verhalten der Beteiligten zur Fehler-/Irrtumsvermeidung abzustellen.

In den entsprechenden Entscheidungen hat der BFH dazu herausgestellt, dass insoweit nicht unberücksichtigt bleiben dürfe, in welchem Umfang sich der Fehler/Irrtum des Gerichts – konkret das Übersehen einer im Streitfall zweifellos einschlägigen Rechtsvorschrift – im Ergebnis nachteilig auf den unterlegenen Beteiligten ausgewirkt habe, sowie insbesondere, *in welchem Umfang die Beteiligten durch ihr eigenes Verhalten diesen Fehler/Irrtum hätten vermeiden helfen und damit ein anderes Verfahrensergebnis hätten herbeiführen können.* Eine entsprechende Beschwerdebegründung i.S.d. §§ 115 II Nr. 2 Alt. 2, 116 III 3 FGO, die sich auf eine derartige qualifizierte Fehlerhaftigkeit des angefochtenen finanzgerichtlichen Urteils stützt, erfordere folglich den Vortrag des Beschwerdeführers, in welchem Umfang

---

Wiederholungs- u. Nachahmungsgefahr indizierende ‚*Grundlegende Missverständnis der einschlägigen (höchstrichterlichen) Rechtsprechung*', das es in der Rechtsprechung des *BGH* und dann auch des *BFH* noch weiter fortzuentwickeln und zu konkretisieren gilt (vgl. insoweit bereits vorstehend unter bb)(5) [S. 587 ff., dort v.a. S. 589, 591 f. u. 595 f.] sowie soeben auf S. 599 f. [600]), für die Zulassung der Revision zum *BFH* genügen zu lassen.

1942 Hierzu ansatzweise bereits oben im 1. Abschnitt unter H. (S. 42 ff., dort S. 44 f.).

dieser selbst zu dem geltend gemachten Rechtsirrtum beigetragen habe, und insbesondere, *aus welchen Gründen er diesen Rechtsirrtum nicht schon während des FG-Verfahrens durch einen entsprechenden Hinweis vermieden und damit ein anderes Verfahrensergebnis herbeigeführt habe*[1943].

Diese beiden Entscheidungen sind dadurch gekennzeichnet, dass der BFH die Zulassung der Revision wegen gravierender/schwerwiegender Rechtsanwendungsfehler des FG neben der qualifizierten Fehlerhaftigkeit des angefochtenen erstinstanzlichen Urteils in Form einer objektiv willkürlichen oder greifbar gesetzwidrigen Entscheidung – hier durch Übersehen einer im Streitfall zweifellos einschlägigen Rechtsvorschrift – erstmals an weitere Kriterien knüpft und dabei in erster Linie das erstinstanzliche *Prozessverhalten des Beschwerdeführers* würdigt. Hierdurch wird die ohnehin schon enorm restriktive Handhabung dieses Zulassungstatbestandes schließlich noch weiter eingeschränkt und von einer zusätzlichen Hürde abhängig gemacht[1944].

So werden dem Beschwerdeführer als Beteiligtem eines Finanzgerichtsprozesses auf erstinstanzlicher Ebene Darlegungspflichten auferlegt[1945], die vorliegend die für die Entscheidung des Streitfalls einschlägigen Rechtsvorschriften betreffen. Von ihm wird insoweit erwartet, dass er rechtzeitige und sachgerechte Einwendungen vorbringt, um das Entstehen des nunmehr geltend gemachten gerichtlichen Fehlers/Irrtums in der angefochtenen erstinstanzlichen FG-Entscheidung zu vermeiden und somit ein anderes Verfahrensergebnis herbeizuführen.

Damit deutet der BFH an, dass die Beteiligten eines FG-Prozesses letztendlich eine Art von *Fehlerabwendungspflicht* trifft[1946], die hier konkret darin besteht, dass das erstinstanzliche Gericht seitens der Beteilgten auf die einschlägigen Rechtvorschriften hinzuweisen und ggf. auch darauf aufmerksam zu machen ist, dass es eine im Streitfall einschlägige und für die Gesamtwürdigung wesentliche Rechtsvorschrift bislang nicht berücksichtigt habe. Diese Fehlerabwendungspflicht spiegelt sich schließlich auch in der Beschwerdebegründung im nachfolgenden NZB-Verfahren wider. Dort hat der Beschwerdeführer nämlich – wie soeben erwähnt – insbesondere darzulegen, aus welchen Gründen er den betreffenden Rechtsirrtum nicht schon während des FG-Verfahrens durch einen entsprechenden Hinweis vermieden und damit ein anderes Verfahrensergebnis herbeigeführt habe, so dass er

---

1943 Neben dem in der Überschrift erwähnten *BFH*-Beschl. v. 07.07.2004, VII B 344/03, BStBl. II 2004, 896, 898, kommt diese Rechtsprechung auch noch in dem *BFH*-Beschl. v. 29.02.2008, IV B 74/07, n.v. (juris), zum Ausdruck, s. bereits oben im 3. Abschnitt unter B.III.1.c)cc)(4) (S. 328 f.).

1944 Dazu ansatzweise **kritisch** auch bereits oben im 3. Abschnitt unter B.III.1.c)cc)(4) (S. 328 f., dort S. 329).

1945 Der Begriff der ‚Darlegungspflichten' meint an dieser Stelle ausschließlich die Darlegung i.R.d. erstinstanzlichen finanzgerichtlichen Klageverfahrens, nicht hingegen das Darlegungserfordernis i.R.d. NZB-Verfahrens gemäß § 116 III 3 FGO.

1946 Ebenso *Stöcker*, AO-StB 2004, 391, 392.

folglich auch regelmäßig vorbringen sollte, welche konkreten Fehlerabwendungsmaßnahmen er ergriffen hat, d.h. welche konkreten Einwendungen er vorgebracht und welche Hinweise er dem Gericht gegenüber im Einzelnen erteilt hat.

Insoweit müssen allerdings die prozessualen Rechtsregeln *,iura novit curia'* und *,da mihi factum, dabo tibi ius'*[1947] Berücksichtigung finden, wonach es nicht notwendig ist, dass der Kläger rechtlich argumentiert und die einschlägige Rechtsvorschrift nennt, aus der sich die seinerseits geltend gemachte Rechtsfolge ableitet, da das Gericht das (innerstaatliche) Recht zu kennen hat[1948]. Mithin muss auch das FG von sich aus die einschlägigen Rechtsvorschriften auffinden und sie zutreffend anwenden, ohne dass den Beteiligten dabei irgendwelche Darlegungspflichten zukommen[1949]. Lediglich i.R.d. Sachaufklärung treffen sie – in Ergänzung und insbesondere Begrenzung des in § 76 I 1 FGO normierten Amtsermittlungs-/Untersuchungsgrundsatzes – gemäß § 76 I 2 bis 4 FGO Mitwirkungspflichten, deren Verletzung prozessual nachteilige Auswirkungen nach sich ziehen kann, so z.B. durch nachteilige Schlussfolgerungen des erstinstanzlichen Gerichts[1950].

Auch wenn das vom BFH in seinem Beschluss v. 07.07.2004 gefundene Ergebnis angesichts der nicht nachteiligen Auswirkungen des eindeutig fehlerhaften FG-Urteils auf das steuerliche Endergebnis durchaus einleuchten mag[1951], erscheint die insoweit vorgenommene Einschränkung der Revisionszulassung zur Sicherung einer einheitlichen Rechtsprechung wegen gravierender/schwerwiegender Rechtsanwendungsfehler des FG vor dem o.g. *verfahrensrechtlichen Hintergrund* sowie mit Blick auf den *Prüfungsgegenstand der NZB* unhaltbar[1952]. Denn i.R.d. NZB-Verfahrens kommt es allein darauf an, ob ein Revisionszulassungsgrund i.S.d. § 115 II FGO vorliegt und gemäß § 116 III 3 FGO ordnungsgemäß dargelegt worden ist[1953], und ist die Revision insoweit stets zuzulassen, ohne dass weitere Anforderungen – insbesondere an das Prozessverhalten des Beschwerdeführers in erster

---

1947 *,Iura novit curia'* = Das Gericht kennt das Recht/Das Recht ist dem Gericht bekannt. – *,Da mihi factum, dabo tibi ius'* = Gib mir den Sachverhalt/die Tatsache, und ich werde Dir das Recht geben.

1948 Siehe zu diesen Rechtsregeln *Rosenberg/Schwab/Gottwald*, ZivilProzR[15], S. 426 u. 790, jeweils m.w.N.

1949 So zum Ganzen auch *Steinhauff*, jurisPR-SteuerR 29/2004 Anm. 4, dort unter D. Vgl. überdies *Bleschick*, Revisionszulassungsgründe im Spannungsverhältnis, S. 173, der ebenfalls auf den Grundsatz *,iura novit curia'* hinweist, aufgrund dessen dem Beschwerdeführer aus der Fehlleistung des Gerichts kein Nachteil erwachsen könne.

1950 Hierzu Gräber/*Stapperfend*[6], § 76 FGO Tz. 1 u. 2 m.w.N. Vgl. insoweit auch *Steinhauff*, jurisPR-SteuerR 29/2004 Anm. 4, dort unter D.

1951 Die Kläger und Beschwerdeführer hätten nämlich vorliegend auch bei einem Klageerfolg mit der Festsetzung der Grunderwerbsteuer rechnen müssen, sie wären von der Steuerlast also letztlich auch dann nicht frei geworden.

1952 Vgl. unter Hinweis auf diese beiden Gesichtspunkte auch *Steinhauff*, jurisPR-SteuerR 29/2004 Anm. 4, dort unter D.

1953 Siehe oben im 3. Abschnitt unter A.I.5. (S. 103 ff., dort S. 104).

Instanz – zu stellen wären. Folglich kann es für die Zulassung der Revision wegen eines hinreichend dargelegten sowie vorliegenden Rechtsanwendungsfehlers von erheblichem Gewicht i.S.d. § 115 II Nr. 2 Alt. 2 FGO auch keine Rolle spielen, dass die Beteiligten durch ein entsprechendes prozessuales Verhalten zur Vermeidung des dem FG unterlaufenen gravierenden Fehlers/Irrtums hätten beitragen und somit ein anderes Verfahrensergebnis hätten herbeiführen können. Ebenso wenig können mithin i.R.d. Darlegung eines solchen Rechtsanwendungsfehlers Ausführungen des Beschwerdeführers dazu verlangt werden, warum dieser den betreffenden Rechtsirrtum nicht schon während des FG-Verfahrens durch entsprechende Hinweise vermieden habe, bzw. welche konkreten Maßnahmen er ergriffen habe, um den geltend gemachten Rechtsanwendungsfehler abzuwenden.

Der BFH sollte demzufolge diesen einschränkenden, am erstinstanzlichen Prozessverhalten des Beschwerdeführers orientierten Zulassungsmaßstab, den er bislang – soweit ersichtlich – ausschließlich in den beiden eingangs genannten Entscheidungen angelegt hat, i.R.d. §§ 115 II Nr. 2 Alt. 2, 116 III 3 FGO nicht weiter verfolgen, um den ohnehin schon überaus restriktiv gehandhabten Zulassungstatbestand des ‚Gravierenden/Schwerwiegenden Rechtsanwendungsfehlers des FG‘[1954] nicht noch weiter und für den Rechtsschutzsuchenden unzumutbar einzuschränken.

e) Gravierender/Schwerwiegender Rechtsanwendungsfehler des FG und Europäisches Unionsrecht

Besteht die *ernsthafte Möglichkeit*, dass der BFH ein Vorabentscheidungsersuchen stellen und dem EuGH die für die Entscheidung des Streitfalls maßgebliche unionsrechtliche Zweifelsfrage gemäß Art. 267 III AEUV in einem künftigen Revisionsverfahren zur Entscheidung vorlegen wird, ist nach st. Rspr. des BFH die Zulassung der Revision gemäß § 115 II Nr. 1 FGO wegen grundsätzlicher Bedeutung der Rechtssache geboten. Dabei ist der BFH als höchste Fachinstanz in der Finanzgerichtsbarkeit und somit als letztinstanzliches Gericht i.S.d. Art. 267 III AEUV regelmäßig verpflichtet, bei *verbleibenden vernünftigen Zweifeln* an der Auslegung oder Gültigkeit einer entscheidungserheblichen Norm des Europäischen Unionsrechts den EuGH i.R.d. Vorabentscheidungsverfahrens nach Art. 267 AEUV zur Klärung anzurufen[1955]. Die Vorlagepflicht gemäß Art. 267 III AEUV entfällt jedoch ausnahmsweise insbesondere dann, wenn die richtige Auslegung und Anwendung des Unionsrechts im vermeintlichen Vorlagefall derart *offenkundig* ist, dass keinerlei Raum für vernünftige Zweifel an der Entscheidung der gestellten Frage verbleibt, und nach Überzeugung des innerstaatlichen Gerichts auch für die

---

1954 Hierzu ausführlich vorstehend unter a) (S. 539 ff.), b) (S. 546 ff.) u. c) (S. 551 ff.).

1955 Siehe dazu ausführlich oben im 3. Abschnitt unter B.I.1.g)dd) (S. 174 f., dort S. 174 u. 175) sowie dort unter (1) (S. 176) m.w.N. aus der Rechtsprechung und dem einschlägigen Schrifttum.

Gerichte der übrigen Mitgliedstaaten sowie den EuGH die gleiche Gewissheit bestünde (sog. ‚*acte clair-Doktrin*')[1956].

Ist mithin der BFH von der Unionsrechtswidrigkeit der durch das FG vorgenommenen (einschränkenden) Auslegung einer für die Entscheidung des Streitfalls maßgeblichen unionsrechtlichen Vorschrift zweifelsfrei überzeugt, dann ist er mangels Vorlagepflicht befugt, selbst durchzuentscheiden. In diesem Fall einer *eindeutigen* entscheidungserheblichen Verletzung des Europäischen Unionsrechts durch die Vorinstanz, in dem das FG das Unionsrecht *offenkundig* unbeachtet gelassen hat und somit *keinerlei vernünftige Zweifel* an der richtigen Auslegung des Unionsrechts verbleiben, ist es dem BFH verwehrt, eine entsprechende NZB als unbegründet zurückzuweisen. Vielmehr hat er insoweit die Revision gemäß § 115 II Nr. 2 Alt. 2 FGO wegen eines *gravierenden/schwerwiegenden Rechtsanwendungsfehlers des FG zur Sicherung einer einheitlichen nationalen Rechtsprechung in Fragen des Europäischen Unionsrechts* zuzulassen, um dem Beschwerdeführer auch gerade in den Fällen einer *eindeutigen, offenkundigen Unionsrechtsverletzung* einen effektiven Rechtsschutz zu gewähren und seiner Verantwortung für den unionsrechtlichen Rechtsschutz nachzukommen[1957]. Das gilt umso mehr, als die ‚Greifbare Gesetzwidrigkeit' der finanzgerichtlichen Entscheidung als ein wesentliches Zulassungskriterium i.R.d. Revisionszulassung wegen gravierender/schwerwiegender Rechtsanwendungsfehlers des FG sich maßgeblich an dem Merkmal der ‚*Offenkundigkeit/Offensichtlichkeit*' orientiert und dabei insbesondere Gesetzesauslegungen erfasst, die *offenkundig/offensichtlich* Wortlaut und Gesetzeszweck widersprechen[1958], was sich hier gerade in der *offenkundig unionsrechtswidrigen Auslegung* der jeweiligen streitentscheidenden unionsrechtlichen Vorschrift realisiert.

Eine Zurückweisung der NZB hätte hingegen zur Folge, dass der Beschwerdeführer im Hinblick auf die seitens des FG begangene *eindeutige, offenkundige Unionsrechtsverletzung rechtsschutzlos* gestellt würde. Für einen Verfahrensbeteiligten im Steuerstreitverfahren, d.h. in erster Linie für den Steuerpflichtigen, existiert nämlich weder ein eigenes Vorlagerecht an den EuGH, noch kann dieser beim EuGH ein Rechtsmittel einlegen, um die Auslegung und Anwendung des maßgeblichen Unionsrechts bei der Steuerfestsetzung überprüfen zu lassen[1959]. Insbesondere gibt es – anders als im Verfassungsrecht die Verfassungsbeschwerde zum BVerfG für die Rüge spezifischer Verfassungsverstöße – *keine ‚Unionsrechtsbeschwerde'*

1956 Vgl. zu den vom EuGH anerkannten Ausnahmen von der Vorlagepflicht bei unionsrechtlichen Auslegungsfragen ausführlich oben im 3. Abschnitt unter B.I.1.g) dd)(2) (S. 177 ff., dort S. 178 f.) mit den entsprechenden Nachweisen aus Rechtsprechung und Schrifttum.

1957 Gleicher Ansicht *Seer*, in: T/K, EuRS Tz. 14 (Lfg. 126 Mai 2011). Siehe dazu ansatzweise bereits oben im 3. Abschnitt unter B.I.1.g)dd)(2) (S. 177 ff., dort S. 179).

1958 Dazu allgemein oben im 3. Abschnitt unter B.III.1.c)bb)(2)(e) (S. 310 ff., dort S. 319).

1959 Auf gleicher Linie *Wagner*, in: FS 50 Jahre AG Fachanwälte Steuerrecht, 555, 557.

zum EuGH[1960]. Würde nun in Fällen einer *eindeutigen, offenkundigen Unionsrechtsverletzung* die unionsrechtliche Aufsicht durch den BFH in Form einer Revisionszulassung gemäß § 115 II Nr. 2 Alt. 2 FGO wegen gravierender/schwerwiegender Rechtsanwendungsfehler des FG zur Sicherung einer einheitlichen nationalen Rechtsprechung in Unionsrechtsfragen unterbleiben, wäre somit das Vertrauen der Allgemeinheit in die Zuverlässigkeit der Rechtsprechung erschüttert. Nicht zuletzt ergäben sich insoweit Auswirkungen auch auf die künftige Rechtsprechung, da Finanzgerichte dazu ermuntert würden, das einschlägige Unionsrecht zu ignorieren, was wiederum die *Gefahr von Wiederholungen oder Nachahmungen* der betreffenden offenkundig unionsrechtswidrigen Auslegung der jeweils entscheidungserheblichen unionsrechtlichen Vorschrift nach sich zöge.

Aus den entsprechenden Entscheidungen des BFH, die sich bislang mit der Revisionszulassung wegen Verletzung des Europäischen Unionsrechts befasst haben, geht – soweit ersichtlich – nicht hervor, dass der Gedanke, die Revision bei *eindeutiger, offenkundiger Unionsrechtsverletzung* der Vorinstanz gemäß § 115 II Nr. 2 Alt. 2 FGO wegen eines gravierenden/schwerwiegenden Rechtsanwendungsfehlers des FG zuzulassen, bereits Eingang in die einschlägige Zulassungsrechtsprechung des BFH gefunden hat. Allerdings ist ebenso wenig ersichtlich, ob es bereits entsprechende Fälle gegeben hat, die Anlass dazu gegeben haben, sich konkret mit dieser Problematik auseinanderzusetzen.

Jedenfalls aber zeigen die vorstehend gemachten Ausführungen einmal mehr, dass das geltende finanzgerichtliche Revisionszulassungsrecht der §§ 115 II Nrn. 1 u. 2 Alt. 2, 116 III 3 FGO durchaus zu schlecht begründeten FG-Entscheidungen, und hier ganz besonders zu einem *sorglosen Umgang mit dem Europäischen Unionsrecht, einlädt*[1961], wenn die Fälle einer *eindeutigen* entscheidungserheblichen Unionsrechtsverletzung durch die Vorinstanz bei der Revisionszulassung ‚durchs Raster fallen'. Mithin sollte der BFH sich der o.g. Argumentation anschließen und in den entsprechenden Fällen, in denen eine NZB auf die qualifizierte Fehlerhaftigkeit der angefochtenen FG-Entscheidung gestützt wird, weil diese das einschlägige Unionsrecht *offenkundig* unbeachtet gelassen hat und somit keinerlei vernünftige Zweifel an der richtigen Auslegung des Unionsrechts verbleiben, die Revision gemäß § 115 II Nr. 2 Alt. 2 FGO zur Sicherung einer einheitlichen nationalen Rechtsprechung in Fragen des Europäischen Unionsrechts zulassen, um seiner Verantwortung für den unionsrechtlichen Rechtsschutz gerecht zu werden und den Beschwerdeführer insoweit nicht rechtsschutzlos zu stellen.

1960 Ebenso *Seer*, in: T/K, EuRS Tz. 9 (Lfg. 126 Mai 2011).

1961 Vgl. in diesem Zusammenhang allgemein auch oben unter A.II.2.b) (S. 396 f., dort S. 397) sowie A.IV.1. (S. 423).

C. Appell an den Gesetzgeber zur Herbeiführung eines gestärkten und verbesserten Individualrechtsschutzes im finanzgerichtlichen Revisionszulassungsrecht

Aus der Analyse der einschlägigen revisionszulassungsrechtlichen Rechtsprechung des BFH oben im 3. Abschnitt sowie aus den *kritischen* Ausführungen zum Bedürfnis und zur Notwendigkeit einer Lockerung seiner Zulassungspraxis mit Blick auf die einzelnen Revisionszulassungstatbestände des § 115 II Nrn. 1 u. 2 FGO und die jeweiligen Anforderungen an ihre Darlegung i.R.d. Begründung einer NZB gemäß § 116 III 3 FGO vorstehend unter A. (S. 358 ff.) u. v.a. B. (S. 464 ff.) geht hervor, dass der BFH die entsprechend herausgebildeten Zulassungskriterien auch nach der Reform des finanzgerichtlichen Revisionszulassungsrechts durch das 2. FGOÄndG unverändert *restriktiv* sowie für den Beschwerdeführer *unberechenbar* handhabt, so dass sich auch die Anforderungen an ihre Darlegung weiterhin als *äußerst streng* und *überzogen* darstellen. Diese nach wie vor *überaus restriktive* sowie *wenig kalkulierbare* Zulassungspraxis, die zum Ausdruck bringt, dass sich der BFH immer noch schwer tut, die Zulassungstatbestände den Gesetzesmotiven entsprechend *de lege lata* durch eine verfassungskonforme Auslegung zu erweitern und damit einhergehend die Anforderungen an das Begründungsniveau einer NZB entsprechend abzusenken[1962], bewirkt beim Steuerpflichtigen eine unzumutbare und somit nicht hinnehmbare Verkürzung seines zweitinstanzlichen Finanzrechtsschutzes und lässt das von der FGO eröffnete Rechtsmittel der NZB für ihn mithin quasi ‚leerlaufen'.

Der Vorwurf der Rechtsschutzverkürzung richtet sich dabei natürlich an den *BFH*, der sich für seine *restriktive*, *unkalkulierbare* und z.T. sogar *willkürliche* Zulassungspraxis mitsamt den *hypertrophen* sowie *übersteigerten* Darlegungsanforderungen in erster Linie selbst verantwortlich zeichnet. Jedoch trifft auch den *Gesetzgeber* ein nicht unerhebliches Verschulden an dieser für den Rechtsschutzsuchenden defizitären und somit intolerablen Situation.

Denn dieser hat es bedauerlicherweise versäumt, seiner Forderung nach Stärkung und Verbesserung des Individualrechtsschutzes des einzelnen Steuerpflichtigen im Wortlaut des Gesetzes explizit Ausdruck zu verleihen. So gelangt die intendierte Erweiterung des Zugangs zum BFH durch Ausweitung der Revisionszulassungsgründe im Tatbestand des § 115 II bzw. § 116 III 3 FGO nicht hinreichend deutlich zum Ausdruck. Wer aber im Hinblick auf das selbst als drängend erkannte Individualrechtsschutzinteresse eine ersichtlich zu enge Fassung von

1962 Auf gleicher Linie *Seer*, in: T/K, § 115 FGO Tz. 9 (Lfg. 131 Oktober 2012). Siehe auch *Seer*, in: T/L, Steuerrecht[21], § 22 Tz. 254 a.E., unter Hinweis darauf, dass der BFH von der ihm durch die Neufassung der Zulassungsgründe des § 115 II FGO eröffneten Möglichkeit, seine strengen Anforderungen an die Darlegung der Zulassungsgründe abzusenken, bisher leider nur sehr zögerlich und halbherzig Gebrauch gemacht habe.

Zulassungsgründen ausdehnen möchte, der sollte die bisherigen Zulassungsgründe nicht bloß halbherzig durch eine Aneinanderreihung höchst unbestimmter Rechtsbegriffe ‚modifizieren' und das beabsichtigte Vorhaben mühevoll sowie z.T. überaus vage und somit schwer nachvollziehbar ausschließlich in der Gesetzesbegründung andeuten, so dass es für diese Erkenntnis regelmäßig einer ausführlichen Lektüre und Analyse der Gesetzesmotive bedarf. Vielmehr sollte er in aller Klarheit den *Tatbestand des betreffenden Gesetzes* erweitern und das von ihm angestrebte Ziel fest im Gesetzeswortlaut verankern[1963].

Zwar mag es das Ansinnen bzw. die Absicht des Gesetzgebers gewesen sein, dem BFH *einerseits* zu signalisieren, dass das bis zum 31.12.2000 geltende Revisionszulassungsrecht einschließlich seiner bisherigen Zulassungspraxis deutlich zu eng gewesen sei, ihm *andererseits* aber bei der Revisionszulassung nach der Reform durch das 2. FGOÄndG zur Sicherung seiner maximalen Wirkungsbreite freie Hand zu lassen[1964]. Jedoch konnte und durfte er i.R. dieser dem BFH überlassenen ‚freien Hand' nicht bloß untätig allein darauf vertrauen, dass die zentrale Intention des 2. FGOÄndG – die Stärkung und Verbesserung des Individualrechtsschutzes des einzelnen Steuerpflichtigen – daraufhin vollumfänglich und seinen Vorstellungen entsprechend umgesetzt werde, wenn die intendierte Ausweitung der Revisionszulassungsgründe im Wortlaut des Gesetzes nur derart unzureichend zum Ausdruck gelangt, wie das der Fall ist. Selbst wenn man dem Gesetzgeber hier

1963 Ebenso *kritisch* zum Ganzen *Seer*, BB 2000, 2387, 2388 u. 2389; *ders.*, StuW 2001, 3, 7 f., 10 u. 18, wo er u.a. auch ausführt, dass der Gesetzgeber den tradierten Zulassungsgründen durch das 2. FGOÄndG *„heimlich"* den Sinngehalt der Einzelfallgerechtigkeit unterschiebe, der ihnen in dieser Weise – jedenfalls bisher – fremd gewesen sei; *ders.*, in: T/K, § 115 FGO Tz. 9, 39 a.E. u. 40 (Lfg. 131 Oktober 2012). Vgl. etwa auch *Beermann*, DStZ 2000, 773, 776; *Lange*, NJW 2001, 1098, 1099; *List*, DB 2000, 2294, 2297; *Rüsken*, DStZ 2004, 334, 335, der vorbringt, dass niemand habe glauben können, Appelle in der Gesetzesbegründung – so vernünftig sie auch sein mögen – würden eine gefestige Rechtsprechung und Zulassungspraxis ändern können, zumal den vom Gesetzgeber – vornehmlich in § 115 II Nr. 2 FGO – gewählten Begrifflichkeiten *Prägnanz* und damit *normative Kraft* fehle, ähnlich 337; *Seer*, StuW 2003, 193, 195 u. 204; vgl. überdies *Spindler*, DB 2001, 61, 62. Zudem *BVerfG*, Beschl. v. 08.01.2004, 1 BvR 864/03, NJW 2004, 1371 (1. Kammer des Ersten Senats, Nichtannahmebeschluss), zu der § 115 II FGO nahezu entsprechenden zivilprozessualen Zulassungsvorschrift des § 543 II 1 ZPO. Vgl. zu der einschlägigen **Kritik** ansatzweise auch bereits oben im 3. Abschnitt unter B.III.1.c)bb)(1)(a) (S. 267 ff., dort insbesondere S. 267 u. 269, speziell zum Zulassungstatbestand des sog. ‚Gravierenden/Schwerwiegenden Rechtsanwendungsfehlers des FG' u. mit zahlreichen weiteren Nachweisen) sowie vorstehend unter A.IV.2.e) (S. 447 ff., dort S. 449 f.).

1964 Vgl. in diesem Zusammenhang *Nassall*, NJW 2003, 1345, 1348, der für die ZPO (§§ 543 II 1 [Nr. 2], 574 II [Nr. 2] ZPO) auf eine solche – durch die Konturenlosigkeit der jeweiligen Zulassungskriterien – kodifizierte *Absicht des Gesetzgebers* hinweist.

zugutehält, dass er zunächst *abwarten* wollte, was der BFH aus den neu gefassten bzw. modifizierten Zulassungsgründen machen und wie sich seine bislang enge Zulassungspraxis mit Blick auf die gesetzgeberisch geäußerte Intention entwickeln würde[1965], dann ist es nunmehr, nachdem sich die Zulassungspraxis mehr als 14 Jahre nach der Reform des finanzgerichtlichen Revisionszulassungsrechts und der damit einhergehenden Neufassung des § 115 II FGO – dem Individualrechtsschutz abträglich – unverändert restriktiv darstellt, an der Zeit, dass der Gesetzgeber *aktiv eingreift*, und der seinerzeit in den Gesetzesmotiven geäußerten Intention, den Rechtsschutz des einzelnen Steuerpflichtigen durch eine Erweiterung des bis dato zu engen Zugangs zum BFH zu stärken und zu verbessern, im Gesetzeswortlaut der §§ 115, 116 FGO explizit sowie klar erkennbar und hinreichend deutlich Ausdruck verleiht und zur Umsetzung verhilft[1966]. Denn ansonsten müsste die Reform des finanzgerichtlichen Revisionszulassungsrechts durch das 2. FGOÄndG angesichts der bislang unter ihrer *Maßstablosigkeit* leidenden Regelung des § 115 II FGO[1967] und der – auch infolgedessen – nach wie vor *restriktiven* sowie *unkalkulierbaren* und teilweise *willkürlichen* Zulassungspraxis des BFH mitsamt ihren *strengen* sowie *überzogenen* Darlegungsanforderungen als *gut gemeint*, aber *leider missglückt* angesehen werden, wie dies heute schon durchaus mit Recht vorgebracht wird[1968].

1965 Vgl. dazu, dass es dem Gesetzgeber bei abstrakten unbestimmten Rechtsbegriffen i.R. einer Neuregelung erlaubt ist, eine Konkretisierung durch die Rechtsprechung *abzuwarten* und *zu beobachten*, allgemein vorstehend unter A.IV.2.b) (S. 430 ff., dort S. 434 [f.]). Vgl. in diesem Zusammenhang auch noch oben im 3. Abschnitt unter B.III.1.c)bb)(1)(a) (S. 267 ff., dort S. 269, speziell zum Zulassungstatbestand des sog. ‚Gravierenden/Schwerwiegenden Rechtsanwendungsfehlers des FG').

1966 Vgl. insoweit auch die Beschlussempfehlung und den Bericht des Rechtsausschusses (6. Ausschuss) zu dem Gesetzentwurf der Bundesregierung – Drucksachen 14/4061, 14/4450: Entwurf eines 2. FGOÄndG – v. 08.11.2000, BT-Drucks. 14/4549, S. 11, wonach die Fraktionen SPD und BÜNDNIS 90/DIE GRÜNEN es im Hinblick auf die Einführung eines neuen zusätzlichen Revisionszulassungsgrundes für vorzugswürdig erachteten, *zunächst* die Auswirkungen der Erweiterung des Zugang zum BFH durch den neuen Zulassungsgrund des § 115 II Nr. 2 FGO sowie die sonstigen Änderungen des Verfahrensrechts *abzuwarten*. Es ist jedoch kaum vorstellbar, dass mit *‚zunächst'* die nächsten 14 Jahre gemeint waren, die seit der Reform des finanzgerichtlichen Revisionszulassungsrechts durch das am 01.01.2001 inkraftgetretene 2. FGOÄndG inzwischen vergangen sind.

1967 *Seer*, in: T/K, § 115 FGO Tz. 9 (Lfg. 131 Oktober 2012).

1968 Als *‚leider missglückt'* bezeichnet die Reform bereits *Seer*, StuW 2003, 193, 204; *ders.*, in: T/K, § 115 FGO Tz. 40 (Lfg. 131 Oktober 2012); *ders.*, in: T/L, Steuerrecht[21], § 22 Tz. 230 a.E.: Neuregelung der Revisionszulassungsgründe in § 115 II FGO *„wenig gelungen"*. Vgl. insoweit auch *Rüsken*, DStZ 2004, 334, 335, der vorbringt, dass das 2. FGOÄndG keine wirksame Abhilfe geschaffen habe, da die teilweise Neufassung der Revisionszulassungsgründe und der Begründungsanforderungen i.R.d. NZB-Verfahrens keine Erleichterung des Zugangs zum Revisionsverfahren vor dem BFH bewirkt habe. Vgl. überdies *Lange*, StuW 2006, 366

Um hier Richtung zu geben und den Individualrechtsschutz des einzelnen Steuerpflichtigen i.R.d. Revisionszulassung und des NZB-Verfahrens nicht länger hinten anstehen zu lassen, sind die beiden nachfolgend beschriebenen (Nachbesserungs-) Maßnahmen denkbar:

I. Wiedereinführung der Streitwertrevision

So könnte dem Missstand des vernachlässigten Individualrechtsschutzes bspw. durch eine *Wiedereinführung der Streitwertrevision* entgegengewirkt werden. Denn angesichts ihrer Korrelation zur Zweistufigkeit der Finanzgerichtsbarkeit und im Hinblick darauf, dass sie eine effiziente Rechtmäßigkeitskontrolle durch eine zweite Instanz in zumindest wirtschaftlich nicht ganz unbedeutenden Verfahren bewirken würde[1969], stellt ein angemessener Streitwert i.V.m. den Revisionszulassungsgründen und dem Rechtsmittel der NZB, mithin eine Kombination von Streitwert- und Zulassungsrevision, eine für die Finanzgerichtsbarkeit angemessene, dem Individualrechtsschutz hinreichend Rechnung tragende Lösung dar[1970].

Dabei könnte man etwa an eine *Streitwertgrenze von 10.000 €* denken, ohne dass ich mich hier strikt auf diese konkrete Streitwertgrenze festlegen möchte. Rechtsstreitigkeiten, deren Streitwert diese Grenze nicht überschreitet – insbesondere Verfahren aus dem Bereich des Lohnsteuerrechts sowie betreffend die Klärung solcher steuerlicher Fragen, die bei der jährlichen (Einkommensteuer-) Veranlagung regelmäßig wiederkehren und erhebliche Auswirkungen auf eine Vielzahl von Steuerpflichtigen haben –, könnten insoweit – m.E. recht unproblematisch – zumindest über die *Grundsatzrevision* Berücksichtigung finden, die im Hinblick auf eine Vielzahl betroffener (gleichartiger) Steuerfälle, wodurch nach diesseits vertretener Auffassung die für das (abstrakte) Allgemeininteresse geforderte

---

u. 375, der die Neuregelung der Revisionszulassungsgründe in § 115 II FGO als *„nicht überzeugend"* und die Reform mithin aufgrund einer *„Fehlleistung des Gesetzgebers"* als *„gescheitert"* bezeichnet. Wenig überzeugend erscheint es jedoch, wenn *Lange* insoweit ‚eine Lanze für die Rechtsprechung bricht', indem er anführt, dass der Gesetzgeber zugunsten einer weit weniger bestimmten Regelung die klassischen Revisionszulassungsgründe des § 115 II FGO 1965 aufgegeben habe, *„die in intensiver höchstrichterlicher Rechtsprechung konkretisiert worden sind und dadurch ein Höchstmaß an rechtsstaatlicher Bestimmtheit aufwiesen"*, zumal sich aus der Analyse der BFH-Rechtsprechung oben im 3. Abschnitt ergibt, dass die Zulassungspraxis des BFH auch bereits zum alten Zulassungsrecht überaus *restriktiv* sowie *unkalkulierbar* war.

1969 Dazu oben unter A.II.2. (S. 387 ff.).

1970 So auch schon *List*, DB 2000, 2294, 2297 a.E. Vgl. insoweit auch *List*, DStR 2000, 1499 ff., v.a. 1503 u. 1505, wo dieser sich für die Wiedereinführung der Streitwertrevision ausspricht.

Breitenwirkung einer Rechtsfrage begründet wird[1971], gerade auch fallzahlbezogen – *quantitativ* – zu verstehen ist.

Allerdings gilt es zu bedenken, dass es sich bei der Frage nach der Wiedereinführung der Streitwertrevision in erster Linie um eine *rechtspolitische Entscheidung* handelt, die durchaus beachtliches Argumentationspotenzial sowohl ‚dafür' als auch ‚dagegen' beinhaltet, wie ein Blick in die historische Entwicklung des finanzgerichtlichen Revisionszulassungsverfahrens und die dort betreffend die Abschaffung bzw. Wiedereinführung der Streitwertrevision jeweils vorgebrachten Argumente zeigt[1972]. So stellt sich neben dem ‚Ob' insbesondere auch die Frage, in welcher Form und v.a. in welcher Höhe der Streitwert die Zulässigkeit der Revision begründen können soll. Zuletzt würde auch hier – wie schon des Öfteren in der Vergangenheit – einmal mehr kontrovers die Frage diskutiert werden, ob und inwieweit die Festsetzung einer starren Streitwertgrenze als Benachteiligung finanzschwächerer Parteien durch Privilegierung von Rechtsstreitigkeiten mit hohem Streitwert und mithin als sozialstaatlich bedenklich und ggf. sogar willkürlich empfunden werden könnte, auch wenn in den weit überwiegenden Fällen unterhalb der festgesetzten Streitwertgrenze m.E. – wie gerade ausgeführt – zumindest die Grundsatzrevision eröffnet sein dürfte[1973].

Somit erscheint es vorzugswürdig, sich im Hinblick auf die Stärkung des Individualrechtsschutzes des einzelnen Steuerpflichtigen auf die Zulassungsrevision, d.h. konkret auf den Katalog der Revisionszulassungsgründe des § 115 II FGO und dessen Änderung bzw. Erweiterung, zu konzentrieren.

II. Einführung eines materiell-akzessorischen Abwägungskriteriums als Zulassungsmaßstab: *Überwiegende oder ernstliche Zweifel an der Richtigkeit der angefochtenen finanzgerichtlichen Entscheidung*

Entsprechend den Überlegungen und Vorschlägen der Arbeitsgruppe zur Reform des finanzgerichtlichen Revisionszulassungs- und Revisionsrechts 1998/1999 sollte der Gesetzgeber den Katalog der Revisionszulassungsgründe des § 115 II FGO erweitern und zur Stärkung und Verbesserung des Individualrechtsschutzes einen eigenständigen neuen Zulassungsgrund im Gesetz verankern, wonach die Revision

---

1971 Siehe dazu ansatzweise oben im 3. Abschnitt unter B.I.1.d)aa) (S. 140 f.) sowie insbesondere vorstehend unter B.I.1.a) (S. 466 f.).

1972 Siehe hierzu oben im 1. Abschnitt, dort insbesondere unter D.I. (S. 24 ff., dort S. 25 f.), D.III. (S. 28), F.I. (S. 35 ff., dort S. 37), F.II. (S. 38) u. G. (S. 40 ff.), im 2. Abschnitt unter A.II. (S. 54 ff.) sowie vorstehend unter A.II.1. (S. 381), dort insbesondere Fußnote 1264, u. A.II.2. (S. 387 f., dort S. 388).

1973 Vgl. zu dieser ‚Privilegierungsproblematik' und den entsprechenden sozialstaatlichen Bedenken oben im 1. Abschnitt unter D.I. (S. 24 ff., dort S. 26), im 2. Abschnitt unter A.II. (S. 54 f.) sowie vorstehend unter A.II.1. (S. 381), dort Fußnote 1264.

immer auch dann zuzulassen ist, wenn *„überwiegende Zweifel an der Richtigkeit der angefochtenen finanzgerichtlichen Entscheidung bestehen“*[1974].

Die mit der Aufnahme eines derartigen eigenständigen zusätzlichen Revisionszulassungsgrundes in den Kanon der Zulassungsgründe nach § 115 II FGO einhergehende Einführung eines *materiell-akzessorischen Abwägungskriteriums* als Zulassungsmaßstab hätte zur Folge, dass nicht nur ‚Ausreißer‘ unter den FG-Urteilen erfasst werden – so wie der BFH bspw. jetzt über den Zulassungstatbestand

1974 Auf gleicher Linie *Herden*, DStZ 2000, 394, 396, der vorbringt, dass die Einzelfallgerechtigkeit im Finanzgerichtsprozess im Hinblick auf den lediglich zweistufigen Aufbau der Finanzgerichtsbarkeit mit der Möglichkeit einer streitigen Einzelrichterentscheidung ohne einen solchen zusätzlichen Zulassungsgrund deutlich zu kurz komme, vgl. insoweit auch bereits oben im 2. Abschnitt unter A.II. (S. 54 ff. [56]), dort Fußnote 232, sowie vorstehend unter A.II.2.b) (S. 396 f. [397]), dort Fußnote 1308, und A.II.4. (S. 418), dort Fußnote 1376; *Seer*, BB 2000, 2387, 2390; *ders.*, StuW 2001, 3, 10 u. 18; *ders.*, StuW 2003, 193, 204; *ders.*, in: T/K, § 115 FGO Tz. 9 u. 39, jeweils a.E. (Lfg. 131 Oktober 2012); *Suhrbier-Hahn*, DStR 2001, 467, 473. – Die Reformarbeitsgruppe hatte hierzu einen neuen *§ 115 II Nr. 4 FGO* in den Kanon der Revisionszulassungsgründe des § 115 II FGO 1965 einfügen wollen. M.E. könnte man einen solchen neuen Zulassungsgrund – ggf. systematisch zutreffender – auch nach der Grundsatz- sowie der Rechtsfortbildungs- u. Rechtsprechungsvereinheitlichungsrevision und vor der Verfahrensrevision als neuen § 115 II Nr. 3 FGO verankern, so dass die Verfahrensrevision dementsprechend abschließend in § 115 II Nr. 4 FGO geregelt wäre. – Im Schrifttum existieren darüber hinaus einige weitere Novellierungsbestrebungen betreffend § 115 II FGO, auf die jedoch nicht näher eingegangen werden soll, die nachfolgend vielmehr nur kurz Erwähnung finden sollen: Bspw. *Beermann*, DStR 2005, 450, 455. Für eine erneute Novellierung des § 115 II FGO ist auch *Lange*, StuW 2006, 366, 375, der insbesondere eine klare Regelung zu den Voraussetzungen einer Revisionszulassung wegen gravierender/schwerwiegender Rechtsanwendungsfehler der Vorinstanz fordert. Vgl. insoweit auch *Ruban*, DStR 2005, 2033, 2037. Wenn *Rüsken*, DStZ 2004, 334, 336 u. 337 f., statt der Einführung eines neuen Revisionszulassungsgrundes der *„überwiegenden Zweifel an der Richtigkeit der angefochtenen finanzgerichtlichen Entscheidung“* sinngemäß das Merkmal der *‚Objektiven Willkür‘* als Zulassungsgrund im Gesetz verankern will – sinngemäß deshalb, weil nicht der Begriff der ‚Objektiven Willkür‘ in das Gesetz übernommen werden, sondern der Tatbestand vielmehr dadurch beschrieben werden soll, dass *die Revision gegen Entscheidungen gegeben ist, die rechtsstaatlichen Anforderungen an die Rechtsanwendung nicht genügen* -, dann erscheint dies schon deshalb wenig gewinnbringend, weil es sich bei den Fällen objektiv willkürlicher Rechtsanwendung durch die Vorinstanz *einerseits* um praktisch absolute Ausnahmefälle handelt (dazu vorstehend unter B.III.2.c) [S. 551 ff., dort S. 552], dort auch unter aa) [S. 552 ff., dort S. 554 u. 556]), und *andererseits* derartige Fälle in st. Rspr. des BFH bereits über den Zulassungstatbestand des ‚Gravierenden/Schwerwiegenden Rechtsanwendungsfehlers des FG‘ i.R.d. Rechtsprechungsvereinheitlichungsrevision nach § 115 II Nr. 2 Alt. 2 FGO erfasst werden.

des ‚Gravierenden/Schwerwiegenden Rechtsanwendungsfehlers des FG' i.R.d. § 115 II Nr. 2 Alt. 2 FGO ausschließlich die praktisch absoluten Ausnahmefälle objektiv willkürlicher sowie greifbar gesetzwidriger Rechtsanwendung durch die Vorinstanz erfasst[1975]. Vielmehr könnten gerade auch diejenigen FG-Entscheidungen unter diese Zulassungsformel subsumiert werden, bei denen aufgrund einer *summarischen Prüfung* angenommen werden kann, dass sie einer revisionsrechtlichen Überprüfung in materiell-rechtlicher Hinsicht nicht standhalten werden, und denen der Zugang zum BFH außerhalb der dargestellten engen Voraussetzungen der Grundsatz-, Rechtsfortbildungs- und Rechtsprechungsvereinheitlichungsrevision bislang verwehrt bleibt[1976].

Ein solcher Zulassungsmaßstab würde dem Beschwerdeführer überdies die Begründung seiner NZB enorm erleichtern; denn es wird ihm – im Vergleich zu den bisherigen hypertrophen sowie übersteigerten Darlegungsanforderungen i.R.d. Grundsatz-, Rechtsfortbildungs- und Rechtsprechungsvereinheitlichungsrevision gemäß §§ 115 II Nrn. 1 u. 2, 116 III 3 FGO – regelmäßig besser und einfacher gelingen, schlüssig und substantiiert darzulegen, dass Zweifel an der Richtigkeit der angefochtenen finanzgerichtlichen Entscheidung bestehen, und es sich dabei insoweit um eine *qualifizierte Zweifelhaftigkeit* handelt, als die gegen die Richtigkeit dieser Entscheidung sprechenden Gründe überwiegen.

Führt die Einführung eines neuen Revisionszulassungsgrundes der *„überwiegenden Zweifel an der Richtigkeit der angefochtenen finanzgerichtlichen Entscheidung"* mithin zwangsläufig zu einer erheblichen maßstabsbildenden *Stärkung und Verbesserung des Individualrechtsschutzes* des einzelnen Steuerpflichtigen i.R.d. Revisionszulassung und des NZB-Verfahrens, weil dieser unter Absenkung der bisherigen strengen Anforderungen an die Darlegung der Zulassungsgründe i.R.d. Begründung einer NZB eine für den Beschwerdeführer *effiziente Zugangsmöglichkeit* zum BFH eröffnet[1977], so ist die Verankerung des genannten materiell-akzessorischen Abwägungskriteriums als Zulassungsmaßstab auch noch aus

---

1975 Dazu vorstehend unter B.III.2.c) (S. 551 ff., dort S. 552), dort auch unter aa) (S. 552 ff., dort S. 554 u. 556).

1976 Zum Ganzen ebenso *Schaumburg*, StuW 1999, 68, 73. Vgl. schon oben im 1. Abschnitt unter H. (S. 42 ff., dort S. 44 f.). Siehe im Hinblick auf die mit der Aufnahme eines derartigen eigenständigen zusätzlichen Revisionszulassungsgrundes in den Kanon der Zulassungsgründe nach § 115 II FGO einhergehende Einführung eines *materiell-akzessorischen Abwägungskriteriums* als Zulassungsmaßstab auch *Seer*, BB 2000, 2387, 2390, unter Hinweis darauf, dass die Anknüpfung an ein *materiell-akzessorisches Kriterium* sachgerecht und der Rechtssicherheit förderlich sei; *ders.*, StuW 2001, 3, 10 u. 18; *ders.*, StuW 2003, 193, 204; *ders.*, in: T/K, § 115 FGO Tz. 9 u. 39, jeweils a.E. (Lfg. 131 Oktober 2012).

1977 Siehe insoweit auch *Schaumburg*, StuW 1999, 68, 73. Vgl. überdies bereits oben im 1. Abschnitt unter H. (S. 42 ff., dort S. 44 f.). Vgl. zudem *Herden*, DStZ 2000, 394, 396; *Seer*, BB 2000, 2387, 2390; *ders.*, StuW 2001, 3, 10 u. 18; *ders.*, in: T/K, § 115 FGO Tz. 9 u. 39, jeweils a.E. (Lfg. 131 Oktober 2012).

einem weiteren Grund notwendig sowie unabdingbar. Neben dem aus Sicht des rechtsschutzsuchenden Steuerbürgers äußerst bedeutsamen Rechtsschutzaspekt bewirkt es nämlich zugleich eine *Effektuierung der Rechtmäßigkeitskontrolle finanzgerichtlicher Entscheidungen*[1978], so dass diese in materiell-rechtlicher Hinsicht einer ähnlich effektiven Kontrolle durch den BFH als zweitinstanzliches Gericht zugänglich gemacht werden, wie dies im Hinblick auf dem Urteil anhaftende Verfahrensmängel bereits über die Verfahrensrevision gemäß § 115 II Nr. 3 FGO gewährleistet ist. Schließlich würde es dem BFH auf diese Weise ermöglicht, sich wieder mehr mit den eigentlichen materiell-rechtlichen Streitfragen auseinanderzusetzen, anstatt überwiegend umfangreiche sowie vielschichtige und *revisionszweckfremde* Überlegungen zur hinreichenden Darlegung und zum Vorliegen der Revisionszulassungsgründe anzustellen[1979], so dass i.Ü. auch gewährleistet wäre, dass er seine Judikatur auf der Basis eines breiten Anschauungs- und Fallmaterials entwickeln kann[1980].

Ausweislich des Berichts des Rechtsausschusses hat dem Gesetzgeber seinerzeit i.R.d. Reform des finanzgerichtlichen Revisionszulassungsrechts durch das 2. FGOÄndG aus Angst vor einem erhöhten Geschäftsanfall beim BFH, der mit einer noch stärkeren Öffnung des Revisionsverfahrens verbunden sein könnte, der Mut gefehlt, den Katalog der Revisionszulassungsgründe des § 115 II FGO 1965 um den Zulassungsgrund der *„überwiegenden Zweifel an der Richtigkeit der angefochtenen finanzgerichtlichen Entscheidung“* zu erweitern[1981]. Auch im Schrifttum wurde bzw. wird dieser Vorschlag teilweise als zu weitgehend *kritisiert*, da der BFH mit der Prüfung der ‚überwiegenden Zweifel‘ überlastet werde, weil es sich insoweit bereits um eine vollumfängliche Rechtsprüfung handele.

So bringt *Reinhart Rüsken* – um nur ein Beispiel zu nennen – vor, dass es nicht geboten sei, ein Rechtsmittel gegen jedes Urteil zu eröffnen, an dessen Richtigkeit ein Dritter zweifle. Darauf aber sei der seinerzeitige Vorschlag der Reformarbeitsgruppe gerade hinausgelaufen, auch wenn er vorgegeben habe, das Rechtsmittel nur bei gleichsam qualifizierter Zweifelhaftigkeit in Form von ‚überwiegenden Zweifeln‘ eröffnen zu wollen. Das Urteil in einer Rechtsfrage – so *Rüsken* weiter – pflege auf der Abwägung der für und gegen eine Rechtsmeinung sprechenden Argumente zu beruhen. Ob diese oder jene Argumente ‚überwiegen‘, könne man vernünftigerweise jedoch erst entscheiden, wenn man die Argumente komplett zusammengestellt, durchdacht, gewichtet und gegeneinander abgewogen, wenn

---

1978 Vgl. wiederum *Schaumburg*, StuW 1999, 68, 73; *Seer*, BB 2000, 2387, 2390. Vgl. dazu auch bereits oben im 1. Abschnitt unter H. (S. 42 ff., dort S. 44 f.).

1979 Dazu bereits **kritisch** oben unter A.II.1. (S. 381 ff., dort S. 387).

1980 Ebenso *Seer*, StuW 2003, 193, 204.

1981 Beschlussempfehlung und Bericht des Rechtsausschusses (6. Ausschuss) zu dem Gesetzentwurf der Bundesregierung – Drucksachen 14/4061, 14/4450: Entwurf eines 2. FGOÄndG – v. 08.11.2000, BT-Drucks. 14/4549, S. 11, ausführlich dazu oben im 2. Abschnitt unter A.III.1.b) (S. 58 f. [59]), dort v.a. Fußnote 241.

man die angefochtene Entscheidung also rechtlich vollumfänglich geprüft habe[1982]. Schließlich merkt *Rüsken* an, dass der von der Reformarbeitsgruppe offenbar intendierte Anklang an die ‚ernstlichen Zweifel' als Voraussetzung der Aussetzung der Vollziehung nicht über den insoweit bestehenden grundlegenden Unterschied hinwegtäuschen dürfe, dass ‚ernstliche Zweifel' sich häufig auf den ersten Blick feststellen ließen, weil einem Gegenargumente oder nicht berücksichtigte Gesichtspunkte einfielen; ob diese auch überwiegen, sei hingegen etwas gänzlich anderes[1983].

Rüsken ist insoweit zuzustimmen, als die Prüfung der ‚überwiegenden Zweifel' über die Prüfung der lediglich ‚ernstlichen Zweifel' – wie sie der Berufungszulassungsgrund des § 124 II Nr. 1 VwGO hinsichtlich der Richtigkeit des Urteils und ebenso der Aussetzungsgrund des § 69 II 2 FGO im Hinblick auf die Rechtmäßigkeit des angefochtenen Verwaltungsakts verlangen[1984] – hinausgeht, weil die gegen die Richtigkeit des angefochtenen finanzgerichtlichen Urteils sprechenden Gründe eben nicht nur ernstlich sein, sondern vielmehr überwiegen müssen[1985]. Jedoch handelt es sich bei der Prüfung der ‚überwiegenden Zweifel' m.E. letztlich dennoch um eine *summarische Prüfung*[1986]. Denn eine Abwägung und Gewichtung der wesentlichen für und gegen die Richtigkeit der angefochtenen Entscheidung sprechenden Argumente kann auch hier – ebenfalls wie bei der Feststellung bloß ernstlicher Zweifel – bereits bei einer nur überschlägigen Überprüfung der Rechtslage und des entsprechenden FG-Urteils vorgenommen werden. Dass die ‚überwiegenden Zweifel' über die ‚ernstlichen Zweifel' hinausgehen und deren Feststellung/Prüfung mithin etwas mehr Gründlichkeit erfordert, bedeutet nämlich nicht zwangsläufig, dass es hierzu notwendigerweise stets einer allumfassenden, tiefgreifenden und sämtliche Details berücksichtigenden Auseinandersetzung mit der konkreten Rechtslage bedarf, da es hier immer noch ‚nur' darum geht,

---

1982 So zum Ganzen *Rüsken*, DStZ 2004, 334, 336 (u. 338), zudem unter Hinweis darauf, dass die Inanspruchnahme des BFH in dem mit diesem von der Reformarbeitsgruppe aufgeworfenen Vorschlag intendierten Umfang keinen angemessenen Weg darstelle, um einen Ausgleich für das Fehlen eines Berufungsverfahrens in der Finanzgerichtsbarkeit zu schaffen.

1983 Vgl. *Rüsken*, DStZ 2004, 334, 336, dort Fußnote 4. – In diesem Zusammenhang ist nochmals (vgl. schon Fußnote 1974) darauf hinzuweisen, dass *Rüsken* anstatt der Einführung eines neuen Revisionszulassungsgrundes der *„überwiegenden Zweifel an der Richtigkeit der angefochtenen finanzgerichtlichen Entscheidung"* (sinngemäß) das Merkmal der *‚Objektiven Willkür'* als Zulassungsgrund im Gesetz verankern will.

1984 Gemäß § 124 II Nr. 1 VwGO ist die Berufung zuzulassen, wenn *ernstliche Zweifel* an der Richtigkeit des Urteils bestehen. Nach § 69 II 2 FGO soll die Aussetzung der Vollziehung des angefochtenen Verwaltungsakts auf Antrag u.a. dann erfolgen, wenn *ernstliche Zweifel* an seiner Rechtmäßigkeit bestehen.

1985 Siehe bereits oben im 1. Abschnitt unter H. (S. 42 ff. [44]), dort Fußnote 191.

1986 Ebenso *Schaumburg*, StuW 1999, 68, 73. Vgl. schon oben im 1. Abschnitt unter H. (S. 42 ff., dort S. 44 f.).

ob Zweifel – wenn auch überwiegende – an der Richtigkeit der angefochtenen Entscheidung bestehen, ohne dass in diesem Stadium bereits eine endgültige Gewissheit über die Richtigkeit oder Unrichtigkeit dieser Entscheidung herbeigeführt werden soll.

Um aber einen ‚Mittelweg' einzuschlagen und denjenigen ‚entgegenzukommen', die eine Feststellung/Prüfung ‚überwiegender Zweifel' nur dann für möglich halten, wenn nicht nur eine summarische Prüfung, sondern vielmehr eine Komplettzusammenstellung sämtlicher Argumente stattgefunden und sich der BFH somit allumfassend sowie tiefgreifend unter Berücksichtigung sämtlicher Details mit der konkreten Rechtslage und der angefochtenen Entscheidung auseinandergesetzt hat, sowie im Hinblick auf eine Angleichung an § 124 II Nr. 1 VwGO und § 69 II 2 FGO könnte man sich jedoch auch darauf verständigen, anstelle des Begriffs der ‚überwiegenden Zweifel' den Begriff der ‚ernstlichen Zweifel' zu verwenden, so dass die Revision immer auch dann zuzulassen ist, wenn *„ernstliche Zweifel an der Richtigkeit der angefochtenen finanzgerichtlichen Entscheidung bestehen"*, zumal es sich bei dem Begriff der ‚enstlichen Zweifel' um ein im verwaltungsprozessualen Berufungszulassungsrecht und im finanzgerichtlichen vorläufigen Rechtsschutz bereits erprobtes materiell-akzessorisches Abwägungskriterium handelt[1987].

Soweit schließlich die Einführung eines neuen eigenständigen Revisionszulassungsgrundes der *überwiegenden oder ernstlichen Zweifel an der Richtigkeit der angefochtenen finanzgerichtlichen Entscheidung* als Zulassungsmaßstab durch den dortigen materiell-rechtlichen Bezug eine Aufweichung/Durchbrechung der ansonsten strikten Trennung zwischen den Revisionszulassungsgründen und dem vorgelagertem Zulassungsverfahren einerseits sowie den Erfolgsaussichten des künftigen Revisionsverfahrens andererseits nach sich zieht, ist dies im Interesse einer erheblichen Stärkung und Verbesserung des Individualrechtsschutzes des einzelnen Steuerpflichtigen i.R.d. Revisionszulassung und des NZB-Verfahrens sowie einer Effektuierung der Rechtmäßigkeitskontrolle finanzgerichtlicher Entscheidungen in materiell-rechtlicher Hinsicht hinzunehmen.

Insbesondere widerspricht die Einführung eines solchen materiell-rechtlich geprägten Zulassungsgrundes nicht der diesseits vertretenen Auffassung, dass entgegen der st. Rspr. des BFH, die die ‚Fehlende Ergebnisrichtigkeit' analog § 126 IV FGO als zusätzliches Kriterium in das finanzgerichtliche Revisionszulassungsrecht einfließen lässt, die Beurteilung der Erfolgsaussichten der Revision auf die Zulassungsentscheidung des BFH keinen Einfluss nehmen, sondern vielmehr dem eigens dafür vorgesehenen Revisionsverfahren vorbehalten bleiben sollte[1988]. Denn es ist etwas anderes, wenn ein Revisionszulassungsgrund *per se*

1987 Gleicher Ansicht *Seer*, BB 2000, 2387 u. 2390. Vgl. auch *Seer*, StuW 2003, 193, 204, wo die *‚ernstlichen Zweifel'* ebenfalls Erwähnung finden.

1988 Dazu ausführlich vorstehend unter B.I.4. (S. 500 ff.). Dasselbe gilt, soweit diesseits die Auffassung vertreten wird, dass die Beurteilung der Erfolgsaussichten der angestrebten Revision entgegen der einschlägigen *BGH*-Rechtsprechung auch dann

einen materiell-rechtlichen Bezug aufweist, um gegen möglichst viele fehlerhafte FG-Entscheidungen die Revisionsinstanz zu eröffnen, als wenn in sämtliche Revisionszulassungsgründe des § 115 II FGO i.R.d. der analogen Anwendung des § 126 IV FGO jeweils ein zusätzliches einschränkendes Zulassungskriterium der ‚Fehlenden Ergebnisrichtigkeit' hineingelesen wird, das originär überhaupt nicht dem finanzgerichtlichen Revisionszulassungsrecht selbst, sondern vielmehr dem davon strikt zu unterscheidenden finanzgerichtlichen Revisionsrecht entstammt[1989].

außen vor gelassen werden und allein dem nachfolgenden Revisionsverfahren vorbehalten bleiben sollte, wenn beim nachträglichen Wegfall eines Revisionszulassungsgrundes während des anhängigen NZB-Verfahrens ausnahmsweise auf den Zeitpunkt der Einlegung der NZB als maßgeblichen Zeitpunkt für das Vorliegen der Zulassungsvoraussetzungen abgestellt wird, dazu ausführlich oben im 3. Abschnitt unter A.I.4. (S. 94 ff., dort S. 99 ff. und hier insbesondere S. 101 f.).

1989 *Kritisch* hingegen wohl *Bleschick*, Revisionszulassungsgründe im Spannungsverhältnis, S. 26.

Gesamtfazit und Ausblick

Auch mehr als 14 Jahre nach der Reform des finanzgerichtlichen Revisionszulassungsrechts durch das 2. FGOÄndG und der damit einhergehenden Neufassung des § 115 II FGO ergibt sich bei den NZBen immer noch eine durchschnittliche *Unzulässigkeitsquote* von 35,6 %. Zwar kann dem Zahlenwerk über die als unzulässig verworfenen NZBen nicht entnommen werden, wie viele Rechtsbehelfe letztendlich an dem Erfordernis der hinreichenden Darlegung der Revisionszulassungsgründe gemäß §§ 116 III 3, 115 II FGO gescheitert sind; eine Durchsicht der Entscheidungen in BFH/NV belegt jedoch, dass es sich dabei um eine recht große Anzahl handeln dürfte.

Hinzu kommt eine durchschnittliche *Unbegründetheitsquote* von 34,0 %, die in der Addition mit der durchschnittlichen Unzulässigkeitsquote eine *Misserfolgsquote* von durchschnittlich 69,6 % – unter Berücksichtigung von Zurücknahmen, Löschungen und sonstigen Erledigungen, die durchschnittlich 17,1 % ausmachen, sogar eine *Misserfolgsquote* von durchschnittlich 86,7 % – ergibt.

Dieser enorm hohen Zahl erfolgloser NZBen stehen dabei im Durchschnitt lediglich ca. 13,3 % *begründete = erfolgreiche* NZBen gegenüber, so dass für eine NZB, wenn sie einmal nicht an der Zulässigkeitshürde der Darlegung der Zulassungsgründe scheitert, jedenfalls regelmäßig in der Begründetheit Endstation ist[1990].

Eine Relativierung dieses Zustands folgt schließlich auch nicht daraus, dass der BFH in zunehmender Praxis die Zulässigkeit der NZB und mithin auch die ordnungsgemäße Darlegung der Revisionszulassungsgründe dahinstehen/offen lässt, wenn diese *„jedenfalls unbegründet“* ist, ein Zulassungsgrund also *jedenfalls nicht vorliegt.* Entscheidungen, in denen der BFH die NZB als unbegründet zurückweist, enthalten nämlich zwar regelmäßig bereits ‚Ausführungen zur Sache‘ und befassen sich folglich – zumindest andeutungsweise – auch schon mit den aufgeworfenen materiell-rechtlichen Streitfragen. Derartige *‚verkappte Revisionsentscheidungen‘* sind aber letztlich nicht annähernd geeignet, die Zulassung der Revision und damit die einer stattgebenden NZB-Entscheidung nachfolgende Revisions-/Sachentscheidung über die jeweilige steuerrechtliche Streitfrage zu ersetzen bzw. zu kompensieren[1991].

Allein oder überwiegend die Unfähigkeit der Steuerpflichtigen und ihrer Prozessvertreter für die konstant hohe Misserfolgsquote der NZBen verantwortlich zu machen, wäre allerdings viel zu einfach und liegt im Übrigen auch neben der Sache, wie aus der *kritischen* Analyse der einschlägigen Zulassungsrechtsprechung des BFH im 3. u. 4. Abschnitt hervorgeht. Vielmehr findet diese Misere ihre Ursache

---

1990 Den vorstehend errechneten Durchschnittsquoten liegen jeweils die entsprechenden Zahlenwerte aus den Jahren 2001-2013 zugrunde. Vgl. zur Analyse des Zahlenwerks ausführlich oben im 2. Abschnitt unter B.III. (S. 76 ff., dort S. 79 ff.).

1991 Vgl. dazu ausführlich oben im 4. Abschnitt unter A.II.1. (S. 381 ff., dort S. 385 f.).

beim BFH selbst und seiner – über 14 Jahre nach der Reform offensichtlich in Stein gemeißelten – *äußerst restriktiven, unberechenbaren* und teils sogar *willkürlichen* Zulassungspraxis mitsamt ihren *weit überzogenen, hypertrophen* Anforderungen an die Darlegung der Zulassungsgründe i.R.d. Begründung einer NZB. Das finanzgerichtliche Revisionszulassungsrecht ist für den Beschwerdeführer somit weiterhin unverändert ein ‚*Stolperdraht-Recht*', das die Beurteilung der Erfolgsaussichten einer NZB und damit die Frage der Revisionszulassung zum BFH als das Kernstück des finanzgerichtlichen Rechtsmittelrechts für den Beschwerdeführer zu einem *absolut unkalkulierbaren Lotterie- und Vabanquespiel* geraten lässt, bei dem es fast ausschließlich vom *Zufall* abhängt, ob der BFH die Revision auf seine NZB hin zulässt, oder ob er deren Zulassung verweigert.

Um diesem Missstand abzuhelfen und dem Eindruck entgegenzuwirken, dass die BFH-Senate den Anfall von Revisionen flexibel steuern[1992], ist es ***im Lichte der Rechtsschutzgarantie des Art. 19 IV 1 GG*** sowie vor dem Hintergrund des *rechtsstaatlichen Bestimmtheitsgebots* und des *verfahrensrechtlichen Willkürverbots* – insbesondere im Hinblick auf den lediglich *zweistufigen Aufbau der Finanzgerichtsbarkeit* mit der *Möglichkeit einer streitigen Einzelrichterentscheidung* – ***zwingend geboten***, der BFH ist in meinen Augen sogar geradezu verpflichtet, die Revisionszulassungsgründe des § 115 II Nrn. 1 u. 2 FGO *erweitert verfassungskonform auszulegen* und damit einhergehend seine Anforderungen an das Begründungsniveau einer NZB i.S.d. § 116 III 3 FGO *erheblich abzusenken* – und zwar so, wie zu den jeweiligen Zulassungstatbeständen des § 115 II Nrn. 1 u. 2 FGO vorstehend im 4. Abschnitt unter B. (S. 464 ff.) im Einzelnen geschildert.

Daneben ist zusätzlich an den *Gesetzgeber* zu *appellieren*, damit dieser die seinerseits beabsichtigte Erweiterung des Zugangs zum BFH durch Ausweitung der Revisionszulassungsgründe, die er seinerzeit überaus vage und somit schwer nachvollziehbar ausschließlich in den Motiven zum 2. FGOÄndG geäußert hat, anstatt in aller Klarheit den Tatbestand des § 115 II FGO zu erweitern, schnellstmöglich fest im Gesetzeswortlaut der §§ 115, 116 FGO verankert. Eine solche Verankerung der intendierten Ausweitung der Zulassungsgründe ist v.a. auch deswegen von großer Wichtigkeit, weil der BFH mit seiner Zulassungsrechtsprechung nach wie vor eine enorm *restriktive* und *unkalkulierbare* Linie verfolgt, die nicht erkennen lässt, dass er bemüht ist, das durch das 2. FGOÄndG mit Blick auf die *Maßstablosigkeit* des § 115 II FGO hinterlassene *Rechtsschutzdefizit de lege lata* durch eine erweiterte Auslegung der Zulassungsgründe und eine entsprechende Absenkung der jeweiligen Darlegungsanforderungen auf verfassungskonforme Weise zu minimieren[1993],

---

1992 Siehe auch *Seer*, StuW 2003, 193, 204.

1993 Vgl. insoweit auch *Seer*, StuW 2001, 3, 18; *ders.*, in: T/K, § 115 FGO Tz. 9 (Lfg. 131 Oktober 2012). Vgl. überdies *Seer*, in: T/L, Steuerrecht[21], § 22 Tz. 254 a.E., der anmerkt, dass der BFH von der ihm durch die Neufassung der Zulassungsgründe des § 115 II FGO eröffneten Möglichkeit, seine strengen Anforderungen an die Darlegung der Zulassungsgründe abzusenken, bisher leider nur sehr zögerlich und halbherzig Gebrauch gemacht habe.

so dass der Gedanke eines *effektiven, gestärkten sowie verbesserten Individualrechtsschutzes* des einzelnen Steuerpflichtigen und die damit verbundene *Forderung nach Einzelfallgerechtigkeit* auch i.R.d. Revisionszulassung und des NZB-Verfahrens auf dem Gebiet der Finanzgerichtsbarkeit erheblich vernachlässigt wird.

Um dem BFH nicht länger durch wenig präzise gesetzliche Vorgaben Anreize zu einer überaus engen Zulassungspraxis mit übersteigerten Darlegungsanforderungen zu bieten[1994], sollte der Gesetzgeber folglich den Kataog der Revisionszulassungsgründe des § 115 II FGO erweitern, und zwar vorzugswürdig durch Einführung eines *materiell-akzessorischen Abwägungskriteriums* der *überwiegenden oder ernstlichen Zweifel an der Richtigkeit der angefochtenen finanzgerichtlichen Entscheidung* als Zulassungsmaßstab, damit sich die gesetzlich verwendeten, durchaus vagen Zulassungsregeln nicht länger zu Lasten des Rechtsschutzsuchenden auswirken[1995].

Da man aber nicht weiß, *ob*, *wann* und *wie* der Gesetzgeber insoweit aktiv tätig werden wird, muss das *Hauptaugenmerk* auf der einschlägigen BFH-Rechtsprechung und einer durch sie vorzunehmenden erweiterten verfassungskonformen Auslegung der Zulassungsgründe sowie einer entsprechenden Absenkung der Darlegungsanforderungen liegen.

Im Zentrum sollte dabei stets der für die *Gewährung der Einzelfallgerechtigkeit* überaus wichtige Gedanke stehen:

In dubio pro justitia – Im Zweifel für den Rechtsschutz![1996]

Diesen fundamentalen Gedanken hat der *Große Senat des BFH* in seinem exemplarischen sowie vorbildlichen Beschluss v. 03.09.2001 betreffend die Rüge der Verletzung des Rechts auf Gehör zutreffend in den Mittelpunkt seiner Entscheidungsgründe gestellt und dort überzeugend zum Ausdruck gebracht, dass es dem Richter aufgrund des Rechtsstaatsprinzips verwehrt sei, durch übermäßig strenge Handhabung verfahrensrechtlicher Schranken – insbesondere auch durch eine sachwidrige sowie unzumutbare Überspitzung und Überspannung der Anforderungen an eine substantiierte Darlegung der Revisionszulassungsgründe – den Anspruch auf gerichtliche Durchsetzung des materiellen Rechts unzumutbar zu verkürzen. *Im Zweifel* verdiene diejenige Interpretation eines Gesetzes den Vorzug, die dem Bürger den Zugang zu den Gerichten eröffne[1997].

Es bleibt zu hoffen, dass sich der BFH zukünftig insgesamt wieder auf diesen Grundgedanken besinnt und sich entsprechend dem Plädoyer des Großen Senats seiner *tragenden Verantwortung für den Individualrechtsschutz* und somit zugleich

---

1994 Ähnlich *Seer*, StuW 2003, 193, 204.

1995 Auf gleicher Linie *Seer*, StuW 2003, 193, 204.

1996 Ebenso *Seer*, StuW 2003, 193, 204; *ders.*, in: T/K, § 115 FGO Tz. 54 (Lfg. 131 Oktober 2012), dort die Überschrift dieser Tz.

1997 *BFH GrS*, Beschl. v. 03.09.2001, GrS 3/98, BStBl. II 2001, 802, 808, dazu ausführlich insbesondere oben im 4. Abschnitt unter A.IV.2.a) (S. 426 f.).

für das Vertrauen des Steuerbürgers in eine funktionierende Finanzgerichtsbarkeit sowie einen funktionierenden Rechtsstaat deutlicher als bislang bewusst wird[1998], so dass sich das finanzgerichtliche Revisionszulassungsrecht nicht länger als *,Stolperdraht-Recht'* darstellt und der Beschwerdeführer die Erfolgsaussichten seiner NZB anhand *abschätzbarer, kalkulierbarer, klarer* sowie *nachvollziehbarer* und insbesondere *abgemilderter* Maßstäbe beurteilen kann, ohne weiterhin einer *,Zufallslotterie'* ausgesetzt zu sein. Denn nur so kann der BFH sich schließlich auch dem soeben erwähnten Eindruck des Beschwerdeführers erwehren, dass der Anfall von Revisionen durch die einzelnen Senate flexibel gesteuert wird[1999].

Unter Berücksichtigung der aktuellen langjährigen sowie ständigen Zulassungspraxis des BFH kann jedoch abschließend nur *dringendst empfohlen* werden, schon während des erstinstanzlichen FG-Verfahrens auf die Zulassung der Revision zum BFH durch das FG hinzuwirken und diese für den Fall anzuregen, dass dem Klageantrag nicht oder nicht vollumfänglich stattgegeben werden sollte[2000]. Denn nur bei einer Revisionszulassung bereits durch das FG gemäß § 115 I Alt. 1, II FGO kann der rechtsschutzsuchende Steuerbürger den überaus *schmalen und steinigen Weg*[2001] durch das *,Nadelöhr'* der NZB vermeiden, der – jedenfalls bislang – in aller Regel nicht von Erfolg gekrönt ist.

1998 Ebenso *Seer*, StuW 2001, 3, 18 a.E. Vgl. auch *Seer*, StuW 2003, 193, 203 a.E.

1999 Siehe insoweit auch *Seer*, StuW 2003, 193, 204; vgl. dazu bereits vorstehend auf S. 622.

2000 So schon *Lohse*, DStR 1985, 491: Hilfsantrag auf Zulassung der Revision zusätzlich zum Klageantrag. Vgl. zudem *Beermann*, in: BG, § 115 FGO Tz. 47 (Lfg. 57 März 2006); *Lange* HHSp., § 115 FGO Tz. 275 (Lfg. 192 Oktober 2006), mit dem weiteren Hinweis, dass sich bei einer Revisionszulassung durch das FG der *Zeitaufwand* für das NZB-Verfahren ersparen und so im Regelfall schneller eine Entscheidung des BFH zur Sache selbst erreichen lasse; *Seer*, in: T/K, § 115 FGO Tz. 123 a.E. (Lfg. 131 Oktober 2012); *Wagner*, in: KvW[19], § 115 FGO Tz. 3.

2001 Vgl. insoweit auch die Formulierung bei *Rüsken*, DStZ 2004, 334.

Literaturverzeichnis

Ahrens, Martin: Voraussetzungen der Revisionszulassung im Zivilrecht, Anmerkung zu BGH, Beschluss vom 27.03.2003, V ZR 291/02, NJW 2003, S. 1943, JR 2004, S. 336-338

Balke, Michael: Finanzrichter als Garanten für Steuergerechtigkeit?, StJ 1993, S. 13-45

Balke, Michael: Effektiver Rechtsschutz gegen verfassungswidrige Steuergesetze, in: Tipke, Klaus/Seer, Roman/Hey, Johanna/Englisch, Joachim (Hrsg.), Festschrift für Joachim Lang zum 70. Geburtstag, Gestaltung der Steuerrechtsordnung, Köln 2010, S. 965 – 980
zit.: „Balke, in: FS Lang, S. ..."

Ball, Kurt: Einführung in das Steuerrecht, 3., neu bearbeitete Auflage, Mannheim/Berlin/Leipzig 1925
zit.: „Ball, Einführung in das Steuerrecht[3], S...."

Ball, Wolfgang: Die Reform der ZPO – eine Wirkungskontrolle, Das neue Revisionsrecht, in: Ständige Deputation des Deutschen Juristentages (Hrsg.), Verhandlungen des 65. Deutschen Juristentages Bonn 2004, Band I, Gutachten, München 2004, A69 – A87
zit.: „Ball, in: Verhandlungen 65. Dt. Juristentag (Bd. I), A ..."

Ball, Wolfgang: Die Zulassung der Revision wegen offensichtlicher Unrichtigkeit des Berufungsurteils und wegen Verletzung von Verfahrensgrundrechten, in: Heinrich, Christian (Hrsg.), Festschrift für Hans-Joachim Musielak zum 70. Geburtstag, München 2004, S. 27 – 50
zit.: „Ball, in: FS Musielak, S. ..."

Becker, Enno: Die Reichsabgabenordnung, 7., neubearbeitete Auflage, Berlin 1930
zit.: „Becker, RAO 1919[7], Einleitung, S. ... bzw. § ... RAO 1919 Anm. ..."

Becker, Enno: Ergänzung der Reichsabgabenordnung, Änderungen durch die Notverordnung vom 1. Dezember 1930. Einführung in die Vorschriften, die nach und nach bis zum 1.4.1932 und am 1.4.1932 in Kraft treten, 7. Auflage, Berlin 1931
zit.: „Becker, RAO 1919[7], Ergänzungsband 1931, Erläuterungen zu Art.... Nr.... der Verordnung: §... RAO 1919 Anm. ..."

Beermann, Albert: Neues Revisionsrecht für das finanzgerichtliche Verfahren ab 1. Januar 2001?, DStZ 2000, S. 773-780

Beermann, Albert: Neugestaltung der Revisionszulassung nach der FGO, DStZ 2001, S. 155-160

Beermann, Albert: Begründung einer Nichtzulassungsbeschwerde nach § 116 FGO, DStZ 2001, S. 312-318

Beermann, Albert: Neugestaltung der Revisionszulassungsgründe und „Einzelfallgerechtigkeit" durch „Beseitigung von Fehlurteilen", DStR 2005, S. 450-455

Beermann, Albert: Offensichtliche Rechtsfehler und Revisionszulassung in der höchstrichterlichen Rechtsprechung, DStZ 2006, S. 71-75

Beermann, Albert (Begr.)/*Gosch*, Dietmar (Hrsg.): Abgabenordnung, Finanzgerichtsordnung mit Nebengesetzen, EuGH-Verfahrensrecht, Kommentar (bis zur 55. Ergänzungslieferung unter dem Titel: Steuerliches Verfahrensrecht), Bonn/Berlin, Loseblatt
zit.: „Bearbeiter, in: BG, § ... FGO Tz. ... (Lfg. ...)"

Benda, Ernst/*Klein*, Eckart: Verfassungsprozeßrecht, 2., völlig neubearbeitete Auflage, Heidelberg 2001
zit.: „Bearbeiter, in: Benda/Klein, VerfProzR², Tz. ..."

Bethge, Herbert: Grundrechte und gerichtlicher Schutz, KritVj. 1990, S. 9-33

Bickel, Heribert: Finanzgerichtsbarkeit und Neuordnung des Verwaltungsprozeßrechts, ZRP 1984, S. 57-61

Bilsdorfer, Peter: Das FGO-Änderungsgesetz, BB 1993, S. 109-117

Bilsdorfer, Peter: Zur ausreichenden Bezeichnung des „Gegenstandes des Klagebegehrens" im finanzgerichtlichen Verfahren, INF 1998, S. 646-648

Bilsdorfer, Peter: Das Zweite Gesetz zur Änderung der Finanzgerichtsordnung, BB 2001, S. 753-757

Birk, Dieter: Effizienz im finanzgerichtlichen Verfahren – Überlegungen zum FGO-Änderungsgesetz 1993, StuW 1993, S. 296-302

Birk, Dieter: Steuerrecht, 11., völlig neu bearbeitete Auflage, Heidelberg 2008
zit.: „Birk, Steuerrecht¹¹, Tz. ..."

Bleschick, Sascha: Die Revisionszulassungsgründe des § 115 Abs. 2 Nr. 1 und 2 FGO im Spannungsverhältnis zwischen Individualrechtsschutz und Allgemeininteresse, Diss. Bochum 2011, Frankfurt am Mai 2012
zit.: „Bleschick, Revisionszulassungsgründe im Spannungsverhältnis, S. ..."

Brandner, Thilo: Instanzenzug und Verfassungsrecht – Zur Verfassungsmäßigkeit von Rechtsmittelbeschränkungen, in: Pfeiffer, Gerd/Kummer, Joachim/Scheuch, Silke (Hrsg.), Festschrift für Hans Erich Brandner zum 70. Geburtstag, Köln 1996, S. 683-700
zit.: „T. Brandner, in: FS H.E. Brandner, S. ..."

Brandt, Jürgen: Änderungen des finanzgerichtlichen Revisionsverfahrens – Stand des Gesetzgebungsverfahrens, INF Heft 23/1993, S. VI; INF Heft 24/1993, S. V

Buciek, Klaus D.: Das FGO-Änderungsgesetz (Teil I), DStR 1993, S. 118-122

Buciek, Klaus: Sechs Jahre FGO-Änderungsgesetz – Erfahrungen und Ausblick, StuW 1999, S. 53-60

Bühler, Ottmar/*Strickrodt*, Georg: Steuerrecht, Grundriß in zwei Bänden, Band I, Allgemeines Steuerrecht, 3., neubearbeitete Auflage, Wiesbaden 1960
zit.: „Bühler/Strickrodt, Steuerrecht I³, S. ...“

Büttner, Hermann: Bericht und erste Erfahrungen mit der neuen Revision in Zivilsachen, BRAK-Mitt. 2003, S. 202-210

Büttner, Hermann: Die Reform der ZPO – eine Wirkungskontrolle, Das neue Revisionsrecht, in: Ständige Deputation des Deutschen Juristentages (Hrsg.), Verhandlungen des 65. Deutschen Juristentages Bonn 2004, Band I, Gutachten, München 2004, A89-A106
zit.: „Büttner, in: Verhandlungen 65. Dt. Juristentag (Bd. I), A ...“

Bundessteuerberaterkammer: Stellungnahme der Bundessteuerberaterkammer zur geplanten Beschränkung des Vertretungsrechts vor dem BFH und zur Wiedereinführung der Streitwertrevision, DStR 1993, S. 738-739

Burgermeister, Udo: Statthaftigkeit und Zulässigkeit der Rechtsbeschwerde, Anmerkung zu BGH, Beschluss vom 29.05.2002, V ZB 11/02, NJW 2002, S. 2473, BGHReport 2002, S. 747

Carlé, Thomas: Der (Rechts-)Weg zum EuGH, AO-StB 2007, S. 242-245

Dänzer-Vanotti, Wolfgang: Die Zweistufigkeit der Finanzgerichtsbarkeit auf dem Prüfstand, BB 1986, S. 2386-2387

Deutsche Steuerjuristische Gesellschaft e.V.: Ablehnung des „Reform“-Vorhabens einer Verwaltungsprozeßordnung – Stellungnahme des Arbeitskreises der Deutschen Steuerjuristischen Gesellschaft e.V., DStZ 1981, S. 388 ff. = StuW 1981, S. 296 ff.

Deutsche Steuerjuristische Gesellschaft e.V.: Stellungnahme der Deutschen Steuerjuristischen Gesellschaft e.V. zur Vereinfachung und Beschleunigung der finanzgerichtlichen Verfahren, DStZ 1985, S. 273-274

Deutscher Steuerberaterverband: Abbau des finanzgerichtlichen Rechtsschutzes beenden, Stbg. 1993, S. 293

Dißars, Ulf-Christian: Wesentliche Änderung der Finanzgerichtsordnung durch das Zweite FGO-Änderungsgesetz, StB 2002, S. 4-10

Doemming, Klaus-Berto von/*Füsslein*, Rudolf Werner/*Matz*, Werner: Entstehungsgeschichte der Artikel des Grundgesetzes, JöR, Band 1 N.F. (1951), S. 1 ff.
zit.: „v. Doemming/Füsslein/Matz, Entstehungsgeschichte Grundgesetzartikel, JöR, Bd. 1 N.F. (1951), S. ..."

Dolzer, Rudolf/*Waldhoff*, Christian/*Graßhof*, Karin (Hrsg.): Bonner Kommentar zum Grundgesetz, Heidelberg, Loseblatt
zit.: „BK/Bearbeiter, Art. ... GG Tz. ... (Akt. ...)"

Dreier, Horst (Hrsg.): Grundgesetz, Kommentar, Band I (Präambel, Artikel 1-19), 2. Auflage, Tübingen 2004; Band II (Artikel 20-82), 2. Auflage, Tübingen 2006; Band III (Artikel 83-146), 2. Auflage, Tübingen 2008
zit.: „Dreier/Bearbeiter², Art. ... GG Tz. ..." bzw. „Dreier/Bearbeiter², Art. 20 GG (Rechtsstaat) Tz. ..."

Drüen, Klaus-Dieter: Haushaltsvorbehalt bei der Verwertung verfassungswidriger Steuergesetze?, FR 1999, S. 289-294

Duden: Das große Wörterbuch der deutschen Sprache, 4., vollständig überarbeitete und aktualisierte Auflage, Mannheim 2012, zitiert nach Munziger Online
zit.: „Duden, Großes Wörterbuch der deutschen Sprache⁴, zitiert nach Munzinger Online, Stichwort ‚...'"

Dürr, Ulrich: Die Reform des Finanzgerichtsprozesses zum 1.1.2001, INF 2001, S. 65-71

Eberl, Karl: Prozesskostenrisiko für das finanzgerichtliche Verfahren (Stand: 1.7.2004), StuB 2004, S. 904-906

Eyermann, Erich/*Fröhler*, Ludwig (Begr.): Verwaltungsgerichtsordnung, Kommentar, 11., überarbeitete Auflage, München 2000
zit.: „Eyermann/Bearbeiter¹¹, § ... VwGO Tz. ..."

Fehn, Karsten/*Fehn*, Bernd Josef: Revision und Nichtzulassungsbeschwerde im finanzgerichtlichen Verfahren, ZfZ 1995, S. 98-108

Felix, Günther: Drastische Demontage der Drittgewalt in Steuersachen, KÖSDI 1985, S. 5961 ff.

Felix, Günther: Der Reichsfinanzhof im „Dritten Reich", die jüdischen Deutschen und die unbegrenzte Auslegung, BB 1993, S. 1297-1303

Felix, Günther: Entscheidung durch den Einzelrichter nach § 6 FGO n.F. verfassungsgemäß?, FR 1993, S. 13-14

Friauf, Karl Heinrich/*Höfling*, Wolfram (Hrsg.): Berliner Kommentar zum Grundgesetz, Berlin, Loseblatt
zit.: „Bearbeiter, in: Berliner Kommentar, Art. ... GG Tz. ... (Lfg. ...)"

Gaier, Reinhard: Die Nichtzulassungsbeschwerde in der Rechtsprechung des BGH, NJW-Sonderheft 2003, 2. Hannoveraner ZPO-Symposion, S. 18-23

Gast, Brigitte: Steuerliche Verfahrensnormen als Zweckmäßigkeitsvorschriften, in: Felix, Günther (Hrsg.), Vom Rechtsschutz im Steuerrecht, Düsseldorf 1960, S. 181-197
zit.: „Gast, in: Rechtsschutz im Steuerrecht, S. ..."

Gebhardt, Thomas: „Schneller Prozess, nicht kurzer Prozess": Reformvorschlag für eine Änderung der FGO, Anforderungen an einen zeitgemäßen Finanzrechtsschutz, AO-StB 2009, S. 56-57

Gehrlein, Markus: Revisionszulassung bei grundlegendem Missverständnis der höchstrichterlichen Rechtsprechung, Anmerkung zu BGH, Beschluss vom 08.09.2004, V ZR 260/03, NJW 2005, S. 154, BGHReport 2004, S. 1575

Gerharz, Jens M.: Der Einzelrichter in der Finanzgerichtsbarkeit als gesetzlicher Richter, Diss. Bayreuth 1998, Herdecke 1999
zit.: „Gerharz, Einzelrichter in der Finanzgerichtsbarkeit, S. ..."

Gierke, Cornelie von/*Seiler,* Frank: Die Nichtzulassungsbeschwerde nach § 544 ZPO in der Rechtsprechung des BGH, JZ 2003, S. 403-410

Gierke, Cornelie von/*Seiler,* Frank: Revisionszulassung und Rechtsbeschwerdezulässigkeit – Tendenzen in der neueren Rechtsprechung des BGH, NJW 2004, S. 1497-1501

Glassen, Helmut (Hrsg.): Frankfurter Kommentar zum Gesetz gegen Wettbewerbsbeschränkungen, 3. Auflage, Köln, Loseblatt
zit.: „Bearbeiter, in: Frankfurter Kommentar zum GWB[3], § ... GWB Tz. ..."

Gmach, Gertlieb: Krisenlösung für Finanzgerichte, DStR 1987, S. 23-31

Göhler, Erich/*Buddendiek,* Hans: Gesetz über Ordnungswidrigkeiten, Kommentar, 12., neubearbeitete Auflage, München 1998
zit.: „Göhler/Buddendiek[12], § ... OWiG Tz. ..."

Göhler, Erich (Begr.)/*Gürtler,* Franz/*Seitz,* Helmut (Fortf.): Gesetz über Ordnungswidrigkeiten, Kommentar, 16., neu bearbeitete Auflage, München 2012
zit.: „Göhler/Bearbeiter[16], § ... OWiG Tz. ..."

Gottwald, Peter: Die Revisionsinstanz als Tatsacheninstanz, Diss. Erlangen-Nürnberg 1973/74, Berlin 1975
zit.: „Gottwald, Revisionsinstanz als Tatsacheninstanz, S. ..."

Gottwald, Peter: Die Reform der ZPO aus Sicht der Wissenschaft, in: Ständige Deputation des Deutschen Juristentages (Hrsg.), Verhandlungen des 65. Deutschen Juristentages Bonn 2004, Band I, Gutachten, München 2004, A 107-A 129
zit.: „Gottwald, in: Verhandlungen 65. Dt. Juristentag (Bd. I), A ..."

Gräber, Fritz: Der Verfahrensmangel im finanzgerichtlichen Revisionsverfahren (I), DStR 1968, S. 173-178

Gräber, Fritz: Nachprüfung der Revisionszulassung durch den BFH, DStR 1969, S. 129-134

Gräber, Fritz (Begr.): Finanzgerichtsordnung mit Nebengesetzen, Kommentar, 4., völlig neubearbeitete Auflage, München 1997
zit.: „Gräber/Bearbeiter[4], § ... FGO Tz. ..."

Gräber, Fritz (Begr.): Finanzgerichtsordnung mit Nebengesetzen, Kommentar, 6., völlig neubearbeitete Auflage, München 2006
zit.: „Gräber/Bearbeiter[6], § ... FGO Tz. ..."

Gramich, Paul-Guido: Der Einzelrichter nach dem Gesetz zur Änderung der Finanzgerichtsordnung, DStR 1993, S. 6-9

Gross, Norbert: Falsche Urteile, Fehlurteile und Willkürurteile auf dem Weg in die Revisionsinstanz, Anmerkung zu BGH, Beschlüsse vom 08.09.2004, V ZR 260/03, NJW 2005, S. 154, u. vom 07.10.2004, V ZR 328/03, NJW 2005, S. 153, AnwBl. 2005, S. 221-222

Grund, Walter: Steuergesetzgebung – Steuerverwaltung – Steuergerichtsbarkeit, in: 50 Jahre Deutsche Finanzgerichtsbarkeit, Festschrift des Bundesfinanzhofs, Bonn/München 1968, S. 27-50
zit.: „Grund, in: FS 50 Jahre Deutsche Finanzgerichtsbarkeit, S. ..."

Habscheidt, Gerhard: Der Anspruch des Bürgers auf Erstattung verfassungswidriger Steuern, Diss. Bochum 2002, Köln 2003
zit.: „Habscheidt, Anspruch des Bürgers, S. ..."

Hall, Reiner: Zulassung der Revision i.S.v. § 543 Abs. 2 Nr. 2 ZPO zwecks Sicherung einer einheitlichen Rechtsprechung, jurisPR – BGHZivilR 45/2004 Anm. 2

Hannich, Rolf/*Meyer-Seitz*, Christian (Hrsg.): ZPO-Reform 2002, München 2002
zit.: „Bearbeiter, in: Hannich/Meyer-Seitz, ZPO-Reform 2002, § ... ZPO Tz. ..."

Hartmann, Peter: Kostengesetze, Kommentar, 39., völlig neubearbeitete Auflage, München 2009
zit.: „Hartmann, Kostengesetze[39], § ... GKG Tz. ..."

Heißenberg, Lutz: Der Weg zum BFH: Zulassung von Revisionen, KÖSDI 1998, S. 11439-11447

Heißenberg, Lutz: Beratungshinweise zur FGO-Novelle, KÖSDI 2001, S. 12768-12776

Henke, Horst-Eberhard: Die Tatfrage, Der unbestimmte Begriff im Zivilrecht und seine Revisibilität, Habil., Berlin 1966
zit.: „Henke, Die Tatfrage, S. ..."

Henkelmann, Franz: Die Umgestaltung der Steuerverwaltung durch den Nationalsozialismus unter besonderer Berücksichtigung der Verordnungspraxis des Reichsfinanzministers, Diss., Köln 1947
zit.: „Henkelmann, Umgestaltung der Steuerverwaltung durch den Nationalsozialismus, S. ..."

Hensel, Albert: Steuerrecht, 3., völlig neubearbeitete Auflage, Berlin 1933
zit.: „Hensel, Steuerrecht³, S...."

Herden, Christian: Gesetzentwurf zur Änderung des finanzgerichtlichen Revisionsverfahrens – einige kritische Anmerkungen, DStZ 2000, S. 394-398

Herrmann, Christoph: Die Reichweite der gemeinschaftsrechtlichen Vorlagepflicht in der neueren Rechtsprechung des EuGH, EuZW 2006, S. 231-235

Herrmann, Hans Joachim: Die Zulassung der Revision und die Nichtzulassungsbeschwerde im Steuerprozeß, Freiburg im Breisgau 1986
zit.: „Herrmann, Zulassung der Revision und NZB im Steuerprozeß, Tz. ..."

Hesse, Konrad: Grundzüge des Verfassungsrechts der Bundesrepublik Deutschland, 20., neubearbeitete Auflage, Heidelberg 1995
zit.: „Hesse, Grundzüge Verfassungsrecht²⁰, Tz. ..."

Hey, Johanna: Evidenz von Verfassungsverstößen, Budgetschutz und Unvereinbarkeitsaussprüche, in: Mellinghoff, Rudolf/Schön, Wolfgang/Viskorf, Hermann-Ulrich (Hrsg.), Steuerrecht im Rechtsstaat, Festschrift für Wolfgang Spindler zum 65. Geburtstag, Köln 2011, S. 97-113
zit.: „Hey, in: FS Spindler, S. ..."

Hillgruber, Christian/*Goos*, Christoph: Verfassungsprozessrecht, 2., neu bearbeitete Auflage, Heidelberg 2006
zit.: „Hillgruber/Goos, VerfProzR², Tz. ..."

Hobe, Stephan: Europarecht, 6., neu bearbeitete Auflage, München 2011
zit.: „Hobe, EuropaR⁶, S. ... Tz. ..."

Hoffmann-Fölkersamb, Peter: Geschichte und Perspektiven des Rechtsbehelfsverfahrens auf dem Gebiet des Steuerrechts in Deutschland, Diss. Kiel, Frankfurt a.M. u.a. 1991
zit.: „Hoffmann-Fölkersamb, Geschichte und Perspektiven des Rechtsbehelfsverfahrens, S. ..."

Hübschmann, Walter/*Hepp*, Ernst/*Spitaler*, Armin (Begr.): Kommentar zur Abgabenordnung und Finanzgerichtsordnung, Köln, Loseblatt
zit.: „Bearbeiter HHSp., § ... AO bzw. FGO Tz. ... (Lfg. ...)"

Immenga, Ulrich/*Mestmäcker*, Ernst-Joachim (Hrsg.): Wettbewerbsrecht, Band 2, GWB, Kommentar zum Deutschen Kartellrecht, 4. Auflage, München 2007
zit.: „Bearbeiter, in: Immenga/Mestmäcker⁴, § ... GWB Tz. ..."

Jacoby, Florian: Zur Zulassung der Revision, Anmerkung zu BGH, Beschluss vom 01.10.2002, XI ZR 71/02, NJW 2003, S. 65, ZZP 116 (2003), S. 229-234

Jäger, Ingo Willi: Die Entwicklung des Rechtsmittelverfahrens des Steuerrechts vom 18. Jahrhundert bis zum Erlass der Finanzgerichtsordnung vom 6.10.1965, Diss. Marburg 1974
zit.: „Jäger, Entwicklung des Rechtsmittelverfahrens des Steuerrechts, S. ..."

Jarass, Hans D./*Pieroth*, Bodo: Grundgesetz für die Bundesrepublik Deutschland, Kommentar, 12. Auflage, München 2012
zit.: „Bearbeiter, in: Jarass/Pieroth[12], Art. ... GG Tz. ..."

Jesse, Lenhard: Einspruch und Klage im Steuerrecht, 3., neubearbeitete und erweiterte Auflage, München 2009
zit.: „Jesse, Einspruch und Klage im Steuerrecht[3], Teil ... Tz. ..."

Kanzler, Hans-Joachim: Die Reform der Finanzgerichtsordnung durch das Zweite FGO-Änderungsgesetz, NWB Fach 2, S. 7619-7634 (28/2001)

Kempermann, Michael: Fehler von erheblichem Gewicht als Grund für die Zulassung der Revision, DStZ 2005, S. 772-777

Kessler, Wolfgang/*Spengel*, Christoph: Checkliste potenziell EU-rechtswidriger Normen des deutschen direkten Steuerrechts – Update 2013 –, DB Beilage Nr. 1 zu Heft 4 vom 25.01.2013, S. 1-43

Klein, Franz: Ist der Rechtsschutz im Steuerrecht in Gefahr?, DStR 1984, S. 17-21

Klein, Friedrich: Tragweite der Generalklausel im Art. 19 Abs. 4 des Bonner Grundgesetzes, VVDStRL Band 8 (1950), S. 67-125

Klein, Franz/*Eberl*, Karl: Der vom Prozeßbevollmächtigten verpaßte Zugang zum Bundesfinanzhof, DStR 1987, S. 412-413

Klein, Franz/*Probst*, Ulrich: Harmonie oder Stückwerk – Vollendung der FGO-Reform!, DB 1993, S. 1387-1390

Klein, Franz/*Ruban*, Reinhild: Der Zugang zum Bundesfinanzhof, Heidelberg 1986
zit.: „Klein/Ruban, Zugang zum BFH, Tz. ..."

Klein, Franz/*Triller*, Hans: Der Bundesfinanzhof ein Jahr nach Inkrafttreten des Gesetzes zur Beschleunigung verwaltungsgerichtlicher und finanzgerichtlicher Verfahren, DStZ 1986, S. 471-475

Kloß, R.: Verbesserungen und Verböserungen des Rechtsschutzes in der neuen Notverordnung, DStZ 1930, S. 488-491

Kokott, Juliane/*Henze*, Thomas/*Sobotta*, Christoph: Die Pflicht zur Vorlage an den Europäischen Gerichtshof und die Folgen ihrer Verletzung, JZ 2006, S. 633-641

Kopp, Ferdinand O. (Begr.)/*Schenke*, Wolf-Rüdiger (Fortf.): Verwaltungsgerichtsordnung, Kommentar, 16., neubearbeitete Auflage, München 2009
zit.: „Kopp/Schenke[16], § ... VwGO Tz. ...“

Kraft, Wolfgang: Verbesserung des Rechtsschutzes in Steuersachen – Utopie und Realität, DStR 1981, S. 667-671

Kretzschmar, Lutz: Finanzgerichtsurteile durch einen einzelnen Richter, BB 1993, S. 545-554

Krömker, Ulrich: Das FGO-Änderungsgesetz 1992 – Ein erster Überblick –, StVj 1993, S. 63-67

Kühn, Rolf (Begr.)/*Wedelstädt*, Alexander von (Hrsg.): Abgabenordnung und Finanzgerichtsordnung, Kommentar, 19. Auflage, Stuttgart 2008
zit.: „Bearbeiter, in: KvW[19], § ... FGO Tz. ...“

Küttner, Jürgen: Die Garantie des Gesetzlichen Richters im Rahmen der Finanzgerichtsordnung, Diss. Köln 1999
zit.: „Küttner, Garantie des Gesetzlichen Richters, S. ...“

Kummer, Peter: Die Nichtzulassungsbeschwerde, Köln/Berlin/Bonn/München 1990
zit.: „Kummer, NZB, Tz. ...“

Kumpf, Johann Heinrich: Die Finanzgerichtsbarkeit im Dritten Reich, in: Diestelkamp, Bernhard/Stolleis, Michael (Hrsg.), Justizalltag im Dritten Reich, Frankfurt a.M. 1988, S. 81-100
zit.: „Kumpf, in: Justizalltag im Dritten Reich, S. ...“

Kumpf, Johann Heinrich: Kaiserreich, Weimarer Republik und „Drittes Reich“, Der Reichsfinanzhof 1918-1938 aus der Sicht seines ersten Präsidenten, in: Der Präsident des Bundesfinanzhofs (Hrsg.), 75 Jahre Reichsfinanzhof-Bundesfinanzhof, Festschrift, Bonn 1993, S. 23-42
zit.: „Kumpf, in: FS 75 Jahre RFH-BFH, S. ...“

Lange, Hans-Friedrich: Die zulassungsfreie Revision gegen Urteile in Zolltarifsachen, DStZ 1998, S. 92-97

Lange, Hans-Friedrich: Neuregelung des Zugangs zum BFH – Das Zweite FGO-Änderungsgesetz, NJW 2001, S. 1098-1101

Lange, Hans-Friedrich: Zulassung der Revision zur Sicherung einer einheitlichen Rechtsprechung wegen eines schwerwiegenden Rechtsfehlers, DStZ 2002, S. 782-787

Lange, Hans-Friedrich: Ist die Reform der Revisionszulassungsgründe gescheitert?, StuW 2006, S. 366-375

Lechner, Hans/*Zuck*, Rüdiger: Bundesverfassungsgerichtsgesetz, Kommentar, 5. Auflage, München 2006
zit.: „Lechner/Zuck[5], § ... BVerfGG Tz. ..."

Lemaire, Norbert: Die Reform der FGO, Praktische Konsequenzen für den Rechtsschutz ab 2001, AO-StB 2001, S. 23-25

Lenz, Carl Otto/*Borchardt*, Klaus-Dieter (Hrsg.): EU-Verträge Kommentar, EUV-AEUV-GRCh, 6., aktualisierte und erweiterte Auflage, Köln/Wien 2012
zit.: „Bearbeiter, in: Lenz/Borchardt[6], Art. ... AEUV Tz. ..."

Lerche, Peter: Übermaß und Verfassungsrecht – Zur Bindung des Gesetzgebers an die Grundsätze der Verhältnismäßigkeit und der Erforderlichkeit, Habil. München, Köln/Berlin/München/Bonn 1961
zit.: „Lerche, Übermaß und Verfassungsrecht, S. ..."

Lerche, Peter: Grundrechtsschranken, in: Isensee, Josef/Kirchhof, Paul (Hrsg.), Handbuch des Staatsrechts der Bundesrepublik Deutschland, Band V: Allgemeine Grundrechtslehren, Heidelberg 1992, § 122 (S. 775-804)
zit.: „Lerche, in: HdbStR V, § 122 Tz. ..."

List, Heinrich: Die Finanzgerichtsbarkeit in unserer Zeit – eine kritische Betrachtung –, Köln 1980
zit.: „List, Die Finanzgerichtsbarkeit in unserer Zeit, S. ..."

List, Heinrich: Vom Reichsfinanzhof zum Bundesfinanzhof, in: Klein, Franz/Vogel, Klaus (Hrsg.), Der Bundesfinanzhof und seine Rechtsprechung, Grundfragen – Grundlagen, ..Festschrift für Hugo von Wallis zum 75. Geburtstag am 12. April 1985, Bonn 1985, S. 15-34
zit.: „List, in: FS v. Wallis, S. ..."

List, Heinrich: Zur Abschaffung der Streitwertrevision in der Finanzgerichtsbarkeit, DStR 1985, S. 359-363

List, Heinrich: Finanzgerichtsbarkeit quo vadis?, DStZ 1988, S. 159-163

List, Heinrich: Abbau des Rechtsschutzes im finanzgerichtlichen Verfahren?, DStR 1995, S. 1982-1985

List, Heinrich: Die permanente Reform der finanzgerichtlichen Revision, DStZ 2000, S. 1499-1505

List, Heinrich: Die Zulassung der Revision zum Bundesfinanzhof nach dem 2. FGOÄndG-Entwurf, DB 2000, S. 2294-2297

List, Heinrich: Die Nichtzulassungsbeschwerde – Hat sich die Neuregelung bewährt?, DB 2002, S. 1069-1073

List, Heinrich: Probleme der Nichtzulassungsbeschwerde, DB 2003, S. 572-575

List, Heinrich: Nichtzulassungsbeschwerde gegen Fehlentscheidungen – zugleich Besprechung des BFH-Beschlusses vom 13.10.2003, IV B 85/02, INF 2004, S. 171, INF 2004, S. 615-617

Lohse, W. Christian: Antrag auf Revisionszulassung bereits im Klageverfahren, DStR 1985, S. 491

Loose, Matthias: Der Einzelrichter im finanzgerichtlichen Verfahren, StuW 2006, S. 376-381

Loose, Matthias: Der Einzelrichter im finanzgerichtlichen Verfahren, Wann kann/muss er worüber entscheiden?, AO-StB 2009, S. 52-55

Lorenz, Dieter: Der Rechtsschutz des Bürgers und die Rechtsweggarantie, Habil., München 1973
zit.: „Lorenz, Rechtsschutz des Bürgers und Rechtsweggarantie, S. ..."

Mack, Alexandra: FGO ganz neu?, Das 2. FGOÄndG und seine Auswirkungen auf die Prozessführung bei Finanzgerichten und Bundesfinanzhof seit dem 1. Januar 2001, Stbg. 2001, S. 109-116

Mangoldt, Hermann von (Begr.)/*Klein*, Friedrich (Fortf.): Das Bonner Grundgesetz, Kommentar, Band I, 2., neubearbeitete und vermehrte Auflage, München 1957
zit.: „v. Mangoldt/Klein, Das Bonner Grundgesetz, Bd. I, 2. Aufl., 1957, S. ..."

Mangoldt, Hermann von (Begr.)/*Klein*, Friedrich (Fortf.)/*Starck*, Christian (Hrsg.): Grundgesetz, Kommentar, Band 1 (Präambel, Artikel 1 bis 19), 5., vollständig neubearbeitete Auflage, München 2005
zit.: „Bearbeiter, in: v. Mangoldt/Klein/Starck[5], Art. ... GG Tz. ..."

Mangoldt, Hermann von (Begr.)/*Klein*, Friedrich (Fortf.)/*Starck*, Christian (Hrsg.): Grundgesetz, Kommentar, Band 2 (Artikel 20 bis 82), 6., vollständig neubearbeitete Auflage, München 2010
zit.: „Bearbeiter, in: v. Mangoldt/Klein/Starck[6], Art. ... GG Tz. ..."

Maunz, Theodor/*Dürig*, Günter: Grundgesetz, Kommentar, München u.a., Loseblatt
zit.: „Günter Dürig, in: Maunz/Dürig, Grundgesetz, Kommentar, Art. ... GG Tz. ... (Erstbearbeitung 1958)"

Maunz, Theodor/*Dürig*, Günter (Begr.): Grundgesetz, Kommentar, München, Loseblatt
zit.: „M/D/Bearbeiter, Art. ... GG Tz. ... (Lfg. ...)"

May, Artur: Die Revision in den zivil- und verwaltungsgerichtlichen Verfahren (ZPO, ArbGG, VwGO, SGG, FGO), Eine systematische Darstellung unter besonderer Berücksichtigung der höchstrichterlichen Rechtsprechung, 2., überarbeitete und erweiterte Auflage, Köln/Berlin/Bonn/München 1997
zit.: „May, Die Revision[2], S.... Tz...."

Metz, Matthias: Das Deutsche Steuerrecht, Band I – Allgemeines Steuerrecht, Zweite, neubearbeitete Auflage, Stuttgart und München 1950
zit.: „Metz, Deutsches Steuerrecht I², S. ...“

Meyer-Ladewig, Jens: Entlastung der Gerichte in der Verwaltungs- und Finanzgerichtsbarkeit, NJW 1978, S. 857-862

Moes, Christoph: Die Anordnung der befristeten Fortgeltung verfassungswidriger Steuergesetze durch das Bundesverfassungsgericht, StuW 2008, S. 27-36

Mrozek, Alfons/*Boethke*, Wilhelm/*Arlt*, Hans/*Pünder*, Hermann: Kommentar zur Reichsabgabenordnung vom 13. Dezember 1919, Band I, 2., verbesserte Auflage, Köln 1922
zit.: „Mrozek/Boethke/Arlt/Pünder, RAO 1919², Bd. I, § ... RAO 1919 Anm. ...“

Müller-Eiselt, Klaus-Peter: Rechtsschutz in Zollsachen durch den Bundesfinanzhof und den Gerichtshof der Europäischen Gemeinschaften, ZfZ 1994, S. 258-264

Münch, Ingo von (Begr.)/*Kunig*, Philip (Hrsg.): Grundgesetz-Kommentar, Band 1, (Präambel bis Art. 19), 5., neubearbeitete Auflage, München 2000
zit.: „Bearbeiter, in: v. Münch/Kunig⁵, Art. ... GG Tz. ...“

Münch, Ingo von (Begr.)/*Kunig*, Philip (Hrsg.): Grundgesetz-Kommentar, Band 2, (Art. 20 bis Art. 69), 4./5., neubearbeitete Auflage, München 2001
zit.: „Bearbeiter, in: v. Münch/Kunig[4/5], Art. ... GG Tz. ...“

Musielak, Hans-Joachim: Reform des Zivilprozesses, Zum Entwurf eines Gesetzes zur Reform des Zivilprozesses (Zivilprozessreformgesetz – ZPO-RG), NJW 2000, S. 2769-2779

Musielak, Hans-Joachim: Der Zugang zur Revisionsinstanz im Zivilprozess, in: Schilken, Eberhard/Kreft, Gerhart/Wagner, Gerhard/Eckardt, Diederich (Hrsg.), Festschrift für Walter Gerhardt, Köln 2004, S. 653-682
zit.: „Musielak, in: FS Gerhardt, S. ...“

Musielak, Hans-Joachim (Hrsg.): Kommentar zur Zivilprozessordnung, 7., neubearbeitete Auflage, München 2009
zit.: „Musielak/Bearbeiter⁷, § ... ZPO Tz. ...“

Nassall, Wendt: Irrwege – Wege – Die Rechtsmittelzulassung durch den BGH, NJW 2003, S. 1345-1350

Nassall, Wendt: Zehn Jahre ZPO-Reform vor dem BGH, NJW 2012, S. 113-119

Nieland, Michael: Gegenstand des Klagebegehrens: Auslegung, Anmerkung zu BFH, Beschluss vom 08.06.2004, XI B 46/02, BFH/NV 2004, S. 1417, AO-StB 2004, S. 349-350

Niemann, Engelhard: Finanz- und Steuerrecht, Frankfurt a.M. 1949
zit.: „Niemann, Finanz- u. Steuerrecht, S. ...“

Niethammer, Dieter: Die Zweistufigkeit der Finanzgerichtsbarkeit war nicht auf dem Prüfstand, Eine Entgegnung zu Dänzer-Vanotti in BB 1986, 2386, DStZ 1987, S. 119-120

Noch, Rainer/*Burkhard*, Jörg: Der Instanzenzug im Finanzrechtsweg und seine Verfassungskonformität, StuW 1999, S. 335-348

Offerhaus, Klaus: Verlängerung des Bundesfinanzhof-Entlastungsgesetzes – Auch zur Prozeßvertretung beim Bundesfinanzhof –, BB 1984, S. 625-629

Offerhaus, Klaus: Dreistufigkeit und gespaltener Rechtsschutz in Steuersachen, FR 1986, S. 169

Offerhaus, Klaus: Möglichkeiten der Verbesserung des Finanzgerichtsverfahrens?, Verwaltungsprozeßordnung, Dreistufigkeit, Vertretungszwang, DStR 1986, S. 99-103

Offerhaus, Klaus: Was die FGO-Novelle bringt – und was sie nicht bringt, BB 1988, S. 2074-2079

Offerhaus, Klaus: Ein Jubiläum ohne Grund zum Feiern, Stbg. Heft 9/2000, S. III

Offerhaus, Klaus: Immer noch zu viele unzulässige Verfahren beim Bundesfinanzhof, Stbg. 2009, S. 49-54

Papier, Hans-Jürgen: Justizgewähranspruch, in: Isensee, Josef/Kirchhof, Paul (Hrsg.), Handbuch des Staatsrechts der Bundesrepublik Deutschland, Band VIII: Grundrechte: Wirtschaft, Verfahren, Gleichheit, 3., völlig neubearbeitete und erweiterte Auflage, Heidelberg 2010, § 176 (S. 491-505)
zit.: „Papier, in: HdbStR VIII³, § 176 Tz. ...“

Pausch, Alfons: Der Rechtsschutz des Steuerpflichtigen seit der Gewaltenteilungslehre – Ein Beitrag zum 50jährigen Jubiläum des höchsten deutschen Steuergerichts –, DStZ A 1968, S. 281-291

Pausch, Alfons: Vom Reichskammergericht zum Bundesfinanzhof, in: 50 Jahre Deutsche Finanzgerichtsbarkeit, Festschrift des Bundesfinanzhofs, Bonn/München 1968, S. 13-26
zit.: „Pausch, in: FS 50 Jahre Deutsche Finanzgerichtsbarkeit, S. ...“

Pechstein, Matthias: EU-Prozessrecht, 4., neu bearbeitete Auflage, Tübingen 2011
zit.: „Pechstein, EU-ProzR⁴, Tz. ...“

Pelka, Jürgen: Sechs Jahre FGO-Novelle, Erfahrungen aus der Sicht eines Beraters, StuW 1999, S. 61-67

Pezzer, Heinz-Jürgen: Mitverantwortung von Gesetzgebung, Verwaltung, Rechtsprechung und Bürger für ein handhabbares Steuerrecht, in: Brandt, Jürgen (Hrsg.), Vierter Deutscher Finanzgerichtstag 2007, Mitverantwortung von Bürger und Staat für ein gerechtes Steuerrecht, Stuttgart u.a. 2007, S. 67 – 85
zit.: „Pezzer, in: DFGT 4 (2007), S. ...“

Pfeiffer, Gerd: Der BGH – nur ein Gericht für das Grundsätzliche?, NJW 1999, S. 2617-2622

Piekenbrock, Andreas/*Schulze*, Götz: Die Zulassung der Revision nach dem ZPO-Reformgesetz, JZ 2002, S. 911-922

Pieroth, Bodo/*Schlink*, Bernhard: Grundrechte, 18., neubearbeitete Auflage, Heidelberg 2002
zit.: „Pieroth/Schlink[18], Grundrechte, Tz. ..."

Prütting, Hanns: Die Zulassung der Revision, Diss. Erlangen-Nürnberg 1976, Köln/Berlin/Bonn/München 1977
zit.: „Prütting, Die Zulassung der Revision, S. ..."

Pust, Hartmut: Überhöhte Anforderungen an die Bezeichnung des Gegenstandes des Klagebegehrens durch die Finanzgerichtsbarkeit?, Anmerkungen zum BFH-Beschluss vom 17.1.2002, VI B 114/01, DStR 2002, S. 1119-1121

Raupach, Arndt: Dreistufigkeit oder Zweistufigkeit, Argumente für oder gegen einen weiteren Gerichtsausbau, in: Birk, Dieter (Hrsg.), Die Situation der Finanzgerichtsbarkeit, Überbelastung, verfahrensrechtliche Entlastungsmöglichkeiten, Reformvorschläge, Münsteraner Symposium 1988, Köln 1989, S. 69-85
zit.: „Raupach, in: Die Situation der Finanzgerichtsbarkeit, S. ..."

Raupach, Arndt: Steuergerichtsbarkeit – quo vadis?, in: Der Präsident des Bundesfinanzhofs (Hrsg.), 75 Jahre Reichsfinanzhof-Bundesfinanzhof, Festschrift, Bonn 1993, S. 163-184
zit.: „Raupach, in: FS 75 Jahre RFH-BFH, S...."

Rauscher, Thomas/*Wax*, Peter/*Wenzel*, Joachim (Hrsg.): Münchener Kommentar zur Zivilprozessordnung mit Gerichtsverfassungsgesetz und Nebengesetzen, Band 2, §§ 511-945, 3. Auflage, München 2007
zit.: „Bearbeiter, in: MünchKomm[3], § ... ZPO Tz. ..."

Rebmann, Kurt/*Roth*, Werner/*Herrmann*, Siegfried (Begr.): Gesetz über Ordnungswidrigkeiten, Kommentar, Band 1, 3. Auflage, Stuttgart u.a., Loseblatt
zit.: „Bearbeiter, in: Rebmann/Roth/Herrmann, § ... OWiG Tz. ... (Lfg. ...)"

Rieß, Peter: Die FGO-Novelle – gelungene Reform oder Stückwerk, DStZ 1994, S. 737-739

Rimmelspacher, Bruno: Anmerkung zu BFH, Beschluss vom 27.03.2003, V ZR 291/02, NJW 2003, S. 1943, JZ 2003, S. 797-799

Rinsche, Franz-Josef: Die Haftung des Rechtsanwalts und des Notars, 5., erneuerte Auflage, Köln/Berlin/Bonn/München 1995
zit.: „Rinsche, Haftung des Rechtsanwalt[5], S. ... Tz. ..."

Rönitz, Dieter: Eine weitere Instanz für die Finanzgerichtsbarkeit?, DB 1987, S. 653-654

Rosenberg, Leo (Begr.)/*Schwab*, Karl-Heinz/*Gottwald*, Peter: Zivilprozessrecht, 15., neubearbeitete Auflage, München 1993
zit.: „Rosenberg/Schwab/Gottwald, ZivilProzR[15], S. ...“

Rößler, Gerhard: Der Justizminister und die Finanzgerichtsbarkeit, Eine Erwiderung auf die Thesen des rheinland-pfälzischen Justizministers Bickel, BB 1984, S. 2262-2264

Rößler, Gerhard: Cui bono? Zur Verbesserung des Rechtsschutzes durch eine dreistufige Organisation der Finanzgerichtsbarkeit, Anmerkungen zu dem Aufsatz Weber-Grellets in DStZ 1987, 20, DStZ 1987, S. 246-247

Rößler, Gerhard: Der Einzelrichter im finanzgerichtlichen Verfahren, DStZ 1993, S. 97-103

Rößler, Gerhard: Die Finanzgerichte in der Diskussion (Rückschau und Ausblick) – Ist die Institutionalisierung des Einzelrichters sinnvoll –, DStZ 1995, S. 240

Rößler, Gerhard: Einzelrichter, Anmerkung zu BFH, Beschluss vom 26.10.1998, I R 22/98, BStBl. II 1999, S. 60, DStZ 1999, S. 384

Rößler, Gerhard: Einzelrichter: „Verhinderung“ des Vorsitzenden, Anmerkung zu BFH, Beschluss vom 21.10.1999, VII R 15/99, BStBl. II 2000, S. 88, DStZ 2000, S. 459-460

Ruban, Reinhild: Der Rechtsweg zum Bundesfinanzhof, StVj 1991, S. 142-169

Ruban, Reinhild: Zur Entwicklung des Revisionsrechts im Steuerprozeß, in: Der Präsident des Bundesfinanzhofs (Hrsg.), 75 Jahre Reichsfinanzhof-Bundesfinanzhof, Festschrift, Bonn 1993, S. 131-144
zit.: „Ruban, in: FS 75 Jahre RFH-BFH, S....“

Ruban, Reinhild: Der qualifizierte Rechtsfehler als Revisionszulassungsgrund – unterschiedliche Tendenzen in der Rechtsprechung des BFH und des BGH, DStR 2005, S. 2033-2037

Rudloff, Herbert: Nochmals – Besserer Rechtsschutz in Steuersachen bei dreistufiger Finanzgerichtsbarkeit?, DStR 1986, S. 503-505

Rüsken, Reinhart: Rechtsbehelfe gegen willkürliche Gerichtsentscheidungen – Mindeststandards der Überprüfbarkeit gerichtlicher Entscheidungen, DStZ 2000, S. 815-821

Rüsken, Reinhart: Bedarf das Revisionszulassungsrecht einer weiteren Novellierung?, DStZ 2004, S. 334-339

Sachs, Michael (Hrsg.): Grundgesetz, Kommentar, 3. Auflage, München 2003
zit.: „Bearbeiter, in: Sachs³, Art. ... GG Tz. ...“

Saenger, Ingo (Hrsg.): Zivilprozessordnung, FamFG, Europäisches Verfahrensrecht, Handkommentar, 4. Auflage, Baden-Baden 2011
zit.: „HK/Bearbeiter⁴, § ... ZPO bzw. EGZPO Tz. ...“

Sangmeister, Bernd: Die Rüge wesentlicher Mängel des Verfahrens (§ 116 Abs. 1 FGO), DStZ 1991, S. 358-370

Sangmeister, Bernd: Der doppelte Weg zum Bundesfinanzhof, StVj 1992, S. 63-74

Sangmeister, Bernd: Der Bundesfinanzhof, der Einzelrichter und die Beliebigkeit von Entscheidungsbegründungen, BB 1995, S. 2345-2355

Sangmeister, Bernd: Das Bundesverfassungsgericht und das Verfassungsprozeßrecht, dargestellt am Beispiel seiner Beschlüsse zur Familienbesteuerung vom 10.11.1998, StuW 2001, S. 168-187

Schaumburg, Harald: Reform des finanzgerichtlichen Revisionsrechts – Bericht über die Ergebnisse der vom BFH initiierten Arbeitsgruppe zur Reform des finanzgerichtlichen Revisionsrechts –, StuW 1999, S. 68-77

Schaumburg, Heide: Richterliche Ausschlußfristen für Klagebegehren und Tatsachenvortrag, DStZ 1995, S. 545-553

Scheuch, Silke/*Lindner*, Richard: Zur Auslegung der Zulassungstatbestände des § 543 II ZPO, NJW 2003, S. 728-730

Scheuch, Silke/*Lindner*, Richard: Trendwende in der Zulassungspraxis des BGH?, NJW 2005, S. 112-114

Schlosser, Peter: Voraussetzungen der Zulassung einer Revision, JZ 2003, S. 266-268

Schmid, Manfred: Das FGO-Änderungsgesetz – Entwicklung und Inhalt, DStZ 1993, S. 129-137

Schmidt-Jortzig, Edzard: Die Verwaltungsprozeßordnung – Schicksal und Perspektive, in: Kirchhof, Paul/Jakob, Wolfgang/Beermann, Albert (Hrsg.), Steuerrechtsprechung, Steuergesetz, Steuerreform: Festschrift für Klaus Offerhaus zum 65. Geburtstag, Köln 1999, S. 753-771
zit.: „Schmidt-Jortzig, in: FS Offerhaus, S. ...“

Schmieszek, Hans-Peter: Die Finanzgerichtsbarkeit – Was bringt ihr die FGO-Novelle, was kann sonst noch getan werden?, DB 1991, S. 1139-1143

Schmieszek, Hans-Peter: Was soll sich im finanzgerichtlichen Verfahren ändern? – FGO-Novelle und Bundesratsentwurf für ein Entlastungsgesetz, DStR 1991, S. 961-965

Schmieszek, Hans-Peter: Änderungen im finanzgerichtlichen Verfahren zum 1.1.1993, DB 1993, S. 12-15

Schmieszek, Hans-Peter: Die Finanzgerichtsordnung – Reformen und Reformvorschläge, in: Kirchhof, Paul/Jakob, Wolfgang/Beermann, Albert (Hrsg.), Steuerrechtsprechung, Steuergesetz, Steuerreform: Festschrift für Klaus Offerhaus zum 65. Geburtstag, Köln 1999, S. 773 – 789
zit.: „Schmieszek, in: FS Offerhaus, S. ...“

Schneider, Egon: Praxis der neuen ZPO, 2., völlig neu bearbeitete und wesentlich erweiterte Auflage der „ZPO-Reform“, Recklinghausen 2003
zit.: „Schneider, Praxis der neuen ZPO², S.... Tz. ...“

Schneider, Egon: ZPO-Reform 2002 – Ein kritisches Resümee, MDR 2003, S. 901-906

Schneider, Egon: Zulassung der Revision – Zur ZPO-Reform, 1. Akt, AnwBl. 2003, S. 546-547

Schnellenbach, Helmut: Das Spruchkörperprinzip in der Verwaltungsgerichtsbarkeit, in: Erichsen, Hans-Uwe/Hoppe, Werner/Mutius, Albert von (Hrsg.), System des verwaltungsgerichtlichen Rechtsschutzes, Festschrift für Christian-Friedrich Menger zum 70. Geburtstag, Köln/Berlin/Bonn/München 1985, S. 341 – 358
zit.: „Schnellenbach, in: FS Menger, S. ...“

Schnellenbach, Helmut: Die Änderung der Verwaltungsgerichtsordnung durch das Gesetz zur Entlastung der Rechtspflege, DVBl. 1993, S. 230-236

Schoch, Friedrich/*Schmidt-Aßmann*, Eberhard/*Pietzner*, Rainer (Hrsg.): Verwaltungsgerichtsordnung, Kommentar, München, Loseblatt
zit.: „Bearbeiter, in: Schoch u.a., § ... VwGO Tz. ... (Lfg. ...)“

Schütt, E.: Rechtsbeschwerde gegen Berufungsverwerfungsbeschluss, Anmerkung zu BGH, Beschluss vom 04.09.2002, VIII ZB 23/02, NJW 2002, S. 3783, MDR 2002, S. 1447-1448

Schultz, Michael: Revisionsverfahren – Verfahrensgrundrechte und Wiederholungsgefahr, MDR 2003, S. 1392-1400

Schwarz, Bernhard (Hrsg.): FGO, Kommentar zur Finanzgerichtsordnung, Freiburg im Breisgau, Loseblatt
zit.: „Schwarz/Bearbeiter, § ... FGO Tz. ... (Lfg. ...)“

Schwarz, Hansjürgen: Kosten des finanzgerichtlichen Verfahrens, Grundsätze des Kostenrechts nebst Rechtsschutzmöglichkeiten, AO-StB 2004, S. 31-34

Schwenke, Michael: Ist eine „Ergreiferprämie“ nach österreichischem Vorbild sinnvoll? – Zum Beschluß des BVerfG vom 10.11.1998, 2 BvR 1057/91, 1226/91, 980/91 –, DStR 1999, S. 404-408

Schwinge, Erich: Grundlagen des Revisionsrechts, 2., neubearbeitete Auflage, Bonn 1960
zit.: „Schwinge, Grundlagen des Revisionsrechts², S....“

Seer, Roman: Die Unvereinbarkeitserklärung des BVerfG am Beispiel seiner Rechtsprechung zum Abgabenrecht, NJW 1996, S. 285-291

Seer, Roman: 2. FGO-Änderungsgesetz – Zweitinstanzlicher Rechtsschutz bleibt auf der Stecke!, BB 2000, S. 2387-2390

Seer, Roman: Defizite im finanzgerichtlichen Rechtsschutz – zugleich eine kritische Auseinandersetzung mit dem 2. FGO-Änderungsgesetz vom 19.12.2000, StuW 2001, S. 3-18

Seer, Roman: Rechtsmittel und Rechtsschutz nach der FGO-Reform, StuW 2003, S. 193-204

Seiler, Frank: Nachträglicher Wegfall von Revisionszulassungsgründen, Zugleich Besprechung von BGH, Beschluss vom 12.3.2003, IV ZR 278/02, NJW 2003, S. 1609, NJW 2003, S. 2290-2291

Seiler, Frank: Neues zur Revisionszulassung? – Die aktuelle Rechtsprechung des BGH, MDR 2003, S. 785-786

Seiler, Frank: Die Nichtzulassungsbeschwerde als Zulassungsbeschwerde, JR 2004, S. 356-358

Seiler, Frank: Die Erfolgsaussicht der Revision als Zulassungskriterium, NJW 2005, S. 1689-1691

Seiler, Frank/ *Wunsch*, Lutz: Statthaftigkeit und Zulässigkeit der Rechtsbeschwerde, NJW 2003, S. 1840-1845

Sendler, Horst: „Kleine“ Revisionsurteile?, DVBl. 1992, S. 240-248

Senge, Lothar (Hrsg.): Karlsruher Kommentar zum Gesetz über Ordnungswidrigkeiten, 3., neu bearbeitete Auflage, München 2006
zit.: „KK/Bearbeiter³, § ... OWiG Tz. ...“

Spindler, Wolfgang: Das 2. FGO-Änderungsgesetz, DB 2001, S. 61-66

Steinhauff, Dieter: Sicherung einer einheitlichen Rechtsprechung, Anmerkung zu BFH, Beschluss vom 07.07.2004, VII B 344/03, BStBl. II 2004, S. 896, jurisPR-SteuerR 29/2004 Anm. 4

Stern, Klaus: Das Staatsrecht der Bundesrepublik Deutschland, Band III: Allgemeine Lehren der Grundrechte, 1. Halbband, München 1988, 2. Halbband, München 1994
zit.: „Bearbeiter, in: Stern, Staatsrecht III/1 bzw. III/2, § ..., S. ...“

Stöcker, Ernst Erhard: Sicherung einer einheitlichen Rechtsprechung bei Fehlern des FG, Anmerkung zu BFH, Beschluss vom 07.07.2004, VII B 344/03, BStBl. II 2004, S. 896, AO-StB 2004, S. 391-392

Streck, Michael: Der Steuerstreit, 2., neubearbeitete Auflage, Köln 1994
zit.: „Streck, Steuerstreit², S. ... Tz. ...“

Stürner, Michael: Die Anfechtung von Zivilurteilen, Diss., München 2002
zit.: „Stürner, Anfechtung von Zivilurteilen, S. ...“

Suhrbier-Hahn, Ute: Die Reform der Finanzgerichtsordnung zum 1.1.2001, Die Änderungen der FGO durch das 2. FGOÄndG vom 19.12.2000, DStR 2001, S. 467-476

Thiele, Alexander: Europäisches Prozessrecht, München 2007
zit.: „Thiele, Europäisches ProzR, § ... Tz. ...“

Thomas, Heinz/*Putzo*, Hans (Begr.): Zivilprozessordnung, Kommentar, fortgeführt von Klaus Reichold, Rainer Hüßtege und Christian Seiler, 32., neubearbeitete Auflage, München 2011
zit.: „Bearbeiter, in: Thomas/Putzo³², §... ZPO Tz. ...“

Tipke, Klaus: Aktuelle Rechtsschutzfragen in der Praxis der Finanzgerichte, in: Felix, Günther (Hrsg.), Vom Rechtsschutz im Steuerrecht, Düsseldorf 1960
zit.: „Tipke, in: Rechtsschutz im Steuerrecht, S. ...“

Tipke, Klaus: Fünfzig Jahre Finanzhof, NJW 1968, S. 2081-2086

Tipke, Klaus: Die Steuerrechtsordnung, Band I, Wissenschaftsorganisatorische, systematische und grundrechtlich-rechtsstaatliche Grundlagen, Köln 1993
zit.: „Tipke, StRO I, S. ...”

Tipke, Klaus: Finanzgerichts*un*ordnung, Ein Beitrag unter besonderer Berücksichtigung des FGO-Änderungsgesetzes vom 21.12.1992, StuW 1993, S. 213-220

Tipke, Klaus: Zwischen materiellem Steuerrecht und Steuerverfahrensrecht – Für ein geordnetes Verfahren zur Durchsetzung des materiellen Rechts – Gegen rechtsverweigernden, pedantischen Verfahrensformalismus, StuW 2004, S. 3-23

Tipke, Klaus: Rezension zu Habscheidt, Gerhard, Der Anspruch des Bürgers auf Erstattung verfassungswidriger Steuern, Diss. Bochum 2002, Köln 2003, StuW 2004, S. 187-190

Tipke, Klaus: Steuerunrecht durch Übermaß-Formalismus, steuertip – Beirat für Steuergerechtigkeit, Nr. st. 49/09, S. 1-4

Tipke, Klaus/*Kruse*, Heinrich Wilhelm (Begr.): Abgabenordnung/Finanzgerichtsordnung, Kommentar, Köln, Loseblatt
zit.: „Bearbeiter, in: T/K, § ... AO/FGO bzw. VerfRS/EuRS Tz. ... (Lfg. ...)”

Tipke, Klaus (Begr.)/*Lang*, Joachim/*Seer*, Roman/*Hey*, Johanna (Fortf.): Steuerrecht, 20., völlig überarbeitete Auflage, Köln 2010
zit.: „Bearbeiter, in: T/L, Steuerrecht[20], § ... Tz. ..."

Tipke, Klaus (Begr.)/*Lang*, Joachim/*Seer*, Roman/*Hey*, Johanna (Fortf.): Steuerrecht, 21., völlig überarbeitete Auflage, Köln 2013
zit.: „Bearbeiter, in: T/L, Steuerrecht[21], § ... Tz. ..."

Traut, Ludger Thomas: Der Zugang zur Revision in Zivilsachen, Diss., Köln u.a. 2006
zit.: „Traut, Zugang zur Revision in Zivilsachen, S. ..."

Ule, Carl Hermann: Entwurf eines Verwaltungsgerichtsgesetzes, Zur Vereinheitlichung der Verwaltungsgerichtsordnung, der Finanzgerichtsordnung und des Sozialgerichtsgesetzes, Schriftenreihe der Hochschule Speyer, Band 40, Berlin 1969
zit.: „Ule, Entwurf eines Verwaltungsgerichtsgesetzes, S. ..."

Ullmann, Eike: Gedanken zum neuen Recht der Revision und der Rechtsbeschwerde in Zivilsachen vor dem Bundesgerichtshof, WRP 2002, S. 593-603

Völlmeke, Monika: Bindung des BFH an die Würdigung des FG bei unbestimmten Rechtsbegriffen, DStR 1997, Beih. zu Heft 32/97, S. 1-12

Vogel, Klaus: Steuerrechtswissenschaft als Steuergerechtigkeitswissenschaft, JZ 1993, S. 1121-1125

Vollkommer, Max: Zur Revisionszulassung unter dem Gesichtspunkt der Rechtsanwendungsgleichheit, EWiR 2005, S. 141-142

Voß, Reimer: Argumente für die Zweistufigkeit der Finanzgerichtsbarkeit auf dem Prüfstand, BB 1987, S. 376-378

Voß, Reimer: Steuern im Dritten Reich, Vom Recht zum Unrecht unter der Herrschaft des Nationalsozialismus, München 1995
zit.: „Voß, Steuern im Dritten Reich, S...."

Voßkuhle, Andreas: Rechtsschutz gegen den Richter, Diss., München 1993
zit.: „Voßkuhle, Rechtsschutz gegen den Richter, S. ..."

Voßkuhle, Andreas: Bruch mit einem Dogma: Die Verfassung garantiert Rechtsschutz gegen den Richter, NJW 2003, S. 2193-2200

Wagner, Klaus-Rudolf: Die Praxis des Steuerprozesses, 2. Auflage, Stuttgart 2006
zit.: „Wagner, Praxis des Steuerprozesses[2], Tz. ..."

Wagner, Wilfried: Einholung und Folgen von Vorabentscheidungen des EuGH im finanzgerichtlichen Instanzenweg – Aufgabenteilung der Rechtsprechung am Beispiel der Sechsten Richtlinie –, in: Arbeitsgemeinschaft der Fachanwälte für Steuerrecht e.V., Bochum (Hrsg.), Der Fachanwalt für Steuerrecht im

Rechtswesen, Gleichzeitig ein Beitrag zur Gestaltungs- und Durchsetzungsberatung, Festschrift, 50 Jahre Arbeitsgemeinschaft der Fachanwälte für Steuerrecht e.V., 50 Jahre Steuerrechtliche Jahresarbeitstagung, Herne/Berlin 1999, S. 555-563
zit.: „Wagner, in: FS 50 Jahre AG Fachanwälte Steuerrecht, S. ..."

Weber-Grellet, Heinrich: Cui bono? Zur Verbesserung des Rechtsschutzes durch eine dreistufige Organisation der Finanzgerichtsbarkeit, DStZ 1987, S. 20-24

Weber-Grellet, Heinrich: Land in Sicht? – Zur Lage der Finanzgerichtsbarkeit nach Vorlage des Berichts der Bund-Länder-Kommission, DStZ 1987, S. 524-526

Weber-Grellet, Heinrich: Die zweieinhalbstufige Finanzgerichtsbarkeit, Ein Kompromiß, DStZ 1989, S. 131-132

Wenzel, Joachim: Das neue zivilprozessuale Revisionszulassungsrecht in der Bewährung, NJW 2002, S. 3353-3359

Weyreuther, Felix: Revisionszulassung und Nichtzulassungsbeschwerde in der Rechtsprechung der obersten Bundesgerichte, München 1971
zit.: „Weyreuther, Revisionszulassung und NZB, Tz. ..."

Wissenschaftlicher Rat der Dudenredaktion (Hrsg.): Duden, Das Fremdwörterbuch (Duden Band 5), 7., neu bearbeitete und erweiterte Auflage, Mannheim/Leipzig/Wien/Zürich 2001
zit.: „Duden, Fremdwörterbuch^{7}, S. ..."

With, Hans de: Zwei- oder Dreistufigkeit der Steuergerichtsbarkeit, in: Der Präsident des Bundesfinanzhofs (Hrsg.), 75 Jahre Reichsfinanzhof-Bundesfinanzhof, Festschrift, Bonn 1993, S. 157-162
zit.: „de With, in: FS 75 Jahre RFH-BFH, S. ..."

Witte, Leo: Zur Überlastung der Finanzgerichte, DStR 1978, S. 511-515

Woerner, Lothar: Aus der Werkstatt eines obersten Bundesgerichts, Abläufe und Strömungen, in: Der Präsident des Bundesfinanzhofs (Hrsg.), 75 Jahre Reichsfinanzhof-Bundesfinanzhof, Festschrift, Bonn 1993, S. 355-368
zit.: „Woerner, in: FS 75 Jahre RFH-BFH, S. ..."

Woerner, Lothar: Einschränkung des Rechtsschutzes in der Finanzgerichtsbarkeit in den letzten Jahren, Anmerkung zu BFH, Urteil vom 05.07.1995, X R 39/93, BStBl. II 1995, S. 842, BB 1996, S. 39

Wolff-Diepenbrock, Johannes: Keine Begründungspflicht für Beschluss zur Übertragung des Rechtsstreits auf den Einzelrichter, Anmerkung zu BFH, Urteil vom 20.02.2001, IX R 94/97, BStBl. II 2001, S. 415, HFR 2001, S. 681

Zeidler, Wolfgang: Rechtsstaat '83 – Festvortrag anlässlich des Deutschen Richtertages am 25.04.1983 in München, DRiZ 1983, S. 249-257

Ziemer, Herbert: Die Neuordnung der Finanzgerichtsbarkeit, BB 1965, S. 957-962

Zitzlaff: Die Bedeutung der Finanzgerichtsbarkeit, StuW 1940 I, Sp. 185-202

Zitzlaff, Franz: Zum Beginn der Arbeit des Bundesfinanzhofs, StuW 1951 I, Sp. 1-16

Zöller, Richard (Begr.): Zivilprozessordnung mit Gerichtsverfassungsgesetz und den Einführungsgesetzen, mit Internationalem Zivilprozessrecht, EG-Verordnungen, Kostenanmerkungen, Kommentar, 26., neubearbeitete Auflage, Köln 2007
zit.: „Zöller/Bearbeiter[26], § ... (EG)ZPO bzw. GVG Tz. ...“

www.ingramcontent.com/pod-product-compliance
Ingram Content Group UK Ltd.
Pitfield, Milton Keynes, MK11 3LW, UK
UKHW022107051026
15623UKWH00003B/726

9 783631 662915